DIE VOLX BIBEL

Altes Testament

BAND ZWEI

frei übersetzt von
Martin Dreyer

Die alten Verträge zwischen Gott und den Menschen

Volxbibel-Verlag

Widmung

Für Rahel – du bist, nach Jesus, das Wichtigste, was ich habe.

Volxbibel-Verlag im SCM-Verlag GmbH & Co. KG, Witten

Umschlaggestaltung: Dietmar Reichert, Dormagen (Motiv Zigarettenschachtel)
und ZERO Werbeagentur, München (Motiv Splash)
Umschlagabbildung: FinePic, München
Satz: Wilhelm Vornehm, München
Druck und Bindung: CPI – Clausen & Bosse, Leck
Printed in Germany

ISBN 978-3-940041-04-3 (Motiv Splash)
Bestell-Nr. 875.104
ISBN 978-3-940041-07-4 (Motiv Zigarettenschachtel)
Bestell-Nr. 875.107

Bitte besuchen Sie uns im Internet:
www.volxbibel.de

Inhalt

Vorwort Band 2

Herzlich willkommen im zweiten Band des „Alten Testaments“ oder, wie wir auch sagen: den „alten Verträgen“ der Volxbibel.

Was hat dieses Buch alles für dich zu bieten, warum lohnt es sich, darin zu lesen? Vielleicht ist es die heftige Geschichte von Hiob, der so was von am Ende war, depressiv, krank und kaputt, und trotzdem weiter mit Gott leben wollte? Oder die Story von Jona, der versucht hat, vor Gott zu fliehen, bis er von einem riesengroßen Fisch geschluckt und dann wieder ausgespuckt worden ist? Oder vielleicht hast du mehr Interesse an den ganzen Songs, die man in den Psalmen finden kann? Die Volxbibel bringt diese Psalmen in ihrem ursprünglichen Sinn als Lieder, und deswegen wurden alle 150 Psalmen gereimt. So was gab es in einer deutschen Bibelübersetzung noch nie! Du kannst sie also rappen, singen oder auch einfach wie ein Gedicht lesen.

Die Bibel ist ein heftiges Buch, und ihre Worte haben die Welt bis heute krass beeinflusst. Gott hat dieses Buch schreiben lassen, davon sind wir und auch Millionen andere Menschen überzeugt. Er selber steckt hinter diesen Geschichten, und wenn wir das kapieren, dann wird uns die eigentliche Bedeutung davon erst richtig klarwerden. Das Ziel der Volxbibel ist es, den Staub von den alten Texten zu blasen, ihnen neue Aktualität und auch Schärfe zu geben. So wurden z. B. alle Maßeinheiten, Geldbeträge und Gewichte umgerechnet, wie wir sie heute kennen. Ebenso haben wir Gegenstände, Waffen, Tiere und Pflanzen in der Weise übertragen, dass sie den Menschen von heute etwas sagen.

Wir als Team wünschen uns, dass dich diese Geschichten wirklich berühren, dass du die Kraft spürst, die dahintersteckt. Die Bibel soll provozieren und herausfordern, man muss Respekt vor ihr haben und sie zu sich sprechen lassen. Dabei darf man natürlich auch lachen, staunen, schmunzeln oder sich einfach nur freuen.

Zum Schluss ist mir wichtig, noch einmal deutlich zu machen, dass es sich beim Alten Testament nur um einen Teil der Geschichte handelt. Wenn du Gott wirklich kennenlernen willst, dann kommst du an Jesus nicht vorbei! Deshalb ist es wichtig, auch die Fortsetzung zu lesen, das Neue Testament. Diese alten Geschichten hier sind auch eine Vorbereitung auf die eigentliche

Sensation. Im Neuen Testament erfährst du nämlich, wie der ganz besondere, heftige, gigantische *Gott*, der hier im Alten Testament manchmal echt hart rüberkommt, dann mit Jesus als ein Mensch auf die Welt gekommen ist, um *Gottes* größten Plan umzusetzen und allen zu zeigen, wie sehr er uns wirklich liebt.

Also, viel Spaß beim Lesen wünschen dir Martin Dreyer und das Team.

Was bisher geschah...

Du befindest dich im zweiten Teil des Alten Testaments, den alten Verträgen zwischen Gott und den Menschen. In diesem Teil stehen vor allem die Sachen drin, die von Propheten gesagt und aufgeschrieben wurden. Propheten sind Leute, die einen ganz besonderen Draht zu Gott haben und von ihm immer irgendwelche Nachrichten reinbekommen, die sie dann an die anderen Leute weitersagen sollen. Aber damit man besser verstehen kann, worum es überhaupt geht, sollte man auch wissen, was im ersten Teil vom Alten Testament passiert ist.

Und zwar wird dort am Anfang erst mal erzählt, wie Gott das Universum, die Erde und auch die Menschen gemacht hat. Die Menschen haben sich dann immer krasser vermehrt und sich überall auf der Erde ausgebreitet. Dann gab es da irgendwann den Abraham, einen Typen, der absolut mit Gott unterwegs war und ihm echt vertraut hat. Dieser Abraham ist der Uropa von ganz vielen Menschen. Sein Enkel, der Jakob, hatte zwölf Söhne, und aus jedem von diesen Söhnen ist ein großer Familienstamm entstanden. Jakob ist mit seinen Söhnen irgendwann nach Ägypten gezogen, und mit seiner Familie fängt die Geschichte von Gottes ganz besonderem Volk, den Israeliten, an.

Nach einiger Zeit wurden die Israeliten in Ägypten von den Leuten fies unterdrückt. Aber Gott holte sie schließlich mit ganz krassen Aktionen dort raus und befreite sie. Anschließend sind sie unter der Führung von Mose lange durch die Wüste gewandert, bis sie endlich in das Land kamen, das Gott schon dem alten Abraham vor langer Zeit versprochen hatte und wo sie für immer wohnen sollten. Auf ihrem Weg durch die Wüste machte Gott mit ihnen einen Vertrag. In diesem Vertrag standen ein paar wichtige Regeln, die Gesetze, damit seine Leute wissen, wie man am besten leben soll.

Doch die Israeliten hatten nicht immer so wirklich Bock auf Gott und auf das, was er von ihnen wollte. Ständig bauten sie Mist und taten Dinge, die er nicht gut fand. Sie beteten sogar zu selbstgemachten Plastikgöttern, und schließlich wollten sie auch einen Präsidenten haben, weil ihnen Gott als einziger Chef nicht mehr genug war. Gott fand das nicht so toll, er ließ sie aber machen, und so wählten sie Saul zum Präsidenten. Der zweite Präsident von Israel war dann David, der total krass mit Gott unterwegs war und sehr mächtig wurde. Er baute zwar auch manchmal Mist, hat sich dann aber immer bei Gott entschuldigt und alles wieder mit ihm in Ordnung gebracht.

David war auch Musiker, und von ihm stammen viele der Lieder in diesem zweiten Teil vom Alten Testament, die man „Psalmen“ nennt.

Nach ihm kam sein Sohn Salomo an die Macht, der hat einige von den „Sprüchen“, das „Hohelied“ und eine Predigt geschrieben, die auch im ersten Teil des Alten Testaments stehen. Salomo war ein richtig schlauer Mensch, er war voll mit Gott unterwegs, baute später aber auch noch Mist. Trotzdem hat Gott ihn und David total gerngehabt.

Nach Salomo gab es in Israel Stress mit dem Präsidenten, und das Land hat sich geteilt. So entstanden der Nordstaat Israel, mit Samaria als Hauptstadt, und der Südstaat Juda, mit Jerusalem als Hauptstadt. Die meisten Präsidenten von Israel und Juda hatten keinen Bock auf Gott und seine Gesetze. Deswegen hat er seine Propheten vorbeigeschickt, um zu sagen, wie ätzend er das findet. Die Propheten haben die Leute immer wieder vor den Sachen gewarnt, die Gott tun wird, wenn sie sich nicht ändern. Denen war das aber meistens egal, und so bekamen die Leute immer wieder heftige Probleme. Beide Staaten, Israel und Juda, wurden dann sogar von Feinden besiegt, und alle Bewohner des Landes mussten in die Kriegsgefangenschaft. Sogar der Tempel wurde zerstört, das total abgefahrene Haus von Gott in Jerusalem, das Salomo extra gebaut hatte.

Später schickte Gott seinen Leuten Propheten, die ihnen sagen sollten, dass sie bald wieder nach Hause können. Und tatsächlich durften die Israeliten (oder „Juden“, wie man sie dann später auch nannte) nach langer Zeit wieder zurück. Sie haben schließlich sogar mit Gottes Hilfe den Tempel wieder aufgebaut.

Schon ganz am Anfang, im Paradies, hat Gott seinen Leuten ständig erklärt, wie sie korrekt leben sollen und was es für krasse Folgen haben wird, wenn sie es nicht tun. Leider denken die Menschen immer, sie wüssten alles besser, und hören nicht auf die Ansagen von Gott. Das ist auch der Grund, warum dann schlimme Sachen, auf die Gott eigentlich auch gar keinen Bock hat, immer wieder passieren.

Das war jetzt „Was bisher geschah“ in Kurzfassung. Wenn du genau wissen willst, wie diese spannenden Geschichten abgelaufen sind, solltest du unbedingt auch den ersten Teil vom Alten Testament lesen.

Und nun geht es los mit Hiob, der eine wirklich krasse Lebensgeschichte hatte …

Das Buch Hiob

1

Hiob ist gut drauf, und es geht ihm auch voll gut
1 Früher lebte mal so ein Mann, der den Namen Hiob hatte. Er wohnte in
dem Land Uz und war einfach total gottmäßig unterwegs. Hiob hatte großen
Respekt vor Gott und machte um alles, was link und nicht gut war, einen
großen Bogen. 2 Mit seiner Frau hatte er zehn Kinder, und zwar sieben
Söhne und drei Töchter. 3 Dazu hatte er auch einige Fabriken, in denen Com-
puter, Handys und Flachbildfernseher produziert wurden. In seinem Konzern
arbeiteten total viele Menschen. Er war einfach echt reich, und es gab zu der
Zeit keinen Menschen in dem ganzen Gebiet im Osten, vor dem die Leute
mehr Respekt hatten als vor ihm, Hiob. 4 Seine Söhne hatten sich ange-
wöhnt, in regelmäßigen Abständen eine Party bei sich zu feiern, wozu die
ganze Familie, inklusive der drei Schwestern, eingeladen wurde. Dabei wech-
selten sie sich immer ab. Dort wurde richtig abgefeiert, mit kaltem Buffet
und Freibier bis zum Abwinken. 5 Immer wenn so eine Party vorbei war, zog
Hiob am nächsten Morgen für jedes seiner Kinder ein Abfackelopfer durch,
damit mit Gott wieder alles okay war. Seine Idee war dabei, dass ja vielleicht
während der Party einer von ihnen aus Versehen etwas gemacht hatte, was
Gott nicht so toll findet. „Vielleicht haben sie ja im breiten Zustand irgendet-
was Ätzendes über Gott gedacht, und das steht jetzt zwischen ihnen und
Gott", war seine Überlegung.

Satan fragt bei Gott an, ob er Hiob abziehen darf
6 Im Himmel spielte sich in der Zeit folgende Szene ab: Alle Minister, die
zu Gott gehörten, trafen sich zu einem großen Meeting. Plötzlich ging die
Tür auf, und Satan, der Feind von Gott, dessen Ziel es ist, Menschen kaputt-
zumachen, kam in den Raum rein. 7 „Hä? Was willst du? Wo kommst du
denn her?", fragte ihn Gott. „Äh, ich war gerade unterwegs und hab mir die
ganze Welt mal genauer angesehen." 8 „Und?", fragte ihn Gott. „Hast du
auch mal bei meinem Hiob vorbeigeschaut? Ich kann dir eins versprechen:
So einen wie den findest du nirgendwo sonst auf der Erde! Der ist cool
drauf, er lebt korrekt, er hat Respekt vor mir und macht um alle miesen
Sachen einen großen Bogen!" 9 „Das macht der doch nicht einfach so!",
konterte Satan. „Der kriegt ja auch was dafür, dass er so drauf ist. 10 Du hast
ja höchstpersönlich dafür gesorgt, dass es ihm und seiner Familie richtig
gutgeht. Alles, was er anpackt, läuft super, er verdient megaviel Kohle und
wird jeden Tag reicher. 11 Ich schwör dir, wenn du ihm nur mal seinen
ganzen Besitz wegnehmen würdest, dann würde der voll abdrehen. Hiob

würde dir öffentlich die Krätze an den Hals wünschen und dich verfluchen!“
12 „Deal!“, antwortete Gott. „Du kannst ab sofort mit allen Sachen von Hiob
machen, was du willst. Aber seinen Körper selbst, also seine Gesundheit
und so, musst du in Ruhe lassen. Ist das klar?“ Satan war einverstanden
und zog ab.

Hiob wird ausgetestet

13 Irgendwann später war Hiobs ganze Familie im Haus von seinem ältesten
Sohn zum Essen eingeladen. Es gab lecker Pizza und genug zu trinken.
14 Hiob selbst war aber in seinem Büro. Plötzlich klingelte es an der Tür, und
einer von seinen Angestellten kam hechelnd in den Raum rein. „Chef, ich
war gerade noch im Industriegebiet, wo alle unsere Computer produziert
werden. 15 Plötzlich sind ein paar Mafiosi aus Seba in die Halle gestürmt
und haben wie wild um sich geschossen! Alle Angestellten wurden getötet!
Und das gesamte Lager haben die auch ausgeräumt! Ich bin der Einzige,
der fliehen konnte, darum bin nur ich hier, um Ihnen das zu erzählen!“
16 Er war gerade fertig mit seiner Ansage, da klingelte es schon wieder an
der Tür. Ein Mann kam rein und sagte: „Ich komme gerade aus der Halle,
wo Ihre neue Handykollektion hergestellt wird. Ein Blitz hat in das Dach
eingeschlagen, es gab einen Riesenknall, und dann ist alles abgebrannt. Es
gab viele Tote, ich bin der Einzige, der die Sache heil überlebt hat. Darum
bin ich jetzt hier.“ 17 Der Typ hatte gerade seinen letzten Satz ausgespro-
chen, da klingelte es zum dritten Mal an der Tür. „Chef, etwas Schreckliches
ist passiert“, rief der Mann. „Eine Gang hat gerade Ihre Fabrik für Flach-
bildfernseher überfallen. Die kamen mit einem großen Lkw an und haben
das ganze Lager leer geräumt. Alle Arbeiter wurden in die Ecke getrieben
und erschossen! Ich bin der Einzige, der das Massaker überlebt hat.“
18–19 Kaum hatte der Typ zu Ende gesprochen, da klingelte es zum vierten
Mal an der Tür. Diesmal war es der Butler von Hiobs ältestem Sohn: „Ich
komme gerade aus dem Haus von Ihrem ältesten Sohn. Dort gab es
eine große Naturkatastrophe. Ihre Kinder hatten sich gerade mal wieder
bei ihm zum Essen getroffen, als ein ganz heftiges Erdbeben der Stärke sie-
ben losging. Dabei ist das ganze Haus in sich zusammengestürzt. Keiner
hat überlebt, nur ich konnte mich aus den Trümmern befreien, um Ihnen
die schreckliche Nachricht zu bringen.“ 20 Nachdem Hiob diese ganzen
heftigen Sachen nacheinander gehört hatte, war er natürlich voll fertig. Er
schmiss sich lang auf den Boden, um mit Gott zu reden. 21 „Als kleines
Baby, gleich nachdem meine Mutter mich geboren hatte, gehörte mir gar
nichts. Und so arm werde ich auch wieder sterben. Gott hat mir viel
geschenkt, und er hat mir viel wieder weggenommen. Es ist sein Ding, er
ist und bleibt der Boss, und ich will ihm dankbar sein!“ 22 Obwohl Hiob

diese ätzenden Sachen passiert waren, ließ er nichts zwischen sich und Gott
kommen. Er beschwerte sich noch nicht mal bei ihm.

2

Satan will Hiob weiter austesten

1 Irgendwann später gab es wieder mal ein Meeting mit allen Ministern, die
zu Gott gehörten. Satan, der Feind von Gott, der immer gerne Leute kaputt
macht, kam auch plötzlich zur Tür rein. Er kam zu Gott, weil er mit ihm
reden wollte. 2 „Na? Wo hast du dich denn schon wieder rumgetrieben?",
fragte ihn Gott. „Ach, ich war mal hier und da auf der Erde", antwortete er.
3 „Und?", fragte ihn Gott. „Hast du auch mal bei meinem Hiob vorbeige-
schaut? So einen wie den findest du nirgends sonst wo auf der Erde! Der ist
cool drauf, er lebt voll korrekt, er hat Respekt vor mir und macht um alle
miesen Sachen einen großen Bogen! Und er zieht das auch immer noch
durch, obwohl du mich dazu überredet hast, ihm übel eins reinzudrücken.
Dabei hatte er das nullstens verdient." 4 „Hm, er ist ja auch noch ganz gut
bei der Sache weggekommen, weil es ihm nicht ans eigene Leder ging.
Nur um ihr eigenes Leben zu retten, geben die Menschen ja normalerweise
alles, was sie haben. 5 Wie wäre es, wenn es jetzt mal an seine Gesundheit
gehen würde? Wetten, dass er dann keinen Bock mehr auf dich hat und dir
den Stinkefinger zeigen würde?" 6 „Topp, die Wette gilt!", antwortete Gott.
„Du kannst ihm von mir aus die fiesesten Krankheiten schicken, aber töten
darfst du ihn nicht!" 7 Dann verschwand Satan wieder von der Bildfläche.
Jetzt sorgte er dafür, dass Hiob am ganzen Körper Eiterpickel bekam, die
auch noch wie verrückt juckten. Die Teile waren überall, sogar unter seinen
Füßen. 8 Hiob war total fertig, er setzte sich auf die Straße und kratzte
sich mit einer Glasscherbe an den Pickeln rum, weil die so juckten. 9 Seine
Frau meinte zu ihm: „Sag mal, Hiob, hast du nicht langsam die Schnauze
voll von deinem Gott? Meinst du immer noch, er wäre der beste Gott über-
haupt? Vergiss ihn! Sag ihm, er kann dich mal, und dann gib dir die Kugel!"
10 „Sag mal, hast du denn überhaupt keinen Respekt vor Gott? Du redest
gerade totalen Dünnsinn! Wenn Gott etwas Gutes tut, sind wir doch auch
nicht dagegen, oder? Warum haben wir denn jetzt plötzlich das Recht, die
schlechten Sachen abzulehnen?", antwortete Hiob und blieb einfach gott-
mäßig drauf. Aus seinem Mund kam keine Beschwerde gegen Gott.

Die Freunde von Hiob kommen zu Besuch

11 Hiob hatte eine Clique mit drei echt guten Freunden. Als die drei von den
ganzen üblen Sachen hörten, die Hiob passiert waren, kamen sie alle aus
den unterschiedlichen Orten, wo sie wohnten, um ihn zu besuchen. Elifas
kam aus Teman, Bildad aus Schuach und Zofar aus Naama. Sie trafen sich

bei Hiob zu Hause, um ihn etwas aufzubauen und ihm auch zu sagen, wie leid ihnen die ganze Sache tat. 12 Als sie aus ihren Autos gestiegen waren und er ihnen aus dem Haus entgegenkam, konnten sie ihn zuerst gar nicht erkennen, weil er so kaputt aussah. Schließlich liefen sie zu ihm, fingen voll an zu weinen und umarmten ihn. 13 Sie gingen in sein Haus und setzten sich erst mal in seinem Wohnzimmer auf den Boden. Sieben Tage und Nächte blieben sie dort sitzen, ohne auch nur ein Wort zu sagen. Die ganze Situation mit Hiob war echt zu heftig. Jeder bekam ja live mit, was für Gigaschmerzen er die ganze Zeit hatte und wie er auch psychomäßig total am Ende war.

3

Hiob schiebt den Depri

1 Schließlich fing Hiob wieder an zu reden. Er kotzte sich so richtig aus, er wünschte sich, dass er nie geboren worden wäre. 2 Und zwar sagte er Folgendes: 3 „Was soll der ganze Scheiß? Warum bin ich überhaupt geboren worden? Dieses Datum kannst du aus dem Kalender streichen! Diese Nacht, als sie jubelten: Hurra, es ist ein gesunder Junge! 4 Gott, tu mir einen Gefallen und lösch dieses Datum! An diesem Tag gibt es nix zu feiern. 5 Dieses Datum soll schwarz sein im Kalender. Keinen Tag sollte man da draus werden lassen, einen umgedrehten Eimer sollte man über die Sonne stellen. 6 Auch die Nacht sollte sich verstecken. Verdammt, diese Geburtsnacht vergisst man am besten. 7 In dieser Nacht hätte man keine Geburt feiern sollen und 8 diejenigen, die sich mit Verwünschungen und Beschwörungen auskennen, sollen diese Nacht verfluchen. Also die Typen, die mit solchen Monstern wie dem Leviathan, dieser Art Monsterkrokodil, rummachen. 9 In dieser Nacht hätte es so finster sein sollen, dass man keine Sterne sehen kann, und die Sonne hätte nicht aufgehen sollen, 10 weil meine Mutter mich in dieser Nacht auf die Welt gebracht hat und mir dieses Drecksleben nicht erspart geblieben ist. 11 Warum bin ich nicht schon gestorben, als ich noch im Bauch meiner Mutter war? 12 Warum hat sie mich auf ihren Schoß gesetzt? Warum bekam ich an ihrer Brust überhaupt Muttermilch zu trinken? 13 Wenn ich jetzt tot wäre, hätte ich auf jeden Fall meine Ruhe. Ich würde in meinem Grab liegen und könnte mich entspannen. 14 Wahrscheinlich könnte ich dann neben irgendwelchen Präsidenten und Bürgermeistern liegen, die für sich ganz fette Gräber haben bauen lassen. 15 Ich könnte mit irgendwelchen Reichos abhängen, die zig Millionen auf dem Konto hatten, von denen jeder vier Porsche und zwei Swimmingpools zu Hause hatte. 16 Wenn ich doch nur eine Fehlgeburt gewesen wäre! Dann wäre ich tot auf die Welt gekommen und gleich begraben worden. Ich hätte nie die Sonne gesehen. 17 Wenn man tot ist, kann einem keiner mehr was. Auch die fiesesten Schlä-

gertypen haben als Leiche keine Kraft mehr. 18 Die Leute, die im Knast sitzen,
wären dort frei. Es gibt im Tod keine Gefängniswärter, die einem ständig auf
die Eier gehen. 19 Egal, ob du Mr. Richtigwichtig oder ein Hartz-IV-Empfänger
bist, wenn man tot ist, sind alle gleich. Auch Arbeitsverträge sind dort ungül-
tig, es gibt keinen großen Chef und keinen kleinen Angestellten. 20 Warum
hat Gott überhaupt dafür gesorgt, dass auch die Leute, die depressiv drauf
sind, das Tageslicht sehen? Warum müssen die Menschen überhaupt leben,
die sich am liebsten die Kugel geben würden? 21 Sie schauen ständig auf die
Uhr und warten sehnsüchtig drauf, endlich zu sterben, aber nichts passiert.
Sie sind so heiß dadrauf, endlich tot zu sein, als wäre es der Jackpot im
Lotto am Samstag. 22 Die können es kaum abwarten, bis sie endlich den Löf-
fel abgeben können, es macht ihnen Spaß, schon jetzt ihre Beerdigung zu
planen. 23 Ich bin ein Mann, der nicht mehr weiß, wie es weitergehen soll. Es
kommt mir so vor, als hätte Gott mir irgendwie den Weg abgeschnitten, und
jetzt steh ich hier mit 'nem Brett vorm Kopf. 24 Ich krieg keinen Bissen run-
ter, zu essen tut mir weh. Und ich heule den ganzen Tag, mir fließen die Trä-
nen nur so runter, und ich hör nicht auf zu schreien, weil es mir so beschis-
sen geht. 25 Ich habe totale Angstzustände, Paranoia und Panik. Der größte
Horror, den ich befürchtet hatte, ist nun eingetroffen. 26 Ich konnte mich von
der einen Katastrophe noch nicht mal richtig erholen, da kam gleich die
nächste um die Ecke!"

4

Elifas' Meinung zu Hiobs Krise

1 Nachdem seine Freunde ihm lange zugehört hatten, versuchte Elifas, dem
Hiob irgendwie zu helfen. Er sagte: 2 „Ach Mann, Hiob! Dir ist vielleicht
im Moment nicht nach Reden, aber auch wenn es dir grad nicht so in den
Kram passt, ich muss da was loswerden! 3 Hör mal, du warst es doch immer,
der die Leute wiederaufgebaut hat, wenn es ihnen dreckig ging. 4 Wenn
jemand total down war, dann warst du zur Stelle und hast ihn wieder ermu-
tigt. 5 Und jetzt, wo es dir selbst mal so richtig beschissen geht, machst du
schlapp. 6 Glaubst du nicht mehr, dass dein Respekt vor Gott dir hilft, wenn
du immer alles radikal mit ihm durchziehst? 7 Überleg doch mal: Ist das
schon mal vorgekommen, dass einer kaputtgegangen ist, der immer voll
gottmäßig gelebt hat? 8 Also, nach meiner Erfahrung ist es immer so, dass
Menschen, die ständig Mist bauen, auch irgendwann in der Scheiße landen.
9 Wer mies lebt, wird irgendwann von Gott umgepustet. Er niest nur einmal,
und die sind weg vom Fenster. 10 Leute, die so drauf sind, haben laut gebellt
und geknurrt wie ein Kampfhund, aber Gott hat ihnen das Maul gestopft
und ihnen die Zähne gezogen. 11 Sie verhungern, weil ihnen das Herrchen
kein Chappi mehr gegeben hat, und ihre Welpen verrecken auf der Straße.

12 Ich hab mal geträumt, wie mir jemand 'ne Ansage machte. Der hat mir
was ins Ohr geflüstert, und ich hab voll die Panik bekommen und am gan-
zen Körper gezittert. 13 Das war echt wie ein Horrortrip, den man im Tief-
schlaf manchmal erlebt, und morgens wacht man auf und muss immer
noch dran denken. 14 Das war echt übel, der reinste Alptraum. 15 Es war so,
als hätte jemand die Tür aufgemacht, und mir würde ein eiskalter Wind über
das Gesicht blasen, ich bekam voll die Gänsehaut. 16 Plötzlich stand so ein
Geist vor mir, wie aus einem schlechten Horrorfilm. Ich konnte sein Gesicht
nicht erkennen, nur die Umrisse von seinem Körper. Es war unheimlich still.
Und dann fing er an zu reden: 17 ‚Ist es möglich, dass jemand besser drauf
ist als Gott? Schließlich hat er die Menschen geschaffen, da kann ihm nun
mal keiner das Wasser reichen. 18 Gott kann noch nicht mal den Leuten, die
für ihn arbeiten, vollständig vertrauen. Auch seine Engel, die ja seine Bot-
schafter sind, kriegen was von ihm auf die Ohren, wenn sie Fehler machen.
19 Du glaubst doch nicht im Ernst, er würde dann den Menschen vertrauen,
die er selber gemacht hat und die er so mal eben zermatschen kann, wenn
er will, wie eine Fliege mit einer Fliegenklatsche. 20 Nach dem Aufstehen
kommen sie für ein paar Stunden in die Puschen, und jeden Abend fallen sie
wieder wie tot ins Bett. Und irgendwann sterben sie alle, und keiner erinnert
sich lange an sie. 21 Stimmt doch, oder? Ist deren Uhr abgelaufen, legen sie
sich hin und sind tot. Und gelernt haben sie in der Zeit, in der sie leben, ein-
fach gar nichts.'"

5

Es ist nicht gut, schlecht drauf zu sein

1 Elifas redete weiter: „Du kannst rumheulen, solange du willst, Hiob, aber
wer soll dir denn helfen? 2 Depression ist doch Sterben auf Raten. Und einer,
der die Sachen nicht peilt, stirbt an dem Ärger, den er sich ständig macht.
3 Ich kenn solche Leute! Zuerst richtet sich so ein Idiot schön ein in seiner
Bude, doch im nächsten Augenblick hat der Toaster einen Kurzschluss, und
die ganze Bude fackelt ab. 4 Ihre Kinder kommen nie wirklich klar im Leben,
und wenn die mal 'ne Anzeige am Hals haben, finden sie keinen Anwalt, der
ihren Fall übernehmen würde. 5 Die Kohle, die sie mühsam verdient haben,
verprassen andere mit vollen Händen. Die Ganoven zocken sich ihr Geld,
selbst wenn es fest angelegt auf der Bank liegt. Wie die Geier greifen die sich
alles, was ihnen nicht gehört."

Elifas' Idee: Geh zu Gott und rede mit ihm

6 Elifas sagte dann: „Katastrophen passieren nicht automatisch, das ist
einfach nicht normal, was dir passiert ist, Hiob. 7 Viel Stress bekommt man
nur, weil die Probleme in einem selbst liegen. Das ist normal, jeder Mensch

hat das. Dass so was passiert, ist genauso normal, wie dass der Rauch von
einer Kippe immer nach oben steigt. 8 Weißt du, was ich an deiner Stelle
machen würde? Ich würde mal bei Gott anklopfen, ihm alles schildern und
ihn fragen, was das Ganze überhaupt soll. 9 Gott ist nichts unmöglich, er
kann alles. Er hat die Macht, Dinge zu tun, die wir nie auf die Reihe bekom-
men würden, er kann Wunder tun ohne Ende. 10 Er besprenkelt zum Bei-
spiel alle Felder auf der Erde mit Regen, damit sie genug Wasser haben.
11 Wenn jemand gefrustet ist, baut Gott ihn wieder auf. Wer ganz unten ist,
wird von ihm wieder hochgebracht. Wenn jemand traurig ist, wird er durch
Gott wieder fröhlich. 12 Die Schlaumeier legt er rein, wenn sie was Übles
planen. Wenn sie es probieren, geht das Ding nach hinten los. 13 Die Leute,
die sich was auf ihre Bildung einbilden, zieht er einfach ab. Und die miesen
Typen, die immer alles besser wissen, fallen auf die Fresse. 14 Obwohl es
überall hell ist, können sie nichts sehen, selbst gegen zwölf Uhr Mittag tap-
pen sie total im Dunkeln. 15 Die Kaputten und Fertigen beschützt er. Wenn
sie angeklagt oder mit Waffen bedroht werden, dann ist er da. 16 Die Leute,
die ganz unten sind, bekommen so wieder Hoffnung, und fiese Typen müs-
sen ihre Fresse halten. 17 Hey, wer von Gott bestraft wird, kann sich echt
freuen! Wenn Gott gerade ein paar Erziehungsmaßnahmen mit dir durch-
zieht, dann wehre dich nicht dagegen. 18 Wenn er jemanden verwundet,
dann sorgt er auch für die Heilung. Wenn seine Hand mal zuschlägt, dann
kann er mit derselben Hand auch alles wiedergutmachen. 19 Egal, wie oft
du in eine Katastrophe reinschlitterst, er holt dich da immer wieder raus.
Er passt auf dich auf, dass dir niemand wirklich was kann. 20 Bei der nächs-
ten Wirtschaftskrise sorgt er für dich, damit du immer genug zu essen auf
dem Tisch hast. Und wenn es Krieg gibt, passt er auf, dass die Kugeln dich
nicht treffen. 21 Er beschützt dich, wenn Gerüchte über dich verbreitet wer-
den. Und selbst, wenn etwas wie eine Bombe in dein Leben einschlägt,
musst du keine Angst haben. 22 Über Angst und Schläge wirst du nur noch
lachen, und auch die fiese Skinheadgang aus der Nachbarschaft kann
dich völlig kaltlassen. 23 Selbst in der gegnerischen Fankurve bist du sicher,
und der gefürchtete Schlägertyp aus der Siedlung lässt dich in Ruhe. 24 Kei-
ner betritt dein Zimmer, niemand fackelt euer Haus ab, und dein Fahrrad
wird auch nicht geklaut. 25 Du wirst sehen, wie sich deine Kinder vermehren,
es werden so viele wie die Grashalme im Stadtpark. 26 Und wenn du dann
schließlich stirbst, wirst du richtig alt sein. Das ist so, wie man den Weizen
auch erst erntet, wenn er schön reif und goldgelb ist. 27 Wir haben das
alles ausgecheckt, Hiob, das stimmt echt! Das musst du dir gut merken,
hörst du?!“

6

Hiobs Reaktion auf Elifas' Ansage

1 Hiob antwortete: 2 „Wenn man versuchen würde, meinen Frust zu messen
und meine Depression und meine Schmerzen auf eine Waage zu packen,
würde das Teil sofort kaputtgehen. 3 Die wiegen mehr als eine Million Ton-
nen! Ist doch normal, dass ich da etwas verwirrte Sachen sage, oder? 4 Ich
bin durch die Kugeln von Gott schwer verwundet worden. So heftig, als hätte
er mich mit einem Kopfschuss getroffen, er greift mich wie eine Armee im
Krieg an. 5 Hunde, die ihr Chappi bekommen, hören sofort auf zu bellen,
eine Katze, die ihr Whiskas bekommt, hört auf zu miauen. 6 Aber wer mag
schon ein Essen ganz ohne Salz? Und wer mag vergammelten Käse aus
der Mülltonne? 7 Genauso krieg ich das Kotzen, wenn ich nur an meine üble
Situation denke. 8 Warum sitzt Gott auf seinen Ohren, wenn ich zu ihm
bete? Ich hoffe so sehr, dass er das tut, was ich mir von ihm wünsche. 9 Er
soll sich endlich dazu entschließen, mich aus seiner Datei zu löschen. Er
soll aufhören, in meinem Leben rumzufuchteln, und mich einfach töten.
10 Damit würde er mir noch ein letztes Mal einen Gefallen tun, ich würde
mich noch mal freuen können, obwohl es mir total dreckig geht. Ich wäre
sehr happy, weil ich Gottes Worte nicht in den Dreck gezogen habe. Denn
ich habe immerhin die ganze Zeit echt alles mit ihm durchgezogen. Ich hab
alles getan, was dieser ganz besonders krasse Gott von mir wollte. 11 Wo soll
ich jetzt noch Kraft hernehmen, um weiterzuleben? Wo soll ich meine Hoff-
nung herkriegen? 12 Wofür der ganze Scheiß überhaupt? Seh ich so aus, als
ob ich die Kraft vom Terminator hätte oder so gebaut wäre wie Rambo?
Heiß ich Chuck Norris, oder was? Was soll aus meinem Leben noch werden?
Warum sollte ich das Ganze noch länger aushalten? 13 Es gibt keine Hilfs-
organisation, die mir jetzt helfen könnte! Es gibt keinen, der mich aus der
Situation noch wirklich gut rausholen könnte. 14 Wenn in so einer Sache
jemand keine Freunde mehr hat, die nett zu ihm sind, dann ist er echt am
Ende. Er wird dann auch den Respekt vor Gott verlieren. 15 Aber auch meine
Freunde stehen anscheinend nicht wirklich zu mir. Sie sind so wie Bierfäs-
ser, die auf der Party plötzlich leer sind. 16 Die Feier läuft schon ein paar
Stunden, und dann ist plötzlich nur noch Schaum in den Fässern. 17 Der Par-
tykeller war wohl zu warm, die Fässer sind fast ausgetrocknet. 18 Einige
Gäste verlassen die Party, sie sterben vor Durst. 19 Sie suchen 'ne Tanke oder
'nen Kiosk, um noch irgendwo ein Bier aufzutreiben. 20 Aber sie haben kei-
nen Erfolg: Obwohl sie die ganze Nacht suchen, stehen sie doch nur fru-
striert vor verschlossenen Türen. 21 Genauso seid ihr gerade für mich! Ihr
seht die ganzen bescheuerten Sachen, dir mir passiert sind, und bekommt
dadurch selber Angst. 22 Hab ich euch vielleicht gefragt, ob ihr für mich

einen Hilfsfonds gründen und auf Spendensammlung gehen sollt? Oder
wollte ich irgendwas von eurer Kohle haben? 23 Oder wollte ich vielleicht
von euch, dass die GSG 9 hier antanzt, um mich von irgendwelchen Entfüh-
rern zu befreien? 24 Wenn ihr eine gute Antwort auf meine Probleme habt,
dann nix wie her damit! Ich werde mein Maul halten und euch zuhören, ver-
sprochen! Wenn ich irgendwo danebenliege, dann erklärt mir das bitte! 25 Die
Wahrheit bringt's voll, aber euer Gelaber hilft mir echt nicht weiter. 26 Habt
ihr vor, mich anzuzählen, weil ich so einen Müll geredet hab? Ich bin voll
fertig, und ihr glaubt auch noch, ich laber nur rum! 27 Wie seid ihr denn bitte
drauf? Ihr würdet ja sogar Heimkinder bei E-Bay versteigern, und wenn der
Preis stimmt, würdet ihr auch noch einen Freund an die Bullen verraten.
28 Jetzt macht mal eine Ansage: Denkt ihr, dass ich euch nur Schwachsinn
erzählt habe, oder was? 29 Denkt doch mal in eine andere Richtung! Seid
nicht ungerecht, Leute! Ich hab nichts verbrochen, das ist doch ganz ein-
deutig! 30 Ich hab es echt nicht übertrieben! Aus meinem Mund kam immer
nur die reine Wahrheit! Ich würde es doch merken, wenn hier etwas falsch
läuft!"

7

Kann Gott die Menschen nicht mal in Ruhe lassen?

1 Hiob war aber noch nicht fertig: „Besteht das ganze Leben nicht nur aus
Krampf, Quälerei und Nervkram? Jeden Tag muss ein Mensch wie blöd
arbeiten und bekommt dafür gerade mal einen Hungerlohn. 2 Im Grunde ist
es so wie bei einem Arbeiter, der in der stechenden Mittagssonne auf der
Baustelle schuften muss und die ganze Zeit davon träumt, in einen kühlen
Pool springen zu dürfen. Oder es ist so wie bei der Frau beim Lidl an der
Kasse, die sich schon am Monatsanfang auf die Gehaltsüberweisung freut.
3 Mir geht es genauso. Seit Monaten dämmer ich hier sinnlos vor mich hin.
Viele Nächte lag ich wach in meinem Bett und hatte Depressionen. 4 Mor-
gens zähle ich die Stunden, bis der Tag endlich vorbei ist. Und wenn ich
mich pennen gelegt hab, frag ich mich, wann diese schreckliche Nacht end-
lich zu Ende geht. 5 An meinem Körper hab ich überall Pickel, die voll von
gelbem Eiter sind; sie stinken, und es tummeln sich sogar weiße Maden
drin. 6 Jeden Tag schieb ich voll den Depri und hab überhaupt keine Hoff-
nung, dass es mal besser werden wird. Mein Leben ist so schnell vorbei
wie 'ne Fahrt in der Achterbahn. 7 Ich werde nie mehr vergessen, dass mein
Leben im Grunde nur wie ein Furz ist. Mir wird es nie wieder richtig gut-
gehen. 8 Im Moment lebe ich noch, und ihr könnt euch noch mit mir treffen,
wenn ihr wollt. Aber bald bin ich tot, dann bin ich nicht mehr da, ihr werdet
mich dann nicht mehr sehen. 9 Die Wolken am Himmel kommen und gehen,
mal lösen sie sich auf, dann sind sie wieder da. Genauso ist das, wenn einer

stirbt. Er ist einfach nicht mehr da. Aus dem Grab kommt man nicht wieder
zurück. 10 Er wird nie mehr nach Haus kommen, und bald hat man ihn ver-
gessen. 11 Darum werde ich mein Maul nicht halten. Ich will alles sagen,
was mir gerade so einfällt. Ich lasse meinen Frust einfach raus. 12 Hey, Gott,
bin ich irgendwie zu gefährlich, oder was? Bin ich irgend so ein Top-Terrorist,
dass du mich so krass bewachen musst? 13 Wenn ich mich unter der Bett-
decke verkriechen will, damit ich mich da wenigstens etwas ausheulen kann,
14 dann sorgst du dafür, dass ich irgendwelche Horrorträume hab! Auch mit
diesen schlimmen Nächten 15 sorgst du dafür, dass ich lieber tot wäre, als
weiterzuleben. 16 Ich hab die Schnauze gestrichen voll! Ich will nicht ewig so
weitermachen. Lass mich in Ruhe! Mein Leben ist sowieso für 'n Arsch.
17 Warum ist dir der Mensch überhaupt so wichtig, Gott? Warum kümmerst
du dich überhaupt so um ihn? 18 Jeden Morgen testest du ihn wieder neu
aus. Jeden Tag checkst du ihn ab. 19 Kannst du mich nicht mal für einen
Moment in Ruhe lassen? Darf ich bitte wenigstens einmal atmen, ohne dass
du mir dabei zusiehst? 20 Was hab ich denn jetzt so Großes verbrochen,
verdammt? Hab ich irgendwas getan, was du nicht so toll fandest, du großer
Oberschiedsrichter der Menschen? Was hast du plötzlich gegen mich, dass
ich zu deiner Zielscheibe geworden bin? Nerv ich dich, oder was? 21 Kannst
du mir nicht einfach den ganzen Mist vergeben, den ich gemacht habe?
Kannst du meine Fehler nicht einfach mal vergessen? Bald bin ich endlich
tot, dann wird meine Leiche verbuddelt, und gut ist. Dann kannst du mich
lange suchen, ich bin dann mal weg."

8

Der nächste Freund warnt Hiob

1 Als Nächstes fing Bildad von Schuach an, Hiob zuzutexten: 2 „Wie lange
willst du noch so rumlabern, Hiob? Das ist doch alles heiße Luft, was du
hier von dir gibst! 3 Glaubst du echt, Gott dreht fiese Dinger? Denkst du wirk-
lich, er hält sich nicht an seine eigenen Gesetze? Meinst du, er dreht sich
die Sachen so, wie er gerade lustig ist? 4 Ganz bestimmt nicht! Bestimmt
haben deine Kinder richtig Mist gebaut, und darum hat er sie auch dafür
bestraft. 5 Ich sag dir, wenn du nur wirklich anfangen würdest zu beten, wenn
du Gott anbetteln würdest, dass er wieder nett zu dir ist, 6 dann würde er
dir bestimmt helfen. Natürlich vorausgesetzt, du hast selbst keinen Mist
gebaut. Er würde extra für dich auftauchen und alles wiedergutmachen.
Er würde dafür sorgen, dass die ganzen Sachen mit dir und deiner Familie
wieder in Ordnung kommen. 7 Irgendwann wirst du zurückschauen und
feststellen, dass Gott am Ende alles wieder genial zusammengebastelt und
gutgemacht hat. 8 Lies doch mal ein paar Geschichtsbücher! Forsche mal
nach, was die Leute, die vor dir gelebt haben, so alles lernen konnten. 9 Wir

leben ja im Verhältnis dazu gerade mal ein paar Sekunden, wenn man
bedenkt, wie alt die Erde ist. 10 Die Männer, die vor dir gelebt haben, können
dir noch 'ne Menge beibringen, sie haben voll viele gute Gedanken und
Erfahrungen gesammelt. 11 Nur in einem sehr feuchten Gebiet, wo sehr mat-
schiger Boden ist, kann auch Schilf wachsen. 12 Wenn das Wasser aber weg
und der Boden trocken ist, vertrocknet die Schilfpflanze. Das geht schneller,
als du gucken kannst, da ist sie schon verwelkt. 13 Und genau das Gleiche
passiert mit allen Menschen, die Gott vergessen haben. Wenn jemand ohne
Gott lebt, lebt er ohne Hoffnung. 14 Er hat seine Hoffnung auf heiße Luft
gesetzt, er hat sein Leben an einen dünnen Wollfaden gehängt. 15 Wenn er
denkt, dass er in seinem Haus sicher ist, dann bricht es in sich zusammen;
er versucht, sich daran anzulehnen, aber die Mauer stürzt dabei ein. 16 Aber
wenn die Sonne scheint, dann geht es ihm gut. Sein Leben entwickelt sich
super, genauso wie eine Pflanze in der Sonne voll abgeht. Ihre Zweige wer-
den immer länger und ranken sich an der Wand hoch. 17 Sie wuchern an der
Steinmauer entlang, die Wurzeln wachsen zwischen den Steinen durch und
finden dort ihren Halt. 18 Wenn sie dann aber mal unten aus dem Boden
rausgerissen wird, vertrocknet sie schnell, und dann weiß nach einer Zeit
keiner mehr, wo sie überhaupt mal gewachsen ist. 19 So funktioniert das
auch mit den Menschen. Ihr Leben ist irgendwann zu Ende, und an ihrer
Stelle kommen schnell andere Leute. 20 Wer korrekt lebt, wird von Gott nicht
im Stich gelassen, aber wer link drauf ist, bekommt keine Hilfe von ihm. 21 In
der Zeit, wo Gott dich wieder zum Lachen bringt und dafür sorgt, dass du
vor Freude rumbrüllst, 22 werden die Leute, die dich nicht abkönnen, dumm
aus der Wäsche gucken, sie werden ziemlich blöd dastehen, es wird nur
peinlich für sie werden. Menschen, die nicht mit Gott leben, werden auf
Dauer von der Bildfläche verschwinden."

9

Hiob sagt: Gott sitzt sowieso immer am längeren Hebel

1 Hiob antwortete: 2 „Ja, ich hab auch kapiert, dass es so läuft. Es gibt aber
einfach keinen Menschen, der für Gott vollkommen okay ist. 3 Wenn ein
Mensch Bock drauf hätte, gegen Gott Anzeige zu erstatten, dann könnte er
ihm vor Gericht jede Menge fieser Fragen stellen, Gott hätte immer die bes-
sere Antwort parat. 4 Gott hat einfach so einen krassen Schnall von allem,
und er hat so eine gigantisch große Power, da gibt es keinen, der ihm das
Wasser reichen könnte. Und wer ihm widerspricht, kriegt am Ende eins auf
die Mütze. 5 Gott kann ganze Berge von einer auf die nächste Sekunde an
eine andere Stelle beamen. Und wenn er sauer ist, dann könnte er so ein
Teil locker mit einem Blick wegsprengen. 6 Er tritt mit seinem Fuß gegen die
Erde, und der ganze Planet fängt an zu wackeln. 7 Gott braucht nur ein Wort

zu sagen, und die Sonne hört auf zu leuchten und die Sterne auch. [8] Er hat das ganze Universum organisiert. Übrigens kann auch nur Gott auf dem Wasser gehen. [9] Die ganzen Planetensysteme und Sternenkonstellationen hat er auch gemacht. Den Großen Wagen, den Orion, das Siebengestirn, die Milchstraße, das war alles seine Idee. [10] Gott kann einfach so gigantisch große Dinge tun, dass kein Wissenschaftler sie wirklich richtig erforschen kann. Und die ganzen Wunder von ihm kann niemand wirklich korrekt auflisten, es sind zu viele. [11] Dabei ist er wie ein Geist, er ist unsichtbar. Gott ist zwar in meinem Zimmer, aber ich kann ihn nicht sehen. Er geht an mir vorbei, aber ich spüre das noch nicht mal. [12] Er nimmt das Leben von einem Menschen, und keiner kann ihn dadran hindern. Niemand kann ihn von der Seite anmachen, so nach dem Motto: ‚Hey, Mann, was soll das?' [13] Wenn Gott sauer ist, dann kann ihn keiner stoppen. Selbst die fiesesten Dämonen müssen ihm gehorchen. [14] Wie soll dann ausgerechnet ich kleine Wurst mit ihm reden? Wie soll ich mich da richtig ausdrücken können? Was wären die richtigen Worte? [15] Selbst wenn ich überhaupt nichts ausgefressen hätte, könnte ich mich nicht gegen ihn wehren. Er ist der Chef, er macht die Ansagen, er ist der Richter. Selbst wenn ich total okay leben würde, könnte ich auf Gottes Fragen nix Korrektes antworten, sondern nur bei ihm um Gnade winseln. [16] Und selbst wenn er mir antworten würde, auf meine Wünsche würde er garantiert nicht eingehen. [17] Gott schickt mir einen heftigen Orkan, er bläst mich einfach um. Er macht mich ohne Vorwarnung einfach fertig, er schlägt mich so, dass ich überall blaue Flecken bekomme. [18] Ich kann zwischendrin noch nicht mal Luft holen, da kommt gleich der nächste Schlag in den Magen. So sorgt er dafür, dass ich ganz finster draufkomme. [19] Mal im Ernst, er ist mir doch in allen Belangen haushoch überlegen! Zum Beispiel in Sachen Macht und Power, da hab ich keine Chance! Und wenn man ihn vor Gericht zerren will, ist doch echt die Frage, wer ihn dazu zwingen könnte, überhaupt zur Verhandlung zu kommen. [20] Und selbst wenn ich in allen Punkten hundertprozentig recht hätte, ich brauch nur den Mund aufzumachen, und schon bau ich wieder Mist. Auch wenn ich superokay leben würde, könnte Gott mir immer noch einen reindrücken und mich verurteilen, wenn er will. [21] Dabei lebe ich echt korrekt! Aber jetzt hab ich keinen Bock mehr zu leben. [22] Das ist der Grund, warum ich jetzt der Meinung bin: Egal, ob man das tut, was Gott will, oder ob man es nicht tut, kaputt macht er sie alle. [23] Wenn plötzlich das Chaos da ist, wenn Menschen leiden, obwohl sie nichts ausgefressen haben, dann macht er sich doch über sie lustig. [24] Die Welt ist in der Hand von Betrügern, denen das Gesetz egal ist. Mal im Ernst, wenn da nicht Gott selbst für gesorgt hat, wer dann? [25] Mein Leben vergeht schneller als der Schall, und ich hab in der ganzen Zeit einfach kein Glück gehabt. [26] Es ging so schnell vorbei wie ein Düsenjet, der

über einen wegfliegt. Wie ein Schlitten auf der Rodelbahn zischt es an einem
vorbei. 27 Manchmal führe ich mit mir Selbstgespräche. Dann sag ich: ‚Nun
komm schon, ist doch alles halb so wild. Mach dir nicht in die Hose. Jetzt
lach doch mal wieder!‘ 28 Aber dann hab ich im nächsten Augenblick schon
wieder voll die Panik vor den ganzen Schmerzen, die kommen könnten.
Mir ist einfach klargeworden, dass du, Gott, mich nicht ungestraft davon-
kommen lässt. 29 Ich mein: Ich muss ja irgendwas ausgefressen haben!
Sonst macht der ganze Scheiß einfach keinen Sinn! 30 Selbst wenn ich drei
Stunden duschen und meine Haut mit einer Scheuermilch reinigen würde,
31 würdest du mich vermutlich im nächsten Augenblick in die nächste Gülle-
grube schmeißen. Dann würde ich so sehr stinken, dass sich sogar meine
Klamotten vor mir ekeln würden. 32 Wenn Gott ein Mensch wäre, würde ich
ihn sofort anzeigen. Das wäre meine Antwort auf die Art und Weise, wie
er gerade mit mir umspringt. 33 Wenn es doch nur einen Schiedsrichter
geben würde, der zwischen uns beiden vermitteln könnte! 34 Wenn es den
gäbe, müsste Gott endlich aufhören, mir ständig eine reinzuhauen, und er
dürfte mir dann keine Angst mehr machen. 35 Dann würde ich meinen Fall
vortragen können, ohne dabei Angst zu haben. Ich kann mich nicht
dadran erinnern, irgendetwas Falsches gemacht zu haben.“

10

Hiob sagt: Gott macht mich fertig

1 Hiob redete weiter: „Mein ganzes Leben kotzt mich an! Und ich will mei-
nen Frust hier auch rauslassen, ich will dadrüber reden, was mich so kaputt
gemacht hat und was mir weh tut. 2 Und ich sage dabei zu Gott: Bitte mach
mich nicht total kaputt! Und sag mir endlich, warum du mich überhaupt
so anzählst! Was hab ich denn so Schlimmes verbrochen? 3 Bist du so sado-
mäßig unterwegs, oder was? Macht es dir Spaß, wenn du Leute kaputt
machst, die du mal gebaut hast? Und den ganzen fiesen Typen hilfst du auch
noch, wenn sie irgendwelche Leute abziehen? 4 Kannst du dich nicht in die
Menschen einfühlen? Kannst du die Dinge nicht so sehen, wie wir Menschen
sie sehen? 5 Vergeht denn für dich die Zeit so wie für uns? Hast du nicht
ein ganz anderes Zeitgefühl als wir? 6 Warum sind dir meine Fehler so wich-
tig? Warum checkst du mein Leben so krass ab, ob ich irgendwo Mist gebaut
habe? 7 Und das, obwohl du weißt, dass ich nichts ausgefressen habe.
Außerdem weißt du auch, dass es niemanden gibt, der mich vor dir retten
kann. 8 Zuerst wurde ich von dir in Handarbeit hergestellt, und jetzt wirfst
du mich in den Müll. 9 Denk doch mal dran: Du hast mich aus Matsch
gemacht! Willst du mich jetzt wirklich wieder zu einem Matschklumpen
zerquetschen? 10 Hast du mich nicht damals wie aus Knetmasse geformt
und dann aushärten lassen? 11 Hast du nicht dafür gesorgt, dass an mir

Haut, Knochen, Sehnen und Muskeln gewachsen sind? 12 Weil du mich
liebst, hast du mir erlaubt, dass ich überhaupt leben darf, und mein Inners-
tes wurde von dir beschützt. 13 Aber jetzt ist mir klar, dass du die ganze Zeit
eigentlich was ganz anderes mit mir vorhattest. 14 Du wolltest mich austes-
ten, ob ich irgendwann mal Mist baue oder nicht. Und dann hättest du mir
meinen Mist nicht verziehen, und ich wäre dran gewesen. 15 Wenn ich Mist
baue, dann krieg ich richtig eins drauf! Und wenn ich keinen Mist baue, kann
ich immer noch nicht aufrecht rumlaufen, ich muss ständig den Kopf ein-
ziehen. Ich bin total blamiert und als Krönung noch in der absoluten Krise.
16 Und wenn ich mal was auf die Reihe kriege, dann wärst du sofort hinter
mir her und würdest mir eine Mordsangst einjagen, weil du einfach viel stär-
ker bist als ich. Aber dann würdest du wieder gute Sachen bringen, über
die ich einfach nur staunen kann. 17 Es wäre kein Problem für dich, vor
Gericht noch ein paar mehr Zeugen aufzufahren, die gegen mich aussagen
würden. Dann hättest du noch mehr Grund, sauer auf mich zu sein. Es
würden wie im Schichtwechsel immer wieder neue Feinde auftauchen und
gegen mich kämpfen. 18 Warum bin ich überhaupt geboren worden, Gott?
Wenn ich wenigstens bei der Geburt gestorben wäre, dann hätte mich nie
ein Mensch gesehen. 19 Am besten alles in einem Abwasch: direkt aus der
Gebärmutter ins Grab, dann wäre es so, als wäre ich nie am Leben gewesen.
20 Ich bin sowieso bald tot. Also lass mich bitte in Ruhe noch meine letzten
Tage leben, damit ich wenigstens wieder etwas besser draufkomme als
jetzt. 21 Bald verschwinde ich von hier. Dann bin ich endlich tot, im absoluten
Nichts. 22 Dort ist es nur megadunkel, und das totale Chaos herrscht da.
Selbst wenn man dort eine Lampe anmachen würde, wäre das Licht
schwarz."

11

Zofar ist an der Reihe: Nicht Gott, sondern du bist schuld

1 Jetzt fing Zofar aus Naama an, Hiob seine Meinung zu sagen: 2 „Was
schwallst du uns hier so zu, Hiob? Auf diesen Stuss, den du da von dir gibst,
muss man einfach was antworten! Oder glaubst du, wer viel redet, hat
immer recht? 3 Willst du uns jetzt volllabern, damit dir auch ja keiner mehr
richtig antworten kann? 4 Du meintest ja, dass alles, was du sagst, hundert-
pro stimmt und dass du immer alles richtig gemacht hast. 5 Am liebsten
wär's mir jetzt, dass Gott dir mal die Meinung geigen würde. 6 Gott würde
als Erstes ganz deutlich machen, dass er voll den Überblick hat und dass
wir überhaupt nicht schnallen können, was in Wirklichkeit alles passiert.
Kapierst du nicht, dass Gott viele von deinen Fehlern nicht bestraft hat?
7 Glaubst du im Ernst, du könntest vollkommen ausloten, wie Gott eigentlich
drauf ist? Denkst du wirklich, du könntest dem perfekten und gigantischen

Gott in die Karten gucken? 8 Hey, Mann, Gott ist noch viel größer als die
Strecke von hier bis zu den Wolken da oben! Er ist so gigantisch, dass du
nie in der Lage sein wirst, ihn wirklich ganz zu begreifen. 9 Er ist viel größer
als die ganze Erde und breiter als das ganze Meer. 10 Wenn Gott jemanden
anzeigen und vor ein Gericht schleppen will, wer sollte ihn bitte daran hin-
dern können? Niemand! 11 Er kennt die Menschen ganz genau, die link
unterwegs sind. Er muss sich keine große Mühe geben, um mitzubekom-
men, wenn jemand Mist baut. 12 Kann ein total bekloppter Hirni den Physik-
nobelpreis gewinnen? Oder ist ein Esel in der Lage, ein menschliches Baby
zu zeugen? 13 Also, mein Tipp für dich sieht so aus: Fang an zu beten! Denk
nur noch an Gott, rede mit ihm, bete zu ihm! 14 Aber bevor du das tust,
solltest du dich erst mal anständig sauber machen, auch innerlich. Und lass
nicht zu, dass bei dir zu Hause Scheiße gebaut wird. 15 Dann kannst du ganz
locker mit Gott reden, ohne schlechtes Gewissen. Du brauchst dann auch
keine Angst mehr vor ihm zu haben, du bist ja dann sauber. 16 Zieh das
durch, und dann kannst du den ganzen Scheiß, der dir passiert ist, bald ver-
gessen. Der wird einfach wegfließen, wie das Wasser, das in deiner Dusche
durch den Abfluss rauscht. 17 Dann wird alles wieder gut. Dein Leben kommt
wieder in Ordnung, und alles wird sogar noch viel besser werden, als es vor-
her war. Ist doch immer so, nach jeder Nacht kommt wieder ein Tag. 18 Du
wirst wieder in der Lage sein zu vertrauen, weil es Grund dafür gibt, Hoff-
nung zu haben. Du kannst wieder nach vorne gucken, ohne Angst, weil du in
Sicherheit bist. 19 Voll entspannt wirst du auf deinem Bett liegen, und keiner
wird dir was anhaben können. Es werden sogar viele Leute bei dir angekro-
chen kommen und sich bei dir einschleimen wollen. 20 Aber Menschen, die
ohne Gott leben, werden irgendwann versagen. Sie haben keinen Ort, wohin
sie fliehen können, und wenn sie voll depressiv sind, ist ihre einzige Hoff-
nung, sich die Kugel zu geben."

12

Hiob ist unzufrieden mit seinen Freunden

1 Hiob antwortete: 2 „Ganz toll, Leute! Was für ein Glück, dass es solche
Intelligenzbolzen wie euch noch gibt, sonst würde der Durchschnitts-IQ der
ganzen Welt schwer absacken … 3 Mann, ich bin doch kein Vollhorst! Ich
hab genauso viel im Hirn wie ihr! Das kann euch jeder bestätigen, der mich
kennt. 4 Ich habe Gott um Hilfe gebeten und werde dafür von meinen
Freunden verarscht? Obwohl ich nichts ausgefressen habe, werde ich zum
Schwachmaten abgestempelt. 5 Echt super! Wer unten liegt, auf den wird
auch noch getreten, und wenn jemand eine Pechsträhne hat, lachen die
anderen ihn noch aus. 6 Die Häuser, wo die Terroristen wohnen, kriegen kei-
nen Kratzer ab. Und die Leute, die Gott provozieren und meinen, sie wären

toll und könntten alles, die leben in Sicherheit! 7 Wir könnten ja mal die Tiere
interviewen… Die Kühe oder die Vögel würden euch bestimmt dasselbe
erzählen. 8 Auch die Fische wären der gleichen Meinung, selbst die Pflanzen,
wenn ihr sie fragen könntet. 9 Alles, was lebt, die ganze Natur, weiß, dass
sie von Gott gemacht wurde. 10 Er hat die Macht, er kann bestimmen, was
leben darf und was nicht. Das gilt auch für die Menschen. 11 So wie man
mit der Zunge testen kann, ob ein Essen schmeckt oder nicht, so kann das
Ohr Worte aufnehmen und sie mit dem Verstand testen. 12 Man sagt ja,
dass die Omas und Opas viel kapiert hätten, weil sie schon so lange leben
und in der Zeit viel lernen konnten. 13 Aber Gott dürfte doch viel mehr wis-
sen, er hat die besten Ratschläge, er hat den Schnall vom Leben. 14 Und
wenn er etwas kaputt macht, wird keiner das wieder aufbauen können. Wenn
er jemanden in den Knast steckt, kommt der nie wieder frei. 15 Wenn Gott
den Hahn zudreht, wird es nicht mehr regnen, und wenn er ihn aufdreht,
kommt eimerweise Wasser vom Himmel runter und überflutet die ganze
Erde. 16 Er hat die Power, er hat den Schnall vom Leben, er weiß alles. Egal,
ob man selbst verwirrt ist oder andere dazu bringt, verwirrt zu sein, jeder
gehört letztendlich ihm. 17 Der Matheprofessor scheitert beim Einmaleins,
wenn Gott das will. Richter und Anwälte verarscht er. 18 Diktatoren, Präsiden-
ten und mächtige Politiker lässt er in Handschellen abführen. 19 Er setzt
Pastoren und Priester ab. Ganze Generationen lässt er aussterben. 20 Ange-
sagte Talkmaster bringt er zum Stottern, schlaue Menschen werden durch
ihn bekloppt. 21 Leute, die von allen Respekt bekommen haben, macht er
lächerlich. Und dem Boxchampion lässt er die Hosen runterrutschen. 22 Er
sorgt dafür, dass Verschwörungen auffliegen und nicht länger geheim blei-
ben. 23 Gott sorgt dafür, dass ganze Länder stark werden und wachsen, und
er sorgt auch dafür, dass sie pleite- und zugrunde gehen. Er macht sie groß,
und er vernichtet sie auch wieder. 24 Die Präsidenten, Bundeskanzler und die
anderen Mächtigen der Welt macht er lächerlich. Er führt sie in die Irre, in
den Wahnsinn und lässt sie dort auch. 25 Sie sind wie in einem Zimmer, wo
man die Fenster komplett verdunkelt und das Licht ausgemacht hat. Oder
sie sind wie einer, der total stoned und besoffen auf der Straße rumtorkelt,
weil er überhaupt nix mehr peilt."

13

Hiob: Haltet doch bloß mal die Fresse

1 Hiob war noch nicht fertig: „Ich hab euch jetzt lange zugehört und alles
mitbekommen, was ihr mir so erzählt habt. 2 Die ganzen Sachen hab ich ja
auch schon lange kapiert, ich bin doch nicht doof. 3 Eigentlich sollte ich gar
nicht mit euch über das alles hier labern, sondern mit Gott! Mit ihm, dem
gigantischen Gott, hab ich ja ein Problem. 4 Ihr seid ja auch nur dumm wie

Brot, ihr habt überhaupt keinen Schnall, was hier gerade abläuft. Ihr seid
wie arrogante Ärzte, die so tun, als hätten sie eine Wundermedizin gegen
jede Krankheit erfunden. 5 Wenn ihr wenigstens mal euren Mund gehalten
hättet, dann hätte man nicht bemerkt, dass ihr nichts in der Birne habt.
6 Jetzt stellt eure Lauscher auf Empfang, damit ich euch mal was reindrücken
kann: 7 Macht ihr das eigentlich für Gott, dass ihr hier so einen Dünnsinn
verbreitet? 8 Seid ihr auf seiner Seite? Wollt ihr etwa Gottes Anwalt spielen?
9 Was denkt ihr, wie würdet ihr abschneiden, wenn er jetzt eure Gedanken
liest? Denkt ihr, dass ihr Gott genauso täuschen könnt, wie man Menschen
gern mal verarscht? 10 Er wird bestimmt ganz schön sauer sein, wenn er
mitbekommt, dass ihr so ungerecht seid und ihn bevorzugt, nur weil er
Gott ist. 11 Dann werdet ihr mächtig Schiss vor seiner heftigen Art bekom-
men. 12 Eure tollen Sprüche könnt ihr euch sonst wohin stecken, und eure
Argumente sind echt für den Arsch. 13 Haltet endlich die Fresse, jetzt sag
ich mal meine Meinung! Es ist mir egal, was dann mit mir passiert! 14 Was
hab ich noch zu verlieren? Warum sollte ich mich jetzt noch zusammen-
reißen? 15 Gott wird mich sowieso töten. Ich warte schon die ganze Zeit da-
drauf. Aber vorher will ich ihm noch mal meine Meinung ins Gesicht sagen!
16 Wenn ich so weit komme, wäre das schon mal die halbe Miete, ich wäre
gerettet. Denn normalerweise kommen Leute, die immer nur Mist bauen,
und so einer soll ich ja sein, nicht wirklich bis zu ihm durch. 17 Jetzt hört mir
mal zu! Ich will euch meinen Fall noch mal ausführlich verklickern. 18 Ich
bin für eine Gerichtsverhandlung gut vorbereitet und bin mir ganz sicher,
dass ich die gewinnen würde. 19 Es gibt keinen Gegner, mit dem ich es dabei
nicht aufnehme. Wenn einer kommt und mich besiegt, sag ich nichts mehr,
versprochen. 20 Nur zwei Sachen möchte ich von dir, Gott, dann werde
ich mich dir hundertprozentig stellen. 21 Erstens will ich, dass du mir mal
eine Pause gönnst! Hör auf damit, mir immer wieder diese Depressionen
und Angstzustände reinzudrücken! 22 Wenn du das machst, werde ich dir auf
jede Frage eine ehrliche Antwort geben. Oder ich stell dir Fragen, und du
antwortest mir. 23 Und dann beantworte mir zweitens mal ein paar Fragen.
Ich würde zum Beispiel gerne wissen, wie viel Mist ich denn jetzt konkret
gebaut habe? Was steht alles zwischen uns? Ich will endlich hören, was ich
alles verbrochen haben soll! 24 Warum bist du plötzlich nicht mehr nett zu
mir? Warum versteckst du dich? Warum bin ich auf einmal dein größter
Feind, hä? 25 Macht dir das Spaß, auf einer halbtoten Maus auch noch rum-
zutrampeln? Findest du das witzig, einem kleinen Schmetterling die Flügel
auszureißen? 26 Du hast mich zu echt harten Strafen verknackt, und den
Mist, den ich als Jugendlicher irgendwann mal verbockt habe, muss ich
jetzt wohl ausbaden. 27 An meine Füße hast du eine elektronische Fußfessel
gelegt, über einen Peilsender verfolgst du jeden Schritt von mir, alles, was

ich tue, wird aufgezeichnet. 28 Ich setze schon Schimmel an, wie ein alter Apfel in einer Plastiktüte. Wie eine angematschte Banane gammel ich langsam vor mich hin."

14

Hiob: Für Gott sind die Menschen der letzte Dreck

1 Hiob sagte weiter: „Menschen werden irgendwann von einer Frau geboren, leben dann ein paar Jahre auf der Erde, und in dieser Zeit sind sie immer voll hektisch unterwegs. 2 Im Grunde ist es bei ihnen so wie mit einer Tulpe. Eben war sie noch aufgeblüht, und ein paar Stunden später ist sie schon welk, matschig und kaputt. 3 Trotzdem beobachtest du, Gott, den Menschen die ganze Zeit. Und am Ende kommt es zu einer Gerichtsverhandlung, wo er von dir auch noch verurteilt wird. 4 Eigentlich hättest du doch von Anfang an schon wissen müssen, dass der Mensch es nicht packen würde. Wer von Natur aus dreckig ist, der kann auch nichts Sauberes erzeugen. 5 Die Zeit, wie lange er leben soll, hast du schon festgelegt, diesen Rahmen kann er nicht überschreiten. 6 Also lass die Menschen doch endlich in Ruhe, Gott! Dann kann er wenigstens in der Zeit feiern gehen und sein Leben genießen. 7 Bäume haben wenigstens die Möglichkeit nachzuwachsen, wenn man bei ihnen Zweige absägt. 8 Und selbst wenn die Wurzeln schon total alt sind und sein Stamm fast vertrocknet ist, 9 dann muss man ihn nur anständig mit Wasser begießen, und alles ist paletti: Es wächst aus einem alten Stamm ein neuer Baum raus! 10 Aber wenn ein Mensch stirbt, dann ist es vorbei, dann geht gar nichts mehr. Und wo ist er dann, wenn er tot ist? 11 Eins ist sicher: Es kann passieren, dass ein Fluss plötzlich kein Wasser mehr hat und austrocknet. Es kann sogar passieren, dass ein ganzes Meer plötzlich leer läuft. 12 Aber wenn Menschen tot sind, dann sind sie für immer weg und werden nicht wieder lebendig. Bevor ein Toter wieder lebt, gewinnt St. Pauli die Champions League, oder der Mond fällt auf die Erde. 13 Gott? Kannst du mich nicht einfach irgendwo bei den Toten verstecken, bis du dich wieder beruhigt hast? Du kannst die Zeit auch festlegen, bis du mich dort rausholst und wieder an mich denkst, okay? 14 Noch mal: Wenn ein Mensch stirbt, ist es dann möglich, dass er wieder lebendig wird? Nein! Übrigens: Ich würde ja diesen ganzen Mist aushalten, wenn ich wüsste, dass das irgendwann mal vorbei ist. 15 Dann wäre immerhin irgendwann wieder alles gut. Wir würden wieder miteinander reden, du sagst was, und ich antworte dir. Du würdest dich wieder über mich freuen und dich wieder nach mir sehnen, weil du mich ja mal gemacht hast. 16 Dann würdest du immer ganz nahe bei mir sein und mein Leben auch abchecken. Aber du würdest keine Datei haben, wo der ganze Mist detailliert drinsteht, den ich verbockt habe. 17 Meine Fehlerliste würdest du in einen Umschlag tun und für immer wegschließen.

Meinen Mist würdest du einfach vergessen. 18 Trotzdem können Berge nach
einem Erdrutsch in sich zusammenfallen, und auch ein großer Fels kann von
einer Stelle an eine andere verfrachtet werden. 19 Das Meer kann durch die
Bewegung große Steine ganz klein zerreiben, und durch die Flut kann es den
Sand vom Strand einfach wegspülen. Auf die gleiche Art nimmst du Men-
schen die Hoffnung. 20 Du nimmst den Menschen in den Dauer-Schwitzkas-
ten, und er stirbt so langsam vor sich hin. Sein Gesicht zerdellst du, bis es
faltig wird, und dann lässt du ihn damit rumlaufen. 21 Egal, was mit seinen
Kindern passiert, ob die jetzt einen Friedensnobelpreis bekommen oder als
Junkies auf der Straße landen, das lässt den Menschen völlig kalt. 22 Er denkt
irgendwann nur noch an sich selbst, an seine eigenen Schmerzen und hängt
vor Selbstmitleid nur noch traurig in der Ecke rum."

15

Elifas sagt: Jeder baut mal Mist

1 Elifas aus Teman sagte daraufhin: 2 „Hiob! Das ist doch alles heiße Luft,
was du hier von dir gibst! 3 Da ist doch absolut nichts dahinter, und das
bringt dich auch kein Stück nach vorne. 4 Wenn du so weiterredest, sorgst
du noch dafür, dass du keinen Respekt mehr vor Gott hast! Und Beten geht
dann schon gar nicht mehr. 5 Du versuchst, dich doch nur rauszureden,
vermutlich hast du irgendwo richtig Mist gebaut. Darum versuchst du dich
hier mit tollen Argumenten aus der Schusslinie zu nehmen. 6 Dabei verur-
teilst du dich durch deine eigenen Aussagen nur selbst. Alles, was aus dei-
nem Mund kommt, bestätigt nur deine Schuld an der Sache. Ich muss das
gar nicht mehr für dich tun, das tust du schon von ganz alleine. 7 Wie ist das
jetzt, hä? Warst du vielleicht der erste Mensch, der jemals geboren worden
ist? Warst du schon da, bevor die ersten Berge entstanden sind? 8 Gehörst
du jetzt zum Beraterstab von Gott, oder was? Hast du dir einen Zugang
zu seinen geheimen Dateien gehackt? 9 Was weißt du, was wir nicht wissen?
Was hast du schon kapiert, was wir noch nicht blicken? 10 Bei uns gibt's ein
paar Rentner, die 'ne Ahnung davon haben, was so abgeht, weil sie schon
ein bisschen länger auf dieser Erde leben als z. B. dein Vater. 11 Ist es dir zu
wenig, dass Gott dich irgendwie trösten will und dass er dir ein paar nette
Worte durch uns sagt. 12 Was ist los mit dir, Mann? Warum wirst du gleich
so aggro? 13 Du bist sauer auf Gott und unterstellst ihm ganz üble Sachen!
14 Glaubst du echt, es gibt auch nur einen Menschen, der immer total korrekt
für Gott gelebt hat? 15 Er vertraut ja noch nicht mal hundertprozentig seinen
Engeln, und selbst der ganze Himmel ist für Gott nicht total sauber. 16 Der
Mensch ist generell einfach link drauf. Was er so alles bringt, ist eigentlich
zum Kotzen. Mistbauen ist für ihn so normal wie Wassertrinken. 17 Ich
will dir mal was verklickern, hör mir mal gut zu. Ich werde dir jetzt alles

erzählen, was ich selber erlebt habe [18] oder was mir andere Leute erzählt haben, die es wissen müssen. Es kommt von Leute, die was kapiert haben, die richtig schlau sind und die Sachen von den Menschen gelernt haben, die früher lebten. [19] Damals gehörte denen noch das ganze Land, es gab bei denen noch keine Leute aus dem Ausland. [20] Menschen, die ohne Gott unterwegs waren, hatten ein hartes Leben und ständig Angst vor dem letzten Tag in ihrem Leben. [21] Die hatten die ganze Zeit Alpträume, und immer, wenn sie dachten, sie könnten sich mal entspannen, kam die nächste Katastrophe, und alles ging kaputt. [22] So jemand sollte nicht meinen, dass es ihm jemals wieder gutgeht. Irgendwann wird er gekillt. [23] Er sucht in den Mülltonnen nach einem Stück Brot, und er hat kapiert, dass ein Tag genauso finster sein wird wie der andere. [24] Probleme und Angst haben die Kontrolle bei ihm übernommen. Sie haben ihn überwältigt, wie ein Präsident im Krieg ein Land mit seiner Armee besetzt. [25] Das kommt, weil er Gott mit der Faust gedroht hat und versucht hat, gegen ihn zu kämpfen. [26] Er ist gegen Gott gelaufen wie mit dem Kopf gegen eine Betonwand. Er will es unbedingt mit ihm aufnehmen. [27] Dabei tut er so, als wäre er der große Larry, und macht einen auf dicke Hose. [28] Er wohnt in besetzten Häusern und kaputten Stadtteilen, wo man eigentlich nicht wohnt. Dort sollte eigentlich nur noch ein Schrottplatz hin. [29] Finanziell kommt er nie zu was, seine Aktien werden wertlos, und seine Firmen gehen alle pleite. [30] Auch er wird irgendwann mal sterben. Man kann ihn mit einem Baum vergleichen, der so ausgetrocknet ist, dass er Feuer fängt und abbrennt und am Ende von einem Blitzschlag aus dem Himmel getroffen wird. [31] Er sollte sich nicht auf Dinge verlassen, die nichts wert sind, denn dann wird er getäuscht werden. Er bekommt für das, was er gibt, auch nichts zurück. [32] Noch bevor er tot ist, wird er schon völlig alt, morsch und kaputt sein. Aus ihm wird kein neues Leben kommen können. Er ist eigentlich schon vorher total durch, bevor er überhaupt wirklich alt geworden ist, und er wird nie wieder neues Leben hervorbringen. An ihm wächst nichts Grünes mehr. [33] Wie bei einem Apfelbaum lässt er irgendwann die gammeligen Äpfel von selber fallen. Oder wie ein Strauß Tulpen, von dem die alten Blüten einfach abfallen. [34] Die Leute, die link drauf sind, bekommen auch keine Babys. Wer andere abzockt, bei dem schlägt der Blitz ins Haus ein und fackelt es ab. [35] Sie drehen die ganze Zeit krumme Dinger und beschäftigen sich nur mit Mist! Raus kommt dabei nur übles Zeug, und dabei lügen sie sich selbst noch was in die Tasche."

16

Hiob antwortet: Ihr seid ja tolle Freunde
[1] Hiob war fassungslos: [2] „Es reicht! Von der Art von Ermutigung hab ich
jetzt echt den Hals voll. Ihr seid ja alle echt super Therapeuten, vielen
Dank… [3] Bist du jetzt fertig mit deinem Rumgeschwalle? Mach endlich den
Kopf zu! Was bringt dir das überhaupt, mir zu antworten? [4] Wir können
gerne die Rollen tauschen! Eure Kommentare könnte ich auch alle locker aus
dem Ärmel schütteln! Ich könnte die Therapeutenfresse ziehen, mich im
Sessel zurücklehnen, intelligent aus der Wäsche gucken und dabei ein paar
ganz schlaue Sprüche vom Stapel lassen. [5] Ich würde euch aber aufbauen
mit dem, was ich sage. Ganz im Gegensatz zu dem, was ihr macht. Und ich
würde euch bemitleiden und mich in eure Situation reinversetzen. [6] Wenn
ich mich hier auslasse, geht es mir dabei nicht unbedingt besser, aber wenn
ich nichts sage, hilft mir das auch nicht. [7] Gott hat es geschafft: Ich kann
nicht mehr, ich bin müde, völlig durch und am Ende. Und dazu haben mich
alle meine Freunde auch noch verlassen. [8] Er hat mich gepackt, Gott hat
dafür gesorgt, dass ich voll das Faltengesicht bekomme. Und nun sehe ich
aus wie ein magersüchtiges Model. Schon klar, das sind alles Fakten, die
gegen mich sprechen. [9] Gott ist bestimmt megasauer auf mich, er zerfleischt
mich mit seinen Zähnen. Wie ein Hund knurrt er mich an, ich bin sein
Feind, und er lässt mich nicht aus den Augen. [10] Die Leute zerreißen sich
das Maul über mich, sie lästern voll ab, und einige hauen mir sogar mit
der Faust ins Gesicht. [11] Gott liefert mich an miese Typen aus, er hat Men-
schen die Kontrolle über mich gegeben, die ihn noch nicht mal kennen.
[12] Ich hatte gerade null damit gerechnet, alles war zu dem Zeitpunkt eigent-
lich gut. Da kam er plötzlich an und hat mich an den Haaren gepackt, mich
auf den Boden geschleudert und mir eine Zielscheibe auf die Stirn gemalt.
[13] Jetzt fliegen mir seine Kugeln nur so um die Ohren. Er tritt mir volle Kanne
in den Magen, dass ich Galle kotzen muss. [14] Immer wieder schlägt er zu,
haut mich um, wie ein Wrestlingstar oder Sumo-Ringer seinen Gegner platt-
macht. [15] Ich trag nur noch schwarze Trauerklamotten und liege den ganzen
Tag im Dreck. [16] Mein Gesicht ist schon ganz rot vom vielen Weinen, und
um die Augen hab ich schwarze Ringe. [17] Und das, obwohl ich echt nichts
Schlimmes verbrochen habe; wenn ich zum Beispiel bete, mach ich das
immer voll korrekt. [18] Ich will nicht, dass ich jetzt schon sterbe, mein Rum-
gemecker bei Gott soll weiterlaufen und nicht aufhören. [19] Es gibt im Him-
mel jemand, der mich in einer Gerichtsverhandlung vertreten wird! Dort
existiert ein Anwalt, der mir hilft. [20] Sogar meine Freunde verarschen mich
mittlerweile. Ich kann nur noch auf dich hoffen, Gott, und das sag ich dir
mit Tränen in den Augen. [21] Du bist mein Freund! Bitte, du bist der Einzige,

der mir noch helfen kann. Sorge dafür, dass ich korrekt behandelt werde,
auch vor meinen Freunden! 22 Bitte, mach hinne! Ich werde bald sterben,
meine Zeit ist bald abgelaufen. Ich werde wieder dorthin zurückgehen, wo
ich mal hergekommen bin."

17

Hiob: Alle verarschen mich

1 Hiob redete weiter: „Ich bin total fertig und verwirrt, mein Grab ist schon
geschaufelt. 2 Alle verarschen mich nur noch. Ich bin nur noch aggro und
krieg die ganze Nacht kein Auge zu, weil sich alle nur noch das Maul über
mich zerreißen. 3 Hey, Gott, setz du dich doch selber für mich bei dir ein
und gib mir deine Hand drauf. Wer könnte mir sonst noch helfen? 4 Du hast
doch dafür gesorgt, dass die es einfach nicht raffen. Dann wirst du auch
dafür sorgen, dass sie am Ende nicht als die großen Helden dastehen.
5 Oder ziehst du es so durch wie in dieser einen Geschichte? Dort, wo ein
Typ eine große Party für seine Freunde veranstaltet, jeder bekommt von ihm
ein fettes Geschenk, aber seine eigenen Kids verhungern. 6 Gott hat mich
zur Witzfigur des Jahres gemacht. Die Leute zeigen mir den Stinkefinger und
rotzen mir ins Gesicht. 7 Ich hab so viel geheult, dass mir die Augen fast
rausfallen. Und meine Knochen tun mir überall weh. 8 Die Leute, die korrekt
gelebt haben, werden das richtig übel finden. Warum? Weil die Menschen,
die nie was ausfressen, sich über die Leute aufregen werden, die Mist bauen.
9 Wer aber okay lebt, zieht sein Ding auch durch. Und wer ein gutes Gewis-
sen hat, der wird immer stärker werden. 10 Kommt ruhig wieder her! Ich
seh jetzt schon, ich werde unter euch keinen finden, der wirklich kapiert hat,
was im Leben abgeht. 11 Meine Zeit ist abgelaufen. Alles, was ich mir vorge-
nommen hatte, kann ich vergessen. Die Sachen, die ich mir voll gewünscht
habe, kann ich jetzt alle vergessen. 12 Meine Freunde sagen mir, dass ja
alles nur halb so wild ist. Sie machen einfach aus dunkel hell und aus der
Nacht einen Tag. Dabei stecke ich voll in der Krise fest, bei mir ist alles
dunkel. 13 Wäre ja schön, wenn das anders wäre. Aber tatsächlich lebe ich wie
ein Zombie, der sich in einem dunklen Keller eingerichtet hat. 14 Ich wohne
auf dem Friedhof in einem Grab, und meine besten Freunde sind die Maden.
15 Wo soll ich bitte noch einen Grund herbekommen, dass ich auf bessere
Zeiten hoffen kann? Hallo? Wer kann mir echt noch neue Hoffnung geben?
16 Die Hoffnung ist mir flötengegangen, die geht mit mir in mein Grab, wenn
ich dort in meine Einzelteile zerfallen werde."

18

Freund Bildad meint: Fiese Menschen sterben auch auf eine fiese Art
1 Schließlich meldete sich Bildad zu Wort. Bildad kam aus der Stadt Schuach.
Er sagte: 2 „Wann machst du endlich mal den Kopf zu? Schalte erst mal dein
Hirn ein, dann können wir weiterreden! 3 Und denkst du, Hiob, wir sind viel-
leicht alle dumm wie Brot oder was? 4 Du gehst doch hier nur so ab, weil du
eigentlich total wütend auf dich selber bist! Wenn es nach dir gehen würde,
sollten sich am besten alle Menschen auf der Erde in Luft auflösen, und die
Alpen müssten auch sofort verschwinden, nur damit du deinen Willen
durchkriegst, oder? 5 Hey, ich schwöre dir: Menschen, die ohne Gott leben,
sterben schneller. Und so richtig abgehen im Leben werden die auch nie.
6 Die Kerze auf dem Esstisch brennt genauso schnell ab, wie so ein Leben zu
Ende geht. 7 Wenn ein Mensch vorher noch mutig und krass unterwegs war,
läuft er jetzt wie auf Eiern rum, und was er für sein Leben geplant hat, geht
total in die Hose. 8 Er geht in die Falle, verfängt sich in einem Netz und fällt
in ein tiefes Loch. 9 Die Falle schnappt zu, er verheddert sich mit seinen
Füßen in den Seilen. 10 Eine Tretmine wurde auf seinem Weg in der Erde ver-
steckt; sie wartet schon drauf, dass er auf sie drauftritt. 11 Um ihn herum
passiert ein Unglück nach dem nächsten, das macht ihm totale Angst. Es
verfolgt ihn. 12 Das Pech verfolgt ihn wie die Motten das Licht und wartet nur
drauf, dass er auf die Fresse fliegt. 13 Er wird es nicht mehr aushalten vor
Hunger und sogar sein eigenes Fleisch zum Abendbrot verspachteln. Sein
Körper wird von Krebs zerfressen und zerfleddert werden. Das ist sein siche-
res Todesurteil. 14 Er wird aus seiner Wohnung rausgeschmissen werden.
Das war der letzte Ort, wo er sich noch sicher gefühlt hat. Dann kommt er
zum Präsidenten des Todes und muss bei dem antreten. 15 Irgendwelche
Leute werden dann seine Bude besetzen, weil dort keiner mehr wohnt. Dann
wird man da erst mal alles desinfizieren und sauber machen. 16 Er ist wie ein
Baum, von dem die Wurzeln vergammelt sind, und die Zweige hängen
schlaff an ihm runter. 17 Seinen Namen wird man schnell vergessen, nach
kurzer Zeit wird sich keiner mehr an ihn erinnern können. 18 Er wurde ausge-
stoßen. Aus seiner heilen Welt, wo mal alles gut war, hat man ihn mitten in
die Dunkelheit geschickt. 19 Er hat keine Kinder und auch keine Enkel, seine
Familie stirbt aus. Da, wo er wohnte, lebt dann bald keiner mehr von seiner
Verwandtschaft. 20 Jeder, der von dieser üblen Geschichte hört, kriegt voll die
Krise, egal, wo er lebt. 21 So geht das ab bei jemandem, der Sachen tut, die
Gott überhaupt nicht leiden kann. Jeder, der Gott nicht wirklich kennt, wird
so enden."

19

Hiob sagt: Gott ist link zu mir

1 Hiobs Antwort dadrauf war: 2 „Wie lange wollt ihr mich noch zutexten? Wie
lange wollt ihr mir noch mit euren Sprüchen auf die Nerven gehen? 3 Jetzt
durfte jeder mal anständig auf mir rumtrampeln. Und das ist euch noch
nicht mal peinlich, mich nun zum x-ten Mal hier fertigzumachen. 4 Selbst
wenn ich wirklich Mist gebaut hätte, dann wäre ich doch der Einzige, der da
drunter zu leiden hat, oder? 5 Ihr glaubt ja anscheinend wirklich, dass ich
ganz üble Sachen verbrochen habe, und beschuldigt mich deswegen. Aber
wenn ihr das schon tut, 6 könnt ihr dann nicht wenigstens kapieren, dass
Gott mich an der Nase herumführt? Er hat mich in die Falle gelockt! 7 Rafft
doch endlich, dass ich echt um Hilfe schreie, aber er hat mir nicht geholfen!
Ich habe gerufen: ‚Gott, das ist nicht fair!‘, aber er hat wohl auf seinen Ohren
gesessen oder hatte Kopfhörer auf. 8 Gott hat sich mir in den Weg gestellt,
und ich komme nicht an ihm vorbei. Er hat das Licht ausgemacht, und wo
ich hingehe, da ist es stockdunkel. 9 Er hat dafür gesorgt, dass niemand
mehr Respekt vor mir hat, meine ganze Ehre ist hin. Er hat mir sogar meine
gesamte Kohle weggenommen, die ich mal hatte. 10 Gott hat mein ganzes
Leben zum Einsturz gebracht, darum bin ich echt am Ende. Er hat mir jeden
Grund genommen, dass ich noch mal auf bessere Zeiten hoffen könnte.
Das machte er so gründlich, wie wenn man einen Baum mit allen seinen
Wurzeln rausreißt. 11 Gott hat seine Wut an mir ausgelassen. Er ist mit mir
umgesprungen, als wäre ich sein größter Feind. 12 Er kam mit seiner gan-
zen Armee bei mir an und hat mich umzingelt. 13 Selbst meine eigenen
Geschwister gehen auf Distanz zu mir. Leute, die mich gut kennen, behan-
deln mich wie Luft. Da hat Gott für gesorgt. 14 Menschen, die mit mir ver-
wandt sind, wollen nichts mehr mit mir zu tun haben. Selbst Freunde, denen
ich vertraut hab, kennen mich plötzlich nicht mehr. 15 Meine früheren Ange-
stellten tun so, als hätten sie nie bei mir gearbeitet. Die behandeln mich,
als käme ich vom Mars oder so. 16 Wenn ich bei meinen Angestellten anrufe,
gehen sie einfach nicht ans Telefon. Ich muss schon bei ihnen vorbeikom-
men und sie direkt anbetteln, wenn ich mal was brauche. 17 Meine Frau sagt,
ich hab voll den ekligen Mundgeruch. Sogar meine Geschwister finden mich
nur noch zum Kotzen. 18 Selbst kleine Kinder haben keinen Respekt mehr vor
mir. Wenn ich mühsam von einer Parkbank aufstehe, dann verarschen sie
mich in einer Tour. 19 Alle Männer, die mal meine dicksten Kumpel waren,
haben keinen Bock mehr auf mich. Menschen, die ich geliebt hab, wollen
mit mir nichts mehr zu tun haben. 20 Ich bin mittlerweile nur noch Haut und
Knochen, und die Zähne fallen mir auch langsam aus. 21 Leute, jetzt seid mal
nett zu mir und helft mir bitte! Der Grund, warum es mir so beschissen

geht, liegt alleine bei Gott. 22 Jetzt gebt mir mal eine Pause! Warum seid ihr
genauso hinter mir her wie er? Reicht euch das nicht, habt ihr nicht langsam
die Schnauze voll? 23 Ich wünsch mir, dass das hier irgendjemand filmen
würde für die Nachwelt 24 und es dann bei Youtube reinstellt, damit die
Sache mal an die Öffentlichkeit kommt."

Hiob: Gott wird dafür sorgen, dass ich wieder hochkomme

25 „Trotzdem bin ich mir in einer Sache hundertpro sicher: Gott ist da! Er ist
mein Anwalt, der für mich kämpft, er existiert wirklich! Und auch wenn die
Welt untergeht, wird er als Letzter übrig sein, er ist derjenige, der die Tür
zumacht. 26 Und auch, wenn ich körperlich noch so alle bin, werde ich Gott
live und in Farbe sehen. 27 Ich will ihm direkt in die Augen schauen, aber
nicht als jemandem, den ich noch nie gesehen hab. Ich hab da so einen
Bock drauf, ich kann es kaum abwarten. 28 Hey, Leute, wenn ihr hinter mir
her seid und denkt, dass der Grund für diese ätzenden Sachen nur bei mir
liegt, 29 dann kann ich euch nur den einen Tipp geben: Passt auf, ihr seid
auch irgendwann mal an der Reihe! Denn so aggromäßig unterwegs zu sein,
wird auch heftigst bestraft werden. Ihr dürft nicht vergessen, dass auch auf
euch eine Gerichtsverhandlung mit einem Richter wartet."

20

Jetzt redet Zofar: Wer Mist baut, geht kaputt

1 Dann fing Zofar von Naama an zu reden. 2 „Mann, ich krieg mich gleich
nicht mehr ein, ich koche! Ich muss dir jetzt einfach mal was verklickern,
sonst platze ich gleich. Warum? 3 Erst mal werde ich hier von dir voll ange-
macht. Aber ich hab nun mal den Durchblick und komme zu einem kom-
plett anderen Ergebnis als du! 4 Sag mal, hast du nicht kapiert, dass eine
Sache immer gleich ist, seitdem Gott die Menschen auf die Erde losgelassen
hat? 5 Leute, die link drauf sind, haben nicht viel Spaß! Und wer krumme
Dinger dreht, dem vergeht schnell das Lachen! 6 Auch wenn sein Ego bis an
den Himmel reicht und sein Kopf schon in den Wolken hängt – 7 irgendwann
spült man ihn im Klo runter, und die Leute, die ihn kannten, fragen sich alle:
‚Wo ist der Typ jetzt bloß geblieben?' 8 Wie ein seltsamer Traum, an den man
sich am nächsten Morgen nicht mehr erinnern kann, ist er plötzlich ver-
schwunden. Oder wie ein Depri-Gedanke, den man dann schnell verdrängt,
ist er plötzlich nicht mehr da. 9 Menschen, die ihn früher noch gesehen
haben, werden ihn dann nicht mal mehr anrufen können. Seine Wohnung
wird renoviert und an jemand anderen vermietet. 10 Die Söhne von ihm müs-
sen mit den Leuten verhandeln, bei denen er noch Schulden hatte. Anschlie-
ßend hängen sie alle beim Sozialamt im Wartezimmer. 11 Früher hat er jeden
Tag im Fitnesscenter Hanteltraining gemacht, jetzt turnt seine Leiche nur

noch auf dem Friedhof. 12 Gemeine Gedanken fand er früher irgendwie auch
gut, er hat es fast genossen, fiese Dinger zu drehen. 13 Wie ein Stück Scho-
kolade ließ er so was langsam in seinem Mund zerschmelzen, damit er
den Geschmack noch lange genießen konnte. 14 Aber als er es dann runter-
schluckte, verwandelte es sich in seinem Magen in Gammelfleisch. Es ist,
als ob er Zyankali geschluckt hätte. 15 Die ganze Kohle, die er von anderen
abgezogen hatte, musste er wieder auskotzen. Gott hat dafür gesorgt, dass
es ihm schwer im Magen lag. 16 Er hatte dieses Gammelfleisch gegessen,
das auch noch mit Gift verseucht war. Das hat ihn umgebracht. 17 Von diesen
ganzen netten Sachen, die hier in dem Land sind, wo es alles gibt und davon
reichlich, davon darf er nichts mehr abkriegen. 18 Was er sich verdient und
zusammengespart hat, muss er alles zurückgeben, er kann es nicht behal-
ten. Von seiner Kohle darf er sich nichts Schönes kaufen, um sich darüber
mal zu freuen. 19 Er hat nämlich die Obdachlosen, die auf der Straße lagen,
auch noch getreten und ist dann einfach weitergegangen. Leerstehende
Häuser hat er für wenig Geld aufgekauft und teuer weiterverkauft, anstatt sie
zu renovieren. 20 Dabei konnte er den Hals nicht voll kriegen, es war nie
genug, er wollte immer mehr haben. 21 Er war so gierig wie ein Fresssüchti-
ger nach Essen. Nichts konnte ihn aufhalten. Und darum wird es ihm auch
nicht lange wirklich gutgehen. 22 Trotz seines ganzen Luxus wird er irgend-
wann richtig Probleme kriegen. Die Leute, denen es dreckiger geht als ihm,
werden zuschlagen. 23 Und dann wird Folgendes passieren: Wenn man Wut
essen könnte, würde Gott ihm so viel davon vorbeischicken, dass er sich den
Bauch damit vollschlagen könnte, so verdammt sauer wird er auf ihn sein.
Davon würde er so pappsatt werden, dass sonst nichts mehr reingeht.
24 Und wenn er einen Autounfall überlebt, dann wird er kurze Zeit später bei
einer Schießerei getötet. 25 Die Kugel durchdringt sein Herz, aus der Wunde
tropft das Blut. Der Schock fährt ihm so heftig in seine Körperteile, dass er
sich davon nicht mehr erholt. 26 Das Pech verfolgt ihn. Ätzende Sachen, die
nicht von Menschen kommen, treffen ihn und machen ihn kaputt. Und auch
die Leute aus seiner Familie werden es ganz hart abbekommen. 27 Die
Gerichtsverhandlung im Himmel wird zeigen, wo er überall richtig Mist
gebaut hat, und viele Menschen werden dort gegen ihn aussagen. 28 Sein
ganzes Vermögen geht verloren. Wenn Gott richtig sauer ist, wird alles weg-
gespült werden, was mal dem Typen gehört hat, wie wenn ein Riesen-Tsu-
nami über sein Leben rollt. 29 Das passiert mit Menschen, die ohne Gott
leben, das wird für sie dabei rausspringen."

21

Hiob antwortet: Wer link unterwegs ist, wird von Gott nicht bestraft
1 Hiob antwortete: 2 „Hey, wenn ihr wenigstens mal eure Fresse halten und
mir nur zuhören würdet, wäre das schon eine echte Hilfe. 3 Haltet das doch
einfach mal aus, wenn ich euch zutexte. Wenn ich dann fertig bin, könnt ihr
mich ja immer noch fertigmachen. 4 Ich beschwere mich ja nicht bei einem
Menschen. Deshalb hab ich ja auch die Nase gestrichen voll! 5 Schaut euch
doch mal mein Leben an! Ihr würdet den Horror kriegen und ganz schnell
eure Klappe halten. 6 Mir geht es echt so, wenn ich mir mein Leben ansehe,
dann bin ich voll fertig. Da kriege ich echt das Kotzen. 7 Kann mir jemand
auch nur einen Grund nennen, warum Gott die Leute weiterleben lässt, die
ständig Kacke bauen? Die werden sogar immer stärker und gesünder, je älter
sie werden! 8 Sie erleben noch, wie ihre Kinder und Enkelkinder eine schöne
Kindheit haben. 9 Bei ihnen passiert nie etwas Schlimmes in der Familie.
Sie leben einfach entspannt und bekommen nie was davon ab, wenn Gott
mal sauer ist. 10 Ihre Kohle vermehrt sich, keine Investition geht daneben.
11 Die Kinder von denen können überall, wo sie wohnen, frei rumlaufen und
spielen, ohne Angst zu haben. 12 Sie machen immer nur die fettesten Partys
und gehen dabei voll ab. 13 Die haben ein langes und glückliches Leben
und sterben irgendwann einen voll entspannten Tod. 14 Aber Gott lassen sie
einen alten Mann sein. Sie sagen ihm: ‚Was willst du überhaupt von uns,
alter Sack? Was du sagst, ist uns pupsegal! 15 Du kannst alles, ja? Müssen
wir deswegen tun, was du sagst, oder wie? Und was bringt uns das über-
haupt, wenn wir uns mit dir beschäftigen und zu dir beten?‘ 16 Die Leute
denken, sie könnten ihren Erfolg selbst steuern, aber das ist falsch. Deshalb
will ich mit dem, was die sich so denken, auch nichts am Hut haben! 17 Ich
meine, wann haben wir das schon mal erlebt, dass einer kaputtgegangen ist,
der ohne Gott lebt? Wie oft passiert es, dass Gott so jemanden mal richtig
fertigmacht? 18 Wie oft werden die von einem Sturm weggeblasen? Wie oft
werden sie wie Dreck von seinem Wind weggepustet? 19 Die Leute, denen
Gott egal ist, werden nicht bestraft. Dafür aber ihre Kinder. Aber es wäre
besser, wenn jeder für seinen eigenen Mist bestraft würde. 20 Solche Typen
sollten dann live dabei sein, wie sie langsam kaputtgehen. Sie sollten es mit-
bekommen, wenn Gott seine Wut an ihnen auslässt. 21 Wenn sie tot sind,
kann es ihnen auch egal sein, wie es ihren eigenen Kindern später mal gehen
wird. 22 Sollte man Gott vielleicht noch ein paar Sachen beibringen? Muss
der Gott, der die Gerichtsverhandlung über die Mächtigen der Welt abhält,
vielleicht selbst noch mal die Schulbank drücken? 23 Der Eine wird sein gan-
zes Leben lang nie wirklich krank, und wenn er stirbt, schläft er gemütlich
in seinem Bett im Altersheim ein. 24 Bis zum Schluss hatte er nie Probleme

mit dem Essen und konnte jeden Tag Sport treiben. 25 Aber der andere stirbt
total verbittert, ohne sein Leben wirklich jemals genossen zu haben. 26 Beide
liegen auf dem Friedhof nebeneinander, verbuddelt unter der Erde, und
die Würmer fressen sich an ihren Leichen satt. 27 Leute, ich weiß ja genau,
worauf ihr hinauswollt. Ich hab schon längst gepeilt, wie ihr mich fertigma-
chen wollt, 28 wenn ihr solche Sprüche macht wie: ‚Na, was ist denn jetzt mit
dem steinreichen Hiob? Was wird von seiner großen Hütte noch übrig blei-
ben?' 29 Habt ihr schon mal mit Leuten geredet, die schon länger im Leben
unterwegs sind? Habt ihr noch nie gehört, was die so erzählen? 30 An dem
Tag, wo es drauf ankommt. Dann, wenn Gott die große Gerichtsverhandlung
abhält, dann werden fiese Leute ganz locker davonkommen. 31 Wer wird
denen dann ihren ganzen Mist auflisten? Wer wird ihnen die Rechnung für
ihr Leben präsentieren? 32 So ein Mensch wird mal eine richtig schöne
Beerdigung haben, mit jeder Menge herzerweichender Ansprachen und
Security-Leuten an seinem Grab. 33 Dermaßen viele Leute werden den Sarg
begleiten, dass es aussieht, als wäre gerade Loveparade. Sein Grab auf dem
besten Friedhof wird das teuerste und exklusivste, das man für Geld kriegen
kann. Und außer Blumen und Kränze spenden die Leute auch noch Geld.
34 Freunde, ihr versucht mich hier doch nur mit billigen Sprüchen einzu-
nebeln. Alles, was ihr mir sagt, ist doch letztendlich nur Beschiss."

22

Elifas meint: Gott bestraft dich, weil du link drauf bist

1 Jetzt meldet sich Elifas aus Teman zu Wort: 2 „Was hat Gott schon von
einem Menschen, was bringt der ihm? Aber für sich selbst kann ein Mensch
immer was rausschlagen, wenn er schlau ist. 3 Was hat Gott davon, wenn
du korrekt lebst? Was hat er davon, wenn du immer alles korrekt durch-
ziehst? 4 Sollte er dich am Ende auch noch dafür bestrafen, dass du immer
Respekt vor ihm gehabt hast? Oder soll er dich deswegen anzeigen und
verklagen? 5 Sei doch mal ehrlich, Hiob: Dir geht's doch nur so dreckig, weil
du immer wieder totale Kacke baust. 6 Zum Beispiel, wenn einer von unse-
ren Leuten dir Geld schuldet, dann willst du, dass er dir seine Klamotten
als Pfand dalässt, obwohl er dann nackt wäre. 7 Wenn jemand Durst hat,
bekommt er von dir nicht mal ein Glas Wasser. Und einer, der voll Hunger
hat, kriegt von dir noch nicht mal ein Brötchen spendiert. 8 War ja immer so:
Wer sich mit der Faust durchsetzt, gewinnt am Ende das Land. Wer sich
Respekt erkämpft, darf dort auch wohnen. 9 Frauen ohne Mann und ohne
Job haben von dir noch nie was bekommen. Kinder, die keine Eltern mehr
haben, kriegen von dir auch noch einen reingedrückt. 10 Das ist der Grund,
warum sozusagen überall um dich herum Tretminen verbuddelt sind, und
darum hast du plötzlich Angstattacken bekommen. 11 In deinem Leben ist

es so, als würdest du vor lauter Dunkelheit nicht mehr sehen, wo du lang-
läufst. Bei dir ist es so, als wärst du am Ertrinken und würdest keine Luft
mehr bekommen. [12] Ich meine, Gott hat doch den Überblick, oder? Überleg
doch mal, was für eine Perspektive er hat, wenn er von der höchsten Stelle
im Universum auf dein Leben runtersieht! [13] Du sagst: ‚Gott hat doch keinen
blassen Schimmer! Er ist so weit weg, wie kann er von da oben ein korrektes
Gerichtsurteil fällen? [14] Der versteckt sich doch nur hinter den Wolken. Wenn
Gott spazieren geht, tut er das irgendwo am Rande der Galaxie.‘ [15] Und nun?
Hast du vor, genau die gleichen Dinger zu bringen wie die ganzen fiesen
Typen, die früher mal gelebt haben? [16] Sie wurden schon vor Ewigkeiten alle
plattgemacht! Sie brachen zusammen wie ein Haus, das von einer Flut
unterspült wurde. [17] Das waren so Leute, die zu Gott sagten: ‚Hau ab, Alter!
Was willst du, Gott, überhaupt von uns?‘ [18] Und das, obwohl ihre ganze
Kohle letztendlich von ihm gekommen war. Aber es ist mir total egal, was
solche Leute sagen, die ohne Gott leben. [19] Leute, die korrekt leben, beob-
achten so was und freuen sich dadrüber. Wer nichts verbrochen hat, ver-
arscht sie sogar. Er sagt: [20] ‚Da gehen sie hin, unsere Feinde. Sie wurden alle
vernichtet!‘“

Lebe wieder mit Gott

[21] „Vertrag dich wieder mit Gott! Entspann dein Verhältnis zu ihm. Wenn
du das machst, wird es dir bald wieder gutgehen. [22] Wenn er dir etwas sagt,
dann nimm das auch ernst! Kapier das nicht nur mit deinem Hirn, sondern
nimm es dir auch zu Herzen. [23] Leb wieder mit ihm, das baut dich dann
auch wieder auf. Hör auf mit dem ganzen Mist, den Gott total schlecht fin-
det. [24] Schmeiß auch alle Aktien und so ins Altpapier. [25] Verlass dich nicht
auf deine Kohle, sondern verlass dich nur auf Gott. Er wird deine Lebens-
versicherung sein. Denk dran, ihm ist nichts unmöglich! [26] Wenn du das
machst, dann wird es nur noch einen geben, der dich wirklich versorgt. Nur
einen, der dir Freude macht – und das ist Gott selber! [27] Du redest mit ihm,
und er hört dich. Du bittest ihn um etwas, und er wird es tun. Und du wirst
die Versprechen, die du ihm gegeben hast, auch bis zum Ende durchziehen.
[28] Wenn du dich dann für irgendwas entscheidest, dann klappt das auch.
Wo du unterwegs bist, wird immer die Straßenbeleuchtung an sein. [29] Leute,
die ganz unten sind, bringt Gott wieder hoch und baut sie auf. Aber wer
einen auf dicke Hose macht, kriegt von ihm eins auf die Mütze. [30] Sogar die
Leute, die nicht ganz unschuldig sind, wird er retten. Er greift in die Situation
ein und hilft.“

23

Hiob beschwert sich, weil Gott nicht zu finden ist

1 Hiob antwortete auf den Text von Elifas folgendermaßen: 2 „Ich bin total
anderer Meinung bei den Sachen, die du gerade gesagt hast! Das fühlt sich
an, als würde Gott mir eine Riesenlast auf die Brust drücken, so dass mir
echt die Luft wegbleibt. 3 Wenn ich nur wissen würde, wo Gott jetzt gerade
ist! Dann könnte ich zu ihm hingehen 4 und mit ihm über meine Sache quat-
schen. Ich würde ihm alle Beweise vorlegen. 5 Ich möchte es echt gerne mal
von ihm persönlich hören, ich wäre gespannt auf das, was er mir antwortet.
6 Wie würde er wohl reagieren? Ob er gleich den Baseballschläger rausholt?
Das glaub ich nicht. Er würde bestimmt Respekt vor mir haben. 7 Wenn ich
mit ihm verhandeln würde, wäre ich ihm nicht unterlegen. Ich hab nichts
ausgefressen! Das müsste jeder faire Richter bei einer Gerichtsverhandlung
einsehen! 8 Aber wo ist Gott? Wenn ich ihn im Osten suche, ist er da nicht.
Aber auch im Westen hab ich ihn nicht gesehen. 9 Wenn ich nach Norden
schaue, dann ist er da auch nicht gerade unterwegs. Und auch im Süden ist
keine Spur von Gott. 10 Umgekehrt weiß er aber immer über alles Bescheid.
Er weiß immer, wo ich gerade bin. Falls Gott mich testen würde, könnte er
nichts Dreckiges finden, bei mir ist alles super in Ordnung. 11 Ich hab immer
radikal das getan, was er gesagt hat. Ich war die ganze Zeit in seiner Spur
und bin nirgends mal falsch abgebogen. 12 Seine Gesetze waren mir super-
wichtig, und ich habe alles radikal umgesetzt, was er jemals gesagt hat.
13 Gott ist einfach die unangefochtene Nummer eins! Wer sollte es mit ihm
aufnehmen? Er macht, worauf er gerade Bock hat. 14 Und er wird das auch
durchziehen, was er mit mir machen will. Und vermutlich hat er noch einige
fiese Sachen für mich geplant. 15 Darum bin ich auch echt fertig und kaputt,
wenn ich an ihn denke. Das macht mir total Angst. 16 Gott hat dafür gesorgt,
dass ich ein Schisser geworden bin, er hat mir mächtig Angst eingejagt.
17 Trotzdem wird das alles nicht dazu führen, dass ich meinen Mund halte.
Ich bin noch nicht am Ende, auch wenn ich gerade bis zum Hals in der
Scheiße sitze und fast nichts mehr sehe."

24

Warum lässt Gott die Mächtigen einfach machen?

1 Hiob redete weiter: „Warum läuft für die Menschen, die ohne Gott leben,
nicht endlich mal die Frist ab? Warum legt er nicht einfach mal einen Termin
fest? Und warum dürfen die Leute, die mit ihm leben, nichts davon wissen,
wann das passieren wird? 2 Diese Leute ziehen andere Menschen voll ab,
sie zocken sogar deren private Sachen. 3 Sie klauen dem Hartz-IV-Empfänger
auch noch sein Fahrrad. Von einer alleinerziehenden Mutter wird das Auto

gezockt. 4 Menschen, die keine Kohle haben, werden behandelt wie Müll.
Ihnen werden Prügel angedroht, und sie müssen sich verstecken. 5 Wie
Hunde, die ihr Herrchen verloren haben, suchen sie im Abfall nach altem
Brot. Für ihre Kinder versuchen sie, irgendwie was Essbares zu organisieren.
6 Sie kramen in der Mülltonne vom Millionär nach Essensresten und versu-
chen, dort noch ein paar alte Knochen zu finden. 7 Nachts müssen sie ohne
Decke unter einer Brücke pennen, ohne Schlafsack oder Kopfkissen. 8 In
der Wohnsiedlung stehen sie rum, klatschnass bis auf die Haut vom Regen.
Sie haben kein Zimmer, wo sie sich zurückziehen können. Sie können sich
nur unter den Brücken verstecken. 9 Einer Frau wird das Baby vom Amt weg-
genommen. Männern, die mit ihrer Firma in Konkurs gegangen sind, nimmt
man sogar noch die letzten Anzüge ab. 10 Leute, die keine Kohle haben, müs-
sen ohne Klamotten rumlaufen. Weil sie nichts zu essen bekommen, schie-
ben die voll den Kohldampf, und das, obwohl sie für irgendwelche Reichos
arbeiten. 11 Sie schuften in einer Brauerei, aber dürfen keinen Schluck Bier
trinken. Sie arbeiten bei der Apfelernte, aber kriegen selbst keinen einzigen
Apfel ab. 12 Die Menschen, die in der Stadt wohnen und dort im Sterben
liegen, stöhnen laut vor sich hin. Die psychisch Kranken und Verletzten
schreien, aber Gott ist das egal. 13 Fiese Menschen meiden das Licht, genau
wie Verbrecher. Sie wollen nichts davon wissen, was Gott von ihnen will.
Die leben nicht danach, was er sagt. 14 Ganz frühmorgens steht der Mörder
auf und tötet Leute, die arm sind und von niemandem verteidigt werden.
Nachts geht er im Viertel rum und bricht in Wohnungen ein. 15 Auch der Typ,
der seiner Frau untreu ist oder verheiratete Frauen gerne flachlegt, macht
das am liebsten im Dunkeln. Er sagt sich, dass man ihn dann nicht so gut
dabei beobachten kann. Das ist, als hätte er eine Maske auf dem Gesicht,
damit ihn keiner erkennt. 16 Wenn es dunkel wird, bricht der Dieb in die Häu-
ser ein. Tagsüber gehen sie nie vor die Haustür, sie verkriechen sich in ihrer
Bude. 17 Sie fangen erst an, wenn es dunkel wird. Das ist bei denen so üblich.
Vor der Nacht haben die keine Angst. 18 Solche Leute haben nirgends festen
Halt, sie sind wie ein Blatt im Wind. Sie werden aber alles wieder verlieren
und pleitegehen. 19 Sie werden so schnell sterben und verschwunden sein,
wie der Schnee schmilzt, wenn die Sonne draufscheint. Schwups, sind sie
weg. 20 Dann wird man ihn ganz schnell vergessen, sogar seine eigene Mut-
ter denkt nicht mehr an ihn. Die Würmer freuen sich schon auf seine Leiche,
sie werden sich an ihm lecker den Bauch vollschlagen. Wer Mist baut, wird
wie ein Stück Papier durch den Schredder gejagt. 21 Das sind solche Typen,
die Frauen schlagen, weil sie keine Kinder bekommen können. Die sind auch
link zu Frauen, deren Mann schon gestorben ist. 22 Die Leute, die die Macht
haben, werden von Gott geschlagen. Wenn Gott loslegt, kann sich keiner
mehr schützen. 23 Er tut so, als wären sie in Sicherheit; sie denken, alles wäre

paletti. Dabei beobachtet er sie die ganze Zeit. 24 Er sorgt dafür, dass es
einem wieder gutgeht, aber nur für kurze Zeit, bis alles vorbei ist. Dann
macht er ihn fertig, haut ihm auf den Kopf und lässt ihn vertrocknen wie eine
Tulpe, die auf der Heizung liegt. 25 Ist doch so, oder? Gibt es hier jemanden,
der behauptet, ich erzähle nur Stuss? Kann mir hier irgendjemand das
Gegenteil beweisen?“

25

Bildad sagt noch mal was

1 Schließlich meldete sich Bildad noch mal zu Wort. Bildad stammte aus
Schuach. 2 „Hör mal: Gott ist doch der absolute Obermacker! Er hat die
Macht, und er setzt seine Sachen auch heftig durch. Er sorgt dafür, dass in
der anderen Dimension, im Himmel, alles friedlich abgeht. 3 Gott hat so eine
fette Armee von Engeln, die keiner zählen kann! Und jeder kann erkennen,
wie mächtig er ist. Seine Kraft kann man überall mitkriegen, oder? 4 Wie soll
bei so einem riesigen Gott ein Mensch es überhaupt schaffen, wirklich klar-
zukommen? Wie will einer, der ja nur von einer Frau geboren wurde, für Gott
korrekt sein? 5 Selbst Mond und Sterne scheinen nicht korrekt genug für
Gott. Sie geben kein so sauberes Licht wieder, wie Gott sauber ist. 6 Da ist
doch der Mensch erst recht für ihn wie die letzte Wurst, wie eine Made oder
wie eine Schmeißfliege.“

26

Hiob sagt: Gott hat es drauf, du nicht

1 Hiob antwortete: 2 „Ganz toll, wirklich! Der Wahnsinn, wie du mir gerade
geholfen hast! Und das, obwohl ich echt total am Ende bin. 3 Du hast die
tollsten Tipps parat für so einen alten Sack wie mich, der gar nichts gepeilt
hat. Danke, dass du deine Peilung vom Leben an so einen Schwachmaten
wie mich verschwendet hast … 4 Wie bist du auf diese oberschlauen Sachen
überhaupt gekommen, woher hast du das? Aus was für einer Ecke kommt
das? 5 Hey, ich will dir mal was sagen: Gott ist so krass! Sogar die fiesen
Dämonen aus der Hölle haben Schiss vor ihm. 6 Gott sieht auch die Toten.
Da gibt es keine Beschränkung für ihn, er kann das. 7 Er hat das ganze Uni-
versum in seiner Hand, er hat diese Erde mitten in die Milchstraße gepinnt.
8 Das ganze Wasser hat er in den Wolken gespeichert, ohne dass sie zer-
platzen. 9 Dort, wo er wohnt, kann keiner reinschauen. Er hat einen großen
Vorhang aus Wolken davorgeschoben. 10 Da, wo das Meer und der Himmel
aufeinandertreffen, ist auch die Grenze zwischen Licht und Dunkelheit.
11 Das ganze Universum bekommt Angstschweiß und zittert, wenn er sauer
ist. 12 Er hat die Kraft, das Meer voll aufzuwühlen, und er macht seine Feinde
einfach kaputt. 13 Er pustet einmal, und alle Wolken werden weggefegt. Und

mit einem Schuss aus der Hüfte kann er den Feind, diese Schlange, erlegen.
[14] Das, was wir von ihm mitkriegen, ist aber nur die Spitze vom Eisberg.
Wer kann seine heftige, krasse Art wirklich ganz kapieren?“

27

Hiob sagt: Ich hab nichts verbrochen
[1] Hiob redete dann weiter: [2] „Gott hat mir alle Rechte genommen, er hat
mir eine echt bittere Pille zu schlucken gegeben. [3] Trotzdem schwör ich euch
bei diesem Gott, und das tue ich, solange ich noch lebe und Gott mir mit
seiner Kraft noch etwas Luft zum Atmen gibt: [4] Ich hab noch nie gelogen,
ich erzähle keinen Schwachsinn! [5] Nie und nimmer werde ich sagen, dass
ihr recht habt! Solange ich noch lebe, bleib ich bei meiner Aussage: Ich
hab nichts verbrochen! [6] Ich habe recht, und darum werde ich auch für
meine Sache kämpfen! Mein Gewissen ist clean, ich hab null Schuldgefühle
für irgendwas. [7] Allen Leuten, die gegen mich sind, soll mal das Gleiche
passieren wie mir. So was passiert sonst nur Typen, die ohne Gott leben und
die ständig Mist bauen. [8] Bei denen ist in Sachen Hoffnung nämlich Fehl-
anzeige. Wenn Gott dafür sorgt, dass sie sterben, dann ist es für immer vor-
bei mit denen. [9] Wenn sie Probleme haben und plötzlich zu Gott um Hilfe
schreien, dann sitzt er auf seinen Ohren. [10] Kann so einer sich über Gott
freuen? Kann er immer zu ihm kommen, wenn er ihn braucht? [11] Ich will
euch mal verklickern, wie Gott eigentlich drauf ist. [12] Mann, Leute, ihr habt
das doch alles mitbekommen! Warum redet ihr nur so einen Müll! [13] Fol-
gendes passiert mit Leuten, die ohne Gott leben. Ich mein jetzt auch solche
Menschen, die so leben wie ein Verbrecher und andere nur fertigmachen.
[14] Es ist egal, wie viele Söhne so einer hat, die Söhne werden alle im Krieg
getötet. Und die Enkel werden deswegen voll hungern müssen. [15] Wer das
überlebt, wird durch Aids oder eine andere ansteckende Krankheit sterben.
Und die Frauen werden dann nicht mal eine Beerdigung für die organisieren.
[16] Und selbst wenn er ein fettes Bankkonto hat und so viele Designerkla-
motten, dass die sich aufstapeln wie Altpapier, kann ihm so was passieren.
[17] Jemand, der korrekt mit Gott lebt, wird dann dessen Anzüge geschenkt
bekommen und auch anziehen. Und dessen ganze Kohle wird einer erben,
der nichts ausgefressen hat. [18] Er hatte seine Villa ganz schnell hochgezo-
gen, das ging so schnell, wie eine Spinne ihr Netz baut oder wie ein Camper
sein Zelt aufstellt. [19] Megareich und fett gestopft legt er sich zu Hause in
sein Bett. Aber er könnte am nächsten Morgen aufwachen, und alles ist weg.
[20] Wie eine Tsunamiwelle überkommt ihn das Chaos. Mitten in der Nacht
ist plötzlich ein Wirbelsturm über seinem Leben und macht alles kaputt.
[21] Der Orkan wirbelt seine Bude in die Luft und reißt ihn mit sich. Alles wird
von diesem Sturm weggeblasen. [22] Der Sturm kommt auf, ohne dass die

Wettervorhersage ihn gewarnt hätte, mit voller Wucht trifft er ihn. Er ver-
sucht noch zu fliehen, aber schafft es nicht. 23 Die Leute werden sich das
Maul über ihn zerreißen und hinter seinem Rücken über ihn ablästern."

28

Woher kommt es, dass man den Schnall vom Leben und Überblick bekommt?

1 Hiob war noch nicht fertig: „Es gibt Orte auf der Welt, wo man Silber fin-
det, und auch Orte, wo man Gold finden kann. Es wird dort vom Dreck
getrennt und sauber gemacht. 2 Eisen holt man auch aus der Erde. Kupfer
bekommt man, wenn kupferhaltige Steine so stark erhitzt werden, bis das
Kupfer rausschmilzt. 3 Menschen graben tiefe Tunnel in die Erde und holen
sich von dort das Zeug hoch. Die Dunkelheit ist ihnen dabei egal. 4 Diese
Schächte liegen weit unter der Erdoberfläche, sie liegen viel tiefer als Maul-
wurfsbauten. Man gräbt diese Tunnel ganz tief in die Erde rein. 5 Oben an
der frischen Luft wächst der Weizen, aus dessen Körner später Mehl und
dann Brot gemacht wird. Unter der Erde aber, in den Tunneln, wird nur der
Boden umgewühlt. Dort sieht es aus wie nach einem Feuer. 6 In den Steinen,
die dort unten sind, findet man aber coole Edelsteine und auch Gold. 7 Da
unten war noch nie ein Adler, und auch eine Eule kann da nicht leben. 8 Kein
Pitbull kann dort existieren, dort war auch noch nie irgendein anderes Tier.
9 Menschen sprengen die harten Steine weg und graben tief durch die Berge.
10 In diesen Tunneln kann man einige nette Sachen finden, die echt wertvoll
sind. 11 Wenn dort irgendwo Wasser reinkommt, dichtet man die Stelle ab.
Und die Schätze, die noch nie jemand gesehen hat, werden an die Ober-
fläche, ins Licht, gebracht. 12 Aber jetzt mal eine Frage: Wo findet man den
Schnall vom Leben? Wo bekommt man Schlauheit her? 13 Es gibt keinen
Menschen, von dem man das wirklich lernen kann! Man kann das auch nir-
gends in der Erde finden, da kannst du noch so tief buddeln. 14 Wenn man
in den tiefsten Höhlen die Arbeiter danach fragen würde, bekäme man nur
die Antwort, dass sie da nicht ist. Und wenn man im Meer danach tauchen
würde, hätte man genauso wenig eine Chance. 15 Man kann sie nicht im
Supermarkt kaufen, und auch im Internet gibt es keine Seite, wo man sie
bestellen kann. 16 Und selbst mit der Platin-Kreditkarte und einem Konto
ohne Überziehungslimit ist es nicht möglich, Schlauheit zu kaufen. 17 Auch
mit einem Sechser im Lotto kann man sie sich nicht organisieren. Auch
bei E-Bay kommst du da nicht wirklich dran. 18 Die besten Aktien und die
teuersten Wertpapiere kannst du dagegen echt vergessen. Der größte und
teuerste Diamant, den es auf der Welt gibt, ist nicht so viel wert. 19 So was
ist sogar teurer als der krasseste Klunker aus Paris, es ist einfach unbe-
zahlbar. 20 Schnall vom Leben, den Durchblick haben, das Wissen, woher

kriegt man das nur? 21 Niemand, der auf der Erde lebt, hat es mit seinen
Augen jemals sehen können. Und auch mit Aufklärungssatelliten kann man
das nicht orten. 22 Wenn man sich vorstellt, der Tod könnte reden, und man
würde ihn fragen, dann wäre seine Antwort: ‚Hab mal jemanden über so
was quatschen gehört, aber mehr weiß ich auch nicht.‘ 23 Es gibt nur einen,
der wirklich den Schnall hat, und das ist Gott! Er alleine weiß, wie sich das
anfühlt, den Überblick zu behalten. Er weiß, wie das geht, und er hat den
Durchblick. 24 Denn er kann überall gleichzeitig sein: am Nordpol und am
Südpol, im Himmel und auf der Erde. 25 Er hat bestimmt, wie stark ein Wind
wehen darf. Er hat die Menge vom Wasser auf der ganzen Erde festgelegt.
26 Als er organisiert hat, wie das mit dem Regen funktioniert und mit den
Regenwolken und Blitz und Donner, 27 da hat er auch festgelegt, wie das mit
diesem Thema abgehen soll. 28 Er hat dann zu den Menschen gesagt: ‚Wenn
man Respekt vor Gott hat, dann hat man die absolute Peilung. Und wer kei-
nen Bock auf unkorrekte Sachen hat, der hat wirklich Schnall vom Leben.‘“

29

Hiob sehnt sich nach früher zurück

1 Hiob textete weiter: 2 „O Mann, wäre es doch alles so wie früher! Da hat
Gott mich noch vor ätzenden Sachen beschützt. 3 Er hat auf mich aufge-
passt. Wenn es dunkel wurde, hat er mir mit seinem Licht den Weg ausge-
leuchtet. 4 Damals, als ich noch jünger war, da war Gott immer auf meiner
Seite und hat mir Tipps gegeben. 5 Gott war immer bei mir, und meine Kin-
der lebten alle noch. 6 Die Produktion lief super, meine Firma warf immer
genug Gewinn ab. Es kamen immer mehr Geschäftspartner dazu, und wir
konnten den Betrieb sogar vergrößern und mehr Leute einstellen; alles lief
supergut. 7 Wenn ich mal in die Stadt musste, um irgendwelche Erledigun-
gen zu machen, 8 dann hatten die Jugendlichen, die ich traf, immer Respekt
vor mir. In der vollen U-Bahn wurde mir zum Beispiel immer sofort ein Sitz-
platz angeboten. 9 Selbst in den Chefetagen wurde es ganz leise, wenn ich
den Raum betrat. 10 Männer, die im Land richtig was zu sagen hatten, hörten
auf zu reden, wenn ich reinkam. 11 Alle Leute sprachen nur gut über mich,
man hatte Respekt vor mir und vor dem, was ich gemacht habe. 12 Ich habe
Obdachlosen Essen spendiert, Junkies ein Dach über dem Kopf organisiert
und Kindern ohne Eltern geholfen. 13 Frauen, deren Mann gestorben war,
hab ich auch geholfen. Viele Menschen konnte ich voll ermutigen, so dass
sie zum Dank für mich gebetet haben. 14 Ich war eigentlich Mr. Korrekt in
Person. Alles an mir, sogar meine Jacke, mein Anzug, mein Hut, war perfekt,
ich wollte total korrekt drauf sein. 15 Wenn jemand blind war, dann habe ich
ihn geführt und ihm vorgelesen. Wenn jemand nicht gehen konnte, hab ich
seinen Rollstuhl geschoben. 16 Ich wurde zu einem Vater für die Leute, die

keine Kohle mehr hatten und auf der Straße leben mussten. Wenn jemand
ein Problem mit dem Gericht bekam, hab ich dem einen Anwalt besorgt,
auch wenn ich den Typen gar nicht kannte. 17 Wenn jemand aber total link
drauf war, hab ich ihm so lange auf die Fresse gehauen, bis sein Kiefer Mat-
sche war. Wenn er was von anderen gezockt hatte, hab ich es ihm wieder
abgenommen, auch wenn er noch so verbissen daran festhielt. 18 Ich hab mir
immer gewünscht, über 100 Jahre alt zu werden und irgendwann in einem
schönen Haus zu sterben. 19 Ich hatte immer die Hoffnung, ich wäre wie ein
großer Baum, der seine Wurzeln ganz tief, bis zum Wasser, im Boden hat.
Der Regen sollte nachts noch meine Zweige bewässern. 20 Ich hatte gehofft,
ich würde langsam immer berühmter werden und meine Kraft würde zuneh-
men. 21 Alle Leute hörten mir zu, wenn ich was zu sagen hatte, und jeder hat
meine Ratschläge akzeptiert. 22 Wenn ich angefangen habe zu sprechen,
dann hielten alle die Klappe. Die Leute hörten mir wie gebannt zu, sie hin-
gen sozusagen an meinen Lippen. 23 Man hatte so einen Bock dadrauf, dass
ich anfange zu reden, dass viele dafür sogar Schlange standen, wie im Som-
mer an der Eisbude. 24 Ich brauchte nur einmal zu lächeln, und alles war wie-
der gut. Wenn ich die Menschen, die niemandem mehr vertrauen konnten,
nur einmal anlachte, konnten sie auch wieder lachen und vor Freude strah-
len. 25 Dann war ich derjenige, der ihnen gesagt hat, was sie machen sollen.
Ich war der Chef, saß auf meinem Chefsessel und konnte von dort aus die
Dinge regeln. Und wenn jemand traurig war, dann konnte ich ihn wieder gut
draufbringen."

30

Zurzeit ist alles echt ätzend

1 Hiob sagte dann: „Jetzt machen sich sogar schon Leute über mich lustig,
die viel jünger sind als ich! Das sind so Typen, wo ich schon mit den Vätern
immer Probleme hatte. Diese Männer konnte man noch nicht mal als Hilfs-
kraft einstellen. 2 Wofür soll man solche Leute überhaupt gebrauchen? Die
sind doch total abgeschlafft! 3 Weil sie nichts zu essen bekommen, haben die
keine Kraft mehr in den Muckis. Sie kauen den ganzen Tag auf den Finger-
nägeln rum und wohnen in total runtergekommenen Gegenden. 4 Sie kra-
men in der Mülltonne vor dem Imbiss nach Resten und essen die abgelaufe-
nen Lebensmittel aus dem Supermarkt. 5 Keiner will was mit denen zu
tun haben, und sie werden von allen gedisst. Solche Menschen werden weg-
gejagt wie jemand, der beim Klauen erwischt wurde. 6 Sie wohnen in einem
feuchten Keller, unter der Brücke oder im Stadtpark. 7 Manchmal bellen
sie wie ein Hund. Sie kriechen unter den Brombeerbüschen rum. 8 Sie sind
der letzte Dreck. Eben Menschen, die ohne Gott leben. Man hat sie raus-
geschmissen aus der Gesellschaft. 9 Sogar für diese Leute bin ich jetzt der

größte Witz. Die lästern den ganzen Tag über mich. 10 Sie rotzen mir ins
Gesicht oder gehen mir aus dem Weg. 11 Gott hat mir sogar die Möglichkeit
genommen, mich zu verteidigen. Das ist auch der Grund, warum die mir
hemmungslos auf die Fresse hauen. 12 Sie greifen mich an, wie eine Schlan-
ge. Sie locken mich aus der Reserve. Die machen alles mobil, um mich fer-
tigzumachen. 13 Den Fluchtweg haben sie mir abgeschnitten. Alle helfen,
damit ich kaputtgehe, und niemand hält sie dabei auf. 14 Wie eine wild
gewordene Meute kommen sie angerannt und machen voll die Randale.
15 Ich bekomme dauernd Panikattacken. Das ist, wie wenn ein eiskalter Wind
über mein Leben fegt und den Respekt wegbläst, den Menschen mal vor mir
hatten. Meine Hilfe ist dabei in weiter Ferne. Wie eine Wolke am Himmel
ist sie kilometerweit an mir vorbeigezogen. 16 Mein Leben ist für mich nur
noch eine einzige Quälerei. Die Depression hat mich voll im Griff. 17 Nachts
hab ich heftigste Schmerzen in den Knochen, die bleiben die ganze Nacht
und gehen nicht weg. 18 Gott hat mich am Kragen gepackt. Wie mit einem
engen Gurt um die Brust drückt er mir die Luft ab. 19 Er hat mich einfach in
den Dreck geschmissen, und ich muss Scheiße fressen ohne Ende. 20 Ich
hab bei dir, Gott, um Hilfe gebettelt, aber du hast mich nicht gehört! Ich bin
da, aber du behandelst mich wie Luft. 21 Du bist so oberfies zu mir! Es macht
dir wohl Spaß, mir zu zeigen, wer die Macht hat, he? 22 Ich werde von dir
wie ein Blatt vom Wind hin und her geweht. Ein heftiges Gewitter knallt voll
auf mich drauf und macht mich kaputt. 23 Mir ist schon klar, was du vor-
hast: Ich soll einfach sterben und auf dem Friedhof vergammeln. 24 Einen
Schrotthaufen kann man eben nicht mehr reparieren. Ob Gott mir in letzter
Sekunde helfen wird, bevor es so weit ist? 25 Ich habe oft Mitleid gehabt,
mit den Leuten, denen es dreckig ging. Wenn einer schlecht drauf war, hat
mich das voll mitgenommen. 26 Ich hab immer mit dem Besten gerechnet,
aber jetzt kam der schlimmste Alptraum meines Lebens. Ich hatte auf
das Licht gewartet, aber es kam die schwarze Nacht. 27 Ich bin total aggro-
mäßig drauf! Mir geht mein ätzendes Leben mittlerweile höllisch auf die
Nerven! 28 Ich hänge den ganzen Tag depressiv in der Ecke rum. Wenn ich
draußen auf der Straße bin, schreie ich laut um Hilfe. 29 Ich bin jetzt zu
einem verlausten Köter geworden und ziehe mit der ganzen stinkenden
Meute heruntergekommener Hunde durch die Straßen. 30 Meine Haut ist
schon ganz schwarz vor lauter Dreck. Teilweise blättert sie von mir ab.
Dazu hab ich auch noch schlimmes Fieber bekommen. 31 Ich hör nur noch
depri Mucke. Statt cooler House-Musik und Rap läuft jetzt bei mir nur
noch Emo."

31

Hiobs Grundsätze

1 Hiob war noch nicht fertig: „Ich hatte schon vor einiger Zeit so eine Art
Vertrag mit meinen Augen geschlossen. Pornos gucken und im Playboy
blättern kamen für mich nicht in Frage. 2 Wenn ich das nicht packen würde,
was hätte ich dann noch von Gott groß an Geschenken zu erwarten? Was
hätte mir dieser Gott, der einfach alles kann, von da oben noch runterrei-
chen können? 3 Es ist doch so: Der Typ, der Mist baut, kriegt auch den Mist
ab, oder? Da sorgt Gott schon für. Solche Leute gehen kaputt. 4 Gott sieht
doch ganz genau, was ich mache! Er verfolgt jeden Schritt von mir auf einer
riesigen Leinwand im Himmel. 5 Wenn ich rumlüge oder die ganze Zeit
Leute betrüge, 6 würde Gott das alles genau mitkriegen. Er schreibt jede Tat
von mir auf, er hat eine Datei mit meinem Namen auf seinem Rechner.
7 Auch wenn ich in anderen Bereichen Mist gebaut hätte, wenn ich mir was
reingezogen hätte, was Gott nicht möchte, oder wenn ich mir irgendwie
die Hände schmutzig gemacht hätte, 8 dann könnte ich noch so viele gute
Sachen in Gang bringen, am Ende würden nur andere davon profitieren,
aber ich nicht. Alles, was ich anfangen würde, wär umsonst. 9 Wenn ich
mich voll in die Braut von einem Freund verknallt hätte und ich jeden Tag
vor ihrer Wohnung rumlungern würde, 10 dann könnte meine Frau unsere
Beziehung abhaken. Sie könnte ab sofort mit anderen Männern in die Kiste
springen, wenn sie will. 11 Das, was ich gemacht hätte, wäre nämlich voll
schlimm, und es müsste hart von einem Gericht bestraft werden. 12 Die
Strafe müsste so krass sein, dass ich mich davon nicht mehr erholen würde.
Die Strafe müsste alles kaputt machen, was mir gehört, restlos. 13 Wenn
ich mal einen meiner Angestellten unkorrekt behandelt hätte und der mich
anzeigen würde, 14 was könnte ich dann noch sagen, wenn Gott selbst
die Untersuchung des Falls führen würde? 15 Gott hat doch meine Angestell-
ten genauso gemacht, wie er mich gemacht hat, als ich noch als Embryo
im Bauch von meiner Mutter lag. Gott kennt mich! 16 Ich hatte in meinem
Leben ein paar Grundsätze. Wenn ein Typ von der Straße etwas von mir
wollte, hab ich es ihm gegeben. Wenn alleinerziehende Frauen, die von
Hartz IV lebten, bei mir ankamen, hab ich ihnen geholfen. 17 Wenn ich am
Essen war, hab ich immer etwas an andere abgegeben. Wenn jemand Hun-
ger hatte, hab ich meine Pommes mit ihm geteilt. 18 Schon als Kind hab
ich mich immer um die kaputten Leute gekümmert, und ich kümmere mich
heute noch um diese Menschen, wie ein Vater um seine Kinder. 19 Ich sag
euch mal, wie ich so drauf war: Wenn ich zum Beispiel jemanden gesehen
hab, der nichts Anständiges zum Anziehen hatte und bei dem nicht mal
mehr die Kohle für eine Decke da war, 20 dann hab ich ihm sofort einen

anständigen Daunenschlafsack organisiert. 21 Wenn ich jemals einem Kind
ohne Eltern einfach eine reingehauen hätte, weil ich wusste, dass keiner
kommt, um mich anzuzeigen, und keiner da wäre, um dieses Kind zu vertei-
digen, 22 dann sollte man mir sofort eine Schulter brechen und meinen Arm
aus dem Gelenk drehen. 23 Ich habe totalen Respekt vor Gott und hab Angst
davor, von ihm eins reingedrückt zu bekommen. 24 Ich habe meine Sicher-
heit nie auf meinem Bankkonto aufgebaut, von mir kam nie so ein Spruch
wie ‚Geld macht glücklich'. 25 Ich bin nie abgehoben, obwohl ich sehr viel
Kohle hatte, und auch wenn ich viel erreicht hab, war ich nie arrogant unter-
wegs. 26 Ich habe nicht an Horoskope geglaubt, ich habe auch nie meine
Hoffnung auf Wahrsager und Kartenleger gesetzt. 27 Ich hab niemals dran
gedacht, zu den Sternen zu beten oder die Sonne so toll zu finden, dass ich
sie anhimmele. 28 So was müsste vor Gericht hart bestraft werden, wenn ich
so was mal tun würde. Denn dann hätte ich ja Gott selbst damit beleidigt.
29 Ich hab mich auch nie gefreut, wenn meine Feinde kaputtgingen. 30 Ich
habe auch nie anderen Menschen die Krätze an den Hals gewünscht und sie
verflucht. 31 Wenn ich Leute bei mir zu Besuch hatte, wurden sie immer fett
bedient; jeder ist satt wieder nach Hause gegangen. 32 Wenn Leute auf der
Durchreise einen Pennplatz brauchten, durften sie immer bei mir übernach-
ten, das war nie ein Problem für mich. 33 Hab ich vielleicht versucht, meine
Fehler zu vertuschen, damit keiner meinen Mist mitbekommt? 34 Das hätte
ich ja vielleicht machen können, aus Angst vor den Folgen. Und auch, weil
mich sehr viele Leute aus meiner Familie dann fertiggemacht hätten. Das
wäre ein Grund gewesen, besser zu Hause zu bleiben und da deprimiert
rumzusitzen. 35 Ach Mann, wenn es doch nur einen Menschen geben würde,
der mir mal zuhört! Eins garantiere ich euch: Gott, dem nichts unmöglich
ist, hört mir zu! Er wird auf die Anzeige von meinen Gegnern die passende
Antwort haben. 36 Die Antwort würde ich mir dann aufschreiben und auf ein
T-Shirt drucken lassen, damit jeder sie lesen kann. 37 Ich würde meinen Geg-
ner über jeden von meinen Schritten informieren. Ich würde mich ihm
gegenüber verhalten wie ein Star. 38–40 Wenn ich jemals meine Arbeiter aus-
gebeutet und mir mit dem Geld ein schönes Leben gemacht haben sollte,
dann sollen alle meine Firmen pleitegehen und meine ganzen Felder verrot-
ten!" Das war der letzte Satz von Hiobs Rede.

32

Freund Elihu muss auch noch was sagen

1 Schließlich gaben es die drei Freunde auf, Hiob die ganze Zeit vollzulabern.
Es gab keine Chance, ihn davon zu überzeugen, dass er irgendwo Mist
gebaut hatte. Für Hiob war klar: Er hatte nichts ausgefressen. 2 Aber Elihu
fing jetzt erst richtig an auszurasten. Elihu kam aus der Familie von Bara-

chel, ein Busiter aus dem Familienclan Ram. Er war voll stinkig auf Hiob, weil der sagte, Gott wäre nicht korrekt, aber von sich selbst meinte, immer korrekt gegenüber Gott zu sein. [3] Dazu war er auch noch sauer auf die drei Freunde von Hiob, weil keiner von ihnen es geschafft hatte, Hiob zu überzeugen, dass er an seiner beschissenen Lage selbst schuld war. [4] Elihu hatte bis zu dem Zeitpunkt den Mund gehalten, weil die anderen Freunde alle älter waren als er. [5] Als er aber mitbekam, dass die anderen drei Männer nichts mehr zu sagen hatten, kotzte er sich erst mal richtig aus. [6] Er sagte: „Schon klar, ich bin hier der Jüngste von allen, ihr seid alle viel älter als ich. Darum hab ich bis jetzt den Mund gehalten, weil ich einfach Schiss davor hatte, mich vor euch zu blamieren. [7] Ich hab mir gedacht: ‚Lass erst mal die Alten reden, die haben viel mehr Lebenserfahrung als du …‘ [8] Aber jetzt glaube ich, dass nicht das Alter einen schlau macht, sondern es ist die Kraft von Gott, die uns wie ein Wind um die Ohren pustet. [9] Die Oldies haben die Weisheit nicht gepachtet. Was korrekt ist und was nicht, kann man kapieren, auch wenn man nicht besonders alt ist. [10] Darum will ich jetzt auch mal meine Meinung zur Sache sagen! [11] Ich war die ganze Zeit auf eure schlauen Antworten gespannt. Ich dachte mir: ‚Gleich kommt bestimmt einer, der was Richtiges sagt!‘ [12] Die ganze Zeit hab ich sehr genau zugehört. Aber ich musste feststellen, dass keiner von euch die Argumente von Hiob wirklich widerlegen konnte. [13] Und jetzt kommt bloß nicht an, so auf die Tour: ‚Wir haben zwar echt die Peilung, aber Hiob richtig bestrafen, das kann nur Gott!‘ [14] Was Hiob bis jetzt gesagt hat, überzeugt mich null. Und den Dünnsinn, den ihr die ganze Zeit von euch gegeben habt, werde ich nicht noch mal wiederholen. [15] Euch sind wohl die Argumente langsam ausgegangen, oder? [16] Ich hab mich gefragt, ob ich weiter den Mund halten soll, nur weil euch nix mehr einfällt. Schließlich sagt ja keiner mehr was. [17] Also, ich will jetzt auch mal meinen Senf dazugeben. Immerhin hab ich schon eine Menge vom Leben kapiert und will das auch mal loswerden. [18] Ich hab ständig innerlich mit Gott diskutiert, das muss jetzt einfach mal ausgesprochen werden. Die Kraft von Gott in mir zwingt mich, das zu sagen. [19] Ich stehe innerlich total unter Strom. Ich platze gleich, wenn ich das nicht loswerden kann, was ich zu sagen hab! [20] Ich muss das rauslassen, um wieder durchatmen zu können. Das muss endlich raus! [21] Es geht mir nicht dadrum, mich auf irgendeine Seite zu stellen, echt nicht. Ich hab es auch nicht nötig, mich bei einem von euch einzuschleimen. [22] Rumschleimen kann ich gar nicht, und wenn ich es könnte, würde mich Gott dafür schon schnell genug mit dem Tod bestrafen.“

33

Elihu meint: Gott redet mit den Menschen

1 Elihu sagte: „Hiob, du musst mir jetzt mal wirklich gut zuhören, ja? 2 Ich
werde auch noch mal was konkret zu der Sache sagen. 3 Du weißt, ich bin
korrekt, ich laber keinen Stuss. 4 Durch die Kraft von Gott bin ich entstan-
den. Er hat mich angepustet, und darum lebe ich überhaupt! 5 Wenn du was
zu sagen hast, dann sag es jetzt! Hast du irgendwas an dem zu meckern,
was ich gerade gesagt habe? 6 Ich bin genauso viel wert wie du! Für Gott
sind wir beide gleich. Ich bin aus demselben Material wie du. 7 Du brauchst
keinen Schiss vor mir zu haben! Ich werde dir nicht noch mehr zumuten.
8 Also, ich hab das so verstanden, was du gerade gesagt hast. 9 Du meintest:
‚Ich kann mich nicht dadran erinnern, irgendwie Mist gebaut zu haben. Ich
hab ein reines Gewissen! 10 Aber Gott erfindet immer wieder neue Sachen,
die er an mir zu meckern hat. Er tut so, als wäre ich sein Feind. 11 Er legt mir
Handschellen an, er spioniert mein ganzes Leben aus.‘ 12 Hey, ich sag dir
mal was: Das ist nicht korrekt, wenn du so was behauptest! Wir reden hier
immerhin von Gott, der tausendmal mächtiger ist als jeder Mensch! 13 Was
hast du gegen ihn, hä? Bist du sauer, weil er dir nicht die passende Antwort
auf deine Fragen gibt? 14 Ich bin der Meinung, dass Gott immer zu uns redet.
Wir bekommen es bloß nicht immer mit! 15 Manchmal redet er nachts durch
Träume zu uns, wenn wir im Tiefschlaf in unsererem Bett liegen. 16 Es kann
passieren, dass Gott zu einem redet und auf etwas aufmerksam macht.
Oder er warnt jemand davor, 17 wenn der irgendwo Mist baut. Er versucht,
dafür zu sorgen, dass man sein Leben ändert. Auch wenn man glaubt, die
Weisheit mit Löffeln gefressen zu haben. 18 Auf die Art sorgt er dafür, dass
der Mensch sich nicht durch seinen Lebensstil selbst umbringt oder einfach
so in den Tod rennt. 19 Ich glaube ja, er macht so was auch durch Krankhei-
ten, wenn jemand voll die Schmerzen in den Knochen hat und im Bett liegen
muss. 20 Man verliert jeglichen Appetit, sogar beim Lieblingsessen kriegt
man nur noch das Kotzen. 21 So wird man fast magersüchtig, ist nur noch
Haut und Knochen. 22 Der Tod guckt schon um die Ecke, die Beerdigung
kann schon mal geplant werden. 23 Wenn dann ein Botschafter von Gott vor-
beikommt, so ein Engel, das wäre schon was. So ein Typ, einer von tausend,
der dem Menschen seine Rechte vorlesen soll. 24 Der Engel wird dann voll
nett sein und sagen: ‚Er soll noch nicht sterben! Ich habe Geld für ihn in
der Tasche, um ihn freizukaufen! 25 Sein Körper soll sich wieder erholen. Er
soll wieder vor Kraft sprühen, so als wäre er wieder ein Teenager!‘ 26 Dann
wirst du wieder mit Gott reden, und er wird auf dich hören. Du darfst wieder
in seine Nähe kommen und dich mit ihm freuen. Mit ihm, der dich vollkom-
men wiederhergestellt hat. 27 Dann wirst du im Fernsehen allen Menschen

sagen, dass du in Wirklichkeit richtig Mist gebaut hattest: ‚Ich hab mir das
alles so hingebogen, wie ich wollte! Aber Gott hat mich dafür nicht bestraft.
28 Er hat mich gerettet, obwohl ich schon mit einem Bein im Grab stand. Er
hat mir erlaubt, dass ich die Sonne wieder sehen darf.' 29 So ist Gott drauf,
und er kann so was mit jedem machen, auch zwei- oder dreimal. 30 Er kann
jeden retten, der dachte, er wär so gut wie tot, und er kann einem auch die
Freude am Leben zurückgeben! 31 Pass gut auf, was ich dir zu sagen habe,
Hiob! Halt noch mal für ein paar Minuten deinen Mund, damit bei dir ein
paar Leuchter angehen, wenn ich weiterrede, klar? 32 Wenn du aber irgend-
was Sinnvolles zu dem zu sagen hast, was ich gerade gesagt habe, dann nur
zu! Ich wäre mehr als froh, wenn ich unrecht hätte. 33 Aber wenn du nichts
dazu sagen kannst, dann musst du halt den Mund halten und mir weiter
zuhören. Ich werde dir noch ein paar richtig schlaue Sachen beibringen.
Dinge, die du noch nicht gewusst hast."

34

Elihu: Hiob darf nicht sagen, dass Gott unkorrekt ist

1 Elihu sagte dann zu seinen Freunden: 2 „Leute, ihr habt doch echt Ahnung
vom Leben, oder? Jetzt hört mir doch mal richtig zu! 3 Wenn man austesten
will, ob ein Essen in Ordnung ist, nimmt man davon einen Löffel in den
Mund. Wenn man bei Worten checken will, ob die in Ordnung sind, muss
man mit den Ohren erst mal richtig zuhören. 4 Lasst uns das ganze Ding
gemeinsam überprüfen. Was okay ist und was nicht, müssten wir zusammen
doch rauskriegen. 5 Hiob hat ja schließlich gesagt, dass er okay gelebt hat
und Gott das nur nicht wahrhaben will. 6 Er behauptet, dass er immer kor-
rekt gelebt hat, und findet es nicht okay, dass er plötzlich als Lügner dar-
gestellt wird. Sein Leben ist jetzt voll gegen die Wand gefahren, obwohl er
angeblich nichts Schlimmes verbrochen hat. 7 Gibt es noch jemanden außer
Hiob, der in einer Tour über Gott ablästert, so wie andere den ganzen Tag
Kaffee trinken? 8 Oder gibt es noch so einen wie Hiob, der nur noch mit
Ganoven rumhängt und dessen Freunde Gott alle den Stinkefinger zeigen?
9 Hiob hat außerdem noch behauptet: ‚Einem Menschen bringt es überhaupt
nichts, wenn er mit Gott befreundet ist!' 10 Alle Leute, die was auf dem
Kasten haben, sollen mir jetzt mal gut zuhören. Eins ist für mich ganz klar:
Gott baut keinen Mist! Gott ist nie unkorrekt! 11 Er behandelt die Menschen
nur so, wie sie es verdient haben. Ein Mensch bekommt von ihm immer
nur die Quittung für das, was er getan hat. 12 Der korrekte Gott tut keine
unkorrekten Sachen! Und wenn etwas okay ist, dann macht Gott nicht plötz-
lich den größten Mist daraus. 13 Hat Gott denn von einer noch höheren
Macht die Welt übergeben bekommen, oder was? Wer sollte Gott das Uni-
versum in die Hand gedrückt haben? 14 Wenn Gott der Egotyp wäre und

nur an sich denken würde, 15 dann würde alles Leben, was es gibt, sofort
kaputtgehen. Und auch jeder Mensch würde dann sofort sterben und ver-
gammeln. 16 Hiob, wenn du nur ein bisschen was im Hirn hast, dann hörst
du mir jetzt gut zu, ja? 17 Ist es überhaupt möglich, dass einer, der das
Korrekte hasst, das Leben lenkt? Oder willst du jetzt behaupten, dass der
Gott im Himmel Mist gebaut hat? 18 Ich mein, eigentlich kann doch nur
Gott einem Präsidenten sagen, dass er ein Schwachmat ist, oder? Und nur
Gott kann einen Filmstar dafür beschuldigen, dass er ohne ihn gelebt hat.
19 Gott ist es doch völlig egal, ob jemand einen Ministerjob in der Regierung
hat oder nicht. Er würde einen Millionär nicht besser beurteilen als einen
Hartz-IV-Empfänger. Schließlich hat er alles, was lebt, einmal selber
gemacht. 20 Solche Leute kriegen plötzlich vor dem Fernseher einen Herzin-
farkt und sind tot. Dagegen können die Menschen eine Demo veranstalten,
eine Unterschriftenaktion laufen lassen oder sonst was, das hilft alles nichts.
Gott regelt es einfach, er räumt Politiker aus dem Weg, ohne dass Menschen
das verhindern können. 21 Gott checkt jeden ab, er sieht genau, was wir
machen. 22 Es gibt keine Chance, irgendwas vor ihm zu verheimlichen, er
sieht alles. Kein Verbrecher kann sich vor ihm wirklich verstecken. 23 Keiner
weiß, wann er zur Gerichtsverhandlung vor Gott zu erscheinen hat, und
wenn's mal so weit ist, gibt's keine Chance, sich daran vorbeizudrücken.
24 Er macht auch die Mächtigen dieser Welt einfach platt, ohne vorher eine
lange Untersuchung anzuordnen. Sie werden einfach durch neue Leute
ersetzt. 25 Das kann er machen, weil er die ganze Zeit ihre Taten abcheckt
und alles mitbekommt, was sie so tun. Darum kann er sie von einem Tag auf
den anderen kaputt machen. 26 Er kann sie genauso behandeln wie Men-
schen, die nicht mit ihm leben. In den Acht-Uhr-Nachrichten werden sie von
ihm öffentlich fertiggemacht. 27 So was bringt er, wenn sie nicht das getan
haben, was er ihnen gesagt hatte, und wenn sie nie an das gedacht haben,
was er wollte. 28 Das hat zur Folge gehabt, dass die Kaputten bei Gott
anklopfen und um Hilfe bitten, und er hat auf sie gehört und ihnen geholfen.
Auf die Gebete von den Fertigen hörte er dann. 29 Falls Gott sich jetzt aber
dazu entschließen sollte, nichts zu unternehmen, wer sollte dann zu ihm
sagen, dass das nicht in Ordnung wäre? Wenn er sich dazu entschließt, sich
einfach zu verstecken, dann würde ihn auch niemand mehr finden können,
oder? 30 Und was, wenn Gott einen Faschisten als neuen Regierungschef ein-
setzt, der die Menschen fertigmacht, was könnte man dagegen unterneh-
men? 31 Wenn jetzt einer zu Gott sagt: ‚Ich habe Mist gebaut, ich sehe es ein!
Ich will das in Zukunft nicht mehr tun. 32 Hilf mir bitte, wenn ich irgendwo
unkorrekte Sachen mache! Ich könnte das sofort ändern!‘ 33 Was würdest du
denn machen? Willst du immer noch, dass Gott denjenigen bestraft? Nur,
weil du gefrustet bist? Willst du jetzt für Gott entscheiden? Jetzt komm mal

raus damit, wie du über die Sache denkst! 34 Leute mit Peilung vom Leben
werden mit mir bestimmt einer Meinung sein, und auch die Intelligenzbes-
tien wissen das: 35 Was Hiob sagt, klingt nicht so, als hätte er es wirklich
kapiert. Seine Argumente sind ziemlich hohl. 36 Ihr solltet ihn noch viel
genauer testen. Seine Argumente muss man noch besser widerlegen. Er
redet wie jemand, der keine Ahnung von Gott hat. 37 Zu dem ganzen Haufen
Dreck, der in seinem Leben ist, legt er jetzt auch noch die Untreue zu Gott
obendrauf. Vor unseren Augen macht er einen auf dicke Hose, seine Argu-
mente gegen Gott werden immer mehr."

35

Elihu redet mit Hiob

1 Elihu sagte dann zu Hiob: 2 „Sag mal, Alter, bist du noch ganz dicht?
Glaubst du im Ernst, du bist korrekter als Gott? 3 Was ist das überhaupt für
eine Frage: ‚Was hab ich davon, wenn ich das tue, was Gott richtig findet?'
4 Dazu muss ich dir jetzt echt was reindrücken und deinen Freunden gleich
mit: 5 Schau mal nach oben, sieh dir mal die Wolken an! Die sind doch
gigantisch weit oben, die Entfernung ist zigmal mehr, als du groß bist. 6 Dir
muss doch klar sein, dass der Mist, den du in deinem Leben baust, Gott
nicht wirklich schaden kann, oder? Egal, wie viele Fehler du machst, Gott
steht doch voll dadrüber. 7 Und selbst wenn du oberkorrekt leben würdest,
kann er sich davon auch nichts kaufen. 8 Aber die Leute, die mit dir zusam-
menleben, für die ist das ätzend, die bekommen deinen Mist ab. Und
wenn du korrekt lebst, haben die auch was davon."

Gott ist entspannt drauf

9 „Erst wenn Menschen fette Probleme haben, fangen sie an rumzuweinen.
Sie fangen an, um Hilfe zu schreien, wenn sie von den Mächtigen derbe
Schläge abbekommen. 10 Viele Menschen fragen nicht, ob Gott existiert und
wo er jetzt ist. Sie haben keine Ahnung, dass Gott in finsteren Situationen
das berühmte Licht am Ende des Tunnels ist und so plötzlich Hoffnung auf-
kommt. 11 Und das, obwohl wir mehr Grips in der Birne haben als die Tiere,
wir sind schlauer als die. Auch die Vögel können intelligenzmäßig nicht mit
uns mithalten. 12 Manchmal, wenn wir dringend Hilfe brauchen und bei ihm
anrufen, dann kriegen wir keine Verbindung zu ihm, weil wir innerlich ein-
fach nur link sind und die Leitung zu ihm dadurch gestört ist. 13 Wir können
uns die Lunge aus dem Leib brüllen und uns die Finger wund wählen, er ant-
wortet nicht, wegen unserer Arroganz und Gemeinheit. 14 Jetzt behauptest
du, Hiob, Gott wäre nicht mehr da. Aber ich bin mir sehr sicher: Er ist da,
und er kennt deine Geschichte sehr gut! 15 Gott hat dich noch nicht spüren
lassen, wie sauer er wirklich auf dich ist. Er hat sich bisher noch nicht um

den Schwachsinn gekümmert, den du die ganze Zeit von dir gibst. 16 Des-
halb laberst du die ganze Zeit nur Mist. Das ist nur heiße Luft, aber da ist
nichts dahinter."

36

Elihu: Gott ist immer schon total korrekt gewesen

1 Elihu sagte weiter: 2 „Du musst mich noch etwas länger aushalten, denn
ich hab noch ein paar andere Sachen, die Gott dir sagen will. 3 Ich greif jetzt
mal richtig tief in die Kiste, um dir klarzumachen, dass Gott einfach gut ist.
4 Hey, ich schwör dir, ich erzähle keinen Stuss! Ich hab echt viel studiert und
weiß eine Menge Zeugs. 5 Gott hat die Macht, trotzdem macht er nieman-
den mal eben so fertig. Er hat ein großes Herz. 6 Menschen, die ohne ihn
leben, müssen sterben, dafür sorgt er schon. Aber Leute, die Probleme
haben, denen hilft er. 7 Jemand, der korrekt lebt, kann sich drauf verlassen,
dass Gott immer bei ihm ist. Wenn das Präsidenten sind, passt er dadrauf
auf, dass sie immer wieder gewählt werden und lange an der Macht sind.
8 Wenn sie aber plötzlich Probleme kriegen und es ihnen richtig dreckig geht,
9 dann ist das oft ein Zeichen von Gott, dass sie irgendwo Mist gebaut
haben. Sie haben sich vielleicht arrogant verhalten 10 und saßen auf ihren
Ohren. Auf die Art hat er sie aufgeweckt, ihnen einen Warnschuss verpasst,
damit sie mit dem Quatsch aufhören. 11 Wenn sie dann aber auf Gott hören
und das tun, was er ihnen sagt, dann werden sie lange und glücklich leben.
12 Falls sie das aber nicht tun, werden sie kaputtgehen. Sie rennen ins offene
Messer, ohne es kapiert zu haben. 13 Menschen, die link drauf sind, geben
Gott immer die Schuld. Und wenn er sie in eine Situation bringt, wo sie
nicht mehr weiterkönnen, rufen sie nicht um Hilfe. 14 So einer stirbt noch als
Jugendlicher, die werden oft nicht älter als 18. 15 Wenn es einem aber mal
dreckig geht, dann kann er dadraus auch was lernen. Durch die Probleme,
die er hat, fängt er plötzlich an, wieder auf Gott zu hören. 16 Gott hat das
mit dir ja auch schon so gemacht, Hiob. Als es dir beschissen ging, hat er
dir geholfen. Plötzlich war wieder alles supi, und du konntest dich irgend-
wann wieder an den leckersten Sachen bedienen. 17 Wenn du aber total aggro
drauf bist wie die Menschen, die ohne Gott leben, dann bist du jetzt schon
bei ihm unten durch, er hat dich bereits verurteilt. 18 Hiob, pass bloß auf,
dass du dich nicht zum depressiven Oberkritiker entwickelst, weil du so
schlecht drauf bist. Rechne nicht damit, dass du eine hohe Entschädigungs-
zahlung bekommst. 19 Willst du mit deiner Beschwerde dafür sorgen, dass
man dir hilft? Meinst du, dieser Kraftakt lohnt sich? 20 Oder wartest du nur
noch auf den letzten Tag der Erde, wenn alles dunkel wird und alle Men-
schen sterben müssen. 21 Pass auf, mein Freund, dass du nicht total verbit-
terst und schräge draufkommst! Du hast ja schon damit angefangen, so eine

depressive Lebenseinstellung zu bekommen, damit du mit deinem Leiden
besser klarkommst."

Du brauchst Megarespekt vor Gottes Größe

22 „Denk mal drüber nach, wie gigantisch groß Gott eigentlich ist. Wo gibt es
einen besseren Chef als ihn? 23 Wer sollte ihm noch was beibringen können?
Wer sollte ihm sagen, wo es langgeht? Und wer ist in der Position, um Gott
sagen zu können: ‚Was du da gerade getan hast, war nicht okay'? 24 Vergiss
nicht, dich bei ihm für die vielen Sachen zu bedanken, die er gemacht hat!
Dadrüber gibt es ja auch viele Lieder. 25 Überall auf der Welt beobachten die
Leute das und schnallen das trotzdem nicht. Auch wenn sie es mit großem
Abstand betrachten, packen sie das nicht. 26 Gott ist einfach gigantisch!
Wir können es nicht wirklich begreifen. Auch wie alt Gott eigentlich ist, kann
kein Mensch in sein Hirn kriegen. 27 Er hat das Prinzip erfunden, dass Was-
ser verdunstet und sich in Regenwolken sammelt. 28 Dann nieselt es irgend-
wann aus den Wolken auf die Erde runter, und die Menschen werden nass.
29 Wäre ja schön, wenn man genau berechnen könnte, wie sich Wolken aus-
breiten und wann und wo genau es mal donnert. 30 Dann ist der Himmel
plötzlich taghell von grellen Blitzen erleuchtet. Aber im Meer, in 200 Meter
Tiefe, sieht man davon nichts mehr, da ist alles dunkel. 31 Gott steht über
den Dingen, und er wird von dort oben auch über jeden Menschen ein kor-
rektes Urteil fällen. 32 Er steuert jeden Blitz und wirft ihn mit seinen Händen
auf die Erde, und dort trifft er die, die ohne ihn leben. 33 Wenn man aus eini-
ger Entfernung einen Donner hört, weiß man, dass bald ein Gewitter kommt.
Genauso kündigt es sich auch an, wenn Gott megasauer auf jemanden ist."

37

Elihu: Gott kann alles

1 „Ich habe auch riesengroßen Respekt vor Gott! Mein Herz bleibt stehen,
wenn 2 ich seine Stimme wie einen Donner höre. 3 Überall vom Himmel
kommt dieses Grollen, und die Blitze knallen auf die Erde runter. 4 Dann
brettert ein Donner los, gleich nach dem Blitz. Das klingt sehr heftig. Dieser
Donner ist wie seine Stimme, und wenn er loslegt, hält er mit seinen Blitzen
nicht zurück. 5 Diese Stimme von Gott, dieser Donner, klingt einfach irre
gut! Gott macht Sachen, die wir nie wirklich kapieren können. 6 Er sagt dann
zum Beispiel zum Schnee: ‚Jetzt leg los, fang an, auf die Erde zu schneien!'
Und auch die Gewitterwolken dürfen es erst krachen lassen, wenn er es
gesagt hat. 7 Gott zieht uns manchmal absichtlich für eine Zeit aus dem Ver-
kehr, damit wir mal kapieren, wo er in unserem Leben die ganze Zeit gute
Sachen bringt. 8 So wie sich auch die Tiere im Wald bei schlechtem Wetter in
ihrer Höhle verstecken. 9 So sorgt Gott für einen kalten Sturm im Winter,

der aus dem Norden kommt. [10] Der Wind ist wie der Atem von Gott,
durch den alles friert. Dadurch wird auch der See so fest, dass man dadrauf
Schlittschuh laufen kann. [11] Er sorgt dafür, dass die Regenwolken voll mit
Wasser sind, und er lässt die Blitze überall auf die Erde runter. [12] Mit seinem
Joystick lenkt er die Wolken dorthin auf der Erde, wo er sie haben will. Dort
müssen sie dann tun, was er von ihnen will. [13] Entweder schickt er sie dahin,
um die Menschen zu bestrafen oder um sie zu beschenken. [14] Hör mal gut
zu, Hiob! Beobachte mal diese ganzen krassen Wunder, die Gott tut! [15] Hast
du kapiert, warum Gott es in den Wolken blitzen lässt, weißt du, was das
soll? [16] Kannst du mir erklären, warum Wolken überhaupt fliegen? Hast du
dieses Wunder wirklich begriffen? [17] Dir wird ja schon zu warm in deinen
Klamotten, wenn wir Hochsommer haben und ein heißer Wind aus dem
Süden kommt. [18] Bist du in der Lage, das Universum so zu verteilen, wie es
jetzt ist? Kannst du die Planetensysteme zusammenstellen? [19] Weißt du,
wie man mit Gott richtig redet? Erzähl mal, raus damit! Wir haben nämlich
keinen blassen Dunst, wie man das richtig anstellt. [20] Oder muss man ihm
erst ansagen, dass etwas angesagt wird? Oder hat sich jemals einer freiwillig
gemeldet, um von ihm plattgemacht zu werden? [21] Oft ist es doch so, dass
wir die Sonne nicht sehen können, weil der Himmel voller dunkler Wolken
ist. Und dann kommt plötzlich Wind auf und fegt die Wolken weg. [22] Aus
dem Norden kommt dann Licht her. Und wenn Gott mit seinem ganz
krassen Licht kommen würde, dann würden wir uns mördermäßig erschre-
cken. [23] Keiner kann Gott das Wasser reichen, er ist einfach gigantisch
groß. Er ist korrekt und auch sehr heftig, er würde niemals etwas Unkorrek-
tes machen. [24] Das ist auch der Grund, warum wir Respekt vor ihm haben.
Aber alle, die glauben, sie hätten die Weisheit mit Löffeln gefressen, an
denen sieht er vorbei, die nimmt er gar nicht wahr."

38

Gott antwortet Hiob höchstpersönlich

[1] Plötzlich passierte etwas sehr Abgefahrenes: Es kam ein heftiger Sturm auf,
und aus dem Wind konnte Hiob die Stimme von Gott hören! Der sagte zu
ihm: [2] „Was bist du überhaupt für einer, dass du über meine Entscheidungen
diskutieren willst? Du hast doch überhaupt keinen Plan! [3] Jetzt zeig mal,
dass du kein Weichei bist! Ich will dir mal ein paar Fragen stellen und bin
gespannt, wie deine Antworten ausfallen. [4] Also, Hiob, wo warst du eigent-
lich, als ich die Erde gemacht hab? Im Ernst, wenn du das weißt, dann sag
es mir bitte! [5] Wer hat die Größe der Erde festgesetzt? Wer hatte überhaupt
so ein Maßband, das lang genug war? Hallo? [6] Und wie ist das geregelt,
dass sie sich um ihre eigene Achse dreht? Wer hat das alles perfekt geplant,
so dass das ohne Probleme funktioniert? [7] Als das passiert ist, haben die

Sterne erst mal einen Gospelchor gegründet, und auch die Minister von Gott
sind voll abgegangen vor Freude. 8 Noch ein paar Fragen: Wer hat das Meer
so gemacht? Wer hat es mit genau der Menge Wasser aufgefüllt? Wer sorgte
dafür, dass die Wasserquellen nicht aufhören zu sprudeln? 9 Das war ich!
Ich habe auch dafür gesorgt, dass es die Regenwolken gibt, als wären sie die
Windeln vom Meer, wo das verdunstete Wasser drin aufgesogen wird.
10 Ich habe es begrenzt, und ich habe die Dämme so gebaut, damit es dort
nicht weiter ins Land fließen kann. 11 Meine Ansage war: ‚Meer, bis hierhin
und nicht weiter! Weiter dürfen deine heftigen Wellen nicht ins Land rein.'
12 Wie ist es, Hiob, hast du schon einmal einen neuen Tag entstehen lassen?
Wann hast du deinen letzten Sonnenaufgang organisiert? 13 Wann hast du
der Sonne gesagt, sie sollte mal hinter dem Meer untergehen, damit sie
das ganze Böse hinter sich lässt und morgen ein neuer Tag anfangen kann.
14 Die Erde verändert ihre Farbe wie ein Blatt im Herbst, und die ganze
Atmosphäre wird zu ihrem Kleid. 15 Wer fies drauf ist, bekommt kein Licht
ab, er bleibt im Dunkeln sitzen. Und wenn auf Dauer kein Licht da ist, wird
es auch bald zu Ende mit ihm sein. 16 Und wie ist es damit: Warst du schon
mal an der tiefsten Stelle vom Atlantischen Ozean? Bist du dort schon mal
spazieren gegangen? 17 Hast du vielleicht schon mal eine Tour zu dem Ort
gemacht, wo alle Menschen sind, die nicht mehr leben? Warst du schon mal
da unten, in der absoluten Dunkelheit? 18 Rechne doch mal bitte aus, was
für einen Durchmesser die Erde genau hat? Wenn du damit fertig bist,
kannst du mir ja Bescheid geben. 19 Weißt du denn auch, woher Licht eigent-
lich kommt? Und kannst du mir wissenschaftlich erklären, wie das mit der
Dunkelheit funktioniert? 20 Kannst du denn erklären, wie die entstanden ist,
und das mit einem Experiment belegen? 21 Das kannst du doch bestimmt,
oder? Du warst ja von Anfang an dabei und bist auch immerhin schon ein
paar Jahre alt. 22 Ach, und kannst du mir auch mal sagen, wie viel Schnee
genau gerade auf der Erde liegt und wo der herkommt? Und wie ist das mit
den Hagelkörnern? 23 Die gebrauche ich ja immer mal, wenn es Krieg gibt
und ich bei einem Kampf dazwischenhauen muss. 24 Wie genau funktioniert
das mit dem Licht, wenn es sich von Osten her über die Erde verteilt? 25 Wer
hat den Regen erfunden? Wer hat das Gewitter organisiert? 26 Wer hat dafür
gesorgt, dass es regnet, damit auch in der Wüste, wo keine Menschen leben,
mal Wasser hinkommt? 27 Wer macht das Land, das schon lange ausge-
trocknet war, wieder nass, damit dort grünes Gras wachsen kann? 28 Denk
mal an den Regen! Ist der von einem Vater gezeugt worden, so wie ein Baby?
Und der Tau? Wie ist das mit dem? 29 Wer hat das Eis erfunden? Wer hatte
die Idee dazu? Wie ist das plötzlich auf die Erde gekommen? Vielleicht
wie ein Kind zu seinen Eltern? Und der Tau und der Nebel, wie ist das damit?
30 Wie kommt es denn, dass plötzlich das Wasser friert, dass es so hart

wird wie Stein? Wer hat das gemacht, dass man auf dem Wasser plötzlich
Schlittschuh laufen kann? 31 Und wie ist das mit den Sternbildern am Him-
mel? Kannst du die vielleicht mal anders arrangieren? Fang doch mit dem
‚Großen Wagen' an! Oder schaffe den Orion einfach ab. 32 Kannst du viel-
leicht die Sternzeichen mal alle woanders hinlaufen lassen? Kannst du sie
überhaupt an den Himmel pinnen? 33 Vielleicht könntest du auch zwischen-
durch die Naturgesetze ändern? Oder einfach mal regeln, dass die Sonnen
in der Milchstraße sich anders aufstellen? 34 Wie wäre es, wenn du den
Wolken sagen würdest, dass sie anfangen sollen zu regnen, aber nur auf dei-
nen Befehl? 35 Und dann könntest du ja auch noch ein paar Blitze zaubern.
Die hören doch auf dich, oder? 36 Wer hat den Menschen überhaupt erst die
Intelligenz gegeben? Wer hat dafür gesorgt, dass sogar ein Hahn mitkriegt,
dass es anfängt zu regnen, und deswegen kräht. 37 Wer hat genug Schnall,
um alle Wolken im Blick zu haben? Wer hat das im Griff, dass genug Wasser
in ihnen ist? 38 Die Erde braucht dieses Wasser, wenn es lange nicht geregnet
hat und der Boden hart wie Beton geworden ist. 39 Hast du eigentlich auch
den Essenskreislauf der Tiere erfunden? Organisierst du den Hunden ein
Kaninchen, 40 wenn sie auf der Wiese umherstreunen, um sich so ein Teil
aus dem Kaninchenbau zu ziehen? 41 Wer sorgt dafür, dass die Elstern auch
immer genug zu essen bekommen, wenn die jungen Elstern im Nest sitzen
und dort nichts mehr zu futtern finden?"

39

Gott redet weiter mit Hiob

1 „Kannst du mir sagen, wann genau die Katzen ihre nächsten Jungen krie-
gen? Und wie ist das mit den Kühen, kannst du das bei denen steuern?
2 Hast du den Plan, wie viele Tage sie genau brauchen, um ein Baby zu gebä-
ren? Okay, wann genau ist der Geburtstermin von dir angesetzt worden?
3 Sie legen sich auf den Boden, dann kriegen sie ihre Jungen, und nach einer
Zeit sind die Krämpfe und Wehen vorbei. 4 Die Jungen wachsen im Freien
auf, sie werden stark, und irgendwann sind sie so groß, dass sie ohne die
Eltern klarkommen und von ihnen weggehen. 5 Wie war das mit den Rehen
im Wald? Wer hat sie gemacht, wer hat dafür gesorgt, dass sie überhaupt
laufen können? 6 Im Wald und auf den Wiesen sind sie zu Hause. Sie leben
überall auf der Welt. 7 Sie halten sich fern von den großen Städten, und
auch der Förster kann sie nicht zwingen, dorthin zu gehen. 8 Sie suchen ihr
Futter im Wald, dort, wo grüne Pflanzen wachsen. 9 Denkst du vielleicht, ein
wilder Bär würde tun, was du sagst? Denkst du, du könntest den dressieren?
10 Würde er sich von dir einfangen lassen, für dich rumtanzen und Bälle
jonglieren? 11 Würdest du dich trauen, ihn alleine in deiner Wohnung zu
lassen? Würde er dort nicht alles kaputt machen, was grade so rumsteht?

12 Oder denkst du, er würde deine Bude sogar aufräumen und erst mal das
Bad schrubben? 13 Und wie ist das mit dem Hahn und den Hennen? Meinst
du, ein Hahn könnte auf einmal fliegen wie ein Adler, wenn er da Bock drauf
hat? 14 Ein Henne legt die Eier einfach in ein Nest und wartet dadrauf, dass
ihre Küken schlüpfen. 15 Sie hat keine Angst, dass irgendwelche Leute vorbei-
kommen und die Dinger zertrampeln. 16 Ihre Küken lässt sie schnell laufen,
so als wären die gar nicht von ihr. Wenn sie umsonst geschuftet hätte, wäre
es ihr auch egal. 17 Als ich die gemacht habe, haben sie von mir nicht gerade
die große Intelligenz abbekommen. 18 Aber wenn man sie aus ihrem Nest
scheucht, dann springen sie hoch und laufen total schnell weg. Der Bauer
und jeder Mensch, der dran vorbeifährt, lachen sich schlapp dadrüber.
19 Hast du eigentlich auch Pferde gemacht? Hast du ihnen die Stärke gege-
ben und sie mit einer Mähne gestylt? 20 Hast du dafür gesorgt, dass Pferde
springen können? Wenn ein Pferd ganz plötzlich schnaubt, erschrecken
sich die Menschen. 21 Es scharrt vor einem Rennen mit den Hufen, weil es
so heiß darauf ist, gleich loszulaufen. 22 Angst kennt es nicht, es hat keinen
Schiss vor Gefahren. 23 Die Peitsche knallt, und die Scheinwerfer werfen ihre
Strahlen auf die Rennbahn. 24 Dann galoppieren sie wie wild über die Bahn,
nach dem Start kann sie keiner mehr halten. 25 Vor dem Schuss heißt es:
‚Auf die Plätze, fertig, los!' Und dann geht das Rennen ab, und das Publikum
fängt an zu brüllen. 26 Ach ja, und die Gänse, waren die bei dir in der Flug-
schule? Hast du ihnen beigebracht, wie man seine Flügel ausstreckt und
Richtung Süden fliegt? 27 Und bist du derjenige, der einer Taube sagt, dass
sie wegfliegen soll, wenn ein Auto kommt? Sagst du ihr auch, wo sie ihr
Nest bauen muss? 28 Im U-Bahn-Schacht oder oben unter der Supermarkt-
werbung baut sie sich ihr Zuhause. 29 Von dort sieht sie auf die Straße runter
und kriegt genau mit, wenn irgendwas Essbares dort liegt. 30 Denn ihre
Jungen brauchen was zu essen und sind hungrig. Wenn da mal ein Stück
Pizza landet, sind gleich ganze Schwärme von Tauben dort."

40

Hiob nimmt alles zurück

1 Gott fragte Hiob noch eine Sache: 2 „Du willst echt Stress haben mit mir?
Mit mir, dem Gott, dem nichts unmöglich ist, ja? Willst du mir immer noch
sagen, was ich alles nicht richtig gemacht habe, oder war's das jetzt?" 3 Hiob
antwortete Gott: 4 „Hey, Gott, ich weiß ja, dass ich die letzte Wurst bin! Was
kann ich gegen dich sagen? Ich halte jetzt echt lieber die Schnauze. 5 Ich
hab mich wohl doch etwas weit aus dem Fenster gelehnt, hab wohl ein paar
Texte zu viel gebracht, als ich eigentlich sollte. Das passiert mir nicht noch
mal." 6 Gott antwortete, indem er aus einem lauten Wind raus zu Hiob
sprach: 7 „Jetzt komm in die Puschen, Hiob! Zeig, was du draufhast! Ich

werde dir noch ein paar Fragen stellen, und du musst mir die Antworten
geben, klar? 8 Willst du ernsthaft bezweifeln, dass ich im Recht bin? Möch-
test du, dass ich am Ende dumm dastehe, damit du recht hast? 9 Kannst
du es kräftemäßig überhaupt mit mir aufnehmen? Wie laut ist denn deine
Stimme, wenn du mal so richtig schreist? 10 Dann zeig doch mal, was du
so alles draufhast, Hiob! Leg los, lass deine Muskeln spielen! Zeig deine
Macht! 11 Brüll mal rum! Du musst dich jetzt nicht mehr zusammenreißen.
Mach die ganzen arroganten Fratzen, die du siehst, mal so richtig runter.
12 Wenn dir stolze, hochnäsige Menschen begegnen, mach die fertig! Mach
die Verbrecher kalt! 13 Töte sie von mir aus, schmeiß die Leichen alle auf
die Mülldeponie. 14 Wenn du das geschafft hast, werde ich auch sofort ein
tolles Lied über dich schreiben und dir den ganzen Tag applaudieren. 15 Jetzt
zieh dir mal diesen Behemoth rein, der so eine Art Tyrannosaurus rex ist.
Den hab ich auch gemacht, genauso wie dich! 16 Zieh dir mal rein, wie stark
der ist. Was für Muskeln so einer hat, auch in seinen Beinen. 17 Sein Maul
ist so groß, dass dort ein ganzer Kleinwagen reinpasst, und er ist dabei so
stark, dass er damit ganze Bäume ausreißen kann. 18 Die Knochen sind so
stabil wie Stahlrohre und die Rippen so hart wie Eisenstangen. 19 So ein Tier
ist ein absolut geniales Einzelstück. Ich habe das gemacht, und das macht
mir keiner nach. 20 In den Bergen, wo wilde Tiere rumspielen, gibt es Futter
für ihn. 21 In der freien Wildbahn legt er sich unter Bäume und Büsche, um
etwas Schatten abzubekommen. Und er versteckt sich dort, wo ein Sumpf-
gebiet ist. 22 Der T. rex Behemoth bekommt etwas Schatten durch die dich-
ten Zweige von den riesigen Bäumen, die am Ufer stehen. 23 Und auch wenn
eine Flut kommt, bleibt er ganz ruhig. Er haut nicht ab, selbst wenn der Jor-
danfluss in seinen Mund reinfließen würde. 24 Wer kann ihn dort so mal
eben einfangen? Wer ist in der Lage, ihm eine Schlinge um den Hals zu
legen? 25 Und wie ist das mit einem Leviathan, dieser Art Monsterkrokodil?
Kann man dieses Tier mit einer Angel fangen? Soll der Leviathan am Haken
anbeißen, und dann ziehst du ihn an Land und drückst sein Maul runter,
oder was? 26 Wirst du ihm dann einen Faden durch die Nase ziehen und ihm
einen Stahlhaken durch den Kiefer schlagen? 27 Und wird er dann erst mal
rumbetteln und sich bei dir einschleimen? 28 Denkst du, dass er mit dir erst
mal einen Vertrag machen will, dass er für immer für dich arbeiten wird?
29 Oder willst du mit ihm vielleicht auf der Wiese spielen gehen, so als wäre
es ein kleiner Dackel? Oder legst du dem Riesenteil eine Leine um, damit die
Mädchen damit spielen können? 30 Oder wirst du den Dino auf dem Markt
verkaufen oder bei E-Bay versteigern? Soll er vielleicht zerschnitten und
unter den Käufern aufgeteilt werden? 31 Kannst du mit einer Kanone ein paar
Löcher in seinen Körper reinschießen? Oder ihm mit einer Pumpgun den
Kopf wegballern? 32 Du kannst es ja mal probieren. Das machst du aber auch

nur einmal, dann lässt du die Finger davon, die Aktion wirst du nicht so
schnell wieder vergessen.“

41

Dinos sind stark

1 „Wer glaubt, so einen Tyrannosaurus rex fangen zu können, der hat sich
geschnitten. Wenn man ihm nur in die Augen sieht, ist man ja schon völlig
fertig. 2 Wer hat so viel Mut, um ihn zu provozieren? Ihr kommt doch nicht
mal gegen so einen Dino an, und wer soll es dann erst mit mir aufnehmen
können? 3 Von wem hab ich denn mal ein so geniales Geschenk bekommen,
dass ich ihm jetzt was zurückgeben müsste? Ich mein, eigentlich gehört
ja alles, was es gibt, eh mir! 4 Dieser Leviathan, dieses Monsterkrokodil,
sieht so gut gestylt aus, und er hat total viel Kraft in seinen Muskeln. 5 Wer
traut sich denn, so ein Teil zu fangen und ihm den Bauch aufzuschlitzen?
Wer schneidet mit einem Messer in seinen dicken Panzer rein? 6 Wer öffnet
das große Maul, wo die ganzen fiesen Zähne drin sind? 7 Sein Rücken
besteht aus ganz festen Platten, die wie Schuppen aneinandergereiht sind.
8 Eine dicht neben der anderen. Dazwischen gibt es kaum Spielraum, alles
ist luftdicht verschlossen. 9 Die Platten hängen so fest zusammen, dass man
sie nicht auseinanderreißen kann. 10 Wenn er niesen muss, dann kommt
Feuer aus seinem Mund, und seine Augen glühen wie die Sonne. 11 Aus sei-
nem Mund kommt es raus wie aus einem Flammenwerfer. Überall sprühen
die Funken. 12 Qualm kommt aus seiner Nase, so wie aus einem Kochtopf,
der auf dem Herd überkocht. 13 Mit seiner Puste kann man einen Grill
anzünden, Feuer kommt aus seinem Hals. 14 Er hat fette Halsmuskeln, und
jeder, der ihn sieht, bekommt voll die Panik. 15 Sein Bauch ist ganz fest. Alles
dort ist so, als wäre es aus hartem Plastik gegossen worden, es ist total
unbeweglich. 16 Sein Herz ist so hart wie ein Stein, so ein Tier kennt keine
Gnade. 17 Wenn es loslegt, kriegen selbst die Mächtigen auf der Welt Angst-
zustände. Sie fliehen vor ihm. 18 Sein Panzer ist so dick, dass dort keine
Kugel durchgeht. Der Panzer ist wie eine große schusssichere Weste.
19 Dicke Eisenrohre zerknickt es wie einen Strohhalm. Und fette Stahlplatten
zerdrückt es wie Alufolie. 20 Man kann ihm mit einer Knarre keine Angst ein-
jagen, und auch mit einem MG kriegt man es nicht zum Stolpern. 21 Ein Pan-
zerrohr ist für es wie ein Witz, und über automatische Waffen lacht es sich
schlapp. 22 An seinem Bauch gibt es eine Platte, die aussieht, als hätte es
dort ganz viele spitze Glasscherben drin. Wenn es durch den Schlamm geht,
ist das so, als würde es den Boden gerade umgraben. 23 Wenn es im Meer
schwimmt, dann kann das Tier dafür sorgen, dass das Wasser anfängt
zu kochen. Alles um es herum kocht dann wie eine Hühnerbrühe im Topf.
24 Wenn es im Meer schwimmt, zieht es eine helle Spur hinter sich her. Das

sieht dann aus, als wäre ein fettes Speedboot da durchgefräst. 25 Es gibt
kein vergleichbares Tier auf der Erde. Nichts hat so wenig Angst wie dieses
Teil. 26 Dabei ist es so groß, dass es sogar auf die anderen großen Tiere
runterschaut. Es herrscht über alle wilden Tiere, es ist deren Oberchef!"

42

Hiob merkt, dass Gott die Macht hat

1 Hiob antwortete Gott: 2 „Mann, mir ist echt klargeworden, dass dir nichts
unmöglich ist! Du hast die Macht, und was du planst, ziehst du auch
durch. 3 Du hast gefragt, ob ich deinen Plan verstehe. Darum hab ich dir
gesagt, wie ich dadrüber denke. Aber alles, was ich gesagt habe, war
wohl ziemlicher Schwachsinn. Ich hab es einfach nicht verstanden, es war
zu viel und zu abgefahren für mich, ich konnte das nicht begreifen. 4 Vorhin
hast du gesagt, ich sollte dir jetzt mal in Ruhe zuhören und dann erst auf
deine Fragen antworten. 5 Im Grunde kannte ich nur Gerüchte von dir, die
mir irgendwelche Leute mal erzählt haben. Aber jetzt hab ich dich persönlich
kennengelernt. 6 Tut mir leid, ist mir jetzt echt voll peinlich, was ich gesagt
habe. Ich nehme alles wieder zurück. Sorry, das war echt beknackt von mir!"

Hiobs Freunde haben verpennt, mit Gott zu reden

7 Nachdem Gott mit Hiob alles klargemacht hatte, sagte er noch mal was
zum Elifas von Teman: „Ich bin megasauer auf dich und auf deine Freunde.
Ihr habt eure Fragen nicht mit mir beredet, so wie Hiob es korrekterweise
getan hat. 8 Jetzt geh mal los, organisiere sieben junge Stiere und sieben
männliche Ziegen. Besucht dann Hiob und macht mit ihm ein Abfackelopfer,
weil ihr Mist gebaut habt. Mein Freund Hiob soll dann eine Runde beten
für euch. Nur auf die Gebete von ihm werde ich hören, und dann werde ich
euch nichts Schlimmes tun. Denn ich sag's euch noch mal: Ihr habt eure
Fragen nicht mit mir beredet, so wie Hiob es korrekterweise getan hat."
9 Elifas aus Teman, Bildad aus Schuach und Zofar aus Naama zogen sofort
los und machten alles, was Gott ihnen gesagt hatte. Gott hörte dann auf
die Gebete von Hiob.

Gott gibt Hiob volle Kraft, er segnet ihn

10 Und Gott veränderte die miese Lage, in der Hiob sich befand. Nachdem
Hiob für seine Freunde gebetet und ihnen Kraft von Gott zugesprochen
hatte, ging es ihm immer besser. Bald war er wieder vollkommen gesund.
Sein Leben ging weiter bergauf. Bald hatte er sogar doppelt so viel Sachen
wie vorher! 11 Seine ganzen Verwandten kamen irgendwann angefahren, und
sie feierten gemeinsam eine fette Party. Alle Brüder, Schwestern und auch
seine alten Freunde wurden zu ihm nach Hause eingeladen. Sie sagten ihm,

dass der ganze Mist, den Gott in seinem Leben zugelassen hatte, ihnen
voll leidtat. Alle umarmten ihn ganz fest, und er bekam von jedem Gast
einen Goldring und eine Goldkette. 12 Ab dann war Gott wieder voll auf
Hiobs Seite, er beschenkte und segnete ihn noch mehr als früher. Er bekam
140 Autos und Motorräder und 20 Boote und Privatjets. Dazu kaufte er
sich irgendwann über 20 Lkws für seinen Betrieb. 13 Hiob kriegte noch mal
sieben Söhne und drei Töchter. 14 Die älteste Tochter bekam den Namen
Jemima. Die zweite nannte er Kezia, und die jüngste hieß Keren-Happuch.
15 Seine Mädchen wurden die absoluten Topmodels; es gab in der Gegend
keine Frauen, die besser aussahen als sie. In seinem Testament legte Hiob
fest, dass sie genauso viel von seinem Vermögen kriegen sollten wie seine
Söhne. 16 Nach diesen heftigen Sachen lebte Hiob noch mal 140 Jahre.
Er konnte sogar noch seine Enkel und auch die Urenkel auf den Schoß
nehmen. 17 Als er starb, war Hiob uralt. Er hatte ein langes, erfülltes und
richtig cooles Leben gehabt.

Das Buch der Psalmen

1

Wer voll glücklich ist

1 Voll glücklich ist, wer nicht auf das hört, was die sagen,
die null Bock auf Gott haben.
Voll glücklich ist, wer nicht den gleichen Mist mitmacht
wie jemand, der ständig über Gott lacht.
Voll glücklich ist, wer nicht mit den Leuten, die lästern, rumsitzt
und jeden und alles abdisst.
2 Gut drauf ist, wer Bock hat rauszufinden,
was Gott von ihm will, täglich, 24 Stunden.
Wer in seinen Verträgen liest Tag und Nacht
und sich darüber voll den Kopf macht.
3 Der ist wie ein Baum, an einem riesigen Fluss,
die dicksten Früchte wachsen an ihm, ich erzähl euch keinen Stuss.
Seine Blätter werden nie gelb, die fallen auch nicht ab,
was er anfasst, gelingt ihm, und er wird niemals schlapp.
4 Aber, die ohne Gott leben, sind eben nicht so.
Die sind wie weggespült in irgendeinem Bahnhofsklo.
5 Bei der letzten Gerichtsverhandlung sagt Gott: „Nein, nicht so."
Denn bis jetzt wollten sie nie etwas von Gott wissen,
jetzt werden sie aus seiner Familie rausgeschmissen.
6 Um seine Freunde kümmert sich Gott.
Wer korrekt für ihn ist, dem hilft er in der Not.
Doch wer immer noch keinen Bock auf ihn hat,
rammt mit 200 eine Mauer, macht sich selber platt.

2

Was ist los?

1 Was ist los mit den Schlaffos, was ist los mit den Völkern,
sie machen sich den Kopf, bleiben planlos und seltsam.
2 Die Präsidenten der Welt,
gegen unseren Held,
gegen Gott und sein Reden,
gegen ihn und auf jeden,
gegen den der uns rettet.
3 „Lass uns sprengen die Kette,
und zerschneiden, aufreiben,
die ganze Angst vertreiben."

4 Gott lacht sich schlapp über diese Schlaffos,
macht Witze, sagt: „Bei denen ist ja nichts los."
5 Aber dann wird er ernst, stocksauer,
Gott wird voll aggro, ja, genau er,
redet mit ihnen, er will sie erschrecken,
sie sollen seinen Plan dahinter entdecken.
6 „Hey, muss ich euch alles zweimal sagen?
Euch meinen Präsidenten hinterhertragen?
Er hat jetzt das Sagen, in der City, in Zion,
in der ich jetzt schon seit einiger Zeit wohn."
7 Und ich mach jetzt noch 'ne Ansage,
die von Gott kommt, das ist keine Frage.
Er sagte: „Mein Sohn, du bist jetzt dran, du führst.
Ich setze dich auf den Chefsessel, von wo aus du regierst.
8 Fordere von mir jede Nation, ich werde sie dir geben,
einfach alles gehört dir, jedes Volk, jedes Leben.
9 Du kannst sie zerquetschen, wie 'ne faule Tomate!"
10 Darum sag ich: „Respekt, peilt die Lage, volle Granate,
hier im Staate, die ihr das Sagen habt in unserer Welt.
11 Werft euch nieder, akzeptiert ihn als Sieger.
Tut, was er sagt, habt Respekt vor ihm, immer wieder.
12 Sonst könnte Gott richtig sauer werden,
mit dem netten Leben wäre Schluss, ihr würdet sterben.
Es gehört nicht viel dazu, um ihn auf die Palme zu bringen.
Aber wer Gott vertraut, dem wird alles gelingen."

3

Auf der Flucht

1 Dieser Song ist von David, als er fliehen musste.
2 „Mann, Gott, alle sind hinter mir her, ich bin voll gefrustet.
3 Sie machen mich fertig, sagen, ich sei ein Loser,
4 aber du bist mein Gott, bist mein Schutzschild, und dieser
baut mich auf. Gott, du hilfst mir echt,
ich komm gut drauf, weil du mich rächst.
5 Ich tippe deine Nummer und schrei ins Telefon:
‚Chef, hilf mir, ich brauch dich!' Und du antwortest schon.
6 Egal, wo ich bin, egal, was ich tue,
bist du immer bei mir, du gönnst dir keine Ruhe.
7 Ich hab nullstens Schiss vor den ätzenden Leuten,
vor den Feinden und Denkern, die andere nur ausbeuten,
die auf mich lauern, hinter Mauern kauern,

mich umringen, umbringen wollen, andauernd.
8 Schlag zu, steh auf, hilf mir, mein Gott,
box denen auf die Nase, hau ihre Fresse kaputt!
9 Auf Gott kann man bauen, er hilft in der Not,
seine Leute vertrauen auf ihn als Rettungsboot,
und er sorgt für Glück, er hilft im Leben.
Bei seinen Freunden nennt man so was auch „Segen".

4

Song für die Beatbox

1 Ein Song für die Beatbox,
von David geschrieben.
2 Gott, wenn ich schreie,
dann zähl nicht erst bis sieben,
sondern antworte mir
und erhöre mein Gebet.
Du bist immerhin Gott,
der für Gerechtigkeit steht!
Du passt auf mich auf,
wenn es eng für mich wird,
hörst mich beim Beten,
hast mich in Freiheit geführt!
3 Ihr Reichen habt die Macht
und missbraucht sie zum Lügen,
schmiedet miese Intrigen,
von morgens acht bis abends um sieben.
Zieht meinen Ruf in den Dreck,
hört ihr erst auf, wenn ich verreck?
4 Erkennt ihr denn nicht,
dass Gott hinter alldem steckt,
dass er seine Leute immer führt,
dass er immer auf mich hört,
dass er dabei total entspannt ist,
dass ihn so was niemals stört?
5 Regt euch nur auf,
aber baut keinen Mist,
passt auf euch auf
und dann seht, wie er ist.
Halt mal die Fresse,
werd leise und still,
6 gönn Gott mal 'ne Pause,

und gib ihm, was er will.
Er will, dass es korrekt zugeht,
er will echt Freundschaft,
und er will dein Vertrauen,
mit dir labern, bis in die Nacht.
7 Viele machen den Lauten:
„Auf den kann man nicht bauen!
Bitte, Gott, es ist ja schon nach acht!
Will es mir mit dir nicht versauen!"
8 Aber ich, David, bin gut drauf,
dafür hast du gesorgt.
Du gibst mir Freude am Leben,
geschenkt, nicht geborgt.
Ich hab mehr Spaß als die Blöden,
wenn sie noch so viel feiern und feten,
sich breithaun mit Weed, Psylos, Trompeten.
9 Ich bin entspannt, freu mich an dem Leben.
Ohne Pillen, lieg in der Rille und chille.
Sollen die Gegner sich selbst bekriegen,
mich kann keiner mehr belügen,
Gott lässt alleine mich siegen.

5

Gott hört meine Bitten

1 Ein Rap für die Beatbox.
2 Hör mir zu, Gott, ich will mich ja nicht beschweren,
aber bitte, du musst dir meine Sorgen anhören.
3 Mir scheint es, als schreie ich gegen 'ne Wand,
ich befinde mich im totalen Ausnahmezustand.
4 Früh am Morgen hast du meine Stimme im Ohr,
voll Ungeduld trag ich dir meine Bitten vor.
5 Du bist ein Gott, der keinen Bock auf Unrecht hat.
Kein fieser Typ hat in deiner Nähe Platz.
6 Die Pseudos können nicht mit dir gehen.
Du bist Feind von denen, die mit Plastikgöttern leben.
7 Du adoptierst nicht die Kinder der Lüge,
verabscheust die Killer und Betrüger.
8 Mich lässt du in dein Haus, weil deine Liebe mich deckt.
Ich bete dich an, vor dir habe ich Respekt.
9 Chef, zeig ihnen, dass du hinter mir stehst!
Leite mich und führ mich auf den richtigen Weg.

Ich glaub, dass ich da eh schon bin,
aber mach es wegen denen, die gegen mich sind.
10 Denn sie reden in den meisten Fällen nur Mist.
Es ist ihr gesamter Kern voller Gift.
Schimmel durchdringt ihr Gelaber wie Würmer eine Leiche,
auch ihre Worte klingen weich wie Kreide.
11 Gott, hau sie weg und lass sie bezahlen!
Sie sollen untergehen mit dem Kurs, den sie fahren.
Wann wirst du sie für ihre Taten bestrafen?
Denn sie versuchen, dich seit Jahren zu verarschen.
12 Alle, die zu dir halten, sollen Freude haben
und dich feiern an allen Tagen.
Sie lieben deinen Namen und gehen mit dir ab,
denn du hast seit langem auf ihr Leben aufgepasst.
13 Du bist für den, der auf dich setzt,
du schützt ihn und machst ihn völlig korrekt.

6

Depris schieben

1 Dieser Reim kommt von David, dieser Rhyme mit dem Blaster.
2 Gott, du bist wohl voll sauer, stiftest an ein Desaster?
Bitte lass mich nicht zahlen, für den Mist, den ich tat,
3 wo ich lahm war, ohne Scham war. Ich bin krank, brauche deinen Rat.
Bin total durch, alle, fertig, kaputt,
4 hab die Orientierung verloren, fühl mich wie Schrott.
Mann, Gott, wie lange schaust du nur zu?
5 Jetzt hilf mir endlich, befrei mich, du kannst doch Kung-Fu.
6 Wenn ich tot bin, kann ich dir nicht mehr sagen: „Du bist ein Ass!“
7 Ich bin schon voll schlapp vom ewigen Heulen, mach mich nachts nass,
wein aus den Augen mir den Hass, tropf ganz krass wie ein Fass.
8 Schlaff werde ich, faltig, kalt, richtig down,
weil meine Feinde mir bald auf die Fresse haun.
9 Ich sag zu ihnen: „Verpisst euch, ihr miesen Spießer!“
Gott hört auf mich, er kriegt mit, wenn ich heul, er,
10 hat mich gehört, als ich zu ihm rief.
11 Peinlich für die Feinde, sie flohen zurück in ihren Mief.

7

Wenn einer gedisst wird …

1 Ein Reim von David, als er mies drauf war und festsaß.
Er ließ den raus, als der Kusch ihn verklagte,

der war wirklich ein „pain in the ass".
2 „Auf dich, mein Gott, ja auf dich allein bau ich!
Rette mich, entkette mich,
befrei mich, verpiss dich nich!
3 Mein Feind zerfleischt mich
wie ein wild gewordener Kampfhund,
Lois Lane schreit sich die Kehle wund,
aber kein Supermann kommt.
4 Gott, mein Oberchef, wenn das stimmt, was da kochte,
hab ich Dreck am Stecken, ums Verrecken.
5 Wenn ich das Vertrauen meines Freundes missbrauchte,
oder wenn ich den beraubte, der mich ohne Grund in die Enge trieb.
6 Sollen die Ätztypen ihren Wagen hinter mich lenken,
überholen, sich verrenken, mich versenken,
dann hätte ich diesen Tod echt verdient.
7 Leg los, mein Gott, verpass denen 'nen Haken,
zeig denen die Stirn, die sich gegen mich wagen.
Mach sie endlich fertig, hau ihnen auf die Schnauze,
verpass denen 'nen Zettel, bügel ihnen die Plauze.
8 Alle sollen vorbeikommen, zu deinem Gericht,
wenn der spricht, der sie anficht, das ist bald in Sicht!
9 Gott ist der Richter über alle Nationen,
hilf mir, denn ich war unschuldig in allen Situationen.
10 Es muss mal vorbei sein mit den üblen Gesellen,
die kein' Bock auf dich haben, dich um Ehre prellen.
Gott kann man niemals bestechen, belügen,
etwas ihm verheimlichen oder ihn betrügen.
11 Yes, Gott, fahr das Schutzschild aus,
hol den Laser raus, du passt auf die auf,
die gottmäßig drauf sind, eben heilig.
12 Du kommst ehrlich, unbestechlich,
gerecht sprichst du täglich im Gericht.
Du lügst niemandem ins Gesicht.
13 Mein Feind ist schon wieder am Start,
er wirft mit 'nem spitzen Dart,
er schlägt mich mit dem Schlagstock,
er trifft mich voll am Kopf.
14 Hat seine Waffen mit Gift ausgestattet,
ist dann am Ende selbst dran ermattet.
15 Er plant gegen mich fiese Attacken,
in seinen Träumen krieg ich auf die Backen.

16 Er plant eine Falle, wollte mich nur bescheißen,
am Ende fiel er selbst rein, und ich kann noch was reißen.
17 Den Dreck, den er sich für mich ausgedacht hatte,
kotzt er sich selbst auf die eigene Matte.
18 Für Gott will ich reimen, nur für ihn will ich singen.
Er passt auf mich auf, ist mein Anwalt im Ring.

8

Gott hat alles gemacht

1 Ein Psalm von David, ja ein Lied. Instrument ist egal. Hauptsache, Beat,
nur fett muss er sein.
2 Gott, unser Chef, dein Name so fett, so genial, ich kann dich entdecken,
überall.
3 Wenn die Kleinen und Schwachen für dich was singen,
nimmst du diese Lieder, um deine Feinde in die Knie zu zwingen.
4 Wenn ich mich umschau: Alles hast du erschaffen, Sonne, Sterne und
Mond.
Ich kann's nicht fassen, egal, ob am Tag oder Abend.
5 Was ist da schon ein Mensch, und doch denkst du an ihn.
Bist bei all seinem Sein, Schein und Ziehn.
6 Nur wenig kleiner als dich hast du ihn gemacht.
Versehen mit Schönheit und Respekt, du hast an alles gedacht.
7 Er ist auch der Chef über all deine Sachen,
sie liegen zu seinen Füßen und können gar nix dagegen machen.
8 Zum Beispiel Schafe und Rinder, dazu auch der wilde Bär,
9 die Vögel am Himmel und Fische im Meer.
10 Gott, unser Chef, ich sag's jetzt noch mal,
wie's anfing, soll's enden. Dein Name … genial!

9

Gott hat den Überblick

1 Ein Reim von David, nach dem Beat aus der Beat-Machine.
2 Ich danke Gott, und ich erzähl euch von ihm
über die Wunder, die er überall getan hat.
3 Ich raste aus vor Freude, tanze mir den Zahn ab!
Du bist der Größte, und ich liebe deinen Namen,
du bist ganz oben, ich besinge dich jetzt, Amen.
4 Ja Mann, meine Feinde fressen Gras, suchen das Weite.
5 Du bist total korrekt, von der Sohle bis zum Scheitel.
Bist nicht eitel, du hast die Macht, bist der korrekte Richter,
6 und alle Feinde wurden glatt zu kleinen Lichtern.

Du Hirni, ganz ohne Gott sind sie verloren, ohne Namen,
werden vergessen, gelöscht, nicht nur die Damen.
7 Der Feind hat ausgekämpft, ist kaputt jetzt für immer.
In seinem Zimmer hast du die letzte Tür zertrümmert.
8 Gott regiert, auf ewig und für alle Zeiten,
von seinem Chefsessel wird er das Urteil mal halten.
9 Nicht verwalten, er wird richten über diese ganze Welt,
ja, jedes Volk wird an dem Tag in sein Büro bestellt.
10 Die Kleinen werden beschützt, wenn man sich auf dich einlässt.
11 Hey, Gott, ich vertraue dir, du bist mein großer Chef.
Seitdem ich dich kenn, hast du mich nie im Stich gelassen,
du bist megazuverlässig, ich kann das kaum fassen.
Darum will und werde ich dir immer vertrauen.
Wer sich auf dich verlässt, den kann nichts so leicht umhauen.
12 Leute, dankt Gott und singt für ihn coole Lieder,
erzählt euren Freunden, was er tut, immer wieder.
13 Gott hört, wenn du wehrlos bist und dich verschanzt,
und er vergisst dich nicht und rächt, was du nicht rächen kannst.
14 O Gott, erbarme dich, du siehst doch, wie dreckig es mir geht!
Du lebst, wenn meine Feinde mich umzingeln, kommst du nie zu spät!
15 Dann werd ich überall erzählen, Gott, wie heftig du bist,
ohne Schiss, in Berlin, in Frankfurt oder auch auf Sylt in List.
16 Die ohne dich leben, basteln eine Falle und fallen selber rein.
Der Feind stellt uns nach und bleibt am Ende doch allein.
In ihrem eigenen Netz verfingen sie sich mit ihren Taten.
So hat uns Gott gezeigt: Sie haben sich selbst verraten.
17 Gott legt die Karten auf den Tisch, macht klare Sache,
die ohne Gott peilen's nicht, verstricken sich in Rache.
18 Leute ohne Gott, fahrt jetzt runter, dorthin zu den Toten,
ihr habt Gott einfach vergessen, und das war verboten.
19 Wenn jemand es nicht bringt, so hat er wieder Hoffnung,
weil Gott ihn nie vergisst, er zahlt die letzte Rechnung.
20 O Gott, steh auf und zeig den Menschen deine Muskeln.
Greif ein und lass nicht zu, dass Leute dich verschaukeln.
Hol die Menschen, die ohne dich leben, in deinen Gerichtssaal,
und dann verkünde laut ihr Urteil. Ja, Gott, das mach mal!
21 Lass sie vor Angst erzittern, lass sie schreien wie ein kleines Kind
und mach ihnen klar, dass sie nicht mehr als auch nur Menschen sind!

10

Ohne Gott

1 Gott, wo bist du? Warum bist du so weit weg?
Warum hilfst du uns nicht, holst uns raus aus dem Dreck?
2 Miese Bazillen, arrogant hoch zehn,
haben es auf uns abgesehen, aber sie werden vergehen,
weil sie es nie bestehen, sie werden in ihre eigene Falle gehen.
3 Diese Pisser sind Schisser,
sind stolz wie Clarissa,
gehen ab auf ihre Kohle.
Fette Scheine mit Banderole
sind ihnen wichtig,
aber Gott ist für sie nichtig.
4 Die Leute ohne Gott sagen: „War ja nur Evolution!"
Weiter denken sie nicht, das ist doch voll der Hohn!
5 Noch passt ihr Leben, noch geht alles klar.
„Und was kommt nach dem Tod?" „Das ist mir doch egal!
Euer Gott, ach, der ist ja so ewig weit weg!
6 Wir sind stark wie Arnold, uns haut nichts in den Dreck!"
7 Wenn sie nur den Mund öffnen, dann kommt Mist dabei raus,
Flüche und Lügen, Intrigen in ihrem eignen Haus.
8 Wenn keiner hinsieht, bringen sie die Leute um
im Dunkeln der Nacht, dann macht es „bum, bum".
9 Wie ein Pitbull auf Jagd liegen sie auf der Lauer,
jagen hinter Schwachen her, die sind für sie nur wie 'n Bauer.
10 Sie zerfleischen den derbe, kloppen ihn windelweich,
11 und der wird dann ganz still, denkt: „Ist Gott wohl verreist?
Oder hat er mich einfach so vergessen?
12 Gott, wo bist du denn jetzt? Ich muss hier Scheiße fressen!
Vergiss mich jetzt nicht, komm schnell mit hundertachtzig Sachen!
13 Warum lässt du das zu? Warum darf der das machen?
Wie kann es denn sein, dass so 'ne miese Bazille,
deinen Namen in'n Dreck zieht, und du bist nicht zur Stelle?"
Ja, der denkt doch bei sich: „Das ist Gott pupsegal!"
14 Dabei siehst du ihm zu, siehst das Elend allemal.
Du kümmerst dich drum, sorgst für die fertigen Leute,
du holst sie da raus, rettest sie vor der Meute.
Dir kann jeder vertrauen, auch wenn niemand mehr da ist,
dann bist du uns ganz nahe, denn du bist kein Faschist.
15 Mach Alarm bei denen, die sich was Übles ausdenken,

und das so lange planen, bis sie sich fast verrenken.
16 Gott ist der Präsident, und der ist nicht bescheuert!
Seine Feinde sind mies, werden alle gefeuert.
17–18 Von denen, die am Ende sind mit ihrem Leben,
hast du die Gebete erhört, ja, so ist mein Gott eben.
Du gibst neuen Mut, und du sorgst für das Recht,
bist zur Stelle für die Kaputten, ja, so bist du, in echt!
Immer wenn Leute fertiggemacht werden,
dann ist Gott für sie da, er ist der Helfer auf Erden.

11

Bei Gott verstecken

1 Ein Psalm, der wurde von David erfunden.
Bei Gott kann ich mich verstecken, hab bei ihm Schutz gefunden.
Wieso sagt ihr dann zu mir:
„Flieg fort wie ein Vogel, fliehe wie ein scheues Tier?“
2 Checkt es doch, am besten noch heute,
längst stehen die Namen der Gottesleute
auf den schwarzen Listen
dieser miesen Atheisten.
3 Alles, was bis jetzt zählte,
wollen sie einfach umhauen.
Was kann man da machen,
außer dumm zuschauen?
4 Gott wohnt in seinem Tempel, echt krasser Boden.
Gott regiert vom Himmel,
schaut von dort oben
auf uns Menschen runter, tut jeden beachten.
Egal, ob sie ihn lieben oder verachten.
5 Doch Menschen mit voll derben Trieben,
die auch noch die Gewalt lieben,
kriegen nichts von seinem Frieden,
viel mehr seinen ganzen Hass.
6 Für diese Gottlosen ist sein Regen auch kein Segen,
kein erfrischendes Nass.
Feuer und Schwefel kommen auf sie und verhindern das.
7 Denn Gott ist korrekt
und liebt gerecht sein echt,
und wer echt ist, ist gerecht,
und das tut Gott ja lieben,
dieser wird niemals sterben,
sondern Gott sehen und siegen.

12

Worte und Lügen

1 Ein Lied von David geschrieben.
DJ, mach lauter,
ihr werdet es lieben.
2 Hilfe, mein Gott!
Die an dich glauben, sind alle fort.
Keinem kann man mehr trauen.
3 Alle betrügen.
Jeder tut jeden nur noch belügen.
Was sie auch sagen, ist einerlei,
ob Kompliment oder Fluch, keine Wahrheit dabei.
4 Gott, rotte aus diese Schmeichelei,
sie ist doch nur leer.
Verbale Kritzelei, gibt nicht viel her, eben.
5 Und damit wollen sie auch noch angeben,
sagen, über uns kann sich keiner erheben!
6 „Doch", so sagt Gott, „jetzt greif ich ein. Die Erde wird beben.
Kann ja nicht sein, dass die Armen und Schwachen zu Boden krachen.
Ich werd ihnen helfen, ihr jedenfalls werdet sie nicht fertigmachen."
7 Und die Worte von Gott sind wahr, ganz klar,
oft kopiert, doch nie erreicht.
So weiß wie Weißes – mit Domestos gebleicht.
8 Gott, wenn du was versprichst, dann tust du das auch halten.
Wirst uns beschützen vor diesen kranken und kalten
fiesen Betrügern.
9 Die Welt ist voll von solchen Lügnern,
und besser wird das niemals nicht,
wenn du nicht ein Machtwort sprichst.

13

Sorgen und Hoffnung

1 Ein Lied, das David einst schrieb.
Gleich geht's los, also bitte den Beat!
2 Gott, wie lange noch willst du nicht mehr an mich denken?
Gott, wie lange noch willst du mir nicht mehr schenken,
dass ich dich sehen kann?
3 Wie lange sollen meine Sorgen mich denn noch quälen, Mann?
Wie lange soll ich noch Angst haben, mir die Sorgen geben?
Wie lange soll mein Feind sich noch über mich erheben?
4 O mein Gott, ich bitte dich, gib

mir wieder deine Nähe, zeig mir, dass du mich siehst.
Bitte rede mal wieder mit mir.
Mach doch, dass ich hier
auf dieser Erde wieder froh werde
und nicht sterbe.
5 Denn mein Feind, der Derbe,
würde darauf schmeißen ein Fest,
weil ich die Radieschen von unten zähl jetzt.
Der Sack würd noch meinen, er wär „The Best“,
und diese Spinner,
die mich fertigmachen, wären die „Winner“.
6 Für Gott alleine mach ich diese Reime,
hier in den Locations.
Er alleine gibt mir Fun, Freude
und die „Good Vibrations“.

14

Menschen, die nicht an Gott glauben

1 Dieser Song ist von David geschrieben,
es ist ein Rhyme, und auch den werdet ihr lieben.
Menschen, die nichts peilen,
sagen: „Gott gibt es nicht!“
Sie haben Dreck am Stecken,
und was sie tun, ist abscheulich.
Es gibt keinen bei denen,
der noch Gutes tut.
2 Und Gott sieht auf die Menschen,
und er sucht und er sucht,
ob er jemanden findet,
der so drauf ist,
wie er's sich mal dachte,
der nach seinem Willen fragt,
der ihn sucht, nach ihm trachtet.
3 Aber alle haben sich von ihm weggedreht,
gehen ab in dem Dreck.
Da gibt's keinen, der noch steht,
um Gutes zu tun,
um die Stange zu halten.
4 Sag mal, schnallen die es nicht,
diese Ungestalten?
Merken die noch was,

kriegen die's auf die Reihe?
Sind die fit im Schritt,
haben die es gepeilt?
Sie verschlingen mein Volk,
verspeisen es wie 'nen Döner
und vergessen dabei,
nur mit Gott leben macht schöner!
Sie haben verlernt,
zu ihm zu beten.
So was kommt dabei raus,
wenn sie zu viel feten.
5 Es dauert nicht mehr lange,
dann überkommt sie die Panik.
Angst und Schrecken wachsen in ihrer Hirnbotanik,
aber Gott ist denen treu,
die gerecht und gut drauf sind.
6 Eure miesen Aktionen,
gegen Frauen mit Kind,
gegen Leute, die sich nicht wehren,
auf die passt Gott gut auf,
er beschützt alle Schwachen,
ja, so ist mein Gott drauf.
7 Mann, Gott, komm jetzt da runter
und hilf deinen Leuten
und befrei sie von den „Huntern",
von den falschen Therapeuten.
Israel wird sich freuen
und 'ne Party für dich feiern,
Jakob wird pogen und nicht länger rumeiern.
Weil du immer das Schicksal deiner Leute drehst,
darum wissen wir, dass du mit uns gehst.

15

Wer darf bei dir bleiben?

1 Ein Psalm, David tat ihn schreiben.
Gott, wer darf in deinem besonderen Zelt bei dir bleiben?
Wer dich auf dem Berg Zion anbeten?
2 Menschen, die echt ehrlich leben,
die Korrektheit von anderen mit vertreten
und vor allem keinen Mist reden.
3 Dann bitte nicht lügen und außerdem

den anderen keine reindrücken, trotz alledem.
Nun bleibt noch zu sagen,
seinen Nachbarn nicht in die Fresse schlagen.
4 Sie lassen alle abblitzen, von denen Gott nichts wissen will,
und feiern die, die an Gott glauben, und ganz still
stehn sie zu dem, was sie bereit warn zu schwören,
auch dann, wenn sie dadurch alles verlieren.
5 Sogar einem mit Geld mal aushelfen,
das ganz ohne Zinsen, einfach von selber.
Keine Bestechungskohle annehmen,
wenn unschuldige Leute vor Gericht stehen.
Wer das alles tut, wer so draufkommt,
den bringt ab heute, das sag ich dir prompt,
ab hier, überhaupt und überall,
nie wieder irgendwas zu Fall.

16

Du lässt mich nie im Stich

1 Hey, Gott, pass auf mich auf, denn ich suche deinen Schutz!
2 Du bist mein Chef, mein Glück, ziehst mich aus dem Schmutz.
3 Freu mich an den Leuten, die es außer mir noch so gibt,
sie sind wie dein Schmuck, und ich bin fast schon verliebt.
4 Doch die, die andern Plastikgöttern nachjagen, leiden Schmerzen.
Werd ihre Abfackelopfer nicht machen, ihre Namen ausmerzen,
5 nicht mehr aussprechen. Denn du, Gott, bist der Becher, aus dem ich trink,
6 der bestimmt, was aus mir wird und worin ich versink.
Hab weites, schönes Land einfach so von dir geerbt,
und es taugt mir, glaub mir, wirklich absolut derb.
7 Ich lobe dich, Gott, denn du hast mich richtig cool gemacht,
meine Nieren funktionieren ohne mein Zutun, sogar während der Nacht.
8 Hab dich pausenlos vor Augen, du bist immer zu meiner Rechten,
9 und ich werde nicht wanken, selbst wenn sie mich ächten.
Meine Gedanken sind voller Freude, mein Herz tanzt und groovt,
denn mein Körper ist sicher in dir, er folgt deinem Ruf.
10 Du lässt mich nicht im Stich. Auf dass ich nicht untergeh,
11 lehrst du mich das wahre Leben in krasser Freude, egal, wo ich steh!

17

Pass auf mich auf

1 Ein Gebet von David. O Gott, hör auf meine Bitte,
verschaffe mir Recht, ich hab keinen Bock mehr auf Fußtritte.

Ich will dir nichts vormachen, nicht „mehr Schein als Sein“ markieren.
2 Wenn du dein Urteil über mich fällst, kann ich nur auf Freispruch plädieren.
3 Du kennst mich ganz genau, weißt doch schon längst, was in mir vorgeht,
weißt Bescheid über den ganzen Mist, der sich jeden Tag in meinem Hirn dreht.
Aber wenn du mich auch prüfst, du kannst da absolut nichts finden,
noch nicht mal abgelästert hab ich, konnte keinen Hass empfinden.
4 Ich hab mich immer radikal nach deinem Wort ausgerichtet,
auch wenn den andern das egal war, ich hab stets auf Rache verzichtet.
5 Das, was du zu uns gesagt hast, war für mich wie ein Gesetz,
deine Worte waren mir wichtig, ohne doppelten Boden und Netz.
6 Mann, Gott, ich rufe jetzt zu dir, und ich bin sicher, du erhörst mich!
Gott, bitte schenk mir dein Ohr, hör auf mein Schreien, denn ich brauch dich!
7 Beweise deine große Liebe, du bist der Held für alle Zeit,
wer dir vertraut, hat keine Angst, er ist vor Feinden stets gefeit.
8 Pass auf mich auf, verwahre mich wie ein Fast-Blinder seine Brille,
pass auf mich auf, beschütze mich, bevor ich hier noch ganz abtille.
9 Menschen, die ohne dich leben, sind echt hinter mir her,
Feinde hab ich überall, fast so viel wie Sand am Meer.
10 Sie sind hart unterwegs, kommen arrogant rüber,
11 welche Straße ich auch geh, stehen sie mir gleich gegenüber.
Sie warten auf die Gelegenheit, mich einfach fertigzumachen.
12 So muss es auf Drogenentzug sein, wenn du kämpfst mit den Affen.
Sie geiern nach mir wie der Pitbull nach einem Knochen.
13 Jetzt mach endlich los, Gott, und fang an zu kochen,
deine Suppe wird sie in die Knie zwingen.
Es kommt peinlich für den, der versucht, mit dir zu ringen.
Rette mich, mein Gott, vor diesen fiesen Gesellen.
Du hast es doch drauf, dir kann man keine Falle stellen.
14 Pass auf mich auf, du, mein Gott, ich verschanz mich bei dir,
und lass es nicht zu, dass die so leben wie bisher.
Du wirst denen schon die Rechnung präsentieren,
sie bekommen das von dir, womit sie versuchen, uns zu verführen.
Sogar ihre Kinder werden dafür noch übelst blechen
und ihre Enkel genauso, ja, so wirst du mich rächen.
15 Ich aber werde von dir einfach freigesprochen,
mit meinen Augen werde ich dich anschauen, ich hab niemand bestochen.
Ich kann mich an dir dann so richtig sattsehen,
kann dich selbst betrachten, ja, da werde ich drauf abgehen.

18

David und seine Feinde

1 Das Lied ist von David, dem Präsidenten,
geschrieben, während er vor Saul wegrennt.
Genauer gesagt, ist seine Flucht nun zu Ende,
denn dank Gott bekam ihn Saul nicht in die Hände.
2 Hey, Gott, ich liebe dich so sehr,
über mein ganzes Leben bist du der Herr.
3 Gott ist mein Schutzschild, immer ganz nah,
wenn ich ihn brauche, ist er für mich da.
Er ist für mich wie große Schutzmauern,
kann mich dahinterkauern, muss nicht trauern.
4 „Du bist der Beste", ruf ich zu Gott.
Und er hört mich, rettet mich in der Not.
5 Ich war fast schon am Ende, fast schon tot,
6 schon kurz vor der Hölle, doch dann sah ich rot.
7 Ich schrie zu Gott: „Los komm und hol mich hier raus!"
Und er hörte es, als ich rief in seinem Haus.
8 Die ganze Erde fing an zu wackeln und zu schwanken,
denn voller Zorn waren Gottes Gedanken.
9 Er spie Feuer, so wie ein Drachen,
Rauch und Funken kamen aus seinem Rachen.
10 In einer dunklen Wolke kam Gott auf die Welt.
11 Er flog auf einem Engel, und der Wind hält
ihn auf seinem Kurs bis zu seinem Ort.
12 Er versteckte sich im Dunkeln, er tarnte sich dort.
13 Um ihn herum flogen Feuerfunken,
er war versteckt, ganz in ihnen versunken.
14 Und Gott sprach mit sehr lauter Stimme,
dabei vergingen den Menschen echt alle Sinne.
15 Gott fing dann an mit Blitzen und Pfeilen,
die Menschen packten's nicht, hingen in den Seilen.
16 Die Erde brach auf, und jeder konnte es sehn,
wenn Gott wütend ist, kann ihm nichts im Weg stehn.
17 Ich war wie in einem Meer, in dem ich fast ersoff.
Gott zog mich raus, rettete mich, als ich vor Wasser troff.
18 Meine Feinde machten mich fertig, hatten viel Macht,
doch Gott, der hat mehr, das wär ja gelacht.
19 Als es mir schlechtging, schlugen sie zu,
doch Gott half mir, er war da im Nu.

20 Gott schlug meine Feinde, sie sahen keinen Stich.
Er holte mich raus, denn er liebt mich!
21 Gott soll mir immer helfen und treu sein,
denn nach seinen Gesetzen bin ich immer sauber und rein.
22 Ich hab immer gemacht, was er von mir wollte,
tat immer nur das, was ich auch sollte.
23 Ich weiß immer genau, was er von mir will.
24 Außerdem mach ich nicht mit und bin still,
wenn andere miese Sachen über Gott sagen.
25 So gibt es für mich keinen Grund zum Klagen.
Gott behandelt mich so, wie ich mich verhalte.
Jetzt kommt etwas, was ich vor langem schon schnallte.
26 Gott ist treu, wenn man treu ist.
Wenn man gut lebt, er das nicht vergisst.
27 Wer Gutes tut, der wird belohnt.
Wer Schlechtes tut, wird nicht geschont.
28 Gott rettet die Armen mit einem Knall,
doch die Reichen, die bringt er zu Fall.
29 Wo du bist, Gott, da ist das Licht,
die Dunkelheit erschreckt mich nicht.
30 Mit dir kann ich die Feinde schlagen
und den Sprung über die Mauer wagen.
31 Was Gott sagt, stimmt zu hundert Prozent.
Glück hat der, der zu ihm rennt.
32 Es gibt nur einen echten Gott,
die anderen sind aus Plastik, purer Schrott.
33 Gott macht mich stark, er gibt mir Kraft,
es gibt nichts, was man mit ihm nicht schafft.
34 Er macht mich so schnell wie ein Reh,
er stellt mich auf einen hohen Berg voller Schnee.
35 Er zeigt mir, wie ich kämpfen kann,
ich fang bei ihm mit Schießunterricht an.
36 Du bist wie mein Schutzschild und mein Retter,
du bist immer da, egal, bei welchem Wetter.
37 Du sorgst dafür, dass ich immer grade stehe
und immer das Licht am Ende des Tunnels sehe.
38 Ich hab meine Feinde gnadenlos gejagt
und, als ich sie hatte, zu Tode geplagt.
39 Ich machte sie fertig, warf sie in den Dreck.
Sie knieten sich nieder, doch ich kickte sie weg.
40 Du hast mir dazu die Kraft gegeben,

dank dir konnte ich überleben.
41 Meine Feinde hauen nun alle ab,
und die, die mich hassen, die bring ich ins Grab.
42 Sie wollten, dass du kommst und sie rettest,
dass du sie befreist und auf Rosen bettest.
Doch du bist nicht gekommen, hast sie überhört,
keiner wollte sie retten, das hat sie empört.
43 Doch ich hab sie fertiggemacht, sie vernichtet.
Sie hatten es verdient, ich hab sie gerichtet.
44 Du hast mir geholfen, Präsident zu werden,
nun habe ich Macht, Macht hier auf Erden.
45 Die Leute hier gehorchen mir aufs Wort,
dabei bin ich eigentlich fremd in diesem Ort.
46 Die Leute hier haben Angst vor mir,
wenn sie mich sehn, zittern sie wie 'n Tier.
47 Halleluja, mein Gott lebt!
Schreit es raus, bis die Erde bebt!
48 Gott hat dafür gesorgt, dass ich mich rächen kann,
mit ihm fing mein Siegeszug an.
49 Ich bin jetzt der Chef über die Leute,
die gegen mich waren und mit der ganzen Meute
versucht haben, mich kaltzumachen, mich zu killen.
50 Du hast mir geholfen, und deswegen bin ich am Abtillen.
Gott, du bist einfach so superkrass,
Gott, du machst meine Gegner nass.
51 Danke, Gott, dass du bei mir bist
und auch meine Kinder niemals vergisst.

19

Er ist da, niemals war er weg

1 Schon vor so vielen Jahren hat David dieses Lied vorgerappt
und so das Geheimnis der Größe Gottes aufgedeckt.
2 Der Himmel hat sich damals auch über David ausgestreckt,
perfekt, hast du's jetzt gecheckt? Reck dein' Kopf hoch, und
ich sag: „Herzlich willkommen, du hast Gottes Dimension entdeckt."
Durch die Sternenfraktion, die nachts über uns aufleuchtet,
durch den Mann im Mond wird Gottes Macht leicht angedeutet.
Hast du mal versucht, die Sterne durch 'n Sieb durchzupressen?
Genauso schwer wär's, Gottes Größe mit 'nem Meterstab zu messen!
Das kannst du vergessen!
3 Wenn die Sonne auf die Erde scheint,

sich früh am Morgen mit dem Tag vereint.
Kannst du dir vorstellen, wie hell Gott erscheint,
da wirkt die Sonne auf einmal nanoklein.
Der Tag erzählt's der Nacht und die Nacht dem nächsten Tag,
und ich sag es nun dir, dass Gott schon immer richtiglag.
4 Doch wir brüllen hier dumm rum, das ist nich dringlich.
Gottes Stimme wirst du hör'n – denn sie durchdringt dich.
REFRAIN:
Er ist da, niemals war er weg!
Er ist da, näher als du denkst!
Er ist da, hörst du seine Worte reden?
Er ist da, der Boss über Tod und Leben!
5 Unüberhörbar an jeder Ecke, über jeden Lautsprecher
bis ans Ende der Welt, auffällig wie 'n Durchstarter und Draufgänger
ist seine Stimme, so überdurchschnittlich.
Hörst du sie? Gott ist und bleibt der Chef im Business.
Er, der selbst der Sonne ein Zuhause gibt,
6 damit sie jeden Morgen gut drauf ist und so aussieht,
als wäre sie im Siegeszug und unverkäuflich.
Die Nummer eins im All, die Nummer eins eindeutig.
7 Wo sie aufgeht, fängt der Himmel an zu leben.
Ihr Untergang präsentiert das tägliche Kommen und Gehen.
Wie vor der Sonne kannst du vor Gott niemals entfliehen,
8 denn seine Gesetze sind nicht umsonst niedergeschrieben.
Sie sind perfekt und makellos,
sie ziehen uns zurück zu seinem Glück. Gott ist groß,
auf ihn ist Verlass permanent.
Er meint es gut, komm, und zwar jetzt.
REFRAIN
9 Was Gott uns gibt, benutzt er nicht zum Unterdrücken.
Sein Gesetz verursacht bei uns keinen schmerzend krummen Rücken.
Was er von uns will, sagt er deutlich und klar.
Er verschweigt uns nichts, denn er ist heut für uns da.
Es gibt keinen Vertrag, in dem was Kleingedrucktes steht.
Wir bleiben auf sein'm Weg, und er zeigt uns, wie es geht.
10 Plus, wir brauchen keine Angst zu haben,
denn Gottesfurcht bedeutet frei von Hass und Qualen, die an seiner
Wahrheit nagen.
11 Das Gesetz führt uns in Länder, durch die Milch und Honig fließen,
und zergeht uns auf der Zunge so wie 'n Kinderschokoriegel.
Silber, Gold und Knete sind beschissen gegen das,

was Gott in seinem Wort für uns hinterlassen hat.
12 Und wenn wir uns dran halten, werden wir dafür belohnt,
weil ab diesem Tage seine Liebe in uns wohnt.
Vater, deck die Fehler auf, die ich heimlich in mir trage,
und zeig mir deine Liebe, wenn ich scheiter und versage.
REFRAIN
13 Wer kann schon sicher sein, dass er sich nicht verlaufen hat?
Vergib mir, wenn der Mist, der vor mir steht, sagt: „Schachmatt!“
Ich dreh am Rad, wenn ich mal wieder richtig Mist bau,
dabei mehr in die Bild anstatt in meine Bibel schau.
14 Pass auf mich auf, beschütze mich vor Arroganz.
Halte die stolzen Menschen immer wieder auf Distanz,
dass sie nie Macht bekommen über mich und meine Wege,
dann werde ich immer radikal mit dir, Gott, leben.
Ich werd dir treu sein, mich von Fehlern stets fernhalten,
15 hilf mir dabei, auch meine Rede zu gestalten,
dass auch mein Denken dich verehrt, du daran Freude hast.
Ich bin in Sicherheit bei dir, ich bin dein Dauergast,
und nicht nur fast, du bist mein Fels, du bist mein Retter,
du bist der Herr, du bist Chef und bist ein netter.
REFRAIN

20

Gott macht Hoffnung

1 Für den Meister des Beats ein Text von David:
2 Wenn es drauf ankommt, hilft dir Gott,
weil er alle Angriffe wie ein Schild abblockt.
3 Er schickt dir Hilfe aus der himmlischen Zentrale
und gibt dir Unterstützung aus der irdischen Filiale.
4 Gib alles für ihn und opfer dich auf,
denn er vergibt dir deinen Mist und macht Hoffnung daraus.
5 Er schenkt dir Gelingen für dein Leben
und lässt deine Träume in Erfüllung gehen.
6 Wenn er dir geholfen hat, dann lass es uns erfahren,
dann singen wir und tanzen und schwingen seine Fahnen.
Wir freuen uns und geben ihm Ehre und Ruhm.
Was immer du ihn bittest, soll er auch tun.
7 Jetzt kann ich mit ziemlicher Sicherheit sagen,
Gott hilft denen, die ihm mit Bitten in den Ohren lagen.
Er wird sie hören, auch in den Himmelsregionen,
und sie mit Kraft aus der Klemme holen.

8 Manche vertrauen auf Knarren und Messer,
wir aber setzen auf Gott, unseren Retter.
9 Sie gehen zu Boden mit der ganzen Mannschaft,
wir bleiben aufrecht und standhaft.
10 Gott überschreibt der Regierung Vollmacht
und greift ein, wenn uns die Sorge packt!

21

Gott findet jeden
1 Ein Psalm als Lied mit Hip-Hop-Beat von David:
2 Gott, Gott, Gott.
Der Präsi freut sich über deine Kraft,
und ihm geht einer ab, weil er alles durch deine Hilfe schafft.
3 Die Wünsche aus seinem Herzen erfüllst du gern.
Die Bitten aus seinem Mund tust du nicht abschmettern.
4 Du beschenkst ihn mit guten Dingen,
und seinen Kopf schmückst du mit goldnen Ringen.
Da sind auch so Zapfen dran.
Hey… das nennt man Krone, Mann.
5 Um Leben hat er dich gebeten,
und nach dem Beten hast du ihm Leben gleich für immer gegeben.
6 Er strotzt vor Schönheit und Respekt, allein nur durch dich.
Leidenschaft und Coolness kleben an ihm wie der Geruch am Fisch.
Das ist hier positiv gedacht.
7 Hast ihn zum Segen für immer und jeden gemacht.
Und deine Nähe, glaubt mir, Leute, gibt ihm ungeteilte Freude.
8 Der Präsident vertraut alleine auf Gott,
deshalb bekommt der Präsident alleine von dort
Unkündbarkeit auf Lebenszeit.
9 Seine Feinde wird er finden,
jetzt wisst ihr gleich Bescheid.
Das Verstecken könnt ihr also ganz getrost lassen.
Er findet echt alle, also auch die, die ihn hassen.
10 Wenn du dich den Feinden gibst zu erkennen,
werden sie wie im Feuer verbrennen.
Denn Gott ist voll sauer und wird sie versengen.
11 Selbst ihre Kinder werden kaputtgehen und sterben.
Du tust sie sozusagen von der Erde enterben,
ich mein halt vertreiben.
Ja, nicht mal ihre Nachkommen dürfen dauerhaft bleiben.
12 Hatten sie doch wirklich schon

eine Terrororganisation
gegen dich und deinen Thron,
ich meine damit deinen Chefsessel,
von wo aus du regierst, deine Macht entfesselst.
Nur den Anschlag, den hat es nie gegeben.
13 Denn wenn du auf sie zielst,
tun sie sich nicht mehr erheben.
Weil du triffst und nicht schielst,
sieht jeder zu, dass er die Flucht noch schafft.
14 Gott, Gott, Gott.
Erhebe dich, zeige deine Kraft.
Und wir wollen für dich singen und dir danke sagen,
weil du das Unmögliche möglich machst, ohne vorher zu fragen.

22

Warum hast du mich verlassen?

1 Ein Lied von David, vorzusingen nach der Melodie von dem Jodelsong
„Der Hirsch, der morgens früh gejagt wird“, bitte mit Akkordeon.
2 Mann, Gott, mein Gott, warum hast du mich nur verlassen?
Hast du mich vergessen? Kann es sein, dass meine Schreie verblassen?
3 Gott, ich bete zu dir täglich, doch es scheint vergeblich.
Die ganze Nacht liege ich wach und denke, nicht mal du verstehst mich.
4 Aber ganz tief in meinem Inneren weiß ich,
du besitzt die Macht, bist besonders, bist heilig.
5 Die Leute vor uns hofften auf dich, sie haben dir vertraut.
6 Und schien es noch so aussichtslos, du halfst ihnen aus allen Gefahren raus.
7 Ich bin nur eine kleine Wurst, kein Mensch, eher ein Haufen Mist,
alle Menschen lachen mich aus, werd von jedem Heinz gedisst.
8 Sie kichern und reden – und sie verstehen mich gar nicht.
9 Sie sagen: „Wenn Gott dich ganz toll findet, hilft er dir, sei nicht panisch!“
10 Gott, du hast meine Geburt zugelassen und seit meiner Kindheit auf mich
aufgepasst.
11 Und von Anfang an warst du mein Gott, bis zu diesem Tag.
12 Bitte, komm in meine Nähe, ich hab Angst und fühl mich alleine,
so viel Hilflosigkeit, aber Hilfe erkenne ich keine.
13 Ich sehe so viele Gefahren und Probleme, Angst und Verderben.
14 Ich fürchte die Angriffe, die Fallen, den Tod und das Sterben.
15 Ich fühl mich ausgelaugt, kraftlos, ohne Saft, einfach schwach.
Mein Herz fühlt sich an wie zerschmolzenes Wachs.
16 Ich bin völlig ausgepowert, mein Mund ist vertrocknet.
Ich warte auf die Hilfe meines großen Gottes.

17 Ich bin umgeben von Hunden, Ganoven und bösen Menschen,
und sie alle greifen nach meinen Füßen und Händen.
18 Ich bin total abgemagert, aber sie machen weiter.
19 Sie rauben mich aus und teilen sich meine Kleider.
20 Aber du kommst, um mir zu helfen, du siehst, ich liege ganz unten.
21 Befreie mich von Verbrechern, Ganoven, den Hunden!
22 Hilf mir aus allen Gefahren – ja, du bist wieder da für mich.
23 Ich will allen erzählen, wie obergenial du bist.
24 Alle sollen ihn loben, Gott, den Allerbesten.
Alle Menschen im Norden, Süden, Osten und Westen.
25 Er hat mich nicht vergessen, nicht verlassen, nicht verstoßen.
Als er mich hörte und mich dort liegen sah, hat er mich aufgehoben.
26 Ich will allen sagen, wie groß du bist, auch in der Gemeinde.
Alle, die an dich glauben, sollen sehen, dass ich mein Versprechen halte.
27 Wenn jemand am Ende ist und Hunger nach dir hat,
zeigst du dich ihm, und du machst ihn wieder satt.
28 Die Menschen, die nach dir suchen, werden dich finden,
und ihr Herz wird sich für immer mit dir verbinden.
28 Und irgendwann wird dich die ganze Welt anbeten.
29 Denn Gott macht keine Ausnahmen, er liebt jeden.
30 Selbst die Toten werden nur noch von dem einen Gott reden.
Alle werden ihm Respekt geben, ob sie gestorben sind oder leben.
31 Es wird Prediger geben in allen Generationen,
32 und diese sprechen von Gottes Korrektheit zu den Nationen.
Und irgendwann können sie vielleicht das Unfassbare fassen:
Gott ist treu und gut, auf ihn kann man sich hundertprozentig verlassen.

23

Gott ist mein Dauergastgeber

1 Gott höchstpersönlich ist mein Dauergastgeber, [whoa]
der mich nonstop erfüllt, denn seine Power ist unfehlbar.
2 Er bringt mich zu einer All-you-can-eat-Bar
mit allem, was mein Herz begehrt und liebt [whoa / ja]. //
3 Darauf folgt ’ne lange Ruhepause im Chill-out-Raum.
Somit kann ich erfrischt und gestärkt zu ihm aufschauen.
Er allein zeigt mir, wie ich mit Qualität leben kann.
Letztlich geht es um ihn, wie ich seinen Namen ehren kann. //
4 Und wenn ich mal keinen Ausweg sehe, mich die Depression packt
wie ’ne dunkle Wolke, hab ich dennoch keine Angst.
Denn ganz egal, wie verfahren die Situation auch ist,
vertrau ich ihm, weil er mich sicher wieder herauszieht. //

Und die Krönung ist, er setzt sogar noch einen drauf:
5 Er bereitet vor mir ein Buffet, so lang wie ’n Reihenhaus
und das, obwohl alles um mich herum nach Kampf aussieht.
Er spricht ’nen Toast auf mich aus, weil er mich nie aufgibt. //
Es kommt noch besser, er rollt den roten Teppich vor mir aus,
6 er ehrt mich, denn ich nehme Anteil an seinem Haus.
Mein Leben lang gibt er mir Gutes und hält nie was zurück.
Nur bei ihm bin ich zu Hause, in jedem Augenblick! //

24

Es kommt der Präsident, der König!
Ein Psalm von David,
explosiver als organisches Peroxid.
1 Alles und jeden, den du kennst,
und was du vielleicht dein Eigen nennst,
gehört dem Chef, für den will ich laut schrein.
Denn die Welt, die Menschen und allgemein,
jeder Sonnenschein, der Seniorenverein,
jeder Legobaustein, der Kinogutschein,
alles ist sein.
2 Er hat die Fundamente der Erde gelegt
und die Menschen erst mal reingelegt.
Die dachten anfangs, die Erde sei ’ne Scheibe, von ihm glatt gefegt,
die auf dem Meer und dem Ozean ruht, völlig unbewegt.
3 O Mann, wer kann vor ihm bestehen,
so was ist echt kein Alltagsgeschehen.
Wer darf auf den Berg gehen,
an der besonderen Stätte stehen,
wo der Chef selbst ist, ohne kaputtzugehen?
4 Egal, ob Loser-Sister oder Bundesinnenminister,
Hauptsache ohne Vorstrafenregister.
Und mit dem Herz am rechten Fleck,
am Stecken kein Dreck.
Leute, die keine falschen Versprechen geben,
die keine anderen Götter lieben.
Die können das Ganze locker angehen
und an seiner besonderen Stätte stehen.
5 Sie kommen im Überfluss in den Genuss
von Gottes Segen und Gerechtigkeit,
von seiner liebenden Aufmerksamkeit.

6 Das gilt für alle, die nach ihm suchen,
die seine Gegenwart für sich buchen,
seine Liebe versuchen wie 'n Stück Kuchen,
die nach ihm fragen und sich zu ihm wagen.
– Beatbox, mach du mal weiter 'ne Weile,
das Ganze hier hat nämlich zwei Einzelteile. –
7 Der gigantische Präsident zieht jetzt ein.
Tore, ihr müsst jetzt offen sein.
Ihr uralten Türen, geht jetzt auf,
der echt krasse Präsident kommt herauf.
8 „Wer ist dieser Präsi?", fragst du dich daraufhin.
Er ist der Lebenssinn, er heißt „Ich bin".
Der Präsident der Größe, stark und mächtig.
Der Präsident der Ehre, strahlend und prächtig.
9 Öffnet euch weit, ihr Panzertüren,
ihr dürft dem Präsi Eintritt gebühren.
Knackt euer Schloss, denn die Schönheit kommt,
zur Not mit den Rambos, öffnet euch prompt.
10 Diese Gestalt ist die höchste Majestät,
unser Held sprüht von Genialität.
Der siegreiche Gott hat die Präsidentenwürde;
Herrscher über alles, überwindet jede Hürde.
DJ, lass noch 'n Zwischenspiel hörn.
Ich bin jetzt raus, will dich dabei nicht weiter störn …

25

Mist gebaut

1 Von David: Mann, o Gott, ich sehne mich so nach dir.
2 Mein Gott, ich brauche dich, ich setze heute alles hier,
auch mein Vertrauen, auf deinen guten Namen.
Lass mich nicht fallen, ich will's checken, sag dazu amen.
Denn meine Feinde solln den letzten Schrei nicht hören.
Ich will nicht, dass sie mich auslachen, sich betören,
wenn ich „ablose", es nicht packe und dann scheiter.
3 Ich weiß, wer auf dich traut, der bleibt doch immer heiter.
Wer aber treulos ist, dich disst,
dann meistens Gras frisst.
4 O Gott, ich brauche jetzt dein gutes GPS-System,
mit dem du mich führst, das mich lenkt, sonst wird's bald unbequem.
5 In jeder scharfen Kurve lässt du mich immer erfahren,
dass ich vertrauen kann, du lenkst schon meinen Wagen.

Du bist ein Gott, der immer da ist, wenn's mir dreckig geht.
Du bist die Hoffnung in der Not, selbst wenn die Peilung fehlt.
6 Bis heute konnte ich mich stets auf dich verlassen,
und deine Liebe macht mich immer mehr gelassen.
7 Verzeih mir doch, wo ich schon früher anfing, Mist zu bauen,
vergiss den ganzen Dreck, wo ich dir konnte nicht vertrauen.
Wo ich mein eigenes Ding ganz ohne dich hab durchgezogen,
zeig mir deine Liebe, wo ich dich hab belogen.
8 Gott ist verlässlich, und er führt auf seinen Weg zurück.
Wenn wir uns verfahren haben, zieht er uns dann Stück für Stück
wieder auf seinen guten, besten, straighten, wahren Weg,
den wir verlassen hatten, als wir kämpften unsern Krieg.
9 Jeder, der merkt, dass er sein Leben gegen den Baum fährt,
dem zeigt Gott, wie er es anstellen soll, dass er drauf abfährt.
10 Denn seine Wege sind nur von Liebe geprägt.
Er ist dem Menschen treu, der Wert auf seine Worte legt.
11 Tu doch, was dir entspricht, vergib mir meine Schulden.
Die sind so groß, erdrücken mich, kann's kaum erdulden,
mit diesem miesen Schuldgefühl vor dir zu erscheinen.
12 Wo ist der Typ, der Respekt hat vor Gott, dem Einen?
Gott zeigt ihm seinen Weg, er gibt ihm eine Peilung.
Wo er dann längsgeht, ist aber alleine seine Entscheidung.
13 Wer so drauf ist, der wird von Gott ganz fett gesegnet.
Der wird dann das Land bekommen, was Gott ihm ebnet.
14 Gott flüstert mir ins Ohr, was er so alles tun will,
ja, er vertraut mir voll, auch wenn ich bei ihm rumchill.
Er gebraucht mich ganz für seine großen Pläne.
Ich bin sein Freund, ich bin jetzt nie mehr ganz alleene.
15 Ich sehe Gott, und wenn ich wieder in der Klemme sitz,
dann wird er kommen, er wird da sein, schneller als der Blitz.
16 Gott, komm vorbei und sieh doch nicht auf meine Taten,
auf all den Mist, ich fühl mich absolut missraten.
Ich bin hier allein, ich kann keinen Schritt mehr weiter.
17 Ich habe Angst, in meinem Herzen stinkt's nach Eiter.
Zehntausend Steine liegen schwer auf meiner Seele.
18 Oh, sieh mich an, mein Gott, vergib mir, Chef, ich quäle
mich mit dem Mist ab, den ich schon wieder mal getan hab.
19 Und meine Feinde werden mehr, und sie sind voll auf Trab.
Sie hassen mich und wollen mir immer nur ans Leder.
20 O Gott, bewahre mich und rette mich, komm schnell her!
Pass auf mich auf, o Gott, ich will nicht wieder „losen“,

ich kuschel mich an deine Seite, auch beim „Bluesen“.
21 Gott, ich bitte dich, dass du mir hilfst zu leben,
aufrichtig, ehrlich, nach den richtigen Dingen zu streben.
22 Befreie uns bitte aus der Not, denn eins ist klar:
Du bist und bleibst der einzige Gott, ja, das ist wahr!

26

Scanne mein ganzes Leben, Gott!
1 Dies ist ein weiterer Track Davids;
nur damit klar ist, wer hier und jetzt mal wieder am Start ist.
Gott, sorg du für mein Recht, denn ich bin unschuldig.
Gott, ich weiß, dass deine Treue kein Betrug ist,
darum such ich voll und ganz dein Vertrauen,
denn ich weiß, dies kann mir nichts und niemand rauben. / [whoa]
2 Geheim vor dir zu bleiben ist mir nicht möglich.
Gott, darum scanne mein Herz, denn ich habe es nötig.
All meine Gefühle und all meine geheimen Gedanken,
mein geheimes Innerstes soll nur vor dir erwachen. / [yes]
3 Mir ist bewusst, dass du mich liebst, und zwar nonstop.
Du bleibst mir treu, auch wenn der Tod mir zuvorkommt.
4 Gestohlen bleiben können mir Diebe und Betrüger.
Moralprediger, die nicht tun, was sie sagen, sind Lügner. / [whaa]
5 Zwischen Verbrechern und Dieben habe ich nichts verloren,
unter Gottlosen erst recht nicht, also merk dir mein Wort.
6 Zum Zeichen meiner Unschuld trag ich ’ne weiße Weste,
und so komme ich in deine Nähe und feier die derbsten Feste. /
7 Dabei schreibe ich die dicksten Rhymes nieder,
denn deine Wunder stecken mich an wie Fieber.
Ja – denn nur von dir handeln meine besten,
härtesten, schönsten und fettesten Lieder. /
8 Gott, du wohnst in jedem Winkel deines Hauses.
Ich lieb diesen Ort, denn alles andere taugt nichts.
9 Gott, verschone mich und bringe mich nicht um wie die,
die dich verachten oder den Blutrausch lieben. /
10 Denn viele Verbrechen lasten auf ihren Gewissen,
oder an wie viel Schwarzgeld wollten sie sich vergiften.
11 Aber ich kann, ohne Vergehen, auf meinem Kerbholz,
wandeln. Gott, bitte bleib meinem Herzen treu. /
12 Bei dir bin ich sicher, bei dir bin ich nie vergessen.
So sicher, kein Kugelhagel könnte mich je treffen.
Darum sollen meine Rap-Songs nur von dir sprechen.
Vor dir will ich sie performen, vor dir, dem Allerbesten! /

27

Ich habe keine Angst

1 Der Chef ist mein Licht und mein Retter – vor wem sollte ich mich ängstlich verstecken?
Der Chef ist meine Zuflucht, mein Schutz – vor wem sollte ich mich denn erschrecken?
2 Ihr Deppen könnt schon versuchen, mich niederzumachen,
doch es bleibt beim Versuch, denn zuletzt werde ich lachen.
3 Ich hab keine Angst, selbst wenn ein ganzes Heer mich mobbt,
Ich vertrau auf meinen Chef, weil er euch alle locker toppt.
4 Ich bin Bewohner seines Hauses, dort für immer geborgen.
Denk nach über seine Freundlichkeit, die bleibt, auch morgen.
5 Gehoben von ihm auf sein Fundament, wenn alles um mich vergeht.
6 Deshalb lobe ich ihn, auch weil er immer zu mir steht.
7 Höre, meine Stimme, Chef, das rufe ich:
Bitte sei lieb zu mir und erhöre mich.
8 Und ich erinner mich, Gottes Nähe suche ich.
Genau das mache ich, ich schaue nur auf dich.
Weis mich nicht ab, auch wenn du grade sauer bist.
9 Sei meine Hilfe, auf ewig, Chef, verlass mich nicht.
10 Meine Eltern haben's getan, doch ich weiß, du bleibst,
11 und lehrst mich deine Wege, leitest mich, vertreibst
12 meine Feinde, gibst mich ihnen nich in die Hände.
Selbst wenn sie Rufmord betreiben, es kommt die Wende.
13 Dessen kann ich mir sicher sein und voller Überzeugung sagen:
14 Hab Geduld, sei mutig, hab 'n starkes Herz. Er wird dich tragen!

28

Du befreist mich aus Gefahren

1 Von David.
Gott, ich bitte dich, bleib bei mir, sonst würde ich sterben.
Wenn du plötzlich schweigst, wäre das die Hölle auf Erden.
2 Hör auf meine Stimme, sonst wäre das mein absolutes Ende.
3 Stell mich nicht auf eine Stufe mit den Menschen, die schön reden und schlecht denken.
4 Solche Menschen sollen das bekommen, was sie verdienen.
5 Du wirst sie nicht aufbauen – Zerstörung sollen sie kriegen.
6 Yeah, Gott, mein Chef hat mich erhört, weil er mich liebt.
7 Und weil ich dich liebe und dir vertraue, schreibe ich dir dieses Lied.
8 Der Chef passt auf sein Volk auf und hat es schon oft von Gefahren befreit.
9 Hilf deinen Leuten und pass auf sie auf bis in alle Ewigkeit.

29

Ein Song von David
1 Feiert Gott, erkennt seine Größe an.
2 Feiert ihn, den, der alles kann.
3 Gott, dich hört man, deine Stimme dröhnt über das Meer,
4 sie ist phantastisch, unnachahmlich und noch vieles mehr.
5 Sie ist so laut, einfach gigantisch,
dass alles erzittert, stark und gewaltig.
6 Wenn ich sie hör, spring ich vor Freude wie ein junges Reh
oder wie ein kleines Schaf, denn dann tut mir nichts mehr weh.
7 Deine Stimme, Gott, ist wie eine riesige Flamme.
8 Alles erbebt, das ganze Land, aus dem ich stamme.
9 Das Meer und die Wüste, der Wald, alle Städte und sämtliche Leute,
die sich in deinem Haus befinden, die feiern dich heute.
10 Du bist der Größte im Universum, größer als alles, was existiert.
Warst immer da und wirst's immer sein, das ist's, was mich fasziniert.
11 Du wirst deine Leute immer über alles lieben,
wirst dich um sie kümmern, du gibst ihnen Frieden.

30

Du hast mich gehört
1 Ein Psalm vom Präsident David, weil der Tempel eingeweiht ist.
2 Ich will dir danken, Gott, als es mir schlechtging, hast du Hilfe geleistet.
Wer nicht mehr lacht, das sind meine Feinde.
Das Lachen der Leute, die mich ätzend behandeln, hat ein Ende.
3 Du hast mich gesund gemacht, als ich krank war.
4 Mich aus der Hölle gezogen, dafür bin ich dir dankbar.
5 Und deshalb bring ich dieses Lied, über frischem Beat,
und das ist nur für dich, Gott, denn du hast es verdient.
6 Du bist zwar manchmal sauer auf mich, für einen Augenblick,
aber mein ganzes Leben lang hast du Liebe und Treue aufgetischt.
Und selbst wenn ich am Abend manchmal heule,
schrei ich am nächsten Morgen wieder vor Freude.
7 Früher war ich dumm und dachte: „Ich werde niemals wanken."
8 Aber du hast mich zurückgewiesen in meine Schranken.
9 Ich betete: „Wo bist du, Gott, bloß, wenn ich dich brauch?
10 Willst du mich sterben lassen – Asche zu Asche, Staub zu Staub?
11 Ich bitte dich, hilf mir, denn alleine schaff ich es nicht!
Ich hab nämlich das Gefühl, dass ich den ganzen Mist abgekriegt!"
12 Und du hast mich gehört, in all dem Trubel.
Aus Weinen wurde Lachen, aus Trauer wurde Jubel.

13 Und deshalb kann ich hier nur performen und nicht schweigen.
Chef, mein Gott, in Ewigkeit will ich für dich Songs abreißen.

31

Rette mich vor schlechten Menschen

1 Ein Song von David.
2 Gott, bitte hilf mir vor Gegnern, weil ich wieder richtig Ärger hab.
3 Höre meine Gebete und sei bitte mein Bodyguard.
4 Ja, ich weiß, du hilfst mir, egal, wie die Dinge liegen.
5 Die Gegner wollen mich dissen, doch du wirst mich aus der Schlinge ziehen.
6 Ich vertraue dir, denn du hast oft bewiesen, dass ich dir vertrauen kann,
mit dir zusammen nach vorne schauen kann, nicht nur dann und wann.
8 Ich hasse es, wenn Menschen nur Mist hinterherlaufen.
Du bist immer da; das ist Liebe, die kann man sich nicht kaufen.
9 Du hast mich vor Feinden bewahrt, jetzt bin ich endlich frei.
Ist klar, dass ich jetzt wieder feiern kann bis nachts um drei.
10 Bitte hilf mir, ich hab mir die Augen aus dem Kopf geheult.
11 Ich hab viel Mist gebaut, jetzt werde ich ganz schön dafür gekeult.
12 Niemand will was mit mir machen, weder Bekannte noch Nachbarn.
13 Ich bin für sie wie tot, obwohl wir früher viel zusammen gemacht haben.
14 Ich höre, wie sie über mich reden, ich merke, wie sie mich hassen.
15 Doch ich habe dir immer vertraut, und ich kann es auch jetzt nicht lassen.
16 Rette mich bitte vor den schlechten Menschen in meiner Umgebung.
17 Bitte schenk mir wieder bessere Zeiten ohne Trauer und Wehmut.
18 Gott, pass auf mich auf. Bitte lass mich nicht verenden.
Lass doch die Menschen sterben, die sich gegen dich wenden.
19 Sie sollen alle still sein, die Redner und Schwätzer.
20 Dank deiner Liebe geht's denen, die dich lieben, sowieso besser.
21 Vor den Verschwörungen der Menschen wirst du sie schützen.
Es wird über sie geredet, doch du beschützt sie vor den Gerüchten.
22 Du bist der Beste, Chef. Denn ich war total gefangen,
doch dank Gott hab ich das alles überstanden.
23 Ich dachte für kurze Zeit: „Gott hat sich von mir abgewandt."
Doch als ich um Hilfe rief, nahmst du mich an meine Hand.
24 Alle, die an ihn glauben: Hört nie auf, Gott zu lieben!
Die Treuen wird er beschützen, die Treulosen kriegen, was sie verdienen.
25 Seid stark und mutig, alle, die auf Gott vertrauen.
Hört nicht auf, Gott zu mögen, denn Gott liebt euch auch.

32

Freispruch

1 Dieser Track soll euch zum Nachdenken bringen. [(who ouh)]
Dieser Track ist ernst gemeint, wie ’ne Reality-Show. ’ey!
Wirklich gut geht es nur all denen,
die von Gott Vergebung für ihren Mist im Leben erleben. /
2 Ich betone es noch einmal: Wirklich gut geht es denen,
deren Schuld vorm letzten Richter ein für alle Mal vergeben
und ausgelöscht ist. Wirklich gut sind die dran,
die nicht so tun, als wäre Gott nur ein Niemand. /
3 All den Dreck, den ich am Stecken habe,
wollte ich verschweigen, verstecken und vergraben.
Doch ich war innerlich so zerrissen. Ich war dem Strick nah,
weil es vom Gefühl wie eine Injektion von Gift war. /
4 Tagtäglich war mir dein Zorn bewusst.
Mein Lebenssaft verrottete und wurde zu Frust.
Verzweifelt suchte ich ’nen rettenden Anker, denn
ich fühlte mich wie gefangen in einer Wüste ohne Wasser. /
5 Doch am Höhepunkt meiner Depression
lernte ich, Gott sei Dank, eine letzte Lektion,
als das endgültige Ende mir spürbar nah war.
Auf Knien gab ich ihm den Müll, den ich getan hab; /
einfach alles; was befreiend, aber auch hart war,
und Gott sagte: „Hey, meine Liebe ist für dich da!“
6 Ich will, dass jeder Mensch das versteht,
dass jeder, der vor Gott seine Schuld niederlegt, /
ohne jeden Zweifel wahre Liebe erlebt,
ohne jeden Zweifel ein neues Leben lebt,
doch für alle, die zu spät kommen, hat es fatale Folgen,
also triff ’ne Entscheidung besser heut als morgen. /
7 Immer wieder schützt du mich und stehst mir bei,
du lässt nicht zu, dass die Angst mich zu Tode treibt,
darum verschweig ich meine Begeisterung nicht,
die ich für dich hab, nein, ich schrei so laut wie nie. /
8 Du lehrst mich wahre Lebensqualität.
Du bleibst bei mir, auch wenn die Welt untergeht.
9 Ey, Leute, bitte seid nicht naiv wie ein Tier, [who]
ohne Verstand und ohne jede Manier. /
Denn wenn sie durchdrehen, muss man sie bändigen,
damit sie einem folgen, ohne rumzustressen.

10 Denn wer Gottes Rat einfach so anpisst,
bei dem dauert es nicht lange, bis er den Löffel abgibt. /
Wer sich aber entscheidet, Gott ernst zu nehmen,
der wird lernen, ein gutes Leben zu leben. 'ey!
11 Alle, die ihr an Gott glaubt, feiert und flippt aus,
wenn es um ihn geht. Machen wir 'n Hit draus. /
Jeder, der sein Leben Gott anvertraut hat,
jeder, der sein Leben auf ihn gebaut hat,
soll sich freuen wie noch nie. Freuen im Sieg,
freuen, weil es so etwas nicht zweimal gibt. /

33

La Ola für Gott

1 Sagt Gott, wie krass ihr ihn findet, das gilt für seine Leute,
macht ihn zum Star, macht 'ne La Ola, das ist seine Ausbeute.
2 Sagt ihm „danke" und dreht für ihn den Musikhahn voll auf,
schreibt ihm Lieder und, wieder, nimm die Beatbox noch drauf.
3 Schreibt für ihn neue Songs, nehmt nicht die alten,
die verstaubten Langweiler, die schon kalten.
Bring den coolen DJ ganz krass zum Vibrieren,
gebt ihm die fettesten Beats auf die Nieren.
4 Denn das, was Gott sagt, das ist nicht nur ein Spruch.
Das steht fest, ist stabil, musst du lesen im Buch.
5 Er liebt Gerechtigkeit, keinen Streit, seine Güte steht für alle Zeit.
Ist überall da, von Berlin bis Amsterdam, von Dresden bis Angola.
6 Er machte nur 'ne Ansage, und der Himmel war entstanden,
auch die Sonne und der Mond konnten so bei ihm landen.
Selbst die Sterne waren bei seinem Befehl sofort da,
Gott hat Kreativpower, das ist doch schon mal klar.
7 Gott sammelt das Wasser in seiner Badewanne,
daraus wurden Meere, Ozeane, mitten in der Savanne.
8 Die ganze Welt sollte großen Respekt vor ihm haben,
ihn ehren, ihn fürchten, ihm kein Lob mehr abgraben.
9 Denn er sprach, es geschah, und die Erde war da.
10 Wer sich gegen ihn stellt, hat bald Chaos am Start.
Was die Nationen auch planen, er hat immer 'ne Antwort parat.
11 Leute, das, was Gott vorhat, das zieht er auch durch.
Seine Pläne sind gültig, jederzeit. Denn dadurch
12 werden glücklich die Leute, die ihn als ihren Chef haben.
Sein Volk kriegt's fett, kann sich an seinen Gaben satt laben.
Die Menschen, die er sich als sein Eigentum erwählt hat,

können Party machen, sich freuen, volles Format.
13 Der Chef sieht von oben auf die Menschen runter,
keiner entgeht ihm, ganz sicher. Und jetzt wird es noch bunter:
14 Von seinem Schreibtisch aus kennt er sogar jeden beim Namen,
15 und er lenkt unser Herz, er gibt acht auf die Armen.
Und er registriert alles das, was wir sonst noch so bringen.
16 Egal, wie mächtig man ist, es bringt nichts, mit ihm zu ringen,
auch der Meister aller Klassen kann sich nicht mit ihm messen,
seine Kraft ist zu groß, das darf man niemals vergessen.
17 Wer glaubt, Gott mit einer Harley zu beeindrucken,
der hat's schlicht nicht kapiert, der kann lange rummucken.
Denn egal, wie viel PS er unterm Hintern hat,
ist Gott im Endeffekt immer viel schneller am Start.
Und du wirst immer jedes einzelne Rennen verlieren,
gegen Gott ist das so wie gebückt auf allen vieren.
18 Er passt auf die auf, die Respekt vor ihm haben,
die auf ihn vertrauen, ihren Stolz mal begraben,
sich auf seine Liebe einfach mal ganz verlassen.
19 Denn er passt auf sie auf, wird ihr Leben nicht verprassen,
und wenn sie hungern, organisiert er auch was zu essen.
20 Wenn wir hoffnungslos sind, dann kommt er unvermessen.
Ganz ohne Bedingungen hilft er uns. Wie am Schutzschild
prallen die Pfeile ab, alle Schüsse, weil er uns dann hilft.
21 Alles in mir freut sich, weil ich ihn kennen darf,
ich vertrau ihm ganz, weil er mich mal entwarf.
Gott ist besonders, niemand ist so, und er ist reich.
22 Gott, zeig mir deine Liebe. Und wenngleich
es mir immer wieder mal richtig mies geht,
hoffe ich auf dich, bei dir gibt's kein „Zu spät!".

34

Gott ist mein Held

1 Dieser Song kommt von David, und er ist kein Abschiedslied, denn er hat ihn geschrieben,
als er einen auf „voll doof" machte, sich verrückt stellte, Abimelech ihn genervt wegtrieb:
2 Gott will ich immer und ständig danke sagen, ewig und lebendig ihm Applaus klatschen.
3 Mit allem, was geht, will ich ihn zum Star machen, alle Leute, die kaputtgehen, sollen lachen.

Die Sachen, die er getan hat, sind genial, das sollen all die netten Menschen
auch mal hören.
4 Kommt und helft mir, Gott zuzujubeln, ihn zu loben, er soll immer ganz
nach oben zurückkehren.
Er soll die Nummer eins sein, unangefochten, der jetzige Spitzenreiter,
ewiger Tabellenführer.
5 Gott ist mein ständiger Wegbegleiter, wenn ich ihn etwas frage, dann
antwortet er mir immer.
Er holt mich raus, wenn ich Angst und Depressionen habe, mich irgend-
welche Zwänge plagen.
6 Wenn ihr ihn anschaut, werdet ihr leuchten, nichts muss peinlich sein,
das kann ich sagen.
7 Echt jetzt, als ich völlig kaputt war, am Boden, hab ich zu ihm gebetet, und
er hörte mich.
Wenn du nicht mehr weiterweißt, in der Ecke stehst, keinen Ausweg mehr
hast, rettet er dich.
8 Gottes Spezialtruppe, Soldaten aus dem Himmel, beschützen den, der
Respekt vor ihm hat.
Er befreit ihn, sorgt für Sicherheit, nimmt die Einsamkeit, holt ihn raus aus
dem Schachmatt.
9 Probiert es aus, ihr werdet es erleben, wie Gott drauf ist, er liebt die
Menschen ohne Ende.
Wie glücklich sind die Leute, die sich von ihm beschützen lassen,
einkuscheln in seine Hände.
10 Das geht an seine besonderen Leute: Ihr sollt heute Respekt vor ihm
haben, alle Tage.
Wer das macht, wer tut, was er sagt, dem geht es gut jeden Tag, in jeder
verzwickten Lage.
11 Rumstreunende Hunde haben mal Hunger, sie lungern am Müllplatz rum
und knurren,
die auf Gott setzen, sind nicht blöd, haben immer genug, sie gehören nie zu
den Dummen.
12 Das geht jetzt an die Jugendlichen: Hört mir zu, wenn ich euch was dichte,
will euch beibringen,
Respekt vor Gott zu haben, ihn als Nummer eins einzusetzen, ist wichtiger
als alle anderen Dinge.
13 Wo sind die Leute, die voll Spaß am Leben haben, die es radikal aussaugen
wollen, jeden Tag?
Wer will lange glücklich sein? Wer will gute Sachen erleben? Kommt her,
dann hört, was ich sag!

14 Pass auf, was du laberst, achte auf deine Worte, du solltest keinen
Schwachsinn reden.
15 Hör auf, Mist zu bauen, fang an, auf Gutes zu schauen, mach das radikal
in deinem Leben.
16 Gott hat alle die korrekten Menschen auf der ganzen Welt überall ständig
im Blick.
Er hört auf sie, hört ihre Gebete, hat ein offenes Ohr, wenn sie zu ihm rufen
wie verrückt.
17 Aber die Menschen, die nur noch linke Dinger drehen, verwegen andere
ständig abziehen,
die löscht er aus der Lebensdatei, dann ist es vorbei, keiner kennt sie mehr,
so wie sie es verdienen.
18 Nur auf seine Leute hört Gott, er hilft ihnen immer aus jeder noch so
üblen Situation.
19 Die kaputt sind, depressiv, fertig, am Ende, abgekämpft, befreit er dann
ganz bald schon.
20 Wer korrekt ist und gottmäßig lebt, kämpft sich auch durch viele Probleme
und Not.
Gott, er hilft ihm schnell, er rettet und greift ein, er befreit ihn auch, denn er
ist ja Gott.
21 Er passt auf ihn auf, dass ihm nichts passiert, man ihm nicht die Knochen
brechen kann.
22 Wer ohne Gott lebt, kriegt selbst Ärger, so viel derber, es geht ihm selbst
an den Kragen.
23 Gott befreit das Leben von seinen Leuten, die zu ihm gehören, werden von
ihm gerettet.
Wer sich bei ihm verkriecht, hat nichts mehr zu befürchten, Gott durchtrennt
jede Stahlkette.

35

Pass auf mich auf, Gott

1 David sagt: Gott, kämpfe für mich mit den Menschen, die mich abschießen
wollen.
2 Zieh die schusssichere Weste an, mit der Knarre geh vor gegen diese Prolls.
3 Voll Power stell dich mit der MG auf den Weg vor die, die hinter mir her
sind.
Bau mich auf, sag mir dann, dass du mir helfen wirst, weil ich doch dein
Kind bin.
4 Meine Feinde sollen dumm dastehen, es soll ihnen nur noch peinlich sein.
Die fiese Pläne für mich aushecken, sollen verrecken, würg ihnen bitte eins rein.
5 Wie Toastbrotkrümel auf dem Teller werden sie von dir einfach weggepustet.

Dein Angestellter aus dem Himmel, so ein Engel, hat sie ganz schnell
weggehustet.
6 Ihr Leben soll nur noch im Dunkeln, im totalen Siff und Schlick verlaufen.
Ein Engel soll sie jagen, sie verfolgen, bis sie ganz und vollkommen
absaufen.
7 Denn ohne Grund waren sie hinter mir her und haben mir Fallen gestellt.
Ohne Grund machten sie mir ständig Probleme, haben mich schlichtweg
reingelegt.
8 Plötzlich soll mein Feind von dir kaputt gemacht werden, du musst ihn
reinlegen!
In die Falle, die er für mich aufgebaut hatte, soll er jetzt selbst reintreten.
9 Ich werde feten, eine große Party feiern, weil mein Gott mir geholfen hat.
10 Mit allem, was ich hab, werde ich sagen: „Gott, du sprengst total den
Maßstab!
Du hilfst den schlaffen Leuten, die keine Kraft mehr haben, um zu kämpfen,
rettest sie vor Menschen, sorgst dafür, dass sie gerade noch rechtzeitig weg-
rennen."
11 Am Ende stehe ich vor ihrem Gericht, und sie kommen mit falschen Zeugen.
Sie fragen mich Sachen, die ich nicht weiß, versuchen, das Gesetz zu beugen.
12 Für meine guten Dinge, die ich getan habe, wollen sie mich jetzt bestrafen.
Alle meine Freunde, Verwandten und Geschwister haben mich im Stich
gelassen.
13 Kann's kaum fassen, denn als es ihnen früher selber mal beschissen ging,
hab ich mit ihnen gelitten, für sie gebetet, was anderes kam mir nicht in den
Sinn.
14 Ich hab sie behandelt wie meine besten Freunde, wie einen meiner Brüder,
hab mit ihnen geweint, wie bei der Trauerfeier meiner eigenen Mutter.
15 Jetzt reiben sie sich die Hände und freuen sich sehr, weil ich gefallen bin.
Sie treffen sich mit fiesen Hooligans und zerreißen sich ihr Maul über mich.
16 Ich werde fertiggemacht, ich hab mich versteckt, sie ziehen ein Fratzen-
gesicht, zeigen mir den Fuckfinger, ballen die Faust, mal nett sein kennen
sie nicht.
17 Gott, wie lange wirst du noch zuschauen und nichts tun, bitte hilf mir!
Rette mich vor diesen Monstern jetzt, beschütze mich vor diesem Tier.
18 Ich werde mich dann immer bei dir bedanken, vor der ganzen Gemeinde.
Egal, wer dort steht, ich werde für dich Lieder singen, auch vor deinen
Feinden.
19 Sie sollen sich nicht dadrüber freuen können, wenn ich versage und falle.
Die mich ohne Grund hassen, sollen nicht vor Freude in die Hände klatschen.
20 Wenn sie den Mund aufmachen, kommen da nie wirklich gute Sachen bei
raus.

Gegen nette Leute in der Gemeinschaft denken sie sich fiese Attacken aus,
21 reißen ihr Maul auf, sagen: „Wie lustig, jetzt haben wir es ja selbst gesehen!"
22 Gott, leg endlich los, du bist mein Zeuge, du darfst jetzt nicht einfach gehen.
23 Setz dich für mich ein, kämpf für mein Recht, Gott, mach das zu deiner Sache.
24 Sorge für Gerechtigkeit, mach es korrekt, Gott, dass sie nicht mehr über mich lachen.
25 Ich will nicht, dass sie sagen: „So ist es gut, wir haben gewonnen! Er ist kaputt!"
26 Sie sollen sich schämen, es soll denen peinlich sein, die dachten, ich wäre jetzt Schrott.
Die mich arrogant von oben betrachten, sollen den Schwanz einziehen und abdampfen.
27 Und die Leute, die sich mit mir freuen, die sollen dann nur noch ablachen.
„Gott ist der Größte, er ist obergenial", kommt aus ihrem Mund nur noch raus.
„Er sorgt dafür, dass sein Mann mit Frieden regiert in seinem Haus!"
28 Ich werde allen Leuten erzählen, dass du, Gott, immer total treu zu mir warst.
Du bist korrekt, das sag ich ganz laut und wiederhole es an jedem Tag.

36

Menschen sind link drauf, aber Gott ist korrekt

1 Für den gesamten Chor von David, dem Angestellten von Gott.
2 Ein böser Mensch wird von seinen Fehlern selbst zerrissen.
Je mehr er sich von Gott entfernt, umso weniger will er von ihm wissen.
3 In seinen Augen ist es gut, Hass auszuüben.
4 Er macht nichts Gutes mehr, er braucht nur Betrug und Lügen.
5 Je linker, umso besser, er handelt völlig unbesonnen.
Will nichts Gutes mehr wissen, ist vom guten Weg abgekommen.
6 Aber Gott, deine Treue ist grenzenlos, deine Liebe wird nicht enden.
7 Du bist total korrekt, und du hilfst Tieren und Menschen.
8 Es gibt nichts Schöneres als das Gefühl deiner Liebe.
9 Egal, was Menschen brauchen: Bei dir sollen sie es haben.
10 Denn ein Leben hat mit dir erst richtig begonnen.
11 Die Gläubigen sollen deine Korrektheit zu spüren bekommen.
12 Weder Arrogante noch die miesen Typen sollen mich kriegen.
13 Die Bösen sind gefallen und bleiben für immer liegen.

37

Ohne Gott ist alles Schrott

1 Der Psalm ist von David, auf ihn nun den Spot.
Krieg keinen Hals auf die Übeltäter,
beneide sie auch nicht, denn früher oder später
2 welken sie dahin, wie 'ne Blume ohne Wasser,
verdorren sie wie Gras, nur noch heftiger und krasser.
3 Setz deine Karten auf Gottes Rat
und leb nach dem Motto „Jeden Tag 'ne gute Tat!".
Geh mit der Wahrheit Hand in Hand
und bleib bei Gott und in seinem Land!
4 Deine Herzenswünsche erfüllt dir der Chef, unser Gott.
Hey, mach einen Freudensprung, werd vor Freude mal rot!
5 Vertrau doch dem Gott, er lässt dich nicht im Stich,
er ist der Checker und hat 'nen geilen Plan für dich!
6 Seine Gerechtigkeit und Treue sieht jeder, wie das Sonnenlicht.
Keiner kann das leugnen, darauf hat jeder klare Sicht.
7 Sei geduldig und halt mal den Rand.
Warte mal gespannt auf Gottes große Hand!
Wenn den Gangstern was gelingt, scheiß doch drauf!
Zur rechten Zeit kommt der Chef, nimm das Warten in Kauf!
8 Werde nicht aggro, pass auf, sei auf der Hut!
Denn auf falschen Wegen läuft man, wenn man was mit Wut tut.
9 Die auf Gott hoffen und ihm vertrauen,
bekommen ihr Stück vom Kuchen, müssen es nicht klauen.
Aber wer Böses tut, den wird Gott vernichten.
10 Nirgends auf der Welt wird man den mehr sichten.
Es ist aus mit ihm, denn Gott wird ihn gerecht richten.
11 Und die, die immer frei von Gewalt waren,
werden bald den fetten Lohn einfahren.
Freudenpartys sieht man dann in Scharen.
12 Die Korrekten haben die Gottlosen satt,
Leute, in deren Herzen Gott die Hosen anhat.
Sie planen, diese Leute grausam zu stürzen,
merken aber nicht, sie selber ziehn den Kürzren.
13 Deswegen lacht Gott, denn er weiß,
der Tag der Abrechnung kommt auf dem Schnellzuggleis.
14 Die Gangster laden ihre Waffen wie in Trance,
wollen die Armen killen, lassen ihnen keine Chance.
Die Leute, die mit Gott gehn, wollen sie töten,

doch wir werden sehn, bald gehen sie selber flöten!
15 Denn die Kugel prallt ab, die Rakete fliegt zurück,
trifft sie ins eigne Herz, zu Ende ist ihr Waffenglück.
16 Weniger ist mehr – das Motto der Gerechten!
Viel besser als der Überfluss, als all die unechten,
angeblich lebenserfüllenden Sachen,
die letztendlich nicht wirklich glücklich machen.
17 Denn die Bösen wird Gott anfechten, ächten
mit gewaltiger Kraft, nicht nur mit schwachen Wortgefechten!
Nichts und niemand kann sie davor schützen,
aber die Gott treu sind, die wird er stützen!
18 Der Chef kennt unser Leben, jede Stunde, jeden Tag.
Das Gute steht uns zu durch seinen ewigen Vertrag!
19 Wenn man überall nur Not sieht,
hat man's gut, wenn man zu Gott flieht.
Denn er bewahrt uns in jeder Gefahr,
macht uns satt, sogar im Hungerjahr.
20 Aber die Feinde von Gott gehen zugrunde.
Selbst mit Macht, Reichtum und Schönheit gehen sie vor die Hunde.
Im Himmel verschwinden sie wie der Zigarettenrauch.
Sie werden zu nichts und ihr Geldhaufen auch.
21 Manchmal borgen sie Geld, lassen aber das Pay-back weg,
Doch der Korrekte kann geben, allein mit dem Endzweck,
freundlich zu sein und auf Gott zu hören.
22 Denn die Leute von Gott wird in seinem Reich niemand stören,
das ganze Land wird ihnen gehören.
Die Gottlosen aber wird er zum Tod beschwören.
23 Wenn ein Mensch seinen Weg zielstrebig geht,
hat er das vom Chef, der hat es in ihn gesät.
24 Fällt er, so wird er nicht weggeweht,
denn nah ist Gott, der immer bereitsteht.
Der Chef hält ihn an seiner Hand,
stützt ihn in jedem Ausnahmezustand.
25 Jetzt bin ich ein Rentner, war aber auch mal klein.
Ich sah niemanden, der Gott liebte,
der gezwungen wurde, ohne ihn zu sein.
Der, der Gott liebt, wird von ihm nicht verlassen,
selbst die Kiddies haben Essen in Massen.
26 Jederzeit werden die Leute wissen:
„Alter, wer Gott liebt, den braucht man echt nicht zu dissen!
Der ist gut drauf, und wenn ich Geld brauch,

mach ich von seiner Liebe Gebrauch.
Selbst die Kinder, seine nächste Generation,
bekommen es fett von höherer Dimension."
27 Ich geb dir 'nen Tipp: Das Gute ist hip!
Die schlechte Seite frisst dich von innen auf!
Lass doch den Mist und komm mal gut drauf!
Dann hast du den Sieg schon in der Tasche
und machst 'nen Bogen um die Höllenasche.
28 Denn Gottes Liebling ist die Gerechtigkeit.
Er ist dir treu und allzeit bereit,
um auf dich aufzupassen für alle Zeit
und um die Gottlosen zu vernichten mit Genauigkeit.
29 Die auf der Seite des Siegers stehen,
werden dann in Gottes Land einziehn.
30 Diese Sieger lallen aber keinen Stuss,
jeder weiß, die haben vom Leben keinen Verdruss.
Sie erzählen von Recht und besitzen Weisheit
und leben in Gottes Abhängigkeit.
31 Bestimmt vom Gesetz ist ihr Herzensbeat,
sie verirren sich nicht, selbst im Nebelgebiet.
32 Die Gangster aber lauern ihnen auf,
an ihre Köpfe halten sie den Pistolenlauf.
33 Doch der Chef lässt sie nicht in die Grube fallen,
er bewahrt sie in diesen harten Krawallen.
Wegen Gottes Schutz kann sie keiner verurteilen
für Zeugs, das nicht sie, sondern andere verpeilen.
34 Vertrau auf Gott, bleib auf seinem Weg,
wenn du diesen Lauf läufst, hast du dein' Beleg!
Und wirst von ihm in sein Reich geholt,
die Gottlosen aber werden verkohlt.
35 Da war mal ein Obergangster, ein Tyrann;
in seinem Clan hatte der die Hosen an.
Von allen gefürchtet, er war aggro drauf,
Vorstrafen im Register hatte er zuhauf!
Trotzdem kletterte er die Karriereleiter rauf.
Er erinnerte mich an einen Riesenkran
auf 'ner Baustelle am Flughafen Frankfurt-Hahn.
Er hielt jedem Sturm stand, mit geringem Aufwand.
36 Doch nach 'ner Weile kam ich an seinem Viertel vorbei,
ohne Spur war er verschwunden, wie 'ne gelöschte Datei!
Nirgends war er zu finden, zweifelsfrei!

Auch wenn es anfangs so scheint:
Mit seiner Tour kommt man nicht weit!
37 Schau dir doch die anderen an,
Die Aufrichtigen, die sind gut dran!
Die Zukunft gehört ganz allein ihnen,
weil sie dem Frieden schon immer dienen.
38 Doch Menschen, die Gott den Rücken kehren,
wissen nicht, dass sie das Gute entbehren.
Auf diese wartet schon der Untergang,
sie stürzen sich direkt vom hohen Abhang.
39 Leuten, die nach Gottes Willen leben,
wird er Schutz in schlechten Zeiten geben.
Die Rettung der Korrekten kommt vom Himmel,
40 er rettet sie von gottlosem Ankläger-Gebimmel.
In der Stunde der Not ist er bei ihnen geblieben,
weil sie auf seine Karten setzten und ihn so sehr lieben.

38

Total fertig und am Ende

1 Dieser Rhyme kommt von David, man kann ihn immer dann bringen,
wenn man an Gott denkt und wenn wir ihm Lieder singen.
2 Gott, du lässt es mich spüren, dass du sauer auf mich bist,
doch ich bitte dich jetzt: Gib mir endliche ’ne Schonfrist!
3 Deine Pfeile stecken in mir wie in einer Dartscheibe.
Deine Hand drückt mich nieder, während ich das hier schreibe.
4 An meinem Körper ist schon alles total kaputt,
weil mein Mist mich anklagt, fühle ich mich fast wie Schrott.
5 Mein Mist ist mir schon über den Kopf gewachsen,
sie hängt an mir dran, ich spür überall Lasten.
6 Warum war ich so blöd? Meine Wunden, die stinken.
7 Ich bin fertig, am Ende, Depression bis zum Abwinken.
8 Und Fieber hab ich auch noch, meine Haut ist gerötet,
9 und mein Geist ist kaputt, innerlich abgetötet.
Doch ich schreie zu dir, aus der Tiefe des Herzens.
10–11 Gott, du weißt, was ich brauche, ja, du kannst es abschätzen.
Und du hörst, wenn ich stöhne, wenn mein Herz vor Schmerz abgeht.
Wenn meine Augen verblassen und das Licht in mir ausgeht.
12 Wenn meine Freunde das Kotzen kriegen, wenn sie den Eiter sehen,
der aus den Geschwüren quillt, die auf meiner Haut aufgehen.
Wenn sogar meine Verwandten mit mir nichts mehr zu tun haben wollen
13 und meine Todfeinde mich verfolgen, mich umgeben mit Fallen.

Wenn sie mir alle nur noch die Pest an den Hals wünschen,
wenn sie Pläne schmieden, wie sie mich dann gleich lynchen.
14 Wenn ich taub und noch stumm bin, nicht mehr reden kann
15 und mich die ganze Zeit ausschweigen muss, ja was mach ich dann?
16 Dann hoff ich auf dich, denn du wirst mir jetzt helfen.
17 Du passt auf mich auf, bin ein Schaf unter Wölfen.
Die würden voll abgehen, wenn ich nur wieder falle.
18 Dazu fehlt nicht mehr viel, und der Schmerz sticht wie Pfeile.
19 Darum bekenne ich dir, wo ich wieder Mist gebaut hab,
und es tut mir voll leid, das bringt mich noch mal ins Grab.
20 Meine Feinde sind heftig und stark unterwegs.
Sie hassen mich voll, gehen mir krass auf den Keks.
21 Sie bezahlen mit Hass, wo ich Gutes getan.
22 Aber Gott, bleib bei mir, sei mir nahe, komm nah ran!
23 Bist mein Rettungsring in der stürmischen Welle,
bist der Kapitän im Boot und die Anlegestelle.

39

Pass auf, was du sagst

1 Von David, für DJ Jedutun und den Chor.
2 Ich hab gesagt:
Ich will aufpassen, dass ich Gott nicht mit meinem Gelaber quäle.
Und dass ich aufpasse, wer bei mir ist, wenn ich irgendwas erzähle.
3 Also war ich leise, hab kein Wort mehr gesagt.
4 Aber innerlich wurde ich von Schmerzen geplagt.
5 Da hab ich gesagt: Gott, zeig mir, wie lang ich noch zu leben habe,
6 und meine Lebenszeit ist wie nichts vor dir. Nur ein Hauch sind meine
Tage.
7 Wie Schatten irren die Menschen umher, was sie tun und machen, hat
keinen Wert.
8 Ist es bei mir etwa genauso? Nein, denn ich glaube an dich, mein Herr.
9 Rette mich vor meinem Mist, mach mich nicht zum Narren.
10 Ich lasse dich machen und bin leise, und ich werde hier ausharren.
11 Bitte lass mich nicht weiterleiden, wende alles zum Besten.
12 Denn einen Mann kannst du wegen seiner Schuld wie eine Mücke
zerquetschen.
13 Höre mein Schreien und bitte hilf mir, sieh doch meine Tränen.
14 Drück noch mal ein Auge zu und gib mir das Leben, nach dem ich mich
sehne.

40

Gott haut einen raus

1 Dieses Lied kommt von David, und das soll man vortragen.
2 Ich bin sicher, dass Gott hilft, und er hört all meine Klagen.
3 Er hat mich aus meiner Kotz-Situation rausgeholt.
Ich steckte bis zum Hals in Problemen, war mit Dreck eingeölt.
Aber dann kam Gott und hat einfach zugepackt,
holte mich raus aus dem Sack, gab mir Halt, gab mir Takt.
Konnte wieder Boden unter die Füße kriegen,
fühl mich sicherer jetzt, muss nicht mehr unten liegen.
4 Und in meinen Mund legte er einen neuen Beat,
ein Liebeslied, an den Gott von David.
Viele Leute werden diesen Song dann bald hören,
werden abgehen vor Freude, dadrauf könnte ich schwören.
Werden Gott wieder achten und Respekt vor ihm haben,
werden ihm dann vertrauen, werden sich an ihm laben.
5 Gut drauf kommt, wer seine Hoffnung auf Gott allein setzt
und sich nicht nach dem richtet, der ihn immer nur hetzt;
der meint, er wär der Geile; der nur Dünnsinn erzählt;
der mit seinen Storys alle Leute nur quält.
6 So oft hast du, Gott, fette Wunder getan,
und wie du alles planst, wie du Dinge anbahnst,
wie du Sachen tust, die unmöglich waren,
wenn ich nur versuche, all das aufzufahren,
dann stelle ich fest: Du bist mit nichts zu vergleichen!
Du tust einfach zu viel, wer kann da etwas streichen?
7 An den Opfern, die ich bringe, nur um dir zu gefallen,
hast du nie wirklich Freude, ja, das konnte ich rallen.
Aber Ohren zum Hören, die hast du mir gegeben,
um zu kapieren, was du willst, und zu tun, was im Leben
du mir an vielen Befehlen gegeben hast.
8 Darum antworte ich dir: Ich bin hier, ohne Last.
Du hast mir das Buch der Bibel anvertraut,
und ab jetzt wird auch kein Mist mehr gebaut.
Gerne will ich tun, was du von mir willst.
9 Denn das, was du möchtest, das steht in meinem Geist.
Dein Programm tickt bei mir in meinem Herzen tief drin,
und das gibt mir Halt, macht mir Mut, gibt mir Sinn.
10 Und ich erzähle deinen Leuten, was du korrekt nennst,
und es macht mir voll Laune, und ich red ungebremst,

niemand ist wirklich in der Lage, mich aufzuhalten.
Und das weißt du, mein Gott, kannst mein Leben gestalten.
11 Ich werd niemals auch nur einmal meine Fresse halten,
weil du mir immer hilfst; mich kann keiner hier falten.
Von deiner großen Liebe, die du für alle hast,
erzähle ich jedem, denn du bist ja kein Hans.
12 Du, mein Gott, wirst immer mit Liebe bei mir sein.
Du passt auf mich auf, mich legt keiner mehr rein.
13 Richtig üble Sachen hab ich gerade am Start,
Riesenprobleme, Schwierigkeiten, Megaverrat.
Meine ätzenden Sünden sind wie eine Wolke über mir,
ich kann gar nichts mehr sehen, ich hab Angst wie ein Tier.
14 Gott, ich bitte dich jetzt, komm schnell mal vorbei
und hol mich hier raus, hörst du mich, wenn ich schrei?
15 Die Leute, die mir alle ans Leder wollen,
sollen scheitern und fallen, sollen sich endlich trollen.
Jeder von denen soll sich ganz schnell verpissen.
Wer sich lustig über mich macht, den wird man bald vermissen.
16 Und alle, die schadenfroh Fehler entdecken,
die über mich ablachen, die solln sich erschrecken.
17 Aber alle, die sich dir wirklich ganz anvertrauen,
werden abgehen vor Freude, weil sie nur auf dich bauen.
Wer dich kennt und dich liebt, dich als Retter annimmt,
der wird rappen „Gott ist groß", und er weiß, dass das stimmt.
18 Ich bin hilflos, allein, auf dich angewiesen.
Gott, du versorgtest mich stets, hast deine Treue bewiesen.
Du befreist mich und hilfst, bist der Retter in Not.
Darum komm jetzt, mein Held, hilf mir schnell. Du bist Gott!

41

Ein Lied von David, als Rap oder Lied geschrieben

1 Ein Lied von David, als Rap oder Lied geschrieben.
2 Wer für die Schwachen sorgt, der kommt gut drauf.
Wenn er in Not gerät, holt Gott ihn raus.
3 Er wird ihn beschützen und am Leben erhalten.
Er rettet ihn vor seinen gierigen Feinden.
4 Es wird ihm gutgehen, weil Gott es schaukelt
und ihm mit Kraft aus Krankheit aufhilft.
5 Deswegen sprach ich: „Chef, hab Erbarmen,
ich hab gesündigt gegen deinen Namen!
Heile mich! Bitte, heile mich!

6 Ich werd von meinen Feinden gedisst:
‚Wann stirbt der Sack, so dass sein Name verschwindet?'
7 Alles, was sie hören, wird gegen mich verwendet.
Und dann kommen sie an und wollen plötzlich Freunde sein.
Doch eigentlich suchen sie nur neue Sticheleien.
Und haben sie irgendwas, dann werden sie's kundtun.
8 Es tuschelt überall, denn sie finden mich uncool.
Sie hoffen das Schlimmste und wollen mich anecken:
9 ‚Der Typ ist verflucht; der wird bald verrecken!'
10 Selbst der, der früher mein bester Freund war,
mit dem ich alles teilte, weil ich ihm vertraut hab,
will nichts von mir wissen und sich gegen mich erheben.
11 Du aber, Chef, lass mich nicht im Regen stehen!
Hilf mir wieder hoch wie eine Seilbahn,
denn dann kann ich's meinen Feinden heimzahlen.
12 Daran seh ich, dass du auf meiner Seite bist,
dass der, der zuletzt lacht, nicht mein Feind ist.
13 Eigentlich war ich immer korrekt, und du hast mich bewahrt,
deswegen häng ich mit dir ab und bin am Start.
14 Hey, Gott von Israel, auf dich feiern wir Feten
für immer bis in Ewigkeit, ja, Mann, auf jeden!"

42

Ohne Gott ist alles trocken

1 Von Korachs Söhnen – Think about it.
2 Ohne Gott ist Leben so wie Wüste ohne Trinken.
3 Gott, wann kann ich dir wieder Lieder singen?
4 Tag und Nacht weine ich, Tränen sind meine tägliche Speise.
Sie fragen mich: „Wo bleibt dein Gott, warum lässt er dich alleine?"
5 Früher war ich, wenn's um Gott ging, immer ganz vorne mit dabei.
6 Warum bin ich traurig? Ich weiß, es kommt auch wieder 'ne bessere Zeit.
7 Ich bin weit weggegangen von der Gemeinde, war traurig, musste mich verpissen.
8 Ich weiß nicht, was mit mir los ist, fühl mich aufgewühlt und wie zerrissen.
9 Die ganze Zeit bete ich, singe ich Lieder und warte.
Gott, gib mir mein Leben zurück und schenk mir wieder Gnade.
10 Chef, du bist und bleibst doch mein einziger Halt.
Erlöse mich bitte ganz bald von Leid und Gewalt.
11 Mein Herz platzt fast vor Trauer, wenn andere fragen, wo du bleibst.
12 Aber ich hör nicht auf zu hoffen, denn ich weiß:

Ich werde dir immer danken, du bist mein Gott, du wirst mir beistehen.
Wenn ich auf dich hoffe, werd ich nicht wie 'ne Pflanze eingehen.

43

Ich will, dass alles korrekt zugeht

1 Gott, sorg dafür, dass bei mir alles korrekt zugeht,
verteidige mich gegen die Anzeigen von denen,
die unkorrekt leben, Leute nur bescheißen,
die versuchen, mich mit in den Dreck zu reißen.
2 Du bist mein Gott, bei dir verstecke ich mich!
Warum muss ich mit so einem Depri-Gesicht
rumlaufen? Hast du keinen Bock mehr auf mich?
Warum geht es mir schlecht, sag's mir ins Gesicht!
Warum dürfen mich meine Feinde so quälen?
3 Komm mal vorbei mit deinen Lichtsäulen.
Sorg dafür, dass ich von deiner Wahrheit
geführt werde in Klarheit, ohne Streit,
zu deinem besonderen Berg, wo du wohnst.
4 Ich hoffe, dass du mich belohnst,
wenn ich zu deinem Opfertisch trete,
mich dort freue und vor dir fete,
mit meiner Gitarre dir Lieder singe
und dir meine Opfersachen bringe.
5 Ich sage zu mir selbst: „Was ist los?
Warum bist du so finster drauf, so kopflos?
Woher kommt diese Depression?
Aber ich weiß die Lösung schon:
Ich werde einfach auf Gott hoffen,
ich werde ihm danken, ganz offen,
vor allen Leuten für ihn singen,
er hilft mir in solchen Dingen."

44

Warum siehst du weg

1 Song von Korachs Söhnen. Zum Nachdenken.
2 Gott, unsere Väter haben uns erzählt, was du für Wunder getan hast.
3 Als du sie groß gemacht hast, hast du ganze Nationen geschasst.
4 Denn nicht alleine haben sie geschafft, das Land einzunehmen,
du hast für sie gekämpft und ihnen alles gegeben.
5 Gott, du bist mein Präsident, steh uns bei, hilf uns weiter bei allen Dingen.
6 Durch dich werden wir Feinde besiegen, jeden Gegner bezwingen.

7 Ich weiß, du rettest mich, und ich vertraue nicht meinen Waffen.
8 Du rettest uns vor den Feinden, nur mit dir können wir was schaffen.
9 Dich wollen wir loben und dir den ganzen Tag danken, dich ehren.
10 Doch du hast uns verworfen, nicht mehr gekämpft mit unsern Heeren.
11 Wir haben gekämpft und verloren, die Feinde haben sich gefreut.
12 Du hast uns zur Beute gemacht und uns unter die Feinde zerstreut.
13 Du hast uns verkauft und dabei noch nicht mal Gewinn gemacht.
14 Du hast uns lächerlich gemacht und vor den Nationen dahingerafft.
15 Wir sind ein Witz für die anderen, ein Kopfschütteln, ein Achselzucken.
16 Es ist so peinlich für mich, ich kann ihnen nicht mal in die Augen gucken.
17 Denn ich höre sie ablästern, ich höre sie über uns lachen,
ich spüre täglich die Feinde, und ich fürchte ihre Rache.
18 Dies alles mussten wir ertragen, doch wir haben an dich geglaubt,
19 immer an dir festgehalten und dir immer vertraut.
20 Selbst als wir merkten, wie du uns zerschlagen hast,
als du uns fallengelassen und nicht mehr getragen hast,
21 haben wir zu dir gehalten, haben an dich geglaubt in unserem Herzen.
22 Denn wir wussten, du kennst uns, würdest jedes Misstrauen merken.
23 Ja, deinetwegen werden wir gekillt, werden behandelt wie Schlachtvieh.
24 Ich frage mich, ob du wach bist, denn eigentlich schläfst du doch nie.
25 Warum guckst du weg, siehst du nicht, wie wir hier leiden?
Willst du weiterhin jeden Kontakt mit uns vermeiden?
26 Denn wir sind schon ganz unten, unser Bauch liegt auf Erden.
27 Steh auf und hilf uns und lass uns bitte nicht sterben.

45

Ein Beat, zum Hochzeitslied

1 Mal was zum Nachdenken, von Korach gereimt,
nach dem Beat von Schoschannim, als Liebeslied gemeint.
2 Ich bin abgefüllt mit Freude, will dem Präsidenten was singen,
wie ein Rapper seine Verse will ich dir coole Worte bringen.
3 Du bist der schönste Mann im Westen, selbst deine Lippen sehen gut aus,
man kann dadraus sehen: Gott hat dich geformt in seinem Haus.
4 Binde den Gurt um deine Hüften, lege die Waffe dorthinein,
jeder soll sehen, wie heldenhaft und krass du wirst sein.
5 Sei stark und kämpfe für die Wahrheit, regiere weise, recht und gut,
dann wird es dir zum Sieg verhelfen, denn du regierst mit Kraft und Mut.
6 Deine Kanone ist geladen,
mit scharfem Pulver und Granaten.
Sie werden treffen in die Herzen,
du wirst die Feinde bald ausmerzen,

wirst alle Völker unterwerfen,
7 deine Regierung wird ewig nicht mehr sterben,
denn du regierst korrekt und grade.
8 Du liebst Gerechtigkeit, und lade
die Bösen ein in ihre Taten.
Darum hat Gott sie jetzt verraten,
dass er dich einsetzt als den Obermacker,
der uns beschenkt mit Glück, viel derber,
er lässt dich baden in der Freude
vor deinen Freunden ihrer Treue.
9 Er kleidet dich wie ein Top-Model,
gibt dir den besten Duft von Chanel.
Gott baut dir 'ne Hütte im Luxusstyle,
er zahlt den Top-DJ mit fettem Anlagenteil'.
10 Die Miss World der letzten Jahre
gehören alle stets zu deiner Garde.
Der Ehrenplatz zu deiner Rechten
gehört der Braut, geschmückt mit Flechten,
aus feinstem Gold bestückten Teilen.
11 „Jetzt hör mal zu, Tochter des Einen!
Lass hinter dir die ganze Familie,
12 du bist so schön wie 'ne Königslilie,
der Präsident ist voll heiß auf dich,
er ist Chef, und er ist richtig mächtig!
13 Die Leute, die in Tyrus wohnen,
kommen mit Geschenken, soll sich lohnen.
14 Die Tochter des Präsidenten sieht super krass aus,
ihr Kleid ist aus Goldfäden, die leuchten voll raus.
15 In topmodischen Kleidern wird sie zu ihm gebracht,
und ihre Freundinnen begleiten sie in ihrer Pracht.
16 Mit Applaus und Gejohle begleitet man sie,
bis kurz vor den Palast, wo der Präsident sie sieht."
17 „Präsident, du wirst viele Kinder haben,
und auf sie wird dann mal deine Macht übertragen.
18 Mit meinem Rap wird dein Name bekannt
über alle Familien, den ganzen Bestand.
Darum werden alle dir weiter Lieder singen,
dir Respekt und Achtung entgegenbringen."

46

Keine Angst
1 Dieser Song ist für x-treme Rapperinnen,
die mit der Beatbox einen Song vom Korach-Clan singen.
2 Bei unserm Gott kann man sich immer gut verstecken,
denn er ist stark, und er beschützt uns vorm Verrecken.
3 Wir haben keinen Schiss, auch wenn es mal ein Beben gibt,
selbst wenn die Zugspitze wegfliegt und sich ins Meer begibt.
4 Auch wenn Tsunamiwellen brechen
und sich die Berge bei uns rächen,
5 dann kommt ein fetter Strom von oben,
der zieht uns hoch, der lässt uns loben.
Der strömt in Gottes City rein,
die Stadt des Höchsten, echt krass, fein.
6 Gott selbst wohnt in ihr mittendrin,
und er beschützt sie wie sein Kind.
Schon morgens früh ist er am Start,
passt auf sie auf, er ist parat.
7 Auch wenn ringsum die Völker pogen,
ist es bald aus mit ihrem Toben,
denn ihre Macht ist bald verloren,
dann gibt's von Gott was auf die Ohren!
Er spricht ein Wort mit lauter Stimme,
dann ist's vorbei, „ab in die Rinne".
8 Der Chef vom Himmel und der Erde,
der ist mit uns, der gibt uns Würde.
Der Gott von Jakob, der passt auf,
9 er zeigt die Muskeln, hat's voll drauf.
Jetzt sieh dir an, was er getan hat:
Das war doch voll das Liebes-Attentat!
10 Und wo er ist, verschwinden Kriege,
da implodieren Kriegestriebe.
Die Pumpgun wird zersägt in Teile,
der Panzer brennt schon eine Weile.
11 „Jetzt hört mal auf", ruft er. „Seid leise!
Hört mal zu, erkennt auf die Weise,
dass ich es bin, der mit euch redet.
Ich bin der Gott, der Siege schmiedet.
Und ich steh über allen Völkern,
ich hab die Macht, kommt euch das seltsam?"

12 Der größte Gott,
der ist mit uns.
Der Gott von Jakob unser Schutz,
wir brauchen keine Angst haben,
wir fahren in 'nem Panzerwagen!

47

Applaus für den King

1 Dieser Rhyme stammt von den Söhnen vom Korach:
2 Ladies and Gentlemen, wir bitten um Applaus,
3 denn der oberste King ist im Haus.
Steht auf, kreischt, jubelt, tanzt und singt,
bis in aller Welt sein Lied erklingt.
4 Unter unseren Füßen liegen unsre Feinde,
dort müssen sie büßen.
5 Wir haben ein fettes Erbe erhalten,
als seine Kinder, geliebt und gehalten,
getröstet und geborgen,
heute und morgen.
6 Der Name von Gott ist erhoben,
und Liebe wird sichtbar, wenn wir ihn loben.
7 Singt, rappt und textet allein für ihn,
dann kommt das Licht, die Nacht muss flieh'n.
8 Gott ist der Chef der Welt,
singt ein Lied, das ihm gefällt.
9 Er gestaltet die Welt, wie es ihm gefällt.
Uns hat er ausgewählt.
10 Sein Name ist groß,
wir heben ihn hoch.

48

Gott ist verknallt in seine Stadt

1 Dieser Song ist von den Söhnen vom Korach, ein Lied mit Beat.
2 Gott ist gigantisch, wir sollten ihm in seiner Stadt zum Unterschied
mal fette Lieder singen, auf seinem Berg, unbedingt.
3 Der liegt nicht am Stadtring, sondern fern im Norden,
dort können wir die Stadt des Präsidenten orten.
4 In dem Regierungsviertel wissen alle am besten: Gott beschützt
seine Stadt, er wird nicht weichen noch flüchten, ist nie unnütz.
5 Feinde, Soldaten, Regierungen zogen gegen Jerusalem,
6 kaum waren sie da, kriegten sie schon Paras und zogen von dannen.

7 Ihre Knie waren weich, wurden schwach wie 'ne Frau, die Wehen hat.
8 Wie ein Mercedes mit Totalschaden machst du sie einfach platt.
9 Wir hatten nur davon gehört, jetzt kapieren wir es: Gott hat das Sagen.
Egal, ob Himmel oder Erde, keiner kann sich an Jerusalem ranwagen.
Seine Stadt wird immer bestehen, von wegen kaputt und so.
10 In der Kirche, mein Gott, denken wir an deine Liebe am Mikro.
11 Dein Name ist bekannter als der von Prominenten,
du regierst besser als alle Präsidenten.
12 Darum gehen wir ab vor Freude auf dem Berg Zion.
Wenn du richtest, bist du korrekt, darum tanzen die Menschen auch schon.
13 Los, geht mal um den Berg Zion und zählt, ganz dumm, seine Türme.
14 Und bestaunt die Mauern, die Paläste, die stehen, trotz aller Stürme.
15 Erzählt allen Kindern, wie endlos gut Gott ist.
Er passt auf uns auf, und er führt uns auf ewig, ohne Abgabefrist.

49

Gott ist nicht käuflich

1 Von Korachs Söhnen an den Chorleiter,
gebt den Rhyme jetzt immer weiter.
2 Das geht raus an alle sieben Kontinente:
eine Message, die ich an alle sende,
3 an jeden, der das hört, alle zusamm'.
Egal, ob reich, arm, groß, klein, dick oder schlank,
4 jetzt habe ich's gecheckt, hört meine Schlauheit.
5 Gott hat mir gesagt, ich soll sprechen, also geb ich nicht klein bei.
6 Ich hab keine Angst vor Menschen, die sich in meinen Weg stellen.
7 Sie vertrauen auf ihr Vermögen, sie hoffen auf ihr Geld.
8 Man kann seinen Bruder nicht freikaufen, Gott nimmt kein Lösegeld.
Kohle zählt bei Gott nicht, nur hier, in dieser miesen Welt.
9 Denn Gott weiß, eine Seele ist viel zu wertvoll,
er denkt anders als ihr, weil ihr nur immer mehr wollt.
10 Von dem Gedanken, Gott zu kaufen, verabschiedet euch ewig.
Mit Geld der Hölle zu entkommen, das geht nicht.
11 Denn eins ist klar, das gilt für Arme und Reiche:
Sterben müssen wir alle, nur nicht auf dieselbe Weise.
Irgendjemand wird dann euer Vermögen erben,
12 aber glaubt ihr wirklich, dass eure Häuser für immer stehen werden?
Ihr könnt noch so bekannt sein, eins müsst ihr euch merken:
13 Irgendwann wird der Reichste wie der ärmste Penner sterben!
14 Folgende Worte sollten sich in euer Gehirn einbrennen,
denn ich prophezeie euch jetzt schon euer Ende:

15 Ihr fühlt euch heute wie ein King auf dem Thron,
aber morgen schon werdet ihr in der Hölle schmorn.
16 Aber mein Leben wird Gott retten,
und ihr werdet ewig leiden wie Gefangene in Ketten.
17 Keine Angst, wenn ein Mann reich ist und glaubt, er sei wichtig,
18 denn in die Hölle nimmt er seine Kohle nicht mit sich.
19 Er hat ein gutes Leben, und andere schleimen sich ein,
20 aber er kommt in die Dunkelheit, wo die Sonne nie scheint.
21 Der Mensch, der Ansehen hat, aber keine Ahnung,
bewegt sich auf dünnem Eis, und es ist klar, dass er einbricht.

50

Drauf sein, wie Gott es gut findet

1 Ein Beat von Asaf, der klarmacht, dass, wenn Gott redet, alles stillsteht.
Wenn Gott gerufen hat, die Erde auf ihn hören soll, egal, wo man grad geht,
ob du im Osten bist, in Bagdad oder in Bahrain,
in München, in New York oder in Köln am Rhein.
2 Auf dem Berg Zion kommt Gott an, mit seinem Ultraglanz.
3 Und er kommt nicht nur an mit Hans und Franz,
er kommt mit Feuer, und es bricht um ihn ein Tosen,
auf Wellen reitet er, er braucht keine Almosen!
4 Denn nur der Himmel und die Erde stehen als Zeugen,
wenn er die Völker zu sich ruft, dass sie sich beugen.
5 „Zieht meine Leute ein und bringt alle zusammen,
mit denen ich Verträge hab, die werd ich nicht verdammen.
Sie haben mir schon damals ihre Treue fest geschworen
und standen stets zu ihrem Wort, waren auserkoren."
6 Gott ist immer korrekt, er ist der Richter,
das bestätigen der Himmel und auch ich als Psalmdichter.
7 „Hör mir mal zu, du, Israel, ich klag dich an!
Ich bin dein Gott und ich muss dich jetzt mal verwarn'!
8 Nicht weil du dein Opfer korrekt hast durchgezogen,
auch was du für mich sonst abgefackelst, ungelogen.
9 Aber dein Opfer ist mir, ehrlich gesagt, total egal,
weder die Plattensammlung aus dem Schrank noch das CD-Regal.
10 Die Sachen gehören mir sowieso, brauch ich nicht mehr,
und auch den MP3-Spieler gibt's im Himmel doch viel besser.
11 Ich kenne jeden Beat auswendig, kann dir jedes Lied vorsingen,
nicht nur die Top-Ten-Hits sind mein, auch Punksongs kann ich dir bringen.
12 Und wenn ich Hunger hätte, würde ich dich nicht um Essen bitten,
weil mir ja alles eh gehört, die ganzen Steaks und alle Fritten.

Ja, alles, was auf dieser Erde mal gewachsen ist, gehört mir,
und alles was da auf ihr lebt, jede Pflanze, jedes Tier.
13 Glaubst du in echt, ich wollte dir den Burger vom Teller stehlen,
was soll das für ein Opfer sein? Willst mich mit dem Zeug wohl quälen!
14 Das Opfer, wo ich voll drauf steh, ist ein Versprechen,
was du mir mal gegeben hast. Das darfst du nicht brechen.
15 Wenn du am Ende bist, dann ruf mich schnell herbei,
ich rette gerne und habe Kraft für drei.
Du kannst mir gerne für die Sachen wieder danken
und meinen Weg mit krassen Lobliedern flanken."
16 Wenn jemand Gott disst, geht Gott richtig ab und sagt:
„Was laberst du über die Ansagen, die ich gemacht hab?
17 Aber das, was ich von dir wollte, war am Ende trocken Brot.
Du tust, was du für richtig hältst, wirfst meine Pläne über Bord.
18 Mit denen, die andere abzocken, steckst du voll unter einer Decke,
mit Ehemännern, die betrügen, ziehst du noch abends um die Ecke.
19 Fiese Wortattacken kommen dir wie Spucke von der Lippe,
wenn du auch nur den Mund aufmachst, dann stinkt es schon nach kalter Kippe.
20 Über die Leute, die dich mögen, lästerst du den ganzen Tag
und streust lauter fiese Gerüchte über Leute, die du magst.
Über deinen Bruder ziehst du total fies her,
21 bis jetzt hab ich dazu geschwiegen, aber, Mann, das geht ab jetzt nicht mehr.
Vielleicht hast du dabei gedacht, du bist mir plötzlich völlig wurscht,
aber ich mach dir heut die Ansage: Hör auf damit, du Horst!
Ich halte dir mal deine ganze fiese Untreue vor die Nase,
22 du hast mich schlicht einfach vergessen, mich so behandelt wie 'ne Luftblase.
Jetzt höre auf die Worte, die ich dir zu sagen habe,
sonst muss ich dich ganz einfach plattmachen, dann hilft auch kein Gehabe.
Es kommt für dich dann jede Rettung glatt zu spät.
23 Wer mir fett ‚danke' sagt, für den bin ich sein Held.
Ich freu mich über jeden, der mir was aus Dankbarkeit bringt, seine Zeit, Lieder oder Geld,
wer sich an mich wendet, den werd ich retten aus seiner Not.
Für den, der immer zu mir hält, steh ich bereit, ich bin sein Gott."

51

Nimm die Lasten von mir weg, Gott

1 Dieses Teil hier wurde geschrieben, als David totale Scheiße machte
2 und in dieser Nacht mit Bathseba fremdgeschlafen hatte.
Nathan hat ihn anschließend übelst angepisst
und ihn ernsthaft gefragt, was für ein Idiot er doch ist.
3 Jetzt betet er zum Chef: „Hab Mitleid mit mir,
nimm meinen Mist weg und tu so, als wäre das nie passiert.
4 Wasch mir den Kopf und spül den Müll aus mir raus,
5 ich peil jetzt meinen Fehler, doch er bleibt vor meinem Auge.
6 Ich habe dich verarscht, und ich wollt dich hintergehen.
Du bist im Recht, und deswegen musst du mir auch nicht vergeben.
7 Seit mein Dad mich gezeugt und meine Mum mich ausgetragen hat,
merk ich, wie der Scheiß in mir aus mir einen Sklaven macht.
8 Ich weiß, dass du es feierst, wenn man ehrlich und authentisch ist,
darum zeig mir jeden Tag aufs Neue, wo die Grenzen sind.
Mach aus mir 'nen Mann, der weiß, was gut und richtig ist,
9 und nimm den Dreck von mir, der allmählich bis zum Himmel stinkt.
Dann weiß ich, was es heißt, wirklich sauber zu sein.
Ich schau auf dich, und sofort ist mein Glaube gereinigt.
10 Du hast mich bestraft, und zwar so hart wie noch nie.
Verschränk nicht auf ewig deine Arme vor mir,
bitte nimm mich wieder an – gib mir die Atemluft zurück.
11 Und nimm die Lasten von mir – jeden Tag ein kleines Stück.
12 Veränder die Gedanken – gib mir Kraft, es durchzustehen.
13 Schenk mir deine Energie – ich will das alles noch erleben.
14 Zeig mir, was es heißt, in wahrer Freiheit zu leben,
ich will dir folgen, bis ich mal das Zeitliche segne.
15 Ich will den Leuten zeigen, die fertig und ausgebrannt sind,
dass es einen Weg zurück in deinen weiten Arm gibt.
16 Ich hab jemand einfach den Atem genommen,
und das nur, um mal 'ne kleine Runde mit der Alten zu poppen.
Mach mich frei von diesem Müll, der mich quält.
Ich will dann losziehn, um deine Größe weiterzuerzählen.
17 Gib mir dazu die Worte und die Fähigkeit zu denken,
und ich fange an, für dich ein paar Berge zu versetzen.
18 Ich will mich nicht verstecken hinter Gottesdienstbesuchen.
Du gibst 'nen Scheiß darauf, wenn wir vor dir knien und rufen
und es nicht ehrlich meinen – das ist alles aufgesetzt.
19 Du willst lieber einen Menschen, der am Arsch ist und verletzt,

wenn er gegen dich voll die Scheiße gebaut hat.
Wenn er sich dann bemüht, dir zu gefallen, ist das ehrlich und vernünftiger.
20 Gib uns deine Liebe – mach uns stark und unsre Hoffnung groß!
21 Dann nimmst du's ernst, wenn wir beginn'n, dich als unsern Gott zu loben.
Wir schrein dann wieder laut: „Der Chef ist wieder da!"
Und schicken die Gebete zu dir auf den Altar.

52

Ich vertrau Gott

David sagt …
1 Ich muss mal wieder jemanden unterweisen.
Gott ist mein Zeuge, dabei werde ich bestimmt nicht übertreiben.
2 Doeg, der Edomiter, hat mich auf meiner Flucht an Saul verraten,
und Saul war sofort hinter mir her mit seinen Soldaten.
3 Warum bist du nur so stolz auf deine Bosheit?
Gottes Liebe gilt den ganzen Tag und deshalb für ihn diesen Lobpreis.
4 Du planst nur Böses, redest Scheiße am laufenden Band.
5 Nicht einmal sagst du Wahres, aber Lügen für tausend Mann.
6 Du liebst das Böse und Schlechte, du Betrüger,
aber hör mir zu: Da steh ich voll drüber!
7 Gott wird dich zerstören, wo du auch bist, er wird dich kriegen.
Es wäre besser, du fängst schon mal an, dich zu verabschieden.
8 Die Korrekten werden sich fürchten und gleichzeitig lachen:
9 „Der Mann hat Gott nicht vertraut, sich nur auf seinen Reichtum verlassen."
10 Ich hingegen bin wie ein blühender Baum im Hause Gottes,
ich vertraue auf ihn und seine Liebe, auch wenn ihr mich verspottet.
11 Ich werde für immer mit Gott dort sein, auf der Straße und im Hauskreis.
Ich werde dir danken, weil du mein Gott bist, und das ohne Aufpreis.

53

Gott macht Feinde platt

1 Diese Verse kommen von David und sind zum Nachdenken.
2 Nur Durchgeknallte denken: „Da ist kein Gott am Lenken!"
Du kannst sie getrost in die Tonne drücken,
sie lachen über Gott, sehen in ihm 'nen alten Mann auf Krücken.
Es gibt nicht einen von denen, die wirklich gut drauf sind.
3 Gott sieht vom Universum runter auf sein „Menschenkind".
Und er versucht, jemanden zu finden, der mal den Schnall hat,
der prall nach seinem Willen lebt und ihn auch mal was fragt.
4 Aber sie gehen ab in Ätzkram, haben sich abgewandt,

da gibt's nicht einen, der nach Gottes Willen sein Leben plant.
5 Haben die es denn nicht kapiert, die üble Sachen machen?
Die mein Volk zum Frühstück fressen wie ein Hund den Knochen.
Sie rechnen gar nicht mehr mit Gott und seinem Eingreifen.
6 Aber jetzt kriegen sie Panikattacken, er wird sie einseifen.
Gott wird die Feinde seiner Leute total vernichten,
er sorgt dafür, dass sie nicht länger Reime dichten.
7 Mann, Gott, wenn du jetzt kommen würdest vom Berg Zion,
dein Volk wird jubeln und sich freuen vor dem Thron.
Wenn du das Schicksal deines Volkes endlich wendest,
dann steigt für uns die Party auch hier ohne Ende.

54

David funkt SOS an Gott

1 Für den Leadsänger mit E-Gitarre ein Song von David.
2 Als meine Feinde kamen, um mich bei Saul zu verpetzen,
da wollte er seine Killer eiskalt auf mich hetzen.
3 O bitte, Gott, nur du kannst mich retten,
du wirst für mich eintreten, darauf könnt ich wetten.
4 Erhör mein Hilfegeschrei und das, was ich sage,
5 denn meine Feinde sähen mich am liebsten tot und im Grabe.
6 Aber sie hatten dich nicht mit auf ihrer Rechnung.
Du bist bei mir, sorgst für meine Vergeltung.
7 Du wirst sie plattmachen, so wie sie's verdienen,
wie's dir gefällt, nicht ich muss mich bemühen.
8 Dafür will ich dir ganz fett „danke" sagen und dich dafür feiern,
9 du hilfst mir mit meinen Gegnern, ich muss hier nicht länger alleine
rumeiern.

55

Vom Freund verraten

1 Von David zum Grübeln, kannst du mit der Beatbox dübeln.
2 Hör zu, mein Gott, wenn ich mit dir rede,
versteck dich nicht, wenn ich zu dir hier flehe.
3 Hör meine Fragen und antworte mir,
meine Sorgen gehen mir auf die Nerven wie Tier.
4 Hör, wie die Feinde ankommen wie Maden,
sie wollen mir schaden, hassen mich, woll'n mir an'n Kragen.
5 Mein Herz ist in der Hose, ich sterbe vor Angst.
6 Mir schlottern die Knie, bin gelähmt, festgestanzt.
7 Hätte ich jetzt 'ne Boeing, dann würde ich fliegen,

würde fliehen auf die Insel, um dort peacig zu liegen.
8 Ich würde den letzten Fleck auf der Landkarte wählen,
9 würde schnell vor dem Gewitter und Sturm hier entfliehen.
10 Gott, verwirre die Leute, die hinter mir herrennen,
damit sie sich nicht mehr verständigen können.
In der Stadt geht es grade drunter und drüber.
11 Tag und Nacht sind sie drauf, diese Stadt ist hinüber.
12 In den Straßen geht der Punk ab, wo sie lügen und betrügen,
ohne Ende geht das von morgens acht bis abends um sieben.
13 Wären das jetzt Leute, die mich sowieso hassen,
dann könnt ich es fassen, könnt von Rache ablassen.
14 Aber es sind die Freunde, die mich hintergehen,
meinen besten Freund hab ich dort auch gesehen.
15 Das waren noch Zeiten, als wir Abende verbrachten,
wo wir ohne Ende quatschten, in der Kirche rumlachten.
16 Der Tod soll sie holen, er soll sie bestrafen,
sie sind einfach nur link, sie werden's nie raffen.
17 Aber ich schreie zu Gott, ja, ich rufe zum Herrn,
dann wird er mir helfen, er wird auf mich hören.
18 Von morgens bis abends will ich vor ihm klagen,
ich weine so lange, dann wird er bestimmt was sagen.
19 Er rettet mich, gibt mir garantierte Sicherheit.
Das ist wie ein Schutzschild, bin vor Feinden gefeit.
20 Gott herrscht in Ewigkeit, und er wird mich erhören,
er wird's denen zeigen, die sich nicht um Gott scheren.
Sie wollen auch überhaupt gar nichts an sich ändern.
21 Und denk ich an meinen Freund, dann krieg ich voll Ränder
unter die Augen, denn er hat sein Versprechen gebrochen.
22 Aalglatt kam er angekrochen, aber in seinem Herz war Hass am
Hochkochen.
Er lächelt so schleimig, als wüsste er es besser,
aber mit seinen Worten sticht er zu wie mit einem Messer.
23 Gebt eure Sorgen ab an Gott und dann seht,
er wird sich drum kümmern, er macht, dass es gutgeht.
Wer treu zu dir hält, den lässt du, Gott, niemals im Stich.
24 Nur die Mörder, Abzocker kommen in dein Gericht.
Du nimmst von ihrem Leben die Hälfte wech.
Ich vertrau auf dich Gott, ja, du bist der Chef!

56

Gott befreit mich

1 Ein Song von David nach einem bekannten Beat:
Philister hatten mich abgegriffen, deshalb mach ich dieses Lied.
2 Hilfe, Gott, ich werde verfolgt von meinen Feinden.
Sie hören nicht auf, mich zu attackieren, sie sehen mich gerne leiden.
3 Gott, man will mich foltern, verfolgt mich den ganzen Tag,
Feinde rücken mir auf die Pelle und bekämpfen mich hart.
4 Manchmal hab ich das Gefühl, eine heftige Angst gewinnt in mir die Oberhand.
5 Ich vertraue dir, hab keine Menschenfurcht, dein Wort ist wie 'ne Panzerwand.
6 Sie folgen mir, ich fühl mich wie auf dem Rad mit Gegenwind.
7 Sie greifen mich an und quälen mich, solang ich noch am Leben bin.
8 Wenn sie gerettet würden, wäre das etwa fair?
Nein, Gott stürze sie nieder und falle über sie her!
9 So lange war ich auf der Flucht, du hast meine Tränen gesehen,
10 aber wenn ich dich um Hilfe bitte, müssen alle Feinde gehen.
11 Ich vertraue dir, Gott, nur dir gehört der Ruhm.
12 Wenn du für mich bist, was sollten Menschen mir dann tun?
13 Ich bringe dir Opfer, als Zeichen meiner Dankbarkeit,
14 du hast mich wieder gerettet, aus des Feindes Hand befreit.

57

Auf der Flucht

1 Dem Chef von der Band. Nach der Melodie: „Verdirb nicht!“
Von David. Als er vor Saul in die Höhle floh. Aber keine Angst, er stirbt nicht.
2 Sei nett zu mir, Gott, sei mir gnädig,
mein Innerstes versteckt sich bei dir auf ewig.
Im Schatten deiner Flügel berge ich mich nie vergeblich,
so lange, bis die Gefahr endlich aus dem Weg ist.
3 Ich glaub dir, Gott, dass du meine Dinge gut für mich zu Ende bringst.
4 Rette mich vor meinem Feind, bis er händeringend zu Boden sinkt.
Rette mich vor den Feinden, wie wilde Tiere wollen sie mich beißen,
5 mich mit ihren Waffen reißen, mit ihrem Gerede zerfleischen.
6 Erhebe dich über den Himmel, zeig allen, wie gigantisch du bist.
Wenn du auf mich aufpasst, weiß ich, heute sterbe ich nicht!
7 Sie haben mir Fallen gestellt und mir so die linke Seite der Welt gezeigt.
Aber wer andern eine Grube gräbt, fällt selber hinein.
8 Und deshalb hab ich keine Angst, diese Zeit hat mich hart gemacht.

9 Ich will Musik machen und rappen so lange, bis der Tag erwacht.
10 Und ich hör nicht auf, bis diese Story die ganze Welt erfährt.
Ich weiß, manche sagen, heute gibt es keine Helden mehr,
11 aber Gott, du bist mein Held, und ich weiß, mit dir werd ich alt.
12 Erhebe dich über den Himmel und zeig allen deine heftige Art.

58

Was mit Leuten passiert, die gegen Gott sind
1 Und wieder, nach der Melodie von „Verdirb nicht", ein Song von David:
Plastikgöttern, Zauberei und Magie geb ich einen Megaarschtritt!
2 Seid ihr wirklich gerecht, ihr Politiker, seid ihr fair und ehrlich?
3 Ihr seid böse und schlecht und deshalb sehr gefährlich.
4 Kaum geboren, sind sie schon auf der schiefen Bahn,
erzählen Lügen und Geschichten, weil sie keine Liebe hab'n.
5 Sie nehmen sich, was sie wollen, sagen nicht bitte, nicht danke.
Sind gefährlich, weil sie Gift spritzen wie die Schlangen.
6 Gott hat sie nicht bestimmt, sie haben sich selbst auserkoren.
Wenn Gott mit ihnen sprechen will, stößt er auf taube Ohren.
7 Und deshalb schlag ihnen die Zähne aus, nimm ihnen ihre Stimme,
schalte sie ab wie einen Wecker, der nervig klingelt.
8 Wenn er sich wehrt, zeige ihm deinen Zorn, Herr,
9 er soll sich auflösen, als ob er nie geboren wär.
10 Verbrenne ihn wie ein Feuer, das lodert und knistert.
Reiß ihn von der Erde weg, so wie bei einem Twister.
11 Wer gottmäßig drauf ist, freut sich, wenn er die Rache sieht,
wenn das Blut des Gottlosen wie Wasser fließt.
12 Und deshalb kann ich jedem hier freilich versichern:
Gott ist auf der Erde der einzige Richter.

59

Angst und Hoffnung
1 Für den Leadsänger geschrieben,
nach der Melodie „Über sieben
Brücken". David, der hat den gemacht,
als Saul sein Haus umstellt hat.
Er setzte ihn damit ins Schachmatt.
2 Gott, Hilfe! Befreie mich von den Feinden!
Beschütze mich vor den Heinis,
die alle total gegen mich sind.
3 Pass auf mich auf, bin dein Kind.
Bewahre mich vor diesen Typen,

diese Mörder wollen mich töten.
4 Sie wollen mich überfallen,
stellen Fallen, zeigen ihre Krallen.
Mächtige Feinde sind hinter mir her,
dabei ist mein Schuldenregister leer.
Ich hab nichts getan, hab nichts verbrochen.
5 Ich bin okay, die kommen nicht angekrochen.
Nein, sie greifen mich an, Gott, pass auf mich auf!
6 Wach auf, Chef, stell dich in ihren Lauf
Verpass den Verbrechern ein hartes Urteil.
7 Jeden Tag kommen sie bei mir vorbei.
Ziehen durch die Szene wie ein Straßenhund,
8 aus ihrem Mund kommt Dreck und Schund,
Dum-Dum-Geschosse aus den Lippen.
9 Dich kann man damit nicht beeindrucken,
lachst dich tot, wenn die Menschen so reden.
10 Ich zähl auf dich, nur so kann ich leben.
Du machst mich stark, bei dir finde ich Schutz.
11 Du liebst mich, befreist von diesem Kotz.
Du lässt mich über meine Feinde siegen.
12 Versuch nicht, alle gleichzeitig zu kriegen.
Sonst würden meine Leute es schnell vergessen.
Mach sie planlos, Gott, sie sollen wie besessen
rumirren, den Weg nicht finden, damit jeder abtillt.
Du bist doch wie unser großes Schutzschild.
13 Aus ihrem Mund kommt nur Müll, sie reden Scheiß,
sie denken, sie wären die Geilen, wären oberheiß.
Dabei voll der Verriss, wünschen mir Krätze an den Hals.
Wollen mich kaputt sehen, mein Leben ist ihr Preis.
14 Sei hassig gegen sie, mach sie alle kaputt.
Ihre Leichen sollen ganz schnell auf den Schrott.
Gott, dann werden sie alle sehr bald kapieren,
dass du das Sagen hast hinter Israels Türen.
15 Jeden Abend kommen sie wieder, kläffen wie Köter,
umkreisen die Stadt, voll die Nervtöter.
16 Sie schnüffeln im Müll, suchen was zu fressen.
Wenn sie nicht satt werden, knurren sie stattdessen.
17 Ich werde aber rappen und singen über deine Macht,
schon morgens fang ich damit an, so gegen halb acht.
Denn du hast mich beschützt, in der Not hast du mich versteckt.
18 Ich habe für dich ein paar neue Songs ausgeheckt.

Du bist Gott, mein Bunker, mein Schutzschild,
und liebst mich, das rappe ich, weil du mir hilfst.

60

Gott ist gegen uns

1 Ein Lied von David, ein Lied zum Lehren.
2 Als er mit Syrern und Edomitern kämpfte, und sie sich wehren.
Aber das ist vorbei, aus ist der Kampf,
seine Gegner wurden geschlagen – zwölftausend Mann.
3 Gott, du hast uns verworfen, zerstört, uns in Teile zerrissen.
4 Deine Leute waren zerstreut und verteilt, heile die Risse.
5 Wir waren gebrochen wie Wellen an steinigen Riffen,
waren verwundet, als hätten sie uns mit Steinen beschmissen.
6 Wir hatten Angst, auf uns waren die Kanonen gerichtet,
aber dank dir konnten wir fliehen mit reinem Gewissen.
7 Bitte hilf uns, wir müssen die Feinde vernichten,
halt unsere Verluste gering, wir möchten keinen vermissen.
8-9 Gott hat geredet in seinen Heiligen Hallen:
„Ich will abgehen vor Freude und die Länder verteilen.
Sichem, Sukkot, Gilead und Manasse sind mein,
auch Efraim und Juda gehörn mir allein.
10 Moab und Edom will ich an mich reißen,
und auch Philistäa wird mich loben und preisen!"
11 Wer wird mich denn bis nach Edom begleiten?
12 Gott, willst du etwa wieder mit uns kämpfen und streiten?
13 Hilf du uns vor den Bedrängern, Hilfe von Menschen ist wertlos.
14 Gott, ein Wort von dir, und ich zieh direkt mit meinem Heer los.

61

Bei Gott bin ich in Sicherheit

1 Für den Leadsänger mit E-Gitarre und Bass von David.
2 O Gott, ich schrei zu dir, ziemlich heftig und laut,
3 am andern Ende der Welt sitz ich, wie wenn einer abhaut
und nicht mehr zu dir findet, bitte hol mich zurück.
4 Du bist mir das Wichtigste geworden, ich hatte das Glück,
dich kennen- und lieben zu lernen. Du bist mein Anker in größter Not.
5 Komm, hol mich für immer zu dir auf dein Boot!
Ich will bei dir sein, solang ich bin,
du bist für mich alles, gibst meinem Leben wieder Sinn.
6 Denn du gibst mir Antwort, du bleibst nicht stumm
und gabst mir die Power, ich mach mich nicht krumm,

weil du mir alles schenkst für meine Belange.
7–8 So lass unsern Präsi uns noch möglichst lange
regieren und gib ihm ein erfülltes Leben,
dass er mit dir geht, das lass ihn erstreben.
9 Dann will ich dich feiern, wo immer ich sein werde,
du hilfst mir im Leben, hier auf dieser Erde.

62

Nur bei Gott kann ich entspannen

1 Dieses Lied ist von David geschrieben, für den Chorleiter Jedutun.
2 Nur bei Gott kann ich entspannen, werd ich still und warte dann.
Denn er wird helfen und nicht ruhn.
3 Er ist mein Bunker im Luftkrieg, er steht zu mir, bei ihm ist Sieg.
Nichts kann mir da noch wirklich schaden.
4 Wie lange wollt ihr einem Mann noch ans Leder, ihn lieber tot als lebend haben?
Wollt ihr ihn unterm Schrott begraben, in einem eingestürzten Keller verschaben?
5 Sie denken nur, wie sie ihn stürzen, bei jeder Lüge gehen sie ab.
Mit ihrem Mund beten sie für jeden, aber im Herz, da ist ein Grab.
6 Da bleibt nur Gott, dem ich vertraue, ich haue mein Gebet zu ihm raus,
denn nur bei ihm finde ich Ruhe, er gibt mir Hoffnung hier im Haus.
7 Er ist mein Fels und auch mein Bunker, ich werde stark sein und nicht wanken.
8 Gott rettet mich und meine Ehre, er schützt, ich will ihm dafür danken.
9 Hey, Leute, setzt auf Gott im Leben, schüttet euch völlig aus vor ihm.
Bei Gott, da sind wir ganz zu Hause, zu ihm, da können wir immer fliehen.
10 Das Leben des Menschen ist so schnell vorbei wie eine gelöschte Datei,
egal, ob der ein feiner Pinkel ist oder auch ein billiger Lakei,
jeder Mensch wiegt nur so viel wie sein Gewicht in CO_2.
11 Verlasst euch nicht auf miese Sachen und auch nicht auf Betrügerei,
und wenn ihr etwas Kohle erbt, dann hängt euch nicht daran.
12 Gott hat schon oft zu mir gesagt: „Ich hab die Macht, gerade dann!“
13 Du, Gott, alleine, du bist die Liebe und bist gerecht. Das kann man sehen,
wenn du die Bösen krass bestrafst, und einen Guten lässt du ziehen.

63

Ein Lied über das Bedürfnis, mit Gott zusammen zu sein

1 Diesen Reim hat David geschrieben, als er in der Wüste Juda war.
Er hing dort rum, länger als nur einen einzigen Tag.
2 David sagt: Gott, du bist der Boss, nach dir such ich!

Du fehlst mir so krass, wie das Wasser in der Wüste fehlt.
3 Ich such nach dir, in deinem gigantischen Haus,
und ich hab beschlossen, ich geh da nicht eher raus,
bis ich deine ganz krasse Art dort mal gesehen hab,
wie oberheftig du bist, das ist mir total klar.
4 Von dir geliebt zu sein ist mir mehr wert als das Leben,
deshalb sag ich dir, weder irgendwo im Himmel oder auf Erden
gibt es jemand, der größer und heftiger ist als du.
Das rappe ich dir jetzt, wer macht 'ne Beatbox dazu?
5 Ich bin dir ewig dankbar, und wenn ich mit dir rede
und mich dir mit meinen absolut leeren Händen hingebe,
6 dann füllst du mich ab wie beim besten Festessen,
ich fühl mich satt, hab mich mit Liebe vollgefressen.
Denn du machst mich so happy, und ich geh voll dabei ab,
deswegen schreib ich dir immer wieder einen neuen Rap.
7 Wenn ich nachts nicht schlafe, muss ich über dich nachdenken,
8 ich kann dir vor Freude immer wieder nur neue Lieder schenken.
Du hast mir geholfen, mich mit deinen Flügeln beschützt.
Deine große schützende Kraft jedem etwas nützt.
9 Ich will so nah bei dir sein, wie's nur irgendwie geht,
du hältst mich ganz fest und hilfst mir, wo's gerade fehlt.
10 Alle, die drauf warten, dass ich krepier und den Löffel abgebe,
sollen selbst sehen, wie's ist, nicht mehr weiterzuleben.
11 Sie sollen alle verrecken, als Fraß für die Meute,
12 bei Gott bekomme ich als Präsident meine große Freude.
Wer schwört auf deinen Namen, der kann sich „was Besonderes" nennen,
aber die, die Lügen verbreiten, werden sich daran das Maul verbrennen.

64

Gott als Freund

1 Für den Leiter der Band
ein Reim, ungehemmt.
2 Hilfe, Gott, hör mich, mir geht es beschissen,
meine Feinde sind übel, haben schon viele gerissen.
3 Sie sind schlimm wie die Mafia, ham sich gegen mich verschworen,
sie planen den Aufstand, wolln' mir glatt an die Ohren.
4 Ihre Worte sind schärfer als die schärfste Rasierklinge,
und mit ätzenden Sätzen verletzen sie Dinge.
5 Schleimig kommen sie aus dem Hinterhalt gekrochen
und schießen auf die Schuldlosen ununterbrochen.
Ohne Vorwarnung und Alarm schießen sie skrupellos,

6 reizen sich zu Bösem, wollen ganz famos
uns Fallen stellen, unsere Zechen prellen,
hämisch fragen: „Wer wird es schon mitkriegen, die Dellen?“
7 Sie überlegen sich fiese Sachen
und protzen dabei: „Genial, wie wir’s machen!“
Oberlink und fies ist ihr Herz,
8 doch jetzt schießt Gott und macht endlich Terz,
und er trifft sie genau, sie fangen an zu bluten.
9 Durch ihre eigenen Worte, die nicht absoluten,
kamen sie zu Fall, sie wollten nicht hören.
Wer sie am Boden liegen sieht, schlackert nur mit den Ohren.
10 Alle haben Respekt, sagen: „So ist Gott drauf!
Er hat das getan, und er gibt niemals auf!“
11 Wenn du Gott treu bleibst, wirst du dich an ihm freuen.
Du findest Schutz bei ihm, bei Gott, dem treuen.
12 Und jeder, der ehrlich und straight unterwegs ist,
wird stolz auf sich sein, weil du immer sein Freund bist.

65

Du bist treu

1 Ein Lied von David:
2 Dem King of Kings kann man auf dem Zionsberg begegnen.
Wenn man für ihn rockt, wird er einen segnen.
3 Du erhörst unsre Bitten,
erkennst die Schmerzen, die wir erlitten.
Deswegen kommen die Menschen zu dir, jeder braucht dich hier.
4 Trotz Mist, der uns auf den Boden drückt,
trotz Untreue, die uns von dir wegrückt,
wirst du uns vergeben,
schenkst uns das wahre Leben.
5 Alle haben Glück, die du erwählt hast,
im allerderbsten Bereich machen sie nun Rast.
Dort in deinem Tempel stillst du die Sehnsucht,
mit dem Besten vom Besten ist von dort keiner auf der Flucht.
6 Wenn wir dich dringend brauchen, bist du uns treu,
lässt deine Muskeln spielen, ganz und gar nicht scheu.
Von Ost nach West, von Süd bis Nord
wissen die Leute: „You are the Lord!“
7 Mit deiner Kraft hast du die Berge gebracht,
alle sehen es, du hast die Macht!
8 Das Brausen des Meeres besänftigst du,

das Tosen der Wellen verstummt im Nu.
9 Genau, wie das Geschrei der Leute erlischt,
ja Mann, ich glaube, die hat's erwischt.
Überall jubeln sie und freuen sich über dich,
vor deinen Taten erschrecken sie sich.
10 Das ganze Land ist von dir umsorgt,
mit Fruchtbarkeit hast du es versorgt.
11 Du schenkst Wasser zuhauf, machst Flüsse zur Idylle,
so wächst das Getreide in Hülle und Fülle.
Auf das gepflügte Land lässt du es regnen,
Die Dürre tränkst du und wirst die Pflanzen zum Gedeihen segnen.
12 Die reiche Ernte ist die Jahreskrönung,
für alle die krasse Bereicherung.
13 Und anstatt vor Hitze zu glühen,
beginnt selbst die Steppe zu blühen.
14 Auf den Weiden ist jetzt full house,
alle Schafherden gehn dorthin raus.
Das Korn bedeckt den ganzen Hang,
und alles ist erfüllt von Jubel und Gesang!

66

Gottes Liebe ist da

1 Ein Rap
für den Bandleaderdepp,
auch zum Singen gedacht.
„Gott hat die ganze Welt gemacht!“
2 Geht ab auf Gottes Macht,
lobt ihn in seiner Pracht!
3 „Du hast die ganze Welt erdacht, wie gigantisch war das denn?
Da müssen alle Feinde sich vor Respekt verbeugen!“
4 Alle Völker der Erde werden zu dir beten, dir danken.
Werden dir Loblieder singen, erheben ihre Pranken.
5 Seht euch das an, was Gott Geiles mit uns gemacht hat!
Gigantisch ist das, kein Mensch hat in der Tat
6 so wie er das Meer geteilt, ließ seine Leute trocken durchgehen.
Wir haben uns voll über Gott gefreut, das konnte jeder sehen.
7 Er hat die Macht, und er hat das Sagen,
und das für immer, das will ich hier ansagen.
Er sieht einfach alles, ihm entgeht schlichtweg nichts.
Wer kann sich gegen ihn erheben, der ist doch nur ein kleines Licht?
8 Lobt unseren Gott, ich mein jetzt jede Nation,

und macht das voll laut, jeder weiß von seinem Ruhm.
9 Du erhältst uns am Leben und du passt auf uns auf.
10 Du hast uns abgecheckt und du reinigst uns auch!
Damit wir so sauber werden wie das Silber auf Erden,
das gereinigt wurde in dem Ofen mit den Scherben.
11 Wir waren wie im Knast, hatten Lasten zu tragen,
es ging uns voll schlecht, konnten es kaum ertragen.
12 Du hast andere Menschen auf uns rumtrampeln lassen,
wir wurden geprüft, doch wir hatten noch alle Tassen
im Schrank, und so hast du uns, Gott sei Dank,
dort auch rausgeholt und dann fett beschenkt,
uns mit Freude geölt, alles wieder eingerenkt.
13 Ich will dir jetzt geben, was ich dir hab versprochen,
will dort in dein heftiges Krassestes kommen,
14 wie ich damals geschworen hab, mitten in meiner Krise,
15 will dir die Opfer bringen, was Krasses singen. Diese Brise
soll zu dir aufsteigen wie der Duft einer Rose.
16 Hört mir mal alle zu! Ich mein nicht die Mimose,
sondern alle, die fett Respekt für Gott zeigen,
ich will euch mal die Wahrheit vorgeigen,
was er mit mir getan hat, davon will ich erzählen.
17 Als ich total am Ende war, ich war mich voll am Quälen,
da wusste etwas in mir drin, Gott ist da, ich kann auf ihn zählen.
Darum dankte ich meinem Gott, das muss ich hier mal erwähnen.
18 Wäre ich link drauf, hätte miese Gefühle im Bauch,
würde Gott nie was für mich reißen, das weiß ich doch auch.
19 Aber er hat es getan, hat meine Gebete gehört.
20 Darum danke ich ihm, weil er mich nicht nur betört,
nein, er nimmt mich ernst, er erhört meine Bitten,
seine Liebe bleibt da, das ist ganz unbestritten.

67

Gott danken

1 Ein Top-Ten-Hit, ein Ritt mit Gitarrenriffs.
2 Gott, bitte geh liebevoll mit uns um,
lass dein Liebeslicht leuchten über uns.
3 Dann wird man überall erkennen deine Führungskunst.
Alle Menschen werden sehen, verstehen, du willst retten.
4 Die Menschen sollen dir danken, für dich steppen.
5 Jeder, der lebt, soll unentwegt jubeln und sich freuen,
weil du gerecht bist, richtest die Fiesen und die Treuen.

6 Danke sagt dir jede Nation, ungelogen. Alle preisen dich
7 für die Ernte, und du sorgst für einen voll fetten Tisch.
8 Du hilfst uns, die anderen Nationen werden dich nicht verhöhnen.
Sie werden ab sofort immer mit viel Respekt bei dir wohnen.

68

Gott ist der Meister aller Klassen

1 Dies ist ein Lied von David, zum Rappen geschrieben.
2 Gott steht auf, macht dich grade, dann werden sieben
deiner Feinde und Freunde, die dich hassen, fliehen.
3 Werden sich verziehen, wie die Wolken am Himmel verfliegen.
Sie werden ganz auseinandergetrieben,
wie Wachs im Feuer langsam zerschmilzt,
werden die Leute, die ohne dich leben, in deiner Nähe zerfilzt.
4 Aber die dir treu sind, immer tun, was du willst,
gehen ab vor Jubel, Freude aus ihrem Herzen rausquillt.
5 Rappt für den Gott, macht Beats für seinen Namen,
macht Bahn dem, der durch die Wüste schrubbt, sich als Chef entpuppt.
Amen.
Freut euch, wenn er auftaucht. Besingt ihn im Solo,
denn er fliegt im Universum schneller als Han Solo.
6 Er vertritt alle Witwen, ist der Vater der Waisen,
zu seiner heftigen Wohnung, da kann jeder hinreisen.
7 Bei Gott kannst du sein, wenn du einsam bist,
wenn du im Knast sitzt, er innere Freiheit gibt, niemals disst.
Wem aber die Sachen, die Gott sagt, egal sind,
der wird verdursten, ohne Leben und Sinn.
8 Gott, als du vor dem Volk durch die Wüste gingst,
9 bebte rechts die Erde, und es regnete links.
Dort, wo du dich gezeigt hast, am Berg Sinai,
10 da drehst du den Hahn auf, lässt es regnen wie nie.
So wurde sogar die trockne Erde wieder fruchtbar und schön.
Dieses Land war das Erbe, kann man heute noch sehn.
11 Deine Leute haben sich da dann niedergelassen,
ein Zuhause für die Obdachlosen. Du bist gut, kann's kaum fassen.
12 Und Gott machte die Ansage, und die Frauen sagen's weiter,
ja, wir haben gesiegt, wir sind fröhlich und heiter.
13 Die anderen Machthaber sind alle auf der Flucht,
wir verteilen die Beute, viel Geld wird abgebucht.
14 Wenn wir uns die Zahlen ansehen, ist's wie ein Lottogewinn,
wie ein Scheck mit vielen Nullen, tausend Liter Benzin.

Was hält euch auf den Stühlen? Warum geht ihr nicht ab?
15 Gott jagt unsere Feinde, bringt sie völlig auf Trab!
Er bedeckt unsern Garten mit der Beute von Gegnern.
Wie der Schnee im Winter alles zudeckt am Berghang.
16 Dieser Berg von dem Gott ist ein Berg mit vielen Hügeln.
17 Warum schaut ihr so neidisch auf den Zionsberg da drüben?
Den hat Gott sich erwählt, ja, nur da will er wohnen.
18 Und die Panzer Gottes? Er wird über sie thronen.
Er regiert übers Heer der Soldaten des Kosmos,
und vom Sinai aus zieht er ein in sein Schloss.
19 Du hast es gepackt, bist der Champ aller Zeiten,
hast gefangen genommen die stärksten Gewalten.
Auch die härtesten Feinde mussten sich unterwerfen.
20 Du bist der Größte! Schickst die weg, die uns nerven!
Und du trägst unsre Lasten, Gott, du bist unsere Rettung.
21 Sind wir mal in der Not, finden wir bei dir Deckung.
Selbst in Todesängsten bist du da und passt auf.
22 Doch die Feinde bekommen von dir einen drauf.
Du plättest die Köpfe derer, die noch rumzecken.
23 Gott sagte zu ihnen: „Braucht euch nicht zu verstecken,
egal, wo ihr seid, ich finde euch doch,
ob auf der Zugspitze oder im tiefsten Loch.
24 Ihr müsst euch verantworten für das Blut, was ihr vergossen,
eure Hunde werden sich an dem Blut noch verkosten."
25 Gott, alle werden es sehen, wenn du siegreich dort einziehst,
in dein Heiligtum gehst, wenn der Chef das durchzieht.
26 Die Sänger gehen vor, dicht gefolgt von Gitarren,
und die Bassdrum wird getreten, begleitet von Knarren.
27 „Sagt Gott danke, klatscht ihm laut,
eine ganze Westkurve, geboren von der Braut,
die man eben auch Israel nennen könnte."
28 Und dann kommt Stamm Benjamin, geht als Letztes in Rente.
Dahinter von Juda die Chefetage,
begleitet von seiner gesamten Bagage.
Am Ende kommen dann noch Sebulon
und die Chefs von Naftali, seht mal da vorn!
29 Gott, zeig, was du draufhast, mach es wie früher!
30 Dein Tempel ragt über die ganze Stadt drüber.
Präsidenten werden dir Sachen schenken.
31 Verwarn Ägypten, die ganz miese Geschäfte lenken!
Tritt denen entgegen, die nur Kohle haben wollen,

die nach Dollars schielen, die den Krieg noch bezollen.
32 Aus Ägypten und Äthiopien wird man Hände sehen,
die sich nach Gott ausstrecken, Dinge von ihm erflehen.
33 Schreibt Texte für Gott, rappt zu seiner Ehre,
das gilt allen Leuten, die ihn kenn' auf der Erde.
34 Er surfte auf den Wolken, die er immer schon föhnt.
Hört ihr seine Stimme, wie sie überall dröhnt?
35 Gebt Gott alle Power, er soll alles lenken.
Seine Macht ist grenzenlos, übersteigt unser Denken.
36 Die Menschen kriegen Panik und geraten ins Staunen,
wenn Gott wirklich auftaucht, dann bleibt nur ein Raunen.
Der Gott Israels gibt uns Stärke und Kraft,
wir danken dir Gott, danke für deine Macht!

69

Ich werde bedroht

1 Dieses Lied ist von David, nach der Tune von „Die Lilie".
2 Gott, hilf mir jetzt, das Wasser geht mir bis zur Kehle!
3 Ich versinke im Siff,
wo kein Boden mehr is,
bin in den Schlamm geraten,
ich versinke in Raten.
4 Ich hab geschrien und geweint,
meine Stimmbänder sind verschleimt,
meine Augen total verweint,
wir sind nicht mehr vereint!
Zu lange warte ich jetzt schon auf dich.
5 So viele Leute, Gott, hassen mich,
und das ganz ohne Grund.
Ich hab Feinde wie Flöhe ein Straßenhund.
Und der Gegner ist stark, sind alle voll mächtig.
Sie sind mordverdächtig, das ist echt heftig.
Die wollen mich töten,
und sie fordern von mir Kröten,
treiben angeblich Schulden von mir ein.
Doch ich hab bei denen keinen Schuldschein,
6 bin nicht mehr allein. Gott, du weißt, wie blöd ich oft bin.
Und meine Fehler keine Geheimnisse für dich sind.
7 Du hast das Sagen über die Armee aus'm Himmel,
und du bist der Chef über ganz Israel.
Gott, bring mich nicht in eine peinliche Situation,

denn sonst werden bald schon alle denken: „Das ist voll der Hohn."
Deine Leute werden verzweifelt sein, wären voll entmutigt.
8 Sie machen Witze, lachen sich schlapp über mich,
weil ich zu dir gehöre, darum lachen sie mich aus.
9 Selbst meine Geschwister kennen mich nicht mehr im Haus,
auch mein Onkel, meine Tante und selbst meine Oma
behandeln mich wie Luft, so als wär ich im Wachkoma.
10 Ich geh ab, ja, für den Tempel, das ist total mein Ding.
Wenn Menschen dich beleidigen, das krieg ich voll nicht hin.
11 Ich weine wie ein Kind über den Zustand deines Tempels,
ich faste wie Hempel, und jetzt machen sie mich zum Depp, ey.
12 Als ich mir wegen dir einfache Klamotten anzog,
da waren sie am Lästern, das war wohl nicht mehr in Mode.
13 Auf dem Schulhof lästern sie ab wie verrückt,
und in der Kneipe am Tisch krieg ich Verarsche am Stück.
14 Aber ich bete zu dir, du allein bist mein Gott,
und die Zeit ist jetzt da, wo du mir hilfst aus der Not.
Du bist ja nicht tot, ich kann mich auf dich verlassen.
15 Hol mich hier raus, übernimm du meine Lasten.
Rette mich vor diesen Freaks, die mich hassen und dissen.
Zieh mich hier raus aus den tödlichen Flüssen.
16 Sonst ersaufe ich bald, es zieht mich unter Wasser,
ich ersticke im Schlamm, komm, jetzt hilf mir, mein Herr.
17 Hör auf meine Gebete, deine Liebe tröstet mich,
wende dich mir zu, denn du bist doch herzig.
18 Hör auf mit dem Versteckspiel, ich gehör doch zu dir!
Ich weiß keinen Ausweg, darum antworte mir.
19 Nicht erst um vier, sondern jetzt, damit meine Feinde nicht gewinnen.
20 Du weißt doch, wie das ist, wenn sie am Ablachen sind.
Ich bin dein Kind, und du kennst jeden, der mich bedrängt.
Du kennst das, weißt, wie so was immer anfängt.
21 Das ist so voll peinlich, ich sterbe fast vor Scham.
Ich hoffte auf Mitleid, aber alles, was da kam,
war das Gegenteil von Trost, ich konnte niemanden finden,
der mir half, meine Herzenswunden zu verbinden.
22 Sie mischten mir Zyankali in meinen Salat
und gaben mir Essig anstatt Fruchtsaftkonzentrat.
23 Wenn sie feiern, soll es ihre Falle werden,
stürz sie ins Verderben, sie sollen alle dran sterben.
24 Blende ihre Augen, dass sie nichts mehr sehen,
als total Blinde durch das Leben gehen.

Hau ihnen auf die Hüften, damit sie humpeln müssen.
25 Schütte deinen Ärger über sie aus, fang an, sie zu dissen.
26 Ihre Wohnung wird zerschlissen, da soll niemand mehr pennen.
27 Denn sie rennen hinter Leuten her, die deinen Namen kennen,
und diese Leute wurden von dir schon mal hart getroffen,
sie lästern gern, sind von den Problemen anderer fast besoffen.
28 Lass sie abgehen in ihren Mist und vergib ihnen nichts!
29 Lösch ihre Datei aus dem Ordner des Lichts,
vernichte ihre Namen von der Liste der Guten!
30 Mir geht es so schlecht, Gott, hab voll Herzschmerzbluten.
Hilf mir, Gott, bring mich in Sicherheit,
31 dann will ich auch im Streit bringen dir Dankbarkeit.
Ich will Lieder für dich singen,
32 dich nicht nur ehren mit Dingen,
Kohle, Geschenke, Opfer und so was,
daran hast du vermutlich überhaupt keinen Spaß.
33 Wenn die fertigen Leute das dann sehen,
werden sie abgehen, weil sie deine Liebe verstehen.
34 Gott hört auf die Armen, die kaputten Leute,
die Süchtigen liebt er, mit Problemen von heute.
35 Das Universum und die Erde sollen Gott voll loben,
auch die Meere sollten sich im Loben austoben.
36 Denn Gott wird den Berg Zion einfach retten
und Judas Städte aufbauen, ihre Häuser und Betten.
37 Und die Kinder seiner Kinder werden alles mal erben,
unser Gott wird niemals sterben, er ist der derbste der Derben.
Alle, die ihn über alles lieben, wird man niemals besiegen,
die kann man dort niemals ganz und richtig wegkriegen.

70

Gott, hilf mir!
1 Ein Hit
von David,
beim Essensopfer zu bringen,
natürlich auch zum Singen.
2 Gott, ich bitte dich,
komm und rette mich.
Mach dich auf die Socken,
fang an, meine Feinde zu schocken.
3 Wer mir mein Leben nehmen will,
dem soll gar nichts gelingen.

Vor allen Leuten, während ich chill,
soll ihm das Schande bringen.
Wer sich über mein Unglück lustig macht
und über mein Pech hämisch lacht,
bitte, Gott, mach den platt.
Jag ihn davon in 'ne andre Stadt.
4 Jeder, der schadenfroh lästert,
über mein' Schaden ganz begeistert,
belädt sich die Schultern selbst mit Dreck
und schleicht ganz kleinlaut weg vom Fleck.
5 Aber alle, die an deiner Seite stehn
und dich als ihren Retter sehn,
knien sich vor Freude nieder,
jubeln und singen dir Lieder.
„Gott ist groß!",
rufen sie immer wieder.
6 Ich bin völlig hilflos,
bin grad beim Fallen, so wie Dominos.
Bin total auf dich angewiesen, Herr,
ohne dich läuft hier alles so schwer.
Trage mich, erbarme dich,
sorge für mich und sei mir behilflich.
Denn du bist mein Versorger, mein Befreier,
doch ich versinke im Nebelschleier.
Komm rasch zu mir, befreie mich,
alleine pack ich's nich!
Mein Gott, zögere nicht länger,
ich bin doch dein Sänger!

71

Faltig und ohne Bodyguard?

1 Gott, ich suche Schutz bei dir,
lass nicht zu, dass ich mein Leben verlier.
Meine Feinde wollen mich völlig zerstörn,
hilf mir, du musst mich endlich erhörn.
Verhindere, dass meine Feinde mich killen,
wenn's so weitergeht, kann ich nie wieder chillen.
2 Gott, mein Chef, du bist gerecht,
drum hilf mir und schütz mich im Gefecht.
Hilf mir doch, erhöre mein Gebet,
rette mich, sonst ist es zu spät!

3 Schenke mir Geborgenheit,
zu dir kommen können will ich jederzeit.
In deinen Tempel nach dem Fight,
meine erste Anlaufstelle weit und breit.
Mich zu retten ist doch dein Beschluss,
dann rette mich aus dem reißenden Fluss.
Du bietest mir Schutz in deinem Bunker
und liebst mich so, als wär ich ein Klunker.
4 Gott, die Leute, die dich nicht schnallen,
halten mich gefangen in ihren Fallen.
Sie schrecken vor keiner Gewalttat zurück,
gehen gegen mich vor jeden Tag, Stück für Stück.
Rette du mich aus ihren Klauen.
5 Dir will ich vertrauen, immer auf dich bauen.
Bist meine Hoffnung, Gott, immer mehr,
ohne dich wäre ich so leer.
Schon immer, seit ich laufen kann,
vertraue ich dir, ich bin dein Mann!
6 Ja, seitdem ich das Licht der Welt erblickte,
hast du mich gehalten, wenn ich einknickte.
Wie der Stiel die Blüte hält,
bist du bei einem, wenn man fällt.
Vom ersten Tag an hast du mich versorgt,
mir immer deine Liebe geborgt.
Und jetzt will ich dich loben mein Leben lang,
dich ehren, dir danken, mit Jubel und Gesang!
7 Viele sahen meine Not und mein Leiden
und dachten, Gott wird mich für immer meiden.
Doch du hast dich als Beschützer gezeigt,
machtvoll, stark, nicht wie Cola light.
Denn du stehst nicht auf fettarm und Diät,
wenn's um die Errettung deiner Schöpfung geht.
8 Deswegen bist du meine Nummer eins,
dich zu loben ist der Grund meines ganzen Daseins.
Tag für Tag will ich dich preisen
mit allen möglichen Lebensweisen.
9 Jetzt, da ich alt bin und Faltencreme brauch,
mich meine Kräfte verlassen und auch mein Lebenshauch:
Verlass du mich nicht, sondern bleib bei mir,
verstoß du mich nicht, mir geht's nur gut bei dir.
10 Meine Feinde treffen sich schon zusamm',

ich bin hilflos wie ein gefallenes Lamm.
Sie wollen wieder an mich ran,
planen einen Anschlag, bald greifen sie an.
11 Sie sagen: „Gott ist nicht mehr bei ihm geblieben,
keiner schützt ihn jetzt mehr vor unseren Hieben.
Nun ist der beste Zeitpunkt, Leute.
Auf ihn, packt ihn, die ganze Meute."
12 Gott, warum bist du so weit weg?
Ich verzweifle hier in meinem Dreck.
Komm doch, schnell, ich brauche dich.
Bitte lass mich jetzt nicht im Stich!
13 Sie wollen mich ins Unglück stürzen,
mit jedem Mittel mein Leben verkürzen.
Nichts lassen sie unversucht,
sehen mich schon tot, haben mich verflucht.
Bitte, Chef, lass ihnen nichts gelingen,
befreie mich aus diesen Todesschlingen.
Ich hab keine Kraft, um mein Leben zu ringen.
Aber du kannst sie zu Boden zwingen.
14 Meine Hoffnung auf dich stirbt zuletzt,
ich will für dich rocken, dass es fetzt.
Immer mehr, immer länger,
für immer bin ich dein „Dankliedsänger".
15 Auf diese Aussage mach ich den Lauten,
alle, die beharrlich auf dich bauten,
wissen genau, auf dich ist Verlass,
du errettest Mengen ohne Hass ‚en masse'.
Ich will erzählen, wie du aus der Not befreist,
du tust viel mehr als jeder erfundene Schutzgeist.
16 Deine machtvollen Taten sind die besten,
das werd ich jedem eintrichtern,
allen Dichtern, allen Gesichtern,
auch den Hochzeitsgästen auf allen Festen.
Du hältst Wort, gehst nicht hinfort,
bei dir ist der Heilort, du heilst sofort.
Das allein werde ich allen verchecken,
auf der ganzen Welt, an allen Ecken.
17 Von dir habe ich alles gelernt,
schon als ich ein Teen war, hast du dich nicht von mir entfernt.
Seit damals bis heute, von diesen Ausgangsdaten,
erzähle ich allen von deinen Wundertaten.

18 O Gott, lass mich jetzt bloß nicht im Stich,
ich bin alt, grau und bitte dich ausdrücklich:
Gib mir noch so viele Lebenstage,
dass meine Kinder und Enkel deine Ansage
in meinem Leben noch von mir erfahren,
deine mächtigen Taten in all den Jahren.
19 Deine Treue geht bis zum Mond und zurück,
du gibst uns den ganzen Kuchen, nicht nur ein kleines Stück.
Gibt es jemand, der so cool ist wie du?
Niemand, mein Gott, so „I really love you!".
20 Not und Leiden hast du mir zwar nicht erspart,
aber mich vor dem sicheren Tod bewahrt!
21 Du schenkst mir mehr Ansehen als je zuvor
und gibst mir mehr Kraft als jeder Atomreaktor.
Du ehrst mich, hebst mich von der Gesellschaft empor,
das tröstet mich mehr als jeder Seelendoktor.
22 Drum schließ ich die Gitarre am Verstärker an
und danke dir für deinen genialen Plan.
Mit dem E-Bass lob ich die Treue
des heiligen Gottes Israels, weil ich mich so freue.
23 Ich singe und springe vor lauter Freude,
während ich keine einzige Sekunde dabei vergeude,
dich zu loben ohne Rast,
weil du mich mal wieder gerettet hast.
24 Du hast wirklich Wort gehalten,
mit Liebe mich immer aufrechterhalten.
Meine Feinde haben es nicht geschafft,
und nun sind sie dahingerafft!

72

Ganz besonderer Rap Nr. 72
1 Gott, verleih dem Präsident dein Richteramt!
Rechtmäßig erbte er den mächtigen Stand.
2 Sein Regiment bringe Gerechtigkeit
und helfe dem sozial Schwachen wie dem Rest des Volks!
3 Frieden soll hochragen wie Berge und Hügel,
4 Kaputte sollen Hilfe erfahren mit Kind und Kegel.
Die fiesen Herrscher hingegen sollen ins Gras beißen.
5 Dieser Präsident soll das volle Alter erreichen!
Ja! Er soll so lange leben wie Sonne und Mond
6 und sei den Leuten gleichgestellt wie in einem Boot!

Er sei für sie so wie Wasser für den Rasen.
7 In seinen Tagen haben Gerechte gute Karten.
Solange der Mond scheint, wird Frieden bestehn.
8 Seine Macht soll sich über die Meere ausdehnen
und von diesem Fluss bis an die Enden der Erde reichen!
9 Die Bewohner der Wüste sollen sich vor ihm verneigen!
Die, die Feindschaft zeigen und den Mittelfinger strecken,
sollen den Staub zu seinen Füßen lecken!
10 Die Präsidenten aus Tarschisch und den entferntesten Inseln
sollen ihm hervorragende Geschenke bringen!
Die Präsidenten aus Seba und Saba
stehen hinter ihm als beste Partner.
11 Alle Völker sollen ihm verpflichtet sein
und ihre Präsidenten vor ihm niederfallen.
12 Denn er wird Arme retten, die um Hilfe schreien,
Fertige und Schwache lässt er nicht allein.
13 Er weint über sie und hat Erbarmen.
Er rettet ihr Leben und das der Armen.
14 Er wird Fertige aus Gewalt erlösen,
denn so wertvoll wie ihr Leben ist ihm kein Vermögen.
15 Gold von Saba wird man ihm geben. Er soll leben!
Den ganzen Tag soll man ihn segnen, viel für ihn beten.
16 Getreide ohne Ende und ertragreiche Ernten
soll es geben im Land und in den höchsten Bergen.
Früchte sollen gedeihen wie im Libanon,
und so wie die Grashalme auf der Wiese kommen.
17 Die Macht des Präsidenten soll immerfort bestehen,
um ihn soll sich alles wie um die Sonne drehen.
In seinem Namen wird man sich Gutes wünschen;
durch ihn werden alle Völker Hoffnung finden.
18 Danke an den krassesten Gott, den Gott von Israel,
den Einzigen, bei dem es nicht an Wundern fehlt.
19 Danke sagen wir ihm für alle Zeit in jedem Format,
die ganze Erde fülle sich mit seiner krassen Art.
Jawohl, da war jetzt nicht nur Vibration,
20 das waren Gebete von David, Isais Sohn.

73

Ganz besonderer Rap Nr. 73

1 Check das! Gott ist gut zu Israel.
Ich mein zu den Leuten, die er zu sich zählt.

2 Doch eine Sache hätt mich beinah verwirrt.
Genauso wie ein Irrer, der den Verstand verliert.
3 Ich hab Menschen, denen Gott egal ist, beneidet.
4 Denn ich sah, dass ihr Leben qual- und sorgenfrei ist.
Sie sind gesund und stark noch dazu.
5 Trotz ihrer miesen Art geht es ihnen ganz gut.
6 Arroganz umgibt sie wie Schmuck den Hals.
Das Hemd, das sie tragen, ist Grausamkeit.
7 Sie tun, was sie wollen, und triefen vor Fett,
8 hängen den Macho raus und lästern ohne Respekt.
9 Sie reden schlecht, meinen, sie wären Gott persönlich,
und freuen sich, dass ihr Geschwafel überall zu hören ist.
10 Somit schaffen sie es, das Volk mitzureißen,
denn es fährt auf ihren Stil ab wie heiße Reifen.
11 Sie glauben nicht an Gott, doch das ist, was sie sagen:
„Wie sollte Gott 'ne Peilung davon haben?
Checkt der da oben denn überhaupt, was abgeht?"
12 Mühe und Stress haben sie noch nie erlebt.
Trotzdem vermehrt sich ihre Kohle wie von selbst.
13 Schon seit ich denken kann, war ich ein treuer Mensch.
Ich war immer korrekt und so sauber wie ein Schaf,
doch ich hab das Gefühl, das war alles für'n Arsch!
Ich dachte an Unrecht nicht mal im Schlaf,
14 doch den ganzen Tag werde ich vom Schicksal geplagt.
'ne fette Reihe Sorgen ist jeden Morgen da.
15 Doch Worte dieser Art hätte ich an keinem Ort gesagt.
Denn mit solchen Dingen kann man sich's leicht vergeigen.
Ich will ja nicht eigene Leute in die Scheiße reiten.
16 Ich hab sehr viel drüber nachgedacht,
doch es hat mich nur um meinen Schlaf gebracht.
17 Irgendwann kam ich dann in Gottes Gelände
und dachte dort nach über ihr Lebensende.
18 Du stellst sie auf einen superdünnen Ast
und lässt sie im Dunkeln tappen – nicht nur in der Nacht.
19 In einem Augenblick sind die Schall und Rauch.
Sie sterben mit Schrecken und Angst im Bauch.
20 Wie einen Traum, der nach dem Aufstehen Luft ist,
so verachtest du, Chef, ihren Umriss.
21 Ich hab mich erwischt, als ich im Zorn war
und mein schlechtes Gewissen mich aufs Korn nahm.
22 Meine Güte! Was ging denn ab mit mir?

Ich hab mich vor dir aufgeführt wie ein Tier.
23 Ich bleibe trotz alledem bei dir.
Du hältst mich fest, so kann mir nichts passieren.
24 Du zeigst mir den Weg, denn du kennst dich aus
und nimmst mich einmal in dein krasses Land auf.
25 Wen habe ich außer dir im Überirdischen?
Die Sachen auf der Erde sind so unbefriedigend.
26 Selbst wenn der Tod mir mein Leben entreißt:
Gott ist mein Trost, und er bleibt in Ewigkeit
27 Die werden draufgehen, sich von dir entfernen.
Du machst die mundtot, die dein Ding verwerfen.
28 Ich komm aber näher zu dir, und das ist gut für mich.
Du bist mein ganzes Glück und meine Zuversicht.
Ich will es jedem erzählen, der mich fragt,
was für Versprechen du uns gegeben hast.

74

Gott, dein Haus ist nur noch Schrott

1 Mal was zum Nachdenken, von Asaf geschrieben:
Gott, wo bist du jetzt nur, wo bist du bloß geblieben?
Hast du kein' Bock mehr auf uns, bist du sauer auf deine Leute?
Wir gehören doch zu dir, wie das Gestern zum Heute!
2 Bitte denke doch an uns und dass wir noch dein Volk sind,
schon vor Ewigkeiten hast du uns geboren als dein Kind.
Hast uns rausgeholt aus dem Knast dieser Welt,
hast uns ganz adoptiert, uns als Erben erwählt.
Denke an den Berg Zion, auf dem du mal gewohnt hast,
3 und komm rüber zu dem, was dort liegt im Morast,
was vergammelt und stinkt, haben deine Feinde verwurstet,
den ganzen heiligen Ort einfach umgebürstet.
4 Sie machen den Lauten mitten in deiner Kirche,
hängen ihre Fahnen dort auf, schlagen dort ihre Furche.
5 Überall kann man sehen, wie sie mit Bulldozern kommen.
6 Sie machen alles platt, hauen wech, was die Frommen
7 in ihren Kirchen alles so aufbewahrt haben.
Schmeißen Mollis auf den Ort, wo wir dir Geschenke gaben.
8 Sie wollten uns einfach vernichtend schlagen,
überall haben sie deine Wohnung zugegraben.
9 Man hat das Gefühl, du bist nicht mehr am Start,
und auch die Propheten stehen nicht mehr parat.
Und keiner von uns weiß, wann das zu Ende ist,

10 wann du endlich kommst und uns erlöst von dem Mist.
Willst du denn wirklich, dass die Feinde über dich lachen,
dass sie Späße machen?
11 Willst du nicht endlich erwachen?
Jetzt mach mal los und zeig denen, was du draufhast.
12 Du, mein Gott, bist der Meister, und du hast nicht nur fast,
nein, ganz und vollständig uns immer gerettet,
13 hast das Meer zerteilt und die Monster geplättet.
14 Ja, selbst die fiesesten Viecher hast du abgeschlachtet,
kriegt der Pitbull zum Mittag, hast die alle entmachtet.
15 Ob das Wasser aus der Quelle oder den Sprudel am Rhein,
die hast du mal gemacht, ohne dich würden die nicht sein.
Aber du kannst auch jede große Quelle verschließen.
16 Selbst die Nacht gehört dir. Die Planeten umfließen
die Erde nach einer Bahn, wie mit einem Schiff.
17 Alle Grenzen auf der Erde tragen deine Handschrift.
18 Gott, vergiss nicht, wie dich deine Feinde missbrauchen,
wie sie Witze über dich machen, deinen Namen in der Pfeife rauchen.
19 Bitte liefere uns an dieses Pack nicht aus,
du weißt, wir sind zu laff, sind die Schwachmaten im Haus.
20 Vergiss nicht die Verträge, die noch zwischen uns stehen,
egal, wo wir gehen, können wir grad nur Feinde sehen.
21 Lass die Leute, die ganz unten sind, nicht mehr alleine sein,
hilf den Schwachen jetzt auf, sie werden dir 'nen Orden verleihen.
22 Steh auf, Gott, und ziehe gegen deine Feinde vors Gericht.
Die ganzen Beknackten sollen zahlen, oder etwa nicht?
23 Vergiss nicht, wo Leute den Lauten machten.
Gott, da bitte ich dich, lass dich nicht länger verachten.

75

Einfach mal die Fresse halten!

1 Dieser Psalm wurde wieder vom Asaf gewonnen,
und die Töne hat er von diesem Lied entnommen,
wo es dadrum geht, dass wir nicht ganz kaputt sind.
2 Gott, wir danken dir hier, du bist Vater, wir Kind.
Und du bist uns ganz nahe, wir erzählen von deinen Taten,
wir schwärmen von dir, werden denen deine Wunder verbraten.
3 Gott machte die Ansage: „Wann es passt, werde ich richten!
Doch ich bin nur gerecht, werde nicht grundlos vernichten.
4 Die Welt kann wackeln und schwanken die Erde,
aber ich stehe fest, und mich bringen nicht mal zehn Pferde

dazu, ihr Fundament nur ein Stück zu verrücken."
5 Darum sag ich zu den Horsts, den Prolls, den Verrückten:
Jetzt haltet die Fresse! Alle, die gegen mich sind,
bläht euch nicht fett auf, sonst komm ich wie ein Sturmwind.
6 Hört auf, die ganze Zeit den Lauten zu machen,
passt auf, ihr stolzen Affen, sonst wird es bald krachen.
7 Denn die wirklichen Stars werden nicht von Menschen gemacht,
ganz egal, wer das ist, da hat Gott nur gelacht.
8 Nur unser Gott allein ist der Chef hier im Saal,
und den einen bringt er hoch und den andern zu Fall.
9 Gott hat 'ne Tüte in der Hand, an der müssen die ziehen.
Da sind Holzteile drin und so Filter zum Drehen.
Von dem bitteren Zeug kriegst du nur voll das Kotzen,
und es schmeckt einfach eklig, kannst du nur noch ausrotzen.
Er schenkt aus und lädt ein, jeder trinkt seinen Wein.
Und wer Gott immer disst, wird bald am Ende sein.
Ja, auch der muss den bittersten Tropfen dann trinken.
10 Aber ich will in Liedern Gottes Liebe verkünden.
11 Gott wird die Gewalt aller Spinner beenden,
doch die Treuen wird er am Ende beschenken.
Mit Einfluss und Macht, mit Gerechtigkeit,
das bekommt nur der, wer sich über Gott freut.

76

An Gott kommt keiner ran

1 Dieser Song wird heftig und mit Beat gespielt,
2 für unseren Gott, den jeder kennt in unserer kleinen Welt.
Nicht nur in Israel kennt jeder seinen Namen,
und wenn wir zu ihm beten, sagen wir oft „Amen".
3 In der City bauten wir Gott mal 'ne Hütte,
in Zion wohnte er direkt in unserer Mitte.
4 Von dort zerstörte er die Waffenarsenale,
Kanonen, Panzer, Kriegsgeräte, alle Male.
5 Du bist genialer und so viel krasser
als diese ganzen Tausendsassas,
die aus den Ghettos kommen und plündern,
das Essen rauben von den Mündern.
6 Gestern, da waren sie noch ganz oben,
prollig am Start und abgehoben.
Doch jetzt, da hat man sie entwaffnet,
kaltgemacht und abgezeichnet,

sie werden nie mehr zur Waffe greifen,
man findet sie nur noch in Streifen.
7 Du hast nur einmal laut gesprochen,
dann haben sie vor Angst gebrochen.
8 Gott, du bist heftig, wer kann's wagen,
auch nur 'nen Pieps gegen dich zu sagen?
9 Wenn du nur anfängst, mit uns zu reden,
dann fängt hier alles an zu beben.
Wenn du begonnen hast zu richten,
dann ist's vorbei auch mit dem Dichten.
10 Als du begonnen hast mit 'm Gericht,
und dann begannst, mitten im Licht,
all die Kaputten aufzusammeln
und denen zu helfen, die nur stammeln,
die nix mehr sagen können vor Schmerzen,
du fingst sie dann mal an zu herzen.
11 Selbst wenn Menschen voll ablästern
und dich mit Sprüchen nur zupflastern,
dann kommst am Ende du groß raus,
du bist der Größte hier im Haus,
12 Hey, Leute, macht mit Gott Verträge,
haltet sie ein, vermeidet Wege,
die euch in die falsche Richtung lenken.
Wir alle sollten ihm was schenken,
denn er ist groß, ihm kann man danken.
13 Er weist den Stolzen in die Schranken,
er zwingt die Macher in die Knie,
Regierungen auf die Mülldeponie.
Wer Herrscher ist, ab jetzt bedenkt,
dass Gott für ihn das Schicksal lenkt.

77

Gott steht zu uns, hat man ja gesehen

1 Was für den Bandleader, den Jedutun, ein Beat mit Tune.
2 Ich rufe Gott, ich schrei zu ihm, er soll endlich was tun.
3 Ich schieb die Panik und seh gar nicht mehr die Lösung.
Ich bete ohne Ende, strecke die Hände aus zu ihm. Und
4 wenn ich an Gott denke, fang ich gleich an zu heulen,
ich mach mir den Kopf über mein Leben, krieg dicke Augen.
5 Kann nicht mehr pennen, weil du mich wach hältst in meinem Haus,
bin wie auf Speed, zum Unterschied, krieg kein Wort raus.

6 Ich denke an die alte Zeit, an die Jahre, die lange vorbei sind.
7 Ich grübel wie blöd, führ nachts Selbstgespräche wie ein Kind.
8 Hat Gott uns denn jetzt für immer und ewig gedisst?
Wird er nie mehr zu uns freundlich sein, das hab ich so vermisst.
9 Ist sein Liebestank für uns am Ende, alle und leer?
Gelten die Zusagen und Versprechen für uns nicht mehr?
10 Hat Gott seine Liebe zu uns schließlich völlig vergessen?
Oder haben wir wegen dem Ärger bei ihm verschissen?
11 Das tut mir voll weh, das schmerzt am meisten,
dass Gott sich anders verhält als vor Zeiten.
12 Ich kann mich noch gut an die Sachen erinnern,
die du, Gott, getan hast, das war doch der Hammer!
13 Zu gerne denke ich an die Wunder von damals,
was du hier gebracht hast, war einfach nur krass.
14 Gott, was du machst, ist einfach ganz besonders,
wer kann dir das Wasser reichen? Du bist einfach anders!
15 Du bist der Gott, der Wunder tun kann,
das hast du bewiesen, das weiß jeder Mann!
16 Und dann hast du deine Leute befreit,
aus der Truppe der Gefangenen in die der Freien eingereiht.
17 Als das Wasser kam und dir in die Augen sah,
da wurde es schwach, kriegte Panik sogar.
18 Aus den Wolken kamen die Regentropfen,
Donner und Blitze fingen an zu schocken.
19 Doch dein Donner ist lauter als der fetteste Sturm,
deine Blitze leuchten weiter als der größte Leuchtturm.
20 Du gehst durch ein Meer, dein Weg geht durch Ozeane,
aber die Spuren verlieren sich in der Savanne.
21 Durch Mose und Aaron hast du uns geführt,
deine Angestellten wie ein Trainer trainiert.

78

Gott war da

1 Von Asaf, zum Aufs-Sofa-Bügeln und Nachgrübeln.
Mein Volk, pass auf, was ich euch tu nun kund,
also hängt eure Lauscher an meinen Mund.
2 Denn den mach ich jetzt auf und erzähl euch das mal breit.
Es geht um Geschichten und Rätsel aus uralter Zeit.
3 Was wir gehört haben,
weil's unsere Väter uns gaben,
4 wollen, nein, müssen wir eben

an die nächste Generation weitergeben.
Nämlich die Macht und großen Taten von Gott, unserm Herrn,
und natürlich auch seine Wunder.
5 Jakob bekam seine Gebote ins Herz.
Israel das Gesetz, echt jetzt, kein Scherz.
Denn das ist voll ernst, und unsere Väter sollten sich eilen,
alles möglichst rasch ihren Kindern mitzuteilen.
6 Generation für Generation soll somit Gottes Weisungen checken.
Auch die, die erst noch geboren werden, können sie so noch entdecken.
Also, Jungs und Mädels, lasst es krachen.
Ihr könnt für immer und ewig so weitermachen.
7 Sie alle sollen voll und ganz auf Gott vertrauen
und auf das, was er getan hat und heute noch tut, schauen.
Was er ihnen sagt, daran sollen sie sich halten
8 und nicht so 'nen Mist bauen wie ihre Alten,
die sich Gott widersetzten und widerstrebten
und lieber so, wie sie wollten, lebten.
9 Die Typen aus Efraim hatten echt gute Schützen,
aber im Kampf kamen sie trotzdem ins Schwitzen.
10 Weil die Beziehung zu Gott war nicht mehr erbeten,
und sein Gesetz hatten sie nur noch mit Füßen getreten.
11 Gottes Taten – vergessen!
Gottes Wunder – vergessen!
Aus den Augen, aus dem Sinn!
12 Wenigstens sahen ihre Vorfahren noch hin. Wie? Wann? Na dann,
als Gott Wunder tat in Ägypten im Gebiet von Zoan.
13 Er teilte das Meer,
und sie kamen davon,
denn das Wasser hielt wie eine Mauer aus Stahlbeton.
14 Er leitete sie mit einer Wolke,
so kamen sie am Tag gut voran,
und in der Nacht mit Feuer,
weil man da keine Wolke sehen kann.
15 Er spaltete die Felsen in der trockenen Wüste,
darauf stand ihnen das Wasser gleich bis zur Büste.
16 Voll oberkrass, plötzlich Wasser überall.
Nein, kein Rinnsaal, sondern ein kleiner Niagarafall.
17 Trotzdem bauten sie weiter Mist gegen Gott
und führten einen Streit mit ihm vor Ort.
18 Ja, sie forderten ihn eigentlich direkt heraus.
Denn jetzt wollten sie was Gescheites zu essen im Haus.

19 So fragten sie Gott schon früh am Morgen,
kann er uns überhaupt Leckereien besorgen?
20 Okay, den Fels hat er geteilt,
und das Wasser ist herausgeeilt.
Aber kann er uns geben in unserer Not
ein Steak medium und getoastetes Brot?
21 Als Gott das dann hörte, war er echt sauer,
und sein Zorn war deswegen auch nicht nur ein lauer.
Sondern ungeheuer
und kam über Israel wie zerstörendes Feuer.
22 Weil sie einfach nicht auf ihn schauten,
nicht auf ihn bauten.
23 Doch Gott ist so drauf
und machte trotz all dem Gemotze die Versorgungsklappen des Himmels weit auf.
Sozusagen „drive in".
24 Denn er schickte das Manna direkt zu ihnen hin.
Warf Unmengen genau vor ihre Füße.
25 Und sie aßen Engelsfood in all seiner Süße,
bis sie waren pappsatt.
26 Dann gingen plötzlich Ost- und Südwind voll ab.
27 Und brachten ihnen ohne Break
zum Engelstoast das medium Steak.
28 Mitten in ihr Lager rein,
echt viel zu viel,
29 sie warn gemästet wie ein Schwein.
Was sie wollten, kriegten sie.
30 Doch zufrieden waren sie nie.
Noch immer platt vom Essensschauer,
31 wurde Gott aufs Neue sauer.
Und tötete nach dem Geschlemmer
junge Krieger, starke Männer.
32 Doch Mist bauten sie wieder,
und seine Wunder waren für sie wie nie da.
33 Da ließ Gott ihr Leben ohne Sinn verstreichen.
Angst schlich sich ein, ließ sie erbleichen.
34 Nur in Zeiten von Tod, großer Not und Bankrott
gingen sie wieder auf die Suche nach Gott.
35 Dann erinnerten sie sich wieder ganz recht und klug
an Gott und wie er sie beschützte und aus der Gefangenschaft trug.
36 Doch sie belogen Gott,

betrogen Gott.
37 Weil ihr Vertrauen zu ihm war einfach fort.
Der Bund, der mal mit Gott geschlossen,
wurde in den Wind geschossen.
38 Aber Gott blieb voll Liebe
und gab ihnen keine Hiebe.
Gab seiner Wut keinen Raum,
hielt sie lieber im Zaum.
39 Er wusste ja, wie vergänglich sie sind.
Heute Kind, morgen alt und dann weg wie der Wind.
40 Die Stirn, wie oft haben sie sie ihm geboten?
Wie oft verletzten sie Gott im Himmel oben,
während sie da in der Wüste waren?
41 Wie oft haben sie ihn beleidigt und angefahren?
42 Ja, einfach vergessen,
wie er sie befreite und vertrat ihre Interessen.
43 Er hat Wunder in Ägypten getan,
geographisch korrekt gesehen war es in Zoan.
44 Flüsse und Bäche verwandelte er in Blut,
sie konnten nicht mehr daraus trinken,
weil Bluttrinken geht eben nicht so gut.
45 Er jagte Insekten über sie, die sie plagten,
und auch Frösche, so dass sie sich fragten:
„Alter, was geht?“
46 Auch für ihre Ernte kam jede Hilfe zu spät.
Denn Heuschreckenschwärme sind darüber hergefalln.
47 Und Hagel knallte voll in die Weinstöcke rein.
Zermetzelte auch Feigenbäume
48 und das Vieh und deren Lebensräume.
49 Sein Zorn auf die Ägypter war echt riesengroß,
deswegen schickte er Todesengel los.
50 Gott hielt seine Wut nicht mehr länger zurück,
keine Bewahrung mehr,
und die Pest, so was wie Aids, brach ihnen das Genick.
51 Er tötete von den Ägyptern jeden ältesten Sohn.
52 Dann führte er sein Volk in die Wüste davon.
Und nach diesem Aufraffer war Gott selbst ihr Aufpasser.
53 Nun hatten sie keine Angst mehr,
denn Gott höchstpersönlich ging ja vor ihnen her.
Doch ihre Feinde und Verfolger starben alle im Meer.
54 Jetzt führte er sein Volk in das ganz besondere Land.

Bis an den Berg Zion,
den Gott als sein Heiligtum ernannt
hat.
55 Dann machte er die Völker dort platt.
Ihr Land verteilte er unter Israels Stämmen,
und sie durften in den Häusern dort wohnen,
sich wohl fühlen und schlemmen.
56 Doch wieder mal war ihnen Gott bald egal.
Wollten von seinen Geboten überhaupt nichts mehr wissen
und taten Gott damit ganz gewaltig dissen.
57 Drehten ihm einfach den Rücken zu
und sagten, wie schon ihre Vorfahren: „Lass uns bloß in Ruh!"
Sie waren so unzuverlässig wie ein „No-Name"-Tempo
oder eine Billigwindel, und man schafft es nicht aufs Klo.
58 Dann bauten sie an vielen Orten
Tausende Anbetungspforten
für fremde Götter.
War ja klar, dass Gott da wieder sauer war.
59 Ja, so sauer sogar,
dass er sie diesmal nicht mehr wollte hinbiegen
und ließ Israel diesmal einfach links liegen.
60 Kurzum verließ Gott seinen Tempel.
Aus dem Zelt, also von dem Ort,
wo er den Menschen nahe war, ging er einfach fort.
61 Er hatte auch nicht eingegriffen,
keine Helfer hergepfiffen,
lediglich nur zugeschaut,
wie die Bundeslade geklaut
worden war.
Vom Feind verschleppt, von hier nach da.
62 Als Gott voller Zorn dann so ausstieg,
verweigerte er seinem Volk jeden Sieg,
deswegen starben die meisten im Krieg.
63 Junge Männer, vom Feuer einfach so umgehauen.
Plötzlich niemand mehr da, der entjungfert die Jungfrauen.
64 Die ganze Welt war verkehrt.
Priester starben durchs Schwert.
Und die Witwer und Witwen
konnten nicht einmal die Totenklage anstimmen.
65 Doch von dem einen auf den anderen Moment
stand Gott auf, als hätte er nur kurz gepennt.

Er stand da wie ein Krieger, und zwar ein starker,
bei dem vielleicht der Suff gestern bisschen arg war.
66 Machte dann aber nicht ewig rum.
Die Feinde mussten weg.
Also haute er sie einfach um.
Zog sie durch den Dreck.
67 Josefs Nachkommen ließ er fallen,
so machte er es auch mit allen
vom Stamm Efraim.
68 Gottes Herz zog es zu Juda nur hin,
dem Berg Zion, dem seine Liebe gehört.
69 Dort baute er sein Heiligtum, ungestört.
Fest, hoch und unkaputtbar, so wie die Erde, so steht es da.
70 Direkt aus der Weide heraus
wählte Gott David als Diener nun aus.
71 Eben noch luschiger Schafe-Aufpasser,
plötzlich ein Präsident, und was für ein krasser.
Nämlich nicht über ein Land, das wenig gezählt hat,
sondern über das Volk, das Gott selbst erwählt hat.
72 Und David regierte mit kluger Hand,
aufrichtig, ehrlich und mit viel Verstand.

79

Wir werden fertiggemacht

1 Asaf sagt hier was zu Gott: Da sind fremde Völker eingefallen,
nehmen dein Land ein, was eigentlich nur für uns sollte da sein.
Sie siffen in deinen heiligen Tempel rein, entweihen den
und machen aus Jerusalem einen Schrottplatz mit Krähen.
2 Ratzfatz haben sie alle umgebracht, die dir gedient haben.
Ihre Leichen wurden zu Chappi für Hunde, Geier konnten sich dran satt
laben.
3 Auch in den Nachbarstaaten wurde viel Blut vergossen,
das Blut ihrer Leichen ist noch nicht abgeflossen.
Und keiner war da, um sie auch anständig zu beerdigen.
4 Und unsere Nachbarn lachen uns aus, verarschen uns, anstatt uns zu
würdigen.
5 Gott, wie lange noch willst du denn sauer auf uns sein?
Soll denn dein Zorn denen wie unser Straffeuer erscheinen?
6 Lass deinen Ärger doch an den anderen Nationen aus,
die nicht zu dir beten, die ignorieren dein Haus!
7 Denn die haben doch deine Leute ganz klar auf dem Gewissen,

haben ihre Zelte zerrissen, auf ihr Leben geschissen.
8 Bestrafe uns doch nicht für den Mist unserer Väter,
komm schnell vorbei, besser jetzt als noch später,
zögere bitte nicht, sei bitte gut mit uns,
denn wir sind jetzt am Ende mit unserer Kunst.
9 Hilf uns, Gott, du bist unser Retter, komm denen in die Quere,
sei da und verzeih unsere Schuld, es geht auch um deine Ehre!
10 Warum sollen die Völker, denen du total egal bist,
ablachen und sagen: „Na, sagt uns doch mal, wo euer Gott jetzt ist?"
Diese Trottel sollen es nicht packen, wenn du dann erst recht
das Blut deiner Freunde rächst, wenn du die Feinde ächt'st.
11 Die Schreie der Gefangenen, verdammt, Gott, höre!
Du hast den Joystick der Macht, kannst sie alle, voll Möhre,
12 retten, die man töten will. Gott, die ganzen anderen Völker
machen Witze über dich.
Zahl es ihnen heim, siebenmal mehr fürchterlich.
13 Wir aber gehören zu dir wie ein Team zu seinem Trainer,
Du wirst niemals entlassen, denn du bist nicht so einer,
der einen verlässt, du passt auf uns auf.
Wir machen 'ne La Ola, und wir sind voll gut drauf.
Wir erzählen unseren Kindern, wie gigantisch du bist,
damit jeder das weiß und es niemals vergisst.

80

Kümmer dich um uns

1 Für den Leiter von der Band, nach dem Tune vom „Liliensong":
Wenn deine Denke „wrong" ist, kannst du dieses Lied, dingel dong,
mäßig singen.
2 Gott, du bist der Chef von allen Dingen, die zu Israel gehören,
strahle uns an, von deinem Chefsessel aus sollst du uns mit deiner
Gegenwart betören.
3 Zeig uns, was du draufhast, den Leuten von Efraim und so,
auch dem Volk von Benjamin und dem von Manasse genauso.
Komm und hilf uns!
4 Tröste uns, bau uns wieder auf.
Zeig uns dein Gesicht, dann kommt die Rettung, und wir gehen nicht drauf.
5 Gott, du bist der Chef über allem, wie lange bist du noch sauer?
Wir beten doch jetzt alle zu dir, sowohl der Arzt als auch der Bauer.
6 Trauer ist unser Hauptgericht, und du begießt das literweise mit Tränen,
7 unsere Feinde können das sehen, wähnen sich in Siegesserien.
8 Gott, du hast das Universum und die Erde geschaffen,

bau uns wieder auf, tröste uns, befreie uns von den Lasten.
Wenn du kommst, dann ist klar, wir sind gerettet.
9 Du hast uns ja schon aus Ägypten rausgelötet
und uns in ein neues Land reingeschweißt,
hast die Völker verjagt, uns hier eine neue Zukunft verheißt.
10 Extra für uns hast du diesen Boden klargemacht,
dass unsere Pflanzen überall Wurzeln schlagen, so hast du dir das gedacht.
11 Und überall haben wir uns ausgebreitet, sind gewachsen und geweitet,
haben uns vom Norden bis zum Süden durchgefightet.
12 Bis zum Mittelmeer konnten wir unsere Leute bringen.
und sogar am Euphrat konnten wir unsere Siegeslieder singen.
13 Vor allen Dingen frag ich dich nach deinem Schutz jetzt,
wir sind wie ein Kirschbaum voller Vögel, ganz ohne Netz.
14 Diebe kommen von überall, und sie beklauen uns ungehemmt,
sie nehmen uns das letzte Hemd, weil nichts mehr sie bremst.
15 Gott, du bist der Präsident der Präsidenten, hilf uns jetzt bitte!
Sieh, was passiert, rette uns, komm zurück mit schnellem Schritte.
16 Kümmere dich um uns, du hast uns gemacht!
Du hast uns gepflanzt, wir wurden stark durch deine Macht.
17 Unsere Feinde haben diese Pflanze abgehackt,
ins Feuer geworfen, packten sie in den Müllsack.
Doch wenn du sie packst, werden sie fertig und klein sein.
18 Beschütze deine Leute, ich schenk dir hier reinen Wein ein.
Du hast sie nämlich erwählt, nur durch dich wurden sie stark.
19 Wenn du das tust, werden wir nie mehr ‚autark'.
Dieses Wort bedeutet, dass wir nie mehr von deiner Seite weichen,
wenn du uns leben lässt, werden wir dir Loblieder zum Frühstück reichen.
20 Denn reich bist du, Gott, Chef über Himmel und Erden,
bau uns mit Liebe wieder auf, dann werden wir hier nicht sterben.

81

Die echte Party

1 Jetzt kommt Asafs Psalm 81, Leute.
Ihr hört aber das Ganze mal anders heute.
Denn früher spielte man zu diesem Psalm die Gittith,
heutzutage passt da eher 'n DJ mit Beat!
2 Lasst mal was hören, bringt die Halle zum Beben,
lasst uns unsern Gott, den Chef, anbeten!
Denn nur er ist mächtig, stark und alles in einem,
die allerhöchste Ehre gebührt nur ihm und sonst keinem.
3 Schaltet das Mikro an und rockt das Haus,

wir feiern unsern Gott mit Beatbox und Applaus.
4 Wir eröffnen unsre Party mit Trompetenklang
und beenden sie später mit coolem Rapgesang.
Aber jetzt feiern wir erst mal 'ne Weile unsre Party,
und die Trompeten erkling'n laut, denn die hab'n Garantie!
5 Aber nicht nur zum Spaß, denn für Israel
ist das hier ein von Gott gebrachter echter Befehl.
6 Denn als er für sie kämpfte gegen Ägyptenland,
hatte er für sie schon dieses Gesetz in der Hand!
Einmal sprach Gott zu mir, das war der übelste Flash,
eine noch nie gehörte Stimme, die sagte Folgendes:
7 „Von der Last, die dich disste, habe ich dich befreit,
deine Hände gerettet von der schweren Arbeit.
Keine einzige Minute schlägt dich das mehr nieder,
diese Zeit ist vorbei, denn ich bin für meine Mitglieder!
8 Du hast zu mir geschrien, als es dir richtig schlechtging.
Du warst völlig fertig, aber ich allgegenwärtig.
Und ich half dir da heraus, riss dich aus deiner Not.
Kam zu dir angerast in meinem Rettungsboot.
In Blitz und Donner war ich verborgen eingehüllt,
ich hab dir Antwort gegeben und dich damit erfüllt.
Weißt du noch in der Wüste? Nirgends Wasser an kein'm Fleck,
dein Vertrauen zu mir hab ich da in Meriba abgecheckt."
//Yeah, darauf mal einen Toast, denn unser Gott meint es ernst,
darauf einen harten Beat, weil er sich nie von uns entfernt.//
9 „Mein Volk, pass mal auf, jetzt kommt 'ne wichtige Ansage.
Denn wenn ich euch so seh, geht in mir die Alarmanlage.
Israel: Klappe zu, denn das geht so gar nicht an!
Hängt eure Ohren jetzt an meine Lippen dran.
10 Setzt eure Karten nicht auf Plastikgötter, die sind tot.
Erkennt doch, die helfen euch niemals aus der Not.
Selbst wenn die im Ausland total verehrt werden,
nicht die, sondern ich bin der Hirte meiner Schafherden.
11 Und ich bin auch dein Chef, dein Retter und Befreier,
ich führte dich raus, weit weg vom Ungeheuer
Ägypten, das dich ganz mies abhängig machte.
Ich holte dich zurück, und der Pharao erst lachte,
bevor er dich befreit sah, weil er nicht an mich dachte.
Komm jetzt mal her und lass dich beschenken,
Israel, lass dich doch sacht zu mir lenken.
Denn bei mir wirst du völlig gratis aufgetankt,

bekommst nur das Beste vom Besten in die Hand.
12 Aber mein Volk will mich nicht haben,
sie hören mir nicht zu.
Drehen sich von mir weg,
spielen mit ihrem Leben Blindekuh.
13 Also hab ich sie gelassen, überließ sie ihrem Starrsinn,
sie gingen ihrem Herzen nach, und das zeigte ihnen
ihren eigenen Weg, ohne mich, ganz allein.
Sie gingen ihren Wünschen nach und fanden das fein.
14 Ich wünsch mir so, dass sie die Spur noch mal wechseln.
O Mann, ich wäre so froh, sie wären meine Helden.
Das wäre so cool, wenn sie wieder drauf Bock hätten,
mir treu zu sein und sich auf meine Wege zu retten.
15 Ich würde ihre Feinde in die Knie zwing'n,
ihre Unterdrücker niederwerfen und sie bezwing'n.
Meine Hand gegen unsre Gegner erheb'n,
ihre Feinde schlagen, ich würde alles geb'n.
16 Sie hätten keine Chance, hissten die weiße Fahne,
doch sie hassen mich, auf sie wartet die Schikane.
Ihr Untergang wär besiegelt und Schicht im Schacht,
aber Israel lacht, macht für immer Party, dass es kracht.
17 Und sie würden besser als von dem besten Fünfsternekoch
bekocht, denn ich selbst füllte ihr Herzensloch.
Die auserwähltesten Zutaten füllen mein Rezept,
denn die Delikatesse ‚Liebe' ist mein Konzept."

82

Richte die Richter

1 Ein Lied, ein Psalm, von Asaf geschrieben
für alle Leute, die unsern Gott lieben.
Richter haben Macht, doch Gott hat mehr,
und zu allen Richtern dieser Welt sagt er:
2 „Ihr fällt eure Urteile, so wie es euch grad passt.
Wem ich egal bin, kommt frei, wer arm ist, in'n Knast.
3 Helft lieber den Leuten, die ganz unten sind:
den Pennern, den Junkies, dem einsamen Kind.
Behandelt sie gerecht, so sollte es sein,
denn diese Menschen sind meist ganz allein.
4 Die Gottlosen haben die Macht in der Welt.
Damit unterdrücken sie die Leute ohne Geld.
Helft endlich den Armen, los, macht mal hin!

5 Doch ihr schaut nur dumm, fragt: ‚Wo ist der Sinn?'
Ihr kapiert überhaupt nix, ihr habt keinen Plan,
ihr rennt in die Dunkelheit voller Elan.
Doch Licht zu machen, auf die Idee kommt ihr nicht.
Kein Wunder also, dass fast die Erde zerbricht.
6 Klar, ich hab zu euch mal gemeint:
‚Ihr seid wie Götter, fast schon mit mir vereint!'
7 Doch nun sag ich euch: ‚Ihr werdet bald sterben!
Wie ein Soldat ruhmlos im Dreck verderben!'"
8 Gott, bitte mach das, richte die Richter,
knips sie ihnen aus, ihre letzten Lichter.
Gott, du bist der Chef, die Erde ist dein
und – das ist auch gut so – dir ganz allein!

83

Sie planen Anschläge gegen mich

1 Dieser Liedbeat kommt von Asaf daher.
2 Der sagt: „Gott, jetzt schweige bitte nicht mehr!"
Wie kannst du hier nur so rumsitzen?
3 Siehst du nicht, wie deine Feinde 'ne Rebellion anspitzen?
Alle, die dich hassen, machen auf dicke Hose, sind siegesgewiss.
4 Sie planen nicht nur lose, nein, heimtückisch Anschläge, sagen: „Friss
Dreck!" Planen strategisch gegen die, die du geschützt hast:
5 „Los jetzt, lasst uns die fertigmachen, ausschlachten. Hassofass!
Ausradieren von der Landkarte, niemand soll an Israel länger denken!"
6 Dadrin sind sich alle einig, mit Verträgen dadrüber im Rennen
7 die Bewohner von Edom und Co.
Die Ismaeliter, Moabiter und die Hageriter sowieso.
8 Die von Gebal und Ammon, von Amalek und die Philister,
und auch die Leute aus Tyrus stehen für diese Geschwister.
9 Sogar die Assyrer haben sich auf ihre Seite geschlagen.
Sie helfen den Moabitern, sind bei den Ammonitern am Traben.
10 Gott, jetzt mach sie fertig, schlag sie in die Flucht,
wie damals bei den Midianitern, die hast du krass heimgesucht.
Schlage sie, wie den Präsidenten aus Kannan, so in dem Ton,
wie den Jabin und seinen General Sisera am Fluss Kischon.
11 Bei Endor wurden sie in der Schlacht geschlagen,
der Ackerboden hat ihre Leichen als Dünger gut vertragen.
12 Bring bei denen die Leute um, die das Sagen haben,
ich mein damit Oreb und Seeb und die anderen Kameraden,
wie Sebach und Zalmunna, die werden jetzt zerstört.

13 Die hatten alle mal gesagt: „Wir erobern das Land, das Gott gehört!"
14 Blase sie weg, Gott, wie der Herbst seine Blätter.
15 Wie ein Feuer den Wald killt, mache es wie im Splatter-
Movie, versenge die Berge,
16 verfolge sie ganz derbe
mit Tsunamis und Beben, genau das ist ihr Erbe.
17 Lass es ihnen peinlich sein, dass sie rot werden, sich schämen.
Dann werden sie sich endlich voll nach dir sehnen.
18 Sie sollen versagen, sie sollen scheitern,
damit sie sich schämen, sich nicht länger erheitern.
Sie sollen dran krepieren, schlag ihnen auf die Nieren.
19 Denn sie müssen kapieren,
dass du alleine die Macht hast,
dass du die ganze Welt umfasst.

84

Wo Gott ist, will ich auch sein!
1 Die Verfasser dieses Psalms sind die Korachiter,
DJ, rock das Haus mit einem deiner Beats, ja!
2 Gott, du bist der Chef über alles und jeden.
Ich hab so Bock drauf, in dei'm Angesicht zu leben!
Ich liebe so sehr den Ort, an dem du wohnst.
3 Tief in mir sehn ich mich nach dir und wo du thronst!
Mich zieht es hin zu dir, denn du bist mein Chef,
flipp aus, wenn ich dich seh, bist real und lebendig!
4 Gott, du bist der Chef über alles und jeden
und lässt auch die Vögel in deiner Nähe leben.
Im Sommer suchen sie sich ihren Brutplatz aus,
selbst sie entscheiden sich für dein besonderes Haus.
5 Die Leute, die direkt an deinem Standort leben,
können gar nicht anders, als dir die Ehre zu geben.
Wie Fans von Tokio Hotel, so jubeln sie dir zu,
rocken die Lobpreisbühne mit immer vollem Akku.
//DJ, mach du mal bitte ein Stück weiter,
ich mach jetzt kurz Pause, bin nur der Wegbereiter.//
6 Gut drauf sind die Leute, die Stärke bei dir finden
und ihre Herzen ewig an deine Wege binden.
7 Selbst wenn sie durch wasserlose Gegenden ziehn,
können sie in Wasserpfützen niederknien,
denn Gott gibt ihnen Segen in Form von frischem Regen.
8 So werden sie immer wieder mit Kraft abgefüllt,

bis du ihnen dein Gesicht in Jerusalem enthüllst.
9 Gott, du bist Chef über alles und jeden.
Ich weiß ganz genau, du hast keine Gehörschäden.
Nimm meine Schreie wahr, darum bitte ich dich.
Erhöre mein Gebet, ich leg sie vor dein' Tisch.
//DJ, hau noch mal ein Zwischenspiel raus,
Leute, gebt alles, flippt vor Freude aus!//
10 Gott, schau dir doch mal unsre Bundeskanzlerin an,
sie regiert unser Land mit ihr'm Ministerclan.
Unterstütze ihren Dienst, all das ist in deinem Plan.
11 Das muss ich noch loswerden, auch nur ein Tag bei dir
ist tausendmal geiler als Jahre mit Drogen und Bier.
Lieber bin ich eine Fußmatte an der Schwelle deiner Tür
als bei Leuten, die dich hassen, gegen dich sind statt dafür.
12 Denn Gott ist wie die Sonne, strahlt Licht in unser Leben.
Er liebt uns so sehr und wird uns Gnade geben.
Nichts kann das ersetzen, was unser Herr uns gibt.
Nichts wird uns vorenthalten, denn er zeigt, dass er uns liebt.
13 Gott, du bist der Chef über alles und jeden,
und die, die ihr Herz in deine Hände geben
und dir vertrauen, flippen aus, bei dir finden sie Frieden.

85

Alles wird gut

1 Dieser Psalm ist von den Söhnen von Korach,
spielt ihn laut, macht viel Krach.
2 Gott, du hast uns befreit aus unserem Knast,
weil du wieder Bock auf dein Land hast.
3 Du hast unseren ganzen Mist vergessen,
hast vergessen, wie wir dich stressen.
4 Du bist nicht mehr böse auf dein Land,
von deiner Aggro-Tour hast du dich abgewandt.
5 Hilf uns, dass alles wieder wie früher ist,
dass es uns gutgeht und du nicht mehr sauer bist.
6 Willst du zornig sein bis in alle Ewigkeit?
Wann ist es endlich wieder so weit,
7 dass dein Volk wieder mit dir chillt,
dass dein Volk vor Freude abtillt.
8 Gott, unser Chef, zeig uns deine Liebe,
pass auf uns auf, bewahr uns vor Hieben.
9 Sperrt eure Lauscher auf, hört mal gut hin,

denn was unser Gott sagt, das hat einen Sinn.
Er sagt, dass wir bald in Frieden leben
und nie wieder nach unserm früheren Mist streben.
10 All die Leute, die Gott lieben,
werden gerettet, haben ewigen Frieden.
11 Es gab eine Hochzeit, alle waren da.
Liebe und Treue sind das Brautpaar.
Sind nun vereint für die Ewigkeit,
genauso wie Frieden und Gerechtigkeit.
12 Die Treue, die wächst wie ein Baum,
Gerechtigkeit fällt vom Himmel wie im Traum.
13 Gott wird uns tolle Sachen geben,
und wir werden im Wohlstand leben.
14 Die Gerechtigkeit baut einen Weg vor Gott her,
von dem wird er nicht weggehen, o nein, nie mehr.

86

Bin ich am Ende, kommt die Gottwende
1 David betet hier, Gott, hör mir bitte mal zu,
antworte mir endlich, ich schieb Depris, finde keine Ruh.
2 Ich pack's nicht mehr lang, darum rette mich schnell,
hilf mir, ich vertrau dir, du bist mein Lebensquell.
3 Sei bitte nett zu mir, ich rufe zu dir schon den ganzen Tag,
4 weil ich dich mag, mich nach dir sehne, komm aus dem Quark.
Im Ernst, du gibst mir Freude in meine Seele.
5 Du bist genial gut, auch wenn ich fehle,
danebenlieg mit meinen blöden Taten,
bist du nicht gleich dabei, mir eins überzubraten.
Deine Liebe gibt's nicht auf Raten,
jeder bekommt sie, der mal bei dir anfragt.
6 Darum hör jetzt auch mich, der das gerade zu dir sagt.
7 Ich weiß nicht mehr weiter, bin total am Ende,
dann kommt doch die Gottwende, davon könnte ich Bände
8 schreiben, keiner ist so wie du! Niemand kann das,
was du kannst, keiner bringt so was, echt krass das.
9 Du hast alle Menschen gemacht, alle werden bei dir ankommen.
Anrobben. Sich vor dir hinwerfen, mit Applaus zubomben.
10 Weil du einfach gigantisch und so heftig bist,
ein Gott, der gut ist, Wunder tut, bis das Fass voll ist.
11 Bring mir doch bei, wie ich in meinem Leben abgehen soll.
Ich will dir treu sein, nicht leben wie ein Proll,

leg diesen Wunsch in mein Herz, ganz tief und schwer.
Dass ich dich ehren will, Respekt hab vor dir, Herr.
12 Mit allem, was ich hab, will ich dir „danke" sagen,
Lagen von Lobliedern zu deinem Chefsessel tragen.
13 Denn deine Liebe zu mir kennt wohl keine Grenzen.
Du hast mich vom Tod gerettet, ich kann die Hölle schwänzen.
14 Schleimis und arrogante Menschen wollen mir ans Leder,
sie tun sich zusammen, planen Mord, das weiß jeder.
Bei dieser Sorte Mensch will keiner was von dir wissen.
Sie werden dich dissen,
15 du aber, Gott, lässt hier Rache vermissen.
Du bist nett, treu und freundlich, hast ein gigagroßes Herz.
16 Darum helfe mir jetzt, komm her, rette mich vor dem Schmerz.
Gib mir deine Power, dir will ich immer ganz treu sein.
17 Schick mir 'ne SMS rein, damit ich weiß, dass du es gut meinst.
Dann werden alle Leute, die mich jetzt noch voll hassen,
von mir ablassen, sich schämen, können es dann nicht fassen,
dass du, mein Gott, mich einfach getröstet hast.
Und du tröstest mich voll, ja, du nimmst mir die Last.

87

Gott liebt seine Stadt

1 Ein Song, den haben die Söhne von Korach geschrieben.
Dort oben, siehst du sie da liegen? Die Stadt auf Berg Zion, da drüben?
2 Gott liebt diese Stadt, sein tolles Jerusalem
mit seinen schönen Toren, schöner als die anderen.
3 Auf der ganzen Welt spricht man über dich,
Jerusalem, du bist der höchste Stich,
einfach nichts geht über dich.
Du bist Gottes Stadt, und er sagt von dir:
4 „In Ägypten, in Babylon gibt es Menschen, die hier
zu mir beten, die mich vielleicht ganz gut kennen,
auch bei den Philistern und in Tyrus liege ich ganz gut im Rennen.
Und dann auch in Äthiopien betet man hier und da zu mir.
5 Aber von meinem Jerusalem, da hört man nur:
‚Wirklich jeder in der Stadt, alle kennen diesen Gott!
Ja, er hat gebaut das Zion, und er stärkt es in der Not!'
6 Gott führt eine Liste über Leute, die mal in dieser Stadt waren.
7 Sie alle werden pogen, singen und 'ne fette Party haben,
sie sagen: ‚Dir haben wir alles zu verdanken!
Danke, Stadt, aus deiner Quelle konnten wir tanken!'"

88

Hör mir zu, Gott

1 Ein Psalmenbeat der Korachiter. Esrachiter Heman
war der Reimer und sonst keiner, er wollte was zum Nachdenken haben.
2 Meister, mein Gott, nur du kannst mir jetzt noch helfen!
Ich schreie Tag und Nacht zu dir, 24 Stunden bin ich am Beten!
3 Höre auf mein Reden! Sperr deine Lauscher auf, auf jeden.
4 Mein Herz ist voll Schmerz, es drückt mich voll nieder,
ich bin schon fast tot, mein Leben ist mir zuwider.
5 Jeder rechnet damit, dass ich jetzt hier bald sterbe,
so schwach bin ich heute, Gott, mir geht es echt derbe
6 schlecht, als wäre ich schon tot. Meine Not ist so groß,
ich komme mir vor wie die Toten im Grab, die das Los
zogen, vergessen zu werden, von dir verlassen auf Erden.
7 Du hast mich in das tiefste Loch gezogen, ungelogen,
in die finsterste Tiefe, da gibt's keinen Lichtbogen.
8 Du bist so sauer auf mich, auf die Dauer krieg ich das mit,
als wenn Wellen über mir brechen, als würdest du dich rächen damit.
9 Alle meine Freunde haben sich von meiner Seite verpisst.
Du hast dafür gesorgt, dass man mich disst, mich mit Ekel wegschmiss.
Ich bin gefangen und weiß nicht, wie ich hier rauskommen soll.
10 Meine Augen sind vom Weinen schon total verquolln.
Jeden Tag rufe ich zu dir, Gott, strecke meine Hände nach dir aus.
11 Wirst du an den Toten noch ein Wunder tun? Holst du sie raus
aus dem Tod, wirst sie holen, ganz verstohlen, damit sie dich loben?
12 Wird man im Land, wo die Toten wohnen, von deiner Liebe singen?
Wird man dort aufstehen und dir danken, dir Loblieder bringen?
13 Vor allen Dingen, werden dort deine Wunder auch erzählt?
Wissen die, die man vergessen hat, dass du Versprechen einhältst?
14 Gott, ich schreie zu dir, schon morgens um vier ruf ich bei dir an.
Ich brauch deine Hilfe, es geht mir so schlecht, ich brauch dich jetzt, Mann!
15–16 Schon als kleiner Junge war ich krank, hatte den Todespunkt immer am Start,
du hast mich nicht davor bewahrt, jetzt komm ich nicht mehr aus dem Quark.
Bin total am Ende, ich kann die Last einfach nicht mehr tragen.
17 Dein Zorn macht mich fertig, bin am Ende mit meinen Fragen.
18 Die Angst übernimmt die totale Kontrolle bei mir,
sie umgibt mich wie Wellen in einem tosenden Meer.
19 Das kam von dir, dass Freunde jetzt Fremde für mich sind.
Alle behandeln mich, als wäre ich Luft, so als wäre ich Wind.

89

Gott ist Liebe

1 Dieser Psalm kommt von Etan, ist zum Nachdenken.
2 Ich will rappen, über Gottes Liebe singen.
Die hört nie auf, er ist hundertpro verlässlich.
3 Das weiß ich, da gibt es kein Verfallsdatum, auf ewig,
seine Treue ist immer gültig, solang das Universum tickt.
4 „Ich hab Verträge mit diesem auserwählten Freak
David, der mir voll dient, dem hab ich was geschworen:
5 Auf ewig werden du, und wer nach dir geboren
das Sagen haben über Israel, für immer!"
6 Tust fette Wunder, vom Himmel aus, dein Wohnzimmer
und auch die Engel freu'n sich voll, weil du so treu bist.
7 Denn wer dort ist, muss ich mal fragen, der sich mit dir misst,
zu vergleichen, mit dir? Selbst im Himmel gibt's da nix,
das ist für mich schon lange fix.
8 Wenn die Auserwählten im Himmel bei dir sitzen,
haben sie bis in die Spitzen Respekt, sind am Schwitzen.
9 Chef, du bist Gott über das ganze Universum!
Darum ist keiner so mächtig, gibt's kein' Irrtum.
Auf dich kann man sich hundertpro verlassen.
10 Du hast den Joystick in der Hand, regelst die krassen
Wellen, die wie Mauern voll riesig werden.
Auch die Derben gehorchen dir, machen, was du sagst.
11 Sogar das Ungeheuer von Loch Ness, das machst du nass.
Du hast mit deiner krassen Kraft den Feind geschasst.
12 Der Himmel und die Erde, alles gehört dir,
das Land und alles, was dort lebt, jedes Tier.
13 Du gabst der Karte unsrer Erde ihren Rahmen,
Berg Tabor und das Hermon jubeln deinen Namen.
14 Mit Armen, stärker als die von Bud Spencer,
machst du die Becker-Faust als großer Siegesfetzer.
15 Gerechtigkeit, das ist dein Ding, da ist auf dich Verlass.
Und alles, was du sagst und tust, zeigt deine Liebeslast,
16 die du hast für deine Leute, die können sich echt freuen,
du bist ja da in ihrer Mitte, dort können sie fett feiern, ohne sich zu reuen.
17 Sie machen Party jeden Tag, sind fröhlich wegen dir,
weil man sich auf dich verlassen kann, da freuen sie sich wie Tier.
18 Wer hat sie denn so stark gemacht? Das warst alleine du!
Durch deine Liebe kam die Kraft, so kamen Ruhm und Macht dazu.

19 Gott, dir gehört der Präsident, der Chef von Israel,
der uns beschützt. Er passt auf uns auf, wenn uns etwas fehlt.
20 Du hast im Traum zu denen geredet, die dir total vertrauen.
„Ich hab mir einen Typ erwählt, auf den könnt ihr echt bauen.
Den mache ich zu einem Star, sogar zu einem Held.
21 David, ja, so heißt der Mann, hab ich zum Chef erwählt!
22 Ich werde immer bei ihm sein, mit meiner Kraft und Stärke,
stark und heftig soll er sein, ich bin in ihm am Werke.
23 Niemand wird ihn niedermachen, kein Aufstand kann ihn stürzen.
24 Seine Feinde werde ich kleinkriegen, sie um ’nen Kopf mal kürzen.
Wirst lachen, alle, die ihn hassen, werde ich vernichtend schlagen.
25 Will sagen, ich werde ihm treu sein, durch mich wird er alles überragen.
Er wird mächtig, und
26 dann werde ich seine Macht ganz kräftig
stärken, ausbreiten über die Welt.
27 Wenn er betet, dann wird bestellt, er erzählt: ‚Du bist mein Gott, hast
Power ohne Ende!‘
28 Und dann gebe ich ihm alle Vollmachten, ich mache ihn zum
‚El Presidente‘,
29 ich lass ihn nie allein, das kann er ruhig wissen,
ich liebe ihn, steh zu meinem Vertrag, der wird nie zerrissen.
30 Seine Familie wird nie zerschlissen, sie werden immer regieren,
solange dies Universum tickt, werden sie die Macht nie verlieren.
31/32 Wenn sie aber meine Gesetze brechen, muss ich sie abservieren
33 auf allen vieren, ich muss ihren Mist dann bestrafen,
muss dazu raten, ihnen einfach einen zu verbraten.
34 Aber David will ich immer lieben, meine Zusagen werde ich halten.
35 Meinen Vertrag mit ihm, der wird niemals gespalten.
Was ich versprochen hab, das wird auch nicht gebrochen.
36 Für immer hab ich das Versprechen ausgesprochen.
Ich bin der Chef, einzigartig, David werde ich nicht täuschen,
das hab ich ihm versprochen vor vielen Zeugen.
37 Seinen Kindern werde ich für immer Macht verschaffen,
sie sitzen am Hebel, da kannst du einen drauf lassen,
38 so sicher, wie der Mond da ist und genauso die Sonne,
volle Omme, das kommmt nie und nimmer in die Tonne.“
39 Aber jetzt hast du, Gott, deinen Präsidenten doch verstoßen.
Den du mal ausgesucht hast, dem schlottern die Hosen.
40 Du hast deinem Angestellten die Verträge gekündigt,
seine Macht aufgelöst, hast ihn gedemütigt.
41 Die Schutzmauer um seine Stadt hast du weggesprengt,

versenkt seinen Bunker, alles niedergekämpft.
42 Jeder, der vorbeikam, konnte sich dadran vergreifen,
auch die Nachbarländer lachten sich kaputt, sind am Rumkeifen.
43 Du hast die Länder groß gemacht, die uns bedrängen,
und hast die mit Freude bedacht, die gegen uns kämpfen.
44 Zerschlagen hast du die Armee deiner Truppe,
nahmst das Siegesglück weg, wie 'ne Mutter die Puppe.
45 Den Ruhm und die Ehre hast du kaputt gemacht
und über ihre Macht einen Lacher gelacht
46 Achtzig wurde, was mal achtzehn war,
mit Peinlichkeit und Dreck, damit kam er jetzt klar.
47 Gott, willst du dich denn für immer verstecken?
Willst du mich weiter anzecken, soll dein Zorn mich weiter bedecken?
48 Überleg doch mal, mein Leben ist so kurz,
du hast uns geschaffen gerade für 'nen Furz?
49 Welcher Mensch ist denn wirklich unsterblich?
Wer kann vorm Tod weglaufen, wer verreckt nicht?
50 Gott, wo sind die Beweise deiner Liebe geblieben?
Du hast doch Treue versprochen, du kannst doch nicht lügen!
51 Kriege von den Feinden nur Verarsche und Spott.
Das tut mir voll weh, ich ertrage das „not".
52 Deine Feinde sehen rot, wenn sie an den Chef denken,
machen Witze über den, welchen du warst am Lenken.
53 Beschenken will ich dich mit „Danke-Raps" auf ewig.
So soll es sein, das sagt dir dein Präsi.

90

Rap von Mose

1 So hat der Mose mal gebetet, der ein Mann Gottes war:
Chef, bei dir fühl ich mich sicher, du beschützt mich sonnenklar.
2 Du warst schon da, bevor der erste Berg geboren wurde,
noch bevor das Universum stand, und auch noch vor der Erde.
Du bist der allererste Anfang und bist auch der letzte Schluss.
3 Jeder Mensch wird wieder zu Erde, ja, ich rede hier kein'n Stuss.
4 Tausend Jahre sind für dich nur wie ein einziger Tag,
sie sind so lange wie für uns ein kurzer Augenaufschlag.
5 Menschen sind für dich wie eine kleine Welle am See,
sie fließen, sind so wabbelig und fest wie Himbeergelee.
6 Morgens blühte noch ihr Leben wie eine Blume am Strand,
und doch am Abend sind sie tot wie eine Qualle an Land.
7 Denn wenn du sauer bist, vergammeln wir und müssen dann sterben.

8 Der ganze Dreck, den wir uns leisten, den kann keiner verbergen.
9 Weil du so wütend mit uns bist, verkürzt du unser Leben,
es geht vorbei fast wie ein Wind, so wenn wir weinen im Regen.
10 Mit Glück, da feiern wir den achtzigsten oder neunzigsten Geburtstag,
doch was bringt's, es ist ja auch nur wie ein ganz kurzer Augenaufschlag.
Das Leben geht vorbei im Sturzflug, und die Jahre, die fliegen,
11 ja, wer kann denn deinen Zorn auch nur mit Zahlen abwiegen?
12 Bring uns bei, die Tage zu zählen, damit wir es endlich mal schnallen.
13 Gott, komm und hör uns doch mal zu, wie könnten wir es sonst rallen?
Bitte, sei nett mit uns, liebe uns, wir gehören zu dir.
14 Und schenke uns deine Liebe, auch schon morgens um vier.
Dann gehen wir ab vor Freude, bis an das Ende der Zeit.
15 So viele Jahre war das Leben voller Schmerzen und Leid.
16 Lass deine Kinder wieder sehen, was du für sie getan hast,
zeig uns deine ganze Macht und was du alles so machst.
17 Du bist ein guter Gott, freundlich, bist uns nahe in der Not,
bitte gib unsern Händen Kraft, wenn wir schuften für Brot!

91

Ganz besonderer Rap Nr. 91
1 Setz auf den Chef und seine Versicherung!
Dann ist der Schatten vom Allergrößten um dich herum.
2 Du merkst, dass er deine Schutzmauer ist.
Du sprichst: „Mein Gott, ich vertraue auf dich!
3 Keine Bärenfalle kann dich jemals zermalmen,
Bakterien und Viren können dich nicht befallen."
4 Unter seinem Schutz bist du unverwundbar.
Seine Treue ist für dich wie ein Bunker.
5 Trotz aller Gefahren schläfst du sorgenfrei,
jedes Geschoss geht dir am Arsch vorbei.
6 Du fürchtest dich nicht vor Aids und Pest
und bist selbst im nuklearen Winter relaxt.
7 Auch wenn deine Nachbarn den Löffel abgeben,
du bleibst am Leben, denn du bist immun dagegen.
8 Du wirst es mit eigenen Augen sehen,
wie die bestraft werden, die nichts auf ihn geben.
9 Nicht umsonst suchst du bei Gott Unterschlupf.
Der Chef kümmert sich dann um deinen Schutz.
10 Das Böse macht um dich einen Bogen,
Plagen kommen nicht in deine Wohnung.
11 Denn er lässt für dich seine Engel antreten,

die dir überall, wo du bist, Deckung geben.
12 Sie werden dich auf den Händen tragen,
so bist du geschützt wie im Geländewagen.
13 Pitbulls sind für dich keine Gefahr,
Schlangen zertrittst du, als wären sie nicht da.
14 Gott sagt: „Wenn jemand an mir hängt,
befreie ich ihn von dem, was ihn kränkt.
Ich will ihn schützen, weil er meinen Namen schätzt.
15 Er ruft mich, und ich erledige den Rest.
Ich bin bei ihm, wenn er in der Krise steckt;
ich hol ihn raus und verschaffe ihm Respekt.
16 Ich gebe ihm ein erfülltes Leben
und lass ihn meine Hilfe sehen."

92

Du bist der Allergrößte

1 Dieser Psalm soll am besten sonntags gespielt werden.
2 Es kommt so voll gut, Gott, dir zu danken mit Versen!
3 Schon frühmorgens dir Liebeslieder zu bringen
oder bis spät in die Nacht deine Treue zu besingen
4 mit Hilfe von so Dingen wie einer E-Gitarre,
'nem fetten Marshallverstärker, der lauter ballt als 'ne Knarre.
5 Das Pralle ist: Was Gott macht, kommt einfach obergenial.
Das macht mich froh, ich sing über dich vom Berg bis ins Tal.
6 Wie cool sind deine Werke, deine Gedanken so tief.
7 Instinktiv sag ich, nur der Dummbatz mit Brief
schnallt das nicht, kriegt das nicht mit.
8 Und auch, wenn die ohne Gott mit einem Karriereritt
ganz nach oben kommen, sind die doch nicht wirklich fit.
Denn wenn sie sterben, sind sie für immer tot.
9 Du aber, Gott, bist immer der Größte im Boot.
10 Ich seh rot, deine Feinde werden sicher sterben.
Die nur Mist bauen, müssen in alle Länder zerstreut werden.
11 Mir gibst du derbste Kraft, wie sie ein Formel-1-Motor hat,
bin bei dir in der Tat am „Mut-Apparat", am „Freuden-Stromaggregat".
12 Wenn ich weiter durchstart, werde ich sehen, wie meine Feinde abkacken,
ich werde hören, wenn sie mit Heulattacken um Gnade betteln, die Ratten.
13 Wer auf seinem Zettel hat, Gott zu lieben, ist wie eine Pflanze,
die immer weiter wächst, die stark wird wie ein fetter Panzer.
14 Der wird wie ein Baum, der vor dem Tempel gepflanzt steht,
der dort in Ruhe wachsen kann, der dort nullstens eingeht.

15 Ist nie zu spät, auch wenn er schon ein Opabaum ist,
vermisst er nie Früchte, sind immer gut und frisch.
16 An jedem Tisch erzählt man, wie geil Gott es gebracht hat.
Dass er verlässlich ist, gerecht, nie verkehrt, volles Format.

93

Respekt für Gott

In den heutigen Zeiten gibt es noch freundliche Zeilen,
deshalb will ich betonen den 93. Psalm,
1 in dem es heißt, Gott allein gehört aller Respekt,
den man aufbringen kann, denn nur er allein ist perfekt.
Sein ganzes Auftreten ist edel und stark,
er ist von Macht umgeben, so dass man vor seinem Wesen erstarrt.
Mit Perfektion erschuf er das Fundament der Welt,
es ist sein Handwerk, der Grund, warum es nicht zerfällt.
2 Gott, dein Amt ist unzerstörbar, denn bevor die Welt da war,
war deine Position als Gott schon unantastbar.
3 Das Meer tobt und wirkt unbesiegbar,
Wassermassen, die so laut wie Bomben im Krieg waren.
4 Doch viel stärker als jede Kraft des Meeres
ist Gottes Macht, die höher als jeder Stern ist.
5 Gott, du hältst dein Wort, was du sagst, passiert.
Definitiv, damit jeder dich als Gott kapiert.
Makellos wie ein Diamant ist deine Gegenwart,
und da, wo du wohnst, ist sie ewig da!

94

Leg los, Gott

1 Gott der Rache, los jetzt, mache das Rachefass auf,
nimm einen großen Anlauf.
2 Komm raus, zeig, was du draufhast.
Du bist der Richter der Welt und verpasst.
denen, die arrogant rumlaufen, 'nen Einlauf,
weil sie es verdient haben.
3 Wie lange sollen die noch so rumlabern,
lachen, dumme Witze machen?
4 Die haben da einen Wettkampf am Start. Wer ist parat?
Sie geben groß an, in der Art,
dass sie sich für ihre miesen Taten noch selbst loben.
5 Gott, die kommen von oben! Sind wie Faschos am Weltkrieg Proben.
Sie machen deine Leute echt fertig, zerschlagen sie derbe,

sie bekriegen dein Erbe.
6 Sie töten die Frauen, Kinder, Ausländer,
brutal machen sie die weg, kann man nicht ändern.
7 Und lästern rum: „Der Gott ist doch nicht da! Wunderbar!
Der Gott unserer Eltern merkt das nicht, ist doch klar."
8 Ihr beknackten Trottel! Rafft ihr das nicht?
Warum seid ihr so unverständig, ihr seid ein kleines Licht!
9 Gott, der den Menschen Ohren hat gegeben,
ist doch auch fähig, Stimmen zu verstehen, so mal eben!
10 Er, der wirklich jedes Volk an den Ohren langzieht,
ist doch nicht zu laff, dass er nicht auch euch erzieht?
11 Er sieht eure Gedanken und er misst ihre Tiefe,
die sind flacher als Bretter, aalglatt ohne Riefe.
12 Glücklich ist jeder Mensch, den du, Gott, anzählst,
den du erwählst, durch deine Gesetze unterrichtest.
13 Denn du schichtest Ruhe über sein Leben,
Entspannung und Abstand von den bösen Reden.
Bis die fiesen Leute ihr Fett abgekriegt haben,
begraben waren. Bei den Toten lagen.
14 Aber Gott wird seine Leute nicht im Stich lassen,
kannst du echt fassen, er bleibt in ihren Straßen!
15 Die Richter werden wieder gerecht richten.
Und die Straighten werden Gott sichten, werden zu ihm flüchten.
16 Wer ist mit mir, wer steht an meiner Seite?
Gegen diese Verbrecher, wer wird mit mir streiten?
17 Wenn Gott nicht da wäre, dann wäre ich längst tot.
18 In der Not dachte ich oft: „Ich geh hier gleich schrott!"
Doch dann kamst du mit Liebe bei mir an.
19 Als die Sorgen mich fertigmachten, da warst du dran.
Du hast mich beruhigt, hast mich getröstet.
20 Bist nicht so bestechlich wie der Richter, der am Gericht richtet.
Die missbrauchen das Gesetz, die bauen nur Mist.
21 Die treffen sich und machen den fertig, der Lügen hasst,
verurteilen den zu Knast, obwohl keine Anklage passt.
22 Aber Gott beschützt mich, er passt auf mich auf,
er spielt in meiner Mannschaft, und er ist gut drauf.
23 Er wird diesen Richtern noch fett Krieg geben.
Für ihr böses Reden müssen sie ihr Leben geben. Auf jeden.

95

Fetten Applaus für Gott

1 Kommt doch mal bitte mit, eben,
wir wollen Gott jetzt fetten Applaus geben.
Machen für ihn eine riesige Feier,
schließlich ist er unser Befreier.
2 Werden dankbar tanzen und hüpfen und steppen
und ihm natürlich die Volxbibel-Psalmen vorrappen.
3 Egal, ob hier oder dort,
einfach an jedem Ort
ist der Chef ein gigantischer Gott.
Echt, check's.
Er ist nämlich cheffer als alle anderen Chefs.
4 Täler und Berge gehören Gott,
macht ihn nicht schmäler.
Ja, er alleine ist einfach der Herr.
5 Auch über das Festland und über das Meer.
Denn mit eigenen Händen stellte er alles her.
6 Los, beten wir zu ihm, auf unseren Knien.
Vor ihm verbeugen ist jetzt voll angebracht.
Weil er der Macher ist, hat uns erdacht und gemacht.
7 Gott ist Chef von uns allen,
wir seine Angestellten.
Und als Chef lässt er uns nicht fallen,
nicht mal selten.
Gott als Chef zu haben ist optimal, genial,
eben einfach wunderbar,
denn bei ihm
sind wir hundertprozentig unkündbar.
8 Hört jetzt bitte hin, was Gott zu euch spricht:
„Macht eure Schotten ausnahmsweise mal nicht dicht.
Wie es eure Vorfahren früher gerne machten,
als sie in der Wüste immer nur maulten
und Vorwürfe gegen mich brachten.
9 Fast jeden Tag forderten sie mich heraus aufs Neue.
Fast jeden Tag erlebten sie neu meine Treue
mit Worten und Taten.
10 Vierzig Jahre war ich auf sie sauer
und musste dann sagen:
Alles, was sie machen und wonach sie streben,

ist vollkommen verkehrt und total daneben.
Als sie meine Wege dann ganz aus den Augen verloren,
11 hab ich in meinem Zorn mir selber geschworen,
die Ruhe,
die ich selbst nur habe für sie,
kriegen sie niemals.
Nein,
wirklich nie!“

96

Chef vom Universum

Überall, an allen Ecken, sollen die Leuten das mal checken:
Mein Gott ist der Chef vom Universum!
Mein Gott richtet die Welt und nicht andersrum!
1 Singt unserm Gott ein neues Lied mit immer härter werdendem Beat!
Schreibt neue Texte, neue Zeilen,
die alle allein auf den Chef hinweisen!
2 Jeder soll es checken, jeder soll singen,
überall sollen Lieder für Gott erklingen.
3 Erzählt den Leuten, dass er liebt und nicht disst,
lasst die Story raus, wie krass unser Gott denn überhaupt ist!
Erzählt die Wunder, die nur jemand bringen kann wie er,
weil die, die ihn nicht kennen, brauchen ihn schwer!
4 Denn mein Papa im Himmel ist der allerbeste,
nur für mein’n Papa im Himmel gibt’s die geilsten Feste.
Gegen ihn ist Zeus ’n Scheiß und packt ein.
Im Vergleich mit Gott erscheint Bill Gates miniklein.
5 Was haben diese Leute denn schon drauf?
Sie scheffeln Geld ohne Ende beim Aktienkauf.
Kommen sich mächtig vor, Zigarre im Mund, die sie paffen.
Mein Gott aber hat den ganzen Himmel geschaffen!
6 Von seiner krassen Art und Pracht wird man umgeflasht,
seine Macht ist krasser als eine Million Cash!
Seine Schönheit strahlt heller als ’ne Flutlichtanlage,
Stärke und Macht gehen von ihm aus, keine Frage!
7 Hey, hört mal zu, macht die Lauscher auf,
macht euch auf und startet den Lauf!
Der Chef wartet auf euch, gebt ihm euch hin,
8 ehrt seinen Namen, denn er ist der Sinn!
Kommt in seinen Tempel und kniet euch vor ihn hin.
9 Wenn er in seiner Größe erscheint und sich euch zeigt,

gebt alles, werft euch nieder, wenn er sich zu euch neigt.
Die ganze Welt soll seine Macht endlich erkennen,
und alle Leute solln ihn als ihren Präsidenten bekennen.
10 Sagt den andern: Gott allein ist von allem Chef.
Und die Erde, den Himmel schuf er aus dem Effeff.
Die Nationen sollen wissen: Er ist der Herr!
Er wird alle richten, und das gerecht und fair.
11 Himmel und Erde, schmeißt jetzt 'ne Feier,
auch das Meer, mach Party, selbst die Seeungeheuer!
12 Das Land und die Wälder, freut euch, Mann.
Ihr Flüsse und Täler, macht euch mal ran!
13 Denn Gott ist am Start, er selbst ist jetzt da,
macht alles für das große Gericht schon mal klar.
Er kommt, um die Menschen zur Rechenschaft zu ziehn.
Sein Urteil ist gerecht, unbestechlich und clean!

97

Gott ist der Chef
1 Gott ist der Chef über die Welt,
die deshalb eine Party abhält.
2 Keiner kann Gott wirklich sehn und verstehn,
aber er wird nie ohne Gerechtigkeit losgehn.
3 Jeder, der über Gott lacht,
bekommt auf die Schnauze, so dass es kracht.
4 Jeder kriegt das mit, alle sehen das,
wenn Gott dein Feind ist, ist es aus mit dem Spaß.
5 Selbst die Berge werden weich wie Wachs,
wenn sie Gott sehn. Ist für ihn 'n Klacks.
6 Im Himmel wird gerappt von seiner Gerechtigkeit.
Auf der Erde wird gesteppt wegen seiner Schönheit.
7 Es gibt auch Leute, die sind echt peinlich drauf,
die verehren Plastikgötter, und das auch noch zuhauf.
8 Gott ist der Herrscher über die Welt.
Zion ist froh, und auch Juda gefällt,
9 dass es so ist, dass Gott hier Chef ist
und dass er all die Plastikgötter disst.
10 Hey, an alle Gottesleute,
bitte werdet nicht zur Beute
von dem Bösen, dem Schlimmen, dem Schlechten,
11 Gott wird euch helfen, ihr seid die Gerechten.
Er bringt euch gut drauf, das kann er echt,

was er mit euch macht, das ist nicht schlecht.
12 Ihr seid die Leute von Gott, unserm Boss,
lobt ihn für alles, denn er ist famos.

98

Double-Time-Rap

1 Schreibt Gott neue Rhymes, neue Verse, neue Strophen.
Schreibt Gott neue Oktaven, neue Lieder, neue Noten,
denn er hat übernatürliche Dinge getan und macht sie weiter
aus eigener Kraft, denn unaussprechlich, übernatürlich ist seine Macht. /
2 Gott hat die Rettung, die er bringt, wirklich allen gezeigt.
Seine Korrektheit hat er denen klargemacht, die ihn verneinen.
3 Er hat sich erinnert, dass er Israel treu und gnädig bleibt.
Die ganze Welt soll die Rettung Gottes sehen, denn es wird Zeit. /
4 Jubelt Gott zu und singt ihm einfach nur die derbsten Lieder.
Feiert, bis der Arzt kommt, ey, bitte, tut es von Herzen wieder.
5 Schneidert für Gott die derbsten Beats, dicksten Bässe und tiefsten Klänge –
6 textet für ihn die besten Rhymes und die derbsten Freestyle-Bände. /
7 Selbst das Meer soll loben und alles, was darin lebt, ya.
Die ganze Erde und alle Völker sollen geben, was geht, ya.
8 Berge, Winde, Wälder sollen auch bitte laut in die Hände klatschen,
denn Gott kommt bald wieder, um der ganzen Welt ihr Gericht zu
verpassen.
9 Er wird für Gerechtigkeit sorgen auf der ganzen Erde, in jedem Volk.
Jeder Mensch wird zurechtgewiesen, denn er ist schließlich immer noch
Gott.
Yha, und das wird er bleiben, egal, was noch kommt, ya.
Der 98. Psalm, und ich hoffe, er rockt, ya! /

99

Gott hört auf Gebete

1 Unser Gott ist der absolute Oberpräsident.
Durch Respekt gedämpft,
kommen die Völker voll gehemmt
vor seinen Thron,
dadrunter warten die Engel schon.
Die Erde bekommt deswegen sogar Angst!
2 Ja, unser Gott, der bringt's,
er regiert nicht erst neuerdings
über Jerusalem und auch über alle anderen Völker.
3 Ihm sollen sie immer doller

danke sagen,
sich an den gigagroßen Gott ranwagen,
der heilig ist.
4 Mächtiger Macher, der Korrektheit liebt, nie disst.
Du hast Korrektsein überhaupt erst erfunden.
Deinen Leuten hast du das Gesetz auf die Stirn gebunden.
5 Betet zu ihm, sagt ihm, wie geil er kommt,
habt Respekt, geht auf die Knie, denn er ist ein krasser Gott.
6 Angefangen bei Mose und Aaron bis zu Samuel
beteten alle zu dem großen Gott, und er erhörte sie schnell.
7 Er redete mit ihnen durch eine Wolke als Säule,
und sie hielten sich an die Gesetze wie Keule.
8 Chef, unser Gott, du hast unsere Gebete beantwortet,
aber hast uns für unsere Taten auch verantwortet.
9 Macht Gott zum Star,
lobt ihn, er ist wunderbar,
ganz klar,
heilig ist er.
Unser Gott wohnt ganz derb
auf seinem ganz besonderen Berg.

100

Eine Ansage an alle, Gott allen Respekt zu geben
1 Dankbarkeit soll durch jede dieser Zeilen fließen.
Jedes Dorf, jede Stadt, jedes Land soll das bieten … „Wem?"
Unserem Gott, dem Chef der Gezeiten,
soll die ganze Welt die derbste Party schmeißen. /
2 Ihr sollt vor Freude ausflippen, wenn ihr Gott dient.
Flippt aus in seiner Nähe und zeigt, dass ihr Gott liebt.
3 Ihr sollt verstehen: Er ist der einzig Wahre
und Lebende! Er hat jeden von uns in seiner Farbe /
kreiert von Kopf bis Fuß als sein Eigentum.
Für uns Menschen eine unmögliche Leistung.
4 Und wenn wir sein Grundstück betreten,
dann seid ohne Ende dankbar wie noch nie im Leben. /
5 Gott ist einfach so verdammt gut zu dir.
Freundlich als Person, immer gerecht und fair.
Seine Liebe nimmt ununterbrochen kein Ende,
seine Treue erst recht nicht, darum hebt jetzt eure Hände. /

101

Strophen Davids

1 Ich kann's einfach nicht lassen, ey, ich muss davon reden.
Am liebsten 24/7 Schluss mit ätzenden Themen.
Ich möchte Gottes Liebe erwähnen, denn sie ist es wert,
und seine Gerechtigkeit, Gott, nur du bist mein Herr.
2 Hilf mir, ein Chef zu sein nach deinen Maßstäben,
denn in meiner Firma will ich deiner Weisheit nachgehen.
Ich will mit dir an den Start gehen, und das von Anfang an.
Ich will nur das tun, was ich vor dir verantworten kann.
3 Und auf alles, was Zeitverschwendung ist, gebe ich 'n Dreck,
bei Leuten mit blöden Ideen geh ich einfach nur weg.
Denn ich hasse es, wenn einer absichtlich gegen Gott rebelliert.
Mir soll das keiner nachsagen, der mein Herz registriert.
4 Und alle, die von Gutem reden, aber selbst Böses tun, sollen fernbleiben,
denn Heuchler sind so lästig wie Herzleiden.
5 Außerdem bringe ich zum Schweigen, wer Mitmenschen heimlich beleidigt,
wer seinen Stolz über alles eifrig verteidigt.
Denn Arroganz hat bei mir keinen Platz, merk dir das!
Nimm es ernst, weil ich keine Scherze mach! (ouh)
6 Wer aber ehrlich, treu, echt und zuverlässig tickt,
darf sich freuen, denn auf so jemand werfe ich meinen Blick.
Ja, ich brauch nur die besten Mitarbeiter in meiner Firma,
denn nur wer den Ruf pflegt, genießt ein gutes Klima.
7 Ich will, dass jeder auch weiß, und zwar im Klartext,
wer lügt und klaut und betrügt, bleibt ganz weg.
8 Und jeden Morgen, tagtäglich feuer ich jeden, der
Verbrechen und Böses tut und nicht Gott verehrt.
Denn alle, die Stress und Ärger bevorzugen, werden dann
ihren Platz versäumen in Gottes Herz und Hand.
Die Stadt von Gott wird voll sein mit denen, die treu waren,
und die anderen werden im Sterben bereut haben.

102

Bitte hilf mir, Gott

1 Dieser Rap ist ein Gebet von dem, der total fertig ist,
von einem, der Gott seine Probleme klagt, der festsitzt in seinem Mist.
2 Gott, bitte höre auf mein Beten, auf den Hilfeschrei.
3 Ich bin in großer Not, komm bitte endlich schnell vorbei!
Versteck dich nicht vor mir, mein Gott, und hör mir zu,

4 denn meine Tage, die verfliegen fast im Nu.
Mein ganzer Körper wird von Krankheit voll geschüttelt,
5 mein Herz ist innerlich kaputt und durchgerüttelt.
Ich fühl mich trocken wie ein Grashalm oder Knäckebrot.
Ich kann nichts essen, hab's vergessen in der Not.
6 Ich bin so dürr und abgemagert wie ein hungerndes Kind,
die Depression erdrückt mich voll, ich heule wie der Wind.
7 Ich schreie laut, so wie die Eule jede Nacht im Wald.
Ich weine rum wie 'ne Hyäne, hab es nicht gerallt.
8 Ich kann nicht pennen, lieg alleine hier in meinem Bett,
fühle mich verlassen wie ein Solosänger im Duett.
9 Denn jeden Tag erzählen die Feinde Witze über mich,
und wenn sie andern Schlechtes wünschen, dien als Beispiel ich.
10 Ich esse Sand anstatt der Brötchen und als Getränk trinke ich Tränen.
Ref:
11 Denn deine Wut hat mich getroffen (getroffen),
ich wurd mit Bungee hochgeschossen (geschossen),
doch es fehlte dort ein großes Netz (Netz),
ich bin zerschmettert und völlig zerfetzt (zerfetzt).
12 Mein Leben lebt sich wie ein Schatten, der in der Dunkelheit verschwindet,
ich bin wie ein kaputter Motor, wie ein Pferd, das bald verendet.
13 Du aber bleibst und endest nie, du wirst regieren in allen Zeiten,
und immer wird man sich erzählen von deinen Taten, den Gewalten.
14 Du wirst aufstehen, du wirst dich erbarmen (erbarmen),
denn deine Stadt ist am Erschlaffen, am Erlahmen (Erlahmen),
die Zeit von Zion ist jetzt endlich gekommen (gekommen),
dass du begnadigst die Leute, die dort wohnen (dort wohnen).
15 Dein Volk, das liebt die Mauern Zions, und es beweint ihre Zerstörung.
16 Wir wollen, dass alles wieder steht und alle ohne Gott vor Empörung.
Respekt vor deinem Namen haben,
und auch die Präsidenten sagen:
„Gott, er ist mächtig, er ist heftig."
17 Denn du baust Zion auf und wirklich,
Gott wird erscheinen dort mit Macht.
18 Er hört Gebete von denen, über die jeder lacht.
Er wird ihre Gebete nicht vergessen (vergessen).
19 Das steht jetzt hier, ganz unvermessen (unvermessen),
für alle Generationen aufgeschrieben (geschrieben),
die Gott nur loben, übertrieben? (übertrieben).
20 Denn er hat dort auf sie gesehen,
vom Himmel aus, nicht übersehen.

21 Er hat gehört von den Gefangenen
und er will lösen, die gebunden sind,
er holt sie raus aus Todeskämpfen.
22 Das Lob für Gott kann niemand dämpfen,
ja, wir erzählen davon in Zion
und in Jerusalem auch schon,
23 wenn dort mal alle Völker hinziehen
und die Nationen Gott dort dienen.
24 Er hat mir meine Kraft genommen,
mich auf dem Weg dorthin zerbrochen.
25 Ich sagte Gott: Lass mich nicht sterben,
ich bin noch jung, will nicht verderben.
Doch deine Jahre sind unzählbar,
du überlebst sie, bist unfehlbar.
26 Du hast die Erde mal gemacht und auch den Himmel.
27 Sie werden auch mal gammelig sein und voller Schimmel.
Aber du bleibst, du bist verlässlich und beständig,
dich kann man nicht mal eben abziehen, machst lebendig.
28 Und du veränderst dich niemals, wirst niemals alt.
29 Die Kinder deines Volks bleiben in Sicherheit.

103

Ganz besonderer Rap Nr. 103
Das hier ist von David.
1 Egal, wie ich drauf bin, ich feier Gottes Namen,
und geb ihm Respekt durch all meine Organe.
2 Hey, mein Herz, ich muss dich ermahnen:
Freu dich, denn er hat viel Gutes getan!
3 Er vergibt dir alle deine Sünden
und lässt alle deine Krankheiten verschwinden.
4 Er trennt dich von den Sorgen und dem Selbstmitleid
und gibt dir Leidenschaft und Barmherzigkeit.
5 Er füllt dir ein Leben lang Gutes ein
und erneuert deine Kraft, hält dich auf den Beinen.
6 Er, der Chef, vollbringt nur gerechte Taten
und bringt Recht denen, die Unrecht erfahren.
7 Er hat seine Wege dem Mose mitgeteilt
und seine Werke Israel gezeigt.
8 Er hat Liebe und gönnt dir das Gute.
Nichts und niemand bringt ihn aus der Ruhe.
9 Er trägt nichts nach und macht keinen zur Sau,

und sein Zorn hört bald wieder auf.
10 Er behandelt uns echt zu gut
und schaut nicht auf unseren Mist, wenn er uns besucht.
11 Seine Liebe ist so groß wie die Galaxien
gegenüber Menschen, die ihn achten und lieben.
12 Er entfernt unsere Schuld und Last
und lässt sie verschwinden wie die Sonne in der Nacht.
13 Wie ein Vater, dem seine Kinder viel bedeuten,
so geht Gott um mit allen, die ihm treu sind.
14 Er kennt die Beschaffenheit unserer Kreatur
und das Ticken unserer Lebensuhr.
15 Der Mensch kommt und geht im Grunde wie Gras,
er blüht wie eine bunte Blume im Park.
16 Aber ein größerer Sturm lässt sie draufgehen,
so dass Leute aus der Gegend nur noch Staub sehen.
17 Die Liebe von Gott, unserem Himmelspapa,
hält für immer, Tag und Nacht, sie ist immer da.
Sie ist für alle, die ihn schätzen, real.
Sein Plan macht sich für die Enkel bezahlt.
18 Nämlich von denen, die bei ihm bleiben
und sich an seine Weisungen halten.
19 Im Himmel hat Gott seinen Chefsessel gebaut.
Das ganze Universum steuert er von dort aus.
20 Gebt ihm Respekt, ihr Wesen voll Kraft,
ihr Repräsentanten und Vertreter seiner Macht.
Gott ist euer Boss, weil ihr ihm vertraut;
was er sagt, das führt ihr dann aus.
21 Gebt ihm Respekt, ihr Leiterteams,
ihr tut genau das, was der Meister liebt.
22 Ihr, seine Werke, kommt mal in Gang,
gebt ihm Respekt, ja, ihr alle zusammen,
überall, an jedem Ort, wo er als Präsident herrscht.
Ich will, dass auch du, mein Herz, ihn ehrst!

104

Gott ist genial

1 Ich will Gott volle Kanne loben, mit allem, was ich hab,
ich will ihm Lieder singen, mein Leben lang, bis ich bin im Grab.
Du bist so unbeschreiblich schön, bist Mr. Stylish in Person.
2 Du kleidest dich aus purem Licht, da wirkt Armani wie ein Hohn.
Den Himmel hast du aufgebaut wie ich die Plane meines Zeltes,

die Wolke, die dort oben fliegt, das ist dein Teppich, ja so ist es.
3 Du wohnst doch überall im All und fliegst so schnell wie'n Düsenjet.
4 Das Wetter spricht aus, was du denkst, die Blitze sind dein Alphabet.
5 Du hast die Erde fest gebaut, der Untergrund wird niemals sterben.
6 Die Ozeane decken zu, fast wie ein Kleid, ganz derbe Berge.
7 Selbst wenn du nur mit Worten drohst, gehn sie zurück, wenn du's verlangst,
wenn du mit einem Donner sprichst, dann fliehen sie vor lauter Angst.
8 Die Berge wuchsen aus der Erde, und alle Täler senkten sich.
9 Die Strände kamen mal von dir, und weiter darf das Wasser nicht.
10 Du gibst den Druck auf jede Quelle, das Wasser sprudelt in die Flüsse.
Es findet seinen Weg für sich, es fließt durch Berge, Täler, Risse.
11 Die Kühe trinken davon ständig, und auch der Hund braucht es zum Leben.
12 Und in den Bäumen sitzen Vögel und singen Lieder, so mal eben.
13 Du machst vom Himmel alles nass und lässt es auf die Berge regnen,
die Erde saugt es völlig auf und bringt hervor ganz neues Leben.
14 Das Gras ist für die Kühe, den Weizen konnten wir abzwacken,
du hast es für uns wachsen lassen, damit wir uns damit Brot backen.
15 So hat der Mensch für seinen Spaß von dir den Wein und für den Körper
das Öl, damit cremt er sich ein, und gutes Brot, das macht ihn stärker.
16 Die ganzen Bäume, die Gott macht, die sind fett grün und haben Äste.
17 Dadrin ziehen die Vögel ein, und auch die Störche bauen Nester.
18 Oben auf dem hohen Berg, da wohnt das kleine Murmeltier,
gleich daneben haben der Steinbock und seine Freunde ihr Revier.
19 Du hast den Mond gemacht, und auch die Zeit war allein deine Idee,
die Sonne weiß immer Bescheid, zu welcher Zeit sie untergeht.
20 Die Nachtidee kommt auch von dir, da geht's im Wald noch richtig ab.
21 Der Pitbull bellt, wenn er Hunger hat, er will's von dir und wird nicht schlapp.
22 Und wenn es wieder heller wird, verlässt der Bär auch sein Versteck.
23 Jetzt kommt der Mensch hoch, geht zur Arbeit, und er bleibt da, bis es wird spät.
24 Gott, was du machst, das machst du richtig, mit Weisheit hast du es begonnen.
Die ganze Erde ist voll davon, sie ist perfekt und voll in Ordnung.
25 Da ist das Meer so voller Tiere, dass keiner sie mehr zählen kann.
26 Und auch die Schiffe, die drauf fahren, kommen niemals gegen sie an.
27 Alles, was du hier mal gemacht hast, das braucht von dir auch was zu essen.
28 Du gibst Nahrung im Überfluss, wir brauchen nur noch zu genießen.

29 Bloß wenn du weg bist, sind wir tot, dann ist das Leben auch vorbei,
wir sterben, gammeln, werden Erde, dann löscht du unsere Datei.
30 Doch brauchst du nur einmal zu pusten, dann werden wir ganz neu gemacht,
du schenkst der Erde neues Leben, ’nen neuen Style hast du erdacht.
31 Gott wird ganz klar für immer powern, er hat die Macht, er ist der Chef.
Er soll sich freuen an seiner Erde, an dem Geschaffenen an sich.
32 Mit einem Blick erbebt die Erde, mit seinem Touch rauchen die Berge.
33 Ich will Gott lauter Lieder singen, ihm Respekt geben, das ganz Derbe.
34 Ich freue mich so, dass ich ihn kenne, mein Reim, der soll ihm gut gefallen.
35 Die Menschen, die nicht mit Gott leben, die ihn bekämpfen, die rumprollen,
die sollen sterben, sollen vergehen, die brauchen nicht mehr hier zu leben.
Ich will Gott lauthals Lieder singen, ihm Respekt geben, das auf jeden.
„Halleluja“ ist mein Song, und ich sing: „Gott ist so genial!“
Und alles in mir singt ihm das, aus meinem Herzen, radikal.

105

Gott führte seine Leute

1 Bedankt euch bei Gott und schreit seinen Namen raus,
erzählt von seinen Taten im Haus, schreit sie in die Welt hinaus.
2 Rappt mit Beatbox zu seiner Ehre, erzählt von seinen Wundern.
3 Und freut euch an ihm, gibt Zunder, macht es runder.
Ich mein die „Leute“, die zu ihm gehören, die nach Gott fragen,
4 die auch an Problemtagen seine Macht angraben.
Kommt zu Gott, kommt immer wieder zu ihm.
5 Denkt in euch drin an seine Wundermaschin’.
Und denkt auch an die Urteile, die er gerecht gefällt hat
6 an den Kindern von Abraham und Jakob, in der Tat.
7 Er ist unser Gott, der Chef von allem, er hält das Gericht.
Ob wir durchkommen oder nicht, wird entschieden vor seinem Angesicht.
8 Er denkt ewig an seine Verträge, er hält, was er verspricht.
Kannst du dich voll drauf verlassen, sein Wort er niemals bricht.
9 Schon mit Abraham hat er diese Verträge damals gemacht,
und auch bei Isaak hat er immer dadran gedacht.
10 Du lachst? Jakob genauso, auch ihm hat er es auf ewig versprochen!
11 Er sprach: „Ich gebe euch Kanaan, es soll euch gehören, doch, hm,
ihr könnt es dann auch gerne weiter vererben.“
12 Und da waren es noch wenig Leute, dazu fremde, voll derbe.
13 Sie zogen damals von einem zum anderen Land,
14 Gott erhob die Hand, keiner durfte sie an den Rand
der Verzweiflung bringen, er warnte vor allen Dingen,

die fremden Völker und deren Chefs können ein Lied davon singen.
15 „Hände weg von meinen Leuten! Die hab ich erwählt!
Sind alle gezählt, auch meine Propheten werden nicht gekillt!"
16 Und dann drehte Gott den Essenshahn zu, Brot und Kartoffeln waren aus
im Nu.
17 „Mach den Schuh!", sagte Gott dann und schickte Josef dazu,
als Sklave wurde er jetzt nach Ägypten verkauft.
18 Er kam in Handschellen in'n Knast, aber er war nie schlecht drauf.
19 Und das ging so lange, bis das passiert war,
was Gott vorhergesagt hatte, Josef war unschuldig, ganz klar!
20 Und da befahl der Präsident, ihn von den Fesseln zu befreien,
der Chef von vielen Völkern, das konnte nicht länger sein.
21 Ihm fiel ein, dem Josef dann die fetteste Stelle zu geben,
machte ihn zum Verwalter von seinem ganzen Vermögen.
22 Selbst die hohen Beamten mussten tun, was er sagte,
und die Manager vom Präsidenten hörten zu, wenn er tagte,
wenn er den Leuten zeigte, wie man weise entscheidet.
23 Dann kamen Jakob und seine Familie nach Ägypten gereiset,
und sie wohnten ab dann in diesem fremden Land.
24 Gott war der Garant für so viele Babys wie Sand
am Meer, machte sein Volk mächtiger als seine Unterdrücker.
25 Und er sorgte für Hass unter den vielen Ägyptern
gegen seine Leute, die schoben voll den Film.
Am Ende behandelten sie die wie Leute ohne Hirn.
26 Darum schickte Gott seinen Mose und Aaron,
die er ausgewählt hatte, die wussten das schon.
27 Voll der Hohn, sie taten in Ägypten heftige Zeichen und Wunder,
womit Gott vorher schon drohte, Mann, das gab Zunder!
28 Er machte es finster, dunkler als die Nacht,
die Ägypter, ganz unbedacht, hatten keine Angst vor seiner Macht.
29 Ihre Flüsse und Seen machte er rot wie Blut,
ließ die Fische drin sterben, das kam gar nicht gut.
30 Salut! Dann kam die fetteste Froschplage,
die trat überall zutage, sogar in der Königspalastetage.
31 Dann schickte Gott Kakerlaken und Schnaken,
ganze Schwärme, überall, kannst du voll abhaken.
32 Und als die Ägypter auf Regen warteten,
schickte Gott Hagel und Blitze, es brannte in den Staaten.
33 Er machte den Weinanbau damit völlig platt,
setzte auch die Feigenernte schachmatt.
34 Dann rückten auf Befehl die Heuschrecken an,

fette Schwärme waren das, die man nicht mehr zählen kann.
35 Und dann fraßen die alles ratzekahl leer.
36 Schließlich tötete Gott auch noch die ältesten Söhne der Ägypter!
37 Ja, und am Ende führte Gott seine Leute aus dem Land,
gesund und stark, beladen nicht mehr mit Sand,
sondern mit Gold und so Sachen, er machte sie reich.
38 Die Ägypter feierten 'ne fette Party sogleich,
sie hatten kein' Bock mehr, und sie hatten auch Angst.
39 In 'ner Wolke als Schutzschild war Gott da, und in der Nacht,
wie ein Riesenhalogenstrahler, leuchtete er ihnen den Weg.
40 Und wenn sie Hunger hatten, kam das Essen nie zu spät.
Lecker wie Steak, Hendln kamen vom Himmelslieferservice,
und auch lecker Brot war da, das ist heut kein Geheimnis.
41 Und wenn sie Durst hatten, machte Gott 'ne Quelle klar,
aus einem Felsen kam Wasser, Apollinaris am Start.
42 In der Tat, Gott hatte das Versprechen an Abraham nicht getillt.
43 Er führte sie dort raus, seine Leute, ganz abgechillt,
sangen ihm Lieder und feierten ihn mit Freude.
44 Und Gott dachte sich: „Leute, ich geb euch das ganze Land heute,
was die ohne mich vorher besessen hatten,
45 damit sie mit ihren Taten meine Ansagen verbraten.
Denn meine Gesetze sollt ihr radikal bewahren,
die sind nur gut, da kann man Halleluja zu sagen."

106

Gott hörte das Hilfeschreien

1 Es gibt da so ein Wort, das heißt „Halleluja",
es meint, dieser Gott ist so geil einfach unvorstellbar.
Seine Liebe kann absolut nie ein Ende finden,
2 ihr Blinden, wer hat denn die vollständige Liste seiner Taten?
Soll ich mal raten? Keiner hat hier vollständige Daten!
3 Gut drauf kommen die Tanten, die sich an seine Gesetze halten,
und auch die Onkels sollten es so veranstalten.
4 Gott, behalte mich im Auge, vergiss mich nicht,
so wie du deine Leute nie lässt im Stich.
5 Jo, ich will mit eigenen Augen zusehen,
wie du deinen Leuten hilfst, es wird ihnen gutgehen.
Wir verstehen, dass wir zu dir gehören, sind dein Privateigentum.
6 Haben uns nicht gerade mit Ruhm bekleckert, sind Mist am Tun.
Schon die Väter unserer Väter waren da schwer dabei,
sie lebten ohne dich, was du sagst, war ihnen einerlei.

7 Unsere Alten, als sie noch in Ägypten waren,
wollten nicht glauben, hatten alles vergessen. Wie abgefahren,
was für krasse Wunder du getan hast, Mann,
hey, die hatten alle doch voll den Wahn.
Sie machten eine große Demo gegen dich,
lehnten sich auf, einfach unglaublich!
8 Und trotzdem hast du sie da rausgeholt,
sie da befreit, mit sehr viel Geduld,
weil du es ihnen ja versprochen hast.
So zeigtest du deine Macht, die ist einfach krass.
9 Du sagtest zum Meer, es soll sich teilen.
Das passierte sofort, deine Leute mussten sich beeilen.
Du hast sie mit trockenen Füßen durchgeführt.
10 Doch die Verfolger wurden zugeschnürt,
sie wurden alle einfach abserviert.
11 Das Wasser kam zurück und ertränkte die Feinde.
12 Ab dann reimten sie Lieder auf deine
Worte und glaubten an dich, an das, was du sagst.
13 Aber nur für ein paar Jahre, dann vergaßen sie deinen Rat.
14 Sie geierten nach Fleisch, mitten in der Wüste,
wollten was von Gott fordern, was der schon lange wusste.
15 Also gab er ihnen, was sie sich so sehr wünschten.
Und das in der Menge, bis ihnen kam das Kotzen,
16 sie fingen gleich bei Mose an zu motzen,
auch gegen Aaron wollten sie sich fetzen.
17 Plötzlich öffnete sich die Erde, verschlang ihren Anführer,
Datan und Abiram mit Familie, ab in den Rührer.
18 Alle, die zu den Verführern standen,
verbrannten, weil sie Gott verdammten.
19 Und am Berg Horeb gossen sie sich eine Kuh aus Gold.
Israel betete zu der, denn sie dachten, das Glück wäre ihnen dann hold.
20 Die Macht und Schönheit ihres Gottes
tauschten sie gegen das Bild eines Tieres.
21 Aus Ägypten gerettet, mit fetten Wundern am Stück. Hey!
22 Das hatten sie schon wieder vergessen, die heftigen Wunder, verrückt, ey,
was Gott am Schilfmeer tat, er war da am Richten.
23 Und dann warst du, Gott, echt zu, wolltest alle vernichten,
doch Mose machte sich grade, trat für seine Leute ein.
Nicht nur zum Schein, auf keinen Fall, nein,
er wollte auf jeden Fall deine Laune verbessern.
24 Doch ihre Einschätzung war am Verwässern,

sie glaubten deinen Zusagen nicht, dachten, sie wüssten es besser.
25 Sie fingen an zu lästern über Gott, sie nahmen ihn nicht mehr ernst.
26 Da war es ihm zu viel, und er versprach äußerst derbe:
„Ich will, dass sie alle in der Wüste sterben.
27 Und ihre Kinder sollen den Tod erben, in der Welt verderben.
28 Sie waren so drauf, den Gott vom Berg Peor, den Baal, anzubeten,
sie aßen das Fleisch von Opfertieren, auf religösen Feten."
29 Durch ihr ganzes Auftreten reizten sie Gott total,
da kam eine Seuche über sie, alle waren krank in dem Quartal.
30 Pinhas kam an den Start und sprach ein Urteil aus.
31 So fand Gott ihn cool im Haus, für immer war seine Famile fein raus.
32 Und dann das Ding, an der Quelle von Meriba,
ja, da forderte Israel Gott schon wieder.
Es ging dann nieder mit Mose, das krachte.
33 Er war so sauer, dass er Dinge sagte, über die er nicht nachdachte.
34 Sie beachteten nicht die Ansage Gottes, alles zu plätten.
35 Stattdessen vermischten sie sich mit Fremden,
sie übernahmen sogar die ausländischen Sitten,
36 sie beteten zu deren Göttern, das hat sie in die Scheiße geritten.
37 Sie opferten diesen Blechfratzen sogar ihre Kinder!
Merken die noch was? Geht das noch blinder?
38 Sie verdreckten ihre Seele, indem sie die den Göttern gaben.
Damit beschmutzen sie sich, die Schuld wurde zu einem tiefen Graben.
39 Ihre Taten waren echt ätzend für Gott anzusehen,
waren nicht korrekt, brachen die Treue, konnten nicht zu ihm stehen.
40 Gott konnte nicht mehr zusehen, er hatte seine Leute satt.
41 Er gab sie in die Hand der Feinde, die setzten sie im Krieg schachmatt.
42 Diese Feinde machten sie platt, und sie konnten nichts dagegen tun.
43 Gott konnte nie ruhen, befreite sie ohne ihr Dazutun.
Aber denen war das wohl egal, sie waren zu prall,
gehorchten ihm nicht, darum wurden sie erstickt in ihrem Schwall
von bodenloser, übelster Ungerechtigkeit.
44 Doch dann hörte er ihren Hilfeschrei.
Ihre Not ging ihm nicht am Arsch vorbei.
45 Er dachte an die Verträge, die sie miteinander hatten,
seine Liebe war nicht kalt, ey, Mitleid kam nicht auf Raten.
46 So war er mit Mitleid am Start bei denen, die sie gefangen hielten.
47 „Rette uns, Gott, aus der Hand dieser vielen,
die dich nicht kennen, dann werden wir dich preisen!
Wir werden stolz auf dich sein, werden Lobpreis abreißen."
48 Am meisten sollst nur du, Gott, gelobt werden von uns,

und das gilt für immer, diese Lobpreiskunst.
Das soll von allen deinen Leuten immer wieder gesagt werden.
So soll es sein! Du bist der Größte, weit über die Erden.

107

Gott hat uns gerettet

1 Bedankt euch bei Gott, denn er ist gut, und seine Liebe ist unendlich.
2 Das sollen alle die sagen, denen er half aus der Bedrängnis.
3 Die er gesammelt hat, von Osten, von Süden, Westen und Norden.
4 Sie irrten durch die Wüste auf der Suche nach bewohnbaren Orten.
5 Sie hatten Hunger und Durst, ihr Innerstes trocknete aus.
6 Da schrien sie zu Gott, und er kam und rockte das Haus.
7 Er zeigte ihnen den Weg, sie fanden die Städte.
8 Sie sollen Gott danken, er hat sie durch ein Wunder gerettet.
9 Denn er hat Körper und Seele gesättigt mit Wasser und Speisen.
10 Die Bewohner des Dunkels lagen gefesselt, in Elend und Eisen.
11 Denn sie hatten sich gegen Gott aufgelehnt, das hat Gott aufgeregt.
12 Er hat ihnen Unheil, Angst und Lasten auferlegt.
13 Da schrien sie zu Gott, und er rettete sie aus den Bedrängnissen.
14 Er führte sie heraus aus der Finsternis, hat ihre Fesseln zerrissen.
15 Und deshalb sollen sie Gott danken, ihn und seine Wunder.
16 Denn sie waren hochnäsig, aber er holte sie wieder runter.
17 Viele Dumme litten wegen ihrer Sünden und befanden sich in Not.
18 Ihr gottloses Getue führte sie fast bis in den Tod.
19 Dann erkannten sie die Schuld, die sie auf sich luden.
20 Sie schrien zu Gott, und er holte sie aus ihren Gruben.
21 Und deshalb sollen sie Gott loben, ihn und seine Wunder,
denn sie waren hochnäsig, aber er holte sie wieder runter.
22 Sie sollen Dankopfer bringen und Gottes Taten bekannt machen,
nicht nur in ihrem Dorf, sondern ringsum in allen Landen.
23 Die Seeleute, die sich mit Schiffen aufs Meer hinaus begaben,
24 konnten viel erzählen über Gottes Wundertaten.
25 Mitten auf dem Meer erfasste sie ein Unwetter,
26 hohe Wellen erwischten das Schiff, und es wurde zerschmettert.
27 Es war kein Ufer in Sicht, sie konnten nicht an Land klettern.
28 In ihrer Not riefen sie zu Gott, ihrem Retter.
29 Er verwandelte Sturm in Stille, nahm sie mit seiner Hand
30 und führte die Männer bis hin auf das Land.
31 Sie sollen Gott danken und seine Wunder bezeugen.
32 Sie sollen allen Menschen erzählen, bis sie sich vor Gott beugen.
33 Er macht Flüsse zur Wüste, Regierungsgebäude zu Ruinen.

34 Gutes macht er schlecht, wenn die Menschen es verdienen.
35 Er macht die Wüste zum Wasserteich, dürres Land fruchtbar.
36 So können Hungrige dort wohnen und Städte bauen, wo vorher nichts war.
37 Sie bauten Felder und Weinberge, und Gott gab seinen Segen.
38 Ihre Herden ließ er wachsen, und sie konnten glücklich leben,
39 doch das Geld stieg ihnen zu Kopf, sie wurden reich und abgehoben.
40 Und deshalb schickte Gott sie weg von dem fruchtbaren Boden,
41 doch die Armen beschenkte Gott mit vielen Gaben.
42 Dies ist gerecht, man kann nichts dagegen sagen.
43 Wer weise ist, merkt sich diese Verse und lässt sich von Gott leiten.
Und hört auf ihn, gerade wenn's ihm gutgeht und nicht nur in schlechten Zeiten.

108

Gott hilft

1 Das hier kommt von David,
für Gott ist es ein Lied.
2 Ich vertrau auf dich, mein Gott,
du hilfst mir immer, in jeder Not.
Diese Lieder kommen von mir
und zeigen meinen Respekt vor dir.
3 Spielt jeden Tag ein neues Lied,
4 denn Gott, du bist der Beste, den es gibt.
Du bist der Chef von allem hier,
5 und deine Liebe brennt in dir.
Du liebst uns und bleibst immer da.
6 Zeig deine Power und mach allen klar,
7 dass du keinen von deinen Leuten vergisst.
Hey, Gott, befrei uns aus unserem Mist!
8 Gott hat einmal in seinem Büro gesagt:
„Jetzt mach ich das so, wie ich es mag.
Ich verschenk jetzt Sichem und mess das Gebiet,
wo das Tal von Sukkoth liegt.
9 Gilead gehört mir und Manasse erst recht.
Efraim ist mein Helm und Juda auch nicht schlecht.
Das benutz ich als Stab zum Chefsein,
10 Moab als Waschbecken ist auch mein.
Edom ist mein Schuhschrank,
und über Philistäa freu ich mich krank."
11 Wer hilft mir auf dem Weg nach Edom?
12 Machst du das, Gott? Kommst du vom

Himmel und leitest unsere Armee?
13 Wir haben grad totale Probleme, o weh!
Hilf uns, Gott, kein Mensch bringt es jetzt.
14 Aber mit Gott werden unsere Gegner zerfetzt.
Wir werden dann noch krassere Sachen machen
und mit Gott zusammen darüber lachen.

109

Wie einer, der unschuldig angeklagt ist, zu Gott um Hilfe ruft
1 Von David.
Du, Gott, dir bin ich immer dankbar gewesen, sag endlich was!
2 Ich bin angeklagt von Leuten, die keine Skrupel haben
und nur Lügen über mich verbreiten, um sich dran zu laben.
3 Sie drohn mir und erzählen echt üble Storys über mich
4 und ziehen mich und meine Freundschaft übern Tisch,
und ich hab für sie, bei Gott, nur Gutes eingeholt.
5 Alles Gute von mir zahlen sie zurück mit Bösem,
und alle Liebe kommt zurück mit Hass.
6 Sie sagen: „Wenn wir einen Richter finden,
der ihn für Geld verurteilt, das wär echt krass,
und einen Anwalt, der ihn, statt zu verteidigen, verklagt.
7 So dass er am Ende schuldig ist, egal, wer sonst noch was dazu sagt.
Auch wenn er sich mit seinem Gott beratschlagt,
soll das als Verbrechen zählen,
8 sein Leben hier soll eh nur ein paar Jahre dauern,
und für seinen Job soll man einen andern wählen.
9 Seine Familie soll man dann genauso quälen,
die Kinder ohne Vater, seiner Frau ohne Schutz auflauern.
10 Als Obdachlose und Penner sollen sie um ihr Essen betteln gehen,
11 und alles, was er je besaß, wird dann im Pfandhaus stehn,
und von der Kohle aus seinem Job kann sich jeder was nehmen.
12 Es soll niemand mehr geben, der ihn in guter Erinnerung behält
oder Mitleid hat mit seinen Kindern.
13 Seine Kinder und von denen die Kinder
sollen ausradiert werden, und sein Name
soll komplett verschwinden von dieser Erde wie ein Same,
der im Boden verwelkt.
14 Gott, lass ihn büßen für die Schuld von seinen Vätern,
und auch die Schuld seiner Mutter nimmt ihm keiner mehr ab.
15 Gott, du wirst davon nichts mehr vergessen, und ihre Namen, nimm sie
weg

wie in ein tiefes Grab,
die will sowieso keiner mehr wissen, und dass keiner mehr nur an sie denkt, nein,
16 denn er hat nie dran gedacht, zu anderen großzügig zu sein.
Den Armen, die's nötig gehabt hätten, pisste er noch ans Bein,
und die überhaupt keine Hoffnung mehr hatten, lud er gleich zur Selbstmordparty ein.
17 Er hat andere verflucht, wo er nur konnte,
bis es ihn selbst traf, weil er absolut nicht wollte,
dass es anderen gutging, er konnte anderen nichts Gutes geben,
und so trifft ihn selbst nichts Gutes mehr im Leben.
18 Er sagte ja selber ‚Bin ich schuldig, dann bin ich verflucht',
und so hat er versucht,
den Fluch wie eine Decke um sich drumzuhüllen,
so wie man 'ne Bodylotion verwendet oder 'ne Cola trinkt gegen den Durst,
so wird der Fluch ihn von innen füllen.
19 Und so soll der Fluch immer bei ihm bleiben, der armen Wurst,
wie ein Gürtel ihn für immer umschließen oder ein T-Shirt auf seiner Brust!"
20 Gott, du sollst sie genauso bestrafen,
alle, deren Beschuldigungen und Lügen mich trafen.
21 Du, mein Gott, bist immer vollkommen korrekt, und nun
wirst das Richtige tun,
bitte hol mich hier raus.
22 Ich bin hilflos, innerlich verletzt und arm wie 'ne Kirchenmaus.
23 Ich fühl mich nur noch wie ein Schatten von mir,
man schüttelt mich ab wie lästiges Getier.
24 Ich denk, ich besteh nur noch aus Haut und Knochen,
hab nichts mehr Richtiges gegessen, und das schon seit Wochen,
ich bin matt und schlapp.
25 Wenn meine Gegner mich sehen, lästern sie nur ab
über mich und recken arrogant ihre Hälse und Köpfe.
26 Gott, bitte, sei bei mir, ich zähle fest auf dich,
27 und zeig ihnen, es sind deine Töpfe
auf ihrem Tisch.
28 Ihren Fluch wirst du ins Gegenteil kehren,
sie wollen mich packen,
du wirst sie abwehren.
29 Ich werd mich voll freun,
denn alle, die mir was wolln,
wirst du mit voller Kraft in die Knie zwingen.
30 Und ich werd dir so danke sagen, dass alle es hören sollen,

mitten in der Meute werd ich dir mein Lied singen.
31 Denn du wirst es letztendlich wieder mal voll bringen und so handeln,
um denen zu helfen, die sich nicht selbst helfen können,
ein drohendes Todesurteil in Freispruch umzuwandeln.

110

Gott ist unbesiegbar

1 Ein Psalm für meinen Gott:
Setz dich zu mir, bis alle meine Feinde kaputt sind.
2 Hilf mir zu kämpfen, bis sie alle unterworfen sind.
3 Dein Volk ist ausgeruht und frisch wie der Morgenwind.
Wir stehen hinter dir, egal, wie groß die gegnerischen Horden sind.
4 Gott hat mir versprochen: „Du wirst Priester in Ewigkeit!"
5 An meiner Seite hilfst du mir im Kampf, und ich bin für diesen Weg bereit.
6 Er wird richten unter den Nationen, er füllt Täler mit Leichen.
Er zwingt Präsidenten zu fliehen und Gegner zu weichen.
7 Er trinkt unterwegs aus dem Bach und stärkt sich wieder,
darum bleibt er für alle unbesiegbar.

111

Gott macht super Sachen

1 Halleluja! Danken will ich Gott, ich mein es ehrlich.
2 Seine Taten sind groß und herrlich, weil er der Chef ist.
3 Seine Werke sind unglaublich, keiner kann es leugnen.
4 Seine Wunder wurden weitererzählt von seinen Zeugen.
5 Er hat die, die glauben, gesättigt, seine Verträge nie aufgehoben.
6 Seine Leute wurden zur mächtigsten aller Nationen.
7 Die Taten seiner Hände sind Recht und Wahrheit.
8 Seine Gebote werden befolgt, in Wahrheit und Gradheit.
9 Seinen Leuten hat er Befreiung geschenkt, das kann keiner mehr stehlen.
Er hält für immer zu uns, auf Gott kann man zählen.
10 Gott ist für alle da, vom Ersten bis zum Letzten,
man muss ihn nur mit Respekt behandeln, ihn lieben und schätzen.
Es ist niemals vorbei, sein Erfolg bleibt immer wie das Licht.
wer ohne Gott lebt, hat noch nicht kapiert, was Leben ist.

112

Gott ist genial

1 Gott ist genial, Applaus für unsern Gott!
Und gut drauf ist, wer ihn nicht behandelt wie Schrott,
wer Respekt vor Gott hat und sich freut an seinem Wort.

2 Seine Leute sind echt viele, kommen groß raus an jedem Ort.
Weil Gott sie beschenkt, jede Generation,
für die ist unser Gott niemals ein Hohn.
3 Bei solchen Leuten ist alles voll da,
sie sind reich, haben alles, das ist schon mal klar.
Es geht ihnen gut und auf ewig okay.
4 Selbst in finsteren Tagen wird aus „Night“ schnell ein „Day“.
Der ist voller Liebe, hat ein großes Herz,
5 und wer nett zu den Schnorrern ist,
der bekommt auch niemals Terz.
Gut drauf ist, der Leuten normal Kohle verleiht,
seine Sachen korrekt macht, liebt Gerechtigkeit.
6 Denn er wird für immer stehen, nichts bringt ihn zu Fall,
man wird an ihn denken, nicht nur „von Mal zu Mal“.
7 Keine Angst vor der schlechten Nachricht, sein Herz gibt nie auf,
er hofft stets auf Gott, ja, so ist man dann drauf.
8 Sein Herz ist gefestigt, und er hat keine Furcht,
denn er weiß, seine Feinde werden „losen“, sind durch.
9 Er verschenkt, was er hat, und er gibt es voll gern,
an die Leute, die es brauchen, und man wird ihn krass ehrn.
10 Allen Menschen, die das sehen, denen Gott ganz egal ist,
knirschen laut mit den Zähnen, gehen ab in ihr'm Driss.
Denn was solche Typen sich immer erträumten,
zerfließt in ein Nichts, weil sie es versäumten.

113

Gott ist unser Star

1 Hört euch das an, Gott ist unser Star, ruft es jetzt raus,
ihr Angestellte vom Chef, bitte seid mal derbst laut.
2 Macht mal Lärm für seinen Namen und noch viel, viel mehr.
Hebt die Hände, denn er ist immer noch der Herr,
3 und das 24 Stunden, 7 Tage am Stück
bleibt er die Eins, ganz egal, welche Armee anrückt.
4 Er bleibt die Eins über die Erde und über jede Nation,
denn mächtig, unantastbar bleibt und ist sein Thron.
5 Sag mir, wer ist wie er und wer kommt ihm nah?
Sag mir, wer außer unserem Gott ist da,
6 der jedes Detail auf der Erde sieht
und jedem Detail eine Form gibt?
7 Er, der dem „kleinen Mann“ 'ne neue Bedeutung gibt
und den Penner im Dreck niemals aufgibt.

8 Er lässt ihn abhängen bei denen mit Schlips und Kragen,
zwischen denen, die im Land Einfluss haben.
9 Und der Frau, die ihr Leben lang kinderlos war,
hat er neue Hoffnung gegeben, und zwar
hat er erfüllt ihr den größten Traum,
Mutter zu sein, denn sie wird wohl kaum
drüber traurig sein, denn Gott ist einfach erste Sahne,
kommt, macht Party für ihn, als Langzeitmaßnahme.

114

Die Israeliten verschwinden aus Ägypten

1 Als das Volk Israel aus Ägypten die Biege machte,
als Jakob den Stamm hinter sich brachte,
der nicht verstand, was man redete und dachte,
2 machte Gott den Bezirk Juda zu seinem besonderen Land,
verband Israel mit sich zu 'nem besonderen, heiligen Verband.
3 Das Rote Meer verschwand, als es Israel sah,
und der Jordan verzog sich ganz fix, als das Volk da war.
4 Die Berge hüpften beiseite, wie ein Hund das Stöcklein apportiert,
und die Hügel machten Platz, wie das Zirkuspferd auf die Peitsche reagiert.
5 Was ist passiert mit dir, liebes Meer? Warum bist du plötzlich weg?
Jordan, was ist los? Warum hörst du auf zu fließen, wo hast du ein Leck?
6 Ihr Berge, was geht? Warum seid ihr gerannt wie ein Hund,
und warum seid ihr wie ein Zirkuspferd weggesprungen?
7 Erde, ich sag dir, mach Krawall, wenn der Gott von Jakob erscheint.
8 Er verreimt, macht aus Felsen einen Wasserteich,
und zugleich lässt er überall neue Quellen entspringen,
wo vorher Schrott lag, harte Steine vor allen Dingen.

115

Nur Gott verdient Respekt

1 Gott, du verdienst den größten Respekt,
und zwar wegen mehr als nur einem Aspekt,
Deine Treue ist größer als alles, was es gibt,
du bist derjenige, der uns alle liebt.
2 Irgendwelche Spinner, die dich noch nicht kennen,
rufen: „Wo ist euer Gott, vielleicht grade am Pennen?"
3 Unser Gott ist im Himmel, in einer anderen Welt,
und er kann echt alles machen, nichts, was ihn aufhält.
4 Eure Plastikgötter sind nur aus Gold oder Eisen,
sie sind von euch gemacht. Sie können nicht mal speisen,

5 denn der Mund, den sie haben, der ist nicht echt.
Sie haben auch Augen, doch sehen sie schlecht.
Besser gesagt gar nichts, denn die Augen sind nur Schein.
Ihr wollt, dass sie aussehen, als würden sie real sein.
6 Sie hören nichts trotz ihrer Ohren,
sie haben eine Nase, doch in der können sie nicht bohren.
7 Denn Fakes sind ihre Hände und Füße,
und aus ihrer Kehle kommen keine Grüße.
8 Und genauso wie die sollen alle die werden,
die diese Statuen verehren, hier unten auf Erden.
9 Doch wir Leute von Israel, wir vertrauen
auf den Chef, unsern Gott, auf den können wir bauen.
10 Und alle die, deren Vorfahr der Aaron ist,
denkt daran, dass Gott euch niemals vergisst.
11 Er wird euch immer helfen, euch und allen,
die endlich Folgendes schnallen:
Gott ist der Chef, der Herrscher der Welt,
und er kann damit machen, was ihm gefällt.
12 Deshalb kann er uns helfen, und das tut er,
durch ihn bekommen wir Erfolg, immer mehr.
13 Er sorgt dafür, dass alle gut drauf sind.
14 Und jede Familie bekommt mehr als ein Kind.
15 Gott liebt euch und passt auf euch auf.
Er ist der krasse Gott, er sorgte für den Lauf
16 der Welt, und der Himmel ist sein,
aber die Erde ist unser, dein und mein.
17 Kein Laut kommt von denen, die „abgelost“ haben,
sie sind nun tot und im Graben.
18 Doch wir sagen Gott, wie geil wir ihn finden,
wir werden uns ewig an ihn binden.

116

Gerettet vom Chef

1 Den Chef liebe ich, als wär ich high,
denn er sieht, was ich brauch, hört meinen Schrei.
2 Er hört mir zu, hat für mich Zeit,
neigt sein Ohr zu mir und
schenkt mir Aufmerksamkeit.
3 Mit einem Bein stand ich schon im Grab,
und der Schrecken des Todes, der mich umgab,
4 zerrte nach mir, aber ich rief nach dir:

„Gott, rette mich, drück auf die Tube,
ich brauche dich, sitz hier allein in der Grube."
5 Mein Daddy ist gnädig und voller Erbarmen,
auch für die Loser und für die Armen.
6 Die Leute, die ganz unten liegen,
werden, wie ich, seinen Schutz kriegen.
7 Jetzt kann ich wieder beruhigt chillen,
weil er mir Gutes tut, nur seinetwillen.
8 Meine Seele hat er vor dem Tod beschützt
und meine Beine vor dem Fall gestützt.
9 Solange ich lebe, darf ich vor ihn treten,
zu ihm selbst hingehen und ihn anbeten.
10 Als kein Ausweg mehr da war, hab ich ihm vertraut.
Als nichts mehr klappte, hab ich zu ihm geschaut.
11 Ich sagte: „Alle Menschen lügen nur rum,
ihre Versprechen fliegen davon wie Helium."
12 Wie kann ich dem Chef nur „danke" sagen
dafür, dass er angedüst kam im Rettungswagen.
13 „Den Kelch des Heils will ich trinken" ist ein Bibelzitat
und bedeutet: das Gute annehmen, das Gott für mich hat.
Ja, das will ich und den Chef meinen Retter nennen,
das alles will ich vor ihm beim Opferessen bekennen.
14 Meine Versprechen an ihn erfülle ich,
vor allen Augen seines Volkes, ganz verbindlich.
15 Gottes Leute sind ihm so kostbar,
für ihn sind sie wertvoller als Milliarden von Dollar.
Wenn einer seiner Leute stirbt, trauert er.
So ein Tod betrübt auch Gott schwer.
16 Mein Familienclan hat dir schon immer gedient,
doch dieses Mal hast du mich bedient.
Als mein Held hast du die Fesseln zerrissen
und mich den Klauen des Todes entrissen.
17 Ich sage: „Du bist mein Chef, du bist mein Herr!"
Dir will ich danken, will von dir immer mehr!
18 Ja, Mann, dein ganzes Volk soll es sehen,
meine Versprechen zu dir sollen geschehen!
19 Dir danke ich, mein Gott! Halleluja!
Im Haus von Gott in Jerusalem, genau da!

117

Jeder soll Gott loben
1 Alle, einfach jeder, soll Gott für immer loben,
auch denen Gott egal ist, sollten das proben. Wird nicht verschoben.
2 Warum? Weil er die Wahrheit sagt! Und liebevoll über alle Zeiten ragt.
Danke Gott, du bist genial, groß, phänomenal,
nicht zu messen mit einem Lineal.

118

Gott liebt ohne Ende
1 Dankt unserm Gott, er ist gut, weil er ohne Ende liebt,
2 seine Leut solln sagen, dass er ohne Ende Liebe gibt.
3 Die Pastoren müssen rufen: „Seine Liebe hört nie auf!"
4 Alle, die Gott voll Respekt geben, legen da noch einen drauf.
5 Als ich fertig war, am Boden lag, schrie ich zu dir, mein Gott:
„Jetzt, bitte hilf mir!" Und du kamst, holtest mich aus meinem Loch.
6 Gott spielt in meiner Mannschaft, er ist mit mir, ich hab null Angst,
wer kann mir was, wo sind die Gegner? Denn du bist da, schon längst
7 bist du mit mir, du hilfst, dann bekomme ich doch voll Oberwasser,
8 auf Gott kann man immer bauen, denn er ist kein „Im-Stich-Lasser".
Menschen lassen einen doch ja mal öfter im Stich.
9 Ist gut, dir zu trauen, denn bauen kann man auf Prolls nicht.
10 Die Leute, die über dich lachen, waren um mich herum.
Aber in deinem Namen kriegten sie von mir eins mit Wumm.
11 Die kamen von überall. Mit deiner Hilfe bring ich sie zu Fall.
Ich schlug sie voll in die Flucht, mit dir da geht das allemal.
12 Sie fielen über mich wie ein Schwarm Wespen aufs Erdbeereis,
aber mit deiner Hilfe schlug ich sie zu Brei, ohne Scheiß.
Sie waren dann schneller weg, wie so ein Jet mit Überschall,
13 sie kämpften gegen mich, ganz prall, damit ich einfach hinfall.
Aber mein Gott war dann zur Stelle, und er half mir schnell auf.
14 Gott allein gibt mir alle Power, mein' Sieg, mein' Lebenslauf.
15 Hört ihr die Songs über den Sieg, den er für uns erkämpft hat?
Gott schreibt die heftigen Geschichten und wird dabei nicht matt.
16 Er schwingt die Fahne in der Luft, als Zeichen für seinen Sieg.
17 Ich werde nicht sterben, sondern leben, sing nur sein Siegeslied.
18 Er hat mich hart bestraft und doch beschützt er mich vor dem Tod.
19 Jetzt macht die Tür auf, ich will im Tempel Gott danken in der Not.
20 Wer Gott die Treue hält, der darf hier immer gern reinkommen.
21 Ich danke dir, mein Gott, durch dich bin ich dem Feind entronnen.

22 Der Eckstein in der Mauer, den die Bauarbeiter wegwarfen,
den hast du genommen, dein Haus genau danach entworfen.
23 Was keiner für möglich hielt, das hast du einfach klargemacht.
24 Wir machen Party heute nur und feiern jetzt bis in die Nacht.
25 Mann, Gott, jetzt komm doch schnell vorbei und mach, dass alles gut wird.
26 Willkommen, der einen Auftrag von Gott hat, für den beten wir wie Tier.
27 Denn Gott ist unser Chef, und er ist immer voll gut zu uns.
Verschönert sein Haus mit Lampen, macht es richtig schön bunt.
28 Du bist mein Gott, und ich danke dir, ich klatsch dir laut Applaus,
29 macht alle mit, dankt unserm Gott, den er kommt dann ganz groß raus.
Und er ist voll freundlich, nett und gut, und das ständig.
Das bedeutet korrekt, gestern, heute, für immer und ewig.

119

Das ABC von Gott

1 **A**uf jeden Fall gut dran sind die, denen man nichts Fieses nachsagen kann,
die sich nach Gottes Plan ausrichten, und das nicht nur dann und wann.
2 **A**uch gut am Start ist, wer Gottes Worte draufhat,
wer sich danach richtet, sich für Gott reinkniet, auch mit der Tat.
3 **A**ls Erstes sind sie cool und krass, wie Gott es will, am Machen.
4 **A**nsagen, die von dir kommen, da sollten wir nicht drüber lachen.
5 **A**m liebsten will ich die noch viel krasser durchziehen,
damit ich dir richtig nützlich bin.
6 **A**uch deine Gebote verlier ich nicht aus dem Blick,
darum bekomm ich auch keine Panik.
7 **A**ber stattdessen kann ich dich voll loben,
denn deine Gebote kenne ich jetzt nicht nur von oben.
8 **A**n deinen Ansagen will ich mich ausrichten,
lass mich dabei deine Nähe stets sichten.
9 **B**itte, Gott, ich frag dich, verrate mir,
wie kann ein Teen heute korrekt leben mit dir?
Vermutlich nur, indem er danach fragt,
was du für ihn und sein Leben sagst.
10 **B**ei dir, Gott, will auch ich immer bleiben,
lass mich bitte nie von deinem Weg abgleiten.
11 **B**ehalten, nicht vergessen, will ich immer dein Wort,
damit ich dir keine reindrücke, immer wieder, fort und fort.
12 **B**edanken will ich mich bei dir und dich loben.
Für das, was du sagst, reiß ich auf meine Ohren.
13 **B**abbeln, labern, reden will ich immer vor mich hin,
aber nur, was von dir kommt, das ergibt wirklich Sinn.

14 **B**ereiten mir deine vielen Gebote doch
mehr Freude als Reichtum in einem finanziellen Loch.
15 **B**rain, denk nach über das, was Gott sprach,
und unter Garantie liegen meine Wege dann nicht brach.
16 **B**odenlos glücklich über dein Gesetz bin ich,
und was du sagst und sagen wirst, ich denke daran und vergess es nich.
17 **C**reme mich bitte ein, ich mein das natürlich symbolisch,
denn alles zum Leben kannst nur du mir geben, so wie das Fleisch und den Honig.
18 **C**ancel doch auch meine total innere Blindheit.
Dann kapier ich die Wunder in deinem Gesetz und weiß endlich Bescheid.
19 **C**heck ich ein, check ich aus, wie in einem Hotel,
vielleicht nicht ganz so in Eile, vielleicht nicht ganz so schnell.
Denn ich bin nur kurz hier, und das auch nur touristisch.
Das ist es, genau deswegen brauch ich dich,
deine gigantische Liebe, deine genialen Gesetze,
zeigst mir die Wahrheit, damit ich mich nicht verletze.
20 **C**lou in meinem Leben ist, immer mehr danach zu streben,
das, was du sagst, nicht nur zu hören, sondern es mir echt zu geben.
21 **C**holera, Pest und der Rest sind für die Eingebildeten und Stolzen.
Du wünscht denen die Krätze an'n Hals, die mit deinen Gesetzen rumbolzen.
22 **C**rash, boom, bang … macht es in meinem kleinen Leben,
weil ich nach dem, was du sagst, versuche zu streben.
23 **C**hefs treffen sich, natürlich besprechen sie sich
und schmieden Pläne gegen mich. Doch ich will dich
besser kennen und deine Gesetze auswendig lernen.
24 **C**opyright auf „immer freuen“, wenn es das gäbe, ich wäre im Rennen.
Denn da bin ich gut, weil mir deine Gesetze immer Rat geben und gaben.
25 **D**u, Gott, ich lieg im Dreck! Hol mich da raus durch deine Ansagen.
26 **D**ir erzähl ich doch immer, was ich grad so tu.
Und du hilfst mir ja auch immer, du hörst mir zu.
Gerade jetzt, wo es wohl eher schlecht um mich steht,
zeige mir bitte, bitte, wie es weitergeht.
27 **D**as, was du zu mir sagst, lass es mich checken,
und ich werd erzähln von dir, damit sie dich entdecken.
28 **D**ermaßen unten bin ich grad, völlig gebrochen.
Gott, hilf mir wieder hoch, du hast es versprochen.
29 **D**ann gib mir auch die Kraft, das Lügen zu lassen.
Ich will richtig sehn und verstehn, um deinen Weg nicht zu verpassen.
30 **D**enn auf genau diesen deinen Wegen
will ich gehen und für immer mein Leben leben,

und eine Sache soll immer sein vor mir,
ich will dich selbst haben und alles von dir.
31 **D**afür muss ich festhalten an allem, was du sagst.
Und mach, dass ich nicht ausgelacht werde, weil du das ja auch nicht magst.
32 **D**eswegen laufe ich geradeaus auf deinem Weg,
weil meiner Zukunft dann nichts mehr im Weg steht.
33 **E**s ist nicht so einfach, sich an deine Gesetze zu halten,
ich will's lernen von dir und tun, mein Leben dementsprechend verwalten.
34 **E**in Kapieren, und es dann tun, soll wachsen in mir,
35 **e**ben deinen Weg zu gehen als mein' Genuss und Spaß an dir.
36 **E**goisten kennen nur sich selbst, ich aber will dich hören und sehn,
37 **e**inen Dreck geb ich drauf, was andere sagen und wo sie grad stehn.
38 **E**rfüll mir das, was du mir zusagst, wenn ich dir vertrau.
39 **E**infach nimmst du mir meinen ganzen Scheiß weg, der mich bedrückt hat wie Sau.
40 **E**ine Sehnsucht hab ich nach dir, so dass es schon weh tut,
weil du der Einzige bist, der mir wirklich guttut.
41 **F**einster Gott, zeig mir immer wieder, wie sehr du mich liebst,
und hilf mir auf die Art, wie man in deinem Wort liest.
42 **F**inde dort die passenden Worte, wenn mich jemand anmacht und disst.
Ich vertraue dadrauf, dass du dein Wort auch hältst.
43 **F**aktor „Wort Gottes", das ist meine Hoffnung,
bitte nimm das nicht von mir, denn ich brauch deine Peilung.
44 **F**eierlich verspreche ich, immer das zu tun, was du sagst.
45 **F**ür mich ist immer viel möglich, denn ich tue, was du magst.
46 **F**eigheit kenne ich nicht, ich erzähl es auch vor Präsidenten.
47 **F**reude macht mir, zu tun, was du willst, ohne dabei zu enden.
48 **F**inger nach oben, zu deinen Geboten die Pfoten.
Was du gesagt hast, liebe ich, denke ich nach, will ich ausloten.
49 **G**ott, vergiss nicht deine Worte, ich zähle dadrauf.
Was du uns gesagt hast, kam nicht nur aus dem Bauch raus.
50 **G**ut ist, was du versprochen hast, das macht total Mut.
51 **G**anz klar, die stolzen Typen ziehen vor mir nicht den Hut.
Trotzdem ziehe ich deine Sache immer radikal durch.
52 **G**esetze? Bei dem Thema komme ich gut drauf wie Lurch.
53 **G**rimmig werde ich, wenn Leute keinen Bock drauf haben.
54 **G**eil sind deine Regeln, hab sie als Lied rumgetragen.
55 **G**edacht hab ich an dich jede Nacht, war mir wichtig.
56/57 **G**lücklich werd ich, denn nach deinen Regeln lebe ich.
58 **H**ab mir geschworen, radikal für dich zu leben,
bitte hilf mir dabei, du hast es versprochen in deinen Reden.

59 Heute denke ich noch mal über mein Leben richtig nach
und beschließen, das zu tun, was du schon lange zu mir sagst.
60 Hallo, Gott, ich beeile mich dabei, und ich streng mich an,
zu tun, was du gesagt hast, schneller als die Eisenbahn.
61 Hinterhältig versuchen Leute, die dich echt hassen,
mich zu fassen, aber ich werde niemals von dir ablassen.
62 High Noon um zwölf, stehe ich nachts schon auf der Matte,
zu danken, denn Korrektheit ist für dich nicht Latte.
63 Hey, wer Respekt vor dir hat, dir folgt, ist mein Freund.
64 Hinter jeder Ecke sehe ich deine Liebeslektion hier auf der Welt.
65 Ich fühl mich beschenkt von dir, das ist echt der Hammer, Mann.
66 In deinen Gesetzen steht's, wie ich dich verstehen und erkennen kann.
67 Ich war früher klein und hatte wenig Ahnung von dir,
heute aber will ich ständig viel mehr wissen von dir.
68 Ideen, wie du mir Gutes tun kannst, hast du ohne Ende.
69 Immense Lügen wurden gegen mich erhoben, und ganz behende
hast du dafür gesorgt, dass sie mir nicht schaden, du nahmst's in deine
Hände.
70 Ihre Herzen sind so gefühlos und eiskalt wie Stahl,
doch ich hab mich für dich entschieden, ich hatte die Wahl.
71 Immer muss ich dran denken, wie ich früher war und was ich durch dich
geworden bin.
72 Immens wertvoll, mehr als alles Geld der Welt, ist das, was ich bei dir find.
73 Ja, du hast mich gemacht, mir gezeigt, wie ich bei dir lerne.
74 Jeder, der dein Freund ist, ist auch meiner und gerne,
75 je nachdem, wie ich mich verändert hab durch dich,
76 jag ich dir nach, deiner Freundlichkeit, sie tröstet mich.
77 Ja, du gibst mir Leben, wie's sonst keiner kann.
78 Jeder, ja alle, die nichts von dir wissen wollen, blamier sie, weil sie mir
unrecht getan.
79 Jetzt zeig mir die, die noch an dich glauben und mit dir gehn,
80 ja, ich will mich immer auf dich verlassen, dann wird mir nichts Schlim-
mes geschehn.
81 Keiner lässt sich blicken, aber ich hoffe, dass du, Gott, mir helfen kannst.
82 Komm, tröste mich, ich halt schon Ausschau nach dir, und dann
83 kann ich mich auch mal fühlen wie ein Schlaffi, matt und kraftlos,
aber deine Worte, die lassen mich nicht wieder los.
84 Kurz ist mein Leben, keiner weiß, wie lang es kann dauern,
wann machst du die endlich platt, die mir ständig auflauern?
85 Kamele sind die, die mir das Leben schwermachen und absolut nicht nach
dir fragen.

86 **K**rank sind sie, die mir ihre Lügen anhängen wollen, bitte hilf mir, es zu ertragen.
87 **K**ompromisslos hätten die meinem Leben fast ein Ende gemacht,
ich hab deine Hilfe ganz real erlebt, wie du's mir zugesagt.
88 **K**urz gesagt, du hast mein Leben wiederhergestellt,
das kann ich sofort unterschreiben vor aller Welt.
89 **L**ang, lang, für immer bist du Gott, dein Wort hat totalen Bestand.
90 **L**ogisch hast du die ganze Erde gemacht, und du hast alles in deiner Hand.
91 **L**eben hast du erweckt, die ganze Kreatur, dir zur Freud
92 **l**ässt du mich dran teilhaben und mich nicht hängen in meinem Leid.
93 **L**uft zum Atmen sind mir deine mutmachenden Worte.
94 **L**etztere habe ich immer beachtet, drum gehöre ich zu dir und nicht zu der Sorte,
95 **L**eute ohne Skrupel, die machen mir das Leben schwer,
aber ich weiß, du bist bei mir und stark wie ein Bär.
96 **L**eben ohne dich ist wie ein Alptraum für mich,
du aber bist vollkommen, und darum liebe ich dich.
97 **M**ir gehen deine Worte nicht mehr aus dem Kopf raus,
sie beschäftigen mich, ich bin ganz wild drauf,
98 **m**al schlauer zu sein als die, die mir ans Bein pinkeln wollen.
99 **M**anchmal denke ich, bei dir ist es so, als schöpfe ich aus dem Vollen.
100 **M**änner, die voll alt sind, benehmen sich unreifer als ich,
ich frag, was du willst, ich höre nur noch auf dich.
101 **M**ein Entschluss, das zu tun, was dir gefällt, steht für mich fest,
102 **m**ehr will ich gar nicht, und du machst den Test,
103 **m**it Schokolade belohnst du mich durch dein Wort.
104 **M**ilch und Honig ist es für mich, ich will nie wieder von dir fort.
105 **N**un, wenn du zu mir sprichst, so ist das wie ein Licht,
das mir alles hell macht, auch in der oberfinsteren Nacht.
106 **N**ach dem, was du sagst, will ich mich richten.
107 **N**ebel ist das, was ich sehe, drum lichte
108 **n**achher du das, was ich nicht sehn kann,
zeig mir meinen Weg, und ich bin dir immer dankbar, Mann.
109 **N**ur Gefahr ist's, in der ich hier leben muss,
deine Worte dagegen sind mir wie ein sanfter Kuss.
110 **N**iederträchtig gehen meine Gegner mit mir um,
ich aber halte mich, ich bin ja nicht dumm,
111 **n**ur an deine Regeln, denn sie beleben mich.
112 **N**onstop sind wir ein Team, für immer, du und ich!
113 **O**h, wie ich die hasse, die gegen deine Regeln sind.

114 **O**b du mich beschützt, als wär ich dein Kind,
115 **o**der als ob alle meine Feinde vor mir geflohen sind,
116 **o**bendrauf bekomme ich noch so viele Geschenke von dir,
Leben statt Tod, Unterstützung und Hoffnung, das gibst du mir.
117 **O**ft hilfst du mir und baust mich wieder auf,
118 **O**pfer werden die, die nicht ehrlich mit dir sind, du gibst ihnen eins drauf.
119 **O**ffensichtlich für alle, wirst du sie irgendwann gerecht bestrafen,
120 **o** Mann, du bist so groß, wenn ich dran denk, und kann nicht mehr schlafen.
121 **P**anik schieb ich, wenn ich an meine Gegner denke,
eine Bitte hab ich: Gib mich nicht in ihre Hände.
122 **P**robier's für mich und halt sie mir alle vom Hals,
wenn sonst keiner so was kann, aber du kannst's.
123 **P**ower gibst du mir, ich warte schon sehnsüchtig drauf,
124 **p**ure Liebe kommt von dir und als Krönung obendrauf
'ne Riesenportion vom allerbesten Leben,
das alles willst du mir einfach so geben.
125 **P**ul du mir bei, was ich wissen muss, um dich zu verstehn,
126 **p**unkten werden die nicht bei dir, die ohne dich ihren Weg gehn.
127 **P**ures Gold ist's für mich, wenn ich mich an dich halte,
128 **p**rofitieren werd ich davon, wenn ich mit dir zusammen mein Leben gestalte.
129 **R**ettung sind deine Worte für mich und meine Seele,
130 **r**ichtiger Durchblick sind sie für alle, die sie wählen.
131 **R**uhig kann ich nicht mehr sein, denn ich hab Sehnsucht nach dir,
132 **R**espekt gibst du allen, die dich lieben und leben mit dir.
133 **R**iesige Schritte komm ich voran, denn du gehst mit mir mit,
und keiner, der mir ans Leder will, hält mit mir Schritt.
134 **R**ette mich vor meinen Feinden, und ich will nur noch mit dir gehn,
135 **r**atzfatz lässt du alles nur erdenklich Gute an mir geschehn.
136 **R**atlos bin ich, weil ich's überhaupt nicht kapier,
dass es Leute gibt, die gar nichts wissen von dir.
137 **S**upergut und gerecht bist du, du weißt's besser als wir,
138 **s**chon immer warst du's, der alles, Menschen und Tier,
gemacht hat, so wolltest du's, und so passiert's mir,
139 **s**ie machen mich rasend, die Gegner von dir.
140 **S**o klar ist das, was du zu mir sagst,
ich mag es total, wie du immer nach mir fragst.
141 **S**ehr klein bin ich, nichts Besondres vor anderen Augen,
aber was du von mir willst, das will ich befolgen, in mich reinsaugen.
142 **S**icher und wahr ist das, was du sprichst,

143 **S**chmerz und Elend fühl ich, aber du ermöglichst
mir, dass ich dich in vollen Zügen genießen kann.
144 **S**inn gibst du meinem Leben, du bist eben kein Tyrann.
145 **T**agaus und tagein, Gott, ruf ich nun zu dir,
so hilf mir doch endlich, schenk mir dein Gehör.
146 **T**apfer liege ich dir in den Ohren,
147 **t**ief in der Nacht und früh schon am Morgen
schreie ich und warte auf deine Antwort.
148 **T**rau ich auf dich, so geh ich an den Ort
149 **t**äglich, an dem ich dich um Hilfe bitte,
und du kommst zu mir und gehst mit mir die Schritte.
150 **T**ausende wollen von dir überhaupt gar nichts wissen,
fragen nicht nach dir, wolln sich einfach nur verpissen.
151 **T**orpedomäßig kommst du, ich kann immer auf dich zählen,
152 **t**oll, du hilfst mir, ich muss mich nie mehr alleine abquälen.
153 **U**nd guckst du nach mir, dann hilf mir bitte,
ich hab dich nicht vergessen, du bist meine Mitte.
154 **U**nmöglich ist dir doch eigentlich gar nichts, und darum
hol mich bitte raus aus meinem Tief, und ich, ich kümmer mich nicht drum,
155 mir **u**m die auch noch viele Gedanken zu machen,
die nicht nach dir fragen, die nur über dich lachen.
156 **U**nvorstellbar groß bist du, und doch ist's dir nicht egal,
wie es mir geht, und jetzt, zum hundertsten Mal,
157 **ü**bertrumpfst du meine Gegner, die mir nur ans Bein pinkeln wollen,
158 **u**nd ich krieg den Ekel vor denen, denn alle die sollen
dich mal von deiner unangenehmen Seite erleben.
159 **U**nangenehm, weil, du lässt sie erbeben,
ich aber ziehe mich hoch an dir, mein Gott,
160 **u**m alles in der Welt, ich will nie mehr von dir fort.
161 **W**er mir alles das Leben schwermacht und hinter mir her ist,
den schmetterst du ab, aber ich kenn dich, und du bist,
162 **w**ann immer ich zu dir komme und Hilfe brauch, für mich da,
du bist besser als jeder menschliche Papa.
163 **W**en sollte ich lieber haben als dich, mein Gott?
Lügerei bringt meinem Leben ja doch nur den Bankrott.
164 **W**enn ich dir siebenmal am Tag danke sagen will,
dann wird in mir drin plötzlich alles ganz still.
165 **W**o gibt's tieferen Frieden als nur bei dir?
Nichts haut mich mehr um, du bist mein „big leader".
166 **W**as ich mir erhoffe, du willst es mir schenken,
167 **w**as ich bei dir erbitte, du wirst an mich denken.

168 **W**egen dir, das will ich gern aller Welt berichten,
geht's mir bestens, bringt's überall in den Abendnachrichten.
169 **Z**u dir, Gott, bring ich meine Probleme,
bring mir deine Worte bei, damit ich es verstehe.
170 **Z**u dir, Gott, lass mein Bitten kommen
und hilf mir schnell, wenn du es vernommen.
171 **Z**u dir, Gott, will ich mit meinem Mund singen,
denn du tust mir deine Gesetze beibringen.
172 **Z**unge, da in mir, soll immer singen, Gott, zu dir,
weil allein deine Gesetze sind gut hier.
173 **Z**ögere nicht und strecke deine Hand aus zu mir,
ich habe deinen Willen letztendlich kapiert.
174 **Z**ieh mich bitte ganz nah hin zu dir,
denn allein deine Gesetze erzeugen Freude in mir.
175 **Z**usagen von dir für ein langes Leben,
die wünsche ich mir, und ich will dir dafür Applaus geben.
Dein Gesetz soll mir helfen, korrekt zu sein.
176 **Z**iellos werde ich sonst und verlorengeh'n.
Bitte pass auf mich auf, lasse mich nicht im Stich,
denn deine Gesetze vergesse ich niemals nicht.

120

Fiese Verräter

1 Ein Lied, was man dann singen kann, wenn man auf eine Opfersession
zum Tempel geht.
Ich schrie unentwegt zu Gott, es ging mir beschissen in der Not, aber er
hörte mein Gebet.
2 „Gott“, sagte ich, „rette mich vor diesen Lügnern, vor diesen übelst fiesen
Betrügern!“
3 Wie soll Gott es dir heimzahlen? Hast gelogen beim Rumprahlen, und das
nicht mal ungern!
4 Soll er Patronen nehmen, soll man auf euch schießen, glühende Kohlen auf
euch gießen?
Oder hast du es am liebsten, wenn er mit einem Brenner Teer über deine
Hände lässt fließen?
5 Es ist am fiesesten, als Ausländer zu leben bei Menschen, die meinen Gott
gar nicht kennen.
6 Ich penn schon zu lange hier, wohne bei den Leuten, die Frieden gerne in
Krieg umbenennen.
7 Selbst wenn ich mich ruhig verhalte, eher Frieden verbreite, ich bin noch
nicht mal kess,

dann brauch ich nur den Mund aufzumachen, irgendwas zu sagen, und es gibt sofort Stress.

121

Ganz besonderer Rap Nr. 121, ein Party-Track

1 Ich guck mich um und starr die Berge an.
Ich frag mich, wo meine Hilfe herkommen kann.
2 Natürlich ist der Himmel ihre Herkunft:
der Macher und Erfinder vom Universum.
3 Er beschützt dich; keiner stellt dir ein Bein.
Er tut seinen Job, er pennt nicht ein.
4 Guck! Was wir für einen Hirten haben!
Er schläft nicht – oder hörst du ihn schnarchen?
5 Gott persönlich kümmert sich um dich.
Er ist dein Schatten; er lässt dich nicht im Stich.
6 Am Tag wird dich die Sonne nicht stechen,
noch der Mond bei Nacht dich schwächen.
7 Gott bewahrt dich vor jedem Unglück;
du bist sicher, weil er deine Seele beschützt.
8 Er passt auf dich auf, wenn du kommst und gehst,
jetzt und solange du lebst.

122

Extrem glücklich

Dies ist ein musikalischer Beitrag Davids,
nur damit ihr wisst, wer hier und jetzt am Start ist.
1 Eins macht mich so extrem glücklich!
Noch etwas vorweg, alles andere nützt nichts,
denn wenn andere sagen: „Kommt, lasst uns jetzt
unseren Gott besuchen“, dann gibt das mir den Rest.
2 Dann endlich, vor den Toren in Jerusalem
haben wir Land gewonnen und lassen es uns gutgehen.
3 Eine Stadt, die rundherum perfekt funktioniert,
so schön und einmalig und noch nie kopiert.
4 Überall da, wo Gottes Generation
ans Tageslicht kommt wie Revolution,
repräsentiert es Israel, um nur eins zu zeigen,
man soll dem Boss im Kosmos allen Respekt erweisen.
5 Denn dort erhebt sich der Stuhl des Gerichts,
aus dem Haus Davids strahlt ein voll krasses Licht.
6 Also gebt alles für den Frieden in Israel,

damit ihr nicht Gottes ewiges Ziel verfehlt,
denn wahrhaftig chillen sollen alle, die dich, Gott,
von ganzem Herzen lieben und respektieren als Boss.
Darum, Freunde, wünscht nur das Beste seiner Stadt,
ihr werdet wahrhaftig leben und wahrhaftig „satt".
7 Die Atmo in dieser Stadt soll nur die beste sein,
damit ist wahres Glück in den höchsten Tönen gemeint.
8 Wegen meiner Brüder und Homies sag ich es laut,
wahrer Friede soll dich treffen, bis es dich umhaut.
9 Schließlich, im Namen unseres ewigen Gottes
will ich, bis mein Leben alt, verbraucht und morsch ist,
nonstop nur das Beste für dich suchen, also Kopf hoch,
denn man soll von dir sagen, der Ort, wo man Gott lobt.

123

Warten auf ein Zeichen von Gott

1 Dieser Song geht durch den Bong,
wenn Leute auf 'ne Party gehen,
die in der City feten.
Gott, ich richte meine Blicke auf dich,
ich seh nach oben in den Himmel an sich,
weil ich denke, dass du da wohnst, auf deinem Chefsessel thronst.
2 So wie ein Hund auf das Pfeifen des Herrchens wartet,
wie ein Soldat nach dem Befehl erst startet,
so blicken wir auf Gott und warten auf sein Zeichen,
werden nicht von seiner Seite weichen,
bis er dabei ist, Liebe zu beichten.
3 Geh liebevoll mit uns um, Gott, man macht uns grad fertig,
reichlich Geläster geht gegen mich.
4 Die lachen uns aus, machen Witze mit Spitze,
und ich sitze und halt es aus,
aber ich renn hier bald raus,
die verarschen uns richtend,
aggromäßig, vernichtend.

124

Endlich Freiheit!

1 Wie ein Lied, was man rappen sollte,
wenn man zum Fest hochgeht,
nicht zu 'ner Revolte.
Israel und seine Leute sollen mal sagen:

Wenn Gott nicht bei uns wäre, dann läg alles im Argen.
2 Wenn Gott nicht bei uns wäre, wenn wir angegriffen werden,
3 dann würde man uns töten, wir würden garantiert sterben!
Bei lebendigem Leib würde man uns dann verbrennen,
wenn alle voller Hass sind, dann kannst du nur noch rennen.
4 Dann hätte uns die Flutwelle weggeschwemmt,
die Elbe und der Rhein: alle Dämme gesprengt.
5 Dann wäre über uns ein Tsunami gekommen,
6 doch, Gott, wir haben es mitbekommen,
dass du auf uns aufpasst, wenn der Feind uns kaputtmacht.
7 Wir konnten dort fliehen, das hast du so gemacht.
Wie eine Robbe, die ins Netz eines Fängers ging,
hast das Netz zerschnitten, als wir uns dort verfing'n.
Hast uns rausgeholt, uns erlöst, wir sind frei!
8 Du bist es, der mir hilft in der Not, wenn ich schrei.
Meine Hilfe kommt vom Chef, ohne Unterschied,
machte den Himmel, die Erde und auch diesen Beat.

125

Wer auf Gott steht

1 Ein Lied, das man immer dann singen kann, wenn's nach Jerusalem geht.
Wer auf Gott steht, auf ihn setzt, niemals untergeht.
Der ist wie der Berg Zion, unverwüstlich.
2 So, wie die Berge Jerusalem beschützen, sicherer geht's nicht.
Genauso schützte Gott seine Leute vor dem Erdbeben.
3 Wir leben, und er wird von diesen Präsidenten, die ohne Gott gehen,
ihr Land bald nehmen, denn er hat es denen gegeben,
die okay, richtig und gerecht leben und reden.
Sonst könnten die auch anfangen, Scheiße zu bauen,
die bis jetzt Gott vertrauen, ihm glauben, auf ihn schauen.
4 Gott geht nett mit Leuten um, die Gutes tun. Diese Frommen,
die nicht ruhen, die im Herzen gottmäßig draufkommen.
5 Die aber Mist bauen, sich von dir wegtrauen, die ganzen Verräter,
die du nicht willst, sollen abtreten, verstoßen werden, wie alle Übeltäter.
Und nicht viel später soll Frieden kommen überall nach Israel,
das ist es, wofür ich mich entscheide, das ist es, was ich wähl.

126

Ein Lied für Leute im Knast

1 Der Psalm ist ein besonderes Lied für die Israelis
und handelt von Gefangenschaft, z. B. in 'nem Bunkerverlies.

Egal ob du versklavt bist von Drogen oder Partys,
mein Gott kann dich befreien und alle deine Homies.
Wenn der erst mal am Start ist, haut das richtig rein,
du bist total frei, und zwar nicht nur nach dem Anschein.
All das macht dich baff, du verlierst dein Bewusstsein,
denn Gott schenkt dir einen Freiheitsgutschein.
Kommst dir vor wie im Traum und machst 'nen Purzelbaum.
2 Du bist frei und wirst wahre Freude verspür'n,
wie niemals zuvor, denn in dir drin wird es glühn!
Vor Freude wirst du ausrasten, kannst dein Glück kaum fassen,
wie 'n Baby im Sandkasten, laut lachend, ausgelassen.
Im Umfeld andrer Leute, sogar in andren Staaten,
können's die Leute nicht packen, müssen drüber beraten.
„Sein Gott schafft Krasseres als unsere Soldaten!"
Das Topthema sind dann Gottes coole Taten.
Und alle Zeitungen schreiben über diese Daten.
3 Unser Gott hat echt was Krasses mit dir getan,
er hat dich erlöst und mit dir auch deinen Clan.
Über beide Ohren kannst du jetzt echt grinsen,
denn das ist cooler als Millionen Zinseszinsen.
4 Chef, ich hab jetzt auch noch die eine wichtige Bitte,
rette uns doch schnell direkt in deine Mitte.
Die wir gefangen gehalten werden von anderen Ländern,
bitte, Gott, kannst du das denn nicht mal ändern?
Genau wie das Gletschereis zu Talwasser schmilzt,
bring uns in unsere Heimat, ich weiß doch, dass du's willst!
5 Und ich bin sicher, wenn man mit anfänglicher
Traurigkeit in etwas investiert und damit assoziiert,
irgendwann den Gewinn draus zu ziehen,
wird man high dabei rauskommen, aber dennoch ganz clean.
6 Denn den Samen säst du völlig fertig und weinend,
aber die reiche Ernte wirkt effizient, ein echtes Happy End!
Fette Ernte bringt dir dieser Samen
durch Gottes Liebe, und dazu sag ich Amen!

127

Ganz besonderer Rap Nr. 127

1 Würde Gott einen Bau alleinlassen,
könnten alle Bauleute gleich einpacken.
Würde Gott eine Stadt nicht bewachen,
könnte keine Security sie sicher machen.

2 Es bringt euch nichts, dass ihr früh aufsteht
und euren Arbeitstag bis in die Nacht ausdehnt.
Ihr bezahlt damit, was ihr esst und trinkt,
aber Gottes Leute kriegen es, wenn sie am Pennen sind.
3 Ach, wie schön sind doch Söhne und Töchter,
eine Erfindung von unserem Schöpfer.
4 In der jugendlichen Altersklasse
sind Kinder eine starke Waffe.
5 Gut geht es denen, die viele davon haben,
denn so leicht kann niemand sie verarschen.
Sind sie am Ende mit ihrem Latein,
passiert ihnen nichts, denn sie sind nicht allein.

128

Gut ist drauf, wer sich Gottes Gesetz gibt

1 Ein Reim für den Menschen, der auf die Party nach Jerusalem geht,
der Reim will dir sagen, dass jeder gut draufkommt,
der sich die Gesetze von Gott reinzieht.
Der tut, was er sagt,
der wird immer versorgt sein
2 durch seine Arbeit mit Händen,
das Glück wird sich nie von dir wenden.
3 Deine Frau wird dir viel Kinder schenken;
mehr, als die Zweige eines Ölbaums sich renken.
4 So hilft dir Gott,
weil du Respekt vor ihm hast,
weil du weißt, wer er ist,
und er kennt keine Rast.
5 Gott will das Beste für dich und für jeden,
spricht Glück und Segen aus der City,
für dich und dein Leben.
6 Deinen Enkeln wünscht er totalen Frieden,
und auch deine Kinder will er lieben.

129

Ihr seid echt peinlich

1 Auf dem Weg zu Gott könnt ihr das hier singen,
in ganz Israel soll das Lied erklingen.
2 Sie haben oft versucht, mich fertigzumachen,
schon in meiner Kindheit hielten sie mich zum Affen.
Aber sie haben nicht geschafft, mich zu brechen,

3 ich habe nur Narben von ihrem Stechen.
4 Gott ist gut, Gott ist gerecht,
er hat mich befreit, er hat mich gerächt.
5 Ihr seid echt peinlich, ihr Zions-Hasser.
6 Ihr seid so wie das Wasser,
das austrocknet, kurz bevor man es trinkt.
7 Jeder fühlt sich davon gelinkt.
8 Zu euch sagt keiner: Gott soll euch schützen!
Und selbst wenn, es würde nichts nützen.

130

Ganz besonderer Rap Nr. 130
1 Ich schreie zu dir, denn ich bin seelisch bankrott,
Hey! Hörst du meine Stimme, mein Gott?
2 Ich schicke ein lautes Gebet zu dir raus.
Zieh dir das rein: Ich bin mies drauf!
3 O Mann! Würdest du nur auf unsre Fehler sehen,
wer würde es packen, wer würde das bestehen!
4 Doch zum Glück vergibst du und nimmst sie weg,
damit wir deine Größe sehen, mit Respekt.
5 Ich vertrau auf Gott mit allen meinen Sinnen;
das Blatt wendet sich, wenn seine Worte erklingen.
6 Ich dreh mich um Gott, mit allen Gedanken,
beobachte ihn mehr als Banker ihre Finanzen.
7 Höre auf Gott, du ganz besonderes Volk!
Suche nur ihn, so wie Einbrecher Gold.
8 Denn er kommt mit Liebe und rettet seine Leute,
er befreit und heilt jede Beule, damals wie heute.

131

David ist am Kuscheln
1 Dieser kurze Rap von David ist Wegzehrung
für die Fahrt nach Jerusalem, zur Gottes-Ehrung.
Gott, ich denk nicht, ich bin der Geile,
ich schau auf niemanden runter
und will gar nicht die Teile,
die unerreichbar und einfach weit weg von mir sind.
2 Nein, entspannt bin ich jetzt, ganz ruhig wie ein Kind,
das satt und warm bei der Mutter liegt,
sich in ihren Armen ganz nah an sie schmiegt.
3 Hey, Israel, Mann, vertrau deinem Gott!
Tu es jetzt, tu es für immer, er hilft in der Not!

132

Gott was geschworen

1 Dieser Beat gilt für jeden, der zum Fest zieht
nach Jerusalem, und dort ein Gebet aufgibt:
Gott, vergiss bitte nicht, wie David für dich malocht hat.
2 Und vergiss bitte nicht, wie er dir bei allem, was heilig ist, geschworen hat,
er hat es dir geschworen, dem heftigen Gott von Jakob.
3 Er sagte: „Ich will nicht mehr nach Hause, in den alten Trott,
will nicht mehr rumdröhnen,
4 nicht mal mehr rumdösen,
will endlich durchziehen,
5 bis ich einen Platz für dich finde, dann kannst du umziehen.
Wo du starker Gott dann wohnst
und thronst."
6 Als wir in Efrata die Nachricht bekamen,
wo deine Kiste mit den Gesetzen war,
im Gebiet von Jaar,
7 sagte ich: „Kommt, lasst uns zu Gott nach Hause gehen,
wir wollen zu ihm beten,
ihn anflehen!"
8 Gott, mach los, beschütze die Kiste,
das Zeichen von Macht.
Lass dich da blicken, wo es heilig ist,
in deiner Kraft.
9 Die Prediger, die dir dienen, sollen sich an die Sachen halten,
die du gesagt hast, keine Show mehr veranstalten.
Denn wer dich liebt, kann laut jubeln und lachen!
10 Gott, vergiss bitte nicht, was du David versprochen,
und lehne den bitte nicht vorschnell ab,
den du zum Präsi gemacht, den du erwählt hast.
11 Yes, Gott hat David seine Treue versprochen,
und dieser Schwur wird von ihm niemals gebrochen.
Er versprach David, dass auch sein Sohn ein Präsident wird,
12 „wenn der sich an das hält, auf die Gebote hört.
Ich werde sie ihm einprägen für alle Zeit,
und dann werden auch seine Kinder Präsidenten sein bis in Ewigkeit."
13 Denn Gott hat Zion erwählt, es gefällt ihm dort sehr:
14 „Ich will hier ewig ruhen, finde es schön hier.
15 Ich will sie beschenken und den Armen Brot geben,
alle sollen es haben, genug zum Leben.

16 Ihre Priester sollen vor allen bezeugen,
dass ich es gut mit ihnen mein, will sie heilen, nicht beugen.
Und alle, die mich lieben, sollen abgehen vor Freude.
17 In dieser Stadt sollen David und seine Leute
ihre Macht ausbauen,
ihre Familien dadrauf vertrauen,
dass sie ihre Herrschaft dort für immer in Felsen hauen.
18 Doch seine Feinde werden peinlich abgehen,
sie werden ‚ablosen' und es nicht mehr bringen, wirst sehen.
Aber der Ruhm des Präsidenten, von dem
wird man noch ewig reden."

133

Ein Lied für unterwegs

1 Von David, ein Lied für unterwegs.
Das ist stark, wenn Gottes Leute
gestern wie heute
zusammen wohnen, sich alles teilen,
Essen, Kohle, Schweres und Freuden.
2 Das ist so, wie das teuerste Öl für die Haut
bei Aaron, dem Priester, gegossen aufs Haupt,
herunterläuft an ihm und seinen Klamotten
3 wie der Tau, der morgens liegt auf den Bergen, Tälern und Orten.
So fett und gut will uns Gott beschenken,
hier, jetzt und länger, als wir vermögen zu denken.

134

Loben nachts im Tempel

1 Noch ein Lied für unterwegs.
Na los, alle, die zur großen Party gehn,
die für Gott arbeiten und nachts in seiner Hütte stehn,
2 streckt ihm alle eure Hände zum Himmel entgegen.
3 Denn er, der alles gemacht
und ausgedacht,
lässt ganz fett nur Gutes auf euch regnen.

135

Eins stimmt immer: Gott ist krass!

1 Halleluja, Gott ist krass! Yes, feiert ihn!
Das gilt für alle, die für ihn arbeiten, die sollen ihn besingen.
2 Die Leute, die im Haus von Gott arbeiten.

3 Macht Lob-Alarm! Gott geht freundlich mit uns Arm in Arm.
4 Der Chef hat die Kinder von Jakob ausgesucht,
hat Israel als sein Eigentum eingebucht.
5 Ich bin mir sicher, Gott ist der fetteste Bringer,
er ist mächtiger als die ganzen anderen Götterdinger.
6 Denn alles, was er will, das tut er einfach,
hier auf der Erde oder auch auf dem Himmelsdach
und in den Meeren, unter den Erden, zieht er sein Ding durch.
7 Er lässt die Wolken aufziehen, knallt mit Blitzen wie Lurch,
lässt es schütten aus Eimern, bläst den Wind aus seiner Lunge.
8 Er hatte von allen Ägyptern die ersten Jungen,
und auch von den Kühen und Schafen, abschlachten lassen.
9 Er tat dann derbe Wunder, die kann man kaum fassen,
am Präsident von Ägypten und an seinen Dienern.
10 Gott hat sie besiegt, er war immer der Sieger
über Präsidenten, die waren heftig und mächtig.
11 Ich nenn mal ein paar: Sihon gilt da als stark verdächtig,
der Chef der Amoriter. Oder Og, der in Baschan regierte.
Und die ganzen Chefs von Kanaan? Auch nur 'ne Niete!
12 Ihre Länder gab Gott seinem Volk, so als Erbe.
13 Gott, dein Name ist geil, ist heftig, voll derbe.
Und dein Ruhm, der wird nie und nimmer vergehen.
14 Schon allein, weil du gerecht bist, das wird man ja sehen.
Und Gott liebt seine Leute, er mag, die ihm dienen.
15 Die Götter der andren, aus Gold und Platin,
die haben sie alle doch nur selbst gemacht,
wurden von ihren eigenen Hirnen erdacht.
16 Sie haben zwar Münder, aber können nicht reden,
sie haben zwar Augen, aber können nix sehen.
17 Und mit ihren Ohren kriegen sie auch nichts mit,
sie sind so wie ein Auto ganz ohne Sprit.
18 Wer sich so einen Gott macht, der ist auch nicht anders,
wer auf so was dann hofft, der braucht wieder die Pampers.
19 Doch ihr, die ihr zu unserm Gott gehört, feiert, macht Party!
Israel pogt! Ihr Pastoren, los dankt ihm!
20 Und auch die vielen Gottesleute,
los, lobt unseren Gott! Gestern, morgen und heute!
21 Gott ist der Größte. Er, der in Jerusalem wohnt!
Halleluja zu ihm, der in Zion rumthront.

136

Seine Liebe zu uns er niemals vergisst
1 Los, Homies, Gott danke sagen, weil er nett zu uns ist,
und seine Liebe zu uns er niemals vergisst.
2 Los, Homies, Gott danke sagen, weil er der Gott aller Götter ist,
und seine Liebe zu uns er niemals vergisst.
3 Los, Homies, Gott danke sagen, weil er der Chef aller Chefs ist,
und seine Liebe zu uns er niemals vergisst.
4 Nur er tut voll heftige Wunder, weil nur er allein so drauf ist,
und seine Liebe zu uns er niemals vergisst.
5 Er hat mit viel Schnall das Universum gemacht, so was macht er mit links,
und seine Liebe zu uns er niemals vergisst.
6 Gott baute die ganze Erde auf ein festes Fundament, tief unter dem Meer
das ist,
und seine Liebe zu uns er niemals vergisst.
7 Seine Sterne im Universum, die leuchten immer, was wirklich krass ist,
und seine Liebe zu uns er niemals vergisst.
8 Die Sonne hat er gemacht, um am Tag das Sagen zu haben, echt hell die
ist,
und seine Liebe zu uns er niemals vergisst.
9 Und für die Nacht kammen der Mond und die Sterne, damit es im Dunkeln
etwas heller ist,
und seine Liebe zu uns er niemals vergisst.
10 Er hat die Ägypter fertiggemacht in der Nacht, ihre ersten Söhne
gedisst,
und seine Liebe zu uns er niemals vergisst.
11 Er führte seine Leute aus Ägypten raus, wo es ihnen schlechtging, wo es
finster ist,
und seine Liebe zu uns er niemals vergisst.
12 Und er hat das mit seiner ganzen Macht gemacht, jeder konnte sehen, wie
stark er ist,
und seine Liebe zu uns er niemals vergisst.
13 Dann zerteilte er das Meer, zwei Wassermauern, eine rechts und eine links,
und seine Liebe zu uns er niemals vergisst.
14 Wir, seine Leute, zogen mitten hindurch, auch nicht einer dabei nass
geworden ist,
und seine Liebe zu uns er niemals vergisst.
15 Den Präsident Pharao samt Armee ließ er ersaufen, als das Wasser zurück-
gekommen ist,
und seine Liebe zu uns er niemals vergisst.

16 Er führte seine Leute dann durch die Wüste, da, wo es trocken und voll
heiß ist,
und seine Liebe zu uns er niemals vergisst.
17 Gott killte die mächtigsten Herrscher, Könige, Regierungen, weil er so
stark ist,
und seine Liebe zu uns er niemals vergisst.
18 Sogar die hochgerüsteten Nationen mit Atombomben und dem ganzen
Driss,
und seine Liebe zu uns er niemals vergisst.
19 Sihon starb, der nun nicht mehr Chef der Amoriter ist,
und seine Liebe zu uns er niemals vergisst.
20 Og, Präsi von Baschan, half gegen Gott keine List,
und seine Liebe zu uns er niemals vergisst.
21 Gott gab seinen Leuten Land zum Leben, ihr Erbe von Ewigkeiten das ist,
und seine Liebe zu uns er niemals vergisst.
22 Sein Volk bekam ein Stück Land, sein Diener, der für ihn auf der Erde ist,
und seine Liebe zu uns er niemals vergisst.
23 Er hat uns nicht vergessen, als man uns fertigmachte, als wir ganz unten
lagen im Mist,
und seine Liebe zu uns er niemals vergisst.
24 Er befreite uns von den Feinden, die uns verfolgten, wie krass das bitte ist,
und seine Liebe zu uns er niemals vergisst.
25 Jedem Menschen gibt er zu essen, und auch für die Tiere genug da ist,
und seine Liebe zu uns er niemals vergisst.
26 Sagt Gott danke, dem Obermächtigen, der der Chef im Universum ist,
und seine Liebe zu uns er niemals vergisst.

137

In Babylon

1 In Babylon, da wurden wir fertiggemacht,
haben oft geweint und an Zion gedacht.
2 Dort hängten wir die Instrumente an den Nagel.
3 Doch von unseren Feinden kam ein Worthagel,
sie wollten von uns Gute-Laune-Lieder hören,
4 aber das tat uns gewaltig stören.
Wir können Gott hier keine Songs bringen,
in Gefangenschaft keine Lieder singen.
5 Jerusalem, du bist die tollste Stadt von allen,
dich zu vergessen wär, wie auf die Fresse zu fallen.
6 Meine Zunge sollte sofort verrecken,
würde ich je meine Freude über Jerusalem verstecken.

7 Gott, vergiss nie den Plan der Leute von Edom,
die sagten: „Wir reißen Jerusalem nieder, los jetzt, komm!“
8 Babylon, wer dich vernichtet und hinrichtet,
wird von uns geliebt und abgelichtet.
9 Wer deine ganzen Kinder umbringt,
ist bei uns von Geschenken umringt.

138

Respekt vor Gott

1 Dieser Beat kommt von David, es soll zu der Drum-Machine rattern.
Gott, aus meinem Innersten singe ich dir, aber niemals den Plastikgöttern.
2 Ich schmeiß mich auf den Boden in deinem besonderen Tempel,
um dir zu danken. Gott, von deiner Liebe will ich jedem erzählen.
Du bist treu und korrekt, auf dich kann man sich immer verlassen,
erfüllst jedes Versprechen, da müssen die Plastikgötter erblassen.
Und du tust sogar noch mehr, als wir von dir je erwartet hatten.
3 Hast meine Gebete gehört, als ich rief, war ich dir nicht latte.
Du forderst mich raus, noch viel größere Sachen zu träumen.
4 Gott, du bist der Präsident vor allen anderen Präsidenten.
Sie sollen dich loben, wenn sie deine Worte gehört haben,
5 sollen rappen und singen: „Gott ist groß, seine Macht ist erhaben!“
6 Er sieht von da oben jedes Kind, aus der Ferne des Universums.
Und die Arroganten erkennt er schon aus weiter Entfernung.
7 Geht's mir gerade beschissen, hab ich viele Probleme am Start,
dann hilfst du mir zu leben, beschützt mich stets vor Verrat.
Stellst dein Schutzschild auf, befreist mich von Feindesketten.
Mit deiner schützenden Hand wirst du mich wieder mal retten.
8 Gott, du bringst für mich das ganze Ding schließlich zu Ende.
Weil du mich immer noch liebst, trägst du mich auf Händen.
Hör nie auf damit, Dinge für mich zu tun, mein großer Gott.
Zieh dein Ding mit mir durch, dann geh ich niemals schrott.

139

Gott ist überall

1 Dieser Reim kommt von David, und auch der Beat kommt dazu:
Gott, du beschützt mich, und du lässt mich nicht mehr in Ruh.
2 Ob ich in der Kneipe häng oder ob ich in mein'm Bett schlafe,
du bist für mich da, deshalb möcht ich dir, meinem Gott, danken.
3 Egal, ob ich am Joggen bin oder häng in meiner Hängematte,
du umgibst mich wie die Luft, die ich tagtäglich atme.
4 Wie krass, selbst wenn ich ein'n Gedanken grad in meinem Kopf hab,

weißt du schon vorher, was ich sage, als wär er von dir beordert.
5 Du bist ein Schutzschild, umgibst mich mit schützender Kraft,
du befreist mich von der Angst, nimmst meine zitternde Hand.
6 Nur ein Verdacht? Nein, das hab ich kapiert, ist wichtig für mich,
es ist zu viel für mein Hirn, es überfordert mich gedanklich.
7 Vor deiner unsichtbaren Kraft kann ich nicht wirklich fliehen,
egal, wohin ich mich verstecke, du kannst mich immer sehen.
8 Steige ich in ein Raumschiff und fliege ins Universum,
das wäre voll dumm, wartest du auf mich schon vor dem Saturn.
Würde ich mich töten, fliehe ich in das Land der Toten,
wärst du schon vor mir da, du hast überall deine Boten.
9 Ich muss es ausloten, nehm den nächsten Jet nach Fernost,
kauf mir ein Haus am Pazifik, flieh auf die Insel von „Lost".
10 Doch auch da begleitest du jeden kleinen Schritt von mir.
Ich könnte jeden Tag versagen, ich weiß, dass du mich liebst.
11 Würde ich erklären, ich will nur noch im Dunkeln leben,
anstatt Licht und Sonne soll mich nur die Nacht umgeben.
12 So wäre selbst die finsterste Finsternis nicht tief genug,
ohne Betrug, mit deinem heftigen Nachtsichtgerät du mich suchst.
Selbst im dunkelsten Raum kannst du mich noch sehen,
auch das schwärzeste Schwarz ist für dich kein Problem.
13 Du hast auch einen Charakter nur für mich gemacht,
und schon im Bauch meiner Mutter hast du einen Plan für mich gehabt.
14 Kein Gelaber, du hast alles an mir genial zusamm'ngestellt,
bin dein Meisterwerk, von dir gemacht, wie der ganze Rest der Welt.
15 Du warst dabei, als mein Körper nur ein Haufen Matsche war,
mein Design wurde von dir 24 Stunden überwacht.
16 Hast an alles, gedacht, als ich im Bauch entstanden bin,
und alles, was bei mir geht, stand schon lang in dein'n Gedanken drin.
17 Die Synapsen kollabier'n, wenn ich versuch, dich zu verstehen,
das kann nicht gehen, muss man sehen, es ist zu viel für 'n Menschenleben.
18 Würde ich versuchen, deine Gedanken zu zählen, es würd mich quälen,
es sind mehr als die Sandkörner am Strand der Insel Seychellen.
19 Zerstör die falschen Menschen, die ohne dich leben,
ich will die Blutsauger nicht sehen, ich muss mich gleich übergeben.
20 Sie lästern über dich, lachen über dich und deinen Namen,
21 ich will alle schlagen, die über dich nur Schwachsinn labern.
22 Ich hass sie wie die Pest, deine Feinde sind auch zu meinen geworden,
23 check mich, sieh, wie ich drauf bin, egal zu welchen Tageszeiten.
24 Zeig mir, ob ich okay für dich lebe oder gerade voll danebenlieg.
Führe mich auf dem guten Lebensweg, auf dem wir immer zusammen sind.

140

Giftworte von fiesen Leuten

1 Ein Lied von David,
mal mit Beat, zum Unterschied.
2 O Gott, rette mich,
pass auf, beschütze mich.
Die fiesen Leut sind unterwegs,
gehen mir mit Muckis auf den Keks,
machen den Lauten dann und wann,
machen sich an die Leute ran,
3 die ganze Zeit sind sie dabei,
planen nur Streit und Schlägerei,
4 was aus deren Mund kommt, schneidet tief,
Giftworte schreiben sie im Brief!
Die Zunge ist fast wie ein Schwert,
sie tötet alles unter Wert.
5 Pass auf mich auf, mein Gott, schlag zu,
es sind deine Feinde, Chef. Siehst du
6 die arroganten Fratzen da?
Sie machen jede Falle klar,
damit ich falle, knalle rein,
kein Weg kann da mehr sicher sein!
7 Ich sag zu dir: „Du bist mein Gott!
Du musst mich hören in der Not!
8 O Gott, du bist mein Supermann,
bist mir ganz nah und immer dann,
wenn da Probleme sind am Start,
dann passt du auf, du gibst mir Rat!
9 Die Leute, Gott, die auf dich scheißen,
gib ihnen nichts, worum sie sich reißen!
Was sie beginnen, lass es scheitern,
sie könnten sich sonst dran erheitern.
10 Was meine Feinde für mich wünschen,
soll auf sie selbst komm'n, sie selbst lynchen!"
11 Du sollst mit Feuer sie begießen,
und dann soll nur noch Wasser fließen,
dass sie sich nicht mehr können erheben,
das wäre cool, das mach mal eben!
12 Aus wessen Mund nur Lüge kommt,
der wird's nicht packen in dem Land,
und wer's versucht mit Zank und Treten,
der wird sich dabei selbst erledig'n.

13 Ich weiß, dass Gott auf Gerechtigkeit steht,
dass er vertritt, dem es schlechtgeht,
er ist der Anwalt für die Armen
und vor Gericht hat er Erbarmen.
14 Drum sag ich: Du bist mein Held!
Ich werde dir treu sein in der Welt!
Und wer dir treu ist, wird dir danken,
wer niemals lügt,
wird niemals wanken.
Und alle, die dich ham erfahren,
sagen dazu noch einmal „amen!".

141

Hak dich bei mir ein, Gott

1 Ein David-Beat.
Gott, ich brauche dein Feed-back,
ich rufe zu dir, hak
dich schnell bei mir ein.
2 Gebete, die ich nicht runterleier
auf jeder Feier,
sollen mit erhobenen Händen
wie ein Abfackelopfer für dich sein.
3 Gott, hilf mir, die Fresse zu halten,
ich soll schweigen, als die loslallten.
4 Wenn ich Bock hab auf Mistbauen,
dann darfst du nicht wegschauen,
will ich nicht gottlos rumsauen
nach deren Protokoll.
Das, was die Leckeres bieten,
soll mich nicht gleich umnieten.
5 Wenn einer Gott gehorcht,
soll er mein Erzieher sein.
Dort, wo ich danebenliege,
meinen Trieben obliege,
lass ich den als Lehrer rein.
Er wird mir den Spiegel vorhalten,
ich werd mich nicht spalten,
Hauptsache, mein Glaube wird nicht erkalten,
ich werd weiter beten,
wenn sie auch gegen mich antreten.
6 Ihre Anführer sollen stürzen,

ihren Kopf soll man kürzen,
dann wird man sehen, dass ich recht gehabt hab.
7 Ihre Knochen sollen verteilt werden
als Knochenmehl auf Erden,
wie Dünger für ihr Grab.
8 Gott, auf dich sehen meine Augen,
ich trau dem, der mich geschaffen hat.
Du passt auf mich auf,
dass der Lauf nicht auf mich zielt,
die mich nicht aufsaugen.
9 Bewahre mich vor der Falle,
denn sie alle werden mich auslaugen,
wollen mich kalt sehen,
die fiesen Bazillen.
10 Die gottlosen Mimosen
sollen um ihre eigene Falle losen,
aber ich werde in Ruhe chillen.

142

Rette mich

1 Gebet von David, als er im Loch saß.
2 Ich schrei zum Chef, und ich tu's laut,
3 ich brauch dich, denn es sieht nicht so gut aus.
Ich lege meine Klagen vor, fühl mich grad total verloren.
4 Ich bin am Ende, also, Gott, leih mir deine Ohren!
5 Oder siehst du jemanden, der einen Ausweg weiß?
Meine Not interessiert die Leute doch 'n Scheiß!
6 Hilf mir, Gott, ich trete vor deine Tür.
Ich habe keine Hoffnung mehr, doch ich bete zu dir.
Ich leg mich auf den Boden und fleh.
Sei nett mit mir, lass mich Hilfe sehen!
7 Rette mich, denn meine Feinde sind mir auf den Fersen!
Sie sind mir überlegen, und ich kann mich nicht entfernen.
8 Gib mir einen Grund, dir zu danken!
Und alle deine Leute werden sich versammeln.

143

Gott, hör mir zu

1 Ein Lied von David.
Gott, jetzt hör mir mal zu!
Ich kann echt nicht mehr,
mich drückt voll der Schuh!
Auf dich konnte ich mich schließlich immer verlassen,
nur du hältst dein Versprechen, dadrauf kann man einen lassen.
2 Bitte, zähl mich nicht an, lass mich nicht vor Gericht,
denn für dich ist kein Mensch wirklich unschuldig.
3 Der Feind stellt mir nach, treibt mich voll in die Enge,
sie stellen mir nach, egal, wo ich grad abhänge.
4 Ich weiß nicht mehr weiter, bin vor Angst fast gelähmt
5 und ich träume von früher. Gott, das war fast schon unverschämt,
was du damals getan hast. Mann, das war echt so krass,
hast voll Wunder getan, machtest alle nur nass,
hast die Sache durchgezogen,
du bist genial, ungelogen.
6 In deine Richtung strecke ich meine Hände
und bete zu dir, Gott, dann wackeln die Wände.
Ich warte auf dich, ich hab Sehnsucht nach dir
wie nach einem heißen Tag auf ein kühles Glas Bier.
7 Gott, antworte mir, ich bin völlig am Ende,
komm jetzt mal her, geh doch nicht vom Gelände.
8 Zeig mir schon morgens, dass du es gut mit mir meinst,
dann vertraue ich dir, ich hab Sehnsucht wie Heinz.
Gott, ich brauch dich so sehr, bitte zeig mir den Weg
9 und rette mich, Herr, denn sonst ist es zu spät.
Nur bei dir finde ich einen Schutz und den Frieden,
10 Gott, ich brauche dich jetzt, um mal richtig zu leben.
So, wie du es für mich vorgesehen hast,
führe mich durch deine Kraft, das macht Spaß und ist krass.
Dann werde ich sehen, wie du Felsen bewegst,
wie du meinen Weg lenkst, alles glatt bei mir geht.
11 Gott, halt dein Versprechen, führe mich aus der Not,
damit du ganz groß rauskommst, denn du bist schließlich Gott.
12 Vernichte meine Feinde, mach die fertig, die mich hassen,
weil ich dir ganz gehöre, kann ich mich ganz auf dich verlassen.

144

Wenn der Präsi betet

1 Der kommt von David: Gott, du bist einfach gigantisch,
du bist mein Fels, bist mein Schutz, und, ist klar, ich
werde von dir zum Kämpfen trainiert.
Du bist wie mein Yoda, zeigst mir, wie man ein Laserschwert führt.
2 Alle Hilfe, jeder Schutz, zu dir kann ich immer fliehen.
Bist mein Schutzschild, wenn was abtillt, und du hilfst mir zu siegen.
3 Gott, was ist schon der Mensch für ein Schwachmat, am Abkacken,
warum gibst du ihm nicht mal eins auf den Nacken?
4 Sein Leben verdunstet wie das Wasser auf dem Fenster,
die Zeit, die er hat, ist so kurz wie das Gestern.
5 Gott, komm doch mal runter und berühre die Berge,
dass sie rauchen wie Vulkane, dass sie qualmen ganz derbe.
6 Zieh mal ein paar Blitze über die drüber, ja, streue die aus,
jag mit Gewehren und Patronen die Feinde hinaus.
7 Strecke deine Hand aus, rette mich aus dem Tsunami,
hol mich raus, befreie mich von den Feinden, mein Homie.
8 Die schwallen nur rum und erzählen nur Lügen.
9 Gott, dir will ich singen, etwas bringen, dir genügen,
und ich will meine Songs mit der Beatbox begleiten,
auf diesen Beats sollen die Reime dann reiten.
10 Denn du hilfst zu siegen und befreist auf die Schnelle,
auch bei David warst du beim Retten zur Stelle.
11 Hol mich hier raus, rette mich vor Pseudo-Denkern,
die nur Dünnsinn labern, rumwabern, rumlügen, rumstänkern.
12 Unsere Kinder sollen groß werden ohne Stress und viel Panik,
sollen krass wachsen wie ein Baum in fetter Botanik.
Und unsere Töchter sollen so schön sein wie die Topmodels auf dem Steg,
so dass Heidi Klum eine Herzattacke kriegt.
13 Unser Kühlschrank ist voll, wir haben mehr, als wir brauchen.
Und die Kohle kommt rein, die kann niemand verrauchen.
14 Und die Autoindustrie produziert wie nie Karren,
da muss niemand mehr streiken oder depressiv plärren.
15 Gut drauf sind die Menschen, die so was erleben,
gut drauf sind die Menschen, die Gott immer erheben.

145

Gott liebt ohne Ende

1 Dies ist ein Song, um Gott zu loben, ich will ihn ehren, ihn da oben.
Er ist mein Boss, ungelogen,
dir will ich auf ewig danke sagen!
2 Jeden Tag will ich deinen Namen ansagen,
will dafür sorgen, dass alle über dich reden,
3 Gott ist gigantisch, er ist der fetteste Segen.
Seine Größe kann niemand begreifen.
4 Alle Generationen, die da so ranreifen,
sollen mal von seinen irren Taten berichten,
sollen Lieder dazu schreiben, Reime dichten.
5 Sie sollen abgehen, auf deine gigagroße Macht,
alle werden drüber reden, und auch ich werde in der Nacht
über die Wunder nachdenken, die Gott so tut.
Werde träumen davon, wenn ich abends ruhe.
6 Jeder Mensch soll immer wieder davon reden,
was das soll, wie das passt auf jeden,
den Menschen Respekt beibringt,
vor der krassen Sache, die dir gelingt.
7 Sie sollen dir singen, auf deine Korrektheit Lieder anstimmen.
8 „Gott ist voll Liebe, ‚Mr. Liebevoll' kann man ihn nennen,
und in Sachen Geduld ist kein Ende bei ihm zu erkennen.
Er ist die absolute Gerechtigkeit in Person,
9 Gott ist gut zu allen, das Leben kommt von seinem Thron.
10 Alle sollen dir danken, Gott, alles, was du gemacht hast,
jedes Geschöpf, jeder Mensch, findet dich krass.
11 Und sie sollen davon reden, wie obergenial du regierst,
12 damit die Menschen hören, wie du sie sicher führst.
Sie sollen erkennen und benennen deine königliche Macht.
13 Deine Herrschaft besteht viel länger als nur eine Nacht.
Sie wird weitergehen, von Generation zu Generation bestehen.
Auf deine Worte kann man hundertprozentig zählen.
In allem, was du tust, muss man Liebe erkennen.
14 Wer gefallen ist, wer stolpert, den stützt du,
du hilfst denen auf, die kaputt sind, im Nu.
15 Alle sehen zu dir und erwarten Support,
du gibst was zu essen, just in time, an jedem Ort.
16 Du öffnest deine Hand und gibst einfach jedem,
was sie brauchen, die nach deinem Willen leben.

17 Gott ist gerecht, man kann sich voll auf ihn verlassen,
18 und er ist denen nahe, die sich wirklich auf ihn einlassen,
die zu ihm beten, wenn er eingreifen soll.
19 Er antwortet denen, die ihm Respekt zollen.
Er hört ihr Schreien und rettet sie gern.
Bei Problemen kann man zählen auf den Herrn.
20 Gott passt auf die auf, die ihn lieben,
die keinen Bock auf ihn haben, wird er umnieten.
21 Aus meinem Mund soll nur fettes Lob für Gott kommen,
und alles, was lebt, soll für immer dafür sorgen,
dass wir Gott loben, denn er ist ganz besonders, ewig, vollkommen.

146

Gott ist mein King

1 Ich flipp aus, wenn ich sag, Gott, du bist mein King.
Ich will dich ehren mit allem, was mich ausmacht, was ich bin.
2 Und ich schrei mein Leben lang: Yea, yea.
Ich texte dir, bis ich sterbe, denn ich tue das gern.
3 Ey, Leute, vertraut nicht auf die Reichen, nee, nee,
denn es sind nur Menschen mit den gleichen Problemen,
4 auch sie werden eines Tages den Tod sehen,
und ihre Ideale werden mit ihnen verlorengehen.
5 Sei froh, wenn deine Hilfe von Gott kommt,
dein Leben, deine Hoffnung, denn ich weiß, er rockt noch.
6 Er, der Himmel, Erde und Meer gemacht hat.
Er, der treu bleibt, weil er unendliche Macht hat.
7 Gefangene werden frei, Hungernde werden satt,
Gerechtigkeit bekommen die, denen man sie entsagt hat.
8 Blinde werden wieder sehen, Gebeugte gehen aufrecht.
Er liebt die, die ihm treu sind und von Herzen her echt.
9 Gott ist denen nah, die mit Leid kämpfen, er richtet sie auf;
doch denen, die ihn hassen, hat er den Weg verbaut.
10 Kein Tag vergeht, an dem er nicht die Nr. 1 ist.
Leben vergehen, doch Gott vergeht nicht!

147

Wie Gott drauf ist

1 Yeah, es tut gut, für unseren Gott coole Sounds zu bringen,
es bringt Laune, viel Freude, ihm Lobeslieder zu singen.
2 Gott baut seine City auf, unser Jerusalem wird wieder leben,
und er bringt seine Leute zurück, die entrückt wurden so mal eben.

3 Er macht den gesund, der innerlich total kaputt war,
er verbindet seine Wunden, macht alles wieder klar.
4 Er hat die genaue Anzahl der Sterne gespeichert
und sie mit einem eigenen Namen bereichert.
5 Unser Gott ist so groß, gigantisch seine Macht,
wer kann das schon fassen, was seine Weisheit umfasst?
6 Die Leute, die fertiggemacht wurden, richtet er wieder auf.
Und die sie unterdrückt haben, drückt er in den Staub.
7 Los jetzt, singt Gott Lieder, um ihm zu danken!
Packt die E-Klampfe aus, spielt ihm Punk bis zum Abwinken.
8 Er hat die Wolken gebastelt, durch Regen macht er die Erde nass.
Lässt das Gras auf den Bergen wachsen, auf den Wiesen wächst so was.
9 Er gibt den Tieren, selbst den vielen Raben, was zu fressen,
auch auf ihren lauten nervigen Schrei gibt's was zu essen.
10 Gott hat keinen Bock auf Kriegstreiber und ihre Panzer,
und auch wenn man sich auf seine eigene Stärke verlässt, das hasst er.
11 Er geht ab vor Freude über jeden, der Respekt vor ihm hat,
der auf ihn vertraut, auf seine Liebe baut, da geht er voll drauf ab.
12 Große City, Jerusalem, sag deinem Gott danke!
Zion auf dem Berg, gib Gott eine Liebeslobflanke.
13 Er hat auf dich aufgepasst, dich beschützt vor den Chaoten,
hat die Tür zugemacht, deine Kinder mit Segen umwoben.
14 Er sorgt dafür, dass es Frieden gibt, fährt das beste Essen auf.
15 Wenn er etwas sagt, klar, sofort passiert das dann auch.
16 Gott macht für uns Schnee und lässt auch den Tau überfrieren.
17 Dicke Hagelkörner knallen auf die Erde, es wird kalt wie in Sibirien.
18 Und dann sagt er, es soll schnell wieder wärmer werden,
ja, dann weht gleich ein Wind, und es taut hier auf Erden.
19 Auch an sein Volk hat er eine gute Message gerichtet,
seine Gebote ihnen erzählt, sein Gesetz für sie gedichtet.
20 Und dadrin ist sein Volk voll privilegiert, ja,
denn nur sie kennen das und sie leben danach, Halleluja.

148

Alles soll Gott danken

1 Gott ist gigantisch,
sagt ihm danke, ganz frisch,
er sitzt am Himmelstisch,
ganz oben,
dort soll man ihn loben.
2 Ungelogen,

alle Engel von droben,
die Armee des Himmels,
startet Gebimmel,
um Gott zu ehren,
seine Ehre zu vermehren.
3 Auch die Sonne und der Mond
sollen, ganz ungewohnt,
ihm danken und die leuchtenden Sterne, ohne zu wanken,
Loblieder tanken.
4 Auch im Universum
der Orion
und das ganze Drumherum
im hintersten Winkel soll ihn loben,
da oben.
Und auch die Regenwolken
müssen, ganz unbescholten,
laut „danke" sagen.
5 Alle müssen das wagen,
Gott zu ehren,
denn auf seinen Befehl hin
wurden sie alle erschaffen.
6 Wer kann das raffen?
Er hat jedem Planeten
seinen Platz zugewiesen.
Den Plan hat er klargemacht,
hat viel drüber nachgedacht.
Den Plan dürfen sie nicht übertreten.
7 Lobt Gott auf dem Planeten,
auch der Walfisch soll ihm singen
und alle Tiere im Meer für ihn klingen.
8 Und der Donner, der Blitz, auch Hagel und Schnee,
genauso der Nebel, der Wind auf dem See,
gehorcht Gott auf Befehl,
9 und in den Bergen, im Gebirge,
soll die Tanne mit der Birke
Gott loben,
10 wie auch die Tiere,
die Vögel von oben,
die Kühe, der Wurm und die Ziege.
11 Und dann auch die Chefs,
jeder Bürgermeister mit Fliege,

die Kanzler und die Kings,
wer die Macht hat im Ring,
soll Gott danke sagen,
12 junge Männer es wagen
und auch alle Sweeties,
Omas und Teenies,
die Jugend und die Senioren,
13 gebt's Gott auf die Ohren,
denn nur bei ihm ist das korrekt,
kommt das gut, ist das nett.
Nur er ist der Größte.
Seine Macht, die flößte
mir Respekt ein,
nicht nur zum Schein,
nein, ohne Ende,
er ist höher als die Wände
des ganzen Universums,
14 und ich komm nicht drum herum.
Sein Volk hat durch ihn gewonnen,
Macht bekommen,
Schlaffheit hat er genommen.
Darum loben wir ihn, ja,
wir, sein Volk, sind ihm nah
und wir halten zu ihm,
ganz egal, wo wir hinziehen.
Halleluja, Gott ist so fett,
Israel findet er nett,
er sieht uns wie sein Kind,
weil wir treu zu ihm sind.

149

Applaus für Gott

1 Gott ist der Größte, Rap für den Herrn,
Applaus für den Höchsten, denn das hat er gern!
Die Familie soll ihn loben, wenn wir alle vor ihm toben,
Party machen ohne Ende, klatschen laut in die Hände.
2 Sein ganzes Volx wird sich freuen
über ihn, den Treuen;
sie werden Loblieder singen,
werden abgehen und bringen
dem Präsidenten die Ehre.

3 Werden pogen und toben,
mit der Beatbox ihn loben,
mit dem Marshall-Verstärker
voll und laut mit Verzerrer.
4 Und jetzt kommt ein Zitat:
„Gott befreit den, der Stress hat!"
5 Freu mich tot, und ich gebe
ihm mein Leben, so mal eben.
6 Sollen ihn loben in der Nacht,
ihn erheben bis um acht,
sollen mit der MG für ihn kämpfen,
7 sollen die strafen, die ihn dämpfen,
sollen das Ding für ihn jetzt durchziehen,
sollen sein Urteil dann auch durchglühen.
8 Sie werden die Macker binden,
die Politiker verschwinden,
die Mächtigen abziehen.
Dann kann keiner mehr fliehen
9 vor dem Gericht Gottes,
wenn er das Urteil spricht, rockt es.
Er hat das Gesetz geschrieben,
zieht das durch, doch die ihn lieben,
wird es dann nicht mehr treffen,
denn sie haben es begriffen,
trinken Sekt mit Maracuja,
singen laut „Halleluja"!

150

Danke, Gott

1 Danke, Gott, du bist der Größte! Sagt ihm das im Tempel!
Er hat die Macht, Gott kann alles, ist der Chef im Himmel.
2 Bedankt euch bei ihm, weil er krasse Sachen getan hat.
Er kann alles, nichts ist unmöglich, er hat die Macht.
3 Sagt ihm ‚danke' mit verzerrter Gitarre und Verstärker,
noch krasser und härter mit E-Bass und lautem Verzerrer.
4 Macht Musik für ihn mit der fettesten Drum-Machine.
Pogo und Breakdance mit lautem Basssolo gefallen ihm.
5 Schlag auf die Becken, bring die Hi-Hat zum Vibrieren.
6 Alles, was atmet, soll mit lauter Stimme Gott ehren.
Danke, Gott, ja, du bist als der große Chef immer da,
du bist gigantisch gut, man ruft dann auch „Halleluja".

Das Buch der Sprüche

1

Warum dieses Buch geschrieben wurde

1 Dieses Buch ist voll von schlauen Gedanken und Tipps, die Salomo hatte.
Salomo war ein Sohn von David und lange Zeit der Präsident von Israel.
2 Diese Gedanken sollen uns kapieren helfen, wie es funktionieren kann,
dass einer voll den Durchblick bekommt. Sie sollen zeigen, wie gute Tipps
dabei helfen können, sein Leben besser im Griff zu haben. 3 Wenn man
diesen Durchblick hat, ist es viel leichter, in den Kopf zu kriegen, was okay
ist und was nicht. Korrekt und ehrlich sein, dabei soll dieses Buch helfen.
4 Auf die Art können auch Leute, die nicht so viel Grips im Hirn haben,
schlauer werden. Und Jugendliche können ebenfalls dadurch eine Menge
lernen, zum Beispiel auch, wie man entspannt lebt. 5 Wer auf die Art Peilung
vom Leben hat, lernt auch immer mehr dazu. Wer das mal kapiert, ist immer
heiß auf neue, gute Tipps und Ratschläge. 6 Zum Beispiel lernt er, abgefah-
rene und komplizierte Vergleiche zu verstehen. Wenn ein schlaues Kerlchen
ihm ein Rätsel aufgibt, kann er es lösen. 7 Alles fängt damit an, dass man
Respekt vor Gott hat. Nur absolute Schwachmaten haben keine Lust dazu,
schlau zu werden und etwas Disziplin ins Leben zu bekommen.

Falsche Freunde

8 Also, Junge oder Mädchen, hör mal gut zu, was deine Eltern dir so erzäh-
len! Wenn sie dir einen Tipp geben, dann nimm den ernst und vergiss ihn
nicht gleich wieder. 9 Das würde dir echt gut zu Gesicht stehen, wenn du so
drauf wärst, es wäre fast wie eine Goldkette um deinen Hals. 10 Hey, wenn
irgendwelche Deppen dich dazu verführen wollen, Mist zu bauen, dann hör
nicht auf die! 11 Wenn die zum Beispiel ankommen und sagen: „Hey, Bock
auf 'ne kleine Schlägerei heute Abend im Viertel?! Los, komm mit, du
Weichei! Wir verstecken uns im Park und hauen dem Erstbesten, der vorbei-
kommt, den Kopf weg! 12 Wir spielen mal den Sensenmann, das wird lustig!
Wir nieten einfach ein paar Menschen um und machen Hackfleisch aus
ihnen. 13 Dann nehmen wir uns die Brieftasche und den Haustürschlüssel
und räumen die Bude von denen leer! 14 Was dabei rumkommt, wird geteilt!
Bist du dabei?“ 15 Wenn Leute so ankommen, kann ich dir nur den guten
Rat geben: Lass die Finger davon! 16 Denn solche Typen haben Dreck am
Stecken, die sind link drauf, und denen macht es nichts aus, auch mal
jemanden umzunieten, der ihnen im Weg steht. 17 Eine Maus kapiert ja auch
nicht, dass das, wo das Stück Käse draufliegt, eine Mausefalle ist, und sie
tritt dann einfach hinein. 18 Bei diesen fiesen Bazillen ist das ähnlich. Sie sit-

zen vor ihrer Falle und kapieren nicht, dass ihr eigenes Leben der Köder ist.
[19] Jemand, der auf unkorrekte Art viel Kohle macht, wird auch irgendwann
sterben. Was sie sich geklaut haben, dadran werden sie ersticken.

Pass auf: Wer nicht schlau ist, kriegt Probleme

[20] Schlau zu sein ist eine krasse Sache, und wer das kann, wird überall
bemerkt. Auf den Straßen, auf den Plätzen in der Stadt wird man dadrüber
reden. [21] In den Kneipen, wo sich die Leute treffen, ist das der höchste
Trumpf. Egal, wie laut es dort manchmal ist, man kann das mitkriegen, wenn
einer richtig was draufhat. Man bemerkt das aber nicht nur in der City, über-
all in der Stadt, auch am Ortseingang kriegt man das mit. [22] Leute, die rich-
tig schlau sind, sagen dann solche Sachen wie: „Wie lange wollt ihr noch so
dumm sein? Wann werdet ihr endlich erwachsen? Wie lange noch macht
man bei euch nur dumme Witze und findet sich dabei auch noch ganz toll?
Wie lange dauert es noch, bis die Schwachmaten bei euch endlich mal
anständig was in ihre Birne kriegen und anfangen zu lernen? [23] Jetzt hört
doch mal auf das, was ich euch sage! Dann werde ich euch mal ein paar
heftige Sachen beibringen, ich will euch mal richtig einen einschenken.
[24] Ich hab mir schon den Mund fusselig geredet, aber ihr hattet keinen Bock,
auf mich zu hören. Ich hatte meine Hand gehoben, damit ihr leise werdet
und ich mal was sagen kann, aber keiner hat mich beachtet. [25] Alle meine
guten Tipps waren euch egal. Der Rat, den ich euch geben wollte, war euch
wohl total egal. [26] Okay, ihr habt es so gewollt. Wenn es euch dann beschis-
sen geht, dann lache ich mich tot. Ich werde euch nur noch auslachen, wenn
ihr im Dreck festsitzt. [27] Wenn ihr Panik kriegt, weil euch plötzlich etwas
Ätzendes passiert, wenn man euch bedrängt und ihr Angst kriegt, [28] dann
könnt ihr mich noch so oft auf dem Handy anrufen, ich geh einfach nicht
ran. Und wenn ihr bei mir vorbeikommt, dann bin ich nicht da, ihr könnt
mich nicht finden. [29] Wenn ihr es hasst, dass jemand etwas besser weiß als
ihr und ihr keinen Respekt vor Gott habt, [30] wenn ihr keinen Bock auf meine
Tipps habt und euch alle meine Warnungen egal sind, [31] dann müsst ihr eure
Suppe selbst auslöffeln und die Konsequenzen tragen. [32] Wer keine Tipps
annimmt, wem der Ratschlag von jemandem egal ist, der geht an seinem
Stolz und an seiner Scheißegal-Haltung kaputt. [33] Aber wer auf mich hört,
der kann ganz entspannt bleiben. Er ist in Sicherheit, ihm kann nichts wirk-
lich Schlimmes passieren."

2

Warum es gut ist, den Durchblick zu haben

[1–5] Weißt du, wie man es schafft, Gott richtig gut kennenzulernen und Re-
spekt vor ihm zu haben? Das kriegst du hin, wenn du erstens auf die Sachen

hörst, die ich dir gesagt habe. Zweitens, indem du dein Ohr auf Empfang
stellst, wenn es dadrum geht, schlaue Dinge zu verstehen. Und drittens
muss es dir superwichtig sein, Dinge zu lernen, du musst so heiß dadrauf
sein wie der Bundesligaprofi auf die Meisterschaft. 6 Gott sorgt schon dafür,
dass man Ahnung vom Leben bekommt. Wenn er etwas sagt, ist das immer
super abgeklärt, schlau und sehr weise. 7 Leute, die okay für ihn leben, denen
hilft er immer. Wer korrekt drauf ist, wird von ihm beschützt. 8 Er passt auf
die Menschen auf, die sich richtig entscheiden und ihm treu sind. 9 So ver-
steht man auch, was es bedeutet, korrekt, gerecht und gerade zu sein und so
zu leben, wie Gott es richtig findet. 10 Denn dann bekommt man auch den
Überblick über das Leben, man kann hirnmäßig plötzlich alles kapieren und
auch auseinanderhalten. Leute, das macht Laune! 11 Auf einmal fängst du an,
locker zu werden, du wirst viel abgeklärter als früher und kapierst viel mehr.
12 Dadurch passiert es dir nicht mehr so schnell, dass du falsche Entschei-
dungen triffst oder auf Leute hörst, die nur Dünnsinn labern. 13 Damit meine
ich solche Typen, die schon lange auf die schiefe Bahn gekommen sind und
nur noch ganz finstere und üble Sachen bringen. 14 Die finden das ganz toll,
Leute abzuzocken, und bei den durchgeknalltesten Sachen geht denen einer
ab. 15 Sie drehen gerne krumme Dinger, bauen ständig Mist, sie verlaufen
sich im Leben. 16 Wenn du das machst, was ich oben gesagt habe, wirst du
dich auch nicht so schnell in die falsche Frau verlieben. Damit meine ich
auch die Frauen, die dir schöne Augen machen oder mit tiefem Ausschnitt
und hautenger Jeans dich auf einer Party verführerisch anlächeln. 17 So eine
hat ihren Ehemann, mit dem sie schon ewig zusammen war, plötzlich verlas-
sen. Damit bricht sie ja auch den Vertrag mit Gott, den sie durch die Ehe
hatte. 18 Wenn du zu ihr nach Hause gehst, riskierst du dein Todesurteil, du
rutschst mit ihr ganz schnell in Richtung Hölle ab. 19 Jeder, der sich auf so
eine Frau einlässt, wird nie wieder den Weg zurück in ein normales Leben
finden. 20 Wie auch immer: Triff die richtigen, guten Entscheidungen und
lebe so, wie Gott es geil findet. 21 Die korrekten Menschen werden nämlich
bleiben. Diejenigen, die ihr Leben richtig regeln, können hier auf der Erde
auch immer gut wohnen. 22 Wer aber ohne Gott lebt, wird rausgeschmissen,
und wer Gott nicht treu ist, fliegt auch raus.

3

Es ist voll wichtig, Respekt vor Gott zu haben

1 Also vergiss bitte nie diese Dinge, die ich dir beigebracht habe! Denk über
meine Tipps nach und vergiss sie nicht! 2 Wenn du das machst, wird es
dir immer gutgehen, du wirst glücklich und zufrieden sein. 3 Es wird auch
immer Leute geben, die dich lieben und die dir treu sind. Auch das darfst
du nicht vergessen, schreib es dir auf einen Zettel und häng den über dein

Bett. [4] Versuch, so zu leben, dass Gott gut findet, was du so machst. Das gilt übrigens auch für die Menschen: Versuch, auch so zu leben, dass die Menschen es auch gut finden, was du machst. [5] Verlass dich immer hundertprozentig auf Gott und baue deine Entscheidungen nicht auf das, was du in deinem Hirn hast. [6] Egal, was du machst, versuche immer, einen guten Draht zu Gott zu haben. Dann wird er dafür sorgen, dass alles bei dir glattläuft. [7] Sei nicht eingebildet, denk nicht, du wärst der Ober-Schlaumeier. Du musst einfach nur Respekt vor Gott haben und miesen Sachen aus dem Weg gehen. [8] Wenn du das machst, ist es wie die Aspirintablette für die Kopfschmerzen, es wird dir guttun. [9] Du kannst auch daran zeigen, dass du Respekt vor Gott hast, wie du mit den ganzen Dingen, die dir gehören, umgehst. Zum Beispiel, indem du ihm einen bestimmten Betrag von der Kohle schenkst, die du bei deinem Job bekommst. [10] Wenn du das machst, wirst du immer einen guten Job kriegen, bei dem du immer genug Kohle verdienst. [11] Hey, und wenn Gott dir mal die Ohren langzieht, dann akzeptiere das und wehr dich nicht dagegen. [12] Wenn Gott jemanden unheimlich liebhat, dann haut er dem auch mal auf die Finger. Das macht ein Vater mit seinen Kindern ja auch so.

Warum es cool ist, weise zu sein und den Überblick zu haben

[13] Ein Mensch, der gelernt hat, weise zu sein und sein Hirn einzuschalten, bevor er Sachen macht, der ist voll glücklich. [14] Auf die Art Schnall vom Leben zu haben ist besser als ein Sechser im Lotto und wertvoller als die Millionen bei „Wer wird Millionär?“. [15] Es bringt dir mehr als die teuerste Rolex an deinem Arm. Nenne mir, was du willst, nichts ist so wertvoll wie das. [16] Einerseits wirst du dadurch erst mal länger leben, andererseits bekommst du so sehr viel Respekt von Leuten und kannst damit zusätzlich noch 'ne Menge Kohle machen. [17] Wenn du weise drauf bist, geht es dir gut, du bist glücklich, und du kannst entspannt leben. [18] Mit der Weisheit ist das so, als hätte man ein richtig geiles Leben, das nie mehr aufhört. Denn wer so etwas hat, der würde es nie wieder hergeben. [19] Als Gott den Himmel und die Erde gemacht hat, ist er auch total weise vorgegangen. Er hat sich bei jedem noch so kleinen Detail etwas gedacht. [20] Er hatte die Idee, Wolken zu machen, die ihr Wasser auf die Erde regnen lassen. Dieses Wasser versickert dann in den Boden und kommt bei den Quellen wieder raus. Und daraus sind dann die Flüsse entstanden. [21] Mein Junge, wenn ich dir einen Tipp geben darf: Streng immer dein Hirn an und versuche, alles erst mal abzuchecken, bevor du wichtige Entscheidungen triffst! [22] Wenn du auf die Art genug Peilung vom Leben hast, dann wird dich das immer gut aussehen lassen. Weisheit macht einen hübsch. [23] Und du wirst dich dann leichter entscheiden können und lebst sicherer, weil deine Entscheidungen dich vor

schlimmen Fehlern schützen. 24 Du wirst einfach viel entspannter leben! Wenn du dich abends in dein Bett legst, kriegst du nachts keine Panikattacken mehr und erholst dich im Schlaf. 25 Vor großen Katastrophen brauchst du keine Angst mehr zu haben, das passiert nur Menschen, die keinen Bock auf Gott haben. 26 Gott passt auf dich auf, er beschützt dich davor, in irgendeine Falle zu treten.

Wie man mit anderen Menschen umgehen sollte

27 Weigere dich nicht, jemandem etwas Gutes zu tun, wenn der das verdient hat. Auf jeden Fall gilt: Wenn du ihm helfen kannst, solltest du es auch machen. 28 Schick die Leute nicht weg, wenn sie Hilfe brauchen. Solange du noch helfen kannst, solltest du auch helfen. 29 Denk dir keine fiesen Aktionen gegen deinen Nachbarn aus, solange er noch in deiner Nähe wohnt und dir vertraut. 30 Zoff dich nicht mit Leuten, die dir eigentlich gar nichts getan haben. Zeige auch niemals einfach so jemanden an. 31 Du sollst auch nicht neidisch auf den Schlägertypen aus der Nachbarklasse sein, solche Typen sollen keine Vorbilder für dich werden. 32 Gott findet Leute, die krumme Dinger drehen, zum Kotzen. Aber die Menschen, die korrekt drauf sind, werden seine besten Freunde. 33 Menschen, die Schnall vom Leben haben und den Überblick, kriegen am Ende den Applaus. Die verrückten Nervos werden irgendwann nur noch verarscht. 34 Die arroganten Heinis, die auf die Menschen von oben runterschauen, die lässt er links liegen. Aber die Leute, die kein gutes Selbstwertgefühl haben, denen zeigt er, wie sehr er sie liebt. 35 Menschen, die weise sind und den Schnall vom Leben haben, kommen am Ende groß raus. Aber Schwachmaten werden am Ende nur dumm dastehen, und jeder wird sie auslachen.

4

Eine Portion „Schnall vom Leben" ist das Beste, was du kriegen kannst

1 Hey, das geht jetzt an alle Jugendlichen, hört mir mal gut zu! Ich rede jetzt zu euch, als wäre ich euer Vater, und ich will euch mal ein paar Takte erzählen, damit ihr etwas kapiert. 2 Was ich euch beibringen will, ist voll gut. Haltet euch dadran, das ist echt wichtig! 3 Mir sind diese Dinge auch von meinem Vater beigebracht worden, als ich noch ein kleiner Junge war. In der Zeit war ich noch Mamas Liebling, 4 da hat mein Vater mich in die Lehre genommen. Er sagte: „Was ich dir beibringen will, ist superwichtig, das musst du unbedingt speichern! Wenn du dich an das hältst, was ich dir sage, dann wirst du ein gutes Leben haben! 5 Du musst Schnall vom Leben bekommen und schlau werden! Behalte die Dinge unbedingt, vergiss sie nicht wieder und setze das, was ich dir beigebracht habe, auch um. 6 Lösch diese Worte nie von deiner Festplatte, behalte immer die Übersicht, also

sei weise. Wenn du diese Worte magst und dich sogar in sie verliebst, dann
wird dich das vor schlimmen Fehlern bewahren. [7] Alles geht damit los,
dass du damit anfängst, überhaupt erst mal lernen zu wollen! Du bekommst
diese Peilung nur, wenn du auch lernen willst, schlau zu sein. [8] Zieh dich
daran hoch, das funktioniert! Wenn du erst mal so drauf bist, wird es bewir-
ken, dass Menschen Respekt vor dir haben. [9] Wenn du so lebst, wird dir
das gut bekommen. Es macht dich hübscher und attraktiver, wenn du die
Peilung hast."

Weisheit geht immer

[10] „Junge, hör mir gut zu, was ich dir zu sagen hab! Wenn du das tust,
wirst du nämlich auch länger leben. [11] Ich will dir mal was beibringen, du
sollst den ‚Weisheitsführerschein' von mir bekommen. [12] Wenn du das
kapierst, dann wirst du dein Leben ganz locker leben, nichts wird dich so
schnell fertigmachen. Und du wirst auch nicht auf die Fresse fallen. [13] Zieh
das durch, was du gelernt hast, gib niemals auf! Behalte diese Ansagen
und vergiss sie nicht. Die werden dir helfen, richtig gut zu leben. [14] Du
solltest auf keinen Fall Leuten alles nachmachen, denen Gott total egal ist.
Was miese Typen dir vormachen, muss dich kaltlassen. [15] Lass sie links
liegen, geh nicht auf sie ein, beachte die gar nicht. [16] Solche Leute kommen
nicht zur Ruhe, sie können nicht einschlafen, bevor sie nicht irgendjeman-
den anständig abgezockt haben. [17] Für sie ist das ein gefundenes Fressen,
Menschen einfach abzulinken. Das ist für sie wie ein Drogenrausch, wenn
sie anderen Leuten in die Fresse hauen. [18] Aber wenn jemand korrekt ist und
mit Gott lebt, bei dem ist das wie bei einem Sonnenaufgang. Es wird mit
der Zeit immer heller und heller, bis der Tag voll da ist. [19] Die Menschen, die
ohne Gott leben, tapsen die ganze Zeit im Dunkeln. Sie kriegen gar nicht
mit, worüber sie eben mal wieder gestolpert sind. [20] Junge, hör mir gut zu,
was ich dir zu sagen habe! [21] Lern diese Worte am besten auswendig! Denk
immer darüber nach! [22] Wenn du das tust, werden dir diese Tipps helfen,
rundum gesund zu bleiben. [23] Noch was: Das Wichtigste ist echt dein Herz,
dein Innerstes, deine Gedanken! Da musst du unheimlich drauf aufpassen.
Von dort werden nämlich viele deiner Entscheidungen gesteuert. [24] Aus
deinem Mund sollten keine Lügen rauskommen, nichts, was die Wahrheit
verdreht, und auch kein Ablästern über andere. [25] Schau nicht nach hinten
oder zur Seite, sondern immer nach vorne! [26] Pass auf, wo du hintrittst,
überleg gut, wofür du dich entscheidest, und dann zieh das auch durch.
[27] Geh nicht nach rechts oder links, sondern nur geradeaus, sonst könntest
du irgendwie abrutschen und auf die schiefe Bahn kommen."

5

Achtung: Nicht mit irgendwelchen Frauen im Bett landen

1 Mein Vater redete weiter: „Mein Junge, ich hab dir noch eine wichtige
Sache zu sagen. Bitte hör gut zu und setze das um, was ich aus dem Leben
gelernt habe. 2 Du musst einfach abgeklärt sein. Wenn du deinen Mund
aufmachst, sollte da kein Schwachsinn rauskommen. 3 Es gibt immer
Frauen, die sich bei dir einschleimen wollen. Sie verführen dich mit süßen
Worten und flirten mit dir wie verrückt. 4 Aber im Endeffekt ist alles, was sie
sagen, wie pures Gift. Es ist so tödlich wie Zyankali oder so gefährlich wie
eine superscharfe Rasierklinge. 5 Solche Frauen stehen mit einem Bein in der
Hölle, und das ist auch die Richtung, in die ihr ganzes Leben geht. 6 Damit
du vom richtigen Weg abkommst und nicht aufpasst, wo du hingehst,
lenken sie dich voll ab, aber du bekommst das gar nicht wirklich mit. 7 Junge,
hör mir gut zu! Halte dich an das, was ich gesagt habe, und zieh das radikal
durch! 8 Mach einen großen Bogen um solche Frauen! Wenn du weißt,
wo sie wohnen, solltest du ihrer Haustür nicht zu nahe kommen. 9 Sonst
verschleuderst du deine ganze Kraft an etwas, das es echt nicht bringt.
Dein ganzes Leben verschenkst du an jemanden, der link drauf ist und keine
Rücksicht auf dich nimmt. 10 Wenn du nicht aufpasst, wird deine ganze
Kohle irgendwann jemand anderem gehören, irgendeinem, den du nicht
kennst. Wofür du dein Leben lang geschuftet hast, wird dann andere satt
machen. 11 Am Ende, wenn du schon fast tot bist, stöhnst du voll rum.
12 Dann sagst du: ‚Ich Idiot, wie konnte ich nur so wenig Disziplin haben?
Warum hab ich mich so gehenlassen? Warum hab ich nicht auf die War-
nungen gehört? 13 Ich hätte mal auf das hören sollen, was mir meine Lehrer
verklickern wollten. 14 Um ein Haar hätte ich noch mehr Mist gebaut,
öffentlich vor allen Leuten. Das wäre noch richtig peinlich geworden.‘ 15 Um
mal in einem Bild zu sprechen: Du kannst doch auch aus deinem eigenen
Wasserhahn trinken, wenn du Durst hast! Damit meine ich, dass deine
eigene Ehefrau dir voll ausreichen sollte! 16 Oder willst du, dass deine Frau
es mit jedem x-Beliebigen treibt, der ihr auf der Straße begegnet, weil es
dir egal ist? 17 Wenn du eine Frau hast, dann sollte sie auch nur dir gehören,
du brauchst sie nicht mit irgendeinem Heini zu teilen. 18 Gott will dafür
sorgen, dass ihr viele Babys bekommt. Freu dich, wenn du die erste Frau, in
die du verknallt warst, auch heiraten kannst. 19 Die ist für dich wie das
schönste Topmodel. Ihr Busen ist so unglaublich scharf, der soll dich voll
high machen. Wenn ihr Sex habt, dann kann dich das echt breitmachen, und
das immer wieder neu. 20 Also, mein Junge, warum solltest du die Brüste
von einer fremden Frau befummeln? Was hast du davon, mit einer anderen
Frau rumzumachen? 21 Gott sieht alles, er weiß genau, was wir tun, und

checkt dein Leben ab. 22 Wenn du Mist baust, wird dich das die ganze Zeit
verfolgen. Jeder, der ohne Gott lebt, baut ständig Mist. Dadurch tapst er
in eine Falle, aus der er nicht mehr rauskommt. 23 Weil er sich nicht beherr-
schen kann und sich nicht im Griff hat, fällt er ständig auf die Fresse und
muss irgendwann auch die Konsequenzen tragen."

6

Noch mal vier Sachen, auf die man aufpassen sollte

1 Noch ein paar Sachen, die mir mein Vater gesagt hat: „Wie ist das, mein
Junge, hast du einem Freund von dir schon mal viel Geld geliehen? Oder
hast du ihm vertraglich zugesichert, seine Schulden zu übernehmen? 2 Oder
hast du dich irgendwie verplappert? Hast du irgendwas versprochen, was
du gar nicht halten kannst? 3 Da gibt es dann nur eins: Gib dir selbst einen
Tritt in den Hintern, damit du aus der Sache schnell wieder rauskommst!
Geh zu dem Typen hin und bitte ihn, das Ding unbedingt rückgängig zu
machen! 4 Bettel nächtelang bei ihm rum, bis er das tut. Schlafen ist jetzt
nicht mehr drin. 5 Du musst das so lange machen, bis du es geschafft hast.
Gib alles, kämpfe darum, wie der Aufsteiger um den Klassenerhalt oder
wie ein Ringer, der versucht, sich wieder aus dem Schwitzkasten von seinem
Gegner zu befreien. 6 Nimm dir mal ein Beispiel an einer Ameise, du fauler
Sack! Zieh dir rein, wie die arbeitet, da kannst du was von lernen! 7 Sie hat
keinen, der ihr ständig in 'n Arsch tritt, keinen, der sie anfeuert oder ihr
Befehle gibt. 8 Trotzdem sorgt sie im Sommer dafür, dass sie das ganze Jahr
über genug zu essen hat. Wenn Ernte angesagt ist, macht sie ihre Speise-
kammer voll. 9 Jetzt komm mal in die Hufe, wie lange willst du noch im Bett
liegen bleiben? Wann willst du endlich aufstehen und duschen? 10 Du sagst:
‚Och, ein bisschen will ich noch liegen bleiben, nur noch eine Minute, ein-
mal will ich mich noch rumdrehen …' 11 Und plötzlich bist du pleite und
stehst beim Sozialamt in der Schlange. Auf einmal wirst du ein armer Schlu-
cker sein, der vor dem Aldi um ein paar Euro betteln muss. 12 Überall gibt es
Menschen, die einen abzocken wollen. Die verbreiten auch in der Welt nur
den größten Schwachsinn. 13 Sie zwinkern dabei gerne mit den Augen, um
Leute auszutricksen. Manchmal winken sie einem mit der Hand zu oder
machen irgendwelche geheimen Zeichen. 14 Aber ganz tief innen drin sind
sie oberlink, sie sorgen dafür, dass sich Menschen streiten, und planen
die ganze Zeit den größten Unsinn. 15 Das ist auch der Grund, warum sie
dann ganz plötzlich sterben. Sie haben einen Unfall, man konnte nichts
mehr machen. Im Krankenhaus wird nur noch der Tod festgestellt. 16 Es gibt
sechs Sachen, bei denen Gott richtig übel wird, und bei der siebten dreht
sich ihm der Magen um. 17 Erstens: oberarrogante Typen. Zweitens: wenn
man ohne Ende lügt. Drittens: wenn jemand getötet wird, der nichts ver-

brochen hatte. 18 Viertens: einer, der die ganze Zeit überlegt, wie man
Menschen abzocken kann. Fünftens: Leute, die schlechten Vorbildern hin-
terherlaufen. 19 Sechstens: wenn ein Zeuge vor Gericht nicht die Wahrheit
sagt. Und siebtens: Menschen, die Geschwister gegeneinander aufhetzen.“

Wer seine Frau oder seinen Mann betrügt, hat schlechte Karten
20 „Junge, zieh diese Ratschläge von deinem Vater radikal durch! Und ver-
giss niemals die Tipps, die dir deine Mutter gegeben hat. 21 Wenn deine
Eltern dir was sagen, dann denk lange und intensiv dadrüber nach, du darfst
das nie vergessen. 22 Das wird dir helfen, im Leben die richtigen Entschei-
dungen zu treffen. Rund um die Uhr werden dich diese Tipps begleiten.
23 Sie sind wie eine Fahrradlampe, die dir im Dunkeln hilft, den richtigen Weg
zu finden. Wenn diese Worte dich kritisieren, ist das total okay, 24 denn sie
können dich davor beschützen, dir die falsche Frau auszusuchen. Und sie
machen dich auch wach, dass du nicht auf irgendwelche Schleimereien von
Frauen reinfällst. 25 Egal, wie geil die aussehen, und wenn sie dir auch
schöne Augen machen, dann schau einfach nicht hin. Lass dich auf die Tour
gar nicht erst ein. 26 Wenn du auf den Straßenstrich gehst oder in irgendei-
nem Puff mit einer Frau auf dem Zimmer verschwindest, dann kostet dich
das nur so viel wie ein Mittagessen. Aber wenn du mit einer verheirateten
Frau rummachst, zerstört das dein Leben. 27 Ist es möglich, die glühenden
Kohlen von einem Grill in der Jackentasche zu transportieren, ohne dass
du dir dabei ein Loch in die Jacke brennst? 28 Oder kann man sich auf eine
heiße Herdplatte stellen, ohne dass man sich dabei Brandblasen an den
Füßen holt? 29 Genauso wenig kannst du mit der Frau von einem anderen
Mann ins Bett steigen, ohne dafür bestraft zu werden. 30 Schon jemand,
der klaut, ist bei den Menschen unten durch. Auch wenn er das nur macht,
weil er sonst verhungern würde. 31 Wenn man ihn erwischt, muss er das
Ganze siebenfach erstatten, schlimmstenfalls wird sein ganzes Eigentum
verpfändet. 32 Aber wenn dann jemand sogar mit einer Ehefrau fremdgeht,
dann hat er vermutlich einen Sprung in der Schüssel. Nur Leute, die sich
selbst umbringen wollen, tun so was. 33 So einer wird erst mal total ver-
prügelt, und dazu ist er auch noch die Lachnummer der Nation, und zwar
für den Rest seines Lebens. 34 Wenn der Ehemann das rausbekommt, ist
der megawütend, er hat kein Mitleid, sondern will nur eins: Rache! 35 Irgend-
welche Schmerzensgeldzahlungen lassen ihn völlig kalt. Egal, was du ihm an
Kohle anbietest, da wird er sich wohl nicht drauf einlassen.“

7

Lass dich nicht dazu verführen, deine Braut zu betrügen

1 Noch ein paar Tipps von meinem Vater: „Also, mein Junge, vergiss nicht,
was ich dir gesagt habe! Meine Texte sind super wertvoll und können
dich echt weit nach vorne bringen. 2 Du willst doch ein geiles Leben haben,
oder? Dann halte dich an die Tipps von mir und passe darauf auf, genauso
wie du auf dein iPhone aufpasst. Vergiss es einfach nicht! 3 Schreib dir
diese Sachen auf und häng sie an deinen Spiegel, speicher das auf deiner
Festplatte im Hirn. 4 Dieses ‚Weise-drauf-sein' muss Teil von deinem
ganzen Leben werden, du musst es total verinnerlichen. Du solltest es so
behandeln, als wäre es eine Person, die ein Teil deiner engsten Familie
ist. Schnall vom Leben zu haben muss dir so wichtig sein wie deine beste
Freundin oder dein bester Freund. 5 Wenn du das befolgst, wird dir das
sehr helfen. Es wird dafür sorgen, dass du dich nicht auf eine Frau einlässt,
die mit einem anderen Typen zusammen ist, auch wenn sie dir sonst was
erzählt, schöne Augen macht und mit dir rumflirtet. 6 Es gab mal einen
Tag, wo ich am Fenster von meinem Haus stand und draußen Menschen
beobachten konnte. 7 Dort standen einige Jugendliche, die noch nicht so
viel vom Leben kapiert hatten. Unter anderem stand da auch ein Junge, der
wohl echt ein bisschen hohl in der Birne war. 8 Zumindest ging er über die
Straße an ein Eckhaus, wo so eine Tusse wohnte. 9 Es wurde gerade dunkel,
und die Sonne ging unter, so früher Abend. 10 Schließlich konnte ich die
Frau auch sehen, wie sie ihn begrüßte. Sie hatte einen Minirock an und sah
ziemlich nuttig aus. Die wusste ganz genau, was sie mit diesem Jungen
anstellen wollte. 11 Sie war voller Leidenschaft, obersexy und so heiß auf
Männer, dass sie nicht ruhig daheim sitzen bleiben konnte. 12 Ich konnte
sehen, wie sie vorher auf dem Marktplatz umherging, wie sie sich dort am
Kiosk an die Wand lehnte und auf den nächstbesten Mann wartete. 13 Als
der Jugendliche da war, ging sie langsam auf ihn zu. Dann umarmte sie ihn
plötzlich, knutschte ihn ab und sagte: 14 ‚Hey du! Eigentlich war ich hier,
weil ich in den Gottesdienst wollte. Dort war ich auch gerade. 15 Aber dann
hab ich an dich gedacht und wollte dich unbedingt kennenlernen. Deswegen
hab ich nach dir gesucht und dich endlich gefunden! 16 Hast du nicht Lust,
mit mir nach Hause zu kommen? Ich hab übrigens ein echt schönes Schlaf-
zimmer, was ich dir gerne mal zeigen würde. Satinbettwäsche und alles
mit rotem Plüsch überzogen, sehr gemütlich ... 17 Bei mir sind auch immer
ein paar Nagchampa-Räucherstäbchen an, und dann hab ich auf dem
Nachttisch noch ein nettes Aloe-vera-Massageöl stehen. 18 Hey, komm doch
mit! Wir könnten die ganze Nacht durchpoppen, wenn du Lust hast, alle
möglichen Stellungen ausprobieren, wir könnten durch die Orgasmen voll

high werden. Hast du Lust? Wie wär's damit, Süßer? 19 Weißt du, mein
Mann ist gerade auf Geschäftsreise, er ist also nicht zu Hause. 20 Er hat
seine Kreditkarte dabei und wird wohl frühestens in zwei Wochen wieder
zurück sein…' 21 Die Frau laberte ihn zu, und plötzlich hatte sie ihn über-
redet, und er ging mit. 22 Er ging hinter ihr her wie ein Dackel hinter seinem
Herrchen oder wie eine Kuh, die zur Schlachtung beim Metzger geführt wird.
23 Der Typ kapierte gar nicht, in was für eine Gefahr er sich gerade begab: Es
ging dort gerade um Leben und Tod! Plötzlich saß er in der Falle, wie eine
Maus, die durch ein Stück Käse angelockt wurde. 24 Also, alle jungen Männer
sollten mir gut zuhören! 25 Lasst euch nicht von so einer Frau abziehen!
Geht ihr nicht hinterher, wenn sie euch zu irgendwas einladen will. Haltet
Abstand und verliebt euch nicht in so eine! 26 Es gibt viele Männer, die auf so
eine Schlampe reingefallen sind, und die meisten leben heute nicht mehr.
27 Die Wohnungstür von solchen Frauen ist wie der Eingang zur Hölle, es ist
wie eine Rutsche, die direkt in die absolute Dunkelheit führt, direkt in den
Tod."

8

Stelle dir vor, die Weisheit könnte reden

1 Was denkst du, würde die Weisheit sagen, wenn sie eine Person wäre?
Stell dir vor, sie könnte sprechen und würde mit dir reden wollen. 2 Sie
würde vermutlich in den Acht-Uhr-Nachrichten, zur Top-Sendezeit, eine
Ansprache halten; zu einer Zeit, wo alle zuhören. 3 Die Weisheit hätte
bestimmt auch eine eigene Domain im Internet, und sie würde den Leuten
vermutlich Folgendes mitteilen: 4 „Hallo, ihr! Ich spreche heute einmal zu
allen Menschen! 5 Ich hab das Gefühl, ihr seid alle noch etwas feucht hinter
den Ohren. Werdet endlich mal etwas abgeklärter und schlauer, das gilt
besonders für die Leute, die irgendwie nichts raffen! 6 Hört mir mal gut zu!
Ich habe da einen heißen Tipp für euch. Und was ich euch sage, ist auf
jeden Fall sehr korrekt. 7 Ich erzähl keinen Scheiß! Was ich sage, stimmt, und
ich hasse es, wenn jemand unkorrekte Sachen behauptet. 8 Noch mal zum
Mitschreiben: Alles, was ich sage, stimmt! Ich rede keinen Mist, und ich lüge
auch nicht. 9 Wenn ich was sage, ist es immer leicht verständlich, und es
hilft den Leuten, die ihr Hirn einschalten. 10 Ich möchte, dass ihr heiß werdet
auf das, was ich zu sagen hab! Es soll euch wichtiger sein als der Aktien-
kurs oder euer Kontostand. Versucht, so viel Wissen wie möglich aufzusau-
gen, anstatt so viel Kohle wie möglich einzusacken. 11 Es ist besser, Schnall
vom Leben zu haben, also weise zu sein, als ein Sechser im Lotto. Das ist
schon mal sicher! Nichts ist so wertvoll wie das! 12 Ich stell mich noch mal
vor: Mein Name ist Prof. Weisheit! Ich wohne gleich neben Dr. Intelligenz,
und ich hab den Überblick. 13 Wenn man Respekt vor Gott hat, bedeutet es

auch, das Fiese zu hassen. Prollige Einstellung, überheblich sein, zu denken,
man ist der Geile, so was finde ich zum Kotzen. 14 Ich bin gut darin, Men-
schen zu helfen und Ratschläge zu erteilen. Ich bin schlau, ich hab den
Schnall vom Leben. 15 Durch mich regieren viele Präsidenten, und durch
mich fällen die Bürgermeister die richtigen Entscheidungen. 16 Mit meiner
Hilfe regieren die Chefs im Land, und auch die Richter fällen durch mich kor-
rekte Urteile. 17 Wer mich mag, den mag ich auch. Und wer was von mir will
und mich sucht, der wird mich auch finden. 18 Die Leute, die sich auf mich
einlassen, werden dadurch fett absahnen. Sie werden viel Geld und auch viel
Respekt durch mich bekommen, sie bekommen viel Land und auch ein
gutes Gehalt. 19 Was ich mache und was bei mir rumkommt, ist wichtiger als
alle Kohle der Welt. 20 Wenn Leute versuchen wollen, möglichst korrekt zu
leben, dann bin ich dabei. 21 Ich möchte solchen Menschen viel geben. Alle,
die mich lieben, sollen fett was abbekommen. 22 Übrigens bin ich von Gott
gemacht worden, er hat mich ganz zu Anfang entstehen lassen. 23 Schon vor
Ewigkeiten, als die Zeit gerade anfing, hat er mich gemacht. 24 Als ich ent-
standen bin, gab es noch kein Wasser, es gab noch keine Quellen und auch
kein Meer. 25 Die Berge waren auch noch nicht da, und auch die kleinen
Hügel gab es noch nicht. 26 Es war sogar noch vor dem Zeitpunkt, als Gott
den Planeten Erde gemacht hat, bevor es Länder, Felder und so was gab.
27 In dem Augenblick, als er das Universum gemacht hat, da war ich auch
dabei. Ich war dabei, als er die Erdatmosphäre baute, und auch, als er über-
legte, wie tief die einzelnen Meere werden sollten. 28 Auch als er die Idee mit
den Wolken hatte und die dann in den Himmel installiert hat, als er die ers-
ten Wasserquellen sprudeln ließ, 29 als die Größe der einzelnen Meere fest-
gelegt wurde (damit es durch die Flut nicht überall nass wird) und als er den
gesamten Umfang der Erde festlegte, 30 da saß ich die ganze Zeit auf seinem
Schoß. Ich hab jeden Tag voll Spaß gehabt und konnte immer viel spielen,
wenn er da war. 31 Eigentlich war die ganze Erde mein Spielplatz, und mit
den Menschen hatte ich ganz besonders viel Spaß. 32 Weil ich schon so
lange da bin, wäre es echt gut, ihr würdet auf mich hören! Damit meine ich
besonders die Jugendlichen! 33 Hört auf das, was ich zu sagen habe! Vergesst
das nicht, was ich euch erzähle! Dann werdet ihr auch schlau werden.
34 Menschen, die auf mich hören, denen geht es voll gut. Leute, die ständig
in meiner Nähe sind, die jeden Tag vor meiner Wohnung auf mich warten,
die sind richtig glücklich. 35 Wer mich kennenlernt, lernt das Leben kennen.
Und Gott freut sich voll über ihn. 36 Aber Menschen, die nicht mit mir leben,
vergewaltigen sich selbst. Jeder, der mit mir nichts zu tun haben will, der
mich sogar hasst, der ist eigentlich in den Tod verliebt.“

9

Einladung von Frau Weisheit und Frau Dummheit

1 Stell dir vor, Frau Weisheit hat sich eine fette Villa gebaut, mit einem
großen Garten, einem beheizten Pool und allem Drum und Dran. 2 Zur Party
wurden die besten Filetsteaks eingekauft. Der Grill wird angeschmissen,
und das leckerste Bier und der edelste Wein werden aufgefahren. Ein großer
Essenstisch wurde auch extra dafür aufgebaut und eingedeckt. 3 Jetzt
schaltet sie eine Anzeige in den größten Zeitungen und sendet sogar einen
Werbespot vor den Nachrichten. 4 „Jeder, der was lernen will, soll bei mir
vorbeikommen! Wer noch nicht so viel Erfahrung im Leben hat, wer sich
dumm fühlt, ist hiermit herzlich eingeladen. 5 Ihr könnt alle zu mir nach
Hause kommen und bei mir lecker was essen. Ich hab alles da: Steaks,
Getränke, bedient euch einfach. 6 Wer keinen Bock auf Lernen hat, der kann
gerne zu Hause bleiben. Aber wer mehr Schnall vom Leben bekommen
möchte, der ist herzlich eingeladen." Ich hoffe, du wirst kommen. 7 Wenn
man versucht, einem arroganten Hirni etwas zu verklickern, wird man nur
verarscht. Wenn man jemandem, der ohne Gott lebt, sagt, was er falsch
macht, bekommt man nur selbst Probleme. 8 Kritisiere niemals so eine ein-
gebildete Fratze, die wird dich dafür nur hassen. Wenn du aber jemanden
kritisierst, der weise ist und was vom Leben kapiert hat, dann liebt der dich
sogar dafür. 9 Schlaue Leute solltest du versuchen, noch schlauer zu
machen. Es lohnt sich, den Menschen, die korrekt drauf sind, Sachen beizu-
bringen. 10 Weisheit fängt da an, wo jemand Respekt vor Gott bekommt. Den
ganz besonderen oberkrassen Gott zu kennen bedeutet, etwas sehr Wichti-
ges kapiert zu haben. 11 Wer weise drauf ist, lebt länger. 12 Wenn du weise
lebst, dann bringt dir das selbst auch was. Aber wenn du nur rumlästerst,
dann musst du auch mit den Konsequenzen leben. 13 Um mal in dem Bild zu
bleiben: Frau Dummheit verführt gerne die Männer, das kann sie gut. Aber
sonst hat sie nichts in der Birne. 14 Sie sitzt jede Nacht am Tresen an der Bar,
die in der Innenstadt ist. 15 Wenn jemand an ihrem Platz vorbeikommt, lädt
sie ihn gern auch mal zu sich nach Hause ein. 16 „Hey du, willst du nicht mit-
kommen? Du siehst so aus, als ob ich dir noch 'ne Menge beibringen
könnte, wenn du willst! 17 Etwas Verbotenes zu tun macht voll Spaß! Mal
eine Regel zu brechen ist doch aufregend!" 18 Aber wer mit ihr mitgeht, hat
keine Ahnung, was ihn erwartet. Es ist so, als würde er einen Schritt in die
Hölle machen, wenn er ihre Wohnung betritt. In der Hölle sind Menschen,
die schon tot sind.

10

Ein paar Tipps vom Präsidenten Salomo
1 Jetzt kommen ein paar kurze Tipps von Salomo: Über einen schlauen Sohn
freut sich der Vater, aber über einen dummen Sohn muss sich eine Mutter
ständig Sorgen machen. 2 Kohle, die durch einen Lottogewinn oder aus
krummen Geschäften kommt, bringt es nicht. Korrekt drauf sein kann vor
dem Tod retten. 3 Wenn jemand Hunger nach Gott hat, macht Gott den auch
satt. Menschen, die Gott wie einen alten Mann behandeln, werden diesen
Hunger nie loswerden, dafür sorgt er schon. 4 Jemand, der den ganzen Tag
nur schlaff rumhängt und nichts auf die Reihe kriegt, wird nie zu Geld
kommen. Jemand, der viel arbeitet, wird richtig viel Kohle verdienen. 5 Wer
zur richtigen Zeit, wenn die Ernte reif ist, anfängt, die Felder abzuernten,
ist schlau. Wer den richtigen Zeitpunkt aber verpennt, ist ein Loser. 6 Wer
korrekt drauf ist, wird von Gott fett beschenkt, der segnet ihn dann. Aber
die Leute, die ohne Gott leben, provozieren einen die ganze Zeit, als wenn
sie sich ständig prügeln wollen. 7 Wenn einer korrekt drauf ist, dann ver-
gisst man den auch nicht so schnell, er bleibt einem im Gedächtnis. Aber
den Namen von jemandem, der ohne Gott lebt, vergisst man sofort wieder.
8 Wenn einer abgeklärt ist, freut er sich über jeden Tipp. Aber Menschen,
die nur dumm rumlabern, fahren ihr Leben irgendwann gegen die Wand.
9 Wer straight und korrekt lebt, lebt in Sicherheit. Wer ständig krumme Din-
ger dreht, wird irgendwann dabei erwischt. 10 Jemand, der dir beim Reden
nicht gerade in die Augen schauen kann, bringt dir nur Probleme. Wenn
einer die ganze Zeit nur dumme Sprüche macht, wird der irgendwann in
seinem Leben scheitern. 11 Leuten, die korrekt drauf sind, sollte man gut
zuhören. Was sie sagen, bringt einen weiter. Menschen, die ohne Gott leben,
bringen einen mit ihrem Gelaber nur dazu, aggromäßig draufzukommen.
12 Hass sorgt für Streit und Aggression. Liebe sorgt dafür, dass man Ärger
gut wegstecken kann. 13 Aus dem Mund von Leuten, die was vom Leben
kapiert haben, kommen viele schlaue Worte raus. Leute, die nichts kapiert
haben, brauchen öfter mal einen Tritt in den Hintern. 14 Schlaue Menschen
müssen mit ihrem Wissen nicht überall rumprollen. Aber solche Typen,
die nichts kapiert haben, machen sich mit ihren Sprüchen selbst kaputt.
15 Jemand, der fett Kohle hat, lebt in Sicherheit. Menschen, die arm sind,
gehen an ihrer Armut kaputt. 16 Wenn jemand korrekt lebt, hat er ein schö-
nes Leben. Jemand, der ohne Gott lebt, bleibt auch von Gott getrennt.
17 Richtig gutes Leben bekommt derjenige, dem Disziplin wichtig ist, denn
er weiß, wo es langgeht. Wer auf keine Warnung hört, verirrt sich irgend-
wann. 18 Menschen, die versuchen, ihren Hass zu überspielen, müssen oft
lügen. Menschen, die überall Scheiß über andere erzählen, sind bescheuert.

19 Leute, die einen die ganze Zeit nur zutexten, sind auch immer in der
Gefahr, richtig Mist zu bauen. Aber wer es hinkriegt, seinen Mund zu kon-
trollieren, ist schlau unterwegs. 20 Ein Ratschlag oder Tipp von einem Men-
schen, der korrekt lebt, ist mehr wert als ein fettes Monatsgehalt. Aber was
die Menschen, die ohne Gott leben, dir vorschlagen, kannst du gleich ver-
gessen. 21 Das, was einer sagt, der mit Gott unterwegs ist, das ist wie ein
gutes Essen, man kann davon leben. Aber Dumme werden an ihrer Dumm-
heit krepieren. 22 Wenn Gott einen Menschen fett beschenkt und ihn seg-
net, dann macht den das reich. Auch wenn man sich sonst wie abrackert,
reicher als so wird man nicht werden. 23 Leute, die nichts kapiert haben, fin-
den es ganz toll, Scheiß zu bauen. Leute, die schlau sind, freuen sich da-
dran, noch schlauer und weiser zu werden. 24 Das, was einem total Angst
macht, wird dem auch passieren, der ohne Gott lebt. Aber den Leuten, die
mit Gott unterwegs sind, gibt er das, was sie sich wünschen. 25 Nach einer
fetten Krise sind die unkorrekten Menschen plötzlich alle tot. Die korrekten
Leute kann aber nichts so schnell wegpusten, die bleiben immer da. 26 Wie
Zucker für die Zähne oder wie eine qualmende Kippe für die Augen ist ein
Schlaffo für seinen Arbeitgeber. 27 Jemand, der Respekt vor Gott hat, der lebt
länger. Wer Gott links liegenlässt, stirbt früher. 28 Wenn einer korrekt ist,
lohnt es sich für den, Geduld zu haben und zu warten. Er wird sich am Ende
freuen können. Menschen, die ohne Gott leben, haben keine echte Hoff-
nung. 29 Leute, die sich an das halten, was Gott sagt, leben in Sicherheit. Die
Leute, die nicht so leben, gehen kaputt. 30 Wer korrekt ist, den kann so
schnell nichts mehr aus der Ruhe bringen. Menschen, die ohne Gott leben,
werden sowieso bald aus der Gemeinschaft rausgeschmissen. 31 Aus dem
Mund von Leuten, die korrekt leben, kommen viele schlaue Sachen raus.
Menschen, die link drauf sind, sollte man die Zunge rausschneiden. 32 Wenn
ein Mensch, der gottmäßig lebt, dir etwas sagt, tut dir das gut. Was Leute
sagen, die ohne Gott leben, geht immer nach hinten los.

11

Wer gerne Sachen verschenkt, hat am Ende mehr

1 Wer beim Geschäftemachen den anderen übern Tisch zieht, ist bei Gott
unten durch. Wer korrekte Deals macht, den findet Gott gut. 2 Menschen,
die sich für was Besseres halten und rumprollen, bringen am Ende nur
peinliche Sachen. Jemand, der schlau ist, gibt nicht so viel an. 3 Gradlinige,
korrekte Menschen lassen sich durch ihre korrekte Einstellung leiten.
Miese Typen bringen sich mit ihrer miesen Tour irgendwann selbst um.
4 Ein dickes Bankkonto hilft nicht, wenn Gott sauer auf einen ist. Leute, die
korrekt leben, werden durch ihre Lebensweise davor gerettet, früh zu
sterben. 5 Korrekte Menschen haben es leichter, weil ihre korrekte Art Dinge

klärt. Aber Menschen, die ohne Gott leben, werden irgendwann auf die
Fresse fallen, weil sie eben ohne Gott leben. 6 Leute, die ehrlich sind, bekom-
men keine Probleme deswegen. Aber die, denen man nicht glauben kann,
weil sie oft rumlügen, sitzen in ihrem eigenen Gefängnis, weil sie den Hals
nicht vollkriegen. 7 Wenn ein Mensch stirbt, der ohne Gott gelebt hat, dann
stirbt auch seine Hoffnung. Alles, was er sich gewünscht hatte, war für den
Arsch. 8 Menschen, die korrekt leben, kommen aus Notsituationen immer
wieder raus. Aber Leute, die ohne Gott leben, rutschen dort immer wieder
rein. 9 Fiese Typen lästern über ihre Freunde ab und schaden denen durch
üble Gerüchte. Durch ihr Wissen werden korrekte Menschen aus ihrer
miesen Situation rausgeholt. 10 Wenn es einem korrekten Mann gutgeht,
freuen sich alle in dem Ort. Wenn ein unkorrekter Typ stirbt, feiern alle
'ne Party. 11 Weil einige Leute in einer Stadt gottmäßig leben, sorgt Gott
dafür, dass es dort allen gutgeht, er segnet sie. Wenn aber viele Leute in
einer Stadt über Gott ablästern, dann geht die Stadt irgendwann kaputt.
12 Wer über andere ablästert, ist hohl im Kopf. Schlaue Menschen halten
auch mal die Fresse und reden nicht ständig. 13 Jemandem, der alles weiter-
erzählt, kann man kein Geheimnis anvertrauen. Denn so einer würde alles
nur sofort weitertratschen. Jemand, dem man vertrauen kann, behält ein
Geheimnis auch nur für sich. 14 Ohne eine anständige Regierung geht jede
Nation kaputt. Gerettet werden Regierungen dadurch, dass sie sich viele
gute Ratgeber organisieren. 15 Richtig schlecht dran ist jemand, der die
Garantie dafür übernimmt, dass ein Fremder ihm seine Schulden zurück-
bezahlt. Wer nicht ständig mit irgendwelchen Leuten Verträge abschließt,
kann besser schlafen. 16 Frauen bekommen auch dadurch Respekt, dass
sie auf ihr Äußeres achten und sich stylen. Aber eine Frau, die nur schlechte
Sachen macht, muss sich schämen. Menschen, die kräftig anpacken kön-
nen, werden auch immer gutes Geld verdienen können. 17 Wenn man zu
anderen Menschen nett ist, hilft einem das selbst. Miese Abzocker schaden
sich nur. 18 Menschen, die ohne Gott leben, werden von ihrer Kohle, die
sie verdienen, nie wirklich Sicherheit bekommen. Leute, die dafür sorgen,
dass Sachen korrekt abgehen, werden am Ende immer ihr Geld in der Tasche
haben. 19 Jemand, der radikal das durchzieht, was richtig ist, wird ein gutes
Leben haben. Menschen, die immer wieder Mist bauen, sterben früher.
20 Gott hat keinen Bock auf Leute, auf die man sich nicht verlassen kann.
Aber Menschen, die ihr Ding durchziehen und korrekt leben, findet er gut.
21 Auf eins kannst du wetten: Menschen, die miese Dinger drehen, kriegen
auch ihre Strafe ab. Aber die Familien von den Leuten, die immer korrekt
gelebt haben, kommen ohne Strafe davon. 22 Ein Topmodel mit einer Traum-
figur und schicken Klamotten, das sich aber total danebenbenimmt, ist
wie ein goldener Ring in einem Hundehaufen. 23 Wenn du korrekt lebst, wirst

du auch nur korrekte Sachen erleben. Menschen, die ohne Gott leben, erleben am Ende den Horror. [24] Jemand, der gerne Sachen verschenkt, wird reicher als einer, der jeden Cent dreimal umdreht. [25] Anderen was Gutes tun tut einem selbst gut. Anderen was zu trinken spendieren löscht auch den eigenen Durst. [26] Menschen, die Lebensmittel bunkern, während andere Hunger haben, denen wünscht man die Krätze an den Hals. Wer in Notzeiten sein Lager leer räumt, wird von Gott beschenkt, Gott segnet ihn dann. [27] Wer so drauf ist, immer das Beste zu wollen und Leuten zu helfen, den findet Gott richtig cool. Menschen, die aber immer nur miese Dinger drehen, werden selbst auch abgezockt. [28] Wenn jemand denkt, nur weil er viel Kohle hat, kann ihm nichts passieren, dann wird er plötzlich eine Katastrophe erleben. Aber die korrekten Typen sind wie grüne Blätter, die überall an den Bäumen wachsen und immer mehr werden. [29] Jemand, der es nicht schafft, seine Familie gut zu führen, der wird pleitegehen. Irgendwann wird der nur noch einen Ein-Euro-Job haben, sonst nichts. [30] Einen korrekten Menschen kann man mit dem Baum vergleichen, dessen Früchte lecker sind. Wenn man davon isst, dann geht es einem richtig gut. Schlaue Menschen schaffen es, viele Leute auf ihre Seite zu bringen. [31] Korrekte Menschen haben auch noch zu Lebzeiten etwas davon, dass sie korrekt sind. Und die Menschen ohne Gott kriegen das auch noch zu spüren, während sie hier auf der Erde leben.

12

Wenn man tut, was Gott sagt, kommt man weiter im Leben

[1] Wer es gut findet, richtig erzogen zu werden, mag es auch, viel zu lernen. Wer es nicht abkann, kritisiert zu werden, ist bescheuert. [2] Einen netten Menschen findet Gott auch nett. Miese Typen werden von ihm verurteilt. [3] Menschen, die ohne Gott leben, kann man leicht umpusten. Leute, die korrekt und gottmäßig leben, stehen so fest, als wären sie in Beton gegossen. [4] Eine Frau, die gut arbeiten kann, ist für ihren Mann wie ein Hauptgewinn im Lotto. Eine faule Schlampe an seiner Seite ist für ihn wie ein verrosteter Kotflügel am Auto. [5] Ein Typ, der gut drauf ist, denkt ständig dadrüber nach, wie man Dinge gerecht regeln kann. Jemand, der nicht mit Gott lebt, denkt dagegen ständig dadrüber nach, wie er jemanden abziehen kann. [6] Wenn jemand, der nicht mit Gott lebt, den Mund aufmacht, dann kommen oft nur Aggression und Tod rüber. Aber Menschen, die korrekt leben, sagen Sachen, die Leute aus tödlichen Situationen rausholen. [7] Leute, die ätzende Sachen tun, fallen auf die Schnauze und stehen nicht wieder auf. Aber Leute, die korrekt leben, werden nicht so schnell umgepustet. [8] Menschen, die was kapiert haben im Leben, bekommen Applaus. Aber beknackte Hirnis lacht man nur aus. [9] Wer keinen guten Ruf hat, aber dafür

genug zu essen, ist besser dran als jemand, der angesehen ist, aber dafür
nichts zu beißen hat. [10] Korrekte Menschen haben ein Herz für Tiere. Miese
Menschen stehen auf Tierquälerei. [11] Wenn du jeden Tag zur Arbeit gehst,
hast du immer genug im Kühlschrank. Aber wer den ganzen Tag nur mit
dummen Dingen beschäftigt ist, hat nichts in der Birne. [12] Leute, die ohne
Gott leben, haben Bock auf miese Aktionen. Auf korrekte Menschen kann
man sich verlassen, sie sind stabil. [13] Betrüger lügen so viel, dass sie sich in
Widersprüchen verstricken und dadurch versagen. Korrekte Menschen
finden immer einen Ausweg, wenn es eng wird. [14] Das, was bei dem, was
man sagt, rumkommt, kann dich ernähren und satt machen. Wenn jemand
gute Sachen bringt, dann wird er dafür auch belohnt. [15] Nur bekloppte
Menschen glauben, dass alles, was sie tun, gut und korrekt ist. Schlaue
Menschen hören auf den Rat von anderen. [16] Nur Idioten haben keine Kont-
rolle über ihre Gefühle. Wenn man sie anmacht, explodieren sie sofort.
Leute, die es schaffen, sich den Ärger nicht anmerken zu lassen, sind schlau.
[17] Wenn jemand im Gericht die Wahrheit sagt, dann sorgt das dafür, dass die
Gerechtigkeit gewinnt. Menschen, die dort aber nur lügen, sind nicht kor-
rekt. [18] Es gibt Leute, die mit ihrem Gelaber andere voll verletzen. Ihre Worte
sind so scharf wie Rasierklingen. Worte von Menschen, die was im Leben
kapiert haben, können Wunden heilen. [19] Die Wahrheit ist nicht kaputtzu-
kriegen, sie gilt immer. Was jemand sagt, der nur rumlügt, kann man aber in
der nächsten Sekunde gleich wieder vergessen. [20] Wer Leute abzocken will,
zockt am Ende sich selbst ab. Wer Leuten Gutes tun will, tut sich selbst was
Gutes. [21] Jemandem, der gottmäßig lebt, wird nichts Schlimmes passieren.
Aber die Menschen, die ohne Gott unterwegs sind, erleben eine Katastrophe
nach der nächsten. [22] Gott kann es nicht ab, wenn Menschen die ganze Zeit
nur Mist erzählen und rumlügen. Menschen, auf die man sich verlassen
kann, findet er toll. [23] Schlaue Leute binden nicht jedem gleich auf die Nase,
was sie alles draufhaben. Nur Schwachmaten quatschen dich den ganzen
Tag voll. [24] Wer gut arbeiten kann und sich immer anstrengt, bekommt auch
Einfluss und Macht. Aber die Faulen müssen die ganze Zeit arbeiten, ob
sie wollen oder nicht. [25] Depression drückt auf die Stimmung, Lob und
Ermutigung bauten einen wieder auf. [26] Korrekte Menschen wissen immer,
wo es was Gutes zu holen gibt. Aber Menschen, die ohne Gott leben, ver-
laufen sich ständig. [27] Wer den ganzen Tag nur auf dem Sofa rumsitzt, wird
zu nichts kommen. Menschen, die richtig krass arbeiten können, sind reich
und erreichen auch viel im Leben. [28] Wenn man immer korrekt ist, hat
man ein besseres Leben. Aber wer sich ständig rächen will, stirbt schneller.

13

Auf die Schnelle Kohle machen bringt es nicht

1 Ein schlauer Sohn lässt sich von seinem Vater was beibringen. Einen
Schwachmaten lassen die Tipps vom Vater völlig kalt. 2 Jemand, der gute
Sachen zu sagen hat, kann davon auch leben. Aber Menschen, die mies
drauf sind, wollen sich ständig nur prügeln. 3 Wer seinen Mund unter Kon-
trolle hat, sorgt dafür, dass er länger lebt. Wer die Fresse zu weit aufreißt,
stirbt früher. 4 Der Schlaffo ist heiß auf alles Mögliche, aber er bekommt es
nicht. Leute, die richtig gut arbeiten können, bekommen dafür alles und
davon reichlich. 5 Wer korrekt lebt, hasst es, wenn rumgelogen wird. Men-
schen, die ohne Gott leben, lästern gerne und labern viel Scheiß. 6 Korrekt
zu leben hilft dabei, immer besser zu werden. Menschen, die ohne Gott
sind, werden durch den Mist, den sie ständig bauen, kaputtgehen. 7 Es gibt
Leute, die tun so, als hätten sie fett Kohle, leben aber von Hartz IV. Und es
gibt Leute, die haben sehr viel Kohle, aber tun so, als hätten sie gerade
Stütze beantragt. 8 Wenn jemand richtig viel Asche hat, kann man ihn auch
leicht erpressen. Bei Leuten, die kein Geld haben, ist das sinnlos. 9 Jemand,
der korrekt lebt, ist wie eine helle Halogenlampe. Jemand, der nicht korrekt
lebt, ist wie eine 40-Watt-Birne. 10 Arroganz sorgt nur dafür, dass sich Men-
schen zoffen. Aber Leute, die sich auch mal was sagen lassen, werden
schlau, also weise. 11 Wenn man beim Aktienhandel oder anderswo ganz
schnell unheimlich viel Geld gemacht hat, dann ist die Kohle meist auch
ganz schnell wieder weg. Wenn man aber sein Geld jeden Tag langsam ver-
mehrt, dann wird es sich auch weiter vermehren. 12 Ewig auf etwas hoffen,
was dann doch nicht passiert, macht einen krank. Wenn man sich etwas
wünscht, und es passiert auch, dann geht da Energie von aus. Die hilft
einem zu leben. 13 Einen richtig guten Tipp sollte man beachten. Wer das
nicht tut, muss dafür irgendwann mal viel Kohle abdrücken. Wer auf so
einen Tipp hört und den umsetzt, wird dafür belohnt werden. 14 Wenn
jemand, der was auf dem Kasten hat, einen guten Ratschlag gibt, dann ist
das wie ein Wasserhahn, aus dem Leben raussprudelt. Wenn man so einen
Ratschlag befolgt, kann das helfen, nicht in irgendwelche Fallen zu tapsen
und dabei zu sterben. 15 Menschen, die was geschnallt haben, sind beliebt.
Menschen, die nicht treu sein können, gehen kaputt. 16 Jemand, der schlau
ist, denkt erst mal nach, bevor er was tut. Nur Dumpfbacken zeigen allen,
dass sie nichts draufhaben. 17 Ein Angestellter, der seinen Chef bescheißt,
reitet sich immer tiefer rein, aber ein zuverlässiger Typ kann sogar festgefah-
rene Dinge wieder in Gang bringen. 18 Jemand, der keinen Bock auf Erzie-
hung hat, wird irgendwann nur noch peinlich und von Hartz IV leben müs-
sen. 19 Wenn man sich etwas sehr wünscht und es passiert, dann freut man

sich wie verrückt. Idioten fällt es unheimlich schwer, keinen Mist mehr zu
bauen. [20] Wer mit Leuten, die schlau sind, viel Zeit verbringt, wird durch sie
auch selbst schlauer. Wer aber nur mit Vollidioten abhängt, dem wird es
schlechtgehen. [21] Wer Scheiß baut, wird von der Scheiße verfolgt. Die Menschen, die korrekt leben, werden dadurch belohnt, dass sie oft Glück haben.
[22] Wer korrekt gelebt hat, ist in der Lage, alles, was ihm gehört, seinen Kindern zu vererben. Die Sachen von den Menschen, die ohne Gott leben,
bekommen irgendwann die guten Menschen. [23] Obwohl auch arme Leute
Kohle machen können, sterben sie früher, weil sie oft unkorrekt behandelt
werden. [24] Eltern, die ihr Kind nicht bestrafen wollen, zeigen damit, dass sie
es eigentlich hassen. Eltern, die ihr Kind lieben, erziehen es auch. [25] Wer korrekt lebt, hat auch immer genug zu essen im Kühlschrank. Wer ohne Gott
lebt, dessen Kühlschrank bleibt leer.

14

Gerecht und korrekt zu sein ist wichtig

[1] Schlaue Frauen ziehen Häuser hoch, Volltrottel kommen mit Bulldozern
und machen alles platt. [2] Korrekt leben und Respekt vor Gott haben, das
gehört irgendwie zusammen. Wer Sachen tut, die nicht okay sind, hat auch
keinen Bock auf Gott. [3] Was aus dem Mund von Idioten rauskommt, schadet
ihnen nur selbst. Leute, die schlaue Sachen sagen, beschützen einen. [4] Wenn
der Schweinestall leer ist, dann stinkt es zwar nicht, aber man verdient auch
nichts daran, wenn man sie nicht gut füttert und dann schlachtet. [5] Ein
Zeuge, der ehrlich ist, wird vor Gericht nicht lügen. Ein falscher Zeuge wird
vor Gericht nur Lügen erzählen. [6] Arrogante Fratzen würden gerne mehr
Schnall vom Leben haben, aber sie kapieren es einfach nicht. Aber die Leute,
die locker drauf sind und Sachen schnell kapieren, denen fällt das leicht.
[7] Lass dich nicht von irgendwelchen Honks volllabern, da kommt sowieso
nichts bei rüber, was man nachvollziehen kann. [8] Schlaue und weise Menschen wissen genau, wie sie sich entscheiden müssen. Beknackte Menschen
täuschen sich selbst. [9] Leute, die nichts kapiert haben, erzählen sich gegenseitig, wo sie gerade mal wieder Mist gebaut haben, und finden sich dabei
ganz toll. Leute, die korrekt leben, sind entspannt, und es geht ihnen gut.
[10] Wenn man innerlich total traurig und depri ist, kann das niemand wirklich
nachempfinden. Und auch, wenn man sich richtig krass freut, kann das
keiner wirklich verstehen. [11] Die Wohnung von jemandem, der ohne Gott
lebt, ist irgendwann nur noch Schrott. Aber dort, wo Leute leben, die korrekt
sind, blühen die Pflanzen, und alles wird immer schöner. [12] Es gibt Leute,
die glauben, alles richtig zu machen, aber in Wirklichkeit fabrizieren sie
den größten Mist. [13] Man kann äußerlich laut lachen, aber innerlich dabei
voll traurig sein. Irgendwann kann aus Freude auch plötzlich Trauer und

Depression werden. [14] Wer link drauf ist, wird durch die Folgen von seinen miesen Aktionen die Rechnung dafür bekommen. Die Bezahlung, die gute Menschen für ihre guten Aktionen bekommen, ist viel besser. [15] Ein Mensch, der einfach gestrickt ist, glaubt einem jeden Mist. Schlaue Menschen checken jede Entscheidung vorher genau ab. [16] Schlaue Menschen haben Respekt und machen einen Bogen um Sachen, die schräge oder einfach mies sind. Beknackte rasten ganz plötzlich aus, weil sie sich nicht unter Kontrolle haben. Dabei fühlen sie sich auch noch als die Oberhelden schlechthin. [17] Jemand, der sich schnell aufregt und sofort auf 180 ist, bringt oft blöde Aktionen. Jemand, der alles eiskalt berechnet, wird oft gehasst. [18] Das Einzige, was Pseudos draufhaben, ist, dass sie nichts draufhaben. Die schlauen Menschen kriegen auch noch einen Preis, weil sie so schlau sind. [19] Fiese Menschen müssen sich vor guten Menschen verbeugen. Menschen, die ohne Gott leben, müssen sich vor den Menschen verbeugen, die gottmäßig leben. [20] Wer überhaupt keine Kohle hat, wird von niemandem gemocht, noch nicht mal von seinen Nachbarn. Aber Reichos haben tausend Freunde. [21] Wer seine Nachbarn und die Menschen in seiner Umgebung nur wie Doofe behandelt, lebt an dem vorbei, was Gott will. [22] Menschen, die nur miese Sachen im Kopf haben, verirren sich im Leben. Menschen, die gute Pläne im Kopf haben, werden geliebt, und man ist ihnen treu. [23] Bei jeder Arbeit, die man erledigt, kommt am Ende für einen irgendwie etwas Gutes raus. Menschen, die nur dummes Zeug labern, fehlt es an allen Enden und Ecken. [24] Leute, die richtig schlau sind, bekommen als Belohnung auch noch eine Menge Kohle obendrauf. Dumme Menschen bekommen als Belohnung nur wieder ihre Dummheit zurück. [25] Jemand, der vor Gericht die Wahrheit sagt, kann dadurch das Leben von Menschen retten. Leute, die lügen, sind ätzende Abzocker. [26] Respekt vor Gott zu haben bringt Sicherheit. Auch Kinder werden sich so vor Problemen schützen können. [27] Respekt vor Gott zu haben, ist wie ein Wasserhahn, aus dem flüssiges Leben rauskommt. Wenn du so drauf bist, wirst du Fehler vermeiden, die tödlich enden könnten. [28] Umso größer die Bevölkerung ist, desto mehr Macht hat der Präsident. Wenn aber viele Menschen auswandern, wird auch seine Macht immer weniger, und am Ende verliert er sie ganz. [29] Entspannte Menschen sind locker drauf. Aggressive Menschen sind nicht ganz dicht in der Birne. [30] Entspannt und locker drauf zu sein, hält den Körper gesund. Aggression macht die Knochen kaputt. [31] Wer hilflose Menschen unterdrückt, beleidigt den, der sie mal gemacht hat. Gott zu respektieren bedeutet auch, sich um Leute zu kümmern, die Hilfe brauchen. [32] Menschen, die ohne Gott leben, kriegen auch noch eins auf die Ohren, wenn es ihnen gerade schlechtgeht. Menschen, die mit Gott leben, geht es noch gut, selbst wenn sie todkrank sind. [33] Wenn jemand innerlich locker drauf ist, dann hat er auch

Schnall von Dingen und ist weise. Idioten wissen gar nicht, wie man Schnall
buchstabiert. 34 Gerecht und korrekt sein sorgt dafür, dass es einem ganzen
Volk gutgeht und es nach vorne kommt. Wenn aber alle an dem vorbeileben,
was Gott will, wird es für sie voll peinlich, und alle anderen Völker lachen
über sie. 35 Ein Präsident wird seinen Sekretär mögen, wenn der gut arbeitet.
Wenn der aber nur Fehler macht, wird er voll sauer über den sein.

15

Jemand nett anlächeln kommt gut an

1 Wenn man auf Aggression erst mal nett antwortet, entspannt sich die Lage.
Aber wenn man in so 'ner Situation blöde Sprüche reißt, sorgt man dafür,
dass das Ganze total eskaliert. 2 Aus dem Mund von Leuten, die abgeklärt
sind, kommen Dinge, die einen weiterbringen. Leute, die nichts in der
Birne haben, verbreiten nur Schwachsinn. 3 Gott ist überall, und er kann alles
sehen. Er sieht die guten Sachen, die Menschen bringen, und auch die
schlechten. 4 Nette, entspannte Worte können einem im Leben weiterhelfen.
Fiese Worte tun weh und machen einen innerlich kaputt. 5 Nur Schwachma-
ten hören nicht auf die Warnungen von ihrem Vater. Wer Wert auf die Kor-
rekturen vom Vater legt, ist schlau. 6 Menschen, die korrekt leben, haben zu
Hause alles im Überfluss gebunkert. Bei Menschen, die ohne Gott leben,
kommt am Ende nur Zerstörung bei raus. 7 Aus dem Mund von Leuten,
die Schnall vom Leben haben, kommen nur schlaue Sachen raus. In den
Gedanken von Idioten ist nur Müll. 8 Wenn Menschen, die ohne Gott leben,
eine Opfersession durchziehen, dann findet Gott das zum Kotzen. Auf
Gebete von Menschen, die korrekt leben, steht er. 9 Was Leute, die ohne Gott
leben, so bringen, ist für ihn total übel. Menschen, die radikal durchziehen,
was er sagt, liebt er. 10 Eine fiese Bestrafung bekommt einer, der vom guten
Weg abkommt. Wer keinen Bock auf Kritik hat, muss kaputtgehen. 11 Selbst
in den hintersten dunklen Winkel, sogar in das Land, wo die Toten sind,
kann Gott reinsehen. Also kann er erst recht in die Köpfe von den Men-
schen schauen und ihre Gedanken lesen. 12 Labertaschen mögen es nicht,
wenn man sie kritisiert und angreift. Darum hängen die auch nicht so gerne
mit Menschen ab, die den Durchblick haben. 13 Wenn jemand gut drauf ist,
dann strahlt er über beide Backen. Depressionen nehmen den Mut zu leben.
14 Ein abgeklärter Mensch will immer mehr lernen. Idioten haben nur Bock
auf dummes Zeug. 15 Wer depressiv ist, für den sind alle Tage schwarz.
Wer gut drauf ist, feiert jeden Tag eine Party. 16 Es ist besser, keine Kohle zu
haben, aber dafür Respekt vor Gott, als voll viel Geld zu haben und sich
ständig über alles Mögliche Sorgen machen zu müssen. 17 Mit Freunden
zusammen Nudeln mit Ketchup zu essen schmeckt besser als ein Rump-
steak mit Menschen, die man hasst. 18 Ein stressiger Typ sorgt schnell dafür,

dass man sich zofft. Entspannte Menschen sorgen dafür, dass man sich
wieder verträgt. 19 Wenn ein Schlaffo losgeht, dann ist das für ihn wie ein
Hindernislauf. Aber einer, der mit Gott unterwegs ist, startet direkt durch.
20 Über einen abgeklärten, schlauen Sohn freut sich jeder Vater. Dumpf-
backen verarschen sogar ihre eigene Mutter. 21 Menschen, die nichts in der
Birne haben, freuen sich über jeden Scheiß. Leute, die abgeklärt und voll-
kommen locker sind, treffen die richtigen Entscheidungen und gehen ihren
Weg. 22 Pläne gehen in die Hose, wenn man sich nicht vorher anständig
beraten lässt. Umso mehr Leute einen beraten, desto größer ist die Chance,
dass aus der Sache was wird. 23 Es ist ein super Gefühl, wenn man die
richtige Antwort weiß. Das richtige Wort zur richtigen Zeit zu haben ist geil.
24 Leute, die es kapiert haben, entscheiden sich im Leben so, dass ihr Weg
immer weiter nach oben geht. Sie werden nicht so schnell unter die Erde
gebracht werden. 25 Das Haus von arroganten Menschen wird von Gott
abgerissen. Aber das Grundstück, wo Obdachlose leben, verteidigt er. 26 Gott
findet es zum Kotzen, wenn Menschen fiese Anschläge planen. Er findet es
aber cool, wenn man sich nette Sachen sagt. 27 Wenn jemand nur ohne
Ende Kohle verdienen will, macht er seine Familie damit kaputt. Menschen,
denen Geld aber egal ist und die man deswegen auch nicht bestechen
kann, die werden gut leben. 28 Ein korrekter Mensch schaltet erst mal sein
Hirn ein, bevor er loslabert. Aus dem Mund von fiesen Typen sprudelt der
größte Mist raus. 29 Gott hilft den Leuten nicht, die ohne ihn leben. Aber
auf Gebete von korrekten Menschen, die mit ihm am Start sind, hört er
gerne. 30 Wenn jemand einen anderen nett anlächelt, ist der sofort gut drauf.
Auch eine gute Nachricht gibt voll den Energieschub. 31 Jemand, der auf
einen guten Rat hört, hat im Leben was kapiert, er gehört zu den Schlauen.
32 Wer keinen Bock auf Kritik hat, hat auch keinen Bock auf sich selbst. Wer
auf Kritik hört, wird dadurch schlau. 33 Respekt vor Gott zu haben ist die
erste Sache, die man lernen muss, wenn man kapieren will, wie das Leben
funktioniert. Wer ein Held sein will, muss erst mal schnallen, dass er es
von sich aus eigentlich überhaupt nicht bringt.

16

Menschen denken, aber Gott hat das letzte Wort

1 Viele Leute machen Pläne für ihr Leben, aber Gott hat dazu das letzte Wort.
2 Für einen Menschen sieht es oft so aus, dass alles, was er tut, voll in Ord-
nung geht. Aber Gott ist derjenige, der alles wirklich abcheckt und beurteilen
kann. 3 Alles, was du planst, solltest du radikal an Gott übergeben, dann wird
er dafür sorgen, dass das, was du vorhast, auch funktioniert. 4 Gott hat alles
so gemacht, dass es einen Zweck erfüllt. Das gilt auch für die Menschen, die
ohne Gott leben; an einem bestimmten Tag werden sie dafür bestraft. 5 Arro-

gante, schleimige Typen kann Gott nicht ab. Ich sag's dir, solche Leute krie-
gen ihr Fett weg. 6 Wenn man Mist baut, kann das auch wieder in Ordnung
gebracht werden, indem man nett mit anderen Menschen umgeht und treu
an Gott dranbleibt. Wenn jemand wirklich Mörderrespekt vor Gott hat, hat
derjenige auch keinen Bock mehr auf fiese und falsche Sachen. 7 Wenn Gott
mit dem Leben von einem Menschen einverstanden ist und gut findet, was
der so bringt, dann sorgt er auch dafür, dass sogar dessen Feinde mit ihm
Frieden schließen. 8 Es ist besser, wenig Kohle zu verdienen, die dann aber
auf korrekte, ehrliche Art reinkommt, als den fetten Gewinn zu machen, der
nur aus Betrug und Abzocke stammt. 9 Menschen machen sich voll den
Kopf über alles Mögliche, aber eigentlich lenkt Gott das Leben. 10 Wenn der
Präsident eine Entscheidung trifft, dann steht Gott oft dahinter. Er redet kei-
nen Unsinn und liegt in seiner Sache richtig. 11 Beim Abwiegen von Ware darf
nicht beschissen werden, das will Gott so. Er hat bestimmt, wie schwer ein
Kilo ist. 12 Präsidenten finden es sehr ätzend, wenn in ihrem Land Sachen
passieren, die Gott nicht will. Wenn es gerecht zugeht, dann ist auch ihre
Regierung nicht in Gefahr. 13 Leute, die keinen Mist erzählen, findet der Prä-
sident gut. Menschen, die immer die Wahrheit sagen, liebt er. 14 Wenn der
Präsident richtig aggromäßig drauf ist, dann gibt es Tote. Wenn jemand
schlau ist, dann versucht er, den in so einer Situation wieder runterzubrin-
gen. 15 Leuchtende Augen beim Präsidenten bedeuten, dass alles supi läuft.
Wenn er gut drauf ist, kann man das mit einer Wolke vergleichen, die im
Hochsommer erfrischenden Regen bringt. 16 Schnall von Dingen zu haben,
Wissen und Abgeklärtheit, ist wichtiger als ein fettes Bankkonto oder stei-
gende Aktien. 17 Menschen, die korrekt leben, gehen oft an der Katastrophe
vorbei. Wer gut auf sich aufpasst, guckt genau, wo er gerade hinläuft.
18 Bevor jemand auf der Fresse landet, war er meistens arrogant. Bevor
jemand scheitert, dachte er oft, er wäre der Geile und ihm könnte so was
nicht passieren. 19 Es ist besser, arm zu sein, aber dafür mit coolen Leuten
abzuhängen, als ein fettes Bankkonto zu haben, aber dafür mit lauter arro-
ganten Typen zusammen zu sein. 20 Wer auf die Sachen achtet, die Gott
gesagt hat, wird glücklich. Wer auf seine Worte setzt, hat gewonnen.
21 Schlaue Menschen nennt man weise. Wer gut reden kann, ist ein guter
Lehrer. 22 Wer etwas im Hirn hat, kann in seinem Wissen eine Quelle finden,
aus der Leben rauskommt. Schwachmaten werden durch ihre eigene Blöd-
heit bestraft. 23 Abgeklärte Menschen können mit Worten Wissen unter die
Leute bringen. Durch das, was aus ihrem Mund rauskommt, bringen sie
anderen etwas bei. 24 Nette Worte sind wie sonnengereifte Erdbeeren. Lecker
im Mund und gesund für die Psyche und den Körper. 25 Manchmal denkt
man, eine Entscheidung ist richtig und bringt einen nach vorne, aber am
Ende stirbt man sogar dadurch. 26 Wenn ein Arbeiter Hunger bekommt,

dann feuert ihn der knurrende Magen an, noch schneller zu arbeiten. [27] Fiese Typen sorgen dafür, dass etwas kaputtgeht. Aus deren Mund kommen Worte, die alles zerstören können, fast wie ein Flammenwerfer. [28] Männer, die schräge drauf sind, sorgen oft dafür, dass es Zoff gibt. Männer, die wie blöd rumschleimen, bringen Freunde auseinander. [29] Hooligans und Männer, die sich gerne prügeln, verführen ihre Freunde dazu, Dinge zu machen, die nicht gut sind. [30] Wenn jemand dich von der Seite anblinzelt, dann hat er was Ätzendes vor. Wenn jemand verkrampft aus der Wäsche guckt, hat er gerade Mist gebaut. [31] Wer graue Haare bekommt, kann sich drüber freuen. Das ist wie ein Schmuckstück, das man mit der Zeit kriegt, wenn man immer reifer und korrekter wird. [32] Entspannt drauf zu sein ist besser, als einen auf großer Held zu machen. Es ist besser, sich selbst unter Kontrolle zu haben, als eine Stadt zu kontrollieren. [33] Wenn Menschen sich nicht entscheiden können, dann ziehen sie das Los oder werfen eine Münze. Gott ist aber derjenige, der die Entscheidungen trifft.

17

Gut drauf sein ist gesund

[1] Einen Zwieback in entspannter Runde zu genießen ist besser als ein kaltes Buffet, wo man die ganze Zeit Stress hat. [2] Ein Angestellter in einer Firma, der richtig gut arbeiten kann, wird irgendwann der Chef über den schlaffen Sohn vom Eigentümer, der das Ganze mal erben wird. Er wird sogar mit den anderen Brüdern zusammen gleichwertig behandelt, wenn der Besitzer stirbt. [3] Für E-Mails gibt es Virenprogramme und für Autos den TÜV, aber wie ein Mensch innerlich drauf ist, das prüft alleine Gott. [4] Ein Verbrecher hört auf das, was fiese Leute erzählen. Wer gerne lügt, hört auf Leute, die über andere ablästern. [5] Wer über Penner und Obdachlose schlecht redet, macht damit auch Witze über Gott, denn der hat alle Menschen gemacht. Wenn jemand abfeiert, weil ein anderer ein fettes Problem hat, dann wird er irgendwann dafür bestraft. [6] Die Großeltern sind stolz auf ihren Enkel, und die Kinder sind stolz auf ihre Eltern. [7] Es passt nicht zu einem Hirni, wenn er plötzlich eine hochintellektuelle Rede halten soll. Genauso wenig passt es, wenn ein Typ, der voll respektiert wird, anfängt zu lügen. [8] Es gibt Leute, die glauben, den Schiedsrichter zu bestechen bringt es. Sie denken, nur so würde man dafür sorgen, dass die Mannschaft jedes Spiel gewinnt. [9] Wer immer wieder schlimme Fehler verzeiht, die ein Mensch gemacht hat, zeigt damit, dass er Frieden und Liebe mag. Wer aber immer wieder eine alte Sache hochkocht, die schon lange gegessen ist, sorgt dafür, dass Freunde sich zerstreiten. [10] Bei jemandem, der offen für Kritik ist, bringt eine deutliche Ansage mehr, als wenn man einem Idioten den Hintern versohlt. [11] Fiese Typen versuchen eine unangemeldete Demo anzuzetteln. Solche Menschen

werden von der Polizei festgenommen und von der Stadt verklagt. [12] Es ist besser, sich mit einem Kampfhund anzulegen, dem man gerade ein Junges geklaut hat, als vollkommen einem Idioten ausgeliefert zu sein, der nichts im Hirn hat. [13] Wenn einem etwas Gutes getan wurde, aber seine Antwort darauf etwas Gemeines war, dann wird seine Familie vom Pech verfolgt werden. [14] Wenn sich zwei Leute anfangen zu streiten, kann man das gut mit einem Dammbruch am Meer vergleichen. Solange das Wasser noch nicht wirklich durchgebrochen ist, solange der Streit noch nicht richtig laut wurde, kann man das Ding noch stoppen. [15] Die Menschen, die schuldig sind, einfach so vor Gericht freizusprechen und korrekte Menschen für Sachen zu verklagen, die sie gar nicht getan haben, das sind beides Sachen, auf die Gott überhaupt keinen Bock hat. [16] Einem Vollidioten für viel Geld Nachhilfe zu geben, bringt es nicht. Intelligenz kann man nicht kaufen. [17] Ein richtig guter Freund ist da, wenn du ihn brauchst, egal um welche Uhrzeit. Er hilft dir, wenn Not am Mann ist, fast so, als wäre er dein eigener Bruder. [18] Wenn du die Schulden von einem Nachbarn einfach übernimmst, ohne dich abzusichern, dann hast du nicht mehr alle Tassen im Schrank. [19] Wer sich gerne streitet, der liebt es auch generell, Mist zu bauen. Wer das Maul weit aufreißt, sorgt dafür, dass er auch bald auf die Fresse fliegt. [20] Menschen, die link drauf sind, werden nicht wirklich glücklich. Wer übel rumlästert, bekommt Probleme. [21] Wer einen Sohn hat, der zu dumm ist, wird durch den viel Ärger bekommen. Ein Vater von einem durchgeknallten, verrückten Jungen wird wenig Spaß mit ihm haben. [22] Lustig sein und Spaß haben, ist gut für die Gesundheit. Depressionen trocknen die Seele aus und machen einen kaputt. [23] Richter, die ohne Gott leben, kann man mit Geld bestechen. Auf die Art werden Gesetze verdreht. [24] Schlaue Menschen wollen immer noch mehr Lernstoff vor ihre Nase kriegen. Dumme Menschen interessieren sich nur für irgendwelchen Schwachsinn. [25] Ein Sohn, der nichts draufhat, ist für seine Eltern eine peinliche Sache, und sie müssen sich ständig über ihn ärgern. [26] Leuten, die nichts ausgefressen haben, ungerechterweise eine Geldstrafe aufzubrummen, ist übel. Einen korrekten Menschen, der nichts getan hat, in U-Haft zu stecken, ist gegen das Gesetz. [27] Wer das, was er sagt, unter Kontrolle hat, ist schlau. Wer immer die Ruhe bewahrt, ist ein kluger Kopf. [28] Wenn ein Volltrottel mal seine Fresse halten würde, könnte man sogar denken, dass der die Intelligenzbestie schlechthin wäre.

18

Was aus dem Mund kommt, ist gefährlich

[1] Ein Einzelgänger macht nur das, was ihm gerade in den Kram passt. Wenn man ihn darauf hinweist, kann es passieren, dass er total ausrastet. [2] Idioten und Dumpfbacken finden es einfach nicht cool, Sachen wirklich zu kapieren,

aber sie machen gerne einen Seelenstriptease in der Nachmittagstalkshow.
3 Wenn man etwas ohne Gott macht, dann wird das schnell oberpeinlich.
Keiner hat dann mehr Respekt vor demjenigen, und man lacht ihn aus.
4 Erkenntnisse von einem Menschen, der was im Leben kapiert hat, sind oft
sehr tief und heftig. Manchmal sprudelt da förmlich Weisheit und Ahnung
raus, so wie aus einem Wasserhahn. 5 Es ist nicht okay, wenn bei einer
Gerichtsverhandlung der Typ, der richtig Mist gebaut hat, freigesprochen
wird, aber der Typ, der in Ordnung ist, verurteilt wird. 6 Durchgeknallte Men-
schen sorgen immer nur dafür, dass man sich streitet. Wenn so einer den
Mund aufmacht, dann fordert er es geradezu heraus, dass man ihm die
Fresse poliert. 7 Was Volltrottel so alles aus ihrem Mund rauslassen, sorgt
nur dafür, dass sie irgendwann selbst kaputtgehen. Ihre Worte sind wie eine
Fliegenfalle, in die sie selbst reintapsen. 8 Die Sätze von Schleimern schme-
cken oft sehr lecker, die gehen einem runter wie Öl. 9 „Schlaffmate-Paul“
und „Kaputtnik-Gerd“ bei der Arbeit sind wie Brüder aus derselben Familie.
10 Gott ist wie ein Atombunker. Wer korrekt drauf ist, geht zu Gott, um von
ihm beschützt zu werden. Dem wird dann auch nichts passieren. 11 Für einen
Reicho ist sein Bankkonto wie ein Bunker. Er glaubt, seine Kohle beschützt
ihn, was natürlich totaler Schwachsinn ist. 12 Bevor er richtig abstürzt, ist
der Mensch meistens sehr ehrgeizig, und er hat hohe Ziele. Wer mal einen
fetten Applaus bekommen möchte, muss aber zuerst lernen, bescheiden
zu sein und kleine Brötchen zu backen. 13 Jemand, der nicht richtig zuhören
kann und schon anfängt zu antworten, bevor der andere überhaupt zu Ende
geredet hat, ist meistens ziemlich dumm und peinlich. 14 Die Einstellung,
die ein Mensch zu seiner Krankheit hat, hilft ihm, gesund zu werden. Leute,
die depressiv sind, kann man auch schwer aufbauen. 15 Menschen, die
schlau sind, wollen immer mehr lernen. Wer intelligent ist, ist auch heiß
aufs Lernen. 16 Jemandem etwas zu schenken kann dafür sorgen, dass sich
Türen öffnen. Es sorgt dafür, dass man mit wichtigen Leuten ins Gespräch
kommt. 17 Wenn einer bei einem Streit als Erster loslabert, denkt man oft,
dass er recht hat. Aber dann kommt jemand anderes zu Wort, und der
checkt die Sache erst wirklich. 18 In einem Streit kann es helfen, wenn man
am Ende Lose zieht oder würfelt. So wurden schon einige Probleme, auch
zwischen mächtigen Leuten, geregelt. 19 Wenn jemand abgezogen wurde,
dann lässt er erst mal keinen an sich rankommen, so als hätte er einen Pan-
zer um sein Herz gebaut. Durch einen richtig krassen Streit kann man wie
ein Bunker aus Beton werden, da gibt's kein Durchkommen. 20 Das, was
ein Mensch mit seinen Argumenten erreicht, sorgt dafür, ob er innerlich
glücklich und zufrieden ist oder nicht. 21 Mit der Sprache kann man heftige
Sachen erreichen. Worte haben die Macht, jemanden zu töten oder am
Leben zu lassen. Wer Worte liebt, kann davon auch leben. 22 Wenn jemand

seine Traumfrau gefunden hat, dann hat er echt den Hauptgewinn gezogen!
Gott freut sich auch dadrüber, es ist ein Zeichen, dass er ihn wohl sehr mag.
23 Penner betteln vor dem Supermarkt um Kohle, aber der Reicho klatscht
ihnen eine und geht weg. 24 Es gibt Freunde, die machen sich gegenseitig
kaputt, und es gibt Freunde, die halten ganz dicke zusammen, so als wären
sie Brüder.

19

Menschen, denen es dreckig geht, soll man helfen

1 Besser von Sozialhilfe zu leben und radikal mit Gott unterwegs zu sein, als
nichts in der Birne zu haben und fies zu sein. 2 Sich total zu bemühen, aber
das Ganze ohne Peilung von der Sache zu machen bringt es einfach nicht.
Wer immer nur voll gestresst ist, fällt dabei oft auf die Schnauze. 3 Weil
einige Menschen so blöd sind, bringen sie sich selbst in Schwierigkeiten und
geben am Ende Gott dafür die Schuld. 4 Wer viel Kohle hat, hat auch viele
Freunde. Wer wenig Kohle hat, von dem trennen sich die Freunde. 5 Wenn
jemand eine Falschaussage vor Gericht macht, kriegt er irgendwann seine
Strafe dafür. Menschen, die lügen, werden ihr Fett abbekommen. 6 Alle
wollen sich bei den Promis und mächtigen Typen einschleimen. Wer viele
Geschenke verteilt und die Rechnung im Restaurant bezahlt, ist von jedem
der Freund. 7 Jemand, der keine Kohle hat, ist noch nicht mal bei seinen
Geschwistern beliebt. Da werden doch seine Freunde erst recht keinen Bock
auf ihn haben. So ein Typ will unbedingt, dass jedes Versprechen eingehal-
ten wird, auch wenn die Zeit dafür längst abgelaufen ist. 8 Wer viel lernt, hat
sich auch selbst lieb. Wer immer dafür sorgt, die richtige Einstellung zu
behalten, wird Glück haben. 9 Ein Zeuge, der vor Gericht lügt, wird garantiert
bestraft werden. Wer etwas schwört und das nicht einhält, oder wenn es
nicht stimmt, was er geschworen hat, der wird bald am Ende sein. 10 Ein
richtig fettes Leben passt nicht zu einem Volltrottel. Aber was noch weniger
passt, ist, wenn ein kleiner Angestellter über seinen Chef das Sagen hat.
11 Jemand, der Schnall vom Leben hat, wird dadurch auch entspannt. Er wird
zum Helden, weil er einfach dadrüber steht, wenn jemand ihn abziehen will.
12 Man kann das Knurren von einem Pitbull ganz gut mit der Wut verglei-
chen, die ein Präsident manchmal hat. Aber wenn er nett drauf ist, dann
kann man das eher mit dem feuchten Nebel vergleichen, der nachts auf der
Wiese ist. 13 Einen Schlaffo als Sohn zu haben, ist für den Vater eine totale
Katastrophe. Eine Ehefrau, die den ganzen Tag rummeckert, ist genauso ner-
vig wie ein Wasserhahn, der die ganze Nacht tropft. 14 Man kann ein Stück
Land und auch ein Haus von den Eltern erben, aber eine richtig coole Ehe-
frau kommt nur von Gott. 15 Wer den ganzen Tag zu Hause rumhängt, pennt
ein. Wer nie in die Hufe kommt, hat einen leeren Kühlschrank und muss

hungern. [16] Wer sich an die Gesetze hält, beschützt damit sein Leben. Wem
die Gesetze egal sind, der wird deswegen früher sterben. [17] Wenn jemand
einem armen Schlucker hilft, dann hilft er Gott. Und der wird ihm alles
zurückgeben, was er dort investiert hat. [18] Solange du deine Kinder streng
erziehst, gibt es noch eine Chance, dass aus ihnen etwas wird. Du darfst sie
aber auf keinen Fall so streng erziehen, dass sie daran sterben. [19] Jemand,
der sehr aggromäßig drauf ist, muss dafür eine Strafe verpasst kriegen.
Wenn du ihm diese Strafe erlässt, verstärkst du nur noch seine schräge Ein-
stellung und machst es schlimmer, als es eh schon ist. [20] Hör auf gute Rat-
schläge, und wenn dich jemand korrigiert, denk drüber nach. Auf die Art
wirst du mal ein abgeklärter und schlauer Mensch werden. [21] Menschen
haben ständig neue Ideen in ihrer Birne, aber Gott zieht mit ihnen sowieso
das durch, was er will. [22] Jemand, der Mitleid mit anderen Menschen hat
und ihnen auch mal Geld schenkt, ist ein Gewinner. Es ist besser, keine
Kohle zu haben, als ein falscher Fuffziger zu sein. [23] Vor Gott Respekt zu
haben hilft im Leben. Man hat alles und muss nicht ständig neue Sachen
kaufen. Man kann nachts entspannt pennen, ohne ständig von fiesen Alp-
träumen aufzuwachen. [24] Schlaffos greifen sich aus einer Schüssel die Chips,
aber sie schaffen es nicht mehr, die auch in den Mund zu stecken. [25] Wenn
du dem Typen, der die ganze Zeit ablästert, ein paar Schläge verpasst, dann
wird sich das auch der Frischling hinter die Ohren schreiben. Wenn du
jemanden kritisierst, der was auf dem Kasten hat, dann wird er dadrüber
nachdenken und daraus lernen. [26] Wer mit seinem Vater schlecht umgeht
und seine Mutter aus dem Haus rausschmeißt, ist ein ganz mieser Sohn,
der nur peinlich und link ist. [27] Mein Junge, wenn du nicht mehr zuhörst,
wenn man dich kritisiert, dann wirst du auch nichts lernen können. [28] Ein
Zeuge, der es nicht bringt, verarscht das Gericht. Aus einem Mund von
jemandem, der nicht an Gott glaubt, kommt nur Müll raus. [29] Für arrogante
Witzfiguren gibt es Gerichte, wo sie verklagt werden können. Idioten kriegen
einfach nur auf die Fresse.

20

Noch ein paar Tipps

[1] Wer zu viel Bier trinkt, fängt an, rumzulästern und das Maul aufzureißen,
und von Schnaps wird man zum Tier. Sich zu besaufen bringt es auf
die Dauer nicht, dadurch wird man auch nicht schlauer. [2] Wenn ein Präsi-
dent richtig sauer wird, ist er so gefährlich wie ein knurrender Kampfhund.
Wer sich mit ihm anlegt, wird zerfleischt. [3] Ein Mann, der es schafft, sich
aus einem Streit rauszuhalten, verdient Respekt. Nur Schwachmaten fangen
ständig Streit mit anderen Leuten an. [4] Schlaffos kriegen es nicht auf die
Reihe, rechtzeitig ihre Bewerbungen zu schreiben. Als Folge davon kriegen

sie dann auch keinen Job ab. 5 Die guten Ideen und Gedanken liegen oft tief
in einem drin. Kluge Menschen holen sie an die Oberfläche. 6 Es gibt viele
Menschen, die ständig davon reden, wie gut und nett sie doch sind. Aber
wenn du mal wirklich jemanden brauchst, auf den du dich verlassen kannst,
wo sind die dann? 7 Die Kinder können sich glücklich schätzen, die gute
Eltern haben, die korrekt und ehrlich sind. 8 Wenn der Präsident etwas
Wichtiges entscheiden muss, merkt er sofort, wer mies drauf ist oder nicht.
9 Welcher Mensch kann ehrlich von sich behaupten, dass er immer hundert-
prozentig clean und in Ordnung gelebt, nie Mist gebaut und ein superreines
Gewissen hat? 10 Anderen einen schlechten Deal zu machen oder Freunden
Schrott anzudrehen und sie dabei noch zu bescheißen, beides findet
Gott total ätzend. 11 Schon bei einem Jugendlichen sieht man, ob das später
mal ein korrekter oder ein fieser Mensch wird. 12 Mit den Ohren kann man
hören, mit den Augen kann man sehen, und beides hat Gott auch extra dafür
gemacht. 13 Verlieb dich nicht in dein Bett. Wer zu viel schläft, lebt bald von
Sozialhilfe. Halte deine Augen offen, dann hast du auch immer genug zu
essen im Kühlschrank. 14 „Das ist ja kaputt! Viel zu teuer das Ganze!", ruft
der Typ, der deine Sachen kaufen will. Aber wenn er es dann für einen guten
Preis bekommen hat, macht er vor seinen Freunden einen auf dicke Hose.
15 500-Euro-Scheine und teure Brillantenringe gibt es auf der Welt ohne Ende.
Aber gute Tipps und Ratschläge von jemandem, der einen wirklich versteht,
gibt es nur ganz selten. 16 Wenn einer von dir Geld leihen will, der für die
Schulden eines entfernten Bekannten mit unterschrieben hat, dann sicher
dich ab und leih ihm nur was gegen ein Pfand. 17 Ständig zu lügen schmeckt
am Anfang vielleicht ganz lecker. Aber nach einer Zeit kommt es einem übel
hoch, fast so, als hätte man Sand im Mund. 18 Berate dich erst mal und
mache einen guten Plan, wenn du etwas Konkretes vorhast. Das gilt beson-
ders, wenn du einen Krieg führen willst. 19 Menschen, die Geheimnisse ein-
fach weitererzählen, sind mies unterwegs. Wer ständig das Maul aufreißt,
sollte nicht dein Freund sein. 20 Wenn du deinem Vater oder deiner Mutter
die Krätze an den Hals wünschst, dann wird es dir so gehen, als ob du dich
nachts in einem Wald verlaufen hast und die Batterien von deiner Taschen-
lampe langsam ausgehen. 21 Falls deine Alten mal sterben und du etwas von
ihnen erbst, dann versuch nicht sofort, an die Kohle ranzukommen. Denn
wenn du das tust, wird Gott am Ende nicht mehr bei dir sein und dir auch
nicht mehr helfen. 22 Wenn dich jemand abgezogen hat, dann sag nicht, dass
du dich sofort bei ihm rächen willst. Überlass das Ding Gott, er wird es
schon regeln. 23 Gott findet es ätzend, wenn man andere Leute bei einem
Geschäft über den Tisch zieht oder ihnen Schrott andreht. 24 Jedes Leben auf
dieser Erde wird letztendlich von Gott gelenkt. Wie sollte da ein Mensch
richtig verstehen, was alles mit ihm abgeht? 25 Es ist eine große Falle, wenn

einer zu schnell zu Gott sagt: „Das und das verspreche ich dir hundertpro-
zentig“, ohne vorher richtig darüber nachgedacht zu haben. 26 Ein Präsident,
der gut drauf ist, lässt alle Verbrecher verhaften und sorgt dafür, dass sie in
einer Gerichtsverhandlung für ihre Taten verknackt werden. 27 Gott kennt das
Gewissen von jedem Menschen, und er checkt alle Gedanken ständig ab.
28 Wenn der Präsident gut drauf ist und sich seinen Bürgern gegenüber fair
verhält, wird er an der Regierung bleiben. 29 Jugendliche können stolz auf
ihre Muckis und ihren Waschbrettbauch sein. Ältere Menschen können stolz
auf ihre grauen Haare sein. 30 Einem Kind, wenn es Mist gebaut hat, auf die
Finger zu hauen, ist gut. Denn dadurch bewahrt man es davor, eine fiese
Bazille zu werden. Das gilt auch für ein paar Schläge auf den Hintern.

21

Schlaffos erreichen nichts im Leben

1 Einen Fluss kann man mit einem Kanal umleiten. Genauso kann Gott,
wenn er Bock drauf hat, auch die Gedanken von einem Präsidenten umlei-
ten. 2 Jeder Mensch denkt von sich, dass sein Verhalten in Ordnung ist. Gott
checkt dabei aber immer auch die innere Einstellung ab. 3 Korrekt und okay
zu leben findet Gott besser, als ihm irgendwelche Opfer zu schenken. 4 Eine
arrogante Art oder von oben auf andere runterzusehen, das bringen Men-
schen, die ohne Gott leben, und das ist großer Mist. 5 Wenn jemand etwas
plant und auch sehr fleißig ist, dann wird das Ganze ein Erfolg. Aber
jemand, der voll panisch Sachen durchzieht, der bringt es nicht. 6 Wer seine
Kohle nur durch Abzockerei und Lügen bekommen hat, wird sie auch schnell
wieder verlieren. Das dauert so lange, bis das Wasser nach dem Regen auf
dem Fensterbrett verdunstet ist. So was kann zu einer Falle werden, an der
man schnell stirbt. 7 Der brutale Schläger, der ohne Gott lebt, sorgt selbst
dafür, dass er sterben muss. So einer weigert sich einfach, korrekt zu leben.
8 Jemand, der ständig lügt, schlängelt sich so durchs Leben. Jemand, der
straight unterwegs ist, dessen Leben läuft gerade und ohne große Schnörkel.
9 Es ist besser, auf dem stickigen Dachboden hinten in einer Ecke alleine ein
kleines Zimmer zu haben, als den Tag mit einer nervigen Frau im Haus zu
verbringen. 10 Fiese Typen, die ohne Gott leben, sind ständig heiß dadrauf,
irgendwelchen Mist zu bauen. Auch mit ihren Nachbarn gehen sie hart um.
11 Wenn man den Leuten, die ständig das Maul zu weit aufreißen, eine Geld-
strafe reindrückt, dann hilft das auch den einfachen Menschen, weil sie es
denen dann nicht nachmachen werden. Wenn man jemandem, der abgeklärt
und weise ist, noch etwas beibringen kann, dann weiß der am Ende noch
mehr, als er vorher schon wusste. 12 Gott passt auf, was in der Wohnung von
den Menschen abgeht, die ohne ihn leben, und er sorgt dafür, dass es denen
schlechtgeht. 13 Wer so tut, als würde er es nicht hören, wenn einer auf der

Straße um Hilfe schreit, wird auch mal in eine Situation kommen, in der er
Hilfe braucht, und keinen wird es interessieren. 14 Wenn du mit jemandem
Zoff hast, dann schenke ihm was, aber so, dass es nicht jeder mitbekommt.
Auf die Art kannst du seinen Ärger runterfahren. 15 Vor Gericht ist ein korrek-
tes Urteil für den, der nicht schuld ist, ein Grund zu jubeln. Für einen Typen,
der was verbrochen hat, ist das aber voll übel. 16 Ein Mensch, der immer ver-
wirrter wird und irgendwann nichts mehr kapiert, wird bald sterben. 17 Wer
gerne Party macht, dem geht schnell die Kohle aus. Wer gerne essen geht
und dabei einen bechert, wird nie viel Geld haben. 18 Als Bezahlung für den,
der immer korrekt gelebt hat, wird es mal so laufen, dass der Mensch, der
ohne Gott unterwegs war, für ihn die Rechnung begleichen muss. 19 Es ist
besser, in der Wüste zu leben, als eine Ehefrau zu haben, die die ganze Zeit
meckert und rumnervt. 20 High-End-Stereoanlagen und Plasmafernseher
stehen in den Häusern von Leuten, die was draufhaben. Idioten schmeißen
ihr Geld zum Fenster raus. 21 Jemand, der nett, fair und korrekt mit anderen
Menschen umgeht, mit dem geht man auch korrekt um und hat Respekt vor
ihm. 22 Selbst wenn eine Stadt von Soldaten besetzt ist, kann ein Held sie
einnehmen. Er sprengt den Schutzwall einfach weg, auf den sich die Solda-
ten verlassen hatten. 23 Wer kontrolliert, was er sagt, sorgt dafür, dass er
keine größeren Probleme bekommt. 24 Der eingebildete Schwachmat, man
nennt ihn auch „Doc Lästermaul“, tut immer so, als wäre er der Geile. 25 Die
Wünsche von einem Oberschlaffo bringen ihn irgendwann um, weil ihm
seine eigenen Hände diese Wünsche nicht erfüllen können. 26 Es gibt Leute,
die geiern den ganzen Tag nur rum. Wer korrekt ist, kann sich kontrollieren,
gibt gerne und das mit vollen Händen. 27 Wenn jemand, der ohne Gott lebt,
ein Opfer durchzieht, hat Gott da keinen Bock drauf. Erst recht hat Gott da
keinen Bock drauf, wenn seine Einstellung für ein Opfer nicht okay ist.
28 Jemand, der die ganze Zeit rumlügt, wird irgendwann kaputtgehen. Ein
Mann, der gut zuhören kann, kann auch gut und lange reden. 29 Wer korrekt
ist, hat alles unter Kontrolle, was er tut. Aber der Typ, der ohne Gott lebt,
zieht nur eine dumme Fratze und zeigt den Stinkefinger. 30 Du kannst noch
so schlau sein, noch so viel kapiert und die besten Tipps im Ärmel haben,
gegen Gott hast du keine Chance. 31 Dein Panzer kann noch so gut bewaffnet
und geschützt sein, im Krieg kann dich nur einer retten, und das ist Gott.

22

Aus ätzenden Aktionen kommen ätzende Sachen

1 Es ist besser, wenn man einen guten Ruf hat als ein gutes Gehalt und ganz
fett Kohle auf dem Bankkonto. Nett zu sein ist mehr wert als eine steigende
Aktie oder ein großer Scheck. 2 Egal, ob man viel Geld hat oder von Hartz IV
lebt, jeder Mensch wurde von Gott gemacht. 3 Schlaue Menschen peilen

schnell, wenn eine Sache schiefläuft und bald Chaos am Start ist. Leute mit nicht so viel Erfahrung tapsen in die Situation einfach rein und müssen dann die Konsequenzen ausbaden. [4] Wenn jemand nicht einen auf dicke Hose macht und immer Respekt vor Gott hat, dann wird er mal viel Geld haben, und man wird ihn respektieren. [5] Miese Abzocker drehen ständig krumme Dinger; wer mit ihnen befreundet ist, verstrickt sich auch schnell in solche Sachen. Darum ist es besser, mit diesen Menschen nicht so viel abzuhängen. [6] Einen Jugendlichen sollte man immer so erziehen, dass er sein Leben gut packt. Was er in dieser Zeit lernt, vergisst er sein Leben lang nicht mehr. [7] Menschen, die viel Geld besitzen, haben Macht über Menschen, die keine Kohle haben. Wenn man sich Geld leihen muss, wird man abhängig von dem, der einem die Kohle leiht. [8] Aus ätzenden Aktionen kommen immer auch ätzende Sachen raus. Wenn einer einen verprügelt, wird er auch verprügelt. Wenn das dann passiert, hat der, der mit der Klopperei angefangen hat, erst mal die Schnauze voll von Gewalt. [9] Nette Menschen bekommen alles von Gott, sie sind gesegnet. Warum? Weil sie auch mal einen Obdachlosen zum Essen einladen. [10] Lästermäuler solltest du, so schnell es geht, rausschmeißen. Dann wird es auch mit dem Streiten und der Rumdiskutiererei schnell aufhören. [11] Jemand, der kein schlechtes Gewissen hat und immer gute Sachen sagt, freundet sich oft mit Präsidenten an. [12] Gott ist es total wichtig, dass die Wahrheit ans Licht kommt. Wenn Leute nur Mist erzählen, andere verpetzen und andere Menschen abziehen, sorgt er dafür, dass sie auf die Schnauze fallen. [13] Schlaffos sagen: „Draußen ist die Hölle los! Meine Wohnung zu verlassen ist mir viel zu gefährlich. Da werde ich am Ende doch nur umgenietet." [14] Frauen, die dich von Gott wegbringen wollen, flirten gerne und legen einen mit ihrem Charme rein. Wenn Gott sauer auf dich ist, trittst du voll in ihre Falle. [15] Kinder haben oft einfach Bock drauf, Mist zu bauen. Mit Bestrafungen kann man sie aber davon fernhalten. [16] Wenn man einen Armen abzockt, wird der dadurch nur reicher. Und wenn man einem Reichen was schenkt, sorgt das nur dafür, dass er hinterher weniger hat.

Dreißig Tipps

[17] Hör mal gut zu! Es gibt ein paar echt abgefahrene, total schlaue Dinge, die ich dir erzählen will! Nimm diese Sachen bitte ernst. [18] Ist vielleicht sogar eine gute Idee, diese Tipps jetzt auswendig zu lernen. Du solltest sie einfach draufhaben und jederzeit runterspulen können. [19] Das ist wichtig, damit du Gott immer radikal vertraust, darum erzähle ich dir das jetzt. [20] Ich hab jetzt mal dreißig Tipps für dich aufgeschrieben. Alles echt gute Ratschläge, [21] die dir helfen werden, die Wahrheit zu verstehen. Wenn du die draufhast, bist du immer in der Lage, eine gute Antwort zu geben, wenn dich jemand was fragt. [22] Erstens: Die Schwäche von jemandem ausnutzen, nur weil er

schwach ist, geht gar nicht! Zum Beispiel Sozialhilfe-Empfänger vor Gericht
fertigmachen, das ist nicht gut. 23 Gott beschützt die Leute, die von nieman-
dem sonst noch beschützt werden. Wer die beklaut, wird von Gott gekillt.
24 Zweitens: Befreunde dich nicht mit jemandem, der ständig sofort ausras-
tet und sich nicht im Griff hat. 25 Könnte sein, dass das irgendwann auf
dich abfärbt und du auch so draufkommst. Das würde dich irgendwann
umbringen. 26 Drittens: Halte nie den eigenen Kopf für die Schulden eines
anderen hin. 27 Dann wird man dir sogar den Stuhl unterm Hintern weg-
ziehen, wenn bei dir sonst nichts zu holen ist. 28 Viertens: Versuche nicht,
dein Grundstück illegal zu vergrößern, indem du deinen Zaun einfach ver-
legst. 29 Fünftens: Wenn du einen Mann triffst, der seinen Job supergut
macht, dann kannst du drauf wetten, dass er für die „hohen Tiere“ arbeiten
wird, aber nicht für die, die nur Hartz IV kriegen.

23

Tipp sechs bis dreiundzwanzig

1 Sechstens: Wenn du bei einem Bürgermeister zum Essen eingeladen wirst,
dann benimm dich anständig und vergiss nicht, wer da vor dir sitzt! 2 Füll
dir bei dem nicht gleich Berge auf den Teller, auch wenn du voll den Hunger
hast. 3 Und pass auf, wenn er dir etwas total Leckeres vor die Nase setzt.
Dann könnte es nämlich sein, dass er versucht, dich abzuziehen, und das
Essen dabei als Köder benutzt. 4 Siebtens: Reiß dir nicht um jeden Preis den
Arsch auf, nur um fett Kohle zu haben, wenn du dabei auf Bildung verzichten
musst. 5 Es geht schneller, als du denkst, da ist die Kohle plötzlich alle, und
die Firma ist pleite. Geld bekommt manchmal Flügel, und plötzlich ist alles
weg. 6 Achtens: Lass dich nicht von jemandem zum Essen einladen, der ober-
geizig ist. Du solltest auf keinen Fall scharf auf dessen Essen sein, egal, wie
lecker es auch riecht. 7 Der Typ hat nämlich garantiert jedes Stück Fleisch auf
dem Tisch abgezählt. Auch wenn er dich auffordert: „Los, hau rein!“, meint er
das nicht wirklich so. 8 Dir wird jeder Bissen im Hals stecken bleiben, oder du
musst gleich alles wieder auskotzen. Dein ganzes Lob für das gute Essen war
dann letztendlich umsonst. 9 Neuntens: Mit Idioten solltest du nicht zu viel
reden, denn denen ist ein Tipp von dir eh total egal. 10 Zehntens: Vergrößere
nicht dein Grundstück, indem du den Zaun heimlich verschiebst. Die Grenze
steht schon seit Ewigkeiten fest. Das Land gehört deinen Nachbarn und nicht
dir, auch wenn die ansonsten kein Geld haben. Dort hast du einfach nichts zu
suchen. 11 Diese Leute haben Gott auf ihrer Seite, und der ist sehr stark. Er
würde dich höchstpersönlich vor Gericht verklagen. 12 Elftens: Innerlich soll-
test du so drauf sein, dass du immer bereit bist, dich zu verändern, wenn es
nötig ist. Man sollte immer offen für Kritik sein. 13 Zwölftens: Es bringt nichts,

seinen Sohn vor Strafen zu bewahren. Von einem leichten Schlag auf den
Hinterkopf wird er nicht sterben. 14 Vielleicht musst du ihn hauen, aber das
wird im Endeffekt dafür sorgen, dass sein Leben gerettet wird. 15 Dreizehn-
tens: Mein Junge, wenn du was kapiert hast und weise bist, dann freu ich
mich voll dadrüber. 16 Wenn ich irgendwann merke, dass du korrekte Sachen
sagst, dann freu ich mich erst recht. 17 Vierzehntens: Reg dich nicht unnötig
über Leute auf, die ohne Gott leben. Versuche stattdessen, jeden Tag, Respekt
vor Gott zu haben. 18 Wenn du so drauf bist, musst du dich vor nichts mehr
fürchten, du kannst entspannt auf die Zukunft warten. Die Hoffnung, dass es
dir immer gutgeht, kann nicht kaputt gemacht werden. 19 Fünfzehntens: Hör
mir mal gut zu, mein Junge! Versuche, Schnall vom Leben zu bekommen,
werde vernünftig und sorg dafür, dass du auch innerlich straight unterwegs
bist. 20 Häng nicht mit Drogis und Alkis ab, denn die hauen sich nur breit.
Halt dich auch von denen fern, die ständig einen Fressflash haben. 21 Men-
schen, die nur breit rumhängen oder den ganzen Tag essen, bringen es nicht.
Und wer den ganzen Tag nur im Bett liegt, wird irgendwann nur noch Klamot-
ten aus der Altkleidersammlung zum Anziehen haben. 22 Sechzehntens: Jeder
sollte Respekt vor seinem Vater und seiner Mutter haben. Die haben dich
schließlich gezeugt. Auch wenn deine Mutter alt geworden ist, solltest du
immer gut mit ihr umgehen. 23 Zu wissen, was die Wahrheit ist und was
nicht, schlau zu sein und Disziplin zu haben, das sind super wertvolle Dinge,
um die du dich bemühen solltest. 24 Ein Vater freut sich total, wenn er einen
Sohn hat, der kein Weichei und noch dazu schlau ist. 25 Deine Eltern sollen
sich über dich freuen und stolz dadrauf sein, dass sie dich bekommen haben.
26 Siebzehntens: Jetzt noch eine Sache, die echt wichtig ist, mein Junge. In
dieser Sache solltest du genauso wie ich drauf sein. 27 Um Nutten, Nacht-
clubs und Puffs musst du einen großen Bogen machen, denn dort könntest
du dich voll auf die Schnauze legen. Auch mit der Frau von einem anderen
Typen solltest du nicht rumknutschen. Du könntest dabei nämlich in eine
Falle treten und dort steckenbleiben. 28 Es gibt solche Frauen, die sind echt
gefährlich. Sie lauern einem auf, wie jemand, der dich in einem Wald aus-
rauben will. Solche Mädels sorgen dafür, dass viele Männer ihre Ehefrauen
betrügen. 29 Achtzehntens: Mal eine Frage: Soll ich dir sagen, wer die ganze
Zeit rumjammert und sich ständig selbst bemitleidet? Möchtest du wissen,
wer ohne Grund den nächsten Streit anfängt? Das sind so Leute, die auch
schon ganz glasige Augen haben. 30 Die sitzen bis spät in die Nacht noch mit
einem Glas Bier am Tresen. Oder sie machen einen auf „Weintester“ und
besaufen sich jeden Abend. 31 Lass dich nicht vom Wein reinlegen!
Auch wenn der so schön rot auf dem Tisch steht, lecker riecht und so nett
durch die Kehle zischt. 32 Denn am Ende beißt er dich, du hast sein Gift in
deinem Körper, es dreht sich bald in deinem Kopf. 33 Plötzlich siehst du alles

total verschwommen oder sogar doppelt und fängst an, nur noch Scheiße zu
labern. 34 Und dann wird dir auch noch übel, und du kotzt das Klo voll, fast
so, als würdest du gerade auf einem Schiff mit hohen Wellen fahren. 35 Am
nächsten Morgen wachst du mit einem dicken Schädel auf und fragst dich:
„Mit wem hab ich mich denn gestern geprügelt? Aber ich hab ja gar keine
Beule am Kopf! Man hat mir bestimmt auf den Kopf gehauen, trotzdem hab
ich keinen blauen Fleck. Ich muss am besten noch mal in die Kneipe gehen,
um einen drauf zu trinken.“

24

Tipp vierundzwanzig bis dreißig

1 Neunzehntens: Neidisch auf Menschen zu sein, die link drauf sind, bringt
es nicht. Häng nicht bei solchen Leuten rum, triff dich noch nicht mal mit
denen. 2 Die sind sowieso nur gerade wieder dabei, die nächste Schlägerei
zu planen. Wenn die ihren Mund aufmachen, kommt da nur Schwachsinn
raus. 3 Zwanzigstens: Fachwissen und etwas in der Birne zu haben hilft sehr,
wenn du ein Haus bauen willst. Durch dein Wissen hält der Bau besser.
4 Wer viel lernt und was draufhat, füllt diesen Bau mit vielen coolen und
wertvollen Sachen. 5 Einundzwanzigstens: Ein Mann, der was draufhat,
bringt es mehr als ein Mann mit vielen Muskeln. Ein Mann, der viel kapiert
hat, bringt es mehr als ein Mann, der viel Kraft hat. 6 Einen Krieg gewinnst
du nur, wenn du ihn auch richtig gut planst. Je mehr Ratgeber man hat,
desto besser ist das. 7 Zweiundzwanzigstens: Für jemanden, der nichts
draufhat, wird es zu kompliziert, wenn diskutiert oder debattiert wird, da
mitzuhalten. Deswegen sollten die in so einer Runde besser die Klappe hal-
ten. 8 Dreiundzwanzigstens: Wer die ganze Zeit irgendwelche fiesen Aktio-
nen plant, der wird auch bald von seinen Freunden „Doc Fiese“ genannt.
9 Idioten haben nur eine Sache im Kopf: Scheiße bauen. Jemand, der keine
Disziplin hat, ist bei allen Menschen total unbeliebt. 10 Vierundzwanzigstens:
Vielleicht denkst du, dass du eigentlich locker drauf und der Held bist, aber
erst, wenn es fett Probleme gibt, zeigt sich, ob du auch wirklich was kannst.
11 Fünfundzwanzigstens: Versuch, die Leute zu retten, die ein Todesurteil
bekommen haben. Versuche alles, um die vor der Todesstrafe zu bewahren.
12 Du solltest dich nicht irgendwo rausreden, indem du sagst, du hättest
ja nichts davon gewusst. Gott ist überall, er sieht alles, und er kann auch
Gedanken lesen. Jeder Mensch bekommt von ihm das, was er verdient hat.
13 Sechsundzwanzigstens: Schokolade und Weingummi sind lecker und
schmecken total gut, wenn sie im Mund sind. 14 Genauso ist das auch, wenn
man was geschnallt hat und weise ist. Wenn du so drauf bist, dann hast
du eine Zukunft, dann gibt es immer einen Grund zu hoffen. 15 Siebenund-
zwanzigstens: Häng nicht die ganze Zeit bei korrekten Menschen vor der Tür

und geh ihnen nicht auf die Nerven. [16] Wer korrekt ist, wird Folgendes erleben: Selbst wenn er ewig oft auf die Fresse fällt, steht er immer wieder auf und geht weiter. Leute, die ohne Gott leben, fallen auch hin, aber sie stehen nicht wieder auf. [17] Achtundzwanzigstens: Wenn einer deiner Feinde plötzlich ein fettes Problem hat, dann freu dich nicht darüber. Wenn er irgendwie stolpert, solltest du nicht gleich eine Party feiern. [18] Denn es könnte sein, dass Gott das mitbekommt und das total blöd von dir findet. Und dann hilft er deinem Feind vielleicht mit seinem Problem. [19] Neunundzwanzigstens: Mach dir keinen Kopf über Leute, die link drauf sind. Ärger dich nicht über Menschen, die ohne Gott leben! [20] Solche Leute haben keine Zukunft, das Leben von denen wird so schnell alle sein wie die Batterien von einer Taschenlampe. [21] Dreißigstens: Du solltest immer Respekt vor Gott haben! Und auch vor der Regierung und dem Präsidenten solltest du Respekt haben. Mit Leuten, die nur Stunk machen, solltest du nichts zu tun haben. [22] Denn solche Typen fahren ihr Leben ganz plötzlich gegen die Wand. Wer kann wissen, wie sie am Ende drauf sind?

Noch ein paar Tipps

[23] Jetzt kommen noch mal ein paar Tipps von Leuten, die echt was drauf haben: Ein Richter, der nicht fair richtet und ungerecht ist, der tut etwas, was Gott nicht will. [24] Wenn so einer jemanden bei einer Gerichtsverhandlung freispricht, obwohl der ganz klar Mist gebaut hat, dann sind alle Menschen voll aggro auf ihn, alle Leute wünschen dem die Krätze an den Hals. [25] Korrekte Richter werden aber bei allen Leuten beliebt sein, und Gott wird auf ihrer Seite stehen und ihnen Kraft geben, er wird sie segnen. [26] Wenn man eine gute und ehrliche Antwort auf eine Frage oder ein Problem gibt, bedeutet das auch immer, dass man ein echter Kumpel und ein guter Freund ist. [27] Kümmere dich erst mal um deine Ausbildung! Dann such dir einen guten Job. Erst anschließend solltest du eine Familie gründen, ein Haus bauen und so was. [28] Du darfst auf keinen Fall eine falsche Aussage bei der Polizei machen, egal gegen wen. Du willst doch nicht ernsthaft mit deiner Aussage andere betrügen, oder? [29] Solche Sprüche „Wie du mir, so ich dir!“ oder „Jeder soll das bekommen, was er verdient!“ gehen gar nicht! [30] Eine kleine Geschichte: Ich bin mal an einem Weinberg vorbeigegangen, der einem echten Hirni gehörte. [31] Das ganze Feld war dicht mit Brennnesseln und anderem Unkraut bewachsen, und der Zaun um das Feld war auch total kaputt. [32] Ich hab mir das angesehen, drüber nachgedacht, und dann hab ich was kapiert: [33] Man muss sich nur ein bisschen zu viel ausruhen, ein bisschen zu lange schlafen, ein bisschen zu lange Däumchen drehen. [34] Und dann stehst du plötzlich beim Sozialamt in der Schlange oder lebst auf der Straße und musst die Leute am Bahnhof anbetteln.

25

Noch ein paar echt schlaue Tipps von Salomo

1 Jetzt kommen noch mal ein paar Tipps von Salomo. Sie wurden von eini-
gen Männern aufgeschrieben, die in der Regierung von Hiskija gearbeitet
haben. Hiskija war ein Präsident von Juda. Und zwar gingen die Sprüche so:
2 Für Gott ist es okay, einfach mal so Sachen zu machen, auch wenn davon
keiner was mitkriegt und er deswegen auch keinen Applaus dafür bekommt.
Präsidenten bekommen aber bei jeder neuen Sache, die sie bringen, sofort
eine La-Ola-Welle. 3 Drei Dinge sind schwer auszurechnen: wie hoch der
Himmel genau ist, wie tief man in die Erde runtergraben kann und worüber
der Präsident gerade wieder nachgrübelt. 4 Erst wenn du den Dreck aus
dem flüssigen Silber entfernt hast, kannst du einen schönen Ring daraus
formen. 5 Schmeiß die Männer, die nicht an Gott glauben, aus dem Bera-
terstab vom Präsidenten raus. Dann wird seine Macht nicht so schnell
angefochten, und er wird korrekt und gerecht regieren. 6 Wenn du beim Prä-
sidenten arbeitest, solltest du nicht einen auf dicke Hose machen und
denken, du wärst plötzlich der oberwichtigste Mensch im Team. 7 Es ist
besser, nach und nach befördert zu werden, als wenn man von einem höhe-
ren Posten eine Stufe nach unten versetzt wird. 8 Wenn du irgendwo das
Gefühl hast, etwas geht nicht mit rechten Dingen zu, dann geh damit nicht
gleich zur Polizei und erstatte Anzeige. Es wird dann für dich ja nur peinlich,
wenn sich das Ganze als Flop herausstellt und du dich getäuscht hast.
9 Wenn es doch mal zu einer Gerichtsverhandlung mit einem Nachbarn
kommt, dann solltest du nicht als Beweis etwas aufführen, was dir irgendein
Typ mal heimlich gesteckt hat. 10 Denn dann wissen alle, dass du keine
Geheimnisse für dich behalten kannst, und alle Leute werden für lange Zeit
ein voll schlechtes Bild von dir haben. 11 Ein Scheck mit sechs Nullen, das ist
es ungefähr wert, wenn jemand zur passenden Zeit das Richtige sagt. 12 Ein
guter Tipp für jemanden, der offen dafür ist, ist wertvoller als eine goldene
Rolex oder ein Ring mit vielen Brillanten. 13 Wenn man einen Auftrag, den der
Chef einem gegeben hat, gut erledigt, dann freut der sich dadrüber genauso
wie auf eine eisgekühlte Coke nach einem Fußballspiel. 14 Einen Menschen,
der wilde Versprechungen macht und die dann nicht einhält, kann man gut
mit einer Wettervorhersage vergleichen, die blauen Himmel versprochen
hat, und dann regnet es den ganzen Tag. 15 Wer es schafft, lange zu diskutie-
ren und mit guten Argumenten und genialer Rhetorik seine Sache vorzubrin-
gen, kriegt jeden Richter rum. 16 Iss nur so viel Süßigkeiten, wie es gut für
dich ist. Wer zu viel Schokoriegel, Chips und Weingummis isst, bekommt
irgendwann Magenschmerzen, und am Ende muss er alles wieder auskot-
zen. 17 Wenn du zu viel bei deinen Freunden rumhängst, gehst du ihnen

irgendwann auf die Nüsse, und sie haben keinen Bock mehr auf dich. 18 Eine Falschaussage gegen einen Freund ist vor Gericht so gefährlich wie eine Neunmillimeter oder eine Pumpgun oder ein scharfes Armeemesser. 19 Noch ein Vergleich: Ein Zahn, wo die Amalgamfüllung rausgebrochen ist, oder ein Bein mit einer fetten Oberschenkelzerrung, das ist so wie ein Freund, den man bräuchte, wenn es einem echt schlechtgeht, und der dann nicht da ist. 20 Jemandem, der schlimme Depressionen hat, die ganze Zeit Witze zu erzählen, das geht gar nicht. Das ist genauso, als würdest du jemandem im Winter beim Spazierengehen die Klamotten klauen oder als würde man Essig in eine offene Wunde schütten. 21 Wenn jemand, der dich nicht abkann, Hunger hat, dann lade ihn zum Essen ein. Und wenn er Durst hat, dann gib ihm eine Cola aus. 22 Das würde der gar nicht auf die Reihe kriegen, er wäre total überrascht, und dann seid ihr plötzlich keine Feinde mehr. Und Gott würde das auch bestimmt belohnen. 23 Auf zwei Sachen kannst du echt wetten: Wenn der Wind aus dem Norden kommt, gibt's bald Regen. Und wenn rumgelästert wird, gibt's bald Ärger. 24 Es ist besser, auf dem stickigen Dachboden hinten in einer Ecke ein kleines Zimmer zu haben, als den ganzen Tag mit einer nervigen Frau in einem Haus zu verbringen. 25 Eine gute Nachricht von jemandem, der gerade im Ausland wohnt, das ist so wie eine eisgekühlte Apfelsaftschorle im Hochsommer. 26 Ein Glas mit Wasser, wo noch ganz viel Dreck drin ist, oder ein Radler mit K.-o.-Tropfen gemischt, das sind zwei Bilder für einen korrekten Menschen, der sich von einem Typen beeindrucken lässt, der nicht mit Gott lebt. 27 Zuckerwatte und Applaus, beides macht Bauchschmerzen, wenn man zu viel davon bekommt. 28 Einen Mann, der sich selbst nicht im Griff hat, kann man mit einer Stadt vergleichen, die keine Schutzmauer besitzt.

26

Wer anderen eine Falle stellt, tritt selber rein

1 Respekt für einen Schwachmaten? Das passt genauso wenig zusammen wie Sommer und Schnee oder Regen in der Erntezeit. 2 Jemandem die Krätze an den Hals zu wünschen, der es eigentlich nicht verdient hat, funktioniert nicht. Das ist genauso, wie ein kleiner Spatz oder eine fliegende Schwalbe sich nie auf die Schulter von einem Menschen setzen würde. 3 Ein Pferd braucht eine Peitsche, um zu gehorchen. Ein Esel braucht einen Stock, um zu gehorchen. Ein Idiot braucht ein paar hinter die Ohren, um zu gehorchen. 4 Versuch, dich nicht auf die gleiche Stufe mit einem Trottel zu stellen, rede ganz normal mit ihm. Sonst denken die Menschen, du wärst genauso bekloppt wie der. 5 Antworte so einem auf der gleichen Ebene, auf der er sich gerade befindet, damit er nicht von sich selbst denkt, wie toll er doch ist. 6 Wenn ein Typ einen Trottel losschickt, um eine Nachricht zu überbringen,

dann kann sich der Trottel die Nachricht vielleicht nicht merken. Da könnte
sich der Typ auch gleich selbst die Füße abhacken, und er bleibt mit den Pro-
blemen, die er damit hat, sich selbst überlassen. 7 So, wie die Beine von
einem Gelähmten keine Kraft haben, so ist auch der Rat von einem Trottel
schlaff und ohne Kraft. 8 Einem, Volltrottel einen Orden zu verleihen ist
genauso schlau, wie in den Lauf von einem Revolver Sand reinzustopfen.
9 Ein Stück Stacheldraht in der Hand von einem Mann, der total besoffen
ist, ist genauso gefährlich wie ein schlauer Spruch aus dem Mund von
jemandem, der nichts kapiert hat. 10 Wie ein Sportschütze, der plötzlich auf
alles Mögliche schießt, genauso gefährlich ist es, einen Idioten einzustellen.
Das gilt auch, wenn man dem nächstbesten Typen, der gerade zufällig vor-
beikommt, den Job gibt. 11 So, wie ein Hund seine eigene Kotze frisst, so
wiederholt ein Trottel seinen Dünnsinn. 12 Hast du schon mal einen Mann
kennengelernt, der sich für ganz besonders schlau hält? Für einen Volltrottel
gibt es mehr Hoffnung als für ihn. 13 Ein Schlaffo sagt: „Huch, draußen ist
ja voll der schlimme Verkehr! Ich bleib besser zu Hause, da kann mir nichts
passieren!“ 14 Eine Tür dreht sich in den Scharnieren, und genauso dreht sich
ein Schlaffo im Bett. 15 So ein Honk greift gerne mal in die Chipstüte, aber
die Hand zu seinem Mund zu führen, ist ihm zu viel Arbeit. 16 Ein Nichtstuer
glaubt, er habe mehr kapiert als sieben Nobelpreisträger zusammen.
17 Sich in einen Streit einzumischen, mit dem man eigentlich nichts zu tun
hat, bringt es nicht. Das ist genauso, als würde man versuchen, einen ent-
laufenen Hund zu fangen und ihn an seinen Ohren festzuhalten. 18 Wie ein
Wahnsinniger, der wie verrückt um sich schießt und Menschen dabei tötet,
19 so ist ein Mann, der seinen Nachbarn bescheißt und dann am Ende sagt:
„War doch nur Spaß!“ 20 Wenn das Holz alle ist, geht das Feuer aus. Wenn
es keinen Tratsch mehr gibt, hört das Streiten auf. 21 Holzkohle sorgt dafür,
dass der Grill heiß bleibt, Holz sorgt dafür, dass das Lagerfeuer weiter-
brennt, und ein stressiger Typ sorgt dafür, dass der Stress immer weitergeht.
22 Jemand, der andere Leute abzieht, labert zwar nur rum, aber was er sagt,
klingt erst mal voll nett. Seine Worte gehen runter wie Öl. 23 Wie eine überla-
ckierte Rostlaube, so wirkt eine rhetorisch perfekte Rede, die aber was Mie-
ses im Sinn hat. 24 Ein fieser Mensch schauspielert nach außen hin, als wäre
er voll nett. Aber innen drin ist er total mies drauf. 25 Wenn er auch noch so
nette Sachen sagt und rumschleimt wie blöd, vertrau ihm nicht! Denn er hat
ganz üble Dinge vor. 26 Vielleicht schafft er es, seinen Hass zu verstecken.
Aber irgendwann werden alle mitkriegen, wie er wirklich drauf ist. 27 Wer für
andere eine Falle aufbaut, wird selbst in sie reintreten. Wer einen Stein in die
Luft schmeißt, auf dessen Kopf fällt er. 28 Jemand, der mit seinen Lügen
andere total fertigmacht, hasst sie eigentlich. Schleimer rutschen auf ihrem
eigenen Schleim aus und brechen sich dabei das Genick.

27

Selbstlob stinkt

1 Gib nicht heute schon mit Sachen an, die du erst morgen erledigen wirst.
Woher willst du denn wissen, was dir bis dahin noch alles passiert? 2 Es ist
besser, wenn andere dich loben und du dich nicht selbst in den Vordergrund
spielst. 3 Ein Betonklotz ist schwer, ein Felsen auch. Aber viel schwerer wiegt
der Ärger, den man über irgendeinen Vollpenner hat. 4 Aggromäßig drauf
sein ist übel, da verliert man schnell die Kontrolle. Aber wie heftig ist es erst,
wenn man eifersüchtig ist? 5 Jemanden offen zu kritisieren ist besser, als
jemanden zu lieben und es ihm nicht zu zeigen. 6 Wenn ein Freund dir
ordentlich die Meinung sagt, ist das gut gemeint, aber wenn sich ein Feind
bei dir einschleimt, musst du echt aufpassen. 7 Wer keinen Hunger mehr
hat und pappsatt ist, der kriegt selbst ein Stück Schokolade nicht mehr run-
ter. Aber jemand, der echt Hunger hat, der isst sogar vergammeltes Obst.
8 Ein Mann, der, weit entfernt von seiner Heimat, irgendwo hinzieht, fühlt
sich wie ein Vogel, der weit entfernt von seinem Nest ist. 9 Schöne Räucher-
stäbchen und ein gutes Duftöl machen eine schöne Atmosphäre im Zimmer.
Aber noch schöner ist es, wenn man sich mit einem guten Freund ausführ-
lich bequatschen kann. 10 Vernachlässige nicht die Beziehung zu deinen
Freunden und auch nicht zu den Freunden deines Vaters. Wenn du Probleme
hast, dann renn nicht gleich zu deinem Bruder. Ein Nachbar, der dir hilft,
ist besser als ein Bruder, der weiter weg wohnt. 11 Es ist wichtig, mein Sohn,
dass du eine gute Bildung und was auf dem Kasten hast. Ich würde mich
sehr dadrüber freuen. Und wenn dann mal jemand behauptet, ich hätte es
in meinem Leben zu nichts gebracht, dann kann ich immer auf dich zeigen.
12 Schlaue Leute ahnen schon, dass es ein Problem gibt, bevor die Katastro-
phe überhaupt da ist. Dumme Leute leben einfach weiter und rennen voll
in ihr Verderben rein. 13 Wenn jemand für einen anderen die Bürgschaft über-
nommen hat und der dummerweise abgezogen wurde, dann kannst du
von ihm ruhig auch seine Klamotten als Pfand verlangen, wenn er sich Kohle
von dir leihen will. 14 Wer seinen Nachbarn jeden Morgen überschwenglich
begrüßt, dem glaubt man das irgendwann nicht mehr und vermutet sogar,
er würde ihm heimlich die Krätze an den Hals wünschen. 15 Eine Ehefrau,
die den ganzen Tag nur rumnölt, ist wie ein Loch im Dach, aus dem es die
ganze Zeit raustropft. So was nervt einfach. 16 Wer weiß denn, wie man
eine Frau gebremst kriegt? Es ist leichter, den Wind zu stoppen oder Öl mit
einer Hand festzuhalten. 17 Ein Messer schärft man mit einem Schleifgerät.
Und ein Mensch wird durch den Umgang mit anderen Menschen geschärft.
18 Wer sich um einen Pflaumenbaum kümmert, bekommt als Belohnung
die Pflaumen zu essen. Wer sich gut um seinen Chef kümmert, bekommt als

Belohnung dafür ein fettes Lob. 19 In einem Spiegel kann man sein Gesicht
sehen. In den Gedanken kann man sein Innerstes erkennen, es spiegelt sich
dort. 20 Die Welt, wo die Toten sind, funktioniert wie ein riesengroßer Staub-
sauger, der ohne Ende Menschen dorthin befördern will. Diese Totenwelt
kann nie genug kriegen. Die Augen von Menschen funktionieren ähnlich,
sie können auch nie genug sehen, sie saugen alles auf, sie werden auch nie
satt. 21 Den Wert von Aktien stellt man an der Börse fest. Den Wert von
Menschen kann man an ihrem Ruf ablesen. 22 Selbst wenn du einen Volltrot-
tel mit seinen Klamotten in eine Waschmaschine stecken würdest und auf
Vollwaschgang stellst, dann würde selbst die billigste Unterhose anders
rauskommen, aber der Trottel wäre immer noch genauso schlau wie vorher.
23 Kümmere dich um deine Herden und sieh zu, dass es allen Viechern gut-
geht. 24 Ein fettes Bankkonto gibt dir keine echte Sicherheit, da kannst du
dich nicht drauf verlassen. Man kann auch nicht garantieren, dass das Geld
immer seinen Wert behält, wenn es an die nächste Generation weitervererbt
wird. 25 Wenn der Gewinn eines Geschäftes gut angelegt wird, dann bringt
er einem gute Zinsen. 26 Davon kannst du dann leben, dir Klamotten kaufen,
deine Miete bezahlen und so weiter. 27 Du hast genug, musst nicht hungern
und kannst dir sogar den einen oder anderen Luxus erlauben oder mehr
Personal einstellen.

28

Besser keine Kohle haben und dafür korrekt leben

1 Jemand, der unkorrekt lebt, ist ständig auf der Flucht, auch wenn eigentlich
niemand hinter ihm her ist. Jemand, der korrekt lebt, fühlt sich die ganze Zeit
sicher, wie ein Wachhund in seiner Hütte. 2 Wenn in einem Land das große
Chaos herrscht, gibt es viele Männer, die irgendwo in einer Ecke Macht
haben. Aber wenn dann ein kluger Mann, der es echt draufhat, an die Spitze
kommt, wird über eine lange Zeit alles gut geregelt werden. 3 Wenn ein Typ,
der ohne Gott lebt, armen Leuten ihre Kohle wegnimmt, dann ist das so, wie
wenn ein heftiger Regen auf ein Feld knallt und die ganze Ernte weg-
schwemmt. 4 Menschen, die nicht das tun, was Gott will, klopfen den Leuten,
die ohne Gott leben, ständig auf die Schultern. Aber Menschen, die das tun,
was Gott will, werden von ihnen bekämpft. 5 Miese Typen kapieren erst gar
nicht, was korrekt ist und was nicht. Leute, die sich an das halten, was Gott
sagt, verstehen alles. 6 Es ist besser, keine Kohle zu haben, aber dabei radikal
so zu leben, wie Gott es will, als viel Kohle zu haben und dabei lebensmäßig
die ganze Zeit rumzueiern und mal dies und dann wieder jenes zu machen.
7 Ein Sohn, der was im Leben kapiert hat, zieht die Gesetze von Gott voll
durch. Ein Sohn, der mit schrägen Typen rumhängt, wird für den Vater nur
peinlich. 8 Banker, die ihr Geld dadurch vermehren, dass sie Zinsen für Kre-

dite nehmen, sollten ihren Gewinn Leuten zur Verfügung stellen, die mit
Obdachlosen arbeiten. 9 Wer keinen Bock mehr auf die Gesetze von Gott hat,
auf dessen Gebete hat Gott auch keinen Bock mehr. 10 Wer Menschen, die
korrekt mit Gott unterwegs sind, dazu verführt, ätzende Sachen zu tun, der
wird selbst in seine eigene Falle reinlaufen. Die Menschen, die korrekt leben,
werden fett beschenkt werden. 11 Jemand, der viel Geld hat, glaubt, dass er
sehr schlau sei. Jemand, der nicht so viel Kohle hat, hat ihn aber schon lange
durchschaut. 12 Wenn ein korrekter Mensch an der Macht ist, dann läuft im
Land für diese Zeit alles supergut. Wenn irgendein Hirni, der ohne Gott lebt,
an die Macht kommt, dann herrscht Panik im Land, und die Leute verstecken
sich alle. 13 Menschen, die niemandem von ihrem Mist erzählen, den sie stän-
dig bauen, haben keinen Erfolg im Leben. Leute, die sich aber ganz offen zu
ihren Fehlern bekennen und diese dann auch in Zukunft seinlassen, denen
verzeiht Gott gerne. 14 Typen, die die ganze Zeit Gott respektieren, werden
echt glücklich. Menschen, die sich aber total zumachen und Gott nicht an
sich ranlassen, werden kaputtgehen. 15 Wie ein wild gewordener Pitbull oder
ein hungriger Kampfhund, so sind Präsidenten drauf, die mit miesen Metho-
den über ihre Leute herrschen. 16 Es gibt Vorgesetzte bei der Arbeit, die haben
nichts in der Birne und gehen mit ihren Untergebenen sehr schlecht um.
Wenn ein Vorgesetzter aber nicht dabei mitmacht, wenn der Gewinn der
Firma auf miese Art erzielt werden soll, dann wird er lange leben. 17 Ein
Mensch, der jemand anderen umgebracht hat, wird so lange fliehen, bis er
selbst gestorben ist. Keiner soll so einem helfen. 18 Wer korrekt lebt, wird
auch immer jemanden finden, der ihm hilft. Wer aber unkorrekt lebt, fällt voll
auf die Fresse. 19 Jemand, der eigene Felder hat und dort Sachen anbaut, wird
immer genug zu essen haben. Jemand, der nur schräge Jobs annimmt, wird
nie etwas zu essen haben. 20 Menschen, auf die man sich hundertprozentig
verlassen kann, haben Glück, und vieles klappt bei ihnen im Leben. Men-
schen, die nur hinter ihrer Kohle her sind und unbedingt reich werden wollen,
kriegen irgendwann ihr Fett ab. 21 Sich immer auf die Seite von einer
bestimmten Person zu schlagen, egal, was die gemacht hat, bringt es nicht.
Es gibt Situationen, da wird aus einem Menschen ein Terrorist, und das nur
für ein Stück Brot. 22 Jemand, der jeden Euro dreimal umdreht, will unbedingt
reich werden. Er kriegt dabei gar nicht mit, dass er eigentlich immer ärmer
wird, umso mehr er daran arbeitet, reich zu sein. 23 Wenn du jemanden auch
mal kritisierst, mag der dich am Ende mehr, als wenn du ihm immer nur
sagst, wie toll er doch sei. 24 Menschen, die behaupten, es sei total okay,
seine Eltern zu beklauen, gehören zu den Schwerverbrechern. 25 Leute, die
immer noch mehr Kohle wollen, zoffen sich mit jedem. Leute, die Gott ver-
trauen, sind happy, weil sie genug haben. 26 Wer sich nur auf sein Hirn ver-
lässt, ist ein ziemlicher Idiot. Wer sich aber bei seinen Entscheidungen auf

seinen Schnall vom Leben, auf seine Weisheit, baut, der wird es packen.
27 Wer den Menschen, die keine Kohle haben, hilft, der wird immer genug
haben. Wer wegsieht, wenn es jemandem schlechtgeht, dem werden viele
Leute die Krätze an den Hals wünschen. 28 Wenn die, die Gott wie Luft behan-
deln, an die Macht kommen, dann hauen die ab, die mit Gott unterwegs
sind. Sie werden aber in der Überzahl zurückkommen und richtig aufleben,
wenn diese Herrscher umgekommen und nicht mehr da sind.

29

Kritik und leichte Schläge auf den Hinterkopf
1 Wenn man einem Mann klar gesagt hat, was falsch bei ihm läuft, er aber
immer so weitermacht, dann wird er ganz plötzlich kaputtgehen, und es
gibt keine Chance mehr, ihm zu helfen. 2 Wenn ein korrekter Mensch an die
Macht kommt, dann freuen sich die Leute. Wenn ein unkorrekter Mensch
an die Macht kommt, dann stöhnen alle. 3 Ein Junge, der es voll gut findet,
viel zu lernen, ist eine Freude für seinen Vater. Ein Junge, der ständig mit
Huren abstürzt, schmeißt sein Geld zum Fenster raus. 4 Ein Präsident, der
gerecht regiert, sorgt so für Stabilität. Ein Präsident, der jedes Jahr die
Steuern erhöht, zerstört sein Land. 5 Wenn einer die ganze Zeit bei einem
anderen rumschleimt, stellt der vermutlich gerade eine Falle für den anderen
auf. 6 Fiese Typen legen sich durch ihren Mist, den sie ständig bauen,
irgendwann selber rein. Korrekte Menschen sind die ganze Zeit super drauf.
7 Gute Menschen sorgen dafür, dass Obdachlose einen Anwalt bekommen,
wenn sie vor Gericht müssen. Menschen, die ohne Gott leben, haben
dafür kein Verständnis. 8 Lästertypen haben die Macht, Leute aggromäßig
draufzubringen und sie in großer Menge auf die Straße zu kriegen.
Abgeklärte Leute holen Menschen eher runter und sorgen für Entspannung.
9 Landen ein schlauer und ein dummer Mensch vor Gericht, dann wird
der Dumme die ganze Zeit Sprüche klopfen oder voll ausrasten. Aber sich
mal ruhig zu verhalten, das kriegt der nicht hin. 10 Mörder hassen diejenigen,
die nie was ausgefressen haben. Korrekte Menschen kümmern sich um
solche Leute und wollen das Beste für die. 11 Ein Hirni kann seinen Ärger
nicht kontrollieren und haut den einfach ungefiltert raus. Weise und schlaue
Menschen haben sich im Griff. 12 Wenn ein Bundeskanzler auf Lügen rein-
fällt, dann werden alle Beamten unehrlich und link. 13 Ein-Euro-Jobber und
ihre Chefs treffen sich. Aber beide wurden von Gott geschaffen. 14 Ein Prä-
sident, der dafür sorgt, dass die kleinen Leute ihr Recht bekommen, der
wird lange regieren, und seine Macht wird nie aufhören. 15 Kritik und leichte
Schläge auf den Hinterkopf können dabei helfen, schlau zu werden und
Dinge zu kapieren. Ein Junge, der nicht erzogen wird und machen kann, was
er will, wird für seine Mutter irgendwann voll peinlich. 16 Je mehr miese

Typen es gibt, desto mehr miese Aktionen passieren. Aber Menschen, die
korrekt leben, kriegen mit, wie solche Leute kaputtgehen. 17 Wenn du deinen
Sohn erziehst, dann lass bei ihm nichts durchgehen. Wenn du das tust,
wird dir eine Menge Ärger erspart bleiben, und er wird dich oft aufbauen und
dir viel Freude machen. 18 Wenn eine Nation nichts mehr von Gott hören
will, dann gibt's bei denen irgendwann nur noch Chaos. Wenn sie aber
immer auf die Gesetze von Gott achten, werden sie gut drauf sein. 19 Einem
Mann, der in seiner Firma ausgebeutet wird, wirst du mit noch so vielen
Worten doch nichts beibringen können. Er versteht zwar, was du sagst, aber
es lässt ihn kalt. 20 Schon mal einen Mann getroffen, der die ganze Zeit
dumm rumlabert? Für Gehirnamputierte gibt es mehr Hoffnung als für die.
21 Wenn man seine Angestellten von Anfang an zu sehr verwöhnt, dann
tanzen sie einem irgendwann auf den Tischen rum und machen nur noch,
worauf sie Bock haben. 22 Jemand, der schnell ausrastet, bekommt auch
schnell Zoff mit anderen. Wer sich nicht im Griff hat, macht auch viele Feh-
ler. 23 Menschen, die meinen, sie seien die Obergeilen, werden irgendwann
auf die Fresse fallen. Menschen, die nicht so viel von sich halten, werden
irgendwann groß rauskommen. 24 Wer bei einem Diebstahl mitmacht,
der kann sich vermutlich selbst nicht ab. Er hat gehört, was das für Folgen
hat, wenn man klaut, aber anstatt den Dieb anzuzeigen, macht er mit
ihm gemeinsame Sache. 25 Wer Angst vor Menschen hat, hat ein Problem.
Wer Respekt vor Gott hat und ihm vertraut, ist in Sicherheit. 26 Viele versu-
chen, sich bei demjenigen einzuschleimen, der die Macht hat. Doch der
Einzige, der für Gerechtigkeit sorgt, ist Gott. 27 Korrekte Menschen kriegen
den Horror, wenn sie einen Verbrecher sehen. Menschen, die ohne Gott
leben, kriegen den Horror, wenn sie auf Menschen treffen, die korrekt leben.

30

Noch ein paar Tipps

1 Jetzt kommen noch mal ein paar Tipps von Agur. Agur war ein Sohn von
Jake, der aus Massa kam. Er sagte: „Ich sag euch mal was. Ich hab echt alles
versucht, wie ein Beknackter hab ich wirklich alles ausprobiert. Aber jetzt
bin ich echt am Ende. 2 Ich bin wohl zu bescheuert für die Menschheit, ich
hab einfach nichts in der Birne, war auch nie besonders gut in der Schule.
3 Ich hab nie gelernt, wie man viel Schnall vom Leben bekommt, und weiß
auch nicht, wie man Weisheit buchstabiert. Darum hab ich keinen blassen
Schimmer, wie das Ding mit dem ganz besonderen Gott läuft. 4 Gab es
überhaupt mal einen, der dort oben bei ihm war? Hat jemand mal eine Pau-
schalreise zu Gott unternommen? Ist er dumm wie Brot hingefahren und
voll schlau wieder zurückgekommen? Gibt es jemanden, der es geschafft
hat, den Wind in eine Dose zu packen? Oder hat es schon mal jemand

geschafft, das ganze Wasser auf der Erde in ein Handtuch zu bekommen? Wer hat festgelegt, wie groß die Erde werden soll und wo die Grenzen liegen? Wie hieß der Typ noch mal? Und wie war der Name von seinem Sohn? Kannst du mir das sagen? [5] Alles, was Gott sagt, ist abgecheckt und stimmt hundertprozentig. Wer bei ihm dabei ist, wird von ihm auch beschützt, dann ist man in Sicherheit. [6] Ergänze nicht die Sachen, die er gesagt hat, mit deinen eigenen Gedanken. Gott bekommt das mit, zählt dich an, und am Ende stehst du dumm da, als hättest du ihn betrügen wollen. [7] Folgendes habe ich zu Gott gesagt: ‚Es gibt zwei Sachen, um die ich dich bitte, Gott. Das musst du mir unbedingt geben, noch bevor ich tot bin. [8] Erst mal bitte ich dich, mir dabei zu helfen, immer ehrlich zu sein und nicht zu lügen. Und beschütze mich auch vor Leuten, die falsch sind und denen man nicht trauen kann. Und das Zweite ist, dass ich nicht zu viel Kohle haben will, aber auch nicht zu wenig. Ich möchte von dir das, was ich jeden Tag zum Leben brauche, und das werde ich auch genießen. [9] Ich kenn mich ja. Wenn ich zu viel hab, dann werde ich zu schlaff, müde und satt und denke, ich bräuchte dich dann nicht mehr. Vielleicht fang ich dann plötzlich mit solchen blöden Fragen an wie: »Gott? Wer war das noch mal?«. Wenn ich aber zu wenig habe, dann könnte es passieren, dass ich kriminell werde. Ich müsste anfangen, im Supermarkt zu klauen, und wenn sie mich erwischen, dann wäre auch dein Ruf ruiniert, weil alle wissen, dass ich mit dir lebe.‘ [10] Noch was anderes: Verpetze nicht einen Angestellten bei seinem Chef. Könnte sonst sein, dass er dir dann die Krätze an den Hals wünscht und du irgendwann dafür bezahlen musst. [11] Pass auf: Es gibt Menschen, die wünschen ihrem eigenen Vater die Krätze an den Hals, und ihre Mutter ist ihnen völlig egal. [12] Pass auf: Es gibt Menschen, die glauben, dass sie für Gott total in Ordnung und sauber sind. Aber in Wirklichkeit haben sie total viel Dreck am Stecken und sind überhaupt nicht in Ordnung. [13] Pass auf: Es gibt Menschen, die glauben, sie seien die Obergeilen. Arrogant hoch zehn, sehen sie auf die anderen runter, als wären alle außer ihnen nur Dreck. [14] Es gibt Menschen, die können sich so krass ausdrücken, dass ihre Worte wie Waffen sind. Sie schießen damit aus ihrem Mund und machen alle kaputten Leute fertig, und die Menschen, die kein Geld haben, grenzen sie aus.[15] Es gibt Menschen, die haben so eine Art unsichtbares Saugrohr an ihrem Kopf. Die kommen bei dir an und saugen dich aus. Dabei können sie nie genug kriegen, satt bekommt man die nicht. Und es werden dann oft immer mehr. Zuerst stehen da nur zwei, dann drei und dann plötzlich vier, die den Hals nicht voll kriegen können. [16] Generell können einige Dinge einfach nie genug kriegen, sie werden nie satt und zufrieden: das Land, wo die Toten sind, eine Frau, die keine Kinder bekommen kann, aber gerne welche hätte, die Erde, welche immer mehr Wasser haben möchte, und das Feuer, was immer weiter brennen will.

[17] Wenn jemand seinen Vater in einer Tour verarscht und wenn er nicht das
macht, was die Mutter ihm sagt, dann wird irgendwann eine Elster kommen
und ihm ein Auge aushacken. Und seine Leiche wird von Ratten aufgefres-
sen werden. [18] Drei Sachen kapier ich einfach nicht, und die vierte werde ich
nie verstehen. [19] Und zwar ist das: Wie funktioniert das bei einem Adler,
wenn er oben am Himmel fliegt? Wie funktioniert das bei einer Schlange,
wie kann die sich fortbewegen? Wie kommt es, dass ein Schiff mitten auf
dem Meer in eine bestimmte Richtung weggetrieben wird? Und das Vierte
ist: Warum sind Männer die ganze Zeit scharf auf Frauen? [20] Noch was ande-
res: Eine Frau, die fremdgeht, pennt zuerst mit dem Mann, dann geht sie ins
Bad und duscht sich, und alles ist für sie wieder paletti. Fast so, als hätte sie
sich nach dem Essen einfach den Mund abgewischt, die Hände gewaschen
und gut ist. [21] Es gibt drei Dinge, die alles erschüttern. Wenn das Vierte auch
noch passiert, geht der Punk ab, dann kann man es kaum noch ertragen.
[22] Wenn ein Hartz-IV-Empfänger plötzlich ein Präsident wird, das ist das
eine. Das Zweite ist, wenn ein Idiot, der ohne Gott lebt, im Lotto gewinnt
und plötzlich total viel Kohle hat. [23] Das Dritte ist: wenn ein Mann eine total
durchgeknallte Frau geheiratet hat. Und das Vierte: wenn ein kleiner Ange-
stellter in einer Firma plötzlich der Chef vom ganzen Laden wird. [24] Es gibt
vier Tiere auf der Erde, die total klein sind, aber echt was draufhaben. [25] Zum
Ersten die Ameisen. Die haben ja nicht besonders viel Kraft, und trotzdem
sind sie so schlau, dass sie sich genug zu essen bunkern, um über den Win-
ter zu kommen. [26] Außerdem die Hasen: Sie haben auch nicht viel Kraft,
aber sie wohnen zwischen den Felsen und sind dort total sicher. [27] Und die
Heuschrecken kann man auch nennen: Die haben keinen Chef, und trotz-
dem ziehen sie ganz geschlossen immer weiter, wie eine Armee. [28] Und als
Letztes noch die Eidechsen: Sie sind leicht mit der Hand einzufangen, trotz-
dem sind sie überall, sogar im Regierungsviertel beim Präsidenten kann
man sie finden. [29] Es gibt drei Tiere, die immer nur herumstolzieren. Und
das vierte Tier kann das am besten von allen. [30] Zum einen ist das der Löwe,
den man auch den Chef der Tiere nennt. Der flieht vor niemandem, er hat
keine Angst. [31] Als Nächstes ist das der Hahn, der aufrecht in seinem
Gehege umherspaziert. Und dann der Ziegenbock, der auch mit erhobenem
Kopf rumläuft. Als Letztes muss man den Präsidenten noch nennen, der bei
der Musterung vor seinen Soldaten auch aufrecht umhergeht. [32] Noch was
anderes: Wenn du plötzlich den Drang verspürst, allen zu sagen, wie toll du
doch eigentlich bist, dann halte dir schnell den Mund zu. Egal, ob das jetzt
stimmt oder nicht. [33] Und zum Abschluss noch ein Tipp: Wenn du Milch in
den Mixer tust, dann wird daraus Butter. Wenn du jemandem auf die Nase
haust, dann fließt Blut da raus. Wenn du deinen Ärger so richtig hochkochst,
dann wird daraus irgendwann ein fetter Streit.“

31

Tipps für einen Präsidenten

1 Jetzt kommen ein paar Tipps, die für Lemuel, den Präsidenten von Massa,
bestimmt waren. Sie kamen alle von seiner Mutter. 2 Was soll ich dir für
Tipps geben? Du bist mein Sohn Lemuel, du bist der Erste, den ich bekom-
men habe. Ich habe voll lange dafür gebetet, und hab Gott auch was ver-
sprochen, wenn ich dich bekomme. Hör mal bitte gut zu! 3 Verpulver nicht
deine ganze Power mit Frauengeschichten! Und investiere auch nicht zu
viel Kraft in Menschen, die schon andere Präsidenten früher mal kaputt
gemacht haben. 4 Sauf nicht zu viel Bier und fang nicht mit Drogen an, das
passt nicht zu Präsidenten! Es ist nicht gut, wenn Menschen, die was zu
sagen haben, andere Leute fragen: „Hat einer von euch was zu kiffen dabei?“
5 Wenn die dann breit rumhängen, vergessen sie ihren Job, sie sorgen nicht
mehr dafür, dass Leute, die keine Kohle haben, das bekommen, was ihnen
gesetzlich zusteht. 6 Drogen und Alk mögen ja ganz gut für Leute sein, die
irgendwie Depressionen haben oder total verbittert und traurig sind. 7 Solche
Leute können sich ja gerne mal die Kante geben, damit sie für eine Zeit nicht
an den ganzen Frust denken müssen. 8 Das soll aber nicht dein Ding sein!
Du musst dich vor allem darum kümmern, dass im Land alles gerecht
zugeht und dass auch die Kaputten zu ihrem Recht kommen. 9 Mach deinen
Mund auf und sag was Korrektes zu den Menschen, denen es dreckig geht.
Sorg dafür, dass sie gerecht behandelt werden!

Eine Frau, die was draufhat, ist cool

10 Eine Frau, die was draufhat, ist wertvoller als ein Sechser im Lotto mit
Zusatzzahl. Wo findet man noch solche Frauen? 11 Auf so eine kann sich ein
Mann hundertprozentig verlassen. Es lohnt sich, eine Frau von so einem
Kaliber zu haben. 12 Sie ist immer gut zu ihm und nie link oder fies, solange
sie lebt. 13 Sie kümmert sich um die Klamotten und strickt Wollsocken für die
ganze Familie. 14 Sie fährt einmal die Woche zum Aldi und zu anderen Super-
märkten und kauft überall Lebensmittel ein. Wie ein Lkw aus der ganzen
Welt seine Waren ankarrt, so geht sie überall in der Stadt einkaufen und
bringt die Sachen nach Hause. 15 Morgens früh, wenn alle noch schlafen,
steht sie auf und macht für die Familie das Frühstück klar. Dann schreibt sie
„To-do-Listen“ für die Putzfrau und die Haushaltshilfe. 16 Sie liest den Anzei-
genteil und checkt, ob es da vielleicht ein gutes Grundstück gibt, was man
kaufen könnte. Und wenn sie etwas findet, dann kauft sie es und pflanzt dort
dann zum Beispiel Wein an. 17 Sie krempelt die Ärmel hoch, macht ein paar
Liegestütze, streckt sich noch einmal, und dann legt sie mit voller Kraft los.
18 Es ist ihr wichtig, gute Arbeit abzuliefern, und deswegen macht sie auch

mal eine Nacht durch und arbeitet die ganze Zeit. 19 Wenn sie Zeit dazu hat,
dann sitzt sie auch noch an der Nähmaschine. 20 Sie spendet viel an „Brot
für die Welt“, und Leuten, denen es dreckig geht, hilft sie immer gerne. 21 Vor
Schnee und Kälte hat sie keine Angst, weil sie für alle im Haus schon dicke
Wollpullis gestrickt hat. 22 Sie häkelt schöne Decken und näht sich ihre Klei-
der aus feinster Baumwolle und Satin selber. 23 Vor ihrem Mann haben alle
Respekt. Er ist überall bekannt und beteiligt sich auch an den politischen
Diskussionen im Rathaus. 24 Ihre selbstgemachten Tischdecken und Gürtel
verkauft sie an den Großhändler in der City. 25 Weil sie genug Feuer im
Hintern und dabei auch einen guten Ruf hat, muss sie keine Angst vor der
Zukunft haben. 26 Wenn sie den Mund aufmacht, kommen schlaue Sachen
raus, sie hat einfach viel im Leben gelernt. Darum kann sie auch immer
gute Tipps weitergeben, wenn sie gefragt wird. 27 Sie hat ihren ganzen Haus-
halt fest im Griff, da passiert nichts, was sie nicht mitbekommen würde.
Schlaff rumhängen kennt sie nicht, das kommt bei ihr nicht vor. 28 Ihre Kin-
der sind voll stolz auf sie. Der Ehemann lobt sie sehr oft. Er sagt so was wie:
29 „Es gibt ja einige Frauen auf der Welt, die was draufhaben, aber du bist
mit Abstand die beste von allen!“ 30 Eine gute Figur und eine sexy Ausstrah-
lung gehen irgendwann mal vorbei, wenn man älter wird, dadrauf kann
man nicht bauen. Aber wenn eine Frau Respekt vor Gott hat, muss man sie
einfach immer toll finden. 31 Sie soll für ihre Arbeit fett belohnt werden. Über-
all in der Stadt soll man gut über sie reden und auch über das, was sie getan
hat.

Das Buch Prediger

1

Was auf der Erde abgeht, ist letztendlich egal
1 Jetzt kommen ein paar Sachen, die ein Prediger aufgeschrieben hat. Er
war ein Sohn vom Präsidenten David, der von Jerusalem aus das Land
regiert hat. 2 Genau dieser Lehrer, ein echt schlauer Mann, sagt: Eh alles
egal! Unwichtig! Alles für den Arsch! Das bringt es nicht, geht sowieso alles
den Bach runter! 3 Sein ganzes Leben lang buckelt der Mensch jeden Tag
und arbeitet, bis er umfällt. Was bringt das? 4 Die Menschen kommen und
gehen, ständig werden welche geboren, und andere sterben. Nur die Erde
wird es immer geben. 5 Alles dreht sich im Kreis. Zum Beispiel die Sonne.
Erst geht sie auf, dann wieder unter, dann wieder auf, dann wieder unter und
so weiter. 6 Bei dem Wind ist es ähnlich. Er dreht sich mal nach Norden,
dann dreht er sich wieder nach Süden und dann dreht er sich wieder zurück.
7 Obwohl alle Flüsse ins Meer fließen, läuft es nie über. Das Wasser kommt
irgendwie immer zurück, es sprudelt dann aus der Quelle in Richtung Meer.
8 Genauso drehen sich auch die Menschen im Kreis: Sie versuchen krampf-
haft, mit Worten etwas auszudrücken, aber sie kriegen es nicht gebacken.
Man ist auch nicht in der Lage, jedes Detail immer ganz genau wahrzuneh-
men. Und alles, was gerade abgeht, gleichzeitig mitzukriegen, geht schon
mal gar nicht. 9 Was mal passiert ist, wird noch einmal passieren. Und alles,
was man mal getan hat, wird auch wieder getan werden. Man kann alles
testen, und vieles ist schon mal getestet worden. 10 Gibt es irgendwas, das
wirklich radikal neu ist? Klar, das wird immer wieder behauptet. Aber wenn
man es sich mal genau ansieht, hat es so was Ähnliches früher auch schon
mal gegeben. 11 Aber wer erinnert sich schon jetzt noch dadran, was unsre
Omas und Opas und die noch Älteren damals gemacht haben? Genauso
wird es auch mit den Sachen sein, die wir jetzt gerade tun, und auch mit den
Sachen unserer Kinder. Man wird alles irgendwann vergessen.

Immer nur lernen bringt es auch nicht
12 Ich, der Prediger, war in Jerusalem der Präsident von Israel. Ich heiße
übrigens Salomo. 13 Ich konzentrierte mich dadrauf, alles zu erforschen, was
es so gibt. Ich wollte genau wissen, was das Ganze überhaupt soll, was hier
auf der Erde passiert. Ich hatte den Verdacht, dass das Leben eine Riesen-
abzocke von Gott ist, die er jedem Menschen aufgebrummt hat. 14 Um zu
checken, was all das, was die Menschen den ganzen Tag treiben, eigentlich
bringt, habe ich mal eine Untersuchung angestellt. Und mein Ergebnis
war: Es ist alles für den Arsch. 15 Aus einer Sechs kann man ja nun mal keine

Eins machen, und wo nichts ist, kann man auch nichts zählen. 16 Ich hab mir
echt den Kopf gemacht und dachte so bei mir: „Mann, ich bin ziemlich
schlau und hab mir mehr Wissen in die Birne gekloppt als alle anderen Prä-
sidenten, die vor mir in Jerusalem waren." 17 Dann hab ich aber mal überlegt,
was mir das eigentlich bringt. Was hat ein Abiturient, was ein Hauptschüler
nicht hat? Ist ein Mann mit Uniabschluss glücklicher als ein Typ, der seine
Sonderschule abgebrochen hat? Und mir wurde ziemlich schnell klar: Das
ganze Wissen ist eigentlich auch umsonst, es bringt es nicht. 18 Denn wer
viel weiß, der hat auch viele Probleme, und je schlauer man wird, desto grö-
ßer ist die Wahrscheinlichkeit, Depressionen zu kriegen.

2

Auch Party oder Karriere machen bringt es nicht

1 Also hab ich mir überlegt, ab sofort nur noch Party zu machen. Ich wollte
das Leben genießen und es mir einfach gutgehen lassen. Aber dann musste
ich feststellen: Auch das bringt es nicht. 2 Mal ehrlich, was bringt es dir
wirklich, den ganzen Tag zu lachen? Auch bei Spaß kommt am Ende nichts
Richtiges bei rum. 3 Also hab ich beschlossen, mich ab sofort nur noch breit
zu hauen. Ich nahm Drogen, um mein Bewusstsein zu erweitern und ver-
suchte, high zu meditieren. Ich dachte mir: So bekomme ich vielleicht voll
den Wissens-Flash und krieg ganz sicher raus, was man am besten mit
seinem Leben anstellt. 4 Dann hab ich mal ein paar größere Projekte gestar-
tet. Ich hab mir eine Villa gebaut und zwei, drei Weinberge gekauft. 5 So
ein paar Obstplantagen mit ganz vielen tollen Bäumen hab ich mir auch
gekauft. 6 Ich habe einige Teiche angelegt und mit dem Wasser einen ganzen
Wald bewässert. 7 Schließlich habe ich meinen eigenen Öko-Anbau-Betrieb
mit vielen Angestellten auf die Beine gestellt, von denen einige früher schon
bei meinem Vater gearbeitet haben. Mir gehörten viele Rinder und Schafe,
und in ganz Jerusalem gab es keinen, dem so viele gehörten wie mir. 8 Das
Geschäft lief super, und bald hatte ich ein fettes Schweizer Bankkonto, einen
Haufen Aktien und den Tresor bis oben hin voll mit Goldbarren. Das hatte
ich mir alles durch meine Beziehungen besorgt. Ich hatte meine eigene Plat-
tenfirma, einen Vergnügungspark usw. Und Frauen hatte ich auch bis zum
Abwinken. 9 Meine Macht wurde immer größer, mein Konto wuchs immer
weiter, kein Präsident vor mir hatte so viel wie ich. Außerdem war ich total
schlau. 10 Was ich haben wollte, konnte ich mir auch leisten. Jeder Wunsch
wurde mir erfüllt, alles, worauf ich Bock hatte, bekam ich. Ich war eine Zeit-
lang voll geflasht, dass ich es so weit gebracht hatte, ich war richtig glück-
lich. 11 Irgendwann hab ich mich zurückgelehnt und mir mein ganzes Leben
angeschaut. Ich hab mal überlegt, was ich mir bis dahin aufgebaut hatte und
was mich das alles gekostet hat. Und ich kam zu dem Schluss, dass letzt-

endlich alles umsonst ist, das bringt es einfach nicht. Wie man es auch dreht und wendet, für nichts von den Sachen, die ich erreicht hatte, hat es sich wirklich gelohnt, sich derart reinzuhängen.

Bringt es das, schlau zu sein?

12 Ich hab dann auch mal über was anderes nachgedacht. Ich wollte checken,
was das eigentlich genau ist, das „Wissen". Und ich wollte im Gegensatz
dazu auch mal rauskriegen, was „Dummheit" ist, wie das abgeht, wenn man
nicht viel kapiert. Denn der Kerl, der nach mir Präsident wird, wird auch
nur mit Wasser kochen und Sachen bringen, die ein anderer schon mal
gebracht hat. 13 Mir wurde erst mal klar, dass es besser ist, klug und schlau
zu sein, als nichts in der Birne zu haben. Es ist ja auch besser, das Licht
anzumachen, als die ganze Zeit im Dunkeln rumzutapsen. 14 Leute, die ihren
Kopf nicht nur zum Haarewaschen haben, können eins und eins zusam-
menzählen und sich ausrechnen, was wann passieren wird. Idioten laufen
im Dunkeln und sehen nicht, was auf sie zukommt. Trotzdem wurde mir
auch schnell klar, dass mit jedem Menschen am Ende immer das Gleiche
passiert: Er stirbt. 15 Also kam ich zu dem Schluss, dass das, was dem
dummen Menschen passiert, auch mir passieren wird. Was sollte also die
ganze Lernerei? Was bringt mir die ganze Intelligenz? Wofür die Weisheit?
Mir wurde klar, dass das ganze Wissen eben auch umsonst ist. 16 Schlaue
Menschen müssen genauso sterben wie dumme Menschen, und man wird
sich an beide genauso lange erinnern können. Und ehe man sich umguckt,
hat man sie schon vergessen. 17 Als mir das klar wurde, bekam ich plötzlich
voll den Hass gegen das Leben. Denn jetzt war ich mir sicher, dass ich
machen kann, was ich will, es ist eh alles für den Arsch. Nichts hat wirklich
Bedeutung im Leben, es ist so, als würdest du versuchen, einen Furz einzu-
fangen. 18 Ich hatte ab da keinen Bock mehr auf meine Arbeit. Denn was
ich mir auch von dem Lohn kaufen würde, am Ende bekommt es ja doch
jemand anders, wenn ich tot bin. 19 Und wer kann mir jetzt schon sagen, ob
der Typ, der es bekommt, dann überhaupt Grips in der Birne haben wird?
Ich habe mir das schließlich mit Mühe und durch mein Wissen erarbeitet.
Aber trotzdem kann er dann damit machen, was er will. Auch das ist doch
letztendlich umsonst! 20 Schließlich bekam ich voll die Depressionen, weil ja
alles, was ich bis zu dem Tag gemacht hatte, alles, was ich angespart und
gelernt hatte, umsonst war. 21 Ist doch so! Da arbeitet man wie blöd, lernt
wie verrückt und versucht, mehr und mehr Sachen zu kapieren, und muss
sie am Ende an einen Menschen weitervererben, der das gar nicht zu schät-
zen weiß, weil er nichts dafür getan hat. Auch das ist doch letztendlich
umsonst, das bringt es nicht. 22 Was bleibt einem am Ende für die ganze
Maloche, Arbeit und Anstrengung? 23 Nichts! Jeden Tag hat man nur Ärger

am Hals, man macht sich die ganze Zeit über irgendwas Sorgen, das ist
schon fast eine Sucht. Und nachts kann man nicht pennen, weil man an so
viele Sachen denken muss. 24 Es gibt erst mal nichts Besseres für den Men-
schen, als richtig gut zu essen und zu trinken. Einfach mal locker lassen und
sich was gönnen von den Dingen, für die man gearbeitet hat. Als ich drüber
nachdachte, wurde mir klar, dass das von Gott kommen muss. 25 Er sagt ja:
„Wer kann essen, trinken und dabei Spaß haben, und das ohne mich?“
26 Gott gibt den Menschen, die Bock auf ihn haben, Schnall vom Leben und
Freude daran. Aber bei den Menschen, die keinen Bock auf Ihn haben, sorgt
er dafür, dass sie viel Geld verdienen, damit sie das den Menschen abgeben
müssen, die für Gott okay leben. Aber letztendlich ist auch das alles
umsonst, es ist unwichtig, ohne Bedeutung.

3

Es gibt für alles eine richtige Zeit

1 Alles, was auf der Erde passiert, läuft nach einem bestimmten Plan. Und
für alles gibt es einen Zeitrahmen. 2 Es gibt eine bestimmte Zeit zum Kinder-
kriegen und eine Zeit zum Sterben. Es gibt eine Zeit, um Sachen anzu-
pflanzen, und eine Zeit, wo man Pflanzen aus dem Boden ausreißt. 3 Es gibt
eine Zeit zum Töten und eine Zeit zum Heilen. Es gibt eine Zeit, wo alles
kaputtgeht, und eine Zeit, wo alles neu gemacht wird. 4 Es gibt eine Zeit zum
Heulen, und es gibt eine Zeit zum Lachen. Es gibt eine Zeit, wo man den
Depri schiebt, und eine Zeit, wo man nur rumhüpft vor Freude. 5 Es gibt eine
Zeit zum Steinewerfen und eine Zeit zum Steinesammeln. Es gibt eine Zeit,
wo man Leute umarmt, und eine Zeit, wo man auf Umarmen überhaupt kei-
nen Bock hat. 6 Es gibt eine Zeit, wo man ständig Sachen sucht, und eine
Zeit, wo man ständig Sachen verliert. Es gibt eine Zeit, wo man sein ganzes
altes Zeug noch aufhebt, und eine Zeit, wo man es komplett auf den Sperr-
müll schmeißt. 7 Es gibt eine Zeit zum Zerstören und eine Zeit zum Reparie-
ren. Es gibt eine Zeit, wo man sich nichts zu sagen hat, und eine Zeit, wo
man voll viel labert. 8 Es gibt eine Zeit zum Hassen und eine Zeit zum Lie-
ben. Es gibt eine Zeit für Krieg und eine Zeit für Frieden. 9 Wenn man das
weiß, was bringt es dann einem, jeden Morgen ins Büro zu fahren, wofür
dann überhaupt noch arbeiten? Ist doch eh alles schon festgelegt. 10 Ich hab
mir das einfach mal reingezogen, was für eine harte Aufgabe Gott den Men-
schen gegeben hat, wenn das alles stimmt. Sie arbeiten jeden Tag wie blöd,
und am Ende kommt für sie nichts dabei rum. 11 Dabei hat Gott für alles
gesorgt, es passt so, wie es ist – aber erst, wenn die Zeit dafür kommt! Er
hat uns Menschen eine Sehnsucht gegeben, nach etwas, das nie aufhört und
dass wir uns fragen, was es damit eigentlich auf sich hat, aber richtig kapie-
ren kann das keiner. 12 Mir wurde klar, dass es nichts Besseres gibt, als ein-

fach happy zu sein und sein Leben zu genießen, solange man das noch
kann. 13 Ich mein, dass ein Mensch genug zu essen im Kühlschrank hat,
dass er immer was zu trinken hat, dass es ihm gutgeht bei den Sachen, die
er unternimmt, das ist doch alles voll das Geschenk von Gott! 14 Dann wurde
mir noch was klar: Alles, was Gott macht, hält für immer. Es kann nicht
kaputtgehen, es hat kein Verfallsdatum. Man kann auch nichts davon weg-
diskutieren oder dazudichten. Gott hat die Sachen gemacht, damit wir
Respekt vor ihm haben. 15 Weil also nichts neu entsteht, ist alles, was war,
und alles, was noch passieren wird, schon längst beschlossene Sache.

Komische Sachen passieren

16 Dann hab ich noch ein Ding auf der Welt gesehen: Da, wo es eigentlich
gerecht zugehen sollte, zum Beispiel in einer Gerichtsverhandlung, da
gibt es überall totale Ungerechtigkeiten. 17 Ich hab mich dann beruhigt. Gott
wird schon dafür sorgen, dass die guten und auch die fiesen Menschen alle
ein korrektes Urteil bekommen. Er ist ja schließlich der höchste Richter!
Gott hat einen bestimmten Zeitpunkt festgelegt, wo über alles, was man
gemacht hat, abgerechnet wird. 18 Mein nächster Gedanke war: Gott will die
Menschen einfach austesten, sie sollen kapieren, dass sie auch nicht mehr
als ein Zellklumpen sind und auch nicht viel besser als ein Tier. 19 Tiere und
Menschen haben ja einiges gemeinsam: Beide müssen irgendwann mal
sterben, beide haben nur einmal die Energie, um zu leben. Der Mensch ist
nicht besser als ein Tier, beides wird mal vergammeln, dann war das Leben
umsonst und vorbei. 20 Es muss alles wieder dahin zurück, wo es mal her-
gekommen ist. Alles besteht aus Erde, und alles wird irgendwann wieder zu
Erde. 21 Wer hat denn schon mal die Lebensenergie von einem Menschen
messen können? Wer hat untersucht, ob diese Energie, wenn man tot ist,
nach oben in den Himmel fliegt? Und wer kann das wissenschaftlich bele-
gen, dass die Lebensenergie von Tieren im Boden versickert? 22 So kam
ich zu dem Schluss, dass es das Beste für einen Menschen ist, einfach das
zu genießen, was er selbst gemacht hat, denn das gehört nur ihm. Wer
hat schon eine Ahnung davon, was sein wird, wenn er gestorben ist?

4

Das Leben macht keinen Spaß, wenn man ausgenutzt und fertiggemacht wird

1 Dann hab ich mir mal angesehen, wie viele Menschen auf der Welt einfach
ausgenutzt werden. Ich habe unheimliche viele Leute gefunden, die voll
fertiggemacht wurden, und es gab nicht mal Menschen, die sie getröstet
hätten. Die Typen, die sie ausnutzten, haben sie dabei fast vergewaltigt, aber
es gab nicht einen, der da war, um die Opfer zu trösten. 2 Ich fing an, die

Menschen zu beneiden, die tot sind. Denen geht es besser als den Men-
schen, die leben, dachte ich mir. 3 Am glücklichsten sind doch diejenigen,
die noch gar nicht geboren wurden. Denn sie haben den ganzen Mist noch
nicht erlebt, weil sie noch nicht auf der Erde waren. 4 Ich habe das Arbeits-
leben beobachtet. Dort schuftet man bis zum Umfallen, es wird überall
gemobbt, das kann es doch auch nicht sein. 5 Man sagt ja, dass nur ein Idiot
den ganzen Tag rumschlonzt und nichts tut, bis er vor Hunger seine eigenen
Popel essen muss. 6 Aber ich meine, dass es besser ist, entspannt zu leben
und im Zweifelsfall mal ein bisschen zu chillen, als voll verkrampft 24 Stun-
den zu arbeiten, sieben Tage die Woche. Denn das ist letztendlich sinnlos.
7 Schließlich entdeckte ich noch mehr Sachen, die umsonst und sinnlos
waren. 8 Es gibt Menschen, die sind Singles, haben keine Kinder und auch
keine Geschwister. Trotzdem arbeiten sie wie blöd und wollen immer mehr
Kohle auf dem Konto haben. Wofür oder besser für wen machen die das
eigentlich? Warum kann man nicht einfach mal locker lassen und das Leben
genießen?

Es ist besser, mit mehreren Leuten was zu machen als alleine

9 Wenn man zu zweit ist, gehen viele Dinge leichter als alleine. Zu zweit
kriegt man die Sachen einfach besser gebacken. 10 Und wenn man unter-
wegs ist, und einer legt sich voll auf die Fresse, dann ist der Zweite da, um
ihm wieder hochzuhelfen. Wie schlimm ist das, wenn man alleine ist und
keiner einem wieder auf die Beine hilft, wenn man hinfällt. 11 Wenn zwei
nachts im Zelt liegen, dann können sie sich auch gegenseitig wärmen. Aber
wenn man alleine daliegt, wie soll man dann warm werden? 12 Wenn man
nachts um die Häuser zieht, dann ist man zu zweit immer sicherer. Alleine
kann man schnell überfallen werden, aber wenn man zu zweit ist, geht
das nicht mehr, weil man sich viel besser verteidigen kann. Und wenn man
zu dritt ist, hat der Gegner sowieso keine Chance. Es gibt ja auch diesen
Spruch: Eine Schnur aus drei Bändern kann man nicht so leicht zerreißen.

Mal finden einen alle toll, und mal hassen sie dich

13 Es gibt ja auch noch diesen Spruch, dass ein Jugendlicher, der keine Kohle
hat, aber dafür weiß, wie man sein Leben in den Griff bekommt, besser dran
ist als ein alter, seniler Präsident, der sich nichts sagen lässt. 14 Lasst diesen
Jungen mal aus dem Gefängnis frei, wo er drin war. Macht ihn sogar zum
Präsidenten, egal, ob er aus einer sozial schwachen Familie stammt und dort
in der Zeit aufgewachsen ist, als der andere schon lange Präsident war. 15 So
was finden die Leute toll: einen „Underdog“, mit dem keiner rechnet und
der dann zum Nachfolger wird, der bald die Leitungsstelle einnimmt. 16 Viele
Menschen laufen ihm hinterher. Aber das dauert nicht lange, dann ist er

plötzlich unten durch, und man jubelt dem Nächsten zu. Also gilt die Regel auch hier: Es ist alles für den Arsch.

Es ist wichtig, Respekt vor Gott zu haben

17 Wenn du in den Gottesdienst gehst, dann mach das ganz bewusst und
nicht so nebenbei. Geh rein, setz dich hin und hör zu. Das ist besser, als
wenn du ohne groß nachzudenken da einfach reinstolperst und auf die
Schnelle ein paar Scheine in den Klingelbeutel wirfst. So etwas bringen nur
Leute, die nichts kapiert haben und irgendwie link drauf sind.

5

Man sollte nicht unvorbereitet in den Gottesdienst gehen

1 Schalte erst mal dein Hirn an, bevor du mit Gott redest! Du musst ihm
nicht jeden Scheiß erzählen, was dir grade in die Birne kommt. Gott lebt im
Universum, aber du lebst nur auf der Erde. Darum konzentrier dich auf das
Wesentliche. 2 Man sagt ja auch, dass man schlecht träumt, wenn man zu
viele Sachen im Kopf hat, und wenn man viel redet, labert man auch viel
Dünnsinn. 3 Wenn du Gott etwas versprichst, dann musst du das auch
durchziehen. Leute, die große Sprüche machen, aber nichts davon einhalten,
kann Gott nicht ausstehen. 4 Es ist besser, nichts zu versprechen, als etwas
zu versprechen und sich dann nicht dran zu halten. 5 Du musst dafür sor-
gen, dass aus deinem Mund kein Müll kommt. Und wenn es dir doch mal
passiert ist, dann versuch nicht, dich rauszureden, falls der Pastor dich
drauf anspricht. Oder willst du etwa, dass Gott sauer auf dich wird und dafür
sorgt, dass bei dir nichts mehr läuft? 6 Wer nämlich den ganzen Tag nur
vor sich hin träumt und nichts zustande bringt, redet meist auch ziemlich
viel Mist. Ich sag nur: Hab Respekt vor Gott!

Kohle macht auch nicht glücklich

7 Wenn du irgendwo mitbekommst, dass Menschen, die kein Geld haben,
in einem Land ungerecht behandelt werden, brauchst du dich nicht dadrüber
zu wundern. Leute, die was zu sagen haben, halten zusammen, und wenn
einer viel Macht hat, dann wird es über ihm noch einen geben, der ihn kon-
trolliert, weil er noch mehr Macht hat. Aber auch dieser Typ wird kontrolliert
von demjenigen, der noch mehr Macht als er hat. 8 Eigentlich wäre es das
Beste, wenn der Präsident sich auch wirklich um die Angelegenheiten küm-
mern würde, die in seinem Land passieren. 9 Wenn einer nur scharf aufs
Geldverdienen ist, dann kann er auch nie genug davon kriegen. Jemand, der
unbedingt reich sein will, wird nie genug Kohle haben können. 10 Je mehr
Geld jemand auf dem Konto hat, desto mehr Schnorrer gibt es, die was

davon abhaben wollen. Was bringt einem am Ende die ganze Kohle, außer
den schönen Kontoauszügen mit vielen Nullen, die man sich dann an die
Wand hängen kann?! 11 Jemand, der viel arbeitet, kann auch gut schlafen.
Und das gilt unabhängig davon, ob er viel oder wenig gegessen hat. Das
fette Bankkonto hilft einem Reichen allerdings nicht beim Einschlafen, ganz
im Gegenteil. 12 Es gibt noch eine fiese Sache, die ich auf der Welt beobach-
tet habe: sehr viel Kohle, die von ihrem Besitzer ängstlich aufbewahrt wird,
was ihn am Ende krank macht. 13 Wenn er dann sein Geld durch einen Akti-
encrash oder sonst was verliert, hat er plötzlich nichts mehr, was er seinem
Sohn vererben könnte. 14 So, wie ein Mensch geboren wird, komplett nackt
und alles auf null, so wird es auch sein, wenn er tot ist. Er wird absolut
nichts von dem, was er sich im Leben erarbeitet hat, mit in den Tod nehmen
können. 15 Das muss man sich mal vorstellen! So arm, wie er auf die Erde
gekommen ist, genauso arm wird er sein, wenn er tot ist. Wo ist denn dann
der Gewinn dafür, dass er sein ganzes Leben wie blöd geschuftet hat? 16 Aber
dafür hat er die ganze Zeit auf Feiern verzichtet, war krank, hatte Rücken-
schmerzen, musste sich Sorgen machen usw.

Darum: das Gute genießen

17 Also, als Ergebnis von meinen Gedanken kam bei mir Folgendes raus:
Wir arbeiten echt hart und schuften jeden Tag, den wir auf der Erde leben,
und da müssen wir auch einfach durch. Es ist deswegen vollkommen in
Ordnung, wenn wir es uns auch mal gutgehen lassen, ins Kino oder lecker
essen gehen und auch mal was trinken. 18 Nun gibt es ja Menschen, die
haben von Gott fett Kohle geschenkt bekommen. Er hat ihnen damit auch
die Erlaubnis gegeben, das, was sie haben, zu genießen und es sich auch
mal gutgehen zu lassen von dem Gewinn, der erwirtschaftet wurde. Auch
das ist ein Geschenk von Gott. 19 Wenn einer feiert und gut drauf ist, denkt
er auch nicht so viel dadran, dass er mal sterben muss. Gott lenkt ihn
von Depri-Gedanken ab, indem er ihm innerliche Freude gibt.

6

Kohle ohne Ende bringt es nicht

1 Es gibt noch eine Sache, die ich bei Menschen beobachtet habe, und die
finde ich echt zum Kotzen. Viele Menschen leiden voll dadrunter. 2 Und zwar
geht das meistens so ab: Ein Typ hat ganz viel Kohle, Gott hat dafür gesorgt,
dass er reich ist und viele Menschen Respekt vor ihm haben. Er hat alles,
was man sich nur wünschen kann. Und trotzdem erlaubt Gott ihm nicht, die
ganzen Sachen einfach mal zu genießen, sondern er stirbt, bevor er in Rente
ist. Und alles, was ihm gehört, erbt dann oft jemand, den er noch nicht mal
kennt. Das zeigt für mich noch mal: Eigentlich ist eh alles für den Arsch.

Echt übel, oder? 3 Selbst wenn ein Mann hundert Kinder kriegen und auch
echt lange leben würde, es wäre doch alles für die Tonne, wenn er das Ganze
nicht auch mal richtig genießen kann. Und am Ende bekommt er noch nicht
mal ein anständiges Begräbnis. Ich bin der Meinung, dass eine Fehlgeburt
besser dran war als so einer. 4 Die kommen ja im Dunkeln auf dieser Welt
an, verschwinden sofort wieder, und keiner wird sich an ihre Namen erin-
nern. 5 Fehlgeburten haben auch nie die Sonne gesehen und wissen gar
nicht, wie sich das Leben anfühlt. Die haben es echt besser gehabt als der
Typ, von dem ich gerade gesprochen habe. 6 Der hatte ja gar nichts von sei-
nem Leben, selbst wenn er zweitausend Jahre alt geworden wäre. Und am
Ende kommen eh alle Toten an denselben Ort. 7 Der Mensch muss den gan-
zen Tag arbeiten, um genug Essen im Kühlschrank zu haben. Trotzdem kann
sein Hunger nach Leben nicht wirklich gestillt werden. 8 In dem Punkt geht
es einem Uni-Professor genauso wie dem Mann, der bei Ford am Fließband
arbeitet. Und was bringt es dem Hartz-IV-Empfänger überhaupt, wenn er viel
Bildung hat? Satt wird er dadurch auch nicht. 9 Besser wenig zu haben und
sich darüber zu freuen, als die ganze Zeit damit beschäftigt zu sein, was
man alles nicht hat. Denn auch das ist letztendlich für den Arsch, das bringt
es nicht.

Eine Demo gegen Gott bringt es nicht

10 Alles, was mit einem Menschen so passiert und was aus ihm werden
wird, ist schon lange vorher festgelegt worden. Wer sollte sich dadrüber jetzt
beim gigantisch großen Gott, der tausendmal größer ist als wir, beschwe-
ren? 11 Wer das auch versucht, kann so viel labern, wie er will, es wird eh
nichts dabei rumkommen. 12 Ich mein, wer hat denn den Überblick über
unser Leben? Wer kann wirklich abschätzen, was gut für uns ist und was
nicht, in der kurzen Zeit, wo wir hier auf der Erde sind? Das Leben geht so
schnell vorbei. Und wer kann eine Auskunft darüber geben, was auf der
Erde passiert, wenn wir mal tot sind?

7

Was mit dem Tod abgeht

1 Es ist besser, einen guten Ruf zu haben als ein dickes Konto. Und wenn
jemand stirbt, ist das besser, als wenn er geboren wird. 2 Bei einer Trauer-
feier dabei zu sein bringt es mehr, als zu einer Hochzeit zu gehen. Schließ-
lich muss jeder Mensch mal sterben, deshalb geht das auch jeden Men-
schen etwas an. 3 Es ist besser, zu weinen, als ständig zu lachen. Trauer ist
ein eindeutiges Gefühl, und die Leute, die traurig sind, haben bessere Chan-
cen, innerlich korrekt draufzukommen. 4 Der Schlaue merkt, wenn es an der
Zeit ist, ernst zu sein oder zu trauern, aber der Dumme checkt gar nix, der

macht immer nur Party. 5 Aus der Kritik von einem schlauen Menschen kann
man mehr lernen, als wenn tausend Hirnis einem die ganze Zeit auf die
Schultern klopfen und einen ganz toll finden. 6 Wenn Idioten sich über etwas
freuen, ist das, als wenn man Popcorn im Kessel beim Knallen zuhört. Es
bringt nichts und ist völlig umsonst. 7 Durch Bestechung mit Geld kann
auch ein schlauer, weiser Mensch zum Vollidioten werden. Geld verdirbt den
Charakter!

Wie das ist mit der Geduld

8 Es ist besser, sich kurz zu fassen, als jemanden ohne Ende vollzulabern.
Entspannt zu sein ist besser als ehrgeizig und stolz. 9 Raste nicht so schnell
aus. Wut ist die Lebensenergie von Beknackten. 10 Mach nicht solche Sprü-
che nach dem Motto: „Ja, früher, da war alles noch viel besser!“ Denn wenn
du so was sagst, bedeutet es nur, dass du noch gar nichts kapiert hast.
11 Was im Leben gecheckt zu haben und schlau zu sein, ist genauso viel wert,
wie eine Menge Kohle geerbt zu haben. Es ist sogar besser als das, und das
gilt für alle Menschen. 12 Beides verspricht einem Sicherheit, aber wenn man
viel gelernt und was gecheckt hat, dann hilft es einem auch, durchzuhalten
und am Leben zu bleiben. 13 Da musst du dir mal anschauen, was Gott alles
gemacht hat! Wer will ihm da in die Arbeit reinpfuschen? Wer kann etwas
wieder gerade biegen, was er krumm gemacht hat? 14 Wenn du an einem
Tag mal voll Glück gehabt hast, dann freu dich drüber! Und wenn du am
nächsten Tag voll die Pechsträhne hast, dann solltest du Folgendes nicht
vergessen: Beide Tage hat Gott gemacht! Und ein Mensch ist nicht in
der Lage rauszukriegen, was am nächsten Tag alles passieren wird. 15 Was
ich jetzt schreibe, hab ich wirklich getestet. In der Zeit, wo ich ganz unten
war, wurde mir eins klar: Es gibt Menschen, die korrekt für Gott gelebt haben
und trotzdem plötzlich sterben. Und andere, die die ganze Zeit Sachen
machen, die Gott total ätzend findet, haben ein superlanges Leben. 16 Mein
Tipp dazu ist: Tu nicht so, als wärst du der superkorrekte, gottmäßig
lebende Hypergläubige, der einfach alles weiß. Was bringt dir das? Warum
willst du dir selbst eine Falle stellen? 17 Übertreib es nicht, klar? Sei nicht
blöd! Warum willst du früher sterben als vorgesehen? 18 Es ist gut, zweiglei-
sig zu fahren. Gib beide Seiten nicht ganz auf. Menschen, die Respekt vor
Gott haben, entscheiden sich auf jeden Fall richtig. 19 Schnall vom Leben zu
haben hilft schlauen Leuten mehr, als wenn zehn Präsidenten in ihrer Stadt
wären. 20 Und es gibt keinen Menschen, der nur superkorrekt lebt und
nie Mist baut. 21 Du musst auch nicht immer alles mitkriegen, was die Leute
so erzählen. Sonst kriegst du am Ende doch nur mit, wie einer deiner Leute
dir die Krätze an den Hals wünscht. 22 Schließlich hast du das ja auch schon
oft gemacht, oder hast du das schon wieder vergessen?

Zum Thema „Wo neue Erkenntnisse überhaupt herkommen“

23 Ich habe diese ganzen Sachen ausgetestet, weil ich unbedingt mehr vom
Leben kapieren wollte. Aber am Ende war ich immer noch meilenweit davon
entfernt, auf jede Frage eine Antwort zu haben. 24 Wie und warum alles
genau passiert, das war alles zu heftig für mich. Wer ist überhaupt in der
Lage, wirklich alles zu verstehen? 25 Ich bin zu folgendem Ergebnis gekom-
men: Ich wollte rausfinden, was es eigentlich ausmacht, viel vom Leben
gecheckt zu haben und alles für sich selbst richtig beurteilen zu können.
Außerdem hat es mich interessiert, ob es einen Zusammenhang gibt, wenn
man ohne Gott lebt und bestimmte Dinge in seinem Leben einfach nicht
erkennt. Und ob es eine Verbindung gibt zwischen Dummheit und der Tat-
sache, eigene Fehler nicht einzusehen. 26 Zum Beispiel gibt es da so eine
Frau, die superfinster drauf ist. Wenn man sich auf die einlässt, dann sitzt
man in der Falle. Männern, die radikal mit Gott leben, kann sie vielleicht
nichts anhaben, aber Männer, die ohne Gott leben, fallen voll auf sie rein.
27 Geb dir das mal, was ich herausgefunden habe! Ich habe wirklich ge-
forscht und unterschiedliche Quellen herangezogen, um zu einem korrekten
Ergebnis zu kommen. 28 Ich kann sagen, dass ich das, was ich eigentlich
immer gesucht habe, bis jetzt nirgends finden konnte. Einen Mann hab ich
gefunden unter Millionen, aber eine Frau war nicht dabei. 29 Folgendes
ist mir am Ende klargeworden: Gott hat den Menschen einfach gemacht,
aber der Mensch will unbedingt immer alles wissen.

8

Was die Regierung sagt, sollte man auch tun

1 Wer hat Ahnung? Wer hat es drauf, Fakten auszulegen? Wenn Menschen
viel kapiert haben, dann haben sie eine gute Ausstrahlung und lächeln,
anstatt nur finster aus der Wäsche zu schauen. 2 Ich sag noch mal was: Hör
auf das, was der Präsident anordnet, aber wenn du was in Gottes Namen
schwören sollst, dann mach langsam und denk erst mal darüber nach. Sei
immer mit Gott unterwegs. Zieh nicht irgendetwas durch, wenn du fest-
stellst, dass das Ding eventuell nach hinten losgehen könnte. Präsidenten
ziehen in der Regel ihre Entscheidungen durch, die sie mal getroffen haben.
4 Der Präsident hat die Macht im Land. Wenn er etwas will, kann er das auch
durchsetzen. Wer geht denn schon zum Präsidenten und sagt: „Ey, Mann,
was machst du da für ’nen Schwachsinn?“ 5 Wer die Gesetze von Gott durch-
zieht, hat noch nie eine miese Aktion gebracht. Wer schlau drauf ist, der
weiß genau, wie man sich zu welchem Zeitpunkt am besten verhalten muss.
6 Es gibt für jedes Projekt und für jede Sache auch den richtigen Zeitpunkt,
wann sie umgesetzt werden und passieren sollen. Und dann weiß man auch,
wie man sich richtig verhält. Es gibt aber auch immer etwas, was jeden Men-

schen belastet: Er baut ständig Mist. [7] Denn der Mensch kennt die Zukunft nicht, er hat keine Ahnung, was alles noch abgehen wird. Wer sollte ihm das auch erzählen? [8] Das ist genauso wie mit dem Wind. Den kann man auch nicht kontrollieren. Übrigens kann auch keiner darüber bestimmen, an welchem Tag er sterben muss. Es gibt ja auch im Krieg nicht den Fall, dass ein Soldat ohne Grund plötzlich entlassen wird. Wer Mist gebaut hat, muss auch dafür bezahlen. [9] Diese ganzen Dinge habe ich beobachtet, ich habe mich damit beschäftigt, was jeden Tag in der Welt so abgeht. Menschen haben Macht über Menschen, und die Schwächeren gehen dabei oft kaputt.

Schwer zu kapieren: Warum geht es Menschen, die ohne Gott leben, so gut?

[10] Genauso hab ich beobachtet, wie Menschen, die keinen Bock auf Gott haben, ein fettes Begräbnis bekamen, mit Gottesdienst und allem Drum und Dran. Aber andere, die immer korrekt gelebt hatten, wurden aus der Kirche rausgeschmissen, und als sie tot waren, hatte man sie schnell wieder vergessen. Also kann man auch hier mal wieder sagen: Es ist alles eh für den Arsch. [11] Wenn Menschen, die miese Verbrechen begehen, noch nicht mal anständig bestraft werden, kommen andere auch auf die Idee, miese Dinger zu drehen. [12] Einige haben echt schon die fiesesten Sachen gebracht und leben immer noch fröhlich vor sich hin. Trotzdem weiß ich natürlich auch, dass es den Leuten, die immer Respekt vor Gott hatten, auch gutgehen wird. [13] Wer Sachen macht, die Gott nicht so geil findet, dem wird es auf Dauer auch nicht gutgehen. So einer wird nur kurz leben, und er wird im Dunkeln sein, weil er keinen Respekt vor Gott hatte. [14] Aber Folgendes passiert auch auf der Welt: Es gibt Leute, die korrekt leben, aber denen es so geht, als würden sie die ganze Zeit Mist bauen. Und es gibt Leute, die total unkorrekt leben, denen geht es so gut, wie es eigentlich den Korrekten gehen müsste. Auch das ist letztendlich für den Arsch. [15] Ich finde es voll gut, wenn man sich am Leben freuen kann. Es gibt doch nichts Besseres als ein leckeres Essen und was Gutes zu trinken. Das sind so Sachen, die den Alltag erleichtern und dabei helfen, die Aufgaben zu erledigen, die Gott einem gegeben hat.

Was man davon hat, schlau und abgeklärt zu sein

[16] Dann hab ich auch noch mal untersucht, was man davon eigentlich hat, weise, schlau und abgeklärt zu sein. Was bringt es einem, zu kapieren, was auf der Erde alles so abgeht? Der Mensch ist ja eigentlich 24 Stunden lang damit beschäftigt zu arbeiten. [17] Schließlich hab ich mal dadrüber nachgedacht, was Gott alles gemacht hat. Und da wurde mir klar, dass das alles viel zu krass für einen Menschen ist; wie soll einer das in sein Hirn kriegen können? Wie sehr er auch forscht, studiert, Versuche macht, Bücher

liest usw., es wird nie reichen, um wirklich alles zu kapiern. Und selbst wenn der nächste Physiknobelpreisträger oder sonst ein schlauer Heini behauptet, dass er alles wisse, dann lügt er einfach, weil das gar nicht geht.

9

Spaß haben am Leben

1 Also, ich hab mir echt den Kopf über das alles gemacht, und ich bin zu
folgendem Schluss gekommen: Es ist egal, ob man jetzt radikal gottmäßig
lebt und ganz viel gecheckt hat oder nicht, jeder Mensch ist total abhängig
von Gott. Er versteht ja noch nicht mal ganz, was Liebe oder Hass wirklich
sind. Das sind für ihn Sachen wie von einem anderen Planeten. Außer-
dem kann keiner in die Zukunft gucken. Es zu versuchen, ist also völlig für
umsonst. 2 Alle müssen mal sterben. Egal, ob man jetzt so gelebt hat, wie
Gott es geil findet, oder nicht, ob man die ganze Zeit gute Sachen gebracht
hat oder fiese, ob man sauber oder dreckig gelebt hat. In dem Punkt geht
es demjenigen, der immer Mist gebaut hat, genauso wie demjenigen, der
sein ganzes Leben lang das getan hat, was Gott möchte. 3 Das finde ich
total übel. Jedem Menschen, der lebt, passiert am Ende das Gleiche. Wäh-
rend ihrer Zeit auf der Erde sind Menschen oft voll link unterwegs, sie
haben böse Gedanken, bringen total verrückte Sachen, und irgendwann ster-
ben sie. 4 Aber solange ein Mensch noch lebt, gibt es für ihn noch Hoffnung.
Übrigens: Es ist besser, eine lebende Ratte zu sein, als ein toter Superheld.
5 Wer lebt, weiß, dass er mal sterben muss. Aber wer tot ist, weiß erst mal
gar nichts, er hat nichts davon, tot zu sein, und auf der Welt hat man ihn
auch schnell wieder vergessen. 6 Wen auch immer der Mensch geliebt oder
gehasst hat, alles, was ihm wichtig war, wird dann total egal. Er wird nie
mehr dabei sein bei dem, was auf der Welt abgeht, er ist einfach weg und
mausetot. 7 Darum genieße jeden Tag, genieße jedes Essen, genieße jedes
Bier oder jeden Wein und freu dich dadran. Gott findet das gut. 8 Kauf dir
schicke Klamotten, style dich hübsch, leg einen guten Duft auf. 9 Genieße
jeden Tag, den du mit der Frau hast, in die du verknallt bist, und mach das
so lange, bis du stirbst. Das ist nämlich im Grunde wie eine Bezahlung für
den ganzen Ärger, die Schufterei und was man sonst noch so jeden Tag
zu bewältigen hat. 10 Pack alles an, was dir vor die Füße kommt, und erledige
das volles Rohr. Denn wenn du tot bist, gibt es nichts mehr, was du anpa-
cken und erledigen kannst. Dort, wo du dann sein wirst, warten keine Auf-
gaben auf dich und auch keine Lektionen, die du lernen könntest, oder sonst
noch was.

Kann jeder selbst bestimmen, ob er glücklich wird?
11 Dann hab ich noch ein paar Dinge gelernt: Nicht die Schnellsten packen
ihr Leben. Nicht die Stärksten gewinnen jeden Krieg. Gute Bildung garantiert
einem nicht, dass man reich wird. Und viel draufzuhaben, sorgt auch nicht
dafür, dass man der Klassenliebling wird. Jeder hat mal eine Pechsträhne,
jedem passieren mal dumme Sachen. 12 Kein Mensch weiß vorher, wann
genau er sterben wird. So, wie eine Maus plötzlich in die Mausfalle tapst
oder wie eine Fliege plötzlich am Klebestreifen hängen bleibt, so gehen auch
die Menschen dem Tod in die Falle. Wenn man nicht damit rechnet, ist er
plötzlich da.

Wissen und Dummheit
13 Noch etwas, was ich lernen konnte: Es geht wieder um das Thema Wissen,
was mir ja wichtig ist. Ich erzähl es mal in einer Geschichte: 14 Es war einmal
eine kleine Stadt, in der nur wenig Leute wohnten. Schließlich kam eine
große Armee, die ein Präsident geschickt hatte, und wollte die Stadt mit Pan-
zern einnehmen. 15 In der Stadt wohnte ein alter Mann, der total arm war.
Aber dieser Typ hatte es voll drauf, und mit seinen Tipps hätte man die Stadt
retten können. Trotzdem hat man ihn noch nicht mal gefragt. 16 Jetzt sagt
man ja, dass Wissen besser ist als Macht. Trotzdem ist das Wissen von ein-
fachen Menschen egal, sie werden gar nicht beachtet, keiner fragt sie um
ihren Rat. 17 Noch was: Es ist besser, auf den Rat von einem schlauen Men-
schen zu hören, der das Ganze entspannt vorträgt, als auf den Rat von
einem hektischen Typen zu hören, der etwas durchgeknallt ist. 18 Etwas zu
wissen ist wichtiger, als die tödlichsten Waffen zu besitzen. Jemand, der
ohne Gott lebt, kann viel Gutes kaputt machen.

10

Noch ein paar schlaue Texte
1 Eine tote Motte in der Cola sorgt dafür, dass das ganze Teil eklig wird.
Wenn jemand etwas von diesem total besonderen Öl hat, braucht nur eine
tote Fliege in dem Zeug drin zu sein, und schon fängt das Ganze an zu
gammeln und stinkt. Eine einzige dumme Aktion von dir kann dafür sorgen,
dass dein ganzer Ruf ruiniert ist und keiner mehr Respekt vor dir hat. 2 Das
Hirn von einem schlauen Menschen hilft ihm, die richtigen Entscheidungen
zu treffen. Das Hirn von einem dummen Menschen bringt ihn dazu, ständig
Fehler zu machen. 3 Egal, was ein Idiot auch anstellt, es fehlt ihm einfach
der Grips. Das erkannt man sofort daran, dass er sich für den Schlauesten
hält und jeden anderen als Schwachmaten bezeichnet. 4 Wenn dein Chef
aggromäßig gegen dich unterwegs ist, dann bleib, wo du bist, und wehr dich
nicht. Entspannt und locker auf Aggression zu reagieren sorgt dafür, dass

man keine großen Fehler macht. 5 Es gibt da noch eine ganz üble Kiste, die
ich bei vielen Menschen beobachtet habe, welche in der Regierung sitzen:
6 Trottel und Hirnis bekommen die fettesten Ministerposten, und Leute, die
es draufhaben, bekommen kein Amt. 7 Ich habe Volltrottel in fetten Porsches
sitzen sehen, während Leute, die voll intelligent sind, zu Fuß gehen muss-
ten. 8 Wer anderen eine Falle stellt, wird selbst in seine eigene Falle reintre-
ten. Wer über einen Zaun klettert, kann vom Wachhund gebissen werden.
9 Wer als Schweißer arbeitet, kann sich dabei verbrennen, und wer als Tisch-
ler arbeitet, kann einen fiesen Splitter in den Finger bekommen. 10 Mit einer
stumpfen Säge braucht man doppelt so viel Kraft, um Holz klein zu kriegen.
Mit einem Fahrrad ohne Luft in den Reifen braucht man mehr Zeit, um sein
Ziel zu erreichen. Es ist ein Vorteil, wenn man sich schlau verhält und nach-
denkt, bevor man handelt. 11 Ein Löwendompteur im Zoo kann seinen Beruf
nicht mehr ausüben, wenn er von seinen Löwen gebissen wurde. 12 Schlaue
Menschen kriegen Applaus für die weisen Sprüche, die aus ihrem Mund
kommen. Dumme Menschen werden verarscht, weil sie andere mit ihrem
Blödsinn zugeschwallt haben. 13 Zuerst fangen sie nur mit belanglosem Gela-
ber an, aber am Ende ist es nur noch nerviger Schwachsinn, der bei ihnen
rauskommt. 14 Sie labern dich ohne Punkt und Komma zu und machen
einen auf superschlau. Dabei kann kein Mensch wirklich sagen, was in der
Zukunft passieren wird, und das erzählt ihm auch keiner. 15 Das sinnlose
Rumgelaber des Idioten macht ihn total müde. Das ist so einer, der läuft völ-
lig planlos in der Gegend rum und weiß nicht, mit welchem Bus er wieder in
seine Stadt kommt. 16 Wenn ein Land einen jungen Präsidenten hat und sich
die Minister jeden Morgen am kalten Buffet erst mal die Wampe vollschla-
gen, dann steht es sehr schlecht um das Land. 17 Glück hat ein Land, in dem
der Präsident aus einem guten Haus stammt, wenn seine Minister erst
abends lecker essen gehen und sich dabei nicht immer die Birne dicht zie-
hen. 18 Wenn ein Hausbesitzer zu schlaff ist, um sich regelmäßig um sein
Dach zu kümmern, dann regnet es überall rein. Das Holz verfault, und das
Gebäude könnte bald in sich zusammenstürzen. 19 Um gut draufzukommen,
sollte man sich ein leckeres Essen gönnen. Alk kann das Leben lustiger
machen. Wenn man genug Kohle hat, ist beides locker drin. 20 Lästere nicht
über den Präsidenten, denk noch nicht mal dadran, ihm die Krätze an den
Hals zu wünschen! Meckere nicht über Leute, die viel Geld haben, noch
nicht mal, wenn keiner zuhört und du alleine bist. Es könnte immer
irgendwo ein Mikrophon versteckt sein, und über Spionage-Satelliten kann
man eh alles mithören.

11

Was in der Zukunft abgeht, weiß keiner

1 Wenn du deine Klamotten auf den Sperrmüll schmeißt, kann es sein, dass
die Sachen Jahre später irgendwo wieder auftauchen. 2 Pack dein erspartes
Geld bei mehreren Banken auf verschiedene Konten, dann ist es sicherer. Es
kann dir allerdings trotzdem passieren, dass es eine fette Wirtschaftskrise
gibt und deine ganze Kohle flöten geht. 3 Wenn die Wolken genug Feuchtig-
keit aufgesogen haben, wird es bald übelst regnen. Wenn ein Baum abgesägt
wird und sein Stamm in irgendeine Richtung fällt, dann sollte er dort auch
erst mal liegen bleiben. 4 Wenn du ständig nur darauf wartest, dass ein Zet-
tel vom Himmel kommt, der dir sagt, was du zu tun hast, wirst du nie was
zustande bringen! 5 Hör auf, ständig in die Wolken zu gucken und dich zu
fragen, was Gott mit dir vorhat. Du weißt es genauso wenig, wie du sagen
kannst, ob ein Kind kopfüber oder mit den Füßen zuerst aus dem Bauch sei-
ner Mutter kommt. Gott macht das alles, du hast da keinen Einfluss drauf.
6 Also leg los und arbeite hart, von morgens bis abends. Wage etwas und
bring dich voll ein. Du weißt ja nicht, was von der Arbeit, die du dir machst,
letztendlich auch etwas bringt. Aber du weißt, dass Gott alles in der Hand
hat! 7 Und er wird dir als Belohnung für deine Maloche die Sonne auf den
Kopf scheinen lassen, über die du dich dann richtig freuen kannst. 8 Auch
wenn man weiß, dass es noch viele Jahre gibt, in denen man auf der Erde
lebt, so sollte man doch jeden Tag, an dem es einem gutgeht, auch voll
genießen. Es wird nämlich auch Tage geben, wo alles ganz finster aussieht,
das darf man nicht vergessen. Wie es auch kommt, es ist eh alles für den
Arsch.

Spaß als Jugendlicher

9 Hey, Kid! Ich mein jetzt alle Jugendlichen: Freu dich am Leben und hab
Fun! Du kannst echt glücklich sein, solange du noch jung bist. Deshalb
mach das, worauf du Bock hast. Probier dich aus! Vergiss dabei aber bitte
nicht, dass du irgendwann mal alles, was du im Leben gemacht hast, vor
Gott verantworten musst. 10 Wenn du ständig über irgendwas genervt bist,
dann leg das mal beiseite. Lass das nicht zu sehr an dich ran. Pass auf dich
auf, auch auf deinen Körper. Die Zeit als Jugendlicher wird nämlich auch
mal vorbei sein, und nur, weil du blond bist, wirst du auch nicht länger
leben.

12

An die Jugendlichen: Ihr solltet Gott nicht vergessen

1 Vergiss Gott nicht, auch wenn du noch ein Jugendlicher bist und vielleicht
gerade andere Sachen im Kopf hast. Es wird nämlich auch für dich eine Zeit
geben, wo du alt werden wirst. Dann passieren einige nicht so tolle Dinge
mit dir, und dann kommen so Kommentare wie: „Auf so was hab ich jetzt
überhaupt keinen Bock!" 2 Plötzlich wird alles ganz düster, du kannst kein
Licht mehr sehen, brauchst eine Brille und verlierst beim Spazierengehen
die Orientierung. Und das wird nicht mehr besser werden, auf Regen folgen
dunkle Wolken, auf schlecht folgt noch schlechter, auf ätzend folgt Scheiße.
Irgendwann wirst du dann gar keine Sonne mehr sehen können und auch
keinen Mond oder Sterne. 3 In der Zeit geht voll die Depri-Stimmung bei dir
los. Du frierst ständig und bist dann nicht mehr in der Lage, dich mit deinen
eigenen Händen und Armen warm zu halten. Und du wirst den ganzen Tag
am Fenster hocken und die Nachbarn dumm anmachen. Deine Beine wer-
den zu schwach, du wirst nicht mehr richtig gehen können, und du fängst
an, beim Essen zu sabbern. Deine Zähne fallen dir aus, und du wirst eine
Brille mit ganz dicken Gläsern brauchen. 4 Und dann kannst du plötzlich
nicht mehr richtig hören, kriegst nicht mit, wenn ein Auto angebrettert
kommt, und auch den Gesang von deiner Tochter kannst du kaum noch ver-
stehen. Als Nächstes ist dann also ein Hörgerät angesagt. 5 Treppensteigen
wird der reinste Horror, ständig hast du Angst zu stürzen. Im Garten blüht
der Kirschbaum, das Kaninchen frisst den Löwenzahn, es gibt Spargel zu
kaufen, aber bei dir ist langsam Schicht im Schacht. Schließlich bist du tot,
und man organisiert deine Beerdigung. 6 Also kann ich dir nur den Tipp
geben: Genieße das Leben in vollen Zügen, bevor dein Körper streikt, der
Handyvertrag abgelaufen, das Moped kaputt und sowieso alles für den
Arsch ist. 7 Denn wenn du tot bist, ist alles vorbei. Dein Körper verwest und
wird zu Erde, wo er ja auch herkommt. Und dein Innerstes, deine Gedan-
ken, dein Geist wird dann zu Gott ziehen, wo der ja auch herkommt. 8 Alles
geht mal vorbei, nichts bleibt ewig. Im Grunde ist alles für den Arsch!

Nachwort: Was am Ende bei rauskommt: Respekt haben vor Gott

9 Der Prediger, der es echt draufhatte, musste den Leuten noch ein paar
wichtige Sachen beibringen. Er hat nachgedacht, geforscht und kam dann
zu diesen Sprüchen, die hier aufgeschrieben wurden. 10 Er hat versucht,
das Ganze in gute Formulierungen zu packen, und es war ihm wichtig, dabei
immer straight und ehrlich zu bleiben. 11 Ein Rat von einem Menschen,
der viel Ahnung vom Leben hat, kann einen total herausfordern. Das ist wie
ein Trainer, der am Seitenrand steht und einen die ganze Zeit anfeuert.

Ratschläge wie diese hier können wie große Schrauben sein, die ein ganzes Gebäude zusammenhalten. Sie kommen letztendlich von Gott, dem besten Trainer, den es gibt.
[12] Am Ende will ich für dich noch mal eine Warnung aussprechen: Bei Amazon kann man Millionen von Bücher kaufen, und jeder Hans oder Franz schreibt seine Lebensgeschichte auf. Das alles zu lesen und zu studieren, das macht keiner, da pennt man nur bei ein.
[13] Noch mal zusammengefasst, sozusagen das Endergebnis: Du musst Respekt vor Gott haben und alles das tun, was er gesagt hat! Daran sollte sich jeder Mensch halten.
[14] Gott wird über alles, was auf der Erde läuft, einmal eine Gerichtsverhandlung abhalten. An dem Tag kommt alles raus, man kann nichts mehr verstecken, egal, ob es gut war oder schlecht.

Das Hohelied

1

Du sollst mein Held sein
1 Jetzt kommt eine sehr krasse Lovestory, die von Salomo stammt. Sie:
2 „Bitte küss mich! Ich bin so heiß auf deine Liebe, sie macht mich breiter
als der beste Rotwein. 3 Du riechst so gut, ich dreh total durch, wenn
ich dein Aftershave rieche! Und ich krieg Herzrasen, wenn ich nur deinen
Namen höre. Darum stehen die anderen Frauen auch so auf dich. 4 Komm,
lass uns, so schnell es geht, von hier verschwinden! Wollen wir zu dir gehen,
auf deine Bude? Ich geh überall mit dir hin. Du bist der Größte für mich!
Ich finde es so genial, dass ausgerechnet ich dich kennen darf, du machst
mich glücklich! Dass du mich liebst, ist wie ein Hauptgewinn für mich,
denn alle anderen Frauen wollen auch was von dir. 5 Was wollt ihr von mir?
Ich meine euch Mädels aus Jerusalem! Obwohl ich so blass bin wie Schnee,
bin ich doch so schön, dass ich jede Miss-Wahl gewinnen würde. 6 Meine
Familie war total ätzend zu mir, ich musste den ganzen Tag das Haus
putzen. Nur mein Zimmer musste dreckig bleiben, weil ich nie dazu kam,
das sauber zu machen. 7 Mein geliebter Schatz, wo warst du heute Mittag?
Ich hab dich überall gesucht! Warst du in den Kaufhäusern in der City?“ Er:
8 „Weißt du das wirklich nicht, meine einzige Schönheit? Du hättest mich
doch auf dem Handy anrufen können, dann hättest du mich auch gefunden!
Ich muss dir noch mal was sagen: Du siehst einfach supergeil aus! 9 Du
bist wirklich die schönste Frau der Welt, schöner als jede Miss World der
letzten Jahrzehnte! 10 Dein Gesicht wird eingerahmt von goldenen Ohrringen,
und um deinen Hals liegt eine weiße Perlenkette. 11 Du sollst die schönsten
Brillanten haben, die man kaufen kann, eingefasst in das reinste Gold!“
Sie: 12 „Wenn mein Held mit mir essen geht, riecht er total lecker. Besser
als alles, was ich jemals gegessen habe. 13 Wenn wir kuscheln und du auf
meinem Busen liegst, dann riechst du so toll, dass ich dich am liebsten
anknabbern würde. 14 Du riechst so phantastisch, besser als jeder Bratapfel.“
Er: 15 „Du bist so gigantisch schön, mein Schatz, du siehst so supergeil
aus! Deine Augen strahlen wie die Sonne!“ Sie: 16 „Du siehst auch super-
schön aus, mein Schatz – ich freu mich so sehr, dass ich dich kenne! Wollen
wir uns auf der Wiese treffen? 17 Da könnten die Tannen unser Dach sein
und die Eichen wie unsere vier Wände.“

2

Du bist gigantisch

Sie: 1 „Ich bin nur eine normale Frau, die ganz okay aussieht.“ Er: 2 „Nein!
Du bist die hübscheste von allen Frauen, die ich kenne, keine sieht so gut
aus wie du! Du bist der absolute Hauptgewinn!“ Sie: 3 „Wie ein Porsche
Cabrio unter den Autos, so ist mein Typ im Gegensatz zu anderen Männern.
Ich hab total Bock dadrauf, mit ihm eine Spritztour zu machen. Mit ihm
zusammen zu sein ist so toll wie ein leckeres Himbeereis. 4 Er ist mit mir
in ein schickes Restaurant ausgegangen. Dort hat er mir seine Liebe gebeich-
tet. 5 Ich brauchte was für meinen Magen, denn sonst wäre ich vor Liebe
fast verhungert. Die Liebe zu ihm macht mich fast krank. 6 Er lag neben mir
und umarmte mich dabei zärtlich. 7 Hey, ihr Frauen aus der Gegend, dampft
ab! Wir wollen unsere Ruhe haben und alleine sein, wir kommen dann eben
später zu euch. 8 Da kommt mein Schatz. Er fährt einen heißen Reifen,
nur um zu mir zu kommen. 9 Er nimmt die Kurven, so schnell er kann. Bald
ist er an meinem Haus angekommen. Dann flüstert er durch mein Fenster:
10 ‚Steh auf, mein Schatz, meine Schönheit! Los, komm, Traumfrau, lass
uns abhauen! 11 Draußen ist super Wetter! Es hat aufgehört zu regnen, der
Winter ist vorbei. Wir könnten noch ein wenig um die Häuser ziehen!
12 Es gibt ein paar Läden, die noch aufhaben, wo ein guter DJ ein paar nette
Scheiben auflegt. 13 Komm, steh schon auf, Liebste! Wir trinken noch einen
Wein und genießen uns, komm, meine Traumfrau! 14 Spiel jetzt nicht Ver-
stecken mit mir! Ich will dein schönes Gesicht sehen, ich will deine geniale
Figur betrachten, ich möchte deine wunderschöne Stimme hören! Du
hast so eine geniale Figur und eine supererotische Stimme!‘ 15 Wir lassen
uns unsere Liebe nicht kaputt machen, von niemandem! Bei uns geht es
gerade richtig ab! 16 Mein Liebster gehört nur mir, und ich gehöre alleine
ihm, dem Mann, der immer total zärtlich zu mir ist. 17 Abends, wenn es lang-
sam dunkel wird, dann komm vorbei, mein Schatz! Gib Gas, steig in dein
Auto und komm zu mir!“

3

Wo bist du?

Sie: 1 „Als ich heute Nacht im Bett lag, hatte ich voll die Sehnsucht nach
meinem geliebten Schatz. Ich hatte voll Sehnsucht nach seiner Nähe, aber
er war nicht da … 2 Ich bin aufgestanden, hab mich schön gemacht und
bin durch die Straßen gezogen. Ich war in den Clubs, ich musste ihn unbe-
dingt heute noch sehen! Überall hab ich ihn gesucht, den Mann, welchen
ich über alles liebe, aber er war nicht da. 3 Schließlich haben mich sogar die
Bullen angehalten und wollten meinen Perso sehen. ‚Entschuldigung!

Haben Sie den schönsten Mann der Welt gesehen, in den ich total verknallt
bin?', hab ich sie gefragt. 4 Als ich dann gerade um die nächste Ecke war,
stand er plötzlich da, mein Traummann! Ich bin auf ihn zugelaufen, hab ihn
umarmt und nicht mehr losgelassen. Dann musste ich ihn einfach in meine
Wohnung entführen. 5 Hey, ihr Frauen aus der Gegend, dampft ab! Wir
wollen unsere Ruhe haben und alleine sein, wir kommen dann eben später
zu euch."

Salomos Hochzeit

Die Mädchen von Jerusalem: 6 „Wer kommt da aus dem Dorf angefahren,
mit 'nem fetten Mercedes Cabrio, voller Chrom und coolen Felgen? 7 Es ist
die Karre vom Präsidenten Salomo, sechzig seiner besten Leute begleiten
ihn, und seine Spezialgarde ist auch am Start. 8 Die haben alle eine Spezial-
kampfausbildung. Sie tragen ihre MGs vor der Brust, die Waffen sind im
Anschlag, falls es nachts mal Probleme gibt. 9 Das Auto von Salomo ist eine
Spezialanfertigung aus reinem Gold. 10 Die Felgen sind aus Platin, die
Ledersitze aus feinstem Nappa, so weich wie Handschuhleder. 11 Das müsst
ihr euch ansehen, alle Frauen, kommt raus! Da kommt der neue Präsident
Salomo! Er hat seinen Hochzeitsanzug an, denn es ist sein Hochzeitstag,
der schönste Tag in seinem Leben!"

4

Du siehst einfach total geil aus

Er: 1 „Du siehst einfach total geil aus, du bist echt meine Traumfrau! Deine
Augen leuchten wie zwei Brillanten, deine Haare legen sich wie roter Samt
um deinen Hals. 2 Deine Zähne sind so weiß wie frisch gefallener Schnee.
Du brauchtest keine Zahnspannge, alle Zähne sind am richtigen Platz,
und keiner fehlt. 3 Wie eine knallrote Kirsche, so leuchten deine Lippen, sie
sind so superschön geformt. Hinter deinen Haaren leuchten deine Wangen
wie zuckersüße Äpfel, in die man am liebsten gleich reinbeißen würde.
4 Ich steh total auf deinen schlanken Hals, der ist wie ein wunderschönes
Schmuckstück für mich. 5 Dein Busen ist so schön weich, er erinnert mich
an das Fell von den zwei kleinen Kätzchen, die ich heute Morgen auf der
Straße gestreichelt hab. 6 Abends, wenn es kalt wird, wenn es dunkel wird
und keiner mehr unterwegs ist, dann will ich zu dem Treffpunkt kommen,
auf den Berg, der so schön nach Kräutern riecht. 7 Du siehst einfach perfekt
aus. An dir gibt es nichts, was anders sein sollte!"

Du hast mich verzaubert

8 „Komm schon, mein Schatz, lass uns zusammen abhauen. Wir müssen
weg hier, weg von den Plätzen, wo die Schläger und Hooligans sich treffen,

es könnte gefährlich werden. [9] Du hast mein Herz erobert! Ein Blick hat genügt, und ich war komplett weggetreten. Allein dein Schmuck hat mich schon voll angemacht. [10] Dass du mich liebst, macht mich total glücklich, ich genieße deine Liebe mehr als den besten Tropfen Wein oder den neusten Duft von Chanel. [11] Deine Küsse schmecken besser als Erdbeereis. Wenn du mich küsst, fühlt sich das an wie süße Schlagsahne im Mund. Und deine Kleidung riecht wie der edelste Duft von Armani."

Ein Laden voller Süßigkeiten

[12] „Mein Mädchen ist wie ein Laden voller Süßigkeiten, aber ich darf davon noch nicht naschen, wie eine eiskalte Cola, die ich nicht öffnen kann. [13] Dein Körper ist wie leckeres Weingummi, er schmeckt nach Erdbeere, Kirsche und Nektarine. [14] Wie Lakritze vom Feinsten, Vollmilch-Nuss-Schokolade, Trüffelpralinen und noch besser schmeckst du. [15] Du bist so erfrischend wie ein köstlicher Fruchtsaft oder eine eiskalte Cola." Sie: [16] „Egal, zu welcher Jahreszeit, egal, woher der Wind kommt, ich will für dich immer so gut riechen! Du kannst dich an mir gerne bedienen und mich genießen, mein Liebster. Trink von mir, iss von mir, es gehört alles dir."

5

Die Freundin sucht ihren Freund in der Stadt

Er: [1] „Bei dir zu sein ist, wie in meinen Garten zu gehen. Dort organisiere ich mir ein paar leckere Früchte. Ich hol mir Pfirsiche und Erdbeeren und dann noch die beste Flasche Wein aus dem Keller. Kommt an den Start, meine Freunde, wir machen ein Fass auf! Wir werden high von der Liebe!" Sie: [2] „Als ich so im Halbschlaf war, hörte ich, wie du an meine Tür geklopft hast. Sofort war ich wach: Mein Schatz kommt! Endlich! Du sagtest: ‚Wach auf, mein Mädchen! Du bist mein größter Schatz, du bist meine Freundin, du bist einfach perfekt für mich! Wach auf! Ich hab total nasse Haare vom Regen und hol mir sonst noch einen Schnupfen.' [3] ‚Aber ich habe mich doch schon ausgezogen!', meinte ich zu ihm. ‚Soll ich mich wegen dir wieder anziehen? Ich stand doch schon unter der Dusche und hab keine Lust, mir noch mal die Füße dreckig zu machen.' [4] Aber dann sah ich, wie er durch ein Fenster reinschaute. Da fing mein Herz wie verrückt an zu schlagen, bloß weil er wieder in meiner Nähe war. [5] Ich rannte zur Tür, um meinem Schatz aufzumachen, dabei war ich noch voller Bodylotion, und meine Hände waren voller Feuchtigkeitscreme, die dann auch auf dem Türgriff landete. [6] Aber als ich, so schnell es ging, die Tür aufgemacht hatte, da war er schon wieder weg! Ich war total fertig: ‚Er ist abgehauen!' Ich zog sofort los und suchte ihn überall, doch ich konnte ihn nirgends finden. Ich versuchte, ihn anzurufen, aber sein Handy war ausgeschaltet. [7] Schließlich bekam ich Probleme mit ein paar Türstehern. Sie haben mich gepackt und mich verprügelt, ich hatte viele blaue Flecken am ganzen Körper. Dann haben sie mir sogar meine Jacke geklaut. 8 An alle Mädchen in Jerusalem: Ihr müsst mir helfen! Wenn jemand von euch meinen Schatz sieht, dann richtet ihm was aus. Sagt ihm, dass ich total in ihn verknallt bin, ich bin krank vor Liebe für ihn!“ Die Mädchen: 9 „Was textest du uns so zu? Du bist sowieso schöner als das schönste Topmodel! Warum hast du den denn überhaupt nötig? Was ist bei dem Typ denn nun so besonders, im Gegensatz zu den anderen Männern, dass du uns hier volllaberst?“ Sie: 10 „Mein Schatz sieht super aus und hat einen coolen Körper. Es gibt niemanden, der so gut aussieht wie er! Er ist von zigtausend Männern mit Abstand der beste! 11 Seine Haut ist so superglatt, seine Haare sind total schwarz, er hat traumhafte schwarze Locken, die lang runterhängen. 12 Seine Augen sind einfach wunderschön, ich schmelze wie ein Stück Schokolade in der Sonne, wenn er mich ansieht. Sie erinnern mich auch an zwei dunkle Smaragde, die ich mal beim Juwelier gesehen hab. 13 Seine Wangen riechen total gut, so gut wie geröstete Mandeln, nein, noch besser. Seine Lippen sind so rot wie eine Kirsche, und er schmeckt auch so gut. 14 Seine Hände sind so schlank, die sehen aus wie ein Kunstwerk. Sein ganzer Körper ist supermuskulös, und er hat einen Waschbrettbauch wie Brad Pitt. 15 Seine Beine sind so schlank wie die eines Marathonläufers und dabei so stark wie die eines Gewichthebers. 16 Und er küsst so zärtlich, einfach alles an ihm ist genial. Seine Küsse schmecken so gut. So ist er, mein Freund, mein Schatz, nur dass ihr Bescheid wisst!“

6

Endlich wieder zusammen

Die Mädchen: 1 „Wo ist denn dein Schatz nun hin? Wir helfen dir, ihn zu suchen. Hast du jetzt ’ne Idee, wo er sein könnte? Du bist einfach die schönste Frau von allen!“ Sie: 2 „Er ist in seinen Garten abgehauen. Da, wo das leckere Obst wächst und die tollen Blumen blühen. Er pflückt dort vermutlich eine Lilie. 3 Er gehört nur mir, und ich gehöre nur ihm. Er wird mich immer mit den besten Sachen versorgen, er passt auf mich auf.“

Du bist die Schönste auf der Party

Er: 4 „Du siehst so megageil aus, meine Traumfrau! Du bist so schön wie Venedig, du bist so sexy wie Paris. Du hast mich eingenommen, genauso wie eine große Armee ein Land einnimmt. 5 Bitte sieh mich nicht so an, sonst dreh ich noch durch. Deine Frisur ist total genial, sie steht dir voll gut. 6 Dein Mund macht mich total an, sogar deine Zähne sind perfekt angeordnet. 7 Unter der Mütze, die du tief ins Gesicht gezogen hast, kann ich deine wunderschönen Wangen sehen! Sie sehen aus wie eine Nektarine, zum Anbeißen lecker. 8 Selbst wenn ich im Nachtclub wäre und die hundert schönsten Frauen aus der Stadt haben könnte, wäre mir das egal. 9 Ich liebe nur eine Frau. Die schönste und die beste, die perfekte Frau. Sie ist die einzige Frau auf diesem Planeten, die ich liebe. Sie war die einzige Tochter von ihren Eltern. Wenn die Frauen vom Präsidenten sie sehen könnten, sie würden sich nicht mehr einkriegen. 10 Sie sieht so schön aus! Wenn man sie ansieht, ist es, als würde man einen Sonnenaufgang sehen. Sie kann einen anlachen, wie der Mond einen anlacht, sie strahlt wie die Sonne. Sie flirtet wie keine andere Frau, sie kann das Herz von jedem Typ im Handumdrehen erobern."

Sehnsucht

Sie: 11 „Ich ging runter ins Tal in den Garten, wo die Apfelbäume sind. Ich wollte mal nachsehen, ob sie schon blühen und was die Weinberge und die Nussbäume so machen. 12 Was ist bloß los mit mir? Ich kann mich kaum noch beherrschen. Und das, obwohl ich eine gute Erziehung von meinen Eltern bekommen hab."

7

Lass uns 'ne Runde abtanzen

Die Mädchen aus Jerusalem: 1 „Los, schwing deine Hüften, Sulamit, beweg dich zum Beat, wir haben Bock, dir beim Tanzen zuzusehen. Was wollen wir sehen? Wie wäre es mit einer Runde Breakdance?" Sie: „Was ist da denn so toll daran, wenn ich das mache?" Er: 2 „Es sieht einfach cool aus, wie du tanzt! Wenn du deine Hüften bewegst, das sieht echt krass aus, so als wärst du ein lebendes Kunstwerk. 3 Deine Scheide ist für mich wie ein kostbar geschliffenes Kristallglas, das immer mit leckerem Wein gefüllt ist. Dein Bauch ist wie ein weißer Sandstrand, und er riecht dazu wie ein Strauß voller Rosen. 4 Deine beiden Brüste sind so weich wie zwei Kissen aus Samt oder wie das Fell von zwei Kätzchen. 5 Deine Beine sind so lang wie die von einem Topmodel. Deine Augen sind wie zwei blaue Diamanten, und deine Nase ist einfach zum Anbeißen schön. 6 Dein ganzer Kopf ist so traumhaft hübsch, du siehst aus wie eine Prinzessin. Wenn du deine blonden Haare öffnest, leuchten sie in der Nacht, alleine nur mit deinen Locken könntest du jeden Filmstar verführen."

Dass du mich liebst, macht mich glücklich

7 „Du siehst einfach nur geil aus, keine ist so schön wie du! Dass du ausgerechnet mich liebst, kann ich nicht fassen, das macht mich total glücklich. 8 Mit deiner Figur würdest du jede Miss-Wahl gewinnen, zu deinem Busen

fällt mir nichts mehr ein, ich möchte ihn am liebsten vernaschen. 9 Ich will
mit dir spielen, ich will was von deinen reifen Früchten haben, ich will sie
genießen. Ich möchte breit werden vom Rausch an der Liebe zu dir, an
deinem Busen, an deinem Atem. Ich will dich trinken, ich möchte dich rie-
chen. Du riechst so gut wie ein frischer Apfel! 10 Deine Lippen will ich zärtlich
auf meinen Lippen spüren. Sie schmecken für mich wie ein süßer Tropfen
Rotwein." Sie: 11 „Ich gehöre nur ihm, meinem Schatz, und sein Herz sehnt
sich auch nach mir. 12 Hey, mein Liebster, lass uns heute Nacht draußen
pennen. Lass uns auf der Wiese in einem Zelt schlafen! 13 Morgens ganz früh
können wir dort spazieren gehen. Wir können nachsehen, ob es dort schon
Blumen gibt und wie der Wein wächst. Lass uns checken, ob der Apfelbaum
schon angefangen hat zu blühen. Dort will ich dich vernaschen, dort will
ich mich dir ganz hingeben. 14 Die Äpfel riechen voll gut, und es liegen noch
jede Menge leckere Früchte vor der Tür, frisch geerntete und welche, die
ich extra für dich gekauft habe."

8

Wenn wir nur einmal unsere Ruhe hätten

Sie: 1 „Puh, wenn die uns nicht so beobachten würden, könnten wir unge-
stört zusammen sein. Wir könnten uns einfach so küssen, wenn wir uns
auf der Straße treffen, und niemand würde deswegen rumstressen. 2 Wir
würden einfach zu uns nach Hause gehen. Dann könnten wir zusammen
Glühwein trinken und in Ruhe schmusen. 3 Seinen linken Arm würde er
unter meinem Kopf legen, und mit dem anderen Arm würde er mich ganz
fest an sich drücken. 4 Hey, ihr Frauen aus der Gegend, dampft ab! Wir
wollen unsere Ruhe haben und alleine sein, wir kommen dann eben später
zu euch." Die Mädchen aus Jerusalem: 5 „Was ist das für eine, die da Arm
in Arm mit ihrem Typen in der Stadt ankommt?"

The Power of Love

„Unter dem Apfelbaum, da hab ich dich dazu gebracht, mich zu lieben.
An der Stelle, wo auch deine Mutter mit deinem Vater geschlafen hat, wo
du gezeugt wurdest. 6 Ich will dir ganz nahe sein. Ich will so nahe an
deinem Herz sein wie der Anhänger an deiner Kette, die du um den Hals
trägst. Ich möchte immer zu dir gehören, so wie der Armreif um dein
Handgelenk immer zu dir gehört. Es gibt keine Kraft, die stärker ist als die
Liebe, sie ist stärker als der Tod. Und ihre Leidenschaft ist so heftig, da
kommt nichts gegen an. Wer richtig verliebt ist, der kennt dieses Gefühl, zu
brennen. Und dieses Feuer, was dort brennt, das kommt von Gott. 7 Nichts
kann dieses Feuer wieder löschen, kein Wasser, kein Feuerlöscher, einfach
nichts! Man kann die Liebe nicht mit Geld kaufen, und selbst wenn der

reichste Mann der Welt alles dafür geben würde, man würde ihn nur auslachen."

Sorge der Brüder um ihre kleine Schwester

Die Brüder: 8 „Unsere Schwester ist noch ein kleines Ding, sie ist noch so richtig in der Pubertät, sie hat noch nicht mal einen richtigen Busen. Trotzdem wird es irgendwann mal so sein, dass jemand was von ihr will, dann müssen wir bereit sein! 9 Wenn sie überhaupt keinen Bock auf Männer hat und nur Sperrmüllklamotten anzieht, dann gehen wir mal mit ihr shoppen. Aber wenn sie mit wirklich jedem Typen rummacht, dann werden wir auch was dagegen unternehmen." Sie: 10 „Ich bin nicht so leicht rumzukriegen, da muss man schon einiges auffahren. Auch an meine Brüste kommt keiner so schnell ran. Aber bei meinem Schatz bin ich sofort weich geworden. Ich hatte bei ihm das Gefühl, endlich angekommen zu sein."

Mehr Kohle als Salomo

Er: 11 „Salomo ist der reichste Präsident! Ihm gehört ein fetter Weinberg in Baal-Henoch. Er ließ den bewachen, denn die Weintrauben davon waren zusammen 120 000 Euro wert. 12 Die 120 000 kannst du gerne haben, Salomo, und auch die Security kann ruhig 24 000 einsacken. Denn ich hab meinen eigenen Weinberg direkt vor meiner Haustür." 13 An die Frau, die so oft im Garten ist: „Die Freunde warten darauf, dass du was sagst. Jetzt komm schon und ruf mich endlich an. Ich freu mich schon, deine Stimme zu hören." Sie: 14 „Komm schnell her, mein geliebter Schatz! Komm, so schnell es geht, steig auf deine Maschine, leg dich in die Kurven, fahr, so schnell es geht, zu mir!"

Der Prophet Jesaja

1

Gott warnt seine Leute
1 Jetzt kommen einige Sachen, die der Prophetentyp Jesaja direkt von Gott
hatte. Jesaja ist der Sohn vom Amoz. Gott hat ihm einiges über das Land
Juda und die Hauptstadt Jerusalem erzählt. Diese Nachrichten, die von Gott
bei ihm reinkamen, hörte er in der Zeit, als Usija, Jotam, Ahas und Hiskija
nacheinander als Präsidenten von Juda an der Macht waren. 2 Das hier war
das Erste, was Jesaja gesagt hat: Alle mal herhören! Das gilt jetzt für alles
und für jeden! Gott sagt Folgendes: „Die Israeliten waren wie Kinder für
mich. Denen hab ich immer genug zu essen organisiert. Und hab sie erzo-
gen, bis sie erwachsen waren. Aber jetzt haben sie plötzlich keinen Bock
mehr auf mich! 3 Jeder Hund weiß, wer sein Herrchen ist und von wem er
sein Chappi bekommt, aber Israel hat das nicht gecheckt. Meine Leute kapie-
ren es einfach nicht. 4 Ihr müsst jetzt extremst aufpassen! Ihr habt es lau-
fend total überzogen, ihr baut ständig Mist. Ihr könnt anscheinend nicht
anders, als in einer Tour nur Blödsinn zu machen. Ihr seid alle total kaputt!
Ihr seid von mir weggelaufen, habt mich, den ganz besonderen Gott von
Israel, einfach links liegenlassen. 5 Wohin soll ich euch noch schlagen? Was
braucht ihr noch, damit ihr endlich aufhört, in der Scheiße zu sitzen und
euch da auch noch wohl zu fühlen? Ich mein, ihr habt doch schon im ganzen
Gesicht blaue Flecken und habt dazu noch heftige Depressionen bekom-
men! 6 Von der Augenbraue bis zum großen Zeh, überall habt ihr schon
Schusswunden, offene Stellen und Eiterpickel. Die sind noch nicht mal aus-
gedrückt, da ist auch keine Schminke und auch keine Penatencreme drauf.
7 Euer Land ist komplett kaputt, und eure Städte sind verbrannt. Vor euren
Augen haben irgendwelche Heinis eure Felder abgeerntet und leben jetzt
davon. Bei euch ist alles komplett zerstört worden. Es sieht aus, als wäre bei
euch im Ort eine Riesen-Demo gewesen und irgendwelche fremden Leute
hätten alles platt getreten. 8 Das Einzige, was noch steht, ist die Stadt Jerusa-
lem, die man auch die ‚Tochter von Zion' nennt. Sie steht da wie ein alter
überdachter Garagenstellplatz auf einem Hügel, wie eine Holzhütte in einem
Kartoffelfeld, wie eine Stadt, die ringsum von ihren Feinden belagert wird."
9 Wenn Gott, der Chef über alles, nicht so nett gewesen wäre und einen
kleinen Rest übrig gelassen hätte, dann wären unsere Stadt und wir jetzt
genauso platt wie die Städte Sodom und Gomorra. Die haben totalen Mist
gebaut und wurden deshalb von Gott zerstört.

Ein Gottesdienst, der es nicht bringt

10 Ihr Leute aus Jerusalem, die ihr so drauf seid wie die Typen in Sodom
und Gomorra damals. Hört mal, was Gott euch zu sagen hat: 11 „Leute, was
sollen eigentlich diese ganzen Opfersessions von euch noch? Was bringt
das? Ich kann diese ganzen verbrannten Schafe echt nicht mehr riechen!
Noch eins von diesen Fettstücken von einer Kuh, und ich muss kotzen! Das
ganze Blut von den Stieren, Lämmern und jungen männlichen Ziegen, ich
hab da keinen Bock mehr drauf! 12 Wenn ihr zu meinem Haus kommt, dann
zertrampelt ihr nur die schönen Vorgärten und Anlagen. Wer hat das bitte
schön von euch verlangt? 13 Hört auf mit diesen dummen Essensopfern, und
wenn ich noch eine Räucherkerze rieche, krieg ich einen Anfall! Eure ganzen
religösen Feiern, Neumond, Sonntag und wie sie alle heißen, kann ich echt
nicht ausstehen! 14 Ich hasse eure Neumondfeste! Die gehen mir voll auf
die Nerven, und ich bin total angekotzt, weil ich das die ganze Zeit ertragen
muss. 15 Wenn ihr anfangt zu beten, dann stelle ich auf Durchzug. Ihr
braucht nur eure Hände zu falten, dann bin ich schon weg. Und wenn ihr
mich den ganzen Tag nur volllabert, ich höre euch einfach nicht zu. Warum?
Weil eure Hände voll Blut sind, ihr habt alle Dreck am Stecken. 16 Geht mal
anständig duschen! Macht euch innerlich sauber! Hört auf damit, die ganze
Zeit Scheiße zu bauen! Ich will nicht länger dabei zusehen, wie ihr die ganze
Zeit miese Dinger dreht. 17 Fangt damit an, gute Sachen zu tun. Sorgt dafür,
dass Sachen wieder in Ordnung kommen. Lebt korrekt! Tretet den Men-
schen, die andere Leute fertigmachen, mal gegen das Schienbein. Sorgt
dafür, dass Hartz-IV-Empfängern und Leuten von der Straße geholfen wird
und dass die auch korrekt behandelt werden.“ 18 Gott sagt weiter: „Okay,
wir sollten mal eine kleine Gerichtsverhandlung abhalten. Wenn an euren
Händen Blut klebt, wenn ihr so viel Mist gebaut habt, dass ihr am ganzen
Körper rot und damit dreckig seid, dann soll alles wieder total sauber und
weiß werden, so weiß wie Schnee. Wenn ihr so rot wie Tomatenketchup seid,
dann sollt ihr wieder so weiß werden wie Schnee. 19 Es geht nur dadrum,
dass ihr das tut, was ich von euch möchte. Wenn ihr dazu bereit seid, dann
kommt alles wieder in Ordnung, und ihr könnt euch wieder von den leckeren
Sachen ernähren, die in diesem Land wachsen. 20 Wenn ihr da aber keinen
Bock drauf habt und voll den Aufstand macht, dann werdet ihr alle sterben.
Diese Ansage kommt direkt von Gott, dem Chef!“

Die ganze Stadt Jerusalem ist gegen Gott

21 Jerusalem, wie konnte das passieren, dass du zu so einer billigen Nutte
abgewrackt bist? Du warst doch mal eine so nette Stadt! Alles, was bei
dir passierte, war in Ordnung, und viele korrekte Leute wohnten bei dir. Aber
jetzt ist alles voller Terroristen und Mörder! 22 Was bei dir früher sauber

ablief, ist jetzt versifft. Wo man früher Schmuck eingekauft hat, gibt es jetzt
Drogen. Früher warst du wie ein edler Wein, jetzt bist du wie eine abgestan-
dene billige Cola. 23 Dein Bürgermeister gehört zur Mafia, die Menschen
in der Regierung werden bestochen und sind alle nur scharf auf irgendwel-
che Werbegeschenke. Sie kümmern sich nicht mehr um die Leute von der
Straße, und wenn eine alleinstehende Mutter bei ihnen im Büro anklopft,
schmeißen sie die raus. 24 Aber jetzt sagt der Chef, der Gott über dieses
Universum, mal ein paar Takte zu euch: „Passt auf! Ich hab so einen Hals!
Ich werde euch jetzt mal richtig in den Hintern treten und meinem Zorn
freien Lauf lassen. Denn ihr seid jetzt meine Gegner geworden, und an mei-
nen Feinden räche ich mich. 25 Aus euch mach ich Hackfleisch, oder noch
besser, ich werde euch unter Druck setzen, damit das Gute am Ende übrig
bleibt. Ihr werdet gefiltert, wie man Wasser filtert, damit ihr sauber seid und
der ganze Dreck bei euch verschwindet. 26 Ich werde dafür sorgen, dass es
wieder ein paar gute Richtertypen und Chefs bei euch gibt, die für Ordnung
sorgen, so wie das früher mal bei euch war. Wenn das vorbei ist, wird man
Jerusalem wieder solche Spitznamen geben wie ‚korrekte Stadt' oder ‚treue
Stadt'. 27 Wenn die Leute, die dort wohnen, wieder korrekt leben, wenn man
dort wieder mit mir, eurem Gott, gemeinsam alles durchzieht, dann wird
es Jerusalem, der Stadt Zion, gutgehen. 28 Die Leute, die dort Scheiße gebaut
haben, die mir den Stinkefinger gezeigt haben, werden alle plattgemacht.
Wer nicht mehr mit mir lebt, wird sterben. 29 Es wird ihnen oberpeinlich sein,
dass sie diese Zauberbäume so supertoll fanden. Sie werden rot im Gesicht
und anfangen zu schwitzen, weil sie so blöd waren, sich auf diese beknack-
ten Gartengötter einzulassen. 30 Dann werdet ihr wie ein vergammelter Blu-
menstrauß dastehen, dessen Blüten schon matschig sind. Oder ihr seid
wie ein alter Fußballplatz, der ewig kein Wasser mehr gesehen hat und schon
ganz vertrocknet ist und braune Stellen hat. 31 Die Menschen, die was drauf-
haben, werden wie ein Karton voll explosiver Munition sein. Und das, was
sie dann tun, ist wie ein Feuerzeug. Wenn beides zusammenkommt, macht
es ‚bum', und das Ganze fliegt in die Luft. Keiner kann das aufhalten."

2

Gott sorgt für eine neue Zeit, wo alles friedlich abgeht

1 Jetzt kommt noch eine Nachricht von Jesaja, die er direkt von Gott rein-
bekommen hatte. Die war für den Staat Juda und die Hauptstadt Jerusalem
bestimmt: 2 In den letzten Tagen von dieser Erde wird Folgendes passieren:
Alle werden über den Berg reden, auf dem der Tempel von Gott steht. Er
wird der heftigste von allen Bergen auf der Welt sein, und aus der ganzen
Welt werden die Menschen zu ihm kommen. 3 Viele Menschen aus der gan-
zen Welt werden mit Bussen und Reisegesellschaften dorthin fahren. Sie

werden sagen: „Los, kommt, lasst uns einen Trip zum Berg von Gott machen!
Kommt mit, wir fahren zu dem Haus, wo der Gott von diesen Leuten, die
von Jakob abstammen, wohnt! Wir wollen von ihm lernen, was okay ist und
was nicht. Wir wollen tun, was er uns sagt!" Denn von diesem Berg, der Zion
heißt, werden die heftigsten Ansagen herkommen, von Jerusalem aus wird
man hören, was Gott zu sagen hat. 4 Gott wird Gerichtsurteile sprechen über
die Länder auf der Erde, er wird für alle Völker der Richter sein. Dann werden
sie ihre MGs einschmelzen lassen, um aus dem Metall Mähdrescher zu
bauen, und ihre Handgranaten werden zu Flaschenöffnern umfunktioniert.
Es wird keinen Krieg mehr zwischen den Ländern geben, und die Bundes-
wehr wird abgeschafft. Es wird keine Armeen mehr geben. 5 An alle Leute,
die von Jakob abstammen: Los, lasst uns ab sofort nur noch in der Nähe von
Gott leben, denn wo er ist, da geht's voll ab.

Ein Tag, an dem Gott die Abrechnung präsentiert

6 Ja, Gott, du hast deinen Leuten, dem Volk, das von Jakob abstammt, die
kalte Schulter gezeigt. Überall wohnen bei denen jetzt diese okkulten Zau-
berheinis und Esoteriker, die aus dem Osten eingereist sind oder früher
bei den Philistern gearbeitet haben. Und jetzt fangen sie an, deren komische
Rituale nachzumachen. 7 Dabei schwimmen die förmlich in Kohle. Alle
haben ein dickes Bankkonto, Aktien und Bargeld bis zum Abwinken. Überall
stehen Luxuskarossen rum, es sind so viele, dass sie keiner mehr zählen
kann. 8 Echt schlimm ist, dass an jeder Ecke so ein beknackter Plastikgott
aufgestellt wurde. Die Leute gehen vor denen auf die Knie und beten zu
ihnen. Dabei haben die sich diese Teile doch selber zusammengebastelt!
9 Sie werden in die Knie gezwungen, und dann kommen sie auf allen vieren
bei dir angekrochen. Aber wenn sie das machen, darfst du ihnen nicht
vergeben, Gott, hörst du? 10 Wenn Gott in seiner ganz besonderen Art an-
kommt, solltet ihr euch schleunigst verpissen. Dann zeigt er, wie heftig
er eigentlich ist, wie powervoll und krass. 11 Die Menschen, die immer dach-
ten, sie seien was Besseres, werden dann ganz klein sein. Wenn ein Typ
dachte, er sei der große Held, dann wird er merken, dass er in Wirklichkeit
der letzte Trottel ist. An diesem Tag wird Gott ganz groß rauskommen, nur
er wird ganz oben sein. 12 Und Gott, der Chef über alles, hat sich einen
bestimmten Tag ausgesucht, an dem die, die denken, sie seien was Besse-
res, runtergemacht werden. 13 Er wird dann alles zu Kleinholz schreddern,
die großen Tannenbäume vom Libanon genauso wie die Eichen, die in
Baschan rumstehen. 14 Gott wird alles plattmachen: die großen Berge und
die kleinen Hügel, 15 den Eiffelturm und die Freiheitsstatue, 16 die ganzen
Flugzeuge und alle Übersee-Luxusliner auch. 17 Alles, worauf die Menschen
so stolz waren, wird er vom Sockel runterholen. Nur Gott selbst wird der

Größte sein, nur er wird am Ende groß rauskommen. 18 Aber die ganzen
Plastikgötter sind dann total out, keiner wird sich mehr um die kümmern.
19 An dem Tag, an dem Gott anfängt, auf der Erde den Punk abgehen zu
lassen, wird man sich in Bunkern und Kellern vor ihm verstecken, weil alle
Panik vor ihm haben, vor seiner Macht und seiner heftigen Art. 20 Dann
werden die Menschen ihre ganzen Plastikgötter aus Kunststoff, Silber oder
Gold zur nächsten Müllkippe bringen, wo die ganzen Ratten und Mäuse
sind. 21 Die werden sich in dunklen Kellerräumen und U-Bahn-Schächten
verstecken, weil sie Schiss vor Gott und seiner oberheftigen Art haben, wenn
er ankommt, um die Leute auf der Erde in Panik zu versetzen. 22 Die Men-
schen könnt ihr echt vergessen. Die sind nicht viel mehr als heiße Luft.
Warum sollte man vor denen Respekt haben?

3

Gott wird als Erstes die Führungsschicht plattmachen

1 Gott, der Chef von allem, wird den Leuten, die in Jerusalem und Juda woh-
nen, alles wegnehmen, was ihnen Sicherheit gegeben hat und worauf sie
sich immer verlassen konnten. Die Nahrungsmittelversorgung wird zum
Beispiel zusammenbrechen und Trinkwasser wird es auch nicht mehr geben.
2 Alle Stars und Helden, die Generäle der Bundeswehr, die obersten Richter,
die Prophetentypen, die Clanchefs, alle Ober-Esoteriker, 3 die Offiziere, die
obersten Regierungsbeamten, Therapeuten und Chefärzte, Ober-Astrologen,
alle wird er abschaffen. 4 Dann wird er ihnen junge Männer vor die Nase
setzen, die ab dann das Sagen haben. Die regieren dann aber so, wie sie
gerade lustig sind, ohne vorher groß darüber nachzudenken. 5 Es wird dann
überall drunter und drüber gehen, jeder wird gegen jeden kämpfen, ein
Nachbar gegen den anderen usw. Jugendliche werden keinen Respekt mehr
vor Erwachsenen haben, und Leute von der Straße werden einem Professor
ans Bein pinkeln. 6 In der Zeit werden die Brüder einer Familie sich einen
ausgucken und zu dem sagen: „Hey, du hast doch noch einen ordentlichen
Anzug im Schrank hängen! Wie wäre es, wenn du unser Chef bist? Das
ganze Chaos sollst du ab sofort regeln!" 7 Aber seine Antwort wird sein: „Bin
ich Uri Geller? Kann ich zaubern? Ich hab auch nichts zu futtern im Kühl-
schrank, und meine Klamotten sind auch alle schon durch. Mich könnt ihr
auf keinen Fall zum Chef machen!" 8 In Jerusalem ist das totale Chaos, und
Juda ist am Ende. Sie haben einfach zu viele ätzende Sachen gesagt und
auch getan, Dinge, die gegen Gott waren. Es ließ sie völlig kalt, dass Gott
der Größte ist. 9 Dass sie dabei auch noch dumme Grimassen schneiden,
zeigt nur, dass sie richtig Dreck am Stecken haben. Mit dem ganzen Mist,
den sie bauen, geben sie auch noch an. Da wird nichts verheimlicht, es ist
im Grunde genauso wie damals in Sodom. Damit machen sie sich selbst

kaputt. 10 Den Leuten, die korrekt leben, wird es gutgehen. Die können sich
auf dem, was sie in ihrem Leben erreicht haben, voll ausruhen. 11 Aber der
Typ, der ohne Gott lebt, sollte echt aufpassen. Denn dem wird es sehr dre-
ckig gehen, er wird so behandelt, wie er andere behandelt hat. 12 „Meine
lieben Leute!", sagt Gott. „Irgendwelche Faschos, Schauspieler und Men-
schen, die euch nur aussaugen wollen, sitzen bei euch in der Regierung. Sie
verwirren alle und sorgen dafür, dass ihr nicht mehr die richtigen Entschei-
dungen trefft." 13 Gott hat sich aufgestellt, um die Gerichtsverhandlung
abzuhalten. Er wird über alle Menschen ein Urteil fällen. 14 Er macht mit den
Chefs und Ministern von seinen Leuten kurzen Prozess. „Ihr habt die Wirt-
schaft kaputt gemacht! Ihr habt euch selbst die fetten Gehälter überwiesen
mit dem Geld, was von den Steuern der armen Leute reingekommen ist.
15 Seid ihr noch ganz dicht? Meine Leute macht ihr fertig, und den Kaputten
tretet ihr noch mal anständig in die Fresse?" Dieser Spruch kam von Gott,
dem Chef der ganzen Welt.

Die arroganten Schlampen in Jerusalem

16 Gott sagte noch: „Achte mal auf die ganzen Schlampen, die in Jerusalem
rumlaufen. Von oben herab schauen sie auf die Männer. Sie schminken
sich die Augen schön mit Kajalstift und versuchen, mit ihren aufreizenden
Blicken die Jungs im Park zu verführen." 17 Darum wird Gott dafür sorgen,
dass die alle ganz fiese Schuppen bekommen und dazu noch Haarausfall.
18–23 Es wird mal ein Tag kommen, wo Gott ihnen die ganzen Klamotten ein-
fach wegnehmen wird. Ihre schicken Schuhe und den ganzen Schmuck,
den sie um den Hals tragen, die Ohrhänger und Armbänder, die Baseball-
caps, die Kopftücher, die Fußkettchen, die Modegürtel, alle Parfüms und
Deoroller, die Badges, ihre Ringe, Ohrringe und Piercings, die Designer-
klamotten, Jacken und Handtaschen, die Schminkschatulle, die Satinhem-
den, die Halstücher, einfach alles. 24 Dann werden sie nach Gülle riechen
anstatt nach Chanel, statt eines schönen Gürtels haben sie dann ein Stück
Schnur um die Hose. Statt einer Föhnfrisur mit Strähnchen haben sie dann
eine rasierte Glatze auf dem Kopf. Statt eines Designerkleides haben sie
dann Klamotten aus der Altkleidersammlung an. Sie werden dann nicht
mehr hübsch sein, sondern hässlich! 25 Die stärksten Männer aus Jerusalem
werden im Krieg sterben, und auch die größten Helden kommen um. 26 In
den Bahnhöfen wird man überall das Weinen der Frauen hören, die alleine
und einsam irgendwo auf dem Boden sitzen.

4

Nach dem Chaos wird es schön

1 Während des ganzen Chaos wird es so sein, dass auf sieben Frauen nur
ein Mann kommt. Die werden bei den Männern Schlange stehen und sich
gegenseitig überbieten. „Hey, du brauchst für uns auch kein Geld zu ver-
dienen, das machen wir selber! Du brauchst uns auch keine Kleider oder
Mäntel zu kaufen. Wir wollen nur, dass du uns heiratest und wir deinen
Namen annehmen können. Bitte hilf uns, es ist so peinlich, keinen Ehemann
zu haben!“ 2 Aber dann wird es eine Zeit geben, wo Gott dafür sorgen wird,
dass das ganze Obst und die Getreidesachen wieder voll gut wachsen und
man eine fette Ernte einfahren kann. Alle werden sehr stolz dadrauf sein. Auf
die Art wird der gute Ruf der Leute, die noch übrig geblieben sind, wieder-
hergestellt werden. 3 Die Überlebenden in Jerusalem und die Leute, die dann
auf dem Zionsberg wohnen, wird man dann als etwas „ganz, ganz Beson-
deres“ bezeichnen. Die Namen von den Leuten, die weiterleben werden, ste-
hen alle in der Datei. 4 Gott wird den ganzen Dreck der Bewohner von Jeru-
salem abwaschen und die schlimmen Sachen, die dort gebracht wurden, alle
wegspülen. Das macht er, indem dort einmal anständig alles aufgeräumt
und entmüllt wird. 5 Über dem Berg Zion und allen Leuten, die sich dort ver-
sammelt haben, wird er dann eine Wolke erscheinen lassen. Diese Wolke
wird tagsüber aus Rauch bestehen, und nachts wird sie wie ein riesiges
Feuer leuchten. Seine krasse Art wird überall in der Stadt sichtbar werden.
6 Er wird wie ein großer Schutzschirm sein, der gegen die heftige Sonne
Schatten gibt und wo man sich drunter verstecken kann, wenn ein Gewitter
aufzieht oder ein Orkan aufkommt.

5

Die Leute von Gott sind wie ein Weinberg, der es nicht bringt

1 Hört mal zu, ich, Jesaja, will euch mal ein Lied vorsingen
über meinen Freund, dabei geht es um folgende Dinge:
Auf einem fetten Hügel hatte er mal einen Weinberg,
2 er grub den um, machte ihn sauber von Steinen und Sträucherwerk.
Dann pflanzte er besonders edle Weintrauben dort an
und baute in der Mitte noch einen Wachturm dran.
Dazu kam noch eine Kelter, um später Wein dort zu machen.
Jetzt fehlten nur noch gute Weintrauben. Das wär doch zum Lachen,
wenn er das nicht auch noch hinbekommen würde.
Aber stattdessen gab es nur eklig saure Beeren zur Ernte.
3 „An alle, die in Jerusalem wohnen, ihr Menschen von Juda:
Fällt eine Entscheidung zwischen mir und dem da!

4 Was hätte man noch tun können, was nicht schon ist?
Warum wartete ich auf gute Trauben, und es kam nur so ein Mist?
Hat es an mir gelegen? War es meine schlechte Pflege?
Oder kam ich mir selbst ständig ins Gehege?
5 Ich will euch jetzt sagen, was ich mit dem Berg mache:
Seinen Zaun bau ich ab, und dann sollen die Schafe
und auch die Rinder den ganzen Wein abfressen,
die Aktion sollte man am besten ganz schnell vergessen.
6 Dort soll ab sofort nichts mehr angebaut werden,
das Unkraut kann sich ab heut dort vermehren.
Dornen und Disteln werden jetzt wachsen,
durch Dauerregen werd ich es voll nass machen lassen.
7 Ihr Israeliten seid der Weinberg von Gott! Die Männer aus Juda, die findet
er gut. Er hofft auf korrekte Gerichtsurteile, aber stattdessen kommen
nur so unkorrekte Teile. Er hoffte immer auf Gerechtigkeit, stattdessen gab
es nur Zank und Streit.

Wer nicht tut, was Gott will, kriegt was auf die Mütze

8 Die Leute, die sich ein Haus nach dem nächsten bauen und so viele Grund-
stücke kaufen, dass der Markt leer gefegt ist, müssen echt aufpassen!
9 Gott hat mir was Heftiges zu dem Thema gesagt. Er hat geschworen, dass
diese ganzen großen und schönen Häuser bald leer stehen und verfallen
werden. Die Preise für Häuser und Wohnungen gehen in den Keller. 10 Es
wird bald einen derben Preisverfall geben, und die Ernten werden schrump-
fen. 5000 Quadratmeter Land kriegt man dann schon für 1000 Euro. Und
100 Kilo Getreidesamen bringen nur noch 50 Kilo an Ernte ein. 11 Den Alkis
geht es auch bald an den Kragen! Wer sich schon morgens erst mal ein Bier
in die Rübe kippt und nachts beim Kiffen ewige Diskussionen führt, hat
ein Problem. 12 Punk, Techno und Housemusik kann man bei diesen Partys
überall hören, außerdem besaufen sich dort alle hemmungslos. Aber was
Gott für krasse Sachen in der Welt macht, davon haben sie keinen Schim-
mer. 13 Das ist der Grund, warum alle meine Leute bald in Kriegsgefan-
genschaft kommen werden. Es fehlt ihnen einfach an Peilung, sie sind nicht
informiert. Auch die oberen Zehntausend werden dann nichts zu essen
haben, und die Masse an Menschen wird vor Durst fast sterben. 14 Der Tod
wird viele wegreißen, wie ein Tsunami nach einem starken Seebeben.
Und weg sind sie mit all ihrem Prunk und Luxus, ihren fetten Bankkonten
und noch fetteren Vorstadtvillen in Jerusalem und ihrem ewigen Partygegröle
und Abfeiern ohne Ende. 15 Alle Menschen werden dort auf die Mütze
kriegen, es wird sehr peinlich für sie. Auch den Leuten, die immer dachten,
sie seien die Geilen, wird es nicht bessergehen. 16 Gott, der Chef über

dieses Universum, wird von oben eine Gerichtsverhandlung abhalten. Der
ganz besondere Gott wird zeigen, dass er wirklich anders ist, indem er ganz
krass für Gerechtigkeit sorgt. 17 Auf den zerbombten Grundstücken werden
irgendwann Schafe weiden, und Ziegen werden sich an den Nahrungsmit-
teln satt essen, die von den geflohenen Menschen zurückgelassen wurden.
18 Die Leute, die diesen ganzen Mist provoziert haben, werden von ihrer
Scheiße förmlich verfolgt, fast so, als hätte man sie mit einem Gummiband
dran festgebunden. 19 Die provozierten Gott, indem sie sagten: „Jetzt soll
der besondere Gott von Israel endlich seine Sache durchziehen! Wenn er
was machen will, dann soll er mal loslegen! Er soll sich mal zeigen, damit
wir ihn live erleben können!“ 20 Die Leute sollten echt aufpassen, wenn sie
voll fiese Aktionen als okay durchgehen lassen. Wenn bei denen aus dunkel
plötzlich hell, aus schwarz weiß und aus sauer süß oder aus süß sauer
werden soll, stimmt etwas nicht. 21 Besonders die müssen sich in Acht neh-
men, die immer einen auf schlau machen und glauben, sie hätten die
Schlauheit mit Löffeln gefressen. 22 Sie sind die Weltmeister, wenn es um
Bierflaschenkonsum pro Abend geht oder um das Mixen von Cocktails oder
wer den geilsten Joint bauen kann. 23 Wenn solche Leute als Richter arbeiten,
sind sie leicht mit Geld zu bestechen. Dann werden Schuldige plötzlich
freigesprochen und Unschuldige verknackt. 24 Das ist der Grund, warum sie
kaputtgehen wie eine Blume über einem Feuer. Sie werden verbrannt wie
trockenes Stroh, in das man ein Streichholz geworfen hat. Ihre Wurzeln
werden abfaulen und ihre Blüten vergammeln. Sie hatten keinen Bock auf
die Gesetze von Gott, dem Chef über die Armee des Himmels. Seine War-
nungen waren ihnen egal. 25 Darum ist Gott supersauer auf seine Leute.
Er hat seine Hand gehoben und ihnen eine geklatscht. Die Berge fingen
durch ein Erdbeben an zu wackeln, überall lagen ihre Leichen auf der Straße,
so als wären sie Sperrmüll. Er ist immer noch sauer, und er holt immer
noch aus und wird noch mal zuschlagen. 26 Er wird irgendwo auf der Erde
seine Flagge hissen, für alle Menschen sichtbar. Und dann wird er sie von
überall herbeipfeifen. Und sie werden sich alle sehr beeilen, um, so schnell
es geht, zu ihm zu kommen. 27 Keiner wird schlappmachen, keiner wird
umfallen, keiner wird pennen oder rumschlaffen, keiner wird auf dem Weg
seine Hose verlieren, und keinem wird ein Schnürsenkel reißen. 28 Ihre
Waffen sind geölt, das Zielfernrohr ist eingestellt. Die Autos und Motorräder
wurden gewartet. Sie cruisen über die Straßen, und man sieht nur eine
Staubwolke hinter ihnen. 29 Wenn man sie hört, klingt das so wie das Knur-
ren von einem gefährlichen Kampfhund. Er knurrt, packt den Gegner mit
seinem Gebiss am Nacken und schleift ihn hinter sich her. Keiner traut sich,
ihm die Beute zu entreißen. 30 Es wird ein Tag kommen, wo sie über das
Land hereinbrechen wie eine große Tsunamiwelle. Überall sieht man dann

nur noch Verwüstung, man hat Angst vor dem Dunkeln, und selbst die
Sonne wird durch eine schwarze Wolke verdeckt sein.

6

Jesaja erzählt, wie das gekommen ist, dass er ein Prophetentyp wurde
1 Damals, in dem Jahr, als der Präsident Usija gestorben war, passierte
etwas total Heftiges mit mir. Ich hatte eine Vision, so einen inneren Film, in
der ich Gott gesehen hab, wie er auf dem Chefsessel an seinem gigagroßen
Schreibtisch saß. Er hatte dabei einen strahlend hellen Mantel an, der so
groß war, dass der ganze Boden von seinem Tempel damit bedeckt wurde.
2 Um ihn herum standen seine Botschafter, solche riesigen Engel! Jedes
Exemplar hatte sechs Flügel. Mit zwei davon verdeckte jeder Engel sein
Gesicht und mit zwei anderen seine Füße. Die letzten zwei Flügel brauchte
er zum Fliegen. 3 Die redeten dabei miteinander und schwärmten die ganze
Zeit: „Gott ist so oberheftig! Ja, er ist ganz besonders, er ist total krass, er
ist heilig, und er ist der Chef von der ganzen Welt! Man kann überall auf der
Erde sehen, dass das so ist!“ 4 Nur von ihrer Stimme fing der Türrahmen
voll an zu zittern. Und dann wurde der ganze Tempel plötzlich mit weißem
Rauch zugenebelt! 5 Ich bekam echt die Panik und fing an zu schreien:
„Hilfe! Ich bin verloren! Ich bin voll dreckig! Mein Mund ist versifft, und ich
lebe unter Leuten, die alle total versifft sind! Und jetzt hab ich in diesem
dreckigen Zustand Gott gesehen, den Chef über das ganze Universum!“
6 Plötzlich flog einer dieser heftigen Engel auf mich zu. In seiner Hand hatte
er ein Stück glühende Grillkohle, die er vorher mit einer Zange vom Opfer-
tisch genommen hatte. 7 Mit dieser Kohle berührte er meine Lippen und
sagte dabei: „Pass auf, dadurch, dass die glühende Kohle jetzt deinen Mund
berührt hat, ist der ganze Mist, den du verbockt hast, jetzt vergessen, ver-
geben und vorbei.“ 8 Und dann sprach Gott höchstpersönlich mit mir. Er
sagte: „Wer ist bereit, einen Auftrag für mich auszuführen? Wen kann ich
losschicken?“ Und ich antwortete ihm: „Okay, Gott! Ich mach das! Ich bin
bereit dazu! Nimm mich!“ 9 „Gut“, antwortete er. „Geh zu den Leuten
und sag ihnen Folgendes: ‚Ihr habt alle eure Lauscher auf Empfang gestellt,
aber verstehen tut ihr gar nichts. Und ihr seht zwar alles und kriegt auch
alles mit, und trotzdem kapiert ihr gar nichts.‘ 10 Dann texte die Leute voll!
Schwall ihnen die Ohren zu, so dass sie gar nichts mehr mitbekommen.
Sie sollen blind werden, sie sollen es nicht blicken und es nicht verstehen.
Sie sollen es einfach nicht kapieren, und deswegen wird sich auch nichts in
ihrem Leben ändern können. Denn dann würde es ihnen ja bessergehen,
sie würden wieder richtig draufkommen und geheilt werden.“ 11 „Wie lange
willst du das durchziehen?“, fragte ich Gott. Und er antwortete: „Bis alle
Städte kaputt sind, alle Häuser leer stehen und das ganze Land, in dem sie

wohnen, plattgemacht wurde. 12 Ich werde alle Menschen hier rausschmei-
ßen, das ganze Land soll wie leer gefegt sein. 13 Und selbst wenn noch
zehn Prozent von ihnen übrig bleiben, werden die nicht lange durchhalten.
Sie werden wie eine trockene Wiese einfach abgefackelt. Aber wie bei einer
Eiche, die gefällt wurde, wächst am Stumpf wieder ein neuer Zweig raus.
Dieser Stumpf ist wie ein ganz besonderer Neustart für diese Leute, den
ich selber für sie organisieren werde."

7

Präsident Ahas ist depressiv

1 In der Zeit, als Ahas der Präsident von Juda war, gab es einen Krieg gegen
Jerusalem. Ahas war der Sohn von Jotam und ein Enkel von Usija. Rezin, der
Präsident von Syrien, und Pekach, der Präsident von Israel (ein Sohn von
Remalja), griffen mit ihrer Armee seine Stadt an. Aber sie schafften es nicht,
diesen Krieg zu gewinnen. 2 Als damals im Präsidentenpalast, den David
gebaut hatte, die Meldung gemacht wurde, dass die Truppen aus Syrien bis
zum Gebiet von Efraim vorgerückt waren, bekam er Angst. Allen Leuten in
Jerusalem schlotterten voll die Knie. 3 Schließlich sprach Gott mit Jesaja über
die Sache. Er meinte zu ihm: „Geh mal mit deinem Sohn Schear-Jaschub
zum Präsidenten Ahas. Er ist gerade am Ende der Wasserleitung vom oberen
Teich. Das liegt bei der Straße, die zur Textilfabrik führt. 4 Dann sagst du zu
Ahas Folgendes: ‚Bleiben Sie locker, Ahas, entspannen Sie sich! Lassen Sie
sich nicht von der Aggressivität von Rezin und Pekach provozieren! Die sind
nur wie eine qualmende Kippe, die bald ausgeht. 5 Syrien und der Nordstaat
Israel planen etwas echt Übles mit dir. 6 Sie sagen: „Lass uns mal in Juda
einmarschieren und ihnen ordentlich Angst einjagen. Dann erobern wir das
ganze Land und machen dort den Sohn von Tabeal zum neuen Präsidenten!"
7 Aber Gott sagt dir jetzt, dass das nicht funktionieren wird, es wird nicht
so passieren. 8 Die Hauptstadt von Syrien ist Damaskus, und der Chef von
Damaskus ist ja nur der Rezin, der nichts draufhat. In 65 Jahren ist die Sache
vorbei, den Nordstaat Israel wird es dann nicht mehr geben. 9 Die Haupt-
stadt vom Nordstaat Israel ist Samaria, und der Chef von Samaria ist ja nur
dieser peinliche Sohn von Remalja, dieser Pekach. Aber wenn ihr nicht auf
Gott setzt und ihm vertraut, dann wird keiner von euch überleben.'"

Gott hält sein Versprechen

10 Gott hatte Ahas noch mehr zu sagen: 11 „Wenn du Bock hast, kannst du
ja eine Bestätigung dafür fordern, irgendein übernatürliches Zeichen oder
so. Wenn du willst, könnte dir irgendein toter Mensch erscheinen oder auch
ein Engel, kannst du dir aussuchen!" 12 Aber Ahas meinte: „Nee, keine gute
Idee, ich will Gott nicht herausfordern, und ich will ihn auch nicht austes-

ten." [13] „Hallo?", sagte Jesaja. „Es reicht Ihnen und der Präsidentenfamilie vom David wohl nicht, dass Sie den Menschen auf die Nerven gehen, jetzt müssen Sie auch noch Gott auf die Nerven gehen! [14] Gott wird Ihnen eine Bestätigung, ein Zeichen geben! Passen Sie auf, eine junge Frau, die noch nie mit einem Mann geschlafen hat, wird schwanger werden. Sie kriegt dann einen Jungen, und der wird den Namen Immanuel bekommen. Immanuel bedeutet so viel wie ‚Gott ist bei uns'. [15] Er wird sich nur von Milch und Toastbrot ernähren, bis er in der Lage ist, das Gute zu tun und das Schlechte zu lassen. [16] Bevor das passiert, wird das Land der beiden Präsidenten, vor denen Sie jetzt Angst haben, kaputt und am Boden sein. [17] Gott wird organisieren, dass dann auch für Sie, Ihre Leute und Ihre Familie eine ganz ätzende Zeit kommen wird. Es wird im ganzen Land so ätzend sein, wie es noch nie gewesen ist, seit Israel und Juda nicht mehr ein Staat sind. Dazu wird Gott den Präsidenten von Assyrien benutzen."

Die Zukunft wird finster

[18] Irgendwann wird es eine Zeit geben, wo Gott eure Feinde zusammenführen wird. Die Gegner, die am Fluss von Ägypten wohnen, und die, die aus Assyrien kommen, wird er versammeln, [19] und sie werden alle kommen und überall wohnen, sogar in der Kanalisation. Sie werden ihr Lager in den Abbruchhäusern und Hinterhöfen, den U-Bahn-Schächten und auf den Parkbänken aufbauen. Sie werden die Tankstellen überfallen und auch dort leben. [20] Gott wird dann den Präsidenten von Assyrien wie einen Friseur benutzen, der euch die Schamhaare, die Haare auf dem Kopf und auf den Beinen abrasiert. Das wird sehr peinlich. [21] In der Zeit wird jeder von euch eine Kuh und zwei Schafe halten können, mehr nicht. [22] Ihr werdet euch von Milch und Toastbrot ernähren müssen, sonst wird es nichts mehr zu essen geben. [23] Dann wird es so sein, dass man von seinem Weinberg nichts mehr ernten kann, das gilt auch für die ganz großen Weinberge mit tausend Pflanzen drauf, wo jede einzelne 130 Euro wert war. Diese Weinberge werden von Brennnesseln und Disteln voll zugewachsen sein. [24] Überall im Land werden sich die Brennnesseln und Disteln wie blöd vermehren. Der einzige Grund, um dort mal hinzufahren, ist, weil man dort auf die Jagd gehen will, um vielleicht was zu essen zu bekommen. [25] Selbst die Felder, die auf den Bergen liegen, wird man nicht mehr beackern, weil man so viel Schiss vor den Brennnesseln und Distelbüschen hat. Irgendwann werden dort Rinder grasen, und Schafe werden die Weinpflanzen zertreten.

8

Der Prophetentyp bekommt einen Sohn

1 Jetzt kommt ein Bericht von Jesaja: Gott redete mal wieder mit mir. Er
sagte: „Jesaja? Organisier dir mal ein großes Blatt Papier und einen Edding.
Schreib da Folgendes drauf: ‚Schnelle Kohle, gleich geklaut!'" 2 Nachdem
ich das gemacht hatte, ging ich mit dem Papier zu zwei Priestern, nämlich
Uria und Secharja (aus der Familie von Jeberechja), auf die man sich echt
verlassen konnte. Sie sollten einfach bestätigen, dass dieser Propheten-
Spruch wirklich von Gott war. 3 Als ich das nächste Mal mit meiner Frau
schlief, wurde sie schwanger. Meine Frau war übrigens auch eine Prophetin.
Neun Monate später bekam sie unseren Sohn. Gott sagte mir, dass ich
ihm unbedingt den Namen „Schnelle Kohle, gleich geklaut!" geben sollte.
4 „Bevor dein Sohn ‚Mama' und ‚Papa' sagen kann, wird sämtliches Geld
aus Damaskus und die ganze Kohle aus Samaria vom Präsidenten aus
Assyrien im Krieg erbeutet werden." 5 Gott redete weiter mit mir: 6 „Diese
Leute haben keine Lust mehr auf das saubere Wasser, was aus den eigenen
Rohren vom Schiloachkanal in die Stadt läuft. Sie wollen wohl lieber Rezin
oder Pekach, diesen Sohn von Remalja, als ihren Präsidenten haben, anstatt
einen Mann, der aus ihren eigenen Reihen kommt. 7 Darum werde ich jetzt
mit einer mächtigen Armee wie ein Tsunami über sie rüberschwappen.
Der Präsident von Assyrien wird mit seinem ganzen Heer kommen wie eine
gigantisch große Welle. 8 Diese Welle wird auch über Juda drüberfegen, es
überschwemmen und überfluten. Das Wasser wird ihnen bis zum Hals
stehen, und es wird sich auf der ganzen Fläche ausbreiten." Gott, hilf uns!
9 Ich rufe zu allen Völkern: Aufwachen! Passt auf! Macht euch bereit, kriegt
Angst, nehmt eure Waffen! 10 Ihr könnt jetzt die tollsten Pläne schmieden,
davon wird eh nichts funktionieren. Diskutiert nur wieder über einen neuen
Beschluss, aber der wird eh nicht zustande kommen. Gott ist nämlich auf
unserer Seite.

Gott warnt den Prophetentypen

11 Gott warnte mich davor, es den Leuten nachzumachen. 12 Nicht alles,
was nach einer Verschwörung aussieht, ist auch eine, auch wenn es die
Leute dafür halten. Wovor sie alle Schiss haben, davor braucht ihr euch nicht
zu fürchten. 13 Der Einzige, vor dem ihr Respekt haben sollt, das ist Gott!
Behandelt ihn wie etwas ganz Besonderes. 14 Er ist eine Falle, die man
erst sieht, wenn man reingelaufen ist. Aber auch einer, über den man sich
streiten wird, weil er provoziert. Die beiden Staaten Israel und Juda wer-
den in diese Falle reintreten, sogar die Einwohner von Jerusalem. 15 Viele
werden stolpern und werden sich mit ihren Füßen in Stricken verheddern.

Sie werden unfrei, sie werden auf die Fresse fallen und sich die Knochen
dabei brechen.

Gott fragen und nicht die Toten

16 Ich will die Warnungen von Gott ernst nehmen. Ich will sie sorgfältig auf-
schreiben und sie meinen Schülern beibringen. Sie sollen die dann abspei-
chern und die Daten sichern und aufbewahren. 17 Ich will auf Gott warten,
der zurzeit nicht bei seinen Leuten wohnt. Er versteckt sich, aber ich hoffe,
dass er bald wieder da ist. 18 Passt auf, Gott hat mich und meine Kinder zu
Leuten gemacht, die für Israel wie eine Nachricht von Gott samt Unterschrift
sind. Eine Nachricht von dem Gott, der der Chef der Welt ist und der auf
dem Berg Zion wohnt. 19 Wenn die Leute euch auffordern, doch mal eine
spiritistische Sitzung anzuzetteln und mal mit ein paar Geistern von Toten
zu labern, dann müsst ihr Folgendes antworten: „Wäre es nicht viel besser,
wenn unser Volk seinen Gott befragt? Soll das etwa eine gute Idee sein,
wenn man tote Menschen befragt, wenn es um Probleme von lebenden
Menschen geht?“ 20 Haltet euch an das, was ich euch gesagt habe, beachtet
diese Warnung! Wer das nicht tut, könnte morgen schon tot sein.

Wer nicht mehr weiterweiß, darf hoffen

21 Depressiv und mit knurrenden Mägen leben sie auf der Straße und ziehen
um die Häuser. Es kann passieren, dass man vor Hunger ausrastet und
dass man der Regierung, oder sogar Gott, die Krätze an den Hals wünscht.
22 Die sehen sich um und schauen auf die Erde, aber überall ist nur vollkom-
mene Hoffnungslosigkeit, nur Probleme, alles schwarz und dunkel. Da ist
man jetzt also gelandet. 23 Doch wenn es einem schlechtgeht, kommt der da
auch wieder raus. Genauso hat Gott die Leute von Naftali und Sebulon in
eine voll peinliche Situation gebracht, aber irgendwann wird er die Leute am
Meer und in Galiläa wieder groß rausbringen.

9

Gott verspricht, dass ein Kind geboren wird, das alles gutmachen wird

1 Menschen, die im Dunkeln tappen, werden plötzlich ein krasses Licht
sehen. Leute, die dort wohnen, wo es richtig finster ist, sehen plötzlich was
ganz Helles über sich. 2 Gott, du sorgst dafür, dass sie abgehen vor Freude.
Die machen 'ne Party, so als hätte der Lieblingsverein überraschend die
Meisterschaft gewonnen. Sie freuen sich so, als hätten sie sechs Richtige im
Lotto. 3 Denn du hast sie befreit, sie müssen die schweren Lasten plötzlich
nicht mehr mit sich rumschleppen. Die Peitsche, mit der sie den ganzen Tag
rumgescheucht wurden, hast du kaputt gemacht. Du machst es genauso
wie damals mit den Midianitern. 4 Die Stiefel von den Soldaten, mit denen

sie laut die Straße entlangmarschiert sind, werden jetzt im Feuer verbrannt. Auch die Uniformen, alle noch voller Blut, werden verbrannt. [5] Es wird nämlich ein Baby geboren, das der zukünftige Präsident sein wird. Der wird in Zukunft das Sagen haben. Und dieser Präsident hat viele ganz besondere Namen. Er heißt: Der, der immer einen guten Tipp hat, heftiger Gott, Chef über die Zeit, Friedensbringer. [6] Er hat die absolute Macht, und dieser Frieden, für den er sorgen wird, der wird nie aufhören. Auch seine Regierungszeit kann nie aufhören, sie läuft ewig weiter. Er wird vom selben Chefsessel aus wie der Präsident David über sein Land regieren. Er wird es stabil und fest machen und er wird für Gerechtigkeit sorgen. Er regiert korrekt. Gott, der Chef vom Universum, ist da voll heiß drauf, er will das unbedingt tun.

Gott bestraft den Nordstaat Israel

[7] Gott hat einen Spruch gegen die Israeliten gesagt, und der Nordstaat Israel wird es zuerst zu spüren bekommen. [8] Alle kapieren das, auch die Leute vom Nordstaat Israel und die Menschen, die in der Hauptstadt Samaria wohnen. Trotzdem sind sie voll stolz, sie denken, sie wären die Obergeilen. Sie behaupten: [9] „Die Häuser sind zwar eingestürzt, aber egal, wir bauen sie schon wieder auf. Die Balken aus Buchenholz wurden zersägt, aber egal, wir setzen da Kiefernholz ein." [10] Aber Gott wird ihre Feinde gegen sie aufbringen, er macht die voll aggressiv, er macht sie stark. [11] Aus dem Osten kommen die Syrer und aus dem Westen die Philister. Sie werden sich den Magen vollschlagen an Israel. Gott wird aber weiterhin sauer sein, er gibt sich damit nicht zufrieden. Er holt weiter aus, um ihnen eins überzubraten. [12] Trotzdem machen seine Leute einfach weiter wie bisher, sie ändern sich nicht. Gott schlägt ihnen in die Fresse, aber sie drehen sich nicht mal um und fragen nicht danach, was das soll und was er denn eigentlich will. [13] Darum hat Gott dem Nordstaat Israel den Kopf abgerissen und das Hinterteil abgeschnitten. An einem Tag waren plötzlich oben die Blätter und unten die Wurzeln weg. [14] Der Kopf bzw. die Blätter waren die Chefs im Volk und die Leute, die Einfluss hatten. Die Prophetentypen, die nur Schwachsinn erzählt haben, waren das Hinterteil bzw. die Wurzel. [15] Die Menschen, die euch führen sollten, verführten euch dazu, Mist zu bauen, und jetzt sind alle total verwirrt. [16] Darum wird Gott nicht nett mit ihren jungen Männern umgehen. Er wird sich auch nicht um die Hartz-IV-Empfänger und die einsamen Menschen, die keinen mehr haben, kümmern. Die haben nämlich alle keinen Bock mehr auf Gott. Sie reden nur Müll und bauen ständig Scheiße. Deshalb ist Gott supersauer. [17] Ohne Gott zu leben scheint irgendwie modern zu werden, es breitet sich aus wie eine Grippe, es steckt alles an, was in die Nähe kommt. Man kann es auch mit einem Waldbrand vergleichen, der alle Brombeer- und Brennnesselsträucher in der Umgebung abfackelt, und

der Rauch wirbelt nach oben in die Luft. 18 Weil der Gott, der über dieses
Universum das Sagen hat, so megasauer ist, verbrennt das ganze Land. Die
Menschen sind wie Stroh geworden, das sofort Feuer fängt, und keiner hat
Mitleid mit den anderen. 19 Nach allen Seiten wird gebissen. Von überall
organisiert man sich was zu essen und wird trotzdem nicht satt. Jeder klaut
sich das Steak vom Teller seines Nachbarn. 20 Der Familienstamm Manasse
greift sich Efraim, Efraim greift sich Manasse, und dann tun sie sich zusam-
men und greifen sich Juda. Aber Gott hört nicht auf, sauer zu sein, er holt
immer noch aus, um gleich wieder voll zuzuschlagen.

10

Eine Warnung

1 Die Leute, die ätzende Gesetze erlassen, müssen echt aufpassen! Wer be-
knackte Vorschriften macht, sollte vorsichtig sein! 2 Dadurch werden Hartz-
IV-Empfänger unkorrekt behandelt und Menschen, die eigentlich Hilfe
bräuchten, abgezockt. Frauen, deren Ehemann gestorben ist, und Kinder
ohne Eltern werden auf die Art ausgeraubt. 3 Was wollt ihr denn machen,
wenn der Tag da ist, an dem abgerechnet wird? Was geht, wenn das große
Donnerwetter aufzieht? Wohin wollt ihr euch dann verziehen? Wer wird
euch helfen? Bei wem könnt ihr eure Kohle verstecken? 4 Man wird sich nur
noch zwischen Knast und Tod entscheiden können. Aber Gott bleibt dabei
so oder so sauer, das wird nicht weniger werden, und er wird sie auch weiter
bestrafen.

Assyrien übertreibt es

5 Gott sagt: „Pass bloß auf, Assyrien, jetzt geht es dir richtig an den Kragen!
Du wurdest von mir benutzt, um andere zu bestrafen! 6 Ich hab etwas gegen
Länder unternommen, die ohne mich leben. Diese Länder haben mich
provoziert. Und deswegen dürfen die Assyrer diese Leute jetzt abzocken, sie
dürfen gegen die gewinnen, sie dürfen die kaputt machen, sie dürfen das
Land behandeln wie einen Hundehaufen, der auf der Straße liegt. 7 Der Chef
von den Assyrern hat es aber nicht so ganz geschnallt, und er dachte sich:
‚Warum nicht gleich noch mehr Völker plattmachen? 8 Alle Offiziere in mei-
ner Armee könnten eigentlich Präsidenten von einem Land werden! 9 Kann
man Kalne nicht mit Karkemisch vergleichen, Hamat nicht mit Arpad, Sama-
ria nicht mit Damaskus? 10 Ich habe diese ganzen Länder eingenommen,
obwohl dort mehr Plastikgötter rumstehen als in Samaria und Jerusalem
zusammen! 11 So wie ich Samaria und seine Plastikgötter kaputt gemacht
habe, werde ich auch Jerusalem und seine Plastikgötter kaputt machen!'"
12 Gott wird aber, wenn er das zu Ende gebracht hat, was er sich für Jerusa-
lem und den Berg Zion vorgenommen hat, mit dem arroganten Präsidenten

von Assyrien kurzen Prozess machen, er wird diesem stolzen Gockel zeigen,
wo der Hammer hängt. 13 Der hat zum Beispiel so was gesagt wie: „Weil
ich der große Held bin, hab ich das alles geschafft! Nur weil ich so schlau
bin, konnten wir die anderen Völker besiegen und ausrauben! Ich habe alle
Grenzen plattgemacht, hab alle ausgeraubt und alle Bewohner kaputt
gemacht. Ich bin wie der Terminator. 14 Wie ein Dieb eine Brieftasche klaut,
hab ich den Völkern ihre ganze Kohle gezockt. Wie jemand die Eier aus dem
Nest von einem Vogel aufsammelt, so habe ich viele Länder eingesammelt.
Es gab keinen, der sich dabei gewehrt hätte, der die Eier verteidigt hätte,
der das Maul aufgemacht hätte, um zu schreien." 15 Kann der Akkubohrer
den Lauten machen und bei dem angeben, der ihn gebraucht? Kann die
Stichsäge sich für wichtiger halten als der, der sie in der Hand hält? Das
wäre ja fast so, als würde das Brett sich selbst unter der Säge bewegen. Oder
noch besser, als ob ein totes Stück Holz einen lebendigen Menschen dazu
bringt, sich zu bewegen! 16 Darum wird Gott, der Chef über die ganze Welt,
eine üble Schweinegrippe nach Assyrien schicken, die dafür sorgt, dass
dieses reiche Land bluten muss. Er wird das vor lauter Reichtum protzende
Land mit einem Feuer anstecken, das alles abfackeln wird. 17 Der Gott der
Israeliten, der bei ihnen das Licht macht, wird zu einer Stichflamme. Er wird
die Brennnesseln und Disteln anzünden und an einem Tag verbrennen.
18 Die wunderschönen Wälder und leckeren Obstplantagen werden komplett
kaputt gemacht, da bleibt kein Blatt mehr übrig. Es wird so sein wie ein
todkranker Mensch, der in seinem Bett liegt und langsam stirbt. 19 Den Rest
von den Bäumen, die mal in dem großen Wald standen, wird man an einer
Hand abzählen können. Es werden so wenige sein, dass sogar ein Kleinkind
sie zählen könnte.

Ein Rest von den Israeliten wird gerettet

20 Es wird einen Tag geben, da wird der Rest, der von Israel noch übrig
geblieben ist, sich nicht mehr auf Assyrien stützen müssen. Die Leute, die
sie mal fertiggemacht haben, brauchen sie dann nicht mehr. Dann werden
sie sich nur noch auf Gott stützen, der besondere Gott von Israel, und sie
werden ihm treu sein. 21 Ein kleiner Rest wird zurückkehren, die Leute von
Israel, die noch übrig geblieben sind, die werden alles wieder mit ihrem hef-
tigen Gott durchziehen. 22 Israel, selbst wenn du noch Millionen von Leuten
hättest, so viele, wie Sandkörner am Strand liegen, es würden nur wenige
sein, die zurückkehren. Es ist beschlossene Sache, dass dein Ding zu Ende
geht. Es wird so übel sein wie ein Tsunami, der alles kaputt macht. Aber
es wird korrekt sein, dass es so passiert. 23 Gott hat es sich ganz fest vor-
genommen, dich komplett kaputt zu machen. Vor den Augen von allen
Menschen auf der Erde will er das durchziehen.

Vor Assyrien braucht ihr keinen Schiss zu haben!

24 Der Gott, der über das ganze Universum das Sagen hat, sagt euch Folgen-
des: „Das geht an alle Leute, die auf dem Berg von Zion wohnen: Ihr braucht
keine Angst vor den Assyrern zu haben, selbst wenn die euch genauso
ärgern, wie das die Ägypter früher auch gemacht haben. 25 Es dauert nicht
mehr lange, dann bin ich nicht mehr sauer auf euch. Und dann werde ich
nur noch aggro gegen Assyrien sein und die kaputt machen. 26 Ich, der Chef
vom ganzen Universum, werde den Assyrern eins überbraten. Es wird
genauso laufen, wie ich es damals bei den Midianitern gebracht habe, am
Fels Oreb. Ich werde im richtigen Augenblick meinen Stock über das Meer
halten, wie ich es damals bei den Ägyptern auch gemacht habe. 27 An dem
Tag wird der ganze Druck, den ihr von den Assyrern habt, von euch genom-
men. Mit den ganzen Problemen, die von denen kommen, ist dann
Schluss."

Die feindliche Armee rückt gegen Jerusalem an

28 Die Assyrer überfallen Aja, ziehen mit ihrer Armee durch Migron, lassen
ihr Gepäck in Michmas, 29 marschieren durch das Tal und pennen in Geba.
In der Stadt Rama zittern alle vor Angst, und die Menschen fliehen alle aus
Gibea, wo Saul früher mal gewohnt hat. 30 Fang an zu kreischen, Frau Gallim.
Hör mal zu, Lajescha! Du arme Anatot! 31 Die Menschen von Madmena
fliehen, die Leute aus der Stadt Gebim bringen sich in Sicherheit. 32 Schon
heute Nacht steht der Feind mit seiner Armee in Nob. Er setzt zum Angriff
gegen Jerusalem an, gegen den Berg Zion. 33 Passt mal auf, wie Gott, der
Chef über dieses Universum, mit einem heftigen Knall die ganzen Äste von
den Bäumen weghaut. Die großen Bäume werden niedergemäht oder
umgehauen. 34 Der dichtbewachsene Wald wird abgeholzt, der schöne Liba-
nonwald wird vom heftigen Gott zu Kleinholz verarbeitet.

11

Eine Zeit, in der Gott mit den Menschen Frieden macht

1 Der Familienstamm Isai ist wie ein abgesägter Baumstumpf. Isai war ja
der Vater vom großen Präsidenten David gewesen. Aber aus diesem Baum-
stumpf wächst jetzt ein neuer Zweig raus, das heißt, in dieser Familie wird
ein neuer Mensch geboren. 2 Die Kraft von Gott wird in diesem Menschen
sein, eine Kraft, die alle Fragen beantworten kann, die schlau ist, die für
jedes Problem eine Lösung hat, die sehr viel Power hat und die voller Re-
spekt vor Gott ist. 3 Dieser Mensch steht voll dadrauf, das zu tun, was Gott
will. Er hat den Durchblick, er sieht nicht nur das, was man von außen erken-
nen kann, und er wird niemanden einfach so verurteilen, weil ihm irgend-
jemand etwas über diesen Menschen erzählt hat. 4 Er wird den Kaputten

helfen, er sorgt dafür, dass sie korrekt behandelt werden. Was er sagt, wird
dafür sorgen, dass die Leute, die in diesem Land leben, wieder ihr Recht
bekommen. Wenn er jemanden entdeckt, der gewalttätig ist, dann wird
dieser nur durch einen Satz aus dem Mund dieses besonderen Menschen
schon tot umfallen. 5 Dieser Typ ist so oberkorrekt, als würde er sich die
Korrektheit jeden Morgen wie eine Jacke überziehen. Und er ist so ultratreu,
als würde er Treue wie einen Gürtel an seiner Hose haben. 6 Wenn er dann
regiert, werden die folgenden Sachen passieren: Der Pitbull wird mit einer
Katze auf dem Sofa liegen, und beide werden sich nicht anzecken. Der
Dackel wird neben dem Kaninchen liegen und wird sich mit ihm anfreunden.
Die Babys von einer Kuh werden mit den Babys von einem Löwen im
selben Stall aufwachsen, und ein kleiner Junge wird sich in den Stall trauen,
um alle zu füttern. 7 Katzen und Mäuse, Kühe und Bären werden neben-
einander was zu fressen kriegen, und ihre Kinder werden sogar miteinander
spielen. Kampfhunde oder Löwen werden sich nur noch von Grünzeug
ernähren, genau so, wie die Kühe es ja immer schon taten. 8 Babys werden
mit Giftschlangen spielen, kleine Kinder könnten ihre Hand in das Maul
von einem Löwen stecken, und er wird ihnen nichts tun. 9 Auf dem beson-
deren Berg, dem Berg Zion, werden keine krummen Dinger mehr gedreht
werden. Überall werden die Leute ganz viel Schnall von Gott haben. So,
wie im Meer überall Wasser ist, wird man überall kapieren, was Gott will.
10 Wenn diese Zeit angebrochen ist, wird dieser Mensch aus dem Familien-
stamm Isai wie eine Fahne für alle Nationen sichtbar sein. Die Leute werden
ankommen, um ihn zu besuchen und sich bei ihm Hilfe zu holen. Dort, wo
er wohnt, wird es heftig sein, es wird da eine sehr gottmäßige Ausstrahlung
geben.

Die Leute, welche weggeführt wurden, kommen nach Hause

11 In dieser Zeit wird noch was passieren. Gott legt noch einmal los, weil
er den Rest von seinen Leuten rausholen will, die nach Assyrien, Ägypten,
Äthiopien, Elam, Babylonien und nach Hamat, bis hin zu den weit entfernten
Küsten verschleppt wurden. 12 Gott wird als Zeichen für die ganze Welt
eine Flagge aufstellen. Er bringt die Leute von Israel und Juda wieder zusam-
men, die über die ganze Welt verstreut sind. 13 Dann ist der Zoff zwischen
Efraim und Juda endlich begraben. Efraim wird nicht mehr neidisch auf Juda
sein, und Juda wird nichts mehr gegen Efraim unternehmen. 14 Sie tun
sich zusammen und werden gemeinsam mit ihren Armeen gegen die Phi-
lister kämpfen, die am Berghang wohnen. Sie werden die Völker, die im
Osten leben, zusammen ausrauben. Sie greifen sich Edom und Moab, und
die Ammoniter müssen ihnen am Ende auch gehorchen. 15 Gott wird dafür
sorgen, dass das Meer bei Ägypten verschwindet. Er wird einmal seine Hand

über die Quelle halten oder er pustet einmal ganz heftig gegen die Bäche,
und sie trocknen so aus, dass man durch das Flussbett gehen kann, ohne
nasse Füße zu bekommen. 16 So wird eine Straße entstehen, die der Rest
von seinen Leuten benutzen kann, die die Gefangenschaft in Assyrien über-
lebt haben. Es wird genauso passieren wie damals in Ägypten, als Israel
von dort abgehauen war.

12

Danke, Gott

1 An diesem Tag wird man Folgendes hören können: „Yes, Gott, vielen Dank!
Du bist der Größte! Ja, du warst richtig sauer auf mich. Bitte, sei nicht mehr
sauer, ich brauch dich jetzt. Bitte tröste mich! 2 Gott ist der Einzige, der
mir wirklich helfen kann! Ich vertraue ihm hundertprozentig. Ich habe keine
Angst mehr! Gott, der Chef, gibt mir Kraft, er ist meine Kraft. Und er gibt mir
einen neuen Song, meinen ganz eigenen Song. Er hat mir geholfen. 3 Ihr
werdet ohne Ende kostenlos leckere Drinks bekommen, und zwar an der Bar,
wo es die Sachen zu trinken gibt, die einen gesund machen.“ 4 An dem Tag
werdet ihr sagen: „Gott ist genial! Sprayt seinen Namen an jede Wand!
Erzählt überall von ihm und erzählt, was für geniale Sachen er gebracht hat.
Sagt allen, wie gigantisch groß Gott ist! 5 Spielt Songs für Gott, rappt Lieder,
um ihn groß rauszubringen. Er hat aber geile Sachen gebracht. Davon
soll man auf der ganzen Welt reden. 6 Macht Party, jubelt, so laut ihr könnt,
macht eine La-Ola-Welle! Das geht an die Leute, die in der Zionsstadt
wohnen. Der Gott, der mitten unter euch lebt, ist gigantisch. Er ist der ganz
besondere Gott von Israel.“

13

Ansage: Babylon wird kaputtgehen

1 Schließlich redete Gott zu Jesaja über die Stadt Babylon: 2 „Stellt eine Fahne
oben auf einen Berg, wo gerade nichts wächst. Dann schaltet große Anzei-
gen in allen Zeitungen und zieht die Freiwilligen zum Wehrdienst in die
Kasernen ein. 3 Ich habe alle Männer, die sich mir ganz radikal zur Verfügung
gestellt haben, zusammengerufen. Alle meine Helden, die mir zugejubelt
haben, sollen kommen und mein Urteil durchziehen.“ 4 Hört ihr das auch?
Das laute Dröhnen, was da vom Berg herkommt? Es sind sehr viele Solda-
ten, von allen möglichen Nationen. Gott hat sein Heer zusammengerufen,
und zieht gerade die Musterung durch. 5 Sie kommen zum Teil vom anderen
Ende der Erde. Es ist Gott, der mit Waffen anrückt, weil er sauer ist. Er wird
das ganze Land kaputt machen. 6 Heult nur rum. Denn der besondere
Tag, den Gott bestimmt hat, ist jetzt gekommen. Er wird alles plattmachen.
Für Gott ist alles möglich. 7 Darum werden alle Menschen abschlaffen und

weiche Knie bekommen. [8] Sie werden total fertig sein. Dazu bekommen sie Muskelkrämpfe und schlimme Magenschmerzen. Sie werden sich vor Schmerzen krümmen, wie eine Frau, die gerade ein Baby bekommt. Ohne Peilung starren sie sich nur noch an, ihre Gesichter werden glühen. [9] Jetzt ist er da, der letzte Tag, wo abgerechnet wird. Er wird hart sein, grausam und heftig. Die ganze Erde wird komplett abgefackelt, er löscht überall das Leben aus, und alle Menschen, die nicht das tun, was Gott wollte, werden sterben. [10] Es wird keine Sterne mehr geben, die am Himmel funkeln. Auch den Großen Wagen oder den Orion wird man nicht mehr am Himmel sehen können. Die Sonne wird zwar aufgehen, aber sie hat keine Kraft mehr, sie leuchtet nicht mehr, sie ist ausgegangen. Darum wird der Mond auch nicht mehr leuchten können. [11] „Ich werde die ganze Erde bestrafen, weil sie überall total link drauf sind. Die Leute, die ohne mich, ihren Gott, leben, werden ihre Schulden bezahlen müssen. Die Menschen, die immer dachten, sie wären die Geilen, werde ich von ihrem Sockel runterholen. Die Arroganz der Anführer von Regimen werde ich komplett runtermachen. [12] Von den Menschen werde ich nur ein paar übrig lassen. Sie werden so selten sein wie besonders reines Gold. Es wird noch weniger Menschen geben als Gold aus der Gegend von Ofir. [13] Darum wird es im Universum mal so richtig knallen. Es wird derbe Erdbeben geben, weil ich, Gott, total sauer bin." Wenn Gott loslegt, wird sogar die Erde aus ihrer Umlaufbahn rausgeschleudert. [14] Wie aufgescheuchte Kaninchen oder wie eine Herde von Schafen, die keinen Hirten hat, so wird jeder seine Sachen packen und in das Land fliehen, wo er ursprünglich mal herkam. [15] Wer auf der Flucht gefasst wird, wird erschossen oder erstochen werden, je nachdem. [16] Man wird vor ihren Augen die eigenen Kinder töten. Ihre Häuser und Wohnungen werden geplündert, und ihre Frauen vergewaltigt man. [17] Gott sagt: „Ich werde die Armee von den Medern losschicken. Denen ist Geld egal, die kann man nicht bestechen. [18] Mit ihren Gewehren werden sie sogar Kinder erschießen. Sie werden keine Rücksicht auf Schwangere nehmen, es macht ihnen nichts aus, sogar Babys zu ermorden." [19] So wird es Babylon am Ende genauso gehen, wie Gott es mit Sodom und Gomorrha auch gemacht hat. Das Schmuckstück vom ganzen Land, die schönste Stadt der Babylonier, wird komplett plattgemacht. [20] Sie wird so kaputt sein, dass man dort nie wieder wohnen kann. Nie mehr werden sich dort Menschen ansiedeln. Es wird auch keinen Zeltplatz dort geben, keine Feriensiedlung oder sonst was. Und Hirten werden ihre Schafe dort auch nicht mehr hinführen. [21] Nur Tiere, die sowieso in der Wüste leben, können es dort aushalten. Die zerfallenen Häuser werden von Elstern bewohnt. Nur noch Ratten und Mäuse werden dann dort Partys feiern. [22] Ausgesetzte Hunde werden in den leeren Regierungsgebäuden in die Ecken pissen. In den Villen wird es überall nach Urin stinken, weil dort die Hunde wohnen. Babylons Zeit ist bald abgelaufen. Es gibt keine Verlängerung.

14

Der babylonische Diktator wird gestürzt
1 Gott wird den Israeliten noch eine Chance geben. Weil er sie so sehr liebt,
wird er sie noch einmal auswählen. Er wird sie in sein Land zurückbringen.
Ausländer werden Asyl bei ihnen beantragen und es bekommen. 2 Andere
Völker werden da sein und ihnen helfen, wieder nach Hause zu kommen.
Sobald sie da sind, werden die Israeliten diese Leute einstellen, und die werden für sie arbeiten. Die Leute, von denen die Israeliten damals verknackt
wurden, werden jetzt selbst verknackt. Wer früher über Israel das Sagen
hatte, wird dann von ihnen beherrscht werden. 3 Gott wird Israel befreien!
Er wird dafür sorgen, dass sie endlich Frieden haben nach dem ganzen
Ätzkram und dem Ärger, den sie durchmachen mussten, weil man sie dazu
gezwungen hat. 4 Israel wird am Tag der Befreiung ein Lied singen, in dem
über den Präsidenten von Babylonien abgelästert wird:

„Der Typ, der uns fertiggemacht hat, ist jetzt selbst am Boden.
Wegen seinem ständigen Druck kriegt er heute auf die Hoden.
5 Gott hat die Macht der Menschen gebrochen.
Die ohne ihn regieren, kommen jetzt gekrochen.
6 Ohne Ende hat er die Völker geschlagen,
Nationen einfach eins übergebraten.
7 Jetzt ist es peacig auf der Erde, alles freut sich,
8 auch der Fliederbaum freut sich über dich.
Genauso die Zedern aus dem Libanon
sagen: ‚Hey, was macht das schon:
Seitdem du da bist,
haben wir Schonfrist.‘
9 In der Hölle geht gerade der Punk ab.
Man macht sich klar, weil du dich angekündigt hast.
Die Toten werden deinetwegen aufgeweckt,
die Herrscher, denen man früher die Füße geleckt.
Es erschrecken die Präsidenten,
und die Völker sind voll Entsetzen.
Alle springen auf von ihren erhabenen Plätzen.
10 Alle fangen an, das Gleiche zu dir zu sagen:
‚Du bist genauso fertig wie wir, die sich hier plagen!‘
11 Mitgestorben ist auch deine ganze Pracht,
deine E-Gitarre, der Sound haben hier keine Macht.

Deine Matratze besteht aus weißen Maden,
die Würmer an der Decke schlagen auch auf den Magen.
12 Wie konnte das passieren, dass ein Star so gestürzt ist?
Früher warst du mal ein General, der Nationen zu Boden riss.
13 Du hattest dir ganz fest vorgenommen:
,Ich werde bis ganz nach oben kommen!'
Ich werde dort oben mir einen Chefsessel hinstellen,
ich will ganz nach oben, dort kann mich niemand mehr prellen.
Ganz im Norden setz ich mich auf den Berg,
14 ich will mein Büro über den Wolken, ganz derb.
Dort oben bin ich auf einer Stufe mit Gott!
15 Doch Gott machte die Idee gleich zu Schrott,
Du wurdest nach unten in die Unterwelt gestoßen,
wo die Toten und ihre Freunde wohnen.
16 Die Leute, die dich ansehen, sie checken dich ab:
,Ist das der Mann, der ganze Länder hielt auf Trab?
Der mit seiner Macht die Erde zum Beben brachte?
Der viele Präsidenten zu Kleinholz machte?
17 Hat der nicht auf die ganze Welt geschissen?
War er es, der die Städte niedergerissen?
Hat er nie einen Gefangenen entlassen?'
18 Beim Grab der Präsidenten ging's ,Hoch die Tassen',
ihr Begräbnis wurde respektvoll gehalten.
19 Dein Sarg liegt aber bei den Müllanstalten.
Wie 'n alter Besenstiel, wie 'ne vergammelte Ratte,
auf der man rumtritt, wie auf 'ner Fußmatte.
Über dir liegen noch tote Soldaten.
20 Aber du wirst nicht wie die anderen Toten begraben,
du kriegst weder Grabmal noch eine Gruft,
hast dein Land volle Kanne an die Wand gefahren, dein eigenes Volk
umgebracht, du mieser, elender Schuft.
Du und deine Familie, ihr brachtet nur Tod und Verderben,
drum sollt ihr für immer vergessen werden.
21 Die Söhne vom Präsidenten sollen auch sterben.
Sie müssen bezahlen für den Mist ihrer Eltern,
sie sollten nicht noch mal die Erde bevölkern.
Auch aus den Städten sollen sie sich raushalten.
22 ,Ich werde mich nicht lange mit ihnen aufhalten,
ich mach sie kaputt', so sagt es der Chef,
,Babylon mach ich fertig, den ganzen Überrest.
Keine Kinder bekommen sie ab jetzt, ratzfatz.

23 Ich mach aus Babylon einen Müllplatz.
Dort wohnen nur Ratten, ich werde dort alles räumen,
werde es ausfegen mit dem Besen der Alpträume.'
Diese Ansage kam von dem gigantischen Gott,
dem Chef über die Armeen aus dem Himmels-Pott."

Assyrien wird kaputt gemacht

24 Gott hat sich eins ganz fest vorgenommen: „Es bleibt dabei, was ich mal
gesagt habe, zieh ich auch durch. Was ich beschlossen hab, wird auch
gemacht. 25 Ich zerstöre die Macht von Assyrien. Ich werde sie plattmachen,
auf sie treten, auf die Assyrer, die auf meinem Land und meinen Bergen
sind. Dann werden sie meine Leute nicht mehr länger zu allen möglichen
Sachen zwingen können. Diese Belastung wird von ihnen genommen."
26 Das hat Gott so beschlossen, und dieser Beschluss gilt für alle. Er bestraft
jedes Volk. 27 Wenn Gott sich etwas in den Kopf gesetzt hat, wer soll ihn
davon abbringen können? Wenn er mit seiner Hand ausholt, wer sollte
dazwischengehen?

Die Philister kriegen eins auf die Mütze

28 In dem Jahr, als der Präsident Ahas krepierte, bekam Jesaja folgende
Botschaft von Gott rein: 29 „Das geht jetzt an alle Philister. Ihr denkt wohl,
der Typ, der euch ständig kaputt gemacht hat, ist jetzt weg. Aber freut euch
nicht zu früh! Denn aus dieser Familie werden noch schlimmere Präsidenten
hervorgehen. Wenn dieser Präsident wie eine kleine Giftschlange war, dann
wird der nächste eine große Giftschlange werden, und der dann folgt, wird
wie ein Monster sein. 30 Zwar werden die Leute in Israel, die total pleite sind,
immer genug zu essen haben, und auch den Hartz-IV-Empfängern wird
nichts passieren. Aber deine Leute werden so wenig zu essen haben, dass
sie verhungern. Und wer von ihnen übrig bleibt, wird umgebracht. 31 Heult
nur rum, ihr Idioten! In der Stadt können von mir aus alle ganz laut ‚Hilfe'
schreien. Gebt endlich auf, ihr Philister! Denn man kann schon von Norden
her die Staubwolke sehen, die anzeigt, dass da gerade eine ganz fette Armee
kommt. Vor denen wird keiner entkommen können. 32 Und was soll man
den Philistern antworten, wenn sie eine Anfrage starten? Wie wäre es mit:
‚Gott selbst hat das Fundament von der Stadt Zion gegossen! In diese
Stadt können seine Leute fliehen und sich dort schützen!'?"

15

Mit Moab geht's zu Ende

1 Jetzt kommt eine Ansage von Gott, die Moab betrifft: „Mitten in der Nacht
wird Ar-Moab plattgemacht. Auch Kir-Moab wird zerstört. 2 Die Menschen

gehen zum Tempel von ihrem Plastikgott. Sie gehen auf den Berg Dibon,
um dort zu trauern. Auf dem Nebo und in Medeba jammert Moab rum. Alle
haben sich eine Glatze rasiert und den Bart abgeschnitten. 3 Auf den Stra-
ßen sieht man überall Leute in schwarzen Trauerklamotten. Auf den Markt-
plätzen, in der Fußgängerzone, auf den Balkons und in den Gärten, überall
weint man. 4 Die Leute aus Heschbon und Elale schreien um Hilfe. Bis
zur Stadt Jahaz hört man ihre Schreie. Darum fingen auch die Soldaten von
Moab an zu schreien, sie bekamen voll die Panik und hatten Angst um ihr
Leben." 5 Ich fange auch an, ganz tief von meinem Herz aus zu schreien,
damit Moab und den Flüchtlingen aus Moab geholfen wird. Sie fliehen bis
nach Zoar, nach Eglat-Schelischia. Mit lautem Weinen steigen sie den Berg
von Luhit hoch. Auf dem Weg nach Horonajim hört man auch überall das
Geschrei, weil es mit ihnen zu Ende geht. 6 Früher gab es in Nimrim noch
ganz viel Wasser, jetzt ist da eine Wüste. Das ganze Gras ist vertrocknet, es
gibt dort nichts Grünes mehr. 7 Darum haben die Bewohner ihr Minimum
an Klamotten in einen Rucksack gepackt und sind über den Pappelbach
gestiegen. 8 Überall in Moab kann man hören, dass sie laut rumheulen, weil
sie so traurig sind. Sogar in Eglajim und Beer-Elim ist das angekommen.
9 Gott sagt: „Im Fluss von Dimon schwimmt ganz viel Blut, denn ich habe
noch mehr Strafen für Dimon beschlossen. Die Leute, die überlebt haben,
werden nämlich von Hunden angefallen."

16

Moab geht es an den Kragen

1 „Bringt ein paar Schafe aus Sela zum Präsidenten des Landes an den Berg
Zion, denn er hat das Sagen." 2 Folgendes passiert gerade: Die Leute von
Moab sind wie aufgescheuchte Hühner und rennen an den Grenzen vom
Arnonfluss hin und her. 3 „Hilf uns, eine Entscheidung zu treffen! Beschütze
die Menschen, die vertrieben wurden. Sie sollen sich in deinen Schatten
stellen, sich bei dir verstecken. 4 Lass die Flüchtlinge aus Moab bei dir Asyl
beantragen. Verstecke sie vor den Männern, die sie kaputt machen wollen."
Aber wenn der, der sie unterdrückt und das Land zerstört, nicht mehr da ist,
5 dann wird eine Regierung installiert, genau da, wo David das Sagen hatte.
An deren Spitze wird einer sein, der absolut fähig ist, gerecht zu entscheiden,
der voll die Ahnung von Gerechtigkeit hat und der für immer an der Macht
sein wird. 6 „Wir haben gehört, dass die Leute von Moab alle total arrogant
sind. Sie denken, sie wären die Geilsten, geben die ganze Zeit an wie blöd
und labern dabei nur Dünnsinn. 7 Darum werden sie bald über ihre Situation
weinen. Sie werden sich nach ihrem leckeren Rosinenkuchen sehnen, den
sie in Kir-Hareset immer bekommen haben. Völlig fertig werden sie rumheu-
len und depressiv sein. 8 Die Terrassen von Hebschon sind alle vertrocknet.

Die Weinstöcke von Sibma, mit dessen Wein sich die Chefs der Völker alle totgesoffen haben, sind vergammelt. Ihre Zweige wuchsen bis nach Jaser, bis in die Wüste, bis zum Toten Meer rankten sie. 9 Ich trauer über diesen Verlust genauso wie die Bewohner von Jaser. Ich weine auch über Heschbon und Elale, denn mitten in der Obst- und Weinernte sind die Feinde in euer Land eingefallen. 10 In den Obstplantagen wird keine Party mehr gefeiert. Und aus den Weinbergen kann man auch keine Lieder mehr hören, da freut sich keiner mehr. In den Hallen wird kein Wein mehr gekeltert, dort werden auch keine fröhlichen Lieder mehr gesungen. 11 Darum bin ich voll fertig wegen Moab, und ich weine wegen Kir-Heres. 12 Obwohl man in Moab ohne Ende Opfer am Tempel abfackelt und dort wie blöd betet, es wird nichts bewirken.“ 13 Das waren jetzt alles Sachen, die Gott Jesaja schon vor einiger Zeit über Moab erzählt hatte. 14 Jetzt sagt Gott aber noch konkreter, dass es genau in drei Jahren so weit sein wird. Genau dann wird man über Moab ablachen. Es wird nur noch einen winzigen Rest von denen geben, den kann man ebenso gut vergessen.

17

Damaskus und der Nordstaat Israel bekommen Probleme

1 Jetzt kommt etwas von Gott, das für Damaskus gilt: „Bald bist du keine Stadt mehr, sondern nur noch ein Haufen Sperrmüll. 2 Alle Leute sind dann aus ihren Wohnungen in Aroer ausgezogen, kein Schwein lebt mehr dort. Das Einzige, was da noch ist, sind Schafe. Die lagern dort, und keiner stört sie. 3 Der Schutz von Efraim wird verschwinden, und mit dem Regieren von Damaskus aus ist dann auch Schluss. Aber dem Rest von Syrien wird es nicht besser gehen als den Israeliten. Das kommt jetzt von Gott, dem Chef dieser Welt. 4 In der Zeit wird von Jakobs Stärke, dem Uropa Israels, nichts mehr übrig sein, es wird schwach und mickrig werden wie ein abgemagertes Tier, nur mit Haut und Knochen. 5 Dann wird es so sein wie bei der Ernte vom Weizen. Der Mähdrescher fährt über das Feld, und am Ende kommen die Armen aus der Stadt und sammeln die Ähren auf, die danebengefallen sind, so wie man das in der Talebene Rafaim vor Jerusalem beobachten kann. 6 Aber bei Israel wird es nicht viel zum Sammeln geben. Das wird so ablaufen wie bei der Ernte von Äpfeln. Man steigt auf die Leiter und pflückt sie mit einem Gerät ab. Zwei, drei reife Äpfel oben in der Baumspitze, vier, fünf an den Zweigen. Diese Ansage kommt direkt vom Chef, dem Gott von Israel.“ 7 Dann wird eine Zeit kommen, wo die Menschen Gott wieder beachten werden, den Gott, der sie ja mal gemacht hat. Und er wird auch seine Leute wieder beachten, seine besonderen Leute von Israel. 8 Sie werden dann keinen Bock mehr auf die Plastikgötter haben, diese Teile, die sie sich mal selber gebastelt hatten. Diese Statuen der Pseudogöttin

Aschera und die Opfertische, wo Räucherkerzen abgefackelt wurden, wird
man nicht mehr beachten. 9 In der Zeit wird keiner mehr in den Städten
leben. Sie werden verlassen sein, leer und öde wie die Wälder und die Berge,
die man damals verlassen hatte, als die Armee von Israel dort einmarschiert
ist. 10 Israel, du hast deinen Gott total vergessen. Den Gott, der dich immer
rausgehauen hat, der es gut mit dir meint, der für dich wie ein Bunker war,
bei dem du dich immer schützen konntest. Deshalb lege ruhig ein paar
nette Beete für die fremden Götter an, pflanze nur ein paar Weinstöcke von
anderen Völkern dort an. 11 An dem Tag, wo du sie einpflanzt, werden sie
sofort anfangen zu wachsen. Am nächsten Morgen fangen sie schon an zu
blühen. Aber wenn du ernten willst, wird es superschmerzhaft sein, es wird
dir Krankheit bringen und Tod. 12 Hört ihr das? Da kommt eine riesengroße
Welle von Menschen auf euch zu! Sie ist so laut wie das Rauschen vom
Meer. Wie eine riesengroße Tsunamiwelle, so heftig rollen die Menschen an.
13 Diese Welle von Menschen kommt angerauscht wie eine Flut. Doch Gott
sagt einen Befehl, und sie weichen zurück. Sie werden weggeblasen wie
die Pollen von einer Pusteblume. Wie ein paar trockne Blätter, die der Wind
und der Sturm wegfegten. 14 Abends sind die Leute dort total fertig. Und
bevor es hell wird, ist das ganze Schauspiel schon wieder vorbei. So wird
es garantiert allen passieren, die ankommen, um uns auszurauben.

18

Schlechte News für Äthiopien

1 Pass mal auf, Äthiopien, das Land, das nahe an der Quelle vom Nil liegt
und wo es total viele Insekten gibt. 2 Du schickst Botschafter den Fluss
runter, in irgendwelchen Fähren fahren sie über das Wasser. Hier hab ich
eine Ansage von Gott für euch: „Geht zu dem Volk, wo die Menschen alle
sehr groß sind und eine glatte Haut haben. Geht zu dem Volk, vor dem
man überall Angst hat, zu dem Volk, das in der Lage ist, ganz punktgenau
alles zu zerstören. Geht zu dem Volk, dessen Land durch zwei Flüsse zer-
schnitten wird!“ 3 Das geht an alle Menschen, die auf der Erde leben, die fes-
ten Boden unter den Füßen haben: Wenn man eine Fahne auf einem Berg
aufstellt, dann schaut dorthin! Und wenn man eine Sirene heulen hört, dann
macht die Lauscher auf. 4 Denn Gott hat mir, Jesaja, Folgendes gesagt: „Ich
werde mich zu Hause in den Sessel setzen und einfach nur zuschauen.
Ich werde mich genau so verhalten wie die heftige Wärme, die um zwölf Uhr
mittags durch eine knallige Sonne im Sommer kommt, oder wie eine
Nebelwolke an einem Tag, wo geerntet wird.“ 5 Aber wenn der Weinstock
aufgehört hat zu blühen und die Blüten anfangen, zu kleinen Trauben zu
werden, dann wird er die Reben, wenn die Trauben reif sind, mit einer Schere
abschneiden und die trocknen Zweige entfernen und wegschmeißen.

6 Genauso passiert es auch mit den Äthiopiern. Sie werden weggeschmis-
sen, und ihre Leichen werden die Raubvögel auffressen, die auf den Bergen
leben. Auch die Tiere haben den ganzen Sommer und auch noch den Winter
reichlich daran zu knabbern. 7 In dieser Zeit wird dem Gott vom ganzen
Universum ein Geschenk gemacht werden. Es kommt von den großen Men-
schen mit der glatten Haut, vor denen man überall Angst hat, weil sie so
brutal sind. Sie kommen aus dem Land, das durch zwei Flüsse zerschnitten
ist. Diese Leute werden Gott ein Geschenk machen, und sie kommen zu
dem Ort, wo Gott wohnt, auf den Berg Zion.

19

In Ägypten geht der Punk ab

1 Jetzt kommt eine Nachricht von Gott für Ägypten rein. Er kommt auf einer
Turbowolke angeflogen, und er fährt nach Ägypten. Die Plastikgötter dort
kriegen die Panik, die Ägypter kriegen ganz weiche Knie vor Angst. 2 Gott
sagt: „Ich werde dafür sorgen, dass die Ägypter sich derart in die Wolle krie-
gen, dass sie anfangen, gegeneinander zu kämpfen. Jeder gegen jeden, eine
Stadt gegen die andere, die Regierung von einem Teil gegen die Regierung
vom anderen Teil. 3 Die Ägypter werden total durcheinander sein, sie werden
nicht mehr wissen, auf wen sie hören sollen, ihre Ratgeber werden sie nur
noch mehr verwirren. Dann gehen sie zu ihren Plastikgöttern oder Wahrsa-
gern oder zu Hexen, die mit Toten reden, um sich einen Rat zu holen. 4 Ich
will Ägypten in die Hand von einem fiesen Diktator bringen." Das kam jetzt
von dem Gott, der der Chef über die ganze Welt ist. 5 Der Nil wird trocken-
gelegt, es wird dort kein Wasser mehr fließen, weil alles verdunstet ist. 6 Die
Flussarme werden anfangen zu stinken. Die Kanäle von Ägypten werden
ohne Wasser sein und vertrocknen. Das Schilf und die anderen Pflanzen, die
dort wachsen, werden alle vergammeln. 7 Auch das Binsengras am Nil,
das an der Mündung wächst, wird verfaulen. Die Felder am Ufer werden alle
durch den heißen Wind total vertrocknen. 8 Erst machen die Fischer eine
Demo, und die Angler heulen rum. Dann müssen die Fischer, die vorher dort
ihre Netze ausgeworfen haben, zum Arbeitsamt, weil die plötzlich ohne
Job dastehen. 9 Auch die Leute, die das Binsengras vom Nil früher mal wei-
terverarbeitet hatten, haben jetzt die Arschkarte gezogen. 10 Sie sind völlig
fertig, alle, die dort angestellt waren, schieben jetzt voll den Depri. 11 Die
Chefs von Zoan sind alles Idioten! Die Tipps von den angeblich so schlauen
Beratern vom Präsidenten haben sich als völlig hirnrissig herausgestellt.
Sie meinten zu ihm: „Wir kommen aus einer Familie, die sehr viel weiß. Wir
kommen aus der Familie von früheren Präsidenten!" 12 Und wo sind sie
jetzt alle geblieben, deine schlauen Ratgeber, lieber ägyptischer Präsident?
Wollten sie dir nicht sagen, was Gott beschlossen hat, was mit Ägypten

passieren soll? 13 Aber die Chefs von Zoan sind die Obertrottel, und die Chefs von Nof sind beschissen worden. Die Chefs von ihren Provinzen haben Ägypten zum Stolpern gebracht. 14 Gott hat dafür gesorgt, dass bei denen so eine Atmosphäre von Lügen existiert. Sie sind so verwirrt, als wären sie besoffen. Ägypten kann nicht mehr gerade gehen, es fällt überallhin, sogar in seine eigene Kotze. 15 Ägypten wird nichts mehr auf die Reihe bekommen. Egal, ob das jetzt die Leute an der Macht sind oder die einfachen Arbeiter. Keiner kriegt es gebacken.

Ägypten und Assyrien zusammen mit Israel

16 Es wird einen Zeitpunkt geben, da werden die Ägypter richtig Schiss bekommen und werden zittern wie Espenlaub. Sie werden zittern vor Gott, sie werden weiche Knie bekommen, wenn er seine Hand gegen sie ausstreckt. 17 Das Land Juda wird für sie zu einem Horrortrip. Immer wenn jemand in Gegenwart von einem Ägypter diesen Namen erwähnt, fangen sie an zu zittern. Dann geht das nämlich los, dass sie sich an das erinnern, was Gott beschlossen hat, was mit ihnen passieren wird. 18 In der Zeit wird es in Ägypten fünf Städte geben, in denen Hebräisch gesprochen wird und die Gott gegenüber treu geblieben sind. Eine davon wird Ir-Heres genannt werden. 19 Dann wird man mitten in Ägypten einen Opfertisch, einen Altar für Gott, aufbauen. An den Grenzen von Ägypten wird man ein Denkmal für Gott hinstellen. 20 Dieses Denkmal soll die Leute immer dadran erinnern, dass Gott der Chef dieser Welt ist. Wenn sie mal Probleme haben, andere sie unterdrücken oder so, dann können sie dort immer zu Gott beten, und er wird ihnen jemanden schicken, der für sie kämpft und sie da rausholt. 21 Auf die Art wird sich Gott den Ägyptern vorstellen, und sie werden kapieren, was für ein Gott das ist. Und dann werden auch sie für ihn Opferrituale durchziehen, Essensopfer und Dankopfer zum Beispiel. Und sie werden ihm Dinge versprechen und diese Versprechen auch halten. 22 Gott wird die Ägypter zuerst bestrafen, und dann wird er sie wieder heilen. Und die werden dann anfangen, mit Gott zu leben, er wird ihre Gebete erhören und dafür sorgen, dass bei ihnen alles gut wird. 23 In der Zeit wird es eine Autobahn geben, die von Ägypten nach Assyrien geht. So werden die Ägypter die Assyrer besuchen und die Assyrer die Ägypter, und beide werden für den gleichen Gott leben. 24 Dann wird Israel der Dritte sein, der zu den Ägyptern und den Assyren dazukommt. Und sie werden für die ganze Erde etwas Gutes bringen. 25 Gott, der Chef dieser Welt, wird mit ihnen sein und sie unterstützen. Er wird ihnen Folgendes sagen: „Ägypten hat Erfolg auf der ganzen Linie, die gehören auch zu meinen Leuten. Auch Assyrien geht es gut, denn die hab ich auch mal gemacht. Und für Israel läuft es super, denn die gehören nur mir!“

20

Assyrien wird gegen Ägypten und Äthiopien gewinnen
1 Tartan, der General von der Armee von Assyrien, wurde von seinem Präsi-
denten Sargon losgeschickt, um einen Kampf gegen die Stadt Aschdod zu
führen. 2 In der Zeit redete Gott mit Jesaja. Jesaja kam aus der Familie
von Amoz. Gott sagte zu ihm: „Zieh mal deine Klamotten und deine Schuhe
aus!“ Er machte das sofort und war ab dann total nackt. 3 Später sagte Gott
dann durch ihn zu allen Leuten: „Seit drei Jahren läuft mein Prophet jetzt
nackig und ohne Schuhe rum. Das hat er getan als ein Zeichen für das, was
mit Ägypten und Äthiopien abgehen wird. 4 Der Präsident von Assyrien
wird nämlich alle Ägypter und Äthiopier, egal welchen Alters, festnehmen
und abführen lassen. Dabei werden sie nichts anhaben. Jeder wird ihren
blanken Hintern sehen können, das wird megapeinlich für die Ägypter. 5 Die
Leute werden voll Angst haben, und sie werden sich wegen Äthiopien echt
schämen, obwohl sie sich so viel von denen erhofft hatten. Und auch für
Ägypten, auf das sie früher voll stolz waren, wird man sich schämen. 6 Dann
werden die Leute von Juda und die Philister sagen: ‚Auf die hatten wir mal
gesetzt, das war also unsere Hoffnung …? Wenn wir Probleme hatten,
sind wir immer zum Präsidenten von Assyrien gerannt! Wer wird uns jetzt
noch helfen können?‘“

21

Eine Vision davon, wie Babylon kaputtgehen wird
1 Jetzt kommt eine Nachricht für die Stadt Babylon bei mir rein, und die geht
so: „Es kommt etwas sehr Heftiges auf dich zu, Babylon! Etwas, das wie
ein Wirbelsturm aussieht, und dieses Etwas kommt aus einer superätzenden
Gegend.“ 2 Was Gott mir für dich gesagt hat, ist echt hart. Er sagte: „Der
Schläger muss immer zuschlagen, der Dieb muss immer klauen. Leg los,
Elam! Fangt an mit der Belagerung, ihr Meder! Ich will dieses Elend endlich
zu Ende bringen.“ 3 Ich war voll fertig, als ich diese Vision bekam. Ich zitterte
am ganzen Körper, mein Magen verkrampfte sich voll, fast so, als hätte
ich Wehen; so wie eine Frau, die ihr Baby bekommt. Ich krümmte meinen
ganzen Körper, ich konnte vor Krämpfen schon nichts mehr hören. Ich
war so fertig, dass ich irgendwann gar nichts mehr mitbekam. 4 Mein Puls
ging auf 180. Mir liefen in einer Tour Schauer über den Rücken. Die Atmo-
sphäre abends, die ich sonst immer so liebe, war an dem Tag voll übel,
ich bekam die totale Paranoia. 5 Dann sah ich in einer Vision, wie man in
Babylon die Tische deckt und die Sofas zurechtrückt, wie man isst und feiert.
Dann hörte ich: „An die Gewehre, Kameraden! Offiziere zum Rapport!“
6 Gott hatte mir dann noch Folgendes gesagt: „Organisier dir einen Wach-

posten, der dich immer auf dem Laufenden hält. 7 Und egal, ob er eine Wagenkolonne, einen Bus, ein Motorrad oder ein Fahrrad sieht, er soll sich das alles gut merken und hundertprozentig wach sein!“ 8 Dann sah ich den Wachposten, und er schrie: „Ich bin den ganzen Tag hier auf Streife! 24 Stunden bin ich hier und bewache das Ganze! 9 Jetzt kommt ein ganzer Zug von Soldaten mit Motorrädern!“ Dann hörte ich, wie jemand anderes sagte: „Babylon ist gefallen, die Stadt ist kaputt! Alle Plastikgötter wurden weggesprengt!“ 10 Diese Nachricht ging an meine Leute, die ganz schön was durchgemacht haben! Sie wurden wie durch eine Mühle gedreht. Ich habe euch gesagt, was mir Gott, der Chef über diese Welt und der Gott von Israel, beigepult hat.

Einen Spruch für Duma und Arabien

11 Dieser Spruch geht jetzt an die Stadt Duma. Ich höre Stimmen aus der Stadt Seir, die rufen mir zu: „Aufpasser, wir haben eine Frage: Wie lange dauert es noch, bis es wieder hell wird? Wann ist die Nacht vorbei?“ 12 Der Aufpasser antwortet: „Der nächste Morgen kommt bestimmt, aber noch ist es dunkel! Wenn ihr noch Fragen habt, könnt ihr jederzeit wieder kommen!“ 13 Dieser Spruch geht jetzt an Arabien: An alle Arbeiter, die im Reisedienst unterwegs sind, an die Männer von Dedan. Ihr müsst mit euren Wohnmobilen im Wald übernachten! 14 An die Bewohner der Stadt Tema: Bringt den Leuten, die Durst haben, mal einen Schluck Wasser vorbei! Bringt den Flüchtlingen was zu essen! 15 Die sind auf der Flucht vor den Soldaten, vor MPs und MGs, sie fliehen vor dem ätzenden Krieg. 16 Gott hat mir gesagt: „Noch genau ein Jahr, dann wird es vorbei sein mit den tollen Soldaten von Kedar. 17 Von den vielen Scharfschützen, auf die ihre Armee immer so stolz war, sind nicht mehr viele übrig geblieben. Diese Nachricht kam jetzt vom absoluten Chef über alles, dem Gott von Israel.“

22

Israel wird gewarnt

1 Jetzt etwas über das Hinnom-Tal. Das liegt in der Nähe von Jerusalem. Was ist los bei dir? Wie bist du drauf? Warum sind alle bei euch auf die Dächer gestiegen? 2 Warum ist in der Stadt so ein Alarm, warum ist da so viel los, warum feiert man überall Partys? Sind vielleicht die Soldaten aus dem Krieg alle am Leben geblieben? Wurde in den Schlachten nicht einer getötet?
3 Deine Generäle sind alle abgehauen! Aber sie wurden gefangen genommen, ohne auch nur einen Schuss abzugeben. Obwohl sie sehr weit weg fliehen wollten, hat man sie alle gekriegt. 4 Darum sag ich: Haut ab! Lasst mich alleine! Ich muss mich erst mal in Ruhe ausweinen. Bedrängelt mich nicht die ganze Zeit, ich will nicht von euch getröstet werden, weil meine

Leute alle zerstört wurden. 5 Gott hat eine Zeit bei uns anfangen lassen, wo
alle total fertig, kaputt und verwirrt sind. Der Oberchef von allem, unser
Gott, hat im Hinnom-Tal dafür gesorgt, dass viele Leute um Hilfe schreien.
Man kann das bis zu den Bergen hören. 6 Die Elamiter kommen mit Armee-
wagen, mit Motorrädern und bewaffneten Soldaten, ausgerüstet mit schuss-
sicheren Westen und Helmen. 7 Es wird so passieren, dass in Jerusalems
wunderschönen Tälern alles voller Panzer und Motorräder steht. Sie bezie-
hen Stellung vor dem Ortseingang. 8 Der letzte Schutz von Juda wird
weggenommen. Du wirst in der Zeit in einem Lager im Wald nach deinen
Waffen suchen. 9 Was ist los? Ihr seht die vielen Risse in der Mauer von
der Stadt, die David gehört hat. Ihr staut im unteren Teich Wasser an. 10 Ihr
zählt die Häuser in Jerusalem und schreibt sie in Listen auf. Dann reißt
ihr ein paar Häuser ab, damit keiner von dort auf die Schutzmauer steigen
kann. 11 Ihr baut ein Sammelbecken zwischen den Mauern, um dort das
Wasser aus dem alten Teich reinzuleiten. Aber auf die Idee, dass Gott das
Ganze zugelassen hat, seid ihr nicht gekommen, er hat euch schlicht über-
haupt nicht die Bohne interessiert. 12 In der Zeit wird Gott, der Chef über
alles, die Leute aufrufen, eine gemeinsame Trauersession zu starten. Alle
sollen sich schwarze Klamotten anziehen und schwarze Ringe unter die
Augen malen. 13 Aber ihr startet stattdessen eine große Party. Ihr stellt einen
großen Grill auf, Rinder und Schafe werden geschlachtet, und dann gibt es
Fleisch und Alk bis zum Abwinken. „Komm, wir feiern erst mal richtig,
morgen müssen wir sowieso alle sterben!“, ist dann euer Motto. 14 Gott hat
mir aber ins Ohr geflüstert: „Dafür werdet ihr bezahlen, das vergesse ich
nicht, diese Schuld wird nicht so mal eben verziehen werden. Das sagt euch
Gott, der Chef dieser Welt.“

Ansagen, die Schebna und Eljakim betreffen

15 Irgendwann sagte Gott, der Chef über die ganze Welt, Folgendes zu mir:
„Los jetzt! Geh zu diesem Verwalter, diesem Schebna, der die Sachen vom
Präsidenten regeln muss. Sag ihm Folgendes: 16 ‚Was machen Sie hier?
Was glauben Sie eigentlich, wer Sie sind, dass Sie sich einfach erlauben, hier
eine eigene Grabkammer, sozusagen Ihre letzte Wohnung, in den Fels hauen
zu lassen? 17 Passen Sie mal auf, Gott wird Sie mit einer Hand wegschleu-
dern. Er wird Sie packen und dann hin- und herschütteln. 18 Dann macht er
aus Ihnen einen Flummi und schmeißt Sie weit weg, in ein großes Land, was
sich nach allen Seiten ausdehnt. Da werden Sie dann kaputtgehen und mit
Ihnen Ihre tollen Luxusautos. Sie sind superpeinlich für Gott und für seine
Leute. 19 Ich entlasse Sie aus Ihrem Amt, man wird Ihnen Ihren Job weg-
nehmen und dann im hohen Bogen rausschmeißen. 20 Dann werde ich an
einem bestimmten Tag meinen Mann, den Eljakim, der aus der Familie

von Hilkija stammt, rufen. 21 Ich zieh dem Priesterklamotten an, pack einen
Schlips an sein Hemd und werde ihm die komplette Macht übergeben,
die Sie jetzt haben. Er wird für die Leute aus Jerusalem und die Leute von
ganz Juda eine echte Vaterfigur werden. 22 Er wird die Schlüssel vom Regie-
rungspalast bekommen, der immer für die Familie von David bestimmt
war. Wenn er die Tür aufmacht, wird sie niemand mehr zuschließen können.
Und wenn er sie zuschließt, kriegt sie niemand mehr auf. 23 Ich werde seine
Position so stabil und fest machen wie eine Schraube, die ganz fest mit
einem Dübel in eine Wand gedreht wurde. Er wird in seiner ganzen Familie
eine ganz besondere Stellung einnehmen, vor der man echt Respekt hat.
24 Dann wird sich die ganze Familie voll an ihn dranhängen, die Kinder und
die Kinder der Kinder, die Tanten und auch die Onkel. Es wird mit ihm so
sein wie mit einer Schraube in der Wand, an die man den großen Schrank
für das Geschirr mit allen Tellern und Schüsseln gehängt hat. 25 Gott sagt,
dass an diesem Tag die Schraube, die ganz fest mit einem Dübel in der
Wand war, plötzlich rausbrechen wird. Alles, was an dieser Schraube hängt,
wird kaputtgehen. Das hat Gott so gesagt."

23

Tyrus und Sidon gehen kaputt

1 Dieser Prophetenspruch geht jetzt an die Stadt Tyrus: „Die Marine von
Tarsis kann jetzt anfangen zu heulen. Denn der Hafen und die Stadt von
Tyrus wurden plattgemacht. Auf dem Weg, als man von Zypern wieder nach
Haus fuhr, kam diese Nachricht rein. 2 Alle Leute, die an der Küste wohnen,
sind traurig. Auch die Händler, die mit dem Schiff aus Sidon kommen, sind
gefrustet. 3 Sie waren im Im- und Exportgeschäft tätig und führten Korn aus
Ägypten ein. Die Ernte vom Nil war ihr Geschäft, es machte einen Großteil
vom Handel für viele Länder aus. 4 Schäm dich, Sidon! Das Meer, wo du
immer zu Hause warst und was dich beschützt hat, das spricht jetzt zu dir.
Es sagt: ‚Ich habe keine Kinder mehr bekommen, niemand wurde geboren,
keine Jungs durfte ich aufwachsen sehen, auch keine Mädchen.' 5 Wenn
die News in Ägypten gesendet werden, dass Tyrus kaputt ist, fangen die
auch an zu zittern. 6 Jetzt ist Trauern angesagt für alle Menschen, die an der
Küste wohnen! Fahrt doch mal rüber nach Tarsis! 7 Ist das jetzt wirklich
noch eure Partymeile? Die Stadt mit der langen Geschichte? Die Stadt, von
der so viele Leute in die entlegensten Winkel der Erde ausgesandt worden
sind? 8 Wer hat das jetzt beschlossen, dass es mit Tyrus zu Ende geht? Tyrus,
die Stadt, wo früher die Anzüge der Präsidenten gemacht wurden, wo die
Chefetagen zu Hause waren und wo es das große Bankenviertel gab.
9 Gott hat das beschlossen! Er wollte das ganze, stolze, hochnäsige Ding
zu Matsch machen. Dadurch sollten alle Leute auf der Erde, die glauben,

total toll zu sein, mal sehen, wo der Hammer hängt. 10 An die Bewohner
von Tarsis: Ihr könnt schon mal damit anfangen, eure Wirtschaft umzu-
stellen. Mit Handel und Hafen ist es jetzt vorbei. Bewässerung von Land,
wie man das am Nil macht, Anbau von Weizen, das ist jetzt angesagt. 11 Gott
hat seine Hand über das Meer gehalten, er hat Regierungen aufgerüttelt,
wie bei einem Erdbeben. Gott hat gesagt, dass die Bunker der Phönizier
kaputt gemacht werden sollen“. 12 Für die Stadt Sidon hat er folgende Nach-
richt: „Hör auf damit, Partys zu feiern! Du bist wie eine Jungfrau, die ver-
gewaltigt wurde.“ An die Bewohner von Sidon: „Flieht rüber nach Zypern!
Obwohl ihr dort auch nicht wirklich sicher seid. 13 Denkt an Babylon! Die
Leute, die da mal wohnten, gibt es alle nicht mehr. Die Assyrer haben die
Stadt mit Belagerungsstürmen eingenommen, die Bunker sind gesprengt
worden, alle Gebäude wurden zerstört. Dort leben zurzeit nur noch Ratten.“
14 Für alle großen Schiffe gilt: „Ihr könnt echt rumheulen, denn die Hafen-
stadt Tyrus gibt es nicht mehr.“ 15 Siebzig Jahre lang (also ungefähr so lange,
wie ein Präsident lebt) wird man Tyrus vergessen. Aber dann wird es mit
Tyrus so abgehen wie in diesem Lied über eine Nutte:

16 „Nimm dir eine Gitarre und dann geh damit durch die Stadt,
sing deine Songs, spiel die ganz satt.
Du Nutte willst doch, dass man sich an dich erinnert!
Vielleicht kommen deine Kunden dann ja wieder angezimmert.“
17 Nach siebzig Jahren wird Gott sich wieder um Tyrus kümmern.
Aber trotzdem wird sie dann wieder zu ihrem alten Geschäft übergehen,
der Prostitution. Sie wird es mit allen Regierungen der Welt treiben.
18 Aber was sie damit an Kohle reinholt, wird sie radikal an Gott übergeben.
Es wird nichts auf ein Sparkonto mit Zinsen eingezahlt und auch nicht
in einen Tresor gesteckt, sondern es wird an die Leute gehen, die für Gott
arbeiten. Sie sollen sich davon richtig gut ernähren und sich schöne
Klamotten kaufen.

24

Die ganze Erde wird verurteilt

1 Passt auf, Gott wird die ganze Erde plattmachen, er fegt alles weg. Er gräbt
die Oberfläche einmal um, er sorgt dafür, dass die Bewohner überallhin
verstreut werden. 2 Alle werden gleich behandelt. Die Priester, die Angestell-
ten, die Chefs, die Käufer und die Verkäufer, die Leute mit Schulden und
die Leute, die anderen Geld geliehen haben. 3 Wie leer gefegt wird die Erde
aussehen, ausgeraubt und geplündert. Gott hat ein Machtwort gesprochen
und sie verurteilt. 4 Alles vertrocknet, die ganzen Pflanzen vergammeln,
und alles hat wahnsinnigen Durst. Überall auf der Erde ist alles trocken, und

auch die Politiker sind mit ihrem Latein am Ende. 5 Die Erde wurde vollge-
kotzt, sie wurde verdreckt von den Menschen, die auf ihr wohnen. Denn sie
hatten alle keinen Bock auf das, was Gott wollte, die Gesetze waren ihnen
egal, die guten Verträge mit Gott wurden gebrochen. 6 Darum hat er die Erde
verflucht, alle, die dadrauf leben, müssen jetzt die Rechnung bezahlen. Das
ist der Grund, warum es plötzlich immer weniger Menschen gibt, so dass
bald nicht mehr viele davon übrig sind. 7 Der Weinstock ist vertrocknet,
die Bierfässer sind leer, mit den lustigen Partys ist es endgültig vorbei. Das
merken die Partyleute, und sie stöhnen deswegen. 8 Der Ghettoblaster ist
aus, die Band hat aufgehört zu spielen, der Applaus ist vorbei, die Party ist
zu Ende. 9 Man gönnt sich kein Bier mehr und singt dabei auch nicht mehr
irgendwelche Lieder. Auch mit dem Weintrinken ist Schluss. Denn das
Bier schmeckt schal, und der Wein schmeckt nach Putzmittel. 10 Die Stadt
ist kaputt und leer, überall ist Chaos. Jedes Haus ist verschlossen, keiner
kommt mehr rein. 11 Auf den Straßen schreien die Leute: „Wir wollen Alk!
Wir wollen Bier!“, aber es gibt nichts mehr. Mit Partys und Spaß hat es sich
abgefrühstückt, überall auf der Erde. 12 Von der Stadt ist nur noch ein
Schrotthaufen übrig. Das Stadttor ist weggesprengt worden, dort liegt nur
noch ein Berg von Trümmern. 13 So wird das passieren, überall auf der
Erde, mitten bei den Leuten. Es wird so sein wie nach der Apfelernte, wie
bei der Nachlese vom Weinberg, nachdem das große Erntefest vorbei ist
und überall nur noch Reste rumliegen.

Einige freuen sich zu früh

14 Die Leute, die der Zerstörung entkommen sind, werden sich freuen, man
wird das ganz laut hören können. Sie werden davon singen, wie cool und
gigantisch Gott doch ist. Vom Westen aus werden sie diese Lieder anstim-
men. 15 Darum sollten die Leute im Osten Gott applaudieren, an den Küsten
sollte man den Gott von Israel toll finden. 16 Wir hören von überall, von
Hintertupfingen bis zum Urwald, Sprechchöre: „Gott soll Applaus bekom-
men, er ist der Größte!“ Meine Antwort war: „Ich kann nicht mehr, ich bin
durch, wie soll das nur enden?“ Diebe rauben einen aus, man wird von
ihnen abgezogen und abgezockt. 17 Fallen, Tretminen und Netze werden
euch erwarten, ihr Menschen, die ihr auf der Erde lebt! 18 Wer vor den angst-
einflößenden Schreien flieht, tritt in eine Falle. Und wer es schafft, die Falle
zu umgehen, wird sich in einem Netz verfangen. Die Fenster im Himmel
werden aufgehen, und es wird fiese Erdbeben geben. 19 Die Erde wackelt, sie
scheint zu explodieren, sie zerbröckelt förmlich. 20 Als wäre sie besoffen,
torkelt sie hin und her, sie wackelt wie ein Zelt im Sturm. Sie bricht unter der
Schuld zusammen, es belastet sie total, sie fällt hin und schafft es nicht, wie-
der aufzustehen. 21 In der Zeit wird Gott nicht nur im Himmel aufräumen,

sondern auch auf der Erde für klare Verhältnisse sorgen. 22 Die Präsidenten werden alle in eine Zelle gesperrt werden, in einen dunklen Kellerraum. Nach langer Zeit bekommen sie endlich ihre Strafe. 23 Wenn das passiert, werden sich sogar der Mond und die Sonne schämen, sie werden rot werden. Denn der Gott wird vom Berg Zion aus regieren und in Jerusalem das Sagen haben. Und die Chefs vom Volk werden alle kapieren, dass er alles kann und das er der Größte ist.

25

In der neuen Zeit wird alles peacig abgehen

1 Gott, du bist mein Gott! Ich will immer deutlich machen, dass du der Größte bist! Ich will dir immer Lieder singen, weil ich dich so genial finde. Du hast fette Wunder getan! Was du schon immer vorhattest, das ziehst du auch durch. Du bist treu! Du erzählst keinen Stuss! 2 Aus der Stadt, wo dich keiner kannte, hast du einen Haufen Schrott gemacht. Die Stadt, wo alle dachten, dass man gegen sie nie gewinnen kann, hast du plattgewalzt. Die Bunker sind kaputt, das Regierungsgebäude ist zerstört, die Stadt wird man nie mehr aufbauen können. 3 Darum wird eine große Nation Respekt vor dir bekommen, starke Regierungen werden Angst vor dir haben. 4 Du bist für die Kaputten wie ein Schutzraum, bei dir können sich die Armen verstecken, wenn es ihnen dreckig geht. Bei dir kann man sich unterstellen, wenn es anfängt, total viel zu regnen. Und wenn die Sonne vom Himmel knallt, dann gibst du kühlen Schatten. Die Aggressionen von Präsidenten sind wie ein heftiger Schneesturm im Winter 5 oder wie brennende Sonne in einer Gegend, wo es nie regnet. Du sorgst dafür, dass die Leute, die nichts mit dir zu tun haben wollen, das Maul halten müssen. So, wie Hitze im Sommer vom Schatten einer Wolke gemildert wird, so bekommen auch die Siegeslieder der aggressiven Leute einen Dämpfer.

Ein großes Festessen

6 Auf diesem Berg Zion wird der Chef über das ganze Universum für jeden Menschen ein geniales Festessen vorbereiten. Dort soll es das leckerste Bier, die edelsten Weine und auch das beste Essen geben. 7 Dann wird Gott von diesem Berg aus die Maske von den Gesichtern aller Menschen wegnehmen, er wird die Decke entfernen, die auf den Nationen draufliegt. 8 Er wird ein für alle Mal den Tod beseitigen, den gibt es ab dann nicht mehr. Gott wird alle Menschen trösten, er wird dafür sorgen, dass keiner mehr weinen muss. Als Nächstes sorgt er dafür, dass seine Leute aus ihren peinlichen Situationen rauskommen, überall auf der Erde. Das hat mir der Chef, Gott höchstpersönlich, gesagt. 9 An dem Tag werden die Leute sagen: „Da ist unser Gott, der Chef! Auf ihn haben wir immer unsere Hoffnung gesetzt, wir

hatten gehofft, dass er uns hier rausholt. Jetzt ist er da, unser Gott, mit ihm haben wir gerechnet. Jetzt können wir uns nur noch freuen, weil er uns gerettet hat!“

Mit Moab ist Schluss

10 Gott beschützt den Berg Zion, aber Moab wird von ihm plattgemacht. Sie
werden so platt sein wie ein Hundehaufen, auf den man draufgetreten ist
und der dann in eine Kläranlage geworfen wurde. 11 Es versucht noch krampf-
haft, in dieser Brühe zu schwimmen, es will nicht ertrinken. Aber Gott hat
keinen Bock auf diese hochnäsige Art, auch wenn Moab geschickt mit seinen
Kraulbewegungen in der fauligen Brühe oben bleibt. Letztendlich wird er
sie runterdrücken. 12 Die hohen, gutbefestigten Schutzmauern der Stadt wird
er wegsprengen. Er überrollt sie, und dann liegen sie im Dreck.

26

Israel ist okay, Gott, wir brauchen dich

1 In der Zeit kommt dann folgendes Lied in die Top Ten von Juda:

Wir haben eine stabile Stadt, wir werden geschützt durch fette Mauern
und Waffen.
2 Lasst alle Leute rein, die tun, was Gott sagt, die ihm treu sind;
könnt ihr das raffen?
3 Menschen, die ihre Sache durchziehen, weil sie Gott vertrauen,
gibt er seinen Frieden.
4 Vertraut Gott, macht das immer. Auf ihn ist Verlass, echt egal, ob um
acht oder um sieben.
5 Die Leute, die mal ganz oben waren, hat er runtergeholt, niedergemacht
hoch zehn,
er hat die Stadt zu Boden geworfen, in den Dreck getreten;
da kannst du mal sehen …
6 Die Tritte der einfachen Leute, der Leute von der Straße, kriegen sie jetzt
ab.
7 Menschen, die korrekt leben, gehen geradeaus, du hältst sie auf Trab.
8 Selbst wenn wir mit einer Bestrafung von dir rechnen, warten wir auf dich.
Wir hatten einfach voll die Sehnsucht nach dir, wollten dir singen, unendlich.
9 Nachts wird es voll schlimm, da möchte ich dich unbedingt immer sehen.
Wenn du deine Gerichtsurteile zeigst, lernen Menschen erst, korrekt
zu leben.
10 Leute, die ohne dich leben, werden nicht lernen, was es bedeutet, korrekt
zu sein,

wenn du sie nie bestrafst. Selbst dort, wo deine Gesetze gelten,
sind sie dreckig, nicht rein,
blicken sie es nicht, wie heftig du bist, sie werden deine besondere Art
nie sehen.
11 Gott, du hast ausgeholt, willst sie schlagen, mach doch, dass sie sich
schämen.
Zeig ihnen, wie krass du deine Leute verteidigst, schicke Feuer gegen die
Feinde.
12 Du wirst dafür sorgen, dass wir Frieden haben, du hast uns hierher-
gebracht.
13 Gott, unser Gott, andere Chefs hatten das Sagen bei uns, aber wir lieben
nur dich.
14 Tote kann man nicht lebendig machen, du hast die Feinde ausgelöscht,
auf ewig.
15 Nur deine Leute werden von dir supportet, du hast sie sehr groß gemacht,
du hast ihre Grenzen ausgeweitet, so ist klar: Du bist der Chef, hast
die Macht!
16 Als es ihnen so richtig dreckig ging, als deine Strafen sie trafen, da schrien
sie zu dir.
17 Wie eine Schwangere in den Wehen, die ihr Baby bekommt und schreit wie
ein Tier,
so war es, als wir bei dir gewesen sind, als wir ständig nur zu dir gebetet
haben.
18 Wir lagen in den Wehen, mit gleichen Schmerzen, obwohl bei uns nichts
los war.
Befreien konnten wir die Erde nicht, nicht den Menschen helfen, das ist uns
allen klar.
19 Tote werden wieder lebendig, die Leichen meiner Leute feiern ein
Comeback,
sie werden feiern, Lieder singen, Party machen wie blöd, ich schmeiß mich weg.
Du bist wie eine eisige Cola, eine kalte Dusche, ein spannendes
Fußballderby.
Darum wird die Erde die Toten entlassen, sie werden neu geboren wie ein
Baby.
20 An meine Leute: Versteckt euch eine Zeitlang, so lange, bis die Strafe
vorbei ist.
21 Passt auf, Gott zieht los, um die letzte Abrechnung mit allen Menschen
zu starten.
Jetzt kommt alles raus, jeder Mord wird aufgedeckt, dann wird er es ihnen
verbraten.

27

Den großen Weltmächten geht es an den Kragen

1 Wenn diese letzte Zeit der Erde kommt, wird Gott mit seinen besten Waffen
ankommen und den fiesen Gegner aufs Korn nehmen. Diese schleimige
Schlange, die sich immer überall rausgewunden hat, und dieses komische
Monsterkrokodil wird er dann abschlachten.

Ein neues Lied über Gottes Weinberg

2 Wenn das passiert, wird man überall sagen: „O ja, ich habe einen so
schönen Weinberg! Lasst uns ein paar Lieder über den schreiben! 3 Ich, Gott
höchstpersönlich, pass auf ihn auf, jeden Augenblick, damit ihm nichts
passiert. Ich schieb dort 24 Stunden Schichten. 4 Ich bin null sauer. Aber
wenn ich ein paar Disteln oder Brennnesseln finden würde, ich würde sie alle
rausreißen und verbrennen. 5 Es sei denn, sie wollen sich von mir beschüt-
zen lassen, sie wollen mit mir Frieden machen." 6 Dann wird eine Zeit
kommen, wo die Familie Jakob, das Volk Israel sich wieder fest im Land von
Israel ansiedeln wird. Sie werden sich ganz krass vermehren, sie werden
aufblühen wie eine Blume. Die Leute von Israel werden überall auf der Erde
vertreten sein und dort von dem leben, was durch ihre Arbeit reinkommt.
7 Hat Gott seine Leute genauso geschlagen, wie er den anderen Nationen
eine geklatscht hat, die ätzend mit ihm umgegangen sind? Hat er sie
genauso getötet wie ihre Mörder? 8 Nein, Gott, du hast es langsam angehen
lassen. Du hast sie verklagt und sie dann gerecht bestraft, indem du sie
verstoßen hast. Du hast sie rausgeschmissen, mit deinem heftigen Atemzug
hast du sie einfach weggepustet, gerade als der Ostwind aufkam. 9 Der
ganze Mist von den Israeliten wird sich dann erledigt haben. Das ist die
logische Folge, wenn der ganze Mist weggenommen wird, den sie zwischen
sich und Gott aufgeschichtet haben. Sie müssen die ganzen Gebäude und
Tempel von diesen Plastikgöttern wegsprengen. Die Statuen dieser komi-
schen Pseudogöttin Aschera müssen in den Schredder und zu Kleinholz ver-
arbeitet werden, damit es die nie wieder gibt. 10 Die große Stadt mit ihren
hohen Schutzmauern ist wie leer gefegt. Kein Schwein wohnt da mehr, sie
ist verlassen und leer, fast so wie eine große Wiese, wo nur noch ein paar
Kühe grasen. Dort lagern diese Tiere und fressen das Grünzeug von den
Zweigen weg. 11 Wenn die Bäume und Sträucher leer gefressen sind, dann
sterben sie ab und vertrocknen. Die Frauen holen sich dann ein paar Zweige
als Brennholz. Hey, diese Leute haben einfach gar nichts geschnallt! Darum
ist Gott (der Gott, der sie ja alle mal gemacht hat) nicht mehr nett zu ihnen.
12 Aber irgendwann wird er kommen, um die letzten Körner aufzusammeln.
Er wird vom Eufrat-Fluss bis zur Grenze von Ägypten jeden einsammeln,

einen nach dem anderen. Wie ein Kind, das seine verlorenen Murmeln im
Zimmer sucht, so wird Gott jedes Mitglied vom Volk Israel suchen und auf-
sammeln. 13 An dem Tag wird man auf der ganzen Welt ein lautes Hupen
hören, einen sehr lauten Ton. Und dann werden sie alle kommen, die ver-
missten Israeliten, die in Assyrien, Ägypten oder sonst wo leben. Sie werden
alle zu dem ganz besonderen Berg kommen, und dann werden sie sich dort
auf den Boden schmeißen und zu Gott beten.

28

In Samaria geht der Punk ab

1 Passt bloß auf, ihr besoffenen Heinis von Efraim, pass bloß auf, Samaria,
die Stadt, auf die alle immer so stolz waren. Ihr wart mal wie eine wunder-
schöne Blume, aber jetzt seid ihr gammelig und verwelkt. Du liegst oben auf
einem fruchtbaren Berg, Samaria. Aber der gehört jetzt Leuten, die ständig
breit sind, die voll süchtig nach Alk sind und davon kontrolliert werden.
2 Gott schickt einen heftigen Mann, der es wirklich draufhat. Der wird dich
einnehmen wie ein ganz krasses Gewitter, wie ein Sturm mit Windstärke 12,
wie ein Tsunami wird er über dich kommen und alles plattmachen. 3 Dann
wird auf den Stolz der Leute von Efraim nur noch gekotzt, die betrunkenen
und breiten Leute werden vollkommen kaputt gemacht. 4 Diesem vergam-
melten Blumenkranz mit vielen großen Blumen dran wird genau das Glei-
che passieren wie einer Kirsche, die früher als die anderen rot und reif
geworden ist. Kaum hat sie jemand gesehen, wird sie sofort gepflückt und
aufgegessen. 5 Zu der Zeit wird es so sein, dass Gott, der Chef über alles,
für den Rest von seinen Leuten plötzlich wieder der absolute Held ist. Sie
werden ihn zur Nummer eins machen, er wird ihr ganzer Stolz sein. 6 Dann
wird Gott den Richtern die richtige Einstellung geben, so dass sie korrekte
Urteile fällen. Und den Soldaten, die gegen die Feinde kämpfen, die gerade
die Stadt angreifen, wird er Kraft und Mut geben. 7 Hey, so weit ist es schon
gekommen! Sogar die Priester torkeln völlig besoffen in der City rum! Sie
kiffen sich den Kopf zu, Propheten schlucken Ecstasy. Wenn sie eine Nach-
richt von Gott weitergeben, sind sie total verstrahlt. Wenn sie ein Gerichts-
urteil fällen, haben sie mehr als 3 Promille im Blut. 8 Die Tische, an denen
sie gesessen haben, sind anschließend übersät mit ihrer Kotze. 9 Dann kom-
men von denen so Sprüche wie: „Was will dieser Jesaja eigentlich von uns?",
„Wem will der was beibringen?", „Was denkt der eigentlich, wer wir sind?"
„Hält der uns für hirnamputiert?", „Sind wir für den wie kleine Babys, die
gerade anfangen, Brei zu essen?" 10 „Was bedeutet dieses ständige: ‚Hsn
bla blup, töff doff, brasel brasel, bla blup bla'? Mal erzählt er das und dann
wieder was anderes!" 11 Gott wird in Sprachen zu euch reden, die ihr über-
haupt nicht kennt und von denen ihr nix kapiert. 12 Gott hat zu euch gesagt:

„Wenn ihr dies und das macht, könntet ihr entspannt leben. Erholt euch von dem Stress! So kommt ihr wieder gut drauf!" Aber sie wollten nicht auf ihn hören.
13 Also wird Gott ihnen auf diese Art Antworten geben: „Hsn bla blup, töff doff, brasel brasel, bla blup bla." Er will, dass sie nicht wissen, wo es langgeht, dass sie stolpern und auf die Fresse fallen, dass sie sich die Gräten brechen, dass sie in die Falle gehen, dass sie verhaftet und abgeführt werden.
14 Darum sollt ihr diese Ansagen hören! Das geht besonders an die Männer, die denken, sie wären die Obergeilen. Und das geht an die Menschen, die in Jerusalem über die Leute regieren!
15 Ihr glaubt, euch wird nichts passieren, weil euch die Hölle beschützt, schließlich habt ihr euch auf okkulte Sachen eingelassen, Satanismus praktiziert und ein paar schwarze Messen abgehalten. Ihr glaubt, wenn die nächste Katastrophe kommt, wird sie an euch vorbeigehen. Ihr fühlt euch in Sicherheit, weil ihr euch auf Lügen und Betrug eingelassen habt.
16 Darum sagt euch euer Gott, der Chef über allen: „Passt auf, ich werde ein neues Fundament auf dem Zionsberg bauen, das unzerstörbar und fest ist. Dieses Fundament bedeutet, dass derjenige, der mir vertraut, nie mehr Angst haben muss.
17 Ich werde Regeln aufstellen, die klarmachen, was richtig ist und was nicht. Daran werdet ihr wie an einer Waage abmessen können, was korrekt ist und was nicht. Dann werden eure Lügen und Ausreden auffliegen wie ein Kartenhaus im Wirbelsturm.
18 Die Hölle wird euch nicht mehr beschützen, egal, wie viel okkulte Sachen ihr macht. Wenn die Katastrophe kommt, dann werdet ihr alle kaputtgehen.
19 Jeden Morgen kommt eine neue Katastrophe über euch, wie eine Welle schwappt sie täglich über euch drüber. Wenn man dann eine Predigt hört, werden alle anschließend voll betroffen und fertig sein."
20 Es wird so sein wie in diesem Sprichwort: Das Bett ist zu kurz, um sich darin richtig langzumachen, und die Decke ist zu klein, um sich damit richtig zuzudecken.
21 Gott wird genauso handeln, wie er es am Berg Perazim gemacht hat, oder im Tal von Gibeon. Was er dann tut, wird erst mal voll seltsam für euch sein, seine Aktion kann dann keiner so richtig nachvollziehen.
22 Hey, Leute, hört auf damit, mich verarschen zu wollen! Es könnte sein, dass eure Probleme dann nur noch größer werden. Ich habe von Gott gehört, dass er sich ganz fest entschlossen hat, Dinge kaputt zu machen. Das hat er gesagt, der Gott über alles, der Chef über die ganze Welt.

Gott hat Ahnung von allem

23 Hört mal, passt gut auf, was ich erzähle! Konzentriert euch auf das, was ich jetzt sage!
24 Ein Bauer, der seine Aussaat auf einem Feld vorbereitet, der buddelt doch auch nicht den ganzen Tag dasselbe Feld um?
25 Das läuft doch so: Nachdem er ein Feld richtig vorbereitet hat, streut er Samen dort aus. Dill oder Kümmel oder Petersilie, außerdem Weizen, Hirse, Gerste und

Hafer an die Ränder. 26 Das hat Gott ihm alles mal so gezeigt, er hat ihm das beigebracht. 27 Er fährt nicht mit dem Traktor und einem Pflug hintendran über den frisch ausgesäten Dill, und er versucht auch nicht, mit den Reifen den Kümmel plattzufahren. Er arbeitet ganz vorsichtig und probiert sogar noch mit einem Stock, die Samen aus den Reifen rauszukratzen. 28 Getreide, woraus man Mehl macht, bearbeitet er nicht zu lange, weil es sonst zu Brei wird. Wenn er mit dem Traktor den Rückwärtsgang einlegt, fährt er ganz vorsichtig, um das Korn nicht zu überfahren und plattzumachen. 29 Dieses Wissen hat er alles Gott zu verdanken, dem Chef über diese Welt. Gott macht abgefahrene Sachen, und er zieht sein Ding immer genial durch.

29

Panik, und dann kommt Hilfe

1 Und Gott sagte: „Pass bloß auf! Ich meine jetzt die Leute, die in der Stadt wohnen, wo früher der Präsident David mal sein Lager aufgeschlagen hatte. Ihr macht eine Party nach der anderen. 2 Aber ich werde euch so auf die Pelle rücken, dass alle Angst bekommen und anfangen zu weinen. So soll eure ganze Stadt zu so einer Art Feuerstelle werden, auf der man Opfer abfackelt. 3 Ich werde um die Stadt herum eine Armee aufstellen, ich werde einen Belagerungsring gegen dich organisieren, ich werde dich umzingeln. 4 Dann wirst du völlig fertig sein, du wirst am Boden liegen, und von da unten aus dem Dreck kommt deine Stimme ganz finster rüber. Es klingt so, als würde ein Zombie mit mir reden, oder wie ein Geist aus der anderen Dimension. 5 Aber wie ein feiner Staub werden auch deine Feinde sein. Sie sind überall, es sind so irre viele. Wie Stroh, das vom Wind weggepustet wird, so werden deine Angreifer über dich kommen. Dann wird ganz plötzlich etwas passieren, von einer Sekunde auf die andere: 6 Ich, Gott, der Chef über alles, werde kommen und euch da raushauen! Ich komme mit einem megalauten Knall, mit einer heftigen Explosion, mit einem Erdbeben und mit Donner. Es wird heftigen Wind geben, einen Sturm, und gigantische Blitze werden einschlagen, die alles kaputt machen. 7 Dann werden riesige Armeen aus anderen Ländern gegen die Stadt in den Krieg ziehen. Alle werden sie bedrängen und sie bekämpfen. Das wird wie ein schlimmer Alptraum. 8 Das wird so sein, wie wenn man tierischen Hunger hat und dann von einem leckeren Essen träumt. Man isst sich im Traum satt, und dann wacht man auf und schiebt voll den Kohldampf. Oder wenn jemand voll Durst hat und dann davon träumt, dass er eine eiskalte Cola in der Hand hat, und dann wacht er auf und stellt fest, wie trocken sein Mund ist und wie schlecht es ihm geht. So wird es allen Nationen gehen, die Krieg gegen Jerusalem und seine Umgebung führen."

Die Leute peilen es einfach nicht

9 Ihr Kapiert es nicht und staunt einfach nur. Peilt es nicht, ihr könnt es
einfach nicht blicken. Denn ihr seid total breit, aber nicht vom Alk. Ihr könnt
nicht mehr gerade gehen, aber es liegt nicht dadran, dass ihr breit in der
Birne seid. 10 Gott hat etwas in euch reinkommen lassen, was dafür sorgt,
dass ihr wie in Trance seid. Er hat dafür gesorgt, dass sogar die Propheten,
mit einem besonders guten Draht zu ihm nichts mehr kapieren. Den Pro-
phetentypen, die sonst bei euch immer wissen, wo es langgeht, hat er die
inneren Augen verbunden. 11 Die Ansagen, die solche Leute von Gott bekom-
men, sind wie in einer anderen Sprache, ihr versteht sie einfach nicht. Das
ist so, wie wenn man diese Sachen in eine verschlüsselte Datei packt und die
jemandem schickt. Auch wenn der lesen kann, wird er antworten: „Hä, was
soll das? Ich kann es nicht verstehen, denn ich kann die Datei nicht öffnen!"
12 Wenn man den Text einem Typen zeigt, der überhaupt nicht lesen kann,
dann antwortet der natürlich: „Ich kapier hier rein gar nichts!" 13 Gott sagt
dann: „Diese Leute behaupten, sie hätten Respekt vor mir, aber die reden
viel, wenn der Tag lang ist. Innerlich sind sie meilenweit von mir entfernt.
Der Respekt, den sie mir zeigen, ist nur geschauspielert. Es ist für sie nur
eine Pflichterfüllung, ein weiterer Programmpunkt, weiter nichts. 14 Darum
werde ich weiterhin seltsame Sachen mit diesen Leuten anstellen. Ich werde
Dinge tun, die sie nicht auf die Reihe kriegen. Die ganz Schlauen von ihnen
werden sich voll schämen, weil sie es nicht erklären können. Und selbst die
größte Intelligenzbestie wird alt aussehen, weil sie es nicht kapiert." 15 Die
Leute, die ihre Aktionen gerne ganz heimlich durchziehen, weil sie denken,
Gott kriegt das nicht mit, müssen echt aufpassen. Die denken: „Wer kann
mich schon erwischen? Wer wird meine Aktion bemerken?" 16 O Mann, ihr
seid echt voll doof! Stehen denn der Kfz-Mechaniker und das Auto auf einer
Stufe? Kann ein Auto zu seinem Mechaniker sagen: „Du darfst mich nicht
reparieren!" Oder kann das Auto von seinem Mechaniker behaupten: „Der
hat keine Ahnung von Motoren!"

Alles wird umgekehrt

17 Es dauert nicht mehr lange, dann wird sich der Libanonwald in einen
Obstgarten verwandeln, und die jetzigen Obstgärten verwandeln sich zu
Wäldern. 18 An dem Tag werden Menschen, die nicht sehen konnten, aus
ihrer Dauer-Dunkelheit rauskommen und anfangen, in der Zeitung zu lesen.
Menschen, die nicht hören konnten, werden dann plötzlich am Radio sit-
zen und alles verstehen. 19 Die Leute, denen es immer beschissen ging,
werden sich total über Gott freuen, und die kaputten Typen werden abgehen
vor Freude, wegen des ganz besonderen Gotts von Israel. 20 Der Brutalo,
der andere immer fertiggemacht hat, wird dann weg sein, und die Leute, die

immer ablästern, gibt es nicht mehr. Alle Menschen, die Dinge immer nur kaputt machen wollten, werden vernichtet. [21] Auch Menschen, die andere zu Unrecht verklagen, die anderen gerne mal eine Falle stellen, gibt es dann nicht mehr. Typen, die Richter bestechen, sind dann ausgestorben. Leute, die andere daran hindern, sich vor einem Gericht zu verteidigen, obwohl die nichts ausgefressen hatten, werden abgeschafft. [22] Darum sagt Gott, der damals schon Abraham aus seinen Schwierigkeiten rausgehauen hat, zu den Leuten von Israel: „Jetzt ist Schluss mit den Peinlichkeiten, Israel muss sich nicht mehr schämen. [23] Wenn ihr mitkriegt, was ich bei euch wieder an den Start bringe, dann werdet ihr mich auch wieder respektieren, dann müsst ihr mich, den Gott von Jakob, wieder toll finden. Ihr werdet vor dem Gott von Israel dann wieder Respekt haben. [24] Selbst die ganz verpeilten Leute werden es kapieren, und die Meckerheinis werden das akzeptieren, wenn man es ihnen verklickert."

30

Ägypten kannst du vergessen, wenn du Hilfe brauchst

[1] Gott sagt: „Passt bloß auf, ihr Heinis, zieht doch immer nur euer eigenes Ding durch. Ihr plant irgendwelche Sachen, ohne mich da mit einzubeziehen. Ihr macht Verträge, die ich überhaupt nicht gut finde. Damit macht ihr den Misthaufen nur noch größer, der zwischen euch und mir steht. [2] Anstatt erst mal mich zu fragen, was ich über die Sache denke, geht ihr gleich zum Präsidenten von Ägypten, um euch von dem beschützen zu lassen und euch hinter dem zu verstecken. [3] Aber wovon ihr euch Schutz versprochen habt, wird euch nur Nachteile bringen. Eure Flucht nach Ägypten wird ganz peinlich enden. [4] Die Chefs bei euch im Volk sind bis nach Zoan gegangen, und eure Botschafter sind bis nach Hanes gezogen. [5] Doch sie werden auch dort enttäuscht werden, denn die Leute dort können niemandem wirklich helfen. Was die einem bringen, sind am Ende nur Niederlagen und Peinlichkeiten hoch zehn." [6] Gott sagte über die Lkws und Fahrzeuge noch Folgendes: „Sie werden durch ein Land fahren, was große Probleme hat. Überall hat man Angst, gefährliche Tiere laufen frei herum, Giftschlangen, tödliche Spinnen und große Monster. Die Lkws sind beladen mit dem ganzen Geld, was dem Volk gehört. Damit will man ein Volk beschenken, was am Ende nicht wirklich helfen kann. [7] Denn die Hilfe von Ägypten bringt nichts. Darum nenn ich das Land ‚den zahnlosen Tiger'."

Die Leute wollen nur hören, was ihnen in den Kram passt

[8] Jetzt sagte mir Gott: „Jesaja, ich möchte, dass du eine Internetseite ins Netz stellst. Auf diese Seite sollst du ein paar Sachen schreiben, die ich dir gleich sagen werde. Es soll für immer dort stehen als ein Beweis. [9] Diese

Leute machen sowieso nur das, was ihnen gerade in den Kram passt. Sie
tun so, als wären sie meine Kinder, aber diese Möchtegern-Kinder tun
nicht das, was ich, Gott, ihnen gesagt habe. [10] Zu den Prophetentypen, die
von Gott hören, was alles abgeht, sagen sie: ‚Ihr sollt ab jetzt keine Ansa-
gen mehr machen, die von Gott kommen. Und wenn doch, dann bitte nur
Sachen, die wir auch hören wollen. Was uns nicht passt, ist verboten! Ihr
dürft uns nur sagen, was uns auch gefällt, egal, ob das jetzt stimmt oder
nicht! [11] Ihr sollt nicht mehr korrekt euren Job machen, und lasst uns bloß in
Ruhe mit eurem tollen, ganz besonders abgefahrenen Gott von Israel …‘
[12] Darum sage ich, der ganz besonders abgefahrene Gott von Israel, jetzt
Folgendes zu euch: Weil euch diese Worte furzegal sind, weil ihr eher Betrü-
gern und Abzockern vertraut als mir, [13] wird euch dieser Dreck kaputt
machen. Es wird sein wie ein Riss in einer tragenden Wand, der ganz plötz-
lich immer größer wird und dann das ganze Teil zum Einstürzen bringt.
[14] Es wird so sein wie bei einem Totalschaden am Auto, wo man nicht mal
mehr die Batterie oder die Autoreifen auf dem Schrottplatz verkaufen kann,
weil einfach das ganze Teil total platt ist.“ [15] Der Chef, der ganz besondere
Gott von Israel, sagt euch: „Ihr könnt euch retten, wenn ihr einfach mal
Ruhe gebt und mir vertraut.“ Aber ihr hattet da ja keinen Bock drauf. [16] Ihr
sagt: „Nein, wir wollen auf den schnellsten Maschinen in den Urlaub fah-
ren.“ Und ihr werdet tatsächlich auf der Flucht sein. Ihr sagt: „Nein, wir wol-
len mit 180 in die Kurve brettern“, aber eure Verfolger werden 190 auf dem
Tacho haben. [17] Vor einem Feind werden tausend von euren Männer fliehen.
Und wenn da nur fünf stehen und euch bedrohen, dann laufen alle weg.
Am Ende wird von eurer Armee nur noch eine Fahne übrig bleiben, die auf
der Spitze von einem Berg steht.

Gott wird seinen Leuten helfen

[18] Gott wartet aber die ganze Zeit nur dadrauf, euch endlich wieder helfen
zu können. Er wird zu euch kommen und euch lieben. Gott ist nämlich kor-
rekt, und die Leute, die mit ihm leben, können sich echt glücklich schätzen.
[19] An alle Menschen, die in Jerusalem wohnen, auf dem Berg von Zion: Ihr
müsst nicht mehr weinen! Gott wird euch ganz bestimmt wieder zeigen,
dass er euch liebt, wenn er eure Stimme hört, die nach Hilfe ruft. Sobald er
die hört, wird er auch reagieren. [20] Auch wenn Gott euch bis jetzt noch nicht
so viel zu essen und zu trinken gegeben hat, wird er sich dann auf jeden
Fall nicht mehr länger vor euch verstecken. Ihr werdet ihn mit euren Augen
sehen können, euren Gott, der euch was beibringen will. [21] Und wenn ihr
irgendwelche Entscheidungen treffen müsst und nicht wisst, ob jetzt dies
oder jenes angesagt ist, dann werdet ihr eine Stimme hören, die euch sagt:
Das ist die Richtung, hier geht’s lang! [22] Dann werdet ihr eure selbstgebas-

telten Plastikgötter, die mit Silberfolie beklebten Bilder, dreckig und unrein
machen. Du wirst sie in die Tonne kloppen und wirst so was sagen wie:
„Bloß weg mit dem Scheiß!" 23 Gott wird dafür sorgen, dass es genug reg-
net, damit die Samen auf den Feldern aufgehen und wachsen können. Aus
dem Boden werden schöne Kornpflanzen wachsen, aus denen man sehr viel
Mehl machen kann. Dann hast du fett und reichlich zu essen. Deine Tier-
herden werden in dieser Zeit auf großen Wiesen genug Gras finden können.
24 Die Trecker werden immer genug Diesel zum Tanken haben. Für die Pferde
und Kühe gibt es leckeres Futter zum Fressen, das man mit großen Spaten
und Gabeln gemischt und dann in ihren Futtertrog geschmissen hat. 25 An
dem Tag wird es vielen an den Kragen gehen, ganze Städte werden zerstört
werden, und von jedem hohen Berg und von jedem größeren Hügel werden
Sturzbäche runterfließen. 26 Das Licht vom Mond wird so hell sein wie
das normale Licht von der Sonne. Und das Licht von der Sonne wird sieben-
mal heller sein als normal, und dann wird sich das Licht von sieben Tagen
auch noch auf einen Tag konzentrieren. An dem Tag wird Gott die Verletzun-
gen von seinen Leuten heilen, die Wunden, die von ihm kommen, wird er
wieder in Ordnung bringen.

Assyrien

27 Gott kommt total sauer aus einiger Entfernung angerauscht und haut voll
rein, er lässt es brennen. Aus seinem Mund kommen harte Sachen raus,
seine Worte bedeuten Vernichtung, wie von einer Phosphorbombe. 28 Wenn
er nur pustet, ist das so, als würden bei einem Fluss alle Dämme brechen,
der Wasserspiegel steigt, es geht einem bis zum Hals. Er lässt über alle Völ-
ker seinen Virenscanner fahren, er wirft sie alle in ein Sieb und sortiert die
schlechten Menschen aus. Er wirft sie weg wie einen Sack Hausmüll. Er gibt
den Menschen so eine Art GPS-System für ihr Leben, aber führt sie damit
in die Irre. 29 Aber seine Leute werden abfeiern, sie werden nachts Party
machen und dabei Lieder grölen. Sie werden vor Freude abgehen wie bei
einem guten Open-Air-Konzert, denn es ist der Start für eine Reise zum
Zionsberg, dem Berg, der Gott gehört, der Berg von Israel. 30 Dann wird Gott
ganz groß auftrumpfen, er wird seine krasse Stimme hören lassen, er wird
vor allem mit seiner Hand voll zuschlagen. Er wird wie ein Flammenwerfer
vom Himmel kommen, wie ein heftiger Platzregen mit Hagelkörnern,
wie Blitz und Donner. 31 Nur mit seiner Stimme wird Gott Assyrien kaputt
machen, er schlägt voll zu, wie mit einem Baseballschläger. 32 Folgendes
wird dabei passieren: Jeder Schlag, der von Gott runterkommt, wird von total
düsterer Musik begleitet, mit E-Gitarren, Schlagzeug und Bass. Gott wird
selbst eingreifen, er wird mit seiner Faust ausholen und gegen sie kämpfen.
33 Der Ofen ist schon lange vorgeheizt. Da passen auch Präsidenten rein, er

ist groß genug dafür. Es gibt genug Benzin und Holzkohle zum Anfeuern.
Gott pustet nur einmal, und es kommt eine große Stichflamme wie aus
einem Gasbrenner und setzt alles in Brand.

31

Gott wird beim Problem mit den Assyrern helfen

1 Die Leute, die extra nach Ägypten latschen, um sich dort Hilfe zu holen,
müssen echt aufpassen! Sie denken, weil Ägypten so eine fette Armee hat,
mit vielen Panzern und Motorrädern, könnten die was reißen. Dabei ist
denen der ganz besondere Gott von Israel völlig egal, und sie fragen ihn
nichts. 2 Aber Gott ist nicht dumm. Er sorgt dafür, dass es denen bald
dreckig geht, und er nimmt seine Drohungen nicht zurück. Ganz im Gegen-
teil wird er gegen diese Bande von Hooligans etwas unternehmen, und
auch die Leute, die denen helfen, kriegen von ihm eins auf die Mütze. 3 Auch
die Ägypter sind nur Menschen, sie sind nicht wie Gott. Ihre Panzer sind
auch nur von Menschen gemacht worden, sie sind keine übermächtigen
Maschinen. Gott braucht nur einmal seine Hand auszustrecken, dann fällt
Ägypten auf die Fresse. Und Israel, das von ihnen beschützt wird, geht
dann natürlich auch kaputt, und dann sind sie beide Schrott. 4 Gott hat mir
Folgendes gesagt: „Ein Bär, egal, wie alt, verteidigt seine Beute. Und auch
wenn man eine ganze Gruppe von Hirten zusammenruft, wird der Bär sei-
nen Fang nicht so schnell rausrücken. Die können noch so viel rufen oder
in die Hände klatschen, das beeindruckt den null. Genauso werde ich,
Gott, der Oberbefehlshaber über die Armee des Himmels, auf den Berg
Zion runterkommen und ihn verteidigen. 5 So, wie ein Toptorhüter auf sei-
nen Kasten aufpasst, wie ein guter Verteidiger seinen Strafraum verteidigt,
wie ein Vogel sein Nest beschützt, so werde ich, der Chef über die Armee
des Himmels, auf Jerusalem aufpassen. Ich werde es beschützen und retten,
ich werde darauf aufpassen und es befreien." 6 Dreht um, Leute von Israel!
Kommt zurück zu eurem Gott! Ihr seid schon viel zu weit von ihm entfernt.
7 An diesem Tag, wo das passiert, wird jeder von euch seine ganzen Plas-
tikgötter auf den Müll schmeißen. Die Teile aus Gold und Silber, die ihr
euch selbst gebastelt habt, schmeißt ihr auf den Schrott. Dass ihr euch die
gemacht habt, war ganz großer Mist! 8 Gott sagt: „Assyrien wird kaputt-
gehen! Sie werden im Krieg vernichtet! Aber dieser Krieg wird nicht mit
Waffen von Menschen geführt werden. Sie werden alle fliehen, und die jun-
gen Soldaten werden dann alle zur Zwangsarbeit verknackt. 9 Ihr starker
Präsident wird vor Panik wie gelähmt sein, die Generäle verpissen sich und
begehen Fahnenflucht!" Diese Ansage kam von Gott, der sein Lagerfeuer
auf dem Zionsberg angezündet hat und auch in Jerusalem einen Ofen
stehen hat.

32

Eine neue Zeit, und alles wird gut
1 Aber bald wird es einen neuen Präsidenten geben. Der wird ultrakorrekt
regieren, und die Leute, die dann im Land das Sagen haben, werden ihre
Macht auch korrekt ausüben. 2 Jeder von diesen Typen wird gut zu den Leu-
ten sein. Sie werden die Menschen beschützen, wie ein Strandkorb vor
dem Wind schützt oder wie ein Regenschirm bei einem heftigen Regen. Sie
werden für viele wie ein Bach sein, der in einer ausgetrockneten Gegend
plötzlich anfängt zu fließen, oder wie eine Eisdiele, wo man sich in der
knalligen Hitze unterstellen und erfrischen kann. 3 Dann brauchen die Kurz-
sichtigen plötzlich keine Brille mehr, und die Leute mit Hörproblemen
kriegen wieder alles mit. Wer es nicht geblickt hat, kapiert es plötzlich, und
wer es nicht gerallt hat, versteht auf einmal alles. 4 Die Leute, die nie was
kapiert haben, bekommen plötzlich voll den Durchblick. Menschen, die sich
nie richtig ausdrücken konnten, halten plötzlich fließend einen 5-Stunden-
Vortrag. Wer früher ein Problem mit Stottern hatte, kann dann normal spre-
chen. 5 Dann ist Schluss mit dem ‚alles schönreden'. Dumme Aktionen
werden dann auch als ‚dumm' bezeichnet, und Betrüger kriegen nicht auch
noch einen Orden für ihren Mist verliehen. 6 Beknackte Menschen reden
nämlich auch nur beknacktes Zeug. Was so einer plant, ist total daneben, in
seinen Gedanken will er nur alles kaputt machen. So einer beleidigt Gott in
einer Tour. Leute, die einen innerlichen Hunger und Durst nach dem Sinn im
Leben haben, werden von solchen Menschen noch leerer zurückgelassen,
als sie vorher schon waren. 7 Fiese Menschen arbeiten mit fiesen Methoden.
Sie planen miese Attacken, um kaputte Leute durch seltsame Theorien zu
verwirren und sie noch kaputter zu machen, als sie sowieso schon sind. Und
selbst wenn in einer Diskussion oder vor Gericht andere eigentlich im
Recht sind, drehen sie denen auch noch das Wort im Mund um. 8 Korrekte
Menschen haben auch nur korrekte Sachen im Kopf und setzen sich auch
nur für korrekte Sachen ein.

Die Frauen in Jerusalem müssen echt aufpassen
9 Das geht jetzt an die Frauen und Mädels, die sich einfach über gar nichts
den Kopf machen. Passt mal gut auf! 10 Es dauert noch circa ein Jahr, dann
wird bei euch die Panik ausbrechen. Ihr werdet anfangen zu zittern, weil die
ganze Weinlese futsch ist und die Obsternte auch. 11 Diejenigen, die immer
superentspannt sind, sollen Angst bekommen! Die, die sich immer in
Sicherheit fühlen, sollen anfangen zu zittern. Zieht euch um, wechselt die
Kleidung, tragt jetzt nur noch Schwarz, als Zeichen dafür, dass ihr trauert.
12 Kriegt einen Heulkrampf, weint euch die Augen aus, trauert über die

schönen Felder und Weinstöcke, die jetzt kaputt sind. 13 Trauert auch um
die Felder von meinen Leuten, die jetzt nicht mehr bearbeitet werden und
ungenutzt daliegen. Sie sind nun voll mit Brennnesseln und Disteln. Fangt
an zu heulen, denn es gibt keine Partys mehr, die Stadt ist wie leer gefegt,
und alle Discos haben zu. 14 Die Regierungsgebäude wurden aufgegeben.
Auf den Straßen ist niemand. Die Schutztürme sind heruntergekommen
und leer, dort wohnen nur noch Ratten, und die Befestigungsanlagen sind
beliebt bei den Hasen, die jetzt dort leben.

Durch die Kraft von Gott wird alles anders

15 Das wird so lange sein, bis die Kraft von Gott, sein Geist, aus seiner ande-
ren Dimension zu uns runterkommt. Dann macht er aus dem ausgetrock-
neten Land einen leckeren Obstgarten, und aus einem stinknormalen Obst-
garten wird ein großer Wald. 16 Das, was korrekt ist, wird dann wieder
überall voll angesagt sein. In der Wüste, genauso wie im Obstgarten wird
das so sein. 17 Da, wo man korrekt und freundlich ist, wird man in Frieden
und in Sicherheit locker leben können. 18 Meine Leute werden dann dort
sein, wo kein Krieg mehr ist, sondern nur noch Frieden. Sie werden in Sicher-
heit leben und sich keine Sorgen mehr machen müssen. 19 Der Wald von
den Feinden wird niedergemäht, und ihre Städte werden untergehen. 20 Aber
ihr könnt glücklich sein. Ihr werdet dort eure Saat aussäen, wo es immer
genug Wasser gibt und wo eure Rinder und Esel frei rumlaufen können.

33

Jerusalems Probleme und Chancen

1 Pass bloß auf! Ich meine jetzt dich, der du alles kaputt gemacht hast,
der aber selber noch nie kaputt gemacht wurde. Und ich meine dich, der
andere abgezockt hat, aber selber noch nie abgezockt worden ist. In dem
Augenblick, wo du mit dem Kaputtmachen fertig bist, wirst du selber kaputt
gemacht werden. In dem Augenblick, wo du fertig damit bist, andere Men-
schen abzuzocken, wirst du selber abgezockt werden. 2 Gott! Bitte sei nett,
hab uns lieb! Wir hoffen darauf, dass du uns helfen wirst! Hilf uns, morgens
in die Gänge zu kommen, unterstütze uns! Gott, du musst uns retten,
wenn es uns dreckig geht! 3 Es gibt einen Riesenknall, und alle Völker ergrei-
fen die Flucht. Wenn du aufstehst, flüchten die Völker in alle Richtungen.
4 Alles, was sie besitzen, wird abgegriffen, wie die Geier stürzen sich die
Menschen auf die Beute; genauso wie zehn Katzen sich um eine Dose Whis-
kas schlagen, oder wie beim Aldi, wenn eine neue Kasse aufmacht. 5 Gott
ist der Größte, keiner kann ihm das Wasser reichen. Er lebt in einer anderen
Dimension, das Weltall ist sein Wohnzimmer. Und er sorgt dafür, dass
man auf dem Zionsberg sehen kann, was es bedeutet, wirklich korrekt zu

sein. Er sorgt dafür, dass dort alles gerecht zugeht. [6] Es wird dann eine Zeit geben, wo man in Sicherheit leben kann. Ganz viele Leute werden gesund, Menschen werden ganz viel verstehen, sie werden plötzlich die abgefahrensten Geheimnisse kapieren können. Was für sie aber das Genialste und Wertvollste von allem sein wird, ist, dass in der Zeit jeder heftigen Respekt vor Gott hat.

Gott tritt in Aktion

[7] Ich sehe in einer Vision, wie die Bewohner von Jerusalem schreiend durch die Gegend laufen! Die Männer, die laut verkündet hatten, dass jetzt alles gut wird und Frieden kommt, fangen laut an zu weinen. [8] Die Straßen sind ausgestorben, und kein Mensch ist draußen, denn keiner wagt sich vor die Tür. Eine feindliche Regierung hat irgendwie den Friedensvertrag gebrochen, den man vorher ausgehandelt hatte. Ein Menschenleben hat für die keinen Wert. [9] Das ganze Land vertrocknet, alles stirbt langsam ab. Das schöne Libanongebiet sieht echt peinlich aus, es trauert in Schwarz. Die Scharon-Ebene, früher ein Hauptanbaugebiet, sieht aus wie eine Wüste. Baschan und Karmel sind so trocken, dass die Bäume ihr Laub verlieren. [10] Jetzt höre ich Gott, wie er sagt: „Ich werde loslegen und zeigen, was ich draufhab. [11] Eure Pläne sind wie Klopapier; was dabei rauskommt, landet im Müll. Ihr werdet an eurer eigenen Wut ersticken, sie wird euch wie ein Feuer verbrennen. [12] Die Völker werden zu Asche verbrannt, sie werden wie ein vertrockneter Brombeerstrauch ins Feuer geworfen und verbrannt. [13] Alle Völker, egal, wo sie wohnen, sollen hören, was ich gemacht habe, und daran sehen, was für eine Power ich hab!" [14] Menschen in Jerusalem, die ohne Gott leben, kriegen voll die Panik, sie fangen an zu zittern und sagen: „Wer von uns ist denn in der Lage, so nahe an einem so krassen Feuer zu wohnen, in dessen Nähe man sofort verbrennt? Wer von uns kann sich hier an der krassen Hitze lange aufhalten?" [15] Es gibt ein paar Regeln: immer korrekt leben, keinen Stuss erzählen, bei der Wahrheit bleiben, an der Erpressung und dem Unterdrücken von anderen nicht verdienen, sich nicht durch Geschenke oder Kohle erpressen lassen, nicht weghören, wenn jemand ein Attentat plant, nicht wegsehen, wenn Leute abgezogen oder link und ungerecht behandelt werden. [16] Wer das durchzieht, wird immer in Sicherheit sein, er wird wie in einem Bunker wohnen, ihm kann nichts passieren. Er wird auch immer genug zu essen und zu trinken haben.

Gott ist unser Chef

[17] Dann wird ein Zeitpunkt kommen, wo du den Chef, eben Gott selbst, live sehen wirst. Du wirst seine geniale Schönheit bewundern. Es wird so sein, als würde man von einem Berg auf ein ganz weites Land runtersehen.

18 Alles, was einem früher an ätzenden Sachen passiert ist, hat man dann
vergessen: „Wie war das noch, damals? War das wichtig? Wo ist der Typ,
dem ich früher mein Geld abdrücken musste? Wo ist der Typ, der immer
alles kontrolliert hat? Hmm?“ 19 Diese nervigen Leute, die immer komische
unverständliche Dinge gesagt haben, sind dann ganz weit weg. 20 Alle sollen
mal sehen, was in Zion gerade passiert, der Stadt, wo wir unsere Partys für
Gott feiern! Dort wirst du dann ein Jerusalem sehen, in dem man wohnen
kann, ohne sich Sorgen machen zu müssen. Man muss nicht mehr ständig
umziehen, es wird dort stabil und sicher zugehen. 21 Der gigantische Gott
wird bei uns sein. Es wird dort viele Kanäle und Flüsse und einen Hafen
geben. Aber die Kriegsmarine hat da im Hafen nichts verloren, und auch die
großen Containerschiffe legen dort nicht an. 22 Denn Gott ist da. Unser Chef,
der das Sagen hat, der uns anführt, der Chef, unser Präsident. Und er wird
uns raushauen. 23 Wenn dort doch mal ein Schiff anlegt, dann ist es leichte
Beute. Es hat keinen großen Motor und kann nicht schnell abhauen. Man
kann es leicht plündern und die Waren an die Leute verschenken. Da bekom-
men alle was ab, auch die körperlich behinderten Menschen kriegen ihren
Anteil. 24 Kein Bewohner wird in der Zeit sagen: „Mir geht's so schlecht! Ich
bin gerade voll depressiv!“ Die Leute werden gut drauf sein, weil ihnen ihr
Mist verziehen wurde.

34

Edom ist am Ende

1 Alle mal herhören! Das geht jetzt an jede Nation auf der ganzen Welt. Hört
mir gut zu! Die ganze Welt soll das mitbekommen, jeder und alles, was
auf ihr lebt. 2 Gott ist supersauer auf alle Menschen, er ist voll aggro gegen
jede Armee. Er hat erklärt, dass bei allen, die nicht zu ihm gehören, die
Rote-Karte-Aktion durchgezogen werden soll. Das heißt, jeder von denen soll
getötet werden. 3 Alle Toten werden einfach so liegengelassen, man wird
sie nicht begraben. Der Gestank von den Leichen ist dann überall. Das Blut
wird in Bächen von den Bergen runterfließen. 4 Das Planetensystem wird
durcheinandergeraten, es zerfällt in sich. Das ganze Universum wird auf-
gerollt wie ein alter Teppich, es wird zugeschlagen wie ein großes Buch.
Alle Sterne, die „Soldaten im Universum“, gehen einfach kaputt. Sie fallen
runter wie die Blätter von einem Apfelbaum im Herbst, sie verwelken wie
eine Tulpe in der Vase. 5 Gottes Waffen stehen im Himmel bereit, er wird auf
Edom draufhauen, wo schon lange Feinde von Israel leben. Gott wird auf
die Leute hauen, mit denen er mal Verträge hatte. Es ist Zahltag, das Urteil
aus der Gerichtsverhandlung wird jetzt vollstreckt. 6 Ich sehe in einer Vision
ein großes Messer in Gottes Hand, es ist voll Blut und trieft von Fett. Die-
ses Blut und dieses Fett kommt von Schafen. Gott zieht gerade eine Opfer-

session durch, die in Bozra stattfindet. Dasselbe passiert gerade auch in
Edom. 7 Auch große Büffel, Rinder und andere starke Tiere werden ge-
schlachtet. Die ganze Erde ist bedeckt mit Blut, der Boden saugt das Blut
förmlich auf, es trieft überall von Fett. 8 Denn Gott hat einen Tag angesetzt,
wo er sich an den Feinden von Zion rächen wird, ein Jahr, in dem die für
ihre Taten den Kopf hinhalten müssen. 9 Die Flüsse in Edom werden
schwarz von Öl sein, und der Boden stinkt dann nach Chemieabfall. Dann
fängt überall im Land das Öl zu brennen an. 10 Dieses Feuer geht nicht aus,
immer weiter steigen die Rauchwolken zum Himmel. Das Land wird für
immer kaputt sein, man wird dort noch nicht mal mehr durchreisen können.
11 Ratten und Mäuse übernehmen dann die Kontrolle, Tauben und Raben
wohnen dort. Gott nimmt ein riesengroßes Metermaß und misst das ganze
Wüstengebiet aus. Jetzt steckt er dort ein Schild rein, wo draufsteht: „Hier
ist es öde, hier ist nichts los.“ 12 Aus der Oberschicht gibt es keinen, den
man zum Präsidenten machen könnte, von den leitenden Männern ist auch
keiner mehr da. 13 Die Regierungsgebäude stehen schon lange leer, Unkraut
und Brennnesseln wachsen davor. In der Villengegend sind überall Disteln
gewachsen. Dort leben auch die wilden Hunde und Katzen. 14 Hasen und
Hunde treffen sich in der Gegend. Dunkle Geister können sich da ausruhen.
15 Die Schlangen nisten sich ein, legen ihre Eier und brüten sie aus. Und
viele Elstern fliegen dort überall rum. 16 Checkt das ab, lest es im Buch von
Gott noch mal nach! Keins von den Tieren wird fehlen, und kein Tier wird
ein anderes vermissen. Gott, der Chef, hat es so befohlen, seine Kraft hat sie
alle zusammenkommen lassen. 17 Gott hat das Land aufgeteilt und es den
unterschiedlichen Tieren zugelost. Jedes Gebiet wurde von ihm genau
abgemessen. Es wird ihnen immer gehören, auf ewig. Auch ihre Kinder und
Enkel werden dort noch wohnen können.

35

Die Leute von Israel kommen nach Hause

1 Die Wüste wird zur Partymeile. Das ausgetrocknete Land wird total glück-
lich sein. Da, wo sonst nichts wächst, wird man feiern. 2 Dort wird dann
nämlich alles mit Blumen voll sein, man wird sich nur noch freuen und laut
losjubeln. Es soll so schön werden wie im Libanonwald, es soll so krass aus-
sehen wie der Berg Karmel und die Ebene Scharon. Und dann werden alle
Menschen die ganz heftige Seite von unserem Gott sehen, seine oberkrasse
Art. 3 Die Müden und Abgeschlafften sollen wieder stark werden. Die kraftlo-
sen Arme sollen wieder Muckis bekommen. Die weichen Knie sollen wieder
fest und kräftig werden. 4 Den Schissern unter euch sollt ihr zurufen: „Du
brauchst keine Angst mehr zu haben! Nur Mut! Euer Gott ist schon da! Er ist
da, um euch aus dem ganzen Müll rauszuholen! Er ist da, um sich an euren

Feinden zu rächen! Er wird es denen heimzahlen!“ 5 Dann können Blinde
wieder sehen, und Menschen, die nicht hören konnten, werden es plötzlich
wieder können. 6 Der Typ, der vorher noch im Rollstuhl saß, tanzt auf einmal
Pogo, und wer vorher nicht reden konnte, jubelt voll los. Denn in der Wüste
kommen plötzlich Wasserquellen aus dem Boden, und es entstehen überall
Bäche, wo vorher keine waren. 7 Da, wo vorher noch eine Bullenhitze war,
entsteht plötzlich ein Badesee. Mitten in einem total ausgetrockneten Land
gibt es auf einmal Wasserquellen. An der Stelle, wo sonst nur Ratten lebten,
wachsen dann überall Gras und anderes Grünzeug. 8 Dann wird dort eine
Straße gebaut werden, die man „den ganz besonders krassen Weg“ nennen
wird. Diese Straße darf niemand betreten, der nicht okay für Gott ist. Dort
dürfen nur die Leute von Gott drauf gehen. Aber wer auf diesem Weg ist,
wird sich nie mehr verlaufen, selbst wenn es einfache Menschen sind, die
sonst nicht viel kapiert haben. 9 Dort wird es keine Gefahren geben, es
gibt keine wilden Tiere, die einen plötzlich von hinten anfallen. Nur die Menschen, die es gepackt haben und gerettet wurden, werden dort rumlaufen.
10 Die Menschen, die von Gott befreit wurden, kommen wieder zurück nach
Zion, dem Berg, wo Gott wohnt. Sie sind gut drauf und jubeln laut, sie
freuen sich so krass, sie strahlen bis über beide Ohren und sind abgefüllt
mit Freude, für immer. Depressionen, Trauer, Sorgen, das wird es für sie
nicht mehr geben.

36

Jerusalem wird von einer feindlichen Armee belagert

1 Im vierzehnten Jahr, in dem Präsident Hiskija an der Macht war, fiel
Sanherib, der Präsident von Assyrien, in das Land Juda ein. Er eroberte alle
großen Städte. 2 Sanherib befahl dann seinem Innenminister, mit einer
riesengroßen Armee von Lachisch aus Jerusalem und dessen Präsidenten
Hiskija anzugreifen. Mit seinen Truppen stellte der sich dann entlang der
Wasserleitung am oberen Teich auf, an der Straße, die von der Textilfabrik
kommt. 3 Der Innenminister Eljakim (ein Sohn von Hiskija), der Minister für
Arbeit und Soziales Schebna und der Wirtschaftsminister Joach (ein Sohn
von Asaf) kamen dann mal zu einem Treffen im Büro vom Innenminister
von Assyrien. 4 Der Innenminister von Assyrien fing gleich an zu reden:
„Machen Sie eine Meldung bei Ihrem Präsidenten Hiskija! Sagen Sie ihm,
dass der Präsident von Assyrien folgende Nachricht für ihn hat: Herr Präsident, wo nehmen Sie ihr Vertrauen eigentlich her? 5 Glauben Sie im Ernst,
Sie könnten mit Ihrem leeren Gelaber mich mit meiner langjährigen
Erfahrung und meinem Wissen in der Kriegsführung schachmatt setzen?
Auf was vertrauen Sie eigentlich, dass Sie hier derart gegen mich anstänkern? 6 Hoffen Sie vielleicht auf militärische Unterstützung aus Ägypten?

Dann könnten Sie auch gleich Lotto spielen! Da ist die Chance auf sechs Richtige mit Zusatzzahl zigmal größer, als dass der Präsident von Ägypten Ihnen helfen wird. Der Präsident von Ägypten geht so mit jedem um, der dadrauf vertraut, von ihm Hilfe zu bekommen. 7 Wenn jetzt von Ihnen so was kommt wie: ‚Wir vertrauen auf unseren Gott', dann kann ich nur die Frage stellen: Wie können Sie auf den denn noch hoffen, da Sie, Herr Hiskija, gerade alle seine Opferplätze im Land weggesprengt haben? Kam der Befehl nicht sogar direkt von Ihnen, dass man nur noch in Jerusalem zu ihm beten und ihm Dinge opfern kann, sonst nirgendwo mehr? 8 Ich habe hier einen Deal, den mein Chef, der Präsident von Assyrien, Ihnen anbieten will. Es geht um eine Wette. Er ist bereit, Ihnen zweitausend von seinen Panzern zur Verfügung zu stellen, wenn Sie die dafür benötigten Soldaten zusammenkriegen können. 9 Aber Sie schaffen es ja noch nicht mal, gegen einen popeligen Unteroffizier von der Armee meines Chefs anzukommen. Sie hoffen ja nur, dass Ihnen noch rechtzeitig die Armee der Ägypter mit ihren Panzern und Motorrädern zu Hilfe kommt. 10 Ich soll Ihnen von meinem Chef außerdem noch ausrichten, dass Sie bloß nicht glauben sollen, er hätte seine Absicht, ihr Land anzugreifen, geplant, ohne sich vorher das Okay von Gott geholt zu haben. ‚Leg los! Mach dieses Land platt!', hat Gott selbst gesagt.'" 11 Eljakim, Schebna und Joach unterbrachen in dem Augenblick den Innenminister: „Reden Sie doch bitte in Aramäisch mit uns, das können wir auch verstehen. Die Leute auf der Stadtmauer hören uns nämlich zu, und die können nur Hebräisch verstehen! Die brauchen es ja nicht mitzukriegen." 12 Der Innenminister von Assyrien antwortete: „Hat mich mein Chef vielleicht nur zu Ihnen und zu Ihrem Chef geschickt, oder wie? Bestimmt nicht, er wollte, dass auch die Männer, die da oben auf der Mauer sitzen, das mitkriegen. Mit denen werdet Ihr nämlich bald eure eigene Scheiße zu Mittag essen und eure Pisse dazu trinken, weil Ihr nichts anderes zu essen findet." 13 Er stand auf und ging einen Schritt nach vorne. Dann rief er voll laut: „Hey! Hört mal gut zu, was der mächtige Präsident von Assyrien euch ausrichten lässt: 14 ‚Lasst euch nicht von Hiskija bescheißen! Der kann euch auch nicht helfen! 15 Der Typ versucht, euch nur wieder auf Gott einzuschwören, indem er sagt: ‚Gott wird uns bestimmt helfen, er wird nicht zulassen, dass diese Stadt in die Hände des Präsidenten von Assyrien fällt!' 16 Hört nicht auf Hiskija! Ich, der Präsident von Assyrien, mache euch heute ein Angebot. Ergebt euch, kommt raus und lasst uns einen Übergabevertrag abschließen! Ich verspreche euch, dass jeder von seinem Weinstock, seiner Apfelernte und von seinem Wasser eine Zeitlang weiterleben darf. 17 Zumindest so lange, bis wir euch in ein Land bringen, das so ähnlich ist wie das Land, wo ihr jetzt lebt. Es gibt dort reichlich Möglichkeiten, Korn anzupflanzen und Obstanbau zu betreiben, dort habt ihr dann volle Kühlschränke

und Weinregale. 18 Lasst euch nicht von Hiskija verführen! Er labert euch
voll mit solchen Sprüchen wie: ‚Gott wird uns schon raushauen!‘ Pah, die
Götter von den anderen Nationen, gegen die ich Krieg geführt habe, konnten
auch nichts gegen mich ausrichten. 19 Wo sind sie denn geblieben, die Göt-
ter von Hamat und Arpad? Wo ist der Gott von Sefarwajim? Und haben
die Götter von Samaria die Bewohner vor mir beschützen können? Nein!
20 Nenne mir nur einen Gott von den anderen Ländern, der stark genug war,
um die Bewohner vor mir zu schützen? Und jetzt soll ausgerechnet euer
Gott, der in Jerusalem wohnt, eine Chance gegen mich haben?‘“ 21 Die Leute,
die auf der Stadtmauer standen, sagten keinen Pieps, weil Hiskija ihnen
das verboten hatte. 22 Eljakim, Schebna und Joach waren voll fertig, nach-
dem sie diese Sprüche gehört hatten. Mit verheulten Augen kamen sie bei
Hiskija an und erzählten ihm, was der Innenminister von Assyrien gerade
alles von sich gegeben hatte.

37

Hiskija bittet Jesaja um Hilfe

1 Als der Präsident Hiskija von der Sache hörte, war er auch total fertig und
traurig. Um das zu zeigen, zog er sich schwarze Klamotten an und ging
zum Beten in den Tempel von Gott. 2 Danach schickte er den Innenminister
Eljakim, den Minister für Arbeit und Soziales, Schebna, und die obersten
Priester, ebenfalls alle in schwarzen Trauerklamotten, zum Prophetentypen
Jesaja. Jesaja war ein Sohn von Amoz. 3 Sie sollten ihm Folgendes von His-
kija ausrichten: „Heute ist ein ganz übler und peinlicher Tag! Gott bestraft
uns! Es ist so, wie wenn Babys bei der Geburt im Geburtskanal stecken blei-
ben, weil die Mutter keine Kraft mehr hat, das Kind richtig rauszupressen.
4 Der Präsident von Assyrien hat seinen Innenminister hierhergeschickt, um
Gott zu verarschen! Es wäre so gut, wenn Ihr Gott sich das mal anhören
würde, was der Typ da alles vom Stapel lässt. Wir wären dafür, dass Gott
dem dafür mal anständig eine reindrückt. Bitte, könnten Sie mit ihm nicht
mal dadrüber reden? Könnten Sie nicht einmal bei Gott ein gutes Wort ein-
legen für den mickrigen Rest von seinen Leuten, die noch leben?“ 5 Mit die-
ser Nachricht kamen die Männer dann etwas später bei Jesaja an. 6 Seine
Antwort war: „Sie können dem Präsidenten Folgendes von mir ausrichten:
Gott sagt zu Ihnen: ‚Du brauchst keinen Schiss zu haben! Lass dich nicht
von den Worten, die du gehört hast, beeindrucken. Die Mitarbeiter und der
Präsident von Assyrien haben ja eigentlich über mich abgelästert. 7 Pass auf,
ich werde dafür sorgen, dass der seine Pläne nicht durchzieht. Er wird bald
ein Gerücht aus seiner Heimat hören und deswegen schnell seine Sachen
packen und zurückfahren. Und dann werde ich dafür sorgen, dass er in sei-
nem eigenen Land getötet wird.‘“ 8 Als der Innenminister wieder zurückkam,

kämpfte der Präsident von Assyrien gerade gegen Libna, weil er den Krieg gegen Lachisch abgebrochen hatte.

Sanherib macht einen auf dicke Hose, und Hiskija betet einfach

9 Der Präsident von Assyrien hörte davon, dass eine Armee vom äthiopischen Präsidenten gegen ihn in den Krieg gezogen war. Er schickte deswegen einen Brief an Hiskija. 10 „Sehr geehrter Präsident Hiskija, wenn Sie einen Tipp von mir wollen, dann würde ich mich an Ihrer Stelle in dieser Sache nicht zu sehr auf Ihren Gott verlassen. Glauben Sie das nicht, wenn solche dummen Behauptungen kommen wie: ‚Jerusalem wird nie und nimmer vom Präsidenten von Assyrien eingenommen werden!' 11 Ihnen wird doch nicht entgangen sein, was die Präsidenten von Assyrien generell mit allen Ländern gemacht haben? Bei jedem, der besiegt wurde, hat man die Rote-Karte-Aktion radikal durchgezogen. Alles, was lebt, jeder Mensch und jedes Tier, wurde getötet. Und jetzt glauben ausgerechnet Sie, dass Sie heil davonkommen werden? 12 Denken Sie mal an die Götter der Völker, gegen die meine Vorgänger gekämpft haben. Gosan, Haran, Rezef und wie sie alle heißen. Oder die Söhne von Eden, die in Telassar wohnten. Haben deren Götter diese Leute vielleicht retten können? 13 Oder wie ist das mit dem Präsidenten von Hamat, von der Stadt Arpad oder der Stadt Sefarwajim, Hena oder Awa? Hä? Überlegen Sie mal. Hochachtungsvoll, Ihr Sanherib." 14–15 Die Typen übergaben den Brief an Hiskija. Als der den gelesen hatte, ging er erst mal in den Tempel, um eine Runde zu beten. 16 „Gott, du bist der wirkliche Chef dieser Welt! Du bist der Gott von uns Israeliten, und du bist zwischen den Engelsfiguren über der Kiste immer ganz krass anwesend. Du bist der einzige Gott, du bist der eigentliche Chef über alle Regierungen auf der Welt. Und du hast das Universum und die Erde gemacht. 17 Bitte hilf uns, wir brauchen dich! Siehst du, was dieser Sanherib hier macht? Hast du gehört, wie er dich, den einzigen Gott, verarscht hat? 18 Es stimmt zwar, mein Gott, dass die Präsidenten von Assyrien eine Nation nach der nächsten plattgemacht haben. 19 Deren Götter kamen dann in den Schredder oder wurden verbrannt. Aber das waren ja auch keine echten Götter, die waren ja nur aus Plastik oder aus Holz. Irgendein Mensch hatte die selber gebastelt, darum konnte man sie auch so leicht kaputt machen. 20 Gott, unser Chef, bitte rette uns vor diesem Präsidenten! Dann werden alle anderen Nationen auf der Erde sehen, dass du der einzige echte Gott weit und breit bist!"

Gott macht sich über den Präsidenten von Assyrien lustig

21 Schließlich meldete sich Jesaja zu Wort. Er ließ dem Präsidenten Hiskija Folgendes ausrichten: „Was Sie jetzt hören, kommt direkt vom Gott von

Israel. Er sagt Ihnen: ‚Du hast mich um Hilfe gebeten wegen deinen Problemen mit dem Präsidenten von Assyrien, diesem Sanherib? 22 Ich, dein Gott, habe ihm Folgendes zu sagen: Alle Menschen aus der Stadt Zion lachen sich über dich tot! Sie verarschen dich, sie zeigen dir den Stinkefinger, sie verachten dich. 23 Ist dir klar, gegen wen du überhaupt gelästert hast? Weißt du, auf wen du dich da einlässt? Es ist der krasse Gott von Israel, ja, mir hast du direkt ins Gesicht gespuckt.'" 24 Die Angestellten vom Präsidenten von Assyrien haben durch das, was sie auf seinen Befehl hin gesagt haben, nur Schwachsinn über Gott erzählt. Sie verbreiteten ja überall dieses tolle Lied:

„Mit tausend Wagen hab ich sogar die Spitze der Berge eingenommen.
Ich bin bis zum äußersten Ende vom Libanon gekommen.
Ich habe den Zedernwald oben auf dem Berg plattgemacht.
Die besondere Sorte Apfelbaum hab ich auch mitbedacht.
Ich kam bis ganz nach oben, wo die Bäume ganz dicht stehen,
25 am ganz fremden Wasserhahn musste ich drehen.
Dann hab ich mit nur einem Tritt Ägyptens Flüsse
austrocknen lassen, da gab es im Boden nur noch Risse."
26 Doch Gott antwortet: „Hast du nicht kapiert, dass ich schon lange vor dir Dinge tat?
Das war beschlossene Sache, das war alles geplant.
Alles, was du gemacht hast, ließ ich geschehen.
Du könntest bei der ganzen Zerstörung zusehen,
wie sich alle Städte in Schrott verwandeln.
27 Ihre Bewohner konnten nicht mehr verhandeln.
Sie waren erschrocken, verbrannten wie Gras,
das jetzt ausgetrocknet ist und nicht mehr nass.
28 Ich weiß, was du so machst, wohin du auch gehst
und ob du dich gerade gegen mich auflehnst.
29 Weil du gegen mich demonstrierst und gegen mich kämpfst,
weil dein Stolz zurzeit völlig ungehemmt ist,
werde ich dir ein Extra-Halsband anpassen
und dir dazu einen Maulkorb verpassen.
Auf dem alten Weg treibe ich dich Stück für Stück
die ganze lange Strecke wieder zurück!
30 Und damit du, Hiskija, das auch glaubst, werde ich, Gott, Folgendes
passieren lassen: In den nächsten zwei Jahren werdet ihr euch von den
Dingen ernähren können, die auf den Feldern einfach so wachsen. Aber
im dritten Jahr müsst ihr wieder Körner aussäen und ernten. Das gilt
auch für die Weinberge. 31 Alle Bewohner von Juda, die ihr Leben retten

konnten, werden sich dort wieder fest verwurzeln. Sie werden wie eine
Pflanze unten mit den Wurzeln in den Boden wachsen und oben viele
Früchte tragen. 32 Es werden nämliche einige Menschen aus Jerusalem
übrig bleiben, sie werden der Katastrophe auf dem Berg Zion entkommen.
Das wird so sein, weil ich, der Chef vom Universum, meine Leute immer
noch total liebe und immer bei ihnen bin. 33 Darum sage ich, Gott, noch
einmal zum Präsidenten von Assyrien: ‚Du wirst diese Stadt nicht ein-
nehmen! Du wirst nicht einen Schuss auf sie abfeuern. Du wirst nicht mit
einem Panzer dort einfahren. Du wirst nicht einmal dazu kommen, eine
Angriffsrampe gegen sie aufzustellen. 34 Auf dem Weg, auf dem du her-
gekommen bist, wirst du auch wieder zurückgehen. Du wirst nicht in
die Stadt einziehen. Das garantiere ich, Gott, dir höchstpersönlich. 35 Denn
ich werde einen Schutzschirm um diese Stadt aufbauen. Ich werde sie
retten, weil ich das so will und auch wegen David.'"

Die Stadt wird gerettet

36 Plötzlich kam ein übernatürliches Wesen von Gott, so ein Engel, in
das Lager der assyrischen Armee. Dort tötete der Engel mit einem Mal
185 000 Soldaten! Am nächsten Morgen lagen dort überall nur Leichen
rum. 37 Als der Präsident Sanherib das sah, brach er den Angriff ab und zog
wieder zurück nach Hause, in die Stadt Ninive. 38 An einem Tag, er war
gerade im Tempel von seinem Gott Nisroch am Beten, kamen seine zwei
Söhne Adrammelech und Sarezer von hinten und schnitten ihm die Kehle
durch. Anschließend mussten sie in das Land Ararat fliehen. Als Nächstes
kam Asarhaddon, ein anderer Sohn von Sanherib, an die Macht.

38

Gott hört auf das Gebet von Hiskija

1 Dann gab es mal eine Zeit, wo Hiskija plötzlich todkrank wurde. Der Pro-
phetentyp Jesaja kam auf Besuch vorbei und hatte keine so tollen Nach-
richten. „Gott hat mir gesagt, Sie können sich schon mal dadrauf einstellen,
dass Sie bald sterben werden!" 2 Hiskija drehte sich in seinem Bett zur
Wand und fing an zu beten: 3 „Mann, Gott, das kann doch nicht wahr sein!
Hör mal, ich hab doch immer alles getan, was du wolltest, ich war dir treu.
Ich hab immer radikal mit dir gelebt und alles durchgezogen, was du zu mir
gesagt hast." Hiskija heulte voll los. 4 Plötzlich redete Gott mit Jesaja. Er
sagte ihm: 5 „Geh noch mal zum Hiskija und richte ihm Folgendes aus: ‚Das
kommt jetzt von Gott, dem Gott, an den auch dein Urgroßvater David
geglaubt hat: Ich habe deine Gebete gehört, und ich hab auch gesehen, wie
du geweint hast. Pass auf, du kriegst noch mal 15 Bonusjahre dazu. 6 Ich
werde dir auch bei dem Problem mit diesem Präsidenten von den Assyrern

helfen, und Jerusalem werde ich auch beschützen. 7 Damit du glaubst, dass
diese Nachricht auch wirklich von mir, Gott, kommt, werde ich folgendes
fette Wunder tun. 8 Und zwar werde ich die Zeit jetzt einfach mal zehn Stun-
den zurückdrehen.“ Und als er das Hiskija sagte, passierte genau das!
Zack, plötzlich drehten sich alle Uhren um zehn Stunden zurück!

Ein Gebet von Hiskija

9 Als Hiskija wieder gesund war, hat er folgendes Gebet aufgeschrieben:
10 Als ich völlig kaputt und am Ende war, sagte ich: ‚Gott, soll ich etwa jetzt
schon sterben? Und das, obwohl ich gerade mal vierzig bin? Zockt man mir
meine letzten Jahre einfach weg? 11 Ich werde bald tot sein, und dann darf ich
Gott nicht mehr live und in Farbe erleben. Wenn ich bei den Toten bin, kann
ich ja auch keine Menschen mehr treffen, die noch lebendig sind. 12 Mein
Haus wird abgerissen, alles wird mir weggenommen. Sie bauen mein Leben
ab wie ein altes Zelt. Wie einen Socken, der fertiggestrickt wurde, so wurde
mit mir Schluss gemacht. Ich wurde von seinem Wollknäuel losgeschnitten.
Die ganze Zeit spüre ich, dass es bald mit mir zu Ende geht. 13 Schon früh-
morgens bin ich total fertig. Ich schreie um Hilfe, aber wie ein Pitbull einen
Knochen zerbeißt, so wurde ich zermalmt. Jeden Tag hab ich ständig das
Gefühl, dass du meinem Leben heute ein Ende machen wirst. 14 Wie eine
Schwalbe oder eine Drossel zwitschere ich zu dir, oder wie eine Taube gurre
ich dich an. Ich sehe mit meinen schlaffen Augen zu dir nach oben. Es geht
mir beschissen, Gott! Jetzt hilf mir endlich!‘ 15 Aber mal im Ernst, was soll
ich mir den Mund fusselig reden, nachdem er mir diese Ansage gemacht
und mir geholfen hat? Stattdessen will ich Gott jeden Tag sagen, wie genial
er ist, ganz egal, wie ich gerade drauf bin. 16 Gott, ich vertraue dir! Du hast
mich abgecheckt. Du hast mich gesund gemacht. 17 Du hast mich immer aus
den fiesesten Situationen rausgeholt. Du hast mich davor beschützt, zu ster-
ben. Den ganzen Mist, den ich gebaut hab, hast du einfach hinter dir in den
Müll geschmissen. 18 Wenn man erst mal tot ist, gibt es keinen, der einen
noch toll findet. Niemand schreibt dort ein Lied über dich, und auf deine
Hilfe, Gott, kann man dann erst recht nicht mehr hoffen. 19 Nur die Men-
schen, die noch leben, können dich toll finden und dir danke sagen, so wie
ich das gerade mache. Ein Vater schwärmt seinen Kindern vor, wie treu du
bist. 20 Gott war bereit, mich aus der Scheiße zu holen, er war bereit, mich
zu retten. Darum sollten wir ihm immer Lieder singen oder mit Bands für
ihn gute Songs in seinem Tempel spielen.

Jesajas Behandlungsmethode

21 Jesaja sagte noch, als er bei Hiskija war, dass dessen Angestellte etwas
Apfelbrei nehmen und den auf seiner Haut verstreichen sollten. Dadurch

wurde Hiskija dann ja wieder gesund. 22 Der fragte aber vorher noch: „Krieg
ich irgendwie noch einen Beweis von Gott, dass diese Worte auch wirklich
eintreffen werden?“ Und dieser Beweis war, wie gesagt, dass sich alle Uhren
um zehn Stunden zurückstellten.

39

Gott findet es nicht so toll, was Hiskija dann macht

1 In der Zeit war in Babylonien gerade Merodach-Baladan an der Macht,
der aus der Familie von Baladan kam. Als der hörte, dass Hiskija schlimm
krank gewesen war, es ihm jetzt aber besserging, schickte er einen Blu-
menstrauß, einen großen Obstkorb, Schokolade und einen Brief. Das Ganze
wurde von ein paar Angestellten Hiskija persönlich überbracht. 2 Hiskija
freute sich voll dadrüber. Er lud die Angestellten zu sich nach Hause ein
und zeigte ihnen sein ganzes Anwesen. Schließlich gab es sogar noch eine
Führung durch das ganze Regierungsgebäude und seine eigene Villa. Er
zeigte ihnen seinen privaten Waffenschrank, seinen großen begehbaren
Kühlschrank mit Spezialitäten aus aller Welt, seine Sammlung von voll teu-
ren Parfüms, seine Antiquitätensammlung, den ganzen Goldschmuck,
den er besaß, und am Ende ließ er sie sogar in seine Kontoauszuzüge sehen,
um zu zeigen, wie reich er ist. 3 Als die Männer wieder weg waren, kam der
Prophetentyp Jesaja mal auf Besuch vorbei. „Was wollten diese Männer
eigentlich hier?“, fragte er Hiskija. „Und woher kamen die?“ – „Die kamen
aus dem Ausland, aus Babylonien“, antwortete er. 4 „Und was haben die sich
in Ihrem Haus alles angesehen?“ „Eigentlich alles“, lachte Hiskija. „Es gibt
nichts, was ich ihnen nicht gezeigt hätte, inklusive meiner Kontoauszüge
und des ganzen Goldschmucks, der mir gehört.“ 5 „Hm, hören Sie mal, was
der Chef von allem, Gott selbst, dazu zu sagen hat: 6 ‚Es wird eine Zeit
geben, da kommt alles, was dir gehört, also der ganze Besitz, inklusive der
Sachen, die du von deinem Vater geerbt hast, nach Babylon. Nichts wird
davon hierbleiben. 7 Viele deiner Söhne werden nach Babylon verschleppt,
und zwar auch die, die du erst noch bekommen wirst. Sie werden direkt
beim Präsidenten in seinem Privathaushalt Zwangsarbeit machen müssen.“
8 „Gut, wenn Gott das so sagt, dann ist das wohl okay für mich“, meinte
Hiskija. Dabei dachte er: „Solange alles friedlich abgeht, während ich noch
lebe, ist das für mich okay so.“

40

Gott tröstet seine Leute, die nach Babylonien verschleppt wurden

1 Gott sagt: „Bringt meine Leute wieder gut drauf! Tröstet sie! 2 Ermutigt die
Menschen, die in Jerusalem wohnen! Ihr könnt ihnen sagen, dass die Zeit
der Zwangsarbeit jetzt vorbei ist. Eure Schulden sind bezahlt! Ihr habt zwar

die Höchststrafe für euren Mist bekommen, aber jetzt ist es vorbei!" 3 Ich
höre jemanden, der schreit: „Macht den Weg frei für Gott! Baut eine Straße
für Gott durch die Wüste! 4 Die Berge sollen plattgemacht werden, und
die Täler sollen aufgeschüttet werden, so dass alles flach wird und auf eine
Ebene kommt. 5 Gott höchstpersönlich wird in seiner ganz krassen Art
auftauchen. Alle Menschen werden das sehen können. Das hat Gott so
gesagt." 6 Dann hörte ich wieder eine Stimme, die zu mir sagte: „Schrei los!"
Und ich fragte: „Was soll ich denn schreien?" „Dass alle Menschen mal
vergammeln werden, und wenn sie auch noch so gut drauf waren, am Ende
verwelken sie doch wie ein Tulpenstrauß auf der Fensterbank. 7 Das Gras
vertrocknet und die Blumen verwelken, wenn Gott dort seinen heißen Atem
drüberbläst. Ja, die Leute sind eigentlich wie Gras!" 8 „Das Gras vertrocknet,
die Blumen verwelken, aber das, was Gott gesagt hat, bleibt für immer, die
Wirkung davon hört nie auf."

Eine Nachricht, über die man sich freut

9 Das geht an die Stadt Jerusalem: „Dreh das Mikro voll auf! Ruf es, so laut
es geht! Du hast eine Nachricht, über die man sich freuen kann! Hab keine
Hemmungen! Rede zu den anderen Städten von Juda. Sag ihnen: Passt auf,
da kommt euer Gott! 10 Und Gott kommt heftig, mit viel Power, er kommt
als Sieger. Er bringt seinen Pokal gleich mit. Die Leute, die er befreit hat,
sind nämlich bei ihm. 11 Er führt sie wie ein guter Pilot sein Flugzeug. Er will
das Beste aus ihnen rausholen, wie ein guter Fußballtrainer aus seiner
Mannschaft. Er leitet sie wie ein Hirte, der auf seine Schafe aufpasst. Er trägt
die Babyschafe auf dem Arm, die Muttertiere führt er und beschützt sie."

Gott ist gigantisch groß

12 Wer kann in einer Hand das ganze Wasser der Erde halten? Wer kann mit
seinem Arm das ganze Weltall ausmessen? Wer weiß genau, wie viele Staub-
körner es auf der Erde gibt? Wer kann sagen, wie viel alle Berge und Hügel
wiegen, wenn man sie auf eine Waage legen würde? 13 Wer kann abschätzen,
was Gott gerade denkt? Wo gibt es einen Typ, der Gott in schwierigen Fragen
beraten könnte? 14 Wer könnte mit ihm auf einem Level diskutieren? Von
wem könnte Gott noch was lernen? Wer hat es so drauf, dass Gott in dessen
Schule gehen würde? 15 Pass auf, für Gott sind alle Nationen zusammen
so groß wie ein kleiner Tropfen am Wasserhahn oder wie ein paar Krümel
Mehl auf einer Personenwaage. Wenn er Bock drauf hat, dann hebt er
jede Insel mit seinem kleinen Finger hoch, so als wäre die ein Stück Watte.
16 Selbst wenn du alles Holz aus dem Thüringer Wald sammeln und zusam-
men mit allen Tieren, die dort leben, anzünden würdest, wäre das noch
nicht genug, um ein Abfackelopfer in der Größenordnung zu veranstalten,

wie das für ihn passen würde. 17 Alle Nationen zusammen sind im Vergleich
zu Gott winzig klein. Sie zählen so gut wie nichts und sind total unwichtig.
18 Mit wem oder was wollt ihr Gott vergleichen? Was für ein Bild kann man
malen, das ihn wirklich realistisch darstellt? 19 Ist doch verrückt, da basteln
sich irgendwelche Typen solche Plastikgötter. Sie machen die Form fertig,
gießen dort flüssiges Eisen rein, dann sprühen sie das Ganze schön mit
Goldfarbe an und behängen das Teil mit ein paar Ketten aus Gold und Silber.
20 Zum Abschluss organisiert man sich noch etwas Mahagoniholz für einen
passenden Sockel, wo die Figur dann draufstehen soll. Ein besonders guter
Künstler wird für diese Arbeiten ausgesucht, damit das Ding am Ende auch
nicht wackelt. 21 Schnallt ihr das denn nicht? Geht das nicht in eure Birne
rein? Hat man euch das nicht schon immer erzählt? Kann man das nicht
schon ab dem Zeitpunkt der Entstehung der ganzen Erde sehen? 22 Gott
ist der Chef! Er sitzt auf seinem Chefsessel in einer parallelen Dimension.
Von dort sehen die Menschen aus wie kleine Ameisen. Er hat das Sternen-
system, die Milchstraße im Himmel, wie ein großes Bettlaken ausgespannt
oder wie eine Zeltplane, unter der die Menschen leben. 23 Die Präsidenten
dieser Welt sind Nullnummern im Vergleich zu ihm. Die Menschen, die
auf der Erde was zu sagen haben, werden von ihm kaltgestellt. 24 Gerade
haben sie angefangen, ihre Macht auszubauen und sich auszubreiten, kaum
fangen sie an, Wurzeln zu schlagen, da werden sie von Gott auch schon
wieder weggepustet. Sie vertrocknen wie Grashalme in der Sonne, es
braucht nur ein Wind aufzukommen, dann werden sie auch schon wegge-
weht. 25 „Mit wem wollt ihr mich auf eine Stufe stellen?", fragt euch Gott.
„Mit wem wollt ihr mich vergleichen?" 26 Schaut euch doch nur mal die
Sterne am Himmel an! Wer hat die gemacht? Das war Gott, jeder einzelne
kommt von ihm. Und er hat jedem auch einen Namen und eine Bedeutung
gegeben. Und wenn dieser heftige Gott alle zu sich ruft, dann traut sich
keiner, dieses Treffen einfach zu schwänzen.

Gott hilft dabei durchzuziehen

27 Warum meckert ihr rum? Ich meine jetzt die Leute von Israel. Warum
sagt ihr so was wie „Gott interessiert sich nicht für mein Leben, und er
lässt es zu, wenn ich von anderen abgezogen werde"? 28 Habt ihr das noch
nie gehört, oder habt ihr es einfach noch nicht kapiert? Gott gab es schon
immer und es wird ihn immer geben. Er hat die Erde gemacht, und er wird
nie müde, er schlafft nie ab. Gott weiß alles, er hat es voll drauf, er ist super-
schlau. 29 Den Menschen, die nicht mehr weiterkönnen, gibt er Kraft. Leuten,
die es nie packen würden, hilft er, er macht sie stark. 30 Auch Jugendliche
schlaffen mal ab und haben keine Kraft mehr. Sie fallen dann auf die Fresse
oder brechen zusammen. 31 Aber alle, die auf Gott setzen, werden neue

Kraft bekommen. Sie stehen über den Dingen, sie können plötzlich fliegen
wie ein Hubschrauber. Sie laufen und laufen und werden dabei nicht müde,
sie gehen kilometerweit, ohne dabei die Power zu verlieren.

41

Gott fordert die Plastikgötter zum Kampf raus

1 „Jetzt haltet mal alle den Mund und hört zu!“, sagt Gott. „Jede Nation soll
zu mir kommen und ihre Sache vortragen. Sie sollen alle zusammen bei
der Gerichtsverhandlung erscheinen. 2 Wer hat diesen Präsidenten aus dem
Osten an die Macht gebracht, diesen Typ, der alles immer superkorrekt
durchzieht? Wer hat ihm dabei geholfen, dass er gegen alle Nationen im
Krieg gewinnt und die Regierungen dort absetzt? Seine Panzer machen alles
platt, seine Waffen metzeln alles nieder. 3 Er jagt den Feinden hinterher,
ohne dabei auch nur eine Schramme abzukriegen. Dabei scheint er fast zu
fliegen, so schnell geht das. 4 Wer hat dafür gesorgt, dass er das packt? Das
war die Macht, die schon von Anfang an Menschen an den Start gebracht
hat. Das war ich, der Chef, Gott. Ich war der Erste, der da war, und ich werde
der Letzte sein, der die Tür zumacht. 5 Die Menschen, die am Ende der Welt
wohnen, haben das auch beobachtet, und sie haben Angst. An den Polen
der Erde gibt es Erdbeben, und die Menschen kommen deswegen zusam-
men. 6 Plötzlich helfen sie sich gegenseitig, jeder ermutigt den anderen.
7 Der Künstler feuert den Goldschmied an. Der Bildhauer ermutigt den
Kunstschweißer, er sagt zu ihm: ‚Sieht super aus! Das hält!‘ Dann schraubt
er den neuen Plastikgott auf ein Podest, damit er nicht wackelt.“

Gott hält zu seinen Leuten

8 Gott sagt: „Israel, ihr seid meine Leute. Euch hab ich mir als Mitarbeiter
extra ausgesucht! Ihr kommt aus der Familie von Abraham, mit dem ich
gut befreundet war. 9 Du, Israel, bist der, den ich aus den letzten Ecken der
Erde zu mir gerufen hab. Zu dir habe ich gesagt: Du sollst mein Mitarbeiter
sein, ich habe dich extra dafür ausgesucht. Ich hab dich nicht fallengelassen
und dich nicht rausgeschmissen. 10 Keine Angst! Ich bin bei dir! Du brauchst
keinen Schiss zu haben, ich bin dein Gott! Ich werde dich aufbauen und dir
Kraft geben. Ich werde dir helfen, ich beschütze dich, ich sorg dafür, dass
alles korrekt läuft. 11 Pass auf: Alle, die gegen dich anstänkern, werden alt
aussehen. Wer gegen dich ist, wird kaputtgehen, und wer dich vor Gericht
anklagt, wird die Verhandlung verlieren. 12 Die Leute, die sich mit dir gestrit-
ten haben, wird man suchen, aber nicht mehr finden. Sie werden sich in
Luft auflösen, sie werden verschwinden. 13 Ich, der Chef, dein Gott, werde
dich an die Hand nehmen. Ich sage dir: Du brauchst keine Angst zu haben!
Ich helfe dir! 14 Habt keine Panik, ihr kleiner Rest von den Israeliten. Ich

werde euch helfen, versprochen! Das sagt der ganz besonders krasse Gott,
der die Leute von Israel rettet. 15 Ich mache euch zu einem Mähdrescher
mit neuen Schneiden, die auf beiden Seiten scharf sind. Damit könnt ihr
sogar Felder abernten, die auf einem Berg liegen, und ihr werdet ganze
Hügel damit plattmachen und zerquetschen. 16 Ihr werft die Ernte mit einem
Gebläse in die Luft, damit der Wind das Korn von dem Dreck trennt. Dann
werdet ihr euch freuen, freuen an mir, dem ganz besonders krassen Gott
von Israel."

Gott hilft seinen Leuten in heftigen Zeiten

17 Dann sagt Gott: „Die kaputten Leute suchen was zu trinken, aber sie
finden nichts. Sie haben einen trocknen Mund. Aber ich bin Gott, und ich
werde ihre Gebete erhören. Ich werde sie nicht im Stich lassen. 18 Aus
unmöglichen Quellen wird plötzlich Wasser sprudeln. Wo keiner mit gerech-
net hat, wird es was zu trinken geben. Ich werde das Gebiet, in dem es nie
regnet, zu einem Badesee machen. Ich werde dort Quellen entstehen lassen,
wo es total trocken ist. 19 Mitten auf dem Land, wo es kein Wasser gibt,
werde ich Bäume hinpflanzen. Tannen, Birken, Eichen, Apfelbäume, Buchen
und Hecken werden dort hinkommen. 20 Das mach ich, damit sie kapieren,
dass Gott das organisiert hat. Sie müssen es schnallen, dass der besondere
Gott von Israel so was tut."

Die Plastikgötter sollen zeigen, was sie draufhaben

21 Gott, der Chef von Israel, sagt zu den Plastikgöttern der anderen Völker:
„Los, zeigt eure Beweise! 22 Jeder soll mal eine klare Ansage machen und
erzählen, was er alles gebracht hat und was er in Zukunft noch alles bringen
wird. Schießt los, ihr Plastikgötter, wir werden alles ernst nehmen. Erzählt
uns allen mal, was in der Zukunft alles passieren wird, damit wir uns da-
drauf einstellen können. 23 Auch die Sachen, die mal irgendwann noch viel
später abgehen werden, wollen wir von euch hören, damit wir auch sehen,
dass ihr wirklich echte Götter seid! Egal, ob das jetzt was Schlimmes oder
was Gutes ist, wir werden es ernst nehmen und Respekt davor haben.
24 Doch Tatsache ist, dass ihr die absoluten Nullnummern seid, ihr könnt
so was gar nicht! Die Menschen, die sich für euch entscheiden, finde ich
zum Kotzen. 25 Ich habe denjenigen, der zu mir gebetet hat, aus dem Nor-
den geholt. Er kam aus Richtung Osten, und er hat sehr viel Kraft, und
er macht alle Offiziere platt, wie einen Pfannkuchen – wie eine Straßenwalze,
die den Asphalt niederwalzt. 26 Wer hat denn von vornherein gesagt, dass
das so passieren wird? Wenn dem so wäre, hätten wir ja gerufen: ‚Das
stimmt!' Es gibt keinen, der so was vorausgesagt hat, keinen, von dem so
ein prophetischer Spruch gekommen wäre, keinen, von dem man etwas in

der Richtung gehört hätte. 27 Ich war der Erste, der das zu den Leuten aus
Jerusalem gesagt hat! Ich meinte: ‚Da, passt auf! Da sind sie!' Ich sorge
dafür, dass in Jerusalem jemand ist, der eine gute Nachricht hat, über die
man sich freuen kann. 28 Jetzt schau ich mich um, aber keiner von den Plas-
tikgöttern ist mehr da. Es gibt keinen, den sie um Rat fragen könnten, und
auch ich bekomme keine Antwort mehr auf meine Fragen. 29 Diese ganzen
Pseudogötter sind der größte Scheiß. Sie bringen es nicht, sie sind wie Luft
in einem Wasserglas, ihre ganzen Figuren und Bilder haben keine Funktion,
die haben nichts drauf, sie können nichts."

42

Der Mitarbeiter von Gott wird für Frieden sorgen

1 Gott sagt: „Passt mal auf, das ist mein Mitarbeiter, auf den ich total
abfahre. Ich habe ihm meine Kraft gegeben, er wird dafür sorgen, dass es
bei den Völkern, die ohne Gott leben, bald korrekt zugeht. 2 Dabei wird
er nicht wild rumbrüllen, er wird auch keine großen Reden im Fernsehen
schwingen. 3 Den halb abgebrochenen Ast wird er nicht ganz abreißen, und
das Feuer, das gerade noch so brennt, wird er nicht mit einem Eimer Was-
ser übergießen. Der Mitarbeiter Gottes sorgt dafür, dass alles korrekt zugeht,
wirklich korrekt. 4 Er selbst wird nicht zusammenbrechen und auch nicht
ausbrennen, man kann ihn nicht so leicht fertigmachen. Er zieht sein Ding
so lange durch, bis dafür gesorgt ist, dass alles gut läuft. Überall, auch auf
den entferntesten Inseln, wartet man auf seine Ansage. 5 Das sage ich, Gott,
der Chef, der das Universum gemacht hat. Ich habe die Erde geformt und
alles, was auf ihr wächst. Alles, was auf der Erde rumläuft, habe ich mit mei-
ner Kraft angepustet, damit es leben kann. 6 Ich habe dich gerufen. Ich
habe dich dafür ausgesucht, ich hab dich an die Hand genommen. Und ich
werde auf dich aufpassen, und ich sorge dafür, dass du einen neuen Vertrag
möglich machst. Durch dich werden alle Völker wieder kapieren können,
wo es wirklich langgeht. 7 Menschen, die gefangen sind, wirst du aus ihrem
Knast rausholen. Leute, die unfrei sind, wirst du befreien. 8 Das kommt
von Gott, dem absoluten Chef, so ist mein Name. Ich möchte, dass ihr nur
mich respektiert, und in dieser Sache bin ich auch sehr radikal. Ich allein
möchte den Applaus bekommen, die Plastikgötter dürfen davon nichts abha-
ben. 9 Was ich schon früher angekündigt hatte, ist auch eingetreten. Jetzt
sage ich neue Sachen, und bevor die passieren, kündige ich euch das heute
an." 10 An alle: Singt ganz neue Lieder für Gott, erfindet eine neue Musik
für ihn! Er ist der Größte, das weiß man auch in der letzten Ecke der Welt.
Selbst das Meer freut sich darüber und alles, was im Meer lebt, und auch
die Bewohner auf den Inseln freuen sich. 11 Die Menschen, die in der Steppe
leben, aber auch die Menschen, die in den Bergen, den Städten und Dör-

fern leben, sollen ihm laut zujubeln! 12 Alle sollten Gott zeigen, dass man Respekt vor ihm hat, und seine Siege sollen überall gefeiert werden. 13 Gott startet durch wie ein Held, er führt sein Heer wie ein General in den Krieg und sorgt dafür, dass alle Soldaten voll ehrgeizig bei der Sache sind. Er feuert sie an, er sagt laut „Aaaatackeeee!". Gott zeigt, dass er der Held ist, wenn es im Kampf gegen die Feinde geht.

Gott sagt, er kann nicht länger still sein und nichts sagen

14 „Schon ewig lang hab ich nichts mehr dazu gesagt", meint Gott. „Ich habe mich zusammengerissen und meinen Mund gehalten. Aber jetzt muss ich einfach laut schreien, so wie eine Frau, die gerade ihr Baby kriegt. Ich ringe nach Luft, ich stöhne vor mich hin, beides gleichzeitig. 15 Auf den Bergen wächst kein einziger Grashalm mehr. Und Flüsse sollen kein Wasser mehr haben, Seen trockne ich auch aus. 16 Dann werde ich meine Leute an die Hand nehmen, denn sie können ja nicht mehr richtig sehen, sie sind wie blind. Ich werde sie auf meinen Weg führen, einen Weg, den sie nicht kennen und wo sie noch nie vorher waren. Was vor ihnen dunkel war, werde ich dann ausleuchten, und dort, wo man stolpern könnte, werde ich alles glatt machen. Das sind Dinge die ich einfach tue, und davon kann mich auch keiner abbringen. 17 Aber die Leute, die auf Plastikgötter setzen, werden kaputtgehen. Die zu den selbstgemachten Figuren gesagt haben ‚Ihr seid jetzt unsere Götter werden voll peinlich dastehen und am liebsten im Boden versinken. 18 Macht mal eure Lauscher auf! Das geht an diejenigen, die auf ihren Ohren sitzen. Und die ganzen Blindis sollen mal die Augen öffnen und hierherschauen! 19 Wer ist so blind wie mein Angestellter? Wer kann so wenig hören wie der Typ, den ich geschickt hatte? Wer ist so blind wie der Typ, dem ich vertraut hatte? Wer sitzt auf seinen Ohren wie der Angestellte von Gott? 20 Er kann sehen, aber er blickt es nicht. Er kann hören, aber er versteht es nicht." 21 Gott fand, es wäre eine gute Idee, die Gesetze so perfekt zu machen, wie sie jetzt sind. 22 Aber ihr habt jetzt nichts mehr, man hat euch beklaut und ausgeplündert. Ihr habt Handschellen an, und ihr werdet in irgendwelchen dunklen Löchern festgehalten. Ihr seid Gefangene, und es gibt keinen, der euch da rausholen könnte, der sagen würde: Die gehören zu mir, gebt sie wieder frei! 23 Wer von euch nimmt das ernst? Wer von euch wird daraus etwas für die Zukunft lernen? 24 Wer hat denn die Leute von Israel schutzlos den Feinden ausgeliefert, dass man sie so einfach ausrauben kann? Gott hat das gemacht, weil sie Mist gebaut hatten. Sie wollten nicht das tun, was er gesagt hat, seine Gesetze waren ihnen total egal. 25 Darum hat er sie bestraft, er war voll sauer und hat deswegen dafür gesorgt, dass ein fieser Krieg in ihrem Land tobte. Er hat dafür gesorgt, dass alles um sie herum in Brand gesteckt wurde. Trotzdem kapieren die

es nicht. Er hat alles angezündet, aber denen ist es wohl egal, sie nehmen
das nicht ernst.

43

Gott holt seine Leute da raus, weil er sie liebt

1 Aber jetzt redet Gott zu euch. Er ist der Chef, der euch mal gemacht hat.
Er spricht zu jedem Menschen von Israel. Gott sagt: „Du brauchst keine
Angst zu haben! Ich habe dich da rausgeholt, ich hab dich befreit. Ich kenne
dich sehr gut. Ich habe echt nur dich gemeint, als ich dich gerufen habe,
denn du gehörst zu mir. 2 Wenn du mal große Probleme hast, bin ich bei dir,
egal, wie heftig die auch sind. Das ist so, als würdest du im Meer schwim-
men, aber die großen Wellen würden dich nicht unterkriegen können. Und
wenn es mal so schlimm ist, als würdest du in einem brennenden Haus
eingeschlossen sein, dann pass ich auf dich auf. Die Flammen werden dich
nicht verkohlen, du wirst dich nicht verbrennen, versprochen. 3 Denn ich
bin Gott, der Chef. Ich bin der ganz besondere Gott von Israel, ich rette dich!
Ich würde jeden Preis für dich bezahlen, wenn Terroristen dich kidnappen
würden. 1 Milliarde, 1 Billion? Kein Problem, das bist du mir wert. Auch
andere Länder würde ich für dich geben, vielleicht Ägypten, Amerika, den
Sudan oder Europa? 4 Weil du superwertvoll für mich bist und ich dich
wahnsinnig liebhabe, gebe ich alles für dich. Auch andere Menschen oder
Völker würde ich gegen dein Leben eintauschen. 5 Hab keine Angst, ich
bin immer bei dir! Vom Nordpol bis zum Südpol werde ich meine Leute ein-
sammeln, die überall verstreut leben. 6 Ich werde zu den Regierungen im
Norden sagen: ‚Lasst meine Leute gehen!' Und zu den Regierungen im
Süden sage ich: ‚Ihr dürft sie nicht festhalten!' Meine Söhne und Töchter
sollen von überall her zu mir kommen, aus den entlegensten Winkeln der
Erde! 7 Alle sollen zurückkommen, die ich mal gemacht habe, damit ich
am Ende groß rauskomme. Alle die Menschen, die ich mal gebastelt habe,
die zu mir gehören, sollen dabei sein."

Gott ist der Einzige, der wirklich helfen kann

8 Gott sagt: „Jetzt sollen mal meine Leute nach vorne kommen. Ich meine
diese Blindis, die zwar Augen hatten, aber es nicht geblickt haben, und die,
die zwar Ohren hatten, aber es nicht verstehen konnten. 9 Wir halten eine
Gerichtsverhandlung ab. Alle Nationen sind versammelt. Wer war in der
Lage, die Zukunft richtig vorauszusagen? Auch die Sachen, die schon pas-
siert sind, sollen sie mal richtig deuten! Sie müssen auch ein paar Zeugen
auffahren, die das bestätigen können. Sie sollen zuhören und am Ende
bezeugen, dass das alles so stimmt." 10 „Vor Gericht seid ihr dann meine
Zeugen", sagt Gott zu Israel. „Ihr seid meine Leute und meine Mitarbeiter,

ich hab mir euch extra ausgesucht. Ihr werdet es sehen, glauben und ka-
pieren, dass ich das getan habe. Vor mir gab es keinen Gott, und nach mir
wird es auch keinen geben. 11 Ich bin der einzige Gott, ich bin der Chef,
außer mir gibt es niemanden, der Menschen aus dem Dreck rausholen kann.
12 Ich hatte es angekündigt, dass ich euch retten werde. Keiner von diesen
fremden Plastikgöttern war bei euch. Ihr könnt das bestätigen“, sagt der
Chef. „Nur ich bin der einzige, echte Gott! 13 Und ich werde auch weiter der
einzige Gott sein. Es gibt niemanden, der mir meine Leute wegnehmen
könnte. Wenn ich etwas mache, dann kann das keiner mehr rückgängig
machen.“

Der Weg durch die Probleme

14 Gott, der Chef, der euch aus dem Dreck rausholt, sagt Folgendes zu
euch: „Euretwegen hab ich Soldaten nach Babylonien geschickt. Ich haue
alle Grenzen weg, ich sprenge alle Türen auf, und die Babylonier werden
mit Handschellen abgeführt. 15 Ich bin der Chef, ich bin euer ganz besonders
krasser Gott. Ich habe Israel gemacht, ich bin euer wirklicher Präsident!
16 Früher habe ich für euch schon einmal einen Weg gebaut, der sogar durch
ein Meer ging, wo es ziemlich viel Wasser gab. 17 Dann kamen die Soldaten
hinter euch her, mit ihren Panzern und Motorrädern. Aber ich habe sie
dort kaputt gemacht, sie waren tot und standen nicht wieder auf. Sie sind
für immer aus, wie eine kaputte Glühbirne. 18 Vergesst das, was früher war.
Die Sachen, die vor langer Zeit gelaufen sind, könnt ihr abhaken. 19 Passt
auf, ich werde etwas total Neues und Frisches machen! Es fängt jetzt schon
langsam an, merkt ihr das nicht? Ich werde durch die Gegend, in der
niemand wohnt, fette Straßen bauen. Ich werde dafür sorgen, dass große
Flüsse entstehen, wo es vorher überhaupt kein Wasser gab. 20 Ich möchte,
dass meine Leute immer was zu trinken haben, dass auch die Tiere, die
Hühner und auch die Hunde, genug Wasser bekommen. Es sollen Flüsse
fließen, wo vorher alles trocken war. Das alles tue ich für meine Leute.
21 Diese Leute, die ich mir gemacht habe, sollen mich mögen. Sie sollen
allen davon erzählen, was für heftige Sachen ich für sie getan habe.“

Gott sagt was zu den Vorwürfen von seinen Leuten

22–23 Gott sagt: „Du hast es immer wieder vergessen, Israel, mir ein Lamm
als Abfackelopfer zu schenken. Du hast mir keine Freude mit einem Dankop-
fer gemacht. Ich hab dir keinen Stress gemacht, du brauchtest keine großen
Geschenkaktionen für mich zu veranstalten, und auch mit irgendwelchem
Räucherkerzenkram hab ich dich nicht genervt. 24 Du hast dir das ganze
Geld für die Räucherkerzen gespart. Von dir kam kein Fett oder Fleisch,
was du für mich verbrannt hast. Stattdessen hast du mir total viel Arbeit

gemacht mit dem ganzen Mist, den du ständig baust. Deine beknackten
Aktionen waren total daneben. Die gingen mir auf die Nerven. 25 Obwohl ich
das wirklich nicht tun müsste, verzeihe ich dir den ganzen Mist, ich nehme
das von dir weg. Ich vergesse den ganzen Mist am besten ganz schnell
wieder. Ich tue das nur, weil ich das will. 26 Wenn du willst, kannst du mich ja
bei der Polizei anzeigen! Ich hätte nichts dagegen, vor einem ordentlichen
Gericht zu klären, wer von uns im Recht ist. Dort kannst du deine Beschul-
digungen in Ruhe vorbringen. 27 Der ganze Kram ging schon mit Jakob los,
dem Gründer deiner Familie. Aber deine jetzigen Chefs haben es echt über-
trieben und alle Verträge mit mir gebrochen. 28 Ich habe darum beschlossen,
dem obersten Priester in meinem Tempel, der das allerderbste Heilige be-
wacht, seinen Job wegzunehmen. Der soll dort nicht mehr arbeiten, dafür
sorge ich. Ich werde den Israeliten die Rote Karte zeigen, und alle werden
über sie lachen."

44

Gott sorgt für seine Leute

1 Gott sagt: „Hört mal gut zu, Leute von Israel! Das betrifft alle, die für mich
leben. Ich habe euch ja extra als meine Mitarbeiter ausgesucht! 2 Folgendes
sage ich, euer Gott. Der Gott, der euch mal gemacht hat, der euch wie ein
Stück Knetmasse geformt hat, als ihr noch im Bauch von eurer Mutter wart,
und der euch immer helfen wird: Du brauchst keine Angst zu haben! Du
gehörst zu mir, Familie von Israel. Du bist etwas ganz Besonderes für mich,
ich habe dich extra als meinen Mitarbeiter ausgesucht! 3 Ich werde es regnen
lassen, auf ein Land, wo alles trocken ist. Ich werde ganz viel Wasser aus-
schütten über diejenigen, die Durst haben. Ich werde meine Kraft ausschüt-
ten auf meine Kinder, meinen Geist werde ich in sie reingießen. 4 Sie werden
aufgehen wie eine Blume in einer Vase, sie werden wachsen wie Gras nach
einem Regen, wie Birken, die an einem Fluss stehen." 5 Dann werden viele
Leute plötzlich sagen: „Ich gehöre zu Gott!" Und andere sagen: „Ich gehöre
zu den Israeliten!" Einige werden sich auf die Hände „Eigentum von Gott"
tätowieren. Andere werden sich den zusätzlichen Namen „Israel" in ihren
Pass eintragen lassen.

Israel kann sich auf seinen Gott verlassen

6 Das kommt jetzt von Gott, dem Chef von Israel, der seine Leute immer
wieder raushaut, der Chef über diese Welt. Er sagt: „Ich bin der Erste, der da
war, und ich werde der Letzte sein, der da sein wird. Es gibt keinen anderen
Gott, ich bin der einzige!" 7 Wer kann es mit mir aufnehmen, mit wem sollte
ich mich vergleichen? Ich spreche etwas aus, und es wird Realität. Wer hat
schon immer gewusst, was alles passieren wird, und es auch gesagt? Raus

damit, wenn es noch jemanden gibt, der soll es sagen!
8 An die Leute von Israel: „Keine Panik! Lasst euch nicht verwirren! Hab ich euch nicht schon vor Ewigkeiten gesagt, was jetzt gerade passiert? Ihr seid Zeugen, ihr könnt es beweisen. Gibt es noch einen anderen Gott außer mir? Gibt es noch etwas anderes, auf das man sein Leben sicher bauen kann? Wohl kaum, ich hab noch nie davon gehört!“

Plastikgötter bringen es nicht

9 Die Typen, die sich irgendwelche Plastikgötter basteln, sind total verpeilt, die bringen es nicht. Genauso wenig, wie diese Figuren selbst irgendwas bringen können. Wenn man die Leute fragt, was für Wunder so ein Plastikgott für sie schon getan hat, dann kommt nur heiße Luft. Sie raffen es einfach nicht, dass ihre tollen Lieblinge einfach nur total peinlich sind.
10 Wie kann jemand nur so beknackt sein, sich so einen Plastikgott zu basteln, der es am Ende doch nicht bringt?
11 Die Leute, die zu so was beten, werden am Ende alle kaputtgehen. Die Künstler, die so was herstellen, sind ja auch nur ganz normale Menschen. Sie sollten sich mal alle treffen und das Ganze austesten. Es würde nur peinlich für sie werden, denn da kommt nichts bei rüber.
12 Der Handwerker nimmt ein Stück Eisen und bearbeitet es. Er formt es mit einem Hammer und feilt mit seinen starken Armen dadran rum. Irgendwann kriegt er Kohldampf und hat auch keine Kraft mehr, und weil er kein Wasser getrunken hat, wird er müde.
13 Der Tischler nimmt sich ein Stück Holz und misst mit einem Zentimetermaß die Länge aus. Er zeichnet mit einem Bleistift die Form, die das Teil dann haben soll. Das soll mal aussehen wie ein Mann oder besser wie ein Supermann. Die Figur wird dann in irgendeinem Haus aufgestellt, und ab dann wohnt sie da.
14 Für das Holz sucht man sich eine schöne Buche aus oder eine dicke Eiche, die im Wald steht. Oder man nimmt eine Fichte, die im Regen schön groß gewachsen ist.
15 Mit diesem Holz macht der Mensch normal Feuer, um die Bude im Winter warm zu kriegen. Andere gebrauchen es auch fürs Lagerfeuer oder zum Grillen, um damit die Würstchen zu braten. Und den anderen Teil von dem Holz verarbeitet man dann zu einem Gott und betet zu dem, schmeißt sich vor dem auf den Boden und so. Ganz toll.
16 Die andere Hälfte verbrennt er also irgendwie. Noch mal: Mit dem einen Teil von dem Holz grillt er sich seine Steaks, macht sich Essen warm und haut sich damit die Wampe voll. Vielleicht verfeuert er auch etwas davon im Kamin, damit es nachts wärmer wird. Er sagt: „Hach, ist das nicht schön gemütlich, mit der warmen Glut und so?“
17 Und aus dem Rest macht er sich dann einen Gott!? Wenn der fertig ist, verbeugt er sich ganz tief vor ihm und redet mit dem sogar. Er sagt: „Gott, bitte hilf mir! Du bist doch mein Gott!“
18 Wie bescheuert ist das denn bitte?! Sie kapieren es einfach nicht, sie sind blind, als hätten sie

Tomaten auf den Augen. Ihr Verstand ist ausgeschaltet, sie schnallen es
einfach nicht. 19 Wer sich so einen Plastikgott macht, schaltet irgendwie sein
Hirn nicht ein, bevor er das tut. Denn sonst müsste er doch kapieren, dass
das nicht geht. Er müsste sich eigentlich sagen: „Hä? Die eine Hälfte vom
Holz hab ich verbrannt, hab mir über der Glut ein Steak gegrillt und dadrin
Stockbrot und Alukartoffeln fertiggemacht. Und aus der anderen Hälfte
soll jetzt plötzlich ein Gott werden? Soll ich zu einem dummen Holzklotz
beten, oder was? 20 Dann könnte ich ja gleich mit Holzkohle reden!" Das
wäre doch totaler Beschiss, er würde von seinen komischen Gedanken selbst
verarscht. So wird er sein Leben nie retten können. Aber er ist nicht in der
Lage, das zu erkennen, er kann sich nicht retten, er sagt nicht: „Was ich hier
in der Hand halte, ist doch totaler Quatsch!"

Gott hat schon was getan

21 Gott sagt zu seinen Leuten, zu der Familie von Israel: „Bitte vergesst nicht,
dass ihr zu mir gehört, ihr seid meine Mitarbeiter! Ich habe euch gemacht,
ihr seid für mich da. Ich werde euch niemals hängenlassen! 22 Den ganzen
Mist, den du, Israel, gebaut hast, habe ich dir schon verziehen. Ich hab den
Dreck weggewischt, er hat sich aufgelöst wie ein Nebel in der Sonne. Jetzt
komm wieder zurück zu mir, ich werde dich befreien!" 23 In der anderen
Dimension, im Himmel, da soll jetzt die Party abgehen. Überall auf der Erde
soll man feiern. Die Berge sollen auch feiern und auch der Wald und alle
Bäume. Denn Gott hat Israel befreit und ihnen gezeigt, was er alles draufhat
und wie gigantisch er ist.

Gott macht Geschichte

24 Gott will dir noch was sagen. Er hat dich befreit, er hat dich aus dem
Dreck rausgeholt, und er hat dich gekannt, schon als du noch im Bauch von
deiner Mutter warst: „Ich bin Gott, ich mache alles, ich habe den Himmel
gemacht, ich habe die Erde gemacht, ganz alleine, keiner musste mir dabei
helfen. 25 Ich habe die Voraussagen der Esoteriker und Astrologen alt aus-
sehen lassen, ich habe die Wahrsager lächerlich gemacht. Ich habe dafür
gesorgt, dass die schlauen Menschen bei euch umdenken müssen, und ich
hab gezeigt, dass ihr ganzes Wissen letztendlich für die Tonne ist. 26 Aber
die Worte von meinem Mitarbeiter stimmen. Das, was er vorausgesagt hat,
wird auch eintreffen, da sorg ich für. Der Plan, den er von mir hat, wird
funktionieren. Er sagt über Jerusalem: ‚Hier soll man ab jetzt wieder wohnen
können!' Und über die Städte von Juda sagt er: ‚Sie sollen wieder aufgebaut
werden. Den ganzen Schrott, die zerstörte Stadt, werde ich wieder hoch-
ziehen!' 27 Ich sage zum Meer: ‚Hör auf mit den Flutwellen, du musst jetzt
austrocknen!' 28 Und zu Kyrus sage ich: ‚Du bist mein Bodyguard, du musst

auf meine Leute aufpassen. Alles, was ich dir sage, musst du tun. Du wirst
befehlen: Jerusalem wird wieder aufgebaut! Der Tempel wird wieder hoch-
gezogen!'"

45

Der Präsident von Persien wird unfreiwillig von Gott benutzt

1 Kyrus, der Präsident von Persien, wurde von Gott extra für seinen Job
ausgesucht und eingesetzt. Gott sagt zu ihm: „Ich habe dich an die Hand
genommen und geführt, weil ich von dir wollte, dass du viele Länder
eroberst. Ich möchte von dir, dass du viele Präsidenten aus ihrem Amt
kickst. Darum werde ich dafür sorgen, dass du leichtes Spiel hast. Du wirst
überall einmarschieren können, denn die Türen sind für dich weit geöffnet.
2 Ich werde vor dir hergehen. Ich werde die Schutzmauern der Städte
plattmachen, Stahltüren sprenge ich in die Luft, und Sicherheitsschlösser
knack ich auf. 3 Ich werde dafür sorgen, dass du Geld aus Quellen kriegst,
von denen niemand was wusste. Du wirst aus Vorratslagern versorgt wer-
den, die keiner kennt. Du sollst daran erkennen, dass ich Gott bin. Ich habe
genau dich gemeint, ich habe dich gerufen, und ich habe dich angestellt.
4 Das hab ich getan wegen der Leute von Israel, die ich mir extra ausge-
sucht habe. Ich werde dir einen besonderen Titel verpassen, du sollst ab
jetzt mein Mitarbeiter sein. Ich habe dir diesen Job gegeben, obwohl du
nicht mal weißt, wer ich bin. 5 Ich bin Gott, ich bin der einzige Gott weit und
breit. Es gibt keinen anderen Gott, nur mich. Ich werde dir alles geben, was
du dafür brauchst. Ich rüste dich aus, und das, obwohl du mich gar nicht
kennst. 6 Ich möchte, dass man auf der ganzen Erde, einfach überall kapiert,
dass es nur einen Gott gibt, nämlich mich! 7 Ich habe das Licht gemacht,
ich habe auch die Dunkelheit gemacht. Ich sorge dafür, dass alles gut läuft,
und ich sorge dafür, dass es Ärger gibt. Ich bin Gott, und das alles passiert
durch mich. 8 Es soll anfangen, aus dem Himmel zu regnen, aber nicht
Wassertropfen, sondern Tropfen, die alles korrekt werden lassen, was
unkorrekt ist. Aus der Erde sollen solche Sachen wachsen wie ‚Alleswird-
gutbäume' und ‚Friedensbüsche'. Dafür werde ich sorgen, ich, euer Gott,
werde die basteln."

Gott braucht sich vor niemandem zu rechtfertigen

9 Die Menschen, die meinen, dass Gott sich für seine Taten rechtfertigen
muss, sollten mal echt aufpassen! Der menschliche Körper besteht ja eigent-
lich nur aus Erde. Er ist letztendlich nur ein Klumpen Matsch unter vielen
Klumpen Matsch. Vergleichen wir das mal mit einem Töpfer, der Blumen-
töpfe herstellt. Kann der Blumentopf vielleicht zum Töpfer sagen: „Hallo?
Was machst du für einen Mist?" Oder kritisiert der ihn: „Das war ja wohl gar

nichts, du hast wirklich zwei linke Hände!" [10] Auch solche Typen sollten echt aufpassen, die ihren Vater mit Sprüchen provozieren wie: „Warum hast du überhaupt mit Mama geschlafen und mich gemacht?" Oder die zu ihrer Mutter sagen: „Warum hast du mich überhaupt geboren?" [11] Der besondere Gott von Israel, der sie mal gemacht hat, sagt: „Wie jetzt? Wollt ihr mir etwa Vorschriften machen für das, was ich hab entstehen lassen? Wollt ihr mir etwa Vorwürfe machen wegen meiner Kinder? [12] Ich habe die Erde gebastelt, und ich hab auch alle Menschen gemacht, die darauf leben. Ich habe das ganze Universum gebaut, und ich hab den Oberbefehl über alle Planeten und Sterne. [13] Ich habe Kyrus aus der Versenkung geholt, ich habe ihm geholfen, die Kriege zu gewinnen, ich habe seinen Weg vorbereitet. Er wird für mich meine Stadt Jerusalem wieder aufbauen, und er wird meine Leute, die in der Kriegsgefangenschaft sind, befreien. Er wird sie nach Hause holen. Und das macht er ganz ohne Kohle oder einen Orden dafür zu kriegen."

Gott hilft seinen Leuten

[14] Gott sagt: „Alles, was den Ägyptern gehört, was die Leute vom Sudan und die großgewachsenen Äthiopier an Gewinn erwirtschaftet haben, wirst du bekommen, es wird dir gehören. Diese Völker werden in Handschellen bei dir ankommen, und sie werden sich vor dir verbeugen und dich zu ihrem Chef machen. Sie werden zu dir sagen: ‚Ganz klar, bei euch ist Gott! Es gibt keinen anderen Gott, nur euren!'" [15] Du bist ein Gott, der nicht immer auf der Bühne stehen muss, du versteckst dich, aber du bist der Held von Israel, du bist der Retter. [16] Alle, die zu Plastikgöttern beten, werden kaputtgehen. Diese „Jeder-bastelt-sich-seinen-eigenen-Gott-Typen" werden peinlich enden. [17] Aber die Leute von Israel werden gerettet, und zwar auf ewig. Sie werden es packen, und nichts wird sie kaputt machen können, für immer. [18] Gott hat das Universum gemacht, nur er ist Gott. Er hat auch die Erde gebastelt und geformt. Er hat sich die Mühe nicht gemacht, damit auf der Erde nur tote Hose ist, nein, er wollte, dass man dort leben kann. Und Gott sagt zu euch: „Ich bin Gott, und es gibt sonst keinen anderen Gott. [19] Ich habe mich nicht vor euch versteckt, ich hatte es nicht nötig, mich im Dunkeln zu verkriechen. Ich habe zu den Leuten von Israel nicht gesagt, dass sie mal versuchen sollten, mich zu finden, aber es würde eh nicht klappen. Ich bin Gott, was ich sage, ist korrekt, und ich rede keinen Stuss. [20] Alle sollen sich mal zu einem Treffen verabreden. Alle Menschen, die geflohen sind, als ihre Nation kaputt gemacht wurde, sollen bei mir vorbeikommen. Wer seinen Plastikgott als Schmuckstück um den Hals trägt, ist voll doof, wer zu einem Gott betet, der nicht helfen kann, hat nichts kapiert. [21] Steckt eure Köpfe zusammen, untersucht alles genau und bringt Beweise! Wann hat jemals ein Gott so was schon mal angekündigt? War das nicht nur ich, euer Gott?

Es gibt sonst keinen anderen. Einen korrekten Gott, der seinen Leuten hilft,
wenn es ihnen dreckig geht, gibt es sonst nicht, ich bin der Einzige! 22 Das
geht jetzt an alle Menschen: Redet mit mir! Kommt zu mir! Ich kann euch
helfen! Ich bin Gott, es gibt keinen anderen! 23 Ich hab es mir geschworen,
und wenn ich so was mache, dann passiert das auch. Was ich sage, ist kor-
rekt. Jeder wird sich irgendwann mal vor mir hinknien, und jeder wird irgend-
wann mal folgenden Satz sagen müssen: 24 ‚Nur Gott kann retten, nur Gott
ist korrekt, nur Gott kann mich beschützen!' Alle Menschen, die gegen
mich gearbeitet haben, werden ganz klein angekrochen kommen. 25 Aber die
Leute von Israel werden durch mich, Gott, korrekt gemacht werden, sie
werden sich freuen und stolz sein."

46

Plastikgötter bringen es nicht, Gott bringt es

1 Gott sagt Folgendes: „Der Plastikgott Bel wird umknicken, dieser Nebo
wird umfallen. Die großen Figuren von diesen Plastikgöttern werden auf
einem Hänger durch die Gegend gefahren, die Motoren fangen schon an
zu stottern, weil das Gewicht zu groß ist. 2 Diese Götter sind eingeknickt, sie
brechen alle zusammen, sie können sich ja nicht mal selber tragen, sie
werden auch verhaftet und gefangen genommen. 3 Leute von Israel, hört
mir zu! Seit es euch gibt, passe ich auf euch auf! Ihr seid mir unheimlich
wichtig. Seit ihr geboren seid, habe ich euch in meinen Armen getragen wie
eine Mutter ihr Baby. 4 Ich hab mich nicht verändert und ich werde auch
immer noch genauso drauf sein, wenn ihr alle Rentner seid. Selbst wenn ihr
graue Haare und Falten im Gesicht habt, werde ich euch noch tragen. Ich
habe es immer schon getan, und ich werde es auch weiter tun, ich selber
werde euch durch die Gegend schleppen, und ich werde euch retten. 5 Mit
wem wollt ihr mich vergleichen? Wer steht mit mir auf einer Stufe? Wer ist
mir ähnlich? 6 Da holen sie ein paar Barren Gold aus dem Tresor, wiegen
das Gold ab und bringen es zu einem Goldschmied, damit er daraus einen
schönen Plastikgott bastelt. Und dann schmeißen sie sich vor dem auf den
Boden und beten zu ihm. 7 Sie tragen ihn auf der Schulter durch die Stadt,
sie parken ihn an irgendeiner Stelle, und dann steht er dort rum. Er kann
ja nicht von alleine gehen, er muss dort stehen bleiben. Und dann schreien
sie zu ihm, aber er antwortet nicht, den er kann ja nicht hören, er hilft
keinem bei seinen Problemen. 8 Denkt mal dadrüber nach, Leute! Erinnert
euch gegenseitig dadran! Kapiert das endlich, ihr Hirnis!"

Gott hilft bald

9 „Leute, erinnert euch doch mal an das, was ich schon vor Ewigkeiten alles
getan habe!", sagt Gott. „Es gibt keinen anderen Gott als mich! 10 Ich habe

schon von Anfang an gesagt, wie das ganze Ding ausgehen wird, ich hab
es vorausgesehen, obwohl es noch nicht passiert war. Ich sage euch: Was ich
beschlossen hab, wird auch so passieren! Alles, worauf ich Bock hab, zieh
ich auch durch! 11 Es gibt da einen Mann, der von ganz weit her kommt. Den
hab ich mir ausgesucht, um meinen Plan auszuführen. Er kommt aus dem
Osten, er ist wie ein Raubvogel. Ich hab das begonnen, und ich werde das
auch zu Ende bringen. 12 An alle trotzigen Leute, die weit weg sind von dem,
was ich eigentlich will: Hört auf mich! 13 Ich werde euch da rausholen, ich
rette euch! Wartet noch kurz, es dauert nicht mehr lange. Wenn ich helfe,
muss man nicht erst eine Nummer ziehen und im Wartezimmer Platz
nehmen. Ich werde Israel da raushauen, ich sorge dafür, dass alles wieder
gut wird und Israel wieder supergut aussieht."

47

Jesaja sagt, dass die Stadt Babylon bald am Ende sein wird

1 Gott sagt: „Komm weg von deinem Chefessel und setz dich mal in die
Mülltonne. Ich rede mit dir, der Stadt Babylon. Ab sofort wird niemand mehr
so was Nettes zu dir sagen wie: ‚Ach, dieser kleine süße, niedliche, mein
kleiner Puschel …!' 2 Ab sofort wirst du am Fließband schuften. Krempel dir
die Ärmel hoch, zieh dein Shirt und deine Hose aus, jetzt geht es durch
den Matsch. 3 Jeder soll deinen nackten Hintern sehen können, jeder soll
sehen, wie peinlich du bist. Ich werde mich an dir rächen, und keiner soll
verschont werden." 4 Unseren Gott nennt man auch den Chef über alles, der
ganz besondere Gott von Israel, und der sagt zu Babylon: 5 „Setz dich hin,
halt den Mund und mach das Licht aus, Babylon. Denn ab sofort soll man
dich nicht mehr als die Hauptstadt vom ganzen Gebiet bezeichnen, die über
alle das Sagen hat. 6 Ich war supersauer auf meine Leute, deswegen habe
ich mein Land dreckig und unrein gemacht, indem ich es an dich ausgelie-
fert habe. Aber du warst nicht nett zu meinen Leuten, du hast sogar die
Rentner schwer schuften lassen. 7 Du meintest: ‚Ich werde ab jetzt für immer
der Chef sein.' Du hast nicht nachgedacht, dir war nicht klar, was das am
Ende für dich bedeuten würde. 8 Du lebst richtig fett und denkst, dir könnte
nichts passieren. Du sagst dir: ‚Ich bin die Größte, und sonst gibt es gar
nichts! Ich werde nie so sein wie eine Frau, deren Ehemann gestorben ist.
Und ich werde nie so sein wie ein Ehepaar, das keine Kinder kriegen kann.'
9 Aber denkste, beides wird dir an einem Tag gleichzeitig passieren: Du
verlierst deine Kinder und deinen Mann. Du wirst einsam sein, keiner wird
da sein, um dich zu beschützen. Es wird dich hart treffen, da kannst du
noch so viele Zaubersprüche ablassen oder sonst was für einen Hokuspo-
kus veranstalten. 10 Dabei denkst du auch noch, dass es sich lohnt, link drauf
zu sein. Du sagst dir: ‚Kriegt ja eh keiner mit.' Was du alles gelernt hast,

was in deiner Birne ist, das hat dich falsch gelenkt. Du hast solche Gedanken
wie: ‚Zuerst komme ich, und dann kommt erst mal lange gar nichts!‘ [11] Aber
es werden jetzt ganz ätzende Sachen auf dich zukommen, die man auch
nicht mit irgendeinem Harry-Potter-Zauber wegkriegen kann. Es wird so eine
Katastrophe über dich hereinbrechen, dass du nichts dagegen unternehmen
kannst. Plötzlich wird ein Hurrikan über dein Leben hinwegfegen, den keine
Wettervorhersage angekündigt hatte. [12] Probiere es doch mal mit den tollen
Zaubersprüchen, hol mal das Zauberbuch raus und schwing den Zauber-
stab. Da hast du ja schon viel Übung darin, schon als Kind hast du damit
angefangen. Vielleicht klappt es ja. Vielleicht kannst du ja die Pechsträhne
beenden. [13] Aber vom vielen Reden bist du schon müde. Warum kommen
nicht die Esoteriker und die Astrologen vorbei, die an jedem Neumond
genau wissen, was passieren soll? Sollen die dich doch retten! [14] Die werden
wie Zeitungspapier vom Feuer verbrannt werden. Keiner kann sie vor den
Flammen retten. Das Feuer, das dann brennt, ist nicht gut, um damit einen
Kamin anzuzünden, man kann sich nicht davorsetzen und sich wärmen.
[15] So sind die Leute drauf, für die du dich starkgemacht hast, mit denen du
Handel betrieben hast, schon in der Zeit, als du noch eine Jugendliche warst.
Sie wanken hin und her, jeder geht in die Richtung, in die er gerade gehen
will, auf keinen ist Verlass, niemand wird dich retten.“

48

Gott sagt, es passiert bald was Neues

[1] Jetzt hört mal zu! Das geht an die Leute vom Volk Israel, die aus dem
Familienstamm Juda kommen. Wenn ihr Verträge macht, dann beruft ihr
euch immer auf Gott. Ihr sagt, ihr gehört zu Gott, dem Gott von Israel, aber
seid dabei nicht offen und ehrlich. [2] Ja, ihr seid ganz stolz drauf, dass ihr
in der ganz besonderen heiligen Stadt wohnt, und lasst das auch gerne mal
raushängen. Ihr sagt, dass der Gott von Israel, den man auch den Oberchef
von allem nennt, euch supportet. [3] Dieser Gott sagt jetzt Folgendes zu
euch: „Ich hab schon vor Ewigkeiten Dinge vorausgesagt. Diese Ansagen
kamen von mir, und jeder konnte sie hören. Ganz plötzlich habe ich es dann
auch gemacht, und alles ist genau so passiert, wie ich es gesagt hatte.
[4] Weil mir schon immer klar war, dass du ein Dickschädel bist, Israel, und
dass du hartnäckig bleiben wirst und dazu auch noch ein Brett vor dem
Kopf hast, [5] hatte ich diese Sachen schon einige Zeit früher angekündigt,
bevor es tatsächlich passiert ist. Ich wollte, dass du nicht auf die schräge
Idee kommst, das hätte dein Plastikgott, diese selbstgemachte Figur, irgend-
wie hinbekommen. [6] Du hast alles gehört, und jetzt hast du den Salat. Schau
es dir an! Willst du das jetzt nicht mal öffentlich zugeben, damit alle es
hören? Egal, ich werde ab sofort etwas Neues erzählen, etwas, das noch nie

jemand gehört hat, auch du wusstest das nicht. 7 Es ist gerade eben erst
passiert, das Ding ist noch nicht alt. Du hattest davon früher noch nie etwas
gehört, weil ich nicht wollte, dass du dann sagen kannst: ‚Hey, ich wusste,
dass das passiert!‘ 8 Nein, du hast noch nie was davon gehört, und du hast
es auch nicht einfach so gewusst. Mir war klar, dass du sowieso nicht
treu sein kannst. Du hast ja schon immer den Spitznamen gehabt: ‚Sie geht
fremd, seit sie auf der Welt ist‘. 9 Um aber nicht meinen eigenen Namen
in den Dreck zu ziehen, reiße ich mich jetzt zusammen, und weil mein Ruf
dann ja auch auf dem Spiel steht, werde ich mich für dich entscheiden
und dich nicht komplett von der Landkarte auslöschen. 10 Ich hab dich
abgescannt und ausgetestet, indem ich dich in größte Probleme und Elend
gebracht habe. 11 Es ging mir dabei am Ende nicht mehr um dich, sondern
nur noch um mich, deswegen habe ich dich da rausgeholt. Sonst würden
die anderen Völker ja nur noch dumme Sprüche über mich reißen. Ich lasse
es nicht zu, dass man mich nicht respektiert.“

Der Präsident der Perser bekam seine Order von Gott

12 Gott sagt: „Hört mir mal zu, ihr Leute von Israel! Ich meine jetzt euch,
die ich mir extra ausgesucht hatte. Ich bin es! Ich bin der einzige Gott!
Ich bin der Erste, der da war, und ich werde der Letzte sein, der das Licht
ausmachen wird. 13 Ich habe die Erde mit meinen eigenen Händen gebas-
telt. Ich habe das ganze Universum gemacht! Ich hab nur einmal laut
gerufen, und dann war alles da. 14 Jeder soll herkommen und zuhören! Wer,
außer mir, hat irgendwie so was schon mal vorausgesagt? Es gibt einen
Mann, den ich, Gott, sehr liebe. Und dieser Typ wird mit Babylonien das
machen, worauf er gerade Bock hat. Durch seine Macht werden die Babylo-
nier eins auf die Mütze kriegen. 15 Ich habe das alles vorausgesagt, und
ich habe ihn dazu ausgesucht, das zu tun. Ich habe ihn hochgebracht, und
ich habe dafür gesorgt, dass er Erfolg hat. 16 Kommt mal her und hört,
was ich euch konkret zu sagen habe! Ich habe noch nie Sachen heimlich
gesagt, es war immer öffentlich, von Anfang an, seitdem ich da bin!“ Gott,
der Chef von allem, hat mich hierhergeschickt, seine Kraft hat mir den
Auftrag gegeben. 17 Jetzt kommt etwas, dass Gott, der ganz besonders
krasse Gott von Israel, der euch aus dem Mist rausgeholt hat, sagen will:
„Ich bin Gott, ich bin dein Gott, Israel! Ich bringe dir etwas bei, damit
du besser klarkommst im Leben. Ich führe dich auf einen Weg, den du
unbedingt gehen solltest. 18 Ach, Mensch, wenn du nur auf das gehört
hättest, was ich dir gesagt habe! Dann würde es jetzt bei dir ganz friedlich
zugehen, jeder würde wissen, dass du eigentlich korrekt bist. Dieser Friede
hätte sich ausgebreitet wie eine Welle auf dem Meer. 19 Du hättest ohne
Ende Kinder bekommen, es wären so viele, dass keiner sie mehr zählen

könnte. Keiner hätte es je schaffen können, sie ganz kaputt zu machen, niemand hätte sie von mir wegnehmen können."

Voraussage, wie Israel aus Babylonien abhauen wird

20 Gott sagt zu euch: „Packt eure Sachen und zieht aus Babylonien aus!
Verlasst das Land! Haut ab, so schnell es geht! Jubelt laut los, jeder soll das
mitkriegen, überall auf der Erde soll man davon hören. Eure Sprechchöre
sollen so gehen: ‚Gott, der Chef, hat seine Leute rausgeholt, hat das Volk
Israel befreit! 21 Er hat sie durch Gebiete geführt, wo alles zerstört war und
es auch kein Wasser mehr gab, aber trotzdem mussten sie nie Durst haben.
Warum? Er hat aus einem Felsen einen Wasserhahn kommen lassen, aus
einem zerbrochenen Felsen kam ganz viel Wasser raus.'" 22 „Menschen, die
nicht mit mir leben, sollen sich nie richtig entspannen können", sagt Gott.

49

Der Mitarbeiter von Gott

1 Jetzt hört mir mal zu! Ich mein jetzt die Menschen, die am anderen Ende
der Welt leben, Völker von der anderen Seite des Planeten. Gott hat mir
einen Auftrag gegeben, und zwar schon, bevor ich überhaupt geboren wurde.
Er hatte mir einen Namen gegeben, als ich noch im Bauch von meiner
Mutter lag. 2 Gott hat mir einen Mund gegeben und die Begabung, dass ich
Worte aussprechen kann, die gefährlicher sind als ein Maschinengewehr.
Dabei hält er seine Hand über mich wie einen großen Schutzschirm. Er hat
mich zu einer scharfen Waffe gemacht, zu einer Patrone, die abschussbereit
im Magazin liegt. 3 Er hat zu mir gesagt: „Du bist mein Mitarbeiter, dir hab
ich stellvertretend für Israel einen Auftrag gegeben! An dir will ich zeigen,
was ich alles draufhabe!" 4 Ich antwortete: „War alles für die Katz? Hab ich
mich umsonst abgeschuftet, den ganzen Ärger für nichts? Aber egal, Gott
wird schon dafür sorgen, dass ich das bekomme, was ich verdient habe.
Er wird dafür sorgen, dass ich erfolgreich bin, und mich angemessen belohnen!" 5 Gott hatte schon damit angefangen, mich als seinen Mitarbeiter
vorzubereiten, als ich noch im Bauch meiner Mutter war. Er wollte von mir,
dass ich die Israeliten wieder zu ihm zurückbringe, dass ich die Leute von
Israel wieder zu ihm führe. Gott hat gezeigt, dass er Respekt vor mir hat,
und Gott ist zu meiner größten Kraft geworden. 6 Er hat zu mir gesagt: „Ich
finde es zu wenig, dass du als mein Mitarbeiter nur den Job hast, Israel
wieder hochzubringen und alle zurück nach Hause zu führen, die von den
Israeliten noch übrig geblieben sind. Darum werde ich dich zu einem
Leuchtturm für alle Menschen machen. Jeder soll sich an dem, was du sagst,
orientieren können. Durch dich sollen alle Menschen, egal, wo sie leben,
Hilfe bekommen." 7 Gott, der Israel aus seinem Gefängnis rausholt, sagt

weiter etwas zu seinem ganz besonderen Mitarbeiter. Dieser Mitarbeiter von Gott wird von anderen Völkern gedisst. Keiner hat Bock auf ihn. Gott sagt zu ihm: „Präsidenten und Bürgermeister werden vor dir Respekt haben und sich vor dir auf den Boden schmeißen." Das passiert, weil Gott treu ist und weil er sich Israel extra ausgesucht hat, er hat es erwählt.

Gott holt seinen Mann raus und auch seine Leute

8 Außerdem sagt Gott: „In der Zeit, wo alles gut ist, habe ich deine Gebete
gehört. An dem Tag, wo alles wieder in Ordnung gekommen ist, habe ich dir
geholfen. Ich pass auf dich auf. Ich werde Verträge mit dir machen, werde
das Land wieder in Ordnung bringen, ich werde dir helfen. Du sollst das
kaputte Land, wo alles total trocken war, wieder schön machen. Das Land,
das du geerbt hast und das für immer dir gehören wird, sollst du unter
deinen Leuten aufteilen. 9 Du wirst zu den Menschen, die im Knast sitzen,
abhängig oder gefangen sind, sagen: „Kommt raus! Ihr seid jetzt frei!" Und
zu den Leuten, die im Dunkeln sitzen, wirst du sagen: „Kommt hierher, ins
Licht!" Auf dem Weg wird es ihnen gutgehen, sie werden genug zu essen
finden, wie Schafe, die sogar noch Gras entdecken, wo sonst nichts mehr
wächst. 10 Sie werden keinen Hunger haben und keinen Durst. Die Sonne
wird sie nicht verbrennen, weil ihr Freund sie begleiten wird. Ich werde sie zu
Quellen führen, wo es genug zu trinken gibt. 11 Alle Hindernisse, die ihnen
im Weg stehen, räume ich aus. Berge werde ich zu einer Straße plattwalzen,
ich werde asphaltierte Straßen für sie bauen. 12 Pass auf, meine Leute kom-
men aus dem Ausland, sie kommen aus Norden und aus Westen und auch
aus dem Land Sewenim, dem südlichsten Teil von Ägypten!" 13 Macht Party,
freut euch! Das ganze Universum soll sich freuen und abgehen! Auch die
Berge sollen Beifall klatschen! Denn Gott hat seine Leute wieder gut drauf-
gebracht. Er hat die Kaputten geliebt, und er hat seinen Leuten geholfen.

Gott liebt seine Leute sehr

14 Die Leute aus Jerusalem, der Stadt Zion, heulen rum: „Wo ist Gott? Er
hat uns verlassen! Gott hat uns einfach vergessen!" 15 Aber Gott antwortet:
„Hey, was denkt ihr denn? Glaubt ihr im Ernst, eine Mutter würde ihr Baby
einfach nicht mehr lieben, sie würde keinen Bock mehr auf das Kind haben,
das aus ihrem Bauch rausgekommen ist? Und selbst wenn es Mütter gibt,
die so was tatsächlich tun, ich werde dich trotzdem nie vergessen, Jerusa-
lem! 16 Hier, siehst du? Ich hab deinen Namen auf beide Hände tätowiert!
Deine Mauern sind mir die ganze Zeit vor den Augen. 17 Die Männer, die
dich wieder aufbauen werden, sind bald da. Die Männer, die dich kaputt
gemacht haben, werden bald abhauen. 18 Schau dich doch mal um! Siehst
du, dass gerade ganz viele Menschen zu dir kommen? Ich verspreche dir

hoch und heilig: Du wirst dafür sorgen, dass alle diese Menschen bei dir
leben werden, sie werden wie ein Schmuckstück für dich sein, wie eine Kette,
die man der Braut bei der Hochzeit um den Hals legt. [19] Bis jetzt ist ja alles
bei dir mehr oder weniger ein Trümmerhaufen. Du hast kaum Einwohner,
und alles ist kaputt. Aber es wird wieder so voll werden, dass es den Bewoh-
nern innerhalb der Stadt sogar zu eng wird. Und die Leute, die dich kaputt
machen wollten, werden dann nicht mehr da sein. [20] Du warst wie eine Frau,
die keine Kinder bekommen konnte. Aber jetzt wird man von dir sagen: Das
ist viel zu eng dort, sie brauchen mehr Platz! Es sind zu viele Kinder. Wir
müssen mehr Raum schaffen, damit die alle hier wohnen können. [21] Du wirst
dich dann vielleicht fragen: ‚Wo kommen die alle her? Wer hat die alle gebo-
ren? Ich war doch unfruchtbar, konnte keine Babys kriegen. Meine eigenen
Kinder sind alle verhaftet und abtransportiert worden. Ich selbst war auch
in Haft, keiner wollte was von mir wissen. Wer hat die Kinder für mich groß-
gezogen? Es gab doch sonst keinen mehr, ich war ganz alleine übrig. Wo
kommen die alle her?'" [22] Der heftige Gott, der Chef von allem, sagt dazu:
„Pass auf, ich geb dir jetzt mal ein Zeichen. Ich werde meine Hand so hoch
heben, dass alle Völker auf der Erde das mitkriegen. Ich werde meine Fahne
hochziehen, damit jeder sie sehen kann. Dann werden sie deine Kinder auf
den Armen zu mir bringen, man wird sie auf den Schultern zu mir tragen.
[23] Bundeskanzler werden dir das Fläschchen geben, Präsidenten werden
deine Betreuer sein. Sie werden dir die Füße küssen und vor dir auf der Erde
kriechen. Wenn das passiert, wirst du kapieren, dass ich der absolute Chef
bin. Wer mir vertraut, wird am Ende nie enttäuscht werden." [24] Kann man
einem mächtigen Diktator einfach seine Beute zocken? Können Gefangene
so mal eben aus einem schwerbewaffneten Hochsicherheitstrakt befreit
werden? Geht das so einfach? [25] Aber Gott sagt: „Ja! Das wird so passieren.
Die Gefangenen von einem starken Diktator werden befreit, und die Beute
wird man ihm abnehmen. Wer dich angreift, den werde ich angreifen. Deine
Kinder werde ich retten. [26] Ich werde dafür sorgen, dass die Männer, die
dich fertigmachen, sich gegenseitig umbringen. Sie werden sich an ihrem
eigenen Blut besaufen und ihr eigenes Fleisch essen. Alle Menschen
werden dann mitbekommen, dass ich Gott bin. Dass ich der heftige Gott
von Jakob bin, dass ich der bin, der dich überall raushaut."

50

Gottes Antwort

[1] Gott sagt: „Ihr glaubt also, ich hätte Israel, eure Mutter, einfach so raus-
geschmissen? Wo ist denn bitte die Urkunde, die so was bestätigt? Andere
denken, ich hätte euch irgendwo abgegeben, weil ihr eure Schulden nicht
bezahlen könnt. So was ist ja normal üblich. Aber wo ist der Typ, an den ich

euch angeblich verkauft haben soll? Der Grund, warum man euch aufge-
geben hat, ist ganz klar: Weil ihr ständig Mist baut, weil ihr die ganze Zeit
krumme Dinger dreht, darum habe ich Israel, eure Mutter, entlassen.
2 Warum war keiner von euch da, als ich da war? Warum hat mir niemand
geantwortet, als ich euch gerufen hab? Glaubt ihr denn, ich bin zu schwach,
um euch dort rauszuhauen und zu befreien? Ich sag nur ein Wort, und
das ganze Wasser aus dem Meer verschwindet. Ich mache aus Flüssen im
Handumdrehen ein Trockengebiet, so dass alle Fische verfaulen, weil es
kein Wasser mehr gibt. 3 Ich kann dafür sorgen, dass der ganze Himmel
schwarz wird, so schwarz, als hätte er sich einen Traueranzug angezogen."

Der Mitarbeiter von Gott wird fertiggemacht

4 Gott, der Chef, hat mir eine ganz besondere Sprache gegeben, damit ich
den Schlaffos mit diesen Worten einen Tritt in den Hintern verpassen kann.
Er weckt mich jeden Morgen, und jeden Morgen freue ich mich total da-
drauf, seine Stimme zu hören. Es ist, wie wenn ich meine Lieblingsmusik im
Radio höre. 5 Gott hat mir tatsächlich die Ohren geöffnet, und ich bin nicht
trotzig geworden. Ich hab mich nicht dagegen gewehrt. Und jetzt kann
ich alles hören, was Gott sagt. 6 Wenn sie mich schlagen wollten, hab ich
meinen Rücken hingehalten, und wer sich mit mir prügeln wollte, durfte
mir ins Gesicht hauen. Ich hab mich nie versteckt, auch wenn man mich
verarscht und angespuckt hat. 7 Gott steht auf meiner Seite. Darum hat man
mich nie wirklich kaputt machen können. Ich hab mir ein dickes Fell zuge-
legt, einen Schutzpanzer so hart wie Beton. Ich halte das aus, weil ich weiß,
dass ich nicht den Kürzeren ziehe. 8 Derjenige, der dafür sorgt, dass alles
korrekt laufen wird, ist immer in der Nähe! Wer will mich anklagen? Der
kann gerne kommen, wir werden zusammen vors Gericht gehen. Wer ist
mein Gegner, wer verklagt mich? Der soll sich mal bei mir melden! 9 Gott,
der Oberchef über das ganze Universum, hilft mir. Wo ist derjenige, der
sagt, ich wäre schuldig, wer will mich verurteilen? Passt auf, die werden alle
kaputtgehen! Sie werden wie ein morscher Baum umfallen, sie werden
verrotten wie eine alte Rostlaube, die schon jahrelang auf dem Schrottplatz
steht. 10 Wer von euch hat denn noch Respekt vor Gott? Wer hört noch auf
das, was sein Mitarbeiter sagt, der für ihn arbeitet? Wer total am Ende ist,
der kann sich immer noch voll auf Gott verlassen und hundertprozentig
auf ihn bauen. 11 Den Leuten, die gerne Krieg führen, die sich gerade aufrüs-
ten, denen sagt er: „Rennt ihr in euer eigenes Verderben, ihr werdet von
euren eigenen Waffen getötet. Ich habe das für euch organisiert. Ihr sollt mit
den heftigsten Schmerzen sterben."

51

Die Leute von Gott werden wieder mehr

1 Gott sagt: „Das gilt jetzt für alle Leute, die heiß dadrauf sind, dass alles
korrekt zugeht, und die ganz viel beten. Schaut doch mal darauf, wo ihr eure
Roots habt, wo ihr herkommt, auf eure Herkunft. 2 Denkt mal an Abraham,
der eure Familie gegründet hat. Oder an Sara, eure erste Mutter. Das waren
zwar nur zwei einzelne Menschen, aber ich habe sie unterstützt. Ich habe
sie gesegnet und dafür gesorgt, dass sie sich krass vermehren.“ 3 Gott will
seine Leute trösten, er will die Menschen, die in Jerusalem in ihren Trüm-
mern leben, ermutigen. Er wird aus einem Gebiet, wo nichts wächst, den
ultimativen Garten machen, wo es dann alles gibt. Er macht aus einer Wüste
das Paradies, den Garten von Gott. Dort wird Party angesagt sein, man wird
sich nur noch freuen, eine Band wird spielen, und man wird geniale Lieder
für Gott singen. 4 Gott sagt: „Hört auf mich! Achtet auf das, was ich zu
sagen habe! Denn ich weiß, wo es langgeht, und ich weiß auch, was korrekt
ist und was nicht. Alle Völker werden sich danach richten. 5 Es dauert nicht
mehr lange, dann wird es überall gerecht zugehen, alles wird gut werden.
Ich werde mit meiner Macht die Völker zurechtrücken. Die entferntesten
Länder hoffen auf mich. Sie warten darauf, dass ich etwas tue. 6 Seht nach
oben zum Himmel, der wird sich dann in Luft auflösen. Seht nach unten
auf die Erde, sie wird in Rauch aufgehen. Sie wird verfallen wie ein vergam-
meltes Kleid. Alle Bewohner werden sterben wie die Fliegen. Aber das, was
ich organisiert habe, die Rettung meiner Leute, wird nie kaputtgehen. Die
Gerechtigkeit, die von mir kommt, kann keiner wegnehmen, niemals! 7 Hört
auf mich! Ich meine jetzt die korrekten Leute, also mein Volk, bei denen
meine Gesetze gespeichert sind. Ihr braucht keine Angst zu haben, auch
wenn Leute sich über euch lustig machen oder euch Angst einjagen. 8 Die
werden zerfressen, wie ein Kleid, das von Motten zerfressen wurde. Ich
werde dafür sorgen, dass alles korrekt und gerecht abgehen wird, und das
hält dann auch für immer. Ich sorge dafür, dass alles gut wird, für jeden
Menschen, der ab dann noch leben wird.“

Seine Leute schreien um Hilfe, und Gott antwortet

9 „Hallo! Gott! Wach auf! Wach endlich auf!“, ruft ihr. „Zeig, was du drauf-
hast! Mach dieselben Sachen, die du schon früher gemacht hast. Damals,
bei den Ururgroßeltern, da hast du es den Ägyptern gezeigt! Du hast den
heftigen Feind einfach kaputt gemacht! 10 Hast du damals nicht das Meer
trockengelegt? Hast du in der Zeit nicht den Weg für deine Leute vorbereitet,
mitten durch das Meer, damit sie dort einfach durchziehen konnten?“ 11 Die
Leute, die Gott befreit hat, werden wieder zurück nach Zion kommen. Sie

werden sich freuen und ewig dankbar sein, das kann man aus ihren Augen
lesen. Sie werden total abgehen, und es wird ihnen gutgehen. Sorgen, Frust
und Trauer sind dann vorbei. 12 „Ich tröste dich!“, sagt Gott. „Was denkst
du, wer du bist, dass du dich vor Menschen fürchtest? Jeder Mensch muss
irgendwann sterben, er vergammelt wie Gras. 13 Vergiss mich niemals! Ich
bin Gott, der dich gemacht hat! Ich habe auch das Universum geschaffen
und den Planeten Erde mittendrin. Du brauchst keine Panik vor irgendeinem
aggressiven Typen zu haben, der die ganze Zeit hinter dir her ist. Er zielt
mit seiner Kanone, um dich wegzupusten, aber was kann er dir wirklich
anhaben? 14 Es dauert nicht mehr lange, dann werden die Gefangenen frei-
gelassen. Sie sollen nicht in der Haft verhungern. Sie sollen nicht sterben.
15 Ich bin Gott, ich bin der Chef! Ich sorge dafür, dass sich die Wellen bewe-
gen, ich sorge für den Wind auf dem Meer. Man nennt mich auch Gott,
der Oberchef! 16 Ich habe meine Worte in deinen Mund gelegt! Ich bin
immer ganz nahe bei dir, ich beschütze dich, ich halte meine Hand über
dir. Ich habe den Himmel wie ein riesengroßes Zelt über dir aufgebaut, und
die Erde soll dein Boden und dein Fundament sein. Zu den Leuten, die in
Zion wohnen, habe ich gesagt: ‚Ihr gehört zu mir!‘“

Jerusalem muss nicht mehr leiden

17 Jetzt komm in die Puschen, Jerusalem! Steh auf! Gott hat dich spüren
lassen, dass er voll sauer auf dich war. Du hast seine Wut ausgehalten, du
warst kurz vor dem Ende, du hast dir das ganze Programm voll gegeben.
18 Keines von den Kindern, die du großgezogen hast, war da und hat dir
geholfen. Keiner von denen, die in deinen Häusern erwachsen geworden
sind, hat dich unterstützt. 19 Du wurdest zweimal hart getroffen, aber keiner
war da, der dich bemitleidet hat. Krieg, Zerstörung, Zusammenbruch
und Hunger haben dich getroffen, aber keiner war da, um dich zu trösten.
20 Deine Kinder sind ohnmächtig auf den Straßen zusammengebrochen.
Überall lagen sie rum, so wie tote Hasen, die in die Falle gegangen sind.
Gott war sauer, und das haben alle zu spüren bekommen. 21 Jetzt hör mal
zu! Du bist echt ins Wanken geraten, aber nicht, weil du zu viel Alk getankt
hast. 22 Gott, dein Gott, der dich verteidigt, sagt Folgendes zu dir: „Ich neh-
me dir das jetzt ab! Ich nehme dir das jetzt ab, damit du nicht länger leiden
musst! Ich war sauer auf dich, aber du musst die Konsequenzen nicht länger
ertragen. 23 Stattdessen werde ich dafür sorgen, dass die Männer, die dich
kaputt gemacht haben, bald unter deiner Kontrolle stehen. Das waren ja
Leute, die zu euch gesagt haben: ‚Auf den Boden, wir wollen auf euch drauf-
treten, wir wollen über euch drübergehen.‘ Dann musstest du dich vor
denen platt auf den Boden legen, und sie sind einfach über dich drüberge-
trampelt.“

52

Jerusalems Zukunft

1 Komm hoch, Jerusalem, komm hoch! Zieh dir deine besten Klamotten an,
du bist eine ganz besondere Stadt, du bist heilig! Ab sofort soll keiner mehr
in dir leben, der dreckig und unrein ist. 2 Geh duschen, wasch den ganzen
Dreck von dir ab. Steh auf und setz dich wieder hin. Befreie dich von den
Handschellen, du bist keine Gefangene mehr! 3 Gott sagt zu dir: „Du wur-
dest verkauft, ohne Geld dafür zu bekommen. Und jetzt sollst du auch frei-
kommen, ohne dass man was dafür bezahlen muss. 4 Am Anfang mussten
meine Leute in Ägypten als Gastarbeiter leben. Später, als sie wieder in
ihrem eigenen Land waren, kamen die Assyrer und haben sie fertiggemacht.
5 Aber was ist denn hier jetzt passiert? Man hat sie abgeführt wie Schwer-
verbrecher! Die Männer, die sie besiegt haben, machen einen auf dicke
Hose, sie verarschen mich, sie lachen mich aus, den ganzen Tag lästern sie
über mich. 6 Darum werden meine Leute noch mal sehen, was ich drauf-
habe. An einem ganz bestimmten Tag werden es alle merken, wenn ich sage:
‚Hallo, hier bin ich!'"

Gott kommt mit seinen Leuten wieder zurück

7 Wie gut kommt es, wenn man schon von weitem den Briefträger sieht,
der gute Nachrichten bringt. Der Typ kommt und sagt zu Zion: „Dein Gott
ist der Chef, er ist der Chef über die ganze Welt!" 8 Hört her! Die Security-
leute, die auf die Stadt aufpassen, fangen vor Freude an, voll laut zu
schreien. Denn sie können mit ihren eigenen Augen sehen, wie Gott auf
den Berg Zion zurückkommt. 9 Fangt an zu brüllen, freut euch! Die kaputte
Stadt Jerusalem soll abgehen vor Freude, denn Gott hat seine Leute lieb,
er tröstet sie, und er befreit Jerusalem. 10 Er zeigt, was er draufhat, er lässt
seine Muskeln spielen vor den Augen aller Menschen. Jeder bekommt
mit, wie unser Gott uns rettet. 11 Haut ab, haut ab! Verschwindet von da
und rührt nichts von den Sachen an, die für Gott nicht okay sind. Haut
ab, lasst das Ganze radikal hinter euch. Macht euch sauber von allem,
besonders die Leute, die die Geräte aus dem Tempel tragen. 12 Denn dies-
mal müsst ihr nicht panisch eure Sachen packen und fliehen, weil Gott
höchstpersönlich vor euch hergeht. Er wird auch hinter euch hergehen
und euch beschützen.

Der Mitarbeiter von Gott

13 Gott sagt: „Pass auf, mein Mitarbeiter wird cool drauf sein, er wird immer
mit Köpfchen handeln. Er wird ganz oben sein, alle werden Respekt vor
ihm haben, er steht über allem. 14 Viele fanden ihn total schrecklich, weil er

so gruselig aussah. Er sah so gruselig aus wie ein Zombie, er war so potthässlich, dass man ihn eigentlich als Mensch gar nicht mehr erkennen konnte. [15] Außerdem werden viele Völker über ihn sehr erstaunt sein, viele Präsidenten kriegen den Mund nicht mehr zu, wenn sie ihn erleben. Denn sie werden von ihm Sachen hören, die man vorher noch nie ausgesprochen hat, sie werden Dinge sehen, die man vorher noch nie gesehen hat.“

53

Der neue Held kommt von unten

[1] Wer hat damals diese Nachricht wirklich geglaubt? Wer hat die Kraft von Gott wirklich live mitbekommen? [2] Der neue Held kam ganz von unten, wie eine kleine Pflanze wuchs er aus einem ausgetrockneten Boden raus. Er kam nicht heftig rüber, er sah nicht wie ein großer Held aus. Als wir ihn bemerkten, machte er keinen großen Eindruck auf uns, es war nicht so, dass wir ihn sofort supergeil gefunden hätten. [3] Die Menschen hatten überhaupt keinen Bock auf ihn und behandelten ihn wie den letzten Dreck. Er musste heftige Schmerzen kennenlernen. Es war so, dass wir ihn einfach ätzend fanden, wir hatten keinen Respekt vor ihm. [4] Aber er hat die Bestrafung für unsere Fehler übernommen. Wir dachten uns, dass er das verdient hat, dass das eine Bestrafung von Gott wäre und dass der ihn schlägt und runterdrückt. Dadurch ging es ihm auch echt dreckig. [5] Aber in Wahrheit musste er wegen unserem Mist so heftig leiden. Weil wir Dinge tun, die Gott uncool findet, wurde er fertiggemacht. Er übernahm die Strafe für uns, damit wir frei werden. Durch seine Schmerzen und Verletzungen kam bei uns alles wieder in Ordnung. [6] Wir waren total durcheinander, wir hatten uns alle verlaufen, so als wären wir in einer fremden Stadt ohne Stadtplan. Jeder hat getan, was er gerade für richtig hielt. Trotzdem hat Gott ihn für unseren ganzen Mist bluten lassen. [7] Er wurde geschlagen, aber er hat alles mit sich machen lassen und sich nicht beschwert. Es war fast so wie bei einem kleinen Schaf, was man zum Metzger bringt, damit es dort getötet und geschlachtet wird. Oder es war wie bei so einem Schaf, das sich ohne zu blöken die Wolle abrasieren lässt. Er hat einfach nichts gesagt. [8] Der Knast und die Gerichtsverhandlung haben ihm den Rest gegeben, aber kein Schwein hat sich dadrum gekümmert. Man hat ihn aus dem Leben rausgekickt, er wurde zum Tod verurteilt, wegen der Verbrechen, die eigentlich seine Leute gemacht hatten. [9] Sein Grab war in der Ecke vom Friedhof, wo nur Verbrecher wie Geldhaie und andere Abzocker liegen. Denn er hatte nichts ausgefressen, er hatte noch nicht mal gelogen oder so was. [10] Trotzdem wollte Gott das so. Er wollte, dass er kaputt gemacht wird, und er hat ihn leiden lassen. Weil er sein eigenes Leben einsetzt für den Mist, den

andere gebaut haben, wird er wieder lebendig werden. Sein Leben wird ver-
längert, und er wird noch mit seinen Kindern und Enkelkindern spielen
können. Alles, was Gott will, wird dann durch ihn passieren. 11 Weil er so
derbe gelitten hat, wird sehr viel Gutes daraus entstehen. Er wird wieder
nach oben kommen und satt werden. Er hat kapiert, worum es geht. Dieser
korrekte Typ, der Mitarbeiter von Gott, wird vielen helfen, gut draufzu-
kommen. Er wird die Strafe abbekommen für den Mist, den andere gemacht
haben. Er macht alles wieder gut. 12 Darum will ich, dass er einer von den
ganz Großen wird. Er wird sich mit den Mächtigen dieser Welt die Beute
teilen. Weil er komplett tot war und weil er sich wie ein Schwerverbrecher
behandeln ließ, wird das so sein. Er ließ sich für die Verbrechen der Leute
bestrafen. Er hat sich für die, die Mist bauen, eingesetzt.

54

Im neuen Zion wird alles gut

1 Gott sagt: „Die Frau, die keine Kinder kriegen konnte, wurde deswegen
von ihrem Mann verlassen, aber jetzt kann sie schon mal feiern. Denn diese
Frau wird total viele Kinder kriegen! Es werden mehr sein als die Kinder von
den Frauen, die verheiratet sind. 2 Denke groß, ‚think big'! Wenn du planst,
ein Haus zu bauen, dann plane es jetzt doppelt so groß, als du es ursprüng-
lich haben wolltest. Sei nicht geizig, mach fette Pläne, verdopple die Zahlen
und mach das Ganze hieb- und stichfest. Verlängere die geplanten Maße
von deinem Haus und lass ein extra festes Fundament gießen." 3 Denn
du wirst dich nach Süden und nach Norden ausbreiten. Deine Kinder wer-
den ganze Nationen einnehmen, sie werden Städte besiedeln, die total
kaputt und zerfallen sind. 4 Du brauchst keinen Schiss zu haben! Dir wird
nichts passieren! Dir braucht auch nichts mehr peinlich zu sein. Der ganze
Müll, den du in deiner Jugend gemacht hast, ist dann vergessen. Und
auch, dass du keinen Mann gefunden hast, ist dann egal. 5 Du wirst nämlich
mit Gott verheiratet sein, der Chef von allem wird dein Ehemann. Gott ist
der Typ, der dich raushaut, er befreit dich, er, der ganz besondere Gott, dem
die ganze Erde gehört. 6 Du bist wie eine Ehefrau, die von ihrem Mann
verlassen wurde, was ja total übel für eine Frau ist. Aber Gott hat dich geru-
fen, er hat aus dir seine große Jugendliebe gemacht. Das hier kommt jetzt
von Gott. 7 „Ich war mal für einen kurzen Moment weg", sagt er. „Aber
weil ich total in dich verknallt bin, werde ich dich wieder nach Hause holen.
8 Als ich anfing, wütend zu sein wegen dem ganzen Mist, den du gebaut
hast, hab ich mich ganz kurz von dir weggedreht. Aber weil ich schon immer
ganz besonders in dich verknallt war, werde ich alles wiedergutmachen.
Das sagt dir Gott, der dich da rausholt, der dich befreit. 9 So wie damals bei
Noah. Da hatte ich ganz fest versprochen, dass es nie wieder so eine heftige

Flut geben soll, bei der die ganze Erde unter Wasser steht. Genauso hab
ich dir jetzt versprochen, dass ich nie mehr supersauer auf dich sein werde.
Ich werde nie mehr sagen, dass ich dich total kaputt mache. 10 Selbst wenn
Berge plötzlich verschwinden würden oder Hügel anfangen zu wackeln,
würde meine Liebe zu dir sich nie ändern. Den Friedensvertrag, den ich mit
dir schließe, werde ich nie brechen. Das sagt Gott, der dich sehr liebt."

Gott sorgt dafür, dass Jerusalem nicht mehr besiegt werden kann

11 „Hey, du arme Stadt Jerusalem! Du bist echt gequält worden, man hat dir
hart zugesetzt, und keiner hat dich getröstet. Pass auf, ich werde dir ein
neues Fundament organisieren, eins aus Stahlbeton. Deine Mauern werden
mit Granitsteinen verstärkt, die keiner kaputt machen kann. 12 Die Beschlä-
ge oben auf der Mauer werde ich aus Rubinen basteln, deine Stadttore
aus Edelstahl herstellen, und deine Mauern werden mit Edelsteinen beklebt.
13 Alle Kinder, die bei dir wohnen, werden bei mir in die Schule gehen.
Sie werden groß und stark, und sie werden keine Kriege erleben. 14 Weil alles
korrekt und gottmäßig bei dir zugeht, wird man dir so schnell nichts
anhaben können. Du wirst keinen Ärger bekommen, und du brauchst auch
keine Angst zu haben, weil sich kein Feind in deine Nähe traut. 15 Wenn
dich jemand angreift, dann kam die Idee dazu nicht von mir. Darum werden
alle, die dich kaputt machen wollen, selbst kaputtgehen. 16 Der Typ, der in
der Waffenfabrik die Maschine bedient, um Gewehre herzustellen, ist ge-
nauso von mir gemacht worden wie der Soldat, der mit dem Teil dann
Menschen erschießt. 17 Aber es wird keine Waffen geben, die dich besiegen
könnten. Und jede Aussage, die vor einem Gericht gegen dich gemacht wird,
kann von dir ganz leicht entkräftet werden. Das ist eine Garantie von mir
an meine Leute. Dass sie korrekt und gut dastehen, das hab ich organisiert."
Das kam jetzt alles von Gott.

55

Gott macht allen ein Angebot

1 Gott sagt zu euch: „An alle, die richtig Durst haben: Kommt her, hier gibt
es fett zu trinken! An alle, die pleite sind: Kommt her und holt euch was
zu essen, für lau! Es ist alles kostenlos: Von Bier und Cola bis hin zu Milch!
Langt zu! 2 Warum drückt ihr Kohle für so eine Art von Essen ab, das gar
keine richtige Nahrung ist? Warum gebt ihr euer Geld für Dinge aus, die
nicht wirklich satt machen? Hört auf mich! Esst hier von diesen leckeren
Sachen, dann wird es euch immer gutgehen. 3 Jetzt hört mir doch mal zu!
Macht, was ich euch sage, und ihr werdet gut draufkommen, ihr werdet
leben! Ich biete euch einen Vertrag, der für immer gelten soll. Dieser Vertrag
ist auf der Grundlage von den Versprechen gemacht, die ich der Familie

von David immer wieder gegeben habe. 4 Ich hatte ihn eingesetzt, damit er
der ganzen Welt klarmacht, dass Gott der Chef ist, der die absolute Macht
über alle Menschen hat. 5 Du wirst zu anderen Völkern reden, die du über-
haupt nicht kennst. Und Menschen aus anderen Völkern, die dich nicht
kennen, werden zu dir rennen und bei dir mitmachen. Das passiert wegen
mir und wegen meinem besonderen Typen, dem Mitarbeiter Gottes, den
ich zum großen Helden gemacht hab."

Kann Gott sein Versprechen halten?

6 Verbringt Zeit mit Gott, solange er noch da ist! Redet mit ihm, solange er
noch in der Nähe ist. 7 Wenn jemand ohne Gott gelebt hat, dann soll er
damit aufhören. Wenn jemand link drauf war, dann ist jetzt die Chance, sein
Leben zu ändern. Komm wieder zu Gott! Wenn du das tust, wird er liebevoll
mit dir umgehen. Komm wieder zu Gott, weil er selbst den größten Mist
immer wieder vergeben wird. 8 Gott sagt: „Meine Gedanken, Ideen und Vor-
stellungen sind in einer anderen Dimension als eure Vorstellungen. Die
Sachen, die ich tun kann, laufen auf einer anderen Ebene ab als die Sachen,
die ihr tut. 9 Genauso, wie das Weltall viel größer als die Erde ist, genauso
sind auch die Dimensionen, in denen ich denke, viel größer als bei euch.
Meine Gedanken sprengen eure Vorstellungen. 10 Wenn Regen vom Himmel
fällt, fliegt er nicht wieder dorthin zurück. Er fällt auf die Erde und bewässert
sie. Dadurch kriegen Pflanzen Wasser, sie fangen an zu wachsen und zu
blühen, bis sie Früchte tragen, die ein Bauer ernten kann. Und daraus macht
man dann Brötchen fürs Frühstück. 11 Genau das Gleiche passiert auch mit
den Worten, die ich spreche. Nichts von dem, was ich sage, wird einfach
so zurückkommen, ohne dass damit etwas passiert ist. Es wird genau das
bewirken, was ich will. Es wird dafür sorgen, dass das passiert, was ich
vorhabe."

Die Menschen freuen sich, weil sie endlich frei sind

12 Gott sagt außerdem: „Ihr werdet euch voll freuen, weil ihr endlich frei seid
und jemand dafür sorgt, dass es euch supergut geht. Sogar die Berge und
Hügel werden sich mit euch freuen, wenn sie das sehen. Und auch die
Bäume stehen in der Westkurve, machen eine La Ola und klatschen Beifall.
13 Anstatt stachligen Büschen werden überall Johannisbeeren wachsen, und
anstatt Brennnesseln gibt es Erdbeeren." Das soll passieren, damit Gott am
Ende groß rauskommt, es soll ein Zeichen sein, an das man sich noch ewig
erinnern wird. Keiner wird dieses Denkmal zerstören können, das er
sich damit baut.

56

Was später alles noch passieren wird

1 Gott sagt: „Lebt korrekt, haltet euch an meine Gesetze! Bald ist es so
weit, dass ich alles gutmachen werde, bald wissen alle, dass ich wirklich gut
bin. 2 Die Menschen, die nach meinen Regeln leben, haben echt Glück
gehabt! Wer sich dadran hält, wer Respekt vor dem Sonntag hat, wer diesen
Tag nicht in den Dreck zieht, wer seine Finger von ätzenden Sachen lässt
und wer keine fiesen Dinger dreht, der wird echt glücklich sein! 3 Ausländer,
die gläubig geworden sind, brauchen nicht zu sagen: ‚Gott wird mich be-
stimmt bald aus seiner Truppe rausschmeißen!' Auch der Typ, dem man
seine Hoden abgeschnitten hat, braucht nicht zu sagen: ‚Ich bin wie ein
Nussbaum ohne Nüsse!' 4 Denn ich, Gott, sage: Wenn jemand, dem die
Hoden abgeschnitten wurden, respektvoll mit meinem besonderen Tag, dem
Sonntag, umgeht und wenn er meine Gesetze ernst nimmt, 5 dann kriegt er
auch ein Denkmal in meinem Haus, auf dem sein Name eingraviert ist. Das
ist dann mehr wert, als Kinder zu bekommen. Er bekommt einen eigenen
Namen, an den man sich immer erinnern wird, niemand kann den löschen.
6 Auch für die Ausländer gilt das. Wenn die sich meinen Leuten anschließen,
wenn sie tun, was ich sage, und mich lieben, wenn sie Respekt vor dem
Sonntag haben, das tun, was in den Gesetzen steht, und wenn sie sich an
die Verträge halten, die ich mit meinen Leuten gemacht habe, 7 dann dürfen
auch sie auf den ganz besonderen, heiligen Berg kommen. Dort können sie
genauso ihre Abfackelopfer und Dankopfer auf dem Opfertisch, dem Altar,
durchziehen. Mein Haus wird bekannt dafür sein, dass dort alle Leute beten
können, egal, wo sie herkommen und was für eine Nationalität sie haben."
8 Das kommt jetzt von Gott, der seine Leute wieder zusammenbringt, die
vorher in allen Ecken der Erde verstreut gelebt haben. Er sagt: „Ich werde
dafür sorgen, dass zu den Leuten, die sich jetzt versammelt haben, noch viel
mehr dazukommen."

Wer nicht mit Gott lebt, wird sich nie wirklich entspannen können

9 Gott sagt: „An alle Nationen: Los, fallt über meine Leute her, fallt über sie
her wie ein Hund über ein saftiges Kotelett! 10 Ihre Politiker sind alle blind.
Die kapieren einfach nichts. Sie sind wie Wachhunde, die nicht bellen
können. Die dösen immer nur rum, pennen die ganze Zeit und merken gar
nichts mehr. 11 Auf der anderen Seite sind sie aber voll gierig und können
den Hals nicht voll kriegen. Ganz tolle Führungskräfte, wirklich … Die kön-
nen schlichtweg gar nichts. Sie denken nur an sich, wollen nur das Beste
für sich rausschlagen, und da gibt es auch leider keine Ausnahmen. 12 ‚Los,
lasst uns 'ne Kiste Sekt kaufen!', sagen sie. ‚Organisiert noch jemand ein

paar Flaschen Schampus? Wir machen heute Party, wie eigentlich jeden Tag.
Morgen hauen wir auch richtig auf die Kacke! Wir saufen alles leer!'"

57

Wie Leute abgehen, die ohne Gott leben

1 Gott sagt: „Wenn jemand stirbt, der korrekt gelebt hat, dann kräht nach
kurzer Zeit kein Hahn mehr nach ihm. Und Männer, die immer treu waren,
sterben, ohne dass sie irgendjemand mal gelobt hat. Der Typ, der immer
korrekt war, stirbt sogar vor demjenigen, der nur link unterwegs ist. 2 Er
stirbt und ist dann für immer entspannt, er hat Frieden. Er liegt in seinem
Grab und ruht sich aus. 3 Ihr aber, die ihr zu Plastikgöttern gebetet habt,
kommt alle mal her! Ihr seid wie die Kinder von einem Typen, der mit einer
Nutte fremdgegangen ist. 4 Über wen macht ihr gerade Witze? Über wen
reißt ihr das Maul auf? Wem zeigt ihr gerade den Stinkefinger? Ihr kommt
doch aus einer Verbrecherfamilie! Ihr seid das Ergebnis von einer Lüge!
5 Ihr seid so scharf auf eure Plastikgötter, ständig denkt ihr nur an die, sogar
wenn ihr nur bei irgendeinem großen Baum vorbeikommt. Und das, ob-
wohl sogar Kinder in irgendwelchen dunklen Ecken für die als Menschen-
opfer geschlachtet werden! 6 Sogar die dummen Betonplatten vom Gehweg
bekommen von euch ein Essens- und Trinkopfer, ganz toll. Soll ich mir das
noch länger ansehen, ohne was zu unternehmen? 7 Oben auf einem hohen
Berg hast du ein Picknick gemacht und dann gleich die Gelegenheit genutzt,
um dort auch noch ein Opfer abzufackeln. 8 An die Türen hängst du irgend-
welche Traumfänger und schnitzt dir ein paar magische Zeichen in die
Türrahmen. Das ist für mich der Beweis, dass du keinen Bock mehr auf mich
hast. Stattdessen gehst du mit Plastikgöttern fremd und machst mit denen
rum. Du gehst mit denen ins Bett und vögelst die. Du liebst es, sie nackt
zu sehen. 9 Zum Plastikgott Melech bist du gegangen, um dort ein paar von
den teuren Parfüms und Salben an ihn zu verschenken. Du organisierst dir
sogar Hexen, die mit Menschen reden sollen, die schon lange tot sind!
10 Du hast schon viel ausprobiert, bist langsam müde und kaputt, trotzdem
kapierst du nicht, dass es das alles nicht bringt. Irgendwie hast du dich
immer wieder gepuscht, darum hast du bis jetzt noch nicht schlappgemacht.
11 Vor wem hast du denn so einen Schiss, dass du gelogen hast? Vor wem
hattest du so eine Angst, dass du mich ganz vergessen hast, dass ich dir
egal war? Hast du nicht mitbekommen, dass ich die ganze Zeit geschwiegen
und mir die Augen zugehalten habe? Aber anscheinend hast du vor mir
sowieso keinen Respekt mehr. 12 Ich werde offenlegen, wie es mit deiner Kor-
rektheit so steht. Und deine ganzen Aktionen werden dir eh nichts nützen.
13 Wenn es dir schlechtgeht und du laut ‚Hilfe' schreist, können ja deine
Plastikgötter mal angerannt kommen und dir helfen. Die Luschen kann man

ja mit einem Atemzug wegpusten. Aber wer sich von mir beschützen lässt,
der wird das Land geschenkt bekommen. Ihm gehört dann mein ganz
besonderer Berg."

Gott hilft den Kaputten

14 Gott sagt weiter: „Platz da! Alle aus dem Weg! Schafft alle Hindernisse
weg, baut eine Straße!" 15 Der gigantische Gott, der von ganz oben kommt,
der schon immer da war und den man auch „den ganz besonders abge-
fahrenen und total krassen Gott" nennt, sagt: „Ich komme aus einer anderen
Dimension. Wo ich wohne, ist es ganz anders, dort ist es heilig. Aber ich
bin auch den Leuten ganz nahe, die kaputt sind und Depressionen haben,
weil ich sie erfrischen und aufbauen möchte. Ich will sie wieder gut drauf-
bringen. 16 Ich werde euch nicht immer weiter verklagen, ich werde nicht
für immer sauer auf euch sein. Denn wenn ich das machen würde, würden
meine fertigen und kaputten Leute bald sterben, und das will ich nicht,
schließlich hab ich die ja mal gemacht. 17 Weil sie den Hals nicht voll ge-
kriegt haben und immer mehr wollten, bin ich sauer geworden. Ich hab sie
bestraft in der Form, dass ich einfach nicht mehr da war. Sie hatten sich in
ihren Gedanken total von mir entfernt. 18 Ich habe ihr Leben gesehen, und
ich hab vor, alles wiedergutzumachen. Ich werde sie führen, und ich werde
die Leute bei ihnen, die total gefrustet sind, alle trösten. 19 Als Ergebnis
davon werden sie wieder Lieder singen. Egal, ob sie gerade hier sind oder
weit weg, alle werden entspannt sein, sie haben Frieden. Dafür sorge ich,
sagt Gott, der Chef. Ich werde alles wiedergutmachen. 20 Die Leute, die
ohne Gott leben, sind wie ein Meer mit heftigen Wellen. Es kann nicht ruhig
sein, es ist immer in Bewegung. In seinem Wasser schwimmt überall Müll.
21 Die Menschen, die ohne Gott leben, werden sich nie wirklich entspannen
können, sie haben keinen Frieden."

58

Ein Gottesdienst, der es bringt

1 Gott sagte zu mir: „Schrei, so laut du kannst, volles Rohr! Sag meinen
Leuten in der Lautstärke, mit der ein Feuermelder losgeht, wo sie Mist
gebaut haben! 2 Jeden Tag wollen sie von mir wissen, wie und warum ich sie
so und so geführt habe. Sie tun so, als hätten sie immer korrekt gelebt und
alles getan, was ihr Gott gut findet. Und aus der Position heraus glauben sie,
Forderungen an mich stellen zu können? Sie wollen, dass ich faire Entschei-
dungen treffe, und finden es ganz toll, in meine Nähe zu kommen. 3 Dann
kommen so Sprüche wie: ‚Hey, Gott, wir verzichten hier für dich auf Essen,
beten wie die Weltmeister, und du merkst es noch nicht mal?' Meine Ant-
wort ist: An den Tagen wo ihr eigentlich auf Dinge verzichten und nur beten

sollt, habt ihr stattdessen irgendwelche fetten Deals abgezogen, und eure
Angestellten mussten Überstunden schieben. 4 Obwohl ihr eigentlich krass
beten wolltet, zofft ihr euch die ganze Zeit, ihr schlagt euch gegenseitig
brutal in die Fresse. So, wie ihr diese Gebetszeiten macht, werde ich garan-
tiert nicht auf euch hören. 5 Glaubt ihr echt, ich steh auf solche Aktionen?
Meint ihr, das beeindruckt mich, wenn ihr auf Essen und Trinken verzichtet
und dabei depressiv in der Ecke rumhängt und euch gammelige Klamotten
anzieht? Bezeichnet ihr das als eine radikale Art zu beten, die ich geil finde?
6 Ich sag euch mal, auf was für eine Art von Beten ich stehe: zum Beispiel
Leuten aus ihren Süchten und Abhängigkeiten rauszuhelfen, in denen sie
festsitzen, weil sie ohne mich leben. Die Eisenketten, mit denen sie gefan-
gen gehalten werden, einfach mal durchzusägen, oder die Handschellen auf-
zuschließen, mit denen sie gefesselt wurden, um sie zu befreien. 7 Sieht eine
coole Art zu beten nicht auch so aus, dass man Leute, die nichts zu beißen
haben, mal zum Mittagessen einlädt? Dass man Obdachlosen ein Zimmer
organisiert? Dass man mit jemandem, der keine anständigen Klamotten
hat, mal shoppen geht? Dass man seiner eigenen Familie hilft, wenn sie
Hilfe braucht, und nicht einfach abhaut?" 8 Wenn du so draufkommst, wirst
du glücklich werden. Du wirst strahlen wie die Sonne, wenn sie morgens
aufgeht. Du wirst schnell gesund werden, und jeder wird sofort davon hören,
wie korrekt du lebst. Gottes krasse Art wird wie ein Schutzschirm immer
bei dir sein, und er wird dir auch den Rücken freihalten. 9 Wenn du dann eine
Frage an Gott hast, wird er dir sofort antworten. Wenn du ein Problem hast
und ihn um Hilfe bittest, wird er sagen: „Ich bin schon da!" Wenn du damit
aufhörst, andere fertigzumachen, über andere abzulästern oder sie zu ver-
arschen, 10 wenn du Menschen, die nichts zu essen haben, auf einen Döner
einlädst und frustrierten, depressiven Menschen einfach mal zuhörst, dann
wird alles, was bei dir vorher düster und schwarz war, plötzlich hell werden.
Es wird so hell werden wie die Mittagssonne. 11 Gott sagt: „Ich, dein Gott,
werde dich immer führen. Ich werde dafür sorgen, dass du genug zu essen
hast, auch wenn es da, wo du bist, gerade nichts zu essen geben sollte.
Ich werde dir Kraft geben. Dann wirst du so sein wie ein Garten, der immer
gut bewässert wurde. Du wirst sein wie eine Wasserquelle, die niemals
austrocknet. 12 Dinge, die schon vor Ewigkeiten kaputt gemacht wurden,
werden von dir wieder aufgebaut. Aus dem, was Leute vor dir gebaut haben,
wirst du etwas Neues entstehen lassen. Man wird dich auch so nennen:
‚Ein Maurer, der Löcher wieder zuspachtelt' oder ‚ein Bauarbeiter, der Stra-
ßen wieder fit macht' oder ‚ein Maler, der die Wohnung wieder renoviert'.
13 Habt unbedingt Respekt vor dem Sonntag! Wenn du an dem Tag nicht
arbeitest und auch keine Deals abziehst, wenn du diesen Tag als den Tag
von Gott liebst, wenn du in der Zeit nicht zur Arbeit gehst und auch nicht

dumm rumlaberst, 14 dann werde ich dich immer gut draufbringen! Ich
werde dafür sorgen, dass du über den Problemen stehst. Du wirst dich gut
von dem Land ernähren können, das du ja von deinem Uropa Jakob geerbt
hast." Das kam jetzt von Gott höchstpersönlich.

59

Der Prophet sagt: Ihr baut alle Mist!

1 Glaubt ihr echt, Gott hat nicht die Möglichkeiten, euch zu helfen? Glaubt
ihr echt, Gott sitzt auf seinen Ohren und kann euch nicht hören? 2 Nein,
der Grund, warum er weg ist, liegt in dem ganzen Mist, den ihr gebaut habt!
Das steht zwischen euch wie eine große Betonwand. Weil ihr so viel Mist
gebaut habt, musste er sich von euch verabschieden, darum hört er euch
nicht. 3 An euren Händen klebt Blut, mit euren Fingern habt ihr in der Schei-
ße gewühlt und Sachen getan, die Gott nicht wollte. Mit eurem Mund habt
ihr Schwachsinn verbreitet, Lügen ohne Ende kommen dort raus. 4 Sogar bei
einer Gerichtsverhandlung seid ihr nicht ehrlich, da ist keiner, der die Wahr-
heit sagt. Ganz im Gegenteil: Bei euch läuft es so ab, dass man bei der
Verhandlung falsche Beweise vorlegt. Man stellt falsche Behauptungen auf,
und am Ende kommen dabei nur neue Probleme bei raus, die alles kaputt-
machen. 5 Es ist fast so, als würdet ihr faule Eier ausbrüten, wo bald gefähr-
liche Giftschlangen rauskommen. Wer eins von den Eiern isst, muss sterben,
und wenn man eins davon aus Versehen kaputt macht, kommt eine Gift-
schlange raus und beißt einen. Oder es ist so wie bei einer Riesenspinne,
die ein Netz webt. 6 Aus ihren Fäden kann man keinen Schal stricken, man
kann sich damit auch keine Decke machen oder so. In ihrem Netz verfangen
sich Leute und sterben. So eine Spinne bringt Leute um. 7 Diese Menschen
werden von miesen Sachen wie ein Magnet angezogen, und sie wollen
unbedingt Leute töten, die unschuldig sind. Was sie im Kopf haben, ist nur
gemein. Sie wollen alles kaputt machen und zerstören, egal, wo sie gerade
sind. 8 Wie es ist, einfach entspannt zu sein, wissen sie nicht. Alles, was
sie bringen, ist unkorrekt. Alles, was sie planen, ist daneben, ihre Pläne sind
total uncool. Jeder, der dort mitmacht, wird nie richtig glücklich.

Die Leute geben zu, dass sie Mist gebaut haben

9 Das ist der Grund, warum wir so ungerecht behandelt werden, darum
geht alles so unkorrekt mit uns ab. Wir hatten gehofft, es wird alles besser,
aber stattdessen geht es weiter den Bach runter. Wir hatten gehofft, es
wird langsam hell, aber es wird immer dunkler. 10 Wir laufen rum, als wären
wir blind, wir tasten uns an der Wand entlang. Selbst mittags fallen wir
auf die Fresse, als würde es gerade dunkel werden und wir hätten den
Weg nicht gesehen. Obwohl wir eigentlich top drauf sein müssten, hat man

das Gefühl, wir sind scheintot. 11 Wir kläffen wie Hunde und quaken wie
Enten. Wir hoffen dadrauf, dass alles korrekt zugeht, aber irgendwie ist
da keine Gerechtigkeit, die ist meilenweit entfernt. 12 Wir haben ohne Ende
Mist gemacht, wir haben echt viel zwischen uns und dich, unseren Gott,
gebracht. Dabei wissen wir genau, wo wir wieder Mist gebaut haben, wir
kennen unsere Fehler. 13 Wir waren dir untreu, Gott. Wir haben so getan, als
würden wir dich nicht kennen. Wir haben mit Worten unsere Mitmenschen
fertiggemacht. Wir wollten nichts mehr mit dir zu tun haben. Wir sind total
falsch und lügen nur rum. 14 Auf diese Art werden die Gesetze umgangen.
Gerechtigkeit gibt es nicht mehr. Die Wahrheit wird abgeschafft, in der
City hat man sich davon verabschiedet. Die Menschen sind nicht mehr ge-
rade und straight, sondern schräge drauf. 15 Darum kann man sich auf
nichts mehr verlassen. Und selbst wer es schafft, den unkorrekten Leuten
aus dem Weg zu gehen, wird hintenrum irgendwie abgezockt. Gott hat
das gesehen, und er fand es absolut daneben, dass es keine Gerechtigkeit
mehr gab und dass niemand mehr korrekt lebte. 16 Er bemerkte, dass es
keinen mehr gab, der Bock auf Beten hatte. Darum griff er ein und handelte.
Er wollte seinen guten Willen einfach durchsetzen. 17 Gott war mit allem,
was ihn ausmacht, superkorrekt, und diese Gerechtigkeit zog er an, wie eine
schusssichere Weste. Dann setzte er sich einen Helm auf, der ein Symbol
dafür war, dass er die Menschen rettet. Und dann zog er einen Mantel an.
Das ist ein Zeichen, dass er volles Rohr dafür kämpfen wollte, dass alle,
die Mist bauen, bestraft werden. 18 Jeder wird sein Gerichtsurteil bekommen,
alles wird abgecheckt in seinem Leben, wie er drauf war und was er getan
hat. Die Leute, die gegen ihn waren, bekommen seine Wut zu spüren, seine
Feinde kriegen eins auf die Ohren, egal, wo sie herkommen. 19 Dann werden
sie überall, vom Osten bis zum Westen, Respekt vor dem gigantischen
Gott haben. Er kommt dann nämlich wie ein heftiger Fluss, der total heftig
und powervoll ist, weil Gott auf ihn pustet. 20 Für seine Leute auf dem Zions-
berg wird er als derjenige kommen, der sie aus dem Dreck rausholt. Für
alle Leute aus dem Volk Israel wird das gelten: Jeder, der zu ihm kommt,
wird gerettet! 21 Gott sagt: „Ich werde einen Vertrag mit ihnen abschließen.
Ich verspreche ihnen Folgendes: Ich werde meine Kraft, meinen Geist, den
du von mir bekommen hast, auch an die Leute geben, die nach dir leben.
Du, deine Familie und alle deine Nachkommen, ihr werdet weitergeben,
was ich zu euch sage. Das wird immer so sein, versprochen!“

60

In Zion wird es dann sehr genial

1 Gott sagt zu Zion: „Steh auf, komm in die Hufe! Deine Zeit ist gekommen,
du sollst anfangen, wie Licht zu strahlen. Meine Kraft, meine gigantische

Art, ist wie eine Flutlichtanlage über dir angemacht worden. 2 Überall auf der
Erde ist es stockdunkel. Die Menschen haben kein Licht, aber über dir
strahlt Gott wie ein fetter Halogenscheinwerfer, seine krasse Art kann man
über dir leuchten sehen. 3 Alle Menschen kommen zu deinem Licht, alle
Präsidenten wollen auch mal diese heftigen Strahlen spüren, die über dir
sind. Die leuchten wie eine Sonne. 4 Schau dich mal um! Alle sind zu dir
gekommen! Deine Söhne kommen aus dem Ausland angefahren, und deine
Töchter trägt man auf den Armen zu dir. 5 Dann wirst du es sehen und dich
voll freuen. Dein Herz wird einen Luftsprung machen vor Freude. Und du
wirst dich innerlich öffnen, weil die ganze Kohle von den Menschen, die
sogar auf der anderen Seite der Erde wohnen, zu dir gebracht wird. 6 Ganze
Lastzüge aus Midian und Efa werden bei dir angekarrt. Menschen aus Seba
kommen auch vorbei. Sie bringen viel Geld und wertvolle Räucherstäbchen
mit, und sie werden gut drauf sein und von den heftigen Sachen erzählen,
die Gott getan hat. 7 Alle Schafherden von der Kedarsippe und auch die
großen männlichen Schafe von Nebajot werden für dich da sein. Sie werden
als ein Abfackelopfer auf den Opfertisch kommen, weil ich mich darüber
freue. Ich werde mein Haus, den Tempel, richtig schön stylen, so dass er
total gut aussieht. 8 Was ist denn das da, was wie eine Wolke hergeflogen
kommt? Oder das, was wie ein Schwarm von Tauben aussieht, die zu ihrem
Taubenschlag fliegen? 9 Das sind Schiffe von anderen Nationen, denn
auf mich hoffen auch die Völker vom anderen Ende der Erde. Ihre Schiffe
kommen aus Tarsis und bringen deine Kinder her. Dazu haben sie viel Kohle
an Bord, Gold und Silber, das mir, deinem Chef, geschenkt werden soll.
Ich bin der ganz besondere Gott von Israel, und ich will auch dich groß raus-
bringen. 10 Ausländer ziehen deine Mauern wieder hoch, und ihre Präsiden-
ten werden dich bedienen. Weil ich voll sauer auf dich war, hab ich dich
geschlagen. Aber weil ich dich auch sehr gernhab, habe ich dir wieder
geholfen. Ich liebe dich! 11 Deine Stadttore werden die ganze Zeit offen ste-
hen. 24 Stunden werden sie geöffnet sein, damit dir die Menschen aus
anderen Nationen ihr Geld bringen können, die Präsidenten vorneweg.
12 Alle Länder, die keinen Bock haben, dir zu dienen, werden kaputtgehen.
Sie werden komplett plattgemacht. 13 Die wunderschönen Bäume im Liba-
nongebirge werden alle zu dir gebracht, um meinen besonders krassen
Tempel zu schmücken. 14 Die Leute, die dich verarscht haben, werden dann
ganz klein bei dir ankommen. Sie werden sich vor dir auf den Boden schmei-
ßen, vor deine Füße. Und sie werden dir diesen Namen geben: ‚die Stadt
von Gott, Zion, die Stadt vom ganz besonders krassen Gott von Israel‘. 15 Du
wirst dann nicht mehr die gehasste Stadt sein, auf die keiner Bock hat und
durch die niemand gehen will, sondern du bist dann die gigantisch tolle
Stadt, wo sich immer wieder Leute treffen und ihren Spaß haben. 16 Du wirst

behandelt werden wie Mamas Lieblingsbaby, die Chefs von allen Nationen
werden dir den besten Babybrei anliefern. Und du wirst kapieren, dass ich,
dein Gott, auch dein Retter bin. Ich bin mächtig, ich kann das, ich bin der
starke Gott von Jakob, ich hol dich immer aus dem Dreck, ich rette dich.
[17] Statt Blech werde ich dir Gold bringen, statt Eisen bring ich dir Silber. Statt
billigen Spanplatten bekommst du Bronze, und anstatt Betonplatten be-
kommst du Eisen. Du brauchst kein Wachpersonal mehr, weil ich dir Frieden
garantiere, und deine Chefs werden korrekt und fair regieren. [18] In deinem
Land wird es keine Verbrechen mehr geben, es wird nichts mehr kaputt ge-
macht werden, nichts wird mehr von deiner Schutzmauer weggesprengt.
Diese Mauer wird von allen ‚Die Rettung' genannt werden, und deine Stadt-
tore nennt man ‚Erfolg'. [19] Du wirst dann nicht mehr die Sonne brauchen,
damit man bei dir tagsüber auch was sehen kann. Und nachts brauchst du
auch nicht mehr nur den Mond, um die Straßen auszuleuchten. Ich selbst
werde es hell machen, ich werde das Licht sein, ich werde mit meinem
Strahlen die Stadt beleuchten. [20] Das Licht wird nicht irgendwann ausgehen,
so wie die Sonne immer wieder untergeht. Und auch nachts wird es weiter
leuchten, nicht so wie der Mond, der irgendwann verschwindet. Das pas-
siert, weil ich für immer und ewig das Licht sein werde. Der Frust und deine
Trauer werden dann für immer vorbei sein. [21] Deine Leute werden alle cool
unterwegs sein, sie werden das tun, was ich von ihnen will. Das Land wird
ihnen gehören, für immer. Sie werden wachsen, wie eine Pflanze wächst, die
ich selbst gepflanzt habe, damit alle sehen können, was für eine coole Sache
ich da gemacht habe. [22] Das Volk wird schnell wachsen, selbst der kleinste
Familienclan wird tausend Leute haben. Ich, Gott, werde es machen, wenn
die Zeit dafür reif ist, und dann mach ich es ganz schnell."

61

Eine gute Nachricht über das, was in der Zukunft passiert

[1] Die Kraft von Gott, sein Geist, hat bei mir die Kontrolle übernommen.
Das kommt daher, weil Gott mich extra ausgesucht und für meinen Job ein-
gesetzt hat. Er hat mir den Auftrag gegeben, Menschen, die arm dran sind,
eine gute Nachricht zu erzählen. Ich soll die fertigen, depressiven und kaput-
ten Leute gesund machen. Ich soll bekanntmachen, dass die Gefangenen
jetzt befreit werden. Den Leuten, die in irgendeinem Knast sitzen, soll ich
die Tür aufschließen und sie da rausholen. [2] Ich soll bekanntmachen, dass
Gott eine Zeit gestartet hat, wo er den Leuten seine Liebe ganz besonders
heftig zeigen wird. Es wird aber auch einen Tag geben, an dem er sich an
den Leuten rächt, die gegen ihn waren. Und er wird die Leute trösten, die
depressiv und traurig sind. [3] Den Menschen aus Zion, die kaputt und traurig
sind, wird er Frieden bringen. Anstatt dass sie sich Dreck auf den Kopf

schütten, sollen sie ein cooles Baseballcap tragen. Anstatt dass sie depressiv
in der Ecke hängen, sollen sie eine Party feiern und sich freuen. Sie sollen
sich mit dem besonderen Öl klarmachen, damit sie in einen ganz beson-
deren Dienst eingesetzt werden können. Anstatt einer depressiven Einstel-
lung sollen sie abgehen vor Freude! Man wird ihnen so Namen geben
wie „Eichen, die voll korrekt sind" oder „Ein Garten von Gott, durch den er
zeigt, wie krass er eigentlich ist". 4 Ihr werdet die uralten, zerstörten Städte
wieder hochziehen, und das, was kaputt war, baut ihr wieder auf. Und ihr
werdet die ausgestorbenen Städte mit Leben füllen. Häuser, wo schon ewig
keiner mehr gewohnt hat, werdet ihr renovieren. 5 Ausländer werden kom-
men und für euch arbeiten, sie werden sich um eure Schafherden kümmern,
sie werden euer Land beackern und euren Wein abernten. 6 Ihr werdet nur
noch als Priester arbeiten, man nennt euch dann „Die Priester von Gott"
oder „Gottes Mitarbeiter". Die Kohle von den anderen Nationen werdet ihr
absahnen, und dann könnt ihr diese Kohle ohne Ende raushauen. 7 Weil
ihr von euren Feinden doppelt hart einen reingewürgt bekommen habt, weil
sie euch um euren Anteil abgezockt haben, werden sie in ihrem Land das
Doppelte bezahlen müssen. Ihr werdet euch total freuen. 8 Gott sagt: „Ich
liebe es nämlich, wenn alles korrekt zugeht, und ich hasse es, wenn jemand
abgezockt wird, ich hasse Betrug. Ich werde euch auch in der Form aus-
bezahlen, dass ich immer bei euch bleiben werde. Wir werden einen Vertrag
miteinander schließen, der ewig halten wird. 9 Eure Kinder werden voll
berühmt werden, und alle auf der Welt werden von ihnen hören. Jeder, der
eins von ihnen mal sieht, weiß sofort: Das ist ein Kind von Gott, das ist
eines aus der Familie, mit der Gott ganz besonders krass am Start ist!"

Die Leute freuen sich

10 Yes, wir freuen uns richtig! Wir freuen uns über Gott! Aus meinem Inners-
ten sprudelt nur Freude über meinen Gott raus! Er hat mich fit gemacht,
er hat alles wiedergutgemacht! Er hat mich mit einer dicken Jacke eingewi-
ckelt, um mich zu schützen, er hat mir einen besonderen Pulli angezogen,
der mich für ihn wieder korrekt gemacht hat. Wie ein Bräutigam, der ganz
nach der Sitte der Priester einen Hut auf den Kopf hat, oder wie eine Braut,
die sich mit ihrem Hochzeitsschmuck hübsch macht, so werden wir für
ihn fit sein. 11 Gott macht es mit uns genauso wie mit den Pflanzen: So, wie
die aus der Erde einfach rauswachsen, nachdem man vorher die Samen
eingesät hat, so wird Gott, der Chef, dafür sorgen, dass die Leute auto-
matisch immer mehr Respekt vor uns haben. Wir werden groß rauskom-
men, damit alle anderen Nationen mitbekommen, wie gut wir sind.

62

Gott versucht alles, um Israel wieder an den Start zu kriegen

1 Wegen Zion kann ich meine Klappe nicht halten, wegen Jerusalem kann
ich mich nicht auf die faule Haut legen. Erst wenn dort alles wieder ultra-
korrekt zugeht, so, als würde plötzlich ein 1000-Watt-Halogenstrahler in
der Stadt angehen, könnte ich mich entspannen. 2 Alle Menschen werden
sehen, wie korrekt du bist, Zion. Alle Präsidenten werden von dir voll
geflashed werden. Man wird dir einen neuen Namen geben, dieser Name
kommt direkt von Gott. 3 Und du, Israel, wirst wie ein goldener Diamant-
ring an Gottes Finger sein und wie die teuerste Rolex an seinem Hand-
gelenk. 4 Man wird dich nicht mehr „Die Entlassene“ nennen. Dein Land
wird man nicht mehr als „Totale Öde“ bezeichnen. Es wird für dich solche
Namen geben wie „Gottes Liebling“ oder „Das Hochzeitsgeschenk“.
Denn Gott wird sich über dich total freuen, so, wie sich ein Typ über seine
Braut freut. 5 Denn genauso, wie ein Jugendlicher mal seine Freundin
heiratet, so wird Gott dich heiraten. Und so, wie sich ein Bräutigam über
seine Braut freut, wird Gott sich auch über dich freuen. 6 Ich habe Secu-
rityeinheiten auf den Mauern von Jerusalem postiert. Sie werden 24 Stunden
Dienst schieben, und sie werden Tag und Nacht keine Ruhe geben. Ich
sage zu diesen Leuten: „Ihr habt den Auftrag, Gott wegen Israel in den
Ohren zu liegen! Deswegen dürft ihr nicht einpennen. 7 Ihr dürft Gott keine
Ruhe lassen, bis er dafür gesorgt hat, dass Jerusalem wieder steht und die
Stadt wieder so aufgebaut ist, dass die ganze Welt an ihr sieht, wie krass
Gott ist. 8 Gott hat es ganz, ganz fest versprochen, und er ist stark genug, es
auch zu tun.“ Er sagt: „Ich werde deine Feinde nicht einmal von deinem
Butterbrot abbeißen lassen, und ich werde auch nie irgendwelchen Auslän-
dern was von deinem Wein zu trinken abgeben, den du dir mit viel Stress
selbst gemacht hast. 9 Wer die Ernte einfährt, der soll sie auch essen und
sich bei mir dafür bedanken. Wer die Weintrauben aberntet, soll auch den
Wein trinken, wenn ihr vor meinem Tempel feiert.“ 10 An alle Bewohner
von Jerusalem: „Zieht durch die Stadttore! Macht den Weg frei für die Leute,
die zurückkommen! Macht die Straßen sauber, hisst die Fahnen, damit
alle anderen Nationen sie sehen können.“ 11 Passt auf, Gott lässt Folgendes
überall rumerzählen: „Sagt den Leuten aus der Zionsstadt, dass ihre Hilfe
unterwegs ist. Alle Menschen sind bei Gott sicher. Die, die er befreit hat,
sind wie sein Pokal, den nur er gewonnen hat.“ 12 Man wird sie „Gottes ganz
besondere Leute“ nennen oder „Leute, die Gott gerettet hat“. Die Stadt
selbst wird man „Die Stadt, von der alle reden“ oder „Die Stadt, die nicht
mehr leer steht“ nennen.

63

Gerichtsurteile gegen Edom und andere Nationen

1 Wer ist das, der da gerade aus Edom kommt? Er hat einen roten Anzug
an, er kommt aus der Stadt Bozra, er sieht gut aus, er hat voll die Power. Er
sagt: „Ich bin der Typ, der hier für Gerechtigkeit sorgt! Ich habe die Macht,
Leuten zu helfen!“ 2 Warum ist sein Anzug rot? Warum sieht das so aus, als
würde er in einer Firma arbeiten, die Rotwein herstellt? 3 Er antwortet: „Ich
hab ganz alleine den Wein ausgepresst, keines von den anderen Völkern hat
mir geholfen. Ich habe die Weintrauben zerstampft, ich hab meine Wut an
ihnen ausgelassen, ich war voll aggro. Der Saft ist mir überall auf die Hose
gespritzt, mein ganzer Anzug ist voll. 4 Mir war klar, dass es an der Zeit war,
die Leute zu befreien, und es war auch an der Zeit, mich zu rächen. 5 Ich
schaute mich um, aber da war keiner, der mir dabei helfen wollte. Ich hab
mich sehr darüber gewundert, aber es gab niemanden, der mich unterstüt-
zen wollte. Also hab ich mir selbst geholfen, meine eigenen Hände haben
mich unterstützt, meine Wut hat mich angetrieben. 6 Ich hab die Nationen in
meiner Wut plattgemacht, ihr Blut ist überall auf den Boden geflossen.“

Die Leute beten, dass Gott hilft

7 Ich erinnere mich an die coolen Sachen, die Gott getan hat. Er hat es voll
gebracht, das waren alles Dinger, die ihn echt bekannt gemacht haben. Die
ganzen Beweise, die er für uns gebracht hat und mit denen er uns gezeigt
hat, dass er seine Leute liebt. Er hat es ihnen auch bewiesen, indem er ihnen
auch wieder ihren Mist verziehen hat. 8 Gott hat sich gesagt: „Okay, es ist
einfach meine Familie, sie gehören zu mir. Die werden mich schon nicht
enttäuschen.“ Also kam er und hat sie immer wieder gerettet. 9 Gott hat uns
keinen Engel, so einen Botschafter aus dem Himmel, vorbeigeschickt. Er
kam selbst vorbei und hat uns gerettet! Weil er uns einfach total liebt, hat er
uns da rausgeholt! Er hat uns immer wieder hochgebracht, schon seit
Ewigkeiten macht er das. 10 Aber wir sind es, die immer wieder voll den Auf-
stand machen, wir haben ihn traurig gemacht, wir haben ihn und seine
Kraft in den Dreck gezogen. Deshalb wurde er zu einem Feind, er hat ange-
fangen, gegen seine eigenen Leute zu kämpfen. 11 Als das passierte, haben
wir uns wieder an früher erinnert, als Mose noch bei uns am Start war: „Wo
ist Gott nur geblieben? Wo ist die Macht, die damals unsere Truppe durch
das Meer geführt hat? Wo ist der Gott, der mit seiner besonderen Kraft auf
seine Leute gekommen ist. 12 Wo ist der Gott, der uns immer geholfen hat
mit seiner heftigen Kraft, der immer ganz krass mit Mose unterwegs war, der
das Wasser geteilt hat und dadurch nie mehr vergessen wird? 13 Wo ist der
Gott, der uns so sicher durch das tiefe Meer geführt hat, als würden wir

mit Fahrrädern auf einer asphaltierten Straße fahren? 14 Wo ist der Gott, der
uns wie ein Tourguide immer auf gutausgebauten Wegen führte und zu
Rastplätzen, wo wir uns entspannen konnten? Auf die Art hast du deine
Leute immer geführt, damit alle Welt weiß, wie genial du bist! 15 Gott? Bitte
schau von da oben, wo du wohnst und von wo du mit deiner heftigen Art
das Universum regierst, mal auf uns runter! Wo ist die Liebe, die du für uns
hast? Wo sind deine heftigen Wunder? Bist du jetzt eiskalt uns gegenüber
geworden? Sind wir dir jetzt egal? 16 Du bist doch unser Vater! Abraham
kennt uns alle nicht mehr, Jakob genauso, die sind ja schon lange tot. Aber
du bist unser Papa! Wir nennen dich auch: ‚Der, der uns schon seit Ewigkei-
ten immer wieder raushaut!‘ 17 Warum hast du das zugelassen, dass wir
vom Weg abgekommen sind? Wie konnte das passieren, dass wir innerlich
so hart draufgekommen sind und wir keinen Respekt mehr vor dir hatten?
Komm bitte wieder zurück! Komm, und wenn es nur wegen der Leute ist, die
tun, was du sagst, oder weil wir einfach zu dir gehören! 18 Nur für kurze Zeit
haben die Feinde deine besondere Truppe vertrieben, aber in der Zeit haben
sie dein ganz besonderes Haus kaputt gemacht und total versifft. 19 Wir
sind fast so geworden wie die Leute, bei denen du noch nie gewesen bist,
die dich noch nie gekannt haben und die noch nie zu dir gehört haben. Gott,
bitte tritt die Tür im Himmel ein und komm wieder zu uns runter, so dass
es ein Erdbeben gibt und die Berge anfangen zu wackeln, weil du da bist.“

64

Gott soll bitte zeigen, was er alles draufhat

1 Gott, komm doch bitte wie eine Stichflamme aus einem Flammenwerfer.
Brenn los und lass das Wasser von der Hitze verdampfen. Tu das, damit
die Menschen, die nicht mit dir leben, mal sehen, was du so alles draufhast.
2 Wenn du solche Aktionen bringst, mit denen keiner gerechnet hat, dann
geht das voll ab. 3 Wenn du so Sachen machst, die man vorher noch nie
gesehen, gehört oder gelesen hat, dann schockt das. Ich meine so Dinge,
die nur du tun kannst und sonst keiner und die du nur für Leute bringst,
die dir vertrauen. 4 Ach Mann, hoffentlich ist dann jemand da, der gerne so
lebt, wie du es cool findest, der das tut, was du willst, und der immer an
dich denkt. Ist schon klar, du bist sauer auf uns, weil wir schon seit Ewigkei-
ten Sachen getan haben, die du ätzend findest. Wir haben die Verträge mit
dir immer wieder gebrochen. 5 Jeder von uns hat Dreck am Stecken, wir sind
alle versifft, und selbst wenn wir was richtig Gutes getan haben, war das oft
mit einer dreckigen Motivation. Wir sind alle wie ein Strauß vergammelter
Blumen, wir wurden von unseren Fehlern richtig kontrolliert, die haben uns
mitgerissen wie ein heftiger Sturm. 6 Keiner war da, der zu dir gebetet hat,
keiner hat sich mal zusammengerissen und an dir festgehalten. Denn du

hast dich verzogen, du warst nicht mehr da, du hast uns im Stich gelassen,
weil wir uns von dir entfernt hatten. 7 Trotzdem bist du immer noch unser
Chef! Du bist unser Vater! Wir sind wie Knetmasse, aber du bist der Künstler,
der aus uns etwas Schönes formt. Wir sind alle durch deine Hände gemacht
worden. 8 Bitte sei nicht allzu sauer auf uns! Erinnere dich nicht zu lange
an den ganzen Mist, den wir gebracht haben! Überleg doch mal, wir sind
alle deine Leute! 9 Die Städte, die ganz radikal dir gehörten, sind alle unbe-
wohnbar geworden, sie sind kaputt und leer. Da wohnt kein Schwein mehr,
Jerusalem steht leer, und Zion ist kaputt. 10 Der wunderschöne, gottmäßige,
heilige Tempel, wo schon unsere Väter zu dir gebetet haben, ist verbrannt,
alle Schätze sind kaputt. 11 Willst du das alles zulassen, ohne etwas dagegen
zu unternehmen, Gott? Willst du wirklich nichts dazu sagen, willst du,
dass wir total am Boden und deprimiert sind?

65

Wer mit Gott geht und wer nicht

1 Gott sagt: „Ich wäre da gewesen, wenn Leute nach mir gefragt hätten. Man
hätte mich finden können, wenn man nach mir gesucht hätte. Ich hab immer
wieder zu den Leuten gesagt: ‚Hallo! Ich bin hier!‘ Aber keiner wollte mit
mir reden! 2 Die ganze Zeit war ich da. Ich war bereit und hab meine Hände
nach ihnen ausgestreckt! Aber meine Leute wollten ihr eigenes Ding ohne
mich durchziehen. Sie wollten Dinge tun, die nicht gut sind. 3 Menschen, die
mich übelst beleidigen, tun mir weh. Die, die in ihren Vorgärten auf wacke-
ligen Ziegelsteinen Opferrituale für Plastikgötter machen, 4 die nachts auf
Friedhöfen übernachten, die Gammelfleisch essen und ein total übles Gesöff
zusammenbrauen, 5 die immer so Sprüche bringen wie ‚Bleib weg von mir,
ich bin gerade ganz besonders für Gott unterwegs‘, das sind Leute, die mich
echt aggro gemacht haben, weil ich ihnen in Wirklichkeit total egal bin. Ich
bin so sauer, meine Wut brennt wie ein Feuer, das nicht mehr so schnell
ausgeht. 6 Ich hab es alles aufgeschrieben, ich vergesse das nicht. Und ich
werde meinen Mund nicht halten, bis ich es ihnen heimgezahlt habe. 7 Das
gilt für den Mist, den sie gebaut haben, und den Mist der Menschen, die
vor ihnen da waren. Alle, die auf den Bergen diese ätzenden Opferrituale
gemacht haben und mich damit voll beleidigt haben, werde ich gerecht
bestrafen. 8 Wenn jemand noch einen Schluck Saft in der Flasche aus dem
Kühlschrank findet, dann sagt man zu ihm: ‚Schütte das nicht weg, es
könnte noch gut sein!‘ Genauso will ich auch meine Leute nicht komplett
kaputtmachen wegen der Leute, die immer getan haben, was ich wollte.
9 Es soll auch in Zukunft weiter Leute geben, die aus Israel und Juda stam-
men. Denen hatte ich mal das ganze Land geschenkt, damit sie es immer
weitervererben können. Die Menschen, die ich mir extra ausgesucht habe,

denen soll es gehören, meine Leute sollen dort wohnen. 10 In der Scharon-
Ebene werden sie ihre Schafe weiden lassen, und im Tal Achor werden
ihre Rinder sein. Es ist für meine Leute bestimmt, die immer mit mir gelebt
haben. 11 Die anderen, die mich wie einen alten Mann behandeln, die von
meinem besonderen Berg abgehauen sind, die den Plastikgöttern Gad und
Meni was zu essen und zu trinken geopfert haben, für die gilt Folgendes:
12 Ich will, dass ihr alle durch den Krieg sterben müsst. Ihr werdet abge-
schlachtet, wie man die Tiere abschlachtet, bevor sie geopfert werden. Denn
ihr habt mir nicht geantwortet, als ich euch gerufen habe. Ihr habt getan,
was ich nicht leiden kann, ihr habt euch für das entschieden, was ich nicht
möchte. 13 Darum sage ich, euer Gott, Folgendes zu euch: Die Leute, die mir
treu waren, werden immer genug zu essen haben. Aber die Leute, die mich
abziehen, werden hungern. Die Leute, die etwas für mich getan haben,
werden trinken können, aber die, die mich abgezogen haben, werden Durst
haben. Meine Leute werden sich freuen, aber ihr anderen werdet depressiv
draufkommen und euch schämen. 14 Meine Leute werden abgehen vor
Freude, aber ihr werdet einen Heulkrampf kriegen vor Frust, Depressionen
und Verzweiflung. 15 Meine Leute, die ich mir ausgesucht habe, werden euch
als Negativ-Beispiel benutzen, wenn man etwas ganz Schlimmes erklären
will. Sie werden sagen: ‚So übel, wie es bei denen damals abgegangen ist, so
soll Gott euch auch umbringen.' Das wird wie ein Fluch gebraucht werden,
als wenn man jemandem die Krätze an den Hals wünscht, den man nicht
leiden kann. Aber mit meinen Leuten wird man anders umgehen, man wird
sie anders bezeichnen, man wird andere Sachen über sie sagen. 16 Wenn
sich meine Leute dann irgendwo treffen und begrüßen, wird man sagen: ‚Ich
grüße dich, bei dem treuen Gott!', und wenn man füreinander betet, dann
wird man sagen: ‚Ich segne dich bei dem treuen Gott!' Alles, was früher war,
wird man nämlich vergessen haben, der ganze Stress wird dann vorbei
sein. 17 Passt auf: Ich werde einen ganz neuen Himmel machen und eine
ganz neue Erde. Den alten Kram wird man schnell vergessen, man wird
nicht mehr dran denken, der ist gelöscht. 18 Ihr könnt abgehen vor Freude,
ihr könnt echt Party machen, und zwar immer wegen der neuen Sachen,
die ich machen werde. Ich werde ein neues Jerusalem aufbauen, in dem die
Bewohner alle nur noch glücklich sind. 19 Ich werde mich über Jerusalem
wieder freuen können und auch über meine Leute. Dort wird man nicht
länger rumheulen und depressiv in der Ecke hängen. 20 Es wird nicht mehr
passieren, dass Babys ein paar Tage nach der Geburt sterben. Und es wird
keinen Menschen geben, der nicht so alt wird, wie es normal ist. Der jüngste
wird nicht sterben, bevor er die hundert erreicht hat. Wenn Leute vor ihrem
hundertsten Geburtstag sterben, wird man denken, sie haben was Schlim-
mes verbrochen. 21 Sie werden Häuser bauen und dadrin auch alt werden,

sie werden Weinberge anlegen und von der Ernte leben. 22 Sie werden nicht
schuften, damit andere davon reich werden, sie werden nicht ernten, und
andere leben davon. So alt, wie ein Baum wird, so alt sollen auch meine
Leute werden. Den Ertrag ihrer Arbeit sollen sie selbst genießen können.
23 Sie werden nicht umsonst schuften. Und die Mütter werden keine Kinder
bekommen, die dann schnell sterben. Denn sie kommen alle aus der Familie
der besonderen Leute von Gott, darum werden ihre Kinder bei ihnen auf-
wachsen. 24 Ich werde ihnen antworten, bevor sie überhaupt angefangen
haben zu fragen. Bevor sie mich um etwas gebeten haben, werde ich ihre
Bitte schon erhören. 25 Der Pitbull und das Kaninchen, oder die Katze und
die Maus, werden dann gemeinsam essen und sich nicht angreifen. Hunde
fressen dann nur noch Gras, genauso wie eine Kuh. Nur die Schlange wird
sich von Dreck ernähren. Auf dem besonderen Berg Zion wird man nichts
Schlechtes mehr tun und keine miesen Dinger mehr drehen. Das kam jetzt
von Gott, dem Chef!“

66

Gottesdienst: Nur so tun als ob, bringt's nicht

1 Gott sagt: „Ich habe meinen Schreibtisch im Himmel, von dort aus regiere
ich das Universum. Meine Füße habe ich auf einem Hocker, und das ist die
Erde. Ich würde gerne von euch wissen, wie ihr das denn gebacken kriegen
wollt, mir ein Haus zu bauen, in das ich auch reinpasse? 2 Ich habe doch
alles, was es in diesem Universum gibt, mit meinen eigenen Händen
gemacht! Trotzdem pass ich auf jeden auf, dem es dreckig geht. Ich habe
auch den Kaputten gesehen, der völlig fertig ist und trotzdem Respekt vor
meinen Worten hat. 3 Aber so sind sie: Sie opfern mir eine Kuh, und für mich
ist es, als würden sie ein Kind für mich abschlachten. Sie opfern mir Schafe,
und für mich ist es, als ob sie einen Hund totprügeln. Sie ziehen für mich
Essensopfer durch, aber nehmen dazu dreckiges Blut von Schweinen. Auf
der einen Seite schenken sie mir Räucherkerzen, aber auf der anderen Seite
werden die gleichen Räucherkerzen auch Plastikgöttern geschenkt und damit
okkulte Opfer durchgezogen. Das ist so, als würde man dafür beten, dass
ganz ätzende Sachen passieren. Weil sie sich dafür entschieden haben, ihr
eigenes Ding durchzuziehen, weil ihnen der ganze Dreck auch noch Spaß
macht, 4 darum werde ich mich dafür entscheiden, dass sie richtig Probleme
bekommen. Es werden Sachen passieren, vor denen sie schon immer Angst
hatten. Ich habe sie gerufen, aber es kam keine Antwort zurück, ich habe sie
gewarnt, aber sie haben nicht auf mich gehört. Ganz im Gegenteil, sie haben
weiter Mist gebaut und sich für Sachen entschieden, die ich ätzend finde.“

Jerusalem wird getröstet

5 Hört mal zu, was Gott euch zu sagen hat: „Das geht an alle, die Respekt
vor mir haben. Eure Geschwister, die euch hassen, die wegen mir keinen
Bock mehr auf euch haben, sagen zu euch: ‚Gott soll euch doch mal seine
ganz besondere Art zeigen! Wir würden uns echt dadrüber freuen.‘ Und
dann wird es peinlich für sie laufen. 6 Hört mal den Lärm, der aus der Stadt
kommt. Aus dem Tempel kommt voll der Alarm! Der Krach kommt von
Gott, der sich an seinen Feinden rächt. 7 Hat man schon mal davon gehört,
dass eine Frau ein Kind bekommen hat und danach erst die Wehen einge-
setzt haben? Hat man schon mal davon gehört, dass dein Kind zur Welt
kam, bevor die Schmerzen anfingen? 8 Wer hat das schon mal erlebt? Wer
hat das schon irgendwo gehört? Wird eine Nation an einem Tag gemacht,
erschafft man ein Land innerhalb von einer Sekunde? Aber bei Zion wird es
anders laufen, denn sie wird ihre Kinder kriegen, bevor sie irgendwelche
Wehen hatte. 9 Glaubt ihr im Ernst, ich bringe eine Sache nicht zu Ende?
Werde ich die Geburt einleiten und dann das Ganze stoppen, bevor das Kind
da ist, und die Gebärmutter wieder zunähen lassen? 10 Jetzt freut euch mal
mit Jerusalem! Klatscht ihr Applaus, das geht jetzt an alle, die diese Stadt
lieben! Freut euch voll über sie, auch alle Leute, die früher wegen ihr geheult
haben. 11 Ihr werdet alle was von ihr zurückbekommen. Ihr werdet euch bei
ihr satt essen und trinken können, wie sich ein Baby an der Brust der Mutter
satt trinkt. Ihr könnt euch an ihrer gigantischen Schönheit voll berauschen.
12 Passt auf, ich werde dafür sorgen, dass es total friedlich in ihr zugeht.
Alles wird gut werden in Jerusalem, auch das Geld wird in die Stadt reinflie-
ßen, so wie ein übervoller Fluss. Ihr werdet euch alle gut ernähren können,
ihr werdet von ihr auf den Arm genommen und getragen wie ein Baby. Sie
knutscht euch ab, wenn ihr wie ein kleines Kind auf ihrem Schoß sitzt. 13 Ich
werde euch trösten, wie eine Mutter ihr Kind tröstet. Jerusalem wird euch
wieder gut draufbringen. 14 Ihr werdet es mitkriegen und werdet euch voll
darüber freuen. Ihr werdet wieder voller Kraft sein, so wie das grüne Gras im
Frühling werdet ihr schnell wachsen. Man wird mich erleben durch das, was
ich bei meinen Leuten tue. Aber meine Feinde kriegen eins auf die Mütze.“

Bestrafung, aber die Leute kommen alle wieder zurück

15 Passt auf, Gott wird seiner Wut freien Lauf lassen. Er kommt wie mit
einem Blitz, er lässt Feuer vom Himmel auf die Erde kommen. Es wird voll
den Orkansturm geben, eine Welle von Feuer wird über das Land kommen.
16 Ich sehe, wie er mit einem Laserschwert dasteht, einem Schwert aus
Feuer, und dann gibt es eine große Gerichtsverhandlung, zu der jeder hin-
muss. Überall liegen voll viele Leichen, Menschen, die von ihm getötet
wurden. 17 Gott sagt, dass allen, die sich den Plastikgöttern in ihrem Tempel

geschenkt haben, ganz übel enden werden. Er sagt weiter: „Auch die Men-
schen, die gammeliges Schweinefleisch und Mäuse gegessen haben, werden
dort sterben. 18 Ich weiß genau, was sie getan haben, ich kenne sogar ihre
Gedanken. Ich bin jetzt da, um alle Menschen, die jemals auf der Erde
gelebt haben, zu treffen. Alle werden dann meine ganz krasse Art zu sehen
bekommen. 19 Ich werde ein Zeichen bei ihnen aufstellen und Menschen
zu ihnen schicken, die eine Nachricht von mir haben. Diese Menschen
werden aus allen Nationen kommen, die mit mir leben. Diese Leute werde
ich in die entlegensten Gegenden schicken. Nach Tarschisch, Put und Lud,
nach Meschech, Tubal und Jawan. Auch die Nationen, die noch nie
was von mir gehört haben, werden von meiner krassen Art erfahren. 20 Auf
dem Rückweg werden sie alle eure Geschwister mitbringen, die noch bei den
anderen Nationen leben. Sie werden alle auf Mopeds, in Pkws, Bussen und
Lkws zum besonderen Berg nach Jerusalem kommen. Sie werden wie ein
ganz besonderes Geschenk an mich sein, das man in total sauberen, reinen
Schüsseln in mein Haus bringt, so ähnlich wie bei einem Essensopfer.
21 Ich werde sogar einige von ihnen zu Priestern und Tempelangestellten
machen. 22 Ich sehe das vor mir: Genauso, wie ich einen neuen Himmel
und eine neue Erde mache, damit es die für immer geben wird, genauso
werde ich auch dafür sorgen, dass es euch immer geben wird. 23 Es wird
passieren, dass jeden Monat und jeden Sonntag wieder alle Menschen zu
mir kommen, um zu mir zu beten. 24 Und dann werde ich losziehen und
mir die Leichen der Menschen anschauen, die mich abgezogen haben. Die
werden nämlich nicht wirklich ganz sterben, sie werden ewig leiden, und
alle anderen Menschen werden sich vor ihnen ekeln."

Der Prophet Jeremia

1

Jeremia bekommt den Job als Prophet
1 Jetzt kommt ein Kapitel, wo Ansagen von Jeremia drinstehen. Jeremia
war ein Sohn von Hilkija, der gehörte zur Priestertruppe von Anatot. Er lebte
an einem Ort, der in dem Gebiet vom Familienstamm Benjamin lag. 2 Das
erste Mal, dass Gott zu ihm geredet hatte, war, als der Präsident Joschija
gerade dreizehn Jahre in Juda an der Macht war. Joschija war ein Sohn von
Amon. 3 Dann redete er auch mit ihm, als Jojakim der Präsident von Juda
war. Jojakim war ein Sohn von Joschija. Auch solange der nächste Präsident
Zidkija (der Sohn von Joschija) an der Macht war, sprach Gott mit ihm.
In dessen elftem Regierungsjahr, im fünften Monat, wurde die Bevölkerung
von Jerusalem verhaftet und als Kriegsgefangene in ein anderes Land
verschleppt.

Wie Jeremia ein Prophet wurde
4 Irgendwann hat plötzlich Gott mit mir, Jeremia, gesprochen. Er sagte:
5 „Hör zu, ich hatte schon große Pläne mit dir, bevor du überhaupt im Bauch
deiner Mutter gewesen bist. Bevor du geboren worden bist, hatte ich schon
die Idee, dass du ein Prophetentyp werden sollst. Deine Aufgabe war seit-
dem schon klar, allen Menschen zu erzählen, was ich dir sage." 6 „Nein,
nein, Gott", war meine Reaktion. „Das ist keine so pralle Idee! Ich kann mich
gar nicht richtig gut ausdrücken, außerdem bin ich noch viel zu jung für so
einen Job!" 7 Aber Gott sagte: „Hey, sag nicht, dass du zu jung bist, das ist
Quatsch! Geh dorthin, wo ich dich hinschicken werde, und dort musst du
dann den Leuten erzählen, was ich dir sagen werde. 8 Du brauchst keinen
Schiss vor den Menschen zu haben! Ich bin immer bei dir, ich pass auf dich
auf, ich beschütze dich. Das kommt jetzt von mir, Gott, dem Chef." 9 Dann
streckte Gott plötzlich seinen Arm aus und berührte mit seiner Hand
meinen Mund. „Hier, pass auf, ich lege jetzt meine Worte in deinen Mund!
10 Ab sofort gebe ich dir einen Job in der Welt, durch den du richtig Macht
haben wirst. Du wirst in der Lage sein, Regierungen einzusetzen und abzu-
sägen, ganze Länder wirst du kaputt machen können. Aber du wirst sie
auch wieder neu aufbauen!" 11 Später kam Gott wieder bei mir vorbei und
sagte: „Jeremia? Schließ mal deine Augen! Was kannst du jetzt vor deinem
inneren Auge sehen?" Ich antwortete: „Äh, also da ist eine Mutter, die auf
ihr Kind aufpasst!" 12 „Richtig", antwortete Gott. „Genauso werde ich näm-
lich dadrauf aufpassen, dass die Sachen die ich gesagt habe, auch passieren
werden." 13 Schließlich gab Gott mir noch mal so ein inneres Bild, eine

Vision. Dann fragte er mich: „Und? Was siehst du?“ „Ich sehe einen Topf
auf einem Herd, in dem das Wasser am Kochen ist. Die Vorderseite von dem
Topf zeigt dabei in Richtung Norden“, war meine Antwort. 14 „Genau! Das
bedeutet, dass die ganzen ätzenden Sachen, die über alle Leute in diesem
Land kommen werden, aus Richtung Norden kommen. 15 Pass auf, ich werde
alle Völker, die im Norden wohnen, zusammenrufen. Jeder Präsident, der
dort regiert, wird kommen und seinen Schreibtisch an allen Stellen der
Stadtmauer von Jerusalem aufbauen, einmal ringsrum. Das Gleiche soll
auch bei den anderen größeren Städten in Juda passieren. 16 Ich will nämlich
eine Gerichtsverhandlung abhalten und jeden von ihnen verurteilen. Sie
waren nämlich total link unterwegs, haben für diese Plastikgötter Räucher-
kerzen abgefackelt, sich auf den Boden geschmissen und zu denen gebetet.
Und das, obwohl sie die alle selbst zusammengebastelt haben! 17 Aber
von dir will ich, dass du dich schon mal bereit machst. Wenn es so weit ist,
dann geh dahin und rede mit ihnen. Erzähle alles, was ich dir sagen werde.
Vor denen brauchst du keine Angst zu haben! Und falls du doch Angst
bekommst, dann werde ich dafür sorgen, dass du allen Grund haben wirst,
richtig Schiss zu kriegen. 18 Pass auf, ich werde heute dafür sorgen, dass
du so geschützt bist wie eine Stadt mit einer hohen Stadtmauer, wie eine
Säule aus Stahl oder wie eine Stahlbetonwand. Alle werden gegen dich sein,
alle Präsidenten, alle hohen Beamten, alle Priester, ja sogar alle Menschen,
die dort wohnen. 19 Sie werden dich bekämpfen, aber sie werden es nicht
schaffen, dich zu besiegen. Ich bin nämlich auf deiner Seite, ich werde dich
retten.“ Das kam von Gott, dem Chef.

2

Die Leute aus Israel sind Gott nicht treu

1 Und Gott fing wieder an, mit mir zu sprechen: 2 „Jeremia, geh mal los
und erzähle allen Leuten in Jerusalem Folgendes von mir: Ich, euer Gott,
kann mich noch gut dadran erinnern, als du, Israel, noch wie eine Jugend-
liche warst. In der Zeit bist du mir treu gewesen, du hast mich geliebt, als
wären wir miteinander verlobt. Du warst heiß auf mich, bist mir gefolgt,
sogar in die Wüste, in das Land, wo nichts wächst und das Leben echt hart
ist. 3 Du gehörtest nur mir, so, wie die allerersten Früchte der Ernte auch
komplett mir gehören. Jeder, der ungefragt von dir naschen wollte, bekam
ein Problem mit mir. Die wurden plötzlich vom Pech verfolgt und wurden
irgendwie bestraft. So war das damals, sagt der Chef, euer Gott.“ 4 Jetzt hört
mal, was Gott der Familie von Jakob zu sagen hat, das geht an alle Familien,
die von Israel abstammen. 5 Gott sagt Folgendes zu euch: „Was hat den
Leuten, die vor euch gelebt haben, eigentlich nicht gepasst? Was hatten sie
gegen mich, dass sie sich derart von mir distanziert haben? Warum sind

sie auf einmal diesen Nullnummern hinterhergelaufen? Damit wurden sie
selbst zu Versagern und Nullen. 6 Warum kamen von ihnen niemals solche
Fragen wie: ‚Wo ist nur der Gott geblieben, der uns damals aus Ägypten
rausgehauen hat? Wo ist der Gott, der uns den Weg durch die Wüste geführt
hat, der in den trocknen Gebieten oder in den dunklen Schluchten immer bei
uns war, in einem Land, wo kein Schwein gewohnt hat?‘ 7 Es stimmt, ich
habe euch in dieses neue Land gebracht, wo es die besten Sachen gibt und
davon reichlich. Ihr seid dort gelandet, und was habt ihr als Erstes gemacht?
Ihr habt das Land total verdreckt, ihr habt es unrein gemacht! Das, was mir
gehört, habt ihr total versifft. 8 Selbst die Priester hatten es nicht geblickt.
Von denen kamen auch keine Fragen, so nach dem Motto: ‚Wo ist Gott nur
geblieben?‘ Alle Leute, die sich in den Gesetzen gut auskannten, hatten
keine Ahnung von mir. Und auch die Chefetage und die Politiker hatten kei-
nen Bock mehr auf mich. Die Prophetentypen gaben nur noch Nachrichten
weiter, die angeblich vom Plastikgott Baal stammten. Sie sind irgendwelchen
Pseudogöttern hinterhergelaufen, obwohl die es null bringen. 9 Darum
muss ich euch weiter bestrafen, und auch eure Kinder und die Kinder von
euren Kindern werde ich verurteilen müssen. 10 Fahrt doch rüber zu den
Inseln, wo die Kittäer wohnen! Schickt doch mal jemanden in den Westen
oder in den Osten, egal wohin, und fragt da mal nach, ob die so was schon
mal erlebt haben! 11 Hat es das schon mal irgendwo gegeben, dass ein Land
einfach seinen Gott gewechselt hat wie seine Hose? Dabei haben die nicht
mal einen echten Gott! Aber meine Leute machen das einfach, sie haben
mich gegen irgendeinen Plastikgott ausgetauscht. Den genialsten Gott
gegen einen Pseudogott, der es null bringt.“ 12 Gott sagt: „Das ganze Uni-
versum soll sich das mal anschauen und den totalen Schock bekommen.
13 Meine Leute haben mich gleich in zwei Sachen abgezogen. Sie haben mich
verlassen, dabei bin ich die Quelle, aus der kühles, frisches Wasser sprudelt,
Wasser, das lebt. Stattdessen trinken sie jetzt abgestandenes altes Wasser
aus Plastikeimern, die auch noch Löcher haben. 14 Israel, du benimmst dich,
als wärst du ein Billiglohnarbeiter, als hätte man dich mit irgendwelchen
Knebelverträgen angestellt, als wärst du total unfrei. Wie konnte das passie-
ren, wie bist du so draufgekommen? 15 Knurrende, hungrige Hunde sind
über dich hergefallen. Deine Städte sind kaputt, dein Land ist verwüstet,
alles ist verbrannt, die Leute sind alle weggezogen. 16 Jetzt kommen auch
noch die Ägypter, die Soldaten von Memfis und Tachpanhes, und rasieren
dir die Haare ab. 17 Da bist du selbst schuld daran! Du hast mich, den Chef,
einen alten Mann sein lassen. Du hattest auf mich keinen Bock mehr, ob-
wohl ich dich durch die Wüste geführt hatte. 18 Was bringt dir das nun,
wieder zurück nach Ägypten zu tigern, um dir Wasser aus dem Nil zu orga-
nisieren? Was bringt dir das, wenn du dich auf den Weg nach Assyrien

machst, um dort das Wasser vom Eufrat-Fluss zu trinken? [19] Weil du selbst link unterwegs bist, rächt sich das nun. Weil du immer untreu warst, kriegst du jetzt die volle Packung. Kapierst du jetzt, dass es nur Ärger und Schmerzen bringt, wenn man nicht das tut, was ich von einem will? Dann kommt von mir nichts Gutes mehr zu dir! Das sage ich dir. Ich bin Gott, der Chef über alles."

Juda betet zum Plastikgott Baal

[20] Gott sagt: „Du hattest eigentlich noch nie wirklich Bock, das zu tun, was ich von dir wollte. Du hast dich immer dagegen gewehrt, du hast dich dagegen entschieden, du hast immer gesagt: ‚Nein! Ich hab keinen Bock, das zu tun, was du von mir willst, Gott!' Du hast dich wie eine billige Nutte auf dem Straßenstrich an den nächstbesten Laternenmast gestellt. [21] Ich hatte ganz Großes mit dir vor. Du solltest eine ganz besondere Weinrebe werden. Du warst etwas Besonderes, eine Delikatesse. Aber was ist jetzt aus dir geworden? Du hast dich in eine andere Weinrebe verwandelt, in eine ganz eklige Pflanze mit komischen Früchten, so eine Art von Pflanze, die mir fremd ist. [22] Selbst wenn du dich mit Sagrotan abschrubben und in Meister Proper baden würdest, wärst du immer noch total dreckig. Denn ich sehe den ganzen Mist, den du gebaut hast. [23] Wie kannst du nur so was sagen wie ‚Ich hab mich doch nicht dreckig gemacht, ich hab keinen Mist gebaut, ich bin doch keinem Plastikgott nachgelaufen!'? Schau dich doch mal um! Kapier doch endlich, was du da getan hast! Du läufst diesen Göttern hinterher wie eine Schlampe den Männern. [24] Du bist wie eine wilde Stute, die in der Wüste lebt. Wenn die heiß auf einen Hengst ist, dann kennt das Tier kein Halten mehr. Es schnappt nach Luft und wird ganz wild. Die Hengste brauchen nicht lange nach ihr zu suchen, denn wenn die Zeit ist, wo sie schwanger werden könnte, lässt sie sich gerne von jedem Hengst bespringen. [25] Pass auf deine Füße auf, Israel, lauf dir nicht die Sohlen ab. Pass auf, dass du nicht verdurstest! Aber du sagst: ‚Das bringt es doch nicht! Du kannst mich nicht aufhalten! Ich bin in die Fremden verknallt, und ich laufe denen hinterher!' [26] Aber ich, Gott, sage dir: So, wie es voll peinlich ist, wenn man im Laden was geklaut hat und dabei erwischt wurde, so peinlich wird es auch für ganz Israel sein. Auch allen Präsidenten, den hohen Beamten, den Priestern und den Propheten wird es so gehen. [27] Sie haben zu einem Stück Plastik gesagt: ‚Du bist mein Vater!' Und zu einem Stück Beton: ‚Du bist meine Mutter!' Sie haben mir den Rücken zugedreht, sie können mir nicht mehr in die Augen sehen. Wenn es ihnen aber beschissen geht, dann beten sie plötzlich: ‚O Gott, komm! Bitte hilf uns!' [28] Wo sind denn jetzt eure selbstgebastelten Götter? Sollen die doch kommen und helfen, wenn es euch beschissen geht! Mittlerweile habt ihr ja genauso viele Götter wie

Städte. 29 Warum beschwert ihr euch jetzt noch bei mir? Ihr habt mich alle
abgezogen! Ihr wolltet nichts mehr von mir wissen! 30 Immer wieder hab ich
dafür gesorgt, dass es Probleme bei euch gab. Aber ihr habt es nicht kapiert.
Ihr habt sogar alle Propheten abgeknallt, als wären sie ein wütender Kampf-
hund, der euch bedroht."

Die Leute von Juda haben vergessen, dass es einen Gott gibt

31 Gott sagt: „An alle Menschen von Israel: Hört die Ansagen, die ich, Gott,
für euch habe! Ich frage euch: War das denn so schlimm mit mir? War das so
fies, mit mir zu leben? War das so, als hättet ihr die Zeit in einer Wüste ver-
bracht oder als wärt ihr für immer in einem Kellerloch ohne Licht eingesperrt
gewesen? Warum sagen meine Leute, dass sie nichts mehr mit mir zu tun
haben wollen und dass sie nicht mehr zu mir zurückkommen? 32 Vergisst
eine Frau, dass sie Schmuck hat? Vergisst eine Ehefrau, dass sie einen Ehe-
ring trägt? Aber meine Leute haben mich einfach vergessen, und das schon
vor Ewigkeiten. 33 Du bist gut dadrin, einen neuen Lover zu finden, jeman-
den, der in dich verknallt ist. Darum merkst du es gar nicht mehr, was du
für einen Mist baust. 34 An deinen Händen klebt das Blut von unschuldigen
Menschen. Du hast diese Menschen nicht auf frischer Tat ertappt, als sie
in deine Bude einbrechen wollten. Dann könnte man das mit dem Blut ja
noch verstehen. Aber so wirst du für diese ganzen Aktionen einmal bezahlen
müssen. 35 Aber du behauptest steif und fest, du wärst unschuldig! Du sagst
sogar: ‚Gott ist nicht mehr sauer auf mich!' Darum werde ich dich anzeigen
und vors Gericht bringen. 36 Warum bemühst du dich noch darum, deine
Partner zu wechseln? Egal, ob es jetzt die Ägypter sind oder die Assyrer,
die haben es ja auch nicht gebracht. 37 Wenn du zu denen gehst, wirst du
genauso leer und enttäuscht wieder nach Hause kommen, wie du hinge-
gangen bist. Ich habe diesen Regierungen, auf die du gehofft hast, nämlich
schon lange eine Absage verpasst, die werden es dir nicht bringen."

3

Die Leute von Israel kapieren nicht, wie krass sie danebenliegen

1 Gott sagt: „Wenn ein Mann seine Frau rausschmeißt und sie einen anderen
Typen heiratet, darf er dann irgendwann wieder zu ihr zurückgehen? Nein,
denn dann würde sogar die ganze Gegend, in der sie leben, dreckig werden.
Aber du hast dich nicht nur auf einen Typen eingelassen, du hattest Dut-
zende. Und trotzdem glaubst du, du darfst einfach so zu mir zurückkom-
men? 2 Schau dich doch mal um! Auf welchem Berg hast du es denn nicht
schon mit Männern getrieben? Wie eine Bande, die sich an Fußwegen im
Wald versteckt, um irgendwelche Spaziergänger zu überfallen, so hast du an
den Wegen gesessen und auf sie gewartet. Du hast das ganze Land dreckig

gemacht, weil du es mit jedem x-beliebigen Typen gemacht hast und weil du
einfach link drauf bist. 3 Das war der Grund, warum es nicht geregnet hat,
nicht mal im Herbst. Aber du warst so dreist und warst auch noch stolz auf
deinen Job, genauso wie eine richtige Nutte. Du hast dich geweigert, zuzu-
geben, dass du Mist baust. 4 Stimmt doch, oder? Du hast sogar versucht,
dich bei mir einzuschleimen, indem du zu mir sagst: ‚O Gott, du bist doch
mein Vater! Du bist mein bester Freund, das war schon immer so! 5 Willst
du jetzt ewig sauer auf mich sein, oder was?‘ Solche Kommentare kamen
von dir, dabei hast du mit deinem Mist einfach weiter gemacht. Du hast es
getrieben, so viel du nur konntest.“

Israel und Juda: Beide bauen Mist

6 Gott sagte mir dann noch einmal etwas, in der Zeit, als der Präsident
Joschija an der Macht war: „Hast du mitbekommen, was Israel, meine Braut,
schon wieder gebracht hat? Die ist einfach nicht treu! Sie ist auf den hohen
Berg gegangen und hat es dort unter jedem Baum getrieben, den sie finden
konnte. Sie hat mich betrogen! 7 Zuerst hatte ich noch die Hoffnung, dass
sie irgendwann genug davon hat und dann wieder zu mir zurückkommt.
Aber sie ist nicht zurückgekommen. Juda, die ja wie ihre Schwester ist, hat
sich das alles zuerst nur angesehen. 8 Sie hatte auch mitbekommen, dass
ich die Untreue von Israel bestraft habe, sie hat ja unsere Ehe gebrochen
und ist fremdgegangen. Darum hatte ich sie rausgeschmissen. Sie bekam
die Scheidungsurkunde und war weg. Aber jetzt hat ihre Schwester genau
das Gleiche gebracht! Sie hatte keine Angst vor der Sache und hat es
genauso getrieben wie Israel. 9 Weil sie einfach, ohne mit der Wimper zu
zucken, mit anderen rumgemacht hat, hat sich auch das ganze Land ver-
dreckt. Denn sie ist ja mit Götzen aus Beton und Plastik im Bett gelandet.
10 Trotz allem ist ihre Schwester Juda auch nicht wirklich zu mir zurückge-
kommen, sie hat nur so getan, als ob, es war mehr ein Fake als echt. Das
sagt Gott.“ 11 Und Gott sagte noch was zu mir: „Israel, die mich beschissen
hat, hat noch eher eine Chance bei mir als Juda, die mir nicht treu war.
12 Ich möchte von dir, dass du in Richtung Norden Folgendes sagst: ‚Komm
zurück, Israel! Du bist abgehauen! Ich bin nicht sauer! Ich liebe euch! Ich
werde nicht ewig wütend auf dich sein! Das kommt jetzt von Gott. 13 Kapier
doch endlich, dass du Mist gebaut hast! Du hast mit mir Schluss gemacht,
mit mir, deinem Gott! Stattdessen bist du mit allen möglichen Plastikgöttern
fremdgegangen, die unter irgendwelchen Bäumen stehen. Ich hab dich
gewarnt, aber du hast nicht auf mich gehört! 14 Komm zurück! Ihr seid wie
Kinder, die weggelaufen sind! Ihr gehört immer noch zu mir, ich bin euer
Chef! Ich werde einige von euch aus den Städten rausnehmen, immer ein
oder zwei, und werde die nach Zion bringen. 15 Ich werde euch ein paar

Chefs organisieren, bei denen ich denke, dass sie gut drauf sind. Die werden auf euch aufpassen, die haben was in der Birne und sind schlau.'" [16] Dann sagte Gott noch Folgendes: „Und wenn ihr dann wieder in dem Land lebt und euch unheimlich vermehrt, dann wird man gar nicht mehr nach der Kiste mit den Gesetzen fragen. Alle werden sie vergessen, man wird nicht mehr an sie denken oder sie suchen. Und auf die Idee, eine neue Kiste zu basteln, kommt auch keiner. [17] Denn dann werde ich in ganz Jerusalem wohnen, die ganze Stadt ist wie mein Chefsessel. Menschen aus der ganzen Welt werden sich dort bei mir treffen. Sie werden aufhören, nur noch das zu tun, was ihnen gerade an Mist in den Kopf kommt. [18] In dieser Zeit werden die Leute von Juda wieder mit den Leuten von Israel an einem Strang ziehen. Gemeinsam werden sie aus dem Land im Norden wieder zurückkommen in das Gebiet, das ich schon ihren Vorfahren für immer geschenkt hatte."

Das Volk Israel ist untreu

[19] Gott sagte dann noch: „Ich hatte mir das eigentlich so überlegt, dass ich dir eine Sonderstellung unter allen Völkern geben werde. Ich hatte vor, dir ein wunderschönes und supertolles Stück Land zu geben, in dem du für immer wohnen kannst. Es sollte wie ein Schmuckstück für dich sein. Ich hatte gehofft, dass du mich dann als deinen Vater ansiehst und dass du nicht mehr von mir abhauen würdest. [20] Tatsächlich bist du mir aber genauso untreu geworden wie eine Frau, die ihren Mann betrügt und verlässt. So bist du drauf gewesen, Israel!" [21] Oben vom kahlen Berg hört man eine Stimme, jemand weint dort. Es sind die Leute von Israel, die merken, dass sie vom richtigen Weg abgekommen sind, dass sie ihren Chef, ihren Gott, vergessen haben. [22] „Kommt zurück zu mir! Kommt wieder her, ihr Ausreißer!", sagt Gott. „Ich mach alles wieder gut, und ich sorge dafür, dass wir wieder zusammenkommen können." Ja, Gott, wir sind hier! Wir kommen wieder zu dir zurück, weil du unser Gott bist. [23] Das Geschreie dort auf den Bergen und die Gebete zu den Plastikgöttern, das ist doch der totale Beschiss! Nur du, der Chef, unser Gott, kann Israel wieder in Ordnung bringen, nur du kannst uns helfen! [24] Der ätzende Plastikgott Baal hat uns alles geklaut, was wir von unseren Vätern geerbt hatten. Schon seit wir kleine Kinder waren, hat man für ihn unsere Schafe und Rinder geopfert, und auch unsere Söhne und Töchter stehen jetzt auf ihn. [25] Wir haben uns peinlich benommen, wir müssen uns echt schämen. Denn wir haben richtig Mist gebaut, wir haben unseren Gott betrogen. Und unsere Väter haben das auch getan, schon als Kinder haben wir nicht auf das gehört, was Gott uns zu sagen hatte.

4

Israel soll zurückkommen

1 Gott sagt: „Wenn du dich ändern wirst, wenn du wieder mit mir leben
willst, wenn du sofort diese ätzenden Plastikgötter auf den Müll schmeißt,
dann brauchst du auch nicht länger vor mir zu fliehen. 2 Wenn du das
schwörst, so nach dem Motto ‚So wie es ganz sicher ist, dass Gott existiert,
so sicher werde ich mich auch ändern!‘, und wenn du ab dann ehrlich bist
und korrekt lebst, dann wird alles gut werden. Ja, sogar die anderen Völker
werden von mir alles Gute bekommen. Sie werden stolz dadrauf sein, von
mir zu wissen.“ 3 Das kommt jetzt von Gott und ist für die Männer von
Juda bestimmt und für die Leute, die in Jerusalem wohnen: „Grabt euer
Feld noch mal komplett um! Sät eure Samen nicht auf einem Feld aus, wo
ganz viele Disteln und Brombeerbüsche wachsen. 4 Zieht dieses Beschnei-
dungsritual bei euch durch, aber beschneidet jetzt euer Innerstes, euer Herz.
Das geht an die Menschen, die in Jerusalem und ganz Juda wohnen. Denn
sonst könnte ich voll sauer werden. Meine Wut wäre so groß wie ein hefti-
ges Feuer, das die Feuerwehr nicht löschen kann. Ihr habt einfach zu viel
Mist gebaut.“

Es gibt Krieg

5 Lasst die Sirenen losgehen in Juda, in Jerusalem soll es jeder hören.
Schreit das, so laut ihr könnt: Kommt alle zusammen! Bringt euch in Sicher-
heit! Geht in die Bunker! Versteckt euch in den großen Städten, die eine
Schutzmauer haben! 6 Baut ein paar Schilder auf, wo draufsteht, in welche
Richtung es nach Jerusalem geht. Und dann flieht, bleibt nicht stehen! Es
wird eine große Katastrophe kommen, sie kommt aus Richtung Norden,
es wird ein großes Chaos geben. 7 Ein Typ wird an die Macht kommen, der
alle Völker kaputt machen kann. Er kommt wie ein gefährlicher Kampfhund
aus seinem Versteck, um euer ganzes Land komplett kaputt zu machen.
Eure Städte werden verfallen, und kein Schwein wird da mehr wohnen.
8 Darum habt ihr allen Grund, schwarze Trauerklamotten zu tragen. Es passt,
wenn ihr rumheult: „Gott ist immer noch voll aggro auf uns!“ 9 Gott sagt:
„Irgendwann wird der Tag kommen, da werden der Präsident und seine
Minister das Herz in der Hose haben. Die Priester werden gelähmt sein vor
Schock. Auch die Prophetentypen werden total verpeilt sein. 10 Sie werden
sagen: ‚Hey, Gott, unser Chef, du hast uns echt reingelegt! Du hast diese
Leute und Jerusalem echt abgezogen. Denn du hast ja versprochen, dass es
Frieden geben wird. Und jetzt ist das Gegenteil der Fall, wir haben ein
Messer an der Kehle.‘“

Wer kann sich retten?

11 Wenn das passiert, wird man zu den Bewohnern von Jerusalem sagen: „Da
kommt ein heißer Wind aus den Bergen und aus der Wüste voll auf euch
runter.“ Das ist nicht so eine Art Wind, der sauber macht, mit dem man
nach der Ernte den Dreck von den Weizenkörnern entfernt. 12 Nein, dieser
Wind ist viel heftiger, und er kommt, weil ich ihn geschickt habe. Und dann
geht es los mit meiner Gerichtsverhandlung. 13 Passt auf, der Feind kommt
wie eine dunkle Gewitterwolke oder wie ein heftiger Sturm. Er kommt
schneller als ein Düsenjet. Meine Fresse! Wir sind verloren! 14 Mach dich
sauber von deinem inneren Dreck, Jerusalem, damit du gerettet wirst!
Wie lange sollen diese ätzenden Gedanken noch in deinem Kopf kreisen?
15 Man hört es schon im Radio, vom Familienstamm Dan, und aus den
Bergen, der Gegend, wo die Leute von Efraim wohnen. Da kommen echt
üble Nachrichten. 16 Die Meldungen gehen um die ganze Welt, und man
erzählt das auch in Jerusalem: Aus dem entfernten Ausland kommen die
Feinde anmarschiert. Man kann ihre lauten Rufe hören, wenn sie die Städte
von Juda angreifen. 17 Die Soldaten umstellen Jerusalem, so wie sich die
Securityleute nachts um eine Bank postieren. Sie sind da, weil sich diese
Leute gegen Gott aufgelehnt haben. 18 Das ist eine Folge von dem, was
ihr alles gebracht habt, ihr Leute von Juda! Ihr seid so link unterwegs, eure
fiesen Aktionen sind wie ein bitteres Gift, und sie sorgen jetzt dafür, dass
ihr Herzschmerzen bekommt. 19 Ich, Jeremia, bekomme voll Magenkrämpfe.
Aua, das tut echt weh! Mein Herz verkrampft sich und schlägt wie verrückt.
Ich kann nicht länger den Mund halten. Ich höre Schüsse, ich höre Granaten
und Kanonendonner, ich höre Krieg. 20 Die Verteidigung bricht zusammen,
überall hört man von Niederlagen. Das ganze Land ist eingenommen wor-
den. Unsere Häuser wurden platt gewalzt und unsere Dächer weggesprengt.
21 Ich fragte Gott: „Wie lange dauert das Ganze? Wie lange muss ich diesem
Krieg zusehen, wie lange muss ich diesen Kriegslärm noch hören?“ 22 Gott
antwortete: „Meine Leute sind neben der Spur. Sie kennen mich nicht wirk-
lich. Sie sind wie dumme Kinder, die nichts raffen. Sie sind nur gut darin,
Mist zu bauen. Aber wie man Gutes tut, da haben sie keine Ahnung von.“
23 Ich hab mir die Erde angesehen und musste feststellen, dass überall das
totale Chaos herrscht. Dann hab ich mir den Himmel angesehen, und da
war auf einmal die Sonne weg! 24 Schließlich hab ich die Berge und Hügel
gecheckt, und die waren alle am Wackeln, wie bei einem Erdbeben. Die
Natur spielt verrückt. 25 Dann hab ich mich nach Menschen umgesehen,
aber ich konnte keine finden. Auch die Vögel waren alle weg. 26 Fruchtbares
Land hat sich in Wüste verwandelt. Die Städte sind alle ein Trümmerhaufen.
Alles ist zerstört worden, weil Gott voll sauer ist. 27 Gott sagte dann: „Ich
werde fast alles kaputt machen, aber ich will das Leben nicht ganz beenden.

28 Die Erde wird deswegen weinen, und der Himmel wird Schwarz tragen.
Aber ich hab das so beschlossen, und da gibt es auch kein Zurück mehr. Es
tut mir auch nicht leid, ich werde das durchziehen." 29 Vor dem Lärm der
Panzer und vor dem Geschrei der Soldaten fliehen die Menschen aus den
Städten. Sie verstecken sich im Wald, sie steigen in die Berge. Die Städte
stehen leer, kein Mensch wohnt da mehr. 30 Was machst du jetzt, Jerusalem?
Selbst wenn du dich noch mal chic anziehst, mit einem engen Designerkleid
und Goldschmuck, selbst wenn du dir mit Kajalstift die Augen schminkst,
es ist alles umsonst. Die Männer haben keinen Bock mehr auf dich, sie
wollen dich sogar töten. 31 Eine Stimme fängt an zu schreien, das klingt so
wie eine Frau, die das erste Mal Wehen hat, weil sie ein Baby bekommt.
Sie brüllt, sie streckt ihre Hände aus, sie sagt: „O nein! Hilfe! Ich bin in der
Hand von Mördern!"

5

Gott und Jeremia unterhalten sich

1 Gott sagt: „Geht mal durch die Straßen in Jerusalem und checkt die Fuß-
gängerzone und die anderen Plätze, ob es noch Leute gibt, die korrekt leben.
Wenn ihr auch nur einen findet, der mir treu ist, der korrekt ist, dann will
ich allen vergeben. 2 Wobei man davon ausgehen kann, dass jeder, der in
Jerusalem auf etwas schwört, garantiert lügt." 3 Gott, du stehst doch auf
Treue und Zuverlässigkeit, oder? Du hast diese Leute bestraft, aber es hat
ihnen nicht wirklich weh getan. Du hast sie gewarnt, aber sie haben sich
trotzdem geweigert, ihr Leben zu verändern. Sie bleiben total hart, härter als
Beton. Sie haben sich einfach geweigert und wollten weiter so leben wie
bisher. 4 Ich hab mir noch gedacht: So sind bestimmt nur die einfachen
Leute, die bringen manchmal dumme Sachen, weil sie deine Verträge und
Gesetze nicht kennen. Die wissen halt nicht, was du willst. 5 Vielleicht sollte
man die Intellektuellen ansprechen, die schlauen Leute, die müssten doch
eigentlich deine Gesetze studiert haben. Aber gerade die haben keinen Bock
mehr auf Gott und haben alle Verbindungen zu ihm abgebrochen. 6 Darum
werden sie von den Feinden plattgemacht. Wie ein Bär, der am Waldrand
sitzt, oder wie ein Kampfhund, der hinter der Ecke auf dich lauert, so werden
die feindlichen Armeen vor den Städten auf dich warten. Jeder, der dann
die Stadt verlässt, wird getötet. Sie haben einfach total viel Mist gebaut, sie
haben Gott ohne Ende betrogen und waren ihm nicht treu. 7 „Warum sollte
ich denen das verzeihen?", fragt Gott. „Die hatten keinen Bock mehr auf
mich! Sie haben angefangen, auf irgendwelche Plastikgötter zu schwören.
Obwohl sie mir einen Vertrag unterschrieben haben, sind sie fremdgegan-
gen. Tausende haben mich betrogen und hintergangen. 8 Scharf auf Sex, wie
ein wilder Hengst, sind sie jeder Frau hinterhergestiegen, egal, ob die zum

Nachbarn gehört oder nicht. 9 Soll ich sie einfach machen lassen?", fragt
Gott. „Oder sollte ich mich an solchen Leuten rächen?" 10 Geht auf deren
Weinberge und baut die Schutzmauern ab. Macht sie aber nicht ganz kaputt,
aber reißt alle Pflanzen aus, die gehören nicht zu Gott.

Wer glaubt, in Sicherheit zu sein, muss aufpassen

11 Gott sagt: „Die Leute von Juda und Israel waren mir untreu, sie haben
mich abgezogen. 12 Der Familienstamm Juda hat mich abgezogen. Die
haben behauptet, ich wäre gar nicht da. ‚Es wird keinen Krieg geben und
auch keinen Hunger', haben sie gesagt. 13 ‚Was die Prophetentypen gesagt
haben, war sowieso nur heiße Luft. Die haben gar nichts von Gott gehört.
Was sie an Katastrophen vorausgesagt haben, soll ihnen mal selbst passie-
ren.'" 14 Darum sagt Gott, der Chef der ganzen Welt: „Weil die so einen
Schwachsinn erzählt haben, werde ich dafür sorgen, dass aus deinem Mund
Worte kommen, die wie ein Flammenwerfer wirken. Die Leute werden wie
ein Stück Holz sein, das nur durch deine Worte anfängt zu brennen." 15 Gott
sagt, dass eine Nation aus dem Ausland gegen uns aufmarschieren wird.
Er meinte: „Ihr kennt deren Sprache nicht, ihr könnt sie nicht verstehen. Es
ist eine Nation, die es schon ewig gibt und die noch nie jemand besiegt
hat. 16 Durch die Kanonen von deren Soldaten mussten schon viele sterben.
Sie haben alle viel Erfahrung im Krieg. 17 Sie werden über eure Ernte herfal-
len und eure ganzen Essensvorräte vernichten. Sie werden eure Söhne und
Töchter töten. Sie werden eure Schafe und Rinder kaputt machen. Sie wer-
den eure Apfelbäume und euren Weinstock abholzen. Eure großen Städte,
auf die ihr eure Verteidigung gebaut habt, werden von Panzern niederge-
walzt. 18 Trotzdem will ich auch jetzt nicht alle von euch töten lassen, es soll
nicht zu Ende mit euch sein. 19 Wenn sie dann bei dir ankommen, Jeremia,
und fragen: ‚Warum hat Gott das zugelassen?', dann antworte ihnen einfach:
‚Weil ihr Gott verlassen habt und in eurem Land ja unbedingt zu Plastik-
göttern beten musstet, darum sollt ihr jetzt im Ausland leben und dort für
Ausländer arbeiten.'"

Die Leute wollen es nicht kapieren

20 „Erzähl den Leuten von Israel und Juda Folgendes", sagte Gott zu mir.
21 „Jetzt hört mal her! Das geht an diese dummen Leute, die einfach nichts
kapieren. Die haben zwar Augen, aber blicken es nicht, sie haben zwar
Ohren, aber verstehen es nicht. 22 Ihr solltet eigentlich totalen Respekt vor
mir haben! Ich hab schließlich das Meer gemacht und ihm eine Begrenzung
gesetzt, nämlich den Strand. Das ist wie eine Schranke, die da immer blei-
ben wird, und es kann dort auch nicht drüberspringen. Wenn die Wellen
auch dagegen schlagen, wenn das Wasser es auch probiert, es wird nicht

viel weiter kommen. 23 Aber ihr seid innerlich total beschränkt, ihr blickt
es nicht und wollt es auch nicht kapieren. Ihr habt euch von mir entfernt, ihr
seid weggelaufen. 24 Ihr seid nicht auf den Gedanken gekommen, mal zu
überlegen: ‚Wäre es nicht besser, Respekt vor Gott zu haben? Schließlich
hat er die Macht, dafür zu sorgen, dass es regnet, sowohl im Frühling, als
auch im Herbst, immer genau richtig. Er hat auch die Zeit festgelegt, wann
man ernten kann.‘ 25 Weil ihr Mist gebaut habt, ist das alles durcheinander-
geraten, deswegen kommen die guten Sachen nicht mehr bei euch an!“

Es geht nur noch um Kohle

26 Gott sagt: „Bei meinen Leuten gibt es Menschen, die ohne mich leben.
Die versuchen die ganze Zeit, andere Leute abzuziehen, sie brechen Autos
auf und zocken sich da die Anlagen raus. 27 So, wie ihre Läden voller geklau-
ter Autoradios sind, so sind ihre Wohnungen voller Diebesgut, das sie
anderen Menschen gezockt haben. Auf die Art sind sie echt reich geworden.
28 Hinterhältig und fett sitzen sie in ihrem Sessel. Sie sind so link, dass
man das gar nicht mehr in Worten ausdrücken kann. Sie geben nichts an
Obdachlose ab, und sie geben Armen nicht das, was denen rechtlich zusteht.
29 Und das soll ich alles so mal eben durchgehen lassen? Sollte ich sie
dafür nicht vor ein Gericht bringen? Oder sollte ich mich nicht an solchen
Leuten rächen? 30 Es ist einfach total ätzend und sehr übel, was hier gerade
abgeht! 31 Dazu kommt, dass die Prophetentypen auch nur noch Schwach-
sinn erzählen und die Priester ihr eigenes Ding drehen, so, wie es ihnen
gerade in den Kram passt. Meine Leute finden das auch noch toll. Wo soll
das alles mal enden?“

6

Jerusalem wird bald kaputt gemacht

1 Gott sagt weiter: „Haut ab aus Jerusalem! Das geht an den Familienstamm
Benjamin! Startet die Sirene, hisst die Flagge, gebt einen Funkspruch raus.
Aus dem Norden kommt eine große Bedrohung, die alles komplett platt-
machen wird. 2 Schönes Jerusalem, du verhätschelte Stadt, dich mach ich
platt. 3 Chefs von ganzen Ländern werden mit ihren Armeen vor dich ziehen,
sie bauen ihr Lager um dich auf. Jeder bekommt seinen Teil, wo er alles
abfressen wird, was dort steht. 4 Man hört solche Rufe wie: ‚Startet einen
Krieg gegen die Stadt! Los jetzt! Lasst uns noch vor Mittag zuschlagen!‘
Dann sagt wieder einer: ‚Passt auf! Bald wird es dunkel, acht Uhr ist schon
durch!‘ 5 ‚Egal, dann greifen wir eben in der Nacht an und machen ihre Häu-
ser im Dunkeln kaputt.‘“ 6 Gott hat nämlich zu den Feinden gesagt: „Fällt
die Bäume und baut eine Angriffsrampe gegen die Stadt auf. Jerusalem soll
getroffen werden, denn in dieser Stadt werden Leute brutal unterdrückt

und fertiggemacht. 7 Wie aus einem Wasserhahn immer neues Wasser
kommt, so kommt aus dieser Stadt ständig ätzender Kram raus. Die Bewoh-
ner sind voll gewalttätig, brutal und machen alles kaputt. Die Leute sind
einfach krank. Immer weiter werden dort Menschen gequält und geschlagen,
und ich muss dabei zusehen. 8 Ich will dich nur warnen, Jerusalem! Denn
wenn du dich nicht änderst, muss ich mich von dir losreißen, auch wenn es
mir schwerfällt. Ich mach dich dann einfach platt, keiner wird mehr in dir
wohnen können, wenn ich mit dir fertig bin."

Es reicht langsam

9 Gott sagte dann zu mir: „Wie man es auch bei der Weinernte macht, so
wird man auch bei Israel gründlich Nachlese betreiben, um zu checken, was
von dem Rest noch zu gebrauchen ist und was nicht. Darum will ich von
dir, dass du wie ein Weinbauer noch einmal ganz Israel abcheckst." 10 „Zu
wem soll ich denn noch reden? Wen soll ich noch warnen? Die hören ja doch
nicht auf mich!", war meine Antwort. „Die sitzen doch auf ihren Ohren,
die kriegen gar nichts mehr mit! Wenn ich ihnen Worte von dir sage, dann
denken die, ich will sie auf den Arm nehmen. Es gefällt ihnen überhaupt
nicht, was ich sage. 11 Du hast mich mit deiner Wut angesteckt! Ich hab es
probiert, diese Wut zu kontrollieren, aber es klappt nicht." Gott antwortete:
„Lass deine Wut raus! Lass sie an den Kindern auf der Straße raus, ebenso
an den Jugendlichen, den Erwachsenen und auch an den Omas und Opas.
12 Ihr Besitz, die Häuser und Grundstücke, wird an andere übergehen.
Auch ihre Frauen werden von Fremden entführt. Ich werde in Aktion treten,
ich werde die Leute bestrafen, die in diesem Land wohnen. Diese Ansage
kommt von Gott. 13 Alle, vom Arbeiter bis zum Millionär, sind nur auf Kohle
aus, die nicht korrekt verdient wurde. Vom einfachen Priester bis zum
Prophetentypen, alle lügen wie gedruckt. 14 Die tiefen Verletzungen bei mei-
nen Leuten versuchen sie mit ein paar Sprüchen zu heilen, weiter nichts.
Sie sagen: ‚Ach, das wird schon wieder' oder ‚Ist doch alles okay', aber da
wird nichts ‚schon wieder', und gar nichts ist ‚okay'. 15 Sie werden sich
irgendwann derbe schämen wegen dem ganzen Mist, den sie gebaut haben.
Bis jetzt ist ihnen das aber total egal. Sich für etwas zu schämen, das kennen
sie gar nicht. Darum werden sie auf die Fresse fallen, wenn alles andere auch
fallen wird. In der Zeit, wenn ich komme, werden sie hinfallen und nicht wie-
der aufstehen." Das sagt jetzt Gott. 16 Gott sagt auch: „Schaut euch mal an,
was die Leute früher gemacht haben. Betretet deren Wege, macht es denen
nach, wenn sich die Entscheidung im Nachhinein als gut herausgestellt
hat. Lernt von den Leuten, die vor euch gelebt haben! Dann werdet ihr euch
innerlich entspannen können. Aber eure Antwort auf diesen Tipp ist: ‚Nö,
wir haben da keinen Bock drauf!' 17 Ich hatte Leute organisiert, diese Prophe-

tentypen, die auf euch aufpassen sollten. Ich meinte zu euch: ‚Passt auf,
wenn die Alarm schlagen!‘ Aber eure Antwort war: ‚Nö, da haben wir keinen
Bock, auf so was zu achten!‘ [18] Darum sollen alle Menschen jetzt mal auf-
passen und sehen, was mit ihnen passieren wird. [19] Diese Ansage geht an
die ganze Erde: Ich werde dafür sorgen, dass es diesen Leuten voll schlecht-
gehen wird. Sie werden fiese Depressionen bekommen, weil sie total mies
drauf sind. Ihnen war nämlich total egal, was ich gesagt habe, und meine
Gesetze haben sie überhaupt nicht beachtet. [20] Was soll ich mit den tollen
Räucherkerzen aus Saba? Was soll ich mit den leckeren Gewürzen aus
dem Ausland? Eure Abfackelopfer interessieren mich nicht die Bohne, eure
Dankopfer laufen mir nicht gut rein. [21] Ich werde deswegen meinen Leuten
Hindernisse in den Weg legen, etwas, worüber sie fallen müssen. Das
betrifft alle, Väter und Söhne, Nachbarn und Freunde.“

Ein übler Feind aus dem Norden

[22] Gott sagte zu mir: „Es gibt da eine sehr große Nation, die aus dem Nor-
den vom anderen Ende der Erde stammt. [23] Ihre Soldaten haben Spezialwaf-
fen. Sie sind übelst grausam und kennen keine Gnade. Sie kommen auf
schnellen Fahrzeugen, es wird dabei so ein lautes Geräusch geben wie die
Wellen vom Meer. Sie wollen gegen Jerusalem kämpfen, gegen die Stadt
Zion, so wie ein Soldat im Krieg. [24] Die Bewohner der Stadt werden sagen:
‚Als wir von dem Truppenaufmarsch gehört haben, verloren wir jeden Mut.
Wir hatten keine Kraft mehr, die nackte Angst hat uns gepackt, und wir hat-
ten Krämpfe, wie bei einer Geburt.‘ [25] Geh dann nicht vor die Tür, geh nicht
auf die Straße. Der Feind hat überall Scharfschützen aufgestellt, überall
herrscht Panik. [26] Meine Leute können schon mal ihre schwarzen Trauerkla-
motten rausholen und sich auf heftige Zeiten vorbereiten, so, als wäre
der einzige Sohn gestorben. Denn ganz plötzlich ist der Feind da, der alles
kaputt machen wird.“

Jeremia soll die Leute austesten

[27] Gott sagte zu mir: „Ich hab dir den Job gegeben, meine Leute richtig krass
zu testen. Du solltest sie immer wieder abchecken und rausbekommen, wie
sie so leben. [28] Ich kam zu dem Ergebnis, dass sie die größten Abzocker
sind. Sie ziehen die Leute ab. Ihr Herz ist so hart wie Beton, sie kennen kein
Mitgefühl und bringen anderen nur Unglück. [29] Sie wurden ausgetestet, und
alles wurde aus ihnen rausgequetscht, es wurde versucht, das Gute vom
Schlechten zu trennen, aber es kam nichts bei rüber. Es war alles umsonst,
das Schlechte konnte nicht rausgeschnitten werden.“ [30] Man nennt sie
auch: „Das Blech, was auf den Schrott kommt“. Denn Gott hat sie auf den
Schrott geschmissen.

7

Wer mit Plastikgöttern rummacht, kriegt auf die Ohren

1 Folgendes hat Gott zu Jeremia gesagt: 2 „Geh mal bitte zu meinem Haus,
dem Tempel. Stell dich dort am Eingang auf und ruf ganz laut: Alle mal
herhören! Ich habe eine Nachricht vom Chef an alle Menschen in Juda! Es
geht an die Leute, die gerade durch diese Tür gehen wollen, um mit mir
zu reden! 3 Ich, der Chef über alles, was es gibt, sage euch Folgendes: Verän-
dert euer Leben! Bessert euch! Nur wenn ihr das tut, dürft ihr hier auch
weiter wohnen bleiben! 4 Auf eure tollen Sprüche könnt ihr euch nicht verlas-
sen. Ihr könnt auch noch so oft rufen: ‚Der Tempel gehört Gott! Der Tempel
gehört Gott! Der Tempel gehört Gott!' Das bringt es nicht! 5 Nur wenn ihr
euer Leben wirklich radikal verändert, wenn ihr alles gutmacht, wenn ihr
korrekt miteinander umgeht, 6 wenn ihr Ausländer, Obdachlose, Jugendliche
ohne Eltern und Frauen, deren Mann gestorben ist, nicht länger ausnutzt
und disst, erst dann kann alles wieder gut werden. Erst wenn ihr aufhört,
einfach Leute zu töten, die nichts ausgefressen haben, und wenn ihr nicht
mehr zu diesen beknackten Plastikgöttern betet, 7 werde ich euch hier weiter
wohnen lassen, in dem Land, das ich schon den Leuten vor euch geschenkt
hatte und das ihnen für immer gehören sollte. 8 Kapiert doch endlich,
dass ihr euch selbst in die Tasche lügt! 9 Ihr bezockt euch gegenseitig, bringt
Leute um, betrügt euren Ehepartner, schwört Sachen und tut es dann nicht,
schenkt eure Sachen diesem komischen Plastikgott Baal, betet zu irgend-
welchen anderen Plastikgöttern, die gar nichts mit euch zu tun haben, usw.
10 Und dann kommt ihr hierher zu meinem Haus, was nur für mich gemacht
wurde, und beruhigt euer Gewissen mit solchen Kommentaren wie: ‚Bei
Gott sind wir in Sicherheit!' Und am nächsten Tag macht ihr mit dem glei-
chen Mist weiter. 11 Ist dieser Tempel, den ihr für mich gemacht habt, jetzt
plötzlich ein Hotel für Gangster und Schwerverbrecher geworden? Meint ihr
im Ernst, ich sehe nicht, was hier wirklich abgeht? Das sage ich euch jetzt,
euer Gott! 12 Macht doch mal eine Tour nach Schilo, wo ich früher immer
gewohnt habe! Schaut euch mal an, was ich da gemacht hab wegen dem
ganzen Mist, den meine Leute von Israel gebaut haben. 13 Ihr bringt gerade
dieselben Sachen wie die damals auch. Ich hab jetzt mit euch geredet,
ich bin früh aufgestanden und hab euch alles gesagt, was es zu sagen gab.
Aber euch war das wohl egal, ihr habt nicht auf mich gehört. Ich habe euch
gerufen, aber ihr habt nicht geantwortet. 14 Das ist der Grund, warum ich
mit diesem Haus genau das Gleiche mache, wie ich es mit Schilo auch getan
habe. Ihr verlasst euch auf dieses Haus, ich hab es euch und den Leuten
geschenkt, die vor euch gelebt haben. 15 Ich will euch nicht mehr vor der
Nase haben! Ich hab keinen Bock mehr auf euch! Genauso, wie ich auch auf

die anderen Völker, die mit euch verwandt sind, diese ganzen Leute von
Efraim, auch keinen Bock mehr habe."

Gott sagt: Du darfst nicht mehr für die Leute beten

16 Gott meinte dann zu Jeremia: „Ich will nicht, dass du noch länger für die
Leute betest, hörst du? Hör auf, für sie rumzujammern, nerv mich nicht
länger! Ich werde nicht auf dich hören! 17 Kriegst du nicht mit, was die in den
Städten in Juda alles so treiben? Hast du gesehen, was sie auf den Straßen
von Jerusalem machen? 18 Die ganze Familie macht da mit. Die Kinder sam-
meln das Holz, die Frauen backen das Brot, der Vater schmeißt den Grill
an, und am Ende wird alles so einer Pseudogöttin geschenkt. Für andere
Plastikgötter spenden sie Trinkopfer, und das machen sie nur, um mir eins
reinzudrücken. 19 Aber drücken sie denn wirklich nur mir einen rein? Eigent-
lich schädigen sie sich dadurch doch nur selbst. Im Endeffekt ist das Ganze
für sie viel peinlicher als für mich. 20 Ich, Gott, der Chef, habe Folgendes
beschlossen: Ich bin voll sauer, und ich werde das in ganz Juda auch raus-
lassen. Alle Menschen, jedes Tier und auch die Bäume im Wald, einfach
alles, was hier wächst, werde ich vernichten. Ich werde alles abfackeln, und
keiner wird das Feuer löschen können."

Die Leute sitzen auf ihren Ohren

21 Gott, der Chef über das Universum, der Gott von Israel, sagt Folgendes:
„Macht nur weiter eure Abfackelopfer, Dankopfer und was auch immer für
Opfer euch noch einfallen. 22 Ich hatte den Menschen, die vor euch gelebt
haben, nie was dazu gesagt. Ich hatte auch nichts von einem Abfackelopfer
und einem Dankopfer gesagt, als ich eure Leute damals aus Ägypten raus-
geholt habe. 23 Meine Ansage war eine andere: ‚Tut das, was ich euch sage!
Wenn ihr das macht, werde ich euer Gott sein, und ihr werdet meine Leute
sein, wir gehören dann zusammen. Macht alles genau so, wie ich es euch
gesagt habe!' 24 Aber sie hatten keinen Bock, auf mich zu hören, sie saßen
auf ihren Ohren. Sie haben sich von ihren eigenen Gedanken und Ideen
beraten lassen, anstatt auf meinen Rat zu hören. Sie haben mir den Hintern
zugedreht, anstatt mir ins Gesicht zu schauen. 25 Das war schon immer so.
Seit damals, als ich eure Chefs aus Ägypten rausgeführt habe, bis heute
hab ich ständig irgendwelche Prophetentypen zu euch geschickt. Jeden Tag
hab ich schon frühmorgens solche Leute organisiert, damit sie zu euch
sprechen. 26 Aber euch war das total egal, ihr habt mir nicht einmal zuge-
hört. Ihr habt stur euer Ding durchgezogen und habt es sogar echt über-
trieben, schlimmer noch als die Leute, die vor euch gelebt haben. 27 Du wirst
dir den Mund fusselig reden, Jeremia, aber sie werden doch nicht auf dich
hören. Egal, wie sehr du sie auch herausforderst, sie werden nicht reagieren.

28 Darum solltest du ihnen Folgendes reindrücken: ‚Ihr seid die Leute, die
nicht das tun, was Gott ihnen sagt. Ihr kriegt euer Leben nicht in den Griff.
Was Treue eigentlich ist, habt ihr noch nie kapiert, das ist wohl von eurer
Festplatte gelöscht worden.‘ 29 Zieh deinen schwarzen Anzug an und wirf
deine anderen Klamotten auf den Müll. Dann starte eine Trauerfeier auf dem
Berg. Ich bin total sauer auf die ganze Generation von Leuten. Ich hab kei-
nen Bock mehr auf euch, ich will nichts mehr mit euch zu tun haben. 30 Die
Leute von Juda haben Sachen getan, die ich superätzend finde. Sie haben
diese ekligen Plastikgötter sogar in den Tempel gestellt, obwohl dort an der
Klingel nur mein Name steht. Nur ich wohne dort. Aber sie wollten ihn
einfach versiffen. 31 Und sie haben im Hinnom-Tal diesen ätzenden Tofet-
Tempel aufgebaut, um dort ihre eigenen Söhne und Töchter lebendig als
Opfer zu verbrennen! Die Idee kam nicht von mir, ich würde so was nie und
nimmer wollen. 32 Darum wird es bald so sein, dass man diesen Platz nicht
mehr Tofet oder Hinnom-Tal, sondern ‚Menschenschlachthof‘ nennen wird.
Dort wird man in Zukunft die Toten begraben, weil es woanders keinen Platz
mehr dafür geben wird. 33 Ratten und Elstern werden sich an den Leichen
satt fressen, und niemand wird sie wegscheuchen. 34 Ich werde dafür sorgen,
dass es in den Städten in Juda und in den Straßen von Jerusalem nichts
mehr zu lachen gibt. Es werden keine Partys mehr steigen und keine Hoch-
zeiten mehr gefeiert werden, denn das ganze Land ist ein einziger
Schrotthaufen.“

8

Die Friedhöfe von Jerusalem werden versifft

1 Gott sagte dann: „In der Zeit wird man die Leichen von den Präsidenten
von Juda, von den obersten Beamten, von den Priestern, von den Propheten-
typen und überhaupt von allen Leuten, die in Jerusalem gewohnt haben,
aus ihren Gräbern rausholen. 2 Man wird sie dann auf den Boden legen,
überallhin verstreut, so dass tagsüber die Sonne und nachts der Mond und
die Sterne direkt draufscheinen. Diese Teile haben die nämlich ihr Leben
lang verehrt, für die haben sie alles getan, vor denen haben sie sich auf den
Boden geschmissen und denen sind sie nachgelaufen. Ihre Leichen wird
man nicht wieder einsammeln und begraben, sie bleiben liegen und werden
dort vergammeln. So wird ihr Körper zu so einer Art Dünger für den Boden
werden. 3 Es wird so kommen, dass man überall lieber sterben als leben
möchte. Alle, die von diesem fiesen Pack noch übrig sind, werden das
so empfinden. Alle, die ich rausgeschmissen habe, egal, wo sie gerade
wohnen.“ Das kommt von Gott, dem Chef von allem.

Man wird es nicht einsehen, dass man Mist gebaut hat

4 „Dann sag den Leuten Folgendes von mir, Gott: Wenn jemand auf die
Fresse fällt, versucht er normalerweise, so schnell es geht wieder hoch-
zukommen, oder? Wenn sich jemand verlaufen hat, will er dann nicht so
schnell es geht wieder zurück auf den richtigen Weg? 5 Warum bleiben
die Leute, die in Jerusalem wohnen, alle bei ihren Plastikgöttern? Sie lassen
sich lieber betrügen, sie weigern sich, zu mir zurückzukommen! 6 Ich hab
drauf geachtet, was die so alles erzählen. Es gibt bei denen nicht einen, der
kapiert hat, wie mies er eigentlich drauf ist. Keinem tut es leid, was er getan
hat. Ganz im Gegenteil, sie gehen weiter in die falsche Richtung, sie laufen
vor mir weg wie ein Auto, das direkt auf den Abgrund zufährt. 7 Selbst die
Störche, Tauben, Schwalben und Drosseln wissen immer, welche Jahreszeit
gerade angesagt ist, die wissen, in welche Richtung sie fliegen müssen, die
kennen sich aus. Nur meine Leute, die haben keine Ahnung, was gerade
abgeht, die kennen die Regeln nicht, die ich gemacht habe. 8 Wieso könnt
ihr nur solche Sprüche bringen wie: ‚Wir haben es gepackt, wir wissen
Bescheid, wir kennen uns mit den Gesetzen von Gott gut aus'? Ja klar, ihr
kennt die Gesetze, aber sie sind durch die Theologen bei euch völlig falsch
ausgelegt worden. 9 Den intelligenten und schlauen Leuten bei euch wird
es voll peinlich sein, sie werden geschockt sein. Denn sie hatten keinen Bock
auf das, was ich gesagt habe. Was ist jetzt mit ihrer Intelligenz? Wo ist
ihre Schlauheit geblieben? 10 Ich werde dafür sorgen, dass ihre Frauen und
ihr Besitz an andere gehen werden. Es gibt bei ihnen keinen, der korrekt
ist. Vom Kleinsten bis zum Größten, vom Arbeiter bis zum Professor, alle
wollen nur irgendwie Kohle machen. Und auch die Propheten, Priester und
Pastoren erzählen nur Stuss und lügen sich die Tasche voll. 11 Sie besänfti-
gen meine Leute mit Sprüchen, so nach dem Motto: ‚Alles wird gut' und
‚Passt schon'. Aber es wird nichts gut, und es passt gar nichts. 12 Eigentlich
müssten sie sich voll schämen wegen dem ganzen Mist, den sie gebaut
haben. Aber sie schämen sich null. Sie wissen gar nicht mehr, wie sich das
anfühlt. Und darum werden sie auf die Fresse fallen. Wenn alles kaputtgeht,
dann gehen sie auch kaputt. Wenn es so weit ist und ich sie bestrafe, dann
werden sie alle kaputtgehen." Das kommt jetzt von Gott. 13 Er sagt: „Ich
wollte mal sehen, was bei meinen Leuten an guten Früchten entstanden ist,
aber da war nichts! Es gab keine Trauben zu ernten, keine Äpfel, und selbst
die Blätter waren verwelkt. Darum ist es okay, wenn der Feind sie im Krieg
kaputt macht." 14 „Warum sitzen wir hier noch rum?", sagen die Leute in
Juda. „Los, wir treffen uns alle und gehen in die großen Städte! Dort können
wir uns verstecken. Gott will uns alle umbringen. Er hat uns vergiftetes
Wasser zu trinken gegeben, weil wir Mist gebaut und ihn abgezogen haben!"
15 Dann werden sie hoffen, dass irgendwie alles doch noch gut wird, aber

es passiert nicht. Sie glauben, dass Gott alles wieder in Ordnung bringt, aber
es wird alles nur noch schlimmer. 16 Die feindliche Armee steht mit ihren
Panzern schon vor der Stadt Dan. Sie kommen und werden alles kaputt
machen, alle Städte und alle Menschen, die dort leben. 17 Gott sagt: „Ich
werde giftige Schlangen zu euch schicken, die man nicht fangen oder vertrei-
ben kann, auch nicht mit einem Zauberspruch. Sie werden euch einfach
beißen." 18 Aber mir kommen dabei die Tränen, ich kriege voll den Depri, es
macht mich krank. 19 Überall schreien meine Leute. Auch aus den entfern-
testen Gegenden hört man sie rufen: „Ist Gott nicht mehr in Zion am Start?
Ist unser Chef nicht mehr da?" Aber ich frage sie zurück: Warum habt ihr
mich bis zum Geht-nicht-mehr provoziert? Durch eure selbstgemachten
Plastikgötter habt ihr mich echt gereizt, diese beknackten Dinger aus dem
Ausland, die es sowieso nicht bringen! 20 Die Leute beschweren sich: „Die
Erntezeit ist jetzt vorbei, auch die Zeit, wo man das Obst geerntet hat, und
es geht uns immer noch beschissen. Gott hat uns nicht geholfen!" 21 Ich bin
deswegen voll fertig, weil meine Leute nun auch fertig sind. Es hat mich
total traurig gemacht und geschockt, das zu sehen, wie finster meine Leute
drauf sind. 22 Gibt es in der Apotheke keine Pille, die sie wieder gesund
machen könnte? Gibt es keinen Arzt, der sie heilen könnte? 23 Ich glaube,
es gibt nicht genug Wasser in mir, um die Toten angemessen beweinen zu
können. Und selbst wenn ich 24 Stunden ohne Unterbrechung heulen
würde, wären es nicht genug Tränen.

9

Die Leute sind einfach so drauf, dass Gott sie bestrafen muss

1 Wenn ich irgendwo in der Wüste ein Zimmer angemietet hätte, dann
würde ich da sofort hinziehen. Ich würde meine Leute verlassen und dort
wohnen. Das sind doch alles Abzocker. Die sind Gott nicht treu, betrügen
ihren Ehepartner und so weiter. 2 Gott sagt: „Ihr Mund ist wie ein geladenes
Gewehr, mit Worten schießen sie die Leute ab. Im Lügen sind sie Weltmeis-
ter, und mit der Wahrheit nehmen sie es nicht so genau. Sie sind einfach
gemein. Eine fiese Aktion jagt die nächste, aber von mir wollen sie nichts
wissen. 3 Passt auf, was ihr sagt! Man kann noch nicht mal seinem Bruder
vertrauen, geschweige denn seinen Freunden. Die Geschwister ziehen
sich gegenseitig ab. Auch die eigenen Freunde reden hinter dem Rücken
schlecht über einen. 4 Jeder haut den anderen übers Ohr, keiner erzählt die
Wahrheit. Sie bringen sich gegenseitig bei, wie man am besten lügt. Jeder
versucht, der Beste darin zu sein, andere abzulinken. 5 Wo du wohnst, zockt
jeder jeden ab. Die sind alle so in diesem ‚Wer bescheißt den anderen am
besten' drin, dass sie keinen Bock darauf haben, mich kennenzulernen."
6 Darum sagt der Chef dieses Universums, darum sagt Gott: „Ich werde

sie austesten, ich werde sie filtern. Was soll ich sonst mit meinen Leuten
anstellen? 7 Die Worte, die aus ihrem Mund kommen, sind wie Patronen
aus einem Gewehr. Man tut so, als ob man ganz friedlich mit dem anderen
umgehen will, aber in Wirklichkeit versucht man, ihm nur eine Falle zu
stellen. 8 So etwas muss ich einfach bestrafen, das kann ich nicht durchge-
hen lassen", sagt Gott. „Oder soll ich diese Nation etwa nicht bestrafen?"

Die Leute aus Jerusalem und Juda werden sterben

9 Gott sagt: „Ich will ein trauriges Lied über den Tod von meinen Leuten
singen. Dieses Lied soll man überall in den Bergen und auf den Wiesen
hören, wo die Schafe und Kühe weiden. Denn alles wird verbrannt sein, kei-
ner wird dort mehr leben können. Man wird keinen Lärm von den Tieren
mehr hören, und auch die Vögel sind nicht mehr da. 10 Ich werde Jerusalem
in einen Schrotthaufen verwandeln, dort werden nur noch Ratten wohnen.
Die Städte von Juda werde ich austrocknen, dort wird niemand mehr woh-
nen." 11 Leute fragen: „Wo ist der Typ, der so viel Schnall hat, das zu erklä-
ren? Wer hat mit Gott über die Sache geredet, wem hat er erklärt, warum das
ganze Land plattgemacht worden ist, warum dort jetzt überall eine Wüste
ist, so dass dort niemand mehr wohnen kann?" 12 Gott antwortet: „Der
Grund ist, dass sie nicht auf mich gehört haben. Die Sachen, die ich für sie
aufgeschrieben hatte, waren ihnen egal. Sie haben nicht danach gelebt,
sie haben nicht auf mich gehört. 13 Stattdessen haben sie nach dem gelebt,
was ihnen gerade in den Sinn gekommen ist. Sie waren total verpeilt und
sind sogar dem Plastikgott Baal hinterhergelaufen! Das hatten ja schon die
Leute, die vor ihnen gelebt haben, immer mal wieder gemacht. 14 Darum
sagt Gott, der Chef dieses Universums, der Gott von Israel: Pass auf, ich
werde meinen Leuten etwas zu essen geben, was ihnen gar nicht schmecken
wird, aber sie müssen diese bittere Pille schlucken. 15 Ich werde sie raus-
schmeißen, ich werde sie überallhin in die Welt treiben. Sie werden dort
leben, wo sie noch nie vorher waren. Die Leute, die vor ihnen gelebt haben,
hatten auch noch nie etwas von diesen Ländern gehört. Ich werde dafür
sorgen, dass überall, wo sie hingehen, Krieg ausbrechen wird, und das mach
ich so lange, bis alle tot sind. 16 Ich, der Chef vom ganzen Universum, sage
jetzt Folgendes: Passt auf! Holt ein paar Leute zusammen, die gut Todesan-
zeigen schreiben können. Holt die Frauen zusammen, die gut Beerdigungen
organisieren können. 17 Sie sollen so schnell es geht eine große Trauerfeier
planen, es soll voll traurig dort abgehen, alle sollen dort weinen, bis nichts
mehr geht." 18 Hört mal, in Jerusalem, in der Stadt Zion, heulen alle. Sie
schreien: „Alles ist kaputt! Wir sind am Ende! Wir mussten von zu Hause
fliehen, alle Wohnungen sind kaputt!" 19 Alle Frauen mal herhören, hört, was
er zu sagen hat! Das kommt jetzt direkt von Gott! Und bringt auch euren

Töchtern bei, wie man anständig trauert. Bringt einander dieses Depri-Lied
bei, das man singt, wenn jemand gestorben ist: [20] „Der Tod ist wie ein fieser
Mörder bei uns nachts durchs Fenster eingestiegen. Er ist in den Regie-
rungsbezirk gekommen, er holt unsere Kinder von der Straße, er holt die
jungen Männer vom Sportplatz!" [21] Gott meinte dann noch zu mir, dass
ich Folgendes sagen soll: „Das kommt jetzt von Gott: Die Leichen der Men-
schen werden überall rumliegen, sie werden wie Dünger auf den Feldern
sein. Wie ein Rasenmäher das Gras abschneidet, so werden die Menschen
abgemäht werden. Aber niemand wird ihre Leichen aufsammeln."

Worauf man stolz sein kann und worauf nicht

[22] Gott sagt: „Wenn jemand besonders schlau ist, soll er deswegen nicht
einen auf dicke Hose machen. Und wenn jemand krasse Muskeln hat, soll
er deswegen nicht rumprotzen. Und wenn jemand viel Kohle hat, soll er
deswegen nicht angeben. [23] Wenn jemand stolz auf etwas sein will, dann soll
er stolz dadrauf sein, dass er mich kennt und kapiert hat, was ich von ihm
möchte. Ich bin Gott, ich bin Liebe, ich bin total fair. Das macht mir Spaß, so
will ich gerne sein." [24] „Es wird einen Tag geben", sagt Gott, „da werde ich
mit allen Männern abrechnen, die sich die Vorhaut abgeschnitten haben,
und auch mit denen, die das nicht getan haben. [25] Egal, aus welchem Volk
die kommen, aus Ägypten, Juda, ob das die Edomiter, Ammoniter, Moabiter
sind oder die Leute, die in der Wüste leben und sich einen Iro-Haarschnitt
zugelegt haben. Denn eigentlich sind alle Menschen nicht okay für mich,
denn alle sind in ihrem Herz nicht sauber. Sie haben dieses Beschneidungs-
ritual nicht innerlich machen lassen."

10

Plastikgötter sind tot, Gott lebt

[1] Das geht jetzt an alle Leute von Israel, hört mal gut zu! [2] Gott sagt: „Passt
euch nicht an die Leute an, die nicht mit mir leben. Ihr braucht auch nicht
beeindruckt von irgendwelchen Zeichen am Himmel zu sein, wie Blitzen
oder so was. Bei den anderen Völkern ist das ja oft so. [3] Ihre Art zu leben
bringt's überhaupt nicht. Sie gehen in den Wald und holen sich da ein Stück
Holz. Dann geben sie das einem Künstler, der daran etwas rumschnitzt.
Und dann wird das ganze Teil für sie plötzlich zu einem Gott … [4] Es wird
dann noch mit Goldfarbe lackiert, dann hängt man noch ein paar Silberkett-
chen dran, und fertig ist das Teil. Zum Schluss wird noch ein Ständer gebas-
telt, damit das Ding auch fest steht und nicht wackelt. [5] Die Teile stehen
dann nur rum wie eine Vogelscheuche in einem Erdbeerfeld. Sie können
nicht reden, und sie können auch nicht gehen, man muss sie sogar tragen.
Vor solchen Dingern braucht ihr echt keinen Respekt zu haben, die können

einem nichts Böses tun, aber auch nichts Gutes.“ 6 Hey, Gott, nichts kann
man mit dir vergleichen! Du bist so gigantisch! Du bist so unwahrscheinlich
stark. 7 Wer sollte keinen Respekt vor dir haben? Du bist der Chef über alle
Menschen! Es ist einfach richtig, dich zu respektieren, weil niemand es
mit dir aufnehmen kann, auch nicht die schlausten Menschen, die es auf
dieser Welt gibt. 8 Diese anderen sind alle voll doof, dumm wie Brot. Sie
haben ja auch niemanden, der es ihnen beibringen könnte, denn ihr „Gott“
ist nur ein Stück Holz. 9 Ein Künstler hat ihn gebastelt, weiter nichts. Er
hat etwas Alufolie bei Aldi in Tarsis gekauft, ein bisschen Goldfarbe aus dem
Baumarkt in der Stadt Ufas drübergepinselt, das war’s. Dann hat noch
jemand einen Umhang aus lila Samtstoff genäht und fertig. Es wurde alles
nur von Menschen gemacht. 10 Aber der echte Gott ist unser Gott, er ist
der Chef. Er existiert wirklich, er lebt, und er ist schon immer der oberste
Chef gewesen, der alles in der Hand hat. Wenn er sauer ist, wackelt die
ganze Erde, wenn er aggro ist, kann das keiner aushalten. 11 Gott sagt: „Ich
möchte, dass von meinen Leuten solche Kommentare kommen, wie:
‚Diese ganzen Plastikgötter, die nicht dabei waren, als die Erde und das
Universum gemacht wurden, sie werden aus dieser Welt verschwinden.
12 Dieser Gott hat mit seiner Kraft die ganze Erde gemacht. Er hat auf geniale
Art das Festland entstehen lassen. Er hat außerdem den Himmel und das
Weltall gebastelt. 13 Gott hat ein Wort gesagt, und dann fing es plötzlich an,
aus dem Himmel zu regnen. Er sorgt für Wolken, die überall rumfliegen,
er macht den Regen, er hat die Blitze organisiert, und er sorgt dafür, dass
der Wind bläst.‘ 14 So richtig fassen kann das kein Mensch. Sie peilen es ein-
fach nicht, wie das entstehen konnte. Genauso muss irgendwann auch jeder
Künstler seinen Kopf schütteln, dass er so einen dummen Plastikgott gebaut
hat. Diese Götter sind der reine Beschiss, denn sie sind tot und können
gar nicht leben. 15 Sie sind reif für die Mülltonne, man kann sich nur über
sie beeumeln, sie sind zum Totlachen. Wenn die Zeit gekommen ist, werden
sie alle kaputtgehen, und dann ist es zu Ende mit ihnen.“ 16 Bei dem Gott
von Israel läuft das anders ab! Der hat nämlich das ganze Universum
gemacht, und dieser Gott hat erklärt, dass die Leute von Israel alle für
immer ihm gehören. Man nennt ihn auch „Gott, der Chef von allem!“.

Die Bewohner von Jerusalem werden alle in Kriegsgefangenschaft kommen

17 Alle Leute, die in der belagerten Stadt Jerusalem leben, können schon
mal ihre Sachen packen. 18 Gott sagt: „Passt auf, diesmal werde ich alle
Menschen, die in diesem Land wohnen, in hohem Bogen rausschmeißen!
Ich werde euch in Schwierigkeiten bringen, damit ihr für eure Feinde leichte
Beute werdet.“ 19 Jerusalem weint: „O nein, bei mir geht alles kaputt! Ich
habe eine unheilbare Krankheit! Bis jetzt dachte ich immer, dass ich mit

dieser Krankheit leben kann. 20 Aber jetzt ist alles kaputt! Mein Haus ist
eingestürzt, meine Kinder sind abgehauen, sie sind nicht mehr da! Es gibt
niemanden, der auf mich aufpasst. Es gibt keinen, der mir ein Haus baut.“
21 Die Politiker sind einfach zu doof, und Gott war ihnen egal. Darum hatten
sie keinen Plan vom Regieren, und darum sind alle Menschen, auf die sie
aufpassen sollten, kaputt und am Ende. 22 Hörst du das? Da kommt ein
ganz lautes Knallen aus dem Norden! Es ist ein Krieg ausgebrochen, der die
Städte von Juda komplett plattmachen wird. Dort werden nur noch Ratten
wohnen. 23 Gott, Ich hab kapiert, dass der Mensch letztendlich keine Macht
über sein Leben hat. Am Ende ist es nicht der Mensch selbst, der sein Leben
steuert. 24 Bestrafe uns Gott, aber bitte bleib dabei fair. Lass nicht deine
ganze Wut an uns aus, damit wir nicht völlig abnippeln. 25 Wenn du wütend
bist, dann lass es besser an den Völkern aus, die ohne dich leben. Die sind
über deine Leute hergefallen, die haben sie aufgefressen und vernichtet. Und
ihr Land wurde von denen auch komplett zerstört.

11

Die Leute von Gott haben die Verträge gebrochen

1 Gott redete mal wieder mit mir, Jeremia. Er sagte zu mir: 2 „Ich will den
Leuten von Juda und den Menschen, die in Jerusalem wohnen, noch mal
etwas zu einem anderen Thema sagen. Und zwar geht es mir um die Ver-
träge, die sie mit mir haben und die sie auch einhalten sollten. 3 Sag ihnen:
Das kommt jetzt von Gott, dem Gott von Israel! Der Mensch, der sich nicht
an die Verträge hält, soll verrecken. Ich wünsch ihm die Krätze an den Hals,
ich verfluche ihn! 4 Ich habe diese Verträge mit den Leuten gemacht, die
vor euch gelebt haben. Und zwar war das an dem Tag, als ich sie aus Ägyp-
ten rausgeholt habe, aus dieser Schrottpresse, wo sie sonst gestorben
wären. Ich hab damals mit ihnen gesprochen, ich hab zu ihnen gesagt: ‚Lebt
so, wie ich es euch sage! Haltet euch an das, was ich euch befehle. Wenn
ihr das macht, dann gehören wir zusammen, ihr seid meine Leute, und ich
bin euer Gott. 5 Ihr müsst das tun, weil ich mich nur dann an das Verspre-
chen halten kann, was ich den Leuten vor euch gegeben habe.‘ Das Verspre-
chen war ja, dass ich ihnen ein Land schenken werde, wo es alles gibt und
davon reichlich. In diesem Land lebt ihr heute.“ Meine Antwort dazu ist: „Ja,
so passt es, Gott! [Amen]“ 6 Dadrauf mein Gott zu mir: „Predige ab sofort
Folgendes in den Städten von Juda: Achtet alle auf die Sachen, die in den
Verträgen stehen! Lebt so, wie es dort drinsteht! 7 Überlegt doch mal, was
ich den Leuten vor euch schon immer gesagt habe. Schon ab dem Tag,
als ich sie aus Ägyptern rausgeholt hatte, hab ich ihnen immer wieder einge-
trichtert, dass sie auf das hören sollen, was ich ihnen sage! Und bis heute
hab ich sie ständig daran erinnert. 8 Aber die saßen anscheinend auf ihren

Ohren und haben einfach so weitergemacht. Sie waren zu verpeilt und
zu link drauf. Darum hab ich dafür gesorgt, dass alle Sachen passieren, die
in den Gesetzen stehen, für den Fall, dass sie meine Gesetze brechen und
nicht so leben, wie es da drinsteht." 9 Dann sagte Gott noch zu mir: „Unter
den Leuten von Juda und den Menschen, die in Jerusalem leben, gibt es
so eine Art Revolution gegen mich. 10 Sie leben wieder so wie früher. Sie
bauen den gleichen Mist, wie es ihre Väter auch schon getan haben. Die
hatten sich ja auch immer wieder geweigert, so zu leben, wie ich es ihnen
gesagt hatte. Sie sind dann Plastikgöttern nachgelaufen und fanden die
toll. Die Leute von Israel und die Leute von Juda haben meine Verträge
gebrochen, die ich mit den Leuten geschlossen hatte, die vor ihnen gelebt
haben. 11 Deshalb werde ich dafür sorgen, dass es ihnen ganz dreckig geht.
Es wird bei ihnen ganz übel abgehen, und sie werden davor nicht fliehen
können. Und selbst wenn sie dann anfangen, ganz laut ‚Hilfe' zu rufen,
werde ich nicht auf sie hören. 12 Die Leute von Juda und die Bewohner von
Jerusalem werden dann erst einmal bei den Plastikgöttern anklingeln, bei
denen sie vorher immer Räucherkerzen angezündet hatten. Aber die werden
ihnen nicht aus ihrer ätzenden Situation helfen können. 13 Denn mal ehr-
lich: In Juda gibt es genauso viele verschiedene Plastikgötter wie Städte. In
jeder Straße von Jerusalem steht ein anderer Opfertisch, ein Altar, wo
man für den komischen Baal Räucherkerzen anzünden kann. 14 Jeremia?
Hör auf, für diese Leute zu beten! Hör auf damit! Ich werde sowieso nicht
auf sie hören, egal, wie laut sie zu mir schreien, wenn es ihnen dann
schlechtgeht!"

Israel ist wie ein Apfelbaum für Gott

15 Gott sagt: „Warum sind meine geliebten Leute von Juda immer noch in
meinem Tempel, was wollen die da? Die haben doch sowieso nur linke
Sachen in der Birne! Glaubt ihr im Ernst, dass ihr mit einem netten Opfer-
ritual dafür sorgt, dass ihr plötzlich gut werdet und euch wieder freuen
könnt?" 16 Gott hat euch mal mit einem Apfelbaum verglichen, der schöne
Äpfel trägt. Aber jetzt wird er mit einem lauten Knall für ein großes Durch-
einander sorgen und ein Feuer legen. Dadurch vertrocknen die Äste von dem
schönen Baum und brechen ab. 17 Gott, der Chef über alles, hat euch mal
gepflanzt. Aber jetzt hat er beschlossen, dass es euch dreckig gehen soll,
weil ihr so mies drauf seid! Die Leute von Israel und die Leute von Juda
haben ihn provoziert, sie haben es bis zum Äußersten getrieben, weil sie
für den Plastikgott Baal Räucherkerzen angezündet haben.

Attentat gegen Jeremia, und was Gott dazu sagt

18 Gott hat mir schon vor einiger Zeit gesagt, was die Menschen vorhaben.
Seitdem weiß ich Bescheid. 19 Ich war wie ein kleines, zahmes Lamm, das
zum Schlachten geführt wird, wo man es tötet. Ich hatte gar nicht gepeilt,
dass sie mich umbringen wollten. Ihr Plan war: „Lasst uns den Jeremia
wie einen Baum mitsamt den Wurzeln rausreißen, damit er endgültig von
der Bildfläche verschwindet und sich keiner mehr dran erinnert, wer er
war und wie er hieß.“ 20 Ich betete: „Gott, du bist der Chef über alles! Bitte
lass mich das noch erleben, wenn du dich an ihnen rächst. Ich hab dir in
dieser Sache immer vertraut. Du bist immer korrekt, du checkst alles genau
ab!“ 21 Die Leute aus Anatot wollen mich killen! Sie verbieten mir, Worte
von Gott weiterzugeben, und sagen, wenn ich es doch tue, bringen sie
mich um. 22 Darum sagt euch Gott: „Ich werde es ihnen heimzahlen! Die
jungen Männer werden im Krieg erschossen, die Söhne und Töchter werden
verhungern. 23 Es wird keiner mehr übrig bleiben. Ich werde dafür sorgen,
dass die Leute aus Anatot kaputtgehen, in dem Jahr, wo ich ihnen die Rech-
nung präsentiere.“

12

Jeremia hat ein paar Fragen an Gott

1 Ich habe dann zu Gott gesagt: „Gott? Sag mal, du liegst ja generell immer
richtig, und wenn man mit dir streitet, zieht man immer den Kürzeren. Trotz-
dem möchte ich mit dir über ein paar Sachen diskutieren. Warum ist das
so, dass die Leute, die ohne dich leben, oft so erfolgreich sind? Warum geht
es denen gut, obwohl ihnen total egal ist, was du sagst. Die wollen doch
sowieso nichts von dir wissen. 2 Ich sag das jetzt mal in einem Bild: Du hast
sie gepflanzt, sie haben Wurzeln bekommen und sind gut gewachsen, haben
Früchte bekommen und so. Die reden zwar ständig von dir, aber innerlich
sind sie meilenweit entfernt von dir. 3 Mich kennst du gut, wir sind sozu-
sagen befreundet. Du checkst mich die ganze Zeit ab, du weißt, wie ich ticke
und dass ich zu dir stehe. Kannst du diese Leute nicht einfach mal verhaf-
ten? Kannst du sie nicht alle, wie Kühe, schon mal für ihre Schlachtung
klarmachen? 4 Weil diese Leute schon immer so link unterwegs waren, sind
alle Kühe und auch die Vögel krank oder gestorben. Das Land ist vertrocknet
und die Pflanzen auf den Feldern auch. Diese Leute glauben dabei auch
noch, dass du ein Auge zudrückst und das Ende davon nicht sehen kannst.“
5 Gott antwortete mir: „Wenn du schon dabei schlappmachst, neben Fuß-
gängern zu gehen, wie willst es dann schaffen, bei einem Radrennen mit-
zuhalten? Und wenn du dich nur sicher fühlst in einem Land, wo gerade kein
Krieg abgeht, was willst du dann machen, wenn du im dichten Schilf am
Ufer vom Jordanfluss stehst? 6 Alle deine Verwandten, sogar deine Brüder,

haben dich fallengelassen! Die reden nur noch schlecht über dich, und das so laut, dass jeder es hören kann. Vertrau denen nicht, auch wenn sie versuchen, sich bei dir einzuschleimen."

Gott ist traurig über das Urteil, das er als Richter fällen muss

7 Gott sagte weiter: „Ich hab meine Leute verlassen, ich hab sie aufgegeben.
Mein Liebling, der mir so ans Herz gewachsen war, ich musste ihn fallen-
lassen, direkt in die Hand der Feinde. 8 Es ist, als ob jemand aus meiner
Familie für mich plötzlich gefährlich geworden ist, so gefährlich wie ein toll-
wütiger Hund von der Straße. Er hat angefangen zu knurren, wenn ich
ihm zu nahe gekommen bin, darum hasse ich ihn. 9 Sind mein Land und
meine Leute jetzt wie ein Kanarienvogel, der frei im Zimmer rumfliegt, bis
die Katzen ankommen und ihn auffressen? Bringt alle wilden Tiere her,
damit sie was zum Fressen haben! 10 Irgendwelche Präsidenten sind ange-
kommen und haben meinen Weinberg zerstört. Sie haben meinen Acker
zertreten. Meinen wertvollen Acker haben sie einfach plattgewalzt, da
wächst jetzt nichts mehr. 11 Das ganze Land wurde zu einer Wüste, das ist
echt traurig. Keiner hat sich darum gekümmert, es war ihnen egal."
12 Über die Berge, wo nichts drauf wächst, rücken Armeen ins Land ein.
Gott kommt mit seinen Waffen und macht überall im Land alles platt, von
einem Ende bis zum anderen Ende. Kein Mensch kann sich vor diesem
Krieg drücken. 13 Sie haben Weizen gesät, aber Brennnesseln geerntet.
Sie haben alles gegeben, aber es hat nichts gebracht. Gott war total sauer,
er hat alles kaputt gemacht.

Juda und die Völker, die nebenan leben

14 Gott sagt: „Das geht jetzt an alle fiesen Nachbarvölker, die sich das
Land von meinen Leuten unter den Nagel reißen wollen. Dieses Land hab
ich ihnen für immer geschenkt. Ich werde sie zwar aus ihrem Land raus-
schmeißen, und die Leute von Juda werde ich auch von dort wegschicken.
15 Nachdem ich das erledigt habe, werde ich aber wieder nett mit ihnen
umgehen und sie zurückbringen. Jeder wird wieder dort in dem Gebiet
wohnen können, das ich ihnen mal geschenkt hatte. 16 Folgendes hab ich
beschlossen: Wenn diese Ausländer wirklich so leben wollen, wie meine
Leute auch leben, wenn sie auch auf meinen Namen schwören, dann soll
es ihnen voll gutgehen in meiner Truppe. So wie sie vorher meinen Leuten
beigebracht haben, zu diesem Plastikgott Baal zu beten, so sollen meine
Leute ihnen beibringen, wie man zu mir betet. 17 Falls sie da aber keinen
Bock drauf haben, dann werde ich sie endgültig vernichten. Ich werfe sie auf
den Müll, sie sind verloren!"

13

Es wird eine harte Gerichtsverhandlung geben

1 Folgendes hat mir Gott gesagt: „Kauf dir eine Badehose aus Baumwolle
und zieh die an. Die darfst du aber nie waschen, okay?“ 2 Also organisierte
ich mir eine Badehose und lief damit die ganze Zeit rum. 3 Dann redete Gott
wieder mal mit mir: 4 „Jetzt zieh das Teil, das du gekauft hast, mal aus und
bring es an eine Stelle vom Eufrat-Fluss. Dort versteckst du es unter zwei
Felsen.“ 5 Ich machte alles genau so, wie Gott es mir gesagt hatte. 6 Sehr viel
später redete Gott wieder mit mir: „Jetzt geh mal zu dem Fluss und hole
die Badehose, die du dort versteckt hast.“ 7 Ich ging dann wieder an die
Stelle vom Eufrat und holte das Teil wieder. Die ganze Badehose war total
vergammelt, und man konnte sie nicht mehr anziehen. 8 Jetzt erzählte mir
Gott endlich, was die ganze Aktion sollte. 9 „Das war ein Zeichen dafür,
was ich mit den Stolzen von Juda und diesen Überheblichen in Jerusalem
machen will. Sie werden genauso vergammeln wie diese Badehose. 10 Denn
sie sind einfach link unterwegs, und sie haben keinen Bock, auf das zu hören,
was ich ihnen sage. Sie ziehen gnadenlos ihr Ding durch, laufen anderen
Plastikgöttern hinterher, sie beten zu denen und schmeißen sich sogar vor
denen auf den Boden! Diese Leute sollen so kaputtgehen wie diese Bade-
hose, die man nur noch in den Müll werfen kann. Denn sie ist echt nicht
mehr zu gebrauchen. 11 Denn so eng, wie eine Badehose am Körper ist, so
eng wollte ich die Leute von Israel und Juda um mich haben. Ich wollte,
dass sie meine Leute sind, auf die ich stolz sein kann, die gut aussehen und
über die ich mich freuen kann. Aber leider wollten sie das nicht.“ 12 Gott
sagte weiter zu mir: „Erzähl den Leuten Folgendes: ‚Das kommt jetzt vom
Chef, von dem Gott, an den Israel glaubt. Biergläser sind dazu da, dass man
sie mit Bier füllt!‘ Wenn sie dann antworten: ‚Das ist ja eine ganz tolle
Neuigkeit! Als würden wir nicht wissen, wofür Biergläser da sind …‘, 13 dann
sag ihnen: ‚Das kommt jetzt von Gott: Passt auf, ich werde alle Leute, die
hier leben, inklusive des Nachfolgers vom Präsidenten David, alle die Pries-
ter und Propheten, alle Menschen, die in Jerusalem sind, total breit machen.
14 Ich werde sie kaputt machen, indem sie sich gegenseitig schlagen, einer
gegen den anderen, auch Kinder und Eltern wird das betreffen. Ich hab
dabei kein Mitleid. Es tut mir nicht weh, dass ich sie kaputt mache.‘“

Eine letzte Warnung

15 Gott hat zu euch geredet, also nehmt das ernst und kommt von eurem
hohen Sockel mal runter. 16 Macht endlich klar, dass Gott für euch der
Größte ist, bevor es zappenduster wird und ihr im Dunklen stolpert, wenn
ihr auf den Bergen rumkraxelt. Normalerweise kommt nach der Nacht ein

neuer Tag, aber gerade das wird nicht passieren, es wird voll finster für
euch bleiben. [17] Und wenn ihr auf diese Warnung nicht hört, werde ich mich
einschließen und mir vor lauter Traurigkeit die Augen ausheulen, weil ihr
es echt nicht kapiert. Denn die Leute von Gott werden dann alle unfrei. Sie
werden als Gefangene abgeführt. [18] Gott sagt nämlich zum Präsidenten
und zu seiner Mutter: „Kommt runter von eurem hohen Sockel und kommt
mal auf den Boden der Tatsachen. Denn eure Macht ist am Ende, sie ist
euch genommen worden, ihr habt sie verspielt. [19] Die Städte, die im Süden
von Juda liegen, werdet ihr verlieren. Keiner wird sie wieder zurückbringen
können. Alle Menschen aus Juda werden in Kriegsgefangenschaft geraten."

Jerusalem ist wie eine Frau, die vergewaltigt wurde

[20] Schau dich mal um, Jerusalem! Siehst du, wie die feindlichen Armeen
aus dem Norden anrücken? Wo sind die vielen Menschen, die in dir mal
wohnen sollten. Wo sind die vielen Leute, auf die du aufpassen solltest?
[21] Was würdest du sagen, wenn Gott deine Berater, die du dir ja selbst aus-
gesucht hast, plötzlich zu deinen Chefs machen würde, die dann über dich
bestimmen könnten? Würdest du nicht Magenschmerzen bekommen
und fiese Krämpfe, so wie eine Frau, die ein Kind bekommt? [22] Und wenn
du dann denkst: „Warum ist ausgerechnet mir so was passiert?", dann
ist der Grund, weil der Mist, den du gebaut hast, einfach zu groß geworden
ist. Gott hat dafür gesorgt, dass man dich gepackt, dir die Kleider vom Leib
gerissen und dich vergewaltigt hat. [23] Wie ist das denn, kann ein Mensch
seine Hautfarbe mal eben ändern? Oder kann eine braune gefleckte Katze
sich plötzlich weiße Flecken zulegen? Wenn das so wäre, könntet ihr ja
auch plötzlich nur noch gute Sachen bringen, obwohl ihr euch schon da-
dran gewöhnt habt, link und schlecht zu sein. [24] Gott sagt: „Darum werde
ich euch verteilen wie die Samen von einer Pusteblume, die vom Wind in
alle Richtungen verteilt werden. [25] So wird das mit dir passieren, Jerusalem!
Du hast mich einfach vergessen und hast auf Lügen gebaut anstatt auf
meine Wahrheit. [26] Ich werde dafür sorgen, dass du ganz peinlich dastehen
wirst. Es wird so sein, als würdest du plötzlich nackt in der Innenstadt ste-
hen, mitten in der Fußgängerzone. [27] Deinen ätzenden Lebensstil hab ich
sehr wohl bemerkt. Deine Gier nach Sex und deine große Klappe sind mir
nicht entgangen. Und auch nicht, dass du mich ständig betrügst mit deinen
komischen Götzen da draußen auf den Hügeln. Pass bloß auf, Jerusalem!
Du wirst nicht von selber wieder sauber, du bist dreckig. Wie lange willst du
es noch so treiben?"

14

Es wird ganz eng werden

1 Jetzt kommen ein paar Sachen, die Gott zu mir gesagt hat, als es ewig
nicht mehr geregnet hatte. 2 „Alle Leute in Juda trauern. Die Stadt liegt im
Sterben. Sie ist am Boden, und man hört überall, wie die Leute laut weinen
und jammern. 3 Die Mächtigen werden ein paar Angestellte zum Geträn-
kemarkt schicken. Sie kommen dort an, aber es gibt keine Getränke mehr,
denn das Wasser ist ausgegangen. Wenn sie zurückkommen, haben sie
nichts im Lieferwagen. Sie sind extrem traurig, und es ist ihnen sehr peinlich.
4 Auch die Bauern sind frustriert und total down. Der Boden ist so trocken,
dass es überall Risse gibt, weil es ewig nicht geregnet hat. 5 Sogar das
Reh verlässt sein Kind, weil es kein Gras mehr gibt, wovon es sich ernähren
könnte. 6 Die Pferde stehen auf den Flächen, wo kein Gras mehr wächst,
es ist heiß, und sie schnappen nach Luft wie ein Hund. Ihre Augen sind ganz
trübe, weil es nichts mehr zu fressen gibt.“ 7 Gott, wir haben Mist gebaut!
Die ganzen ätzenden Sachen, die wir gebracht haben, sind Beweise dafür.
Wir sind dir immer wieder untreu geworden, wir haben dich verletzt, und wir
haben immer unser eigenes Ding gemacht. Trotzdem bitten wir dich, dass
du uns hilfst, einfach, weil du Gott bist. 8 Du bist die einzige Hoffnung, die
Israel noch hat! Wenn es uns beschissen geht, bist du der Einzige, der uns
retten kann. Warum tust du plötzlich so, als hättest du gar nichts mit uns
zu tun? Warum bist du plötzlich wie ein Typ, der nur auf der Durchreise mal
eben für eine Nacht reingeschaut hat? 9 Warum willst du so tun, als wärst
du total überfordert wie einer, der nicht wirklich helfen kann. Du bist doch
bei uns dabei, Gott! Wir gehören dir! Bitte verlass uns nicht!

Gott will nicht, dass Jeremia für seine Leute betet

10 Gott sagt über diese Leute Folgendes: „Sich einfach treiben lassen, das
macht ihnen Spaß. Mal hier sein und dann wieder dort, das lieben sie.“
Aber Gott gefällt das nicht. Er mag sie nicht mehr. Darum fängt er jetzt an,
sich an den ganzen Dreck zu erinnern, den sie früher schon gebracht hatten,
und bestraft sie für ihren Mist. 11 Dann sagte Gott zu mir: „Hör auf, für
meine Leute zu beten! 12 Sie können noch so viel auf Essen verzichten und
sich die Seele aus dem Leib beten, ich werde trotzdem nicht auf ihre Gebete
hören. Sie können noch so viele Opferrituale durchziehen, Abfackelopfer
oder Essensopfer, es ist mir egal. Ich gehe nicht dadrauf ein. Stattdessen
werde ich sie durch Krieg vernichten. Ich werde sie durch Hunger und tödli-
che Krankheiten kaputt machen.“ 13 „Ach Mann, Gott, das kannst du nicht
ernst meinen!“, antwortete ich. „Das liegt doch alles an den Prophetentypen,
die ihnen diesen Schwachsinn erzählt haben. Sie haben gesagt, dass Gott

sie nicht vernichten wird. Es wird keinen Krieg geben, haben sie gesagt,
und dass es immer genug zu essen geben wird. ‚Er hat sogar versprochen,
dass wir hier lange Frieden haben werden', haben sie den Leuten erzählt."
14 Gott antwortete mir: „Die Propheten bei euch erzählen den größten Mist
und behaupten auch noch, das würden sie alles in meinem Auftrag tun.
Aber ich hab denen nie irgendeinen Auftrag gegeben. Schon gar nicht, den
Mund aufzumachen und so einen Stuss zu erzählen. Sie lügen in einer
Tour, und was sie machen, ist schwarze Magie. Von denen kommt nur heiße
Luft, sie wollen die Menschen eigentlich nur betrügen, weiter nichts." 15 Gott
hat eine Ansage für diese Propheten, die so tun, als würden sie in Gottes
Auftrag reden, obwohl das gar nicht stimmt: „Sie behaupten, dass es keinen
Krieg bei euch geben wird und dass ihr auch keine Probleme mit Hunger
bekommen werdet. Genau diese Propheten werden alle in einem Krieg
getötet oder durch Hunger sterben. 16 Aber auch den Leuten, die sich diese
prophetischen Ansagen angehört haben, wird das passieren. Sie werden
entweder vor Hunger sterben oder im Krieg. Überall in Jerusalem werden
ihre Leichen liegen. Niemand wird die Toten begraben, weder Frauen
noch Söhne oder Töchter. Der Mist, den sie gebaut haben, kommt auf
sie zurück, und wie eine Welle wird es über sie schwappen."

Jeremia gibt zu, dass seine Leute richtig Mist gebaut haben

17 Gott meinte dann: „Ich will, dass du den Leuten Folgendes klarmachst:
Sag ihnen, wie fertig du bist, erzähle ihnen, wie traurig und frustriert dich
das Ganze macht. Dass du den ganzen Tag wegen ihnen heulst und damit
nicht mehr aufhören kannst. Erzähl, dass es für dich so schlimm ist, weil
gerade alles über den Leuten zusammenbricht. Deine geliebten Freunde
liegen schwer verwundet im Krankenhaus, sie sind innerlich zerbrochen, und
alles tut ihnen weh. 18 Wenn du aufs Land gehst, liegen dort überall Leichen
rum, die im Krieg gefallen sind. Und wenn du in die Stadt kommst, dann
sind da lauter Leute, die vor Hunger fast sterben. Die ganzen Pastoren und
die Propheten sind sprachlos. Sie wissen nicht, was man da noch sagen
sollte, denn sie haben es selbst nicht kapiert." 19 Ich fragte Gott: „Hast du
Juda vollkommen aufgegeben? Und hast du überhaupt keinen Bock mehr
auf den Zionsberg? Warum hast du dafür gesorgt, dass es uns so mies geht
und wir nichts tun können, damit sich das ändert? Wir hoffen auf Frieden,
aber es wird nur noch schlimmer. Wir hoffen auf Heilung, aber es passieren
Dinge, die uns echt Angst machen. 20 Gott, wir geben es ja zu: Wir haben
ohne dich gelebt! Wir und die Leute vor uns haben richtig Mist gebaut.
21 Bitte, lass uns jetzt nicht fallen! Es geht doch auch um dich und um dei-
nen Ruf! Wenn du das tust, ziehst du doch auch deinen genialen Namen
in den Schmutz. Vergiss uns nicht! Kündige nicht die Verträge, die wir mit

dir haben. [22] Es gibt bei den anderen Völkern keinen Gott, der die Macht hat, es regnen zu lassen. Regen kommt auch nicht von selbst einfach aus dem Himmel. Der kommt doch letztendlich immer von dir, Gott! Du bist unsere einzige Hoffnung, du hast alles gemacht, was es im Universum gibt."

15

Gott hat das Gerichtsurteil bereits gesprochen

[1] Gott sagte zu mir: „Selbst wenn Mose und Samuel zusammen vor mir stehen und mich anbetteln würden, dass ich wieder gut zu meinen Leuten sein soll, es würde nichts an meiner Entscheidung ändern. Schmeiß sie raus! Sie sollen verschwinden, und ich will sie nicht mehr sehen! [2] Wenn sie dich fragen, wo sie hingehen sollen, dann richte ihnen Folgendes aus: ‚Gott sagt, wer sterben soll, wird sterben. Wer im Krieg sterben soll, wird im Krieg sterben. Wer durch eine Krankheit sterben soll, wird durch eine Krankheit sterben. Wer durch Hunger sterben soll, wird verhungern. Und wer in Kriegsgefangenschaft gehen soll, wird ein Kriegsgefangener.' [3] Ich werde vier Arten von Strafen zu ihnen schicken. Das eine ist der Krieg, der Menschen tötet. Dann die Ratten, die die Leichen auffressen. Die wilden Hunde, die um die Knochen der Toten kämpfen. Und schließlich die Elstern und Geier, die sich an den Resten satt essen, bis am Ende alles weg ist. [4] Alle anderen Nationen auf der Erde werden entsetzt dadrüber sein. Das mach ich wegen dem Präsidenten Manasse, der ein Sohn von Hiskija ist. Es ist seine Strafe für das, was er in Jerusalem gebracht hat."

Jerusalem ist am Boden

[5] Gott sagt: „Wer wird noch Mitleid mit dir haben, Jerusalem? Wer wird sagen, wie leid es ihm tut, was mit dir passiert ist? Wer wird dich besuchen, um zu fragen, wie es dir geht? [6] Du hattest keinen Bock mehr auf mich! Du hast mir die kalte Schulter gezeigt! Darum habe ich mit meiner Hand ausgeholt und zugeschlagen. Ich hatte auch keinen Bock mehr, dir zum tausendsten Mal zu verzeihen. [7] Ich werde meine Leute mit einem Bagger aus dem Land rausschmeißen. Ich werde dafür sorgen, dass sie keine Kinder mehr kriegen können, ich werde sie aufgeben. Denn sie haben einfach so weitergemacht, und sie wollten sich nicht verändern. [8] Es wird bei ihnen total viele Frauen geben, deren Mann gestorben ist. Noch vor Mittag bekommen die Mütter die Nachricht rein, dass ihre Kinder gestorben sind. Ganz plötzlich werden sie Angst und Panik kriegen. [9] Eine Frau, die sieben Söhne hatte, wird an dieser Nachricht zugrunde gehen, so wie eine Blume ohne Wasser. Sie atmet noch einmal, dann ist sie tot. Das, was ihr Kraft gegeben hat, ist auf einmal weg. Und das mitten am helllichten Tag, als kurz vorher noch alles okay war. Sie ist fertig, sie hat keine Hoffnung mehr

und fühlt sich betrogen. Aber auch der Rest der Leute wird sterben. Sie fallen im Krieg durch ihre Feinde." Das kam jetzt von Gott.

Jeremia hat keinen Bock mehr auf seinen Job

10 „Warum hat mich meine Mutter überhaupt geboren", beschwerte ich mich
bei Gott. „Wenn ich was sage, geht sofort der Punk ab. Die Leute streiten
sich mit mir, und überall im Land werde ich gehasst. Obwohl ich nieman-
dem Geld schulde oder jemand bei mir total viele Schulden hat, wünschen
mir alle die Krätze an den Hals." 11 Gott antwortete mir: „Jeremia, ich habe
dir doch immer geholfen, oder? Ich habe oft dafür gesorgt, dass deine
Feinde am Ende bei dir ganz klein ankamen, weil es ihnen so beschissen
ging und sie total die Probleme hatten! 12 Wie ist das? Kann man eine dicke
Eisenstange mit der bloßen Hand zerbrechen, besonders, wenn das Eisen
aus dem Norden kommt? Und wie ist das, wenn die Stange aus Bronze ist?
13 Ich werde all das freigeben, was die Leute in Juda besitzen, damit sich
andere dadran bedienen können. Die müssen dafür dann nicht mal was
bezahlen. Das mach ich wegen dem ganzen Mist, den sie überall in ihrem
Land gebaut haben. 14 Ich werde dafür sorgen, dass sie Kriegsgefangene
bei ihren Feinden im Ausland werden und dort schwer schuften müssen.
Es wird ein Land sein, was sie nicht kennen und was sehr weit weg ist. Ich
bin total sauer auf sie, ich bin richtig wütend. Das ist wie ein heftiges Feuer,
in dem sie alle verbrennen werden." 15 Ich antwortete: „Gott, du weißt ja
über alles Bescheid. Bitte vergiss mich nicht! Ich bitte dich, dass du den
Leuten, die gegen mich waren, eine reindrückst. Bitte pass auf mich auf,
dass ich nicht sterben muss. Ich vertraue auf deine Geduld. Bitte vergiss
nicht, dass ich das alles wegen dir durchmachen muss. 16 Immer wenn du
zu mir gesprochen hast, hab ich deine Worte fast verschlungen. Ich hab
mich immer total gefreut, wenn du mir was gesagt hast. Innerlich bin ich
dabei voll abgegangen. Denn das bedeutet ja auch, dass du mich extra
ausgesucht hast und dass ich etwas Besonderes für dich bin. Du bist Gott,
der Chef über die ganze Welt! 17 Bis heute konnte ich noch nie mit den Leu-
ten lachen, wenn die zusammengesessen sind und Witze gerissen haben.
Weil du mich ausgesucht hast, war ich immer alleine. In mir war die ganze
Zeit voll die Wut über deine Leute. 18 Warum muss ich eigentlich immer
diesen Schmerz durchmachen? Warum kann diese innere Wunde nie richtig
heilen? Manchmal hab ich das Gefühl, du bist wie ein Fluss, von dem man
dachte, dass man immer daraus trinken könnte, bis er dann doch vertrock-
net." 19 Gott antwortete mir: „Du musst nur alles voll mit mir durchziehen,
dann werde ich auch bei dir alles wieder in Ordnung bringen. Dann sind
wir uns nämlich wieder ganz nahe. Wenn du geniale Sachen sagst und
keinen Schwachsinn verbreitest, werde ich aus deinem Mund zu den Men-

schen reden. Die anderen sollen nach deinem Vorbild leben und nicht umgekehrt. [20] Du wirst für die Leute wie eine Mauer sein, an der sie sich die Nase blutig schlagen. Sie werden dich bekämpfen, aber sie werden dich nicht besiegen können. Ich bin nämlich auf deiner Seite, ich werde dich retten und dich befreien. Das sag ich, Gott, dir! [21] Ich will dich von denen befreien, die dich herumschubsen. Ich helf dir, wenn ein brutaler Mensch dir auf die Pelle rückt!“

16

Jeremia soll nicht heiraten

[1] Gott redete mal wieder mit mir: [2] „Jeremia, ich möchte nicht, dass du dir eine Frau suchst. Du sollst nicht heiraten und auch keine Kinder haben, solange du in dieser Gegend lebst. [3] Ich, Gott, sage dir jetzt, was mit den Kindern passiert, die hier geboren werden. Auch was mit den Frauen passiert, die diese Kinder bekommen, und was mit den Vätern passiert, das sag ich dir jetzt auch. [4] Die werden alle an einer fiesen Krankheit sterben. Es wird keine Beerdingungsfeiern geben, geschweige denn, dass sie in die Erde verbuddelt werden. Dann hätten sie wenigstens den Boden gedüngt. Manche werden auch im Krieg umkommen, entweder durch eine Waffe oder durch Hunger. Die Leichen werden nicht verbuddelt, daran werden sich die Ratten und Elstern satt fressen. [5] Ich möchte nicht, dass du an irgendeiner Trauerfeier teilnimmst. Du sollst auch keine Beileidsbriefe verschicken oder Todesanzeigen schalten. Ich habe nämlich meinen Friedensvertrag mit diesen Leuten beendet. Ich habe keinen Bock mehr auf sie, ich mag sie nicht mehr. [6] Sowohl Millionäre als auch Hartz-IV-Empfänger werden sterben, ohne dass sie eine anständige Beerdigung bekommen. Keiner wird wegen ihnen Schwarz tragen, traurig sein oder eine Anzeige wegen ihrem Tod in die Zeitung setzen. [7] Keiner wird für die Trauerfeier einen Kuchen backen, keiner wird die Trauernden trösten, und keiner wird sich mit ihnen betrinken, um die Trauer zu ertränken, weil der Vater oder die Mutter gestorben ist. [8] Ich möchte, dass du keine Einladung zu irgendeiner Party oder einem Festessen annimmst. Du sollst nicht mit ihnen essen oder trinken. [9] Der Grund dafür ist, weil ich, der Chef über alles, der Gott von Israel, Folgendes beschlossen habe: Ich werde dafür sorgen, dass man bei euch keinen Grund mehr zum Freuen hat. Die Freude wird euch im Hals steckenbleiben. Es wird auch keine Hochzeit mehr geben, wo sich wenigstens das Brautpaar noch freuen könnte. [10] Du kannst davon ausgehen, dass die Leute mit solchen Fragen kommen, wenn du ihnen diese Nachricht erzählst: ‚Warum hat Gott diese fiesen Sachen für uns beschlossen? Was haben wir denn Schlimmes verbrochen? Wo haben wir was gegen unseren Gott unternommen, dass wir das verdient hätten?‘ [11] Dann kannst

du ihnen antworten: ‚Hey, so was hat doch bei euch schon Geschichte! Eure
Vorfahren hatten immer wieder keinen Bock auf Gott. Sie haben zu irgend-
welchen Plastikgöttern gebetet, denen gedient, sich vor denen auf den
Boden geschmissen und so was. Was Gott aber von ihnen wollte, Respekt
vor seinen Gesetzen, das war ihnen total egal!
12 Aber ihr habt es echt noch
mehr übertrieben. Was ihr gemacht habt, war noch ätzender als das, was
die gemacht haben. Jeder bei euch tut, wozu er gerade Lust hat. Alle sind
total stur, sie sind link drauf, und keiner hört mehr auf Gott.
13 Deshalb hat er
beschlossen, euch aus diesem Land rauszuschmeißen. Er wird euch in
eine Gegend verfrachten, von der ihr noch nie was gehört habt und die Leute
vor euch auch nicht. Dort werdet ihr irgendwelchen Plastikgöttern 24 Stun-
den am Tag dienen müssen, aber Gott wird nicht mehr bei euch sein und
euch lieben.'"
14 Gott sagt: „Irgendwann wird es dann aber eine neue
Zeit geben, wo dieser eine Spruch nicht mehr gesagt werden wird. Ich meine
jetzt: ‚Ich schwöre bei dem Gott, der Israel aus Ägypten rausgeholt hat.'
15 Dann wird es einen neuen Spruch geben, der so geht: ‚Ich schwöre bei
dem Gott, der Israel aus den ganzen Ländern rausgeholt hat, in die sie von
ihm abgeführt wurden!' Ich habe nämlich vor, sie aus diesen unterschied-
lichen Ländern wieder aufzusammeln, und ich werde sie in das Land zurück-
bringen, das ich ihnen vor Ewigkeiten mal versprochen hatte."

Jeder, der was ausgefressen hat, muss dafür bezahlen

16 „Pass auf, ich werde aus Menschen so eine Art Fischer machen", sagt
Gott. „Ihr neuer Job soll sein, meine Leute wie mit Netzen zusammenzutrei-
ben. Und dann werde ich viele Leute als Jäger berufen. Die sollen Jagd auf
meine Leute machen, egal, ob sie sich hinter irgendeinem Berg, in irgend-
einem Wald oder in irgendeiner Wohnsiedlung versteckt haben.
17 Ich kann
doch überall hinsehen, ich kriege alles mit. Sie können sich nicht vor mir
verkriechen. Auch den Mist, den sie bauen, können sie vor mir nicht ver-
heimlichen.
18 Die ganzen Schulden, die sie bei mir haben, müssen doppelt
zurückbezahlt werden. Mit diesen ekligen toten, unreinen Tieren, die sie
für diese seltsamen Opferrituale benutzt haben, wurde mein ganzes Land
versifft. Das Land, das ich ihnen für immer geschenkt hatte, wurde durch
diese ätzenden Sachen dreckig gemacht."

Die anderen Nationen erkennen, wer der echte Gott ist

19 Gott, du gibst mir Kraft, du beschützt mich, und bei dir kann ich mich
verstecken, wenn ich in Gefahr bin! Irgendwann werden alle Menschen bei
dir ankommen und sagen: „Unsere Väter haben uns über diese Götter nur
Schwachsinn erzählt! Es gibt keinen Gott außer dir, der es wirklich bringt!
20 Wie kann man nur auf die Idee kommen, sich seinen Gott selbst zu

basteln? Alles, was dabei rumkommt, ist auf keinen Fall ein Gott!" 21 Gott wird antworten: „Genau! Ich werde dafür sorgen, dass sie das endlich kapieren! Diesmal werde ich ihnen zeigen, was ich wirklich draufhab. Sie werden merken, dass ich, Gott, der absolute Chef bin!"

17

Juda muss bestraft werden

1 Gott sagt: „Der ganze Mist, den Juda getan hat, ist wie mit einem Diaman-
tenbohrer in eine Stahlplatte eingefräst worden. Diese Platte ist in ihrem
Gewissen. Auch an den Opfertischen dieser Plastikgötter steht es groß dran,
dass es eigentlich Mist ist, was sie da machen. 2 Sie kümmern sich um
die Opfertische der Plastikgötter mehr als um ihre eigenen Kinder! An die
Statuen der Plastikgöttin Aschera, die auf irgendeinem Berg oder unter
einem Baum stehen, denken sie mehr als an ihre Babys. 3 Deshalb wird alles,
was für sie wichtig ist, also ihre ganze Kohle, das Sparkonto, das Grund-
stück, das ganze Eigentum usw., für einen Euro bei E-Bay versteigert. Das ist
die Strafe für den Mist, der überall von ihnen gemacht wurde. 4 Deswegen
wirst du, Juda, auch aus dem Gebiet rausgeschmissen, was ich dir eigentlich
für immer geschenkt hatte. Ich werde dafür sorgen, dass du unter Knebel-
verträgen im Ausland arbeiten musst, in einem Land, wo deine Feinde woh-
nen. Denn du hast mich so derbe sauer gemacht. Ich bin so aggro gegen
dich und so wütend, dass keiner mich je wieder davon runterbringen kann."
5 Gott sagt: „Der Typ, der mehr auf die Kraft von Menschen vertraut und
auf das, was Menschen möglich ist, und deswegen keinen Bock mehr auf
Gott hat, der soll die Krätze kriegen, der ist verflucht! 6 Solche Menschen
sind wie ein kleiner abgenagter, vertrockneter Baum, der in der Wüste steht.
Er wird nie mitbekommen, wenn etwas Gutes passiert. So einer wird nur
dort wohnen, wo es immer trocken ist, wo nichts wächst, wo der Boden mit
Chemiemüll verseucht ist und wo sonst niemand wohnen würde. 7 Gott-
mäßig drauf kommen die Leute, die mir immer vertrauen, die ihr Leben auf
mich setzen. 8 Die sind wie so ein Baum, der direkt an einem Fluss wächst,
dessen Wurzeln immer genug Wasser bekommen. Die brauchen keine Angst
vor dem Hochsommer zu haben, wenn es heiß wird. Er hat immer grüne
Blätter, und auch wenn es mal ein Jahr lang nicht regnet, macht ihm das
nichts aus. Bei ihm werden trotzdem immer gute Früchte wachsen. 9 Auf
den Verstand kann man sich nicht verlassen, der betrügt einen am laufenden
Band. Wenn man einmal link draufgekommen ist, kann man da kaum was
machen, weil es keine Leute gibt, die sich wirklich damit auskennen. 10 Ich
bin Gott, und ich kenne jeden Gedanken und jedes Gefühl, und ich checke
alles ab. Jeder bekommt das, was er verdient, je nachdem, was aus seinem
Leben geworden ist und wie er gelebt hat. 11 Jemand, der ganz viel Kohle

besitzt, die er aber nicht durch korrekte Arbeit, sondern durch Abzocke
bekommen hat, den kann man gut mit einem Huhn vergleichen, das auf
Eiern sitzt, die es aber nicht selbst gelegt hat. Mitten im Leben muss der
seine Kinder gehen lassen, und kurz vor seinem Tod wird er noch von allen
verarscht."

Die einzige Hoffnung von Israel

12 Unser Tempel sieht einfach genial aus, er ist ein abgefahrenes Haus, ein
krasser Ort, von dem aus Gott regiert. 13 Er ist die einzige Hoffnung von
Israel! Jeder, der keinen Bock mehr auf dich hat, Gott, wird kaputtgehen.
An so einen wird man sich nicht mehr lange erinnern. Es ist so, als ob sein
Name einfach von der Festplatte gelöscht wurde. Denn solche Leute haben
Gott verlassen, die Quelle, an der es immer frisches Wasser gibt. 14 Gott!
Bitte heile mich, damit ich wieder gesund werde! Rette mich, damit ich nicht
absaufe! Ich bin dir echt dankbar, du bist der Beste! 15 Leute sagen zu mir:
„Wie ist denn das jetzt mit der Ansage von Gott? Wir warten darauf! Nun
mach mal hinne!" 16 Ich hab meinen Job immer durchgezogen, ich bin nie
abgehauen. Was du von mir wolltest, hab ich immer getan. Ich hab mir auch
nie gewünscht, dass die Katastrophe kommt und alles kaputtgeht. Du bist
mein Zeuge, du weißt, was ich alles gesagt habe, du warst die ganze Zeit
da und hast zugehört. 17 Du willst doch nicht, dass ich jetzt nur noch Angst
vor dir hab, oder? Du bist doch derjenige, zu dem ich immer kommen kann,
wenn es mir beschissen geht. Bei dir kann ich mich verstecken. 18 Mach
die Leute fertig, die hinter mir her sind! Aber bau mich wieder auf! Jag ihnen
einen Schrecken ein, aber lass mich keine Angst mehr haben. Mach diese
Leute kaputt, mach sie fertig und zerstöre sie komplett!

Respekt vor dem Sonntag zu haben kommt gut

19 Gott sagte zu mir: „Geh zum Haupteingang, zu dem Stadttor in Jerusa-
lem, durch das auch die Präsidenten von Juda immer rein- und rausgehen.
20 Dann rede dort mit den Leuten. Sag ihnen: ‚Hört mal zu, was Gott euch
zu sagen hat! Das geht jetzt an die Präsidenten von Juda und an alle Leute,
die in Jerusalem und in dem Gebiet von Juda wohnen. Es betrifft jeden,
der durch diesen Eingang geht! 21 Gott sagt: Hab Respekt vor dem Sonntag!
Ihr dürft an dem Tag keine schweren Sachen rumtragen, auch nichts in die
Stadt reinbringen. Es geht hier um euer Leben! 22 Ihr sollt noch nicht mal
irgendwas Schweres aus eurem Haus raustragen, wenn Sonntag ist! Auch
sonst irgendeine anstrengende Arbeit ist an dem Tag verboten! Ist das klar?
Der Sonntag ist etwas total Besonderes, er ist heilig! Darum müsst ihr
den auch wie einen ganz besonderen Tag behandeln. Das habe ich, Gott,
schon immer den Leuten gesagt, auch denen, die vor euch gelebt haben.

23 Die haben das leider oft nicht durchgezogen. Sie waren zu verpeilt, sie
haben nicht richtig zugehört, und sie wollten sich nicht von mir erziehen
lassen. 24 Ich garantiere euch: Wenn ihr auf mich hört, wenn ihr am Sonntag
nicht irgendwelche Sachen durch den Eingang der Stadt schleppt und
wenn ihr diesen Tag als etwas Besonderes anseht, an dem ihr nicht arbeitet,
25 dann werde ich dafür sorgen, dass durch diesen Eingang auch in Zukunft
Präsidenten und hohe Beamte rein- und rausgehen, die aus der Familie
vom David stammen. Sie werden mit fetten Stretch-Limousinen vorfahren,
und es wird für immer Leute geben, die in Jerusalem wohnen. 26 Auch in
Zukunft werden immer wieder Menschen aus den anderen Städten von Juda
hierherkommen, auch aus der Umgebung von Jerusalem, aus dem Land
vom Familienstamm Benjamin, aus dem Hügelland und aus dem Gebirge,
das im Süden liegt. Die werden dann Abfackelopfer, Dankopfer, Essensopfer,
Räucherstäbchen und so was in meinem Haus abfackeln. 27 Wenn ihr aber
nicht auf mich hört, wenn ihr den Sonntag nicht als einen besonderen Tag
behandelt, an dem man keine schweren Sachen rumschleppen und auch
keine großen Reisen machen sollte, dann werde ich in Jerusalem ein Feuer
legen, und die Eingänge bis hin zu den Regierungsgebäuden werden
alle komplett verbrennen, niemand wird dieses Feuer löschen können.'"

18

Knetmasse als Vergleich, wie Gott mit Menschen umgeht

1 Irgendwann redete Gott mal wieder mit mir, Jeremia. Er sagte: 2 „Zieh mal
deine Schuhe an und geh in das Haus, wo so ein Kunsthandwerker aus
Knetmasse Vasen macht. Ich will dir etwas erklären!" 3 Also bin ich dann in
die Werkstatt von einem Typen gegangen, der aus Knetmasse Vasen formt.
So was macht der immer auf einer Scheibe, die sich dreht. 4 Ich sah also
dem Typen bei der Arbeit zu. Er hatte gerade ein Stück von dem Zeug in der
Hand und versuchte, auf der Scheibe dadraus eine schöne Vase zu machen,
aber irgendwie klappte das nicht. Schließlich nahm er die Reste von der
Scheibe, knetete das Ganze noch mal durch und machte stattdessen einen
Aschenbecher dadraus, da hatte er grade mehr Bock drauf. 5 Schließlich
redete Gott zu mir: 6 „Wie ist es? Kann ich mit den Leuten von Israel nicht
genau das Gleiche machen, was dieser Mann gerade mit der Knetmasse
gemacht hat? So, wie die Knetmasse in der Hand vom Handwerker ist, so
seid ihr auch in meiner Hand. 7 Wenn ich zum Beispiel einmal sage, dass
ich ein Volk und eine Regierung komplett vernichten und kaputt machen will,
dann kann ich das doch tun, oder? 8 Wenn aber die Leute von diesem Volk
sich jetzt plötzlich ändern und aufhören, miese Dinger zu drehen, dann tut
es mir voll leid, dass ich sie plattmachen wollte. 9 Auf der anderen Seite
könnte es passieren, dass ich zu einem bestimmten Volk sage, dass ich sie

ganz nach oben bringen will, dass ich sie aufbauen und vergrößern möchte.
10 Wenn die jetzt aber Sachen bringen, die ich total ätzend finde, indem sie
zum Beispiel nicht das tun, was ich ihnen sage, dann tut es mir auch leid,
dass ich ihnen so tolle Sachen versprochen hatte, und mache das ab dann
nicht mehr. 11 Darum sag jetzt mal den Leuten, die in Jerusalem wohnen,
und den Leuten von Juda, Folgendes von mir: ‚Das kommt jetzt von Gott:
Ich bin gerade am Überlegen, euch komplett zu zerstören, ich plane ein
Attentat! Ändert euch! Hört auf, diesen Mist zu bauen! Bringt euer Leben in
eine neue Richtung!'" 12 Aber sie antworten: „Nö, da kannst du lange reden,
daraus wird nichts! Wir wollen das machen, was uns in den Kram passt." Sie
tun also weiter stur das, was sie gerade in ihren dreckigen Gedanken haben.
13 Gott fragt: „Macht doch mal eine Umfrage bei den anderen Nationen!
Wo gibt es Leute, die so eklige Dinge machen wie das ach so ‚jungfräuliche'
Israel? 14 Ist es schon mal passiert, dass der Schnee auf dem Libanonge-
birge geschmolzen ist? Oder kam es schon mal vor, dass große Flüsse, die
voller frischem, kaltem Wasser sind, plötzlich vertrocknet sind? 15 Aber bei
meinen Leuten ist anscheinend alles möglich, denn sie haben mich sogar
vergessen. Sie haben damit angefangen, für irgendwelche Plastikgötter Räu-
cherkerzen anzuzünden! Sie sind auf ihrem Weg ins Stolpern gekommen.
Die Wege von früher haben sie verlassen, und jetzt gehen sie einen Weg, der
total unsicher ist. 16 Darum wird das ganze Land komplett plattgemacht
werden, und die Menschen, die das sehen, werden die Hände über dem
Kopf zusammenschlagen und die Krise kriegen. 17 Ich werde dafür sorgen,
dass feindliche Armeen über das Land kommen, wie ein heftiger Wind aus
dem Osten, der alles wegbläst. Ich werde ihnen die kalte Schulter zeigen an
diesem Tag, wo ich sie für immer kaputt machen werde."

Jeremia will, dass Gott seine Feinde bestraft

18 Die Leute fühlten sich von dem, was ich gesagt hatte, so provoziert,
dass sie mich unbedingt aus dem Weg räumen wollten. „Wir müssen diesen
Jeremia töten! Wir sollten ein Attentat auf ihn verüben! Der erzählt doch
nur Lügen! Unsere Priester würden nie und nimmer vergessen, was in den
Gesetzen steht! Auch die Intellektuellen bei uns werden weiter richtige
Ratschläge geben. Und die Propheten bekommen auch immer noch richtige
Ansagen von Gott. Wir sollten ihm das Maul stopfen und keinen Cent
darauf geben, was er sagt." 19 Ich betete zu Gott: „Pass auf mich auf! Du
hörst doch, was meine Gegner alles erzählen. 20 Ich meinte es doch nur
gut, aber sie wollen mich trotzdem fertigmachen. Jetzt haben sie schon
mein Grab ausgebuddelt. Vergiss bitte nicht, dass ich für sie gebetet habe.
Ich hab sie vor dir in Schutz genommen, damit du nicht mehr so sauer
auf sie bist. 21 Aber jetzt will ich, dass ihre Kinder verhungern und sie alle

im Krieg sterben müssen. Sorgst du bitte dafür, Gott? Ihre Frauen sollen
keine Kinder mehr kriegen können, ihre Ehemänner sollen sterben und ihre
Söhne im Krieg krepieren. [22] Aus ihren Wohnungen soll man Schreie hören,
weil du dafür gesorgt hast, dass feindliche Soldaten eingedrungen sind.
Denn diese Leute haben mir eine Falle gestellt, sie wollten mich einfangen,
sie wollten, dass ich auf die Fresse falle. [23] Gott, du weißt genau, dass sie
ein Attentat auf mich verüben wollen. Bitte verzeihe ihnen ihren Mist nicht.
Nimm ihre Schulden nicht weg, die sie deswegen bei dir haben. Ich will,
dass sie vor dir auf den Knien rutschen. Wenn du richtig sauer bist, dann
hau ihnen mal richtig auf die Mütze."

19

Eine Flasche geht zu Bruch

[1] Gott sagte zu Jeremia: „Geh mal in den Supermarkt und kauf eine Flasche
Wein. Dann ruf einige von den Männern an, die bei euch was zu sagen
haben, und triff dich mit denen. Auch ein paar von den Priestern sollten als
Zeugen mit dabei sein. [2] Treffpunkt ist das Tal Ben-Hinnom, vor dem Ein-
gang vom sogenannten ‚Scherbentor'. Wenn alle da sind, musst du ein paar
Sachen sagen, die ich dir jetzt erzählen werde. [3] Und zwar sagst du Folgen-
des: ‚An alle Präsidenten von Juda, an alle Leute, die in Jerusalem wohnen.
Hören Sie sich an, was Gott, der Chef über alles, der Gott von Israel, zu
sagen hat: Passt auf, ich werde diesen Ort kaputt machen! Es wird alles so
krass sein, dass jedem, der davon hört, die Ohren fiepen. [4] Meine Leute
haben mich nämlich alle verlassen, und dieser besondere Ort wurde in den
Dreck gezogen. Ihr habt hier für irgendwelche Pseudogötter Räucherkerzen
angezündet, Götter, die ihr noch nicht mal kennt und zu denen ihr noch
nie gebetet hattet. Auch die Leute, die vor euch gelebt haben, kannten die
nicht, geschweige denn irgendeiner von den alten Präsidenten. Außerdem
wurden hier unschuldige Menschen abgeschlachtet und geopfert! [5] Sie
haben Opfertische und Altäre für den Plastikgott Baal aufgestellt und ihre
eigenen Kinder darauf als Abfackelopfer verbrannt! So was wollte ich nie,
ich bin total dagegen! Von mir kommt so eine schräge Idee nie und nimmer.
[6] Darum wird es eine Zeit geben, wo dieser Ort einen neuen Namen be-
kommt. Man wird ihn nicht mehr Tofet oder das Hinnom-Tal nennen, son-
dern ‚Das Tal, in dem gemordet wurde'. [7] Was die Leute von Jerusalem und
Juda hier auch immer geplant haben, es ist mir egal. Ich werde dafür sorgen,
dass sie im Krieg von schießwütigen Soldaten umgenietet werden. Ihre
Leichen werden von Hunden und Ratten aufgefressen, und was dann noch
übrig bleibt, fressen die Elstern, Geier und Raben. [8] Ich werde diese Stadt
komplett plattmachen. Jeder Mensch, der dort mal vorbeigeht, kriegt
voll den Schock, weil sie so kaputt ist. [9] Die gegnerische Armee wird die

Stadt so lange belagern, bis es nichts mehr zu futtern gibt. Dann wird
man sich nur noch von Menschenfleisch ernähren. Das Fleisch von den
eigenen Töchtern wird man auf den Grill schmeißen, und die eigenen Söhne
werden zu Wurst verarbeitet.‘ 10 Nachdem du das gesagt hast, musst du
vor den Augen der Männer, die mitgegangen sind, die Flasche auf dem
Boden zerdeppern. 11 Und dann sagst du zu ihnen: ‚Gott, der Chef über das
Universum, sagt Folgendes: Ich werde diese Leute und diese Stadt genauso
zerdeppern wie diese Flasche. Keiner kann sie mehr zusammenflicken,
man kann sie nicht mehr ganz machen. Es wird so übel werden, dass man
die Leute sogar im Tofet, also außerhalb der Stadt, begraben wird, weil es
auf den Friedhöfen in der Gegend keinen freien Platz mehr gibt. 12 Genauso
werde ich es mit diesem Ort machen und mit den Leuten, die hier wohnen.
Die Stadt wird genauso blutig aussehen wie das Tofet, der Platz, wo ihr
immer die Kinder abgeschlachtet habt. 13 Die Häuser in Jerusalem und die
Häuser der Präsidenten von Juda werden genauso dreckig und unrein sein,
wie diese Opferplätze, auf denen sie für alle möglichen Sternzeichen und
Plastikgötter Räucherkerzen angezündet haben. Das gilt auch für die Orte,
wo man Trinkopfer für die durchgezogen hat.‘“ 14 Jeremia hatte also im Auf-
trag von Gott in Tofet geredet. Von dort ging er wieder zum Tempel von
Gott. Im Vorhof hielt er wieder eine Rede für alle Leute. 15 „Gott, der Chef
über alles, der Gott von Israel, will euch Folgendes sagen: Passt auf, ich
werde alles passieren lassen, was ich an ätzenden Sachen über diese Stadt
und auch die anderen Städte in Juda gesagt habe. Denn sie haben alle
auf stur geschaltet, sie haben sich hart gemacht und nicht auf das gehört,
was ich ihnen gesagt habe.“

20

Jeremia bekommt Schläge

1 In der Zeit war gerade der Priester Paschhur (er stammte aus der Familie
des Immer) der Chef im Tempel. Als er mitbekam, was Jeremia gesagt
hatte, 2 befahl er der Tempelpolizei, ihn zu verprügeln und anschließend zu
verhaften. Er wurde in Handschellen an einen Ort abgeführt, der am oberen
Benjamintor, in der Nähe vom Tempel, lag. 3 Am nächsten Morgen kam
Paschhur bei ihm an und befreite ihn. Da sagte Jeremia: „Gott nennt Sie ab
sofort nicht mehr Paschhur, sondern ‚Panikverbreiter‘. 4 Gott sagt Ihnen
Folgendes: ‚Ich werde dafür sorgen, dass du vor dir selbst Angst bekommst,
und auch alle deine Freunde werden Panik vor dir haben. Du wirst mit
deinen eigenen Augen sehen, wie sie von den Feinden umgenietet werden.
Ich werde das ganze Land an den Präsidenten von Babylonien ausliefern.
Dann werden die Männer als Kriegsgefangene nach Babylonien abgeführt
werden. Dort angekommen, werden alle erschossen. 5 Die ganze Kohle,

die in dieser Stadt ist, werde ich den Feinden geben. Jedes Haus, jedes Auto, jedes Schmuckstück, auch die Sachen aus der Präsidentenvilla werden sie plündern und nach Babylonien verfrachten.
6 Auch du wirst mit deiner ganzen Familie abgeführt werden. In Babylonien wirst du sterben, und man wird dich auch dort beerdigen. Allen deinen Freunden, denen du falsche Voraussagen gemacht hast, wird es genauso ergehen.'"

Jeremia beschwert sich bei Gott

7 Jeremia betete: „Gott, du hast mich verführt, aber ich hab mich auch von dir verführen lassen. Du hast mich gepackt und aufs Kreuz gelegt. Ich bin zur größten Witzfigur geworden, die Leute lachen mich den ganzen Tag aus.
8 Immer, wenn du mir Sachen gibst, die ich den Leuten sagen soll, sind es irgendwelche Katastrophen. ‚Ihr brecht das Gesetz!' und ‚Gott wird euch alle plattmachen' sind meine Hauptbotschaften. Überall lachen sich die Leute
über mich schlapp.
9 Ich hab versucht, diese Worte zu verdrängen, wollte mich einfach ablenken und nicht mehr in deinem Auftrag reden. Aber dann hat es in mir derart gebrannt, ich hatte so einen Überdruck, es musste einfach raus. Ich hab es echt versucht, mich zusammenzureißen, aber es
ging einfach nicht.
10 Ich hab schon mitbekommen, wie die Leute über mich ablästern. Man hat mir schon den Spitznamen ‚Angstmacher' gegeben. Sie haben schon einen Verein gegen mich gegründet, planen eine Anzeige gegen mich. Sogar meine Freunde warten nur dadrauf, dass ich einen Fehler mache. Sie sagen: ‚Vielleicht können wir ihn irgendwie dazu bringen, Mist zu bauen. Dann hätte er einen Skandal am Hals, und wir könnten uns an ihm rächen.'
11 Gott, du bist mein Held! Du hast die Macht, darum werden die Leute, die hinter mir her sind, auf die Fresse fallen. Sie kriegen mich nicht und werden kaputtgehen, weil sie nicht nachgedacht haben. Diese beknackte Aktion gegen mich wird man aber nie vergessen.
12 Gott, du bist der Chef über alles! Du checkst jeden ab, der korrekt leben will. Ich bitte dich, dass ich das noch erleben darf, wenn du dich an ihnen
rächst. Ich hab dir meinen Fall übergeben!
13 Singt für Gott ein cooles Lied, bedankt euch bei ihm. Denn er hat sich um die armen und fertigen Leute gekümmert, er hat sie gerettet, die Feinde konnten ihnen nichts anhaben.
14 Ich wünsche mir, dass es den Tag nicht gegeben hätte, an dem ich geboren wurde! Der Tag, an dem meine Mutter mich geboren hat, sollte aus dem
Kalender gestrichen werden.
15 Der Typ, der meinen Vater angerufen hat, als ich geboren wurde, und gesagt hat: ‚Hurra, es ist ein Junge, freu dich', dem wünsche ich die Krätze an den Hals.
16 Dieser Tag soll genauso behandelt werden wie die Tage, an denen Gott, ohne mit der Wimper zu zucken, einige Städte zerstört hat. An dem Tag soll man morgens schon weinen, und mittags soll man überall Schüsse hören, weil ein Krieg ausgebrochen ist.

17 Denn Gott hat mich keine Fehlgeburt werden lassen, ich durfte nicht
sterben, als ich noch im Bauch von meiner Mutter war. Schade, denn dann
wäre sie so was wie mein Grab geworden, sie wäre für immer schwanger
geblieben. 18 Warum bin ich denn überhaupt geboren worden? Damit
ich diese ganzen ätzenden und fiesen Sachen erleben muss? Damit sich
alle Leute über mich totlachen und ich dann irgendwann unglücklich
sterben muss?“

21

Jerusalem wird von Feinden erobert werden

1 Irgendwann redete Gott wieder mit Jeremia. Diesmal war das, als der Prä-
sident Zidkija zwei Männer in sein Büro geschickt hatte. Diese zwei waren
Paschhur, ein Sohn von Malkija, und der Priester Zefanja, ein Sohn von
Maaseja. Die beiden kamen mit folgender Nachricht bei Jeremia an: 2 „Ha-
ben Sie davon gehört, dass der Präsident von Babylonien, Nebukadnezzar,
uns den Krieg erklärt hat? Könnten Sie bitte mal bei Gott für uns eine
Anfrage starten, ob er wieder, so wie früher, ein Wunder machen könnte,
damit Nebukadnezzar mit seiner Armee wieder abzieht?“ 3 Jeremia antwor-
tete: „Folgendes können Sie Zidkija ausrichten: 4 Das kommt jetzt von
Gott, dem Gott von Israel: ‚Passt auf, ich werde dafür sorgen, dass sich eure
eigenen Waffen gegen euch wenden. Die Kanonen, die ihr gegen den Prä-
sidenten von Babylonien und sein Heer gerichtet habt, werden nach hinten
losgehen. Ihr werdet euch in das Innere der Stadt zurückziehen müssen.
5 Ich gehöre zu euren Feinden, ich kämpfe bei den anderen mit. Ich bin so
sauer auf euch, ich hole mit meinem starken Arm aus und schlag bei euch
voll zu. Ihr habt mich aggressiv gemacht! 6 Und ich werde auch dafür
sorgen, dass die Bewohner und die Tiere in der Stadt eine tödliche Grippe
kriegen und verrecken. 7 Dann werde ich dafür sorgen, dass der Präsident
Zidkija von Juda, seine Minister und der Rest von den Menschen, die bis zu
dem Zeitpunkt noch nicht an dieser Grippe oder im Krieg gestorben oder
verhungert sind, von Nebukadnezzars Leuten gefangen genommen werden.
Ich werde euren Feinden die Macht über euch geben. Also Männern, die
euch lieber tot als lebend sehen wollen. Nebukadnezzar wird kurzen Prozess
mit euch machen. Er wird alle töten, und keiner wird am Leben bleiben.
Denn er hat kein Mitleid.‘ 8 Den Bewohnern von Jerusalem können Sie Fol-
gendes von Gott ausrichten: ‚Ich lasse euch die Entscheidung! Ihr könnt
zwischen Tod und Leben wählen, ganz wie ihr wollt. 9 Wer in der Stadt bleibt,
wird sterben. Entweder durch den Krieg, durch diese tödliche Krankheit
oder durch Hunger. Die andere Möglichkeit ist, die Stadt zu verlassen und
zum Feind überzulaufen. Wer sich den Babyloniern ergibt, verliert die Frei-
heit, aber gewinnt sein Leben. 10 Ich habe mich entschlossen, diese Stadt

nicht mehr zu verschonen, ich werde sie kaputt machen. Sie wird in die
Hand des Präsidenten von Babylonien fallen, und er wird ein Feuer legen
und sie komplett vernichten.'"

Ein paar Sätze an den letzten Präsidenten von Juda

11 Dann sagte Gott zu Jeremia, er solle dem Präsidenten und seiner Familie
Folgendes sagen: „Das kommt jetzt von Gott, bitte hören Sie mir gut zu!
12 Es geht an die Angehörigen aus der Familie von David: ‚Ihr sollt jeden Tag
eine Gerichtsverhandlung abhalten, in der die Leute freigesprochen werden,
die von Menschen angeklagt und unterdrückt wurden. Wenn ihr das nicht
tut, werde ich richtig sauer, meine Wut wird wie ein Feuer über euch ausbre-
chen, das keiner mehr löschen kann. Ihr habt einfach zu viel Mist gebaut!'
13 Gott sagt Ihnen: ‚Ich will etwas mit den Leuten machen, die in Jerusalem
wohnen und sich da in Sicherheit fühlen. Sie glauben, dass kein Feind gegen
sie eine Chance hätte und dass niemand bis in die Stadt zu ihren Wohnun-
gen eindringen kann. 14 Aber ich werde bei euch vorbeikommen wegen
dem ganzen Mist, den ihr gebaut habt. Ich werde ein heftiges Feuer in dem
Wald anzünden, der um eure Stadt herum ist, und dieses Feuer wird alles
vernichten.'"

22

In der Präsidentenvilla wird es abgehen

1 Gott sagte zu Jeremia, er solle mal runter zur Villa vom Präsidenten von
Juda gehen. Dort sollte er Folgendes ausrichten: 2 „Hören Sie mal gut zu,
was Gott Ihnen, dem Präsidenten von Juda, zu sagen hat. Sie sitzen an dem-
selben Schreibtisch, von wo aus schon David das Land regiert hat. Was ich
sage, gilt auch für alle Ihre Angestellten, alle Beamten und generell auch für
alle Leute, die in Ihrem Haus ein- und ausgehen. 3 Gott sagt Ihnen: ‚Sorg
dafür, dass bei euch alles korrekt zugeht! Befreie die Leute, die von anderen
unterdrückt werden. Ausländer, Menschen, die von Hartz IV leben, und
Frauen, deren Männer gestorben sind, sollt ihr nicht ausnutzen oder miss-
brauchen. Und hört auf damit, unschuldige Menschen zu töten! 4 Das ist
die Bedingung dafür, dass weiterhin Männer aus der Familie von David eure
Präsidenten sein werden, dass sie in diesem Haus ein- und ausgehen, mit
Staatskarossen vorfahren und so weiter. Auch, dass alle Leute weiterhin in
dieses Regierungsgebäude kommen können, wird nur so möglich sein. 5 Ich
schwöre euch, Leute, wenn ihr nicht das umsetzt, was ich gerade gesagt
habe, dann werde ich dieses ganze Haus sprengen und in einen Trümmer-
haufen verwandeln. Das sagt euch Gott!' 6 Dann sagt er über den Regie-
rungsbezirk vom Präsidenten von Juda noch Folgendes: ‚Du warst für mich
wie ein schöner grüner Wald oder wie die höchste Bergspitze im Libanon-

gebirge. Trotzdem werde ich dich in eine Wüste verwandeln, wo nichts mehr
wächst. Keiner wird mehr in dir wohnen können. 7 Ich werde mir ein paar
Männer extra für dich aussuchen, die dich dann kaputt machen. Sie werden
deine schönen Tannen mit einer Spezial-Motorsäge umsägen und ins Feuer
schmeißen. 8 Menschen aus der ganzen Welt werden sich im Internet Bilder
und Videos von dir ansehen, und sie werden sagen: ‚Boah, warum hat Gott
das zugelassen? Warum hat er diese Stadt so kaputt gemacht?‘ 9 Dann wird
man antworten: ‚Das war, weil sie die Verträge mit Gott gebrochen haben.
Sie fanden plötzlich irgendwelche Plastikgötter toll und haben zu denen
gebetet.‘“

Trauerfeier wegen dem Präsidenten Schallum

10 Startet keine Trauerfeier wegen dem da! Fangt nicht an zu weinen, nur
weil Joschija tot ist. Weint lieber dem Schallum nach, der wird nämlich nie
wieder in das Land zurückkommen, in dem er geboren wurde. 11 Gott sagt,
dass der Präsident von Juda, Schallum, der Sohn von Joschija, nicht wieder
in die Stadt zurückkehren wird. 12 Er wird dort sterben, wohin man ihn als
Kriegsgefangenen verschleppt hat. Er wird seine Heimat nie wiedersehen.

Eine Ansage gegen den Präsidenten Jojakim

13 Gott sagt: „Pass auf! Du hast deine Macht auf unkorrekten Sachen auf-
gebaut! Du lässt deine Leute für dich arbeiten, ohne sie zu bezahlen, keiner
kriegt von dir ein anständiges Gehalt. 14 Du sagst: ‚Als Nächstes baue ich
mir eine 2000 Quadratmeter große Präsidentenvilla mit riesengroßem
Schlafzimmer, Swimmingpool, Sauna im Keller und einem Balkon.‘ Dann
besprichst du mit deinem Architekten, wo die großen Fenster hinsollen.
Du lässt den Boden mit feinstem Edelholz täfeln und lässt dein Haus von
außen mit roter Farbe anmalen. 15 Glaubst du, man wird erst dann ein rich-
tiger Präsident, wenn man eine größere Villa hat als alle anderen? Hatte
dein Vater nicht auch ein normales Haus und hat von dort das Land korrekt
und gut regiert? Und ging es ihm nicht gut damit? 16 Er hat dafür gesorgt,
dass die Leute, die kein Geld haben oder auf der Straße leben, immer korrekt
behandelt wurden. Das ist der Grund, warum es ihm so gutging! Weil er so
gehandelt hat, konnte man meine Handschrift in seiner Regierung erkennen.
17 Aber du interessierst dich nur für dein Bankkonto und wie du noch mehr
Leute abziehen kannst. Dir ist es viel wichtiger, irgendwelche unschuldigen
Menschen zu verknacken, zu unterdrücken und zu töten.“ 18 Darum sagt
Gott über dich, Jojakim, den Sohn vom Joschija: „Für den soll es keine
Beerdigungsfeier geben! Keiner soll ihm eine Träne nachweinen, keiner soll
sagen: ‚Ach, warum ist er nur gestorben! O Schreck, unser Präsident ist
tot!‘ 19 Er wird keine anständige Beerdigung bekommen, man wird seine

Leiche in einen Plastiksack stecken und sie auf die Müllkippe werfen,
draußen vor der Stadt."

Mit Jerusalem geht es zu Ende

20 Gott sagt: „Israel, kletter mal auf das Libanongebirge und schrei, so laut
du kannst, im Gebirge Baschan. Man soll dein Geschrei auch in der Land-
schaft von Abarim hören. Alle deine Lover sind tot! 21 Ich hab dich schon in
der Zeit gewarnt, als es dir noch gutging. Du wolltest aber nicht auf mich
hören. Schon seit du eine Jugendliche bist, hörst du nicht mehr auf das, was
ich dir sage. 22 Deine Präsidenten und alle deine Chefs, alle deine Freunde
werden in Kriegsgefangenschaft kommen. Sie werden weggeblasen wie
durch einen Sturm. Dann wird es dir voll peinlich sein, was du alles für fiese
Dinger gedreht hast. 23 Zurzeit fühlst du dich noch ganz toll, da oben im
Wald auf dem Libanon-Gebirge. Aber dann wird man dich nur noch bemit-
leiden. Es wird sein, als hättest du fiese Krämpfe, so wie bei einer Geburt."

Gott spricht ein Gerichtsurteil über den Präsidenten Jojachin aus

24 Das ist von Gott für den Präsidenten Jojachin, den Sohn von Jojakim:
„Auf eins kannst du dich verlassen: Selbst wenn du wie ein Ehering an mei-
ner rechten Hand wärst, ich würde mir lieber den Finger abhacken, als dich
weiter zu behalten. 25 Ich werde dich an Nebukadnezzar, den Präsidenten
von Babylonien, und an seine Leute ausliefern. Sie sind hinter dir her, sie
wollen dich töten, und du hast Angst vor ihnen. 26 Dich und deine Mutter
werde ich ins Ausland verfrachten, und dort werdet ihr sterben. 27 Das Land,
wohin ihr gerne zurückwollt, wonach ihr euch total sehnt, werdet ihr nie
mehr sehen." 28 Ist denn dieser Jojachin wirklich die letzte Wurst, den man
nur noch in die Tonne kloppen kann? Findet den wirklich kein Menschen
einigermaßen nett? Warum wurden er und seine Familie rausgeschmissen in
ein fremdes Land, das keiner kannte? 29 Hallo? Land! Hallo? Hört alle mal
genau zu, was Gott euch zu sagen hat! 30 Schreibt mal in die Geschichts-
bücher, dass es dieser Mann einfach nicht bringt, noch nicht mal Kinder hat
er bekommen. Keiner aus seiner Familie wird deswegen in der Lage sein,
die Macht von der Familie von David über Juda weiter in der Hand zu halten.

23

Gott wird einen Präsidenten organisieren, der korrekt ist

1 Gott sagt: „Die Männer, die in der Regierung sitzen und eigentlich auf
meine Leute aufpassen sollten, müssen echt vorsichtig sein. Denn sie haben
meine Leute kaputt gemacht und auseinandergetrieben! 2 Ich, der Chef
und Gott von Israel, spreche jetzt zu den Männern, die meine Leute führen.
Ihr habt sie auseinandergetrieben, anstatt sie zusammenzuhalten! Ihr habt

nicht auf sie aufgepasst! Ich werde euch für eure miesen Taten bestrafen!
3 Meine Leute, die noch in anderen Ländern verstreut leben, werde ich sam-
meln und sie dann wieder nach Hause bringen. Dann werden sie wieder
viele Kinder bekommen und sich vermehren. 4 Ich werde mir ein paar Leute
suchen, die auf sie aufpassen und sie beschützen. Ich möchte, dass sie
keine Angst mehr haben und sich vor nichts erschrecken müssen. 5 Es wird
ein Tag kommen, an dem ich einen Nachfolger für den Präsidenten David
organisiere. Der wird ein guter Präsident sein, er wird das Land abgeklärt
und korrekt regieren. Er wird dann wie ein frischer Zweig aus einem alten
Baumstumpf wachsen. 6 In der Zeit wird es Juda gutgehen, und Israel wird
in Sicherheit leben. Dieser Präsident wird einen Spitznamen bekommen,
und zwar nennt man ihn: ‚Gott ist korrekt und hilft uns!'. 7 Dann wird man
irgendwann diesen Spruch nicht mehr hören: ‚Bei Gott, der die Leute von
Israel aus Ägypten rausgeholt hat!' 8 Stattdessen wird man sagen: ‚Bei
Gott, der die Leute von Israel aus dem Norden und auch aus den ganzen
anderen Ländern, in die er sie getrieben hatte, wieder rausgeholt hat.
Aber jetzt sollen sie wieder in ihrem Land wohnen.'"

Über Pseudo-Propheten

9 Jetzt kommt etwas über die Pseudo-Propheten: Es tut mir innerlich total
weh, und ich zittere am ganzen Körper. Ich fühle mich, als wäre ich total
breit, und ich fühl mich wie jemand, der zu viel Bier gesoffen hat. Das ist die
Nebenwirkung von den besonders krassen Worten, die Gott zu mir sagt.
10 Überall leben Menschen, die ihren Ehepartner betrogen haben. Das Land
wurde deswegen verflucht, es regnet nicht mehr. Alles ist vertrocknet, sogar
die Wiesen. Alles, was die Leute wollen, ist Mist bauen, denn darin sind
sie Weltmeister. 11 Gott sagt: „Sogar die Priester und die Prophetentypen
sind schräg drauf. Auch in meinem Haus haben sie fiese Dinger gedreht.
12 Darum wird es in ihrem Leben einige glitschige Stellen geben, auf denen
sie ausrutschen werden, besonders wenn es dunkel ist. Sie fallen auf die
Schnauze, ich werde ätzende Sachen in ihrem Leben abgehen lassen, die
Zeit ist gekommen, wo sie bestraft werden. 13 Die Propheten in Samaria
bringen Sachen, die ich total ätzend finde. Sie haben so getan, als bekämen
sie Nachrichten vom Plastikgott Baal rein, und haben meine Leute dadurch
total verwirrt. Dabei kann der gar nicht sprechen. 14 Aber auch bei dem, was
die Propheten in Jerusalem bringen, kommt mir die Galle hoch. Sie gehen
mit anderen Frauen ins Bett, obwohl sie verheiratet sind. Sie lügen wie ver-
rückt. Sie unterstützen Verbrechen, anstatt den Verbrechern öffentlich die
Meinung zu sagen, damit die endlich aufhören, Mist zu bauen. Die sind für
mich kein Stück besser als die Leute, die damals in dieser fiesen Stadt
Sodom gelebt haben. Die Leute aus Jerusalem sind kein Stück besser als

die Leute aus Gomorra." [15] Darum sagt Gott, der Chef über alles, zu diesen Propheten Folgendes: „Ich werde ihnen eine bittere Pille zu schlucken geben, sie sollen verseuchtes Wasser trinken. Von den Propheten aus Jerusalem kommt ganz viel krankes Zeug, sie haben das Land verseucht. [16] Hört nicht auf das, was die Propheten euch erzählen! Sie belügen euch, sie erzählen euch Sachen, die sie sich selbst ausgedacht haben. Das, was sie sagen, kommt nicht von mir. [17] Sie erzählen den Leuten, die auf meine Gesetze scheißen: ‚Gott sagt euch, dass ihr Frieden haben werdet, alles wird gut!' Und zu Menschen, die gnadenlos ihr eigenes Ding durchziehen, sagen sie: ‚Dir wird nichts Schlimmes passieren!'" [18] Wer von denen hat wirklich schon mal einen Termin in Gottes Büro gehabt? Wer von denen hat ihn schon mal gesehen und seine Worte selber gehört? Wer von denen hat wirklich kapiert, was Gott will? [19] Pass auf, wie ein Orkan wird Gott losschlagen, wenn er sauer ist. Wie ein Orkan mit Windstärke zwölf. Der wird über die Leute wegfegen, die ohne Gott leben. [20] Gott wird seinen Plan nicht ändern, bis er alles bis zum Ende durchgezogen hat. Irgendwann, wenn es mit der Erde zu Ende geht, werdet ihr das verstehen können. [21] „Diese Propheten kamen nicht von mir, ich habe auch nicht zu ihnen gesprochen, und trotzdem haben sie so getan als ob und den Menschen Sachen erzählt, die angeblich von mir kamen", sagt Gott. [22] „Wenn sie mich wirklich kennen würden, hätten sie meinen Leuten nur die Dinge gesagt, die von mir kommen. Und dann hätten sie nur so was verkündet, wie dass die Leute ihr Leben endlich ändern sollen und aufhören müssen, die ganze Zeit Mist zu bauen. [23] Ich bin nicht nur der Gott zum Kuscheln, sondern auch der Gott, der den Überblick hat, der über den Dingen steht. [24] Keiner kann sich in einer Ecke verstecken, in der ich ihn nicht sehen würde. Ich bin überall im Universum und auf der Erde. [25] Ich habe den Schwachsinn gehört, den diese Propheten erzählen. Sie lügen und tun so, als würden sie das in meinem Auftrag tun. Dann erzählen sie von irgendwelchen Träumen, die sie sich aber selbst ausgedacht haben. [26] Wie lange soll das noch so weitergehen? Was haben diese Pseudo-Propheten noch alles vor? [27] Wollen die als Nächstes vielleicht erreichen, dass meine Leute mich ganz vergessen? Haben sie vor, dass sie sich gegenseitig diese ganzen erfundenen Träume erzählen und plötzlich mehr an diesen Plastikgott Baal als an mich glauben? [28] Wenn ein Prophet nur einen ganz normalen Traum hatte, dann sollte er ihn auch nur als Traum bezeichnen. Wenn er aber eine Ansage von mir hat, dann soll er das auch so nennen, weil es der Wahrheit entspricht. Was hat denn das Brot mit der Tüte gemeinsam, in der es rumgetragen wird? Das Brot ist wichtig, die Tüte nicht. [29] Wenn ich etwas sage, dann brennt das in dir wie ein Feuer, und es hat die Kraft, eine Betonwand zu sprengen. [30] Pass auf, ich werde diesen Pseudo-Propheten das Handwerk legen, die ihre Worte von anderen Propheten nur

abkupfern. 31 Ich will denen ans Leder, die ihre eigenen Worte als meine
Worte ausgeben. 32 Diese Männer, die sich irgendwelche Träume ausdenken
und dann erzählen, ich hätte ihnen diese gegeben, und damit meine Leute
in die Irre führen, werde ich mir vorknöpfen. Sie haben keinen Auftrag von
mir bekommen, sie kommen nicht von mir. Sie bringen es nicht, sie sind
nutzlos. Das kommt von mir, Gott!“ 33 Gott sagte dann noch: „Wenn ein Pro-
phet, ein Priester oder jemand anderes dich fragt, warum ich ihm schon
wieder so einen schweren Brocken zu schleppen gegeben habe, dann richte
denen Folgendes von mir aus: ‚Der schlimmste Brocken seid ihr selbst!
Aber ich werde diesen Brocken bald hinschmeißen!‘ 34 Und wenn irgendein
Prophetentyp oder ein Priester oder sonst wer sagt: ‚Das ist echt übel, was
Gott uns aufgeladen hat!‘, dann werde ich ihn und seine ganze Familie
bestrafen. 35 Ihr sollt euch besser gegenseitig mehr dadran erinnern, was
ich eigentlich gesagt habe und wie meine Ansagen jetzt noch mal genau
waren! 36 Die Frage nach der Belastung oder dem schweren Brocken will
ich nicht mehr hören. Solche Sprüche werden euch nur selbst Nachteile
bringen. Ihr dreht mir damit das Wort im Mund um, das Wort von dem
heftigen, lebendigen Gott, dem Chef des Universums. 37 Fragt die Propheten:
‚Was hat Gott euch gesagt?‘ oder ‚Was hat er auf eure Fragen geantwortet?‘
38 Aber falls ihr weiterhin mit dieser Sache rumnervt, sage ich euch Folgen-
des: 39 Ich werde euch einfach aus meinem Gedächtnis löschen. Die Stadt,
die ich den Leuten vor euch geschenkt hatte, werde ich von meiner Fest-
platte schmeißen. 40 Ich werde dafür sorgen, dass Dinge passieren, die euch
ewig peinlich sein werden. Es wird so peinlich sein, dass niemand das
vergessen wird, man wird nicht aufhören, sich über euch lustig zu machen.“

24

Eine Vision von zwei Körben mit Pflaumen

1 Irgendwann bekam ich von Gott einen inneren Film zugespielt, so eine
Vision, durch die er zu mir reden wollte. Das passierte in der Zeit, nachdem
der Präsident von Babylonien, Nebukadnezzar, den Präsidenten von Juda,
Jojachin, mit allen seinen hohen Beamten, Bauarbeitern und Handwerkern
verhaftet und in die Kriegsgefangenschaft nach Babylonien abgeführt hatte.
Jojachin war ja ein Sohn von Jojakim. 2 Und zwar sah ich zwei Körbe vor mir.
In dem einen Korb waren sehr gute Pflaumen, Güteklasse A. Aber in dem
anderen Korb waren die Teile ziemlich gammelig, so dass man sie nicht mehr
essen konnte. 3 Gott fragte mich: „Und, Jeremia? Was siehst du?“ „Pflau-
men! Einige sehen sehr lecker aus, die anderen vergammelt, so vergammelt,
dass man sie nicht mehr essen kann“, antwortete ich. 4 Dann erklärte mir
Gott, was das zu bedeuten hat: 5 „Pass mal auf. Das kommt jetzt vom Chef,
von dem Gott von Israel: Die Menschen vom Familienstamm Juda, die in

Kriegsgefangenschaft geraten sind, die sind für mich die guten Pflaumen.
Ich freue mich jedes Mal, wenn ich die Leute sehe, die ich nach Babylonien
verfrachtet habe. 6 Ich werde mich wieder um sie kümmern, ich werde
sie zurück nach Hause holen. Ich werde sie neu aufbauen und nicht wieder
kaputt machen. Ich pflanze sie ein und reiße sie nicht wieder raus. 7 Ich
werde dafür sorgen, dass sie peilen, dass ich der Chef bin. Sie werden zu
mir gehören, und ich werde zu ihnen gehören. Sie werden meine Leute
sein, und ich werde ihr Gott sein, weil sie dann wieder radikal mit mir leben.
8 Mit dem Präsidenten von Juda, Zidkija, und seinen oberen Beamten sowie
mit den restlichen Leuten aus Jerusalem werde ich anders umgehen. Diese
Leute, egal, ob sie jetzt zu Hause geblieben oder nach Ägypten abgehauen
sind, werde ich so behandeln wie Pflaumen, die so vergammelt sind, dass
man sie nicht mehr essen kann. 9 Die anderen Menschen auf der Erde wer-
den voll fertig sein, wenn sie davon hören. Überall auf der Welt wird man
über sie lachen. Es wird dann sogar so einen Spruch geben, den man sagt,
wenn man einem die Krätze an den Hals wünscht, der geht dann ungefähr
so: ‚Euch soll das Gleiche passieren wie den Leuten aus Jerusalem.' 10 Ich
sorge dafür, dass sie durch Krieg, Hunger und Krankheit sterben werden, bis
keiner mehr von ihnen in dem Land leben wird, das ich ihnen schon vor
Ewigkeiten geschenkt habe."

25

23 Jahre für nichts

1 Ich, Jeremia, bekam dann mal wieder eine Nachricht von Gott für meine
Leute. Das passierte in der Zeit, als Jojachin, der Sohn von Jojakim, in sei-
nem vierten Jahr als Präsident über Juda regierte. Nebukadnezzar war gerade
in seinem ersten Jahr als Präsident von Babylonien. 2 Ich redete zu allen
Leuten von Juda und zu den Menschen, die in Jerusalem wohnten. Ich sagte:
3 „Vom 13. Jahr, in dem Joschija als Präsident von Juda an der Macht war,
bis heute hat Gott immer wieder zu mir geredet. Das sind jetzt immerhin
schon 23 Jahre! Schon morgens früh hab ich angefangen, euch die Sachen
zu erzählen, die er mir gesagt hat, und euch zu warnen. Aber euch war
das wohl alles egal. 4 Gott hat schon immer ganz früh alle aus seiner Pro-
phetentruppe zu euch geschickt, aber ihr habt einfach nicht hingehört und
eure Lauscher nicht auf Empfang gestellt. 5 Er sagte mir solche Sachen wie:
‚Hört doch endlich auf mit dem Mist! Gebt eurem Leben eine andere Rich-
tung! Wenn ihr das macht, werde ich dafür sorgen, dass ihr in dem Land
wohnen könnt, das ich schon den Leuten versprochen hatte, die vor euch
gelebt haben. Dort könnt ihr dann für immer bleiben! 6 Betet nicht zu irgend-
welchen Plastikgöttern, hört auf damit, denen hinterherzurennen und euch
vor denen auf den Boden zu schmeißen! Provoziert mich nicht weiter mit

dem, was ihr tut, sonst endet das ganz böse!‘ 7 Jetzt ist es aber zu spät. Gott
sagt zu euch: ‚Ihr habt mich herausgefordert und habt es weiter so schlimm
getrieben. Ihr habt nicht auf mich gehört, das ist euer Untergang.‘ 8 Gott,
der Chef über alles, sagt: ‚Weil ihr nicht auf mich gehört habt, 9 werde ich die
Völker aus dem Norden gegen euch aufhetzen. Vornweg Nebukadnezzar,
den Präsidenten von Babylonien. Sie werden euch überfallen und euer Land
einnehmen und auch die Länder um euch herum. Die werden dann bei
euch die Rote-Karte-Aktion durchziehen, das heißt, sie werden alles kaputt
machen und jeden töten. Man wird mit dem Kopf schütteln und die Hände
überm Kopf zusammenschlagen, wenn man sieht, was mit euch passiert.
10 Ich werde dafür sorgen, dass sich keiner mehr bei euch so richtig freuen
kann. Auch die Eheleute, die gerade heiraten, werden nicht jubeln. Alles wird
still und dunkel sein, man hört in den Häusern kein Geräusch, auch nicht
von der Kaffeemaschine in der Küche, und es wird auch nirgendwo Licht
brennen. 11 Das ganze Land wird kaputt sein, und es wird nichts mehr wach-
sen. Ihr und die Völker, die ohne mich leben, werdet dem Präsidenten von
Babylonien siebzig Jahre lang dienen. 12 Aber nach siebzig Jahren werde ich
mit dem Präsidenten von Babylonien abrechnen und auch mit seinen Leu-
ten. Sie müssen bezahlen für den Mist, den sie gebaut haben. Ab dann wird
ihr ganzes Land ein Schrotthaufen sein. 13 Ich werde bei ihnen genau das
passieren lassen, was ich ihnen auch angedroht habe. Alles, was in diesen
Kapiteln von Jeremia aufgeschrieben wurde, wird so geschehen, denn ich
hab das zu allen Menschen gesagt. 14 Die Leute aus Babylonien werden näm-
lich später auch mal von großen Präsidenten beherrscht und unterdrückt
werden, in der gleichen Art und Weise, wie sie es auch bei euch gemacht
haben. Auf die Art werde ich mich an ihnen rächen.‘“

Gott ist voll sauer über die anderen Nationen

15 Folgendes hat mir der Chef, der Gott von Israel, auch noch gesagt:
„Nimm mal dieses Weinglas aus meiner Hand, da ist meine ganze Wut drin.
Jetzt sollen alle Völker, zu denen ich dich schicken werde, daraus einen
Schluck trinken. 16 Sie sollen sich an diesem Wein die Birne dichtziehen, sie
sollen breit rumtorkeln und durchdrehen. Das Ganze bedeutet: Ich werde
dafür sorgen, dass ganz viele bei ihnen sterben werden.“ 17 In dieser Vision,
diesem inneren Film, nahm ich dann dieses Glas und gab es allen Völkern,
zu denen Gott mich schickte. Alle tranken daraus. 18 Jerusalem und die
Städte von Juda mit ihren Bürgermeistern und Präsidenten tranken zuerst
daraus. Denn dadurch werden sie verflucht, und ihre Städte werden platt-
gemacht. Ab dann wird das alles zu einer Horrorvision, man wird sie als
ein schlechtes Beispiel gebrauchen, man wird die Hände über dem Kopf
zusammenschlagen. So ist das ja heute. 19 Dann kamen der Präsident von

Ägypten, seine gesamte Regierungsmannschaft und auch sein Volk, einer
nach dem anderen an. Jeder musste auch aus dem Glas trinken. [20] Auch
dieser ganze Mischmasch von unterschiedlichen Leuten, die in Ägypten leb-
ten, musste das. Die Präsidenten aus dem Land Uz, alle Präsidenten aus
den Städten der Philister, von Aschkelon, Gaza, Ekron und dem Rest von
Aschdod, alle tranken daraus. [21] Dazu alle Edomiter, Moabiter und Ammo-
niter, [22] die Präsidenten von Tyrus und Sidon und von den Ländern auf der
anderen Seite vom Meer, [23] die Leute von Dedan, Tema und Bus. Auch alle
Männer, die sich ihre Schläfen rasiert hatten, [24] alle Präsidenten von Arabien
und alle Präsidenten von den Wüstenstämmen gehörten dazu. [25] Und auch
noch die Präsidenten von Simri, Elam und Medien, [26] und die Präsidenten
aus dem Norden waren dabei. Alle kamen sie an. Die, die in der Nähe wohn-
ten, und die, die ganz weit weg wohnten. Von allen Regierungen kamen
welche, und jeder musste davon trinken. Als Letzter wird der Präsident von
Babylonien einen Schluck aus dem Glas nehmen. [27] Gott meinte dann
noch, dass ich ihnen Folgendes sagen sollte: „Das kommt jetzt von Gott,
dem Chef, dem Gott von Israel: Gebt euch die Kante! Besauft euch bis zum
Umfallen! Trinkt so viel, bis ihr kotzen müsst! Ihr sollt total breit sein wegen
dem Chaos, das ich bei euch lostreten werde." [28] Falls sie sich weigern
sollten, aus dem Glas zu trinken, was du ihnen gibst, dann musst du ihnen
Folgendes sagen: „Gott, der Chef vom Universum, befiehlt euch das! Keine
Chance, ihr müsst das trinken! [29] Ich werde bei meiner Stadt anfangen.
Dort soll die Bestrafung losgehen. Aber glaubt ihr im Ernst, ihr würdet ein-
fach so davonkommen? Ich werde dafür sorgen, dass alle Menschen mein
heftiges Urteil zu spüren bekommen. Das kommt von Gott, dem Chef über
die ganze Welt." [30] Sag allen Menschen auch noch Folgendes: „Der Chef
schreit von oben auf die Erde runter, er brüllt wie ein Löwe, er wird richtig
laut. Man kann seine Stimme von dem besonderen Ort her hören, wo er
wohnt. Er jubelt wie ein Boxer, der gerade seinen Gegner auf die Bretter
geschickt hat. [31] Man hört einen lauten Knall bis in den letzten Winkel der
Erde. Gott bringt alle Menschen vors Gericht, er hat sie alle angeklagt.
Mit den Menschen, die ohne ihn gelebt haben, macht er kurzen Prozess,
sie müssen sterben. [32] Es wird ein heftiger Sturm kommen, der über die
ganze Erde fegt. Eine Nation nach der nächsten wird davon betroffen sein!"
[33] Die Leichen derer, die durch Gott getötet wurden, liegen an dem Tag über-
all auf der Erde rum. Kein Mensch wird wegen den Toten weinen. Die Lei-
chen werden auch nicht eingesammelt und begraben. Sie sollen einfach
vergammeln und zu Dünger für die Erde werden. [34] Die Präsidenten der ein-
zelnen Länder sollen mal losheulen und um Hilfe schreien! Ihr könnt euch
schon mal schwarze Trauerklamotten anziehen, denn als Nächstes seid ihr
an der Reihe. Jetzt geht es euch an den Kragen, und ihr werdet abgeschlachtet.

Ihr werdet auch in alle Länder vertrieben und dort wie ein wertvolles Glas
auf dem Boden zerdeppert, und die Splitter fliegen in alle möglichen Rich-
tungen davon. 35 Die Chefs der einzelnen Länder können nicht fliehen, sie
haben keine Chance zu entkommen. 36 Hörst du auch schon die Schreie der
Chefs, hörst du, wie die Mächtigen der Welt Angst kriegen? Gott legt los
und macht alles platt, er zerstört ihre Länder. 37 Gott wird so wütend, dass
seine Wut wie ein vernichtendes Feuer ist, das die ganze friedliche Gegend
abfackelt. 38 Gott hat sein Versteck verlassen wie ein gefährlicher Kampf-
hund, der von der Leine gelassen wurde. Das ganze Land ist zerstört wor-
den, wie mit einem großen Flammenwerfer wurde alles abgefackelt, es
waren die Flammen seiner Wut.

26

Jeremia wird verhaftet

1 Als Jojakim erst ganz kurz als Präsident von Juda an der Macht war, sagte
Gott Folgendes zu Jeremia: 2 „Geh mal in den Vorhof vom Tempel, und dann
rede zu allen Menschen, die aus den Städten von Juda in den Gottesdienst
gehen wollen. Sag ihnen alles, was ich dir gesagt habe, lass nichts davon
weg! 3 Vielleicht ändern sie sich ja, vielleicht hören sie auf damit, die ganze
Zeit Mist zu bauen. Dann würde ich von meinen Plänen ablassen und sie
nicht kaputt machen. Die Bestrafung für ihre miesen Aktionen würde nicht
stattfinden. 4 Sag ihnen Folgendes: ‚Das kommt jetzt von Gott: Wenn ihr
nicht auf mich hört, wenn ihr nicht wieder anfangt, so zu leben, wie es in
meinen Gesetzen steht, die ich euch gegeben habe, 5 wenn ihr nicht auf die
Sachen hört, die meine Propheten euch die ganze Zeit gesagt haben, dann
habt ihr bald ein echtes Problem. 6 Ich werde dann nämlich mit diesem
Tempel genau das Gleiche machen, was ich mit dem Teil in Schilo auch
getan hab. Und auch eure Stadt werde ich total kaputt machen. Es wird so
schlimm sein, dass man sie in der ganzen Welt als Schimpfwort benutzt,
wenn man jemandem die Krätze an den Hals wünscht.‘“ 7 Alle Priester, die
anderen Propheten und alle Leute hörten ihn, als er diese Sachen vor dem
Tempel sagte. 8 Nachdem er fertig war, packten ihn die Priester am Arm
und riefen ganz laut: „Dafür müssen Sie sterben! 9 Wie können Sie so was
behaupten? Wie kommen Sie dazu, auch noch zu behaupten, das käme
von Gott? Wie kommen Sie dazu, so einen Kommentar loszulassen, wie:
‚Dieser Tempel wird genauso kaputt gehen wie Schilo, und diese Stadt wird
auch komplett plattgemacht. Hier wird niemand mehr leben!‘ So was kön-
nen Sie nicht von Gott gehört haben!“ Immer mehr Menschen kamen vor
dem Tempel zusammen, um Jeremia fertigzumachen. 10 Schließlich beka-
men die Chefs von Juda mit, was dort abging, und gingen vom Regierungs-
gebäude zum Tempel. Als sie am neuen Tor ankamen, setzten sie sich dort

auf einige Stühle, wo sonst immer die Gerichtsverhandlungen stattfanden.
[11] Die Priester und die anderen Propheten standen auf und erhoben vor allen
Leuten Anklage gegen Jeremia. „Dieser Mann, Jeremia, muss die Todesstrafe
bekommen! Er hat etwas gegen diese Stadt gesagt und so getan, als wäre er
ein Prophet. Wir haben das alle gehört, und Sie sind auch Zeugen davon!"
[12] Jeremia drehte sich um und sagte zu allen Zuhörern und auch zu den
Richtern: „Ich bin im Auftrag von Gott unterwegs, und ich soll alles sagen,
was Gott mir befohlen hat, um den Leuten, die in dieser Stadt wohnen, eine
klare Ansage zu machen. [13] Ändert euch, lebt nicht so weiter wie bisher! Hört
auf das, was Gott euch zu sagen hat! Wenn ihr das tut, könnt ihr Gott noch
einmal umstimmen, und er wird nicht die ganzen ätzenden Sachen machen,
die er angekündigt hat. [14] Ich bin euch ausgeliefert, ihr könnt mit mir
machen, was ihr wollt. [15] Trotzdem sollte euch eine Sache klar sein: Wenn ihr
mich tötet, dann tötet ihr einen Unschuldigen! Damit werdet ihr dann schul-
dig, weil das Blut von einem unschuldigen Menschen in dieser Stadt vergos-
sen wurde. Ich schwöre euch: Gott hat mich wirklich zu euch geschickt, und
ich sollte euch genau diese Sachen sagen!" [16] Schließlich sagten die Chefs
und auch der Rest der Leute zu den Priestern und den Propheten: „Dieser
Mann hat nichts ausgefressen! Es wäre nicht korrekt, wenn wir ihm die
Todesstrafe verpassen würden! Er hat wirklich nur Sachen zu uns gesagt, die
direkt von Gott kamen!" [17] Auch einige von den Männern, die im Land was
zu sagen hatten, redeten mit den Leuten. [18] „Schon in der Zeit, als der Präsi-
dent Hiskija an der Macht war, gab es hier einen Propheten, der Micha hieß.
Micha stammte aus Moreschet. Damals hatte er folgende Ansage für alle
Leute aus Juda: ‚Das kommt jetzt von Gott, dem Chef über das Universum.
Dieser Berg Zion wird einmal umgegraben wie ein Feld. Jerusalem wird zu
einem Schrotthaufen. Der Berg, wo der Tempel drauf ist, wird nur noch ein
Berg mit einem kleinen Wald sein!' [19] Wurde er vom damaligen Präsidenten
Hiskija getötet, nachdem er das gesagt hatte? Nein, denn Hiskija hatte Res-
pekt vor Gott! Damals haben sie dann versucht, das zu tun, was Gott von
ihnen wollte. Sie haben wieder zu Gott gebetet, damit er seine schlimmen
Pläne nicht umsetzt. Wollen wir jetzt dadurch unser Leben aufs Spiel setzen,
dass wir noch größeren Mist bauen?" [20] Es gab in der Zeit damals noch
einen anderen Propheten. Der Typ hieß Urija und war ein Sohn von Sche-
maja. Er stammte aus Kirjat-Jearim. Urija hatte auch Sachen von Gott gegen
die Leute aus Juda und auch gegen Jerusalem gesagt. [21] Als der Präsident
Jojakim und seine Generäle und Offiziere mitbekamen, was Urija gesagt
hatte, wollte der Präsident ihn auch töten lassen. Aber Urija bekam einen
Tipp und floh deswegen nach Ägypten, weil er Angst hatte, umgebracht zu
werden. [22] Präsident Jojakim schickte Elnatan mit ein paar Soldaten nach
Ägypten. [23] Die nahmen ihn dort fest und brachten Urija zum Präsidenten.

Der erschoss ihn dann und ließ seine Leiche auf dem Friedhof beerdigen, wo
die armen Leute liegen, die sich kein richtiges Grab leisten können. 24 Aber
Jeremia wurde nicht getötet, weil Ahikam ihn beschützte. Er ließ nicht zu,
dass die Leute Jeremia einfach töten konnten. Ahikam war übrigens ein Sohn
von Schafan.

27

Handschellen und Nebukadnezzar
1 In der Zeit, als Zidkija, der Sohn von Joschija, erst seit kurzem an der
Macht war, sagte Gott etwas Neues zu mir, Jeremia. 2 „Nimm dir ein Stück
Draht und bastel daraus ein paar Handschellen. Diese Handschellen legst
du dir dann selber an. 3 Anschließend schickst du eine Nachricht an die
Präsidenten von Edom, Moab, Ammon, Tyrus und Sidon. Das Ganze machst
du über ihre Angestellten, die gerade alle den Präsidenten Zidkija in Jeru-
salem besuchen. 4 Erzähl diesen Männern, dass sie ihren Präsidenten
Folgendes von mir ausrichten sollen: 5 ‚Hallo? Ich bin derjenige, der die Erde
gemacht hat! Auch die ganzen Menschen und alle Tiere auf der Erde sind
durch meine gigantische Kraft entstanden. Darum darf ich sie auch jedem
schenken, auf den ich Bock habe, die Entscheidung liegt alleine bei mir.
6 Zurzeit habe ich beschlossen, sie alle meinem Angestellten Nebukadnezzar
zu geben. Er ist der Präsident und wohnt in Babylon. Die ganzen Tiere hab
ich ihm auch gegeben, er kann mit ihnen machen, was er will. 7 Alle Men-
schen sollen tun, was er sagt. Ebenso sollen sie das auch noch bei seinem
Sohn und seinen Enkeln tun. So lange, bis er und sein Land von anderen
Präsidenten im Krieg besiegt werden. 8 Wenn jetzt aber ein Land oder ein
Präsident keinen Bock dadrauf hat, das zu tun, was Nebukadnezzar will,
und sich dagegen wehrt, dann werde ich dafür sorgen, dass Nebukadnezzar
mit seiner Armee gegen ihn aufmarschieren wird. Das wird dafür sorgen,
dass alle im Krieg getötet werden oder durch Hunger oder Krankheit ster-
ben, bis sie ganz unter seiner Kontrolle sind. 9 Für euch gilt, dass ihr nicht
auf die Pseudo-Propheten, die Esoteriker, die Typen, die mit Toten reden,
und auch nicht auf die Zauberer hören sollt. Die sagen dann nämlich voraus,
dass ihr nicht vom Präsidenten aus Babylonien besiegt werdet. 10 Aber die
erzählen euch nur Dünnsinn. Sie wollen euch aus dem Land raushaben. Sie
wollen, dass ich euch rausschmeiße und dass ihr alle getötet werdet.
11 Wenn eine Nation nicht gegen den Präsidenten von Babylonien aufmuckt
und alles tut, was er sagt, dann werde ich dafür sorgen, dass ihnen nichts
passiert. Sie werden weiter im Land bleiben, dort wohnen und Sachen dort
anpflanzen.'" 12 Für Zidkija, den Präsidenten von Juda, hatte ich folgende
Ansage: „Machen Sie alles, was der Präsident von Babylonien von Ihnen
will! Wenn Sie tun, was er sagt, werden Sie und Ihre Leute überleben. 13 Oder

wollen Sie unbedingt verhungern oder durch eine tödliche Krankheit sterben? Das hat Gott ja allen Leuten vorausgesagt, die nicht bereit sind, zu tun, was der Präsident von Babylonien will. [14] Hören Sie nicht auf den Stuss, den die Propheten zu euch sagen! Sie behaupten ja, dass der Präsident von Babylonien nicht gegen Sie gewinnen wird. Aber die erzählen nur Schwachsinn! [15] Gott weiß, dass er das nicht gesagt hat und dass diese Pseudo-Propheten nicht von ihm geschickt wurden, um so was zu erzählen. Darum denken die sich ihre prophetischen Ansagen selbst aus, sie lügen wie gedruckt. Damit erreichen die nur, dass Gott Ihre Leute rausschmeißt, alle werden sterben und diese Pseudo-Propheten mit Ihnen." [16] Dann hatte ich noch etwas von Gott für die Priester und den Rest der Leute: „Das kommt jetzt von Gott! Hören Sie nicht auf das, was Ihnen die anderen Propheten erzählen! Sie behaupten, dass es nicht mehr lange dauert, bis die besonderen Geräte aus dem Tempel wieder von Babylonien zurückgebracht werden. Das ist totaler Schwachsinn! [17] Hören Sie nicht auf die! Machen Sie das, was der Präsident von Babylonien Ihnen sagt, nur dann werden Sie am Leben bleiben. Wäre doch schade, wenn diese Stadt kaputt gemacht würde, oder? [18] Wenn das echte Propheten wären, die meine Ansagen kennen, dann hätten sie schon lange angefangen, dafür zu beten, dass die paar richtig wertvollen Dinge, die noch im Tempel, im Regierungsbezirk und in der Stadt rumstehen, nicht auch noch nach Babylonien gebracht werden. [19–21] Gott, der Chef, sagt etwas über folgende Sachen: Die beiden Säulen aus Bronze, das große Waschbecken aus Bronze, die beiden Einkaufswagen und die anderen Geräte, diese Dinge hat Nebukadnezzar nicht mitgehen lassen, als er den Präsidenten Jojachin mit allen einflussreichen Leuten aus Jerusalem und Juda in Kriegsgefangenschaft nach Babylonien abgeführt hat. Gott, der Chef über diese Welt, der Gott von Israel, sagt: ‚Mit den wertvollen Sachen aus dem Tempel, aus dem Regierungssitz vom Präsidenten und aus der Stadt soll Folgendes passieren: [22] Sie sollen nach Babylonien gebracht werden und dort bis zu einem bestimmten Tag bleiben. Irgendwann werde ich mich darum kümmern und werde sie wieder zurückholen und sie dorthin bringen, wo sie hergekommen sind.'"

28

Der Pseudo-Prophet Hananja

[1] In der Zeit war Zidkija gerade in seinem vierten Jahr als Präsident an der Macht. Im fünften Monat von diesem Jahr gab es ein Treffen zwischen den Prophetentypen Hananja und Jeremia im Tempel. Hananja war ein Sohn von Asur und stammte aus Gibeon. Die Priester und einige Leute waren auch gerade da. [2] Hananja sagte laut zu Jeremia: „Das kommt jetzt von Gott, dem Chef über alles, dem Gott von Israel: ‚Ich werde die Handschellen

kaputt machen, die der Präsident von Babylonien meinen Leuten angelegt
hat. 3 In zwei Jahren müssen alle Geräte aus dem Tempel wieder dorthin
zurückgebracht werden. Die hatte Nebukadnezzar ja aus meinem Tempel
gezockt und nach Babylonien gebracht. 4 Ich werde auch den Präsidenten
von Juda, Jojachin, und alle anderen, die in Babylonien in Kriegsgefangen-
schaft sitzen, von dort befreien. Sie sollen nicht länger vom Präsidenten von
Babylonien gefangen gehalten werden.'" 5 Jeremia antwortete ihm, und die
Priester und alle Leute, die gerade beim Tempel waren, hörten zu: 6 „Na
schön, Gott soll das dann mal bestätigen. Du behauptest also, dass Gott
die ganzen Geräte aus dem Tempel und auch alle Gefangenen aus Babylo-
nien zurückholen wird? 7 Aber ich hab was ganz anderes von ihm gehört.
8 Die Propheten von früher, die lange vor mir und dir im Dienst waren,
haben auch immer wieder ganz fiese Sachen vorausgesagt, was alles Schlim-
mes mit den Ländern passieren wird. Es ging dabei oft um Kriege, Kata-
strophen und Krankheiten. 9 Wenn ein Prophet etwas Gutes wie Frieden vor-
aussagt, muss man immer noch abwarten, ob das auch so passiert. Man
weiß meistens erst hinterher, ob das, was er gesagt hat, auch von Gott kam
oder nicht." 10 Plötzlich nahm Hananja Jeremia die Handschellen ab und
zerdepperte sie mit einem Hammer. 11 Das sollte so eine Art prophetisches
Zeichen sein. Dann sagte er zu allen Leuten: „Gott sagt Folgendes: Genau-
so, wie diese Handschellen nun kaputt sind, werde ich in zwei Jahren die
Handschellen zerstören, die Nebukadnezzar meinen Leuten angelegt hat.
Ich werde meine Leute von dem Präsidenten von Babylonien befreien. Er
wird nicht mehr über alle Nationen bestimmen können." Als Jeremia das
hörte, drehte er sich um und ging weg. 12 Kurze Zeit später redete aber Gott
noch mal mit ihm über die Sache. Er sagte: 13 „Geh mal zu Hananja und sag
ihm Folgendes von mir: ‚Du hast nur Spielzeughandeschellen aus Draht zer-
brochen, aber ich werde stattdessen Handschellen aus Stahl nehmen. 14 Ich
werde allen Nationen Handschellen aus Stahl anlegen. Sie sollen alle von
Nebukadnezzar gefangen genommen werden und tun, was er sagt. Sogar
alle Tiere werden ihm gehören.'" 15 Dann sagte Jeremia zu Hananja: „Hör mal
zu! Was du gesagt hast, kommt gar nicht von Gott! Du hast diesen Schwach-
sinn nur erzählt, weil du die Leute reinlegen wolltest. 16 Gott sagt dir des-
halb: ‚Für dich ist kein Platz mehr auf meiner Erde! Du wirst noch in diesem
Jahr sterben, denn du hast Sachen gesagt, die gegen mich waren!'" 17 Und
tatsächlich starb der Prophet Hananja noch in diesem Jahr, im Oktober.

29

Jeremia schreibt einen Brief an die Leute in Kriegsgefangenschaft

1 Jeremia war in Jerusalem und schrieb dort einen Brief. Den schickte er nach
Babylonien, an den Rest der Chefs von den Leuten, die in Kriegsgefangen-

schaft waren. Außerdem an die Priester, an die Propheten und an alle ande-
ren, die von Nebukadnezzar gefangen genommen und dorthin verfrachtet
worden waren. 2 Der Präsident der Babylonier hatte auch den Präsidenten
Jojachin, seine Mutter, die Beamten und die anderen führenden Männer von
Juda und Jerusalem abführen lassen. Dazu auch noch alle Bauarbeiter
und Metallhandwerker. 3 Jeremia ließ den Brief persönlich durch Elasa und
Gemarja überbringen. Elasa war ein Sohn von Schafan, und Gemarja war
ein Sohn von Hilkija, beide waren vom Präsidenten Zidkija nach Babylon
geschickt worden. Im Brief stand Folgendes: 4 „Liebe Leute! Was ich jetzt
schreibe, kommt vom Gott, der das ganze Universum in der Hand hält, der
Gott von Israel, und es geht an alle, die er von Jerusalem nach Babylonien
hat abführen lassen: 5 ‚Es dauert noch eine ganze Weile, bis ihr wieder
zurückkommt. Ihr könnt in der Zeit noch Häuser bauen, Gärten anlegen
und das Obst essen, was von den Bäumen kommt, die ihr in der Zeit ange-
pflanzt habt. 6 Sucht euch einen Partner, heiratet und macht Kinder! Sucht
für eure Kinder einen Ehepartner, damit die auch noch Kinder kriegen
können. Ihr werdet immer mehr Leute werden und nicht weniger. 7 Kümmert
euch um die Städte, wo ihr in Gefangenschaft gelandet seid. Betet für die
Leute, die dort wohnen. Wenn es denen gutgeht, wird es euch auch gut-
gehen.‘ 8 Gott, der Chef über alles, sagt euch Folgendes: ‚Hört nicht auf die
Pseudo-Propheten und Oberesoteriker! Vergesst die komischen Träume,
die die haben und dann auch noch als etwas ausgeben, was von mir kommt.
9 Sie erzählen nur Dünnsinn, aber behaupten, das auch noch in meinem
Auftrag zu tun. Ich hab sie nicht auf euch losgelassen, von mir kommen die
nicht.‘ 10 Gott sagt euch auch, dass es ganze siebzig Jahre dauern wird, bis
die Zeit in Babylonien zu Ende geht. Er sagt: ‚Erst dann werde ich mich
um euch kümmern. Dann werde ich mein Versprechen erfüllen, dass ich
euch nach Hause zurückbringe. 11 Ich weiß genau, was ich mit euch machen
will. Und ich habe einen guten Plan für euch, einen Plan, der Frieden bringt
und kein Chaos. Ich will euch eine gute Zukunft schenken, damit ihr die
Hoffnung nicht verliert. 12 Wenn ihr mich ruft, dann bin ich da. Wenn ihr zu
mir betet, dann werde ich euch antworten. 13 Wenn ihr euch wieder richtig
auf die Suche nach mir macht, dann werde ich dafür sorgen, dass ihr mich
auch finden werdet. Jeder, der wirklich radikal nach mir fragt und sucht,
14 der wird mich auch finden, da sorge ich für.‘ Das kommt auch noch von
Gott: ‚Ich werde dafür sorgen, dass plötzlich alles gut wird. Ich sammle euch
von überall her auf, von den Orten, wo ihr hinverschleppt wurdet. Ich werde
euch dahin zurückbringen, wo ihr vor einiger Zeit gefangen genommen und
abgeführt wurdet.‘ 15 Ihr behauptet, dass Gott euch in Babylonien ein paar
Propheten organisiert hat? 16 Gott sagt etwas über den Präsidenten, der ein
Nachfolger von Präsident David ist, und auch über alle Leute, die in der

Stadt wohnen. Das sind ja alles eure Geschwister, die nicht in Kriegsgefangenschaft sind. [17] Und zwar sagt Gott, der Chef über alles: ‚Ich werde dafür sorgen, dass bei ihnen ein ganz derber Krieg abgeht, und es wird einige Zeit nichts mehr zu essen geben, sie werden hungern, und es wird eine tödliche Krankheit ausbrechen. Sie werden wie vergammelte Pflaumen sein, die stinkend im Korb liegen und die keiner mehr essen will. [18] Ich werde ihnen hinterherjagen. Krieg, Hunger und Krankheit werden sie verfolgen. Ich werde dafür sorgen, dass sie ein abschreckendes Beispiel sind. Die Leute werden die Hände überm Kopf zusammenschlagen, wenn man ihren Namen erwähnt, und sie werden die peinlichsten Leute auf der ganzen Welt sein. [19] Das ist die Strafe dafür, dass sie nicht auf das gehört haben, was ich ihnen gesagt hatte. Ich hab meine Propheten bei ihnen vorbeigeschickt. Meine Angestellten standen bei ihnen schon ganz früh auf der Matte, aber das hat sie überhaupt nicht interessiert.‘ [20] Das Folgende geht jetzt an die, die Gott aus Jerusalem abgeführt hat und die in Kriegsgefangenschaft in Babylonien leben. [21] Das kommt von Gott, dem Chef über alles, dem Gott von Israel. Es geht an Ahab, der ein Sohn von Kolaja ist, und an Zidkija, der ein Sohn von Maaseja ist. Beide tun so, als würden sie im Auftrag von Gott reden. Tatsächlich kommt aber nur Müll aus ihrem Mund. Der Gott von Israel, der Chef über diese Welt, sagt euch: ‚Ich werde sie an Nebukadnezzar, den Präsidenten von Babylonien, ausliefern. Er soll sie vor euren Augen töten. [22] Die beiden werden für euch (den Leuten von Juda, die nach Babylonien verschleppt worden sind) ein Vorbild dafür sein, wie man Leuten die Krätze an den Hals wünscht. Man sagt dann so was wie: ‚Ich wünsche dir, dass Gott mit dir das Gleiche macht, wie er es mit Ahab und Zidkija getan hat. Die wurden beide vom Präsidenten von Babylonien auf einem Feuer gegrillt!‘ [23] Beide hatten nämlich die idiotische Idee und sind mit den Frauen von ihren eigenen Leuten fremdgegangen. Dann haben sie auch noch irgendeinen Schwachsinn erzählt und dabei so getan, als würden sie in meinem Namen sprechen, obwohl nichts von dem von mir kam. Ich, Gott, hab das alles gesehen, ich bin Zeuge!‘“

Jeremia und Schemaja

[24] Gott sagte Jeremia, dass er dem Propheten Schemaja eine Mail schreiben sollte, um ihm auch etwas zu sagen. Schemaja stammte aus Nehelam. [25] Das kommt jetzt von Gott, dem Chef, dem Gott von Israel: „Du, Schemaja, hast einen Brief geschrieben, der an alle Leute ging, die in Jerusalem wohnen. Der Brief war auch an den Priester Zefanja und die anderen Priester gerichtet. Dort hast du Folgendes behauptet: [26] ‚Gott hat Sie, Zefanja, anstelle von Jojada als Priester eingesetzt. Sie sind der Chef im Haus von Gott, in seinem Tempel. Dort sollen Sie dafür sorgen, dass jeder durch-

geknallte Typ, der sich als Prophet ausgibt, sofort verhaftet und in Handschellen weggeschlossen wird. 27 Ich würde jetzt gerne von Ihnen wissen, warum Sie nichts gegen diesen Jeremia aus Anatot unternommen haben? Der hat ja auch so getan, als wäre er ein Prophet! 28 Er hat ja sogar einen Brief an uns nach Babylonien geschickt. Dort hat Jeremia geschrieben: ‚Es wird noch lange dauern, bis ihr hier wieder rauskommt! Darum baut euch ruhig ein paar Häuser und wohnt dadrin, pflanzt euch einen Garten und erntet die Früchte, die dann wachsen!' Mit freundlichen Grüßen Schemaja'" 29 Aber der Priester Zefanja hatte Jeremia diesen Brief vorgelesen. 30 Wegen dieser ganzen Sache sagte Gott zu Jeremia: 31 „Jeremia? Ich will, dass du einen Brief an die Leute schreibst, die in Kriegsgefangenschaft sind. Erzähle ihnen, was ich für Schemaja beschlossen hab, der Nehelamiter ist. Ich weiß, dass Schemaja so getan hat, als wäre er ein Prophet, obwohl ich ihn gar nicht dafür ausgewählt hatte. Er hat dafür gesorgt, dass die Leute sich auf Aussagen verlassen haben, die total gelogen waren. 32 Darum werde ich ihn und seine Familie bestrafen. Weder Schemaja noch einer von seiner Familie darf erleben, wie ich meine Leute wieder zurück nach Hause führe. Er hat nämlich die Leute gegen mich aufgestachelt, und er hat Sachen gepredigt, die dafür gesorgt haben, dass die Leute nicht mehr das tun, was ich von ihnen will."

30

Gott macht irgendwann neue Verträge

1 Dann redete Gott mal wieder über was anderes mit Jeremia: 2 „Schreibe mal alles genau auf, was ich dir jetzt diktiere. Da soll dann später ein Buch draus werden! 3 Es wird eine Zeit geben, da sorge ich dafür, dass bei meinen Leuten wieder alles gut wird! Ich werde sie wieder nach Hause zurückbringen in das Land, das ich ihren Ur-, Ur-, Ur-und-so-weiter-Opas schon geschenkt hatte. Dieses Land soll ihnen wieder ganz gehören." 4 Und dann sagte Gott noch ein paar Sachen über Israel und über Juda. 5 Er meinte: „Ich höre laute Schreie. Die Leute haben Panik und Angst, keiner ist mehr entspannt und locker drauf. 6 Fragt doch mal, ob Männer Babys kriegen können! Können sie natürlich nicht, aber warum? Ich sehe ganz viele Männer, die sich den Bauch vor Schmerzen halten, weil sie Wehen bekommen, so als wären sie schwanger. Und alle sind dabei total blass. 7 Das wird echt ein beschissener Tag sein. So einen Tag hat es noch nie gegeben. In der Zeit werden die Leute aus Israel krasse Probleme haben. Trotzdem werden sie am Ende gerettet." 8 Gott sagt, dass an diesem Tag auch etwas anderes passieren wird. Der Chef über alles sagt, dass er an dem Tag die Handschellen seiner Leute für immer zerschneiden wird. Sie müssen nie wieder für Fremde arbeiten, sie werden keine harten Sachen und keine Folter mehr erle-

ben. 9 Sie werden ganz frei sein, um ihrem Gott zu dienen. Und sie werden
einem Mann dienen, der aus der Familie vom Präsidenten David kommt.
Diesen Mann wird Gott für sie organisieren. 10 Gott sagt: „Alle Leute aus
Israel brauchen keine Angst mehr zu haben und sich nicht mehr zu erschre-
cken. Ich werde euch retten, ich hole euch aus dem Ausland raus, ich befreie
euch aus der Kriegsgefangenschaft. Die Israeliten werden wieder zurück-
kommen und ihre Ruhe haben, sie werden in Sicherheit leben können. Kei-
ner wird ihnen mehr Angst einjagen. 11 Denn ich, der Chef, werde bei euch
sein und ich werde euch immer helfen. Und ich habe auch vor, alle Völker
plattzumachen, bei denen ihr jetzt lebt. Ich hatte euch ja an unterschiedliche
Orte auf der Welt geschickt, aber damit ist dann Schluss. Ich werde euch
nie und nimmer vollkommen vernichten, ich muss euch nur erziehen! Ich
konnte so was einfach nicht durchgehen lassen. Es musste irgendwie
Konsequenzen haben, was ihr alles so gebracht habt."

Gott bringt Sachen wieder in Ordnung und heilt Verletzungen

12 Gott sagt: „Ich weiß, dass du eine schlimme unheilbare Wunde hast und
dass der Schmerz tief sitzt. 13 Keiner will dich verteidigen, keiner fühlt sich
dafür zuständig, dich zu heilen, niemand sorgt für deine Verletzungen, und
keiner kann dich wieder gesund machen. 14 Die Leute, die dich früher geliebt
haben, sind alle weg. Du bist ihnen egal, sie haben dich schon vergessen,
sie fragen nicht mehr nach dir. Ich hab dich nämlich so krass geschlagen,
wie man einen Gegner im Kampf schlägt. Nun bist du schwer verwundet.
Meine Strafe war so krass, weil du total üblen Mist gebaut hattest, du hast
ohne Ende Mist gebaut. 15 Warum schreist du plötzlich rum und willst Hilfe
wegen deiner Verletzung und deinen fiesen Schmerzen? Du bist doch
selbst schuld, ich musste dich bestrafen, weil du einfach zu viel Mist gebaut
hast. 16 Aber alle, die dich vernichten wollen, werden von mir vernichtet.
Alle deine Feinde werden gefangen genommen. Alle Leute, die dich abge-
zockt haben, werden selbst abgezockt. Alle, die dich beklaut haben, werden
selbst beklaut. 17 Weil die anderen über dich lästern und sagen, ich hätte
keinen Bock mehr auf dich, werde ich dafür sorgen, dass du wieder gesund
und stark wirst. Ich werde deine Wunden heilen. Auch wenn Leute behaup-
ten, dass Jerusalem die Stadt ist, von der keiner mehr was wissen will, werde
ich sie wieder hochbringen." 18 Gott sagt: „Ich werde dafür sorgen, dass
die Israeliten wieder hochkommen, ich liebe sie und werde ihnen das auch
zeigen. Die Stadt wird auf einem Berg wieder hochgezogen, und auch das
Regierungsgebäude und das Haus vom Präsidenten werden an der richtigen
Stelle stehen. 19 Ich möchte, dass meine Leute wieder Partys feiern, sie sollen
locker sein und auch wieder tanzen gehen. Ich will dafür sorgen, dass sie
immer mehr und nicht immer weniger werden. Ich will dafür sorgen, dass

sie groß rauskommen, und nicht, dass man sie peinlich findet. 20 Dann
wird es wieder so familienmäßig wie früher sein. Ich werde sie beschützen,
und die Leute, die sie angreifen, kriegen es mit mir zu tun. 21 Ihr Präsident
wird einer von ihnen sein, er stammt aus ihrer Familie. Ich werde ihm erlau-
ben, dass er in meine Nähe kommen darf. Denn wer sonst würde alles
riskieren, nur um in meine Nähe zu kommen? 22 Ihr werdet wieder zu mir
gehören und ich zu euch!"

Was Gott verspricht, hält er auch

23 Er wird wie ein heftiger Wirbelsturm auf die Leute kommen, die ohne
Gott leben. Die Leute, auf die er sauer ist, werden einfach weggeblasen.
24 Wenn er richtig sauer ist, hört er nicht auf, bis er das getan hat, was er
sich vorgenommen hat. Irgendwann werdet ihr verstehen, warum das so
sein muss.

31

In Zukunft wird für Israel und Juda wieder alles gut

1 Gott sagte zu mir: „Irgendwann werde ich wieder der Gott von allen Fami-
lienstämmen von Israel sein, und dann werden sie auch wieder ganz zu
mir gehören. 2 Ich werde den Leuten, die zurzeit in Kriegsgefangenschaft im
Ausland leben, meine Liebe beweisen. Israel wird wieder dorthin zurück-
kehren, wo sie entspannt leben können." 3 Gott hat aus weiter Entfernung
mit mir gesprochen. Er sagte: „Leute, ich hab nie aufgehört, euch wie ver-
rückt zu lieben! Darum bin ich euch die ganze Zeit treu geblieben. 4 Mein
geliebtes Israel! Ich werde dich wieder aufbauen. Ich mach alles noch mal
von vorne und ganz neu. Du wirst wieder schön aussehen. Schön gestylt
wird man dich, mit deiner E-Gitarre, auf der Bühne stehen sehen, und dann
bringst du die Leute wieder zum Tanzen! 5 Du wirst auf den Bergen in Sama-
ria wieder Wein anpflanzen. Du brauchst keine Angst zu haben, dass die
Ernte von anderen gegessen wird. Alles, was ihr anpflanzt, werdet ihr auch
selber genießen können." 6 Bald wird es eine Zeit geben, wo man in den
Bergen von Efraim jemanden sagen hört: „Packt eure Sachen zusammen! Ihr
könnt wieder nach Zion gehen, dem Berg, wo der Tempel steht. Ihr könnt
wieder zum Chef, zu unserem Gott!" 7 Gott sagt: „Freut euch über Israel!
Macht Party wegen der Nummer eins von allen Nationen! Erzählt es überall,
singt ein paar Lieder, sagt es jedem: ‚Gott hat seine Leute gerettet! Den
Rest von Israel hat er aus der Gefangenschaft befreit!' 8 Pass auf, ich werde
sie alle nach Hause holen! Ganz aus dem Norden, und auch vom anderen
Ende der Erde, werde ich sie zusammentrommeln. Blinde, Gehbehinderte,
Schwangere und Frauen, die gerade ein Kind bekommen haben, alle werden
dabei sein. Ich werde ein großes Treffen planen, wo sie alle wieder hierher

zurückkommen. 9 Mit Tränen in den Augen werden sie ankommen, ich
werde sie trösten und führen. Ich bringe sie zu einer Stelle, wo es immer
genug Wasser gibt. Der Weg dorthin wird flach sein, nicht bergig oder
steil. Denn ich will nicht, dass einer von ihnen hinfällt. Ich bin der Vater von
Israel, und Efraim ist mein ältester Sohn. 10 Hört mal gut zu, alle anderen
Völker in der Welt. Was ich jetzt sage, könnt ihr ruhig mit einer Rundmail
an alle verschicken oder bei Twitter posten. Auch im letzten Winkel der Erde
soll man davon erfahren: Derjenige, der Israel auseinandergetrieben hat,
wird sie auch wieder zusammenbringen! Ich werde auf sie aufpassen wie
ein Fußballtrainer auf seine Mannschaft und wie ein Hirte auf seine Schafe.
11 Ich habe die Leute von Israel freigekauft. Ich habe sie befreit aus der
Gewalt von jemandem, der sie besiegt hatte und stärker war als sie. 12 Sie
werden alle auf dem Berg Zion zusammenkommen, um eine fette Party
für Gott zu feiern. Sie werden abgehen vor Freude wegen den guten Sachen,
die ich, Gott, ihnen geschenkt habe. Zum Beispiel haben sie von mir den
Wein, das Bier, das Mehl, die Schafe und die Rinder bekommen. Sie werden
voll gut drauf sein, sie werden aufblühen wie ein Garten, der immer gut
bewässert wird und wo alles super wächst. Die Zeit, wo es ihnen schlecht-
gegangen ist, die ist vorbei! 13 Alte und junge Leute werden bei der Party
dabei sein. Die Frauen freuen sich und tanzen. Ich will dafür sorgen, dass
aus Frust Freude wird. Ich will sie trösten, ich will, dass sie sich nach der
Dauerdepression wieder richtig freuen können. 14 Meine Priester bekommen
dann wieder die saftigsten Stücke beim Opfern. Meine Leute werde ich
satt machen mit den vielen guten Sachen, die ich ihnen schenken werde!“
Das kam jetzt von Gott.

Die Leute werden zurückkommen

15 Gott sagt: „Pass auf! Man hört aus der Stadt Rama viele Menschen wei-
nen, weil jemand gestorben ist. Sie weinen sehr heftig. Rahel weint, eine
Urmutter vom Volk Israel, weil viele ihrer Kinder nicht mehr da sind. Keiner
kann sie trösten.“ 16 Aber Gott sagt dann zu ihr: „Du brauchst nicht mehr
zu weinen! Du brauchst keine Tränen mehr zu vergießen! Es gibt eine fette
Belohnung für den Stress, den du mit deinen Kindern gehabt hast! Sie wer-
den alle wieder aus dem Ausland zurück nach Hause kommen! 17 Es gibt
Hoffnung für sie in der Zukunft! Deine Kinder kommen alle wieder zurück!“
18 Gott sagt: „Ich habe sehr genau gehört, dass die Leute von Efraim sich
bei mir beschweren. Sie meinen: ‚Gott, du hast uns geschlagen, wie man
einen sturen Esel schlägt, der nicht gehorchen will. Wir wollen wieder zu
dir zurückkommen! Du bist schließlich unser Chef, du bist unser Gott!
19 Nachdem uns das klargeworden ist, tat uns voll leid, was wir getan haben.
Wir wollen nicht mehr so leben, wir kehren um, denn du bist der Chef, du

bist unser Gott! Wir haben es endlich kapiert, wir schlagen die Hände über
dem Kopf zusammen, weil es uns so peinlich ist. Wir schämen uns voll,
wegen dem ganzen Mist, den wir gebaut haben. Im Grunde haben wir uns
benommen wie Hirnis, wir werden knallrot im Gesicht. Was wir als Jugend-
liche an Scheiße gebaut haben, verfolgt uns bis heute.‘ 20 Efraim war doch
mein Sohn, den ich immer total gernhatte. Ich hatte immer meine Freude
an ihm. Auch wenn ich oft sauer auf ihn war und geschimpft habe, musste
ich auf der anderen Seite auch immer wieder an ihn denken. Mein Herz ist
voller Liebe für ihn, ich muss ihn einfach lieben.“ Das kam jetzt von Gott!
21 „Israel, du bist für mich wie ein junges Mädchen, das noch nie mit einem
Mann geschlafen hat. Hast du dir Schilder und Wegweiser an die Straßen
gestellt, auf denen du weggebracht worden bist? Dann komm auf demsel-
bem Weg wieder zurück in deine Städte und Dörfer. 22 Wie lange willst du
dich noch wehren? Wie lange zögerst du noch. Du bist doch wie meine Toch-
ter, die jetzt aber ihre eigenen Wege geht.“ Gott hat auf der Erde etwas total
Neues angefangen! Es wird wie bei einem Ehepaar sein, das nach langer Zeit
wieder zusammenkommt.

Dem Familienstamm Juda wird es auch wieder gutgehen

23 Gott, der Chef über das Universum, der Gott von Israel, sagt: „Es wird
einen neuen Spruch geben, wenn ich in Juda und in den Städten wieder alles
gutmachen werde. Und zwar wird man sagen: ‚Gott soll dir das Beste schen-
ken, was es gibt! Das gilt für das Land, wo alles korrekt zugeht, und für den
besonderen Berg, der Gott gehört!‘ 24 In Juda werden die Leute wieder in
die Städte ziehen, man wird dort zusammen wohnen. Es wird auch wieder
Bauern geben und Hirten, die mit ihren Herden herumziehen. 25 Ich werde
alle Leute wiederaufbauen, die fertig und kaputt sind. Ich werde denen,
die voll Durst haben, genug zu trinken geben. 26 Man wird sagen: ‚Plötzlich
bin ich morgens aufgewacht, und alles war gut, ich hatte mich im Schlaf
voll gut erholt.‘“

Mit Israel und Juda wird wieder alles gut

27 Gott sagt: „Es wird eine Zeit geben, wo ich dafür sorge, dass in Israel
und Juda wieder voll viele Menschen und auch Tiere geboren werden. 28 So,
wie ich dafür gesorgt hatte, dass alles kaputtgeht, so werde ich auch dafür
sorgen, dass sehr viel Neues entstehen wird. Es war mir wichtig, dass alles
zerstört wird, und es ist mir wichtig, dass alles auch wieder aufgebaut wird.“
Das kommt jetzt von Gott. 29 Dann wird man nicht mehr sagen, dass die
Kinder Karies bekommen, weil ihre Eltern Süßigkeiten gegessen haben.
30 Allerdings wird jeder sterben müssen, der Mist gebaut hat. Aber jeder
wird nur wegen seinem eigenen Mist bestraft. Nur wer wirklich Süßigkeiten

isst, bekommt auch Karies davon. 31 „Passt mal auf, ich werde irgend-
wann mit den Leuten von Israel und Juda total neue Verträge machen!“, sagt
Gott. 32 „Diese Verträge werden ganz anders sein als die, die ich mit den
Leuten vor euch geschlossen hatte. Das war ja noch in der Zeit, als ich sie
an die Hand genommen und aus Ägypten rausgeführt habe. Diese Verträge
wurden von ihnen leider ständig gebrochen, obwohl ich doch ihr Chef, ihr
Gott war! 33 Diese neuen Verträge, die ich dann mit den Leuten von Israel
machen werde, sind anders. Ich werde nämlich das, was ich von ihnen will,
nicht auf ein Blatt Papier, sondern in ihr Herz schreiben. Sie werden dann
selber wissen, was richtig ist und was falsch. Ich werde ihr Gott sein, und
sie werden meine Leute sein. 34 Es ist dann nicht mehr nötig, seinen Bekann-
ten beizubringen, was es bedeutet, mit Gott zu leben. Du musst nicht
mehr zu deinem Bruder gehen und ihm erklären, wie man Gott kennenlernt.
Denn alle werden mich dann kennen! Vom kleinen Kind bis zum Opa, vom
Hartz-IV-Empfänger bis zum Millionär. Ich werde ihnen den Mist vergeben,
den sie gebaut haben. Ich vergesse einfach alles, was sie tun.“ 35 Gott hat
die Sonne gemacht, damit man tagsüber was sehen kann. Er hat auch dafür
gesorgt, dass der Mond und die Sterne immer richtig stehen. Gott sorgt
dafür, dass es Wellen im Meer gibt, teilweise sogar ziemlich heftige Wellen.
Derjenige, der das gemacht hat, ist unser Gott. Man nennt ihn auch: Der
Chef über alles! 36 Er sagt: „Wenn die Naturgesetze nicht mehr funktionieren
würden, dann könnten auch die Leute von Israel keine Nation mehr sein,
die für immer zu mir gehört. Da das eine nicht passiert, wird das andere
auch nicht passieren. 37 So, wie niemand in der Lage ist, das ganze Univer-
sum exakt auszumessen, oder auf den Millimeter genau sagen kann,
wie groß die Erde ist, genauso wenig kann ich meine Leute für immer aus
meiner Familie rauswerfen, wegen dem ganzen Mist, den sie verzapft
haben.“

Jerusalem wird wieder aufgebaut

38 Gott sagt: „Es wird eine Zeit geben, wo ich meine Stadt Jerusalem wieder
aufbauen werde. Dann wird die Stadtgrenze vom Turm Hananel bis zum
Ecktor im Nordwesten verlaufen. 39 Die Grenze wird weitergehen über den
Hügel Gareb runter nach Goa. 40 Im Süden wird sie über das sogenannte
Tal der Leichen führen, wo der Friedhof ist, bis runter zu der Stelle, wo man
die Asche vom Opfern immer hingeschüttet hat. Auch das Gebiet von
den Terrassen bis zum Bach Kidron über die Ecke des Pferdetors Richtung
Osten wird ganz mir gehören. Damit wird es ganz besonders, also heilig
sein. Dieses Jerusalem wird niemand mehr kaputt machen, es wird immer
bestehen bleiben, auf ewig.“

32

Jeremia kauft ein Stück Land im Auftrag von Gott

1 Im zehnten Jahr, in dem Zidkija als Präsident von Juda an der Macht war,
redete Gott mal wieder mit mir, Jeremia. Zu der Zeit hatte der Präsident
Nebukadnezzar gerade sein 18. Regierungsjahr am Laufen. 2 Nebukadnezzar
belagerte mit seiner Armee die Stadt Jerusalem. Ich steckte damals im
Knast, der direkt im Regierungsbezirk vom Präsidenten lag. 3 Der Präsident
hatte mich gefangen nehmen lassen, weil ich prophetische Sachen gesagt
hatte, die dem Präsidenten nicht in den Kram passten. Ich hatte nämlich
erklärt, dass Gott sagt: „Ich werde dafür sorgen, dass diese Stadt vom Präsi-
denten von Babylonien eingenommen wird. 4 Präsident Zidkija wird nicht
mehr fliehen können, er wird von der Armee der Babylonier festgenommen.
Dann werden sie sich gegenüberstehen und müssen miteinander reden.
5 Schließlich wird Nebukadnezzar ihn nach Babylonien abführen lassen,
wo er so lange bleiben wird, bis ich ihn zu mir hole. Ihr könnt noch so viel
gegen die babylonischen Soldaten kämpfen, ihr könnt nicht gegen sie
gewinnen.“ 6 Schließlich redete Gott wieder mit mir. Er sagte: 7 „Pass mal
auf, Hanamel, der Sohn von deinem Onkel Schallum, wird bei dir vorbei-
kommen. Er wird dich fragen, ob du ihm nicht ein Stück Land abkaufen
könntest, was in Anatot liegt. ‚Ich hab gerade finanzielle Probleme, und es
ist nach dem Gesetz deine Pflicht, es mir abzukaufen‘, wird er sagen.“
8 Tatsächlich passierte alles genauso, wie Gott es gesagt hatte. Mein Cousin
Hanamel besuchte mich und meinte: „Sag mal, kannst du mir vielleicht
ein Stück Land abkaufen, das in Anatot liegt, in der Gegend vom Familien-
stamm Benjamin? Da du ja mein nächster Verwandter bist, bist du gesetz-
lich dazu verpflichtet, mir zu helfen, damit das Stück Land immer im Besitz
unserer Familie bleibt!“ Mir wurde recht schnell klar, dass Gott hier seine
Finger im Spiel hatte und mir durch die ganze Aktion etwas sagen wollte.
9 Also kaufte ich Hanamel das Teil ab und gab ihm den Schotter. Insgesamt
circa 30 000 Euro. 10 Der Kaufvertrag wurde angefertigt und unterschrieben.
Ein Kopie der Verkaufsurkunde wurde vom Notar abgestempelt. Der Betrag
wurde in bar übergeben und gezählt. 11 Den versiegelten Vertrag und die
dazugehörigen Gesetzestexte 12 übergab ich Baruch. Baruch kam aus der
Familie von Nerija, er war ein Enkel von Machseja. Als Zeugen waren mein
Cousin und andere Leute dabei, die den Vertrag ebenfalls unterschrieben
hatten. Viele Männer aus Juda, die sich im Hof aufhielten, konnten durch die
Fenster dabei zusehen, wie das Ganze klargemacht wurde. 13 Am Ende
stand ich auf und sagte vor allen Leuten zu Baruch: 14 „Gott, der Chef über
dieses Universum, der Gott von Israel, hat was zu sagen: ‚Nimm diesen
Kaufvertrag und die ganzen Unterlagen und rahm sie ein. Das Ganze soll

im Wohnzimmer aufgehängt werden, damit man sich lange dran erinnert
und der Vertrag nicht irgendwo vergammelt.‘ 15 Gott, der Chef über alles,
der Gott von Israel, sagt nämlich, dass man bald hier wieder viele Häuser
kaufen wird und auch viele Wiesen, viel Ackerland und auch Weinberge.“
16 Nachdem ich Baruch den Kaufvertrag gegeben hatte, redete ich noch mal
mit Gott über die Sache. 17 „Gott? Du hast einmal mit deiner heftigen Kraft
das ganze Universum gemacht und mittendrin die Erde. Du kannst alles, es
gibt nichts, was du nicht kannst! 18 Immer wieder zeigst du den Menschen,
wie sehr du sie liebst, über Generationen hinweg. Aber wenn jemand Mist
baut, bestrafst du ihn auch dafür, sogar über Generationen hinweg. Du
bist der heftige Gott, du bist gigantisch, man nennt dich auch den Oberchef
über alles, was es gibt. 19 Was du machst, ist genial, du hast die Macht,
heftige Dinge zu tun. Du siehst alles, was die Menschen machen, und jeder
bekommt das, was er durch seine Taten verdient hat. 20 Schon damals in
Ägypten hast du heftige Wunder getan, und das tust du bis heute. Diese
Wunder hast du bei uns in Israel getan, aber auch bei anderen Menschen.
Dadurch bekamen viele Leute echt Respekt vor dir, das kann man bis heute
sehen. 21 Du hast deine Leute aus Ägypten rausgeholt und hast dabei hef-
tige Wunder getan. Du hast gezeigt, was du draufhast, du hast deine Mus-
keln spielenlassen, und die Feinde bekamen echt Angst vor dir. 22 Jetzt hast
du dieses Land deinen Leuten geschenkt. Du hattest das schon den Men-
schen versprochen, die vor ihnen gelebt haben. Es sollte ein Land sein, wo
es alles gibt, und davon reichlich. 23 Aber kaum waren sie in diesem Land
und hatten es eingenommen, da hatten sie schon keinen Bock mehr auf dich
und auf das, was du sagst. Die haben nicht nach deinen Gesetzen gelebt.
Was du von ihnen wolltest, war ihnen egal. Deswegen hast du schließlich
dafür gesorgt, dass alles den Bach runterging und plötzlich das große Chaos
am Start war. 24 Heute reichen die Angriffswellen vom Feind schon bis vor
die Stadt, sie sind kurz davor, in Jerusalem einzumarschieren. Sie belagern
die Stadt, es gibt dort nichts mehr zu essen, viele Leute kriegen eine töd-
licheKrankheit und sterben. Bald werden die babylonischen Soldaten Jeru-
salem einnehmen. Alles ist genau so passiert, wie du es vorausgesagt hast.
Das kannst du ja alles auch selber verfolgen. 25 Trotzdem hast du zu mir
gesagt, ich soll dieses Stück Land kaufen. Du meintest: ‚Hol dir ein paar
Zeugen und kauf das Teil für Kohle!‘ Und das, obwohl Jerusalem schon so
gut wie vom Feind eingenommen war.“ 26 Gott antwortete mir: 27 „Hey,
Mann, ich bin Gott, ich bin der Chef über alles, was es gibt! Gibt es viel-
leicht irgendwas, was ich nicht tun kann? 28 Pass mal auf, ich werde diese
Stadt an die Babylonier und an ihren Präsidenten Nebukadnezzar über-
geben. 29 Seine Armee wird sie einnehmen, ein Feuer legen und alle Häuser
abbrennen. Auch die Häuser, wo man dem Plastikgott Baal auf der Dach-

terrasse gern mal ein paar Räucherstäbchen angezündet hat, werden ver-
brennen. Genauso auch die Häuser, wo irgendwelchen anderen Plastikgöt-
tern Trinkopfer geschenkt wurden, nur um mir eins reinzuwürgen. 30 Die
Leute von Israel und Juda haben sowieso immer nur das getan, was ich total
ätzend finde. Sie haben mich durch das, was sie machen, immer wieder pro-
voziert. 31 Ständig musste ich mich über das ärgern, was in dieser Stadt alles
abgeht. Vom ersten Tag, als man sie hochgezogen hat, bis heute war das
so. Ich will sie eigentlich nicht mehr vor meiner Linse haben müssen, sie soll
weg. 32 Es war einfach notwendig zu reagieren, wegen den ganzen miesen
Aktionen, die die Leute von Israel und Juda dort gebracht haben. Sie haben
versucht, mich zu provozieren, ihre Präsidenten, ihre Regierungsbeamten,
ihre Priester, ihre Propheten, ihre Einwohner, eigentlich alle haben das getan.
33 Schließlich haben sie mich wie Luft behandelt und mich gar nicht mehr
beachtet. Und das, obwohl ich ihnen schon ganz früh beigebracht hatte,
wie sie leben sollten. Sie haben einfach ihr eigenes Ding gemacht, und alle
Erziehungsmaßnahmen von mir waren umsonst. 34 Dann haben sie auch
noch in meinem Haus, wo mein Name an der Klingel steht, ihre dreckigen
Plastikgötter aufgestellt. Damit haben sie es total versifft, es wurde unrein.
35 Für den Plastikgott Baal haben sie einen Tempel im Hinnom-Tal gebaut,
wo sie ihre eigenen Söhne und Töchter für ihn verbrannt haben! Mit so was
hab ich nichts zu tun, das hatte ich nicht befohlen. Auf so eine beknackte
Idee würde ich nie kommen. Durch diese schrecklichen Aktionen wurden
alle Menschen in Juda dazu verführt, Sachen zu tun, die ich nicht gut finde.
36 Ihr sagt jetzt, dass die Stadt in die Hand vom Präsidenten von Babylonien
fallen wird. Er wird sie durch Krankheit und Hunger im Krieg einnehmen.
Aber ich, Gott, der Chef von Israel, sage euch: 37 Ich werde die Bewohner
irgendwann wieder hierher zurückholen, die zu der Zeit überall verstreut in
der Welt leben. Von dort, wo ich sie hab abführen lassen, weil ich so krass
sauer auf sie war, bringe ich sie hierher zurück. Dann werden sie in Sicher-
heit und in Frieden hier leben können. 38 Und sie sollen wieder meine Leute
sein, und ich werde wieder ihr Gott sein. 39 Ich werde dafür sorgen, dass
sie nur noch an eine Sache denken und nur noch auf eine Sache aufpassen
werden. Nämlich dass sie immer Respekt vor mir haben. Dann werde ich
auch dafür sorgen, dass es ihren Kindern immer gutgeht. 40 Ich werde dann
einen Vertrag mit ihnen schließen, der für immer gelten wird. Ich unter-
schreibe ihnen, dass ich sie nie wieder verlassen werde, ich werde gut mit
ihnen umgehen. Und ich sorge dafür, dass sie immer Respekt vor mir haben
und keiner mich vergessen wird. 41 Und dann werde ich mich nur noch an
ihnen freuen, es wird mir Spaß machen, ihnen Gutes zu tun. Ich werde dafür
sorgen, dass sie in diesem Land Wurzeln schlagen, dafür gebe ich alles.
Von ganzem Herzen und mit aller Kraft bin ich dabei. 42 Genau so, wie ich

die ganzen ätzenden Sachen organisiert habe, werde ich auch die ganzen
guten Sachen organisieren. Das hatte ich ja auch so versprochen. 43 Es
wird wieder Land verkauft werden, obwohl ihr jetzt sagt: ‚Hier wächst ja
nichts, und Menschen oder Tiere können hier nicht wirklich leben. Außer-
dem haben es die Babylonier eingenommen.‘ 44 Man wird wieder Grund-
stücke kaufen, Kaufverträge werden mit Zeugen unterschrieben. Und zwar
überall! Im Gebiet vom Familienstamm Benjamin genauso wie in Jerusalem
und Umgebung. Auch in den anderen Städten im Gebiet von Juda, egal,
ob die im Gebirge, im Hügelland oder im Wiesengebiet im Süden liegen.
Denn ich mache alles wieder gut, ich sorge dafür! Das sage ich, Gott.“

33

Gott macht irgendwann ganz neue Verträge mit Juda

1 Gott redete noch mal mit Jeremia über diese Sache, als der im Knast saß:
2 „Hör mal, das kommt jetzt von Gott, der alles geplant und gemacht hat
und der aufpasst, dass alles okay läuft. 3 Wenn du ein Problem hast, dann
rede mit mir. Ich werde dir helfen, ich kann dir ganz heftige Sachen sagen,
von denen du noch nie was gehört hast. 4 Die Häuser der Leute und auch
der Präsidenten wurden abgerissen, damit man mit den Steinen die Schutz-
mauer verstärken kann, um die Feinde abzuwehren. 5 Es wurde gegen die
Babylonier Krieg geführt. In den Häusern wurden die Leichen aufgestapelt.
Die sind alle gestorben, weil ich es so wollte. Sie sind tot, weil ich mega-
sauer auf sie war. Ich hatte keinen Bock mehr auf diese Stadt, weil die Leute
aus dieser Stadt alle total link unterwegs waren. 6 Aber jetzt will ich sie alle
wieder gesund machen, ich will, dass es ihnen gutgeht. Ich will sie zuschüt-
ten mit Frieden, es soll keinen Krieg mehr geben. Und ich werde dafür sor-
gen, dass es weitergeht mit ihnen. 7 Ich werde dafür sorgen, dass bei Israel
und Juda wieder alles super läuft, ich will sie wieder ganz neu aufbauen,
wie ich es am Anfang auch gemacht habe. 8 Und ich werde sie sauber
machen von dem ganzen Dreck, in dem sie gelebt haben, ich vergebe ihnen
ihre Schuld. Alles, was sie gegen mich gemacht haben, jeden Vertrag, den
sie gebrochen haben, alles werde ich ihnen verzeihen. 9 Wenn ich das Wort
Jerusalem höre, will ich mich wieder freuen. Ich will wieder stolz auf diese
Stadt sein, und wenn Leute von Jerusalem erzählen, sollen sie auch sagen,
dass sie durch diese Stadt wieder Respekt vor mir bekommen haben. Denn
sie haben von den vielen guten Sachen gehört, die ich dort gemacht habe,
und dass ich für Frieden sorgen kann. 10 Heute sagt man von den Städten
von Juda und von Jerusalem, dass da tote Hose ist. Es gibt keine Menschen
mehr, die dort wohnen oder arbeiten, noch nicht mal Tiere leben dort noch.
11 Aber bald wird es dort wieder schwer abgehen. Man wird dort wieder
Hochzeiten feiern, die Leute werden zum Tempel rennen und Opferpartys

feiern. Dabei wird man solche Lieder singen wie: ‚Bedankt euch bei Gott, denn er liebt uns ohne Ende, und er wird uns immer lieben.' Ich werde nämlich dafür sorgen, dass in der Stadt alles wieder gut wird. Es wird wieder so sein, wie es am Anfang war." [12] Dann meinte Gott noch: „Hier werden wieder Schafherden mit ihren Hirten weiden, auch wenn man sich das heute gar nicht vorstellen kann, denn es ist ja alles kaputt, und kein Mensch wohnt hier. [13] In den Städten, die in den Bergen sind, in den Städten, die im Hügelland sind, und in den Städten im Süden des Landes, beim Familienstamm Benjamin, wird man wieder viele Herden sehen. Die Schafe werden von den Hirten gezählt, während sie vorbeiziehen. Auch in der Umgebung von Jerusalem und den anderen Städten von Juda wird man das erleben."

Die Verträge mit David und mit den Levi-Leuten gelten immer noch

[14] Gott sagt: „Irgendwann werde ich das Versprechen einlösen, was ich den Leuten von Israel und Juda gegeben habe. [15] Ich hatte ja gesagt, dass ich aus der Familie von David einen Mann raussuchen werde, der dafür sorgen wird, dass es wieder korrekt zugeht bei euch, und vor dem die Leute wieder Respekt haben. [16] Dann werden die Leute von Juda gerettet werden, und in Jerusalem kann man wieder sicher wohnen, ohne Schiss zu haben. Die Stadt wird dann den Spitznamen bekommen: ‚Gott hat dafür gesorgt, dass es bei uns fair zugeht!'" [17] Gott sagt: „Die Familie von David soll immer genug Söhne bekommen, es soll immer einen geben, der ein neuer Präsident von Israel werden kann. [18] Auch die Priester, die ja aus der Familie von Levi kommen, werden immer genug Kinder haben, damit immer einer von ihnen die Abfackel-, Dank- und Essensopfer für mich machen kann." [19] Später redete Gott wieder mit Jeremia: [20] „Ich habe mit dem Tag und mit der Nacht Verträge gemacht, die werden immer wieder kommen, das geht gar nicht anders. Genauso, wie sich dadran nichts ändern wird, [21] kann man auch die Verträge mit meinem Angestellten David nicht ändern. Ich hab ihm einmal versprochen, dass es immer einen aus seiner Familie geben wird, der die Macht hat. Auch der Vertrag, den ich mit den Priestern aus der Levi-Familie gemacht habe, gilt für immer. [22] Ich werde dafür sorgen, dass sich die Familie von David und die Levi-Leute ohne Ende vermehren werden. Es wird megaviele von denen geben, so viele, dass keiner sie mehr zählen kann." [23] Dann sagte Gott noch zu Jeremia: [24] „Hast du eigentlich mitbekommen, was die Leute hier so quatschen? Sie sagen: ‚Gott hat sich zwei Völker extra ausgesucht, aber dann hat er sie beide auch wieder in die Tonne gedrückt.' Solche Menschen haben keinen Respekt vor meinen Leuten. Für die sind meine Leute gar keine echte Nation mehr. [25] Aber ich sage dir jetzt, dass das nicht stimmt. Selbst wenn ich keinen Vertrag mit dem Tag und der Nacht gemacht hätte, selbst wenn diese feste Ordnung durcheinandergeraten

würde, 26 die Verträge mit der Familie von Israel und der Familie von David
halte ich immer ein. Ich werde dafür sorgen, dass in Zukunft immer Männer
aus der Familie von David über die ganzen Leute aus der Familie von Abra-
ham, Isaak und Jakob die Macht haben werden. Ich werde die Sache drehen,
ich werde dafür sorgen, dass alles gut wird, weil ich sie liebe.“

34

Was mit Präsident Zidkija passieren wird

1 Jetzt kommt eine prophetische Ansage, die Jeremia gesagt hat. Gott redete
zu ihm in der Zeit, als Nebukadnezzar, der Präsident von Babylonien, mit
seinem ganzen Heer nach Jerusalem marschiert ist. Neben seinem eigenen
Heer hatte er auch noch einige Truppenverbände von anderen Nationen
dabei, die er vorher im Krieg besiegt hatte. 2 Gott meinte zu Jeremia: „Gott,
der Chef von Israel, sagt dir Folgendes: Geh mal zu Zidkija, dem Präsidenten
von Juda, und erzähl ihm, dass ich beschlossen hab, diese Stadt in die Hand
vom Präsidenten von Babylonien zu geben. Der soll das ganze Teil abfackeln.
3 Du, Zidkija, wirst auch nicht vor ihm fliehen können. Seine Leute werden
dich verhaften, und dann wirst du nach Babylonien abgeführt werden. 4 Aber
ich, Gott, verspreche dir hiermit, dass du nicht von ihnen erschossen wirst.
5 Du wirst ganz entspannt sterben können. Genauso wie die Präsidenten
vor dir wirst du eingeäschert, und bei deiner Beerdigung wird man überall
Räucherkerzen anzünden. Das wird man machen, um dir Respekt zu zeigen.
Dann wird es eine große Trauerfeier im Land geben, alle werden so was
sagen wie: ‚O nein, unser Präsident ist tot!‘ Das kam jetzt von mir, von
deinem Gott!“ 6 Jeremia besuchte den Präsidenten in Jerusalem und sagte
ihm diese Nachricht. 7 In der Zeit belagerte das Heer vom Präsidenten
von Babylonien gerade die Stadt. Auch gegen die anderen Städte von Juda,
wie Lachisch und Aseka, kämpften sie. Das waren die einzigen Städte mit
einer Schutzmauer, die noch nicht im Krieg gefallen waren.

Die Leute in Jerusalem glauben Gott nicht

8 Später redete Gott wieder mit Jeremia, diesmal wegen einer anderen Sache.
Der Präsident Zidkija hatte vorher mit den Bewohnern von Jerusalem eine
Abmachung getroffen. Und zwar hatten sie abgemacht, 9 dass alle Israeliten
freigelassen werden sollten, die mit Knebelverträgen bei Leuten arbeiten
mussten. Es war ab dann Pflicht, dass keine Frau und kein Mann aus Juda
jemand von den eigenen Leuten mit solchen Knebelverträgen einstellen
durfte. 10 Alle Chefs in Jerusalem und auch die anderen Leute, die das betraf,
hielten sich an diese Abmachung und entließen diese Leute in die Freiheit.
11 Aber schon nach einer kurzen Zeit holten sie diese Arbeiter wieder zurück,
die dann wieder mit fiesen Knebelverträgen für sie arbeiten mussten.

[12] Darum redete Gott noch mal mit Jeremia. Er sollte Folgendes zu den Leuten in Jerusalem sagen: [13] „Das kommt jetzt von Gott, dem Chef von Israel: Damals, als ich eure Leute aus dieser ätzenden Situation in Ägypten rausgeholt habe, hatte ich mit ihnen einen Vertrag gemacht. [14] Teil des Vertrages war, dass nach sieben Jahren jeder seine Leute entlassen soll, die unter Knebelverträgen für ihn arbeiten, wenn sie von den eigenen Leute abstammen. Die Leute, die vor euch lebten, hatten da aber keinen Bock drauf und haben sich leider nicht dran gehalten. [15] Ihr seid zwar erst umgedreht und habt beschlossen, wieder das zu tun, was ich gut finde. Jeder hat seine Leute freigelassen. Ihr habt vor meinem Tempel einen Vertrag darüber unterzeichnet. [16] Aber jetzt habt ihr euch plötzlich wieder anders entschieden? Ihr habt die Leute wieder zurückgeholt, die ihr aus den Knebelverträgen entlassen habt! Ihr habt ihnen wieder dieselben miesen Verträge aufgebrummt und sie weiter für euch arbeiten lassen. Damit habt ihr mich echt total beleidigt.
[17] Weil ihr nicht auf mich gehört habt und weil ihr die Leute nicht wirklich in die Freiheit entlassen habt, werde ich jetzt dafür sorgen, dass eine andere Sache freigelassen wird. Und zwar lasse ich hiermit den Krieg frei und einen tödlichen Grippevirus, ich lasse eine fiese Hungersnot frei, das alles soll jetzt über euch kommen. Andere Nationen werden die Hände überm Kopf zusammenschlagen, wenn sie hören, was mit euch passiert ist. [18] Ich werde die Männer, die meine Verträge gebrochen haben, so behandeln wie eine Kuh, die geschlachtet und in zwei Hälften geteilt wird. Es ist ja bei euch manchmal so üblich, dass, wenn ihr Verträge macht, so eine Kuh in zwei Hälften geschnitten wird, und dann gehen die Vertragspartner dazwischen durch. [19] Die Chefs von Juda, die ganze Führungsriege aus Jerusalem, die Regierungsangestellten, die Priester und alle Leute, die bei euch wohnen, sind zwischen diesen zwei Kuhhälften durchgegangen. [20] Jeden von denen will ich in die Hand von euren Feinden geben. Die Leute, die ihnen ans Leder wollen, sollen die Kontrolle über sie bekommen. Ihre Leichen werden überall verstreut rumliegen, die Elstern und die Ratten werden sich daran satt fressen. [21] Zidkija und seine Minister werde ich an ihre Feinde ausliefern, an Menschen, die sie gerne töten wollen. Ich werde sie in die Hand der Soldaten vom Präsidenten von Babylonien übergeben. Der ist zwar gerade mit seiner Armee abgezogen, [22] aber ich werde ihm befehlen, dass er noch mal nach Jerusalem zurückkommen soll. Er muss noch einmal gegen die Stadt kämpfen und sie einnehmen. Dann soll er alles abfackeln. Ich werde dafür sorgen, dass die Städte von Juda alle leer geräumt und kaputt sind, niemand wird da mehr wohnen."

35

Die Familie von Rechab war immer treu

1 Irgendwann redete Gott wieder mal mit mir. Diesmal war das in der Zeit,
als Präsident Jojakim an der Macht war. Jojakim war ein Sohn von Joschija.
Gott sagte zu mir: 2 „Ich möchte, dass du die Männer aus der Familie
Rechab einlädst. Sie sollen zu einem Treffen in den Konferenzraum beim
Tempel kommen. Dort gibst du ihnen erst einmal eine Runde Wein aus."
3 Ich rief dann bei Jaasanja an und lud ihn zu diesem Treffen ein. Jaasanja
war ein Sohn von Jirmeja und ein Enkel von Habazzinja. Alle seine Brüder,
seine Söhne und alle Mitglieder der Familie Rechab wurden auch eingeladen.
4 Wir trafen uns in einem Konferenzraum beim Tempel, in dem sonst immer
die Schüler vom Propheten Hanan ihren Unterricht hatten. Hanan war ein
Sohn von Jigdalja. Der Raum lag neben den Büros von den hohen Beamten
und über dem Raum vom Maaseja, der die Securityeinheit vom Tempel
organisierte. Maaseja war ein Sohn von Schallum. 5 Als alle da waren, holte
ich den Wein und wollte mit ihnen anstoßen. 6 Aber die Männer von Rechab
sagten: „Wir trinken keinen Alkohol! Einer der Ersten in unserer Familie,
der Typ hieß Jonadab und war ein Sohn von Rechab, hat uns gesagt, dass
wir Alk nicht anfassen dürfen. Diese Ansage gilt für immer. 7 Nebenbei sollen
wir auch keine Häuser bauen, keine Sachen anpflanzen, keine Weinberge
anlegen oder besitzen. Er meinte, wir sollen die ganze Zeit in Wohnwagen
und Zelten pennen, dann würden wir hier lange in Sicherheit leben können.
Wir kommen ja nicht von hier, wir sind Ausländer. 8 Wir haben bis heute
durchgezogen, was uns Jonadab damals gesagt hat. Wir trinken keinen Alk,
unsere Frauen auch nicht und unsere Kinder erst recht nicht. 9 Wir bauen
uns auch keine Häuser und besitzen auch kein Stück Land, auch keinen
Weinberg oder so, und wir pflanzen auch generell nichts an. 10 Wir haben
immer in Zelten oder Wohnwagen gewohnt und haben alles durchgezogen,
was uns Jonadab damals gesagt hat. 11 Nun ist ja Nebukadnezzar mit seiner
Armee ins Land eingefallen, darum haben wir uns entschieden, nach Jeru-
salem zu ziehen. Dort wollten wir uns vor dem Heer der Babylonier und
Syrer verstecken. Das ist der Grund, warum wir jetzt hier sind." 12 Jetzt
redete Gott mit mir. Er sagte: 13 „Das kommt jetzt von Gott, dem Chef über
das ganze Universum: Jeremia, ich will von dir, dass du sofort zu den Leuten
von Juda und Jerusalem gehst und ihnen Folgendes von mir ausrichtest:
‚Ich, euer Gott, frage euch, wann ihr denn nun endlich mal in die Hufe
kommt und auf das hört, was ich euch zu sagen habe? 14 Jonadab befiehlt
seinen Söhnen, keinen Alk zu trinken, und sie ziehen das bis heute radikal
durch. Sie haben auf das gehört, was ein Typ vor vielen Jahren ihnen einmal
gesagt hatte. Aber wenn ich zu euch rede, dann interessiert euch das über-

haupt nicht! 15 Immer wieder hab ich meine Propheten bei euch vorbeige-
schickt, damit sie euch ins Gewissen reden. Sie haben zu euch gesagt: ‚Hört
auf mit dem Mist! Lebt nicht weiter so! Lauft nicht irgendwelchen Plastik-
göttern hinterher! Nur wenn ihr damit aufhört, werdet ihr auch weiterhin in
Frieden in diesem Land wohnen können.‘ Ich habe dieses Land den Leuten
fest versprochen, die lange vor euch gelebt haben. Aber ihr habt anschei-
nend auf euren Ohren gesessen, euch war das egal. 16 Sogar die Leute aus
der Familie von Jonadab haben getan, was ihr Vater gesagt hat. Aber meine
Leute hören nicht auf mich. 17 Darum wird jetzt was passieren. Das sagt
Gott, der Chef über alles, der Gott von Israel: Ich werde dafür sorgen, dass
die ganzen Katastrophen auch passieren werden, die ich den Leuten von
Juda und den Bewohnern von Jerusalem angedroht habe. Denn ich hatte sie
gewarnt, aber sie haben nicht auf mich gehört, ich hatte sie etwas gefragt,
aber sie haben nicht geantwortet.‘“ 18 Dann sagte ich zu den Leuten von der
Familie von Rechab: „Das kommt jetzt von Gott, dem Chef über dieses
Universum, dem Gott von Israel: ‚Weil ihr das getan habt, was euer Urvater
Jonadab gesagt hat, weil ihr alle durchgezogen habt, was er euch befohlen
hat, 19 darum soll jetzt Folgendes passieren: Ich sorge dafür, dass immer
genug Babys in eurer Familie geboren werden. Es soll immer jemanden
geben, der meine Ansagen umsetzen kann, der für mich lebt und der für
mich arbeitet.‘“

36

Die Datei mit den Worten von Jeremia

1 Irgendwann redete Gott mal wieder mit Jeremia. Das war in der Zeit, als
Jojakim vier Jahre an der Macht war. Jojakim war ein Sohn von Joschija. 2 Er
sagte: „Setz dich mal an den Rechner und schreib mit Word einen längeren
Text. Ich will, dass du alles aufschreibst und speicherst, was ich dir über
Israel, Juda und die anderen Völker gesagt hab. Und zwar geht das über den
Zeitraum, wo der Präsident Joschija an der Macht war, bis heute. 3 Ich hab
die Hoffnung, dass die Leute von Juda das lesen und dann voll geschockt
sind über die ätzenden Sachen, die ich ihnen angedroht habe. Wäre ja gut,
wenn sie ihr Leben ändern und ich ihnen den Mist vergeben kann, den sie
die ganze Zeit bauen.“ 4 Jeremia organisierte sich einen Sekretär, der Baruch
hieß. Er kam aus der Familie von Nerija. Diesem Typ diktierte Jeremia alles,
was Gott ihm in der ganzen Zeit gesagt hatte. Baruch legte eine Datei auf
dem Rechner an und druckte das ganze Teil am Ende aus. 5 Dann sagte
Jeremia zu ihm: „Ich hab Hausverbot im Tempel, ich komme da nicht mehr
rein. 6 Besser wäre, wenn du zum nächsten Gottesdienst dorthin gehst, und
dann liest du den Leuten, die gerade in den Tempel gehen wollen, das Teil
vor. Alle sollen diese Nachricht hören. Lies es den Leuten aus Juda vor und

auch den anderen, die nur zu Besuch in Jerusalem sind. 7 Ich hoffe, dass
sie dann umdenken und dass sie merken, wie schlimm das ist, was sie
gerade machen. Gott ist nämlich richtig sauer auf sie, und die Bestrafung
wird superhart sein."

Baruch liest den Text von Jeremia den Leuten vor

8 Baruch zog alles genauso durch, wie Jeremia es ihm gesagt hatte. Er ging
zum Tempel und las da den ganzen Text vor, den Jeremia ihm diktiert hatte.
9 Das Ganze passierte im fünften Jahr, als der Präsident Jojakim an der
Macht war, und zwar im Dezember. Alle Leute aus Jerusalem und den umlie-
genden Städten von Juda kamen in die Stadt, um dort einen Tag lang inten-
siv mit Gott zu reden und dabei auf Essen zu verzichten. 10 Baruch saß im
oberen Tempelhof und las den Leuten den Text vor, der ihm von Jeremia
diktiert worden war. Dabei war er in der Nähe von dem neuen Tor, vor dem
Zimmer, in dem Gemarja sein Büro hatte. Gemarja war ein Sohn vom ehe-
maligen Bildungsminister Schafan. 11 Der Sohn von Gemarja, Michaja, hörte
genau zu, als der Text vorgelesen wurde. 12 Danach ging er in den Regie-
rungsbezirk. Im Zimmer vom Innenminister gab es gerade eine außeror-
dentliche Sitzung, wo alle anderen Minister dabei waren. Außer dem Innen-
minister Elischama waren auch noch Delaja (ein Sohn von Schemaja),
Elnatan (ein Sohn von Achbor), Gemarja (ein Sohn von Schafan), Zidkija
(ein Sohn von Hananja) und einige höhere Beamte anwesend. 13 Michaja
erzählte ihnen sofort, was Baruch gerade den Leuten vorgelesen hatte. 14 Die
Minister baten Jehudi, ob er mal den Baruch vorladen könnte (so nebenbei:
Jehudi war ein Sohn von Netanja, sein Opa hieß Schelemja, und sein Uropa
war der Kuschi). Jehudi sagte zu Baruch: „Bringen Sie bitte die Zettel her, wo
der Text draufsteht, den Sie den Leuten vorgelesen haben!" Baruch holte
sofort die Zettel aus seiner Tasche. 15 „Am besten, Sie setzen sich da mal hin
und lesen uns alles vor, was da steht!" Also setzte sich Baruch auf einen
Stuhl und begann zu lesen. 16 Als er fertig war, schauten sich die Minister
völlig geschockt an. Alle waren sich einig, dass man sofort das Teil auch
dem Präsidenten vorlegen sollte. 17 „Können Sie uns bitte noch mal berich-
ten, wie das genau abgegangen ist, als Sie diesen Text verfasst haben?", frag-
ten sie Baruch. 18 „Jeremia hat mir alles diktiert, Wort für Wort. Ich hab das
dann nur in Word geschrieben, abgespeichert und ausgedruckt", antwortete
dieser. 19 „Das Beste ist, Sie und Jeremia tauchen erst mal unter", meinten
die Minister zu ihm. „Keiner darf wissen, wo Sie sich aufhalten!" 20 Die
Minister besorgten sich sofort einen Termin beim Präsidenten im Regie-
rungspalast. Die Zettel hatten sie beim Innenminister Elischama gelassen.
Sie berichteten dem Präsidenten alles, was Baruch in Jeremias Auftrag
aufgeschrieben hatte. 21 Der Präsident wollte den Text selber einmal lesen,

darum musste Jehudi noch mal ins Büro vom Elischa, um die Zettel zu holen. Schließlich las Jehudi dem Präsidenten alles noch mal vor. Mit dabei war die gesamte Führungsriege von Jerusalem. [22] Damals wohnte der Präsident in seinem Winterhaus, denn es war gerade Anfang Dezember. Er saß gerade vor seinem brennenden Kaminfeuer. [23] Sie machten es so, dass der Präsident immer, wenn Jehudi einen Absatz vorgelesen hatte, das Stück von dem Papier mit einer Schere abschnitt und es dann sofort in den Kamin ins Feuer warf. Das machten sie so lange, bis alle Zettel verbrannt waren. [24] Allerdings ließen die Worte den Präsidenten und seine Minister völlig kalt. Sie zeigten keinerlei Reaktion, dass es ihnen leidtun würde. [25] Obwohl Elnatan, Delaja und Gemarja den Präsidenten eindringlich baten, die Zettel nicht zu verbrennen, tat er es einfach trotzdem. [26] Der Präsident erließ dann sogar einen Haftbefehl gegen Jeremia und seinen Sekretär Baruch. Diesen Befehl sollten Jerachmeel (der Sohn des Präsidenten) sowie Seraja (ein Sohn von Asriel) und Schelemja (ein Sohn von Abedeel) ausführen. Gott hatte Jeremia aber versteckt, keiner konnte ihn finden.

Jeremia schreibt noch einmal einen Text

[27] Nachdem der Präsident die Zettel von Jeremia einfach verbrannt hatte, redete Gott noch mal mit diesem. [28] Er sagte: „Druck genau den gleichen Text bitte noch mal aus! [29] Dann legst du noch einen Zettel für den Präsidenten dazu, wo draufsteht: ‚Das kommt jetzt von Gott: Du hast den ersten Text verbrannt! Du fandest es nicht so toll, dass ich Jeremia gesagt habe, dass der Präsident von Babylonien ganz bestimmt bald kommt und hier alles kaputt macht. Aber er wird kommen und das Land komplett plattmachen, viele Menschen und auch Tiere werden von ihm mitgenommen werden! [30] Weil du das nicht ernst genommen hast, sage ich dir jetzt Folgendes voraus, Jojakim, Präsident von Juda! Du wirst nie einen Sohn haben, der nach dir an der Macht ist. Keiner aus deiner Familie wird an die Position von David rankommen. Du bekommst kein anständiges Grab, deine Leiche wird man irgendwo draußen hinwerfen. Dort wird sie liegen und vergammeln, weil sie tagsüber der Sonne und nachts der Kälte und der Feuchtigkeit ausgesetzt ist. [31] Ich werde dich, deine Nachkommen und auch deine Komplizen bestrafen. Ich werde über alle Leute in Jerusalem und über alle Leute von Juda ein Donnerwetter losgehen lassen. Das, womit ich immer gedroht habe, wird auch passieren, denn keiner hat auf meine Warnung gehört und sein Leben geändert.‘“ [32] Jeremia sagte zu Baruch, er solle sich noch mal an den PC setzen und einen neuen Text schreiben. Baruch setzte sich hin, und Jeremia diktierte ihm noch mal genau den gleichen Text, den Jojakim verbrannt hatte. Allerdings diktierte er noch einiges mehr dazu, was vorher nicht mit dabei gewesen war.

37

Jeremia trifft sich heimlich mit dem Präsidenten Zidkija

1 Der Präsident von Babylonien, Nebukadnezzar, setzte Jojachin, den Sohn
von Jojakim, dann irgendwann ab und ernannte Zidkija, den Sohn von
Joschija, zum neuen Präsidenten von Juda. 2 Aber auch der neue Präsident
hatte keinen Respekt vor dem, was Jeremia von Gott gesagt bekommen und
aufgeschrieben hatte. Auch den anderen Politikern im Land waren diese
Ansagen pupsegal. 3 Irgendwann schickte der Präsident Zidkija zwei seiner
Leute zu Jeremia mit der Bitte, ob er nicht mal für sie zu Gott beten könnte.
Die beiden waren Juchal (ein Sohn von Schelemja) und der Priester Zefanja
(ein Sohn von Maaseja). 4 In der Zeit war Jeremia noch nicht im Knast und
konnte sich frei bewegen. 5 Mittlerweile war nämlich die Armee vom Präsi-
denten von Ägypten im Krieg nach Jerusalem marschiert. Als die Babylonier,
die bis zu dem Zeitpunkt Jerusalem belagert hatten, davon hörten, dass
die große ägyptische Armee unterwegs war, hatten sie sich schnell verpisst.
6 Da redete Gott mit Jeremia: 7 „Das kommt jetzt von Gott, dem Gott von
Israel: Folgendes sollt ihr, Juchal und Zefanja, dem Präsidenten von Juda
ausrichten. Der hat euch ja zu mir geschickt, weil er was von mir wissen
wollte. Und zwar sagt ihr ihm, dass die Armee vom Präsidenten von Ägyp-
ten, die ja eigentlich unterwegs war, um euch zu helfen, schon wieder auf
dem Rückweg ist. 8 Die Babylonier werden wiederkommen, die Stadt angrei-
fen, sie erobern, ein Feuer legen und alles verbrennen. 9 Seid nicht so ver-
peilt zu glauben, dass die Babylonier tatsächlich für immer ihre Truppen
abziehen würden! Das ist auf keinen Fall so! 10 Auch wenn ihr fast die ganze
Armee schlagen würdet, die gegen euch antritt, und es blieben nur ein paar
verletzte Soldaten übrig, dann würden diese paar Männer kommen und
eure Stadt abfackeln."

Jeremia kommt in den Knast

11 Nachdem die Armee von den Babyloniern von Jerusalem abgezogen war,
um gegen die Armee vom Pharao anzutreten, 12 nutzte Jeremia die Gelegen-
heit, um einen Besuch bei seinen Verwandten zu machen, die im Gebiet
vom Familienstamm Benjamin lebten. Dabei wollte er eine Erbangelegenheit
von einem verstorbenen Familienmitglied regeln. 13 Als er am Grenzüber-
gang stand, hielt ihn ein Offizier an, der gerade Wache schob. Der Typ hieß
Jirija und war ein Sohn von Schelemja und ein Enkel von Hananja. Er
sagte: „Moment mal! Wollen Sie etwa zu den Babyloniern überlaufen?"
14 „Schwachsinn, so was würde ich nie tun! Ich bin kein Verräter!", antwor-
tete Jeremia ihm. Der Typ glaubte ihm aber nicht und nahm ihn fest. Schließ-
lich landete Jeremia vor den führenden Männern der Stadt. 15 Die waren

alle total sauer auf ihn, sie schlugen ihm sogar ins Gesicht und warfen ihn
anschließend in eine Gefängniszelle. Diese Zelle lag im Haus vom Staats-
sekretär Jonatan, das man zu einem Gefängnis umgebaut hatte. 16 Jeremia
wurde dort in einem Raum im Keller eingesperrt. In dieser Zelle saß er
sehr lange fest. 17 Irgendwann hatte der Präsident den Wunsch, noch mal mit
ihm zu sprechen. Er holte Jeremia heimlich in sein Haus und fragte ihn:
„Sagen Sie mal, gibt es was Neues von Gott? Haben Sie eine neue Nachricht
von ihm reinbekommen?“ „Ja, es gibt was Neues“, antwortete ich. „Gott
hat mir gesagt, dass Sie bald vom Präsidenten von Babylonien verhaftet wer-
den. 18 Aber ich hab noch eine Frage an Sie: Warum sitze ich eigentlich im
Knast? Was hab ich Schlimmes verbrochen, wo hab ich Ihren Leuten oder
dem Volk geschadet, so dass ich verhaftet werden musste? 19 Dann würde
mich auch noch interessieren, wo jetzt eigentlich die anderen Propheten ste-
cken, die Ihnen vorausgesagt hatten, dass der Präsident von Babylonien
nicht kommen wird? 20 Ach, und noch was: Ich bitte inständig darum, nicht
wieder in das Haus von Jonatan gebracht zu werden! Wenn ich da noch
länger bleiben muss, bin ich bald tot!“ 21 Präsident Zidkija gab dann den
Befehl, dass Jeremia in den offenen Vollzug verlegt werden sollte, daher kam
er in den Gefängnishof. Dort bekam er jeden Tag ein paar frische Brötchen
vom Bäcker zu essen, und zwar so lange, bis es in der ganzen Stadt kein
Brot mehr gab.

38

Attentat auf Jeremia

1 Einige von den Beamten, die eng mit dem Präsidenten arbeiteten, hörten,
was Jeremia dem Wachpersonal im Knast ständig erzählte. Die Beamten
waren Schefatja (ein Sohn von Mattans), Gedalja (ein Sohn von Paschur),
Juchal (ein Sohn von Schelemja) und Paschhur (ein Sohn von Malkija).
2 Jeremia hatte denen nämlich geraten: „Verlasst die Stadt! Wer hier bleibt,
wird sterben, entweder durch den Krieg, durch Hunger oder durch eine tod-
bringende Krankheit. Nur wer jetzt die Stadt verlässt und sich den Babylo-
niern ergibt, hat eine Chance zu überleben. 3 Gott hat mir ganz klar gesagt,
dass diese Stadt fallen wird. Die Armee vom Präsidenten von Babylonien
wird hier einmarschieren und alles kaputt machen.“ 4 Die Beamten petzten
das dem Präsidenten. „Diesen Typ muss man unbedingt aus dem Weg
räumen! Die Sachen, die er sagt, sorgen nur dafür, dass unsere paar Solda-
ten, die noch übrig geblieben sind, total schlaff werden. Auch die Bewohner
von Jerusalem werden durch solche Texte total entmutigt. Dieser Mann
will nicht das Beste für unsere Leute, sondern er will uns alle zerstören!“
5 „Tun Sie, was Sie nicht lassen können“, antwortete der Präsident. „Ich
werde Sie nicht aufhalten!“ 6 Also wurde Jeremia von einigen Männern aus

dem Knast geholt und anschließend in einen alten Brunnenschacht runter-
gelassen, der im Gefängnishof lag. Dieses Teil hatte früher mal den Namen
bekommen „Der Brunnen vom Sohn des Präsidenten Malkija". Unten im
Brunnen war kein Wasser mehr drin, es gab dort nur noch einen matschigen
Boden, so eine Art Schlamm, in dem Jeremia stecken blieb. 7 Von irgendwo
her hörte Ebed-Melech, dass sie Jeremia in den Brunnen geschmissen
hatten. Ebed-Melech war ein Mann, dem als Junge die Hoden abgeschnitten
worden waren, man nannte so was Eunuch. Er arbeitete beim Präsidenten.
Dieser hatte an dem Tag gerade wieder eine öffentliche Sitzung am Ben-
jamintor. 8 Ebed-Melech verließ sofort die Präsidentenvilla und ging dorthin,
um mit ihm zu reden. 9 „Chef, mein Präsident, ich hab gerade gehört, was
diese Männer mit dem Propheten Jeremia gemacht haben. So was kann man
nicht bringen, das ist total übel! Wenn er dort nichts zu essen bekommt,
wird er vor Hunger sterben. Denn es gibt ja sowieso gerade nichts mehr zu
futtern in der Stadt!" 10 Irgendwie überzeugte er den Präsidenten. Der sagte
zu ihm: „Nehmen Sie sich von mir aus dreißig von meinen Männern und
ziehen Sie Jeremia aus dem Brunnen wieder nach oben, bevor er dort ver-
hungert!" 11 Ebed-Melech nahm sich die Männer und ging mit ihnen zum
Haus vom Präsidenten. Dort organisierte er sich ein paar abgetragene Kla-
motten, holte alte Handtücher aus dem Schrank und tat alles in eine Tüte.
Die Sachen ließ er an einem Seil zu Jeremia nach unten in den Brunnen.
12 „Nehmen Sie die Sachen und machen Sie dadraus eine Rolle!", rief er ihm
zu. „Die Rolle tun Sie unter Ihre Arme, damit das Seil Sie nicht verletzen
kann!" Jeremia machte alles, was er sagte. 13 So wurde Jeremia aus dem
Brunnen gezogen und gerettet. Ab dann wohnte er wieder in seiner Zelle im
Gefängnishof.

Der Präsident trifft sich noch mal heimlich mit dem Propheten

14 Der Präsident Zidkija wollte sich dann noch einmal mit Jeremia treffen,
diesmal am Eingang vom Tempel. „Ich möchte von Ihnen hören, was Gott
genau gesagt hat. Bitte lassen Sie nichts aus!" 15 Jeremia fragte vorsichtig:
„Also, wenn ich Ihnen das jetzt sage, werden Sie mich bestimmt töten wol-
len, oder? Und wenn ich Ihnen etwas raten soll, dann werden Sie sowieso
nicht auf mich hören, stimmt's?" 16 Diesmal schwor ihm der Präsident bei
Gott, dass er das nicht tun würde. „Gott hat uns das Leben geschenkt!
Darum verspreche ich Ihnen, dass ich Sie nicht töten werde. Ich werde Sie
auch nicht an die Männer ausliefern, die Sie gerne umbringen würden!"
17 „Okay, also das ist so", antwortete Jeremia. „Gott, der Chef über alles, hat
mir Folgendes für Sie gesagt: ‚Wenn du die Stadt verlässt und dich der feind-
lichen Armee und den Generälen vom babylonischen Heer ergibst, dann
wirst du diesen Krieg überleben. Die Stadt wird vom Feind auch nicht abge-

fackelt werden, und du und deine Familie, ihr werdet heil davonkommen.
[18] Wenn du das aber nicht tust, dann werden die Babylonier diesen Krieg
gewinnen. Sie werden die Stadt einnehmen und alles niederbrennen.
Und du wirst diesen Krieg auch nicht überleben.'" [19] „Besonders Schiss hab
ich vor unseren eigenen Leuten aus Juda, die zu den Babyloniern überge-
laufen sind", erwiderte der Präsident. „Wenn die gegen uns gewinnen, werde
ich bestimmt an diese Truppe ausgeliefert. Die würden mich dann richtig
fertigmachen, foltern und so was." [20] „Nein, auf keinen Fall", rief Jeremia.
„Haben Sie nicht kapiert, was Gott zu Ihnen gesagt hat? Man wird Sie nicht
ausliefern! Wenn Sie das tun, was ich Ihnen von Gott ausgerichtet habe,
wird es Ihnen gutgehen, und Sie werden damit Ihr Leben retten! [21] Aber
wenn Sie sich nicht ergeben, wird genau das passieren, was Gott mir gezeigt
hat: [22] Ich hab nämlich in so einem inneren Film eine Vision gesehen. Ich
sah, wie man alle Frauen abgeführt hat, die noch im Haus vom Präsidenten
leben. Sie wurden zu den Chefs der Babylonier gebracht. Ich hab gehört,
wie die gesagt haben: ‚Seine eigenen Freunde haben ihn verführt, sie haben
ihn voll abgezogen! Und jetzt, wo ihm das Wasser bis zum Hals steht, haben
sie sich einfach verpieselt!' [23] Alle ihre Frauen und Söhne wird man fest-
nehmen, und Sie selbst werden vom Präsidenten von Babylonien verhaftet
und abgeführt. Und die Stadt wird man komplett zerstören." [24] Zidkija
antwortete: „Keins der Worte, die Sie gerade ausgesprochen haben, darf die-
sen Raum verlassen, klar? Sonst werden Sie sterben! [25] Meine Minister
haben das bestimmt spitzgekriegt, dass wir uns getroffen haben. Wenn die
jetzt bei Ihnen ankommen und Sie ausquetschen wollen, worum es in unse-
rem Gespräch ging, und selbst wenn die androhen, Sie zu töten, [26] müssen
Sie Ihr Maul halten! Erzählen Sie Ihnen irgendwelche Geschichten, dass
Sie mich gebeten haben, Sie nicht wieder in das Haus von Jonatan zurück-
zuschicken oder so, klar? Sie können denen ja erzählen, dass Sie sonst
sterben würden, wenn Sie da noch länger bleiben müssten." [27] Die Chefs
und Minister kamen tatsächlich kurze Zeit später bei Jeremia an und frag-
ten ihn aus. Jeremia hielt sich an das, was der Präsident ihm befohlen
hatte. Schließlich zogen die Chefs und Minister wieder ab, weil sie von
Jeremia nichts erfahren hatten. [28] Jeremia blieb dann so lange im Gefängnis-
hof, bis Jerusalem eingenommen wurde.

39

Jerusalem wird zerstört

[1] In dem neunten Jahr, wo Zidkija als Präsident von Juda in Jerusalem an
der Macht war, zog Nebukadnezzar mit seiner ganzen Armee vor die Stadt,
um gegen sie zu kämpfen. [2] Zwei Jahre später, es war am 9. Juli, schaffte
es die babylonische Armee, ein Loch in die Schutzmauer von Jerusalem zu

sprengen. 3 Die babylonischen Generäle zogen in die Stadt ein und bauten
am Mitteltor ihr Lager auf. Unter ihnen waren Nergal-Sarezer, Samgar-Nebu,
der Außenminister Sar-Sechim und noch ein anderer Nergal-Sarezer, der
im Beraterstab vom Präsidenten der Chef war. 4 Als der Präsident Zidkija und
seine Soldaten sahen, wie die gegnerische Armee in die Stadt einbrach,
verpieselten sie sich durch einen Hinterausgang nachts aus der Stadt. Die-
ser Ausgang lag zwischen den beiden Mauern am Garten von der Präsiden-
tenvilla. Sie flohen in östliche Richtung zum Jordan-Fluss. 5 Die Armee von
den Babyloniern nahm sofort die Verfolgung auf und holte Zidkija kurz vor
der Stadt Jericho ein. Der Präsident wurde verhaftet und nach Ribla gebracht,
einer Stadt im Land Hamat. Dort wurde er Nebukadnezzar, dem Präsidenten
von Babylonien, vorgeführt. In einem Kriegsgericht fällte der dann auch das
Urteil über ihn. 6 Auf Befehl von Nebukadnezzar wurden vor den Augen von
Zidkija all seine Söhnen erschossen. Die gesamte Führungsriege von Juda
wurde auf die gleiche Weise hingerichtet. 7 Am Ende stachen sie Zidkija mit
einem Schraubenzieher die Augen aus. Er wurde in Handschellen abgeführt
und nach Babylon gebracht. 8 Die Soldaten steckten den Präsidentenpalast
in Brand, und auch die anderen Häuser von Jerusalem wurden angezündet.
Die Schutzmauern wurden überall weggesprengt. 9 Alle übrigen Menschen
aus Jerusalem, die diesen Krieg überlebt hatten, wurden als Kriegsgefangene
nach Babylonien abgeführt. Dazu zählten auch die Leute, die am Ende zu
der babylonischen Armee übergelaufen waren. Das organisierte alles Nebu-
saradan, der Chef der Securityeinheit von Nebukadnezzar. Er war als Ver-
walter eingesetzt worden. 10 Die ganz armen Leute, die vorher nur auf der
Straße gelebt hatten, durften in Jerusalem bleiben. Nebusaradan schenkte
denen die ganzen Felder und Weinberge.

Jeremia kommt frei

11 Was Jeremia anging, hatte Nebukadnezzar eine Extra-Order an Nebusara-
dan ausgegeben. 12 „Suchen Sie diesen Mann und behandeln Sie ihn
anständig! Alles, was er haben will, soll er auch bekommen!“ 13 Deswegen
schickte Nebusaradan ein paar ranghohe Offiziere und Beamte los, um Jere-
mia zu holen: den Chef vom Präsidentenpalast Nebuschasban, den obers-
ten Berater Nergal-Sarezer und die übrigen babylonischen Befehlshaber.
14 Sie sollten Jeremia aus dem Gefängnishof befreien. Sie übergaben ihn an
Gedalja, den Sohn Ahikams und Enkel Schafans, damit der ihn sicher nach
Hause bringen konnte. So blieb Jeremia weiter bei seinen Leuten wohnen.

Gott verspricht dem Ausländer Ebed-Melech etwas

15 In der Zeit, als Jeremia noch im Knast saß, hatte Gott zu ihm über eine
Sache gesprochen, die er bald tun sollte. 16 „Ich möchte, dass du bald zu

Ebed-Melech gehst. Der kommt aus Äthiopien. Sag ihm Folgendes von mir: ‚Das kommt jetzt von Gott, dem Chef über das Universum: Pass auf, ich werde alles durchziehen, was ich über diese Stadt angekündigt hatte. Mit dieser Stadt wird es nicht besser, sondern schlimmer, davon wirst du noch Augenzeuge werden. [17] Du wirst aber davonkommen, ich werde dich retten. Du wirst nicht an die Leute ausgeliefert werden, vor denen du so eine Angst hast. [18] Ich werde dafür sorgen, dass du fliehen kannst, du wirst nicht erschossen. Ich werde dir dein Leben schenken, weil du mir vertraut hast. Das kam jetzt von Gott!'"

40

Jeremia wohnt beim Gedalja

[1] Ein kurzer Rückblick: Nebusaradan hatte Jeremia aus dem Knast geholt und ihn freigelassen. Jeremia war zu der Zeit in Rama gewesen. Dort war er mit allen anderen Männern von Jerusalem und Juda, die als Kriegsgefangene nach Babylonien verfrachtet werden sollten. In der Zeit redete Gott auch wieder mit Jeremia. [2] Der Chef der Leibwache entdeckte Jeremia unter den Gefangenen und ließ ihn zu sich holen: „Sind Sie nicht der Typ, der diese ganzen ätzenden Sachen, die hier passieren, schon vorher von Gott gesagt bekommen hat? [3] Jetzt ist ja alles genau so passiert! Gott hat alles durchgezogen, was er vorher angedroht hatte. Ihr Volk hat nämlich gegen Gott gelebt. Sie haben nicht das getan, was Gott Ihnen gesagt hat. Darum musste das hier alles so passieren. [4] Ich werde Ihnen jetzt als Erstes die Handschellen von Ihren Händen abnehmen. Wenn Sie wollen, können Sie auch mit nach Babylonien kommen! Ich werde auf Sie aufpassen, versprochen! Wenn Sie aber nicht wollen, ist das auch okay für mich. Sie sind frei, gehen Sie dorthin, wohin Sie möchten!" [5] Jeremia überlegte lange, wo er jetzt hingehen sollte. Nebusaradan empfahl ihm schließlich: „Gehen Sie doch zum Gedalja. Er ist ein Sohn von Ahikam und ein Enkel von Schafan. Der babylonische Präsident hat den als Oberbürgermeister über alle Städte von Juda eingesetzt. Sie bekommen bei ihm bestimmt ein Zimmer und könnten so immerhin in der Nähe von Ihren Leuten bleiben. Aber ganz, wie Sie wollen, ich überlasse Ihnen die Entscheidung!" Nebusaradan gab ihm noch ein paar Lunchpakete mit und packte ihm dazu noch Geschenke in den Rucksack. [6] Jeremia entschied sich, nach Mizpa zum Gedalja zu gehen. Dort wohnte er mitten unter seinen Leuten, die vom Krieg noch übrig geblieben waren.

Einige Leute kommen zurück

[7] Einige Truppenverbände von Juda waren mit ihren Generälen noch überall im Land verstreut. Sie hörten davon, dass der neue Präsident von Babylo-

nien den Gedalja, den Sohn Ahikams, zum Oberbürgermeister über ganz
Juda eingesetzt hatte. Alle Männer, Frauen und Kinder und auch die ganzen
Hartz-IV-Empfänger, die nicht als Kriegsgefangene nach Babylonien abge-
führt worden waren, wurden ihm unterstellt. 8 Schließlich kamen die Gene-
räle dieser Verbände nach Mizpa, um mit Gedalja über eine Rückkehr zu
verhandeln: Es waren Jischmael, der Sohn von Netanja, Johanan und Jona-
tan, die Söhne Kareachs, Seraja, der Sohn Tanhumets, dazu die Söhne von
Efai aus Netofa und Jaasanja aus Maacha. 9 Gedalja meinte zu ihnen: „Män-
ner, ich schwöre Ihnen: Sie brauchen keine Angst davor zu haben, wenn Sie
sich den Babyloniern ergeben. Sie können alle im Land bleiben, wenn Sie
an den neuen Präsidenten von Babylonien ihre Steuern bezahlen. Dann wird
es Ihnen gutgehen! 10 Ich bin ja auch noch hier in Mizpa, um unsere Ange-
legenheiten vor den Babyloniern zu vertreten. Sie könnnen in die Städte in
der Umgebung ziehen und dort wohnen. Auf dem Land sollten Sie sich dann
um den Wein- und Obstanbau kümmern, Öl herstellen und so was. Das
Zeug können Sie dann bei sich lagern." 11 Als die Leute von Juda, die bei den
Moabitern, Ammonitern, Edomitern oder anderen Völkern lebten, davon
hörten, dass der Präsident von Babylonien einigen Männern erlaubt hatte, in
Juda wohnen zu bleiben, und dass Gedalja ab sofort der Oberbürgermeister
dort war, freuten sie sich. 12 So kamen einige wieder zurück nach Juda und
meldeten sich bei Gedalja, der sein Büro in Mizpa hatte. Viele arbeiteten ab
dann sehr erfolgreich im Wein- und Obstgeschäft.

Gedalja ist in Gefahr

13 Irgendwann kam Johanan mit den anderen Generälen der Truppenver-
bände, die noch im Land waren, nach Mizpa, um Gedalja zu besuchen.
14 Johanan erzählte ihm: „Haben Sie es auch schon gehört, dass Baalis, der
Präsident der Ammoniter, den Jischmael beauftragt hat, Sie zu töten?"
Aber Gedalja glaubte ihm kein Wort. 15 Johanan sagte sogar heimlich zu
Gedalja, dass er den Jischmael sofort um die Ecke bringen würde, wenn
Gedalja das will. „Kriegt auch keiner mit! Versprochen!", meinte er zu
ihm. „Wir dürfen einfach nicht zulassen, dass Sie umgebracht werden! Wenn
das passiert, haben wir wieder das große Chaos am Start, und alle, die sich
um Sie gesammelt haben, würden wieder auseinandergehen. Das wäre der
Untergang für den Rest von Juda!" 16 „Schwachsinn, das glaub ich nicht!",
antwortete Gedalja. „Tun Sie ihm bloß nichts an!"

41

Gedalja wird umgebracht

1 Im Oktober desselben Jahres kam Jischmael nach Mizpa, um Gedalja zu
besuchen. Mit dabei waren noch zehn andere Männer, die ihn begleiteten.

Jischmael war ein Sohn von Netanja und ein Enkel von Elischama. Er
gehörte zur Präsidentenfamilie und hatte einen ziemlich hohen Offiziers-
posten in der Privatarmee vom Präsidenten. Man traf sich zu einem großen
Festessen. 2 Beim Essen standen Jischmael und seine Männer plötzlich
von ihren Plätzen auf, zogen ihre Pistolen und erschossen Gedalja. Gedalja
war ein Sohn von Ahikam, der wiederum ein Sohn von Schafan war. Auf
die Art kam der Typ ums Leben, der vom Präsidenten von Babylonien als
neuer Oberbürgermeister über Juda eingesetzt worden war. 3 Alle anderen
Männer bei diesem Essen in Mizpa wurden auf Befehl von Jischmael getötet,
genauso wie die Soldaten der babylonischen Armee, die gerade dort waren.

Jischmael bringt noch mehr Leute um

4 Einen Tag später, zu dem Zeitpunkt wusste noch niemand vom Mord an
Gedalja, 5 kamen achtzig Männer in den Ort reinspaziert. Die kamen aus
Silo, Sichem und Samaria. Sie hatten alle schwarze Trauerklamotten an und
hatten sich sogar ihre langen Bärte abgeschnitten. Dazu ritzten sie sich
mit Scherben die ganze Zeit blutige Schrammen in die Haut. Im Rucksack
hatten sie ein paar Räucherkerzen und Brote, die sie am Tempel Gott
schenken wollten. 6 Jischmael legte eine oscarreife Nummer hin, spielte
einen auf extrem traurig und weinte die ganze Zeit, als er ihnen entgegen-
kam. Dann lud er sie ein, doch mit zu Gedalja zu kommen. 7 Aber kaum
waren die Männer in der Stadt, wurden sie alle von Jischmael und seinen
Männern abgestochen. Den Leichen banden sie einen Betonklotz ans Bein
und warfen sie in den Fluss. 8 Aber zehn von ihnen wurden nicht umge-
bracht, weil sie zu ihm sagten: „Bitte, lassen Sie uns am Leben! Wir haben
noch einen Aktenkoffer mit ganz viel Geld in einem Schließfach!“ 9 Die
Stelle am Fluss, wo Jischmael die Leichen reinwerfen ließ, war übrigens die
gleiche Stelle, die früher mal der Präsident Ahas von Juda hatte ausbauen
lassen. Das war zu der Zeit, als Ahas noch Krieg gegen Bascha geführt hatte,
den Präsidenten von Israel. Jetzt wurde die ganze Stelle von Jischmael mit
Leichen gefüllt.

Die Gefangenen kommen frei

10 Alle Bewohner von Mizpa, inklusive der Töchter vom Präsidenten, wurden
von Jischmael gefangen genommen und abgeführt. Diese Leute waren
Gedalja von Nebusaradan anvertraut worden, damit er sich um sie küm-
mern sollte. 11 Als Johanan und die anderen Generäle hörten, was Jischmael
für miese Sachen getan hatte, 12 nahmen sie sich alle zur Verfügung stehen-
den Männer und verfolgten ihn. Schließlich holten sie ihn und seine Truppe
beim großen See von Gibeon ein. 13 Die Gefangenen, die Jischmael mit-
geschleppt hatten, freuten sich voll, als sie die Truppen von Johanan und

den anderen Generälen aus der Entfernung ankommen sahen. 14 Schließlich
rissen sich alle Leute, die Jischmael in Mizpa gefangen genommen hatte,
von ihm los und rannten zu Johanans Truppe. 15 Jischmael floh, so schnell er
konnte, und versteckte sich mit acht seiner Männer bei den Ammonitern.
16 Ab sofort übernahmen Johanan und die anderen Generäle den Befehl über
die Männer, die Jischmael aus Mizpa mitgenommen hatte, als er Gedalja
ermordet hatte. Johanan hatte diese Leute dann ja bei dem Ort Gibeon
eingeholt und wieder zurückgebracht. Dazu gehörten viele Männer, Frauen
und Kinder. Einige von den Männern arbeiteten früher für den Präsiden-
ten, andere waren nur einfache Soldaten. 17 Die ganze Truppe zog dann Rich-
tung Süden, bis sie eine Pause beim Hotel von Kimham einlegten. Dieses
Hotel lag in der Nähe von Bethlehem. Von dort aus sollte es weiter nach
Ägypten gehen. 18 Sie wollten auf keinen Fall wieder zurück, weil sie Schiss
vor den Babyloniern hatten. Schließlich hatte Jischmael einen Typen
ermordet, der direkt vom Präsidenten von Babylonien als Verwalter über
Juda eingesetzt worden war.

42

Jeremia sagt: Geht nicht nach Ägypten!

1 Bevor es dann weiterging, kamen die Generäle, inklusive Johanan und
Asarja, und auch die anderen Leute von Juda bei Jeremia an. Vom einfachen
Mann bis zum Theologieprofessor, alle waren dabei. 2 Sie fragten den Pro-
pheten: „Bitte, bitte, beten Sie für uns zu Gott? Bitte beten Sie zum Chef für
diesen kleinen Rest, den es von uns noch gibt. Es sind ja echt nur noch ein
paar von den vielen übrig geblieben, wie man sehen kann. 3 Fragen Sie doch
Gott für uns, in welche Richtung wir gehen sollen! Er soll uns sagen, was wir
jetzt machen müssen, damit es irgendwie weitergeht!" 4 Jeremia antwortete:
„Okay, mach ich! Ich werde beten und mit Gott über Ihre Sache reden. Ich
verspreche Ihnen, dass ich haargenau alles weitergeben werde, was Gott mir
sagen wird." 5 „Wir schwören bei Gott, dass wir alles genau so umsetzen,
wie Sie es uns sagen werden. Gott kann man nicht bestechen, und er soll
das bezeugen! 6 Egal, ob wir das, was er sagt, gut finden oder nicht: Wir wer-
den gehorchen! Wir wollen alles tun, was Gott durch Sie zu uns sagt! Dann
wird bestimmt wieder alles gut!" 7 Ganze zehn Tage mussten sie warten, bis
Gott mit Jeremia redete. 8 Jeremia rief dann bei Johanan an, und man orga-
nisierte ein Treffen, wo die Generäle und alle anderen Leute von Juda auch
dabei waren. Von der Oberschicht bis zum letzten Hempel, alle waren einge-
laden. 9 Jeremia sagte ihnen: „Ihr wolltet, dass ich mit Gott über euer Anlie-
gen rede. Folgendes hat er mir dazu gesagt: 10 ‚Wenn ihr hier in diesem Land
wohnen bleibt, wird euch nichts passieren. Ich werde dafür sorgen, dass ihr
euch hier wie zu Hause fühlt, ich werde euch nicht rausschmeißen. Ich

werde euch aufbauen und nicht kaputt machen. Es tut mir voll leid, dass ich euch so einen reindrücken musste. [11] Vielleicht habt ihr jetzt Schiss vor dem Präsidenten von Babylonien. Aber ihr braucht keine Angst mehr vor dem zu haben! Ich bin nämlich ab sofort bei euch, ich werde euch vor ihm retten. Ich werde euch befreien! [12] Ich werde dafür sorgen, dass er Mitleid mit euch bekommt und dass er euch deswegen wieder nach Hause lässt, in euer Land.' [13] Das Ganze gilt aber nur unter einer Bedingung: Von euch dürfen nicht solche Kommentare kommen wie: ,Wir wollen nicht hierbleiben.' Ihr müsst das tun, was Gott von euch will, klar? [14] Es soll auch keiner sagen: ,Wir wollen nach Ägypten ziehen, da gibt es wenigstens keinen Krieg und keine Kämpfe mehr, und da müssen wir auch nicht mehr hungern.' [15] Falls ihr das doch wollt, soll ich euch von Gott, dem Chef dieser Welt, dem Gott von Israel, Folgendes ausrichten: ,An alle Leute von Juda, die noch übrig sind: Wenn ihr wirklich nach Ägypten ziehen wollt, um dort als Ausländer zu leben, [16] dann werdet ihr dort die reine Hölle durchmachen. Der Krieg, vor dem ihr weglaufen wollt, wird dort erst recht voll abgehen. Der Hunger, vor dem ihr so einen Schiss habt, wird euch dort voll treffen, und ihr werdet in Ägypten sterben müssen. [17] Alle Leute, die sich dazu entschließen, nach Ägypten zu gehen, werden dort krepieren. Entweder durch Krieg, durch Verhungern oder durch eine todbringende Krankheit. Niemand wird überleben. Das Chaos, was ich bringen werde, wird für alle tödlich sein.' [18] Gott, der Chef über dieses Universum, der Gott von Israel, sagt euch: ,Genauso heftig wie die Katastrophe, die über Jerusalem gekommen ist, wird die Katastrophe bei euch sein, wenn ihr lieber nach Ägypten fliehen wollt. Jeder würde ab dann nur noch loslachen, wenn man euren Namen ausspricht. Ihr würdet als abschreckendes Beispiel dienen, wenn man was ganz Schlimmes sagen will. Und es wird peinlich sein, über euch zu reden. Außerdem werdet ihr dieses Land hier nie wieder sehen.' [19] Gott hat mit euch gesprochen, dem Rest von Juda. Er sagte, dass ihr nicht nach Ägypten umziehen sollt! Ich möchte, dass ihr das noch mal ganz deutlich hört: Ich habe euch gewarnt! [20] Ihr habt euch geirrt, und das kostet euch jetzt das Leben. Ihr wolltet ja von mir, dass ich zu Gott gehe und mit ihm darüber rede. Ihr wolltet, dass ich für euch bete, und ihr habt versprochen, dass ihr alles tun werdet, was Gott euch dann sagen wird. [21] Jetzt hab ich es euch erzählt, aber ihr habt nicht auf Gott gehört. Was ich euch von ihm ausgerichtet hab, war euch egal. [22] Darum sollt ihr jetzt wissen, dass ihr alle umkommen werdet! Entweder im Krieg oder durch Verhungern oder durch eine tödliche Krankheit. Das wird an dem Ort passieren, wo ihr jetzt unbedingt hinziehen wollt, auch wenn ihr dort nur Ausländer seid."

43

Was Gott durch Jeremia sagt, ist den Leuten egal

1 Schließlich war Jeremia mit seiner Ansprache fertig. Er hatte alles weiter-
gegeben, was Gott ihm erzählt hatte. 2 Asarja, Johanan und einige andere
arrogante Typen waren nicht so begeistert von seiner Rede. „Sie labern
den größten Schwachsinn! Was Sie sagen, kann nie und nimmer von Gott
kommen! Der würde nie behaupten, es sei keine gute Idee, nach Ägypten
auszuwandern. 3 Wahrscheinlich haben Sie sich von Ihrem Sekretär, Baruch,
besabbeln lassen. Der will doch nur, dass wir unter die Kontrolle der Baby-
lonier kommen. Sie sollen uns alle töten oder gefangen nehmen, damit wir
in Babylonien in den Knast wandern.“ 4 Also hörten Johanan und die ganzen
Generäle der Armee von Juda nicht auf das, was Gott ihnen gesagt hatte.
Sie blieben nicht in Juda, 5 sondern wanderten unter der Führung von
Johanan und den anderen Offizieren nach Ägypten aus. Mit dabei war auch
der Rest der Männer von Juda. Die waren vorher in alle möglichen Länder
außerhalb von Juda geflohen, jetzt aber zurückgekommen, um dort zu leben.
6 Dann auch alle Frauen und Kinder, die Kinder vom Präsidenten und die
anderen Leute, die Nebusaradan, der Chef von den Leibwächtern von
Nebukadnezzar, damals bei Gedalja in Mizpa zurückgelassen hatte. Schließ-
lich mussten auch der Prophet Jeremia und Baruch mitgehen. 7 Obwohl
Gott genau das Gegenteil gesagt hatte, packten sie ihre Sachen und zogen
zur ägyptischen Grenze nach Tachpanhes.

Ägypten hat keinen Bock auf die Ausländer

8 Als der Zug in Tachpanhes ankam, redete Gott mit Jeremia. 9 „Organisier
dir ein paar große Steine und vergrab die am Eingang vom Regierungsge-
bäude in der Stadt. Am besten, du nimmst dir noch ein paar Zeugen mit,
irgendwelche Männer aus Juda, damit die das später bestätigen können.
10 Dann sagst du zu ihnen: ‚Ich habe eine Nachricht von Gott für Sie. Die ist
von dem Chef über dieses Universum, dem Chef von Israel: Genau über
diesen Steinen, die Jeremia vergraben hat, wird mal ein fettes Regierungsge-
bäude gebaut werden, in dem der Präsident von Babylonien über das Land
regieren wird. Dieser Präsident wird mein Angestellter Nebukadnezzar sein.
Genau hier wird er einen fetten Palast hochziehen. 11 Und er wird in Ägypten
mit seiner Armee einfallen und es besiegen. Die Leute, die sterben sollen,
werden sterben. Die Leute, die in den Knast kommen sollen, werden in den
Knast kommen. Die Leute, die im Krieg erschossen werden sollen, werden
im Krieg erschossen. 12 Ich, Gott, werde dafür sorgen, dass sämtliche Tempel
der Plastikgötter von Ägypten abbrennen. Nebukadnezzar wird alles platt-
machen und viele Leute gefangen nehmen. So, wie man am Strand den

Sand von einem Handtuch abschüttelt, so werde ich die Plastikgötter aus
Ägypten abschütteln. So wie man eine Fliege mit einer Fliegenklatsche tötet,
werde ich die Götter in Ägypten wegklatschen. Nachdem Nebukadnezzar
das getan hat, wird er von dort wieder abhauen, ohne dass ihm jemand ans
Bein pinkeln konnte. 13 Er wird auch die großen Säulen der Plastikgötter weg-
sprengen, die man in Ägypten bei Heliopolis aufgestellt hat, und auch die
Tempel von den ägyptischen Göttern wird er plattmachen.'"

44

Warnung, zu Plastikgöttern zu beten

1 Und wieder redete Gott mit Jeremia. Diesmal war es eine Nachricht an alle
Leute aus Juda, die jetzt in Ägypten wohnten, also in Migdol, Tachpanhes,
Memfis und weiter im Süden. 2 „Das kommt jetzt von Gott, dem Chef über
alles, dem Gott von Israel: ‚Ihr habt die ganzen ätzenden Sachen live mit-
erlebt, die ich für Jerusalem und die Städte in Juda organisiert habe. Bis
heute sind die Städte kaputt, keiner kann da mehr wohnen. 3 Das musste
einfach passieren, weil die die ganze Zeit Mist gebaut haben. Sie haben mich
voll provoziert mit ihren blöden Räucherkerzenopfern für irgendwelche
Plastikgötter, die vorher noch nicht mal jemand kannte. Selbst die Leute, die
vor euch lebten, hatten von diesen Pseudogöttern noch nie etwas gehört.
4 Die ganze Zeit hab ich meine Propheten zu euch geschickt, die euch wie
bei einer Dauerdemo den ganzen Tag gewarnt haben: ‚Hört auf mit diesem
Ätzkram! Ich hasse so was!', haben sie euch von mir ausgerichtet. 5 Aber
das hat euch wohl nicht interessiert. Ihr habt einfach damit weitergemacht.
Ihr habt euch nicht davon abbringen lassen, für diese dummen Plastikgötter
Räucherkerzen anzuzünden. 6 Deshalb wurde ich richtig sauer. Ich habe
diese Wut auch rausgelassen, die Städte von Juda, besonders Jerusalem,
haben das zu spüren bekommen. Jetzt ist alles ein einziger Schrotthaufen,
bis heute kann man da nicht mehr wohnen. Es sieht dort aus wie auf einer
großen Müllhalde.' 7 Jetzt fragt euch Gott noch einmal: ‚Warum baut ihr
schon wieder so einen Mist? Warum bringt ihr euch, eure Männer, Frauen,
Kinder und sogar eure Babys, schon wieder in Gefahr? So könnte es pas-
sieren, dass bald keiner mehr von euch übrig ist! 8 Denn wenn ihr mich wei-
terhin durch das, was ihr tut, derart provoziert, dann kann ich für nichts
mehr garantieren. Dadurch, dass ihr in Ägypten für irgendwelche Plastik-
götter diese ‚netten' Räucherstäbchen anzündet, bereitet ihr euren endgül-
tigen Untergang vor. Alle Menschen auf der Erde werden dann über euch
lachen, weil ihr euch selbst kaputtgemacht habt. 9 Habt ihr denn schon wie-
der vergessen, was ihr alles gegen mich getan habt, damals in Jerusalem?
Die ganzen miesen Aktionen von euch und euren Frauen und auch von
euren Präsidenten und von deren Frauen? 10 Bis heute habt ihr nicht einen

Fehler wirklich eingesehen. Ihr habt keinen Respekt vor mir, die Gesetze sind euch egal. Die ganzen Regeln, die ich schon den Leuten vor euch gegeben habe, haben euch nicht die Bohne interessiert.‘ [11] Darum hat Gott, der Chef über alles, was es gibt, der Gott von Israel, Folgendes beschlossen: ‚Ich will mich ab sofort gegen euch stellen. Ich will nichts mehr mit euch zu tun haben. Ich will euch kaputt machen, euch, die Leute von Juda. [12] Nur diejenigen, die unbedingt nach Ägypten ziehen mussten, werde ich umbringen. Die Leute von Juda, die lieber im Ausland leben wollten, sollen sterben. Es wird durch einen Krieg passieren und durch Hunger. Vom kleinen Kind bis zum Opa, vom Hartz-IV-Empfänger bis zum Millionär, alle werde ich vernichten. Es soll so sein, dass man euren Namen in Zukunft benutzen wird, wenn man jemand die Krätze an den Hals wünschen will. Und wenn man ein Beispiel für etwas total Peinliches braucht, wird man von euch reden. [13] Die Leute, die unbedingt in Ägypten leben wollten, werde ich genauso bestrafen, wie ich die Leute in Jerusalem bestraft habe. Das passierte durch Kriege, Hunger und Krankheit. [14] Keiner wird das überleben. Alle Leute, die von Juda nach Ägypten gekommen sind, um dort als Ausländer zu leben, wird das betreffen. Auch wenn sie sich eigentlich immer nach ihrer alten Heimat gesehnt haben, werden sie dahin nie wieder zurückkehren können. Es wird nur ganz wenige geben, die dorthin zurückkehren werden.‘“

Gottes Finale

[15] Die Männer, die wussten, dass ihre Frauen für die Plastikgötter Räucherkerzen angezündet hatten, waren richtig sauer auf Jeremia. Auch die Frauen, von denen sehr viele zugehört hatten, und auch die anderen Leute von Israel, die jetzt im südlichen Teil von Ägypten wohnten, waren dagegen. Die Männer sagten zu ihm: [16] „Uns doch egal, was Sie hier erzählen, auch wenn Sie so tun, als käme Ihre Nachricht von Gott höchstpersönlich. Wir werden nicht darauf hören! [17] Wir wollen weiter die Sachen tun, die wir für richtig halten! Die ganzen Versprechen, die wir der ‚Fraugott aus dem Universum‘ gegeben haben, werden wir auch durchziehen. Wir werden für sie Räucherkerzen anzünden, Trinkopfersessions für sie starten, genauso, wie wir es früher in Jerusalem schon gemacht haben. In den Städten von Juda war das bei uns und unseren Vätern, den Männern aus der Leitungsebene und unseren Präsidenten immer schon ganz normal, so was zu tun. In der Zeit ging es uns voll gut, wir hatten genug zu essen, und alles lief super. [18] Erst seit wir aufgehört haben, für diese ‚Fraugott‘ Opfer abzufackeln, ging das los mit unserer Pechsträhne. Und jetzt fehlt es an allen Ecken und Enden, und viele von uns sind durch Krieg oder Hunger gestorben.“ [19] „Ja, wir haben auch immer mit dem Einverständnis von unseren Männern für diese ‚Frau-

gott' Räucherkerzen angezündet", entschuldigten sich die Frauen. „Sie waren immer damit einverstanden, dass wir für die Trinkopfersessions durchgezogen oder Kuchen gebacken haben!" [20] Jeremias Antwort an alle sah so aus: [21] „Genau dieses Abfackelopfer, das ihr in den Städten von Juda und in Jerusalem durchgezogen habt, ist das Problem! Schon die Leute vor euch, eure Väter, aber auch eure Präsidenten und die anderen Chefs im Land, haben so was getan. Glaubt ihr im Ernst, Gott hätte das nicht mitgekriegt? [22] Er konnte das einfach nicht länger durchgehen lassen. Diese ganzen fiesen Sachen, die ihr getan habt, waren der Grund, warum er alles plattmachen musste. Euer Land ist zu einem großen Müllhaufen geworden. Bis heute reden alle Leute schlecht von euch, und wenn man jemandem die Krätze an den Hals wünscht, gebraucht man euren Namen als schlechtes Beispiel. [23] Ihr habt für Pseudogötter Abfackelopfer abgehalten und damit Gott voll beleidigt. Ihr habt nicht auf das gehört, was Gott von euch wollte. Ihr habt seine Gesetze vergessen. Was er gesagt hat, war euch egal, ihr habt euch nicht dadran gehalten. Das ist der Grund, warum es euch heute so beschissen geht." [24] Dann meinte Jeremia zu allen Männern und Frauen: „Jetzt hört mal gut zu, was Gott euch zu sagen hat! Das gilt jetzt für alle, die zurzeit in Ägypten leben. [25] Gott, der Chef über alles, der Gott von Israel, sagt: ‚Die Männer und Frauen bei euch haben es ausgesprochen und auch umgesetzt, was sie sich vorgenommen hatten. Sie hatten für die ‚Fraugott' Räucherkerzen angezündet und Trinkopfer durchgezogen. Das war ihnen wichtig, sie wollten das genau nach Vorschrift tun. Dann macht das auch, haltet euch an euer Versprechen!' [26] Aber hört gut zu, was Gott zu dem Ganzen zu sagen hat. Das geht an alle, die momentan in Ägypten leben: ‚Ich schwöre euch, dass ab sofort keiner von euch mehr meinen Namen in den Mund nehmen wird. So ein Spruch ‚Bei dem Gott, der existiert!' wird nicht mehr über eure Lippen kommen. [27] Ab sofort werde ich nicht mehr dadrauf aufpassen, dass euch nichts Schlimmes passiert, sondern ich pass auf, dass euch etwas Schlimmes passiert. Alle Männer aus Juda, die zurzeit in Ägypten leben, werden im Krieg sterben oder verhungern. Das wird so lange gehen, bis keiner mehr lebt. [28] Nur ein paar ganz wenige Leute werden diesem Krieg entkommen, wieder nach Juda zurückziehen und nicht sterben. Der Rest von denen, die extra nach Ägypten ausgewandert sind, um dort als Ausländer zu arbeiten, wird schnell mitkriegen, dass sich meine Vorhersage und nicht ihre bestätigt. [29] Damit ihr mir glaubt, werde ich etwas tun, woran ihr erkennen könnt, dass ich keinen Stuss geredet hab. Was ich sage, wird hundertprozentig eintreffen, die ganzen ätzenden Sachen, die ich ankündige, werden auch passieren. [30] Und zwar werde ich dafür sorgen, dass der Präsident von Ägypten, Hofra, gefangen genommen wird. Sein Todfeind wird ihn in den Knast stecken. Genauso, wie ich damals Zidkija an

seinen Erzfeind Nebukadnezzar ausgeliefert habe, wird es hier auch passie-
ren. Das kommt jetzt von mir, Gott.'"

45

Jeremia warnt Baruch

1 Jetzt kommen noch ein paar Worte vom Propheten Jeremia, die an Baruch
gingen. Das passierte zu der Zeit, als Baruch alle Worte von Jeremia
aufschrieb und in einer Datei speicherte. Außerdem war Jojakim zu der Zeit
gerade vier Jahre an der Macht. Jojakim war ein Sohn von Joschija und für
einige Zeit der Präsident über Juda. Der Text geht folgendermaßen: 2 „Das
kommt jetzt vom Chef, dem Gott von Israel. Und es geht an Baruch. 3 Du
beschwerst dich und sagst: ‚Ich arme Sau! Gott drückt mir die ganze Zeit
einen nach dem anderen rein. Ich bin schon total ausgebrannt und müde,
ich kann gar nicht mehr richtig pennen.' 4 Ich soll dir von Gott Folgendes
ausrichten: ‚Was ich einmal aufgebaut habe, sprenge ich jetzt wieder.
Was ich mal gepflanzt habe, vernichte ich wieder. Das mach ich jetzt überall
im Land. 5 Aber du willst groß rauskommen und fett Kohle haben? Hör
auf damit! Ich werde bald dafür sorgen, dass es allen Menschen schlecht-
geht. Aber dir schenke ich dein Leben, das hast du dir erkämpft. Egal, wo
du bist, wirst du es behalten können.' Das kam jetzt von Gott."

46

Gott hält eine Gerichtsverhandlung über alle Menschen ab

1 Jetzt kommen noch mal ein paar Worte, die Gott dem Propheten Jeremia
gesagt hat. Es sind alles Ankündigungen für eine große Gerichtsverhand-
lung. 2 Zum Thema Ägypten: Als das Heer vom ägyptischen Präsidenten
Necho bei Karkemisch am Eufrat war und dort den Präsidenten von Babylo-
nien, Nebukadnezzar, mit seiner Armee besiegte, bekam Jeremia eine
Nachricht von Gott rein. Das Ganze passierte in der Zeit, als Jojakim, der
Präsident von Juda, vier Jahre an der Macht war. Jeremia wohnte da gerade
in Jerusalem. 3 „Zieht eure schusssicheren Westen an, setzt eure Helme
auf den Kopf! 4 Besteigt die Panzer, Jeeps und Motorräder. Stellt euch in Reih
und Glied auf. Ölt die Gewehre, setzt den Helm auf, zieht die Westen an.
Es geht los! 5 Aber jetzt sehe ich in einem inneren Film, so einer Vision, wie
die Armee zurückweicht! Was ist da los? Ihre Soldaten haben keinen Mut
mehr, sie sind fertig und kaputt. Sie fliehen vor dem Feind. Sie sehen sich
noch nicht mal mehr um, denn sie sind total in Panik! 6 Auch die Männer,
die hundert Meter unter 10 Sekunden laufen, kommen nicht rechtzeitig
weg. Die großen Helden können nicht mehr fliehen. Überall im Norden
liegen ihre Leichen, auch am Ufer vom Eufrat-Fluss. 7 Wer kommt da so
angerauscht? Wer fließt mit seiner Armee in das Land rein wie der Nil? Wer

überflutet das Land? 8 Es sind die Ägypter! Sie wollen die ganze Erde mit
ihrem Heer einnehmen, sie wollen das ganze Land überfluten, sie wollen alle
Städte plattmachen und alle Menschen töten, die dort wohnen. 9 Besteigt
eure Motorräder, Panzer und Jeeps, ihr Soldaten! Die Spezialeinheiten aus
Äthiopien und Put sollen losziehen, die Scharfschützen aus Lud genauso.
10 Dieser Tag gehört Gott, dem Chef über alles, und es soll ein Tag der Rache
sein, wo er sich an seinen Feinden rächen wird. Die Pumpgun wird so
richtig zum Einsatz kommen, es wird sehr blutig, Tote bis zum Abwinken.
Der Chef über diese Welt, Gott, will eine Grillparty feiern, wo viele Tiere
geschlachtet werden. Es soll im Norden abgehen, um das Ufer vom Eufrat-
Fluss. 11 Du kleines ‚Ägyptilein', jetzt hau mal ab in die Berge von Gilead,
um dort deine Wunden zu lecken. Kauf dir die beste Medizin in der Apo-
theke, aber es gibt nichts, was deine Wunden heilen wird. 12 Alle Menschen
haben davon gehört, wie man dich zur großen Lachnummer gemacht hat.
Alle Menschen auf der Erde haben mitbekommen, wie du geschrien hast.
Deine ganze heldenhafte Armee wurde besiegt, alle sind gestorben. Denn sie
sind über ihre eigenen Füße gestolpert und haben sich gegenseitig abge-
schlachtet."

Die babylonische Armee marschiert in Ägypten ein

13 Gott redete mal wieder mit Jeremia, als Nebukadnezzar mit seiner Armee
anrückte, um in Ägypten einzufallen. Nebukadnezzar war der Präsident von
Babylonien. 14 „Erzähl den Leuten in Ägypten, was sie erwartet! Die Men-
schen aus Migdol, Memfis und Tachpanhes müssen das hören. Sag ihnen:
‚Stellt eure Armeen auf und nehmt eure Waffen in die Hand! Denn die Völker
um euch herum sind auch schon alle umgenietet worden.' 15 Warum sind
denn jetzt schon die ganzen Mächtigen bei euch am Boden? Es war wohl so,
dass Gott selbst sie alle erschossen hat? 16 Gott sorgte dafür, dass die
Berufssoldaten der Ägypter alle auf die Fresse fielen. Sie stolperten überein-
ander. Sie bekamen die Panik und riefen: ‚Bloß weg hier! Lasst uns schnell
wieder nach Hause gehn. Das ist uns hier zu heftig, die schießen hier zu
scharf!' 17 Der Präsident von Ägypten macht nur heiße Luft, aber da ist nichts
dahinter. Er ist wie ein Angeber, der alles verpennt hat, denn er hat den bes-
ten Zeitpunkt verpasst, seine besten Tage sind nun vorbei. 18 Gott sagt: ‚Ich,
der Chef über alles, der wirkliche Präsident über die ganze Welt, verspreche
euch hiermit etwas. Der heftige Präsident aus Babylonien, der größte Berg
von allen Bergen, der so groß ist, dass er aus dem Meer herausragt, wird
bald kommen. 19 An die Ägypter: Packt euren Rucksack! Ihr werdet alle in
Kriegsgefangenschaft wandern. Memfis wird bald eine Wüste sein, alles wird
verbrannt, und keiner kann hier noch leben.' 20 Ägypten ist wie eine sehr
schöne Kuh, die von tausend Stechmücken und Bremsen angefallen wird.

21 Die bezahlten Soldaten wurden in Ägypten wie Kühe mit allem, was es
gibt, vollgestopft. Aber auch die hauen jetzt ab. Sie haben sich umgedreht
und sind nur noch gelaufen, sie konnten sich nicht mehr wehren. Gott
ist gekommen und hat die große Abrechnung präsentiert. 22 Das Heer von
den Ägyptern verzieht sich. Sie machen dabei Geräusche wie das Zischen
einer Schlange. Denn sie fliehen mit ihrer Armee, sobald die Feinde mit
ihren Motorsägen anrücken. 23 Überall sägen sie die Bäume ab. Man kann
sie kaum noch zählen, denn es sind mehr Soldaten als Ameisen, unendliche
viele. 24 Die Armee von Ägypten wird peinlich dastehen, denn die Armee
aus dem Norden hat sie besiegt. 25 Der Gott über dieses Universum, der
Gott von Israel, sagt: ‚Pass mal auf, ich werde es diesem Plastikgott von
Theben, diesem Amon zeigen. Ich werde es den Präsidenten von Ägypten
und ihren ganzen Plastikgöttern, an die sie glauben, mal so richtig heimzah-
len. 26 Ich werde sie an ihren schlimmsten Feind ausliefern, an Nebukad-
nezzar. Ich werde sie in die Hand seiner Soldaten geben. Aber später soll
man wieder in Ägypten wohnen können, so wie es früher auch war. Das kam
jetzt von Gott! 27 Aber allen Leuten von Israel sage ich: Ihr braucht keine
Angst zu haben! Ihr braucht nicht depressiv zu sein! Passt auf, ich werde
euch da rausholen, ich werde euch retten, ihr kommt wieder aus dem Knast
frei! Ihr werdet wieder zurückkommen, und dann werdet ihr dort entspannt
leben können. Keiner wird euch mehr angreifen, ihr werdet Frieden haben.
28 Ihr braucht echt keine Angst mehr zu haben!‘, sagt Gott. ‚Ich bin bei euch!
Ich werde alle Nationen, wo ihr von mir hingetrieben wurdet, plattmachen.
Aber euch mache ich nicht platt. Ich muss euch aber erziehen und konnte
euch nicht ungestraft davonkommen lassen.‘“

47

Was Gott über die Philister zu sagen hat

1 Jetzt kommt eine Ansage von Gott, die er Jeremia gemacht hat. Das war
kurz bevor der Präsident von Ägypten die Stadt Gaza eroberte. 2 „Das
kommt jetzt von Gott: Es wird eine Flutwelle aus dem Norden in das Land
kommen. Sie wird zu einem heftigen Fluss anschwellen, der alles überflutet.
Das ganze Land, alles, was dort wächst, auch die Städte und die Leute,
die dort wohnen, einfach alles wird unter Wasser stehen. Die Bewohner wer-
den um Hilfe schreien und laut weinen, 3 weil sie plötzlich hören, wie die
Panzer anrollen und die Hubschrauber kommen. Die Leute haben voll die
Panik, es ist so übel, dass Eltern sogar ihre Kinder vergessen. 4 Das ist
der Zeitpunkt, wo alle Philister vernichtet werden. Ich, Gott, werde alles
plattmachen, keiner wird Tyrus und Sidon noch helfen können. Ich komme
höchstpersönlich vorbei, um die Leute alle zu töten, die früher mal von
der Insel Kreta kamen.“ 5 Die Bewohner von Gaza tragen schwarze Trauer-

kleidung, Aschkelon gibt es nicht mehr. Der Rest von dem Familienstamm der Anakiter muss sich fragen, wie lange sie sich noch vor lauter Trauer mit Rasierklingen Wunden in die Haut ritzen wollen.
6 Ich frage die Kanone von Gott: „Wie lange willst du noch wie wild um dich schießen? Geh doch wieder zurück in deinen Waffenschrank. Entspann dich mal, hör auf damit!“
7 Die Frage ist bloß, wie sie sich wirklich entspannen kann, wenn Gott das so befohlen hat. Gott hat den Auftrag dazu gegeben, auf Aschkelon und auf das Gebiet an der Küste zu schießen.

48

Was Gott über Moab sagt

1 Das geht jetzt an die Stadt Moab: „Gott, der Chef über alles, der Gott von Israel, sagt Folgendes: Die Bewohner von Nebo müssen echt aufpassen. Alles ist kaputt. Kirjatajim wird erobert werden, wie peinlich für die. Der Bunker von Moab wird eingenommen und gesprengt.
2 Jetzt ist es vorbei damit, dass Moab so toll ist. In der Stadt Heschbon saßen die Feinde zusammen und haben einen Plan ausgeheckt, wie man Moab zerstören kann. Sie sagten: ‚Lasst uns alle Bewohner komplett töten, keiner soll diesen Krieg überleben.‘ Und auch in der Stadt Madmen wird bald alles still sein, keiner wird dort überleben. Die Armee, die dich zerstören wird, ist schon auf dem Weg!“
3 Hört ihr die Hilfeschreie aus der Stadt Horonajim? Dort wird auch alles kaputt gemacht, die ganze Stadt wird gesprengt.
4 Moab ist am Ende. Die Leute von der Straße schreien so laut, dass man es überall hört.
5 Man steigt den Berg hoch nach Luhit. Alle weinen. Beim Horonajim-Berg hört man laute Schreie, sie schreien vor Angst, weil die Leute von dem großen Zusammenbruch gehört haben.
6 „Rettet euer Leben! Haut ab! Zieht in die Wüste und lebt dort wie eine vertrocknete Blume“, rufen sie.
7 Du hast dich auf das verlassen, was du gebaut hast. Dein Bankkonto war deine Sicherheit. Darum sollst du von den Feinden erobert werden. Deinen Plastikgott Kemosch wird man auch gleich mitverhaften und in Kriegsgefangenschaft bringen, zusammen mit den Priestern und den Männern, die bei euch was zu sagen haben.
8 Der Feind, der alles kaputt macht, wird in die Städte kommen, und niemand schafft es, vor ihm zu fliehen. Das Tal und auch die Hochebene, alles wird zerstört werden. Das hat Gott so gesagt.
9 Ihr könnt für Moab schon mal einen Grabstein bestellen, denn bald sind die Leute dort alle tot. Die Städte werden ausgestorben sein, und keiner wird dort noch wohnen.
10 Derjenige, der nur halbgare Sache mit Gott macht, dem wünsche ich die Krätze an den Hals. Das gilt auch für denjenigen, der nicht alles abknallt, was ihm in den Weg kommt.
11 Die Leute von Moab mussten sich nie einen Kopf um irgendwas machen, solange es sie gab. Sie lagerten immer ganz ruhig wie eine Weinflasche im Keller. Sie wurden nie umgestellt

oder umgefüllt von einer Flasche in die nächste. Darum schmeckt und riecht
dieser Wein auch immer noch so wie früher, er hat sich nicht verändert,
weil er sich nicht entfalten konnte. 12 Gott sagt: „Aber jetzt kommt bald der
Tag, wo ich den Chef vom Weinkeller nach Moab schicke. Er soll alle Wein-
flaschen umfüllen, sie ausschütten und die Flaschen zerdeppern. 13 Moab
wird von seinem Plastikgott Kemosch genauso im Stich gelassen werden,
wie es die Leute von Israel mit ihrem komischen Plastikgott in Bet-El erlebt
haben, der aussah wie ein Stier. 14 Wie kommt ihr zu so einer Aussage wie
‚Wir haben gute Soldaten, alles Helden, wie für den Kampf gemacht?
15 Moab ist schon so gut wie plattgemacht, seine Städte hat man schon ein-
genommen, und die Eliteeinheit der Armee wurde bereits abgeschlachtet.‘
Das sagt der Präsident über alles, Gott. 16 Mit Moab ist es so gut wie vorbei,
sein Ende steht kurz bevor. 17 Die Nachbarn und Freunde können schon
mal Beileidsbriefe schreiben: ‚Es ging so schnell mit dem Land vorbei,
obwohl es so mächtig war, obwohl es alles konnte!‘“

Was die Flüchtlinge sagen

18 Kommt runter und wohnt jetzt im Dreck! Das geht an die Leute, die in
der Stadt Dibon wohnen. Die Feinde, die Moab komplett zerstört haben,
kommen gerade zu euch hoch, um auch euch kaputt zu machen. 19 An die
Bewohner von Aror: Stellt euch an die Straße und schaut mal, wer da
ankommt. Es sind Flüchtlinge, die vor einem Krieg geflohen sind. Fragt sie,
wo sie herkommen und was passiert ist. 20 Sie werden antworten: „Moab
ist Geschichte, die Stadt gibt es nicht mehr. Es ist alles so schrecklich, es ist
total übel. Man kann nur noch heulen und schreien. Erzählt es auch den
Leuten, die am Arnonfluss wohnen. Moab ist kaputt, Moab gibt es nicht
mehr!“ 21 Es gab eine Gerichtsverhandlung, und es ist ein Urteil gesprochen
worden über die Leute im Hochland, über Holon, Jahaz und Mefaat,
22 über Dibon, Nebo und Bet-Diblatajim, 23 über Kirjatajim, Bet-Gamul und
Bet-Meon, 24 über Kerijot und Bozra und alle übrigen Städte der Moabiter.
25 Gott sagt: „Moab hab ich die Macht abgenommen, ich habe ihm den Arm
auf den Rücken gedreht, ich habe ihm seine Kraft genommen.“ 26 Ihr könnt
ganz Moab abfüllen, macht sie alle besoffen, bis sie kotzen. Alle sollen
über Moab lachen. Denn sie haben sich gegen Gott aufgelehnt und einen
auf dicke Hose gemacht. 27 Habt ihr die Leute von Israel nicht auch immer
für dumm verkauft? Ihr habt Israel so behandelt, als hätte man es beim
Klauen im Supermarkt erwischt. Ihr habt beim Gedanken an Israel den Kopf
geschüttelt und euch gedacht, wie peinlich das doch ist. 28 Die Leute von
Moab sollen ihre Stadt verlassen und in die Berge ziehen. Sie sollen leben
wie eine Taube, die ihr Nest in einem U-Bahn-Schacht gebaut hat.

Wegen Moab wird getrauert

29 Wir haben mitbekommen, wie arrogant die Leute von Moab waren, wie
sie von oben auf andere runtersahen. Sie waren stolz und dachten, sie wären
sonst was für geile Leute. 30 Gott sagt: „Ich hab sehr wohl mitbekommen,
wie sehr sie von sich selbst überzeugt waren, wie sie rumgelogen und dum-
mes Zeug gelabert haben. 31 Die Leute von Moab tun mir leid, ich weine
wegen ihnen. Ich mach mir voll den Kopf um diese Menschen, die Leute von
Kir-Heres machen mich traurig. 32 Ich heule wegen den Leuten von Sibma
noch mehr als über die Leute von Jaser. Sie sind wie ein Weinstock, dessen
Zweige so weit gewachsen sind, dass sie bis zum Toten Meer reichen und
bis ganz nach Jaser. Aber wenn die Zeit gekommen ist, wo man den Wein
erntet, dann kommen die Feinde und machen alles kaputt. 33 Das war es
dann mit der Freude und den Partys in den Obstgärten von Moab. Den Wein
habe ich weggeschüttet, niemand zerquetscht dort mehr die Weintrauben
zu Saft und freut sich dabei. Aus dem Schrei vor Freude ist ein Kampfschrei
geworden. 34 Die Leute von Heschbon rufen auch um Hilfe, man kann die
Schreie bis nach Elale, Jahaz, Zoar, Horonajim und Eglat-Schelischija hören.
Sogar in Nimrim, wo es immer genug Wasser gab, wird alles ausgetrocknet
sein." 35 Gott sagt: „Ich werde Moab bald zerstören, dort wird keiner mehr
auf die Berge steigen, um für irgendwelche Plastikgötter Räucherkerzen
anzuzünden. 36 Ich trauere um die Leute von Moab, ich lass ein paar Emo-
Songs laufen, ich bin richtig depri wegen den Leuten von Kir-Heres. Alles,
was sie sich mühsam erspart haben, ist verloren. 37 Alle tragen schwarze
Kleidung, jeder hat sich die Augen schwarz geschminkt, um zu zeigen, wie
traurig er ist. Sie haben sich an den Händen geritzt und haben ihren
schwarzen Anzug an. 38 Auf den Dachterrassen in Moab und auf den Plätzen
in der City weint man überall ganz laut. Gott sagt, dass er Moab zerschlagen
hat, er hat es weggeschmissen wie ein Weinglas, das einem nicht mehr
gefällt. 39 Wie schrecklich! Weint euch die Augen aus! Mit Moab geht es
zu Ende. Es hat sich umgedreht und wurde von allen ausgelacht. Alle ande-
ren Nachbarn lachen es aus. Es ist auch schlimm für alle, die die ganze
Szene mitkriegen."

Gott spricht das Urteil

40 Gott sagt: „Wie ein Düsenjet ganz plötzlich aus dem Himmel ange-
schossen kommt, so werden sich auch die Feinde ganz plötzlich auf Moab
stürzen!" 41 Die Städte und Bunkeranlagen werden eingenommen. Selbst
die großen Helden der Armee von Moab werden an dem Tag so eine Panik
bekommen wie eine schwangere Frau, die plötzlich ihre Wehen kriegt. 42 Die
Leute von Moab werden komplett getötet, niemand wird mehr übrig bleiben.
Denn sie haben Gott gegenüber eine dicke Lippe riskiert. 43 „Paranoia, Fallen

und Handschellen warten auf euch", sagt Gott zu den Bewohnern von
Moab. 44 „Wer es schafft, vor der Katastrophe zu fliehen, wird in eine Falle
tapsen. Wer aus einer Falle wieder rauskommt, dem passiert eine andere
Katastrophe. Ich werde für Moab ein ganz schlimmes Jahr organisieren, ich
werde sie bestrafen." 45 Viele Flüchtlinge versuchen erschöpft, sich in Hesch-
bon zu verstecken. Heschbon wurde angezündet, es brennt. Das Feuer geht
vom Palast des Präsidenten Shion aus, und es wird ganz Moab abfackeln.
Es wird alles zerstören, auch die Männer, die immer nur dumm rumlabern,
werden sterben. 46 Pass auf, Moab! Die Leute vom Plastikgott Kemosch
sind verloren. Deine Männer und Frauen sind verhaftet worden, sie werden
in die Kriegsgefangenschaft abgeführt. 47 „Aber ich werde diese Gefangen-
schaft der Leute von Moab irgendwann beenden, wenn die Zeit dazu gekom-
men ist", sagt Gott.

49

Was Gott über die Ammoniter zu sagen hat

1 Jetzt kommt etwas für die Ammoniter. Gott fragt euch: „Warum haben
die Leute von Israel nicht das Gebiet vom Familienstamm Gad gekriegt?
Haben die etwa keine Söhne, die ein Anrecht darauf hätten? Warum hat
stattdessen der Plastikgott von den Ammonitern das Teil bekommen?
Warum wohnen jetzt seine Leute dort? 2 Passt auf! Irgendwann werde ich
gegen Rabba, die Hauptstadt der Ammoniter, eine Armee organisieren,
die sie angreift. Die ganze Stadt wird geschrottet, und die umliegenden Orte
werden alle abgefackelt. Wenn das passiert, werden die Israeliten die Leute
beerben, die vorher das Erbe der Israeliten gezockt hatten." 3 Die Leute,
die in Heschbon wohnen, sollen mal alle losheulen. Die Stadt Ai ist nämlich
komplett kaputt gemacht worden, da wächst kein Gras mehr. Die Bewohner
der Städte, die zu Rabba gehören, sollen schwarze Trauerkleidung tragen.
Sie sollen laut weinend auf ihren Feldern rumlaufen. Denn ihr Präsident, ihr
Plastikgott, kommt in Kriegsgefangenschaft, inklusive aller Chefs und der
Priester. 4 Die Menschen in Rabba finden sich ganz toll, weil sie in einem so
fruchtbaren Gebiet leben. Sie vertrauen auf ihren Reichtum und denken,
dass ihnen keiner das Wasser reichen kann. 5 Aber Gott, der Chef über
die ganze Welt, sagt: „Ich werde dafür sorgen, dass ihr von allen Seiten
umzingelt werdet. Ihr sollt alle in Kriegsgefangenschaft kommen, jeder Ein-
zelne wird verhaftet und abtransportiert. Kein Schwein wird sich um die
Flüchtlinge kümmern. 6 Aber irgendwann später werde ich dafür sorgen,
dass es den Ammonitern wieder gutgehen wird." Das sagt Gott, der Chef
über alles.

Was Gott zu den Leuten von Edom sagt

7 Jetzt kommt etwas, was Gott zu den Leuten von Edom sagt. Der Chef über
alles meinte zu mir: „Gibt es niemand mehr in Teman, der wirklich was
kapiert hat? Sind die schlauen Leute mit ihrem Gehirnschmalz am Ende?
Haben sie ihre Intelligenz im Klo runtergespült? 8 Die Bewohner von Dedan
sollen ihre Sachen packen und fliehen! Sie sollen sich irgendwo verkriechen.
Ich werde Edom kaputt machen. Ich werde ihnen jetzt die Abrechnung
präsentieren. 9 Wenn die Weinbauern ernten, lassen sie normalerweise einen
kleinen Rest für die Nachlese übrig. Aber diesmal werden nachts Diebe
einbrechen und alles vernichten. Sie lassen alles mitgehen, bis sie nichts
mehr tragen können. 10 Ich werde höchstpersönlich dafür sorgen, dass
die Edomiter von ihren Feinden gefunden und geschlagen werden. Selbst
wenn sie sich verstecken wollen, wird man sie finden. Alle Familien von
denen werden sterben. Es wird bei ihnen keine Nachbarn mehr geben, die
dann noch sagen können: 11 ‚Du kannst ruhig gehen, ich kümmer mich
um deine Kinder. Auch auf deine Frau werde ich aufpassen!'“ 12 Gott sagt
zu den Edomitern: „Passt gut auf! Selbst die Leute, die gar nichts dafür kön-
nen und nichts verbrochen haben, kriegen trotzdem meine Wut ab. Aber
ausgerechnet ihr glaubt, dass ihr einfach so davonkommt, ohne bestraft zu
werden? Ihr werdet es erst recht voll abbekommen! 13 Ich habe mir geschwo-
ren, dass eure Hauptstadt Bozra als ein Negativbeispiel bekannt werden
wird. Alle Leute werden über diese Stadt lästern. Sie wird für etwas stehen,
das komplett und für immer plattgemacht worden ist.“

Gott will, dass die anderen Völker gegen Edom in den Krieg ziehen

14 Ich habe von Gott etwas gehört. Er hat mir gesagt, dass er jemand schi-
cken wird, der eine Nachricht für alle Menschen hat. Dieser Typ gibt den
Befehl raus: „Achtung! Alle Armeen sollen zum Krieg gegen Edom aufmar-
schieren!“ 15 Denn ich, Gott, habe dafür gesorgt, dass du keine Macht mehr
hast. Du bist eine kleine Nummer, weiter nichts. 16 Du hast dir selbst ein
Bein gestellt. Du hast deine Klappe ziemlich weit aufgerissen und dachtest,
keiner könnte dir was. Du hast dich in dein fettes Penthouse im 32. Stock-
werk zurückgezogen. Aber selbst, wenn du deine Bude im höchsten Hoch-
haus der Welt hättest, ich werde dich da runterholen.“ Das kommt von Gott.
17 Er sagt: „Edom wird kaputtgehen, es wird so zerstört sein, dass alle, die
dort durchreisen, Angst bekommen. Die heftigen Sachen, die dort passiert
sind, machen die Leute echt fertig. 18 Man kann es mit Sodom und Gomorra
vergleichen, Edom wird genauso zerstört werden. Niemand wird dort mehr
wohnen können, kein Mensch wird da mehr leben. 19 Wie ein wilder Kampf-
hund aus der dunklen Nebenstraße einen plötzlich anfällt, so werde ich auch
kommen. Dann werden alle Edomiter sofort die Flucht ergreifen. Wenn das

passiert, werde ich dafür sorgen, dass ein neuer Chef an den Start kommt, den ich über Edom einsetzen will. Gibt es irgendjemanden, der es mit mir aufnehmen möchte? Gibt es jemanden, vor dem ich mich rechtfertigen muss? Wo ist der Präsident, der mir das Wasser reichen kann?" [20] Hört mal zu, was Gott beschlossen hat, was mit Edom passieren soll. Hört auch zu, was er über die Bewohner von Teman denkt. Er sagt: „Ich werde sie alle zusammentreiben und wegbringen, wie man eine Schafherde zusammentreibt und wegbringt. Egal, ob es die kleinen oder die großen Schafe sind, alle werden weggebracht. Dort, wo sie jetzt wohnen, wird man Panik kriegen, wenn man sieht, was da gerade abgeht. [21] Es wird so laut werden, wenn Edom kaputtgeht, dass alle Menschen auf der Erde das mitbekommen. Sogar am Roten Meer wird man davon hören. [22] Wie ein Kampfjet oben am Himmel fliegt, so kommen auch die Feinde angeflogen und bekämpfen Bozra. Selbst den mutigsten Soldaten in Edom rutscht dann das Herz in die Hose. Sie bekommen Angst wie eine Frau, die gerade ihre Wehen bekommt, weil sie kurz vor der Geburt eines Babys ist."

Was Gott über Damaskus zu sagen hat

[23] Gott sagt Folgendes zu der Stadt Damaskus: „Die Leute, die in Hamat und Arpad wohnen, sind voll fertig. Denn sie haben in den Nachrichten von schrecklichen Sachen gehört. Die Menschen an der Küste sind auch sehr beunruhigt, keiner kann sie wieder runterbringen. [24] Die Menschen in Damaskus sind schlaff geworden, sie haben weiche Knie und hauen alle ab. Sie haben Panik, Angst und Schmerzen, wie eine Frau bei der Geburt ihres Kindes. [25] Kein Schwein will mehr in der Stadt leben, die früher mal so berühmt war. An dieser Stadt hatte ich mal solche Freude. [26] Aber jetzt werden die jungen Soldaten in den Fußgängerzonen und auf den Plätzen sterben, sie werden erschossen." Das sagt Gott, der Chef über alles, was es im Universum gibt. [27] „Ich werde dafür sorgen, dass die ganze Stadt brennt, die Schutzmauer von Damaskus wird in Flammen stehen, das Regierungsviertel und die Häuser vom Präsidenten Ben-Hadad werden vernichtet!"

Was Gott über Kedar, Hazor und andere Famlienstämme in Arabien zu sagen hat

[28] Jetzt kommen ein paar Worte, die Gott durch Jeremia zu den Leuten von Kedar gesagt hat. Das war ein Volk, das immer mit Zelten rumgezogen ist, ohne festen Wohnsitz. Dann kommen noch ein paar Worte für die Familienstämme von Hazor, die vom Präsidenten Nebukadnezzar besiegt worden waren. Gott sagt: „Zieht los und kämpft gegen Kedar, macht die Leute aus dem Osten kaputt! [29] Ihr werdet die Zelte und die Tiere von denen abzocken

können. Auch die ganzen Geräte und die Motorräder, die sie dabeihaben,
werden eure Beute. Diese Leute müssen dann voller Panik schreien: ‚Hilfe,
wir sterben!'" 30 Für die Menschen, die in der Stadt Hazor wohnen, hat
Gott folgende Nachricht: „Packt eure Sachen und verschwindet von dort!
Versteckt euch in irgendwelchen Bunkern! Nebukadnezzar hat beschlossen,
euch anzugreifen. 31 Eigentlich war ich es, der den Leuten aus Babylonien
befohlen hat, dass sie gegen euch in den Krieg ziehen sollen. Sie sollen
gegen die Nation ziehen, die gar nicht mit einem Angriff rechnet und denkt,
dass sie sicher ist. Sie haben keine Schutzmauer, sie wohnen völlig unge-
schützt. 32 Holt euch deren Motorräder und holt euch die Schafherden. Ich
werde diese Leute in alle Winde zerstreuen, die sich immer einen Iro rasie-
ren. Ich sorge dafür, dass sie von allen Seiten gleichzeitig angegriffen wer-
den. 33 Die Stadt Hazor wird kaputt gemacht, dort wohnen bald nur noch
Ratten. Niemand wird dort noch bleiben wollen, kein Mensch wird sich da
aufhalten."

Was Gott zu Elam sagt

34 Jetzt kommt, was Gott dem Prophetentypen Jeremia über Elam gesagt
hatte, einer Provinz in Persien. Das Ganze passierte in der Zeit, als Zidkija
gerade als neuer Präsident von Juda an der Macht war. 35 Gott sagt: „Ich
werde die Scharfschützen aus der Armee von Elam vernichten. Die beste
Truppe ihrer Armee werde ich wegnehmen. 36 Ich werde dafür sorgen, dass
ein krasser Wind aus allen Himmelsrichtungen über Elam kommt. Sie wer-
den in alle vier Himmelsrichtungen zerstreut werden. Es wird keine Nation
auf der Welt geben, in der nicht jemand aus Elam landen wird. 37 Ich werde
dafür sorgen, dass ihre Armee total am Boden sein wird durch die Feinde,
die sie alle töten wollen. Ich werde dafür sorgen, dass es ihnen sehr schlecht-
geht, denn ich bin richtig sauer auf sie. Ich werde dafür sorgen, dass immer
eine feindliche Armee hinter ihnen her ist, so lange, bis sie alle tot sind.
38 Ich werde dafür sorgen, dass der Präsident von Elam und seine Minister
alle sterben werden. Dann werde ich dafür sorgen, dass ich dort wieder
das Sagen hab. 39 Aber irgendwann viel später wird alles wieder gut mit
Elam. Das sage ich, Gott."

50

Was Gott über Babylonien zu sagen hat

1 Gott sprach dann noch mal mit dem Propheten Jeremia über Babylonien.
Folgendes sollte er über die Babylonier sagen: 2 „Ihr könnt das jetzt in allen
Internet-Foren posten, jeder Mensch auf der Welt soll das hören. Schreit
es raus, erzählt allen Leuten, dass Babylonien jetzt im Krieg eingenommen
wurde! Die Plastikgötter Bel und Marduk sind zerstört worden, und auch

ihre anderen Plastikgötter sind in Stücke gehauen worden. 3 Es ist eine
Nation gegen sie angetreten, die aus dem Norden kommt. Sie wird das
Land kaputt machen. Und zwar so derb, dass niemand mehr dort wohnen
kann. Alle Menschen werden fliehen, es werden auch keine Tiere mehr
dort sein." 4 Gott sagt, dass in der Zeit die Leute von Israel und Juda zusam-
menkommen werden. Sie werden alle voll traurig sein und dann wieder
gemeinsam zu Gott gehen, ihrem Chef. 5 Sie werden fragen, wo der Berg
Zion genau ist, das wird ihr Ziel sein, wo sie hingehen wollen. Sie werden
alle einladen, mitzukommen, um mit Gott einen Vertrag zu machen, der
für immer gelten wird. Einen Vertrag, den niemals jemand vergisst. 6 Gott
sagt: „Meine Leute waren wie eine Herde von Schafen, die keiner mehr
beschützt und geführt hat. Ihre früheren Hirten haben sie verraten, sie
wurden von ihnen verführt. Vor lauter Herumzieherei haben sie ganz verges-
sen, auch mal eine Pause einzulegen. Sie haben vergessen, wo sie sich
ausruhen können. 7 Jeder, der ihnen auf dem Weg begegnet ist, hat sie fertig-
gemacht. Ihre Feinde sagten dabei: ‚Wir werden keine Probleme mit Gott
bekommen, wenn wir sie angreifen. Die haben Mist gebaut und ihren
Gott verraten. Sie haben die Gegend verlassen, wo noch alles gut war, und
haben ihren treuen Gott, an den schon die Leute vor ihnen immer geglaubt
haben, einfach betrogen.'"

Babylonien wird bestraft, Israel wird vergeben

8 Gott rät allen Ausländern, aus Babylonien zu fliehen. Sie sollen das Land
schnell verlassen. Er sagt: „Brecht aus Babylonien aus. Verhaltet euch so
wie die männlichen Schafe, die immer am Anfang der Herde laufen. 9 Denn
ich werde eine fette Armee gegen Babylonien aufmarschieren lassen. Eine
große Nation aus dem Norden wird mit ihrem Heer kommen und gegen
Babylonien kämpfen. Das Heer besteht aus lauter Spezialkämpfern, und wo
die zuschlagen, wächst kein Gras mehr. 10 Alle Leute in Babylonien werden
ihnen in die Hände fallen. Sie werden von denen ausgeraubt, die werden
sich ohne Ende bedienen. Das kommt jetzt von mir, Gott. 11 Ja, freut euch
nur, ihr Leute aus Babylonien. Ihr habt fette Beute gemacht, mein ganzes
Land und meine Leute wurden von euch ausgeraubt. Ja, tanzt ruhig noch
eine Runde Pogo und macht 'ne La-Ola-Welle. 12 Aber bald wird eure Mutter
Babylonien sehr peinlich dastehen. Ihr werdet die letzten Menschen sein, die
zu ihr gehören. Bald ist das ganze Land ausgetrocknet und eine einzige
Wüste. 13 Ich bin so sauer auf dieses Land. Ich werde deswegen dafür sor-
gen, dass dort niemand mehr wohnen kann. Es wird komplett ausgetrocknet
sein. Jeder, der durch Babylonien durchfährt, wird die Hände überm Kopf
zusammenschlagen, weil es hier so furchtbar aussieht. Man wird den Kopf
schütteln wegen der schlimmen Sachen, die hier passiert sind. 14 Alle Scharf-

schützen sollen sich um die ganze Stadt aufstellen. Sie sollen volles Rohr losballern, denn diese Stadt hat Gott betrogen. 15 An die Soldaten, die die Stadt Babylon umzingeln: Fangt an, laut loszubrüllen! Greift die Stadt an! Die Stadt wird sich bald ergeben. Ihre Schutzanlagen sind gesprengt, die Mauer ist niedergerissen. Das ist meine Rache. Ich habe Babylon in eure Hände gegeben. Ich mache mit Babylon genau das Gleiche, was seine Armee auch mit anderen Städten gemacht hat, gegen die sie im Krieg gewonnen haben. 16 Tötet alle Leute, die in der Ernte arbeiten könnten. Den Arbeiter, der mit dem Traktor den Samen aussät, müsst ihr genauso umbringen wie den, der den Mähdrescher fährt. Die Gastarbeiter und alle anderen, die in diesem Land nicht zu Hause sind, sollen schnellstens in ihr Land zurückgehen. 17 Israel war wie ein einzelner Hase, der auf einer Wiese lebte. Alle Hunde haben ihn gejagt. Als Erstes kam der Präsident von Assyrien an und hat es angeknabbert. Als Letztes kam der Präsident Nebukadnezzar und hat noch den Rest Fleisch von seinen Knochen abgenagt." 18 Darum sagt Gott, der Chef über dieses Universum, der Gott von Israel, Folgendes: „Pass auf, ich werde dem Präsidenten von Babylonien die Rechnung präsentieren. Ich mach es genauso, wie ich es mit dem Präsidenten von Assyrien getan hab. 19 Ich werde Israel wieder zurückholen. Es soll wie ein Schaf wieder auf die Wiese, wo es hingehört. Und zwar ist das Karmel, auf der Hochebene von Baschan und in den Bergen von Efraim und von Gilead, das ist sein Zuhause. Wenn es dort ist, wird es von allem reichlich haben, es wird ihm gutgehen. 20 Dann wird man bei Israel nichts mehr finden, wo sie danebenliegen. Ihr ganzer Mist hat sich erledigt, da gibt es nichts mehr, wofür Juda noch bezahlen müsste. Denn ich habe den Leuten, die ich übrig lasse, ihren Mist vergeben."

Gott rächt sich, weil der Tempel kaputt gemacht worden ist

21 Gott sagt: „Ich werde gegen das Land Meratajim kämpfen und gegen die Bewohner von Pekod. Ich will, dass dort die Rote-Karte-Aktion durchgezogen wird. Macht alles genau so, wie ich es euch gesagt habe. 22 Überall im Land hört man Kanonenschüsse und Explosionen. Es klingt nach Krieg, und alles geht kaputt. 23 Babylonien, du hast wie ein Hammer auf der ganzen Erde Städte zu Brei gehauen. Aber jetzt bist du selbst zerstört, alle Leute sehen es und sind fertig, weil du komplett kaputt bist. 24 Ich hab dir eine Falle gestellt, und du bist voll drauf reingefallen, du hast es nicht gecheckt. Ich hab dich gefunden und festgenommen, weil du mir den Krieg erklärt hast." 25 Gott holt seine Wut aus seinem Waffenschrank raus, denn in Babylonien gibt es Arbeit für ihn. 26 Sein Befehl lautet: „Von überall her sollt ihr zu dieser Stadt kommen und sie überfallen. Wie ein Bagger den Sand immer höher auf einen Haufen schüttet, so sollt ihr in Babylonien einfallen. Fallt in alle Super-

märkte, Metzgereien und Bäckerläden ein, plündert sie und werft alles, was
ihr findet, auf einen großen Haufen. Dann kippt Benzin drüber und zündet
alles an! 27 Auch alle Tiere müssen getötet werden, also schlachtet sie ab.
Es ist passiert, es geht los, Panik bricht aus. Denn der Tag ist gekommen,
wo den Babyloniern die Abrechnung präsentiert wird." 28 Hört ihr das? Aus
Babylonien kommen Flüchtlinge zu uns auf den Berg Zion. Sie erzählen,
wie Gott es den Babyloniern gezeigt hat. Er hat sich gerächt für das, was sie
mit seinem Tempel gemacht haben.

Die Babylonier waren zu arrogant

29 Holt alle Scharfschützen, sie sollen auf Babylon zielen. Belagert die Stadt
einmal ringsrum. Keiner darf diesen Krieg überleben. Alles, was sie mit
anderen gemacht haben, soll ihnen jetzt auch passieren. Sie haben sich
gegenüber Gott, dem besonderen Gott von Israel, total arrogant verhalten.
Sie dachten, sie wären was Besseres. 30 Gott, der Chef über alles, sagt:
„Deswegen sollen alle jungen Männer auf den Plätzen der Stadt sterben,
alle Soldaten sollen an diesem Tag krepieren. 31 Babylon, du arrogante
Stadt, ich will dir an den Kragen. Dein letztes Stündchen hat geschlagen,
ich werde dich jetzt zerstören. 32 Du wirst kaputtgehen, du wirst fallen, und
keiner wird dir helfen. Ich werde bei dir ein Feuer legen, in deinen Städten
wird es brennen, und auch die ganze Umgebung wird verglühen."

Gott besteht darauf, dass seine Leute freikommen

33 Gott, der Chef dieser Welt, sagt Folgendes: „Die Leute von Israel und Juda
werden hart rangenommen, sie werden von anderen unterdrückt. Die
Männer, die sie verhaftet haben, wollen sie nicht wieder freilassen." 34 Aber
der, der sie befreien wird, hat es drauf. Er hat Macht, er ist der Stärkste, es
ist Gott, der Chef über alles, was es gibt. Er wird sich für sie einsetzen, er
wird dafür sorgen, dass es im ganzen Land Frieden geben wird. Nur in Baby-
lonien wird es nicht ruhig, dort wird sich keiner entspannen können. 35 Gott
sagt: „Tod den Babyloniern! Die Chefs, Politiker, Professoren, Therapeuten,
einfach alle Bewohner von Babylon müssen sterben. 36 Die Dummschwätzer
sind total peinlich und sollen krepieren. Auch die Eliteeinheit in der Armee
soll sterben, sie werden sich richtig erschrecken und Panik bekommen.
37 Die Panzer und Jeeps sollen alle kaputtgehen, die ganzen Ausländer sollen
Angst bekommen. Sie werden voll die Weicheier und haben Schiss wie ein
kleines Kind. Auch die Banken sind leer geräumt, und ihre Vorräte sind weg,
weil alles geklaut wurde. 38 Die Wasserleitungen sollen zerstört werden,
alles soll austrocknen. Denn bei ihnen stehen überall selbstgemachte Götter
aus Plastik rum. Deren fiesen Gesichter haben sie komplett durchdrehen
lassen. 39 Darum sollen dort jetzt nur noch die Straßenköter wohnen. Elstern

und Tauben fühlen sich dort noch wohl, aber Menschen leben nie wieder
da. 40 Genau das, was Sodom und den Städten drum herum passiert ist,
wird Babylon auch passieren", sagt Gott. „Es wird komplett kaputt gemacht
werden. Niemand wird dort noch wohnen wollen. Kein Mensch wird dort
mehr leben!"

Angriff aus dem Norden

41 Es wird eine große Nation kommen, die im Norden lebt. Es werden viele
Präsidenten sein, die sich zusammentun und die vom anderen Ende der
Welt kommen. 42 Sie sind schwer bewaffnet, kennen keine Gnade und sind
total hart. Sie kommen wie eine Tsunamiwelle aus dem Meer auf das Fest-
land zugefegt. Sie fahren auf Panzern und Motorrädern, und sie kommen
zu dir, Babylonien, um dich anzugreifen. 43 Als der Präsident den Anruf
bekam, dass diese große Armee im Anmarsch ist, hat er jeden Mut verloren.
Er bekam Angstzustände, und er bekam Schmerzen, wie eine Frau, die ein
Kind kriegt. 44 „So, wie ein Kampfhund angeschlichen kommt, der sich am
Jordan auf einer Wiese versteckt hat, so werde ich auch kommen", sagt Gott.
„Alle Leute aus Babylonien werden schlagartig die Flucht ergreifen, ich
werde sie vertreiben. Dann werde ich einen neuen Chef über sie einsetzen,
einen Mann, den ich dafür ausgesucht habe. Wer ist mit mir auf einer
Stufe? Wer will von mir, dass ich mich für das, was ich tue, vor ihm verteidi-
gen muss? Welcher Chef kann es mit mir aufnehmen?" 45 Hört zu, was Gott
beschlossen hat. Er hat sich dafür entschieden, dass Babylonien und alle
seine Bewohner abgeführt werden. Man wird sie wegtreiben, wie man eine
Schafherde wegtreibt. Dort, wo sie lebten, werden alle voll fertig sein des-
wegen. 46 Jemand wird es im Internet posten, und es steht in allen Schlagzei-
len: Babylonien ist erobert! Wer das liest, wird Angst bekommen. Überall
auf der Welt gibt es deswegen Geschrei.

51

Gott macht Babylonien platt

1 Gott sagt: „Ich werde eine Katastrophe für Babylonien organisieren. Alle,
die gegen mich arbeiten, werde ich kaputt machen. 2 Ich werde eine auslän-
dische Armee holen, die Babylonien leer fegen wird. Es wird so sein wie mit
Laub, das vom Wind weggeblasen wurde. So werde ich dort auch alles
wegpusten. Die Feinde werden von allen Seiten zuschlagen an dem Tag, wo
es mit den Babyloniern zu Ende geht. 3 Ich werde den Befehl rausgeben,
dass alle Scharfschützen ihre Gewehre anlegen sollen. Auch die Soldaten
mit Panzerfäusten sollen anfangen zu schießen. Die Panzer und die Sol-
daten in schusssicheren Westen werden beschossen. Ihr dürft kein Mitleid
mit den jungen Soldaten haben, zieht die Rote-Karte-Aktion radikal durch,

keiner darf überleben. 4 Überall in Babylon sollen tote Menschen rumliegen,
erschossene Soldaten liegen auf den Straßen.“ 5 Israel und Juda wurden von
Gott nicht im Stich gelassen. Gott, der Chef über diese Welt, wurde von den
Babyloniern schwer gedisst, sie haben Gott beleidigt. 6 Haut ab aus Baby-
lonien, rette sich, wer kann! Leute von Juda und Israel sollten nicht mit dabei
draufgehen, wenn dieses Land bestraft wird. Denn jetzt ist es so weit, Gott
wird Babylonien die Rechnung präsentieren für den Mist, den sie gebaut
haben! 7 Babylonien war wie ein Glas, das Gott in der Hand hielt. Mit dem
Wein, der dort drin war, wurde die ganze Welt besoffen gemacht. Die Men-
schen sind komplett durchgedreht. 8 Plötzlich ist das „Babylonienglas“
auf den Boden gefallen und zersplittert. Die Leute sollen deswegen trauern!
Sie sollen Aspirin holen, Salbe und Verbandszeug. Vielleicht werden die
Schmerzen dann besser, vielleicht heilt die Wunde von Babylonien dann ja.
9 Dann werden die Diplomaten von den anderen Völkern sagen: „Wir haben
versucht, Babylonien zu retten, aber es war zu spät, da war nichts mehr zu
machen. Wir hauen jetzt ab, wir gehen wieder in unser Land zurück. Diese
Gerichtsverhandlung und dieses Urteil sind einfach zu heftig für uns. Es
übersteigt unser Denkvermögen, diese Sache ist größer als der höchste Wol-
kenkratzer.“ 10 Darum werden die Leute von Israel sagen: „Gott hat dafür
gesorgt, dass wir öffentlich wieder anerkannt werden. Lasst uns mal nach
Zion gehen, um es dort allen zu erzählen, was für geile Sachen Gott bei
uns gebracht hat.“

Die Meder werden von Gott benutzt, um sein Urteil zu vollstrecken

11 Gott hat den Präsidenten von Medien die Idee eingegeben, Babylonien
anzugreifen. Sein Plan ist es, dass ganz Babylonien zerstört wird. Gott will
sich an ihnen für das rächen, was sie mit seinem Tempel gemacht haben. Er
sagt: „Gewehr bei Fuß, Munition umgehängt! 12 Gebt den Befehl zum Angriff
gegen Babylonien! Zieht eure Soldaten zusammen! Bereitet eine Falle für sie
vor!“ Was sich Gott vorgenommen hat, zieht er auch durch! Das gilt auch
für die Bewohner von Babylonien. 13 Die wohnen in einem fruchtbaren Land
mit reichlich Wasservorräten, es gibt auch Geld in Hülle und Fülle. Aber jetzt
ist es aus mit ihnen, sie haben genug Leute abgezogen und ausgeraubt.
14 Gott hat sich selbst etwas ganz fest versprochen. Er sagt: „Wenn euer
Land auch so voll ist wie ein Ameisenhaufen, wird es trotzdem besiegt wer-
den. Die Soldaten werden ihren Sieg dann laut feiern!“ 15 Gott hat die ganze
Erde gemacht, er hat gezeigt, was er alles kann und wie mächtig er ist. Er
hat damit auch bewiesen, dass er sehr schlau ist, so wie er das ganze Uni-
versum aufeinander abgestimmt hat. 16 Er muss nur ein Wort sagen, und
sofort fängt es an zu regnen. Er sorgt dafür, dass sich die Wolken bewegen,
dass es Blitze gibt. Er sorgt sogar für den richtigen Wind. 17 Menschen sehen

dagegen echt voll doof aus. Und den Künstlern, die irgendwelche Plastikgötter aus Gold basteln, müsste eigentlich total peinlich sein, was sie da machen im Vergleich zu dem, was Gott alles gebastelt hat. Denn diese Plastikgötter leben nicht einmal. 18 Über diese Figuren kann man eigentlich nur noch Witze machen. Spätestens bei der letzten Gerichtsverhandlung von Gott geht es ihnen an den Kragen. 19 Der Gott von Israel spielt in einer anderen Liga als diese Plastikgötter. Er hat das ganze Universum gemacht. Und er hat erklärt, dass seine Leute immer zu ihm gehören werden. Man nennt ihn auch: „Gott, der absolute Chef über alles".

Was Babylonien kann und was nicht

20 Gott sagt: „Babylonien ist wie meine Atombombe, mit der ich andere Länder und Nationen komplett zerstöre. 21 Ich werde durch sie Motorräder, Panzer, Autos und Flugzeuge kaputt machen, inklusive der Piloten. 22 Auch Männer und Frauen, Opas, Omas, Jugendliche und Kinder werde ich durch Babylonien töten. 23 Genauso wie Arbeiter, Angestellte und ihre Firma, Hirten mit ihrer Herde und Bauern mit ihren Traktoren. Ich werde die Bürgermeister und die Generäle umbringen. 24 Aber ich werde dafür sorgen, dass Babylonien und die Leute, die dort wohnen, dafür bezahlen müssen, was sie mit Jerusalem gemacht haben!" 25 Gott sagt: „Jetzt geht's dir an den Kragen, Babylonien! Du bist wie eine Giftmülldeponie, die alles vergiftet hat, du hast die ganze Erde verseucht. Ich will dich zerstören, dich von der Leiter schubsen und dafür sorgen, dass du in Schutt und Asche gelegt wirst. 26 Du sollst so kaputt sein, dass man bei dir noch nicht mal mehr einen ganzen Ziegelstein finden kann, um dadraus ein neues Haus zu bauen. Du sollst ein großer Schutthaufen sein, für immer!"

Es hat sich „ausgebabylont"

27 Schaltet eine Anzeige in allen Zeitungen! Kündigt an, dass alle gemeinsam Babylonien angreifen werden. Macht Verträge mit den anderen Nationen und kämpft gemeinsam den ganz besonderen Krieg, den Gott organisiert hat. Alle sollen mitmachen. Die Leute vom Ararat-Berg, die Leute von Minni und Aschkenas. Beruft die Generäle ein, betankt die Panzer und Kampfhubschrauber. Es sollen so viele Soldaten zusammenkommen, wie Mücken an einem Sommerabend zum See kommen. 28 Macht alle Nationen gottmäßig bereit, damit sie an diesem Krieg teilnehmen können. Die Präsidenten von Medien, ihre Bürgermeister, die Generäle und alle Soldaten sollen sich klarmachen. 29 Die ganze Erde bebt, alles zittert. Gott wird seinen Plan durchziehen, den er mit Babylonien hat. Er wird dafür sorgen, dass Babylonien nur noch ein Schrotthaufen ist, es wird zu einer Wüste, in der keiner mehr leben will. 30 Die Helden der Armee von Babylonien haben schon aufgehört zu

kämpfen. Sie sitzen in ihren Bunkern und haben nur noch Schiss. Sie sind
wie kleine Kinder. Die ersten Häuser wurden bereits angezündet und die
Türen aufgebrochen. 31 Ständig kommen neue Nachrichten beim Präsidenten
von Babylonien rein. „Die feindliche Armee dringt von allen Seiten in die
Stadt", heißt es da. 32 „Die Brücken wurden besetzt, die Verteidigungsanla-
gen gesprengt. Die Soldaten sind vor Angst wie gelähmt!" 33 Gott, der Chef
über dieses Universum, sagt: „Das ist wie mit einem Getreidefeld, wo der
Mähdrescher drüberfährt, und dann kommt das Zeug in die Fabrik, wo man
die Getreidekörner vom unbrauchbaren Rest trennt. Mit Babylonien ist
das eine schon geschehen, und es dauert nicht mehr lange, dann wird das
andere auch passieren."

Gott sorgt dafür, dass die Menschen in Jerusalem korrekt behandelt werden

34 Ich höre, wie die Leute aus Jerusalem sagen: „Nebukadnezzar, der Prä-
sident von Babylonien, hat uns kaputt gemacht! Er hat unsere Stadt leer
gefressen. Sie ist nun wie ein leerer Kühlschrank, und nichts ist mehr da.
Wie ein Monster kam er an und hat sich den Bauch vollgestopft mit den
ganzen leckeren Sachen, die es bei uns gab. Als er satt war, hat er uns ein-
fach weggestoßen." 35 Die Leute, die in Jerusalem leben, sollen deshalb
sagen: „Was die Leute von Babylonien bei uns gemacht haben, soll jetzt
auch bei denen abgehen! Jeder Mensch, der bei uns getötet wurde, soll bei
ihnen auch getötet werden." 36 Darum sagt Gott zu den Leuten aus Jerusa-
lem: „Ich werde dafür sorgen, dass Gerechtigkeit herrscht. Ich werde dich
rächen, ich werde den Eufrat trockenlegen. Ich sorg dafür, dass kein Wasser
mehr aus den Quellen kommt. 37 Babylonien soll ein Müllberg werden.
Hier sollen nur noch Ratten leben, es wird als Antibeispiel dienen, kein
Mensch wird dort mehr wohnen wollen. 38 Sollen sie nur kläffen wie ein
Dackel oder knurren wie ein gefährlicher Kampfhund. 39 Wenn sie sich
warmgelaufen haben, werde ich ihnen richtig gut einschenken, ich werde
sie abfüllen und besoffen machen. Sie werden so breit sein, dass sie irgend-
wann einschlafen und dann nie wieder aufwachen. Das kam jetzt von Gott.
40 Ich bringe sie wie Schafe mit einem Lkw zum Schlachthof, wo einer
nach dem anderen getötet wird." 41 Wie konnte das passieren? Wie hat man
Babylonien geschlagen und eingenommen, die große Stadt, die in der
ganzen Welt bekannt ist? Wie ist das passiert, dass plötzlich alle von den
schrecklichen Dingen hören, die dort geschehen sind? 42 Das Meer ist
angestiegen und hat Babylonien überflutet. Mit einer großen Tsunamiwelle
wurde es unter den Wassermassen begraben. 43 Alle Städte sind kaputt.
Babylonien ist unbewohnbar geworden, dort wächst kein Gras mehr. Es ist

ausgetrocknet und leer. Kein Mensch kann dort noch wohnen, man kann
da noch nicht mal mehr durchfahren, so zerstört ist es.

Auch Bel wird zerstört, aber Gott liebt seine Leute

44 Gott sagt: „Ich werde jetzt auch mal bei Bel, dem Gott von Babylonien,
vorbeischauen. Ich werde ihm das wieder wegnehmen, was er sich einfach
abgegriffen hat. Die Menschen werden nie mehr dort hinfahren, und auch
die Verteidigungsmauer um Babylon wird man sprengen! 45 Ich rate meinen
Leuten, diese Stadt schleunigst zu verlassen. Rettet euer Leben! Denn ich,
euer Gott, komme und ich bin sehr wütend. 46 Die Leute von Israel brauchen
sich aber keinen Kopf zu machen, wenn sie diese Nachrichten hören. Ihr
braucht nicht depressiv zu werden, lasst den Kopf nicht hängen! Wenn ihr
in einem Jahr diese Nachricht hört, dann wird es im nächsten eine andere
Nachricht geben. In der Zeit wird es recht brutal im Land zugehen, und
ein Präsident kämpft gegen den anderen. 47 Vergesst nicht, es wird eine Zeit
geben, wo ich mit dem Plastikgott von Babylonien abrechnen werde. Sein
ganzes Land wird zerstört, und überall werden tote Soldaten rumliegen.
48 Alle werden jubeln, wenn Babylonien besiegt ist. Es wird eine große Party
gefeiert, im Himmel und auf der Erde. Der Gewinner, der Babylonien fertig-
machen wird, kommt aus dem Norden."

Gott hat das ganz fest beschlossen

49 So, wie die Soldaten von Babylonien die Soldaten von Israel getötet haben,
so werden die Soldaten von Babylonien überall auf der Erde sterben. 50 Ein
Tipp für die Leute, die den Krieg überlebt haben: Verschwindet von da!
Erinnert euch an Gott und an Jerusalem! 51 Ihr denkt ja, dass Gott sich nur
lustig über euch gemacht hat. Ihr sagt, die anderen Völker hätten euch nur
verarscht und dass ihr euch schämen musstet, weil einige Ausländer den
besonderen Tempel von Gott betreten haben. 52 Aber Gott antwortet euch:
„Es wird eine Zeit kommen, wo ich mit den Plastikgöttern von Babylonien
kurzen Prozess mache. Überall werden dann in Babylonien verwundete
Soldaten rumliegen und laut stöhnen. 53 Selbst wenn Babylonien die Mög-
lichkeit hätte, sich über den Wolken zu verstecken, wenn sie sich auf einen
ganz hohen Berg zurückziehen würden, werde ich eine Armee finden, die
sie dort aufspürt und vernichtet!"

Ein Rückblick

54 Hört ihr das? In Babylonien schreien die Leute um Hilfe! Das ganze Land
bricht zusammen! 55 Gott macht Babylon kaputt, er sorgt dafür, dass aus
dieser Stadt nie mehr ein Pieps zu hören ist. Die Feinde sind wie eine große,
heftige Welle über Babylon hereingebrochen, man kann das Geräusch ganz

laut hören. 56 Denn in Babylon ist eine Armee eingezogen, die alles zerstören
wird. Die Soldaten werden verhaftet, und ihre Gewehre werden zersägt.
Gott rächt sich, auf seine Rache kann man sich verlassen. 57 „Ich werde die
Schlauen besoffen machen, und die Chefs in Babylonien werde ich abfüllen.
Alle Bürgermeister, Generäle und Soldaten werden so breit sein, dass sie
einschlafen. Sie werden schlafen und nie wieder aufwachen." Das sagt Gott,
den man auch „Den Chef über alles" nennt. 58 Er sagt auch: „Die große
Schutzmauer, die um Babylon gebaut ist, wird komplett weggesprengt wer-
den. Alle Stadttore werden verbrannt!" Viele Völker haben dort gearbeitet
und gebaut, aber es war alles umsonst, alles ist zerstört.

Was Seraja machen soll

59 Jetzt kommt ein Auftrag, den Gott für Seraja hatte. Seraja erfuhr davon
durch den Propheten Jeremia. Seraja war ein Sohn von Nerijas und ein Enkel
von Machseja. Das Ganze passierte in der Zeit, als Zidjika, der Präsident
von Juda, gerade vier Jahre an der Macht war. Zidkija war gerade mit Seraja,
seinem Hausverwalter, in Richtung Babylonien unterwegs. 60 Jeremia be-
schrieb in diesem Text die ganzen ätzenden Sachen, die in Babylonien pas-
sieren sollten. Er fasste dort alle Katastrophen zusammen, die für Babylo-
nien vorausgesagt worden waren. 61 Jeremia gab das Teil Seraja und sagte zu
ihm: „Sie müssen diesen Text unbedingt in Babylonien vorlesen, wenn Sie
da sind, okay? 62 Wenn Sie damit fertig sind, sagen Sie: ‚Gott, mit diesen
Worten hast du selbst das Todesurteil gegen diesen Ort gefällt. Du wirst hier
alles kaputt machen. Niemand wird hier mehr leben. Diese Stadt soll für
immer ein Müllplatz sein, ein Schrotthaufen, weiter nichts.' 63 Wenn Sie den
Text zu Ende gelesen haben, dann wickeln Sie das Papier um einen großen
Stein. Dann werfen Sie diesen Stein in den Eufrat-Fluss. 64 Dabei müssen
Sie sagen: ‚Babylonien wird genauso versinken wie dieser Text und wird nie
wieder hochkommen. Denn Gott sorgt dafür, dass ganz schlimme Sachen
dort passieren, für Gott hat es sich ‚ausgebabylont'.'" Das alles waren jetzt
die Sachen gewesen, die Jeremia sagen sollte.

52

Zidkija stirbt

1 Zidkija wurde mit 21 Jahren Präsident und regierte elf Jahre lang von
Jerusalem aus das Land. Seine Mutter hieß Hamutal. Sie kam aus der
Gegend von Libna und war eine Tochter von Jirmeja. 2 Er baute in seiner
Regierungszeit nur Mist und machte genau wie Jojakim lauter Sachen, die
Gott nicht gut fand. 3 Schließlich hatte Gott echt die Nase voll, er konnte
den Anblick nicht länger ertragen und schmiss die Bewohner von Jerusalem
und Juda aus dem Land raus. Zidkija startete in der Zeit eine kleine Revo-

lution gegen Nebukadnezzar, den Präsidenten von Babylonien. 4 Der bekam
das aber mit und startete einen Angriff mit seiner gesamten Armee gegen
Jerusalem. Das passierte in dem neunten Jahr, wo Zidkija an der Macht war.
Am 10. Dezember ließ er einen Belagerungswall einmal rund um die Stadt
aufschütten. 5 Die ganze Belagerung dauerte bis zum elften Regierungsjahr
vom Präsidenten Zidkija. 6 Schließlich gab es in der ganzen Stadt nichts
mehr zu essen, und die Leute hatten alle richtig Kohldampf. Es war am 9. Juli,
7 als die babylonische Armee die Schutzmauern der Stadt durchbrach.
Die Soldaten um Zidkija flohen mit dem Präsidenten in einer Nacht-und-Nebel-Aktion aus der Stadt. Sie schlüpften durch eine Geheimtür, die zwischen den beiden Mauern beim Garten vom Präsidenten war. Obwohl die Babylonier die Stadt umzingelt hatten, schafften sie es, in Richtung der
Jordanebene zu fliehen. 8 Aber das Heer der Babylonier bekam das mit und
jagte dem Präsidenten hinterher. Sie holten ihn und seine Truppe kurz vor Jericho ein. Seine Truppe floh jetzt in alle Richtungen und ließ den Präsiden-
ten alleine zurück. 9 Daraufhin wurde er gefangen genommen und zum Prä-
sidenten Nebukadnezzar abgeführt. Der war gerade in der Stadt Ribla, die in der Provinz Hamat lag. Vor dem Kriegsgericht wurde er von Nebukadnezzar
höchstpersönlich verurteilt. 10 Der Präsident ließ die Söhne von Zidkija ein-
zeln vorführen und vor seinen Augen abschlachten. Am Ende wurden noch
alle führenden Männer von Juda hingerichtet. 11 Zum Schluss wurden Zidkija
mit einem Schraubenzieher die Augen ausgestochen. Er wurde mit Handschellen abgeführt und nach Babylon in den Knast gebracht, aus dem er erst als Leiche wieder rauskam.

Jerusalem wird zerstört

12 Im 19. Jahr, wo Nebukadnezzar an der Macht war, kam am 10. August
Nebusaradan nach Jerusalem zu Besuch. Nebusaradan war der Chef von
den persönlichen Leibwächtern von Nebukadnezzar. 13 Auf seinen Befehl hin
wurde der Tempel von Gott, der Präsidentenpalast und das ganze Wohnviertel, wo die Elite von Jerusalem lebte, niedergebrannt. Jedes große Haus
wurden angezündet. 14 Die Armee der Babylonier sprengte die gesamte
Schutzmauer um Jerusalem einfach weg. 15 Nebusaradan ließ den Rest der
Bevölkerung festnehmen. Auch diejenigen, die noch vor Kriegsende zu ihm übergelaufen waren, wurden festgenommen. Dabei waren auch alle Hand-
werker. 16 Die Bauern und ein paar Leute von der Straße durften dableiben,
damit sie für ihn den Weinanbau und die Landwirtschaft weiter betreiben
konnten. 17 Die großen Säulen aus Bronze, die vor dem Tempel von Gott
standen, wurden einfach weggesprengt. Auch die Einkaufswagen und das große Waschbecken aus Bronze wurden verschrottet. Das ganze Altmetall
wurde eingesammelt und nach Babylonien gebracht. 18 Alle Töpfe, die

Gabeln und Löffel, die Schalen und alle Geräte aus Bronze, mit denen man
im Tempel gearbeitet hatte, wurden gezockt. 19 Auch die goldenen und
silbernen Geräte klaute Nebusaradan aus dem Tempel. Die Schüsseln, das
Becken für die Holzkohle, die Schalen und Töpfe, die Kerzenleuchter, die
Kannen, die man für das Trinkopfer brauchte, einfach alles wurde von ihm
mitgenommen. 20 Die beiden Säulen, das große Waschbecken, die zwölf
Rinder aus Bronze und die Gestelle, auf denen das Ganze stand, die noch
der Präsident Salomo extra für den Tempel hatte anfertigen lassen. Insge-
samt war das so viel Bronze, dass man das gar nicht alles wiegen konnte.
21 Beide Säulen waren neun Meter hoch und sechs Meter breit. Innen waren
sie hohl, und die Dicke des Metalls drum herum war acht Zentimeter.
22 Jede Säule hatte so einen verschnörkelten Rand am Ende, der alleine
zweieinhalb Meter breit war. Dieser Rand war mit lauter Äpfeln und
Zöpfen aus Bronze verziert. 23 An jedem Rand waren hundert Äpfel ange-
bracht, wobei man sechsundneunzig davon von unten sehen konnte.
24 Nebusaradan, der Chef der Leibwache, ließ den Oberpriester Seraja fest-
nehmen. Dazu kamen auch noch sein Stellvertreter Zefanja und die drei
Männer von der Securityeinheit in Haft. 25 In der Stadt wurden ebenfalls
noch ein paar Männer gefunden und verhaftet. Mit dabei waren ein hoher
Offizier, sieben Männer, die aus dem näheren Umfeld vom Präsidenten
stammten, der Beamte, der für die Musterung der neuen Soldaten zuständig
war, und sechzig weitere Männer aus dem Gebiet Juda, die dort was zu
sagen hatten. 26 Sie wurden alle zum Präsidenten von Babylonien nach Ribla
abgeführt. 27 Nebukadnezzar ließ sie alle erschießen. Der Rest von den
Leuten aus Juda wurde als Kriegsgefangene in ein Lager weggeführt. 28 Jetzt
kommt noch mal eine Zählung der Leute, die von Nebukadnezzar in seinem
siebten Jahr verhaftet wurden. Insgesamt waren es 3023 Männer aus Juda.
29 In seinem 18. Jahr als Präsident kamen dann noch mal 832 Leute aus
Jerusalem dazu. 30 Im 23. Jahr wurden von Nebusaradan noch einmal
745 Männer aus Juda nach Babylonien verschleppt. Insgesamt waren es
4600 Männer, die dort in Kriegsgefangenschaft landeten.

Dem Präsident Jojachin wird seine Schuld erlassen

31 Schließlich gab es einen Regierungswechsel in Babylonien. Der neue
Präsident Ewil-Merodach erließ noch im ersten Jahr dem ehemaligen Prä-
sidenten von Juda, Jojachin, seine Schuld und befreite ihn aus dem Knast.
Das passierte, als der schon 37 Jahre Gefangener war, am 25. Dezember.
32 Der neue Präsident war sehr nett zu Jojachin. Er gab ihm eine Sonderstel-
lung unter den anderen Ex-Präsidenten, die von den Babyloniern im Krieg
besiegt worden waren und jetzt in Babylon lebten. 33 Er durfte zum Beispiel
normale Kleidung tragen und musste nicht den ganzen Tag in den Gefäng-

nisklamotten rumlaufen. Es wurde ihm sogar erlaubt, beim Mittagessen
mit am Tisch vom Präsidenten zu sitzen. Das durfte er, solange er lebte.
34 Der Präsident von Babylonien gab sogar einen Befehl raus, dass Jojachin
sein Leben lang immer so viel Geld auf dem Konto haben sollte, wie er
zum Leben brauchte.

Das Buch der Klagelieder

1

Jerusalem geht es schlecht
1 O Mann, in Jerusalem ist nichts mehr los! Früher lebten hier voll viele
Menschen, und überall auf der Welt hatte man Respekt vor der Stadt. Aber
jetzt ist sie wie ein obdachloser Penner. Sie war mal die weltweite Nummer
eins von allen Städten, aber jetzt steht sie auf einem Abstiegsplatz in der
Kreisliga. 2 Sie ist wie eine Frau, die einen üblen Heulkrampf hat. Sie weint
die ganze Nacht, und keiner tröstet sie. Alle ihre Lover sind weg, sie haben
sie abgezogen und sind sogar zu Feinden geworden. 3 Den Juden, die
dort wohnten, geht es jetzt voll schlecht, denn sie sind als Kriegsgefangene
verhaftet worden. Man hat sie weggebracht. Sie leben jetzt im Ausland.
Die Verfolger haben sie gefasst. Als es ihnen sehr schlechtging, schlugen
sie zu. 4 Die Straßen, die den Zionsberg hochgehen, verrotten so langsam,
weil keiner sie mehr benutzt. Die Partys dort finden nicht mehr statt, die
Straßen sind leer, und die Stadttore sind kaputt. Alle Priester schieben den
Depri, und die Frauen heulen den ganzen Tag, sind traurig und gefrustet.
5 Aber den Feinden geht es gut, bei ihnen ist alles entspannt. Gott hat dafür
gesorgt, dass es Jerusalem schlechtgeht. Es ist die Bestrafung für den gan-
zen Mist, den sie gebaut haben. Ihre Kinder wurden vom Gegner entführt.
6 Als es mit dieser Stadt Zion losging, war alles noch in Butter, sie sah gigan-
tisch aus. Aber jetzt sind ihre Bürgermeister alle wie streunende Katzen auf
der Straße, die nirgends was zu fressen finden können. Sie sind total dürr
und ohne Kraft, weil sie ständig von Hunden durch die Straßen gejagt wer-
den. 7 Jerusalem erinnert sich an die Zeit, als der ganze Mist losging. Sie
ist gefrustet, weil sie so viele wertvolle Sachen verloren hat. Es wurden Dinge
gezockt, die es dort immer schon gab. Aber jetzt sind die Bewohner in die
Hand der Feinde gefallen, es gibt keinen mehr, der helfen kann. Die Feinde
lachen die Leute aus und lästern über die Stadt, weil die besiegt wurde.
8 Man hat dort einfach richtig schlimmen Mist gebaut, darum ist es passiert,
dass jetzt alle über sie lachen. Selbst die Menschen, die früher Respekt
vor ihr hatten, finden Jerusalem jetzt peinlich. Denn sie haben mitgekriegt,
wie schwach die Stadt ist und dass sie sich nicht mehr verteidigen kann.
Die Stadt ist voll fertig, sie ist gefrustet und versteckt sich. 9 Ihr ganzer Dreck
klebt an ihren Klamotten. Sie hatte ganz vergessen, dass es auch mit ihr
einmal zu Ende gehen kann. Deswegen ist sie total kaputt und fertig, und
es gibt niemanden, der sie wieder hochbringt und aufbaut. Darum bete ich:
„Gott, bitte hilf uns! Der Feind macht den Lauten, und uns geht es so
schlecht!“ 10 Der Gegner hat einfach zugelangt und alle guten Sachen mit-

gehen lassen. Die Stadt musste mit ansehen, wie Ausländer sogar den Tem-
pel geplündert haben. Leute, denen es verboten war, den Gottesdienst zu
besuchen, haben alles gezockt. 11 Die Bewohner sind am Ende, sie suchen
verzweifelt nach Nahrung, aber finden nichts. Auf dem Schwarzmarkt kauft
man ein Brot und bezahlt dafür mit einer Rolex, damit man irgendwie über-
leben kann. Die Leute in der Stadt beten zu Gott: „Chef, sieh doch mal her!
Sieh nur, wie kaputt wir sind!“ 12 Menschen auf der Durchreise wird gesagt:
„Wir wünschen euch nur, dass euch nicht das Gleiche passiert wie uns!
Habt ihr irgendwo schon mal erlebt, dass es Leuten so dreckig geht wie hier?
Dafür hat Gott gesorgt, er hat damit angefangen, als er voll sauer auf uns
war. 13 Er hat aus dem Himmel einen Flammenwerfer auf die Stadt gehalten,
und das Feuer hat die Stadt kaputt gemacht. Deswegen sind wir jetzt am
Ende. Er hat uns eine Falle gestellt, er wollte uns dazu zwingen, dass wir
endlich unser Leben ändern. Er sorgte dafür, dass keiner mehr hier leben
wollte und wir alle Bauchschmerzen bekamen und unheilbar krank wurden.
14 Den ganzen Mist, den wir gebaut haben, hat er zu einem schweren Gewicht
gemacht, das uns wie ein Betonklotz um den Hals gelegt wurde. Wir sind
unter der Last zusammengebrochen. Er hat uns Handschellen verpasst und
uns an Feinde ausgeliefert, die wir nicht länger bekämpfen konnten. 15 Die
Spezialeinheit, welche unsere Stadt verteidigt hatte, wurde von Gott einfach
wegwischt. Er hatte ein Treffen unserer Feinde organisiert, weil er unsere
jungen Soldaten alle töten wollte. So, wie man Orangen auspresst, hat Gott
die Leute von Juda ausgepresst.“ 16 Darüber muss ich die ganze Zeit heulen,
ich zerfließe, das Wasser schießt nur so aus meinen Augen. Es gibt nieman-
den, der mich tröstet, keiner kann mich wieder gut draufbringen. Meine
Kinder sind alleine und durcheinander, weil der Feind zu stark ist. 17 Die
Stadt Zion streckt ihre Arme aus, aber da ist niemand, der sie knuddeln will.
Gott hat gegen seine Leute einen Feind an den Start gebracht, der aus der
Nachbarschaft kommt. Die haben Jerusalem zum Erzfeind erklärt, und sie
hassten die Stadt. 18 „Gott ist korrekt. Wenn er mich bestraft, geht das in
Ordnung, weil ich richtig Mist gebaut habe. Alle anderen Völker sollen von
meinem Problem hören: Alle Jugendlichen sind weg, Jungs und Mädchen
wurden verhaftet und kamen in Kriegsgefangenschaft. 19 Ich hab versucht,
die Völker um Hilfe anzubetteln, die mich früher mal geliebt haben. Aber alle
haben mich abgezogen. Unsere Priester und die Chefs wurden umgebracht,
als sie in der Stadt nach Lebensmitteln suchten. Sie wären sonst verhun-
gert. 20 Gott, sieh nicht weg! Ich habe Angst! Mir ist kotzübel! Mir dreht sich
der Magen um. Warum hab ich nur so einen Blödsinn gemacht? Die Leute,
die in der Stadt wohnten, wurden im Krieg erschossen, und die Menschen,
die außerhalb wohnten, starben an einer fiesen Krankheit. 21 Alle haben ge-
hört, wie ich geweint hab, aber keiner hat mich getröstet. Alle meine Feinde

haben von dem Frust gehört und haben sich gefreut, dass du das zugelassen
hast. Du hast dafür gesorgt, dass ich für meine Taten bestraft wurde. Ich
wünsche mir, dass sie das auch mal erleben müssen. 22 Der ganze Mist, den
sie gebaut haben, soll in deinem Gericht verhandelt werden. Geh mit ihnen
genauso um, wie du es mit mir getan hast wegen dem ganzen Mist, den
ich gebaut hab. Mein Frust ist riesig, meine Depression ist furchtbar, mir
geht es sehr schlecht.“

2

Gott hat uns behandelt, als wären wir seine Feinde

1 Gott ist total sauer auf seine Stadt, er hat sie eingenebelt mit seinem Frust.
Jerusalem war mal die Nummer eins, sie war der Hauptgewinn in Israel.
Aber er hat sie zum Absteiger gemacht, sie fiel auf den letzten Platz. An dem
Tag, als die Gerichtsverhandlung kam, war es Gott egal, dass Jerusalem
mal so was wie sein Schmuckstück war, es war wie der Schreibtisch vor sei-
nem Chefsessel. 2 Er hat das ganze Land plattgemacht, ohne Rücksicht auf
Verluste. Die großen Städte von Juda wurden vernichtet, weil er sauer war.
Das ganze Land und seine Regierung erlitten eine peinliche Niederlage.
3 Alles, worauf Israel mal stolz war, hat er in einem Wutanfall einfach kaputt
gemacht. Er hat den Schutzschirm, den er über seine Leute aufgebaut hatte,
weggenommen, als die Feinde kamen. Wie mit einem Flammenwerfer hat
er Israel angezündet. So ein Feuer frisst alles auf. 4 Er hat das Gewehr ange-
legt und auf Israel gezielt, als wären wir seine Feinde. Er hat alles zerstört,
was für uns wertvoll war. Auch im Tempel, im ganz besonderen Bereich, hat
er gewütet und alles verbrannt. 5 Gott ist wie ein Feind für uns geworden.
Er hat Israel kaputt gemacht, alle Regierungsgebäude und alle Städte. Er hat
dafür gesorgt, das die Leute von Juda voll traurig sind und nun weinen
und heulen. 6 Er hat sein Haus abgerissen, er hat es zusammengeklappt wie
einen alten Gartenstuhl. Die ganzen großen Feiern in Zion, die an den
religiösen Feiertagen gefeiert wurden, hat man schon wieder vergessen.
Keiner denkt mehr daran, weil Gott gezeigt hat, wie sauer er ist. Er hat die
Präsidenten und Priester alle rausgeschmissen. 7 Gott hatte keinen Bock
mehr auf seinen Opfertisch, seinen Altar, auf dem die Opfer für ihn ver-
brannt wurden. Auch auf sein ganz besonderes Haus, den Tempel, hatte er
keinen Bock mehr. Er hat die Mauern der Stadt und ihre fetten Häuser den
Feinden geschenkt. In seinem Haus konnte man dann den Lärm der Sieger
hören, die dort genauso laut gefeiert haben wie wir sonst bei einem Got-
tesdienst. 8 Gott hatte sich vorgenommen, die Stadtmauern von Zion zu
zerstören. Er hat erst alles ausgemessen. Er hat nicht aufgehört, bis die
Mauern komplett am Boden waren. Auch Schutzwall und Schutzmauer sind
jetzt kaputt. 9 Die großen Eingangstore sind gesprengt worden, die Schlös-

ser und Sicherheitsriegel wurden zerstört. Die Bürgermeister und Präsiden-
ten sind in Kriegsgefangenschaft bei den Völkern, die ohne Gott leben. Die
Priester sagen nicht mehr, wo es langgeht, und auch die Propheten bekom-
men keine Ansage mehr von Gott. 10 Selbst die älteren Menschen, die eigent-
lich viel Peilung vom Leben haben, sitzen schweigend am Boden. Sie haben
ihren schwarzen Anzug an, als Zeichen, dass sie trauern. Auch die jungen
Mädchen, die noch keinen Mann abbekommen haben, sind gefrustet und
hängen depressiv in der Ecke rum. 11 Meine Augen sind vom vielen Weinen
schon ganz verquollen. Mir zerreißt es das Herz, ich hab Magenschmerzen,
ich bin total fertig, weil ich sehe, wie kaputt meine Leute sind. Sogar Kinder
und Babys hängen draußen auf der Straße rum und verhungern. 12 Sie fragen
ihre Mütter: „Mama, ich hab Hunger! Wo kriegen wir was zu essen oder zu
trinken her?" Auf den Plätzen in der Stadt sterben sie, wie Soldaten, die
im Krieg erschossen wurden. In den Armen ihrer Mütter sterben sie reihen-
weise. 13 „Jerusalem, was kann ich dir noch sagen, wie kann ich dich ermu-
tigen?" Das frage ich mich, wenn ich dich sehe. „Womit kann man dich
trösten? Womit kann man deine Situation vergleichen?" Deine Krise ist hef-
tiger als die schlimmste Wirtschaftskrise, die es je gab. Wer kann dir noch
helfen? 14 Alles, was die Prophetentypen gesagt haben, war nur, weil sie rum-
schleimen wollten. Sie haben dir die schönsten Sachen vorausgesagt, sie
haben gelogen und dich damit in die Irre geführt. Hätten sie klar gesagt,
dass du zurzeit nur Mist baust, und hätten sie dich laut gewarnt, hätte es
alles verändern können. 15 Die Menschen, die jetzt an dir vorbeireisen, und
die Menschen, die von dir in der Zeitung lesen, reiben sich die Hände und
freuen sich. Sie lachen sich kaputt wegen den zerstörten Häusern. „Ha!
War das nicht mal die Stadt, welche sämtliche Architekturpreise abgesahnt
hat? Hat man diese Stadt nicht mal ‚Das perfekte Kunstwerk' genannt, an
dem sich jeder freuen konnte?" 16 Deine Feinde reißen Witze über dich,
sie zeigen dir den Mittelfinger. „Die haben wir richtig schön zu Kleinholz
verarbeitet! Auf den Tag haben wir schon lange gewartet! Endlich haben wir
das erreicht, was wir wollten!" 17 Gott hat genau das durchgezogen, was
er sich vorgenommen hatte. Was er vor Ewigkeiten angedroht hat, ist auch
so passiert. Er hatte kein Mitleid mehr, die Feinde durften ganz locker
gegen dich gewinnen. Er hat dafür gesorgt, dass die Leute, die dich hassen,
dich fertigmachen können. 18 Die Leute aus Jerusalem sollen mal anfangen
zu beten und Gott um Hilfe bitten! Sie sollen ihm die Ohren vollheulen,
ihre Tränen sollen laufen wie ein aufgedrehter Wasserhahn, 24 Stunden
täglich. Ohne Pause dazwischen soll man weinen, die Augen dürfen nicht
mehr trocken werden. 19 Wenn es dunkel wird, sollst du weiterweinen,
schütte dich vor Gott aus. Falte die Hände oder hebe sie hoch zu Gott, bete
für deine Kinder, die bald vor Hunger sterben werden, in den Straßen der

Stadt. 20 „Gott, sieh dir das an, mit wem du so umgehst! Willst du wirklich,
dass Mütter ihre eigenen Kinder töten und das Fleisch auf den Grill schmei-
ßen, weil sie sonst verhungern? Die Kinder, die sie vorher noch gesund
geboren hatten? Und was sagst du dazu, dass sogar im Tempel, im ganz
besonderen Bereich, deine Priester und Prophetentypen umgebracht wer-
den? 21 Überall liegen auf dem Boden verstreut die Leichen von Jungs und
Mädchen, Omas und Opas. Jugendliche und Frauen, die noch nie mit einem
Mann geschlafen haben, alle wurden im Krieg getötet. Sie wurden alle
erschossen, an dem Tag, als du so sauer auf uns warst. Sie wurden brutal
abgeschlachtet, ohne Mitleid, gnadenlos. 22 Meine ganzen Probleme, die
plötzlich da waren, hast letztendlich du organisiert. Sie wurden von dir ein-
geladen wie zu einer Party, und keiner konnte davor fliehen. Die Kinder, wel-
che von mir liebevoll aufgezogen wurden, hat mein Feind alle erschossen."

3

Heftige Krise, aber trotzdem noch Hoffnung

1 Leute, ich habe heftige Sachen durchgemacht, ich hab es erlebt, was es
bedeutet, wenn Gott sauer ist und einen bestraft. 2 Er hat mich wegge-
schickt, er ließ mich in eine Situation reinschlittern, wo es keine Hoffnung
mehr gab, kein Licht, es war alles finster. 3 Er hat mit seiner Faust auf mich
eingeschlagen, immer wieder, jeden Tag. 4 Es war ihm egal, dass meine Haut
langsam abfaulte, meine Muskeln wurden wie Wackelpudding, und meine
Knochen waren zerbrochen. 5 Das alles war wie Gift für mich und bedeutete
jede Menge Stress und Ärger. 6 Er sorgte dafür, dass ich in absoluter Dun-
kelheit leben musste, es war dort so schwarz wie in dem Land, wo die Toten
sind. 7 Gott hat eine Mauer um mein Leben gezogen, ich sitze in einem
Gefängnis, wo ich nicht mehr rauskomme. Er hat mir Handschellen aus Edel-
stahl angelegt. 8 Ich brüllte mir die Seele aus dem Leib, aber er hat mir nicht
geholfen. Er stellte sich taub, er hat sich die Ohren zugehalten, wenn ich
gebetet hab. 9 Gott hat mir große Steine in den Weg gelegt, darum musste
ich Umwege gehen. 10 Wie ein gefährlicher Hund hat er mich aufgespürt, er
hat mich aus dem Hinterhalt angefallen und mich gebissen. 11 Er hat sich
mir in den Weg gestellt, er hat mich gebissen, er sorgte dafür, dass ich mich
einsam fühle. 12 Er hat mir eine Zielscheibe aufgemalt und mich für seine
Schießübungen benutzt. 13 Einen Schuss nach dem nächsten hat er auf mich
abgefeuert, von hinten durchschlugen die Patronen meinen Bauch. 14 Alle
Leute haben sich auf meine Kosten schlapp gelacht, es gibt sogar ein Lied
über mich, was sie jeden Tag singen, um es mir so richtig zu zeigen. 15 Gott
hat mir eine bittere Pille zu essen gegeben. 16 Ich musste auf Sandpapier
beißen und wurde von ihm in den Dreck getreten. 17 Entspannung und Freu-
de sind bei mir erst einmal nicht mehr drin, da hat er für gesorgt. Wie es

sich anfühlt, glücklich zu sein, hab ich schon lange vergessen. [18] Ich hab echt die Hoffnung verloren, dass Gott wirklich helfen kann, ich kann ihm nicht mehr vertrauen. [19] Wenn ich an meine Probleme denke und an die Tatsache, dass ich kein richtiges Zuhause hab, dann kriege ich Depressionen. [20] Trotzdem lässt mich das nicht los, es beschäftigt mich die ganze Zeit, und es zieht mich voll runter. [21] Darum will ich versuchen, mich an Sachen zu erinnern, die mir wieder Hoffnung geben. [22] Gott hört nicht auf damit, uns zu zeigen, dass er uns liebt, darum leben wir überhaupt. [23] Er liebt uns jeden Tag, als ob es kein Gestern gegeben hätte, er steht immer zu mir. [24] Gott ist mein Hauptgewinn, da bin ich mir innerlich hundertprozentig sicher. Deswegen setze ich auf ihn, darum hab ich eine berechtigte Hoffnung, dass alles gut wird. [25] Gott mag die Leute, die nach ihm fragen, er liebt die Menschen, die immer mit ihm leben wollen. [26] Es ist gut, wenn man einfach mal die Fresse hält und nur dadrauf hofft, dass Gott helfen wird. [27] Es ist auch gut für einen Mann, wenn er schon als Jugendlicher lernt, mit Problemen umzugehen. [28] Wenn Gott will, dass er einsam ist und nichts sagen soll, dann muss er das einfach mal aushalten. [29] Wenn Gott will, dass er Staub frisst, dann muss er das einfach mal tun, vielleicht hilft es ja. [30] Wenn ihn jemand verprügelt, soll er ihm auch noch das Gesicht hinhalten, damit er da auch noch reinschlägt. Er soll sich richtig fertigmachen lassen. [31] Aber Gott ist nicht für immer sauer auf einen. [32] Wenn er dafür gesorgt hat, dass jemand traurig wird, dann kümmert er sich auch wieder voll um den und zeigt ihm seine Liebe. [33] Gott hat keinen Spaß daran, Leute fertigzumachen. Er findet es nicht toll, wenn seine Kinder leiden. [34] Alle Leute, die hier im Knast sitzen, wurden getreten und gefoltert. [35] Männer, die eigentlich okay gelebt haben, wurden vor den Augen von Gott total mies behandelt. [36] Menschen wurden vor Gericht abgezogen! Meint ihr, Gott hätte das alles nicht mitbekommen? [37] Hallo? Wer war das noch mal, der nur ein Wort sagen muss, und es passiert sofort? Ist es nicht so, dass Gott das alles befohlen hat? [38] Die Sachen, die Gott sagt, sorgen für ätzende und gute Sachen, oder? [39] Wie kann da ein Mensch, der noch lebt, sich bei Gott beschweren? Will er etwa Einspruch einlegen gegen die Bestrafung für den Mist, den er gebaut hat? [40] Ich wäre dafür, dass wir alle unser Leben einmal gründlich abchecken. Wo wir Mist gebaut haben, sollten wir schleunigst umkehren und wieder das tun, was Gott von uns will. [41] Wir sollten anfangen zu beten und uns innerlich wieder auf Gott eintunen, unsere Gedanken und Gefühle auf ihn ausrichten. [42] Denn wir haben Scheiße gebaut, wir waren dir untreu, Gott, und haben Sachen getan, die du nicht willst. Du hast uns den Mist auch nicht so mal eben verziehen. [43] Du warst megasauer und hast uns gejagt, ohne Rücksicht auf Verluste. Wir wurden von dir umgenietet, du hattest kein Mitleid mit uns. [44] Du hast dich in einen Betonklotz zurückgezogen, damit

du keine Gebete mehr hören kannst. 45 Du hast aus uns den letzten Dreck
gemacht, etwas, vor dem sich alle Völker nur ekeln. 46 Unsere Feinde reißen
das Maul auf und machen sich über uns lustig. 47 Tödliche Katastrophen
waren bei uns an der Tagesordnung, alles ging kaputt, wir waren am Boden.
48 Ich konnte nicht aufhören zu weinen, das Wasser schoss nur so aus
meinen Augen, weil ich so traurig wegen meinen Leuten war. 49 Wie ein Was-
serhahn, den man nicht abdrehen kann, strömte immer mehr Wasser aus
meinen Augen, es hörte einfach nicht auf. 50 Und das wird so weitergehen,
bis Gott aus dem Universum zu mir runtersieht und mich wieder beobach-
tet. 51 Es tut mir total weh, wenn ich sehe, was mit den Frauen in meiner
Stadt gerade abgeht. 52 Männer haben mich verfolgt und gejagt. Ich habe
Feinde, obwohl ich nichts gegen sie gemacht habe. 53 Sie haben mich leben-
dig in ein Loch geworfen und schütten mit einem Bagger Kieselsteine oben-
drauf. 54 Das Wasser steigt mir bis zum Hals. Ich war schon so weit zu
sagen: Das war es jetzt, bald bin ich tot. 55 Aber dann schrie ich zu Gott, ich
rief seinen Namen aus, als ich in diesem Loch saß. 56 „Hallo? Gott? Hörst
du mich? Bitte hilf mir, halt dir nicht die Ohren zu!" 57 An dem Tag, als
ich dich brauchte, warst du plötzlich da. Du sagtest zu mir: „Keine Angst! Es
wird alles wieder gut!" 58 Dann hast du dich um mich gekümmert, du hast
mich verteidigt und dafür gesorgt, dass alles korrekt zugeht. Damit hast du
mir das Leben gerettet! 59 Gott, du hast gesehen, wie übel sie mich behan-
delt haben. Bitte sorg dafür, dass ich korrekt behandelt werde! 60 Du hast
gesehen, dass sie mich echt gehasst haben! Sie wollten mich reinlegen,
sie hatten das schon alles geplant. 61 Außerdem hast du mitbekommen, wie
sie mich gedisst haben, und du hast von ihren miesen Plänen gehört. 62 Sie
lästern die ganze Zeit über mich. 63 Schau doch mal, was sie alles so brin-
gen. Am liebsten machen sie sich lustig über mich! 64 Räche dich an ihnen,
Gott. Mach es so, wie sie es verdient haben. 65 Sorg dafür, dass sie total
verpeilt sind und nichts mehr gerallt kriegen. Wünsch ihnen die Krätze an
den Hals. 66 Verfolge sie mit deiner Wut und mach sie alle kaputt. Keiner
soll überleben auf deiner Erde.

4

Die Propheten und Priester haben auch Schuld

1 Wie krass! Selbst das Gold ist ganz dunkel geworden, es ist verdreckt. Die
wertvollen Diamanten liegen im Dreck, überall auf der Straße. 2 Die Leute,
die in Jerusalem gewohnt haben, in der Zionsstadt, die waren alle mal total
wertvoll. Sie waren unbezahlbar, aber jetzt sind sie so viel wert wie alte Plas-
tiktüten aus der Recyclingfabrik. 3 Selbst die Mütter von Ratten geben ihren
Jungen genug Milch zu trinken. Aber die Frauen von meinen Leuten sind
total link unterwegs, ihre Babys sind ihnen so egal, ihr Schreien lässt sie eis-

kalt. 4 Die Babys haben einen total trockenen Mund und riesigen Durst.
Auch die Kinder wollen was essen, aber niemand bringt ihnen auch nur ein
Brötchen vorbei. 5 Früher bekamen sie den ganzen Tag Schokolade, heute
verhungern sie auf der Straße. Früher wurden sie auf ein Samtkissen gelegt,
heute schmeißt man sie auf einen Müllhaufen. 6 Meine Leute haben richtig
großen Mist gebaut. Was sie getan haben, war schlimmer als das, was die
Bewohner von Sodom taten. Und Sodom wurde auf einmal plattgemacht,
ohne dass ein Mensch auch nur mit der Hand ausgeholt hat. 7 Unsere
Bürgermeister waren super drauf, sie sahen gut aus, und was sie gemacht
haben, war gut. Sie glänzten heller als Schnee, ihr Gesicht war weißer als
Milch, ihr Körper war gesund, ihre Haut war schön gebräunt und ihre Mus-
keln waren schön geformt. 8 Aber jetzt sind sie so schwarz wie Holzkohle,
und wenn man sie auf der Straße trifft, dann erkennt sie keiner mehr. Ihre
Haut sieht aus wie ein Faltenrock und ist so trocken wie Toilettenpapier.
Sie sind so dürr, dass man ihre Knochen zählen kann. 9 Die Männer, die im
Krieg umkamen, sind besser dran als die Männer, die an Hunger gestorben
sind. Denn die starben qualvoll und ganz langsam, weil es auf den Feldern
nichts mehr zu ernten gab. 10 Eigentlich ganz liebevolle Mütter mussten ihre
eigenen Kinder töten und zu Frikadellen verarbeiten, weil es nichts mehr zu
essen gab. Das passierte mitten in der Zeit, als meine Leute völlig zusam-
mengebrochen waren. 11 Gott war richtig sauer, und er hat das auch gezeigt.
Er hat in Zion alles angezündet, das Feuer hat sogar die Stadtmauern zer-
stört. 12 Kein Präsident oder sonst irgendjemand hätte es jemals für möglich
gehalten, dass irgendeine Armee es schaffen könnte, Jerusalems Vertei-
digungsanlage zu überwinden. 13 Aber es musste so passieren, weil die Pro-
pheten Mist gebaut hatten und die Priester auch. Sie haben dafür gesorgt,
dass Leute, die nichts ausgefressen hatten, von ihnen ermordet wurden.
14 Sie torkelten durch die Straßen, völlig mit Blut übergossen, und keiner
durfte sie anfassen, weil ihre Klamotten so blutig waren. 15 „Achtung! Der Typ
ist dreckig, er ist unrein!“, haben die Leute dann gerufen. „Geht ihm aus
dem Weg! Nicht anfassen!“ Darum mussten sie fliehen, aber wussten nicht,
wohin sie gehen sollten. Denn die anderen Völker sagten: „Nein, bei uns
könnt ihr nicht bleiben!“ 16 Gott hat sie selber vertrieben, denn er konnte
ihren Anblick nicht länger ertragen. Auch auf die Priester hat man keine
Rücksicht genommen, genauso wenig wie auf die Rentner. 17 Eine Zeitlang
haben wir noch gehofft, dass jemand kommt und uns da rausholt. Aber
es war umsonst. Wir warteten auf eine Rettung durch andere Völker, obwohl
sie uns eigentlich gar nicht wirklich helfen konnten. 18 Wir wurden rund
um die Uhr von unseren Feinden beobachtet. Es gab keinen Ort, wo wir ein-
fach so hingehen konnten. Unsere Tage waren gezählt, und das Ende kam
näher. 19 Unsere Feinde waren schneller als ein Düsenjet. Sie hetzten uns die

Berge hoch, und in der Wüste warteten sie schon auf uns. 20 Der Typ, von
dem unser Leben abhing, der besondere Mann von Gott, wurde gefangen
genommen. Wir hatten gehofft, dass wir mit seinem Schutz mit dem Leben
davonkommen würden. 21 Die Leute von Edom sollen das ruhig noch mal
feiern und sich drüber freuen. Aber es wird eine Zeit kommen, da geht es
auch euch an den Kragen. Ihr werdet dieselbe Suppe auslöffeln wie wir. Ihr
werdet euch einen dicken Kopf saufen, und dann wird es sehr peinlich für
euch enden. 22 Zu dem Zeitpunkt wird Zion seine Strafe abgesessen haben.
Es wird ab dann nicht noch mal passieren, dass Gott Leute vorbeischickt,
die euch gefangen nehmen. Dann wirst du bezahlen müssen, Edom, Gott
wird deine Verbrechen offenlegen und dich dafür verurteilen.

5

Die Feinde haben das Sagen und machen uns kaputt

1 Gott, bitte vergiss nicht, was für ätzende Sachen uns passiert sind. Siehst
du nicht, wie die Leute Witze über uns machen? 2 Das Land, was du uns
für immer versprochen hattest, gehört jetzt Ausländern. Die wohnen in
unseren Häusern und machen sich da breit. 3 Unsere Väter sind alle tot,
unsere Mütter haben ihren Ehemann verloren. 4 Selbst für das Wasser aus
der Leitung müssen wir Kohle abdrücken, und auch das Öl für die Heizung
müssen wir teuer bezahlen. 5 Der Feind sitzt uns im Nacken, wir sind
schlapp und können nicht mehr laufen, aber die lassen uns nicht in Ruhe.
6 Wir mussten mit Ägypten Verträge machen und Assyrien anbetteln, dass
sie uns genug zu essen schicken. 7 Die Leute, die vor uns lebten, haben
in einer Tour Mist gebaut. Jetzt sind sie tot, aber wir haben immer noch mit
den Folgen ihrer Taten zu kämpfen. 8 Menschen aus der untersten Schub-
lade haben die Macht über uns, und niemand kann uns von ihnen befreien.
9 Nur in den Supermarkt zu gehen ist für uns schon lebensgefährlich gewor-
den, weil uns überall Banden auflauern, die uns überfallen wollen. 10 Unser
Körper zerfällt in seine Einzelteile wie ein Auto auf dem Schrottplatz, weil wir
nichts mehr zu essen haben und hungern. 11 In Jerusalem und in den Städ-
ten von Juda haben sie Frauen vergewaltigt, auch ganz junge Mädchen, die
noch nie mit einem Mann geschlafen haben. 12 Leute aus der Führungsriege
wurden erschossen oder erhängt. Vor den Älteren hat man keinen Respekt
mehr. 13 Junge Männer müssen in den Fabriken am Fließband arbeiten,
Jugendliche arbeiten im Bau und schleppen da schwere Sandsäcke. 14 Die
Beratungsstellen sind alle zu. Konzerte wurden alle abgesagt. 15 Keiner kann
sich innerlich noch freuen. Wo man früher abgetanzt hat, da hängt man
heute nur noch depressiv in der Ecke rum. 16 Die gute Zeit ist vorbei. Wir
haben einfach echt Mist gebaut, und das sind jetzt die ätzenden Folgen
davon. 17 Darum sind wir depressiv geworden, deswegen können wir nicht

aufhören zu heulen. [18] Der Berg von Zion ist nur noch ein Schrotthaufen,
da leben jetzt nur noch Ratten. [19] Du wirst aber für immer der Chef bleiben,
Gott! Du bist und bleibst der Präsident auf seinem Chefsessel. [20] Warum
willst du uns denn für immer vergessen? Warum verlässt du uns und willst
nicht wieder zurückkommen? [21] Gott, bitte bring uns wieder zusammen!
Sorg dafür, dass wir zu dir zurückkommen! Mach mit uns einen Neuanfang,
es soll wieder so werden, wie es früher mal war. [22] Oder hast du uns für
immer rausgeschmissen? Warst du einfach zu sauer auf uns?

Der Prophet Hesekiel

1

Gott sagt zu Ezechiel: Du wirst ein Prophet!
[1] Was ich jetzt erzähle, passierte mir an einem 5. Juli, im dreißigsten Jahr.
Ich bin Ezechiel, wobei einige mich auch Hesekiel nennen. Ich war gerade
am Fluss Kebar mit einigen anderen Israeliten, die auch in der Kriegsge-
fangenschaft waren. Plötzlich wurde ich irgendwie in eine andere Dimension
gebeamt und sah vor mir einen Film, der von Gott kam. [2] Das Ganze pas-
sierte wie gesagt am 5. Juli, und zwar im fünften Jahr, seitdem Präsident
Jojachin in Kriegsgefangenschaft geraten war. [3] Gott redete ganz deutlich zu
mir, dem Ezechiel. Ich stamme aus der Familie von dem Priester Busi und
wohnte in der Zeit in Babylonien am Fluss Kebar. Mit dieser Aktion war
ich ab dann im Dienst für Gott unterwegs, weil er mich dadurch echt berührt
hatte. [4] Folgender Film spielte sich vor mir ab: Ich sah eine riesengroße
Wolke, die aus dem Norden her angeflogen kam. Um diese Wolke war so
ein Leuchten. Aus der Mitte kamen lauter Blitze, es war wie ein Feuer, und
man sah etwas strahlend Helles dort drin, wie ein großes Stück poliertes
helles Gold. [5] In der Mitte sah ich dann vier Gestalten, die aussahen wie
lebende Menschen. [6] Trotzdem hatte jeder dieser Typen vier Gesichter und
vier Flügel. [7] Ihre Beine waren ganz gerade, aber an den Füßen hatten sie
eher so was wie Hufe, ähnlich wie die von einer Kuh. Dabei funkelten sie die
ganze Zeit wie glühende Kohlen. [8] Dann konnte ich deutlich sehen, wie
jeder an seinen vier Seiten, unter den Flügeln, auch Hände hatte. Jeder die-
ser vier Typen hatte auch vier unterschiedliche Gesichter, zu jeder Seite
mit Flügeln ein anderes. [9] Jeder der Flügel berührte einen anderen Flügel.
Wenn sie gingen, mussten sie sich nicht umdrehen. Denn sie gingen immer
in eine Richtung, in die eines der Gesichter zeigte. [10] Die Gesichter würde
ich folgendermaßen beschreiben: Das eine Gesicht sah so aus wie bei einem
Menschen, das andere sah aus wie von einem Löwen, das nächste sah
aus wie von einem Stier, und das hintere sah aus wie das von einem Adler.
[11] Ihre Flügel zeigten nach oben. Jeder hatte an jeder Seite zwei davon. Mit
dem einen Paar bedeckten sie ihren Körper, das andere Paar hatten sie
ausgespannt. Die Enden dieses Flügelpaares berührten sich oben, in der
Mitte. [12] Sie gingen immer in die Richtung, wo eines der Gesichter hinzeigte.
Und dort, wo Gott sie hinhaben wollte, dahin gingen sie. Wenn sie irgend-
wo hingingen, mussten sie sich wie gesagt nie umdrehen. [13] In der Mitte von
diesen Gestalten war so eine Art Feuer , eine Art glühende Kohlen. Dieses
Feuer ging immer zwischen ihnen hin und her. Es leuchtete ganz krass, und
ständig kamen kleine Blitze da raus. [14] Sie liefen die ganze Zeit so schnell

hin und her, dass es aussah wie Blitze. 15 Schließlich änderte sich die Kame-
raperspektive, und ich konnte die vier von weiter oben betrachten. Plötzlich
entdeckte ich vor jedem auf dem Boden ein großes Rad. 16 Die Räder waren
alle gleich groß, sahen aus wie Edelsteine und waren ähnlich verarbeitet.
Und es sah so aus, als ob ein Rad im anderen wäre. 17 So waren die Räder
in der Lage, in jede Richtung zu laufen, ohne dass man sie vorher umlegen
musste. 18 Die Felgen der Räder waren sehr groß. Als ich genauer hinsah,
konnte ich auf ihren Seiten ganz viele Augen erkennen, auf allen vier Rädern.
19 Diese Räder machten immer genau dasselbe, was die vier Gestalten taten.
Wenn sie anfingen zu fliegen, flogen die Räder auch, wenn sie nach vorne
gingen, liefen sie auch nach vorne. 20 Denn in diesen Rädern war die gleiche
Kraft am Wirken, es war die Kraft von diesen vier. Wohin diese Kraft gehen
wollte, dort rollten die Räder auch hin. 21 Wenn die einen gehen wollten,
mussten die anderen auch gehen. Wenn die einen stehen wollten, standen
die anderen auch. Wenn die einen fliegen wollten, dann mussten die ande-
ren mitfliegen. Denn die gleiche Kraft, die in den Gestalten war, war auch
in diesen Rädern drin. 22 Über den Köpfen von diesen Gestalten schwebte
so eine Art fester „Mini-Himmel". Das ganze Ding sah so aus wie eine
riesengroße Kuppel aus Kristallglas. Als ich es mir ansah, bekam ich echt
Respekt, alleine, weil es so riesig war. 23 Unter der festen Kuppel hatten
diese Figuren ihre Flügel ausgebreitet. Dabei berührte das Ende eines Flü-
gels den Flügel von einer der anderen Gestalten. Sie hatten dabei auf jeder
Seite zwei Flügel, das andere Paar hielten sie vor ihren Körper. 24 Wenn
sie sich bewegten, konnte ich so eine Art Rauschen hören, was von ihren
Flügeln herkam. Das klang manchmal so ähnlich wie das Rauschen von
Wellen, dann wieder eher wie das Geräusch, was von einer Fankurve im
Fußballstadion kommt, und dann wieder mehr wie ein Donner oder eben so
wie Gott, wenn er manchmal spricht. Wenn sie sich nicht bewegten, dann
nahmen sie ihre Flügel runter. 25 Dann hörte ich eine Stimme, die aus der
Richtung über dem „Mini-Himmel" aus Kristallglas kam, der über den Köp-
fen dieser Gestalten schwebte. Wie gesagt, diese Teile ließen immer ihre
Flügel hängen, wenn sie sich nicht mehr bewegten. 26 Auf diesem „Mini-
Himmel", der dort oben schwebte, stand so etwas, das aussah wie ein
großer Chefsessel. Dieser Sessel war aus blauen Diamanten gemacht. Auf
diesem Chefsessel konnte ich jetzt etwas erkennen, das so ähnlich aussah
wie ein Mensch. 27 Über dem Körperteil, wo beim Menschen die Hüften
anfangen, war etwas, das aussah wie eine polierte Chromfelge. Um diese
Felge war ganz viel Feuer. Unterhalb der Hüften war auch ganz viel Feuer.
Um das ganze Teil war so eine Art heller Lichtstrahlen. 28 Diese Strahlen
sahen dabei so aus wie ein Regenbogen, den man sehen kann, wenn es reg-
net und gleichzeitig die Sonne scheint. Das Ganze war ein Bild für die ganz

besonders krasse Art von Gott. Als ich mir das reingezogen hatte, musste
ich mich erst einmal auf den Boden schmeißen, mit dem Gesicht nach
unten. Plötzlich hörte ich ganz deutlich eine Stimme, die mit mir redete.

2

Ezechiel bekommt den Auftrag von Gott, sein Prophet zu werden

1 Die Stimme sagte zu mir: „Hey, du! Steh mal auf! Ich muss dir was erzäh-
len!“ 2 In dem Augenblick, als er anfing zu reden, kam plötzlich Kraft in
meinen Körper, die mir half, aufzustehen. Dann sagte er Folgendes zu mir:
3 „Hey, du! Ich hab einen Auftrag für dich! Und zwar möchte ich, dass du
zu den Leuten von Israel gehst. Die sind zurzeit echt finster drauf, haben
nur ihr eigenes Ding im Kopf und tun gar nicht mehr das, was ich von ihnen
will. Das hat ja schon eine längere Geschichte, die Menschen, die vor ihnen
lebten, waren keinen Deut besser drauf als sie. 4 Ich will von dir, dass du
zu diesem miesen Volk hingehst, die einfach total hart drauf sind und sich
nichts sagen lassen. Trete da so auf, dass du ganz klar sagst: ‚Was ich
euch jetzt erzähle, kommt direkt von Gott!‘ 5 Egal, ob sie jetzt drauf reagie-
ren oder nicht, tue es einfach. Diese Leute machen eh immer nur ihr eige-
nes Ding, die hören auf niemanden. Aber sie werden eines Tages wissen,
dass ein Prophetentyp sie gewarnt hat. 6 Du bist ja nur ein ganz normaler
Typ, musst aber trotzdem keine Angst vor denen haben. Auch wenn sie dich
verarschen oder dir drohen, muss dich das nicht beeindrucken. Und wenn
du dir so vorkommst, als wären nur fiese Giftschlangen um dich rum oder
du würdest mitten in einem Brombeerbusch mit lauter Dornen sitzen,
wird dir nichts passieren, hab keine Angst. 7 Ich möchte, dass du ihnen die
Sachen sagst, die ich dir erzählen werde. Soll dir egal sein, ob sie auf dich
hören oder nicht. Wie gesagt, diese Leute machen eh immer nur ihr eigenes
Ding und hören auf niemanden. 8 Du bist ein ganz normaler Mensch, und
ich möchte, dass du gut zuhörst, wenn ich mir dir rede. Ich möchte, dass
du offen bist für alles, was ich dir sage, und nicht so pampig reagierst wie
diese Leute. So, jetzt mach mal deinen Mund auf und iss das auf, was ich dir
jetzt gebe!“ 9 Dann sah ich, wie eine große Hand auf mich zukam, die ein
Buch hielt. 10 Schließlich öffnete sich das Buch, und ich konnte die Seiten
dadrin überfliegen, die beidseitig bedruckt waren. Die Sätze enthielten nur
Deprinachrichten, Trauer, Verzweiflung und Rumgeheule.

3

Gott redet mit Ezechiel

1 Dann sagte Gott zu mir: „Hey, du Mensch! Ich will, dass du dir dieses
Buch nimmst und es aufisst. Nachdem du das gemacht hast, sollst du zu
den Leuten von Israel gehen und ihnen was von mir ausrichten!“ 2 In dieser

Vision öffnete ich dann meinen Mund, und Gott steckte das Buch dort
rein, und ich aß es auf. 3 Jetzt sagte Gott: „Hey, ich will dass du dieses Buch
ganz aufisst, stopf dir den Magen damit voll.“ Also biss ich in das Buch
rein und kaute dadrauf rum. In meinem Mund schmeckte es so süß wie
Zuckerwatte. 4 Als Nächstes meinte er zu mir: „Jetzt will ich, dass du zu den
Leuten von Israel gehst und ihnen etwas von mir ausrichtest. 5 Ich werde
dich nicht zu Ausländern schicken, die eine andere Sprache sprechen als du.
Du musst auch keinen schwierigen theologischen Vortrag halten oder so,
Sachen, die du selbst nicht kapierst, musst du denen nicht erklären. Du sollst
nur zu deinen eigenen Leuten gehen, dem Volk Israel. 6 Wobei man sagen
muss, dass die Ausländer wohl eher auf dich hören würden, auch wenn sie
eine andere Sprache sprechen als du. 7 Aber die Leute von Israel werden
nicht auf dich hören, weil sie auch nicht auf mich hören wollen. Denn die
schalten zurzeit alle auf stur, sie haben total zugemacht, sie sind hart
drauf, nehmen meine Stimme gar nicht mehr wahr. 8 Ich werde dafür sorgen,
dass du genauso hart drauf bist wie sie. 9 Du wirst noch härter drauf sein,
wie ein Granitstein oder wie ein Diamant, die werden sich an dir die Zähne
ausbeißen. Du brauchst keine Angst zu haben, wenn sie bei dir ankommen!
Die haben einfach keinen Bock, das zu tun, was man ihnen sagt!“ 10 Dann
sagte Gott noch zu mir: „Hey, du! Hör mir mal gut zu und nimm das sehr
ernst, was ich dir jetzt sage! 11 Ich will, dass du zu deinen Leuten gehst, die
gerade in Kriegsgefangenschaft stecken. Richte ihnen Folgendes von mir
aus: ‚Gott, der Oberchef, will mit euch reden!‘ Könnte sein, dass sie auf das
hören, was du ihnen sagst, könnte aber auch sein, dass sie es nicht tun.“
12 Plötzlich beamte Gott mich weg. Ich hörte noch hinter mir eine Stimme,
die so laut war wie ein Düsenjet. Dann schwebte Gottes ganz krasse Art, wie
eine Wolke, von dem Platz weg, wo sie gerade war. 13 Danach hörte ich ein
lautes Brummen von den Flügeln dieser vier Gestalten, die sich aneinander
berührten. Dazu kam noch ein Dröhnen von den Rädern, die gleichzeitig
angefangen hatten, sich zu bewegen. 14 Jetzt beamte mich die Kraft von Gott
nach oben, und ich kam an einer anderen Stelle wieder raus. Ab dem Zeit-
punkt war ich ziemlich durch, traurig, erregt und irgendwie schräge drauf.
Gott war einfach ganz heftig mit seiner Kraft auf mir. 15 Schließlich kam ich
zurück nach Tel-Abib, an den Fluss Kebar, wo die ganzen Israeliten lebten,
die in Kriegsgefangenschaft waren. Ich blieb sieben Tage bei ihnen, war aber
die ganze Zeit ziemlich durcheinander und wie erstarrt.

Ezechiel soll auf Israel aufpassen

16 Nachdem eine Woche rum war, redete Gott wieder einmal mit mir: 17 „Hey,
du Mensch! Ich hab einen Job für dich! Ab heute sollst du der Aufpasser
über meine Leute sein! Immer, wenn ich dir etwas sage, musst du das ihnen

erzählen und sie warnen! [18] Es könnte zum Beispiel passieren, dass ich eine Warnung für jemanden habe, der ohne mich lebt und nur Mist baut. Du sollst ihm dann so was sagen wie: ‚Wenn du dich nicht änderst, wirst du sterben!' Wenn du das dann nicht tust, verhinderst du ja damit auch, dass er nicht sterben muss, wenn er sich ändern würde. Er würde dann mit Sicherheit wegen seinem Mist sterben, aber ich werde dich dann auch dafür verantwortlich machen, dass er gestorben ist, weil du ihn nicht gewarnt hast. Das wäre dann so was wie Mord. [19] Wenn der Typ, den du gewarnt hast, aber nicht auf dich hört und weiter Mist baut, dann wird er sterben. Aber du hast damit nichts zu tun, hast deinen Job getan und dein Leben damit gerettet. [20] Und wenn jetzt jemand, der immer okay für mich gelebt hat, plötzlich auf die Idee kommt, nur noch Mist zu bauen, und mir das nicht gefällt, dann muss er auch sterben. Wenn du ihn nicht gewarnt hast, wird er sterben, weil er Sachen getan hat, die ich nicht will. Die ganzen guten Sachen, die er in seinem Leben getan hat, sind dann egal, da denkt keiner mehr dran. Wenn du ihn aber nicht gewarnt hast, dann werde ich dich dafür verantwortlich machen. Du wirst dann sterben, genau wie er. [21] Wenn du diesen Typen aber gewarnt hast, und er hat auf dich gehört und sein Leben geändert, dann ist alles supi. Denn er hat sich von dir warnen lassen, das war gut."

Ezechiel hat eine abgefahrene Vision

[22] Irgendwann sagte Gott zu mir: „Ich möchte, dass du deine Sachen packst und einen Ausflug runter ins Tal machst. Wenn wir da sind, will ich dir was Besonderes sagen." [23] Also stand ich auf und ging in das Tal. Als ich dort war, konnte ich plötzlich wieder Gottes ganz besonders krasse Art dort sehen. Es war in etwa so wie damals, als ich ihn am Fluss Kebar gesehen hatte. Sofort legte ich mich flach auf den Boden. [24] Dann kam die Kraft von Gott in meinen Körper. Gott stellte mich wieder auf meine Füße und fing an, mit mir zu reden. „Hey, du, geh mal wieder in dein Haus und schließ die Tür hinter dir zu. [25] Folgendes wird dort mit dir passieren. Jemand kommt und legt dir Handschellen und Fußfesseln an, damit du dein Haus nicht mehr verlassen kannst. [26] Dann werde ich dafür sorgen, dass dir die Zunge im Mund festwächst, damit du nicht mehr normal reden kannst. Ab dann bist du den Job los, dass du den Leuten immer sagen musst, was sie zu tun haben. Die hören sowieso auf niemanden und tun nur das, was ihnen gerade in den Kram passt. [27] Aber immer, wenn ich mit dir rede, werde ich auch dafür sorgen, dass du die Nachricht aussprechen kannst. Also, diese ‚Das kommt jetzt von Gott, dem Chef'-Nummer wirst du weiter bringen. Wer dir zuhören will, wird auf dich hören, wer dir nicht zuhören will, der lässt es eben bleiben. Wie gesagt: Die Leute hören zurzeit sowieso auf niemanden!"

4

Was Ezechiel machen muss, um zu zeigen, was Gott über Jerusalem zu sagen hat

1 Dann sagt Gott zu mir: „Hey, du Mensch, ich möchte, dass du dir ein
großes Blatt Papier nimmst, es auf den Boden legst und dadrauf den Stadt-
plan von Jerusalem zeichnest! 2 Wenn du damit fertig bist, nimmst du ein
paar Legosteine und baust eine Mauer dadrum auf. Jetzt stellst du ein paar
Spielzeugpanzer von Playmobil und einige Angriffsrampen dorthin, die
gegen die Stadtmauern schießen. Dazu musst du in eine Ecke noch ein
Truppenlager zeichnen, wo der Gegner sitzt, der die Stadt angreift. 3 Dann
nimmst du noch eine elektrische Herdplatte und stellst die wie eine Mauer
zwischen dich und die Stadt. Jetzt musst du ganz wütend auf die Stadt
sehen und irgendwie klarmachen, dass du sie im Krieg angreifen und bela-
gern willst. Auf die Art sollen die Leute von Israel kapieren, was bald ab-
gehen wird.“ 4 Später sagte Gott zu mir: „Ich will, dass du den ganzen Mist,
den die Leute in Israel gebaut haben, einmal für eine Zeitlang auf dich
nimmst. Das sollst du in der Form tun, indem du dich auf eine Seite auf
den Boden legst. Die Zeit, wo du das tust, bezahlst du für den Mist, den sie
gebaut haben. 5 Wobei ich aus Jahren Tage gemacht hab. Das bedeutet, du
sollst 390 Tage auf die Art für den Mist bezahlen, den die Leute von Israel
gebaut haben. 6 Wenn du das erledigt hast, dann sollst du dich wieder hin-
legen, aber diesmal auf die andere Seite. Damit bezahlst du den Mist, den
die Leute von Juda gebaut haben. Das waren ja vierzig Jahre, aber du tust
das nur für vierzig Tage, für jedes Jahr einen Tag. 7 Ich will, dass du dabei die
ganze Zeit das belagerte Jerusalem beobachtest. Zeig der Stadt den Stinke-
finger, hole mit deiner Hand aus, so als würdest du der Stadt in die Fresse
hauen wollen. Und dann musst du als Prophet ankündigen, dass sie bald
kaputtgehen wird. 8 Pass auf, ich werde dir helfen, indem ich ein paar Gurte
bei dir anlege, damit du dich nicht aus Versehen umdrehst, bevor du diese
harte Zeit hinter dich gebracht hast.“ 9 Gott sagte noch zu mir: „Geh los
und organisiere dir Weizen, Gerste, Bohnen, Linsen, Kartoffeln und Hirse.
Vermisch das Ganze, mach Mehl draus, und dann backe es zu Brot. Von
diesem Brot sollst du in den nächsten 390 Tagen leben, solange du auf der
einen Seite liegst. 10 Du musst ganz genau 230 Gramm von dem Zeug über
den Tag verteilt essen. 11 Dazu bekommst du drei Becher Wasser zu trinken.
Auch das musst du über den Tag verteilt zu dir nehmen. 12 Das Brot sollst
du genau so backen, wie man es mit Fladenbrot macht. Aber in dem Ofen,
wo das Ganze gebacken wird, soll keine Holzkohle oder Holz zum Heizen
genommen werden, sondern getrocknete Kackbrocken von Menschen.
13 Diese Aktion soll bedeuten, dass die Leute von Israel bald Sachen essen

müssen, die ich eigentlich von der Speisekarte gestrichen hatte, sie sind
nicht in Ordnung, sie sind unrein. Davon dürfen sie eigentlich nichts essen,
auch wenn sie bei den Menschen wohnen, die nichts mit Gott zu tun haben.
Dort werde ich sie nämlich bald hinschicken." 14 Meine Antwort war dann:
„O Mann, Gott, du bist doch der heftigste Gott weit und breit! Das kann ich
doch nicht machen! Bis heute habe ich seit meiner Geburt nie etwas in den
Mund genommen, was für dich dreckig und unrein ist. Noch nicht mal ein
Stück Fleisch von einem Tier, was von einem Auto angefahren wurde oder
irgendwo tot auf einer Wiese lag, hab ich gegessen!" 15 Gott sagte: „Pass auf,
von mir aus kannst du auch getrocknete Kuhscheiße nehmen statt die von
Menschen." 16 Weiter sagte er: „Hey, du Mensch! Ich werde dafür sorgen,
dass Brot und Brötchen in Jerusalem ausverkauft sein werden. Man wird
deswegen Notrationen verteilen und sie pro Person genau abwiegen. Mit
dem Wasser wird man es genauso machen. Alle werden Angst haben, ob das
Ganze noch reichen wird oder ob sie bald verhungern müssen. 17 Für alle
Menschen in Jerusalem werden das Brot und das Wasser sehr knapp wer-
den. Alle werden Panik schieben, die Leute werden sterben wie die Fliegen,
weil sie so einen großen Mist gebaut haben."

5

Alle werden kaputtgehen

1 Dann sagte Gott: „Hey, du Mensch! Ich will, dass du dir eine scharfe Rasier-
klinge organisierst. Damit musst du dir eine Glatze rasieren. Der Bart muss
auch ab. Die Haare sammelst du bitte auf einem Stück Zeitungspapier und
wiegst sie anschließend. 2 Ein Drittel der Haare musst du mitten in der Stadt
irgendwo öffentlich in der Fußgängerzone verbrennen. Das machst du, wenn
die Stadt von den Feinden so lange belagert wurde, bis die kurz davor sind,
Jerusalem anzugreifen und einzunehmen. Das zweite Drittel musst du neh-
men und dann, mit einem MG bewaffnet, einmal um die Stadtmauer herum
verteilen. Das letzte Drittel musst du irgendwo in die Luft schmeißen, wenn
es gerade voll windig ist. Mein Plan ist nämlich, die Bewohner von bewaff-
neten Soldaten aus der Stadt zu treiben. 3 Behalte nur ein paar Haarbüschel,
die du dann unten an den Saum deiner Jacke nähst. 4 Einen Teil davon musst
du aber auch ins Feuer schmeißen. Das wird bewirken, dass sich davon ein
Feuer ausbreitet, das alle Leute von Israel verbrennen wird."

Warum Gott durch diese Sachen reden will

5 Gott weiter: „Dann sagst du zu den Leuten: ‚Das kommt jetzt von Gott,
dem heftigsten Chef überhaupt! Es geht hier um Jerusalem. Ich habe fest-
gelegt, dass diese Stadt mittendrin steht, die anderen Länder sind nur
drum herum. 6 Aber sie hatten keinen Bock auf meine Gesetze. Sie haben

es schlimmer getrieben als die Leute, die ohne mich leben, die in der
Gegend wohnen. Meine Gesetze haben sie in die Tonne gedrückt, was ich
von ihnen wollte, war ihnen total egal. 7 Deswegen sage ich, der Chef, euer
Gott, Folgendes zu euch: Ihr habt es echt übertrieben, ihr habt schlimmer
gelebt als die Leute, die nicht an mich glauben. Schlimmer als die Leute,
denen meine Gesetze total egal sind. Euch waren ja alle Gesetze egal, sogar
die Gesetze der Völker, die ohne mich leben, habt ihr nicht befolgt. 8 Darum
sage ich, Gott, dass ich mir das nicht länger anschaue. Ich habe die Macht,
und ich werde euch zur Rechenschaft ziehen, ich werde euch vors Gericht
schleifen, und alle Völker werden dabei zusehen. 9 Was ich bei euch an Strafe
ansetzen werde, hab ich noch nie vorher getan und werde ich auch nie wie-
der tun. Denn die ätzenden Sachen, die ihr getan habt, waren einfach zu
viele. 10 Es wird so heftig bei euch abgehen, dass eure Väter ihre Söhne töten
und auf den Grill schmeißen werden. Man wird so einen Hunger haben,
dass die Söhne ihre Väter töten, um sie zu essen. Ich werde eine üble Ge-
richtsverhandlung wegen euch ansetzen, und die Bestrafung wird groß sein.
Den Rest von euch, der dann noch übrig sein wird, werde ich überallhin
auf der ganzen Welt verstreuen. 11 Ich, Gott, der Chef, schwöre euch hiermit,
dass ich kein Mitleid mit euch haben werde. Ihr habt meinen ganz beson-
deren Tempel versifft, ihr habt die absolut ekligsten Sachen für irgendwelche
Plastikgötter dort drin gemacht. Ihr sollt mir egal sein, ich will nicht wegen
euch weinen, ich will mir keinen Stress mehr mit euch machen. 12 Ein Drittel
von euch soll entweder vor Hunger oder wegen einer todbringenden Krank-
heit sterben, nämlich der Pest. Ein weiteres Drittel soll im Krieg vor der Stadt
erschossen werden. Das letzte Drittel wird in alle Ecken der Welt vertrieben
werden. Ich selbst werde euch mit der MP im Anschlag wegtreiben. 13 Ihr
sollt spüren, wie sauer ich bin, ich werde meine Wut bei euch austoben. Wenn
ich meine Drohungen wahr mache, werdet ihr kapieren, dass ich, Gott, zu
euch geredet und euch gewarnt hatte. 14 Ich werde Jerusalem in einen
Schrottplatz verwandeln. Es wird die Lachnummer für alle Völker, die in der
Umgebung wohnen und ohne mich leben. 15 Ihr werdet zum besten Witz,
zur größten Verarsche, zu einer Warnung für die Völker in der Gegend. Wenn
ich meine Wut an dir ausgelassen habe, wenn ich dir eins reingedrückt und
dich bestraft habe, wird das so sein. Das habe ich, Gott, hiermit beschlos-
sen. 16 Ich werde dafür sorgen, dass ihr alle durch euren Hunger kaputtgeht.
Ich werde diesen Hunger total stark machen, und es wird noch nicht mal
Brot zu kaufen geben. 17 Ich werde euch aushungern und werde dafür sor-
gen, dass fiese Viecher euch ärgern. Dann sorge ich dafür, dass ihr keine
Kinder bekommen könnt und dass eine todbringende Krankheit bei euch
wütet und Menschen durch Kriege sterben. Das habe ich gesagt, ich, der
Chef, euer Gott!'"

6

Bestrafung, weil man zu Plastikgöttern gebetet hat
1 Irgendwann sagte Gott Folgendes zu mir: 2 „Hey, du, Mensch! Ich will, dass
du dich so aufstellst, dass dein Gesicht in die Richtung der Berge von Israel
zeigt. Dann musst du ein paar Sprüche sagen, die von mir kommen. 3 Und
zwar sagst du Folgendes: ‚Das geht jetzt an die Leute, die in den Bergen
von Israel und in den Tälern und Schluchten wohnen. Passt auf, ich werde
dafür sorgen, dass ihr im Krieg angegriffen werdet. Ich will, dass die Orte,
wo ihr zu den Plastikgöttern gebetet habt, plattgemacht werden. 4 Die Opfer-
tische, diese Altäre, die ihr für die Sachen abgefackelt habt, sollen alle zer-
stört werden. Die Leichen von euren Leuten sollen vor euren Plastikgöttern
rumliegen. 5 Die Leichen von den Israeliten werde ich vor ihre Plastikgötter
schmeißen, ihre Knochen sollen einmal um die Opfertische zerstreut rumlie-
gen. 6 Überall, wo ihr wohnt, werde ich die Städte kaputt machen und die
Tempel und Opferplätze sprengen lassen. Eure Plastikgötter und eure Opfer-
plätze sollen nur noch Müllhaufen sein. Die Opfertische, wo ihr Räucher-
kerzen für die selbstgebastelten Plastikgötter angezündet habt, das soll alles
komplett zerstört werden. 7 Die Leichen werden überall bei euch rumliegen.
Wenn das passiert, werdet ihr endlich kapieren, dass ich der Chef bin und
sonst keiner. 8 Ich werde aber ein paar von euch übrig lassen, die dann über-
all in der Welt verstreut leben sollen. 9 Diese Leute, die der Strafe entkom-
men werden und bei Menschen, die mich nicht kennen, in Kriegsgefangen-
schaft sind, werden sich irgendwann an mich erinnern. Sie hatten mich
betrogen, sie haben sich wie eine Nutte billig verkauft, sie waren mit ande-
ren Plastikgöttern fremdgegangen. Aber dann werden sie plötzlich kapieren,
wie eklig das war, was sie gemacht haben, sie werden sich vor sich selbst
ekeln. 10 Dann werden sie auch kapieren, dass das nicht nur heiße Luft war,
was ich ihnen an Bestrafung angedroht hatte.‘“ 11 Gott sagte noch zu mir:
„Hau dir wütend auf den Schenkel und stampfe mit dem Fuß auf die Erde.
Dann sagst du ihnen: ‚Die Leute von Israel müssen echt aufpassen, sie
haben richtig üblen Mist gebaut. Sie werden sterben, durch Kriege, durch
Hunger und durch Krankheiten. 12 Wer gerade in der Gegend lebt, wird durch
den Krieg sterben, und wer gerade außerhalb lebt, wird durch eine Krankheit
sterben, und wer davon noch übrig bleibt, wird durch Hunger sterben. Ich
werde meine Wut voll an ihnen auslassen. 13 Denn ich möchte, dass sie
kapieren, dass ich Gott bin, wenn sie die Toten aufsammeln, die neben den
Plastikgöttern liegen oder neben den Opfertischen, die auf den Bergen
aufgebaut wurden. Die wurden ja überall hingestellt, unter jeden Baum, auf
jeden Hügel, auf jeden kleinen Berg, unter jeder großen Eiche steht so
ein Teil. Dort haben sie Räucherkerzen für sie abgefackelt, um sich bei den

Plastikgöttern einzuschleimen. 14 Ich werde mich höchstpersönlich um sie kümmern, ich werde dafür sorgen, dass ihr ganzes Land komplett zerstört wird. Von der Wüste bis nach Ribla, alles wird Schrott sein. Sie werden dann endlich kapieren, dass ich Gott bin.'"

7

Die letzte Gerichtsverhandlung kommt

1 Und dann redete Gott wieder mit mir: 2 „Ezechiel? Du, Mensch, Folgendes hab ich dir zu sagen: Das kommt jetzt von Gott und gilt für die Leute, die in dem Gebiet von Israel leben: ‚Es ist bald aus und vorbei. Das ganze Land wird zusammenbrechen. 3 Jetzt mach ich mit euch Schluss, ich bin supersauer und lasse meine Wut auch raus. Ich werde euch verurteilen, weil ihr zu viel Mist gebaut habt. Den ganzen Kack, den ihr fabriziert habt, müsst ihr jetzt selbst ausbaden. 4 Diesmal werde ich kein großes Mitleid mit euch haben, ich zieh das Ding durch. Alles, was ihr an ätzenden Sachen getan habt, wird jetzt dementsprechend Konsequenzen haben. Ihr müsst endlich peilen, dass ich der Chef, dass ich Gott bin! 5 Ich kündige euch hiermit an, dass ganz üble Sachen bei euch passieren werden, es wird sehr, sehr schlimm. 6 Es ist aus mit euch, es ist aus und vorbei. Euer Ende kommt immer näher. 7 Jetzt seid ihr dran! Ihr Leute, die ihr dort wohnt, euch geht es jetzt an den Kragen. Eure Zeit ist abgelaufen, bald wird es bei euch keine Freude mehr geben, sondern nur noch Frust, man wird von den Bergen nur noch Heulen hören und kein Lachen. 8 Ich werde bald meine ganze Wut über euch auskotzen. Ich werde euch bestrafen für die ätzenden Sachen, die ihr alle gebracht habt. 9 Es wird mir nichts ausmachen, ich heule euch keine Träne nach. So, wie ihr gelebt habt, werdet ihr auch bestraft werden. Ihr müsst nun die Suppe auslöffeln, die ihr euch selbst eingebrockt habt. Ihr werdet dabei kapieren, dass ich es bin, der euch bestraft, ich, euer Gott.'"

Der Tag der Gerichtsverhandlung

10 Passt auf, der Tag, wo es die große Abrechnung gibt, der kommt garantiert! Dann wird alles anders. Zurzeit wird es immer krasser, wie die Gesetze gebrochen werden, die Leute übertreiben es immer mehr. 11 Die Brutalität nimmt zu, die Menschen setzen ihre miesen Entscheidungen mit immer fieseren Mitteln durch. Aber von diesen Leuten wird nichts übrig bleiben, ihr ganzer Reichtum, die vielen Aktionen, die sie planen und durchführen, ihre komplette Macht wird bald verschwinden. 12 Ihre Frist ist abgelaufen, der Tag der Abrechnung kommt. Wenn sich jemand gerade etwas Wertvolles gekauft hat, wird er nicht viel Zeit haben, sich dadran zu freuen. Wer gerade noch einen guten Deal durchgezogen hat, muss nicht traurig sein. Denn Gott ist sauer auf alle Leute, auf ganz Israel. 13 Der Verkäufer wird nämlich anschlie-

ßend nichts mehr verkaufen können, selbst wenn er die Katastrophe über-
lebt. Denn Gottes Wut wird sich gegen jeden richten. Der Verkäufer wird das
nicht zurückbekommen, auch wenn gerade das Jahr ist, wo alle Schulden
erlassen werden. Er hat zu viel Mist gebaut, die Schulden sind zu groß,
darum wird niemand sein Leben retten können. [14] Man wird die Soldaten
plötzlich alle zum Kampf einziehen wollen, aber keiner kommt. Denn die
Strafe von Gott war schon vorher da, er hat Israel kaputt gemacht. [15] Der
Krieg wütet, die Krankheit wütet, der Hunger wütet. Derjenige, der auf dem
Feld ist, wird erschossen werden. Derjenige, der gerade in der Stadt ist, wird
verhungern oder eine todbringende Krankheit bekommen. [16] Wenn einige
es schaffen, in die Berge zu fliehen, dann werden sie dort leben wie verängs-
tigte Hasen in ihrer Höhle. Alle werden schlecht drauf sein, jedem tut es
total leid, dass er so viel Mist gebaut hat. [17] Die Leute werden sich vor Angst
in die Hosen machen und weiche Knie bekommen. [18] Sie ziehen schwarze
Trauerklamotten an und zittern am ganzen Körper. Man kann ihnen im
Gesicht ansehen, wie sehr sie sich schämen. [19] Ihre Geldscheine und Mün-
zen werfen sie auf die Straßen. Ein 500-Euro-Schein wird so viel wert sein
wie Klopapier. An dem Tag, wo die Gerichtsverhandlung abgeht, wo Gott
seine Wut rauslässt, wird sie nichts mehr retten können. Sie werden sich mit
dem Geld nicht mehr irgendeine Befriedigung holen können, und das Geld
wird sie auch nicht satt machen. Denn die Kohle ist der Grund dafür, warum
sie dazu verführt wurden, Sachen zu tun, die Gott nicht will. [20] Sie haben
sich mit ihrer Kohle die ätzenden Figuren machen lassen, die dann ihre
neuen Plastikgötter wurden. Das waren die absoluten Ekelpakete, aber sie
waren ganz stolz drauf. Darum will ich, dass diese Plastikgötter für sie jetzt
auch total ekelig werden. [21] Gott sagt: „Ich werde sie in die Hand von Aus-
ländern geben, Menschen, die ohne mich leben. Die sollen sie komplett aus-
nehmen, dabei werden sie auch diese Plastikgötter mit in den Dreck ziehen.
[22] Ich werde ihnen den Rücken zudrehen, und sogar das Allerderbste im
Tempel soll in den Dreck gezogen werden. Diebe werden in den Tempel ein-
brechen und dort alles voll verdrecken. [23] Sie werden dort ein Blutbad
anrichten, überall im Land werden Leute abgeschlachtet, in Jerusalem regiert
die Gewalt. [24] Darum werde ich die fiesesten Nationen antanzen lassen,
die ihre Städte einnehmen werden. Ich werde mit ihrer Arroganz – weil sie
glauben, ihnen könnte nichts passieren – kurzen Prozess machen. Alles,
was ihnen total wichtig und heilig ist, wird verdreckt werden. [25] Überall wird
Panik sein, sie wollen unbedingt den Frieden, aber der ist in weite Ferne
gerückt. [26] Eine Katastrophe kommt auf die nächste, eine üble Nachricht jagt
die nächste. Sie werden versuchen, sich von den Prophetentypen einen Rat
zu holen, aber der bekommt auch keine Meldung von Gott rein. Auch die
Priester wissen nicht weiter, und die Leute in der Regierung sind völlig plan-

los. [27] Der Präsident kriegt Depressionen, und der Bürgermeister ist vom Schock wie gelähmt. Auch die Leute, die im Land leben, zittern vor Angst. Ich, Gott, sage, dass ich jedem ein Gerichtsurteil verpassen werde, was dem angemessen ist, wie er gelebt hat. Dabei lege ich knallhart ihre eigenen Gesetze an. Dann werden sie kapieren, dass ich der Chef bin!"

8

Ezechiel wird in den Tempel gebeamt

[1] Im sechsten Jahr, wo wir in Kriegsgefangenschaft waren, passiert mir am 5. September eine heftige Sache. Ich hatte bei mir zu Hause gerade Besuch von einigen Männern, von der Führungsriege von Juda. Plötzlich merkte ich ganz krass, wie Gott da war. Er berührte mich irgendwie, und [2] ich sah in einer Vision, wie so eine Art Engel plötzlich vor mir stand. Der sah aus wie ein Mann, hatte aber unter den Hüften nur so eine Art Flammen als Beine. Der obere Teil seines Körpers sah aus wie auf Hochglanz poliertes Chrom. [3] Dann streckte dieser Engel mir irgendwie so was wie eine Hand entgegen, packte mich dann aber an den Haaren und zog mich hoch. Gemeinsam schwebten wir zwischen Himmel und Erde. Er beamte mich dann in einer Vision nach Jerusalem, vor den Eingang des Tores, das im inneren Vorhof vom Tempel Richtung Norden zeigt. Hier konnte ich einen Plastikgott stehen sehen, über den sich Gott wohl total aufgeregt hatte. [4] Jetzt konnte ich dort an der Stelle die ganz besonders krasse Art von unserem Gott, dem Gott von Israel, sehen. Es war so ähnlich wie bei diesem Treffen, was ich mit Gott früher schon einmal am Fluss Kebar gehabt hatte. [5] Gott sagte zu mir: „Hey, du, Mensch! Schau mal in Richtung Norden!" Ich schaute in Richtung Norden und konnte dort außerhalb vom Eingang so einen Opfertisch sehen, so einen Altar. Gleich daneben stand so ein bescheuerter Plastikgott, der Grund, warum Gott mit Recht so stinksauer war. [6] „Und? Kapierst du, was die da die ganze Zeit machen? Das sind ganz furchtbar ätzende Sachen, die die Leute von Israel hier bringen. Tun die das, damit ich von meinem besonderen Haus, so weit es geht, wegbleibe, oder was? Aber pass auf, das war noch nicht alles, ich werde dir noch heftigere Sachen zeigen!" [7] Als Nächstes beamte mich Gott an den Eingang vom vorderen Teil. Dort war ein Loch in der Mauer. [8] „Hey, du, brich mal ein Loch durch die Wand!", sagte Gott zu mir. Ich hab das dann gemacht und landete vor einer Tür. [9] „Jetzt geh mal durch die Tür und schau dir an, was für ätzende Sachen die dort treiben!" [10] Ich ging dann in den Raum rein und schaute mich um. Überall hingen Bilder von ganz ekligen Tieren an den Wänden, von denen Gott mal gesagt hatte, dass die nicht sauber, dass sie unrein sind. Irgendwelche Schlangen, Regenwürmer, komische Tiere und viele Plastikgötter waren in die Wände eingemeißelt worden. [11] Siebzig Männer aus der Chef-

etage von Israel standen davor. Jaasanja, der Sohn von Schafan, war auch
dabei. Jeder hatte eine Pfanne in der Hand, auf der Räucherkerzen abgefa-
ckelt wurden. 12 Gott fragte mich: „Und? Hast du gesehen, was die leitenden
Männer von Israel heimlich so alles treiben? Jeder hat wohl seine eigenen
Bilder von Plastikgöttern. Das tun sie wohl, weil sie glauben, dass Gott
gerade nicht zu Hause ist, dass ich das Land verlassen hab!“ 13 Dann meinte
Gott zu mir: „Aber pass auf, es gibt noch schlimmere Sachen, die sie brin-
gen!“ 14 Jetzt beamte mich Gott an den nördlichen Eingang vom Tempel.
Dort saßen viele Frauen, die voll abheulten, weil so ein Plastikgott, mit
Namen Tammus kaputt gemacht worden war. 15 Dann meinte Gott: „Und?
Reicht dir das? Oder willst du noch was Schlimmeres sehen?“ 16 Jetzt
beamte mich Gott in den inneren Bereich im Tempel. Dort konnte ich am
Eingang, zwischen der Vorhalle und dem Altar, ungefähr 25 Männer sehen.
Die hatten sich aber vom Tempel weggedreht, warfen sich die ganze Zeit
Richtung Osten auf den Boden und beteten zur Sonne! 17 Und Gott sagte zu
mir: „Hast du das gesehen? Haben die Leute von Juda nicht schon den
Hals voll mit dem ganzen Mist, den sie überall im Land bauen? Reicht es
ihnen noch nicht mit den ganzen Sachen, mit denen sie mich provozieren?
Müssen sie ihren Dreck sogar hier im Tempel, direkt vor meiner Nase,
treiben? 18 Ich hab den Hals voll! Es macht mir auch nichts mehr aus, ich
bin nicht traurig, wenn ich sie bestrafen muss. Die können noch so laut
um Hilfe schreien, von mir werden sie keine Antwort bekommen.“

9

Jerusalem geht kaputt

1 Als Nächstes hörte ich, wie Gott ganz laut zu mir sprach: „Jetzt geht es los!
Die Stadt wird bestraft, die Stadt wird kaputt gemacht! Jeder soll seinen
Vorschlaghammer mitbringen!“ 2 Dann sah ich in einer Vision, wie sechs
Männer durch die nördliche Tür vom Tempel gingen. 3 Plötzlich kam Gottes
ganz krasse Art in den Tempel rein! Der Gott von Israel flog über die großen
Engelsfiguren rüber zum Eingang des Tempels. Dann redete er mit diesem
Typen in der Jeans und mit dem Laptop unterm Arm. 4 Er sagte: „In Jerusa-
lem gibt es einige Leute, die unter dem ganzen Mist echt sehr gelitten
haben, der in Jerusalem gelaufen ist. Ich mein diesen ganzen ätzenden Kram
mit den Plastikgöttern und so, mach denen mal ein Zeichen auf die Stirn.“
5 Dann hörte ich, wie Gott zu diesen Menschen dort sagte: „Geht hinter ihm
her, wenn er durch die Stadt geht, und nietet die Bewohner einfach um. Ihr
braucht kein Mitleid mit denen zu haben und deswegen auch nicht traurig
sein. 6 Ihr sollt jeden töten, der euch vor die Flinte kommt. Opas und Omas
genauso wie Jugendliche, Kinder und Frauen. Macht das so lange, bis wirk-
lich niemand mehr am Leben ist. Nur die Leute, die das Zeichen an ihrer

Stirn haben, die dürft ihr nicht anrühren, okay? Fangt gleich hier an bei den
Menschen, die gerade im Tempel sind!" Die Sache wurde sofort umgesetzt.
Alle Männer, die Chefs vom Volk, die gerade zufällig vor dem Tempel stan-
den, wurden getötet. 7 Dann sagte Gott: „Jetzt verdreckt den Tempel in
der Form, dass ihr die ganzen Leichen hier aufstapelt. Macht ihn unrein!
Legt los!" Jetzt gingen die Leute alle raus und töteten jeden, der da rum-
stand. 8 Nachdem wirklich jeder tot war, stand ich plötzlich alleine im Raum.
Ich legte mich mit meinem Gesicht auf den Boden und fing an zu schreien:
„Hey, Gott! Du bist doch Gott! Willst du denn jetzt im Ernst alle Israeliten
umbringen, die noch übrig geblieben sind? Willst du wirklich ganz Jerusalem
plattmachen?" 9 Da antwortete Gott: „Die Leute von Israel und Juda haben
einfach zu viel Mist gebaut. Es reicht! Mehr geht einfach nicht! Überall im
Land werden schlimme Verbrechen begangen. In der Stadt macht jeder,
was er will, die Gesetze sind ihnen total egal. Sie denken alle, dass ich, ihr
Gott, wohl verreist bin und dass ich das alles nicht mitkriegen würde.
10 Mit meinem Mitleid ist es jetzt vorbei, ich werde denen keine Träne nach-
weinen. Ich werde sie auf den Kopf stellen und ordentlich schütteln, das
haben sie einfach verdient." 11 Jetzt kam in dieser Vision wieder der Mann
auf die Bildfläche, der eine Jeans trug und einen Laptop unterm Arm hatte.
Er meldete Gott: „Ich habe alles genau so gemacht, wie du es mir gesagt
hast!"

10

Die Vision geht weiter: Jerusalem soll abgefackelt werden

1 Jetzt sah ich mir diese Engelsfiguren mal genauer an und stellte fest,
dass auf dieser Platte, die über ihren Köpfen schwebte, etwas stand. Es war
ein großer Chefsessel, der aus blauen Edelsteinen gebaut war. 2 Der Typ, der
auf diesem Chefessel saß, sagte zu dem Mann in der Jeans: „Hol aus dem
Grill, der zwischen den Engeln ist, mit deinen Händen ein paar von den
glühenden Kohlen raus. Diese Kohlen sollst du auf die Stadt werfen." Dann
konnte ich sehen, wie der Typ zu dieser Stelle hinging. 3 Diese Engelsfiguren
standen jetzt auf der rechten Seite vom Tempelhaus. Der ganze Bereich
vor dem Tempel war dabei mit einer leuchtenden Wolke eingenebelt. 4 Plötz-
lich bewegte sich wieder diese Wolke, wo Gottes besonders krasse Art drin
war. Sie schwebte vom Chefsessel weg und kam zum Eingang des Tempels.
Die Wolke nebelte den ganzen Bereich, der vor dem Tempel lag, komplett
ein. Gott war jetzt voll da. 5 Die Bewegung von den Flügeln der Engel machte
ein lautes Geräusch. Es klang so wie ein lauter Donner, so, wie Gott manch-
mal redet. Man konnte den Lärm bis in den äußersten Bereich vom Vorhof
hören. 6 Als Gott dem Typen in seiner Jeans gesagt hatte, dass er dieses
Feuer von der Stelle holen sollte, die zwischen den Engelsfiguren lag, tat er

das auch. 7 Einer von diesen großen Engeln, der zwischen den anderen
Engeln stand, streckte seine Hand aus. Er griff nach den glühenden Kohlen,
die zwischen den Engeln lagen, hob sie auf und legte sie in die Hände von
diesem Typen in der Jeans. Der nahm sie und ging damit aus dem Tempel
raus. 8 Dann sah ich irgendwie so eine Hand, die unter den Flügeln von den
Engeln hervorkam. 9 Dazu kamen vier Räder ins Bild, die neben den Engeln
standen. Jeder hatte eins davon an seiner Seite. Die Räder hatten die gleiche
Farbe wie diese türkisen Edelsteine. 10 Sie waren irgendwie ineinanderge-
steckt, jedes Rad hatte ein anderes, im rechten Winkel, in seiner Mitte. Dabei
sahen sie alle gleich aus. 11 So waren sie in der Lage, in jede Himmelsrich-
tung zu fahren, ohne dass man sie großartig lenken musste. Die Räder
rollten alle in die gleiche Richtung, dorthin, wo das Vorderste hinzeigte. Sie
gingen dabei nur vorwärts, nicht rückwärts. 12 Diese Räder hatten überall
kleine Augen, alle vier. Auch auf dem Körper von diesen Engeln waren diese
Augen, überall. 13 Dann hörte ich, dass diese Räder einen Namen hatten. Sie
hießen „Galgal“. 14 Jeder Engel hatte irgendwie vier Gesichter. Beim ersten
Engel sah das Gesicht, das vorne war, aus wie ein Engel. Das zweite Gesicht
sah aus wie ein Mensch. Das dritte Gesicht sah aus wie ein Löwe. Das vierte
sah aus wie ein Adler. 15 Dann flogen die Engel plötzlich nach oben in den
Himmel. Das war übrigens das gleiche Teil, das ich auch schon am Fluss
Kebar in einer Vision gesehen hatte. 16 Immer, wenn die Engel losflogen,
schwebten die Räder neben ihnen. Auch wenn sie ihre großen Flügel aus-
streckten, um von der Erde loszustarten, flogen die Räder immer parallel zu
ihnen. 17 Wenn sie stehen blieben, blieben die Räder auch stehen. Wenn
sie anfingen wegzufliegen, flogen die Räder auch weg. In den Rädern
steckte nämlich genauso die Kraft von diesen Gestalten, die ich schon mal
gesehen hatte. 18 Dann verließ diese Wolke, in der die besonders krasse
Art von Gott steckte, den Eingangsbereich vom Tempel wieder und flog
rüber an die Stelle über den Engeln. 19 Vor meinen Augen breiteten sie ihre
Flügel aus und hoben von der Erde ab. Die Räder flogen parallel zu ihnen
auch hoch. Dann verließ diese Wolke mit der besonders krassen Art von
Gott den Tempel und flog durch den östlichen Eingang raus. Unter der
Wolke flogen die Engel. 20 Mir war sofort klar, dass es sich um die gleichen
Teile handeln musste, die ich am Fluss Kebar gesehen hatte. Sie waren
dort ja auch unterhalb von Gott. Es waren garantiert ein paar von den hef-
tigsten Engeln. 21 Jeder dieser Engel hatte, wie gesagt, vier Gesichter und
vie Flügel. Dabei konnte ich auch so was wie normale Hände von Menschen
erkennen, die unter den Flügeln waren. 22 Auch die Gesichter und ihre
Körper sahen genau so aus wie die von dem Typen, die ich in der Vision am
Fluss Kebar gesehen hatte. Sie konnten, egal, wo sie hingingen, immer mit
einem der Gesichter nach vorne schauen.

11

Eine neue Vision: Die übrig gebliebenen Leute in Jerusalem werden zu arrogant

1 In einer anderen Vision wurde ich von Gott zum östlichen Tor gebeamt,
das vor dem Tempel liegt und in Richtung Osten zeigt. Vor dem Tor sah ich
25 Männer rumstehen. Einer von ihnen war Jaasanja, ein Sohn von Asur
und Pelatja. Pelatja kam aus der Familie vom Benja. Beide gehörten zu der
Führungsriege. 2 Gott sagte zu mir: „Hey, du, Mensch, siehst du diese
Typen? Das sind ganz fiese Männer, die nur Blödsinn im Hirn haben. Sie
wollen die Stadt kaputt machen, planen Terroranschläge und so was. 3 Sie
behaupten, dass es Quatsch ist, in Häuser zu investieren, weil sie die Kohle
lieber für sich haben wollen. ‚Die Stadt muss uns ernähren und nicht wir die
Stadt', sagen sie. 4 Darum musst du dort mal dazwischenhauen und denen
was von mir erzählen." 5 Plötzlich übernahm die Kraft von Gott die Kontrolle
über mich. Er sorgte dafür, dass ich Folgendes zu den Leuten von Israel
sagte: „Das kommt jetzt von Gott! Ich habe mitbekommen, was für einen
Stuss ihr euch gegenseitig erzählt, ich weiß auch, was ihr vorhabt! 6 Ihr habt
dafür gesorgt, dass es zigtausend Tote bei euch gibt. Ihre Leichen liegen in
den Straßen rum. 7 Darum sage ich, Gott, zu euch: Die ganzen toten Men-
schen, die ihr bei euch umgebracht habt, sind wie das Fleisch, und die Stadt
ist wie ein Topf, in dem das Gulasch gerade schmort. Aber ihr müsst aus der
Stadt raus. 8 Ihr habt Angst vor Krieg? Dann werde ich dafür sorgen, dass ihr
im Krieg sterben werdet! Das kommt jetzt von Gott. 9 Ich schmeiß euch
aus der Stadt raus, und ich sorge dafür, dass Ausländer gegen euch im Krieg
gewinnen und euch verhaften. Auf die Art werde ich euch bestrafen. 10 Ihr
werdet an der Grenze von Israel erschossen, dort wird das Gerichtsurteil
vollstreckt. Ihr müsst endlich kapieren, dass ich der Chef, dass ich Gott bin.
11 Ihr werdet nicht in der Stadt enden wie die Fleischstücke im Gulasch.
Aber an der Grenze werde ich euch die Rechnung präsentieren. 12 Ihr müsst
einfach kapieren, dass ich Gott bin. Ihr habt meine Gesetze vergessen
und nicht danach gelebt. Stattdessen habt ihr euch nach den Gesetzen
gerichtet, die Leute erfunden haben, die nicht mit mir leben. Die kamen von
den Nationen aus der Gegend." 13 Später hab ich gehört, dass genau in
der Zeit, als ich diese Prophetie ausgesprochen hatte, Pelatja gestorben ist.
Pelatja war ein Sohn von Benaja. Ich war voll fertig, als Gott mir das alles
erzählt hatte. Ich brach zusammen, lag auf dem Boden und schrie: „Mann,
Gott, willst du wirklich den kleinen Rest, der von Israel noch übrig geblieben
ist, komplett kaputt machen?"

Ein Versprechen für die Leute in Kriegsgefangenschaft

14 Irgendwann redete Gott mal wieder mit mir. Er sagte: 15 „Hey du, Mensch!
Hast du mitbekommen, was die Bewohner von Jerusalem labern, wenn
sie über deine Verwandten und über alle anderen Leute von Israel sprechen,
die in Kriegsgefangenschaft sind? Die sagen: ‚Sie sind total weit weg von
Gott, die sollen bleiben, wo der Pfeffer wächst! Das ganze Land gehört jetzt
uns!‘ 16 Darum wäre es gut, wenn du mal folgenden Spruch vom Stapel
lässt: ‚Das kommt jetzt von Gott, dem großen Chef: Richtig, ich habe diese
Leute wegbringen lassen, sie sollten in Ländern leben mit Menschen,
die nicht an mich glauben. Auf die Entfernung ist mein Wert anscheinend
wieder bei ihnen gestiegen, ich bin jetzt plötzlich wieder etwas ganz Beson-
deres für sie geworden, seitdem sie im Ausland leben. Jedenfalls ein biss-
chen. 17 Deshalb hab ich, Gott, der Chef über alles, Folgendes beschlossen:
Ich werde sie wieder alle zusammenbringen! Ich sammle sie von überall
her auf, wo auch immer sie verstreut leben, und bringe sie wieder in dem
Land Israel zusammen. Dieses Land werde ich ihnen wieder schenken.
18 Wenn das passiert, werden sie das Land erst einmal komplett ausräumen
und sauber machen. Dieser ganze ätzende Kram mit den Plastikgöttern
und so muss dort unbedingt verschwinden! 19 Ich werden ihnen eine andere
Einstellung zu Dingen schenken, sozusagen ein neues Herz. Sie werden
innerlich ganz anders draufkommen, ich spiele ihnen ein neues Programm
auf. Ich werde dafür sorgen, dass sie nicht mehr so hart drauf und ohne
Gefühle sind. Aus einem Herz aus Stein mach ich ein Herz aus Fleisch und
Blut. 20 Wenn das passiert ist, werden sie nach meinen Gesetzen leben
können, sie werden meine Regeln nicht mehr so schnell vergessen und sie
locker befolgen. Dann sind sie meine Leute, und ich bin ihr Gott. 21 Die
Menschen, die sich aber innerlich auf Plastikgötter und andere ätzende
Sachen eingelassen haben, werden ein Problem kriegen. Ihre ätzenden
Taten kommen wie ein Bumerang wieder auf sie zurück.‘“

Jetzt haut Gott aus Jerusalem ab

22 Nach dieser Ansage fingen die Engel an, mit ihren Flügeln zu schlagen,
um langsam vom Boden abzuheben. Gleichzeitig bewegten sich auch diese
Räder parallel mit. Gottes oberkrasse Art flog dabei in einer Wolke über
diesen Engeln. 23 So schwebte Gott in seiner heftigen Erscheinung langsam
nach oben, machte eine Kurve und flog über die Stadt in Richtung des
Berges, der im Osten von Jerusalem lag. 24 Ich wurde dann in meiner Vision
wieder zurück nach Babylonien gebeamt. Und plötzlich war ich wieder in
der Realität, und die Vision war vorbei. 25 Als Nächstes ging ich dann zu den
Leuten, die in Kriegsgefangenschaft saßen, um ihnen zu erzählen, was
Gott mir gesagt und gezeigt hatte.

12

Gott sagt, was mit den Leuten passiert, die dageblieben sind

1 Irgendwann redete Gott wieder mal mit mir. Er sagte: 2 „Hey du, Mensch!
Du lebst mitten unter diesen Leuten, die eigentlich total rebellisch unter-
wegs sind und immer was dagegen haben, egal, was man sagt. Sie verhalten
sich wie Blinde, obwohl sie eigentlich sehen können, oder wie Leute, die
sich zwar alles anhören, aber doch nichts kapieren wollen. 3 Ich möchte von
dir, dass du dir einen Rucksack so packst, als würdest du dich gerade auf
eine längere Kriegsgefangenschaft vorbereiten. Dann nimmst du den auf
deinen Rücken und ziehst damit so durch die Stadt, dass es jeder sehen
kann. Geh damit von einem Ort zum nächsten. Vielleicht kapieren sie dann
endlich, was ihnen bald drohen könnte. Die sind einfach alle total zu und
echt rebellisch unterwegs. 4 Wie gesagt, du sollst den Rucksack so tragen,
als würdest du am frühen Abend gerade in die Kriegsgefangenschaft
abgeführt werden. 5 Ich möchte, dass du vor ihren Augen von innen mit
einem Vorschlaghammer ein Loch in die Außenwand von deiner Hütte
haust. Durch dieses Loch musst du dann mit dem Rucksack nach draußen
gehen. 6 Jeder soll mitkriegen, wenn du deine Klamotten auf den Rücken
schnallst und im Dunkeln das Haus verlässt. Dabei musst du dir bitte eine
fette Sonnenbrille aufsetzen, damit du den Boden und das Land nicht sehen
kannst. Auf die Art will ich aus dir ein Zeichen machen, an dem die Leute
von Israel sehen sollen, was bald passieren wird.“ 7 Ich zog das alles ge-
nauso durch, wie Gott es mir gesagt hatte. Meinen Rucksack trug ich in der
Weise, wie man ihn trägt, wenn du als Kriegsgefangener abgeführt wirst.
Abends schlug ich ein Loch in die Mauer von meinem Haus und krabbelte
dort durch. Vor den Leuten, die gerade in der Straße waren, ging ich mit mei-
nem Rucksack los. 8 Am nächsten Morgen redete Gott wieder mit mir. Er
sagte: 9 „Hey, du, Mensch! Haben dich diese rebellischen Leute von Israel
gefragt, was du vorhast? 10 Wenn sie das tun, dann musst du ihnen Folgen-
des von mir ausrichten: „Das kommt jetzt vom Chef, vom heftigen Gott,
und es geht an die Regierungsleute in Jerusalem, aber auch an alle anderen
Leute von Israel, die dort wohnen. 11 Ich mach das hier, weil es ein Zeichen
von Gott für euch sein soll! Was ich getan hab, wird euch in echt passieren.
Ihr werdet alle in Kriegsgefangenschaft abgeführt werden! 12 Euer Präsident,
der gerade an der Macht ist, wird auch im Dunkeln seinen Rucksack packen
müssen und losziehen. Die Flüchtlinge werden ein Loch in die Stadtmauer
hauen und sich und ihr Gepäck dort durchzwängen. Der Präsident wird
sein Gesicht auch unter einer Mütze verstecken und eine fette Sonnenbrille
aufziehen, denn er wird das Land Israel nie mehr zu Gesicht bekommen.
13 Ich werde ein paar Fallen aufstellen und ihn fangen. Er wird nach Babylo-

nien gebracht und nie mehr in dieses Land zurückkehren. Dann wird er dort
in Babylonien in Gefangenschaft sterben. 14 Seine Angestellten und auch
seine Armee werde ich überallhin verstreuen. Ich werde dafür sorgen, dass
sie fliehen müssen, weil andere Soldaten mit ihren Gewehren auf sie zielen.
15 Wenn ich sie in die Länder verstreut habe, wo Menschen wohnen, die
mit mir nichts am Hut haben, wachen sie vielleicht wieder auf und kapieren,
dass ich ihr Gott bin. 16 Ein paar wenige werde ich übrig lassen. Es werden
nicht alle durch Krieg, Hunger oder Krankheit sterben. Ich möchte, dass sie
den Menschen erzählen, was für einen großen Mist sie gebaut haben, und
dass ihre jetzige Situation eine Folge davon ist. Sie sollen einfach kapieren,
dass ich Gott bin." 17 Dann redete Gott wieder mit mir. Er sagte: 18 „Hey du,
Mensch! Wenn du zu Abend isst, dann sollen dir dabei die Knie schlottern,
wenn du Wasser trinkst, dann sollst du das mit Angst tun! 19 Geh zu den
Leuten aus Jerusalem, die jetzt in Kriegsgefangenschaft sind, und sag ihnen
Folgendes: ‚Das kommt jetzt von Gott, dem Chef von den Leuten aus Israel.
Allen von euch, die zu Hause geblieben sind, werden beim Abendessen die
Knie schlottern, sie werden Angst haben, wenn sie Wasser trinken! Denn
ihr Land ist kaputt. Bei ihnen ist alles wie leer gefegt, weil die Leute, die dort
leben, brutal und ätzend unterwegs waren. 20 Die großen Städte werden
komplett zerstört sein. Das Land wird total vertrocknet sein. Dann werdet
ihr endlich kapieren, dass ich Gott bin.'"

Was Gott sagt, zieht er auch durch

21 Gott redete mal wieder mit mir. Er sagte: 22 „Hey du, Mensch, was erzäh-
len sich die Leute in Israel so den ganzen Tag? Ich hab gehört, dass man
sagt: ‚Die Uhr dreht sich immer weiter, aber die Voraussagen von den Pro-
pheten treffen sowieso nie ein!' 23 Darum sollst du ihnen Folgendes von
mir ausrichten: ‚Ich werde dafür sorgen, dass mit solchen Sprüchen bald
Schluss ist. Nie wieder soll man in Israel so einen Stuss hören.' Dann sag
noch zu ihnen: ‚Die Uhr ist abgelaufen, bald werden die Worte und Visionen
von den Propheten eintreffen! 24 Ab sofort ist es vorbei mit den ganzen Pseu-
doprophetien in Israel von Leuten, die sich nur bei euch einschleimen wol-
len und lauter nette Sachen voraussagen. 25 Denn ab sofort rede nur noch
ich, Gott! Und was ich sage, das passiert auch, und zwar ganz bald! Es wird
nicht mehr auf die lange Bank geschoben. Es ist die Zeit gekommen, dass
ihr das noch erleben werdet, was ich gegen euch unternehme, gegen euch
rebellischen Leute! Das kommt von mir, dem Chef, dem Gott!'" 26 Kurze Zeit
später redete Gott noch mal mit mir. Er sagte: 27 „Hey, du, Mensch! Hast
du mitbekommen, wie die Leute in Israel über dich labern? Sie sagen, dass
deine Voraussagen und Prophetien sowieso gar nicht für ihre Zeit bestimmt
sind, dass die erst viel später eintreffen werden! 28 Dazu sollst du ihnen

Folgendes sagen: ‚Das kommt jetzt von Gott, dem Chef: Alles, was ich
vorausgesagt habe, wird auch ganz bald passieren. Es wird alles eintreffen,
garantiert! Das verspreche ich euch, Gott, der Chef über alles!'"

13

Was mit den Pseudopropheten passieren wird

1 Gott redete mal wieder mit mir. Er sagte: 2 „Hey du, Mensch! Ich will, dass
du den ganzen Pseudopropheten in Israel mal was von mir ausrichtest. Die-
sen Typen, die sich ihre Prophetien alle nur selber ausdenken, musst du mal
richtig die Meinung sagen. Sag ihnen: ‚Das kommt jetzt von Gott, hört gut
zu! 3 Gott, der Chef über alles, sagt: Passt bloß auf, ihr ganzen dummen
Pseudopropheten, die immer nur Sachen sagen, die sie sich selbst ausden-
ken, also Sachen, die gar nicht von mir stammen!'" 4 Die Propheten von
Israel sind wie die Ratten, die auf dem Friedhof leben. 5 Keiner von euch kam
mal auf die Idee, sich für die Menschen von Israel wirklich einzusetzen. Ihr
habt das Loch nicht repariert, was in der Schutzmauer um meine Leute war.
Ihr habt sie nicht geschützt, damit sie an dem Tag, den Gott sich ausgesucht
hat, an dem Tag, wo der große Angriff kommt, noch eine Chance haben.
6 Ihre Prophetien und Voraussagen sind gelogen. Sie sagen dann: „Das
kommt jetzt von Gott!", obwohl er da gar keine Aktien drinhat. Und dann
erwarten sie noch, dass ihre Prophetien auch wirklich eintreffen. 7 Seid mal
ehrlich, habt ihr da einfach nur rumgeträumt oder sogar mit Absicht gelo-
gen? Ich mein jetzt die letzten Male, als ihr mit dem Satz ‚Ich hab ein Wort
von Gott' aufgetreten seid, obwohl ich gar nicht zu euch gesprochen hatte.
8 Darum sag ich euch, der Gott, der Chef über alles: Weil ihr nur Stuss
erzählt habt, Lügen am laufenden Band, will ich euch an den Kragen. 9 Ich
werde diesen Propheten, die nur Dünnsinn erzählen, eine klatschen. Die
haben bei meinen Leuten nichts mehr zu suchen. Ich will, dass ihre Namen
aus dem Telefonbuch gestrichen werden. Sie sollen Hausverbot kriegen,
sie sollen aus dem Land rausgeschmissen werden und nie wieder eine Ein-
reisegenehmigung bekommen. Ihr werdet endlich kapieren, dass ich der
Chef, dass ich Gott bin. 10 Das soll passieren, weil sie meine Leute verrückt
gemacht haben, sie haben sie in die falsche Richtung gelockt. Sie sagten:
‚Alles supi, alles in Ordnung!', obwohl da gar nichts supi und in Ordnung
war. Sie bauten eine Wand aus Pappe auf, aber sie haben Steine drauf-
gemalt, so als wäre sie stabil. 11 Darum will ich, dass du zu diesen Leuten
hingehst, die diese Pappmauer angemalt haben. Sag ihnen: ‚Eure Mauer
wird einstürzen! Es wird ein großer Regen kommen, und dann fällt sie in
sich zusammen. Hagelkörner werden vom Himmel kommen, und ein hefti-
ger Sturm wird sie wegfegen. 12 Passt auf, die Mauer wird kaputtgehen! Dann
wird man sagen: ‚Wo ist denn jetzt euer schönes Bild, das ihr auf die Mauer

gemalt habt?‘ 13 Ich, Gott, der Chef, sage euch: Es wird einen heftigen
Sturm geben, den ich zu euch schicken werde, weil ich echt sauer bin. Und
es werden ein heftiger Regen kommen und große Hagelsteine, weil ich so
sauer bin, dass ich alles kaputt machen werde. 14 Ich werde die Mauer ein-
reißen, die ihr so schön bemalt habt. Ich werde sie aufweichen, sie wird
kaputtgehen, bis man nichts mehr davon sieht. Sie soll zerstört werden.
Aber auch ihr, die ihr in diesen Mauern lebt, werdet sterben. Dann glaubt
ihr endlich, dass ich der Chef bin. 15 Ich werde meine Wut auslassen, an
dieser Mauer und an denen, die sie angemalt haben. Es wird der Zeitpunkt
kommen, wo ich zu euch sagen werde: ‚Das war es jetzt mit eurer Mauer,
sie ist nicht mehr da. Und auch die Leute, die sie angepinselt haben, gibt
es nicht mehr.‘ 16 Keiner von diesen Propheten, die gesagt haben, dass
die Zukunft von Jerusalem nur rosig und nett aussehen wird, wird übrig
bleiben, obwohl die Stadt kurz vor der Vernichtung stand. Das sagt Gott,
der Chef.“

Mit dem ganzen Zauberkram ist jetzt Schluss

17 Dann sagte Gott: „Du Mensch, wasch den Frauen von deinen Leuten
mal anständig den Kopf! Ich meine jetzt die Frauen, die so tun, als ob sie
Prophetinnen wären, aber es gar nicht sind. Gegen die musst du mal ein
paar Texte bringen. 18 Sag ihnen: ‚Das kommt jetzt von Gott, dem Chef.
Diejenigen, welche so komische Zauberarmbänder basteln und verkaufen,
oder solche Zauberhüte, um damit Menschen einzufangen, müssen mal
herhören. Ihr wollt euch Leute aus meinem Volk einfangen, um sie für eure
Zwecke zu benutzen. 19 Ihr zieht damit mich und meinen Namen in den
Dreck. Für ein paar Euro sorgt ihr dafür, dass einige Menschen, die sonst
nichts ausgefressen haben, sterben müssen. Aber andere, die eigentlich
den Tod verdient haben, rettet ihr. Das tut ihr, indem ihr meine Leute
belügt, und die fallen auf eure Lügen auch noch rein. 20 Darum sagt Gott,
der Chef, jetzt Folgendes: Ich werde gegen eure Zauberarmbänder jetzt
was unternehmen, mit denen ihr die Menschen jagt, wie man normal Kanin-
chen jagt. Ich werde euch die Menschen wegnehmen. Ich werde sie von
euch befreien, ich werde sie rauslassen, die eingefangen wurden. Sie sollen
weglaufen. 22 Weil ihr den Leuten, die eigentlich korrekt drauf waren, mit
euren Lügen Angst gemacht habt, obwohl ich ihnen gar nichts tun wollte,
wird es mit euren prophetischen Gaben vorbei sein. Ihr feuert die Leute
an, die ohne Gott leben, damit sie weiter ohne Ende Mist bauen, um am
Leben zu bleiben. 23 Deswegen werdet ihr überhaupt nichts mehr voraus-
sagen können, von euch wird keine Prophetie mehr kommen. Ich werde
meine Leute vor euch retten. Ihr müsst kapieren, dass ich der Chef, dass
ich Gott bin!“

14

Die Leute, die zu Plastikgöttern beten, kriegen keine Antwort

1 Irgendwann kamen einige von den Chefs der Israeliten zu mir ins Büro.
Sie setzten sich dort auf einen Stuhl, direkt vor meine Nase. 2 Plötzlich
redete Gott mit mir: 3 „Hey, Mensch, diese Männer haben sich auf Plastik-
götter eingelassen und finden das innerlich auch immer noch ganz toll. Wie
komme ich dazu, solchen Typen eine Frage zu beantworten? 4 Quatsch ruhig
mit ihnen und sage ihnen Folgendes von mir: ‚Das kommt jetzt von Gott,
dem Chef: Wenn jemand von den Leuten von Israel sich erstens auf Plastik-
götter eingelassen hat, wenn er das zweitens auch noch ganz toll findet,
obwohl es der größte Mist ist, und dann drittens auch noch zu einem mei-
ner Propheten kommt, weil er eine Antwort auf eine Frage haben will, dann
soll er seine Antwort bekommen, aber eine Antwort, die seinem Leben ent-
spricht. 5 Allen Leuten von Israel, die sich von mir wegen dieser Plastikgötter
entfernt haben, werde ich mal meine Meinung geigen.‘ 6 Sag ihnen: ‚Kommt
zurück! Hört auf mit dem Mist! Hört auf mit diesem ätzenden und ekligen
Kram, den ihr für diese Götter fabriziert! 7 Noch mal anders: Wenn jemand
von den Leuten von Israel oder auch von den Ausländern erstens keinen
Bock mehr auf mich hat, zweitens sich innerlich für andere Mächte und Göt-
ter öffnet und drittens das auch noch ganz toll findet, obwohl ihn das nur
noch mehr von mir trennt, und wenn er viertens dann noch zu einem Pro-
pheten von mir geht, weil er eine Antwort auf eine bestimmte Frage haben
will, dann kriegt er eine Antwort, die sich gewaschen hat, von mir persönlich,
von Gott! 8 Ich werde einen solchen Menschen dann nämlich wie einen
Feind behandeln, ich bin gegen ihn. Ich werde solche Sachen bei ihm brin-
gen, dass es wie eine Warnung für jeden ist. Man wird von dieser Warnung
noch lange reden, so heftig fällt die aus. Ihr müsst einfach kapieren, dass ich
Gott, dass ich der Chef bin! 9 Wenn aber selbst der Prophetentyp verführt
wird und seltsame Ansagen vom Stapel lässt, dann kommt das nur, weil ich
ihn dazu gebracht habe. Ich werde ihn dann bestrafen, ich kicke ihn aus
eurer Gemeinschaft raus, er muss dann sterben. 10 Beide sollen für ihren
Mist bezahlen, der Typ, der Fragen an mich hat, und auch der Prophet. Denn
beide haben gleich viel Mist gebaut. 11 Ich will, dass meine Leute von Israel
sich nicht mehr verirren. Sie sollen sich nicht mehr mit dem ganzen Mist,
den sie tun, verdrecken, sie sollen sich nicht mehr unrein machen. Ich
will nur, dass sie meine Leute sind und ich ihr Gott bin. Das kommt jetzt
vom Chef, von Gott.‘“

Jerusalem geht's an den Kragen

12 Dann redete Gott noch über eine andere Sache mit mir: 13 „Hey du,
Mensch! Stell dir vor, ein Land baut die ganze Zeit nur Mist. Die Bewohner
sind mir untreu, machen Dinge, die ich nicht will, usw. Wenn ich sie dann
dafür bestrafen will, indem ich zum Beispiel dafür sorge, dass sie nichts
zu essen haben. und Menschen und Tiere dann sterben, 14 so könnte mich
niemand und nichts davon abhalten. Auch nicht, wenn bei ihnen die drei
krassen Männer Noah, Daniel und Hiob gleichzeitig am Start wären! Die
drei würden die Stadt nicht retten können, obwohl die immer korrekt gelebt
haben. Damit könnten sie nur sich selbst retten. Das kam jetzt von mir,
vom Chef, von Gott. 15 Anderes Beispiel: Angenommen, ich würde die Leute
bestrafen, indem ich viele fiese Tiere in das Land schicke, die dann überall
die Menschen anfallen und töten. Plötzlich wäre alles menschenleer, fast so
wie in einer Wüste. Keiner würde sich noch trauen, dort durchzufahren,
wegen diesen gefährlichen Viechern. 16 Selbst wenn diese drei superkorrek-
ten Männer dort leben würden, könnten sie nicht einmal ihre Töchter und
Söhne vor den Tieren richtig beschützen. Nur ihnen selbst würde nichts
passieren. Der Rest von dem Land wäre komplett leer, niemand würde da
mehr wohnen. Das sagt jetzt Gott. 17 Stell dir vor, ich würde dafür sorgen,
dass ein derber Krieg in das Land kommt. Ich würde eine Armee in das
Land schicken, die alle Menschen und Tiere tötet. 18 Selbst wenn diese drei
krassen Typen in dem Land leben würden, sie könnten noch nicht mal ihre
Söhne und Töchter retten. Nur ihnen würde nichts passieren. Das garan-
tiere ich euch, Gott, der Chef. 19 Oder angenommen, ich würde eine fiese
ansteckende Krankheit in einem Land ausbrechen lassen, und alle Menschen
und alle Tiere würden dadran sterben. 20 Selbst wenn diese drei ganz kras-
sen Männer, Noah, Daniel und Hiob, dort leben würden, sie wären nicht
einmal in der Lage, ihre eigenen Kinder zu retten, das garantiere ich euch.
Nur sich selbst könnten sie retten, weil sie okay und gottmäßig gelebt
haben. 21 Jetzt frage ich euch: Wenn ich nun meine vier Bestrafungsaktionen,
nämlich Krieg, Hunger, Krankheit und fiese Tiere, in Jerusalem lostrete,
glaubt ihr im Ernst, da würde auch nur einer lebend rauskommen? 22 Aber
ich werde einige am Leben lassen, die dann übrig bleiben. Die werden
aus der Stadt abgeführt und bei euch ankommen. Dann kriegt ihr mal mit,
wie übel die drauf gewesen sind, und das wird euch helfen zu verstehen,
warum ich Jerusalem so kaputt machen musste. Ihr werdet kapieren, warum
ich die ganzen Katastrophen dort habe passieren lassen. 23 Wenn ihr seht,
wie unglaublich schräge diese Leute drauf sind, wird euch das helfen zu
verstehen, warum ich diese ganzen ätzenden Sachen hab kommen lassen.
Das kam jetzt von Gott, dem Chef über alles."

15

Ein Bild: Jerusalem ist wie ein Stück Holz von einer Weinpflanze
1 Irgendwann redete Gott wieder mit mir. Er sagte: 2 „Hey du, Mensch! Was
kann ein Weinstock, so eine Pflanze, an der Weintrauben sind, besser als
eine Efeupflanze, die auch an einer Wand hochwachsen kann? 3 Kann man
aus dem Material vielleicht besonders gutes Holz machen? Oder kann
man da draus vielleicht ein Brett basteln, wo man später das Werkzeug dran
aufhängt? 4 Nein, man kann es nur noch als Feuerholz gebrauchen! Und
wenn es, von einem Ende zum anderen, verkohlt ist, dann war es das, dann
ist es nichts mehr wert. 5 Versteht ihr? Selbst bevor es verbrannt wird, kann
man es zu nichts wirklich gebrauchen. Und wenn es dann vom Feuer ver-
brannt ist, erst recht nicht mehr. Man kann damit nicht mehr arbeiten, es ist
sinnlos. 6 Darum sage ich, Gott, der Chef, Folgendes: Jerusalem ist wie das
Holz von so einem Weinstock. Es ist genauso viel wert wie der letzte Busch
im Wald, der auch noch von mir verbrannt wird. Auf die Art werde ich auch
die Bewohner von Jerusalem plattmachen. 7 Ich werde gegen sie sein, ich
werde sie bekämpfen. Vielleicht könnten sie sich vor dem einen Feuer retten,
aber trotzdem werden sie letztendlich im Feuer verbrannt werden. Wenn ich
mich gegen sie stelle, dann müssen sie endlich kapieren, dass ich der Chef
bin. 8 Ich werde dafür sorgen, dass in dem ganzen Land nichts mehr wach-
sen wird. Denn sie sind mir untreu geworden, sie haben mich betrogen. Das
kommt jetzt von Gott, dem heftigen Gott, dem Chef."

16

Ein Vergleich: Jerusalem ist wie eine Frau, die ihren Mann betrügt
1 Dann redete Gott mal wieder mit mir. Und zwar sagte er Folgendes: 2 „Hey,
du, Mensch, ich möchte, dass du den Menschen in der Stadt Jerusalem
klarmachst, wie ätzend sie gerade leben! 3 Sage zu den Leuten: ‚Was ich
euch jetzt erzähle, kommt von Gott, vom Chef! Du kommst aus der Gegend
der Kanaaniter, dein Vater war ein Amoriter und deine Mutter eine Hetiterin.
4 Bei deiner Geburt ist Folgendes passiert: Man hat vergessen, deine Nabel-
schnur abzuschneiden, man hat dich nicht mit Wasser sauber gewaschen,
man hat dich auch nicht desinfiziert und dir auch keine Windeln angelegt!
5 Da ist niemand, der dir sagt: ‚Och, du kleiner Puschel, du tust mir aber
leid!' Niemand hilft dir, niemand gibt aus Mitleid etwas ab. Nein, du wur-
dest einfach rausgekickt, man hat dich auf ein Feld geworfen, weil du schon
seit der Geburt so eklig warst. 6 Ich kam in dem Augenblick gerade vorbei
und hab dich da in deinem Blut liegen sehen. Du hast nur noch gezuckt, du
warst schon so gut wie tot. Aber ich hab zu dir gesagt: ‚Bleib am Leben!
Du sollst leben und sollst groß werden! 7 Du sollst wachsen wie eine Pflanze

auf einem Feld.‘ Also bist du gewachsen und bist groß geworden. Du wurdest eine wunderschöne Braut, dein Busen wurde schön rund, deine Haare wurden immer schöner. Und trotzdem warst du nackt, du hattest nichts
an. 8 Dann kam ich später wieder bei dir vorbei und hab dich angesehen. In der Zwischenzeit warst du eine junge Frau geworden, du warst bereit, um zu heiraten. Also hab ich dich zur Frau genommen, ich hab dich chic angezogen, damit du nicht mehr nackt bist. Und ich hab einen Vertrag mit dir geschlossen, ich hab dir versprochen, treu zu sein. So kamen wir zusammen,
und du wurdest meine Frau. Das sagt Gott, der Chef. 9 Ich hab dich dann
unter die Dusche gestellt und dich sauber gemacht, hab das ganze Blut von dir abgeschrubbt und dich mit schönen Cremes eingeschmiert. Und dann hab ich dir das Beste gewünscht, ich hab dir Kraft gegeben, ich hab dich
gesegnet. 10 Dann hab ich dir die teuersten Designerklamotten gekauft, hab
dir megascharfe Schuhe angezogen und einen Mantel aus Seide umgehängt. 11 Zum Schluss hab ich dir noch ganz teure Klunker besorgt, einen
schönen Ring und eine Goldkette. 12 Du bekamst ein Nasenpiercing mit
einem Brillanten drin, die teuersten Ohrringe aus Gold und einen coolen
Hut auf den Kopf. 13 Jetzt warst du voll geschmückt, mit Gold und Silberschmuck, und deine Kleidung war stylisch und bestand aus den feinsten Materialien wie Seide und Leder. Zum Mittagessen gab es für dich nur vom Allerfeinsten und einen ‚All you can eat‘-Gutschein für McDonald's auf Lebenszeit. Du warst einfach übelst hübsch, und es war klar, dass aus dir
eine Präsidentin werden würde. 14 Du warst total berühmt wegen deiner
Schönheit. Du sahst einfach perfekt aus, weil ich dafür gesorgt hab, dass du vor Schönheit leuchtest. Das sagt jetzt Gott!‘“

Jerusalem geht fremd

15 Und Gott sagte weiter: „Aber dann hast du dich zu sehr auf deine Schönheit verlassen als auf mich. Du fingst an fremdzugehen, weil du so beliebt warst. Du hast es mit jedem getrieben, der gerade in der Gegend war.
16 Zu den Orten, wo zu diesen Plastikgöttern gebetet wird, bist du hingegangen und hast deinen Körper für Geld angeboten. Du hast dich verhalten
wie die letzte Hure. So was hätte niemals passieren dürfen. 17 Von dem
verzierten Silber und Goldschmuck, den ich dir geschenkt hatte, hast du dir Figuren machen lassen, die aussahen wie ein Mann. Mit diesem Mann
bist du dann fremdgegangen und hast mich mit ihm betrogen. 18 Dann hast
du den Plastikgöttern deine Designerklamotten angezogen und hast ihnen
mein Öl und meine Räucherkerzen geschenkt. 19 Das leckere Brot, was
ich dir geschenkt hatte, aus Weizenmehl, Öl und Honig, das hast du denen gegeben. Sie sollten sich dadrüber freuen. Das ist alles echt passiert!“,
sagt Gott, der Chef über alles. 20 „Und dann hast du deine Söhne und deine

Töchter genommen, die du eigentlich für mich bekommen hattest, und
hast sie diesen ätzenden Plastikgöttern geschenkt, du hast sie sogar für die
getötet. Hat dir das nicht gereicht, warst du in dem Moment noch nicht
versifft genug? [21] Nein, du musstest auch noch meine Kinder schlachten und
ihre Leichen für diese Pseudogötter verbrennen. [22] Du warst so krass dabei,
Mist zu bauen, du warst so damit beschäftigt fremdzugehen, dass du da-
bei ganz vergessen hast, wie gut es früher war. Damals, als du noch ohne
was an, ganz nackt, gerade frisch geboren, überall mit Blut verschmiert,
im Bett lagst.“

Untreu, weil Verträge mit andern Völkern gemacht

[23] „Nach dem ganzen Mist, den du gebaut hast, war klar: Ich muss dich da-
für bestrafen. Das sagt Gott, der Chef über alles. [24] Du hast dir einen Opfer-
tisch, so einen Altar, auf jedem freien Platz aufgebaut, der gerade da war.
[25] Überall hast du sozusagen dein Bett aufgebaut, wo du mit anderen Göt-
tern reingesprungen bist und mich abgezogen hast. Du hast deinen Rock
hochgezogen und für jeden die Beine breitgemacht. Jeder, der vorbeikam, ist
mit dir im Bett gelandet, das war eine ganz normale Sache bei dir, du hast
den Hals nicht voll bekommen können. [26] Du warst sogar mit deinem Nach-
barn im Bett, die Ägypter durften auch mit dir schlafen. Du wolltest mich
damit provozieren. [27] Also hab ich dir einen Teil von dem, was ich dir
geschenkt hatte, wieder weggenommen. Das sollte eine Strafe für dich sein.
Ich hab dafür gesorgt, dass die Philister bei dir einmarschiert sind. Ich hab
dich denen ausgeliefert, sie konnten sich bei dir ausleben, dieses Volk, was
deine Leute hasst. Und selbst die fanden den ganzen Dreck, den du machst,
voll peinlich. [28] Aber du hattest den Hals immer noch nicht voll und muss-
test dich weiter billig verkaufen. Du bist mit den Assyrern im Bett gelandet,
hast es mit denen getrieben, aber auch das hat dir nicht gereicht. [29] Also
hast du dir noch die Babylonier gegriffen, die vom Handel leben. Aber auch
die haben dich nicht befriedigt. [30] Du warst so heiß, so leidenschaftlich, du
warst drauf wie eine billige Hure, die sich auch noch ganz toll findet. [31] An
jeder Straßenecke hast du dein Bett aufgestellt. Wo du nur einen freien Platz
gefunden hast, musstest du es mit denen treiben. Dabei hast du es noch
nicht mal getan, wie es eine normale Nutte tut, nämlich gegen Cash. Du
hast sogar umsonst mit denen geschlafen! [32] Du hast deinen Ehemann
betrogen, indem du mit anderen Männern ins Bett gegangen bist. [33] Eine
normale Nutte bekommen wenigstens mal ein Geschenk von ihrem Freier,
aber bei dir war es umgekehrt. Du hast deine Lover mit Geschenken über-
schüttet. Du wolltest, dass dich alle Männer haben wollen, dass sie von
überall her zu dir kommen, um mit dir zu schlafen. [34] Bei dir ist genau das
Gegenteil von dem passiert, was man sonst kennt. Du hast deinen Freiern

auch noch Kohle bezahlt, während du leer ausgegangen bist. Du hast sogar
das auf den Kopf gestellt."

Die Strafe ist verdient

35 Gott sagte weiter: „Darum hör gut zu, was ich, Gott, dir zu sagen habe,
du alte Schlampe! 36 Weil du dich komplett nackig ausgezogen hast und
nicht mal deinen Schlüpfer angelassen hast, weil dich deine vielen Lover
nackt gesehen haben, weil du auch vor diesen bescheuerten Plastikgöttern
die Hosen runtergelassen hast und weil du dann auch noch deine Kinder
für die töten musstest, 37 werde ich jetzt eingreifen. Ich werde die ganzen
Männer, mit denen du es getrieben hast, alle deine Kunden, mit denen du
als Nutte im Bett warst, die du alle früher gehasst hast, zusammentreiben.
Dann sorge ich dafür, dass sie dich von allen Seiten umzingeln, und wenn
sie da sind, dann werde ich denen zeigen, wie nackt du wirklich bist. 38 Ich
werde mit dir so umgehen, wie man nach den Gesetzen mit Leuten umgeht,
die eine Ehe gebrochen oder jemanden umgebracht haben. Du hast mich
echt bis aufs Blut provoziert, und ich lasse meine Wut jetzt bei dir raus.
39 Ich werde dich an sie ausliefern, sie werden deinen Puff kaputt machen,
sie werden deine Opfertische, wo du den Plastikgöttern drauf geopfert hast,
einfach sprengen. Sie werden dir deinen Schmuck wegnehmen, dir deine
Klamotten runterreißen und dich dann nackt einfach auf dem Boden liegen
lassen. 40 Dann werden sie eine Gerichtsverhandlung mit dir durchziehen,
du wirst verurteilt und bekommst die Todesstrafe. Am Ende landest du
auf dem elektrischen Stuhl. 41 Sie werden deine Häuser abreißen und dich
fett bestrafen. Und ganz viele Frauen werden dabei zuschauen. Auf die
Art werde ich deinen Job als Nutte beenden, und du wirst auch keine Kohle
mehr haben, um dir einen Lover zu kaufen. 42 Wenn das passiert ist, werde
ich nicht mehr sauer auf dich sein, denn ich habe meine Wut abreagiert,
ich konnte mich dann an dir austoben. Ab dann bin ich wieder entspannt,
ich werde ruhig sein. 43 Du hattest leider wieder alles vergessen, was ich
für dich getan hab, ganz zu Anfang, als du noch jung warst. Du hast mich
einfach extrem provoziert, mit deinen vielen ekligen Sachen, die du gebracht
hast. Das sind jetzt die Konsequenzen davon. Das kam jetzt von Gott."

Du treibst es noch schlimmer als die Leute in Sodom und Samaria!

44 Das geht an die Leute in Jerusalem: Es wird dann einen Witz geben, einen
Spruch, den man über dich bringt. Man wird sagen: Wie die Mutter, so die
Tochter! 45 Du bist genauso wie deine Mutter, die hatte keinen Bock auf ihren
Ehemann und auch nicht auf ihre Söhne. Du bist genauso wie eine Frau,
die keinen Bock hat auf ihren Mann und auf ihre Kinder. Eure Mutter ist wie
eine Hetiterin, und euer Vater ist wie ein Amoriter. 46 Deine größere Schwes-

ter ist die Stadt Samaria, die im Norden liegt. Dort sind auch ihre ganzen
kleinen Tochterstädte, die wie kleine Schwestern für dich sind. Und dann ist
da noch die kleine Schwester Sodom, die rechts von dir liegt, und die hat
auch wieder ein paar kleine Tochterstädte. 47 Du hast ihnen alle ätzenden
Sachen nachgemacht, aber hast nicht nur denselben Mist gebaut, es
war kurz davor, dass du sie sogar noch getoppt hättest, bei all dem, was du
so getan hast. 48 Gott, der Chef, sagt dir: „Deine Schwester Sodom und
ihre kleinen Vorstädte haben nicht so schlimm gelebt wie du. 49 Sie waren
arrogant und dachten, sie seien was Besseres. Sie hatten alles fett, der
Kühlschrank war randvoll, sie hatten keine Angst um ihre Töchter. Leuten,
denen es dreckig ging, waren ihnen egal. 50 Schließlich wurden sie über-
heblich und haben ganz üble Sachen getan vor meinen Augen. Als ich das
mitbekam, hab ich sie wegverfrachtet. 51 Selbst in der schlimmen Stadt
Samaria sind nicht mal halb so viel ätzende Sachen passiert wie bei dir. Du
hast viel mehr Mist gebaut als sie, dagegen war das, was die anderen
Vorstädte, deine Schwestern, gemacht haben, echt noch harmlos. 52 Darum
musst du jetzt auch bezahlen, du musst dich dafür schämen, auch weil du
es schlimmer getrieben hast als deine Schwestern. Sie sind korrekter als du.
Du musst jetzt die Konsequenzen tragen, weil im Gegensatz zu dir deine
Schwestern noch gut dastehen."

Gott verspricht, Jerusalem wird bald wieder seinen Leuten gehören

53 „Aber irgendwann werde ich dafür sorgen, dass es mit Sodom und seinen
umliegenden Städten, mit Samaria und seinen umliegenden Städten wieder
bergauf geht. 54 Du sollst endlich kapieren, dass du großen Mist gebaut und
peinliche Sachen gebracht hast. Auch die Dinge, die dafür gesorgt haben,
dass du immer dachtest, dir könnte nichts passieren, sollen dir peinlich sein.
55 Deine Schwestern Sodom, und ihre Vorstädte werden wieder den Status
haben, den sie früher mal hatten. Und auch Samaria und ihre Vorstädte wer-
den wieder denselben Status haben wie früher. Und auch du, Jerusalem,
wirst wieder so sein wie früher, inklusive deiner Vorstädte, deiner Schwes-
tern. 56 Hast du nicht früher, als du noch dachtest, du wärst der Held, auch
immer über deine Schwester Sodom abgelästert? 57 Das war noch, bevor
klar war, wie mies du eigentlich bist! Heute lästern alle über dich, alle, die
um dich herum wohnen, die Edomiter und auch die Philister. 58 Ab sofort
musst du die Konsequenzen tragen für die miesen Aktionen und den ganzen
Mist, den du getan hast. Das sagt dir Gott! 59 Er, der Chef über alles, sagt dir:
Ja, ich werde mit dir genauso umgehen, wie es angemessen ist! Unsere Ver-
träge waren dir egal, du hast sie gebrochen. 60 Aber ich habe unsere Verträge
nicht vergessen, die ich schon vor Ewigkeiten mit dir geschlossen hatte,
als es dich noch nicht so lange gab, als du noch jung warst. Dieser Vertrag

sollte für immer gelten! 61 Wenn du dann endlich kapierst, wie ätzend die
Sachen waren, die du gemacht hast, wird es dir voll leidtun, und du wirst
dich in Grund und Boden schämen. Das passiert, wenn ich dir deine zwei
Schwestern, Sodom und Samaria, als Töchter wiedergeben werde, so dass
du über ihnen stehst. Damit hab ich dir noch mehr gegeben, als ich mal
vorhatte, als wir die Verträge miteinander gemacht haben. 62 Ich werde diese
Verträge mit dir wieder neu schließen, und dann kapierst du endlich, dass
ich der Chef bin, der alles kann! 63 Dann wirst du dich auch nicht mehr
schämen müssen, du musst nicht mehr über den ganzen Mist reden, den
du verbockt hast. Ich habe dir dann nämlich verziehen. Das sagt Gott,
der Chef über alles!"

17

Der Vergleich mit Adlern und einem Weinstock

1 Dann sagte Gott mir Folgendes: 2 „Hey du, Mensch! Ich möchte, dass
du den Leuten von Israel etwas durch einen Vergleich klarmachst, etwas,
worüber sie nachdenken können. 3 Sage zu ihnen: ‚Das kommt jetzt von
Gott, dem Chef: Ein großer Adler, mit megagroßen Flügeln und dichten
Federn, flog einmal in den Libanon-Wald. Dort riss er mit seinem Schnabel
die Spitze von einem Zedern-Baum ab. 4 Diese Spitze nahm er mit und
brachte sie in ein Land, wo unheimliche viele Verkäufer wohnten. Dort legte
er sie, mitten in einer Stadt, ab. 5 Als Nächstes flog der Adler auf ein Feld
und nahm dort von den ganzen Pflanzensamen einen mit. Diesen Samen
pflanzte er neben einen kleinen Fluss in ein Feld, was sowieso auch ganz gut
bewässert war. 6 Dort sollte aus diesem Samen ein krasser Weinstock wer-
den, der viele Blätter und Früchte haben sollte, aber nicht so hoch werden
sollte. Seine Blätter sollten in die Richtung von dem Adler und seine Wur-
zeln tief in die Erde wachsen. Der Weinstock wuchs, es entstanden Wurzeln
und Zweige. 7 Dann war da aber auch noch ein anderer Adler, der viel größer
war, mit großen Flügeln und Federn. Plötzlich drehte sich der Weinstock
zu diesem Adler hin und streckte seine Blätter zu ihm aus. Er wollte, dass
dieser Adler ihm was zu trinken gab. Das sollte nicht dort passieren, wo er
gerade gepflanzt war, sondern woanders. 8 Dabei war das Feld, wo er stand,
voll gut. Es gab genug Wasser, um dort große Äste und Früchte wachsen
zu lassen. Hier hätte er ein wunderschöner Weinstock werden können.‘
9 Diese Geschichte sollst du den Leuten von Israel erzählen! Dann sagst du
zu ihnen: ‚Das kommt jetzt von Gott, dem heftigen Gott. Glaubt ihr, diese
Pflanze wird dort gut wachsen? Wird man nicht ihre Wurzeln ganz schnell
rausreißen und ihre Früchte abschneiden? Dann würden alle neuen Blätter
bei ihr vertrocknen, bis sie ganz tot ist. Man braucht dann kein Bodybuilder
zu sein, um die Wurzel rauszurupfen, und man braucht auch nicht tausend

Leute dazu. 10 Glaubt ihr denn, dass sie, sobald man sie eingepflanzt hat,
auch garantiert wachsen wird? Ist es nicht viel wahrscheinlicher, dass
sie bei den ersten heißen Winden aus dem Osten ganz vertrocknen wird?
Sie wird garantiert mitten auf dem Beet, wo sie steht, kaputtgehen.'"

Was dieser Vergleich zu bedeuten hat

11 Kurz darauf sprach Gott wieder mal mit mir. Er sagte: 12 „Bitte, sag diesen
durchgedrehten Leuten Folgendes: ‚Kapiert ihr nicht, was dieser Vergleich
zu bedeutet hat? Es bedeutet, dass der Präsident von Babylonien mit seinen
Männern nach Jerusalem gekommen ist und unseren Präsidenten mit sei-
nen Ministern abgeführt und nach Babylonien gebracht hat! 13 Dann hat
er einen aus der Familie vom Präsidenten zum Nachfolger bestimmt. Mit
dem hat er dann einen neuen Vertrag gemacht. Er musste sich verpflichten,
sich ihm ganz unterzuordnen. Die Chefetage wurde komplett abgeführt
und nach Babylonien gebracht. 14 Er wollte damit erreichen, dass der Präsi-
dent und seine Familie immer schön klein gehalten werden. Sie sollten
nicht wieder hochkommen und einfach ihren Vertrag einhalten. 15 Dennoch
hat dieser Präsident dann den Vertrag gebrochen. Er schrieb einen Brief an
die ägyptische Führungsetage und bat um Kriegsunterstützung in Form von
Soldaten und Panzern. Ob das gutgeht? Wenn jemand einen Vertrag bricht,
hat er dann eine Chance zu gewinnen? 16 Ich verspreche euch, dass er in
Babylon sterben wird! In der Stadt, wo der Präsident von Babylonien lebt,
der ihn ja erst zum Präsidenten gemacht hat. Mit dem hat er einen Vertrag
gemacht, den er dann auch noch gebrochen hat. 17 Der Präsident von
Ägypten wird ihm mit seiner Armee nicht helfen, wenn er von Feinden ange-
griffen wird. Von einer übermächtigen Armee, wenn es kurz bevorsteht,
dass viele Menschen sterben werden. 18 Sein Versprechen war ihm egal, er
hat die Verträge gebrochen. Er hat es ganz fest versprochen, aber es dann
nicht eingehalten. Er wird vor seiner Strafe nicht fliehen können. 19 Darum
sage ich, Gott, der Chef, Folgendes: Ich schwöre dir, ich werde ihm das
Versprechen, das er gegeben hat, und den Vertrag, den er gebrochen hat, in
seiner Fresse explodieren lassen. Denn es waren mein Vertrag und ein Ver-
sprechen, was er mir gegeben hat. 20 Darum werde ich mein Netz auswerfen
und ihn einfangen. Ich bringe ihn nach Babylon, und dort bekommt er eine
Gerichtsverhandlung, weil er mir untreu war. 21 Seine Soldaten und seine
Sondereinheit werden mit dabei sein. Sie werden alle erschossen werden,
und die Männer, die übrig bleiben, wird man in alle Welt davonjagen. Dann
werdet ihr kapieren, dass ich geredet habe! Ich, euer Gott!'"

Gott wird dafür sorgen, dass ein Typ aus der Familie von David wieder das Sagen hat

22 Gott, der absolute Chef über alles, sagt Folgendes: „Ich werde ganz oben
von der Tanne einen jungen Zweig abschneiden und ihn woanders einpflan-
zen. Und zwar wird er auf einem sehr hohen Berg eingepflanzt werden.
23 Es wird auf dem Berg in der Mitte von Israel sein. Er wird ganz viele neue
Zweige hervorbringen, wo viele Früchte dran wachsen. Der ganze Baum
wird wunderschön wachsen. In dem Baum werden ganz viele Vögel leben,
unter seinen Zweigen werden sie Nester bauen. 24 Alle Bäume auf den
Wiesen werden dann kapieren, dass ich, Gott, den großen Baum klein halten
musste. Den kleinen Baum musste ich aber unterstützen, er sollte groß
werden. Ich musste den grünen Baum vertrocknen lassen und den vertrock-
neten Baum zum Blühen bringen. Ich, Gott, sage das so, und ich werde es
auch so umsetzen, wie ich es gesagt habe."

18

Gott bestraft, aber man kann immer mit ihm neu anfangen

1 Irgendwann redete Gott wieder mit mir. Er sagte Folgendes: 2 „Ihr habt in
Israel ein echt dummes Sprichwort. Das geht so: ‚Die Väter essen unreife
Weintrauben, und die Söhne bekommen davon Belag auf den Zähnen.' 3 Ich,
euer Gott, verspreche euch hiermit, dass ihr diesen Spruch in Israel nie
mehr sagen werdet. 4 Jedes Leben bei euch gehört letztendlich mir. Das
Leben vom Vater gehört genauso mir wie das Leben vom Sohn. Beide gehö-
ren mir. Nur die Leute, die Sachen tun, die ich nicht will, sollen sterben.
5 Wenn jemand korrekt drauf ist, dann wird er auch immer korrekt und rich-
tig handeln. 6 Er wird auf den Bergen keine dreckigen Opferessen veran-
stalten. Er betet auch nicht zu den Plastikgöttern, zu denen viele andere von
den Israeliten gerade beten. Er schläft auch nicht mit der Ehefrau von je-
mand anderem. Und wenn seine Frau ihre Tage hat, dann schläft er auch
nicht mit ihr. 7 Er wird nie Leute abziehen, und er gibt demjenigen sein
Pfand zurück, der Schulden bei ihm hat. Er zockt keine Leute ab, er teilt
mit den Menschen, die nichts zu essen haben, seine Nahrung, und wenn
jemand keine Hose hat und friert, dann schenkt er ihm eine von seinen
Hosen. 8 Wenn er jemandem Geld leiht, dann verlangt er keinen Horrorzins.
Er hat mit unkorrekten Sachen nichts am Hut, und wenn er mal einen Streit
schlichten oder als Richter in einer Gerichtsverhandlung ein Urteil fällen
muss, dann tut er das sehr korrekt. 9 So einer lebt immer genau so, wie es
in meinen Gesetzen steht, alle Vorschriften sind ihm total wichtig, und er
setzt sie auch um. Weil er so korrekt ist, wird er lange leben. Das kam jetzt
vom Chef, von Gott. 10 Angenommen, so ein Mann hat jetzt aber einen Sohn,
der etwas schräge drauf ist. Vielleicht ist der Typ brutal unterwegs, liebt es,

Leute blutig zu schlagen, oder baut sonst irgendwie Mist. [11] Er macht viel-
leicht lauter Sachen, die sein Vater alle nie getan hätte. Zum Beispiel nimmt
er an Opferessen für Plastikgötter teil oder pennt mit irgendwelchen Frauen
von seinen Nachbarn. [12] Vielleicht nimmt er auch die Leute aus, die auf
der Straße leben und denen es total dreckig geht. Oder er zahlt das Geld
nicht zurück, was er sich geliehen hat, oder betet zu Plastikgöttern. Er baut
eben nur Mist und [13] verleiht sogar Geld mit einem Horrorzins. Soll so ein
Mensch am Leben bleiben? Nein, er darf nicht leben! Er hat so viel Mist
gebaut, dass es nur gerecht wäre, wenn er sterben müsste. Sein Blut sollte
fließen, er muss bestraft werden. [14] Angenommen, dieser Typ hat einen
Sohn, der die ganze Zeit mitbekommt, wie sein Vater Mist baut. Aber viel-
leicht macht er es dann später anders und macht es eben nicht wie sein
Vater, [15] er betet nicht zu den Plastikgöttern, zu denen die anderen Israeliten
beten. Er zieht für die keine Opferessen in den Bergen durch. Er landet nicht
mit der Frau von seinem Nachbarn im Bett. [16] Er unterdrückt niemanden.
Er fordert keinen Gegenwert, wenn jemand mal etwas Geld leihen will. Er
zockt andere Menschen nicht ab, und wenn ein Typ auf der Straße lebt
und Hunger hat, lädt der ihn auch mal zum Essen ein oder organisiert ihm
neue Klamotten. [17] Er zieht keine Leute ab; wenn er etwas verleiht, tut er
das, ohne fette Zinsen dafür zu verlangen. Er lebt immer korrekt nach den
Gesetzen. So einer wird nicht wegen der Schuld von seinem Vater bezahlen
müssen, er wird ein gutes Leben haben! [18] Aber sein Vater, der andere
erpresst oder ausgeraubt hat, der Sachen getan hat, die nicht okay waren,
der muss wegen seinem Mist sterben."

Jeder ist verantwortlich für sein eigenes Leben

[19] „Jetzt fragt ihr: ‚Warum kann der Sohn nicht auch etwas von der Strafe
vom Vater abbekommen?' Die Antwort ist leicht: Er hat immer korrekt gelebt
und getan, was ich von ihm wollte. Darum muss er am Leben bleiben.
[20] Nur derjenige, der Mist baut, muss auch dafür bestraft werden. Der Sohn
hat mit der Schuld von seinem Vater nichts zu tun und der Vater auch
nicht mit der Schuld von seinem Sohn. Wer korrekt gelebt hat, wird auch
korrekte Sachen erleben. Wer ohne Gott gelebt hat, dem wird das passieren,
was Leuten eben passiert, wenn sie ohne Gott leben. [21] Wenn aber jemand,
der ohne Gott gelebt hat, sich ändern will, wenn er aufhört, Mist zu bauen,
und anfängt, das zu tun, was ich von ihm will, dann soll er leben und nicht
sterben. [22] Für die ganzen miesen Sachen, die er früher getan hat, muss er
dann nicht mehr bezahlen. Er wird dafür nicht mehr bestraft. Denn er hat
sich verändert und angefangen, korrekt zu leben, darum soll er leben und
nicht sterben. [23] Was hab ich davon, wenn jemand stirbt, der ohne mich,
ohne Gott, lebt? Glaubt ihr, das macht mir Spaß? Es macht mir viel mehr

Freude, wenn er sich von seinem falschen Weg abwendet und sich ändert.
24 Wenn aber jemand, der immer korrekt gelebt hat, plötzlich anfängt, nur
noch Mist zu bauen und fiese Dinger zu drehen, die nur Leute machen, die
keinen Bock auf Gott haben, soll der dann am Leben bleiben? Nein, alle
guten Sachen, die er früher gebracht hat, wird man schnell vergessen. Weil
er jetzt untreu ist, soll er sterben."

Bei Gott gibt es immer eine zweite Chance

25 „Jetzt sagt ihr: ‚Was Gott macht, ist nicht korrekt!' Hallo? Merkt ihr noch
was, ihr Leute in Israel? Wer lebt denn hier die ganze Zeit unkorrekt?
Das seid doch ihr! 26 Wenn jemand, der immer korrekt gelebt hat, plötzlich
anfängt, Mist zu bauen, und deswegen stirbt, dann passiert das, weil er
eben angefangen hat, Sachen zu tun, die nicht korrekt waren. 27 Wenn aber
umgekehrt jemand, der immer ohne Gott gelebt und die ganze Zeit Mist
gebaut hat, sein Leben ändert und plötzlich gottmäßig draufkommt, dann
wird er sich dadurch retten können. 28 In dem Augenblick, wo er kapiert,
dass er danebenliegt, und dann sein Leben verändert, ist er wieder okay, und
er wird nicht sterben. 29 Die Leute von Israel behaupten jetzt, dass ich, ihr
Gott, nicht gerecht mit ihnen umgehe. Ich kann nur zurückfragen: ‚Hallo?
Wer baut hier gerade Mist? Ich oder ihr?' 30 Ich werde in der letzten großen
Gerichtsverhandlung jedem von euch ein korrektes Urteil verpassen, jedem
so, wie er es verdient hat. Ändert euer Leben! Hört auf mit dem Mist! Das
Ganze könnte für euch sonst ziemlich nach hinten losgehen! 31 Leute
von Israel: Schmeißt den ganzen Mist einfach weg! Werft die Sachen auf den
Müll, mit denen ihr euch verdreckt habt! Spielt euch ein neues Programm
auf den Rechner! Kommt innerlich anders drauf! Was bringt euch das, wenn
ihr jetzt alle sterben müsstet? 32 Mir macht es auch keinen Spaß, wenn
jemand stirbt, weil er mal wieder Mist gebaut hat. Also hört auf damit, lebt
so, wie ich es von euch möchte! Dann bleibt ihr auch am Leben." Das kam
jetzt von Gott, dem Chef über alles.

19

Mit den Präsidenten und ihrer Familie sieht es ganz übel aus

1 Gott sagte dann mal zu mir, ich sollte einen Emo-Song schreiben, ein ganz
depressives Lied, wo es über die Präsidenten von Israel geht. Das Lied ging
dann so:

2 „Das waren noch Zeiten, als deine Mutter wie eine Löwin in einem Rudel
lebte.
Sie zog ihre Kinder groß, hatte viele Löwenbabys, die sie in ihr Nest legte
und pflegte.

3 Ein Baby wurde ihr Liebling. Das wuchs schnell und fraß viele Menschen auf.
4 Die anderen Nationen zogen aus, als sie das mitbekamen, und hauten bei dem drauf.
Es wurde gefangen genommen und in einen Käfig gesetzt, mit Gitterstäben aus Eisen,
und in fetten Ketten nach Ägypten abgeführt, als Kriegsgefangener musste es reisen.
5 Als die Mutter das mitbekam, war sie zuerst fertig, suchte sich dann ein anderes Kind aus.
6 Auch dieses Kind wurde stark, es wurde groß, lernte rauben und fraß Menschen auf.
7 Es eroberte Städte, ganze Regierungsbezirke machte es kaputt, brannte sie nieder.
Menschen, die dort lebten, waren voll fertig, wenn sie sein Brüllen hörten als Krieger.
8 Jetzt organisierten sich die Völker, die dort lebten, und stellten dem Löwen eine Falle.
Sie fingen ihn ein, mit Netzen und Gruben, fesselten ihn, schleppten ihn in eine Halle.
9 Dort kriegte er einen Ring durch die Nase, wurde in einem großen Käfig festgesetzt
und schließlich zum Präsidenten von Babylonien gebracht, dort saß er dann fest in deren Netz.
Er sollte einfach schweigen, seinen Mund für immer halten, ihm wurde das Maul gestopft,
damit man in Israel nie mehr etwas von ihm hört. Wie ein toter Vogel ausgestopft.
10 Seine Mutter war wie ein Weinstock, in einem sehr fruchtbaren Feld gezüchtet.
Er hatte immer genug Wasser, es entstanden neue Zweige und ganz viele Früchte.
11 Die Zweige wuchsen schlank, man konnte aus dem Holz einen graden Stock schnitzen.
Dadraus entstanden Stifte, mit denen Präsidenten ihre Unterschrift auf Papiere ritzten.
Einer von ihnen wuchs besonders hoch und dicht, höher als die anderen Bäume ringsherum.
12 Jemand wurde aber sauer, packte das Teil, riss es raus, jetzt lag es auf dem Boden rum.
Durch die heißen Ostwinde sind dann die Früchte schnell abgerissen und vertrocknet.

Auch der dickste Ast verbrannte im Feuer, vergammelte zu Müll, wie ein
Auto verrostet.
13 Jetzt ist der Weinstock in eine Gegend verpflanzt worden, wo es kein
Wasser gibt.
14 Seine Zweige fingen Feuer, alle Früchte verbrannten, es kam aus einem
höheren Trieb.
Jetzt gibt es keine Zweige mehr, wo noch mal ein Stift draus gemacht werden
könnte
für den Präsidenten, womit er seine Befehle und Gesetze unterzeichnet
hätte."
Dieser Song ist ein Frustlied, ein Emo-Song, mit dem man seine Trauer
ausdrücken kann.

20

Zusammenfassung, wo Israel überall Mist gebaut hat

1 In dem siebten Jahr kamen am 10. August ein paar Männer zu mir ins
Büro. Sie kamen aus der Regierungsmannschaft von Israel und wollten,
dass ich Gott mal für sie in einer speziellen Angelegenheit befragen sollte.
Nachdem sie sich hingesetzt und ihre Anfrage gestellt hatten, warteten
wir gemeinsam, ob Gott mir was dazu sagen würde. 2 Plötzlich kam eine
Nachricht von ihm rein. Gott sagte: 3 „Hey du, Mensch! Richte den Männern
aus der Regierung von Israel Folgendes von mir aus. ‚Das kommt jetzt von
Gott, dem heftigen Gott, dem Chef über alles. Ihr seid jetzt hier, weil ihr eine
Ansage von mir haben wollt? Leute, ich schwöre euch, da könnt ihr lange
warten, von euch lasse ich mich nicht mehr befragen!'" 4 Dann sagte Gott zu
mir, ich sollte die Leute besser mal warnen, ihnen ins Gewissen reden und
sie verurteilen. „Erinner sie mal an den ganzen Mist, den schon die Men-
schen, die vor ihnen gelebt haben, getan haben!", meinte er. 5 „Sag Folgen-
des zu Ihnen: ‚Das kommt jetzt von Gott, dem Chef! Damals, als die Israeli-
ten noch in Ägypten waren, da hab ich ganz fest beschlossen, sie dort
rauszuholen und in ein Land zu bringen, wo es alles gibt und davon reich-
lich. Ich hab mich bei ihnen gemeldet und klargemacht, dass ich der Chef
bin und dass ich ihr Gott sein werde. 6 An diesem Tag hab ich ihnen hun-
dertprozentig versprochen, dass ich sie aus Ägypten rausholen werde. Ich
wollte sie in ein Land bringen, das ich extra für sie ausgesucht hatte, es war
ein Fünf-Sterne-Land, was Besseres gibt es nicht. Da gab es einfach alles
und davon reichlich! 7 Ich hatte aber auch eine Bedingung. Ich sagte zu
ihnen, dass sie ihre ganzen ätzenden Plastikgötter auf den Müll schmeißen
sollen und dass sie sich auch nicht mit den Plastikgöttern von den Ägyptern
verdrecken sollten. Meine Ansage war: ‚Ich bin euer Chef! Ich bin Gott und
sonst keiner!' 8 Aber sie hatten anscheinend keinen Bock auf mich und

wollten nicht tun, was ich ihnen gesagt hatte. Niemand hat seine ‚ach so
geliebten Plastikgötter', die ich total ätzend finde, auf den Müll geschmissen.
Sie beteten sogar weiter zu den Plastikgöttern von den Ägyptern. Darum
wurde ich richtig sauer. Ich beschloss, sie alle noch in Ägypten zu töten.
9 Aber dann hab ich doch gemerkt, wie sehr ich sie liebe, und ich wollte auch
nicht meinen eigenen Ruf gefährden. Denn die Leute in ihrer neuen Nach-
barschaft wussten ja davon, dass ich die Ansage gemacht hatte, Israel aus
Ägypten rauszuholen. 10 Also holte ich sie dort raus und führte sie erst ein-
mal in die Wüste. 11 Dort schenkte ich ihnen meine Gesetze und Regeln,
durch die sie leben sollten, wenn sie sich dran halten werden. 12 Zum Bei-
spiel hab ich ihnen gesagt, dass man an einem Tag in der Woche, dem Sonn-
tag, nicht arbeiten soll. Dieser Tag sollte wie so ein Zeichen für unseren
Vertrag sein, den wir ab dann miteinander hatten. Jeder sollte mitkriegen,
dass ich, Gott, meine Leute extra ausgesucht hatte, dass sie etwas wirklich
sehr Besonderes sind. 13 Leider drehten sie aber ziemlich schnell am Rad,
als sie in der Wüste waren, und taten ständig Sachen, die ich nicht wollte.
Meine Gesetze waren ihnen egal, die Regeln befolgten sie einfach nicht,
obwohl sie gut waren für die Menschen. Wer danach lebt, dem würde es gut-
gehen. Sie verdreckten sogar die Idee mit dem Sonntag als Ruhetag. Darum
wurde ich mitten in der Wüste wieder richtig sauer auf sie. Ich wollte sie
komplett kaputt machen. 14 Trotzdem hab ich es dann nicht getan, weil ich
sie so sehr liebte, und auch, um meinen eignen Ruf nicht in den Dreck zu
ziehen. Sonst hätten ja alle Menschen in der Welt über mich gelacht, denn
ich hatte meine Leute ja noch vorher vor ihren Augen aus Ägypten rausge-
holt. Wäre komisch, wenn ich sie kurze Zeit später alle plattgemacht hätte.
15 Ich hab ihnen allerdings gesagt, dass diese Generation nicht in das Land
kommen würde, was ich ihnen schenken wollte. Dieses Land, wo es alles
gibt und davon reichlich, durften sie nicht mehr sehen, das war sicher. 16 Das
war die Bestrafung dafür, dass sie immer noch diese Plastikgötter ganz toll
fanden, meine Gesetze und Regeln nicht befolgten und keinen Bock auf den
Sonntag hatten. 17 Ich war wegen ihnen voll traurig. Trotzdem hab ich sie
nicht alle kaputt gemacht, ich wollte sie nicht alle in der Wüste vernichten.
18 Als diese Generation gestorben war, sagte ich zu ihren Söhnen: ‚Bitte lebt
nicht so, wie es eure Väter getan haben! Vergesst diese ganzen Plastikgötter,
damit verdreckt ihr euch nur, ihr werdet unrein durch die! 19 Ich bin der
Chef, ich bin euer Gott! Tut das, was ich euch in den Gesetzen gesagt habe,
ihr müsst diese Regeln respektieren! 20 Achtet dadrauf, dass der Sonntag
für euch ein ganz besonderer Tag ist! Das wäre für mich wie ein Zeichen,
dass wir einen Vertrag miteinander haben und dass ich, der Chef, euer Gott
bin.' 21 Aber leider war auch die nächste Generation so drauf, dass ihnen
egal war, was ich von ihnen wollte. Sie lebten nicht nach den Gesetzen, die

Regeln waren ihnen nicht wichtig. Und das, obwohl man dadurch ein echt gutes Leben haben würde. Sie hatten auch keinen Bock auf meinen Sonntag. Schließlich beschloss ich, ihnen zu zeigen, wie sauer ich auf sie war. Ich wollte sie komplett mitten in der Wüste vernichten. [22] Aber ich nahm mich zusammen, weil ich sie so liebte. Und auch, weil ich nicht wollte, dass mein Name dadurch in den Dreck gezogen werden würde von den Völkern, die ohne mich leben. Die hatten ja die Aktion mitbekommen, als ich sie aus Ägypten rausgeholt hatte. [23] Trotzdem hatte ich ihnen schon damals in der Wüste angedroht, dass ich sie überallhin auf der Welt verstreuen würde. Sie müssten überall in Ländern von Leuten leben, die alle nicht an mich glauben. [24] Das passierte, weil sie nicht nach meinen Gesetzen gelebt hatten. Meine Regeln waren ihnen egal, sie verdreckten meine Idee mit dem Sonntag und waren sogar scharf auf die Plastikgötter, an denen schon ihre Väter so hingen. [25] Dazu forderte ich jetzt Sachen von ihnen, die nicht gut waren, ich ordnete ein paar Regeln an, die man gar nicht befolgen konnte. So brachten diese neuen Regeln den Tod. [26] Ihre Opfer, die sie mir schenkten, verdreckten sie sogar selbst. Denn indem sie mir alles, was als Erstes geboren wird, als ein Abfackelopfer schenken sollten, wollte ich eigentlich nur, dass sie mal aufwachen. Sie sollten kapieren, dass ich alleine Gott bin.'" [27] Schließlich meinte Gott noch: „Du, Mensch, ich will, dass du auch noch Folgendes zu den Leuten von Israel sagst: ‚Das kommt jetzt vom Chef, von Gott, dem nichts unmöglich ist.' Es gibt noch etwas, womit die Leute, die vor euch lebten, mich derbst beleidigt haben. Damit haben sie mich echt betrogen. [28] Und zwar war das, als ich sie in das Land brachte, was ich ihnen ja vorher ganz fest versprochen hatte. Kaum waren sie nämlich dort, wurde der nächstbeste Baum oder jeder billige Hügel gleich genutzt, um dort erst einmal ein paar von diesen ekligen Opfern für die Plastikgötter durchzuziehen. Dankopfer, Trinkopfer, Opfer mit Räucherkerzen, alles wurde denen dort geschenkt. [29] Und ich hab sie noch gefragt: ‚Was ist das für ein Platz auf einem Berg, wo ihr hingeht?' Seitdem nennt man diesen Ort auch: ‚Den Platz auf dem Berg, wo man Opfer durchzieht'. [30] Darum sollst du zu den Leuten von Israel sagen: ‚Das kommt jetzt von Gott: Wollt ihr euch genauso verdrecken, wie es die Menschen getan haben, die vor euch gelebt haben? Wollt ihr wirklich diesen ekligen Plastikgöttern nachlaufen? [31] Indem ihr denen Sachen schenkt und sogar eure Kinder für die in einem Feuer verbrennt, verdreckt ihr euch total! Dieser Dreck von den Plastikgöttern klebt bis heute immer noch an euch. Und jetzt glaubt ihr im Ernst, ich würde euch immer noch eure Fragen beantworten, die ihr mir stellt? Ich kann euch eins sicher versprechen: Ich, Gott, der Chef über alles, werde mich von euch nicht mehr befragen lassen!'"

Reboot mit Gott

32 „Aber diese komischen Ideen, die ihr plötzlich bekommen habt, die wer-
den niemals passieren. Ihr wolltet ja so sein wie die Völker, die ohne mich
leben, und die zu solchen Dingern beten, die nur aus Holz, Plastik oder Ton
gemacht sind. 33 Genauso sicher, wie ich existiere, werde ich meine Macht
zeigen, ich werde meine Muskeln spielenlassen und auch klarmachen, wie
sauer ich bin. Denn nur ich bin euer eigentlicher Präsident, ich bin euer
Chef. 34 Ich werde euch wieder zusammenbringen. Ich werde jeden von euch
aus den Ländern wieder aufsammeln, in die ihr verstreut worden seid. In
meiner Wut, aber auch mit meiner Macht, werde ich das tun. 35 Dann bringe
ich euch in eine Wüste, die zwischen den Nationen liegt. Dort werde ich
euch vor Gericht stellen und mit euch abrechnen, Auge in Auge. 36 So, wie
ich mit den Leuten vor euch eine Gerichtsverhandlung schon mal durchge-
zogen habe, werde ich es auch mit euch tun. Damals, in der Wüste hinter
Ägypten, hab ich das getan. 37 Wie ein Schafzüchter, der seine Herde durch-
zählt, so werde ich euch auch durchzählen, und dann werde ich euch wie-
der zurückbringen. 38 Ich werde die von euch aussortieren, die gegen mich
rebelliert haben und nicht das taten, was ich von ihnen wollte. Dann bring
ich sie aus dem Land raus, wo sie gerade sind. Aber sie werden nicht
nach Hause kommen, in das Land von Israel. Sie sollen kapieren, dass ich
Gott bin. 39 Gott redet mit euch, Leute von Israel! Er sagt: ‚Haut doch ab
zu euren Plastikgöttern und tut, was die von euch wollen! Irgendwann wer-
det ihr wieder zu mir zurückkommen und das tun, was ich euch sage. Ihr
werdet meinen Namen dann nicht länger in den Dreck ziehen mit diesen
ganzen Geschenken, die ihr den Plastikgöttern gebt. 40 Denn auf meinem
ganz besonderen Berg, auf dem höchsten Berg in Israel, werden irgendwann
wieder alle Israeliten, die im Land leben, mir dienen. Dann werde ich wieder
gerne ihre ganz besonderen Geschenke und die ersten Früchte der Ernte
annehmen. 41 Die Opfer, die sie für mich abfackeln, werde ich gerne anneh-
men. Wenn ich euch aus den Ländern rausgeholt habe, wo ihr überallhin
verstreut wart, werde ich mich auch wieder zu euch stellen. Ich werde zei-
gen, dass ich der besondere Gott bin, und alle Völker, die nicht mit mir
leben, werden das mitkriegen. 42 Ich werde euch dann wieder in euer Land
zurückbringen, und ihr werdet merken, dass ich der Chef bin. Ich hatte ja
euren Vorfahren ganz fest versprochen, dass dieses Land euch gehört.
43 Wenn ihr dann an eure ätzenden Taten denkt, durch die ihr euch früher so
verdreckt habt, werdet ihr erkennen, wie voll eklig ihr seid. 44 Ihr werdet
kapieren, dass ich Gott bin, wenn ich das mit euch gemacht habe. Ich werde
das tun! Nicht, weil ihr so viel Mist gebaut habt, nicht wegen der vielen
kaputten Entscheidungen, die ihr getroffen habt, sondern einfach nur, weil

ich das will und weil ich das versprochen habe. Daran werdet ihr erkennen,
wie genial ich bin. Das sagt euch Gott, der Chef über alles.'"

21

Krieg und Feuer über Jerusalem

1 Dann redete Gott mal wieder mit mir. Er sagte: 2 „Hey, du, Mensch! Ich
will, dass du dich so hinstellst, dass du in die Richtung vom Wald sprichst,
der im Süden liegt! 3 Dann sagst du zu diesem Wald: ‚Das kommt jetzt von
Gott, dem Chef! Hör mal gut zu! Ich werde dafür sorgen, dass es bei dir
einen krassen Waldbrand gibt. Jeder grüne und jeder ausgetrocknete Baum
wird dabei verbrennen. Die Flammen werden so hoch schlagen, dass man
das Feuer nicht löschen kann. Alles, was in dem Wald lebt, vom Süden
bis zum Norden, wird dabei draufgehen. 4 Jeder Mensch soll mitkriegen,
dass ich, Gott, dieses Feuer gestartet habe. Es wird nicht ausgehen, bis
alles verbrannt ist.'" 5 Ich sagte zu Gott: „Ach Mann, Gott, die kapieren das
doch wieder nicht, sie werden fragen, was ich da wieder für einen Stuss
verbreite." 6 Gott antwortete mir: 7 „Ich möchte, dass du dich als Nächstes
so hinstellst, dass du Jersusalem vor der Nase hast. Dann sollst du einen
Spruch loslassen, der sich gegen den Tempel und das ganze Land Israel rich-
tet. 8 Sag Folgendes: ‚Das kommt jetzt von Gott: Pass auf, Israel, ich werde
gegen dich die Waffen ziehen und auf dich zielen. Ich werde jeden bei dir
abknallen, egal, ob er korrekt oder nicht korrekt gelebt hat! 9 Weil ich vor-
habe, jeden bei dir zu töten, egal, ob er korrekt oder nicht korrekt gelebt hat,
werde ich meine Waffe ziehen und alles plattmachen, vom Süden bis
zum Norden. 10 Jeder Mensch auf der Welt soll kapieren, dass ich, der Chef,
meine Waffe gezogen habe. Sie wird nicht wieder in den Waffenschrank
zurückwandern.' 11 Ich will von dir, dass du laut anfängst zu stöhnen. Du
sollst zusammenbrechen und vor Schmerzen losheulen, vor ihren Augen.
12 Wenn sie dann zu dir sagen: ‚Was soll das? Warum stöhnst du so?', dann
sollst du ihnen antworten: ‚Das tue ich wegen dieser Nachricht, die ich
euch gleich erzählen werde.' Dann werden alle voll fertig sein, sie werden
depressiv in der Ecke hängen, sie werden vor Angst zittern, sie werden
sich buchstäblich in die Hose machen. So wird das passieren, das ist
sicher." Das kam jetzt von Gott, dem Chef über alles. 13 Gott sagte zu mir:
14 „Hey, du, Mensch! Ich will, dass du Folgendes sagst: ‚Das kommt jetzt von
Gott: Da gibt es ein MG, das ist gut justiert und geölt, es ist einsatzbereit.
15 Es wurde fertig gemacht, um damit in den Krieg zu ziehen. Es ist geladen,
um damit zu töten. Für euch gibt es keinen Grund, sich zu freuen, denn
unser Präsident wird sich über die Regierenden der anderen Länder lustig
machen. 16 Die Waffe wurde geölt und klargemacht, um sie in die Hand von
jemandem zu legen, der ein Mörder ist. 17 Du kannst anfangen, zu schreien

und zu heulen! Denn sie richtet sich gegen meine eigenen Leute, sie richtet sich gegen die Regierungsmannschaft von Israel. Die werden durch diese Waffe getötet werden, genauso wie meine übrigen Leute. Darum fang jetzt laut an zu heulen.
[18] Ich habe es ausgetestet. Warum soll das alles denn nicht so passieren? Du hast es ja schließlich nicht auf die Reihe bekommen, anständig zu regieren.' Das sagt jetzt Gott.
[19] Du Mensch sollst dir vor Entsetzen die Hände über dem Kopf zusammenschlagen und etwas sagen: ‚Die Waffen, die auf dich gerichtet sind, werden sich verdoppeln, ja sogar verdreifachen. Viele werden getötet. Die Waffen sind heftig, die Kugeln dringen tief in den Körper ein.
[20] Viele sollen wegen diesem Krieg verzweifeln, viele sollen durch diesen Krieg gestürzt werden. Ich werde überall Krieg ausbrechen lassen. Die Waffen sind für den Krieg gemacht, sie schießen scharf.
[21] Das MG soll anfangen zu schießen, in alle Richtungen, egal, wohin es gerade gerichtet wird, nach rechts oder nach links.
[22] Ich werde vor Entsetzen die Hände über dem Kopf zusammenschlagen, und ich werde meiner Wut freien Lauf lassen. Das sagt Gott, der Chef.'"

Jerusalem wurde ausgesucht

[23] Gott redete mal wieder mit mir. Er sagte:
[24] „Hey du, Mensch! Ich will, dass du zwei Wege auf ein Blatt Papier malst. Es sollen die Wege sein, die der Präsident von Babylonien theoretisch mit seinem Heer einschlagen könnte. Beide Wege sollen vom selben Punkt ausgehen. Dann steckst du einen Wegweiser auf die Karte.
[25] Das eine Schild soll in Richtung Rabba, der Hauptstadt der Ammoniter, zeigen. Das andere soll in Richtung Juda zeigen, wo Jerusalem die Stadt ist, welche eine Schutzmauer hat. Dieses Bild soll so eine Art Voraussage sein für das, was bald passieren wird.
[26] Denn der Präsident von Babylonien steht schon an dieser Kreuzung und wirft gerade die magischen Würfel, um sich zu entscheiden, in welche Richtung er gehen soll. Er versucht, mit okkulten Praktiken rauszubekommen, was das Bessere wäre. Er liest das Tages-Horoskop und solche Sachen.
[27] Gerade hat er die magischen Würfel mit seiner rechten Hand geworfen, und sie fielen auf Jerusalem. Er wird also die Armee gegen die Stadt ziehen lassen, die Panzer rollen schon in diese Richtung. Die Armee wird krassen Lärm machen, sie werden einen Angriffswall um Jerusalem herum aufschütten, mit Panzern gegen die Stadt ballern und die Schutzmauer zum Einstürzen bringen."
[28] Aber die Leute von Juda glauben, dass diese Voraussagen nur gelogen sind. Sie denken, dass das alles nicht stimmen kann, weil man ihnen bei Gott geschworen hat, dass das nicht passieren wird. Tatsächlich aber sind diese Voraussagen richtig, denn sie haben den ganzen Mist deutlich gemacht, den sie die ganze Zeit gebaut haben. Das ist der Grund, warum sie bestraft werden.
[29] Darum sagt Gott, der Chef über alles, zu ihnen: „Ihr

werdet hart bestraft, denn ihr habt dafür gesorgt, dass ich mich an euren
Mist erinnere. Alle eure Verbrechen sind jetzt im Licht, jeder kann sehen,
was für miese Sachen ihr verbockt habt. 30 Und zu dem Präsidenten von
Israel, der ohne mich gelebt hat und jetzt ermordet wurde, sage ich: Dein
Tag der Abrechnung ist gekommen, du bekommst jetzt deine Strafe!
31 Nimm deinen Hut vom Kopf, schmeiße deine Uniform weg. Nichts wird
so bleiben, wie es ist. Die Leute, die ganz unten sind, werden ganz hoch-
kommen. Und die Leute, die ganz oben sind, werden ihre Macht verlieren.
32 Jerusalem wird plattgemacht, ich sag es noch mal, platt, ganz platt. Aber
auch das wird nicht für immer so sein. Es wird irgendwann jemand kom-
men, dem gebe ich die Macht über die ganze Stadt. Der hat auch die Berech-
tigung, Jerusalem zu führen.“ 33 Dann sagte Gott noch zu mir: „Du, Mensch,
ich will, dass du Folgendes über die Ammoniter aussprichst, die haben
mich nämlich ganz schön gedisst. Sag zu ihnen: ‚Ich sehe Krieg, einen hefti-
gen Krieg, die MGs sind schon geladen, um zu töten. 34 In der Zeit, wo
noch die Pseudo-Propheten, die nur Schwachsinn vorausgesagt haben, bei
dir am Start waren, hatte man dir schon das Messer an die Kehle gesetzt.
Man hat die Leute, die ohne Gott leben, tödlich verwundet. Ihre Zeit ist jetzt
gekommen, sie werden heftig bestraft. 35 Aber jetzt soll die Knarre wieder
in ihre Tasche. Denn ich werde auch den, der mit diesem MG geschossen
hat, dort bestrafen, wo er ursprünglich herkommt. 36 Ich bin so sauer auf
dich, du sollst meine Wut krass zu spüren bekommen. Ich werde dafür sor-
gen, dass brutale Männer gegen dich im Krieg gewinnen, die eine Lizenz
zum Töten haben. Das sind echte Profis. 37 In deinem Land wird es überall
brennen. Dein Blut wird überall im Land vergossen werden. Keiner wird
sich bald mehr an euch erinnern. Das habe ich euch vorausgesagt. Ich, Gott,
der Chef über alles.“

22

Jerusalem und Juda haben Mist gebaut und werden bestraft

1 Und dann redete Gott mal wieder mit mir. Er sagte: 2 „Hey du, Mensch.
Ich hab mal eine Frage an dich. Wärst du bereit, über die Stadt ein Urteil zu
fällen, diese Stadt, wo nur Mörder leben? Sie sollen kapieren, was für einen
großen Mist sie gebaut haben. 3 Sag zu ihnen: ‚Das kommt jetzt von dem
heftigen Gott. Er sagt zu der Stadt: Innerhalb deiner Grenzen sind viele
unschuldige Menschen gestorben! Damit hast du dir selbst dein Urteil
gesprochen, deine Gerichtsverhandlung ist schon in vollem Gange. Bei dir
stehen überall diese Plastikgötter rum, alleine damit hast du dich komplett
verdreckt. 4 Es gibt viele Menschen, die durch dich gestorben sind. Das
Maß ist jetzt voll, es reicht! Du hast ganz klar Mist gebaut. Du hast dich
durch die Plastikgötter, die von deinen Bewohnern sogar selbst gebastelt

wurden, total verdreckt. Damit hast du dafür gesorgt, dass deine Gerichtsverhandlung gekommen ist. Deine Zeit ist abgelaufen. Ich habe dafür gesorgt, dass du die Lachnummer für alle wirst. Jeder wird Witze über dich machen. 5 Die Völker, die in deiner Nähe leben, machen sich lustig über dich, denn dein Ruf ist ruiniert. Du bist einfach total durch und am Ende. 6 Die Präsidenten von Israel waren alle bei dir und haben ihre Macht dazu genutzt, um Leute umzubringen. 7 Leute, die bei dir wohnen, haben keinen Bock mehr auf ihre Eltern. Ausländer werden bei dir abgezockt. Hartz-IV-Empfängern und Obdachlosen wurden alle Rechte genommen, und man hat sie unterdrückt. 8 Meinen Tempel, den Sonntag und alles andere, was ich ganz besonders gottmäßig finde, ziehst du in den Dreck, du hast keinen Bock dadrauf. 9 Verräter wohnen in dir, die gerne Menschen abstechen. Auf den Bergen zieht man Dankopfer für Plastikgötter durch. Und das ist nicht alles. 10 Söhne sehen ihre Väter nackt, und Männer haben Sex mit Frauen, obwohl die gerade ihre Tage haben. 11 Einer geht mit der Ehefrau von seinem Nachbarn fremd, ein anderer landet mit seiner Halbschwester im Bett, ein Dritter vergewaltigt seine Schwester. 12 Es ist normal, dass ein Richter bei euch bestochen wird, damit er die Todesstrafe verhängt. Wer Geld verleiht, verlangt einen Horrorzins und zockt so die Leute ab, die sowieso schon keine Kohle haben. Aber ich, euer Gott, werde das nicht so einfach vergessen. Das kommt jetzt von Gott, dem Chef. 13 Pass auf, ich reibe mir schon die Hände, ich werde dich bestrafen wegen dieser Abzockerei, die du tust. Auch weil du Leute bei dir umgebracht hast, werde ich das tun. 14 Die Frage ist, ob du das aushalten kannst, wenn ich meine Strafe durchziehe? Ich habe das beschlossen, und was ich sage, dass mache ich auch. 15 Ich werde deine Bewohner auf der ganzen Welt verteilen, ich muss bei dir einfach einmal radikal alles ausräumen und sauber machen. 16 Weil du so derben Mist gebaut hast, wirst du vor allen Menschen ganz peinlich dastehen. Dann wirst du kapieren, dass ich der Chef bin, dass ich Gott bin.'"

Israel ist wie wertloser Dreck

17 Dann sprach Gott mal wieder zu mir. Er sagte: 18 „Hey du, Mensch! Die Menschen von Israel sind für mich wie ein Haufen Dreck geworden, wie der Abfall, der entsteht, wenn man Silber aus den Steinen herausschmilzt. Dieser Abfall besteht aus Kupfer, Zinn, Eisen und Blei." 19 Gott sagt: „Ihr seid alle zu diesem Abfall geworden, in dem Schmelzofen der Stadt Jerusalem. Ich werde euch alle zusammenkippen. 20 So, wie man Silber, Kupfer, Eisen, Blei und Zinn in einem Schmelzofen zusammentut und die Temperatur dadrin hochdreht, damit es dann schmilzt, so werde ich euch auch zusammentun. Denn ich bin sauer auf euch, und ich werde euch schmelzen lassen. 21 Ich werde euch sammeln, dann ordentlich erhitzen und zusammen-

schmelzen, denn ich bin echt sauer auf euch. [22] Wie man Metall sammelt und in in einem Ofen erhitzt, so werde ich euch sammeln, und dann kriegt ihr die volle Kante ab. Ihr sollt kapieren, dass ich gerade total sauer auf euch bin. Ich, Gott, der Chef.'"

Die Chefetage und die Politiker in Juda haben Schuld

[23] Gott redete mal wieder mit mir. Er sagte: [24] „Hey du, Mensch! Ich möchte, dass du über das ganze Land etwas aussprichst. Sag von mir: ‚Dieses Land ist total verdreckt, darum wird es bei dir nicht mehr regnen, denn ich bin sauer! [25] Die Leute, die bei dir das Sagen haben, waren so drauf wie hungrige Kampfhunde. Alles, was in ihre Nähe kam, wurde sofort angefallen und gebissen. Sie essen Menschen auf, sie zocken Geld und alles, was wertvoll ist. Durch die haben viele Frauen ihren Ehemann verloren. [26] Deine Priester haben die Aussagen in meinen Gesetzen so gedreht, wie es ihnen in den Kram passte. Sie haben alles, was für mich ganz besonders und wichtig war, in den Dreck gezogen. Zwischen gottmäßig oder dreckig kannten sie keinen Unterschied. Was okay, rein, sauber und was nicht okay, dreckig und unrein war, konnte man bei ihnen nicht mehr auseinanderhalten. Vor den Gesetzen, die für den Sonntag gelten, haben sie die Augen geschlossen. Sie haben die einfach ausgeblendet. Auf die Art hat man mich selbst bei ihnen in den Dreck gezogen. [27] Die Minister aus der Regierung haben sich benommen, als wären sie Hunde, die lange nichts gefressen haben. Es machte ihnen nichts aus, Menschen anzufallen und zu töten. Sie haben Menschen kaputt gemacht und dabei auch noch Geld abgezogen. [28] Ihre Propheten haben diese Verbrechen auch noch gedeckt, von ihnen kamen nur dumme Sprüche, Lügen, die gar nicht von Gott waren. Sie sagten: ‚Gott meint dies und das', aber das war gar nicht von Gott. [29] Und die Leute im Land benehmen sich wie die reinsten Verbrecher. Sie erpressen und zocken den Ärmsten auch das bisschen, was die noch haben. Und die Ausländer behandeln sie, als ob es keine Gesetze geben würde. [30] Überall hab ich nach einem Mann gesucht, der bei ihnen leben, diese Fehler ausmerzen und sie vor mir in Schutz nehmen könnte. Er sollte dafür sorgen, dass die Mauer um meine Leute nicht einstürzt, damit ich sie nicht alle kaputt machen muss, aber da war einfach niemand. [31] Darum hab ich meiner Wut freien Lauf gelassen. Ich war richtig krass sauer und hab sie alle plattgemacht. Den ganzen Mist, den sie gebaut hatten, mussten sie jetzt selbst ausbaden.'" Das kam jetzt von Gott, dem Chef über alles.

23

Samaria und Jerusalem sind wie zwei Schwestern, die mit jedem Mann ins Bett steigen

1 Gott redete mal wieder mit mir. Er sagte: 2 „Hey du, Mensch! Ich will dir
mal über eine Geschichte etwas erklären: Und zwar waren da zwei Frauen,
die beide von derselben Mutter abstammten. 3 Sogar in der Zeit, als sie
noch in Ägypten lebten und noch Teenager waren, machten sie dort mit den
Männern rum. Jeder, der Lust hatte, durfte mal ihren Busen begrapschen
und ihre kleinen Brüste kneten. 4 Die ältere von den beiden hieß Ohola und
die jüngere hieß Oholiba. Ohola steht jetzt für die Stadt Samaria und Oho-
liba für Jerusalem. Beide wurden so was wie meine Töchter. Dann bekamen
sie auch Kinder, Söhne und Töchter. 5 Dann hat mich Ohola betrogen, sie
hatte Bock auf andere Männer und machte mit den assyrischen Soldaten
rum. 6 Sie fand deren violette Uniform so toll, die der Bürgermeister und
die, welche die Offiziere immer anhatten. Das waren alles schöne Männer,
die oft in ihrem schicken Dienstwagen umhergurkten. 7 Die wollte sie unbe-
dingt ins Bett kriegen. Auf die Elite von Assyrien hatte sie es abgesehen.
Sie hat sich auf deren Plastikgötter eingelassen und sich damit total ver-
dreckt, sie wurde unrein. 8 Aber sie konnte auch nicht die Finger von den
Ägyptern lassen. Mit denen hatte sie es ja schon getrieben, als sie noch
jung war. Sie lag in deren Bett, hat sich ihren noch jungen Busen von denen
betatschen lassen und hat mit ihnen geschlafen. 9 Das war der Grund,
warum ich sie dann später an die Assyrer ausgeliefert habe. Die waren ja
früher so was wie ihr Lover, in den sie total verknallt gewesen ist. 10 Aber die
haben ihr nur die Klamotten vom Leib gerissen, ihr die Söhne und Töchter
weggenommen und sie dann erschossen. Auf die Art wurde sie bestraft, und
alle anderen Frauen haben nur noch über sie abgelästert. 11 Und Oholiba?
Obwohl sie das alles mitbekommen hatte, trieb sie diese Hurennummer
noch schlimmer als ihre Schwester. 12 Sie war auch voll scharf auf die Solda-
ten aus Assyrien, auf die Statthalter, die Bürgermeister, die Offiziere und
die Soldaten. Die fuhren mit ihren prolligen Autos ständig durch die Stadt.
13 Ich hab gesehen, wie sie sich mit denen verdreckt hat. Beide Schwestern
haben sich hier ähnlich verhalten. 14 Trotzdem trieb es die zweite noch etwas
heftiger mit ihrer Hurennummer als die erste. Sie hatte nämlich ein Paar
Hochglanz-Farbfotos an der Wand gesehen. 15 Das waren Bilder von Solda-
ten aus Babylonien, mit schicker Uniform und Mütze auf, unter der ihre
Haare zu sehen waren. Das waren alles so Model-Typen. Da drehte Oholiba
komplett durch. 16 Nur vom Anschauen der Bilder hatte sie sich heftig in
diese Männer verliebt. Darum bezahlte sie ein paar Kontaktanzeigen, um
diese Soldaten kennenzulernen. 17 Schon beim ersten Date mit den babylo-

nischen Männern landete sie mit denen im Bett. Dadurch verdreckte sie
sich total, sie wurde unrein. Nach dieser ersten Nacht, wo sie sich mit denen
verdreckt hatte, schmiss sie die Männer aber schnell wieder raus. 18 Schließ-
lich hab ich sie dann auch bei mir rausgeschmissen, wie ich schon ihre
Schwester rausgeschmissen hatte. Beide hatten sich vor allen Leuten auf
diese Männer eingelassen! 19 Aber die beiden hörten nicht auf, sondern
machten alles nur noch schlimmer. Sie fingen nämlich an, sich wieder an die
Zeit in Ägypten zu erinnern. Damals waren sie noch sehr jung, sind aber
trotzdem bei denen im Bett gelandet. 20 Plötzlich waren sie total heiß auf
ihre alten Lover! Sie wollten wieder was von den Männern, deren Penis so
groß war wie der Penis von einem Esel und die einen Samenerguss hatten
wie ein Pferd. 21 Sie sehnten sich plötzlich wieder nach den Sachen, wo sie
schon als Jugendliche immer wieder totalen Mist gebaut hatten. Sie wollten
sich wieder von den Ägyptern den Busen begrapschen lassen. Die standen
da voll drauf, weil du noch so kleine Brüste hattest."

Zu was die jüngere Schwester im Gericht verurteilt wird

22 Gott, der Chef über alles, sagt: „Ich werde gegen dich, Oholiba, deinen
früheren Lover aufmarschieren lassen. Du hast dich ja ganz plötzlich von
ihnen verabschiedet. Sie werden dich von überall her angreifen. 23 Das sind
die Soldaten aus Babylonien, die Soldaten aus Pekod, Schoa und Koa, und
die Assyrer sind auch dabei. Alles gutgebaute Männer. Die haben alle einen
guten Ruf und sind sehr gute Soldaten, die auf Motorrädern und in Jeeps
angefahren kommen. 24 Mit Panzern kommen sie aus Norden angerollt, gut
bewaffnet. Jeder Soldat hat eine schusssichere Weste an und einen Helm
auf. Sie bilden einen Angriffsring gegen dich, werden dich bekämpfen und
an die Feinde ausliefern. Sie sollen das Gerichtsurteil vollstrecken, nach
ihren Gesetzen. 25 Du hast mich voll eifersüchtig gemacht, du hast es echt
übertrieben, darum werden sie auch hart mit dir umgehen. Sie werden dir
die Nase und die Ohren abschneiden. Alles, was von dir noch übrig bleibt,
wird im Krieg getötet werden. Man wird dir die Kinder wegnehmen, und
dich am Ende anzünden und abfackeln. 26 Sie werden über dich herfallen, dir
die Klamotten vom Leib reißen und dir deine Goldketten und Ringe zocken.
27 Und ich will den Mist, den du ständig baust, beenden. Damals in Ägypten
hast du ja den gleichen Kram gemacht, aber damit ist jetzt Schluss. Du
sollst dich nicht mehr nach anderen Männern umsehen, du sollst nicht
mehr sehnsüchtig an Ägypten denken." 28 Gott, der Chef, sagt dir: „Ich
werde dafür sorgen, dass die Leute, die du hasst, bald die Macht über dich
haben. Diese Menschen, von denen du dich ganz plötzlich entfernt hattest.
29 Sie werden voll aggro auf dich sein, sie werden zuschlagen und dir alles
einfach wegnehmen, was dir gehört. Dann bist du nackt und ohne Schutz.

Dass du mit anderen im Bett gelandet bist und dass du rumgehurt hast,
das werden dann alle mitbekommen. 30 Es ist die Strafe dafür, dass du die
ganze Zeit mit anderen Nationen rumgemacht hast. Du hast dich auf deren
Plastikgötter eingelassen und bist dadurch total verdreckt worden, du
wurdest unrein. 31 Weil du es genauso getrieben hast wie deine Schwester,
wirst du auch genauso behandelt wie sie und kriegst dieselbe Bestrafung.
32 Das sagt dir Gott, der Chef. Du wirst mit Sicherheit die gleiche Bestrafung
bekommen, wie deine Schwester sie auch bekommen hat. Es ist eine hef-
tige Bestrafung, man wird Witze über dich machen. 33 Du wirst nur noch
depressiv und traurig sein, die Konsequenzen werden so hart, so furchtbar,
so ätzend, genauso schlimm wie die von deiner Schwester Samaria. 34 Bis
zum bitteren Ende wirst du die Strafe ertragen müssen. Du wirst dir mit
einer Rasierklinge deinen Busen zerkratzen, weil es so schlimm ist. Das hab
ich gesagt, Gott! Der Gott, dem nichts unmöglich ist. 35 Das ist die Folge
davon, weil du mich vergessen hast. Du hast mir den Rücken zugedreht,
darum musst du jetzt auch die Konsequenzen ertragen von deinen ätzenden
Taten und dass du mit anderen im Bett warst. Das sagt dir Gott, der
heftige Gott."

Die Geschichte mit den beiden Schwestern soll eine Warnung sein

36 Dann sagte Gott zu mir: „Hey du, Mensch! Hast du Lust, über die beiden
Schwestern Ohola und Oholiba ein Gerichtsurteil zu fällen? Leg los, zähle
ihre miesen Taten auf, die sie getan haben. 37 Sie sind fremdgegangen und
haben ihren Ehemann betrogen. Blut klebt an ihren Händen, denn sie haben
mich nicht nur mit diesen Plastikgöttern betrogen, sondern haben ihre
eigenen Kinder für die in einem Opferritual getötet und verbrannt! Und das,
obwohl diese Kinder eigentlich mir gehörten. 38 Was das Ganze noch toppt,
ist die Sache, dass sie noch am gleichen Tag meinen besonderen Tempel
betreten haben. So wurde mein Haus verdreckt. Sie haben damit gezeigt,
dass sie meinen Feiertag nicht respektieren. 39 Morgens haben sie ihre
Söhne für die Plastikgötter abgeschlachtet, und nachmittags standen sie in
meinem Tempel, um ihn zu verdrecken. Solche Sachen haben sie getan,
obwohl ich die ganze Zeit zugesehen hab. 40 Dazu haben sie sogar eine Ein-
ladung an einige Männer geschickt, die ganz weit weg wohnten. Dann
haben sie sich lange geduscht, sich ganz besonders sexy angezogen, schön
geschminkt und teuren Schmuck umgehängt. 41 Anschließend haben sie
sich auf das schönste Sofa gesetzt, vor dem ein großer Tisch aufgebaut war.
Auf diesem Tisch brannten ein paar Räucherkerzen und Duftöl. 42 Überall
konnte man Menschen labern hören, die dort um sie herumstanden. Dann
waren dort einige Männer, die ziemlich besoffen rumgrölten. Und da stan-
den noch sehr viele andere Leute, die man aus der Wüste hergeholt hatte.

Die Männer legten den zwei Schwestern schöne Armbänder an und setzten
ihnen wunderschöne Diademe auf den Kopf. 43 Ich sagte zu mir selbst:
‚Hm, diese alte Schachtel hat immer noch nicht genug davon, ihren Ehe-
mann zu betrügen. Sie verkauft sich als billige Hure und freut sich noch
dadrüber ...' 44 Die Männer benutzen sie, wie man eine Nutte benutzt. Sie
trieben es mit Ohola und Oholiba, den beiden Oberschlampen. 45 Es wer-
den aber ein paar korrekte Männer kommen, die die beiden vor Gericht
bringen werden. Und sie werden dort verurteilt und bestraft, wie man jeman-
den bestraft, der seinen Ehepartner betrogen oder jemanden ermordet
hat. Das sind die Gesetze, die bei ihren Taten angewendet werden müssen.
An ihren Händen klebt noch Blut, und sie haben ihre Ehepartner betrogen."
46 Gott, der mächtige Chef, sagt: „Es soll eine Bürgerversammlung extra
wegen den beiden einberufen werden. Anschließend wird man sie an die
wütende Menge ausliefern, damit beide von denen geschlagen, getreten
und ausgeraubt werden. 47 Am Ende sollen sich alle ein paar Steine nehmen
und die beiden damit so lange beschmeißen, bis sie tot sind. Ihre Leichen
sollen zersägt werden. Die Kinder von ihnen sollen auch umgebracht
werden. Und ihre Häuser muss man sprengen. 48 Auf die Art werde ich
euren ätzenden Lebensstil beenden. Für die anderen Frauen soll das Ganze
eine klare Warnung sein, dass sie es euch nicht nachmachen. 49 Ihr seid
gerecht bestraft worden, denn ihr habt heftig Mist gebaut. Ihr habt mit
Plastikgöttern rumgemacht, ihr wart mir nicht treu, und das ist jetzt die
Konsequenz davon. Ihr werdet hoffentlich endlich kapieren, dass ich alleine
der Chef bin, dass ich Gott bin."

24

Der Kochtopf als Vergleich für Jerusalem

1 Und dann redete Gott mal wieder mit mir. Diesmal passierte das im
neunten Jahr, im zehnten Monat, seitdem Israel in Kriegsgefangenschaft
geraten war. Er sagte: 2 „Hey du, Mensch! Notiere dir mal das Datum
von heute. Denn heute hat der Präsident von Babylonien mit seinem Heer
die Stadt Jerusalem umzingelt. 3 Ich möchte, dass du zu deinen Leuten
gehst und ihnen was von mir erzählst. Diese Leute machen ja nur ihr eige-
nes Ding und tun nicht das, was ich ihnen sage. Mach ihnen mit folgendem
Vergleich etwas klar. Sag ihnen: ‚Wozu ich euch jetzt auffordere, das kommt
von Gott, dem heftigen Gott: Stell den Topf auf den Herd, schütte Wasser
rein und mach die Kochplatte an! 4 Als Nächstes sollst du ein paar Stück-
chen Fleisch reinmachen und eine Gulaschsuppe dadraus kochen. Schmeiß
nur die besten Teile rein, ein Stück aus der Lende, ein Stück aus der Schulter
und die besten Knochen. 5 Nimm das Fleisch nur von den besten Schafen!
Dann stellst du die Kochplatte auf Stufe drei und lässt das Ganze gut durch-

kochen. Die Knochen müssen unbedingt mit im Topf sein.‘ 6 Gott, der Gott,
dem nichts unmöglich ist, sagt Folgendes: ‚Dieser Stadt, wo so viel unschul-
diges Blut vergossen wurde, geht es jetzt an den Kragen, die muss echt
aufpassen! Der Topf, der so rostig ist, dass man das niemals ganz entfernen
kann. Mit jedem Löffel fischt man ein neues Stück Fleisch aus ihm raus.
Und das ohne den Versuch, mit den besonderen Losen herauszufinden, was
ich davon halte. 7 In dieser Stadt ist viel Blut geflossen. Das Blut wurde
über einem normalen Felsen vergossen und noch nicht mal auf die Erde, wo
es hätte versickern können. 8 Ich habe dafür gesorgt, dass man die Leichen
überall noch sehen kann, das Blut soll nicht abgewaschen und auch nicht
mit Erde überdeckt werden.‘ 9 Gott sagt: ‚Pass auf, du Stadt, wo so viel Blut
unschuldig vergossen wurde! Auch ich werde einen Herd anstellen und
auf Stufe drei machen. 10 Starte den Herd, mach die Platte an und koche das
Fleisch, bis es gar ist. Dann schütte die Brühe weg, aber lass die Knochen
im Topf, bis sie angebrannt sind. 11 Stelle ihn dann leer auf den Herd, mit vol-
ler Hitze, sein Metall soll heiß werden, es soll glühen. Denn du hoffst, dass
er so seinen Dreck loswird und der Rost verschwindet. 12 Aber umsonst. Der
viele Rost geht nicht wirklich weg, da kannst du ihn noch so sehr erhitzen.
13 Mein Plan war, dass du, Jerusalem, so von deinem Dreck befreit wirst. Ich
wollte dich sauber machen, aber es hat nicht funktioniert. Man konnte dich
nicht mehr wirklich entrosten. Weil du nicht mehr sauber zu kriegen bist,
werde ich meine Wut an dir auslassen, bis ich genug davon habe. 14 Das
habe ich, Gott, jetzt beschlossen. Es wird passieren, ich mach das jetzt ein-
fach, und ich höre nicht mittendrin auf. Es tut mir auch nicht leid, ich zieh
das durch. Ich habe ein Urteil über dich gefällt wegen dem ganzen Mist, den
du gebaut hast. Das sagt jetzt der Chef, das sagt Gott.‘“ 15 Gott sagte dann
noch zu mir: 16 „Hey, du, Mensch! Ich werde dafür sorgen, dass jemand,
der dir total wichtig ist, plötzlich sterben wird. Aber ich möchte von dir, dass
du nicht dadrüber weinst, keine Trauerfeier veranstaltest und auch keine
schwarzen Klamotten anziehst. 17 Setz dich in einen Sessel und beweg dich
nicht. Du kannst dabei auch laut stöhnen, aber du darfst auf keinen Fall
eine Trauerfeier organisieren. Zieh deinen Hut auf und ziehe deine Schuhe
nicht aus, zieh keine schwarzen Sachen an und iss auch nichts von dem
Brot, welches dir deine Nachbarn bringen werden.“ 18 Morgens hatte ich den
Leuten das alles gesagt, und abends starb meine Frau ganz plötzlich. Am
nächsten Morgen machte ich alles genau so, wie Gott es mir gesagt hatte.
19 Schließlich kamen die Leute bei mir an und fragten mich, was das Ganze
denn soll: „Wollen Sie uns nicht erzählen, warum Sie sich so verhalten?“
20 „Gott hat mit mir gesprochen“, antwortete ich. Er hat gesagt: 21 „Sag den
Leuten von Israel Folgendes von mir: ‚Das kommt jetzt von dem heftigen
Gott! Passt bloß auf! Ich werde meinen eigenen Tempel, der so besonders

gottmäßig ist, verdrecken lassen, ich mache ihn unrein. Ihr seid so stolz
auf diesen Tempel, ihr denkt, dass ihr euch durch ihn schützen könnt. Ihr
findet, dass er einfach voll schön aussieht, und stellt fest, dass ihr euch
innerlich sehr nach diesem Tempel sehnt. Eure Kinder, die ihr zurückgelas-
sen habt, werden alle im Krieg sterben.‘ 22 Wenn das passiert, werdet ihr es
genauso machen, wie ich es jetzt gemacht habe. Ihr werdet keine schwarzen
Trauerklamotten anziehen, ihr werdet nicht dadrüber weinen, und auch an
dem Essen nach der Beerdigung werdet ihr nicht teilnehmen. 23 Ihr werdet
euer Cape aufbehalten und eure Schuhe nicht ausziehen. Wegen dem gan-
zen Mist, den ihr gebaut habt, werdet ihr für Proteste keine Kraft mehr
haben, ihr werdet alle nur leise seufzen, sonst nichts. 24 Gott sagt euch: ‚Auf
die Art wird Ezechiel für euch ein Beispiel sein, so wie er sich verhalten hat,
werdet ihr euch auch verhalten. Wenn das so kommt, dann kapiert ihr das
erst wirklich, und dann kapiert ihr auch, dass ich Gott, dass ich der Chef
bin.‘“ 25 Dann sagte Gott noch zu mir: „Hey du, Mensch! Pass auf, an dem
Tag, wo ich den Leuten von Israel ihr Versteck wegnehme, über das sie
sich immer so gefreut haben und wo sie so stolz drauf waren, und wenn ich
ihnen dann auch noch ihre Kinder wegnehme, dann passiert Folgendes:
26 An dem Tag wird jemand, der der Katastrophe entkommen ist, bei dir vor-
beischauen und dir davon berichten. 27 Dann wirst du diesem Typen von
der ganzen Sache erzählen können, ab dann darfst du dadrüber sprechen
und musst nicht mehr schweigen. Auf die Art sollst du mit deinem Leben zu
den Leuten sprechen, und dann werden sie kapieren, dass ich Gott bin.“

25

Was Gott mit den anderen Völkern wie den Ammonitern und Moabitern machen wird

1 Und dann redete Gott mal wieder mit mir. Er sagte: 2 „Hey du, Mensch!
Ich will, dass du zu den Ammonitern als Prophet etwas sagst, was von mir
kommt! 3 Das ist dein Text: ‚Hört euch mal an, was Gott, der Chef, alles über
euch zu sagen hat! Ihr lacht euch schlapp über meinen ganz besonderen
Tempel, weil er so verdreckt wurde. Ihr reißt Witze über das Land Israel, weil
es total zerstört wurde. Ihr lacht über die Leute von Juda, weil sie in Kriegs-
gefangenschaft sind. 4 Darum werde ich euch an ein Volk ausliefern, das aus
dem Osten kommt. Sie werden ihr Lager in eurem Land aufschlagen und
werden dort Häuser bauen. Sie werden von den Früchten essen, die bei euch
wachsen, und werden von der Milch trinken, die von euren Kühen stammt.
5 Rabba, eure Hauptstadt, werde ich zu einer Tankstelle umbauen. Euer gan-
zes Land wird zu einer Raststätte für die Leute, die mit ihren Schafherden
und ihren Transportern auf der Durchreise sind. Dann werdet ihr kapieren,
dass ich Gott bin. 6 Denn ihr habt laut applaudiert und eine Party gefeiert,

als das Land von Israel zerstört wurde. Ihr habt euch darüber gefreut und
habt euch über Israel lustig gemacht. 7 Darum werde ich jetzt gegen euch
vorgehen. Ich werde euch komplett ausradieren, ich werde euch von der
Landkarte streichen. Völker, die nicht an mich glauben, werden euch platt-
machen. Ihr werdet vernichtet, damit ihr kapiert, dass ich der Chef bin. 8 Das
sagt jetzt Gott, der Chef. Auch die Moabiter und die Leute aus Seïr machen
dumme Sprüche. Sie sagen: ‚Die Juden sind genauso wie alle anderen
Völker auch, da gibt es keinen Unterschied!' 9 Darum werde ich dafür sor-
gen, dass die eine Seite der Berge von dem Gebiet von Moab (und zwar
komplett alle Städte, ohne Ausnahme) vom Feind eingenommen wird.
Städte, auf die ihr immer so stolz drauf wart, wie Bet-Jeschimot, Baal-Meon
und Kirjatajim. 10 Ich werde dieses Land dem Volk geben, das aus dem
Osten kommt. Sie bekommen euer Land und das Land von den Ammonitern
geschenkt. Ich will, dass sich bald niemand mehr an die Ammoniter erin-
nert. Man soll einfach vergessen, dass es die mal gegeben hat. 11 Die Moabi-
ter werde ich auch bestrafen, und dann werden sie kapieren, dass ich Gott
bin.' 12 Und Gott, der Chef, sagt Folgendes zu den Edomitern: ‚Diese Leute
haben sich echt brutal an den Leuten von Juda gerächt. Damit haben sie
richtig übel Mist gebaut. 13 Darum werde ich sie jetzt bestrafen. Ich werde
alle Menschen und alle Tiere der Edomiter sterben lassen. Das ganze Land
werde ich zerstören. Alle Bewohner von Teman bis Dedan werde ich durch
einen Krieg töten. 14 Ich werde es meinen Leuten von Juda überlassen, sich
an Edom zu rächen. Sie werden in dem Umfang mit ihnen umgehen, wie
ich sauer und wütend auf sie bin. Jeder wird merken, dass ich dahinterstehe.
Das kam jetzt von Gott, dem Chef.'"

Die Bestrafung für die Philister

15 „Das kommt jetzt von Gott, dem Chef: Weil die Philister so aggro unter-
wegs waren und sich an Juda so blutig gerächt haben, werde ich handeln.
Sie haben meine Leute abgrundtief gehasst, sie hassen die Leute von Juda
irgendwie schon immer. 16 Darum werde ich jetzt etwas machen, ich werde
die Philister alle töten, das sind die Leute, die von Kreta hierhergekommen
sind. Jeder, der dort an der Küste lebt, wird sterben. 17 Ich bin sauer, und
ich werde sie krass bestrafen. Sie müssen kapieren, dass ich Gott bin, wenn
ich meine Bestrafungsaktion durchgezogen habe."

26

Die Stadt Tyrus kriegt jetzt Probleme

1 Als wir bereits elf Jahre in Kriegsgefangenschaft waren, redete Gott mal wie-
der mit mir. Das Ganze passierte an einem ersten Tag von einem Monat,
welcher genau, hab ich vergessen. 2 Gott sagte: „Hey du, Mensch! Die Leute

in Tyrus machen voll die Party, weil die Stadt Jerusalem am Ende ist. Da
kommen so Kommentare wie: ‚Hach, echt lustig! Die große Stadt, die man
mal ‚das Tor zur Welt' getauft hatte, ist kaputt! Die ganze Kohle, die dort
gebunkert wurde, gehört jetzt uns! Die Stadt ist komplett plattgemacht!'
3 Darum sage ich, der Chef, Gott, Folgendes: ‚Passt mal auf, ihr Leute von
Tyrus! Ich werde dafür sorgen, dass aus der ganzen Welt Armeen kommen
und gegen euch kämpfen. Sie werden euch überfluten wie die Wellen aus
dem Meer. 4 Sie werden die Schutzmauern von Tyrus einfach wegsprengen
und seine Wachtürme absägen. Ich werde den ganzen Boden wegspülen,
so dass man nur noch Steine sehen kann. 5 Auf diese Steine werden dann
die Fischer ihre Netze legen, damit sie dort trocknen können. Die Völker, die
ohne Gott leben, werden dich einnehmen. Das sagt Gott, der Chef. 6 Die
kleineren Städte um dich herum, die auch noch zu dir gehören, werden auch
im Krieg zerstört werden. Dann werden die Bewohner endlich kapieren,
dass ich Gott bin.'" 7 Dann sagte der Chef, der heftige Gott, noch Folgendes:
‚Tyrus, ich werde den mächtigsten Präsidenten von allen, den Nebukad-
nezzar aus Babylon, gegen dich aufmarschieren lassen. Er wird mit Panzern
und Motorrädern kommen, eine große Armee wird er aufbringen. 8 Zuerst
wird er die umliegenden Städte erobern und plattmachen. Dann wird er mit
Rampen und seinen Panzern einen Angriff gegen dich starten. Die Truppen
werden sich dabei hinter Schutzschilden aufstellen. 9 Er wird einige Spreng-
ladungen an deiner Schutzmauer anlegen und sie in die Luft gehen lassen.
Auch deine Wachtürme wird er mit einem Bulldozer platt walzen lassen.
10 Man wird eine riesige Staubwolke sehen, wenn er mit seiner ganzen
Armee angerollt kommt. Die Panzer und Wagen werden deine Schutzmauer
zum Vibrieren bringen. Und wenn er dann durch die gesprengten Tore in
die Stadt einfährt, wird überall der Boden wackeln. 11 Die Panzerketten
werden deine Straßen aufreißen. Die Soldaten werden die Bewohner erschie-
ßen. Deine großen Hochhäuser, auf die deine Bewohner so stolz sind,
werden gesprengt und in sich zusammenstürzen. 12 Man wird alles, was
etwas wert ist, klauen. Die Konten werden leer geräumt, und deine Häuser
werden eingerissen. Die Steine und der ganze Schutt werden dann mit
Baggern irgendwann ins Meer geschaufelt werden. 13 Ich werde dafür sorgen,
dass bei dir keine Partys mehr gefeiert werden. Keiner wird mehr laut sin-
gen, keine Band wird mehr spielen, und keine Gitarre wird mehr gestimmt
werden. 14 Ich werde dafür sorgen, dass am Ende von dir nur noch ein
nackter Felsen übrig bleibt. Auf diesen Felsen werden die Fischer ihre Netze
zum Trocknen hinlegen. Niemand wird dich je wieder aufbauen. Das hab
ich beschlossen. Ich, Gott, der Chef über alles.'" 15 Gott sagte weiter über
Tyrus: „Die Inseln, welche vor dir im Meer liegen, werden ein Erdbeben
erleben, wenn ich dich plattmache, und die Bewohner werden laut stöhnen,

weil bei dir alle Menschen umgebracht werden. [16] Die Präsidenten der ande-
ren Länder, die noch am Meer liegen, werden von ihren Schreibtischen
aufstehen und sich auf den Boden setzen, so geschockt werden die sein. Sie
werden sich umziehen und Trauerklamotten tragen, weil alle wegen diesen
üblen Dingen total fertig sind. [17] Und dann werden sie wegen dir eine große
Trauerfeier ansetzen. Sie werden eine Rede halten, wo gesagt wird: ‚Wie
konnte das nur passieren? Wie konnte diese großartige Stadt plötzlich ins
Meer gekippt werden? Sie war unter den Seeleuten bekannt als eine mäch-
tige Stadt! Alle hatten großen Respekt vor ihr!‘ [18] Jetzt sind die Bewohner
der Inseln drum herum alle voll fertig, sie haben richtig Angst, weil du so
krass kaputt gemacht worden bist. [19] Aber ich, Gott, sage zu dir: Ich werde
dich zu einer Stadt machen, wo niemals mehr jemand wohnen kann. Ich
werde dafür sorgen, dass der Meeresspiegel steigt und du komplett mit
Wasser bedeckt wirst. [20] Die Menschen, die in dir gelebt haben, werden alle
in der Hölle landen. Das ist der Ort, wo die Leute sind, die schon vor Ewig-
keiten abgenippelt waren. Auf diesem Schrottplatz, den es schon immer dort
gegeben hat, wirst du landen. Ich will, dass niemals mehr jemand in dir
wohnen kann, nie mehr wirst du ein Land sein, wo Menschen leben können.
[21] Ich werde aus dir für immer ein Antibeispiel machen, das den Leuten
Angst einjagen wird. Man wird dich suchen, aber nicht mehr finden können,
und zwar für immer. Das sagt Gott, der Chef.“

27

Tyrus wird verglichen mit einem kaputten Segelschiff

[1] Dann redete Gott wieder mit mir. Er sagte: [2] „Hey du, Mensch! Ich will,
dass du einen traurigen Depri-Spruch über Tyrus schreibst. [3] Tyrus ist die
Stadt, die einen Zugang zum Meer hat. In ihr wird sehr viel Handel betrie-
ben mit den Menschen, die von überallher kommen. Sag zu der Stadt
Folgendes: ‚Das kommt jetzt von Gott, dem Chef. Tyrus, du denkst, du bist
die geilste Stadt überhaupt. [4] Du kamst dir vor wie ein Schiff, das in der
Mitte des Meeres schwimmt. Die Schiffbauer, die dich entworfen haben,
konnten ein total schönes Teil bauen. [5] Sie holten von Senir Eichenholz, um
dadraus auf beiden Seiten die Planken zu formen. Aus dem Libanon wurde
Fichtenholz geholt, aus dem der Mast gemacht wurde. [6] Das Ruder ist
aus Eichenholz von Baschan. Mit Buchsbaumholz aus Zypern ist das Deck
gezimmert worden. [7] Für das Segel hat man extra Leinenstoff aus Ägypten
eingekauft. Das Segel diente gleichzeitig auch als Flagge. Violett und rot war
das Dach von der Kajüte, die Stoffe dafür kamen von den Inseln Elischas.
[8] Die Bewohner von Sidon und Arwad arbeiteten an Deck. Sie konnten auch
mal rudern oder den Motor anschmeißen, wenn kein Wind ging. Die Chefs
der Familien aus Tyrus haben in diesem Schiff immer aufgeräumt, sie

waren deine Matrosen. 9 Und die Chefs der Familien von Gebal und deren
Männer, die echt was kapiert hatten, kümmerten sich um den Boden, wenn
dort mal irgendwo Wasser reinkam. Von überallher kamen die Leute, um
bei dir Sachen zu kaufen oder zu verkaufen. 10 Aus Paras, Lud und Put
kamen Soldaten, die man bezahlen musste. Deine Besatzung bestand aus
diesen Söldnern, sie kamen mit ihren Helmen und schusssicheren Westen
und sorgten dafür, dass du einfach gut aussahst. 11 Du warst eine große
Hafenstadt. Männer aus Arwad verstärkten die Armee, die auf deiner Schutz-
mauer stand. Und Männer aus Gammad schützten die Aussichtstürme. Sie
hängten an der Mauer ein paar Stahlplatten auf. Das sah richtig gut aus,
dadurch sah sie perfekt aus. 12 Die Händler aus Tarsis kamen vorbei und
haben von deinen Waren alles aufgekauft. Sie lieferten dir im Gegenzug Sil-
ber, Eisen, Kupfer und Blei. 13 Die Händler aus Griechenland und von Tubal
und Meschech haben mit Kupfer bezahlt oder boten dir Arbeitskräfte im
Tausch an. 14 Die Leute von Togarma hatten Motorräder, Lkws und Autos im
Programm. 15 Auch die Menschen aus Rhodos und die Bewohner von vielen
anderen Küsten haben mit dir Geschäfte gemacht. Sie verkauften edles Holz
und Marmor. 16 Von den Edomitern kamen Edelsteine, Schmuck und Desi-
gnerklamotten. Sie kauften aber auch viel bei dir ein. 17 Juda und Israel ver-
kauften bei dir Weizen, Hafer, Marmelade, Öl und Kosmetik. 18 Die Händler
aus Damaskus waren sehr interessiert an deinem großen Angebot an Waren.
Sie verkauften dafür Wein aus Helbon und Stoffe aus Zahar. 19 Die Leute
aus Wedan und Jawan, das im Gebiet von Usal liegt, handelten mit Werk-
zeug, aber auch mit Gewürzen wie Zimt. 20 Die Händler von Dedan verkauf-
ten vor allem Autozubehör. 21 Auch die reichen Männer aus Arabien und
die Führungsriege von Kedar gehörten zu deinen Kunden. Sie verkauften bei
dir Schafe und Ziegen. 22 Die Verkäufer von Saba und Ragma gehörten
auch zu deinem Kundenstamm. Von ihnen kamen die besten Drogerieartikel
und einiges an Schmuck. 23 Haran, Kanne und Eden, Saba, Assyrien und
Leute aus ganz Medien waren bei dir am Start. 24 Sie verkauften Kleidung,
Mäntel in abgefahrenen Farben und hübsche Teppiche aus unterschiedlichen
Materialien. 25 Die Containerschiffe, in denen deine Waren transportiert
wurden, kamen aus Tarsis. Du wurdest immer reicher und auch mächtiger,
dort auf deiner Insel. 26 Dann kam aber die Katastrophe für dich. Deine
Navigation führte dich in einen heftigen Orkan, das Wasser schlug hoch,
und mitten im Meer bist du abgesoffen. 27 Alles wird an diesem Tag mit dir
untergehen. Dein ganzer Besitz, deine Waren, deine Mannschaft, deine Mat-
rosen, die Männer, welche deine Löcher im Rumpf ausbessern, die Soldaten,
die dich bewachen, die ganze Armee, alles, was in dir ist, wird an dem Tag
untergehen. 28 Überall an den Küsten wird man die Schreie von den Men-
schen hören, die auf deinem Deck waren und jetzt im Meer ersaufen. 29 Die

Matrosen fliehen, der Maschinenraum ist leer, jeder versucht, an Land zu
kommen und dort zu bleiben. 30 Sie werden laut schreien, jeder wird das
hören können. Sie schmeißen sich auf den Boden und heulen. 31 Später wer-
den sie sich wegen dir schwarze Trauerkleidung anziehen, sie werden voll
fertig sein. Dann werden sie sich deinetwegen sogar eine Glatze rasieren. Es
wird so sein wie auf einer Beerdigung, man wird laut weinen. 32 Aus den
Boxen kommt Emomusik, man hängt dann depressiv in der Ecke, sie trauern
über dich. Man wird sagen: ‚Wie schrecklich! Tyrus ist vernichtet worden,
diese einzigartige Stadt, die mitten im Meer liegt!' 33 Von dem Handel, der
bei dir betrieben wurde, haben viele Völker gelebt. Durch deinen Reichtum
hast du viele Länder und mit ihnen auch ihre Präsidenten reich gemacht.
34 Aber jetzt bist du abgesoffen, du liegst an einer tiefen Stelle im Meer.
Deine ganzen Waren und alles, was man bei dir kaufen konnte, ist mit dir
dorthin verschwunden. 35 Die Leute, die an den Küsten wohnen, sind sehr
traurig deswegen. Die Präsidenten schlagen die Hände überm Kopf zusam-
men, die sind völlig durcheinander deswegen. Man kann in ihren Gesichtern
sehen, wie verwirrt sie über die Situation sind. 36 Die Kaufleute schütteln nur
den Kopf, du bist zum großen Antibeispiel geworden, zur allgemeinen Lach-
nummer, auf einmal warst du weg, und du kommst auch nie mehr wieder."

28

Der Präsident von Tyrus macht einen auf Superstar

1 Und dann redete Gott mal wieder mit mir. Er sagte: 2 „Hey du, Mensch!
Sag mal dem Präsidenten von Tyrus Folgendes von mir: ‚Das kommt jetzt
von Gott, dem heftigsten Gott von allen! Du denkst, du bist der Superstar,
und willst so viel Macht, wie du nur kriegen kannst. Du sagst sogar, dass du
ein Gott bist, dass du wie ein Gott auf dem Chefsessel sitzt, mitten auf
deiner Insel dort im Meer. Du hast behauptet, du wärst ein Gott, aber in
Wirklichkeit bist du nur eine kleine Wurst. 3 Pass auf, du bist sogar schlauer
als der schlaue Daniel. Es gibt kein Wissensgebiet, wo du dich nicht aus-
kennst. 4 Weil du so schlau bist, konntest du auch viel Kohle machen. Dein
Bankkonto ist echt gut gefüllt. 5 Weil du so superschlau bist, hast du auch
ein gutes Händchen, was die Geschäfte angeht. Du konntest dir sehr viel
Geld und Macht schaffen, aber du bist deswegen total überheblich und stolz
geworden. 6 Jetzt gehst du sogar so weit und denkst, dass du auf derselben
Stufe wie Gott stehst. Darum sagt dir Gott Folgendes: 7 Ich werde eine feind-
liche Armee bei dir vorbeischicken. Das werden die brutalsten Soldaten
sein. Sie werden ihre Waffen auf dich richten und dich abknallen. Dann ist es
vorbei mit deiner Schönheit. 8 Du wirst abgeschlachtet und im Meer versin-
ken, wo dann das Reich der Toten auf dich wartet. 9 Wenn dein Mörder dir
die Knarre an den Kopf hält, wirst du dann immer noch sagen, dass du Gott

bist? Du bist nur ein kleiner Fisch. Nur ein Mensch und nicht Gott. Du
wirst den Leuten, die dich töten werden, hilflos ausgeliefert sein. [10] Auslän-
der werden dich töten, Menschen, die nicht an mich glauben. Das hab ich
so beschlossen, ich, Gott, der Chef.'"

Was man über den Präsidenten von Tyrus erzählen wird

[11] Dann redete Gott wieder mit mir. Er sagte: [12] „Hey du, Mensch! Ich will,
dass du eine Trauerfeier ansetzt wegen dem Präsidenten von Tyrus. Geh zu
ihm hin und erzähle ihm Folgendes: ‚Gott, der Chef über alles, sagt dir, dass
du früher mal sein absolutes Schmuckstück gewesen bist. Du warst einfach
perfekt, ein Traum sozusagen. [13] Du hast mitten im Garten von Gott gelebt.
An deine Anzug waren überall Edelsteine genäht. Rubin, Topas, Jaspis,
Chrysolith, Karneol, Onyx, Smaragd, Karfunkel und Lapislazuli. Auch Gold
hing an dir dran. Das war alles da, an dem Tag, als ich dich gemacht habe.
[14] Du warst einer der obersten Engel, der beschützen sollte, ich hatte dich
dazu gemacht. Du warst auf dem ganz besonderen Berg von Gott, einem
Vulkan mit glühenden Steinen. [15] Du warst vollkommen, absolut perfekt,
von dem Tag an, an dem ich dich gemacht hatte, bis ich auf einmal gesehen
habe, dass du Scheiße baust. [16] Weil du so viel krasse Geschäfte gemacht
hast, wurdest du dazu verführt, Leute zu erpressen. Darum hab ich dich per-
sönlich von meinem Berg geschmissen, obwohl du dich für unbesiegbar und
den krassesten Typen schlechthin hieltest! [17] Dir sind deine Schönheit und
Weisheit zu Kopf gestiegen, du bist größenwahnsinnig geworden. Deswegen
habe ich dich auf die Erde geschmissen und an die anderen Präsidenten
ausgeliefert, damit sie dich, wie in einer Peepshow, begaffen können. [18] Weil
du beim Geschäftemachen deine Partner abgezogen hast, hast du deinen
Tempel verdreckt. Darum hab ich dafür gesorgt, dass ein Feuer von dir selbst
kommt, das alles zerstört. Ich habe dich verbrannt, dich zu Asche gemacht,
und alle haben dir dabei zugesehen. [19] Alle Völker, die in deiner Gegend
leben, sind echt fertig deswegen. Du bist zum abschreckenden Beispiel ge-
worden, und das wirst du auch bleiben, für immer!'"

Was Gott gegen die Stadt Sidon zu sagen hat

[20] Dann redete Gott mal wieder mit mir. Er sagte: [21] „Hey du, Mensch! Ich
will, dass du mal was in die Richtung der Stadt Sidon sagst. [22] Erzähle ihnen
Folgendes: ‚Das kommt jetzt von Gott, dem Chef über alles: Pass auf, Sidon,
ich will an dir zeigen, was ich draufhabe! Wenn ich ein Gerichtsurteil fällen
und dich bestrafen werde, müssen die Leute, die in dir leben, kapieren, dass
ich Gott bin. [23] Ich werde dafür sorgen, dass in der Stadt eine ansteckende
Krankheit ausbricht, an der viele sterben müssen. Dann wird es einen Krieg
geben, und auf den Straßen liegen dann überall die Leichen, nachdem der

Feind dich eingenommen hat. Dann werden sie kapieren, dass ich Gott, der Chef, bin.'"

Israel wird in Sicherheit sein

24 „Für die Leute von Israel wird es keine Feinde mehr geben, die die ganze
Zeit rumnerven. Es wird keine Armee da sein, die ihnen, wie ein Stein im
Schuh oder ein Stachel im Finger, chronische Schmerzen macht. Niemand
wird sie peinlich finden, sie werden von keinem mehr gemobbt. Meine Leute
sollen kapieren, dass ich Gott bin. 25 Gott, der Chef, sagt: ‚Wenn ich die
Leute von Israel wieder von allen Ecken der Erde aufsammeln werde, wohin
sie verstreut wurden, wenn ich der ganzen Welt klarmache, dass ich der
ganz besondere Gott bin, dann werden sie wieder in dem Land wohnen,
was ihnen gehört. Dieses Land hatte ich ja schon meinem Freund Jakob
ganz fest versprochen. 26 Da werden sie dann in Sicherheit sein, werden
Häuser bauen und Wein anpflanzen. Keiner wird sie angreifen, denn ich
habe bis dahin die Völker, die sie vorher gedisst hatten, bestraft. Und dann
werden sie kapieren, dass ich ihr Gott, der Chef, bin.'"

29

Auch Ägypten geht es an den Kragen

1 In dem zehnten Jahr unserer Kriegsgefangenschaft, am 12. Dezember,
redete Gott mit mir. Er sagte: 2 „Hey du, Mensch! Ich will, dass du mal etwas
in Richtung vom Präsidenten von Ägypten sagst. Erzähle ihm, dass sie bald
bestraft werden. 3 Sag Folgendes zu ihm: ‚Das kommt jetzt von Gott, dem
heftigen Gott. Pass auf, dir geht es jetzt an den Kragen, Präsident von Ägypten! Du bist wie ein gefährliches Krokodil, das in den Kanälen vom Nil
liegt. Das sagt: ‚Dieser Fluss gehört mir, ich habe ihn gebaut!' 4 Ich werde
dich einfangen und in Ketten legen. Ich hole dich aus dem Nil raus und
nehme die ganzen Fische gleich mit, die an deinem Schuppenpanzer hängen. 5 Ich werde dich in die Wüste schicken, und alle Fische aus deinen
Flüssen schmeiß ich auch dorthin. Auf dem Sand wirst du dann tot liegen
bleiben, und niemand wird dich beerdigen. Ich gebe dich als Futter an Elstern und Ratten. 6 Alle Leute, die in Ägypten leben, sollen mitkriegen, dass
ich der Chef, dass ich Gott bin. Die Ägypter haben so getan, als könnten
sich die Israeliten auf sie verlassen, aber das war ein Fake, sie waren wie ein
dünnes Plastikrohr für sie.' 7 Wenn man sich auf dieses Rohr stützen will,
dann knickt es ein, man fällt auf die Fresse und bricht sich den Arm oder die
Schulter. 8 Gott sagt: ‚Das ist der Grund, warum ich dafür sorgen werde,
dass ein heftiger Krieg in deinem Land ausbricht, der alles vernichten wird.
Kein Mensch und kein Tier wird den überleben. 9 Ganz Ägypten wird zu einer
Wüste werden, zu einem riesengroßen Schrottplatz. Die Leute dort sollen

kapieren, dass ich der Chef, dass ich Gott bin. Der Präsident von Ägypten hat ja immer behauptet, dass der ganze Nil-Fluss ihm gehört. Er denkt, er hätte ihn selbst entstehen lassen. 10 Darum werde ich ihm und seinem Fluss jetzt mal eins reinwürgen. Ich mache das ganze Land zu einem großen Schrottplatz, wo alles kaputt ist. Von Migdol den Nil hoch über Syene bis an die Grenze von Äthiopien werde ich alles zu einer Wüste machen. 11 In dem ganzen Gebiet wird kein Mensch mehr leben und auch kein Tier. Über vierzig Jahre wird es unbewohnbar sein. 12 Mitten unter den anderen Ländern, die auch schon kaputt sind, werde ich Ägypten vertrocknen lassen. Das wird über vierzig Jahre so sein. Ich sorge dafür, dass die Ägypter überall auf der Welt verstreut leben müssen. 13 Aber ich, der heftige Gott, sage auch, dass ich nach den vierzig Jahren die Ägypter wieder von dort aufsammeln werde, wo auch immer sie dann leben. 14 Und ich werde dafür sorgen, dass bei den Ägyptern wieder alles gut wird. Ich bringe sie wieder in das Land Patros, nach Oberägypten, wo sie ursprünglich mal herkamen. Dort werden sie leben und wieder stark werden. 15 Aber sie können nie wieder so stark werden wie die anderen Länder um sie herum. Sie sollen nie mehr glauben, dass sie etwas Besseres wären als die anderen. Ich werde sie klein halten, damit sie nie mehr so stark werden, dass sie über andere Völker herrschen könnten. 16 Wenn das so ist, können sie nicht mehr dafür sorgen, dass meine Leute durch sie getäuscht werden. Israel wird ihnen nicht mehr vertrauen. Sie werden aufpassen, dass man sich nicht mehr an die alten Zeiten erinnert. Und sie werden kapieren, dass ich Gott, dass ich der Chef bin!'"

Nebukadnezzar siegt

17 Am 1. Tag im Jahr, wir waren gerade 27 Jahre in Kriegsgefangenschaft, redete Gott wieder mal mit mir. Er sagte: 18 „Hey du, Mensch! Nebukadnezzar, der Präsident von Babylonien, hat seine Armee richtig hart rangenommen. Seine Soldaten mussten beim Krieg gegen die Stadt Tyrus schuften wie blöd, die haben alle überall blaue Flecken und sich die Hände blutig gescheuert. Aber für sie und auch für Nebukadnezzar war die ganze Mühe umsonst gewesen. 19 Darum hab ich, Gott, der Chef, Folgendes beschlossen: Ich werde Ägypten an Nebukadnezzar verschenken! Er wird das Land einnehmen und die ganzen Schätze von dort mitgehen lassen. Alles, was irgendwie Kohle bringt, wird er sich einsacken. Damit wird er dann seine Soldaten bezahlen. 20 Er hat von mir als Bezahlung das Land Ägypten versprochen bekommen, denn er hat hier für mich gearbeitet. Das sagt der Chef, das sagt Gott. 21 In der Zeit, werde ich auch dafür sorgen, dass die Armee von Israel wieder stark werden wird. Du, Ezechiel, wirst von mir ganz viel Mut bekommen, dass du zu ihnen reden kannst, ohne Schiss zu haben. Sie werden kapieren, dass ich Gott bin."

30

Gott will Ägypten bestrafen

1 Und dann redete Gott mal wieder mit mir. Er sagte: 2 „Hey du, Mensch!
Ich will, dass du den Ägyptern ankündigst, dass ich sie heftig bestrafen
werde. Sag ihnen: ‚Das kommt jetzt von Gott, dem Chef über alles. Fangt
an zu heulen, schreit los! Was für ein schrecklicher Tag ist das! 3 Denn Gott
hat die große Abrechnung begonnen, er wird eine Gerichtsverhandlung
abhalten und uns bestrafen. Es wird dunkel, wie wenn ein Gewitter aufkommt.
Viele Völker werden jetzt verurteilt werden. 4 Der Krieg wird in Ägyp-
ten wüten, und in Äthiopien wird man vor Angst zittern. Denn die toten
Soldaten liegen überall in Ägypten rum, man wird das ganze Geld von dort
wegschleppen, und alles wird plattgewalzt. 5 Die anderen Völker, die dort
auch leben, werden auch in diesem Krieg sterben. Das sind die Leute von
Äthiopien, Kubd, Lud und wo auch immer sie herkommen, auch die bezahlten
Soldaten von meinen eigenen Leuten, mit denen ich Verträge habe.
6 Alle Ägypter und auch die Menschen, die Ägypten helfen, sollen kaputtgehen!
Ihre Macht wird beendet sein, von Migdol bis nach Syene werden die
Soldaten erschossen werden. 7 Genauso wie die Länder, die um sie herumliegen,
wird auch Ägypten komplett plattgemacht. Es wird zu einer Wüste,
wo nichts mehr wächst, und die Städte werden zu Schrottplätzen. 8 Wenn ich
dafür sorge, dass ihr ganzes Land verbrannt ist und alle ihre Helfer kaputt
sind, dann müssen die Ägypter kapieren, dass ich Gott bin. 9 An dem Tag
werde ich dafür sorgen, dass ein paar Briefe per Luftpost nach Äthiopien
geschickt werden, wo man sich so sicher gefühlt hat. Dort werden diese
heftigen Sachen berichtet. Wenn die das hören, werden sie sich vor Angst in
die Hose machen. Pass auf, es wird genau so passieren!‘ 10 Gott, der Chef
über alles, sagt: ‚Ja, ich werde mit dem Reichtum von Ägypten kurzen Prozess
machen, damit ist jetzt Schluss. Ich werde für diesen Job Nebukadnezzar
gebrauchen, den Präsidenten von Babylonien. 11 Ich werde mit den heftigsten
Völkern gegen sie vorgehen. Ich werde das ganze Land plattmachen.
Diese Völker werden sich auf Ägypten einschießen und das ganze Land mit
toten Soldaten bedecken. 12 Ich werde den Nil austrocknen lassen, und ich
werde dafür sorgen, dass fiese Menschen Ägypten übernehmen. Diese Ausländer
werden dieses Land, das früher mal voll reich war, komplett zerstören.
Das sage ich, der Chef, Gott!‘“ 13 Und Gott sagte weiter: „Und ich werde
die ganzen Plastikgötter, die in Ägypten rumstehen, alle vernichten. Ich
werde sie aus Memfis rausholen. Es wird bald keinen Präsidenten mehr in
Ägypten geben. Ich werde dafür sorgen, dass die Ägypter alle nur noch
Angst haben. 14 Auch das Land Patros im oberen Ägypten werde ich kaputt
machen. Zoan wird brennen! Die Stadt No wird verurteilt und bestraft

werden. [15] Ich bin sauer, und das wird auch die Bunkeranlage in Sin zu
spüren bekommen. Auch die ganzen Villen in No mache ich platt. [16] Ich
werde überall in Ägypten Feuer legen. Sin wird Magenkrämpfe bekommen,
und die Schutzmauer um die Stadt No wird gesprengt. Memfis wird am
helllichten Tag vom Feind belagert werden. [17] Die jungen Männer von On
und Pi-Beset werden im Krieg erschossen, der Rest wird in die Kriegsgefan-
genschaft verschleppt werden. [18] In Tachpanhes wird sich der Himmel ver-
dunkeln, wenn ich dort die Folterinstrumente verbrennen werde, mit denen
die Ägypter die anderen Völker gequält haben. Ich werde die Ägypter von
ihrem hohen Sockel runterholen, ich werde sie total fertigmachen. Die
Macht dieser Stadt ist zu Ende, eine dunkle Wolke wird über dem ganzen
Land liegen. Und sämtliche Tochterstädte werden ebenfalls in die Kriegs-
gefangenschaft gehen. [19] Auf die Art werde ich Ägypten bestrafen, und dann
werden sie kapieren, dass ich Gott bin."

Der Präsident von Ägypten hat nichts mehr zu melden

[20] Als wir jetzt schon elf Jahre in Kriegsgefangenschaft waren, redete Gott
wieder mal mit mir. Und zwar sagte er am 7. April: [21] „Hey du, Mensch! Ich
habe dem Präsidenten von Ägypten seinen Arm gebrochen. Der ist auch
nicht verarztet worden und wird auch nicht heilen. Er wird nie wieder in der
Lage sein, einen Krieg zu führen." [22] Dann wiederholte Gott das noch mal:
„Pass auf, ich werde dem Präsidenten von Ägypten seine Arme brechen,
ich werde auch den brechen, der noch gesund ist. Ich werde dafür sorgen,
dass ihm seine Knarre aus der Hand fällt. [23] Ich werde die Ägypter überall-
hin verstreuen, sie werden auf der ganzen Welt verstreut leben. [24] Den Prä-
sidenten von Babylonien werde ich aber unterstützen, ich mache ihn stark.
Er wird für mich Kriege führen. Aber den Präsidenten von Ägypten werde
ich brechen, er wird stöhnen vor Schmerzen, weil ich ihn angeschossen
habe. [25] Ich werde den Präsidenten von Babylonien stark machen, aber den
Präsidenten von Ägypten werde ich kaputt machen. Die Ägypter werden
kapieren, dass ich Gott bin, wenn ich den Präsidenten von Babylonien dafür
benutze, um sie im Krieg zu schlagen. [26] Ich werde dafür sorgen, dass die
Ägypter überall in der Welt verstreut leben müssen. Sie werden kapieren,
dass ich Gott bin."

31

Mit dem mächtigen Ägypten ist es bald vorbei

[1] In dem elften Jahr, wo wir in Kriegsgefangenschaft waren, redete Gott mal
wieder mit mir. Und zwar war das am 1. Juni, als er zu mir sagte: [2] „Hey du,
Mensch! Geh zu dem Präsidenten der Ägypter und sag etwas zu ihm und
zu seinen Leuten. ‚Du bist der Größte!', musst du ihm von mir sagen. ‚Wer

kann sich mit dir und deiner Macht vergleichen? 3 Du warst wie eine riesen-
große Zeder, die auf dem Libanongebirge wächst. Du hattest große Zweige,
die viel Schatten gegeben haben. Du bist so hoch gewachsen, dass deine
Spitze bis zu den Wolken reichte. 4 Diese Zeder hatte immer genug Wasser,
darum konnte sie so groß werden. Es kam aus der Tiefe, aus unterirdischen
Wasserquellen, die dort überall waren, wo die Zeder gestanden hat. Diese
Quellen geben auch den ganzen Bäumen und Wiesen ringsherum Wasser.
5 Darum wurde sie immer größer, sie wuchs höher als alle anderen Bäume.
Sie bekam auch mehr Äste, die länger wuchsen als normal. Das lag alles
an dem vielen Wasser, welches ihr zur Verfügung stand. 6 In ihren Zweigen
haben alle möglichen Vogelarten ihre Nester gebaut. Unter ihr brachten
alle möglichen Tiere ihre Babys zur Welt. In ihrem Schatten lebten ganz viele
unterschiedliche Nationen. 7 Sie war richtig schön groß gewachsen, sowohl
in der Länge als auch in der Breite. Das lag vor allem an den ausreichenden
Wasservorräten. 8 Keine andere Zeder war mit ihr vergleichbar, keine Kiefer
hatte so schöne Äste. Nicht ein Baum in meinem Garten, dem Garten von
Gott, konnte es mit ihr aufnehmen, sie war ganz klar der schönste von allen.
9 Ich hatte sie so schön gemacht, sie so krass wachsen lassen, dass die
anderen Bäume in meinem Garten voll neidisch auf sie waren. 10 Doch jetzt
stelle ich, der Chef, fest, dass sie wohl zu eingebildet geworden ist. Sie ist
vielleicht etwas zu groß geworden. Ihre Spitze ragt etwas zu weit in die
Wolken, und darum denkt sie, sie sei jetzt etwas Besseres als die anderen.
11 Darum werde ich sie an einen mächtigen Präsidenten ausliefern, der
mich nicht kennt. Er soll sie so behandeln wie jemanden, der ohne mich lebt.
Ich habe keinen Bock mehr auf sie, ich habe sie aus meinem Garten raus-
geschmissen. 12 Aus dem Ausland kam eine Nation an, die dafür bekannt ist,
sehr brutal zu sein. Die haben diese Zeder gefällt. Jetzt liegt sie da auf dem
Berg, die abgesägten Äste wurden überall in den Tälern im Land verstreut.
Die Völker, die in ihrem Schatten gelebt haben, sind abgehauen und haben
sie einfach da liegenlassen. 13 Auf dem abgesägten Stamm sitzen jetzt die
Vögel, und auf ihren Ästen laufen die Tiere aus dem Wald rum. 14 Das ist so,
damit nie wieder ein Baum, der direkt an der Quelle steht, so hoch wachsen
kann wie dieser hier. Nie mehr soll so eine Zeder mit ihrer Spitze bis über
die Wolke wachsen. Nie mehr soll ein Baum sich auf die Art über andere
stellen. Jeder von ihnen wird irgendwann sterben. Jeder muss irgendwann in
das Land, wo die Toten sind, denn jeder muss mal ins Gras beißen.' 15 Gott,
der Chef über alles, sagt: ‚An dem Tag, als die große Zeder in das Land von
den Toten gestoßen wurde, war das viele Wasser im Untergrund nicht mehr
da. Ich hab den Hahn zugedreht, es ist nicht mehr so viel Wasser geflossen.
Wegen ihr hab ich dafür gesorgt, dass der ganze Libanon-Wald frustig war
und alle Bäume auf dem Feld vertrocknet sind. 16 Von dem lauten Krachen,

was durch den Fall der Zeder kam, waren alle Menschen auf der Erde erst
einmal geschockt. Sie wurde damit ja auch in das Land gestoßen, wo alle
Toten sind. Aber die anderen Bäume, die besonderen Bäume, die besten im
Libanonwald, haben sich damit getröstet, dass die große Zeder ja jetzt auch
dort gelandet war, wo sie sind. 17 Denn die waren auch alle in dieses Land
runtergezogen worden, dorthin, wo die toten Soldaten alle liegen. 18 Ach du
gigantisch schöne Zeder, wer kann sich mit dir messen? Welcher Baum in
Eden ist so krass wie du? Bald musst du mit den ganzen anderen Bäumen
aus Eden runter in das Land der Toten. Mitten unter den Menschen, die
ohne mich gelebt haben, wirst du dann liegen, dort wo die ganzen toten
Soldaten auch sind.' Das war jetzt ein Bild für das, was mit dem Präsidenten
von Ägypten und seinem ganzen Reichtum passieren wird. Und das kam
von Gott, dem Chef über alles."

32

Der Präsident von Ägypten im Land, wo die Toten sind

1 Als wir in dem zwölften Jahr unserer Kriegsgefangenschaft waren, redete
Gott am 1. März wieder mal mit mir. Er sagte: 2 „Hey du, Mensch! Ich will,
dass du einen Emo-Song für den Präsidenten von Ägypten komponierst, den
Text geb ich dir vor. Dann gehst du zu ihm hin und singst ihm das vor: ‚Du
warst mal der größte Präsident von allen Präsidenten auf der Welt! Du warst
wie ein Seeungeheuer, das tief unten im Meer lebt, das einen Wasserstrahl
aus der Nase spritzen lassen konnte und das mit seinen Füßen den Boden
vom Meer aufwühlt. Du hast jedes Meer durcheinandergewirbelt! 3 Aber ich,
Gott, sage dir heute, dass ich dich mit meinem Netz einfangen werde:
Durch die Armeen von vielen unterschiedlichen Völkern werde ich dich wie
mit einem Netz umschlingen und dich aus dem Meer ziehen! 4 Dann schleu-
dere ich dich auf das Land, und alle Vögel und Tiere werden sich auf dich
stürzen. Die essen sich dann an dir satt. 5 Deine Leiche werde ich zwischen
die Berge schmeißen und die Täler damit füllen. 6 Dein Blut wird über das
ganze Land fließen, sogar von den Bergen fließen die Bäche mit deinem
Blut! 7 Wenn ich dich töte, sollen sich die Sterne verdunkeln. Ich werde große
Wolken aufziehen lassen, so dass man auch den Mond nicht mehr sehen
kann. 8 Wegen dir werde ich alle Sterne im Universum abdunkeln. Ich sorge
dafür, dass es pechschwarz wird in deinem Land und du keine Sonne und
keinen Mond mehr siehst. Das sagt dir Gott, der Chef über alles. 9 Ich werde
viele Völker traurig machen, wenn ich ankündige, dass es mit dir jetzt vor-
bei ist. Auch Ländern, die du gar nicht kennst, wird es so gehen. 10 Viele
werden deswegen voll fertig sein. Ihre Präsidenten werden die Panik kriegen,
wenn sie sehen, wie ich dich bestrafe und wie es mit dir zu Ende geht.
11 Denn die Armee vom Präsidenten von Babylonien wird gegen dich in den

Krieg ziehen. Das sagt Gott, der Chef, zu dir. 12 Durch die MGs von Solda-
ten werde ich viele deiner stolzen Männer töten lassen. Durch Völker, die
keinen Spaß verstehen, wirst du sterben. Sie werden das ‚ach so tolle Ägyp-
ten' kaputt machen. 13 Auch alle Tiere im Land werde ich töten lassen. Dann
wird kein Mensch und kein Tier mehr deine großen Flüsse dreckig machen.
14 Damit werde ich dafür sorgen, dass die Flüsse wieder sauber sind und
ganz ruhig fließen, so wie Öl. Das sagt jetzt Gott, der Chef über alles. 15 Ich
werde Ägypten zu einer Wüste machen, wo nichts mehr lebt. Wenn das Land
dann dort völlig kaputt ist und wie leer gefegt daliegt, wenn ich alle, die dort
gelebt haben, bestraft habe, dann werden sie kapieren, dass ich Gott bin.
16 Das war jetzt ein Frustlied, ein Lied, was man auf einer Beerdigung singt.
Alle Frauen in der Welt sollen dieses Lied singen und so ihre Trauer aus-
drücken, dass Ägypten mit seinem ganzen Reichtum am Sterben ist. Das
kam jetzt von Gott, dem Chef über alles.'" 17 Im diesem zwölften Jahr der
Kriegsgefangenschaft redete Gott dann wieder mal mit mir, diesmal an
einem 15. März. Er sagte: 18 „Hey du, Mensch! Ich möchte von dir, dass du
damit anfängst, ein Lied zu singen, in dem es um den Untergang von
Ägypten geht. Durch dieses Lied wirst du sie, diese mächtige Nation, zum
Abstürzen bringen. Sie werden dorthin fallen, wo die anderen Soldaten
liegen, die vorher gestorben sind. 19 Sing ihnen Folgendes vor: ‚Wer ist jetzt
noch kaputter als du? Weg mit dir, du sollst dorthin, wo alle Toten sind, die
ohne Gott gelebt haben!' 20 Sie sollen dorthin, wo die anderen toten Sol-
daten liegen. Alle aus Ägypten sollten mit ihrem ganzen Reichtum jetzt dort
landen. 21 Die anderen toten Soldaten, die schon vor ihnen dorthin geschickt
wurden, rufen ihnen zu. Sie sagen: ‚Jetzt seid ihr also auch hier unten an-
gekommen! Jetzt liegt ihr hier, ohne Gott und im Krieg getötet!' 22 Dahinten
liegen die Männer aus Assyrien, das ganze Aufgebot ist dort verbuddelt.
Alle wurden im Krieg getötet. 23 Die Soldaten von Assyrien sind in die tiefs-
ten Gräber gesteckt worden. Diese Männer, vor denen früher alle Leute im
Land echt Schiss hatten, sind im Krieg erschossen worden. 24 Dort sind auch
die Männer aus Elam mit ihrem ganzen Heer. Alles Soldaten, die im Krieg
erschossen wurden. Sie haben ohne Gott gelebt und sind so in das Land
gekommen, wo die Toten sind. Früher hatten alle Angst vor denen, aber jetzt
sind sie nur noch peinlich. 25 Sie bekamen einen einfachen Platz mitten
unter den anderen Toten, alles Menschen, die ohne Gott gelebt hatten. Jetzt
liegen sie dort, weil sie im Krieg erschossen wurden. Früher hatten alle
Angst vor ihnen, aber jetzt sind sie nur noch peinlich. Sie liegen mitten unter
den anderen Toten. 26 Da liegt auch der berühmte Meschech Tubal mit sei-
nem riesengroßen Heer. Früher hatten die Menschen Angst vor denen, jetzt
wurden sie alle erschossen und beerdigt. 27 Sie haben keinen Platz in der
Ecke auf dem Friedhof bekommen, wo die ganzen Helden von früher liegen.

Denen hat man ja ihre ganzen Waffen unter den Kopf in den Sarg gelegt und
ihre schusssicheren Westen auf sie drauf. Vor diesen Kollegen hatte früher
auch jeder Schiss. 28 Und jetzt müssen die Leute aus Ägypten dort auch hin,
runter zu den im Krieg erschossenen Soldaten. Du wirst auch kein ordent-
liches Begräbnis bekommen wie alle Leute, die ohne Gott leben. 29 Da liegen
jetzt auch die Menschen aus Edom, inklusive der ganzen Präsidenten und
Bürgermeister. Alles Männer, die als gute Soldaten zu den Leuten gelegt
wurden, die im Krieg erschossen wurden. Sie liegen bei den Menschen, die
nicht zu Gottes Familie gehören, die dort verbuddelt wurden. 30 Dann gibt es
da auch die Männer, die im Norden regiert hatten, und die Leute aus Phöni-
zien. Die sind ja auch schon tot, obwohl sie früher ganz angesagte Kämpfer
waren, die vielen Angst eingejagt haben. Auch sie mussten unter die Erde,
sie mussten zu den Männern, die nicht zu Gottes Familie gehören, die im
Krieg gestorben sind. Sie starben dabei auch auf eine peinliche Art und Wei-
se. 31 Da unten werden sie auch den Präsidenten von Ägypten wiedersehen.
Vielleicht hilft dem das ja, über den Verlust von seiner riesengroßen Armee
hinwegzukommen. Seine Soldaten werden nämlich alle sterben und er
auch. Das sagt Gott, der heftige Gott! 32 Ich habe dafür gesorgt, dass früher
die Leute überall Angst vor ihm hatten. Aber jetzt liegt er tot in seiner Kiste,
mit seinem ganzen großen Heer. Er ist dort, wo alle Menschen, die ohne
Gott leben, hinkommen. Das kam jetzt von Gott, dem mächtigen Gott!“

33

Hesekiel hat den Job als Aufpasser

1 Dann redete Gott mal wieder mit mir. Er sagte: 2 „Hey du, Mensch! Ich
will, dass du zu deinen Leuten Folgendes sagst: ‚Das kommt jetzt von Gott:
Angenommen, ich sorge dafür, dass eine Armee ein Land angreift. Ange-
nommen, die Leute haben sich einen Menschen ausgesucht, der den Job als
Aufpasser hat und vor solchen Angriffen warnen soll. 3 Weiter angenom-
men, dieser Typ kriegt jetzt mit, dass sein Land tatsächlich angegriffen wird,
und er stellt die Sirene an und warnt alle. 4 Wenn jetzt einer diese Sirene
hört, aber nicht dadrauf reagiert und wenn dann die feindliche Armee ein-
rückt und alles plattmacht, dann ist er selber schuld. 5 Er hat die Sirene
gehört, aber es war ihm egal, er hat nichts unternommen. Darum ist er
selbst schuld. Wenn er die Warnung ernst genommen hätte, hätte er sich
retten können. 6 Aber wenn jetzt der Aufpasser, der von dem Angriff als
Erstes etwas mitbekommt, nicht die Sirene anstellt und die Leute warnt,
trägt er die Schuld. Natürlich hat jeder Mensch selbst Schuld an seinem
eigenen Tod, wegen dem ganzen Mist, den er gebaut hat. Aber ich werde
auch den Aufpasser verklagen und ihn dafür bluten lassen, dass er die
anderen nicht gewarnt hat. 7 Dir, Ezechiel, hab ich den Job als Aufpasser

von meinen Leuten gegeben. Wenn du irgendeine Warnung von mir hörst, dann musst du die auch aussprechen. Du musst sie vor mir warnen. [8] Wenn ich sage, dass du zu einem Typen hingehen sollst, der Mist gebaut hat, und du ihm ausrichten sollst, dass er sterben wird, wenn er so weitermacht, und du tust das nicht, dann wird der Typ auch ohne diese Warnung sterben. Aber ich werde dich dafür anzeigen, weil du ihn nicht gewarnt hast, du musst auch dafür bezahlen. [9] Aber wenn du ihn gewarnt und ihm gesagt hast, dass er sein Leben ändern soll, ihm das aber total egal ist und er so weitermacht, dann wird er wegen seinem Mist sterben. Aber du hast dein Leben dabei gerettet, weil du mir gehorsam warst.' [10] Und dann sollst du den Leuten von Israel noch etwas ausrichten. Von denen kommen immer wieder solche Kommentare wie: ‚Wir haben einfach zu viel Mist gebaut! Wir sind krank von dem ganzen Mist. Wie können wir das überleben?' [11] Aber Gott sagt euch: ‚Hey, Leute von Israel, mir macht es auch keinen Spaß, Menschen zu töten, die ohne mich leben! Ich finde es viel cooler, wenn jemand, der nicht an mich glaubt, sein Verhalten ändert und weiterlebt! Hört auf, Mist zu bauen! Hört auf, falsche Entscheidungen zu treffen! Warum wollt ihr sterben?' [12] Dann sollst du deinen Leuten auch noch Folgendes ausrichten: ‚Jemand, der sein ganzes Leben lang korrekt gelebt hat, kann sich dafür auch nichts kaufen, wenn er dann plötzlich anfängt, doch Mist zu bauen. Das kann ihn an dem Tag der Gerichtsverhandlung auch nicht retten. Wenn aber jemand sein Leben lang Mist gebaut hat, wird ihm das nicht mehr angerechnet, sobald er sich wirklich ändert. Und noch mal: Jemand, der immer korrekt gelebt hat, wird dadurch nicht gerettet, wenn er dann doch irgendwann anfängt, Mist zu bauen. [13] Wenn ich jemandem, der immer korrekt gelebt hat, verspreche, dass er überleben wird, und er sich dann in Sicherheit fühlt, wäre das ein Problem. Sobald er deswegen nämlich anfängt, Mist zu bauen, sind die ganzen korrekten Sachen, die er getan hat, gelöscht. Wegen seinem Mist wird er sterben müssen. [14] Wenn ich aber einen Menschen, der ohne mich lebt, warne und ihm sage, dass er sterben wird, er dann aber sein Leben verändert und anfängt, korrekt zu sein, [15] dann wird er am Leben bleiben, er wird nicht sterben. Das wäre, wenn er dann zum Beispiel armen Leuten die Schulden erlässt, Sachen, die er geklaut hat, wieder zurückgibt, einfach gut und sauber lebt und keinen Mist mehr baut. [16] Der ganze Mist, den er gebaut hat, ist dann wie von der Festplatte gelöscht, ich werde nicht mehr dadran denken. Er hat korrekte Sachen getan, darum soll er leben. [17] Meine Leute, die Israeliten, sagen: ‚Gott ist nicht korrekt zu uns!' Dabei sind sie selber nicht korrekt! [18] Wenn jemand, der immer korrekt gelebt hat, damit aufhört und anfängt, Mist zu bauen, dann wird er deswegen sterben. [19] Aber wenn jemand, der Mist gebaut hat, sein Leben ändert und damit anfängt, korrekte Sachen zu tun, der wird deswegen nicht sterben. [20] Jetzt kommen von euch solche Kommentare wie: ‚Gott geht nicht korrekt mit uns um!' Aber das stimmt nicht, ich werde mit jedem Israeliten ganz korrekt umgehen, jeder wird genau das Gerichtsurteil über sein Leben bekommen, das er verdient hat.'"

Augenzeugen berichten: Jerusalem ist kaputt!

21 In dem zwölften Jahr, wo wir jetzt in Kriegsgefangenschaft waren, genau
am 5. Dezember, hatte ich Besuch von einem Mann, der in Jerusalem
lebte. Er war gerade noch aus der Stadt geflohen, bevor sie restlos zerstört
wurde. „Die Stadt ist total kaputt! Sie wurde im Krieg eingenommen!",
sagte er. 22 Am Abend vorher war Gott mit seiner Kraft so krass und heftig
für mich zu spüren, dass ich nicht mehr sprechen konnte. Als der Typ
nun morgens in mein Büro kam, öffnete Gott meinen Mund, und ich konnte
wieder reden.

Warum ist das passiert? Man hört alles, aber es ändert sich nichts

23 Dann redete Gott mit mir. Er sagte: 24 „Hey du, Mensch! In den Städten,
die im Krieg zerstört wurden, sagen die Leute, dass Abraham ja nur ein
Einziger war, und Gott hat ihm trotzdem das ganze Land versprochen. Weil
sie jetzt aber so viele sind, denken sie, dass es ihnen nun erst recht gehö-
ren würde. 25 Darum sollst du ihnen Folgendes von mir ausrichten: ‚Das
kommt jetzt von Gott, dem Chef! Ihr macht ganz tolle Opferrituale für diese
Plastikgötter und betet zu denen. Ihr bringt sogar Menschen für die um,
und jetzt wollt ihr auch noch euer Land wiederhaben? 26 Ihr kennt nur noch
das Gesetz der Waffe, baut in einer Tour Mist, landet mit der Frau von
eurem Nachbarn im Bett und wollt jetzt auch noch euer Land wiederhaben?'
27 Dann sag ihnen: ‚Das kommt jetzt von Gott, dem Chef! Ich verspreche
euch eines: Alle, die in der zerstörten Stadt leben, werden im Krieg sterben.
Wenn sie als Bauern auf den Feldern arbeiten, werden sie dort von wilden
Tieren angefallen und getötet. Und wenn sie sich in Bunkeranlagen und
Höhlen verstecken, sterben sie an einer tödlichen Krankheit. 28 Ich werde das
ganze Land leerfegen, dort wird nichts mehr wachsen. Es war ja mal der
ganze Stolz, aber damit ist jetzt Schluss. Die Berge von Israel werden zu
einer Wüste, niemand wird dort mehr durchreisen wollen. 29 Wenn ich das
gemacht habe, werden sie endlich kapieren, dass ich Gott bin. Denn sie
haben einfach zu viele eklige Sachen getan, sie haben zu viel Mist gebaut.'"
30 Dann meinte Gott noch: „Hast du eigentlich mitbekommen, dass deine
Leute über dich reden? Wenn sie sich vor ihren Häusern treffen, sagen sie
zueinander: ‚Lass uns doch mal zum Propheten gehen und hören, was
Gott ihm gesagt hat!' 31 Sie werden sich bald bei dir treffen, so wie man sich
halt trifft, nur um dir zuzuhören. Trotzdem nehmen sie deine Ansagen

nicht ernst. Sie werden dir sagen, was für ein geiler Typ du bist, aber inner-
lich denken sie nur darüber nach, wie sie dich am besten abzocken kön-
nen. Dadrauf sind ihre Gedanken ausgerichtet. [32] Sie hören dir zu, wie man
der Hintergrundmusik im Kaufhaus zuhört. Die dudelt vor sich hin, eine
schöne Stimme singt irgendein Lied, aber man hört nicht richtig zu. Sie
nehmen deine Worte nicht ernst und setzen sie nicht um. [33] Wenn es dann
aber so passiert, wie du es vorhergesagt hast, und das wird garantiert
passieren, dann werden sie kapieren, dass es einen Propheten bei ihnen
gegeben hat."

34

Was mit der miesen Regierung in Israel passieren wird

[1] Und dann redete Gott wieder mit mir. Er sagte: [2] „Hey du, Mensch! Ich
will, dass du den Chefs in Israel Folgendes sagst: ‚Das kommt jetzt vom
Chef, von Gott: Die Leute, die bei den Israeliten das Sagen haben, müssen
echt aufpassen! Sie sorgen gut für sich, aber die Menschen, die sie versorgen
sollten, sind ihnen egal. [3] Um mal in einem Bild zu sprechen: Ihr habt die
Milch der Kühe getrunken, aus ihrem Leder habt ihr euch einen Ledermantel
genäht. Die fettesten Tiere habt ihr geschlachtet und die Steaks auf den
Grill geschmissen. Aber ihr habt nicht dafür gesorgt, dass eure Tiere selbst
genug zu fressen hatten. [4] Wenn es einem Tier mal nicht gutging, dann
habt ihr ihm nichts gegeben, damit es ihm bessergeht. Wenn ein Tier krank
war, habt ihr nicht den Tierarzt geholt. Wenn ein Tier sich ein Bein gebro-
chen hatte, dann habt ihr es nicht geschient und verbunden. Wenn sich ein
Tier mal verirrt hatte, habt ihr es nicht gesucht, es war euch egal. Stattdes-
sen habt ihr die Tiere gequält, ihr habt sie hart geschlagen. [5] Weil sie nie-
manden hatten, der auf sie aufpasst, wurden sie von den wilden Tieren
angefallen und getötet. Sie flohen in alle Richtungen [6] und irrten umher. So
wurden sie überallhin verstreut, in die Berge und die Hügel. Meine Kühe
sind zerstreut worden, niemand hat nach ihnen gefragt, niemand hat sie
gesucht.‘ [7] Darum sagt Gott jetzt Folgendes zu den Leuten, die das Sagen
haben: [8] ‚Ich, der heftige Gott, der Chef, verspreche euch: Weil ihr dafür
gesorgt habt, dass meine Tiere ohne Schutz waren und von fiesen Bestien
bestohlen und gefressen wurden, weil ihr sie nicht beschützt habt, weil
es den Chefs im Land egal war, wie es meinen Tieren geht, weil sie sich
selbst wichtiger waren, weil sie darauf geachtet haben, dass es ihnen gut-
geht und nicht meinen Tieren, [9] sage ich Folgendes zu euch, hört gut zu:
[10] Ich, der heftige Gott, meine: Passt auf, ich werde den Männern, die eigent-
lich auf meine Leute aufpassen sollten, an den Kragen gehen. Ich fordere
von ihnen meine Tiere zurück und ich werde ihnen den Job als Aufpasser
wegnehmen! Sie dürfen sich nicht länger selbst die fette Kohle in die eigene

Tasche schieben. Ich werde meine Leute vor ihnen retten, ich hol sie da raus,
damit sie nicht von denen gefressen werden.'"

Ein guter Hirte passt auf seine Tiere gut auf

11 „Gott, der Chef über alles, sagt: ‚Pass auf, ich bin da! Ich werde mich um
meine Tiere kümmern, ich werde sie versorgen. 12 So wie ein Hirte sich
um seine Schafherde kümmert, wenn die mal auseinandergetrieben worden
ist, so werde ich mich auch um meine Schafe kümmern. Ich werde sie
dort rausholen, egal, wohin sie an diesem fiesen, dunklen Tag verstreut wor-
den sind. 13 Ich hole sie dort raus, aus den unterschiedlichsten Ländern,
ich rette sie und werde sie zusammensammeln. Ich bringe sie wieder in ihr
Land, und dort werde ich ihnen zu essen geben. Sie werden das Gras von
den Bergen Israels essen, an den Bächen und den Wiesen, im Land werden
sie leben. 14 Sie werden auf einer richtig grünen Wiese grasen, auf den
Bergen in Israel wird es immer gut zu essen für sie geben. Die Wiesen sind
dort fett grün. 15 Ich werde höchstpersönlich auf sie aufpassen. Ich werde
mich um sie kümmern und ihnen einen guten Pennplatz organisieren. Das
sagt Gott, der Chef über alles. 16 Ich suche alle Tiere, die vermisst wurden,
die vertrieben wurden, und bringe sie zurück. Die verletzten Tiere werde
ich verarzten, die schwachen Tiere werde ich stärken, die starken Tiere werde
ich zähmen. Ich werde ihr Hirte sein und auf sie aufpassen, so wie man
auf Schafe aufpasst. 17 Euch aber, meinen Tieren, sage ich Folgendes: Ich
werde dafür sorgen, dass jeder korrekt und gleich behandelt wird, Schafe,
Widder, Kühe usw. 18 Ist das für euch zu wenig, wenn ihr ‚nur' das grüne
Gras fressen dürft? Warum zertrampelt ihr den Rest mit euren Füßen?
Warum verdreckt ihr das saubere Wasser dadurch, dass ihr den ganzen
Schmutz mit euren Füßen aufwühlt? 19 Ich will, dass meine Tiere genau das
essen, was sie mit ihren Füßen zertreten haben, und das trinken, was sie
mit ihren Füßen verdreckt haben. 20 Darum sage ich, der Chef über alles:
Passt auf, ich hab hier das Sagen! Ich werde dafür sorgen, dass jeder korrekt
behandelt wird, egal, ob er ein dickes oder ein dünnes Tier ist. 21 Ihr habt
euch einfach mit euren dicken Körpern breitgemacht und die schwachen
Tiere beiseitegeschoben. Ihr habt sie mit euren Hörnern verdrängt, ihr habt
sie weggetrieben. 22 Darum werde ich jetzt meinen Tieren helfen. Ich will
nicht, dass sie euch noch länger ausgeliefert sind. Ich werde dafür sorgen,
dass zwischen den Tieren ab sofort alles korrekt zugeht.'"

Es kommt eine Zeit, wo alles korrekt und friedlich abgeht

23 „‚Ich werde über meine Tiere einen einzigen Hirten einsetzen! Der wird
sich um die kümmern. Er wird aus der Familie von David kommen, er wird
auf sie aufpassen und ihnen immer genug zu essen geben. 24 Ich werde

ihr Gott sein, und dieser Typ, der so ist wie David, wird ihr Chef sein. Das
hab ich beschlossen, ich, Gott. 25 Ich werde einen neuen Friedensvertrag mit
ihnen abschließen. Ich werde die fiesen und bösen Tiere aus ihrem Land
rausschmeißen. Dann werden meine Leute sogar in der Wüste in Sicherheit
sein und im Wald ohne Angst schlafen können. 26 Ich sorge dafür, dass ihr
ganzes Land, das um meinen Berg liegt, superfruchtbar sein wird. Dort kann
man dann gut Sachen anpflanzen. Ich werde dafür sorgen, dass es immer
genau zum richtigen Zeitpunkt regnet. 27 Dann werden die Obstbäume
immer genug Früchte tragen, und die Felder werden genug Ernten haben.
Sie werden in ihrem Land in Sicherheit sein. Sie werden kapieren, dass ich
Gott bin, wenn ich ihre Probleme beseitige, wenn ich sie von den Handschel-
len ihrer Unterdrücker befreie und wenn ich sie rette. 28 Keine Nation wird
sie dann mehr einnehmen können und sie ausrauben. Sie werden auch keine
Probleme mit wilden Tieren haben, die sie beißen. Niemand wird sie mehr
in Panik versetzen können. 29 Ich sorge dafür, dass ihr Land ein Garten wird,
in dem alles gut ist. Sie werden dort nie mehr hungern müssen, und keiner
wird sich mehr über sie lustig machen. 30 Dann kapieren sie auch, dass
ich der Chef, dass ich Gott bin. Ich bin bei ihnen, sie sind meine Leute, die
Familie von Israel gehört zu mir. Das sagt jetzt Gott! 31 Ihr seid meine Schaf-
herde! Leute, ihr lebt auf meiner Wiese, und ich bin euer Gott! Das sagt
der Chef, der heftige Gott.'“

35

Gott wird die Edomiter bestrafen

1 Gott redete mal wieder mit mir. Er sagte: 2 „Hey du, Mensch! Ich will,
dass du in Richtung von den Bergen Seïr etwas sagst. Du musst ihnen Fol-
gendes von mir ausrichten: 3 ‚Das kommt jetzt von Gott, dem Chef über
das Universum. Pass auf, du bekommst es jetzt mit mir zu tun! Ich werde
etwas gegen dich unternehmen, gegen die Leute, die in den Bergen von
Edom wohnen. Ich werde dafür sorgen, dass dort niemand mehr wohnen
kann, da wird bald nichts mehr leben. 4 Deine Städte werde ich alle sprengen
lassen, die werden zu großen Schrotthaufen, so wie der Rest von dem gan-
zen Land auch. Dann wirst du kapieren, dass ich Gott bin. 5 Das muss sein,
weil du noch nie Bock auf meine Leute von Israel hattest, weil du gerne
gegen sie Krieg geführt hast, gerade in der Zeit, als es ihnen nicht gutging.
Das war allerdings immer mein Plan gewesen, ich wollte sie durch dich
endgültig bestrafen. 6 Aber jetzt werde ich euch selbst an den Kragen gehen,
das verspreche ich hiermit. Die Wunden, die du anderen zugefügt hast,
werden dir jetzt auch zugefügt. Du wirst dafür bluten müssen, dass du
meine Leute so niedergemetzelt hast. 7 Ich werde das ganze Bergland von
Edom zu einer Wüste machen, kein Mensch wird dort mehr leben können.

8 Die Berge werde ich mit toten Menschen bedecken. Auf deinen Hügeln,
in deinen Tälern und in deinen Flüssen und Bächen werden tote Soldaten
liegen. 9 Niemals mehr wird irgendjemand in dir wohnen, deine Städte wer-
den für immer plattgemacht. Ihr werdet endlich kapieren, dass ich Gott
bin. 10 Ihr habt behauptet, dass die beiden Länder, Juda und Israel, jetzt euch
gehören und ihr sie erobert habt. Aber ihr habt vergessen, dass ich selbst
dort wohnte. 11 Ich verspreche euch hiermit, dass ich garantiert genauso mit
euch umgehen werde, wie ihr mit meinen Leuten von Juda umgegangen
seid. So aggro und fies, wie du zu ihnen warst, werde ich auch zu dir sein,
nachdem ich dich verurteilt habe. Daran werdet ihr merken, dass ich Gott,
der Chef, bin. 12 Du wirst mitbekommen, dass ich, Gott, alles gehört habe,
wenn du gegen die Leute von Israel abgelästert hast, die in den Bergen
leben. Ihr meintet, dass sie dort total kaputt und ohne Schutz leben und
ihr sie euch unter den Nagel reißen könntet. 13 Ihr habt das Maul aufge-
rissen und Witze über mich gemacht. Aber ich hab alles gehört. 14 Darum
sage ich, der Chef: So wie ihr euch dadrüber gefreut habt, als das ganze
Land von Israel am Ende war, so werde ich mich dadrüber freuen, wenn
ihr kaputt seid. 15 Weil du dich dadrüber gefreut hast, dass das Land von
Israel, das sie von mir geschenkt bekommen hatten, total zerstört war, so
werde ich mich auch dadrüber freuen, wenn du zerstört bist. Die Berge
von Seïr und ganz Edom sollen kaputtgehen. Dann werden sie kapieren,
dass ich der Chef bin.'"

36

Israel wird wieder aus der Kriegsgefangenschaft befreit

1 „Hey du, Mensch", sagte Gott mal wieder zu mir. „Ich will, dass du zu
den Bergen von Israel und den Menschen, die dort leben, Folgendes sagst:
‚Hallo, ihr Berge von Israel! Hört zu, was Gott euch zu sagen hat! 2 Der
Chef über alles sagt: Eure Feinde behaupten, dass die Berge, die ich euch
für immer geschenkt hatte, jetzt plötzlich ihnen gehören.' 3 Darum sollst
du, Ezechiel, mit der Autorität von einem Propheten zu ihnen sprechen.
Sag ihnen: Das kommt jetzt von Gott, dem Chef! Gerade weil ihr kaputt
gemacht wurdet, weil die Armeen von allen Seiten bei euch einmarschiert
sind, weil ihr jetzt anderen Völkern gehört, weil die Leute über euch lästern
und über euch lachen, 4 darum hört gut zu, was Gott euch zu sagen hat,
ihr Berge von Israel. Gott, der Chef über alles, sagt etwas zu den Bergen,
Hügeln und Tälern, zu den Flüssen und Bächen, zu den zerstörten Städten
und zu den Städten, aus denen die Menschen geflohen sind, zu dem gan-
zen Land, das von den Nachbarländern im Krieg eingenommen und aus-
geraubt worden ist. 5 Er sagt: ‚Ich bin richtig sauer, ich bin nicht mehr
zu bremsen. Ich werde mit den anderen Völkern hart abrechnen, denn sie

haben mein Land eingenommen und es ausgeraubt. Und sie machen sich ihren Spaß daraus und reißen auch noch Witze dadrüber.‘ 6 Darum sollst du in der Funktion eines Propheten etwas über das Land Israel aussprechen. Sage zu den Bergen und den Hügeln, den Flüssen und Bächen und den Tälern Folgendes: ‚Das kommt jetzt von Gott, dem Chef. Passt auf, was ich über euch ausgesprochen habe, kam nur aus der Motivation heraus, weil ich so sauer dadrüber war, dass die ganzen Völker euch total mies behandelt haben. 7 Darum‘, so sagt Gott, ‚verspreche ich hiermit hoch und heilig, dass die ganzen Völker genauso mies behandelt werden, wie ihr behandelt worden seid, es wird ihnen genauso ergehen, wie es euch ergangen ist. 8 Aber den Bergen von Israel soll es bald wieder gutgehen. Sie sollen wieder wachsen, grün werden und viele Früchte tragen. Meine Leute, die bald zurückkommen werden, sollen diese Früchte ernten. 9 Ich werde mich um euch kümmern, ich werde für euch sorgen. Euer Land wird wieder bepflanzt werden, man wird wieder Pflanzensamen bei euch ausstreuen und ’ne große Ernte einfahren! 10 Und ich werde dafür sorgen, dass sich die Menschen, die bei euch wohnen, wieder krass vermehren. Alle Leute von Israel werden zurückkommen, sie werden die Städte wieder bewohnbar machen, sie werden sie aus den Trümmern wieder aufbauen. 11 Ich sorge dafür, dass sich die Menschen und Tiere krass vermehren werden. Ich will, dass es bei euch wieder so abgeht, wie es früher der Fall war, ich will sogar noch bessere Sachen tun, als ich ganz zu Anfang bei euch getan habe. Dann werdet ihr kapieren, dass ich Gott bin. 12 Dann werde ich organisieren, dass meine Leute von Israel wieder bei dir wohnen werden. Sie werden euch einnehmen, und dann wirst du für immer ihnen gehören. Du wirst nicht mehr dafür sorgen, dass sie keine Kinder bekommen können.‘ 13 Gott, der Chef über dieses Universum, sagt: ‚Weil sie Witze über dich gemacht haben, weil sie behaupten, dass bei dir sogar Menschenfleisch gegessen wird, weil sie sagen, dass man in dir keine Kinder kriegen kann, 14 sage ich dir heute: Genau das wird nicht mehr passieren! Menschen werden bei dir nicht mehr gegessen werden, und du wirst nicht mehr dafür sorgen, dass man keine Kinder kriegen kann. Das sagt Gott, der Chef. 15 Ich will, dass du das nicht länger ertragen musst, dass die Leute Witze über dich reißen. Und du sollst kein Volk sein, das keine Kinder bekommen kann. Das sagt dir Gott, der Chef über alles.‘“

Ich werde euch helfen, aber nicht wegen euch

16 Und Gott redete mal wieder mit mir. Er sagte Folgendes: 17 „Hey du, Mensch! Als die Leute von Israel noch in ihrem Land wohnten, haben sie es durch das, was sie dort getan haben, total verdreckt. Sie wurden genauso dreckig und unrein, wie eine Frau unrein wird, wenn sie ihre Tage hat. 18 Sie

haben mit Plastikgöttern rumgemacht und Menschen getötet, die nichts
verbrochen hatten. Darum war ich voll sauer auf sie und hab diese Wut
auch rausgelassen. 19 Ich habe dafür gesorgt, dass sie verstreut irgendwo in
der Welt bei den Leuten leben mussten, die nicht an mich glauben. Das
war eine gerechte Strafe, die ihren Taten angemessen war. 20 So lebten sie
also überall verstreut auf der Welt. Aber egal, wo sie waren, immer haben
sie meinen Namen in den Dreck gezogen. Das lag dadran, weil die Bewoh-
ner dort festgestellt haben: ‚Okay, das sind jetzt also die Leute von Gott.
Muss ja ein toller Gott sein, wenn er es zugelassen hat, dass sie ihr Land
verlassen mussten.‘ 21 Irgendwie hat mir das weh getan, dass meine eigenen
Leute dafür gesorgt haben, dass die Menschen, bei denen sie gelebt haben,
immer schlecht über mich redeten. 22 Darum sollst du jetzt zu den Leuten
von Israel Folgendes sagen: ‚Das kommt jetzt von Gott: Ich hab das nicht für
euch, sondern für mich getan! Ihr habt nämlich meinen Ruf in den Dreck
gezogen, überall, wo ihr gelebt habt, bei den Menschen, die mich nicht ken-
nen. 23 Aber ich werde jetzt dafür sorgen, dass mein Ruf, der durch euch in
den Dreck gezogen wurde, wieder in Ordnung kommt. Die Leute werden
wieder Respekt haben, wenn sie meinen Namen hören. Alle werden wieder
kapieren, dass ich Gott bin, wenn ich an euch beweise, dass ich etwas ganz
Besonderes, dass ich heilig bin. Das kam jetzt von Gott, dem Chef über
alles. 24 Ich werde euch aus den Ländern rausholen, wo ihr jetzt lebt, ich
sammle euch dort auf und werde euch zurück nach Hause bringen. 25 Ich
werde euch sauber machen, ich werde euch unter eine Dusche mit saube-
rem Wasser stellen, damit ihr den Schmutz von den Plastikgöttern los-
werdet. 26 Ich werde euch neu machen, ein neues Programm wird in euren
Gedanken aufgespielt werden. Ich sorge dafür, dass ihr innerlich nicht
mehr so hart drauf seid, ich werde euch ein neues Herz geben, das fühlen
und empfinden kann. 27 Ich werd euch meine absolute Power geben, meine
Energie wird in euch pulsieren. Und die wird dafür sorgen, dass ihr es
schafft, das zu tun, was ich von euch will. So seid ihr dann in der Lage, nach
meinen Gesetzen zu leben. 28 Dann werdet ihr auch in dem Land wohnen,
welches ich schon den Menschen, die vor euch gelebt haben, versprochen
hatte. Wir werden ganz eng zusammen sein, ihr seid meine Leute, und ich
bin euer Gott. 29 Ich werde euch von eurem ganzen Dreck befreien. Ich sorge
dafür, dass ihr immer genug Brot habt, es wird keinen Hunger mehr bei
euch geben. 30 Und ich sorge dafür, dass es immer genug Äpfel zu ernten
gibt, und andere Früchte, die auf den Bäumen wachsen, wird es genauso
reichlich geben. Auch die Sachen, die auf den Feldern wachsen, werden gut
abgehen, damit die anderen Völker keine Witze mehr über euch machen
können, weil ihr nichts zu futtern habt. 31 Und wenn ihr euch dann an diese
schlimme Zeit erinnert, als ihr damals noch so viel ätzenden Mist gebaut

habt, dann wird euch selbst das Kotzen kommen. 32 Das Ganze werde ich
aber nicht tun, weil ihr so toll seid. Was ihr getan habt, soll euch peinlich
sein, ihr sollt euch deswegen schämen!‘, sagt Gott. 33 Der Chef meint: ‚An
dem Tag, an dem ich den ganzen Mist, den ihr gebaut habt, von euch abwa-
sche, werde ich auch dafür sorgen, dass man in euren Städten wieder woh-
nen kann. Die kaputten Städte werden wieder aufgebaut werden. 34 Auf dem
zerstörten Land werden wieder Sachen angebaut, es soll nicht länger ver-
wüstet und kaputt rumliegen. Leute, die durch das Land reisen, 35 sollen
sagen: Dieses Land war mal total kaputt. Aber jetzt ist es wieder sehr frucht-
bar, es sieht aus wie der Garten Eden. Die zerstörten und kaputten Städte
sind wieder aufgebaut worden und haben sogar eine neue Schutzmauer.
36 Die Völker, die um euch herumleben, werden kapieren, dass ich Bock
drauf habe, kaputte Dinge wieder in Ordnung zu bringen. Ich baue Sachen
wieder auf, die zerstört waren. Und ich bepflanze Felder, die verbrannt
wurden. Das hab ich, Gott, gesagt, und ich werde das auch durchziehen.‘
37 Gott, der Chef, sagt: ‚Und dann werde ich noch ein Anliegen erfüllen,
um das meine Leute von Israel mich dann bitten werden. Und zwar werde
ich dafür sorgen, dass sie so viele Kinder kriegen, dass eine Schafherde
nichts dagegen ist. 38 In den Städten, die jetzt noch kaputt sind, werden
wieder voll viele Menschen leben. Es werden so viele sein, wie es früher in
Jerusalem Schafe gegeben hat, in der Zeit, als die großen Opfersessions
gefeiert wurden. Dann werden sie kapieren, dass ich Gott bin.‘“

37

Gott macht aus ein paar alten Knochen etwas Neues

1 Plötzlich spürte ich, wie Gott seine Hand auf meine Schulter legte. Ich
wurde in einer Vision plötzlich von ihm hochgehoben, und wir flogen durch
die Luft, bis ich mitten in irgendeinem Tal landete. Dort lagen Knochen und
Skelette von toten Menschen rum. 2 Gott flog mit mir durch das ganze Tal,
und man konnte überall voll viele davon liegen sehen. 3 Dann fragte er mich:
„Hey du, Mensch, was denkst du? Können diese Skelette wieder lebendig
werden? Kann dadraus wieder ein Mensch entstehen?“ „Keine Ahnung,
Gott!“, war meine Antwort. „Aber du weißt das bestimmt, oder?“ 4 Er sagte:
„Ich will, dass du mit der Autorität eines Propheten zu diesen Knochen
sprichst. Sag zu ihnen: ‚Das geht jetzt an alle Skelette und Knochen, die
hier liegen! Hört gut zu, was Gott euch zu sagen hat! 5 Das kommt jetzt von
ihm, vom Chef des Universums: Ich werde euch mit meinem Atem anpus-
ten! 6 Ich werde dafür sorgen, dass an den Knochen wieder Sehnen und
Muskeln wachsen. Ich überzieh euch mit Haut, und ich puste euch mit einer
Lebenskraft an, ihr sollt wieder lebendig werden! Ihr werdet kapieren, dass
ich Gott bin!‘“ 7 Also tat ich genau das, was Gott mir gesagt hatte. Ich redete

mit der Autorität von einem Propheten zu diesen Knochen. Ich hatte noch
nicht mal zu Ende gesprochen, da hörte man plötzlich ein heftiges Geräusch,
das immer lauter wurde. Die Knochen fügten sich wieder so zusammen, wie
sie zusammengehörten! 8 Jetzt konnte man sehen, wie sich neue Sehnen
und Muskeln an den Knochen formten. Dann wuchs auch neue Haut über
das Fleisch. Aber am Ende lagen die fertigen Körper tot auf der Erde, es war
noch kein Leben in ihnen drin. 9 Jetzt sagte Gott zu mir: „Hey du, Mensch!
Jetzt sprich mit der Autorität eines Propheten zu der Kraft, die etwas Totes
lebendig macht. Sag: ‚Gott, der Chef vom ganzen Universum, befiehlt dir:
Du sollst jetzt aus allen Richtungen gleichzeitig auf diese toten Körper kom-
men! Puste sie an und mach sie wieder lebendig!‘“ 10 Ich zog alles genau
so durch, wie Gott es mir gesagt hatte. Und tatsächlich kam die Kraft in die
Körper, und sie wurden wieder lebendig, standen auf und bildeten eine
riesengroße und unübersehbare Menschenmenge. 11 Dann erklärte mir Gott,
was ich gerade gesehen hatte: „Hey du, Mensch! Diese Skelette und Kno-
chen stehen für die Leute von Israel. Die sagen von sich ja gerade: ‚Wir sind
am Ende, unsere Knochen tun uns weh, wir haben keine Hoffnung mehr,
wir sind verloren, unsre letzte Stunde hat geschlagen.‘ 12 Darum sollst du
mit der Autorität von einem Propheten zu ihnen sprechen. Du musst ihnen
sagen: ‚Das kommt jetzt von Gott, dem Chef über alles: Passt auf, ich
werde auf den Friedhof gehen und die Gräber dort öffnen. Ich hole euch,
meine Leute, dort raus. Ich werde euch nach Hause bringen, in das Land
von Israel. 13 Ihr werdet kapieren, dass ich Gott bin, wenn ich eure Gräber
aufmache und euch aus dem Tod rausholen werde. Ihr seid doch meine
Leute, ihr gehört zu mir! 14 Ich werde euch meine Kraft geben, meine Power
wird in euch reinfließen. Und dann bringe ich euch wieder in euer Land.
Dann werdet ihr kapieren, dass ich zu euch gesprochen habe und dass ich
das auch durchziehe, was ich ankündige. Das kommt jetzt von Gott.‘“

Israel und Juda kommen wieder zusammen

15 Später sagte Gott zu mir: 16 „Hey du, Mensch! Nimm dir mal ein Brett aus
Holz und schreibe Folgendes dadrauf: ‚Für Juda und die Leute von Israel,
seine Freunde‘. Dann nimm dir noch ein anderes Holzbrett und schreib da-
drauf: ‚Für Josef, das Holz von Efraim, alle Leute von Israel, seine Freunde‘.
17 Dann tackerst du die beiden Bretter so zusammen, als wären sie ein
Brett. Sie sollen so aussehen, als gehörten sie zusammen. 18 Wenn deine
Leute dich fragen, ob du ihnen nicht mal erzählen willst, was das Ganze
zu bedeuten hat, 19 dann kannst du ihnen antworten: ‚Das kommt jetzt von
Gott, dem Chef über das Universum: Passt auf, ich werde das Brett von
Josef, das zurzeit in der Hand vom Familienstamm Efraim ist, und das Brett
von Juda nehmen und sie zusammenfügen. Sie sollen zu einem Brett wer-

den.' 20 Du musst die beiden Bretter allen Leuten zeigen, sie sollen das
sehen. 21 Sag zu ihnen: ‚Das kommt jetzt von Gott: Passt auf, ich werde die
Leute von Israel aus dem Gebiet rausholen, wo sie jetzt leben. Ich sammle
sie dort auf, von den Völkern, die ohne mich leben, und bringe sie wieder
in ihr Land zurück. 22 Ich werde sie dort zusammenbringen, sie werden nur
noch eine Nation sein. Auf den Bergen von Israel wird es nur noch einen
Präsidenten geben, für beide Völker. Sie sollen sich in Zukunft nicht länger
in zwei Nationen aufteilen. 23 Dann werden sie sich nicht mehr länger ver-
drecken, indem sie sich auf diese ätzenden Plastikgötter einlassen. Mit dem
ganzen Dreck ist es dann vorbei. Ich werde sie rausholen, ich befreie sie
von ihrem Mist, den sie gebaut haben, ich mache sie sauber. Ich werde sie
retten, sie werden wieder meine Leute sein, und ich werde ihr Gott sein.
24 Jemand aus der Familie von David wird ihr neuer Präsident sein. Sie wer-
den alle nur noch einen Chef haben, sie werden nach meinen Gesetzen
leben. Meine Regeln werden ihnen wichtig sein, und sie werden die auch
umsetzen. 25 Sie werden in dem Land leben, das ich meinem Angestellten,
dem Jakob, geschenkt hatte. Dort haben die Leute, die vor euch lebten, frü-
her schon mal gewohnt. Ihre Familien werden dann dort leben, die Kinder
und auch die Kinder der Kinder, für immer. Und jemand wie David wird ihr
Chef sein, für immer. 26 Ich werde mit ihnen einen neuen Vertrag machen.
Einen Friedensvertrag, der dann für immer gelten wird. Diesen Vertrag biete
ich ihnen an. Dann werden sie sich wieder krass vermehren und ein großes
Volk werden. Und mein ganz besonderer Tempel wird auch für immer bei
ihnen stehen. 27 Ich werde bei ihnen leben. Ich werde ihr Gott sein, und
sie werden meine Leute sein. 28 Alle Menschen auf der Welt werden dann
kapieren, dass ich Gott bin und dass ich mir Israel extra ausgesucht habe.'"

38

Es wird einen heftigen Feind geben, der Gog heißt

1 Dann redete Gott mal wieder mit mir. Er sagte: 2 „Hey du, Mensch! Ich will,
dass du etwas zu Gog sagst, der im Land Magog regiert. Er ist der Präsident
über Rosch, Meschech und Tubal. Sprich mit der Autorität eines Propheten
zu ihm. 3 Sag: ‚Das kommt jetzt vom Chef, von Gott! Du bekommst es
jetzt mit mir zu tun, Gog, Präsident über Rosch, Meschech und Tubal! 4 Ich
steche dir einen Fleischerhaken in dein Kinn und werde dich an diesem
Haken herumführen. Ich hole dein ganzes Heer zusammen, viele gutaus-
gebildete Soldaten mit Motorrädern, schusssicheren Westen und Helmen
auf. 5 Deine Armee besteht auch aus Söldnern, Soldaten, die du angestellt
und bezahlt hast. Sie kommen aus Paras, Äthiopien und Put, alle ausgestat-
tet mit schusssicheren Westen und Helmen. 6 Leute von Gomer mit ihrem
großen Heer, Soldaten aus der Familie von Togarma, die aus dem äußersten

Norden stammen, mit ihrem ganzen Heer, und noch ein paar andere von unterschiedlichen Ländern sind auch mit dabei. 7 Mach dich klar, halte dich bereit, du und dein ganzes Heer, das bei dir ist! Steht in den Startlöchern, steht zur Verfügung. 8 Das dauert noch einige Zeit, aber irgendwann wirst du zum Einsatz kommen, es kommt der Befehl. Dann wirst du eingesetzt in dem Land, das vom Krieg wie leer gefegt wurde, alles lag in Trümmern. Seine Bewohner sind dem Krieg entkommen, und inzwischen haben sich dort viele fremde Völker wieder zusammengefunden. Sie wohnen auf den Bergen von Israel, die lange wie leer gefegt waren. Sie wurden von überallher zusammengebracht, und jetzt leben sie dort in Sicherheit. 9 Wie ein plötzliches Gewitter wirst du über sie hereinbrechen, du wirst wie eine dunkle Regenwolke sein, die über ihrem Land liegt. Deine Soldaten, aber auch die Soldaten von den vielen Völkern, die mit dir kämpfen, werden dafür sorgen.‘ 10 Gott sagt: ‚In der Zeit wirst du plötzlich eine ganz fiese Idee bekommen. Du machst dir einen Plan von einer sehr gemeinen Aktion, die du tun willst. 11 Und zwar sagst du dir: ‚Ich werde Krieg gegen ein Land führen, das kaum geschützt ist und wo die Leute sich bis jetzt immer in Sicherheit gefühlt haben. Sie lebten dort friedlich, ohne Schutzmauer, Grenzanlagen oder sonst was.‘ 12 Du hast Bock, die zu besiegen, weil es dort viele schöne Sachen zu klauen gibt. Da wohnen Leute, die aus allen möglichen Ländern mal dort hingezogen sind. Sie bauten die zerstörten Städte wieder auf. Jetzt gibt es wieder reichlich Tiere und andere Sachen dort, im sogenannten Mittelpunkt der Erde. 13 Die Händler und die Besitzer von Im- und Exportfirmen (aus Saba, Dedan oder aus der Stadt Tarschisch, was weit entfernt liegt) werden zu dir sagen: ‚Bist du gekommen, um dir alles zu zocken, was gerade hier ist? Bist du mit deiner großen Armee angerückt, um ganz viel Geld, Gold und auch Tiere von hier abzuziehen?‘ 14 Darum sollst du, als ein Prophet, zu Gog Folgendes sagen: ‚Das kommt jetzt von Gott, dem Chef über alles, was es gibt: Irgendwann, wenn meine Leute nicht damit rechnen, wenn sie denken, alles sei in Ordnung, 15 dann wirst du aus dem Land kommen, wo du zu dem Zeitpunkt wohnst. Vom äußersten Norden her wirst du aufmarschieren, und es werden viele Soldaten aus unterschiedlichen Völkern in deiner Armee mitkämpfen. Es wird ein richtig großes Heer sein! 16 Du wirst gegen meine Leute von Israel ziehen. Es werden so viele sein, dass man das Gefühl hat, eine dunkle Wolke zieht über das Land. Das wird alles passieren, wenn es zu Ende geht mit der Welt. Dann werde ich dafür sorgen, dass du gegen meine Leute in den Krieg ziehst. Ich werde allen zeigen, dass ich etwas ganz Besonderes bin, und jeder kriegt das mit. Sie werden das daran sehen, was ich mit dir mache.‘ 17 Und Gott, der Chef, sagt dir: ‚Bist du nicht der Typ, von dem ich schon immer durch meine Prophetentypen in Israel geredet habe? Schon vor Ewigkeiten hab ich durch die angekündigt,

dass ich dich schicken werde, um gegen sie zu kämpfen!‘ 18 An dem Tag, wo
dieser Gog in das Land von Israel einmarschiert, da werde ich noch mal
richtig sauer werden. 19 Als ich das gesagt habe, war ich ja schon richtig
krass sauer. Ich schwöre dir, dass es an dem Tag ein Erdbeben der Stärke 9
in Israel geben wird! 20 Sogar die Tiere werden Angst bekommen: alle
Fische, Vögel, Kühe bis hin zum Regenwurm und zur Ameise. Natürlich
werden auch alle Menschen auf der Erde Panik bekommen. Die Berge
werden explodieren, und die Felsen stürzen zusammen. Jede Mauer wird
in sich zusammenfallen, so krass wird das Erdbeben sein. 21 Dann werde ich
es so organisieren, dass alle Völker, die in den Bergen leben, Gog den Krieg
erklären. Das verspreche ich hiermit, ich, Gott, der Chef! Jetzt wird es heftige
Schlachten geben, sie werden sich gegenseitig abknallen. 22 Ich werde sie
bestrafen, ich werde dafür sorgen, dass ganz viel Blut fließt oder dass sie mit
einer tödlichen Krankheit angesteckt werden. Dazu organisier ich noch ein
paar Naturkatastrophen. Einen Tsunami, Regen ohne Ende, Hagelkörner,
Blitze und Feuer lass ich auf sie runter, auf sie und auf die vielen Truppen,
die mit ihnen dort sind. 23 Alle Nationen werden es mitkriegen, wenn ich
zeige, was ich draufhab und dass ich etwas ganz Besonderes bin. Dann wer-
den sie kapieren, dass ich Gott bin.‘“

39

Die letzte Stunde von Gog hat geschlagen

1 „Hey du, Mensch! Ich will, dass du als Prophet zu Gog sagst, dass
seine letzte Stunde geschlagen hat! Sag ihm: ‚Das kommt jetzt vom Chef,
von Gott! Pass auf, Gog, Chef über die Völker Meschech und Tubal! Ich
werde gegen dich kämpfen! 2 Ich werde dich führen, ich werde dir auf die
Nerven gehen, ich werde dafür sorgen, dass du vom äußersten Norden
wegziehst, in die Berge von Israel. 3 Dort werde ich dir dein MG aus der
rechten Hand schlagen, und deine Patronen werden dir aus der linken Hand
auf den Boden fallen. 4 Du wirst auf den Bergen von Israel sterben und mit
dir zusammen dein ganzes Heer und die Heere der anderen Völker, die
mit dir kämpfen. Ich werde dafür sorgen, dass ihre Leichen von Geiern, Els-
tern und Ratten aufgefressen werden. 5 Deine Armee wird auf einer freien
Fläche geschlagen werden. Das habe ich dir angekündigt, ich, der heftige
Gott, dem nichts unmöglich ist. 6 Ich werde dafür sorgen, dass die Städte
im Land Magog und am Meer alle abbrennen werden. Die Menschen leben
dort und machen sich zurzeit keine Sorgen. Dann werden sie kapieren,
dass ich der Chef bin. 7 Und ich werde zeigen, dass ich der heftige, der ganz
besondere Gott bin, der mitten unter seinen Leuten, dem Volk Israel, wohnt.
Ich lasse es nicht zu, dass mein Name in den Dreck gezogen wird. Alle
Völker, die nicht mit mir leben, sollen kapieren, dass ich Gott bin, der ganz

besondere Gott von Israel. 8 Passt auf, es wird genau so passieren! Von
diesem Tag hab ich schon vor langer Zeit gesprochen.'"

Das Feld, wo der Krieg stattgefunden hat, wird geplündert

9 „Wenn das passiert ist, werden die Bewohner der Städte von Israel loszie-
hen. Sie werden die Waffen einsammeln, die auf dem Schlachtfeld liegen-
geblieben sind, und die Tanklaster mit Heizöl und Diesel abfüllen und alles
mit nach Hause nehmen. Damit werden sie dann ihre Wohnungen heizen.
Dazu nehmen sie alles, was aus Holz ist, sowie das Heiz- und Dieselöl, die
Schutzanzüge und alles, was brennt. Sie sammeln auch die MGs ein, die
Handgranaten und Helme. Dieser Vorrat wird so viel sein, dass man damit
sieben Jahre lang heizen kann. 10 Man wird kein Gas oder Öl mehr einkau-
fen, kein Holz mehr im Wald absägen müssen, sondern nur mit dem geplün-
derten Material die Öfen heizen. Auf die Art werden die Männer, die Israel
eigentlich abzocken wollten, selber abgezockt. Das sagt der Gott, dem nichts
unmöglich ist." 11 Gott sagt: „An dem Tag werde ich für Gog einen Platz aus-
suchen, wo er in Israel begraben wird. Und zwar wird der im Karawanental,
östlich vom Toten Meer, sein. Das Grab wird so groß sein, dass es unmög-
lich ist, einen Umweg dadrum zu machen, wenn man zum Meer im Osten
will. Dort wird Gog mit seinem ganzen Reichtum begraben werden. Ab dann
wird man dieses Tal nur noch ‚Das Tal, wo die Armee von Gog begraben
wurde' nennen. 12 Die Leute von Israel werden sie dort verbuddeln, damit
das ganze Land sauber gemacht wird, es soll rein sein. Das wird sieben
Monate dauern. 13 Alle Leute, die in dem Land leben, werden sie dort begra-
ben. Dadurch werden sie auch etwas von dem Applaus an dem Tag abbe-
kommen, an dem ich zeige, was ich wirklich draufhab. Das sagt Gott, der
Chef über alles. 14 Wenn die sieben Monate rum sind, wird man ein paar
Männer losschicken, die das ganze Land absuchen. Sie werden schauen, ob
da noch irgendwo ein paar Leichen rumliegen, die nicht beerdigt wurden.
Die werden sie dann noch verbuddeln, um das Land sauber zu machen, sie
machen es rein. 15 Wenn jemand einen Knochen von einem Menschen fin-
det, dann steckt er eine kleine Fahne daneben in die Erde. Dann sehen das
die Leichenbestatter und können es in dem ‚Tal, wo die Armee von Gog
begraben wurde' besser verbuddeln. 16 Die Stadt wird auch einen speziellen
Namen bekommen, der über den Untergang der Armee von Gog geht. Auf
die Art wird das ganze Land sauber gemacht werden." 17 Dann sagte Gott
weiter: „Hey du, Mensch! Rede als ein Prophet zu den Elstern und Geiern
und zu den Ratten und den wilden Tieren in der Gegend. Befiehl ihnen:
‚Alles mal herhören! Ihr seid von überall her eingeladen, an einem großen
Opferessen teilzunehmen! Es gibt Fleisch und Blut bis zum Abwinken!
18 Es dreht sich um die Leichen von den besten Soldaten und das Blut von

den Chefs im Land. Sie sind wie fette Schafe, die gut gefüttert wurden,
oder wie die Kühe oder Stiere aus Baschan. [19] Ihr sollt so viel essen, bis ihr
platzt, und so viel trinken, bis es euch zu den Ohren wieder rausläuft. Es ist
wie ein Dankopfer von mir, das ich euch schenke. [20] Ich lade euch ein, langt
ordentlich zu. Auch an den ganzen Kriegsgeräten, den Panzern und Motor-
rädern mit den ganzen guten Soldaten könnt ihr euch bedienen. Das sagt
Gott, der Chef über alles!'"

Was mit Israel passieren wird

[21] Gott sagt: „Wenn ich Gog bestrafe, wenn ich an ihm zeige, was ich drauf-
hab, dann werden alle Menschen sehen, dass ich der Chef bin. Sie werden
mitkriegen, dass ich ein Urteil gesprochen habe und das auch durchziehe.
[22] Auch alle Leute von Israel werden das kapieren. Sie werden verstehen,
dass ich der Chef, dass ich Gott bin, und sie werden es auch in Zukunft nicht
mehr vergessen. [23] Die anderen Völker auf der Welt werden kapieren, dass
ich Israel bestrafen musste, weil sie richtig Mist gebaut haben. Sie haben
mich abgezogen, sie waren mir nicht treu. Darum hab ich sie alleine gelas-
sen, darum hab ich mich von ihnen entfernt. Das war auch der Grund,
warum ich sie in die Hand ihrer Feinde gegeben habe, so wurden sie alle im
Krieg abgeknallt. [24] Die Leute von Israel haben sich total verdreckt, sie haben
Mist gebaut, darum musste ich sie verlassen und sie bestrafen." [25] Gott
sagt: „Aber jetzt werde ich sie da rausholen, und alles wird gut werden bei
den Israeliten. Ich werde ihnen wieder zeigen, dass ich die Familie von Israel
liebe, und ich werde mich dafür einsetzen, dass mein Name nicht länger in
den Dreck gezogen wird. [26] Wenn ich sie wieder in ihr Land geholt habe und
sie dort sicher wohnen, wird es ihnen voll peinlich sein, wie untreu sie mir in
der Vergangenheit waren. [27] Das wird passieren, wenn ich sie von überallher
wieder aus den Ländern, wo ihre Feinde leben, aufgesammelt und zurück-
gebracht habe. Ich werde ihnen zeigen, dass ich etwas ganz Besonderes bin,
ich bin heilig. Die Völker, die nicht mit mir leben, werden das alle mitkriegen.
[28] Sie werden kapieren, dass ich der Chef, dass ich Gott bin. Ich hatte dafür
gesorgt, dass sie als Kriegsgefangene verschleppt wurden. Aber ich habe sie
auch wieder zusammengesammelt, und ich werde niemanden dort zurück-
lassen. Das sagt Gott, der Chef. [29] Ich werde mich ab dann nie mehr von
ihnen entfernen, ich verstecke mich nie mehr. Ich werde meine Kraft, meinen
Geist auf meine Leute ausgießen. Das sagt Gott, der Chef über alles."

40

Eine Vision, wie der Tempel in Zukunft aussehen wird

[1] In dem 25. Jahr, seitdem wir in Kriegsgefangenschaft waren, hatte ich ein
heftiges Erlebnis. Und zwar passierte das an einem 10. des Monats, es war

im 14. Jahr, nachdem Jerusalem von den Feinden eingenommen wurde.
Gott legte irgendwie seine Hand auf meine Schulter, und plötzlich war ich
wie weggebeamt und hatte eine Vision. 2 In dieser Vision flog er mit mir
in das Land Israel und setzte mich auf einem sehr hohen Berg ab. Auf der
Südseite von diesem Berg war irgendwie ein Bau, der aussah wie eine
Stadt. 3 Gott flog mit mir dahin. Am Ortseingang stand ein Typ, der aussah
wie eine Figur aus Metall. In seiner Hand hatte er ein Lineal und dazu
einen größeren Zollstock. 4 Der Typ sagte zu mir: „Hey du, Mensch! Sperr
mal deine Lauscher auf und schau dich um! Ich will, dass du auf Empfang
schaltest, wenn ich dir gleich etwas zeige. Das ist nämlich der Grund,
warum du überhaupt hier bist. Du musst den Leuten von Israel unbedingt
davon erzählen, was du hier gesehen hast!“ 5 Jetzt bemerkte ich, dass der
ganze Tempel von einer großen Mauer umschlossen war. In der Hand
von dem Typen war ein sehr großer Zollstock, mit einer Länge von ungefähr
drei Metern. Mit diesem Teil maß er jetzt die Außenmauer aus. Er kam genau
auf eine Höhe von drei Metern und einer Dicke von ebenfalls drei Metern.
6 Als Nächstes ging er in den Eingang, der auf der Ostseite vom Tempel lag.
Dort maß er die Türen aus, wie tief die gebaut waren. Auch hier war das
Ergebnis drei Meter. 7 Der Raum, wo das Wachpersonal vom Tempel lebte,
war auch drei Meter lang und drei Meter breit. Der Raum, der zwischen
dem Zimmer vom Wachpersonal lag, war 5,5 Meter lang. Vom Eingang des
Tempels bis zum Eingang von der Vorhalle lagen vier Meter. 8 Dann rech-
nete er auch noch das Tor aus, welches auf der Innenseite in der Vorhalle
war. Hier kam er auch auf vier Meter. 9 Jetzt kamen noch mal die Tore in der
Vorhalle dazu, die jeweils vier Meter groß waren. Die Pfeiler waren einen
Meter dick. Die Vorhalle lag dabei auf der Innenseite des Tempels. 10 Es gab
jeweils drei Dienstzimmer, am Osttor auf jeder Seite. Alle waren gleich
groß, genauso wie die Pfeiler, die auf der Seite standen. 11 Dann maß er
die Entfernung zwischen den Türen und kam auf fünf Meter. Auf der anderen
Seite betrugen sie 6,5 Meter. 12 Vor den Dienstzimmern war noch eine Ab-
grenzung, die einen halben Meter hoch war. Jedes Dienstzimmer hatte die
Größe von drei mal drei Metern. 13 Jetzt kam die Breite von der Rückwand
der Nischen auf der linken Seite dran, bis zur Rückwand der Nischen auf
der rechten Seite. Das waren 12,5 Meter. 14 Als Nächstes kam dann die Vor-
halle: Sie war zehn Meter breit und zehn Meter lang. An jeder Seite dieser
Halle gab es ein Tor, das in einen neuen Vorhof führte. 15 Von der vorderen
Kante des Eingangstores bis zur Vorderseite der Vorhalle war das Innenmaß
2,5 Meter. 16 In den Dienstzimmern waren ringsherum vergitterte Fenster.
Auch in der Vorhalle waren überall Fenster. Die Pfeiler in der Vorhalle waren
mit Palmen verziert.

Wie der äußere Bereich und die anderen Tore aussahen

17 Jetzt brachte mich der Typ in den äußeren Vorhof. Dort waren ringsherum
dreißig Räume, die nebeneinanderlagen. Jeder dieser Räume war am Boden
mit Steinplatten ausgelegt. 18 Dieser Belag ging genauso weit in den Vor-
hof rein wie die großen Tore. Wobei der Teil mit den Steinplatten vom äuße-
ren Vorhof etwas niedriger lag als der Vorhof drinnen. 19 Dann maß der Typ
den Abstand von dem Tor von der Vorderseite bis zu dem Tor, was etwas
höher lag, im inneren Bereich des Vorhofes. Es waren 50 Meter. 20 Am äuße-
ren Vorhof war auch ein Tor, dessen Vorderseite nach Norden zeigte. Auch
dieses Tor wurde ausgemessen. 21 Es war genauso groß wie das Tor im
Osten, 25 Meter lang und 12,5 Meter breit. 22 Die Fenster, die Vorhalle und
auch die Palmenverzierungen waren genauso wie dort. Hier gab es auch
sieben Stufen, die in den Eingang vom Tor reinführten. 23 Das Tor, was zum
inneren Vorhof führte, lag genau gegenüber von den Toren im Norden und
Osten. Der Typ maß den Abstand zwischen diesen äußeren und inneren
Toren und kam auf 50 Meter. 24 Als Nächstes führte er mich in Richtung
Süden. Da gab es auch ein Tor. Wieder maß er die Größe von den Pfeilern
und der Vorhalle. Es war alles genau gleich, wie bei der Messung vorher.
25 Auch die Fenster in dem Tor und in der Vorhalle von dem Tor waren
genauso angeordnet wie die, die er vorher gemessen hatte. Insgesamt war
es auch 50 Meter breit. 26 Sieben Stufen führten dorthin. Auf der Innenseite
lag die Vorhalle. Die beiden Pfeiler von diesem Tor waren auch wieder mit
ein paar Palmen verziert. 27 Auf der Südseite war wieder ein Tor, das zum
Innenhof ging. Wieder wurde von dem Typen die Entfernung gemessen, und
er kam auf 50 Meter.

Die Tore im inneren Bereich

28 Schließlich brachte mich der Mann durch das Südtor in den inneren
Bereich. Dann maß er die Entfernungen und kam wieder auf die gleichen
Maße, wie sie vorher auch waren. 29 Alles war genauso wie vorher, die
Dienstzimmer, die Pfeiler und die Vorhalle. Auch hier gab es ringsherum
dieselben Fenster. Sie waren 25 Meter lang und 12,5 Meter breit. 30 Rings-
herum waren, wie gesagt, Vorhallen, die 25 Meter lang und 12,5 Meter breit
waren. 31 Diese lagen am äußeren Vorhof. An den Pfeilern in der Halle waren
wieder ganz viele Palmen gefräst. Um dort reinzugehen, musste man eine
Treppe mit acht Stufen hochsteigen. 32–37 Jetzt führte mich der Typ noch auf
die Ostseite und maß auch das Tor, welches dort lag. Dann vermaß er noch
das Tor auf der Nordseite. Beide Tore waren gleich groß wie das Tor im
Süden. Auch die Dienstzimmer inklusive Pfeilern und Vorhalle waren gleich
groß. Ebenso waren die Eingänge mit den Fenstern und der Vorhalle gleich
groß. Diese Vorhallen waren so gebaut, dass sie senkrecht zum äußeren

Vorhof standen. Und die Pfeiler dort waren mit Palmen geschmückt. Acht Stufen führten zum Eingang.

Noch ein paar Details im inneren Bereich vom Vorhof

38 Hinter den Pfeilern vom Tor war der Eingang zu einem besonderen Raum.
Hier wurden immer die Abfackelopfer sauber gemacht. 39 In der Vorhalle
von dem Tor standen an beiden Seiten zwei Tische. Auf diesen Tischen wur-
den das Abfackelopfer und das Opfer geschlachtet, was man brauchte, wenn
jemand Mist gebaut hat. 40 An der Außenwand standen neben dem Ein-
gang von dem Tor im Norden noch mal zwei Tische. An den Wänden auf
der gegenüberliegenden Seite der Vorhalle standen auch noch mal zwei
Tische. 41 Also standen immer vier Tische an den beiden äußeren Wänden
in der Vorhalle vom Tor. Auf diesen Tischen wurden die Tiere getötet, die
dann geopfert werden sollten. 42 Die vier Tische waren aus Granitsteinen
gebaut. Sie waren 75 Zentimeter breit und 50 Zentimeter hoch. Auf diese
Steine stellte man die Geräte drauf, die nur für das Abfackelopfer oder das
Opfer, wenn man Mist gebaut hatte, gebraucht wurden. 43 Die Haken, mit
denen man das Fleisch aufhängte, waren 30 Zentimeter lang. Diese Haken
hingen überall im Gebäude. Das Fleisch legte man immer auf die Tische.
44 Neben dem Tor im Norden und dem Tor im Süden war jeweils noch ein
Raum, dessen Tür zum inneren Vorhof ging. Der Raum am Nordtor zeigte
in Richtung Süden und der am Südtor in Richtung Norden. 45 Der Typ,
der mich dort rumführte, sagte dann: „Dieser Raum, der nach Süden zeigt,
ist für die Priester, die im Tempel arbeiten. 46 Der Raum auf der anderen
Seite ist für die Priester, die die Schichten für das Opfern am Opfertisch,
dem Altar, übernommen haben. Die Männer am Altar kommen alle aus der
Familie von Zadok. Sie stammen von Levi ab, es ist also die Familie, wel-
che als Priester in Gottes Nähe kommen dürfen, um zu tun, was er ihnen
gesagt hat.“ 47 Dann vermaß der Typ noch den inneren Vorhof. Er war
viereckig angelegt und hatte eine Länge von 50 Metern. Vor dem Tempel-
haus stand der Opfertisch, also der Altar. 48 Jetzt brachte er mich in die
Vorhalle von diesem Tempelhaus. Dort wurde auch gleich wieder der Zoll-
stock rausgeholt. Die große Tür am Eingang war sieben Meter breit, die klei-
nen Mauern rechts und links von der Tür waren jeweils 1,5 Meter hoch und
2,5 Meter dick. 49 Die Halle war zehn Meter breit und sechs Meter tief. Es
gab zehn Stufen, die man hochsteigen musste, um nach oben zu kommen.
Vor den kleinen Mauern stand auf jeder Seite vom Eingang eine Säule.

41

Ein Traum, wie der Tempel mal aussehen wird

1 Schließlich führte der Typ mich in den inneren Bereich des Tempels. Dort
musste er wieder erst einmal was messen. Und zwar stellte er fest, dass
die Pfeiler, die an den Seiten standen, drei Meter dick waren. 2 Die Türen
waren fünf Meter breit, und die beiden Seitenwände neben den Türen waren
auch fünf Meter breit. Dann legte er noch seinen Zollstock auf den Boden
und maß die ganze Länge der Tempelhalle. Er kam auf 20 Meter in der
Länge und zehn Meter in der Breite. 3 Dann ging er in den allerderbsten
Bereich, der ganz hinten im Tempel lag. Dort maß er die Pfeiler, die am
Eingang standen. Sie waren einen Meter breit. Der Eingang selbst war drei
Meter breit, und die Seitenwände am Eingang waren 3,5 Meter breit. 4 Der
Raum war 20 Meter breit und zehn Meter tief. Der Typ sagte zu mir: „Dieser
Raum ist der allerderbste, der heilige Bereich!"

Gebäude vor dem Tempel

5 Jetzt legte der Typ noch mal den Zollstock an die Tempelmauern. Sie waren
drei Meter dick. Die kleinen Gebäude, welche direkt an den Tempel drangebaut waren, hatten eine Dicke von zwei Metern. 6 In diesem Anbau waren
hintereinander auch noch einige Nebenräume. Insgesamt dreißig Stück
mit jeweils drei Stockwerken waren dorthin gebaut worden. Vor der Mauer
von dem Tempel waren überall kleine Vorsprünge, in welche die Deckenbalken eingesetzt waren. Darum war es nicht nötig, direkt in die Wand vom
Tempel Löcher zu hauen, um die Balken dort aufzulegen. 7 Durch diese
Nebenräume wurde der ganze Bau auf einer bestimmten Höhe immer breiter. Das ganze Tempelgebäude war ja einmal drum herum mit Gebäuden
und Mauern umbaut worden. So war es möglich, über das unterste Stockwerk von außen, bis ganz nach oben, auf das Dach hochzusteigen. 8–11 Die
äußeren Mauern waren 2,5 Meter dick. Einmal um den ganzen Anbau lag
eine überdachte Terrasse, die in drei Metern Höhe angebaut war. Die Terrasse hatte dabei eine Breite von 2,5 Metern. Jeder Teil der Terrasse hatte
zwei Türen, die sich zum Anbau hin öffnen ließen. Eine davon war im Norden und eine im Süden. Direkt an der Terrasse lag ein freier Raum, der zehn
Meter breit war. 12 Dann gab es noch ein Gebäude, das an der Vorderseite
westlich vom Tempelhaus lag. Es war innen 45 Meter breit und 35 Meter
lang. Seine Mauern waren 2,5 Meter dick.

Die Maße des Tempels

13–15 Jetzt maß der Typ noch den ganzen Umfang des Tempelgebäudes. Er
kam auf 50 Meter Länge und 50 Meter Breite, inklusive des unbebauten

Streifens, der auf beiden Seiten lag. Das Gebäude im Westen vom Tempel-
haus war 50 Meter breit und 50 Meter lang, inklusive der freien Flächen.
Die Stufen, welche sich auf beiden Seiten des Gebäudes befanden, waren
genauso lang. Alle wurden genau ausgemessen, sowohl das Innere des Tem-
pels wie auch die Vorhalle. 16 Übrigens waren die Wände bis zu den Fens-
tern, und auch der Boden, rundum mit Holz verkleidet. Vor den Fenstern
gab es die Möglichkeit, Rollläden runterzulassen. 17 Auch die Wand über
dem Eingang und das ganze Tempelhaus war von außen und innen mit Holz
verkleidet. Dabei passte alles genau zusammen und war exakt ausgemessen
worden. 18 An den Wänden hingen ein paar Engelsfiguren und Poster von
Palmen. Das Ganze war immer im Wechsel, also zuerst eine Engelsfigur,
dann ein Poster, dann wieder eine Engelsfigur. Die Engel hatten dabei zwei
Gesichter. 19 Das eine Gesicht schaute in Richtung der Palme auf der einen
Seite und das andere in Richtung der Palme auf der anderen Seite. So war es
im ganzen Tempelhaus gehalten. 20 An der Wand vom Tempelraum waren
beim Eingang, vom Boden bis zur Decke, diese Engel und die Palmenposter
angebracht. 21 Die Tür am Eingang hatte einen Rahmen, der in vier Ebenen
abgestuft war. Vor dem allerderbsten Bereich im Tempel stand 22 ein Opfer-
tisch, der aus Holz war. Er hatte die Maße 1,5 Meter hoch und einen Meter
mal einen Meter breit. An jeder Ecke waren Hörner angebracht. Die Seiten-
wände von diesem Tisch waren auch aus Holz. Der Typ sagte zu mir: „Das
ist der Opfertisch, der direkt vor Gott steht!“ 23 Der Eingang zum Tempel-
haus hatte zwei Türen, und auch der Eingang zum allerderbsten Bereich
hatte so eine Doppeltür. 24 Diese Türen waren wie Salontüren mit zwei Tür-
flügeln. Dann gab es daneben noch zwei Drehtüren. 25 Die waren alle genau
mit den gleichen Engelsfiguren und einem Palmenbild versehen worden, wie
sie auch auf den Wänden waren. Vor der Halle war an der Vorderseite noch
eine Regenrinne angebracht worden. 26 An den beiden Seitenwänden der
Vorhalle und den Nebenräumen vom Tempel waren überall verschließbare
Fenster. Dazu gab es immer wieder ein paar Palmen, womit die Wände
verziert waren.

42

Die Vision vom zukünftigen Tempel geht weiter

1 Jetzt führte mich der Typ in den äußeren Vorhof über den Weg, der Rich-
tung Norden geht. Dort brachte er mich zu einem Gebäude, das viele kleine
Zellen hatte. Es lag rechts neben dem Bau, der hinter dem Tempel und dem
freien Platz war. 2 Die Größe von diesem Gebäude betrug 50 Meter, gemes-
sen an der Längsseite vom Nordeingang. Es war dabei 25 Meter breit. 3 Das
Haus lag auf der einen Seite von dem freien Platz, der auf der Rückseite
vom Tempel war. Auf der anderen Seite stieß er an die Platten von dem Weg,

der zum äußeren Vorhof führte. Dieser Weg war wie eine Terrasse angelegt,
die drei unterschiedliche Stockwerke hatte. 4 Vor den Zellen auf der Nord-
seite war ein Gang, der fünf Meter breit war. Dieser Gang führte zum inneren
Vorhof und war 50 Meter lang. 5 Die oberen Zellen waren etwas schmaler
als die unteren und die in der Mitte von dem Bauwerk, weil sie von den Gale-
rien etwas beschnitten wurden. 6 Sie hatten drei Stockwerke, aber nicht sol-
che Säulen wie die in den Vorhöfen. Der ganze Bau war vom Boden her
stufenförmig, von einer Terrasse zur nächsten gebaut worden. Jeder Raum
wurde von Stockwerk zu Stockwerk kleiner. 7 Es gab da auch eine Mauer,
die draußen parallel zu den Zellen, stand. Sie lag in Richtung zum äußeren
Vorhof, an der Vorderseite von diesen Zellen. Diese Mauern hatten eine
Länge von 50 Metern. 9 Zu diesen Türen kam man über einen Weg aus Rich-
tung Osten, wenn man vom äußeren Vorhof auf das Gelände ging. 10 Auf
der Südseite lag ein Gebäude mit mehreren Räumen, das an die Mauer am
äußeren Vorhof angrenzte. Das Ganze lag links neben dem Bau, hinter
dem Tempel, auf dem freien Platz vor diesem Gebäude. 11 Hier gab es auch
einen Gang, der an der Front vom Eingang entlanglief. Das ganze Gebäude
war auf beiden Seiten identisch aufgebaut. 12 Auch zu den Eingängen der
Zellen, die im Süden lagen, gab es eine Tür. Die lag am Anfang des Weges,
der an der Schutzmauer entlanglief. Dieser Weg war nach Osten hin offen,
wenn man dort reinging. 13 Der Typ sagte zu mir: „Diese Zellen im nörd-
lichen Teil des Gebäudes und die Zellen im südlichen Teil entlang von dem
abgelegenen Platz sollen ganz besondere Zellen sein. Hier sollen die Pries-
ter sich mit Gott treffen. Und dann sollen sie von den ganz besonderen
und heiligen Sachen essen, die geopfert wurden. Und auch die besonderen
Geschenke, die für Gott sind, das Essensopfer und das Opfer, wenn man
Mist gebaut hat, das Wiedergutmach-Opfer, sollen hierher. Dieser Raum ist
etwas ganz Besonderes, er ist heilig! 14 Nachdem die Priester ihren Job im
besonderen Bereich im Tempel erledigt haben, dürfen sie nicht sofort wieder
in den äußeren Vorhof zu den anderen Leuten gehen. Sie sollen sich erst
einmal umziehen, ihre Arbeitsklamotten, in denen sie die Opfer durchgezo-
gen haben, müssen ausgezogen werden. Diese Kleidung ist dann nämlich
auch etwas Besonderes, Heiliges geworden. Nachdem sie sich umgezogen
haben, dürfen sie in den Bereich gehen, wo die normalen Leute auch sind."

Die Größe vom ganzen Tempelbezirk

15 Nachdem der Typ mit dem Ausmessen vom inneren Teil des Tempel-
bezirks fertig war, führte er mich nach draußen zum Osttor. Von dort wollte
er noch mal den ganzen Tempelbezirk messen. 16–20 Um den ganzen Bezirk
war eine Mauer gebaut worden. Als Erstes maß der Typ die Ostseite und
kam auf 125 Meter. Danach maß er die drei Seiten, die noch übrig waren,

und die waren auch jeweils 125 Meter lang. Diese Mauer sollte das ganz
besondere, gottmäßige Land um den Tempel vom normalen Land trennen.

43

Noch eine Vision: Gott kommt wieder in den Tempel

[1] Jetzt führte mich dieser Typ zum Eingang, also dem Eingang, der im Osten
lag. [2] Plötzlich sah ich Gottes ganz besonders krasse Art aus Richtung Osten
kommen! Es war total heftig, man konnte so ein lautes Rauschen hören,
wie an einem riesengroßen Wasserfall. Die ganze Erde fing zu leuchten an,
weil Gott da war! [3] Dieses Licht, das ich dort sah, war genau so wie das
Licht, als Gott die ganze Stadt plattgemacht hatte. Diese Erscheinung war
dieselbe, die ich damals am Fluss Kebar gesehen hatte. Ich legte mich
sofort flach auf den Boden. [4] Gottes ganz besonders krasse Art zog durch
die Tür im Osten in den Tempel rein. [5] Plötzlich beamte mich die Kraft von
Gott mitten in den inneren Vorhof vom Tempel. Von dort konnte ich sehen,
wie Gottes ganz besonders krasse Art auf dem Tempel und auch überall
im ganzen Tempel gleichzeitig war. [6] Jetzt hörte ich, wie mich jemand aus
dem Tempel rief. Dieser eine Typ stand aber die ganze Zeit neben mir.
[7] Diese Stimme sagte: „Hey du, Mensch! An diesem Platz steht mein Chef-
sessel! Davor steht ein kleiner Tisch, auf den ich meine Füße lege. Ich
möchte hier für immer sein und bei meinen Leuten wohnen. Die Leute von
Israel werden meinen besonderen Namen nicht mehr in den Dreck ziehen.
Ihre Präsidenten werden das nicht mehr tun, und auch durch ihren ätzenden
Lebensstil, in dem sie zu Plastikgöttern beten, wird das nicht mehr passie-
ren. Auch dadurch, dass sie die Leichen von ihren Präsidenten hier verbud-
deln, werde ich mich nicht mehr verdrecken lassen. [8] Das passiert auch,
wenn ihre Präsidenten gleich neben meinem Haus ihr eigenes Haus bauen,
weil sie meine direkten Nachbarn sein wollen, nur noch von einer Wand
getrennt. Durch den ganzen Mist, den die gebaut haben, wurde ich auch mit
Dreck beschmissen. Dadurch haben sie mich provoziert, und ich musste
sie deswegen kaputt machen. [9] Ab jetzt werden sie aber ihren ganzen Ätz-
kram und auch die Leichen von ihren Präsidenten von mir fernhalten. Ich
werde wieder bei ihnen wohnen, und zwar für immer. [10] Deine Aufgabe ist
es, den Leuten von Israel zu erzählen, wie der neue Tempel aussieht. Wenn
ihnen klarwird, um was für ein Riesenteil es sich hier dreht, wird es ihnen
voll leidtun, dass sie so viel Mist gebaut haben. [11] Wenn sie sich wegen dem
ganzen Mist schämen, kannst du ihnen noch mal ganz genau die Pläne
zeigen, die ich dir vom Tempel gegeben habe. Zeig ihnen, wie er von innen
aussehen soll, die Ein- und Ausgänge usw. ... Schreibe ihnen auch genau
die Regeln und Gesetze auf, die eingehalten werden müssen, wenn man im
Tempel Dienst schiebt. Ich möchte, dass sie sich die merken und sich daran

halten. [12] Eine Sache, die den Tempel angeht, gilt auf jeden Fall: Oben auf dem Berg, wo der Tempel steht, soll das ganze Grundstück, inklusive der Umgebung, radikal Gott gehören, er ist heilig! Das ist das wichtigste Gesetz, das den Tempel angeht.“

Der Opfertisch, wo die Abfackelopfer durchgezogen werden, wird eingeweiht

[13] Jetzt kommen noch mal die genauen Maße, was den Opfertisch angeht, den Altar. Unter diesem Tisch liegt ein kleiner Graben, der 50 Zentimeter breit und 50 Zentimeter tief ist. Vor diesem Graben ist noch mal eine kleine Mauer gezogen, deren Rand 25 Zentimeter hoch ist. [14] Über diesem Graben, auf einem Absatz, steht ein Opfertisch auf einem Sockel. Von dem Sockel, bis zum Absatz, ist es einen Meter, dann geht die Wand vom Tisch wieder um 50 Zentimeter nach hinten. Dann kommt der Sockel, der zwei Meter hoch ist, bis wieder eine Wand 50 Zentimeter nach hinten geht. [15] Von dort geht der Tisch noch einmal zwei Meter nach oben. Auf diesem Teil werden die Opfersachen gekocht. Hier sind an den Ecken jeweils vier Hörner angeschraubt. [16] Dieser Herd, wo die Opfer gekocht werden, hat die Größe von sechs mal sechs Metern. [17] Die nächste Stufe ist sieben Meter lang und sieben Meter breit. Der Graben ist 50 Zentimeter breit und die kleine Mauer um den Graben 25 Zentimeter. Die Stufen gehen in Richtung Osten. [18] Gott sagte zu mir: „Hey du, Mensch! Das kommt jetzt von mir, von Gott, dem Chef über alles! Ich sage dir jetzt die Gesetze, die für den Opfertisch bestimmt sind. Sie gelten von dem Tag an, als er gebaut worden ist, und sie beschreiben, wie man ein Abfackelopfer dort durchzieht und wie man das mit dem Blutbesprengen macht. [19] Nur die Priester aus der Familie von Zadok vom Familienstamm Levi dürfen ja in meine Nähe kommen und mir dort dienen. Ich möchte, dass sie dort einen Stier für mich abfackeln, als ein Opfer, das man macht, wenn einer Mist gebaut hat. [20] Du sollst mit dem Blut von dem Stier die vier Hörner bestreichen, die am Opfertisch angeschraubt sind. Auch die vier Ecken an den Stufen und der kleinen Mauer sollen ganz unten bestrichen werden. Auf die Art machst du das Teil gottmäßig sauber, es wird so von seinem Dreck befreit. [21] Anschließend sollen die Reste vom Stier, die von diesem Opfer übrig geblieben sind, verbrannt werden. Das macht man außerhalb des Gebietes, wo der Tempel steht.
[22] Am zweiten Tag sollst du dir eine männliche Ziege organisieren, die keine Fehlbildung hat. Die brauchst du für ein Opfer, das man macht, wenn einer Mist gebaut hat. Der Opfertisch soll vorher genauso gereinigt werden, wie man es am Tag vorher mit dem Stier gemacht hat. [23] Wenn du das erledigt hast, geht das Opfern weiter. Als Nächstes kommen ein junger Stier und ein Widder, beide sollten keine Fehlbildungen haben. [24] Sie sollen beide für Gott geopfert werden. Die Priester müssen Salz drüberstreuen und dann

das Ganze als ein Abfackelopfer verbrennen. 25 Das sollst du dann auch an
den darauffolgenden Tagen wiederholen. 26 Diese Session soll man sieben
Tage lang machen, um den Opfertisch von dem ganzen Mist sauber zu
kriegen. Er wird auf die Art radikal an Gott übergeben. 27 Ab dem achten Tag
können dann die Priester eure Abfackel- und Essensopfer auf dem Opfer-
tisch durchziehen. Ich werde mich über die freuen und sie alle akzeptieren.
Das sagt Gott, der Chef über alles."

44

Was im zukünftigen Tempel sonst noch läuft

1 Schließlich führte mich der Typ wieder zurück zu der Tür, die im Osten
vom Tempel lag. Aber die Tür war verschlossen. 2 Gott sagte zu mir: „Diese
Tür soll immer verschlossen sein. Sie darf nicht geöffnet werden, niemand
darf dort reingehen. Ich, der Gott von Israel, bin dort einmal durchgegan-
gen. Darum muss das Teil für immer zubleiben. 3 Der derzeit regierende Prä-
sident darf sich dort auf dem Weg von der Vorhalle an einen Tisch setzen,
wenn er an dem Opferessen teilnimmt. Das macht er vor Gott, der dabei
sein wird. Er soll den Weg vom inneren Vorhof durch die Vorhalle nehmen
und später auch auf demselben Weg diesen Platz wieder verlassen."

Gott sagt dem Prophetentypen, was er genau zu beachten hat

4 Jetzt brachte mich der Typ, auf dem Weg durch die große Tür im Norden, in
den inneren Vorhof vom Tempel. Als wir vor dem Eingang standen, konnte
ich von dort sehen, wie Gottes ganz krasse Art das ganze Haus ausfüllte!
Ich warf mich sofort platt auf den Fußboden. 5 Gott sagte zu mir: „Hey du,
Mensch! Schau dir das ganz genau an und höre mir gut zu. Du sollst dir das
alles gut merken, was ich dir in Bezug auf die Regeln gesagt habe, die im
Haus von Gott gelten. Du wirst jetzt erfahren, wer in den Tempel reingehen
darf und wer dort wieder rausgehen darf und wie man das genau machen
soll. 6 Sag den Leuten von Israel etwas von mir. Sie sind ja immer so unter-
wegs, dass sie keinen Bock dadrauf haben, das zu tun, was ich von ihnen
will. Erzähle ihnen Folgendes: ‚Das kommt jetzt von Gott, dem Chef über
alles. An alle Leute von Israel: Hört endlich auf mit dem ganzen Ätzkram,
den ihr immer wieder tut! 7 Ich will nicht, dass irgendwelche Ausländer
in meinen Tempel kommen, die nicht zu mir gehören. Das kann man dadran
sehen, dass sie zum einen nicht die Vorhaut von ihrem Penis abgeschnitten
haben, aber sie sind auch innerlich nicht gottmäßig drauf. Trotzdem waren
sie dabei, als ihr Sachen geopfert habt. Auch beim Dankopfer waren sie
anwesend. Ihr habt mit diesem ganzen Mist, den ihr getan habt, unsere
Verträge gebrochen, ihr habt dadurch meinen Tempel verdreckt. 8 Ihr hattet
wohl keinen Bock für mich und dadrauf, die besonderen Dienste im Tem-

pel zu schieben, und habt deswegen ein paar Ausländer angestellt, damit die diesen Job für euch erledigen, oder? [9] Darum sage ich, Gott, der Chef über alles: Niemals soll irgendein Ausländer, der nicht an seinem Penis beschnitten oder innerlich gottmäßig drauf ist, in den besonderen Bereich im Tempel kommen! Das gilt für alle Ausländer, die bei euch leben. [10] Nur die Männer aus der Priesterfamilie dürfen das. Die hatten sich allerdings damals auch von mir distanziert, als Israel ins Chaos gestürzt ist. Auch die Priester hatten in der Zeit keinen Bock mehr auf mich und haben mit Plastikgöttern rumgemacht. Darum müssen sie jetzt auch die Konsequenzen tragen. [11] Sie dürfen nur noch als Securityeinheit an den Türen in meinem Tempel arbeiten. Dann dürfen sie auch noch die Tiere vorbereiten, die für das Abfackelopfer für die Leute gedacht sind. Sie sollen den Leuten dabei helfen, wenn sie diese Opfer durchziehen wollen. [12] Weil sie nebenbei auch noch Plastikgöttern geopfert haben, bauten sie richtig üblen Mist. Darum habe ich mir ganz fest vorgenommen, dass sie für ihren Mist auch bezahlen sollen. Das kommt jetzt von Gott, dem Chef über alles. [13] Sie sollen nicht mehr in meine Nähe kommen. Ich will nicht, dass sie weiter den Job eines Priesters machen, sie dürfen nicht mehr mit den ganz besonderen heiligen Dingen in Berührung kommen. Ich will, dass sie die Folgen von ihren ätzenden Sachen, die sie gebracht haben, voll ertragen müssen. [14] Ich gebe ihnen aber einen Job, wo sie im Tempelhaus ein paar Arbeiten erledigen können, die auch noch gemacht werden müssen. [15] Die Priester aus der Familie von Zadok, die ihren Job im Tempel immer ganz treu durchgezogen haben, sollen ihn auch weiter tun. Als alle Israeliten mir den Rücken zugedreht haben, waren sie weiter bei mir. Darum sollen sie auch in Zukunft meine Priester sein. Sie sollen für mich arbeiten, das Fett und das Blut für mich verbrennen usw. Das sagt Gott, der heftige Gott, der Chef! [16] Nur sie dürfen in den ganz besonders krassen Bereich im Tempel kommen. Nur sie dürfen in die Nähe von meinem Opfertisch, dem Altar, kommen. Nur sie dürfen dort für mich arbeiten. [17] Ich möchte noch Folgendes von ihnen: Sie sollen, wenn sie die Tempelanlage durch die Tore im inneren Vorhof betreten, nur Baumwollsachen tragen. Sie sollen keine Klamotten aus Kunststoff anhaben. [18] Auch nur Capes aus Baumwolle und irgendwie eine Jeans, Pullis oder T-Shirts aus diesem Material, einfach Sachen, wo man nicht so blöd drin schwitzt, sind okay. [19] Bevor sie dann zu den anderen Leuten zurückgehen dürfen, müssen sie ihre Dienstklamotten erst einmal ausziehen. Die sollen in den Wäscheschrank getan werden, der in den besonderen Räumen der Priester steht. Es wäre nicht gut, wenn die normalen Leute mit den ganz besonderen Klamotten von den Priestern in Berührung kommen würden. [20] Die Priester sollen regelmäßig zum Friseur gehen, wobei zwei Frisuren nicht erlaubt sind: Glatze rasieren oder Rastas wachsen lassen.

21 Außerdem sollen die Priester die Finger von Alk lassen, wenn sie anschlie-
ßend in den inneren Bereich gehen wollen. 22 Dann gilt noch, dass sie keine
Frau heiraten dürfen, die schon mal mit jemand anderem verheiratet war.
Außerdem sollte die Frau noch mit keinem Mann gepennt haben und auch
aus der Familie von Israel stammen. Allerdings dürfen sie sich Frauen, die
schon mal mit einem anderen Priester verheiratet waren, nehmen, wenn der
andere bereits gestorben ist. 23 Die Priester haben den Job, den Leuten bei-
zubringen, was für Gott okay ist und was nicht, was sauber ist und was
dreckig. 24 Dann sollen sie auch noch den Richter spielen, wenn es mal zu
einem Streit zwischen euch kommt. Dabei müssen sie sich aber ganz strikt
an meine Gesetze halten. Sie haben auch den Job, dadrauf zu achten,
dass die religiösen Partys genau so durchgezogen werden, wie ich es vor-
gesehen habe. Auch wie man den Sonntag feiern soll, gehört dazu. 25 Ich will
nicht, dass sie irgendjemanden berühren, der gestorben ist. Denn damit
würden sie sich verdrecken, sie wären unrein. Da gibt es nur ein paar Aus-
nahmen, nämlich wenn derjenige zur engeren Familie gehört, also der Vater,
die Mutter, der Sohn, die Tochter, die Schwester, wenn die noch Single ist,
oder auch der Bruder. 26 Hier gilt aber, dass der Priester auf die Zeit, die er
normalerweise braucht, um wieder sauber zu sein, noch mal sieben Tage
draufrechnen soll. 27 Danach darf er erst wieder in den Vorhof vom Tempel
gehen. Bevor er dort wieder seinen Job erledigt, sollte er aber noch ein Opfer
durchziehen, das man macht, wenn einer Mist gebaut hat. 28 Priester dürfen
kein Stück Land besitzen. Das Einzige, was ihnen immer gehören wird,
das bin ich, ihr Gott. Sie sollen auch von dem Land Israel nie ein Stück von
euch zugewiesen bekommen. Denn ihren Ersatz dafür haben sie, indem
ich für sie da bin. 29 Stattdessen bekommen sie alle Sachen, die geopfert
werden sollen. Davon können sie sich auch ernähren. Alles, was man mir
geschenkt hat, dürfen sie benutzen. 30 Dann gehören ihnen noch die besten
Sachen, die bei der Ernte rumkommen. Aber auch von den anderen Spen-
den, die am Tempel abgegeben werden, soll das Beste an die Priester gehen.
Also auch das erste Brot, das ihr von eurer Ernte gebacken habt. Wenn die
Leute das den Priestern geben, wird Gott dafür sorgen, dass es ihrer Familie
voll gutgeht. 31 Ich will, dass ein Priester nie irgendetwas isst, was man
tot irgendwo gefunden hat. Das gilt für Kühe, Schafe und so, aber auch für
Vögel.'"

45

Die Vision geht weiter: Wie das Land um den Tempel aufgeteilt wird

1 Dann gab es noch weitere Anweisungen von Gott: „Wenn ihr das Land
unter euch per Losverfahren aufteilt, dann sollt ihr ein Stück davon mir, Gott,
schenken. Das Teil muss eine Größe von 11,5 Kilometern in der Länge und

eine Breite von 9,2 Kilometern haben. Dieses Stück Land soll zu hundert
Prozent nur mir gehören. 2 Davon soll noch mal ein Viereck abgetrennt wer-
den, das 230 Quadratmeter groß ist. Um dieses Viereck gibt es noch mal
eine Wiese, die 24 Meter breit ist. 3 Von dem ganzen Stück sollst du 11,5 Kilo-
meter mal 4,6 Kilometer abstecken. Dort soll der ganz besondere Raum im
Tempel hin, wo der allerderbste, heilige Bereich ist. 4 Das ganze Gebiet gilt
als etwas ganz Besonderes, es ist heilig! Darum soll es nur den Priestern
gehören, die in meinem Haus ihre Dienste schieben. Hier sollen sie ihre
Häuser draufbauen, und auf den Wiesen sollen ihre Tiere das Gras essen.
5 Das Stück von 11,5 Kilometer mal 4,6 Kilometer soll für immer den Tempel-
angestellten gehören. Sie können dort auch ein Dorf draufbauen, wenn sie
da Bock drauf haben. 6 Für die Stadt Jerusalem müsst ihr noch neben dem
Land, das extra für mich abgetrennt wurde, ein Stück Land von 11,5 Kilome-
ter mal 2,3 Kilometer reservieren. Hier sollen alle Menschen aus Israel einen
Besitzanspruch drauf haben. 7 Auch den Regierungschefs in den einzelnen
Städten und Ländern wird ein Stück Land zugeteilt, das jeweils auf der Ost-
und auf der Westseite liegt. Es soll so weit gehen, wie auch der Landbesitz
der einzelnen Familienstämme geht. 8 Dieses Stück soll wie gesagt den
Regierungschefs gehören. Sie sollen meine Leute nicht länger nerven, son-
dern das Land den einzelnen Familienstämmen überlassen."

Was Gott zu den Chefs von Israel und den Leuten zu sagen hat

9 Und Gott, der heftige Chef über alles, sagte: „Es reicht jetzt langsam mit
euren Foltermethoden und so! Hört auf damit! Fangt endlich an, korrekt
und fair mit den Leuten umzugehen! Hört auf, meine Leute von ihrem Stück
Land zu vertreiben! 10 Ab sofort sollt ihr auch aufhören, beim Abwiegen
von Ware zu bescheißen! 11 Die Waagen dürfen nicht länger frisiert werden.
Ein Gramm ist ein Gramm und ein Kilo ein Kilo! Alles soll genau geeicht
sein, das Maß muss stimmen. 12 Ein halbes Kilo sind 500 Gramm und ein
halbes Pfund 125 Gramm. 13 Ich möchte, dass ihr als Steuer für den Tempel
Folgendes einsammelt: von Weizen und Gerste 1,5 Prozent, 14 von Olivenöl
0,1 Prozent, 15 von euren Schafen und Ziegenherden ein Tier von zwei-
hundert. Diese Abgaben müssen die Leute aus ganz Israel mir schenken.
Damit werden dann das Essensopfer, das Abfackelopfer und das Dankopfer
durchgezogen. Damit werden die ganzen Sachen wieder geradegerückt,
die bei den Leuten falsch gelaufen sind. 16 Jeder, der bei euch lebt, hat
die Pflicht, das Opfer an den regierenden Präsidenten oder Bürgermeister
abzugeben. 17 Der soll dann entscheiden, was für ein Opfer gerade dran
ist: Abfackelopfer, Essensopfer, Trinkopfer, Opfer, wenn man Mist gebaut
hat, also die Opfer, welche an den jeweiligen Feiertagen gemacht werden
müssen."

Die jeweiligen religiösen Feiertage und was man da machen muss

18 Dann sagte Gott noch: „Am ersten April sollst du mir einen Stier schen-
ken, der keine Behinderung hat. Es soll damit ein Opfer durchgezogen
werden, was man macht, wenn einer Mist gebaut hat. Damit wird der ganz
besondere Bereich im Tempel von dem Dreck sauber gemacht. 19 Von dem
Blut, das beim Schlachten von dem Tier übrig bleibt, müsst ihr etwas an die
Türpfosten vom Tempel streichen. Auch an die vier Ecken vom Opfertisch
und an die Pfosten im Osttor muss was von dem Zeug gepinselt werden.
20 Das Ganze wird am siebten April noch einmal wiederholt. Damit wird es
sauber gemacht von dem Mist, den irgendjemand aus Versehen gebaut hat,
ohne es richtig zu peilen. 21 Ab dem 14. April müsst ihr sieben Tage lang die
Passaparty feiern. In der Zeit darf man nur das Brot essen, das ohne Hefe
gemacht worden ist. 22 Am Anfang von diesem Fest muss der regierende
Bürgermeister Gott einen Stier schenken, als ein Opfer, das man macht,
wenn einer Mist gebaut hat. Damit bringt er seinen eigenen Mist und den
Mist, den alle anderen Leute von Gott gebaut haben, wieder in Ordnung.
23 Dazu möchte ich, dass er an jedem Tag, wo ein religiöses Fest angesagt
ist, mir ein Abfackelopfer schenkt. Und zwar in der Zeit jeden Tag sieben
Stiere und sieben männliche Schafe und alles Tiere, die keine Behinderung
haben. Dazu jeden Tag ein Opfer, das man macht, wenn einer Mist gebaut
hat. Für Letzteres bitte eine männliche Ziege nehmen. 24 Als Essensopfer
könnt ihr jetzt pro Stier und Schaf jeweils 12 Kilo Weizenmehl und 3,5 Liter
Oliven dazurechnen. 25 Am 15. Oktober und während der anschließenden
Woche, wo ihr dieses Fest der Blätterbuden feiert, soll der Regierungschef
höchstpersönlich sieben Tage lang Opfer durchziehen, und zwar das Opfer,
das man macht, wenn einer Mist gebaut hat, das Abfackelopfer, das Trink-
opfer und das Essensopfer."

46

Die Vision geht weiter: Regeln, Feiertage und andere Details

1 Dann sagte Gott, der Chef über alles, Folgendes zu mir: „Das Tor vom inne-
ren Bereich, das Richtung Osten zeigt, soll sechs Tage die Woche abge-
schlossen sein. Nur am Sonntag soll man es aufschließen. Ausnahme: An
dem Neumond-Feiertag sollte es auch offen sein. 2 An dem Tag soll der
regierende Bürgermeister durch den äußeren Vorhof auf das Gelände kom-
men. Wenn er an der Tür ist, sollen die Priester für ihn ein Abfackelopfer
und ein Dankopfer durchziehen. Dort in der Tür soll er zu Gott beten und
ihm sagen, wie gigantisch groß er ist. Anschließend kann er wieder gehen.
Die Tür muss dann den ganzen Tag bis abends offen bleiben. 3 Die Leute,
die dort wohnen, sollen an diesen zwei Tagen auch an dem Eingang stehen
und Gott sagen, wie genial er ist. 4 Das Abfackelopfer, das der Bürgermeister

durchziehen soll, muss immer am Sonntag gemacht werden. Dazu braucht
er sechs Schafe, ein männliches Schaf, alles Tiere, die keine Behinderung
haben. 5 Für das Essensopfer braucht er zu dem männlichen Schaf noch
12 Kilo Weizenmehl. Was die Schafe angeht, kann er sich selbst aussuchen,
wie viel er spenden will. Dann kommen noch 3,5 Liter Olivenöl dazu. 6 Am
Neumond-Feiertag besteht das Opfer aus einem Stier, sechs Schafen und
einem männlichen Schaf. Es sind nur Tiere erlaubt, die keine Behinderung
haben. 7 Zu dem Stier und dem männlichen Schaf kommen als Essensopfer
noch mal 12 Kilo Mehl und 3,5 Liter Öl dazu. Was das Opfer von den Schafen
angeht, kann er noch so viel Mehl drauflegen, wie er lustig ist. 8 Wenn der
Bürgermeister zum Tempel will, soll er durch die Halle am Osttor gehen.
Für den Rückweg soll er dieselbe Strecke nehmen. 9 Wenn jetzt aber die nor-
malen Leute von überallher zu den religiösen Festen zum Tempel gehen
wollen, um dort zu beten, dürfen sie das Gelände nicht durch das gleiche
Tor verlassen, durch das sie reingekommen sind. Wenn jemand also durch
das Südtor reingekommen ist, soll er durch das Nordtor wieder verschwin-
den und umgekehrt. Man soll dort einfach einmal geradeaus durchgehen.
10 Der Bürgermeister oder Ministerpräsident von einem Land soll einfach
mit den anderen Normalos in den Bezirk vom Tempel rein- und wieder
rausgehen. 11 An den Festen soll das Essensopfer mit 30 Kilo Mehl pro Stier
oder 30 Kilo Mehl pro männlichem Schaf gefeiert werden. Für die Schafe
kann der Typ so viel spenden, wie er lustig ist. Dazu kommen noch 5 Liter
Olivenöl. 12 Wenn der Typ jetzt mal einfach so Gott etwas schenken will,
ein Abfackelopfer oder ein Dankopfer, dann soll man für ihn das Tor im
Osten aufmachen. Wenn die Priester am Sonntag das Opfer für ihn durch-
gezogen haben, kann er dadurch wieder den Tempelbezirk verlassen. Hinter
ihm sollte man dann das Tor aber wieder abschließen. 13 Er soll Gott jeden
Tag ein junges Schaf schenken, das keine Behinderung hat und ein Jahr
alt ist. Das soll als ein Abfackelopfer durchgezogen werden, und zwar jeden
Morgen. 14 Dazu kommt noch ein Essensopfer, das man auch jeden Morgen
machen soll. Dafür braucht er 2 Kilo Mehl und ca. 1 Liter Öl, das auf das
Mehl geschüttet wird. Diese Regel ist wichtig, sie gilt für immer. 15 Das Schaf,
das Essensopfer und das Öl soll man jeden Morgen für Gott als ein
Abfackelopfer verbrennen."

Was die Bürgermeister und Ministerpräsidenten besitzen dürfen

16 Gott, der Chef über alles, was es gibt, sagt: „Wenn ein Bürgermeister oder
Ministerpräsident seinen Söhnen etwas von seinem Besitz schenken will,
dann gehört es auch für immer ihnen, sie haben das dann geerbt. 17 Wenn
er jetzt aber einem seiner Angestellten etwas von seinen Sachen schenkt,
dann gehört das nur so lange ihm, bis wieder so ein Jahr kommt, wo alle

Schulden erlassen werden. Nur wenn er seinen Söhnen etwas schenkt,
gehört es ihnen für immer. 18 Er darf den Leuten, über die er regiert, nicht
einfach etwas von dem Land wegnehmen, was ihnen gehört. Nur das Land,
was wirklich ihm gehört, darf er weitervererben. Ich will nämlich verhin-
dern, dass meine Leute plötzlich überall verstreut leben, weil sie ihren
Grundbesitz irgendwann verlieren."

Die Küchen am Tempel

19 Dieser Typ führte mich, Ezechiel, durch den Eingang, der an der Seite
vom Tor lag. Wir kamen zu den ganz besonderen Räumen, wo die Priester
sich aufhalten sollten. Diese Räume waren alle nach Norden ausgerichtet.
Plötzlich waren wir an einem Ort, der am äußersten, westlichen Ende lag.
20 Der Typ sagte zu mir: „An dieser Stelle ist die Küche, wo die Priester
das Fleisch kochen, was man für das Opfer braucht, wenn einer Mist gebaut
hat. Das Brot aus dem Mehl vom Essensopfer wird hier auch gebacken.
Von dem ganzen Kram darf nichts durch den äußeren Vorhof gebracht wer-
den. Denn dann könnten die Leute ein Problem bekommen, wenn sie das
Zeug berühren, weil das etwas ganz Besonderes von Gott ist." 21 Und dann
führte er mich in den Vorhof, der im äußeren Bereich lag. Er ging mit mir
an den vier Ecken vorbei, und in jeder Ecke war ein kleiner Innenhof. 22 Jeder
von diesen kleinen Innenhöfen war 18,4 Meter lang und 13,8 Meter breit.
Alle vier waren genau gleich groß. 23 Einmal um jeden der vier Höfe war eine
Mauer gebaut worden. In der Innenseite stand jeweils ein kleiner Herd.
24 Der Typ sagte zu mir: „Hier sollen die Angestellten vom Tempel das
Fleisch von dem Opfer, wenn man Mist gebaut hat, kochen. Das kommt
ja von den ganzen Leuten."

47

Ein Fluss, der vom Tempel ausgeht

1 Der Typ, der mit mir den Rundgang machte, führte mich jetzt wieder zu
der Eingangstür vom Tempel, die im Osten lag. Ich konnte hier einen kleinen
Fluss sehen, der unter der Tür raussprudelte. Das Wasser floss an der Seite
vom Eingang entlang Richtung Süden. Dann bog es ab und floss südlich
vom Opfertisch vor dem Tempel längs. 2 Dann brachte er mich raus, wir
gingen durch das Tor im Norden und spazierten auf dem östlichen Weg ein-
mal außenrum bis zum äußeren Tor. Ich konnte sehen, wie aus der Mauer,
auf der rechten Seite überall Wasser raussprudelte. 3 Der Typ ging weiter
Richtung Osten und maß mit seinem Zentimetermaß die Entfernung von
460 Metern ab. Ich sollte dabei die Strecke durch den Fluss gehen. Bis dahin
ging mir das Wasser etwas über die Füße. 4 Nachdem wir wieder 460 Meter
gelaufen waren, ging mir das Wasser schon bis zu den Knien. Und nachdem

wir noch mal 460 Meter gelaufen waren, ging mir das Wasser bis zum Po.
5 Schließlich nahm er wieder Maß und wollte, dass ich noch mal die gleiche
Strecke mit ihm gehe. Aber ich konnte es nicht, denn das Wasser war zu
tief. Man konnte hier nur noch schwimmen. Durchlaufen ist dort einfach
nicht drin! 6 Jetzt sagte der Typ zu mir: „Hast du das gecheckt?“ Dann holte
er mich aus dem Wasser raus und zurück ans Ufer. 7 Ich konnte dort auf
beiden Seiten sehr viele Bäume stehen sehen. 8 Der Mann meinte zu mir:
„Dieses Wasser kommt aus dem Teil vom Tempel, der im Osten liegt. Es
fließt die Ebene vom Jordan-Fluss runter ins Tote Meer, das bekanntlich so
salzhaltig ist, dass kein Leben darin existieren kann. Dieses Wasser aus
dem Tempel sorgt dafür, dass da wieder Leben stattfindet. 9 Überall, wo der
Fluss hinfließt, entsteht Leben. Es wimmelt nur so von Tieren und Pflanzen. Es wird voll viele Fische geben. Das Süßwasser macht das Salzwasser
genießbar, es heilt es, es macht es gesund. Wo der Fluss hingeht, wird alles
leben. 10 Folgendes wird passieren: Fischer werden dort sehr viele Fische
fangen. Von En-Gedi bis En-Eglajim breiten sie ihre Netze nach den Fischen aus. Alle möglichen Arten von Fischen wird man fangen, es werden so
viele sein, wie es Fische im Meer gibt. 11 Das Salzwasser in den Sümpfen und
in den Tümpeln wird wieder dreckig und ungenießbar sein. Dort kann man
höchstens versuchen, Salz rauszukochen. 12 An beiden Seiten vom Fluss
werden sehr viele Bäume stehen, die Früchte an ihren Ästen haben. Von diesen Früchten kann man jeden Tag ohne Ende etwas essen, und die Blätter werden nie gelb oder fallen ab. Jeden Tag, Woche für Woche, werden sie neue Früchte an ihren Ästen haben. Der Grund ist, weil sie ständig mit frischem Wasser versorgt werden, das direkt aus dem Tempel kommt. Man wird diese Früchte essen können, und die Blätter von den Bäumen sind voll die gute Medizin.“

Wo die Grenzen von dem neuen Land liegen werden

13 Und der Gott, dem nichts unmöglich ist, sagt: „Ich sag euch mal, wo die Grenzen liegen sollen, innerhalb von dem Land, was ich euch für immer geschenkt habe. Jeder der zwölf Familienstämme von Israel soll einen Anteil
bekommen, nur der große Stamm von Josef bekommt zwei Anteile. 14 Ihr
sollt dadrüber verfügen können, es soll euch gehören, damit ihr das auch an die nächste Generation weitervererben könnt. Ich habe das den Leuten, die vor euch gelebt haben, ganz fest versprochen. Dieses Land soll für immer
euch gehören. 15 Die Grenze im Norden verläuft vom Mittelmeer über die
Orte Hetlon, Lebo-Hamat, Zedad, 16 Berota und Sibrajim, das an der Grenze
zwischen Damaskus und Hamat liegt, bis nach Hazar-Enan an der Grenze
vom Haurangebiet. 17 Im Norden von dieser Linie zwischen dem Mittelmeer
und Hazar-Enan liegt das Gebiet von Hamat und von Damaskus. 18 Die

Ostseite fängt da an, wo das Gebiet von Damaskus an den Hauran grenzt.
Diese Linie folgt dem Jordan, der das Land von Israel, von der Gegend
um Gilead trennt. Es geht bis zum Toten Meer und endet bei Tamar an des-
sen Südende. [19] Im Süden verläuft die Grenze von Tamar nach Meribat-
Kadesch und folgt dann dem Bachtal. Dieses Tal bildet die Grenze zu
Ägypten und geht bis zum Mittelmeer. [20] Im Westen stellt die gesamte Mit-
telmeerküste die Grenze dar, und zwar von der ägyptischen Grenze bis
hoch nach Lebo-Hamat. [21] Das ganze Teil müsst ihr dann unter den zwölf
Familienstämmen von Israel aufteilen. [22] Am besten macht ihr das mit dem
Losverfahren. Jede israelitische Familie bekommt so ihren Anteil vom Land
zugewiesen. Genauso auch die Familien der Ausländer, die bei euch leben.
Die Ausländer sollen zusammen mit den Familienstämmen von Israel an
der Verteilungsaktion vom Land teilnehmen. Ich möchte, dass sie in dieser
Sache die gleichen Rechte haben wie die anderen Israeliten auch. [23] Dort,
in dem Gebiet von einem Familienstamm, wo die Ausländer gerade leben,
sollen die dann auch ihren Anteil am Land zugewiesen bekommen. Das
kam jetzt von Gott, dem Chef über alles!“

48

Wie das Land aufgeteilt werden soll

[1] Dann sagt Gott noch, wo der Anteil vom jeweiligen Familienstamm im
Land liegen wird. Er sagte: „Im äußersten Norden liegt das Land, das der
Familienstamm Dan bekommen soll. Das geht über die Grenze im Norden,
auf der ganzen Breite von Westen nach Osten. [2–7] Anschließend liegt in
südlicher Richtung, jeweils als gleich große Streifen, das Land von der
Grenze im Westen bis zur Ostgrenze, die Anteile der Familienstämme
Ascher, Naftali, Manasse, Efraim, Ruben und Juda. [8] Auf der Seite, wo das
Gebiet von Juda liegt, kommt in Richtung Süden auf der ganzen Länge von
Westen nach Osten der Landstreifen, den ihr nur für mich zurücklegen sollt.
Der misst in Nord-Süd-Richtung 11,5 Kilometer. In der Mitte von diesem
Gebiet liegt der Tempel. [9] Dann gibt es da ja noch dieses Gebiet, das ihr mir
ganz besonders zur Verfügung stellen sollt. Dieser Teil soll in Richtung
Ost-West auch 11,5 Kilometer in der Länge und 4,6 Kilometer in der Breite
betragen. [10–12] Das Land soll man den Priestern zur Verfügung stellen, es
sind ja die Nachkommen vom Oberpriester Zadok. Die hatten, im Gegen-
satz zu den Tempelangestellten, mir ja nicht den Rücken zugedreht, als die
Israeliten mich betrogen haben. Darum gehört denen von dem Land, das
mir ganz speziell zur Verfügung gestellt wird, ein ganzes Stück. Es ist etwas
ganz krass Besonderes, es ist heilig, denn mittendrin steht ja der Tempel
mit dem ganz besonderen Bereich drin. [13] Die Tempelangestellten erhalten
nördlich des Priesterlandes einen Streifen von derselben Größe, 11,5 Kilo-

meter in der Länge und 4,6 Kilometer in der Breite. 14 Dieses Land dürfen
sie nicht verkaufen oder es mit anderen tauschen. Das gehört für immer
ihnen, es ist der Anteil des Landes, den die Leute von Israel mir übergeben
haben. Man kann das vergleichen mit dem ersten Teil von jeder Ernte, wo
mir ja auch die ersten Früchte geschenkt werden sollen. 15 Der Streifen
von 2,3 Kilometer, der noch übrig bleibt, wenn man das Land von den Pries-
tern und den Tempelangestellten abgezogen hat, ist ganz normales Land.
Dieses Stück liegt ja in ost-westlicher Richtung und ist 11,5 Kilometer lang.
Auf diesem Teil kann man eine Häusersiedlung hochziehen. Oder die Leute
aus Jerusalem können dort ihre Tiere grasen lassen. Das liegt ja genau in
der Mitte von diesem Gebiet. 16 Jerusalem bildet ein Quadrat von circa
2 Kilometern in der Länge und Breite. 17 Um die Stadt liegt ein Grünstreifen,
der 115 Meter breit ist. Auf diesem Streifen können die Kühe grasen. 18 Gleich
dahinter ist in Richtung Westen und Osten jeweils ein 4,6 Kilometer langes
Stück Land, das auf der Nordseite an dem Gebiet anstößt, das nur mir, Gott,
gehört. Alles, was man dort anbaut und aberntet, soll für die Menschen sein,
die in der Stadt leben und arbeiten. 19 Das sind ja überwiegend Menschen
aus allen Familienstämmen von Israel. Sie haben die Aufgabe, auf diesem
Land Sachen anzubauen. 20 Das Land, wo die Priester und die Tempelan-
gestellten leben, ist von der Größe her, zusammen mit dem Stadtgebiet und
dem zur Stadt gehörenden Land, ein Quadrat von 11,5 Kilometern. 21–22 Das
Gebiet, das sich in beide Richtungen erstreckt (nach Osten bis zum Jordan
und nach Westen bis zum Meer), gehört dem regierenden Bürgermeister.
Das beinhaltet das Land zwischen dem Gebiet vom Familienstamm Juda im
Norden und dem vom Familienstamm Benjamin im Süden. Davon ausge-
nommen sind das Gebiet vom Tempel, der Grundbesitz der Priester und
Tempelangestellten und das, was der Stadt gehört. 23–28 In Richtung Süden
schließen sich auf der ganzen Strecke von Westen nach Osten die Gebiete
der Familienstämme Benjamin, Simeon, Issachar, Sebulon und Gad an.
Und die Grenze im Süden vom Gebiet, wo der Familienstamm Gad wohnt,
fällt mit der Grenze des Landes zusammen, das ganz im Süden liegt. 29 Das
ganze Land gehört allen Leuten von Israel für immer. Man soll es so auf
die Stämme aufteilen, wie ich es gerade beschrieben habe. Das kommt jetzt
vom Chef, von dem Gott, dem nichts unmöglich ist."

Die Stadttore von Jerusalem bekommen einen neuen Namen

30–31 Gott sagte dann noch: „Hier sind die Stadttore von Jerusalem, jedes
Tor hat einen Namen bekommen, der sich an den Namen der Familien-
stämme orientiert. Die Nordseite ist 2070 Meter lang, und hier befinden sich
drei Stadttore: Das eine heißt Ruben-Tor, das andere Juda-Tor und das
dritte Levi-Tor. 32 Auf der Seite im Osten gibt es wieder eine Grenze, die auch

2070 Meter lang ist. Hier gibt es auch drei Tore, und zwar das Josef-Tor,
das Benjamin-Tor und das Dan-Tor. 33 Auf der Seite im Süden gibt es auch
wieder eine Grenze mit 2070 Meter Länge. Dort gibt es drei Eingänge,
die Simeon-Tor, Issachar-Tor und Sebulon-Tor heißen. 34 Im Westen gibt es
dann die nächste Seite von der Grenze, die auch wieder 2070 Meter lang
ist. Auch hier gibt es wieder drei Tore, die folgende Namen haben: Gat-Tor,
Ascher-Tor und Naftali-Tor. 35 Der Gesamtumfang der Stadt beträgt
8280 Meter. Ich möchte, dass ihr die Stadt ab sofort umtauft. Sie soll
nicht mehr Jerusalem heißen, sondern ‚Gott ist da'-Stadt."

Der Prophet Daniel

1

Daniel und seine Freunde wohnen beim Präsidenten von Babylonien

1 In dem dritten Jahr, wo Jojakim Präsident von Juda war, gab es einen Krieg mit Nebukadnezzar, dem Präsidenten von Babylonien. Der war mit seiner ganzen Armee nach Jerusalem gezogen und belagerte die Stadt. 2 Gott sorgte dafür, dass Nebukadnezzar diesen Krieg gewann. Jojakim wurde festgenommen, und ein Teil der ganz besonderen Geräte aus dem Tempel wurden, auch gezockt. Die Sachen kamen in den Tempel von dem Plastikgott, an den der Präsident von Babylonien glaubte. Dieser Tempel stand in der Gegend von Schinar. 3 Dann erteilte Nebukadnezzar den Befehl an seinen Innenminister Achpenas, ein paar Jugendliche von den Israeliten für ihn auszusuchen. Sie sollten aus der Verwandtschaft vom israelischen Präsidenten oder aus irgendwelchen Familien aus der Oberschicht kommen. 4 „Ich will, dass das ein paar junge Männer sind, die gut gebaut sind und dazu auch noch was auf dem Kasten haben!“, meinte er. „Sie sollen in der Lage sein, in meinem Palast gute Arbeit zu leisten. Ich will auch, dass sie Unterricht bekommen und unsere Sprache lesen und sprechen lernen!“ 5 Der Präsident legte fest, dass diese Jugendlichen jeden Tag in seinem Haus das beste Essen und Trinken bekommen sollten, also das Gleiche, was er auch kriegte. Nach drei Jahren war die Ausbildung vorbei, und ab dann sollten sie für ihn arbeiten. 6 Unter den Jugendlichen, die ausgesucht wurden, waren Daniel, Hananja, Mischaël und Asarja. 7 Der Innenminister gab ihnen allen einen neuen, babylonischen Namen. Und zwar hieß Daniel dann Beltschazzar, Hananja nannte er Schadrach, Michaël wurde zu Meschach, und Asarja bekam den Namen Abed-Nego.

Weil Daniel Gott treu ist, kommt er gut weg

8 Daniel war fest entschlossen, sich durch das Essen, was der Präsident ihnen vorlegte, nicht dreckig oder eben unrein zu machen. Er bat deshalb beim Innenminister um eine Ausnahmeerlaubnis, dass er nichts von dem Essen anrühren müsste. 9 Zum Glück mochte der Typ Daniel irgendwie, Gott hatte dafür gesorgt. 10 Trotzdem sagte er zu Daniel: „Hey, ich hab echt großen Respekt vor meinem Chef, unserem Präsidenten! Schließlich hat der das Essen extra für Sie ausgesucht. Ich wäre ja schön blöd, wenn der mitbekommt, dass Sie wie Hungerhaken in der Ecke hängen und viel dünner sind als die anderen Jugendlichen in Ihrem Alter – und das nur, weil Sie bestimmte Sachen nicht essen. Wenn er das sieht, macht der mich sofort einen Kopf kürzer!“ 11 Daniel hatte eine Idee. Er sagte zu dem Innenminister, der

auf die vier aufpassen sollte: 12 „Wie wär's? Warum lassen Sie es nicht ein-
fach mal auf einen Test ankommen? Ab sofort kriegen wir erst einmal nur
noch Essen für Vegetarier, eben Grünzeug und Wasser. 13 Nach zehn Tagen
checken Sie mal unser Gewicht auf der Waage und vergleichen das mit dem
von anderen Jugendlichen. Die sollen weiter die ganze Zeit beim Präsidenten
im Speisesaal essen. Danach können Sie immer noch entscheiden, was Sie
dann mit uns machen wollen. Okay?" 14 Der Typ ließ sich auf den Deal ein.
15 Nach den zehn Tagen musste er feststellen, dass die jüdischen Jugend-
lichen viel schöner und auch besser ernährt aussahen als die anderen jungen
Männer, die die ganze Zeit mit dem Präsidenten gegessen hatten. 16 Also
brauchten sie weiter keinen Wein zu trinken und auch die anderen Sachen
nicht zu essen. Sie bekamen nur ihr Gemüse und Wasser. 17 Diese vier
Jugendlichen bekamen von Gott total viel Intelligenz und Schlauheit ge-
schenkt. Sie kapierten Dinge viel schneller als andere, und es fiel ihnen leicht,
sich Sachen einzuprägen. Bald kannten sie sich in allen Wissensgebieten
ganz gut aus. Und dem Daniel hatte Gott die Fähigkeit gegeben, Träume und
innere Eindrücke zu verstehen und die richtige Auslegung dafür zu haben.
18 Irgendwann gab es dann mal so was wie eine Prüfung, wo der Präsident
sie in sein Büro holen ließ. Der Innenminister musste die Jungs nacheinan-
der zu ihm bringen. 19 Dann unterhielten sie sich eine Weile. In dem Test
kam raus, dass Daniel, Hananja, Michaël und Asarja die anderen Jugend-
lichen locker in die Tasche steckten. Also wurden sie beim Präsidenten ange-
stellt. 20 Immer, wenn der Präsident ein Problem hatte und einen Tipp von
jemandem brauchte, konnten die Jungs ihm richtig gut weiterhelfen. Sie
waren viel besser als sein gesamter Beraterstab, die Psychologen und die
ganzen okkulten Zauberheinis zusammen. 21 Daniel war dann einer von
denen, die sehr lange im Staatsdienst tätig waren. Er machte diesen Job als
Berater immer noch, als der persische Präsident Kyrus an die Macht kam.

2

Präsident Nebukadnezzar hat einen seltsamen Traum

1 Als Nebukadnezzar zwei Jahre an der Macht war, hatte er plötzlich in einer
Nacht total heftige Alpträume. Die waren so heftig, dass er davon aufwachte
und nicht wieder einschlafen konnte. 2 Schließlich organisierte er ein Treffen
mit den schlausten Leuten, die in seinem Land wohnten. Von Psychothera-
peuten und Ärzten über irgendwelche Wissenschaftler bis hin zu einigen
okkulten Heinis wie Astrologen oder Geistheilern war alles vertreten. 3 Nach-
dem sie da waren, erklärte er ihnen, warum sie zu dem Treffen eingeladen
wurden: „Es ist so, dass ich einen sehr heftigen Traum hatte. Ich bin des-
wegen ziemlich durcheinander und möchte gerne wissen, ob der Traum
irgendwie eine Bedeutung hat, und wenn ja, was für eine." 4 Die Astrologen

meldeten sich als Erstes: „Lang lebe der Präsident! Erzählen Sie uns, was Sie geträumt haben! Wir werden Ihnen sofort sagen können, was der Traum für eine Bedeutung hat!“ 5 Der Präsident antwortete: „Ich kann Ihnen eins versprechen: Falls Sie die Bedeutung nicht wissen, werde ich Sie mit einer MG durchlöchern lassen. Ihre Häuser werden von mir gesprengt und zu einem Schrottplatz umfunktioniert! 6 Ich will sehen, was Sie draufhaben! Erzählen Sie mir doch erst einmal, was ich überhaupt geträumt habe! Und dann will ich auch noch die Auslegung von Ihnen hören. Wenn Sie das schaffen, werde ich Ihnen eine fette Summe Geld ausbezahlen, und Sie bekommen einen Orden mit Auszeichnung von mir!“ 7 „Äh, also“, stammelte die Truppe rum, „wenn Sie uns den Traum bitte erzählen würden?! Dann können wir Ihnen auch die passende Auslegung liefern!“ 8 „Sie versuchen ja nur, Zeit zu gewinnen!“, motzte der Präsident zurück. „Da bin ich mir total sicher! Sie haben längst kapiert, dass ich es mit meiner Drohung ernst meine. 9 Wenn Sie es nicht schaffen, mir erst einmal zu sagen, was ich geträumt habe, dann sind Sie bei mir unten durch! Sie haben sich doch bestimmt vorher abgesprochen, mir nur irgendwelchen Dünnsinn zu erzählen, um etwas Zeit zu schinden. Los jetzt: Was hab ich geträumt? Nur wenn Sie das hinkriegen, kann ich mir auch sicher sein, dass Ihre Deutung wirklich passt.“ 10 Die Psychoexperten sagten alle gleichzeitig: „Hey, so was kann kein Mensch! Es gibt niemanden heutzutage, der so was draufhat! Das hat es auch noch nie gegeben, dass ein Präsident von seinen Experten in Sachen Psychologie, Träumen und okkulten Praktiken so was verlangt. 11 Was Sie von uns wollen, ist eine Nummer zu groß für uns! Die Einzigen, die diese Frage beantworten könnten, sind irgendwelche übernatürlichen Geister und Kräfte. Aber die sind für uns Menschen leider nicht verfügbar.“ 12 Der Präsident rastete nach dieser Ansage total aus. Er ließ alle Experten sofort festnehmen und verurteilte sie zum Tod. Nicht nur die Leute, welche bei dem Treffen in seinem Büro waren, sondern alle Experten, die zu der Zeit in seinem Land wohnten. 13 Da auch Daniel und seine Freunde zu diesen Experten gehörten, wurden auch sie festgenommen. 14 Arjoch, der Chef der Spezialeinheit vom Präsidenten, sollte das Todesurteil bei ihnen vollstrecken. Aber Daniel laberte erst einmal ganz ruhig mit dem. 15 Er fragte ihn, warum denn die ganze Bestrafungsaktion überhaupt gemacht wurde. Arjoch erzählte ihm die gesamte Story. 16 Daniel bat daraufhin sofort um einen Termin beim Präsidenten. Als er den bekam, bat er um ein paar Tage Frist, anschließend würde er ihm sowohl den Traum als auch die Bedeutung von diesem Traum sagen. Der Präsident ließ sich auf den Deal ein. 17 Also ging Daniel schnell nach Hause und erzählte seinen Freunden von der ganzen Sache. 18 „Hey, Leute“, rief er ihnen zu, „fangt an zu beten wie die Weltmeister! Bittet Gott, den Chef über dieses Universum, dass er mir hilft, dieses Geheimnis zu lüften! Wir wollen

schließlich nicht mit den anderen Experten zusammen hingerichtet werden!“
19 In der nächsten Nacht hatte Daniel dann selbst einen Traum, in dem
Gott ihm den Traum des Präsidenten und auch noch die Deutung zeigte. Am
nächsten Morgen war er total happy und freute sich sehr über Gott. 20 Er
betete: „Hey, Gott, du bist der Größte, und das wirst du auch immer bleiben!
Du hast die Macht, und du hast es einfach drauf, du weißt alles! 21 Du kannst
die Zeit zurückdrehen, wenn du da Bock drauf hast. Du setzt Präsidenten
ein und setzt sie auch wieder ab. Du sorgst dafür, dass jemand alles weiß
und Ahnung von Dingen hat. Wenn einer wirklich schlau ist, dann liegt das
nur an dir. 22 Du hast eine Erklärung für die seltsamsten Geheimnisse. Du
kapierst Sachen, die niemand kapieren kann. Denn du weißt, was im Dun-
keln ist, und bei dir ist immer Licht. 23 Du bist der gleiche Gott, an den schon
mein Vater und die Leute vor ihm geglaubt haben. Danke, Gott, du bist
der Beste! Danke, dass du mir Schnall von solchen Sachen gegeben hast,
dass ich so was wie Träume gut auslegen kann. Danke, dass du mir gezeigt
hast, worum es in dieser Sache vom Präsidenten geht!“ 24 Als er zu Ende
war, stand Daniel auf und ging zu Arjoch, der ja vom Präsidenten den Befehl
bekommen hatte, alle Experten von Babylonien töten zu lassen. Daniel be-
trat Arjochs Büro und sagte zu ihm: „Bitte warten Sie noch einen Moment
mit dem Vollzug der Todestrafe! Bringen Sie mich vorher noch mal zum Prä-
sidenten, denn ich glaube, ich hab die Antwort auf seine Frage gefunden!“
25 Arjoch stand sofort von seinem Schreibtisch auf und brachte Daniel zum
Präsidenten. Nachdem er das Büro betreten hatte, sagte er: „Herr Präsident,
draußen steht ein Mann, der zu den Juden gehört, die bei uns in Kriegs-
gefangenschaft festsitzen. Er behauptet, dass er die Bedeutung von Ihrem
Traum weiß!“ 26 Nachdem der Präsident Daniel in sein Büro gerufen hatte,
fragte er ihn sofort: „Sie glauben also zu wissen, was ich genau geträumt
habe, und können mir auch erzählen, was dieser Traum bedeutet? Dann mal
raus damit!“ 27 „Herr Präsident! Eins will ich mal vorweg sagen: Es gibt
keine Wissenschaftler, Psychologen, Astrologen oder sonst was für okkulte
Heinis, die Ihre Forderung wirklich erfüllen können. Keiner von denen kann
den Traum oder seine Bedeutung wissen. 28 Aber es gibt einen Gott, der so
was kann! Er ist der Gott, der über das ganze Universum regiert. Ich glaube,
er möchte Ihnen mit diesem Traum sagen, was irgendwann sehr viel später
passieren wird. Aber erst einmal zu den Fakten: Folgendes haben Sie in die-
ser besonderen Nacht geträumt: 29 Und zwar haben Sie an dem Abend noch
lange wach in Ihrem Bett gelegen und sich voll die Sorgen über die Zukunft
gemacht. Gott wollte Ihnen mit dem Traum sagen, was in der Zukunft
passieren wird. Der weiß so was nämlich. 30 Vorweg will ich nur noch mal
klarmachen, dass ich das nicht durch irgendeinen besonderen Trick raus-
gefunden habe. Ich hab auch nicht irgendwie mehr Schnall von den Dingen

als jeder andere Mensch. Gott hat mir das deswegen erzählt, damit Sie
kapieren, was in Ihrem Innersten gerade abgeht. 31 Und zwar haben Sie Fol-
gendes geträumt: Da war so eine riesengroße Figur, und das Teil war echt
richtig groß! Es war auf Hochglanz poliert und sah einfach sehr krass aus.
Man bekam richtig Angst, wenn man es ansah. 32 Der Kopf von der Figur
war aus Gold. Der Oberkörper war aus Silber. Der Bauch und die Arme
waren aus Bronze. 33 Die Beine waren aus Metall. Die Füße waren zum Teil
aus Metall, zum Teil aber auch aus Ton. 34 In ihrem Traum sahen Sie von
unten zu dieser Figur hoch. Plötzlich löste sich irgendwie ein Stein aus der
Decke, auf jeden Fall hatten Sie damit nichts zu tun. Der Stein traf mit voller
Wucht die Füße von der Figur, die ja aus Metall und Ton bestanden. Durch
den Stein wurden die komplett zerstört. 35 Das Ganze löste eine Ketten-
reaktion aus. Eisen, Ton, Bronze, Silber und Gold fielen nacheinander wie ein
Kartenhaus in sich zusammen und wurden zu Staub. Dann kam eine Wind-
brise, und der Staub flog in alle Himmelsrichtungen davon. Am Ende konnte
man nichts mehr sehen. Von der Statue war kein Fitzel übrig geblieben.
Der Stein, der von oben runtergefallen war, wuchs plötzlich zu einem großen
Berg, der die ganze Erde überragte. 36 So, das war der Traum, den Sie ge-
träumt haben. Jetzt kommen wir mal zu der Bedeutung. 37 Herr Präsident,
Sie sind zurzeit der mit Abstand mächtigste Präsident auf der ganzen Welt!
Sie sind die Nummer eins! Der Gott dieses Universums hat Ihnen diese
Macht gegeben, er hat dafür gesorgt, dass alle Respekt vor Ihnen haben.
38 Egal, wo Menschen auf der Erde wohnen und wo die Tiere auf den Wiesen
grasen oder die Vögel im Himmel rumfliegen, Sie sind überall der Boss.
Was ich damit sagen will: In ihrem Traum sind Sie der Kopf aus Gold von
der Figur. 39 Wenn Ihre Zeit abgelaufen ist, wird es einen neuen Präsiden-
ten geben, der nicht ganz so mächtig sein wird, wie Sie es waren. Danach
kommt noch ein dritter Präsident, dessen Macht wieder etwas weniger
sein wird als die von seinem Vorgänger, auch wenn er noch immer über die
ganze Erde das Sagen hat. 40 Aber dann kommt ein Präsident, der wird
hart wie Eisen sein. Damit mein ich, dass er wie ein Eisenhammer alles
zerschlagen wird, was ihm vor die Flinte kommt. 41 Zu der Bedeutung von
den Füßen, die teilweise aus Ton, teilweise aus Eisen waren: Das heißt,
Ihre Macht wird aufgeteilt, ein Land wird sich teilen. Trotzdem wird es sehr
stabil sein, so wie Eisen stabil ist. Denn Sie haben ja in dem Traum gesehen,
wie das Eisen sich mit dem lehmigen Ton vermischt hat. 42 Die Zehen waren
ja teilweise aus Eisen, teilweise aus Ton. Das bedeutet, dass ein Teil von
diesem Reich stark sein wird und ein anderer Teil eher schwach. 43 Die Ver-
mischung von Ton und Eisen bedeutet auch, dass sich dort die beiden
Reiche in der Form verbinden werden, dass die Machthaber ihre Kinder mit-
einander verheiraten. Aber diese Ehen werden irgendwann geschieden, die

halten nicht lange. Es ist ja bei Ton und Eisen auch so, dass die beiden
Materialien sich nicht so gut verbinden lassen. 44 In der Zeit, wo es diese
beiden Reiche gibt, wird der Gott des Universums aber nebenbei sein eige-
nes Reich aufbauen, ein Reich, das nie mehr zerstört werden kann. Keine
Regierung wird es schaffen, noch einmal an die Macht zu kommen, nach-
dem dieses Reich entstanden ist. Dieses Reich wird von Gott installiert
werden, und es macht Schluss mit allen anderen Reichen, die es bis dahin
gibt. Es wird ab dann für immer existieren. 45 Das haben Sie ja auch in Ihrem
Traum gesehen! Erinnern Sie sich, wie sich der große Stein einfach so aus
dem Felsen gelöst hat und auf die Figur gefallen ist? Dieser Stein hat dann ja
das ganze Teil aus Ton, Eisen, Bronze, Silber und Gold kaputt gemacht! Der
Gott, dem nichts unmöglich ist, hat Sie, Herr Präsident, in das eingeweiht,
was in der Zukunft passieren wird. Der Traum ist hundertprozentig von Gott,
und auch meine Auslegung stimmt voll und ganz!" 46 Der Präsident Nebu-
kadnezzar war buchstäblich platt, als er diese Worte von Daniel hörte. Er
schmiss sich erst einmal pauschal auf den Boden, auch um Daniel zu zei-
gen, dass er echt Respekt vor ihm hatte. Als Nächstes befahl er ein paar
Angestellten, erst einmal für ihn ein paar Opfer durchzuziehen. 47 Er sagte
zu Daniel: „Auf jeden Fall ist Ihr Gott der krasseste Gott von allen! Er steckt
alle anderen Götter in die Tasche und die Präsidenten sowieso. Dieser Gott
kennt anscheinend alle Geheimnisse. Er weiß, was sonst niemand heraus-
bekommen würde. Nur so kann ich mir erklären, dass er Ihnen diesen Traum
gedeutet hat." 48 Der Präsident richtete für Daniel ein Konto ein und über-
wies ihm ohne Ende Kohle. Daniel bekam einen höheren Posten in der
Regierung und hatte ab da das Sagen über die ganze Provinz Babylonien.
Dazu wurde er ab sofort der erste Berater in allen Fragen des Präsidenten.
49 Daniel bat den Präsidenten, seine Freunde Schadrach, Meschach und
Abed-Nego als Verwalter über die Provinz Babylonien einzusetzen, und der
machte das sofort. Daniel wohnte dann in der Präsidentenvilla und ging
im Regierungsgebäude ein und aus.

3

Die drei Freunde von Daniel sind heftig drauf

1 Irgendwann kam der Präsident Nebukadnezzar auf die beknackte Idee,
sich eine große Figur aus Gold machen zu lassen, die er dann zu einem Gott
erklären wollte. Das Teil war dreißig Meter hoch und drei Meter breit. Er
ließ diese Figur dann in der Dura-Ebene in der Provinz Babylonien aufstel-
len. 2 Nachdem diese Figur fertig war, lud er die gesamte Führungsriege zu
einem großen Treffen ein. Alle Bürgermeister, die Generäle seiner Armee,
die Finanzminister, der Innenminister, die Beamten im höheren Dienst und
alle Richter bekamen eine Einladung. 3 Und alle nahmen die Einladung

auch an und kamen zu dieser Einweihungsparty von Nebukadnezzars Figur.
Schließlich war der große Tag da, und alle Gäste standen vor der Figur und
gafften sie an. 4 Ein Sprecher ging ans Mikrophon und rief laut: „Dies ist ein
Befehl, der an alle Völker geht, egal, wo sie herkommen und was für eine
Sprache sie sprechen: 5 Wenn Sie gleich die Musik hören, welche mit E-Gitar-
ren, E-Bass, Drums, Trompeten und anderen Instrumenten gespielt wird,
dann müssen Sie sich sofort auf den Boden schmeißen und zu diesem Gott
beten, den der Präsident Nebukadnezzar da aufgestellt hat! 6 Jeder, der
sich nicht auf den Boden wirft und zu ihm betet, der soll sofort in die städti-
sche Müllverbrennungsanlage geschmissen und dort verbrannt werden!"
7 Als man dann die E-Gitarren, E-Bässe, Drums, Trompeten und die anderen
Instrumente in der Stadt dudeln hörte, warfen sich alle Leute sofort auf
den Boden. Egal, aus welchem Land sie kamen oder was für eine Sprache sie
sprachen, jeder schmiss sich auf den Boden, um zu diesem Gott zu beten,
den Nebukadnezzar aufgestellt hatte. 8 Ein paar von den Astrologen hatten
dann die Idee, die Gelegenheit zu nutzen und die Juden beim Präsidenten
zu verpetzen. 9 Also gingen sie zu Nebukadnezzar und sagten zu ihm:
„Sehr verehrter Herr Präsident, wir grüßen Sie recht herzlich! 10 Sie haben
doch den Befehl rausgegeben, dass jeder Mensch sich sofort auf den
Boden schmeißen und zu dem neuen Gott beten soll, sobald er die E-Gitar-
ren, E-Bässe, Drums, Trompeten und die anderen Instrumente spielen
hört. 11 Es kam ja sogar die Drohung, dass jeder, der das nicht macht, sofort
in die örtliche Müllverbrennungsanlage geschmissen wird. 12 Wir haben
da etwas von einigen Juden gehört, denen Sie die Verwaltung der Provinz
von Babylonien anvertraut haben. Ihre Namen sind Schadrach, Meschach
und Abed-Nego. Wir wissen aus zuverlässiger Quelle, dass diese drei
Juden Ihrem Befehl nicht gehorcht haben. Die haben keinen Respekt vor
dem neuen Gott aus Gold, den Sie aufstellen ließen, und auch nicht vor
Ihnen!" 13 Als Nebukadnezzar das hörte, rastete er total aus. Er befahl, Scha-
drach, Meschach und Abed-Nego sofort festnehmen zu lassen und sie zu
sich ins Büro zu bringen. Als die drei Männer da waren, 14 stauchte er sie
wütend zusammen: „Was ist los mit Ihnen? Ich hab gehört, dass Sie keinen
Respekt vor meinem Gott haben. Sie haben sich geweigert, zu dieser Figur
zu beten? 15 Ich geb Ihnen noch eine Chance. Wenn Sie gleich die Instru-
mente spielen hören und Sie sich dann auf den Boden werfen und zu die-
sem Gott beten, dann will ich die Sache vergessen. Aber wenn Sie das nicht
tun, dann lasse ich Sie sofort in die Müllverbrennungsanlage schmeißen!
Der Gott, der euch vor mir beschützen kann, muss erst noch erfunden
werden!" 16 Die drei antworteten ihm: „Lieber Präsident Nebukadnezzar!
Um ehrlich zu sein, ist uns das etwas zu billig, als dass wir dadrauf jetzt
noch eine lange Antwort geben würden. 17 Für uns steht außer Frage, dass

unser Gott hundertprozentig in der Lage ist, uns nicht nur vor dem Tod in der Verbrennungsanlage, sondern auch vor Ihnen zu retten! [18] Aber selbst wenn er das nicht tun würde, muss Ihnen eines klar sein: Wir werden niemals zu Ihrem Gott beten, und wir werden uns auch niemals vor so einem Plastikgott auf den Boden schmeißen!" [19] Jetzt platzte Nebukadnezzar der Kragen. Sein Gesicht wurde puterrot, und er bekam voll den Hass auf Schadrach, Meschach und Abed-Nego. Sofort ließ er die Müllverbrennungsanlage auf die höchste Stufe drehen, siebenmal stärker, als sie normal betrieben wurde. [20] Dann befahl er einigen von seinen stärksten Soldaten, die drei zu fesseln, um sie so in die Anlage zu schmeißen. [21] Sofort bekamen die drei Handschellen und Fußfesseln angelegt. Dann klebte man ihre Arme mit Gaffa-Tape und anderem Klebeband ganz fest an ihren Körper, so dass sie sich nicht mehr bewegen konnten. Mit allen Klamotten wurden sie dann in die Müllverbrennungsanlage geworfen. [22] Weil der Präsident angeordnet hatte, dass der Ofen auf der allerhöchsten Stufe laufen sollte, schlugen die Flammen beim Öffnen des Ofens so heftig aus der Luke, dass die Soldaten, welche die drei dort reinschmeißen sollten, sofort getötet wurden.
[23] Schließlich schaffte man es doch, Schadrach, Meschach und Abed-Nego gefesselt in die Müllverbrennungsanlage zu schmeißen und die Tür wieder zu schließen.

Gott kann seine Leute aus dem heftigsten Feuer retten

[24] Nebukadnezzar besuchte dann den Ort, wo das Ganze stattfinden sollte. Er schaute durch das kleine Doppelglasfenster am Ofen, sprang erschrocken zurück und rief zu seinen Ministern, die mitgekommen waren: „Äh, hatten wir nicht drei Männer in den Ofen geworfen?" „Ja, genau, Herr Präsident, drei Männer!", antworteten sie. [25] „Seltsam. Wieso sind da jetzt vier Leute in dem Ofen? Und die sind quicklebendig und spazieren in dem Ofen hin und her! Sie haben auch die Handschellen nicht mehr an, und irgendwie sehen sie total unverletzt aus. Aber der Vierte dadrin, der sieht aus wie ein Wesen aus dem Himmel, wie ein Engel oder so was." [26] Nebukadnezzar ließ sofort die Klappe von der Anlage öffnen und rief: „Hey, ihr drei! Schadrach, Meschach und Abed-Nego! Ihr gehört definitiv zu dem mächtigsten Gott von allen! Bitte kommt raus!" Das ließen sich die Männer nicht zweimal sagen. [27] Der Bürgermeister, sein Stellvertreter und die Minister vom Präsidenten kamen alle an, um die drei Männer abzuchecken. Tatsächlich waren sie in dem Feuer ganz heil geblieben. Nicht ein Haar war verkohlt! Auch ihre Jacken waren noch wie neu, sie rochen nicht einmal nach Feuer!
[28] Nebukadnezzar sagte sofort: „Dieser Gott von den dreien ist der Größte! Er hat wohl einen seiner Botschafter aus dem Himmel, einen Engel, zu den Männern geschickt. Der Engel von dem Gott, auf den sie sich verlassen

haben, hat sie im Ofen beschützt! Diese drei hatten keine Lust, das zu tun,
was ich befohlen hatte. Dadurch haben sie ihr Leben aufs Spiel gesetzt. Sie
wollten zu keinem andern Gott beten als ihrem eigenen. 29 Darum mache
ich ab heute ein neues Gesetz, was für alle Menschen gilt, egal, wo sie gerade
leben oder aus was für einer Nation sie stammen. Wenn irgendjemand
auch nur einmal den Gott von Schadrach, Meschach und Abed-Nego irgend-
wie verarscht, wird der sofort erschossen, und seine Leiche kommt in den
Hächsler. Sein Haus wird von einem Bulldozer plattgemacht. Es gibt einfach
keinen Gott, der jemanden aus so einer ausweglosen Situation retten kann
wie dieser." 30 Der Präsident war dermaßen beeindruckt, dass er den dreien
ab sofort einen höheren Posten in der Regierung von der Provinz Babylonien
verschaffte. 31 Dann schrieb er noch einen Brief, der in alle Sprachen über-
setzt und in die ganze Welt verschickt wurde. Dort stand drin: „Sehr verehrte
Bürger in der ganzen Welt! Ich wünsche Frieden überall! 32 Mir kam die Idee,
dass es eine gute Sache wäre, wenn Sie von diesen heftigen Wundern
erfahren würden, die ich erlebt habe. Der oberste Gott von allen Göttern
hat dieses Wunder getan, und ich war Augenzeuge, ich glaube, er hat es
sogar für mich getan. 33 Die Sachen, die dieser Gott tut, sind einfach unbe-
schreiblich, gigantisch, kaum zu fassen, der reine Wahnsinn. Seine Macht
wird nie aufhören. Was er geschaffen hat, wird immer weitergehen. Von
Generation zu Generation wird man sich davon erzählen!"

4

Nebukadnezzar hat noch einen Traum

1 Nebukadnezzar erzählte in seinem Brief dann noch weiter, was er mit
diesem Gott erlebt hat: „Es war so, dass bei mir eigentlich alles super lief.
Ich hatte meinen Job gut im Griff und lebte zufrieden in meiner Präsidenten-
villa. 2 Irgendwann bekam ich plötzlich in einer Nacht einen sehr heftigen
Traum. Dieses Erlebnis und die ganzen Sachen und Gestalten, die ich da
gesehen hab, machten mich echt fertig. 3 Ich hab dann am nächsten Tag die
besten Experten von den unterschiedlichsten Wissensgebieten zu mir ins
Büro geladen. Sie sollten mir sagen, was dieser Traum zu bedeuten hat.
4 Alle kamen sie angedackelt, die Psychologen, Ärzte, Astrologen, Esofuzzis
usw. Jedem hab ich meinen Traum erzählt, aber keiner konnte mir sagen,
was er denn jetzt zu bedeuten hat. 5 Als Letztes hatte ich den Daniel vorge-
laden. Daniel war eigentlich zu dem Zeitpunkt schon ein neuer Name von
uns zugeteilt worden, er hieß jetzt so wie mein Gott Beltschazzar. Dieser
Daniel hatte irgendwie eine ganze besondere Kraft in sich, eine Kraft, die
wohl von den heftigen Göttern kommt. Also hab ich ihm dann von meinem
Traum erzählt. 6 Ich meinte zu ihm: ‚Lieber Beltschazzar! Sie sind die Num-
mer eins, wenn es dadrum geht, einen guten Tipp für den Präsidenten zu

haben, keiner ist so gut wie Sie! In Ihnen ist die Kraft von den ganz besonders krassen Göttern. Es gibt wahrscheinlich kein Rätsel, was Sie nicht lösen könnten. Sie haben auf jede Frage die richtige Antwort. Bitte sagen Sie mir, was der Traum zu bedeuten hat!‘ [7] Und zwar hatte ich geträumt, dass ein megagroßer Baum mitten auf der Erde stand. [8] Er war einfach gigantisch hoch und auch sehr dick. Seine Spitze ging bis über die Wolken, und man konnte ihn kilometerweit sehen. [9] Die Tiere stellten sich unter ihn, um sich vor der Sonne zu schützen. Viele Vögel bauten in seinen Zweigen Nester, und total viele Tiere ernährten sich von seinen Früchten. [10] Schließlich sah ich, wie ein Engel, so ein Botschafter von Gott, aus dem Himmel zu mir runterflog. [11] Er schrie ganz laut: ‚Holt die Motorsäge! Haut von dem Baum die Äste ab! Entfernt das Laub von den Zweigen! Schleudert seine Früchte in die Gegend! Die Tiere, welche auf und unter dem Baum gelebt haben, sollen ganz schnell verschwinden! [12] Aber der Baumstumpf soll in der Erde bleiben. Ihr müsst diesen Stumpf mit Ketten aus Stahl und Bronze am Boden festbinden. Er muss dortbleiben, wo es grün ist, zwischen den Gräsern vom Feld. Er soll vom Nebel nass werden. Er soll genauso hoch sein wie das Gras, er wird zu einem Teil der Wiese. [13] Aus seinem menschlichen Verstand soll ein Verstand werden, wie ihn ein Tier hat. Sieben Jahre lang wird dieser Zustand andauern. [14] Diese Entscheidung ist im Himmel getroffen worden! Alle Menschen sollen kapieren, dass der Chef über alles die absolute Macht hat. Er hat das Sagen über jede Regierung, und er setzt Menschen als Präsidenten ein, so wie er es will. Wenn er Bock drauf hat, kann er die letzte Wurst zum neuen Präsidenten machen.‘ [15] So ungefähr ging mein Traum. Und ich sagte dann zu Beltschazzar: ‚Ich möchte von Ihnen, dass Sie mir, dem Präsidenten Nebukadnezzar, diesen Traum erklären und sagen, was er zu bedeuten hat. Alle schlauen Leute in meinem Land hatten keine Ahnung, was er bedeutet. Können Sie mir weiterhelfen? Ich glaube das, weil Sie die große Kraft in sich haben, welche von den heftigsten Göttern kommt, die es überhaupt gibt.‘ [16] Daniel, der ja den Namen Beltschazzar bekommen hatte, konnte eine ganze Zeit erst einmal gar nichts sagen, weil er so fertig war. Die Deutung, welche er für diesen Traum hatte, war echt eine Nummer zu heftig. Aber ich fing an, ihn zu nerven: ‚Bitte, haben Sie keine Angst davor, mir zu sagen, was der Traum bedeutet!‘ Beltschazzar antwortete: ‚Mein lieber Herr Präsident! Ich wünschte, dass das, was der Traum voraussagt, Ihren übelsten Feinden passieren wird! [17] Aber okay, der Traum hat folgende Bedeutung: Dieser megagroße und dicke Baum, den Sie gesehen haben, der bis über die Wolken ging, [18] der so viel Blätter und Früchte an seinen Zweigen hatte und auf dessen Ästen viele Vögel ihre Nester gebaut hatten und von dem so viele Lebewesen sich ernährt haben, [19] dieser Baum sind Sie! Sie sind das, Herr Präsident, Sie sind so groß und mächtig geworden,

und Ihre Macht reicht bis zum Himmel. Wenn Sie etwas befehlen, wird das
auch noch am anderen Ende der Welt getan. 20 Sie haben ja dann in dem
Traum gesehen, wie der Botschafter von Gott, so ein Engel, zu ihnen kam
und sagte: ‚Sägt den Baum ab! Macht ihn kaputt! Nur der Baumstumpf soll
übrig bleiben! Den müsst ihr mit Ketten aus Stahl und Bronze am Boden
befestigen. Er soll dort am Boden liegen. Zwischen dem Gras und den Tie-
ren soll er leben, sieben Jahre lang.‘ 21 Das bedeutet, dass der total mächtige
Gott, der Chef über alles, Folgendes beschlossen hat: 22 Sie werden bei den
Menschen rausgeschmissen. Sie werden bei den Tieren leben, und Sie müs-
sen sich sogar von Gras ernähren wie eine Kuh. Zu trinken bekommen sie
nur den Regen oder das, was aus der Luft an Feuchtigkeit runterkommt, wie
zum Beispiel der Tau am Morgen. Das Ganze soll sieben Jahre lang dauern,
bis Sie eine Sache endlich kapieren: Der mächtige Gott und Chef über alles
bestimmt, wer der Präsident über die Menschen wird und wer nicht. 23 Zu
der Bedeutung von dieser Stimme, die meinte, dass man den Baumstumpf
in der Erde lassen sollte, noch Folgendes: Sobald Sie bereit sind, Gott als
den obersten Chef anzuerkennen, werden Sie wieder Präsident werden.
24 Darum kann ich Ihnen nur den Rat geben, Herr Präsident, dass Sie sofort
damit aufhören sollten, Mist zu bauen. Fangen Sie an, korrekte Entscheidun-
gen zu treffen, gehen Sie liebevoll mit den kaputten Leuten um. Setzen Sie
diesen Rat sofort um, wenn Sie wollen, dass es Ihnen über längere Zeit gut-
geht.‘ 25 Alles, was mir Daniel vorausgesagt hatte, passierte auch! 26 Nach
einem Jahr dachte ich noch mal über alles nach. Ich ging gerade auf der
Dachterrasse von meiner Präsidentenvilla in Babylon spazieren, als mir das
klar wurde. 27 Ich sagte dann zu mir selbst: ‚Was für eine gigantische Stadt!
Nur weil ich so eine Macht habe, konnte ich sie so krass hochziehen. Auf
die Art wurde die ganze Stadt mit ihrer Präsidentenvilla wie ein Denkmal für
mich.‘ 28 Ich hatte gerade das letzte Wort ausgesprochen, da hörte ich eine
heftige Stimme, die aus dem Himmel kam. Die sagte: ‚Mit dem heutigen Tag
werde ich dir, Präsident Nebukadnezzar, deine Macht wegnehmen! 29 Man
wird dich aus der Stadt rausschmeißen, keiner will mehr mit dir zusammen
sein. Du wirst mit den Tieren im Wald leben müssen. Man wird dir Gras
zu essen geben wie einer Kuh. Sieben Jahre lang wird das so abgehen, bis
du kapiert hast, dass der total mächtige Gott derjenige ist, der Menschen
zum Präsidenten macht oder sie wieder absetzt, so wie er das gerade will.‘
30 Und sofort wurde diese Voraussage auch durchgezogen. Ich wurde aus
der Stadt rausgeschmissen, kein Mensch wollte mehr was mit mir zu tun
haben. Ich musste mich von Gras ernähren wie eine Kuh. Ich pennte im
Freien auf einer Wiese und wurde jeden Morgen nass von der Luftfeuchtig-
keit, die dort war. Nach einer Zeit hatte ich schulterlange Haare, und meine
Fingernägel waren so lang wie die Krallen von Vögeln. 31 Aber nach sieben

Jahren gab es da an einem Tag so ein besonderes Erlebnis, wo ich irgendwie
in den Himmel sehen konnte. Plötzlich wurde ich wieder klar in der Birne.
Ich fing an, Gott zu danken, und sagte: Gott, du bist der Größte, nichts geht
über dich! Du wirst für immer das Sagen haben, deine Macht wird nie auf-
hören! 32 Alle Menschen zusammengerechnet sind ein Pups im Gegensatz
zu dir. Du machst mit den übernatürlichen Wesen aus dem Himmel, was
du willst. Auch mit den Menschen auf der Erde machst du, was du willst. Es
gibt niemanden, der dich kontrollieren könnte und der sagen dürfte: ‚Hey,
was machst du da eigentlich, Gott?‘ 33 In diesem Augenblick hatte ich wieder
alle Tassen im Schrank. Ich konnte wieder meinen Job als Präsident aus-
führen, um mein Reich wieder in eine Spitzenposition zu bringen. Meine
Minister und die gesamte Führungsriege aus meinen Land standen sofort
auf der Matte und setzten mich wieder zum Präsidenten ein. Ich wurde noch
mächtiger, als ich jemals vorher gewesen bin. 34 Ich, Nebukadnezzar, muss
eins klarstellen: Gott, der im ganzen Universum das Sagen hat, ist der
Größte! Alles, was er macht, ist supergut und korrekt! Er kann jeden, der
arrogant rumläuft, ganz leicht von seinem Sockel runterholen!“

5

Ein komischer Satz an der Wand

1 Irgendwann hatte der nächste babylonische Präsident Belsazar eine große
Party organisiert. Belsazar war der Sohn von Nebukadnezzar. Über tausend
der mächtigsten Männer seines Landes waren eingeladen. Das Bierfass
war angezapft, und es floss eine Menge Alk. 2 Nachdem Belsazar schon ein
paar Gläser in der Birne hatte, kam er plötzlich auf den Trichter, die ganzen
Becher aus Gold und Silber, die sein Vater Nebukadnezzar aus dem Tempel
der Juden gezockt hatte, mal aufzufahren. Seine Idee war, sich daraus mit
den mächtigen Männern und seinen Frauen einen Schluck zu gönnen. 3 Also
brachte man die Becher aus Gold, welche, wie gesagt, ursprünglich aus
dem Tempel von Gott in Jerusalem stammten. Alle tranken daraus ihr Bier
und ihren Wein. 4 Schließlich fingen sie im Suff auch noch an, ein paar Lie-
der über ihre Plastikgötter zu singen, die ja nur aus Plastik, Metall, Holz
oder Stein gemacht waren. 5 In der Sekunde konnte man plötzlich die Finger
einer Hand sehen. Dann schrieb einer dieser Finger ein paar Worte an die
Wand von dem Festsaal. Diese Wand wurde von einem Deckenscheinwerfer
total hell beleuchtet. 6 Die Szene war so gruselig, dass der Präsident total
blass wurde. Er bekam voll die Angst, seine Knie fingen an zu zittern, und er
sackte in sich zusammen. 7 Sofort ließ er von seinem Sekretär alle Experten
für übersinnliche Ereignisse zusammentrommeln. Wahrsager, Astrologen,
Geistheiler, irgendwelche Spiritisten, alle wurden angefragt zu kommen. Als
sie dann da waren, sagte er: „Wer von Ihnen die Schrift entziffern kann und

in der Lage ist, mir zu erklären, was das alles zu bedeuten hat, wird fett belohnt werden. Der bekommt einen Einkaufsgutschein für den teuersten Designerladen und einen Orden aus Gold. Dazu werde ich ihn sofort in meiner Regierung einstellen und ihm den dritthöchsten Posten geben!" 8 Die Experten untersuchten die Wand und checkten die Buchstaben der Worte ab, aber keiner konnte die Schrift entziffern, geschweige denn verstehen, was sie zu bedeuten hatte. 9 Als klar wurde, dass keiner erklären konnte, was die Aussage von den Worten war, bekam der Präsident noch mehr Angst. Auch die Führungsriege seiner Regierung, die ebenfalls anwesend war, bekam die Panik.

Daniel muss mal wieder ran

10 Schließlich ging die Tür auf, und die Mutter vom Präsidenten kam herein. Sie hatte alles von draußen mitgehört und wollte jetzt zu den Leuten, die auf der Party waren, etwas sagen. „Mein Präsident, du bist der Größte! Du brauchst echt keine Angst zu haben und musst auch nicht gleich blass werden, wegen dieser Sache! 11 Ich kenne einen Typen, der in deinem Land lebt. Er ist abgefüllt mit einer übernatürlichen Kraft, die nur von den Göttern kommen kann. Als dein Vater, Nebukadnezzar, noch an der Regierung war, hatte dieser Mann echt den Durchblick, so dass man glauben musste, keiner hätte so viel verstanden wie er, außer die Götter selbst. Damals hatte ihn dein Vater befördert und ihm den obersten Job als Berater des Präsidenten gegeben. Er stand über allen Intellektuellen, aber auch über den Astrologen, Wahrsagern und den anderen Zauberfuzzis. 12 Das lag einfach daran, dass er eine ganz besondere Kraft in sich hatte. Durch diese Kraft war er in der Lage, unheimlich viele Sachen zu wissen. Er konnte Träume auslegen, und es gab eigentlich kein Rätsel, was er nicht hätte lösen können. Eigentlich hieß der Typ Daniel, er bekam aber von deinem Vater einen neuen Namen, und zwar nannte der ihn Beltschazzar. Ich bin mir echt sicher, dass er diese Schrift entziffern kann und auch weiß, was sie bedeutet!" 13 Der Tipp war gut, und sofort wurde Daniel geholt und zum Präsidenten gebracht. Der Präsident begrüßte ihn: „Guten Tag! Sie sind also einer von den Juden, die mein Vater damals aus Juda hierhergebracht hat? 14 Man hat mir erzählt, Sie hätten eine Kraft in sich, die von den Göttern kommt. Mit dieser Kraft sollen Sie angeblich in der Lage sein, außergewöhnliche Rätsel zu lösen, weil sie einfach so viel wissen. 15 Es geht um diesen Schriftzug da!" Er zeigte auf die Worte, die an der Wand waren. „Ich hab bis jetzt alle Experten in übernatürlichen Sachen befragt, aber keiner konnte mir die Schrift übersetzen, geschweige denn sagen, was sie zu bedeuten hat. 16 Man hat mir erzählt, dass Sie in der Lage sind, die seltsamsten Rätsel zu lösen und die Geheimnisse, die bis dahin noch niemand verstanden hat, zu erklären. Stimmt das?

Falls ja, wäre es super, wenn Sie mir diese Schrift übersetzen könnten und auch erzählen würden, was das alles zu bedeuten hat. Wenn Sie das können, werde ich Sie fett belohnen! Sie können sich mit den teuersten Designerklamotten einkleiden, ich zahl die Rechnung. Dazu kriegen Sie einen Orden aus Gold. Ich verspreche Ihnen, dass Sie auch einen hohen Posten in meiner Regierung bekommen. Sie werden nach mir und noch jemandem anders die Nummer drei sein.“ [17] Daniel antwortete: „Ihren Orden können Sie sich ins Klo hängen, den will ich nicht. Und auch die anderen Sachen geben Sie besser jemand anderem. Aber die Schrift vorlesen und sagen, was sie bedeutet, das mach ich gerne. [18] Herr Präsident, ich glaube ja, dass der fetteste Gott von allen Ihren Vater zum Präsidenten gemacht hat. Er hat dafür gesorgt, dass der so stark wurde und so ein großes Reich abgesahnt hat. [19] Weil Ihr Vater so mächtig war, hatten die anderen Nationen echt Schiss vor ihm gehabt. Wenn er jemanden plattmachen wollte, dann hat er das einfach getan. Und wenn er jemanden befördern oder entlassen wollte, gab es keinen, der Widerspruch einlegen konnte. [20] Erst als er plötzlich arrogant wurde und dachte, er sei was Besseres, hat er seine Macht verloren. Man hat ihm den Job des Präsidenten weggenommen. [21] Dann hat man ihn aus der Gemeinschaft der Menschen rausgeschmissen, er wurde wie ein Tier behandelt und lebte zusammen mit Eseln in der freien Natur. Er musste sich von Gras ernähren wie eine Kuh. Dann pennte er draußen auf der Wiese und wurde jeden Morgen vom Tau nass. Das ging so lange, bis er kapiert hatte, dass nur der größte Gott von allen die Macht hat, einen Präsidenten einzusetzen, und er tut das, wenn er dazu lustig ist. [22] Jetzt sind Sie, sein Sohn, an der Macht. Und obwohl Sie das alles gewusst haben, war es Ihnen anscheinend egal. Es konnte Sie nicht davor schützen, selbst arrogant zu werden. [23] Sie haben Gott, den Chef über alles, provoziert durch diese Aktion mit den Bechern aus Gold, die aus dem besonderen Tempel stammten. Sie haben sogar mit Ihrer Führungsriege und Ihren Ehefrauen daraus Wein getrunken. Dazu mussten Sie auch noch irgendwelche Lieder singen, die aussagten, wie toll doch diese toten Plastikgötter sind, obwohl die nur aus Holz, Eisen, Stein oder eben Plastik bestehen. Die können nicht hören, nicht sehen und auch nicht denken, sie sind praktisch tot. Aber den Gott, der dafür gesorgt hat, dass Sie überhaupt atmen können und der Ihr ganzes Leben steuert, für den singen Sie keine Lieder?! [24] Darum hat er diese Hand in Ihren Festsaal geschickt, damit sie ein paar Worte an die Wand kritzelt. [25] Dort steht Folgendes: ‚Mene, mene, tekel upharsin‘. [26] Ich übersetze das mal. Mene bedeutet ‚gezählt‘. Gott will Ihnen damit sagen, dass Ihre Tage als Präsident gezählt sind, bald ist es damit vorbei. [27] Tekel bedeutet ‚gewogen‘. Gott will Ihnen damit sagen, dass er Sie und Ihre Taten gewogen hat. Er hat abgecheckt, was Sie so gebracht haben, und es war zu wenig für

ihn. Sie sind durchgefallen. 28 Upharsin heißt ‚zerteilt'. Gott will Ihnen damit
sagen, dass Ihr Land bald zerteilt wird. Einen Teil bekommen die Meder und
einen anderen die Perser." 29 Belsazar befahl daraufhin, Daniel den Gut-
schein für die Designerklamotten auszuhändigen. Dazu bekam er den golde-
nen Orden mit der Kette dran und wurde zum drittmächtigsten Mann im
Land ernannt. 30 Aber noch in derselben Nacht wurde Belsazar, der Präsident
von Babylonien, ermordet.

6

Daniel wird in einem Käfig voll hungriger Kampfhunde von Gott beschützt

1 Nachdem der alte Präsident Belsazar tot war, übernahm der Meder Darius
die Macht. Er war zu dem Zeitpunkt schon 62 Jahre alt. 2 Darius dachte,
es wäre eine gute Idee, sein Land in hundertzwanzig kleinere Gebiete aufzu-
teilen. Für jedes Gebiet setzte er einen Bürgermeister ein. 3 Dazu wurden
von ihm noch drei Minister ernannt, die die Bürgermeister kontrollieren soll-
ten, damit die keinen Mist bauen. Einer von diesen Ministern wurde Daniel.
4 Ziemlich schnell war klar, dass Daniel den Job viel besser machte als die
anderen Minister. Er war ihnen intellektuell und wissensmäßig voll über-
legen. Der Präsident plante eines Tages, die Geschäfte von seinem ganzen
Land an Daniel zu übergeben. 5 Die Minister und einige Bürgermeister
versuchten irgendwie, einen Grund zu finden, um Daniel vor Gericht ankla-
gen zu können, weil ihnen das nicht in den Kram passte. Aber obwohl sie
seine Amtsgeschäfte immer wieder überprüften, konnten sie keinen Fehler
finden. Er war einfach sehr korrekt und erledigte seine Arbeit zuverlässig und
gut. 6 Schließlich berieten sich seine Feinde. „Der einzige Schwachpunkt,
den wir vielleicht finden könnten, müsste was mit den Gesetzen von Gott
zu tun haben. Die befolgt er ja immer sehr straight!", stellten sie fest. 7 Sie
holten sich einen Termin beim Präsidenten, und als alle in seinem Büro
standen, sagten sie zu ihm: „Verehrter Präsident! Sie sind der beste Präsi-
dent, den wir je hatten, und das soll für immer so bleiben! 8 Wir hatten eine
interne Besprechung und sind auf folgenden Vorschlag gekommen. ‚Wir'
bedeutet alle Männer, die in ihrem Reich was zu sagen haben, die Minister,
die Bürgermeister, die Offiziere, alle Ratgeber und so weiter. Und zwar den-
ken wir, es wäre eine gute Idee, wenn Sie ein neues Gesetz erlassen würden.
Dieses Gesetz soll festlegen, dass in den nächsten dreißig Tagen Bitten
zu irgendwelchen Göttern verboten sind. Es ist auch nicht erlaubt, andere
Menschen um Hilfe zu bitten. Nur eine Bitte an den Präsidenten ist erlaubt.
Wer sich nicht dadran hält, wird mit einigen ausgehungerten Kampfhunden
in einem Käfig eingeschlossen. 9 Herr Präsident, befehlen Sie dies als ganz
offizielles neues Gesetz, das nicht mehr diskutiert oder geändert werden
darf. Das ist ja normal bei den Gesetzen der Meder und der Perser." 10 Der

Präsident Darius war einverstanden und verfasste dieses Gesetz. [11] Als
Daniel davon erfuhr, war er gerade in seinem Haus. Im zweiten Stock hatte
er einen Raum, wo er immer am Beten war. Dieses Zimmer besaß viele
Fenster, die in Richtung Jerusalem lagen und immer offen standen. Dreimal
am Tag war er dort auf seinen Knien und betete, sagte Gott, wie gut er ihn
fand, und so was. Diese Zeit zog er auch an diesem Tag normal durch.
[12] Seine Feinde warteten nur auf diesen Moment, stürzten sofort in das Haus
rein und erwischten Daniel, wie er gerade wieder auf den Knien am Beten
war. [13] Sie gingen sofort zum Präsidenten und verpetzten ihn: „Sie hatten
doch ein neues Gesetz erlassen, dass jeder, der in den nächsten dreißig
Tagen beim Beten erwischt wird oder auch nur einen anderen Menschen
um etwas bittet, in den Hundekäfig reinkommt, wo die Pitbulls und Dober-
männer drin sind.“ „Ja, das ist richtig!“, antwortete der Präsident. „Dieses
Gesetz kann auch nicht mehr gekippt werden, weil es ja dieses Gesetz von
den Medern und Persern gibt, das eine Rücknahme von solchen Sachen
verbietet.“ [14] „Wir haben den Daniel dabei erwischt, wie er dreimal zu sei-
nem Gott gebetet hat!“, riefen sie laut. „Er gehört ja eigentlich zu den Kriegs-
gefangenen aus Juda, und ihm scheinen Ihre Gesetze total egal zu sein!“
[15] Der Präsident war echt traurig, als er das hörte. Er wollte Daniel irgendwie
retten. Den ganzen Tag überlegte er, ob es eine Lösung für das Problem
geben würde. [16] Aber die Männer ließen nicht locker. Sie kamen wieder in
sein Büro und sagten: „Sie wissen doch von dem Gesetz, Herr Präsident,
oder? Es gibt dieses Obergesetz, das festlegt: Was der Präsident mal gesagt
hat, muss auch durchgezogen werden!“ [17] Der Präsident konnte nicht anders
und ließ Daniel erst einmal festnehmen. Dann wurde er mit den gefähr-
lichsten Kampfhunden in einen Käfig eingesperrt. Präsident Darius sagte
aber vorher noch zu Daniel: „Ich wünsche mir, dass der Gott, für den Sie
alles tun, Sie dort beschützen wird!“ [18] Der Käfig wurde mit einem ganz spe-
ziellen Zahlenschloss verriegelt, was nur mit einem Code aufgemacht wer-
den konnte, den der Präsident oder sein höchster Beamter hatte. Man wollte
damit einfach sicherstellen, dass niemand das Schloss aufmachen würde,
der nicht dazu befugt war. [19] Als alles erledigt war, ging der Präsident nach
Hause. Den Rest des Tages bekam er keinen Bissen runter, und in der Nacht
drauf konnte er auch nicht schlafen. [20] Sobald am nächsten Morgen die
Sonne zu sehen war, stand er auf, zog sich was an und ging zum Käfig.
[21] Schon aus einiger Entfernung rief er ängstlich: „Hallo? Daniel? Hat Ihr hef-
tiger Gott Sie gerettet? Hat der Gott, dem Sie so treu dienen, Sie vor den
Kampfhunden beschützen können?“ [22] Daniel antwortete: „Hey, Herr Präsi-
dent! Ich wünsch mir, dass Sie für immer an der Macht sind! [23] Klar hat mein
Gott mich beschützt! Er hat jemanden von seinen Schutztruppen aus dem
Himmel zu mir geschickt, einen Engel. Der hat den Pitbulls die ganze Nacht

das Maul zugehalten, keiner von denen konnte mich beißen. Gott findet nämlich, dass ich okay bin und nichts ausgefressen habe. Und Sie hab ich auch nie abgezogen, verehrter Herr Präsident!“ 24 Der Präsident war voll glücklich! Er befahl, Daniel sofort aus dem Käfig rauszuholen. Tatsächlich hatte Daniel noch nicht mal eine Schramme abbekommen, weil er auf Gott vertraut hatte. 25 Dann ließ der Präsident die Männer holen, die Daniel angeschwärzt hatten. Sie wurden mitsamt ihren Frauen und Kindern in den Käfig geschmissen. Die Tür war noch nicht mal ganz zu, da waren die Kampfhunde schon über sie hergefallen und zermalmten ihre Knochen mit nur einem Biss. 26 Der Präsident Darius setzte dann ein Schreiben auf, das in viele Sprachen übersetzt und dann an alle Nationen und Länder verschickt wurde. In dem Schreiben stand drin: „Liebe Leute! Ich wünsche euch das Allerbeste! 27 Ich ordne hiermit ein neues Gesetz an, wovon jeder wissen soll. Und zwar muss man ab sofort überall in meinem Reich Respekt vor dem Gott von Daniel haben! Dieser Gott ist real, und er ist nicht totzukriegen. Niemand ist in der Lage, seine Macht zu beenden, sie wird immer weitergehen. 28 Er kann jeden aus einer gefährlichen Situation retten, er kann jeden befreien. Dieser Gott tut heftige Wunder, man kann das überall auf der Erde und auch im Universum sehen. Und er hat Daniel vor den Zähnen der Kampfhunde gerettet.“ 29 In der Zeit, wo Darius der Präsident war, hatten alle Leute großen Respekt vor Daniel. Auch als sein Nachfolger Kyrus an der Macht war, war das der Fall.

7

Daniel hat einen heftigen Traum

1 In dem ersten Jahr, wo Belsazar der Präsident von Babylonien war, hatte Daniel in einer Nacht einen heftigen Traum, der von Gott kam. Am nächsten Morgen schrieb er den Traum in sein Tagebuch. 2 „Mitten in der Nacht sah ich plötzlich einen Film vor meinen inneren Augen ablaufen, also ich hatte eine Vision. Und zwar konnte ich sehen, wie das Meer von einem megagroßen Sturm aufgewühlt wurde. Das Besondere dabei war, dass der Wind aus allen Richtungen gleichzeitig kam. 3 Plötzlich kamen vier verschiedene und ziemlich große Tiere aus dem Wasser raus. 4 Das erste Tier sah aus wie ein Löwe, der aber ganz große Flügel hatte, so wie die von einem Adler. Dann konnte ich erkennen, wie ihm die Flügel ausgerissen wurden. Er richtete sich dann auf und konnte wie ein Mensch auf zwei Beinen stehen. Schließlich bekam er auch ein menschliches Herz, mit dem er so fühlen und denken konnte, wie Menschen es tun. 5 Das zweite Tier sah so ähnlich aus wie ein Bär. Der Bär stand auf seinen zwei Hinterbeinen und hatte zwischen seinen Zähnen drei Knochen, die aus einer Rippe stammten. Dann hörte ich eine Stimme, die ihm einen Befehl erteilte: ‚Los jetzt! Friss dich

an dem Fleisch satt!‘ 6 Als Nächstes sah ich ein Tier, das aussah wie ein
Leopard. Dieser Leopard hatte aber vier Flügel auf seinem Rücken. Dazu
hatte er auch noch vier Köpfe. Ihm wurde ganz viel Macht übergeben.
7 Dann sah ich in diesem Film noch ein viertes Tier. Dieses Teil sah echt
gruselig aus, wie ein fieses Monster, das sehr viel Power hatte. Es hatte
große Zähne aus Stahl und kaute so lange auf allem rum, bis alles klein
gehackt war. Was nicht gefressen wurde, zertrat es mit seinen Füßen. Dieses
letzte Tier war total anders als die anderen Tiere. Dazu hatte es zehn Hör-
ner auf dem Kopf. 8 Gerade als ich mir die Hörner genauer ansah, wuchs
ein neues Horn aus seinem Kopf raus. Es verdrängte drei von den Hörnern,
die dort vorher waren, sie fielen auf den Boden. An diesem letzten Horn
waren überall so Augen dran, die aussahen wie die Augen von einem Men-
schen. Dazu hatte das Horn auch einen Mund, und aus dem Mund kamen
einige großkotzige Sätze raus. 9 Schließlich konnte ich in der Vision sehen,
wie überall so Chefsessel aufgestellt wurden, wo normal Präsidenten drauf-
sitzen. Auf einen setzte sich einer, der schon sehr alt war. Er hatte einen
weißen Mantel, und seine Haare waren auch weiß, so weiß wie Baumwolle.
Sein Chefsessel sah aus, als wäre er aus glühenden Kohlen, der brannte die
ganze Zeit. Dazu waren unten an dem Sessel so große Räder, die auch aus
Feuer bestanden. 10 Von diesem Typen floss ein Lavastrom wie aus einem
Vulkan in das Land. Ein Fluss, der nicht aus Wasser, sondern aus Feuer
bestand. Ich konnte sehen, wie eine riesengroße Armee bereitstand, um
zu tun, was er sagte. Millionen von Soldaten marschierten vor ihm her.
Schließlich war da so ein Richter, der sich zu einer Gerichtsverhandlung an
einen Tisch setzte. Auf dem Tisch standen sehr viele Bücher, die jetzt eins
nach dem anderen aufgeschlagen wurden. 11 Dann sah ich, wie das Tier, das
eben noch so große Sprüche geklopft hatte, getötet wurde. Anschließend
zerstörte man seinen Körper, indem man ihn in das Feuer warf. 12 Die ande-
ren Biester wurden auch abgesetzt, man nahm ihnen die Macht, und sie
hatten nichts mehr zu sagen. Sie durften aber noch eine Zeitlang leben, bis
ihre Uhr abgelaufen war. 13 In dieser Nacht gab es noch eine zweite Vision,
die ich vor meinen inneren Augen sah. In dieser Vision kam jemand, der
wie ein Mensch aussah. Dieser Typ kam auf einer Wolke angeflogen. Dann
führte man ihn zu demjenigen, der schon total alt war. 14 Dort bekam er
die Macht über alle Menschen. Er kriegte die Vollmacht dafür und auch die
Position, die man dazu braucht. Alle Menschen und alle Nationen auf der
Welt gehorchten ihm. Seine Macht ist gigantisch groß, und sie hört nie auf.
Dass er der absolute Chef ist, das wird für immer so sein, und niemand wird
das aufhalten oder beenden können. 15 Als ich diesen Film gesehen hatte,
wurde ich irgendwie traurig und bekam auch leichte Panik. 16 Darum drehte
ich mich in meinem Traum zu einem der Leute um, die in meiner Nähe stan-

den, und bat ihn, mir das Ganze mal zu erklären. Einer sagte mir dann, was das Ganze zu bedeuten hat: [17] ‚Die vier großen Tiere sind vier Präsidenten, die vier große Reiche auf der Welt nacheinander regieren werden. [18] Dann werden aber die ganz besonderen Leute von Gott ein neues Reich aufbauen. Und dieses Reich wird ihnen für immer gehören, solange die Welt existiert und auch noch danach.‘ [19] Nachdem er das erzählt hatte, wollte ich noch mehr über diese vier Tiere wissen. Besonders über dieses eine Tier, was anders war als die anderen, was total ätzend aussah, so dass man Angst davor haben musste. Ich wollte wissen, was es mit diesen großen Zähnen aus Eisen auf sich hat und mit den Füßen aus Stahl. Dieses Tier, das alles in seinen Mund steckte und durchbeißen konnte und das mit seinen Füßen alles zertrampelte. [20] Ich wollte auch wissen, warum es diese zehn Hörner auf dem Kopf hat und warum das eine Horn größer ist als die anderen drei. Dieses Horn, das etwas größer war als die anderen, hatte ja so Augen und auch einen Mund. Aus diesem Mund kamen ziemlich arrogante Sprüche. [21] Dann konnte ich sehen, wie dieses Horn irgendwie einen Krieg mit den besonderen Leuten von Gott führte und sie am Ende sogar besiegte. [22] Schließlich trat dieser Typ auf die Bildfläche, der schon immer da gewesen ist, jemand Uraltes. Er war der Richter bei dieser Gerichtsverhandlung. Es sollte eine Zeit kommen, wo die besonderen Leute von Gott das Sagen über das ganze Gebiet bekommen sollten. [23] Dann sagte er: ‚Das vierte Tier bedeutet, dass es eine vierte Regierungszeit geben wird. Aber diese Phase wird anders sein als alle anderen Phasen vorher. In dieser Zeit werden nämlich alle anderen Völker, die auf der Erde leben, kaputt gemacht, zerstört und aufgefressen werden. [24] Die zehn Hörner bedeuten, dass aus diesem Reich zehn neue Präsidenten hervorgehen werden. Einer nach dem anderen wird die Macht übernehmen. Aber dann kommt ein Präsident, der anders sein wird als die vor ihm. Er wird drei Präsidenten aus ihrem Amt schmeißen. [25] Dieser Typ wird über Gott ablästern, den größten Gott von allen. Er wird seine besonderen Leute fertigmachen und unterdrücken. Er wird versuchen, die besonderen Feste für Gott und die besonderen Gesetze von Gott abzuschaffen. Die Leute von Gott werden erst ein Jahr, dann zwei Jahre und dann noch ein halbes Jahr unter seiner Macht leben müssen. [26] Aber dann ist Schluss. Es wird eine Gerichtsverhandlung geben, und dann wird man ihm seine Macht nehmen. Zum Schluss macht man ihn kaputt. [27] Wenn das vorbei ist, wird der heftige Gott seinen Leuten die Macht übertragen. Dieses neue Reich wird immer bestehen bleiben, und es wird die absolute Macht haben, alle anderen Reiche müssen sich ihm unterordnen.‘ [28] An dieser Stelle war dieser Film, diese Vision zu Ende. Was ich da gesehen hatte, machte mich echt fertig. Ich wurde total blass. Trotzdem erzählte ich niemandem von dieser Sache, die ich gesehen hatte, ich behielt es nur für mich.“

8

Daniel sieht wieder einen Film in seinen Gedanken
1 „Und dann sah ich wieder so einen Film vor meinen inneren Augen, so
eine Vision. Dieser Film war so ähnlich wie der, den ich früher schon mal
gehabt hatte. Das Ganze passierte in dem dritten Jahr, wo der Präsident
Belsazar an der Macht war. 2 In dieser Vision war ich plötzlich in Susa, der
Stadt, von wo aus der Präsident das Land regiert. Sie liegt in der Provinz
Elam. Irgendwie stand ich an dem Fluß Ulai. 3 Ich schaute auf den Fluss und
sah dort einen Widder mit zwei Hörnern rumstehen. Beide Hörner waren
sehr groß, das eine etwas größer als das andere, wobei das größere als
letztes gewachsen war. Das wusste ich irgendwie. 4 Dann konnte ich sehen,
wie der Widder mit seinen Hörnern nach Westen, Norden und Süden stieß.
Kein Tier konnte ihn aufhalten, niemand konnte sich vor ihm schützen, er
war einfach zu stark. Er konnte tun und lassen, was er wollte, darum wurde
seine Macht immer größer. 5 Als ich noch dabei war, den Widder zu beob-
achten, kam aus Westen plötzlich ein Ziegenbock angeflogen, der aussah
wie ein Einhorn, weil er ein sehr großes Horn genau zwischen den Augen
hatte. Er flog über den Boden, ohne ihn zu berühren. 6 Dann rannte er full
speed auf den Widder zu, den ich vor dem Fluss gesehen hatte. Der Ziegen-
bock war richtig sauer, das konnte man erkennen. 7 Er stieß mit voller Wucht
auf den Widder, irgendwie hasste er ihn. Bei dem Crash zerfetzten die beiden
Hörner auf seinem Kopf. Der Widder hatte keine Chance. Der Ziegenbock
stieß ihn einfach um, trampelte auf ihm rum, und keiner kam dem Widder
zu Hilfe. 8 Der Ziegenbock wurde dann sehr groß. Als er richtig viel gewach-
sen war, zerstörte er sein großes Horn, und an der Stelle wuchsen ihm vier
neue große Hörner. Jedes Teil wuchs dabei in eine andere Himmelsrichtung.
9 Aus einem der Hörner wuchs dann ein neues Horn raus, das erst ganz
klein war. Aber dann wuchs es immer mehr und wurde gigantisch groß. Es
wuchs in Richtung Süden und in Richtung Osten und in Richtung Israel.
10 Dann wuchs es sogar bis in das Weltall, es traf dort einige Sterne, die dann
auf die Erde fielen. Dort wurden sie dann von dem Tier zertreten. 11 Schließ-
lich wuchs das Horn bis zu dem Chef von der Armee des Himmels. Dort
nahm es ihm das Opferritual weg, was man jeden Abend für ihn durchzog.
Der Tempel und der besondere Bereich im Tempel wurden auch verdreckt.
12 Dann setzte der Ziegenbock auch noch ein neues Opfer an. Das Opfer, das
man bisher jeden Tag durchgezogen hatte, wurde abgeschafft. Aus Wahrheit
wurde so Lüge. Alles, was er anpackte, wurde zu einem Erfolg. 13 Ich hörte,
wie sich zwei Engel von Gott unterhielten. Der eine fragte den anderen:
‚Wie lange ist diese Vision gültig? Wie lange wird es verboten sein, jeden Tag
zu opfern? Wie lange wird der ganz besondere heilige Bereich im Tempel

verdreckt werden? Wie lange wird das dauern?‘ [14] Der andere Engel antwor-
tete: ‚Es werden 2300-mal keine Abend- und Morgenopfer durchgezogen.
So lange dauert das, erst dann wird in dem besonderen Bereich wieder alles
so sein, wie es normal ist.‘“

Was dieser Film zu bedeuten hat

[15] „Ich, Daniel, zerbrach mir den Kopf, was dieser Film, den ich gesehen
hatte, jetzt bedeutet. Plötzlich stand da so ein Typ vor mir, zumindest sah er
so aus wie ein Typ. [16] Dann hörte ich eine Stimme, die von der anderen Seite
des Ulai-Kanals kam. Die rief dem Mann zu: ‚Hey, Gabriel! Erklär ihm diese
Vision, die er gerade gesehen hat!‘ [17] Schließlich kam dieser Typ auf mich
zu. Ich erkannte, dass es sich um so ein Wesen von Gott aus der anderen
Dimension handelt, einen Engel. Mir blieb fast das Herz stehen, ich erschrak
so heftig, dass ich mit dem Gesicht nach vorne auf den Boden fiel. Der Engel
sagte zu mir: ‚Hey du, Mensch, pass mal auf! Was du in dem Film gesehen
hast, wird erst passieren, wenn es mit dieser Welt zu Ende geht!‘ [18] Während
er zu mir redete, lag ich ausgeknockt auf dem Boden, als hätte mich jemand
k.o. gehauen. Plötzlich beugte sich der Engel zu mir runter und zog mich
an der Hand wieder nach oben. [19] ‚Pass auf, ich werde dir jetzt zeigen, was
alles passieren wird, wenn Gott die letzte große Gerichtsverhandlung
ansetzt. Denn dieser Film, den du jetzt siehst, bezieht sich auf die letzten
Tage dieser Welt. [20] Der Widder mit den beiden Hörnern, den du gesehen
hast, steht für die zwei Präsidenten von den Medern und den Persern. [21] Der
Ziegenbock steht für die Präsidenten von Griechenland. Das große Horn,
was zwischen seinen Augen lag, steht für den ersten Präsidenten von Grie-
chenland. [22] Dass dieses eine Horn kaputtgeht und stattdessen vier neue
Hörner an einer anderen Stelle nachwachsen, bedeutet, dass aus dieser
Nation vier neue Nationen entstehen werden. Keine von ihnen wird aber so
stark und mächtig sein, wie die große Nation vorher war. [23] Am Ende der
Zeit von diesem Präsidenten, wenn die Leute in dem Land einfach zu viel
Mist gebaut haben, wird es dann einen neuen Präsidenten geben. Er wird
hart drauf sein und sehr link regieren. [24] Seine Macht wird gigantisch groß,
was aber nicht daran liegt, dass er so toll drauf ist. Er wird viele ätzende
Sachen bringen, die echt schrecklich sind. Aber er wird auch Erfolg haben.
Dieser Präsident wird gegen die besonderen Leute von Gott angehen und
sehr viele von ihnen töten. [25] Weil er ziemlich schlau ist, wird er sehr erfolg-
reich sein. Er weiß, wie man bescheißt und so seine Macht vergrößert. Er
wird einen auf dicke Hose machen, er wird auf brutale und fiese Art und
Weise viele Menschen töten. Dann wird er aber auch gegen den obersten
Chef von allen Chefs, gegen Gott, vorgehen, und das überlebt er nicht. Ohne
dass ein Mensch etwas unternimmt, wird er sterben, seine Macht ist dann

vorbei. 26 Auch das, was du gesehen hast, mit den Opfern, die morgens und
abends durchgezogen werden, wird so passieren. Was ich dir gesagt habe,
darfst du keinem weitererzählen, es ist geheim! Es wird nämlich noch sehr
lange dauern, bis das passiert.‘ 27 Als ich, Daniel, das gehört hatte, war ich
erst einmal tagelang krank. Es hatte mich total viel Kraft gekostet. Irgend-
wann ging es mir aber wieder besser, ich stand auf und erledigte meinen Job,
den ich beim Präsidenten hatte. Aber dieser Film ließ mich nicht mehr los,
ich musste ständig dadrüber nachdenken. Ich kapierte einfach nicht, was
diese ganze Vision zu bedeuten hatte.“

9

Daniel sagt Gott, dass es ihm leidtut und dass er mehr verstehen will

1 Irgendwann gab es dann einen Machtwechsel, und Darius wurde der Prä-
sident über das Babylonische Reich. Darius war ein Sohn von Xerxes. 2 In
seinem ersten Jahr als Präsident dachte ich, Daniel, viel dadrüber nach, was
wohl diese Zahl zu bedeuten hat, die ich in dem Buch von Jeremia in der
Volxbibel gelesen hatte. Dort war ja von siebzig Jahren die Rede, in denen
Jerusalem komplett zerstört bleiben wird. 3 Ich fing also an zu beten und
redete viel mit Gott. Ich bat ihn, diese Zeit zu beenden, verzichtete sogar auf
Essen und bekniete Gott, den Chef. 4 Dann bekannte ich den ganzen Mist,
den wir gebaut hatten: „O Mann, Gott! Du bist so gigantisch groß, vor dir
muss man Respekt haben. Du bist immer treu und stehst zu deinen Ver-
trägen, wenn die Menschen dich lieben und nach deinen Gesetzen leben.
5 Aber jetzt haben wir richtig Mist gebaut. Wir haben dich abgezogen, waren
dir untreu, haben Sachen getan, die total ätzend sind. Wir wollten nicht
das tun, was du willst. Deine Gesetze waren uns egal, und wir haben deine
Regeln nicht befolgt. 6 Und wir haben nicht auf deine Angestellten, die
Propheten, gehört. Obwohl sie in deinem Auftrag zu unseren Präsidenten,
unseren Chefs, und zu uns gesprochen haben, hörten wir nicht auf ihre
Warnung. 7 Gott, du bist immer sehr korrekt! Aber wir sind peinlich und
müssen uns vor dir schämen. Die Leute von Juda und Jerusalem und alle
Israeliten, egal, wo sie wohnen und wo du sie hin vertrieben hast, waren
dir untreu! 8 Gott! Es ist uns nur peinlich, wir kriegen einen roten Kopf! Alle
bei uns, angefangen bei den Präsidenten und den Politikern bis hin zu
den Clanchefs unserer Familien, schämen sich wegen dem ganzen Mist,
den wir gebaut haben. 9 Wir hoffen aber, dass du, unser Gott, uns liebst und
uns verzeihst. Wir wissen, dass wir Dinge getan haben, auf die du keinen
Bock hast. 10 Wir haben nicht auf die Sachen gehört, die du uns durch die
Gesetze klargemacht hast. Sie wurden uns durch die Propheten noch mal
in Erinnerung gerufen. Sie haben uns gewarnt, aber es hat nichts gebracht.
11 Alle Leute von Israel haben deine Gesetze gebrochen, keiner hat getan,

was du gesagt hast. Darum ging es uns schlecht. Die negativen Folgen, die
schon Mose beschrieben hatte, trafen uns voll. Wenn jemand nicht tut, was
du sagst, geht es ihm beschissen. 12 Was in Jerusalem passiert ist, hat es
noch nie gegeben. Du hast die Stadt kaputtgehen lassen. Damit passiert
aber nur das, was du den Präsidenten und den Politikern im Amt schon vor-
her angedroht hattest, falls sie weiter so viel Mist bauen. 13 Alles, was an
schlimmen Konsequenzen in dem Buch von Mose angedroht wird, ist uns
auch so passiert. Wir haben nicht dafür gesorgt, dass unser Gott wieder gut
draufkommt. Wir haben weiter ätzend gelebt und hörten mit dem Mist nicht
auf. Anstatt auf das zu achten, was richtig und gut ist, haben wir einfach so
weitergemacht. 14 Und so kam es, dass du dafür gesorgt hast, dass das
absolute Chaos bei uns angefangen hat. Du bist immer korrekt, alles, was du
tust, ist richtig und passt. Trotzdem haben wir weiter nicht auf dich gehört.
15 Gott, wir haben Mist gebaut! Wir haben so gelebt, als würden wir gar nicht
zu dir gehören. Dabei warst du es doch, der uns damals so krass aus Ägyp-
ten rausgeholt hat. Die ganze Welt hat davon gehört, und alle haben deswe-
gen bis heute Respekt vor deinem Namen. 16 Gott, nachdem du so lange gut
mit uns umgegangen bist, darfst du doch jetzt nicht plötzlich aggressiv
gegen uns und deine Stadt Jerusalem vorgehen und auch nicht gegen den
ganz besonderen Berg Zion! Nur weil wir und die Leute, die vor uns lebten,
so viel Mist gebaut haben, machen sich jetzt die Völker, die um uns herum-
leben, über uns lustig. 17 Aber jetzt bitte ich dich, Gott, dass du das änderst!
Bitte hör auf meine Gebete! Es geht doch auch um dich! Sei in deinem
besonderen Tempel wieder ganz krass anwesend, der jetzt noch total kaputt
dort rumsteht. 18 Komm runter zu mir, Gott! Ich will dir meine Gebete direkt
ins Ohr flüstern. Mach deine Augen auf und schau dir unsere zerstörte
Stadt an! Und diese Stadt ist nach dir benannt worden! Wir bitten dich nicht,
weil wir so toll gelebt haben, sondern nur, weil wir auf deine Liebe hoffen.
19 Hallo? Gott? Hörst du mich? Bitte verzeih uns! Leg los, Gott, und hilf uns!
Warte nicht mehr, Gott, es geht auch um dich! Diese Stadt gehört schließlich
dir, und deine Leute gehören auch dir!'"

Der Engel erzählt Daniel, was das mit den siebzig Jahren zu bedeuten hat

20 Ich war gerade am Beten, sagte Gott den ganzen Mist, den ich und seine
Leute gebaut hatten, und bestürmte ihn, auch für seinen besonderen Berg,
da passierte etwas Abgefahrenes. 21 Und zwar kam der Engel Gabriel vorbei,
den ich ja vorher schon mal in dem Film vor meinen inneren Augen gesehen
hatte. Er flog ganz schnell auf mich zu und berührte mich. Das Ganze pas-
siert in der Zeit, wo normal das Opfer durchgezogen wird, was man immer
abends macht. 22 Er hatte alles verstanden und erklärte mir die ganze Sache.
„Daniel", sagte er. „Ich bin vorbeigekommen, um dir zu helfen, das alles zu

verstehen. 23 Als du angefangen hast, Gott um diese Dinge zu bitten, hat er
mir eine Antwort für dich gegeben, die ich dir jetzt sagen soll. Weißt du, Gott
hat dich unheimlich lieb! Hör mal gut zu, was ich dir jetzt erzähle, damit
du die Sachen verstehst, die du gesehen hast. 24 Es wird keine siebzig Jahre
dauern, sondern siebzig mal sieben Jahre, so hat Gott es geplant. Dann wird
er dafür sorgen, dass sich die Situation von deinen Leuten ändert. Erst ab
dem Zeitpunkt sind alle Sachen wieder in Ordnung, die sie davor verbockt
haben, erst dann ist das alles vergeben. Und dann macht Gott alles wieder
gut! Er sorgt dafür, dass die Ankündigungen von den Propheten passieren.
Der Tempel wird dann auch wieder eröffnet werden. 25 Check mal Folgendes:
Von dem Zeitpunkt an, als der Befehl kam, dass Jerusalem wieder aufgebaut
werden soll, bis zu dem Zeitpunkt, wo ein neuer Chef eingesetzt wird, vergehen sieben mal sieben Jahre. Es wird 62 mal sieben Jahre dauern, bis der
Schutzgraben um die Stadt wieder ausgehoben wird. In der Zeit wird es
nicht leicht sein und eine Menge Ärger geben. 26 Wenn die Zeit vorbei ist,
wird einer von den ganz besonderen Männern ermordet werden. Die Stadt
und der Tempel werden durch eine Armee von einer fremden Macht zerstört.
Das Ganze wird durch eine große Flut zu Ende gehen. Aber bis das so weit
ist, wird alles im Krieg plattgemacht. Das ist von Gott schon lange so beschlossen worden. 27 Der Typ aus dem Ausland, der dann die Macht übernehmen wird, macht dann Verträge mit der Mehrheit der Bewohner. Diese
Verträge halten nur eine Woche. Mitten in der Woche wird er plötzlich verbieten, dass man am Tempel weiter Opfer durchziehen darf. Dann wird dort
ein anderer Opfertisch, ein Altar für einen Plastikgott, aufgestellt werden.
Das passiert so lange, bis er ermordet wird. Das hat Gott so geplant."

10

Daniel wird auf die letzten Sachen vorbereitet, die Gott ihm noch sagen will

1 Irgendwann wollte Gott noch mal mit mir, Daniel, reden und mir zeigen,
was in der Zukunft alles abgehen wird. Zu dem Zeitpunkt war Kyrus seit
drei Jahren als Präsident von Persien an der Macht. Ich hatte zu der Zeit
auch schon meinen neuen Spitznamen Beltschazzar bekommen. Die Sachen,
die Gott mir in diesem Film vor meinen inneren Augen zeigte, stimmten
alle hundertprozent. Ich kapierte, was Gott mir sagen wollte, die Aussage
war klar. Und zwar war das Folgendes: 2 Damals war ich über drei Wochen
voll depressiv und traurig. 3 Ich konnte keinen Happen runterkriegen, auch
auf Süßigkeiten, Bier oder Wein hatte ich überhaupt keinen Bock. Es ging
sogar so weit, dass ich nie duschen ging und auch keinen Deoroller benutzte.
4 Am 24. April stand ich am Ufer von dem Fluss Tigris. 5 Ich sah nach oben,
und plötzlich stand da so ein Typ vor mir, der eine helle Jeans anhatte. Dazu
trug er einen Gürtel aus Gold. 6 Sein ganzer Körper sah so aus als, wäre der

aus Kristallglas. Sein Gesicht war so hell wie ein 10 000-Watt-Halogen-
strahler, und seine Augen glühten wie zwei heiße Grillkohlen. Seine Arme
und Füße sahen aus wie blankpolierter Stahl. Wenn er anfing zu reden,
hatte man das Gefühl, er hätte einen eingebauten Verstärker in der Stimme,
so laut war das. 7 Das Verrückte war, dass nur ich diesen Typen sehen konn-
te. Die Leute, die mich begleitet hatten, sahen nichts. Allerdings blieben
sie plötzlich wie geschockt stehen, drehten sich um und liefen weg, um sich
zu verstecken. 8 Ganz toll, ich stand dann also allein mit diesem seltsamen
Etwas … Als ich mir dann diesen Irre großen Typen genauer anschaute,
wurde ich total blass, und aus meinen Muskeln wurde Gummi. 9 Und als ich
dann seine Stimme hörte, fiel ich sofort flach auf den Boden, so als hätte
man mir mit dem Holzhammer eins übergebraten. Ich lag flach mit dem
Gesicht nach unten auf der Erde. 10 Plötzlich streckte sich mir eine Hand
entgegen, klopfte auf meine Schulter und zog mich wieder nach oben, so
dass ich wenigstens auf allen vieren gebückt stand. 11 Der Typ sagte zu mir:
„Daniel, du musst wissen, dass Gott dich voll liebt! Hör genau zu, was
ich dir jetzt sage! Dazu musst du dich erst einmal hinstellen. Gott hat mich
zu dir geschickt!“ Also stand ich zitternd auf. 12 „Du brauchst echt keine
Angst zu haben, Daniel!“, sprach er weiter. „Gott hat alle deine Gebete
gehört. Schon von Anfang an, als du dich darum bemüht hast, alles zu ver-
stehen, als du klargemacht hast, dass du es allein nicht packst, hat er damit
angefangen, deine Gebete zu erhören. Eine Folge davon ist, dass ich jetzt
hier bei dir bin. 13 Leider hatte ich noch ein paar Probleme mit einem großen
Dämon, der über das Gebiet der Perser das Sagen hat. 21 Tage war ich mit
ihm am Kämpfen, bis ich dann Hilfe von Michael bekam. Michael ist einer
der ganz großen Engel. Er ist so eine Art General aus der Armee des Him-
mels von Gott. Nur weil er kam, konnte ich von dort wieder abhauen, um
hierher zu dir zu kommen. 14 Ich bin da, weil ich dir sagen will, was mit
deinen Leuten passieren wird, wenn die Uhr abgelaufen ist. Das, was ich
jetzt erzähle, wird erst sehr viel später, in der Zukunft abgehen.“ 15 Schon als
dieser Typ anfing, mit mir zu reden, war meine Stimme wie abgeschaltet, ich
konnte nichts mehr sagen und schaute nur noch auf den Boden. 16 Dann
kam einer, der eher wie ein Mensch aussah. Dieser berührte meine Lippen.
Nachdem er das gemacht hatte, konnte ich wieder reden. Ich sagte zu
ihm: „O Mann! Als ich diesen Film von dir vor meinen inneren Augen sah,
bekam ich plötzlich voll die Magenkrämpfe, und ich hatte keine Kraft mehr
in den Muskeln. 17 Wie kann ich kleine Wurst überhaupt mit einem so hef-
tigen Engel sprechen? Ich kann kaum noch atmen und bin völlig schlapp.“
18 Schließlich berührte mich dieser Typ noch einmal, und ich bekam dadurch
sehr viel Kraft. 19 Er sagte zu mir: „Du brauchst keine Angst zu haben! Gott
liebt dich ohne Ende! Du kannst dich entspannen! Du kannst ganz viel Kraft

haben und Mut auch noch dazu!“ Als er mir das so gesagt hatte, war ich
plötzlich voll aufgebaut und stark. Ich sagte zu ihm: „Okay, danke! Du hast
mir gerade ganz viel Kraft gegeben, damit ich dir zuhören kann. Also leg los,
rede mit mir!“ 20 „Hast du kapiert, warum ich überhaupt hier bin?“, fragte
er mich. „Ich muss schnell wieder los, weil ich weiter gegen einen Ober-
dämon in Persien kämpfen muss. Wenn ich den erledigt habe, kommt als
Nächstes der Oberdämon aus Griechenland an die Reihe. 21 Trotzdem
wollte ich zwischendrin mal kurz bei dir vorbeischauen. Ich will dir sagen,
was in der Datei steht, wo alle Dinge aufgezeichnet wurden, die absolut
stimmen. Leider bekomme ich für diese Kämpfe mit den Oberdämonen kaum
Unterstützung, der Einzige, der mir wirklich hilft, ist der Chefengel, der
Engel Michael.“

11

Die Präsidenten aus dem Süden und aus dem Norden

1 Der Engel sagte weiter: „Ich sollte den Engel Michael damals auch unter-
stützen, als Darius in seinem ersten Jahr bei den Medern an der Macht war.
2 Was ich dir jetzt sage, wird auch hundertprozentig passieren. Und zwar
werden noch drei weitere Präsidenten über Persien das Sagen haben. Der
vierte wird dann aber anders sein, er hat viel mehr Kohle als seine Vorgänger.
Nachdem er an das ganze Geld gekommen ist, wird er dadurch auch mehr
Macht kriegen. Dann fühlt er sich stark genug, auch gegen Griechenland
zu kämpfen. 3 Aber dann kommt ein sehr heftiger Präsident in Griechenland
nach oben. Der wird sehr viel mehr Möglichkeiten haben, er hat so eine
Macht, dass er tun und lassen kann, was er will. 4 Aber kaum hat er so rich-
tig losgelegt, wird sein ganzes Land plötzlich zerteilt. Es zerbricht in vier
Teile, in jede Himmelsrichtung ein Stück. Das hat zur Folge, dass keins von
den Teilen wieder so eine Macht haben wird, wie sie noch hatten, als sie alle
vereint waren. Die Macht wird dort auch nicht an einen aus der Familie vom
Präsidenten weitergegeben werden, denn seine ganze Familie wird getötet
und ausgelöscht. 5 Der Präsident, welcher über den südlichen Teil regiert,
wird schon noch viel Macht haben. Aber einer seiner Minister wird ein eige-
nes Reich starten, was bald mehr Macht hat als sein eigenes. 6 Einige Zeit
später werden die beiden Länder Verträge miteinander machen. Um diese
Verträge zu bekräftigen, wird der Präsident vom südlichen Teil seine Tochter
mit dem Präsidenten vom nördlichen Teil verheiraten. Diese Frau hat aber
nicht so lange wirklich Einfluss auf ihren Mann, und auch seine Macht wird
weniger werden, dadurch werden die Verträge hinfällig. Die Frau wird ster-
ben, alle ihre Angestellten sowie ihr Vater und ihr Ehemann, sie alle werden
umkommen. 7 Aus ihrer Familie wird dann einer ihrer Brüder die Stelle vom
Präsidenten einnehmen. Dieser neue Präsident wird einen Krieg gegen

den nördlichen Teil anzetteln, er wird siegen und die Hauptstadt im Norden erobern und plündern. 8 Er wird die ganzen Plastikgötter mitgehen lassen, und die ganzen wertvollen Geräte aus Gold und Silber wird er auch abzocken und nach Ägypten schleppen. Anschließend lässt er den Präsidenten vom Norden erst einmal in Ruhe. 9 Der wird dann Krieg gegen das Reich von dem Präsidenten im Süden führen, aber er kommt anschließend wieder in sein Land zurück. 10 Aber seine Söhne haben voll Bock auf Krieg. Sie werden ihre Armee hochrüsten und eine riesengroße Streitmacht zusammenstellen. Sie werden das Land der Gegner dann wie eine Tsunamiwelle überfluten. Nachdem sie sich noch mal zurückgezogen haben, um weiter nachzurüsten, werden sie sogar bis zu der Stadt marschieren, wo der Präsident vom Südreich wohnt. 11 Dieser Präsident wird dann aber voll aggro auf die beiden sein, und weil er seine Armee so total motiviert hat, wird er den Gegner aus dem Norden schlagen, obwohl der ihm zahlenmäßig überlegen ist. 12 Die gegnerische Armee wird zehntausend Soldaten verlieren. Trotzdem wird er seine Überlegenheit nicht lange halten können, denn er wird zu eingebildet und arrogant durch diesen Sieg. 13 Einige Jahre später wird der Präsident aus dem Norden wieder angreifen, aber diesmal mit einer noch größeren Armee als vorher. 14 In dieser Zeit wird es viele geben, die keinen Bock auf den Präsidenten im Süden haben und Demos gegen ihn anzetteln werden. Einige von seinen eigenen Leuten werden sogar eine Terrorgruppe gründen und gegen ihn kämpfen. Damit wird sich übrigens auch eine Vorhersage erfüllen. Aber diese Gruppe wird zerschlagen, sie werden es nicht schaffen, ihn zu stürzen. 15 Der Präsident aus dem Norden wird mit seiner Armee gegen die Stadt vorrücken, die sich mit großen Schutzwällen und einer Mauer verteidigen will. Und er wird die Stadt einnehmen. Die Armee vom Süden wird den Angriffen nicht standhalten können. Sogar deren Spezialeinheit wird es nicht packen, sie sind einfach nicht stark genug. 16 Schließlich hat der Präsident keine Gegner mehr und kann tun, was er will, und niemand kann ihn dadran hindern. Er wird in dem ganz besonderen Land von Gott mit seinem Heer einmarschieren, und überall, wo er hinkommt, macht er alles platt. 17 Schließlich kann er den Hals nicht voll kriegen und plant, auch noch den Rest vom Land unter seine Fuchtel zu bekommen. Er wird Verträge machen und eine von seinen Töchtern mit dem Präsidenten vom Süden verheiraten. Trotzdem wird er sein Ziel damit nicht erreichen. 18 Als Nächstes wird er dann viele Inseln erobern. Schließlich kommt dann aber ein General, der gegen ihn kämpft und seinen Siegeszug beendet, der für andere echt peinlich war. Dann bekommt er die Rechnung für seine Aktionen. 19 Plötzlich muss er gegen seine eigenen Leute kämpfen, wird Krieg führen gegen die Städte aus seinem Land, und das überlebt er nicht lange. 20 Dann wird es einen Nachfolger geben, der jemanden beauftragt, die Steuern aus dem ganz besonderen Land abzukassieren. Aber der wird auch nach ein paar Tagen getötet, wobei er nicht in der Öffentlichkeit und auch nicht bei einem Kampf umkommt."

Der neue Präsident, ein Feind von Gottes Leuten

21 Der Engel sagte dann: „An seine Stelle wird dann ein Typ treten, der superlink unterwegs ist. Der sollte nie Präsident werden, aber er schafft es trotzdem, weil er viele Leute mit Kohle besticht. 22 Er ist in der Lage, alle Armeen, die in das Land einfallen, zu vernichten. Dabei stirbt sogar einer von der oberen Chefetage, einer von Gottes besonderen Leuten. 23 Dieser Präsident macht dann zwar Friedensverträge mit ihnen, aber er hintergeht diese Verträge und zieht mit seiner Armee gegen die besondere Stadt in den Krieg. Diese Schlacht gewinnt er und nimmt Jerusalem ein, obwohl er nur eine ganz kleine Truppe hat. 24 Ohne zu zögern, kämpft er auch gegen die reichen Gegenden. Eine Stadt nach der nächsten wird von ihm ausgeraubt. Die Beute verschenkt er an seine Männer. Er schafft damit etwas, was keinem seiner Vorgänger gelang. Er plant auch einen Angriff gegen die größeren Städte, die eine Schutzmauer besitzen, verwirft diesen Plan aber nach einiger Zeit wieder. 25 Schließlich muss er mit allem, was er aufbieten kann, gegen den Präsidenten im Süden in den Krieg ziehen. Der hat in der Zeit eine noch größere Armee zusammengetrommelt. Die Kriegspläne vom Präsidenten des Südens klappen aber nicht, weil man einige Anschläge gegen ihn durchführt. 26 Leute, mit denen er vorher noch jeden Tag zu Mittag gegessen hat, werden ihn verraten und kaputtmachen. Sein Heer wird auseinanderbrechen, und viele von seinen Soldaten müssen sterben. 27 Dann werden sich die beiden Präsidenten schließlich an einen Tisch setzen und miteinander verhandeln. Aber sie sind nicht ehrlich dabei, der eine will den anderen nur abziehen. So werden die Verhandlungen erst einmal scheitern, denn es ist noch nicht die Zeit dafür. 28 Der Präsident aus dem Norden wird dann mit sehr viel Kohle und wertvollen Sachen wieder aus dem Krieg nach Hause kommen. Er ärgert sich über die besonderen Verträge, die geschlossen wurden, und findet die nicht gut. Darum tut er das, was er sich vorher schon vorgenommen hat. 29 Zu einer vorher von Gott festgelegten Zeit wird er wieder Richtung Süden ziehen, um gegen die Armee dort zu kämpfen. Aber diesmal geht der Krieg anders aus als beim ersten Mal. 30 Aus Richtung Zypern werden einige Kriegsschiffe kommen und ihn zur Umkehr zwingen. Er ist so sauer, dass er voll den Hass gegen die besonderen Verträge bekommt, die er mit den Leuten geschlossen hatte. Er lässt seine Wut an den Leuten von Gott aus. Er tut sich mit einigen Männern zusammen, die aus den Reihen der Gegner stammen, welche aber keinen Bock mehr auf Gott haben. 31 Dann schickt er seine Truppen gegen sie, und dann nehmen

die das besondere Land ein. Sie werden den Tempel total verdrecken, die täglichen Opferrituale abschaffen und einen ganz ekligen Plastikgott dort aufstellen. [32] Menschen, die sowieso nicht so leben, wie es die Gesetze vorschreiben, verführt er dazu, dass sie ihren Glauben an Gott ablegen. Aber die Leute, die ihren Gott gut kennen, werden sich nicht verführen lassen, sie bleiben stark und leben weiter so, wie es sein soll. [33] Es wird einige kluge Männer geben, die dann vielen Leuten aus dem Volk wieder beibringen, wie man korrekt lebt. Diese Männer werden aber verfolgt, ausgeraubt, in den Knast gesteckt und hingerichtet werden. [34] In dieser Zeit, wo man versucht, sie kaputt zu machen, wird es nur ein paar Leute geben, die ihnen helfen. Aber es wird viele geben, die so tun, als ob sie helfen wollen, aber in Wirklichkeit wollen sie es gar nicht. [35] Auch einige von den klugen Typen werden scheitern und es nicht packen, straight zu bleiben. Das Ganze ist wie so ein großer Test, um zu sehen, wer es ernst meint und wer nicht. Es sollen am Ende nur die Leute übrig bleiben, die wirklich gut drauf sind. Aber das ist noch nicht alles. [36] Der Präsident wird eine Zeitlang das machen können, worauf er Bock hat. Er wird dann glauben, dass ihm nichts unmöglich ist und dass er genauso mächtig ist wie jeder andere Plastikgott, sogar so mächtig wie Gott selbst. Er wird über den einzigen Gott ablästern, aber das geht nur so lange, wie Gott das will. Er hat das alles genau geplant, und es passiert nur das, was er beschlossen hat. [37] Diesem Präsidenten ist sogar der Gott total egal, an den seine eigenen Leute immer geglaubt haben. Auch vor dem Lieblingsgott der Frauen, diesem Tammus, hat er keinen Respekt. Er glaubt, er wäre etwas Besseres als jeder Gott, den er sich auch nur vorstellen kann. [38] Dann fängt er an, plötzlich neue Götter zu erfinden und zu denen zu beten. Zum Beispiel den Gott des Bunkers, den es vorher noch nicht gab. Er wird diesem Plastikgott sogar Gold, Silber, Edelsteine und andere wertvolle Sachen schenken. [39] Mit diesem Gott wird er gegen andere schwer einnehmbare Städte Krieg führen und diese Kriege sogar gewinnen. Jeder, der zu seinem Gott betet, wird ganz viel Respekt von ihm bekommen. Und er wird seinen Leuten ein Stück Land schenken und ihnen Macht über andere Menschen geben. [40] Aber dann wird seine Zeit zu Ende gehen. Der Präsident aus dem Süden wird ihn angreifen. Der Präsident aus dem Norden kommt mit vielen Panzern und Kriegsschiffen von der anderen Seite gegen ihn. Der wird dann mit seiner Armee in das Land eindringen, keiner wird ihn aufhalten können, er kommt wie eine große Flutwelle. [41] Sogar das ganz besondere Land, das Lieblingsland von Gott, wird er einnehmen. Zehntausende werden getötet, nur die Edomiter, Moabiter und ein großer Teil der Ammoniter wird am Leben bleiben. [42] Er wird dann auch Bock auf die umliegenden Länder bekommen, Ägypten wird zum Beispiel auch eingenommen. [43] So kann er sehr viel Kohle einsacken, denn die ganzen Goldreserven aus Ägypten wird

er sich abzocken. Libyen und Äthopien werden sich ihm anschließen.
44 Irgendwann hört er Gerüchte, dass eine feindliche Armee aus dem Osten
und aus dem Norden in sein Land einmarschiert ist. Er wird megasauer
sein und seine Armeen losschicken, um bei denen die Rote-Karte-Aktion
durchzuziehen, das heißt, seine Gegner komplett zu vernichten. 45 Wenn er
dann in diesem Feldzug gerade seine Front zwischen dem Meer und dem
Berg Zion aufbaut, wird er getötet, und niemand wird ihm helfen."

12

Der Chefengel Michael haut dazwischen

1 Der Engel erzählte weiter: „In der Zeit wird dann der Chefengel Michael
seinen großen Auftritt haben und für die Leute von Gott kämpfen. Dann wird
es Jahre geben, wo das Leben echt hart sein wird. So eine fiese Zeit hat es
noch nicht gegeben, seit die Erde existiert. Aber deine Leute werden sie über-
leben, sie werden gerettet. Alle Menschen, deren Namen in der Datei von
Gott stehen, kommen durch. 2 Dann werden die Menschen, die schon tot
in der Erde verbuddelt wurden, wieder aufwachen! Einige werden gerettet
und können ab dann für immer weiterleben. Für andere wird es aber sehr
schlimm und peinlich, sie werden für immer verloren haben und dumm da-
stehen. 3 Menschen, die ein bisschen was von Gott gepeilt haben, verwan-
deln sich zu großen Lampen, die so ein krasses Licht verbreiten, wie es tags-
über die Sonne tut. Menschen, die anderen gezeigt haben, wie man gott-
mäßig leben kann, werden strahlen wie die Sterne in der Nacht, die auch nie
aufhören zu leuchten."

Wann diese Zeit zu Ende gehen wird

4 Er sagte dann noch: „Daniel? Bitte häng diese Sachen, die ich dir gerade
erzählt habe, nicht an die große Glocke. Erzähl niemandem davon, schreib
es auf, speicher es irgendwo auf dem Rechner und versieh den Zugang mit
einem Passwort. Das Passwort musst du so lagern, dass man es in der letz-
ten Zeit wiederfindet, damit man dann die Datei öffnen kann. In dieser
letzten Zeit werden viele Menschen versuchen, von irgendwoher Peilung zu
bekommen. Und es wird auch immer mehr Leute geben, die schwierige
Dinge verstehen können." 5 Dann sah ich plötzlich zwei andere Typen dort
am Ufer rumstehen. Einer stand auf dieser, der andere auf der gegenüberlie-
genden Seite. 6 Der eine hatte so einen Baumwollanzug an. Der wurde von
dem, der auf der anderen Seite stand, dann gefragt: „Sag mal, wie lange
dauert es noch, bis alles vorbei ist? Wann werden diese abgefahrenen Dinge
passieren?" 7 Der Typ in dem Baumwollanzug hob seine Hände nach oben
und sagte: „Ich schwöre bei Gott, den es immer geben wird: Das Ganze dau-
ert ein Jahr, zwei Jahre und ein halbes Jahr. Wenn das Zerstreutwerden der

besonderen Leute von Gott zu Ende ist, dann wird dies alles passieren."
8 Ich muss gestehen, dass ich nicht wirklich geschnallt hatte, was der Typ
gerade meinte. Darum fragte ich noch mal nach: „Entschuldigung, wie wird
das alles zu Ende gehen, wann ist alles vorbei?" 9 „Geh jetzt heim!", ant-
wortete er. „Was du gehört hast, soll erst einmal geheim gehalten werden.
10 Viele werden von Gott ausgetestet, abgecheckt und auch in Ordnung
gebracht werden. Aber die Menschen, die ohne Gott leben, werden auch
weiter Dinge tun, die Gott nicht gut findet. Diese Menschen können es ein-
fach nicht verstehen, was ich dir gesagt habe. Aber die Leute, die echt die
Ahnung haben, werden es peilen. 11 Von dem Zeitpunkt an, wo man alle
Opfer, die regelmäßig durchgezogen werden, abschafft, bis zu dem Zeit-
punkt, wo dann dieser eklige, zerstörerische Plastikgott installiert wird, ver-
gehen 1290 Tage. 12 Die Leute, welche 1335 Tage durchhalten, dürfen sich
glücklich schätzen. 13 Du kannst jetzt aber in Ruhe sterben! Wenn die Zeit
abgelaufen ist, wirst du auch wieder lebendig werden. Dann bekommst
du auch deine Belohnung, die du für immer behalten kannst."

Der Prophet Hosea

1

Hoseas Leben soll eine Botschaft für die Israeliten sein

1 Jetzt kommen ein paar Worte, die Gott Hosea gesagt hat. Hosea war ein
Sohn von Beeri. Diese Sachen hat er ihm in der Zeit gesagt, als folgende
Präsidenten in Juda an der Macht waren: Usija, Jotam, Ahas und Hiskija. In
Israel regierte in der Zeit Jerobeam, der Sohn von Joasch. 2 Als Gott anfing,
mit Hosea zu reden, war seine erste Nachricht folgende: „Ich möchte, dass
du eine Nutte heiratest und ihr ein paar Kinder machst. Ich will dadurch
den Leuten klarmachen, dass sie sich auf billige Nutten eingelassen haben,
denn sie treiben es die ganze Zeit mit diesen Plastikgöttern.“ 3 Also ging
Hosea an den Straßenstrich und fragte dort Gomer, eine Tochter von Dibla-
jim, ob sie seine Frau werden will. Die beiden heirateten, und Gomer wurde
schwanger. Schließlich bekam sie einen Jungen. 4 Nach der Geburt sagte
Gott zu Hosea: „Gib deinem Sohn den Namen Jesreel! Ich werde mich näm-
lich bald an dem Präsidenten Jehu rächen. Er hat in dem Ort Jesreel ein
Blutbad angerichtet. Dafür muss seine Familie bezahlen, ich werde dafür
sorgen, dass es mit der Präsidentenfamilie in Israel bald vorbei ist. 5 Ich
werde an genau diesem Ort, Jesreel, die ganze Armee von Israel an nur
einem Tag komplett vernichten.“ 6 Schließlich wurde Gomer noch einmal
schwanger und kriegte diesmal eine Tochter. Gott sagte zu Hosea: „Ich
möchte, dass du deiner Tochter den Namen Lo-Ruhama gibst, was so viel
heißt wie ‚Kurzer Prozess, keine Gnade‘. Ich werde nämlich mit den Leuten
von Israel kurzen Prozess machen und ihnen nicht länger alles verzeihen.
7 Aber den Leuten von Juda verzeihe ich noch mal alles, ich werde ihnen hel-
fen. Ich trete als der Chef auf und hol sie da raus. Aber ich werde dafür keine
große Armee auffahren. Ich brauch für die Aktion keine MGs, Panzer oder
Motorräder.“ 8 Und als Gomer ihre Tochter Lo-Ruhama nicht mehr stillte,
wurde sie noch mal schwanger. Diesmal bekam sie einen Sohn. 9 Gott sagte
zu Hosea: „Gib deinem Sohn den Namen Lo-Ammi, das heißt ‚Ihr seid
nicht mehr meine Leute‘. Denn ich will dadurch klarmachen, dass ich sie
nicht mehr als meine Leute bezeichnen kann und dass ich auch nicht
länger ihr Gott sein will.“

2

Wenn die Bestrafung vorbei ist, wird wieder alles gut

1 Gott sagte außerdem: „Irgendwann wird es so viele Israeliten geben, dass
man sie nicht mehr zählen oder sonst wie messen kann. Es werden so viele
sein, wie Sandkörner am Strand liegen. Dann wird es passieren, dass man

dort, wo früher immer zu ihnen gesagt wurde: ‚Ihr gehört nicht zu uns!‘, jetzt
sagen wird: ‚Ihr seid Söhne und Töchter von dem einen Gott, der wirklich
existiert!‘ 2 Die Menschen aus Juda und Israel werden sich treffen und dann
einen gemeinsamen Chef wählen, der über sie regieren soll. Und sie werden
sich total vermehren, wie sich Gras auf dem Land vermehrt. Das wird ein
guter Tag, ein Tag, an dem ich neue Sachen aussäe. 3 Ihr könnt zu euren
Geschwistern sagen: ‚Wir gehören zusammen! Ihr seid aus meiner Familie!
Wir werden von Gott geliebt!‘“

Gott wird Israel bestrafen, aber dann zurückholen

4 Gott sagt: „Verklagt eure Mutter, verklagt Israel! Wir sind geschiedene
Leute, sie ist nicht mehr meine Frau, und ich bin nicht mehr ihr Mann. Sie
soll endlich aufhören, mit anderen Plastikgöttern rumzumachen und mich
damit zu betrügen! Sie soll aus dem Pascha-Puff aussteigen und sich nicht
mehr so nuttig anziehen! Sie soll die Sachen wegschmeißen, die mich da-
dran erinnern, dass sie fremdgegangen ist. 5 Wenn sie das nicht tut, werde
ich sie nackt ausziehen. Sie wird nichts anhaben, so wie bei der Geburt. Ich
werde sie plattmachen, in ihrem Land wird kein Gras mehr wachsen, es
wird wie in der Wüste sein, wo es kein Wasser gibt. Ich werde dafür sorgen,
dass sie vor Durst stirbt. 6 Ihre Hurenkinder tun mir auch null leid. 7 Denn
ihre Mutter war mit anderen Männern im Bett und hat sich voll peinlich be-
nommen. Sie ist ihren Freiern sogar nachgelaufen, weil sie von denen Essen
und Trinken bekommen hat. Auch ihre Kleidung kam von denen. 8 Darum
werde ich ihren Weg mit Stacheldraht und einer Mauer verbauen, damit sie
den richtigen Weg nicht finden kann. 9 Wenn sie dann ihrem tollen Lover
hinterherlaufen will, wird sie nie ankommen. Sie wird ihn suchen, aber nicht
finden. Schließlich wird sie zu sich sagen: ‚Ich will zurück zu meinem ersten
Ehemann gehen, bei dem ging es mir viel besser als jetzt.‘ 10 Sie hatte bis
dahin nicht kapiert, dass ich sie immer gut versorgt hatte. Ich hab ihr Mehl,
Öl und Wein organisiert. Ich hab immer dafür gesorgt, dass sie Kohle ohne
Ende hatte. Aber sie hat das ganze Gold und Silber von mir zu dem Plastik-
gott Baal gebracht. 11 Darum werde ich mir jetzt das Mehl und den Wein
wieder zurückholen, und zwar in der Zeit, wo sie die Ernte einbringen will.
Ich klaue ihr die ganze Baumwolle und das Leinen, damit sie nichts mehr
zum Anziehen hat. 12 Ich werde sie splitternackt ablichten und die Bilder
ihrem Lover zeigen. Niemand wird sie befreien können, ich halte sie ganz
fest verschlossen. 13 Mit den großen Partys mach ich dann Schluss. Die Neu-
mondfeier, das Fest am Sonntag und auch die anderen Feiern, die es über
das Jahr verteilt so gibt, sag ich alle ab. 14 Ich werde ihre Weinstöcke kaputt
machen, und auch die Apfelbäume werden vertrocknen. Von diesen Teilen
hat sie ja noch geschwärmt, sie sagte: ‚Diese Pflanzen sind meine Bezah-

lung, die ich von meinen Freiern bekommen hab.‘ Ich werde dafür sorgen,
dass sie zuwachsen und dass die Tiere die Blätter abknabbern und kahl
fressen. 15 Auf die Art werde ich sie für die Zeit bestrafen, wo sie mich an den
Feiertagen mit diesem Plastikgott Baal betrogen hat. An den Tagen hat sie
ihm Abfackelopfer geschenkt, sich für ihn chic gemacht mit Schmuck und
schönen Klamotten. Aber mich hatte sie vergessen. Das sagt jetzt Gott,
der Chef.“

Gott ist treu, Israel ist untreu

16 „Es wird dann aber eine Zeit kommen, wo ich sie wiederhaben will. Ich
werde sie in die Wüste führen und sie dort umschmeicheln und ihr Herz
berühren. 17 Dort werde ich sie weichkriegen. Es wird so sein wie ganz am
Anfang, als sie noch eine Jugendliche war, damals, als sie aus Ägypten abge-
hauen ist. 18 Dann wirst du mich wieder deinen Ehemann nennen, Israel.
Den Plastikgott Baal wirst du nicht mehr als deinen Gott bezeichnen. 19 Ich
sorge dafür, dass das Wort ‚Baal‘ nicht mehr aus deinem Mund kommt, du
wirst nicht mehr über den sprechen. 20 An dem Tag werde ich Verträge mit
den wilden Tieren in deiner Wohngegend abschließen, dass sie dich nicht
mehr belästigen dürfen. Das Gleiche gilt auch für die Vögel und die anderen
Tiere. Ich werde alle MGs und Pistolen zersägen und aus dem Land schmei-
ßen. Ich sorge dafür, dass du in Sicherheit wohnen wirst. 21 Ich werde mich
mit dir verheiraten, und unser Ehevertrag wird für immer gelten. Als Hoch-
zeitsgeschenk bekommst du von mir, dass ich immer korrekt und liebevoll
mit dir umgehen werde, dass ich dich einfach sehr liebe. 22 Ich werde dir
immer hundertprozentig treu sein, da kannst du dich drauf verlassen. Du
wirst kapieren, dass ich der Chef, dass ich Gott bin. 23 In dieser Zeit werde
ich die Gebete hören, die man im Himmel gesprochen hat. Und der Himmel
wird auf die Gebete hören, die man auf der Erde gesprochen hat. 24 Die Erde
wird die Gebete von Israel erhören, die sich um die Ernte von Korn, Obst
und Öl drehen. 25 Ich will euch wie Körner in mein Land einsäen. Früher hat
man euch ‚Nicht geliebt und ohne Gnade‘ genannt. Jetzt werde ich euch
einen neuen Namen geben, ihr heißt jetzt einfach ‚Meine Leute‘. Und wenn
ich euch so rufe, dann werdet ihr antworten: ‚Du bist unser Gott!‘“

3

Hosea macht an einem Beispiel deutlich, wie Gott Israel wieder zu sich zurückholt

1 Und Gott sagte zu mir: „Hosea? Ich will, dass du dir noch mal eine Frau
suchst. Diese Frau solltest du wirklich lieben, aber es sollte eine Frau sein,
die eigentlich in jemand anderes verknallt ist und die die ganze Zeit ihren
Ehemann betrügt. Es soll ein Bild dafür sein, dass ich die Leute von Israel

total liebe, obwohl sie mich auch die ganze Zeit mit anderen Plastikgöttern
betrogen haben. Sie haben in deren Gottesdiensten sogar bei einem Opfer-
ritual Sachen gegessen, aber ich liebe sie immer noch." 2 Also suchte ich,
Hosea, mir eine Frau und stellte sie für 200 Euro die Woche an. 3 Dann sagte
ich zu ihr: „Du musst jetzt sehr lange bei mir bleiben. Ich will, dass du mit
keinem Mann im Bett landest, und ich werde auch keinen Sex mit dir haben.
4 Denn die Leute von Israel werden auch eine lange Zeit ohne einen Präsi-
denten oder einen Chef auskommen. Es wird auch keine Plätze geben, wo
man Opfersessions durchziehen kann, es wird keine Opfertische geben,
und niemand wird mehr Priesterklamotten anziehen. Auch die Möglichkeit,
von Gott durch Lose zu erfahren, was er von den Menschen will, wird es
nicht geben. 5 Wenn das alles so ist, werden die Leute von Israel sich endlich
ändern. Sie werden wieder mit Gott, ihrem Chef, zusammenleben. Sie
kommen zu ihm und zu dem Präsidenten, der aus der Familie von David
stammt. Sie werden großen Respekt vor Gott haben, und sie werden auf
seine Liebe zählen. Das passiert alles, wenn es mit der Welt zu Ende geht."

4

Israel und seine Priester haben Mist gebaut

1 Jetzt hört mal gut zu, was Gott euch zu sagen hat! Das geht an die Leute
von Israel! Er verklagt euch und die Menschen, die bei euch wohnen. Er
bringt euch vors Gericht! Es gibt nämlich niemanden mehr unter euch, der
noch wirklich liebt und treu ist. Und es gibt niemanden mehr, der wirklich
gepeilt hat, was Gott eigentlich will, viele Leute kennen ihn gar nicht mehr.
2 Stattdessen sind jetzt andere Dinge bei euch in Mode: Lügen, Klauen,
Leute umbringen und den Ehepartner betrügen. Ein Mord jagt den nächsten!
3 Das ist der Grund, warum das Land so vertrocknet ist. Die Bewohner bei
euch verdursten, und auch die Tiere haben kein Wasser zum Trinken. Die
Vögel, aber auch die Fische im Meer sterben in Massen. 4 Gott sagt: „Aber
nicht jeder x-Beliebige bei euch hat Schuld an dieser Lage. Es sind die Pries-
ter, die ich vors Gericht zerren werde, die klage ich an! 5 Sie werden auf
die Fresse fallen, mitten am Tag. Die Prophetentypen legen sich auch aufs
Maul, aber nicht am Tag, sondern in der Nacht. Ich werde euch und eure
Familien plattmachen. 6 Meine Leute sterben, weil sie es einfach nicht
kapiert haben. Ihr habt euch geweigert, die Sachen weiterzusagen, die ich
euch gezeigt hatte. Darum weigere ich mich jetzt auch, euch weiter als
Priester anzunehmen. Ich schmeiße euch hiermit raus, ihr seid entlassen!
Ihr habt die Gesetze von mir, eurem Gott, vergessen. Darum vergesse ich
jetzt auch, dass ihr meine Kinder seid. 7 Umso mehr Priester es gab, desto
krasser haben sie Mist gebaut. Anstatt Respekt für ihre Taten zu bekommen,
werden sie jetzt ausgelacht, sie werden sich bis auf die Knochen blamieren.

[8] Sie stopfen sich den Magen voll mit den Opfern meiner Leute, die sie eigentlich mir geschenkt hatten. Das ist der Grund, warum die Priester auch so heiß drauf sind, dass die Leute ordentlich Mist bauen. [9] Darum wird mit den Priestern genau das Gleiche passieren wie mit meinen Leuten. Ich werde sie bestrafen, so wie sie es für ihre Taten verdient haben. [10] Sie werden essen, aber sie werden nicht satt. Sie treiben es mit jeder Frau, die nicht bei drei auf dem Baum ist, aber sie bekommen keine Kinder. Denn sie haben keinen Respekt mehr vor mir, ihrem Gott, sie beachten mich nicht mal mehr."

Israel betet zu Plastikgöttern

[11] Gott sagt: „Die Israeliten treiben es mit jedem! Von dem vielen Alk ist ihre Birne schon ganz weich! [12] Wenn sie einen Rat brauchen, sprechen sie mit einem Stück Holz. Ein Stock soll ihnen weiterhelfen? Ganz toll. Sie lassen sich verführen und wollen mit jedem rummachen. Weil sie fremdgehen, entfernen sie sich von mir. [13] Oben auf den Bergen ziehen sie Opferrituale für ihre Pseudogötter durch. Sie veranstalten Opferessen unter den Eichen, Tannen und Birken, weil sie dort so gerne im Schatten sitzen. Das ist der Grund, warum auch eure Töchter und eure Schwiegertöchter fremdgehen und ihre Ehemänner betrügen. [14] Trotzdem werde ich sie nicht bestrafen. Denn selbst die Priester gehen in den Puff, sie nehmen sich sogar ein paar Nutten und ziehen mit ihnen zusammen Opferrituale durch. Sogar mit den Prostituierten vom Tempelstrich opfern sie zusammen. Daher kommt es auch, dass die anderen Leute ihre Fehler nicht einsehen, daran scheitern alle." [15] Wenn sich jetzt die Leute von Israel mit Nutten einlassen, dann werden die Leute von Juda es ihnen hoffentlich nicht gleich nachmachen. Bitte geht nicht zu den Orten, wo man zu den Plastikgöttern betet! Macht einen Bogen um Gilgal und Bet-El mit den ach so tollen Tempeln. Schwört dort nicht auf Gott und macht dort keine Sachen vor ihm klar! [16] Israel ist wie eine dumme Kuh, die nicht tut, was man von ihr will. Warum sollte Gott diese Kuh jetzt plötzlich auf eine schöne Wiese führen und ihr frisches Futter geben, so als wäre sie die ganze Zeit wie ein liebes nettes Schaf gewesen? [17] Die Leute von Efraim haben sich auf Plastikgötter eingelassen, sie haben sogar Verträge mit denen gemacht. Sollen sie doch! [18] Das sind doch alles eh nur Hardcore-Alkis, sie landen mit jeder x-beliebigen Alten sofort im Bett. Sie finden das auch noch ganz toll, sie lieben ihren ätzenden Lebensstil. [19] Aber bald wird ein krasser Sturm kommen und sie alle wegpusten. Dann werden sie alle kaputtgehen, inklusive des Tempels für ihre Plastikgötter.

5

Was die Chefs verbrochen haben und wie Israel bestraft wird

1 Gott sagt: „Jetzt mal alle herhören! Das geht an euch Priester und alle
Leute von Israel! Aber auch die Familien vom Präsidenten sollen mal die
Lauscher aufmachen. Gott hat ein Urteil gesprochen, und das gilt auch für
euch. Ihr habt die Leute von Israel kaputt gemacht, ihr habt sie in eine Falle
gelockt. Die Falle stand in der Stadt Mizpa, aber sie war auch in Tabor auf-
gebaut. 2 Und auch in Schittim stand sie. Diese Leute haben mir den Rücken
zugedreht, und sie haben es ganz schlimm getrieben. Alle werden dafür
von mir bestraft werden. 3 Ich kenne die Leute von Efraim, alles, was Israel
macht, hab ich mitbekommen. Du hast mich betrogen, Efraim, du warst mit
Huren im Bett.“ 4 Sie haben es so schlimm getrieben, dass es unmöglich
geworden ist, wieder zu Gott zurückzukommen. Es ist eine übernatürliche
Sache, sie sind von einer inneren Kraft dazu getrieben worden, mit Huren
ins Bett zu gehen, sie sind wie besessen. Aber ihren Gott kennen sie nicht
mehr. 5 Die Leute von Israel denken dabei die ganze Zeit, sie wären total
toll, auch das spricht noch gegen sie. Efraim wird über seinen eigenen Mist
stolpern, und Juda reißt es gleich mit in den Dreck. 6 Sie werden Gott zig
Schafe und Rinder schenken, weil sie eine Ansage von ihm hören wollen,
aber er wird nicht da sein. Er hat sich von ihnen entfernt. 7 Sie haben Gott
betrogen, sie haben mit anderen Frauen sogar Kinder gemacht. Sie haben
okkulte Geisterrituale durchgezogen, weil sie sich dadurch eine bessere
Ernte versprochen haben, aber es wird ihnen nichts bringen. Ganz im
Gegenteil, dieses Ritual wird dafür sorgen, dass ihre Felder kaputtgehen.

Gott redet mit seinen Leuten

8 Gott sagt: „Startet die Alarmsirene in Gibea und Rama! Kündigt einen
Angriff von der Armee aus Bet-Awen an! Der Feind jagt die Armee vom
Familienstamm Benjamin! 9 Wo der Stamm Efraim wohnt, wird es bald nur
noch eine Wüste geben, das ist ihre Strafe. Was ich, Gott, den Israeliten
jetzt ankündige, wird garantiert auch passieren. 10 Die Chefs in Juda sind
wie solche Leute geworden, die heimlich die Grenzlinien nach hinten ver-
schieben. Ich bin so sauer auf sie, meine Wut wird wie eine Welle auf sie
zurollen und über ihnen zusammenbrechen. 11 Die Leute von Efraim werden
unterdrückt und haben keine Rechte mehr. Warum? Weil sie es nicht lassen
konnten, diesen Pseudogöttern hinterherzulaufen. 12 Ich bin für die Leute
von Efraim wie eine eiternde Wunde, und für die Leute von Juda bin ich wie
ein Stück abgefaultes Fleisch. 13 Als sie mitkriegten, wie übel ihre Krankheit
war, als Juda sich die Wunde genau ansah, versuchten sie, sich Hilfe zu
holen. Efraim wandte sich an Assyrien und fragte beim Präsidenten Jareb an.

Dieser Präsident kann euch aber nicht gesund machen, und er ist auch nicht
in der Lage, eure faulen Stellen wieder heil zu kriegen. 14 Denn ich werde
Efraim ins Bein beißen wie ein wild gewordener Kampfhund. Wie ein durchgeknallter Pitbull werde ich auch die Leute von Juda anfallen. Ich zerfleische
sie, und dann lass ich sie einfach da liegen. Ich werde ihren Körper vielleicht
sogar wegtragen, damit sie niemand finden und retten kann. 15 Ich werde
mich zurückziehen, ich geh wieder an den Ort, wo ich zu Hause bin. Das
mach ich so lange, bis sie ihren Mist eingesehen haben, bis sie sagen, dass
es ihnen leidtut, bis sie wieder mit mir leben wollen. Wenn es ihnen
dreckig geht, werden sie wieder nach mir fragen."

6

Ein Lied, was klarmacht, dass jemand Mist gebaut hat

1 „Los, wir wollen zu Gott gehen. Er hat uns kaputt gemacht, aber er wird
uns auch heilen.
Er hat uns verletzt, aber er wird sich mit dem ‚Wiedergutmachen' bestimmt
beeilen.
2 So zwei oder drei Tage lässt er uns alleine, aber am dritten Tag holt er uns
raus
und macht alles wieder gut, schenkt uns ein neues Leben in seinem Haus.
3 Los, lasst uns dadrum kämpfen, alles, was er sagt, zu kapieren und zu
verstehen.
So sicher, wie es täglich einen neuen Morgen gibt, wird er bei uns mal
vorbeisehen.
Er kommt wie der Regen, der in jedem Herbst die ganze Erde total nass
macht.
4 Er fragt: Was soll ich mit dir tun, Efraim, was mit dir, Juda, los? Sag!
Auf eure Treue kann man sich so gut verlassen wie auf den Fahrplan der
Deutschen Bahn.
Sie ist so sicher wie die Wettervorhersage oder so seetauglich wie ein
löchriger Kahn.
5 Darum konnte ich euch durch die Ansagen der Propheten immer wieder
den Tag versauen.
Ich hab euch durch meine Verurteilung wie ein Richter einmal voll auf die
Fresse gehauen.
Wenn ich korrekte Urteile fälle, dann kann man sich daran orientieren, sie
machen alles taghell.
6 Ich will, dass ihr mich liebt und treu seid! Aber eure ganzen Opfer sind mir
letztendlich total egal."

Die Leute brechen die Gesetze am laufenden Band
7 Gott sagt: „In der Stadt Adam haben sie meine Verträge gebrochen, waren
mir untreu und haben mich abgezogen. 8 In Gilead wohnen nur Verbrecher
und Mörder, die ihre Blutspuren hinterlassen haben. 9 Auf dem Weg nach
Sichem liegen die Priester auf der Lauer, wie Gangster rauben sie die Leute
aus, sie bringen die Leute um und tun viele andere ätzende Sachen. 10 In
Israel hab ich ganz üble Dinge gesehen. Die Leute von Efraim treiben es mit
Plastikgöttern, sie machen sich unrein. 11 Aber auch die Leute von Juda
werden bald ihre Abrechnung bekommen. Ihre Ernte wird ganz schlecht aus-
fallen. Aber dann werde ich dafür sorgen, dass für meine Leute irgendwann
alles wieder gut wird."

7

Was passiert, wenn Gott Israel wieder gesund macht
1 Gott sagt weiter: „Wenn ich die Leute von Israel wieder gesund mache, wird
auch jeder sehen können, was die Leute von Efraim und Samaria für miese
Dinge gedreht haben. Sie betrügen ohne Ende, Diebe brechen dort einfach
überall in die Häuser ein, und auf der Straße wird man ständig überfallen
und ausgeraubt. 2 Sie vergessen dabei, dass ich ihre fiesen Aktionen nicht
so schnell vergesse. Jetzt werden sie von ihren miesen Taten, die sie vor mei-
nen Augen getan haben, plötzlich umzingelt. 3 Mit ihrer fiesen Art bringen
sie vielleicht einen Präsidenten zum Lachen. Dass sie so falsch und fies
unterwegs sind, findet ein Bürgermeister vielleicht mal lustig. Aber ich nicht.
4 Jeder von ihnen hat die Ehe mit mir gebrochen, sie sind so scharf auf
andere Frauen wie Peperoni auf der Zunge, oder wie ein Chili, das der Koch
nicht mehr würzen muss, weil es von alleine scharf ist. 5 An dem Tag, wo
der Präsident eingesetzt wird, füllen sich die Minister derart mit Alk ab, dass
sie total breit sind. Noch am selben Abend planen sie im Alkoholrausch,
wie man ihn am besten wieder stürzen könnte. 6 Sie würden am liebsten
sofort loslegen. In der Nacht halten sie sich noch zurück, aber gleich am
nächsten Morgen legen sie dann los. 7 Sie wollen alles kaputt machen und
glühen förmlich vor Rache. Ein Präsident nach dem nächsten wird von ihnen
gestürzt. Aber keiner von denen kommt mal zu mir und fragt, ob ich viel-
leicht helfen könnte."

Israel fragt bei den falschen Leuten um Hilfe an
8 Gott sagt: „Die Leute von Efraim haben sich auf die anderen Völker einge-
lassen. Damit ist Efraim wie ein Pfannkuchen geworden, der nicht gewendet
wurde und nur auf einer Seite braun ist. 9 Ausländer saugen ihm seine Kraft
aus, aber er merkt es noch nicht mal. Seine Haare werden langsam grau,
aber auch das merkt er nicht. 10 Die Leute von Israel denken, sie wären die

Geilen, das spricht gegen sie. Sie kommen nicht wieder zurück zu mir, zu
ihrem Chef. Sie haben keinen Bock auf mich, sie wollen nicht in meiner
Nähe sein. 11 Die Leute von Efraim sind dumm wie Brot, sie lassen sich ganz
einfach verführen. Sie rufen nach Ägypten, weil sie Hilfe brauchen, und dann
laufen sie wieder den Assyrern hinterher. 12 Während sie noch laufen, werfe
ich mein Netz über sie. Ich fange sie ein, wie man Vögel fängt, die in der
Luft rumfliegen. Ich werde sie genau so bestrafen, wie man es ihnen schon
vorher angekündigt hatte. 13 Sie müssen aufpassen! Sie sind vor mir geflo-
hen. Und jetzt sollen sie kaputtgehen. Sie haben mich verlassen. Ich wollte
sie aus dem Mist rausholen, aber sie reden nur Schwachsinn über mich.
14 Sie heulen die ganze Zeit rum, verletzen sich selbst mit einer Rasierklinge
und betteln rum, damit ich ihnen Wein und Mehl schenke. Aber das Ganze
kommt nicht aus ihrem Innersten, aus ihrem Herz. 15 Ich hatte sie noch vor
kurzem im Trainingsprogramm, ich hab es ihnen beigebracht, ich hab ihre
Muckis stark gemacht. Aber sie planen nur irgendwelche fiesen Aktionen
gegen mich. 16 Sie strecken ihre Arme aus, aber nicht in meine Richtung. Sie
sind wie so ein Gewehr geworden, bei dem der Lauf total verbogen ist.
Man kann mit ihnen nichts mehr anstellen. Ihre Chefs werden alle durch die
Schüsse der Feinde sterben, weil sie die ganze Zeit nur dumme Sprüche
über mich abgelassen haben. Darum wird man in Ägypten bald dumme
Sprüche über sie ablassen."

8

Was mit Israel passieren wird

1 Gott sagte zu mir: „Schlage Alarm, Hosea! Wie ein Kampfjet-Geschwader
stürzt der Feind über meine Leute und über mein Land. Denn sie haben
meine Verträge gebrochen, und meine Gesetze waren ihnen egal. 2 Auf der
einen Seite schreien sie rum: ‚O Gott! Hallo? Wir kennen uns doch! Wir
sind es, die Leute von Israel!' 3 Aber auf der anderen Seite haben sie keinen
Bock mehr auf das Gute gehabt. Darum sollen sie jetzt von den Feinden
angegriffen und verfolgt werden. 4 Sie haben ständig neue Präsidenten ein-
gesetzt, obwohl ich das nicht wollte. Keiner der Präsidenten war von mir
bestimmt. Sie haben neue Chefs in die Regierung geholt, aber ich wurde
nicht mal darüber informiert. Ihre ganze Kohle inklusive Goldvorräte wurde
dafür benutzt, um sich ein paar neue Plastikgötter zu bauen. Das ist so,
als hätten sie alles in eine große Geldvernichtungsmaschine geschmissen.
5 Dieser Plastikgott von Samaria, der aussah wie eine Kuh, ist für mich der
reinste Müll. Ich bin richtig sauer auf euch. Wie lange kriegt ihr das weiter
nicht auf die Reihe, diesen Dreck mal bei euch auszuräumen? 6 Leute, dieser
‚Gott' wurde nur von Menschen gebastelt, so was kann doch kein echter
Gott sein! Das Teil sollte in den Häcksler geschmissen werden, es soll zer-

hackt werden. 7 Wenn sie Wind säen, werden sie Sturm ernten. Aus einem
Getreidekorn, das keine Ernte bringt, wird man auch kein Mehl machen
und Brot backen können, und selbst wenn man etwas Brot daraus bekom-
men würde, hätten sie nichts davon, weil es ihnen andere wegfuttern wür-
den. 8 Israel ist am Ende. Sie sind wie eine Nation, die man wie einen alten
Eimer in die Ecke stellt. 9 Sie haben sogar versucht, bei den Assyrern anzu-
kommen. Ein wildes Kaninchen auf einer Wiese kann man nicht einfangen,
es bleibt immer alleine. Aber die Leute von Israel versuchen, sich überall ein-
zuschleimen, sie versuchen, sich Freundschaften mit Geschenken zu kaufen.
10 Aber egal, was für Geschenke sie den Nationen, die ohne mich leben, auch
anbieten, ich werde sie jetzt zusammentreiben und einfangen. Sie sollen
üble Probleme kriegen, weil ihre neuen Herrscher sie so hart behandeln. 11 Ja
klar, die Leute von Efraim haben sich ein paar ganz tolle neue Opfertische
aufgebaut. Diese Altäre sind dafür da, um noch mal richtig übel Mist zu
bauen. 12 Selbst wenn ich ihnen meine Gesetze auf ihr T-Shirt drucken
würde, würden sie die doch nicht lesen. Sie würden so tun, als könnte man
sie nicht verstehen. 13 Wenn sie mir ein Opfer schenken, dann geht es eigent-
lich mehr um ihr Mittagessen. Auf so ein Opfer habe ich überhaupt keinen
Bock. Ich werde mich weiter an den Mist erinnern, den sie verzapft haben,
und ich werde sie dafür bezahlen lassen. Sie müssen wieder zurück nach
Ägypten und dort unter Knebelverträgen schwer schuften. 14 Israel hat ver-
gessen, wer sie eigentlich mal gemacht hat. Sie haben große Villen gebaut,
einen riesigen Regierungsbezirk, ganze Städte. Aber ich werde diese
Gebäude anzünden und alle niederbrennen."

9

Mit dem lockeren Leben ist jetzt Schluss

1 Du kannst mit dem Partymachen aufhören, Israel. Jetzt ist Schluss mit
Rumfeiern, auf die Art, wie es die anderen Völker auch machen, die ohne
Gott leben. Du gehst Gott fremd, du machst mit anderen Plastikgöttern
rum, du entfernst dich von ihm. 2 Die Israeliten werden sich von ihrer Ernte
nicht ernähren können, auch die Weinernte wird ausfallen. 3 Auch in dem
Land von Gott werden sie nicht bleiben, sie müssen wieder zurück nach
Ägypten. In Assyrien werden sie sogar Sachen essen müssen, die eigentlich
nicht okay sind, die ‚unrein' sind. 4 Dankopfer und Trinkopfer können sie
Gott dort nicht mehr schenken. Das Essen, was sie selber bekommen, wird
dreckig sein. Es wird so versifft sein wie das Brot, das in einem Haus liegt, in
dem jemand gerade gestorben ist. Jeder, der davon isst, macht sich dreckig.
Dieses Brot kann man nur noch selbst essen, aber nicht mehr zu Gott in den
Tempel bringen. 5 Wie wollt ihr dann die religiösen Feste feiern, was wollt
ihr an den Feiertagen machen? 6 Passt auf, einige werden wegen den ganzen

Problemen von dort wegziehen und wieder nach Ägypten auswandern. Dann
werden sie in der Hauptstadt Memfis begraben werden. Egal, wie viel ihre
Sachen auch wert sind, am Ende wird auf ihren Gräbern auch nur Unkraut
wachsen. Und dort, wo ihre Häuser standen, wachsen Brombeerbüsche mit
Dornen. 7 Es ist jetzt die Zeit gekommen, wo sie bestraft werden. Es ist die
Zeit, wo Israel für seinen Mist bezahlen muss. Die Leute sagen über mich:
„Der Prophetentyp Hosea ist ja total durchgeknallt! Der gehört in die Klapse!“
Aber wer so aggro drauf ist, hat selber Dreck am Stecken. 8 Ich passe auf
Efraim auf, es sind die Leute, die meinem Gott gehören. Aber sie lauern mir
mit Netzen auf und wollen mich einfangen, egal, wo ich gerade bin. Sogar die
Leute von Gott hassen mich. 9 Sie sind so tief gesunken wie damals in Gibea.
Gott wird ihren Mist nicht vergessen, er wird sie deswegen bestrafen.

Israel hat schon immer Mist gebaut

10 Gott sagt: „Israel war für mich damals wie eine eiskalte Cola im Hoch-
sommer. Die ersten Generationen waren wie ein leckerer Obstsalat für mich.
Aber dann sind sie nach Baal-Pegor gezogen und haben sich auf die ätzen-
den Plastikgötter eingelassen. Sie gaben sich den Dingern hin, damit wurden
sie genauso ekelig wie diese dummen Teile. 11 Sie waren wie ein kleiner Kana-
rienvogel, dessen Käfigtür man aufgelassen hatte. Sie flogen davon, haben
damit ihr schönes Zuhause hinter sich gelassen und auch die Sicherheit,
immer versorgt zu sein. Die Frauen von Israel werden nicht mehr schwanger
werden, sie werden keine Kinder mehr bekommen können. 12 Und selbst
wenn sie doch noch Babys bekommen und großziehen, werde ich dafür
sorgen, dass sie die bald wieder los sind. Kein Mensch wird überleben. Sie
werden alle kaputtgehen, wenn ich mich von ihnen entferne. 13 Früher war
Efraim, waren meine Leute wie ein junger Apfelbaum für mich. Er stand auf
einer fruchtbaren Wiese. Jetzt müssen die Leute von Efraim ihre Söhne in
den Krieg schicken, wo sie getötet werden.“ 14 Mach, was du willst, Gott.
Sorg dafür, dass die Frauen keine Kinder bekommen können und dass nie
mehr ein Tropfen Milch aus ihrem Busen kommt. 15 Gott sagt: „Schon in
der Zeit, als das mit den Präsidenten losging, damals in Gilgal, haben sie
gezeigt, wie link sie eigentlich drauf sind. Schon da hab ich angefangen, sie
zu hassen. Weil sie so viele miese Sachen getan haben, schmeiße ich sie
bei mir raus. Ich werde sie nicht mehr lieben. Ihre ganzen Chefs haben
sowieso keinen Bock auf mich. 16 Die Leute von Efraim sind wie ein Baum,
dessen Wurzeln vergammelt sind. Bei ihnen wachsen keine guten Früch-
te mehr. Und selbst wenn ihre Frauen noch Kinder bekommen, werde
ich ihre geliebten Babys töten.“ 17 Hey, Gott, schmeiß sie raus! Sie haben
nicht auf dich gehört. Sie sollen ab sofort auf der ganzen Welt als Flücht-
linge gelten.

10

Israel hat Plastikgöttern geopfert

1 Die Leute von Israel hatten immer eine fette Ernte. Aber je mehr sie geern-
tet haben, desto mehr Opfer schenkten sie auch diesen Plastikgöttern.
Umso schöner ihr Land wurde, desto mehr Kohle wurde für so komische
Statuen von Plastikgöttern ausgegeben. 2 Sie waren nie ganz bei der Sache,
sie waren nicht ganz bei Gott. Dafür müssen sie jetzt bezahlen. Gott wird
ihre Opfertische sprengen und die Statuen zerfetzen. 3 Dann werden sie
sagen: „Wir haben niemanden mehr, der uns führt! Wir haben keinen
Respekt mehr vor Gott gehabt, und der Präsident konnte uns auch nicht
weiterhelfen." 4 Es wurde viel gelabert, große Reden wurden geschwungen,
Versprechungen gemacht, Verträge geschlossen, aber es war alles Fake, es
war nicht echt. So wurde aus einem Gerichtsurteil ein Gift-Cocktail.

Mit dem Beten zu Plastikgöttern wird es zu Ende gehen

5 Die Leute aus Samaria werden Angst haben, dass sie ihren Plastikgott
verlieren. Diese Figur, die aussieht wie eine Kuh, wird kaputtgehen, und ihre
Priester werden rumheulen. Es wird vorbei sein mit ihrer tollen Ausstrah-
lung, denn die wird ihr weggenommen. 6 Man bringt die Plastikkuh nach
Assyrien, als Geschenk für den Präsidenten. Die Leute von Efraim werden
deswegen peinlich dastehen, und die Leute von Israel werden sich fürchter-
lich schämen, weil sie einen falschen Tipp gegeben haben. 7 Samaria wird
zerstört werden. Sein Präsident wird wie ein Stück Pappe auf dem Fluss
davontreiben. 8 Die Plätze, wo man in Israel den Plastikgöttern geopfert hat,
werden gesprengt. An der Stelle, wo früher die Opfertische standen, werden
jetzt Disteln und Brennnesseln wachsen. Sie werden sich wünschen, dass
es einen Erdrutsch gibt und sie unter den Steinen begraben werden. 9 Gott
sagt: „Seit dem großen Sieg, den du mit deiner Armee in Gibea geschafft
hast, baust du nur noch Mist, Israel. Von damals bis heute habt ihr euch
null verändert. Darum werdet ihr genau dort, in Gibea, einen schlimmen
Krieg führen, gegen die Leute, die immer gegen euch waren. 10 Ich will die
Leute von Israel auf jeden Fall bestrafen, das hab ich mir fest vorgenommen.
Sie haben im Grunde auf zwei Ebenen richtig Mist gebaut. Ich werde dafür
sorgen, dass Armeen von vielen Völkern gegen sie in den Krieg ziehen."

Israel ist für Gott eine große Enttäuschung

11 Gott sagt weiter: „Efraim war wie ein Auto mit einem starken Motor, der
super in Schuss war. Als ich mir den Wagen genauer angesehen hatte, wollte
ich ihn vor einen großen Hänger spannen, damit er mal voll zum Einsatz
kommt. Juda sollte dabei wie ein Mähdrescher sein und Israel wie eine Saat-

maschine. Ich sagte zu ihnen: 12 ‚Sät mal so viel Samen aus, wie es korrekt
bei euch zuging. Ernten werdet ihr so viel, wie ihr geliebt habt. Rebootet
euch, macht einen Neustart. Tut es so wie ein Bauer, der ein Land beackert,
wo lange nichts mehr drauf angebaut worden ist. Jetzt ist es angesagt, viel
Zeit mit mir zu verbringen! Wenn ihr das tut, werde ich vorbeikommen und
dann wird es euch gutgehen. Ich sorge dafür, dass alles korrekt und super-
gut läuft. 13 Ihr habt sozusagen einen Samen ausgesät, der für fiese Aktionen
und Abzocke steht. Was dabei rauskam, war dann auch sehr schlecht. Du
hast gedacht, es wäre eine gute Idee, den eigenen Helden zu folgen.
14 Darum werden eure Leute bald nur noch von Krieg hören. Sie werden
mittendrin sein, und alle eure Städte und Bunker werden kaputtgehen. Es
wird so sein wie bei der Stadt Bet-Arbel, die von Schalman komplett platt-
gemacht wurde. Die Mütter und Kinder wurden auch alle umgebracht.
15 Weil ihr dort in Bet-El unbedingt zu Plastikgöttern beten musstet, ist das
jetzt passiert. Wenn die Sonne aufgegangen ist, wird der Präsident von
Israel gestorben sein.“

11

Gott liebt seine Leute, auch wenn sie ihn abziehen

1 Gott sagt: „Als Israel noch jung war, hab ich mich in diese Leute verknallt.
Als sie in Ägypten festsaßen, hab ich sie als meine Kinder adoptiert, ab
dann nannte ich sie meine Söhne und Töchter. 2 Ständig hab ich sie zu mir
gerufen, aber sobald ich das getan hab, liefen sie von mir weg. Sie haben
dem Plastikgott Baal Sachen geschenkt, und für irgendwelche anderen Figu-
ren haben sie Räucherkerzen angezündet. 3 Ich hab Efraim das Laufen bei-
gebracht, hab sie immer wieder auf den Arm genommen. Aber sie haben es
nicht kapiert, dass ich sie heilen und gesund machen wollte. 4 Ich hab ver-
sucht, sie zu führen, wie man ein Pferd an seinen Zügeln beim Reiten führt.
Meine Zügel waren die Liebe, und damit wollte ich sie leiten. Ich hab ihnen
ganz liebevoll was zu essen gegeben. 5 Das war der Grund, warum sie nicht
mehr nach Ägypten zurückmussten. Aber jetzt werden die Assyrer ihnen
sagen, wo es langgeht, denn sie hatten keinen Bock, zu mir zurückzukom-
men. 6 In ihren Städten werden überall Menschen sterben. Leute, die dort
dumm rumlabern, werden im Krieg sterben, mit ihren eigenen Ratschlägen
wird ihnen das Maul gestopft. 7 Aber meine Leute werden nicht zu mir
zurückkommen. Sie bleiben dabei, Dinge zu tun, die ich nicht will. Sie beten
zu dem Plastikgott Baal, aber der kann ihnen auch nicht helfen. 8 Trotzdem,
Efraim, ich werde dich nicht im Stich lassen, ich geb dich nicht auf. Wie
könnte ich es zulassen, dass du komplett ausgelöscht wirst wie die Städte
Adma und Zebojim? Ich hab mich umentschieden, ich musste feststellen,
dass du mir total leidtust. 9 Ich kann nicht länger sauer auf dich sein. Ich

will dich nicht noch einmal komplett vernichten. Ich bin ja nicht irgendein Mensch, ich bin Gott. Ich bin dein ganz besonderer Gott, ich bin bei dir, und ich will dich nicht plattmachen. [10] Alle werden hinter mir herlaufen. Ich werde bellen und knurren wie ein gefährlicher Kampfhund. Wenn ich das tue, werden meine Leute mit Schiffen über das Meer von Westen aus hierherkommen. [11] Sie werden mit viel Respekt und Schiss aus Ägypten kommen. Auch aus Assyrien werden sie kommen wie ein Flugzeuggeschwader. Ich werde alle wieder nach Hause holen, dorthin, wo sie mal herkamen."

12

Auf die Leute von Israel kann man sich nicht verlassen

[1] Gott sagt: „Die Leute von Efraim lügen mich die ganze Zeit an. Die Leute von Israel ziehen mich nur ab. Und die Leute von Juda wissen noch nicht so richtig, ob sie sich auf mich oder lieber auf andere Götter einlassen sollen, obwohl ich ihnen treu bin. [2] Efraim versucht, den Wind zu fangen, sie jagen den ganzen Tag dem Ostwind hinterher. Brutalität, Abzockerei und Lüge nehmen zu. Sie machen Verträge mit Assyrien und gleichzeitig auch einen Handelsvertrag über Speiseöl mit Ägypten." [3] Auch die Leute von Juda wurden von Gott vors Gericht gezerrt. Die Leute, die von Jakob abstammen, also die Israeliten, werden alle bestraft, je nachdem, wie sie gelebt haben. [4] Schon als Jakob noch im Bauch seiner Mutter war, hat er seinen Bruder betrügen wollen, und als er erwachsen war, hat er mit Gott gekämpft. [5] Er hat mit einem Engel gecatcht und sogar gewonnen. Er hat geweint und den Engel um Gnade angefleht. Sie trafen sich in Bet-El, und dort haben sie sich auch unterhalten. [6] Gott, der absolute Chef über alles, sagt: [7] „Ja, du wirst mit meiner Hilfe wieder zurückkommen. Aber du solltest am Ball bleiben und weiter korrekt leben. Setze deine Hoffnung auf deinen Gott, auf mich! [8] Du bist wie ein Händler geworden, der ständig Sachen verkauft. Aber bei dir wird nur abgezockt, du betrügst alle." [9] Efraim antwortet: „Hey, ich hab doch mein ganzes Geld ganz korrekt erworben! Keiner wird mir beweisen können, dass ich irgendwie Mist gebaut und Leute abgezogen habe!" [10] Aber Gottes Antwort ist: „Da kannst mir nichts vormachen, ich bin dein Gott, der dich damals aus Ägypten rausgeholt hat. Ich werde dafür sorgen, dass du wieder in Zelten leben musst, so wie damals, als wir diese Feste draußen gefeiert haben. [11] Ständig hab ich wieder über die Propheten mit euch gesprochen. Ich hab ihnen ganz viele Visionen geschenkt, ganz viele innere Bilder und prophetische Träume. [12] Es war ihnen wohl egal, denn obwohl sie schon in Gilead so hart dafür bestraft wurden, dass sie zu Plastikgöttern gebetet haben, haben sie an derselben Stelle später noch mal ein paar Stiere für die geopfert. Ihre Opfertische werden gesprengt. Es soll nur noch ein kleiner Haufen Steine übrig bleiben, der irgendwo am Rand von einem

Feldweg liegt." 13 Jakob ist damals geflohen und hat dann im Land der Ara-
mäer gewohnt. Er hatte wegen einer Frau jahrelang nur auf Schafe aufge-
passt. 14 Später hat Gott Israel aber durch einen Prophetentypen aus Ägypten
rausgeholt. Dieser Typ passte dann eine Zeitlang auch auf seine Leute auf.
15 Die Leute von Efraim haben Gott übelst beleidigt. Darum wird Gott ihnen
die Rechnung präsentieren, er wird sie dafür bezahlen lassen.

13

Gott hält eine Gerichtsverhandlung über Israel ab, weil sie ihm untreu waren
1 Gott sagt: „Damals war es so, dass alle vor den Leuten von Efraim Mörder-
respekt hatten. Wenn die nur ein Wort gesagt haben, bekam Israel Angst.
Aber sie haben Mist gebaut, wegen dieser Baalsgeschichte, und mussten alle
sterben. 2 Aber jetzt machen sie weiter mit dem ganzen Dreck. Sie basteln
einen eigenen Plastikgott, lassen den von ihren Künstlern schön stylen.
Dann sagen sie: ‚Wer Gott etwas schenken will, muss zuerst diesen Stier
küssen!' 3 Das ist der Grund, warum man von ihnen bald nichts mehr hören
wird. Sie werden plötzlich verschwunden sein, wie eine Wolke am Himmel
oder wie der Dunst auf den Badezimmerfenstern oder wie der Qualm,
welcher aus einem Kamin nach draußen zieht, oder wie das Laub vor der Tür,
das vom Wind weggeblasen wird. 4 Vergesst nicht: Ich bin Gott, euer Gott!
Ich kenne euch noch von damals, aus Ägypten. Ihr kennt keinen echten Gott
außer mir, und ich bin auch der Einzige, der euch retten kann. 5 Ich war bei
euch, als ihr damals durch die Wüste gewandert seid. 6 Aber als ihr aus der
Wüste rauskamt und in dem neuen, schönen Land angekommen wart, hattet
ihr mich plötzlich nicht mehr nötig. Es ging euch zu gut, ihr wurdet über-
heblich und habt mich vergessen. 7 So wurde ich wie eine Gefahr für euch,
wie ein bissiger Hund, der nachts in den Straßen auf euch lauert. 8 Ich falle
euch an, wie eine Bärin, der man die Bärenbabys weggenommen hat. Ich
zerfleische und zerfetze euch. Ich werde euch auffressen, wie ein wildes Tier
seine Beute frisst. 9 Das war dein Untergang, Israel, als du dich gegen
mich gewendet hast. Gegen mich, den Einzigen, der dir wirklich helfen
wollte. 10 Wo ist denn jetzt dein toller Präsident geblieben? Warum kann er
deine Städte nicht beschützen? Du wolltest einen eigenen Präsidenten
haben, einen Chef, der sagt, wo es langgeht. 11 Ich war sauer, aber hab euch
trotzdem einen gegeben. Aber dann war ich wieder sauer und hab ihn
euch auch wieder weggenommen. 12 Den ganzen Mist, den Efraim gebaut
hat, hab ich mir aufgeschrieben, es steht alles in einer Datei. 13 Wenn Efraim
ein Kind wäre, das jetzt auf die Welt kommen soll, dann würde es die Lage
nicht peilen. Es ist so wie ein Baby, das nichts kapiert hat. Die Geburt
wird nicht gut laufen, weil das Baby sich quer stellt und nicht auf die Welt
will. 14 Und ich soll euch vor dem Land der Toten bewahren? Ich soll euch

vor dem Tod retten? Eher lad ich den Tod ein, noch mal ein paar fiese Krank-
heiten zu schicken! Der Tod soll zeigen, was er draufhat. Und ich werde
kein Mitleid mit euch haben.“ 15 Gott unterscheidet zwischen den einzelnen
Familienstämmen. Auch wenn es Efraim im Vergleich zu den anderen ganz
gutgeht, wird ein heißer Wind aus dem Osten kommen, der von Gott ist.
Er wird sich in der Wüste erwärmen und dann dafür sorgen, dass es bei den
Leuten von Efraim bald kein Wasser mehr geben wird, alles ist vertrocknet.
Und es kommt eine Armee aus dem Osten, die alles, was wertvoll ist,
zocken wird.

14

Gott sagt: Ändert euer Leben

1 Samaria wird dafür bestraft werden, weil sie keinen Bock auf das hatten,
was Gott von ihnen wollte. Viele werden durch einen Krieg sterben. Der
Feind wird gewinnen, das Land einnehmen und alle Kinder erschießen. Den
schwangeren Frauen werden sie sogar den Bauch aufschlitzen. 2 Hört auf
mit dem Mist, Leute von Israel, ändert euer Leben! Macht wieder ganze
Sache mit Gott! Denn ihr habt nur so viele Probleme, weil ihr so viel Mist
gebaut habt. 3 Dreht euch um, geht zu Gott und redet mit ihm. Sagt ihm,
dass es euch leidtut, und bittet Gott, dass er euch den ganzen Mist vergibt,
den ihr getan habt. Bittet ihn, dass er eure Geschenke wieder annehmen
soll. Sagt ihm: „Vergiss den ganzen Mist, den wir gebracht haben, und schau
nur auf die guten Sachen, die wir gemacht haben. Wir danken dir mit den
Worten, die jetzt aus unserem Mund kommen! Das ist unser Geschenk an
dich! 4 Die Assyrer sollen mit ihrer Armee, mit den Soldaten und Panzern
sonst wo bleiben, die können uns eh nicht retten. Und wir wollten auch nicht
mehr zu den Sachen, die wir mit unseren eignen Händen gebastelt haben,
‚Gott‘ sagen. Denn bei dir finden die Menschen, die keine Eltern haben, die
Liebe, die man braucht.“ 5 Gott sagt: „Dass sie immer ihr eigenes Ding
machen wollen, ist echt krank, aber ich will diese Krankheit jetzt heilen. Denn
ich bin nicht mehr sauer auf sie. 6 Ich will für Israel wie ein Tau sein, an dem
sie sich festhalten und aus dem Schlamm ziehen können. Dieses Tau wird
so schön aussehen wie eine blühende Lilie. Und an ihm werden Wurzeln
wachsen. Diese Wurzeln werden ganz tief in die Erde gehen, so wie bei einer
großen Fichte. 7 Dieser Baum soll ganz viele Zweige bekommen, er soll so
groß werden wie ein Apfelbaum, und seine Blüten sollen duften wie die
von einem Kirschbaum aus dem Libanon. 8 Die Israeliten kommen wieder
zurück, sie werden in dem Schatten von diesem Baum wohnen. Dann wer-
den sie auch wieder Getreide anbauen, und sie werden krass blühen wie so
ein Baum, der in den Bergen vom Libanon wächst. 9 Dann werden die Leute
von Efraim sagen: ‚Was wollte ich überhaupt mit diesen Plastikgöttern?‘

Ich werde nämlich ihre Gebete erhören, und wenn ich sie sehe, dann freue ich mich. Man kann mich auch mit einem großen, schön gewachsenen Baum vergleichen, an dem ganz viele Früchte nur für sie wachsen."

Abspann

10 Wer es gepeilt hat, begreift alles, was in diesem Buch steht. Wer schlau ist, kapiert, was hier drinsteht. Was Gott sagt, ist komplett richtig, und wer tut, was er sagt, geht einen geraden Weg. Die korrekten Menschen gehen auf diesem Weg, aber die miesen Typen, die nicht tun, was er sagt, werden stolpern und auf die Fresse fallen.

Der Prophet Joel

1

Wer das Buch geschrieben hat und eine große Katastrophe
1 In diesem Buch stehen die Sachen, welche Gott durch mich, Joel, zu den
Menschen sagen wollte. Ich bin aus der Familie von Petuel. 2 Alle mal her-
hören! Das geht an die Chefs, an alle, die schon länger am Start sind, und an
die Bewohner in diesem Land. Eine Frage: Ist irgendwann schon einmal
eine so heftige Sache bei euch passiert? Gab es so was früher schon mal?
3 Ihr müsst unbedingt euren Kindern davon erzählen, und die müssen
es ihren Kinden sagen und die ihren usw. … 4 Megaviele Tiere sind über die
Ernte hergefallen. Was die Hasen nicht gefressen haben, haben die Schne-
cken gefressen. Und was die Schnecken nicht gefressen haben, haben die
Heuschrecken gefressen. Und was die Heuschrecken nicht gefressen haben,
haben die Ameisen gefressen. 5 Hey, ihr besoffenen Spinner! Wacht auf!
Ihr solltet anfangen zu weinen, weil man euch den Wein vor eurer Nase weg-
genommen hat. 6 Ein riesengroßes, gefährliches Heer ist über unser Land
hergefallen. Es hat so scharfe Zähne wie ein Kampfhund. 7 Damit haben
sie die ganzen Weinstöcke einfach abgefressen, und auch die Apfelbäume
haben keine Blätter mehr. Sie haben die völlig abgenagt. Sogar die Rinden
sind abgefressen, und man kann nur noch das nackte, weiße Holz sehen.
8 Ihr solltet eine Trauerfeier ansetzen, die so veranstaltet wird wie die von
einer Braut, deren Bräutigam vor der Hochzeit gestorben ist. 9 Die Essens-
opfer und Trinkopfer vom Tempel sind gezockt worden. Die Priester, wel-
che dort für Gott arbeiten, sind traurig und weinen. 10 Die Felder sind
verwüstet. Der Boden ist vertrocknet. Das Korn ist auch kaputt, der Wein
ist verdunstet, und das Öl ist schlecht geworden. 11 Ihr Bauern und Winzer
könnt echt traurig sein wegen der Ernte, die jetzt futsch ist. Der Weizen
und die Gerste sind kaputt. 12 Der Weinstock ist vertrocknet, und der Feigen-
baum ist eingegangen. Birnbäume, Apfelbäume und Kirschbäume sind
alle vertrocknet und tot. Damit ist auch die Freude tot, die die Menschen
hatten. 13 Das geht jetzt an die Priester, die am Tempel Dienst schieben:
Zieht schwarze Sachen an und tragt die über 24 Stunden, man soll merken,
dass ihr um etwas trauert. Fangt an zu weinen! Denn es gibt keine Essens-
und Trinkopfer mehr am Tempel, damit ist jetzt Schluss. 14 Setzt ganz
offiziell einen Tag an, wo jeder auf Essen verzichten und stattdessen beten
soll. Organisiert einen großen Gottesdienst! Die Chefs aus der Gemein-
schaft und auch alle anderen Leute bei euch sollen sich am Tempel treffen
und gemeinsam zu Gott um Hilfe schreien.

Der Prophet kapiert, dass es bald sehr heftig wird

15 O nein, die nächste Zeit wird echt ätzend! Denn es ist bald so weit,
dass Gott seine große Gerichtsverhandlung abhalten wird. Dann schlägt die
mächtigste Hand des Universums voll zu und macht alles platt. 16 Haben
wir nicht selbst mitbekommen, wie unsere Nahrung vernichtet wurde?
Waren wir nicht dabei, als die Dinge, über die wir uns immer so gefreut
hatten, aus dem Tempel von Gott verschwunden sind? 17 Die Saat ist auch
kaputt, und die Körner liegen vertrocknet auf dem Boden. Die Hallen, wo
wir die Körner gelagert hatten, sind zerfallen. Auch die Scheunen, wo früher
Stroh drin war, sind kaputt. Denn alles ist vertrocknet, alles ist am Ende.
18 Die Rinder und Schafe brüllen vor Hunger, denn sie finden kein Gras mehr.
19 Gott, ich schrei jetzt zu dir: „Hilfe! Hilf uns! Unsere Wiesen sind von der
Sonne verbrannt worden! Die Bäume sind von der Hitze alle vertrocknet.
20 Auch die Tiere, welche auf den Wiesen leben, haben großen Durst und
schreien nach dir! Es gibt kein Wasser mehr, auch die Bäche sind alle leer.
Es gab einen großen Brand, und alle Wiesen sind zerstört worden."

2

Kommt bald die große Gerichtsverhandlung?

1 Startet auf dem besonderen Zionsberg die Alarmsirene! Die Leute, die
auf der Welt wohnen, sollen vor Angst zittern. Der letzte Tag der Welt, wo
Gott seine große Gerichtsverhandlung abhält, steht kurz bevor! 2 An diesem
Tag wird es stockdunkel sein. Düstere Wolken verhängen den Himmel
über den Bergen. Plötzlich fällt von überall her eine riesengroße und total
starke Armee ins Land ein. Eine so mächtige Armee gab es noch nie und
wird es auch nie wieder geben. 3 Vor diesem Heer wird alles verbrennen und
hinter ihm auch. Bevor sie dort waren, war alles noch supergrün, es blühte
überall so krass, wie in dem besten Garten, den es je gegeben hat, dem
Garten Eden. Aber wenn das Heer dort durchgezogen ist, dann ist alles tot,
und nichts wächst mehr. Und vor dieser Armee kann man nicht fliehen.
4 Man hat das Gefühl, sie rollen wie große Panzer über das Land. 5 Ihre Moto-
ren dröhnen schon von weitem, wenn sie über die Berge fahren. Das klingt
wie ein Subwoofer, der einfach alles umhaut. Unglaublich viele Soldaten,
eine megagroße Armee stürmt heran. Die stärkste Armee, die es jemals gab,
zieht in den Krieg. 6 Wenn die Menschen diese Armee sehen, kriegen sie
alle Angst, und das Blut gefriert ihnen in den Adern. 7 Die Einzelkämpfer mit
Spezialausbildung rennen los und klettern über die Schutzmauern. Es gibt
nichts, was sie aufhalten kann, denn sie halten an ihrem Ziel fest. 8 Keiner
setzt den anderen unter Druck oder behindert ihn, sondern sie unterstützen
sich gegenseitig. Sie ziehen durch die Fronten, keiner kann sie aufhalten.
9 Wenn sie in der Stadt sind, stürmen sie die Häuser und klettern wie Diebe

durch die Fenster. [10] Es sind so viele, und wenn sie zusammen marschieren,
bebt die ganze Erde. Es wird sehr viel Staub aufgewirbelt, so viel, dass man
die Sonne, den Mond und auch die Sterne nicht mehr sehen kann. [11] Der
General dieser Armee ist Gott selbst, er führt sie an. Wenn er mit seiner heftigen Stimme einen Befehl erteilt, spricht er so laut, dass auch der letzte Soldat ganz hinten rechts in seinem großen Heer, das hört. Diese Armee führt seine Befehle aus. Wenn dieser Tag kommt, wird es sehr ätzend. Die Frage ist, wer den Tag überhaupt überleben kann?

Ändert euer Leben

[12] „Ihr könntet aber noch immer zu mir zurückkommen!", sagt Gott. „Aber
macht das radikal, mit allem, was geht! Zeigt, dass es euch wirklich leidtut,
was ihr getan habt. [13] Ich will nicht, dass ihr nur noch in schwarzen Trauer-
klamotten rumrennt, sondern ich will, dass es euch wirklich im Herzen weh tut, was ihr gemacht habt. Kommt wieder zurück zu mir, zu eurem Gott! Ich liebe euch ohne Ende! Ich bin nicht so schnell aggromäßig draufzubringen, wie ihr denkt. Aber ich bin ganz schnell dabei, wenn es dadrum geht, Leute zu lieben. Es tut mir ganz schnell wieder leid, wenn ich euch
heftige Strafen angedroht habe." [14] Wer weiß, vielleicht ändert Gott ja auch
dieses Mal wieder seine Meinung. Vielleicht tut es ihm leid, dass er euch bestraft hat, und er sorgt plötzlich dafür, dass alles gut wird. Dann könnt ihr
wieder Essens- und Trinkopfer für ihn feiern. [15] Setzt erneut einen Tag an,
wo man auf dem Zionsberg ganz viel betet, wo die Leute Gott sagen können,
dass sie Mist gebaut haben. Macht das zu einem neuen Feiertag! [16] Bringt
alle zusammen zu einem Treffen. Die Teilnehmer sollten dafür sorgen, dass sie sauber, also rein sind. Auch die ganzen Chefs der Gemeinde sollen kommen, genauso wie die Kinder, sogar die Babys müssen dabei sein. Selbst wenn man gerade eine Hochzeit feiert, soll die Party unterbrochen werden,
damit das Brautpaar auch kommen kann. [17] Dann sollen die Priester, die
für Gott arbeiten, sich zwischen der Vorhalle vom Tempel und dem Altar aufstellen. Dort müssen sie laut weinen und beten: „Gott, bitte verzeih deinen Leuten! Wir gehören doch zu dir! Bitte gib das Land, das du uns für immer versprochen hattest, nicht an andere Völker! Denn das wäre sehr peinlich, und alle Menschen, die ohne dich leben, würden Witze über uns und auch über dich machen. Es wäre doch nicht so prall, wenn die Menschen überall sagen: ‚Na? Wo ist denn jetzt euer Gott geblieben?'"

Gott antwortet

[18] Als Gott das mitbekam, bekam er echt Mitleid mit seinen Leuten, und
sein Land wurde auf einmal wieder sehr wichtig für ihn. [19] Er sagte: „Passt
auf: Ich werde dafür sorgen, dass ihr genug Essen und Trinken habt! Es

wird locker reichen. Die ganzen anderen Völker sollen nicht länger Witze
über euch reißen. [20] Ich werde euch vor den Feinden aus dem Norden
beschützen. Die Vorhut von deren Armee wird im Toten Meer ersaufen. Die
Nachhut werde ich im Mittelmeer versenken. Den Rest von deren Armee
werde ich in die Wüste treiben, wo sie kaputtgehen. Überall werden ihre Lei-
chen rumliegen und vergammeln. Den Gestank wird man überall riechen.
Ich werde sie dafür bestrafen, dass sie einen auf dicke Hose gemacht haben
und dachten, sie wären die Größten. [21] Die Felder brauchen nichts mehr
zu befürchten, ihnen wird nichts passieren. Ihr könnt euch freuen und laut
losjubeln. Ich werde zeigen, was ich so draufhabe. [22] Die Tiere auf den
Wiesen brauchen auch keine Angst mehr zu haben. Das Gras wird wieder
wachsen, alles wird grün sein. Die Bäume werden wieder Früchte tragen,
auch der Apfelbaum und der Weinstock werden wieder eine gute Ernte ein-
bringen. [23] Die Leute, welche in der Stadt auf dem Zionsberg wohnen,
können sich auch über mich, Gott, euren Chef, freuen. Ich werde euch zei-
gen, wie sehr ich euch liebe. Ich sorge dafür, dass es regnet. Es wird so sein
wie früher. Sowohl im Herbst als auch im Frühling wird es immer genug
regnen. [24] Die Getreidesilos werden voll sein, und in den Weinkellern werden
die Fässer bis zur Decke stehen. Auch Ölfässer werden reichlich vorhanden
sein. [25] Ich hatte dafür gesorgt, dass eine Armee gegen euch kämpft. Aber
die ganzen Ernten, die euch durch diese riesengroße Armee verlorengegan-
gen sind, werde ich euch zurückgeben. [26] Dann werdet ihr euch wieder die
Bäuche vollschlagen. Ihr werdet mir dafür danken, weil ich euch so krass
geholfen hab. Meine Leute sollen sich nie wieder schämen müssen. [27] Und
dann werdet ihr kapieren, dass ich immer bei euch bin. Ich gehöre zu Israel,
ich bin euer Chef, ich bin euer einziger Gott, es gibt keinen anderen. Meine
Leute sollen sich nie mehr schämen müssen."

3

Gott wird seine Kraft in alle Menschen schütten

[1] Dann sagte Gott noch: „Wenn das alles vorbei ist, dann passiert noch
etwas ganz Heftiges. Und zwar werde ich meine Kraft, meine Energie, in alle
Menschen schütten. Dadurch sind dann sogar eure Kinder plötzlich in der
Lage, wie Propheten Worte von mir zu bekommen. Die Opas und Omas wer-
den nachts Träume haben, die auch von mir sind. Und Jugendliche werden
von mir krasse Visionen, also so Filme in ihrem Kopf, kriegen. [2] In der Zeit
werde ich auf alle Menschen, egal, ob einfache Arbeiter oder superschlaue
Professoren, meine Kraft kommen lassen. [3] Ich werde dafür sorgen, dass am
Himmel und im Universum ganz heftige Sachen passieren, die man natur-
wissenschaftlich nicht erklären kann. Alles wird zum Beispiel blutrot werden,
oder es wird heftige Rauchwolken geben. [4] Dann kann man plötzlich die

Sonne nicht mehr sehen, und es wird total dunkel sein. Der Mond wird
nachts so rot, als hätte man einen Eimer Blut über ihn ausgeschüttet. Das
passiert alles, kurz bevor der letzte Tag beginnt, der Tag, wo ich meine große
Gerichtsverhandlung ansetze. 5 Aber eins ist sicher: Alle, die in der Zeit zu
mir gehören und sich auch dazu bekennen, werden gerettet. Auf dem Zions-
berg und in Jerusalem sollen die Leute gerettet werden, so hab ich, Gott, es
versprochen. Wer von mir gerufen wurde, kommt durch."

4

Die Menschen, welche ohne Gott gelebt haben, werden bestraft

1 Gott sagt: „In dieser Zeit, wenn ich dafür sorge, dass für die Leute von
Juda und Jerusalem alles gut wird, 2 will ich ein großes Treffen ansetzen. Alle
Menschen, die auf der Welt leben, sollen dorthin kommen. Es wird im Tal
Joschafat stattfinden. Dort werde ich die letzte große Gerichtsverhandlung
abhalten. Die Menschen müssen sich dort auch dafür rechtfertigen, was
sie mit meinen Leuten von Israel alles angestellt haben. Zum Beispiel, dass
sie meine Leute in die ganze Welt verstreut haben, und auch, dass sie dieses
Land einfach unter sich aufgeteilt haben. 3 Sie haben sogar meine Leute un-
ter sich versteigert. Ein Junge war so viel wert wie die Nacht mit einer Nutte
im Bordell. Ein Mädchen war so viel wert wie eine Kiste Bier, die anschlie-
ßend auf der Party ausgesoffen wurde. 4 Was wollt ihr von mir? Ihr Leute von
Tyrus und Sidon, ihr Philister, wie wollt ihr mich bekämpfen? Glaubt ihr im
Ernst, ihr könnt etwas gegen mich ausrichten? Ich werde ganz schnell dafür
sorgen, dass alles, was ihr gegen mich unternehmt, auf euch zurückfällt.
5 Denn ihr habt das ganze Geld aus dem Tempel, alles Gold und Silber, ein-
fach gezockt. Die schönsten Sachen habt ihr mitgehen lassen und sie in
euren Tempeln ausgestellt. 6 Die jungen Männer aus Juda und Jerusalem
habt ihr an die Griechen ausgeliefert. Damit wurden sie sehr weit von ihrem
Zuhause weggebracht. 7 Passt auf, ich werde sie von dort wieder zurück-
holen. Ich bringe sie von dort wieder hierher. Aber das, was ihr ihnen ange-
tan habt, dafür werde ich euch angemessen bestrafen. 8 Ich werde eure
eigenen Söhne und Töchter an die Männer von Juda verkaufen. Die werden
sie dann weiterverkaufen an die Leute von Saba und an andere Nationen,
die von weit weg kommen. Das sage ich, Gott, der Chef. 9 Macht euch bereit
für einen ganz besonderen Krieg, der von mir, von Gott, kommt! Bringt die
Spezialeinheiten wieder an den Start. Alle wehrfähigen Männer sollen einge-
zogen werden. 10 Zersägt eure Wasserleitung und baut daraus eine Pump-
gun. Nehmt euren Traktor und baut daraus einen Panzer. Selbst die Weich-
eier unter euch sollen sagen: ‚Ich bin ab sofort ein Held!' 11 Alle Männer,
die ohne mich leben, sollen sich mal versammeln. Und wenn alle da sind,
schicke ich meine Armee gegen sie in den Krieg! 12 Die Menschen sollen

losziehen und sich alle im Tal Joschafat treffen. Dort werde ich, Gott, auf sie warten, um die letzte große Gerichtsverhandlung abzuhalten. Jeder bekommt sein Urteil. [13] Schmeiß den Motor an und fahr mit dem Mähdrescher über die Felder. Die Ernte ist reif. Schmeißt die Maschine an, die aus den Weintrauben den Saft rauspresst, damit dadraus Wein wird. Es gibt mehr als genug Weintrauben, es wurde sehr viel abgeerntet. Es reicht, die Menschen haben langsam genug Mist gebaut."

Mit Juda und Jerusalem wird es in Zukunft voll abgehen

[14] Gott zeigte mir, dass riesige Menschenmengen vor das Gericht kommen werden. Es dauert nicht mehr lange, dann kommt der Tag, wo abgerechnet wird. [15] Die Sonne und der Mond werden sich verdunkeln, und auch die Sterne funkeln dann nicht mehr. [16] Man wird Gottes laute Stimme aus der Richtung von Zion hören, er ruft aus seiner Stadt Jerusalem. Es wird ein krasses Erdbeben geben, und Luft und Erde vibrieren. Aber für seine Leute wird Gott wie ein Bunker sein, die Leute von Israel sind bei ihm in Sicherheit. [17] Gott sagt: „Wenn das passiert, werdet ihr kapieren, dass ich euer Gott bin und dass ich hier in Zion, auf dem besonderen Berg, wohne. Jerusalem wird für mich eine ganz besondere Stadt sein. Es wird nicht mehr vorkommen, dass Leute von außerhalb dort einfach reinspazieren. [18] In der Zeit wird die Weinernte so fett sein, dass die Weinberge fast überquellen und man so viel Wein machen kann, dass die Fässer überlaufen. Auch die Milchproduktion wird so krass abgehen, dass man das ganze Jahre über viel zu viel Milch hat. Und die Bäche von Juda werden auch das ganze Jahr über Wasser führen. Selbst direkt an meinem Tempel wird es eine Wasserquelle geben, aus der so viel Wasser sprudelt, dass man selbst das supertrockne Tal Schittim damit noch bewässern könnte. [19] Aber in Ägypten und Edom wird es kein Wasser geben, weil sie die Leute von Juda so brutal behandelt haben. Sie haben in ihrem Land unschuldige Menschen getötet. [20] Aber in Juda sollen immer Menschen wohnen, und Jerusalem wird auch weiter bestehen bleiben, für immer. [21] Ich spreche ihnen als Richter zu, dass sie nicht mehr bestraft werden dürfen für die Dinge, wo sie bis jetzt noch nicht für bestraft wurden. Ich, der Chef über alles, Gott, werde in Zion wohnen!"

Der Prophet Amos

1

Was mit den Nachbarn von Israel passieren wird
1 In diesem Buch stehen die Sachen drin, die Gott früher mal zu Amos
gesagt hat. Amos war ein Bauer, der sich speziell um die Aufzucht von
Kühen gekümmert hatte. Er wohnte in dem Dorf Tekoa. Gott hat mit ihm
ganz viel über die Nation Israel gesprochen. Seine Texte stammen aus der
Zeit, die zwei Jahre vor dem großen Erdbeben liegt. Damals regierte der
Präsident Usija die Leute von Juda, und Israel wurde vom Präsidenten Jero-
beam regiert, einem Sohn von Joasch. 2 Das Folgende ist jetzt ein Bericht
von Amos: Wie ein lauter Böllerknall höre ich die Stimme von Gott, wenn er
von Zion aus etwas sagt! Ich höre ihn, wie er von Jerusalem aus ruft. Das
ist immer voll heftig! Wenn er so spricht, vertrocknen alle Wiesen, und auch
auf der Spitze vom Berg Karmel wächst kein Gras mehr. 3 Jetzt hört mal zu,
was Gott zu sagen hat: „Die Leute von Damaskus bauen ständig Mist, da
kommt eins zum nächsten, der Haufen wird immer größer. Die Stadt Gilead
haben sie übelst kaputt gemacht, so als wäre da ein Panzer drübergefahren.
4 Darum werde ich die große Villa von Präsident Hasael abfackeln. Dieses
Feuer soll auch die Häuser vom Präsidenten Ben-Hadad zerstören. 5 Ich
werde die Türschlösser von dem Stadttor in Damaskus aufsprengen. Die
beiden Bürgermeister von Bikat-Awen, diesem Tal, wo nur abgezockt wird,
und von Bet-Eden, dieser Pornostadt, werde ich umbringen lassen. Die
Leute aus Syrien werden als Kriegsgefangene nach Kir verschleppt. Das sagt
Gott, der Chef über alles. 6 Die Menschen in Gaza haben ständig Mist
gebaut, der Dreckshaufen wurde immer größer. Das kann man nicht zurück-
nehmen, ich werde ihnen nichts verzeihen. Sie haben ganze Städte nieder-
gebrannt und die Bewohner als Kriegsgefangene an die Edomiter ausgelie-
fert. 7 Ich werde dafür sorgen, dass die Schutzmauer von Gaza niederbrennt
und dass dieses Feuer auch die Regierungsgebäude erfasst. 8 Ich werde alle
Regierungschefs in Aschdod und Aschkelon töten. Ich werde gegen Ekron
vorgehen, und der Rest der Philister wird auch sterben. Das kommt von mir,
von Gott, dem Chef. 9 Die Leute in Tyrus haben ständig Mist gebaut, der
Dreckshaufen wurde immer größer. Sie haben den Friedensvertrag mit Israel
einfach gebrochen, sind in das Land eingefallen und haben die Bewohner
von ganzen Dörfern als Kriegsgefangene nach Edom gekarrt. Ich werde
mit ihnen kurzen Prozess machen. 10 Darum werde ich dafür sorgen, dass
ein Feuer an der Stadtmauer von Tyrus ausbricht und die ganze Villenge-
gend abgefackelt wird. 11 Die Menschen, welche in Edom leben, haben stän-
dig Mist gebaut, und der Dreckshaufen wurde immer größer. Sie haben die

Israeliten angegriffen und brutal verfolgt, obwohl sie mit ihnen verwandt
sind. Anstatt sie zu lieben, haben sie ihre Aggressionen immer höher
geschraubt, sie hörten mit ihrem Hass einfach nicht auf. 12 Darum werde
ich dafür sorgen, dass das ganze Land brennt. Dieses Feuer wird auch alle
großen Häuser und Villen in Bozra vernichten.“ 13 Hört mir gut zu, was
Gott noch zu sagen hat: „Die Leute von Ammon haben es echt übertrieben.
Sie haben nur noch Mist gebaut, der Haufen wurde immer größer. Als sie
ihr Land verbreitern wollten, haben sie in Gilead sogar schwangeren Frauen
mit einem Messer den Bauch aufgeschlitzt. Deswegen kenn ich bei denen
keine Gnade. 14 Ich werde ein Feuer legen an der Stadtmauer von Rabba.
Dieses Feuer wird alle Villen und den Regierungsbezirk komplett zerstören.
Das passiert an dem Tag, an dem sie von einer Armee angegriffen werden.
Es wird in der Zeit auch ein krasses Unwetter geben. 15 Der Präsident der
Ammoniter wird mit den anderen Ministern im Land als Kriegsgefangener
verschleppt werden. Das sagt Gott, der Chef.“

2

Moab wird auch bestraft

1 Gott sagt zu euch Folgendes: „Die Leute von Moab haben ein Verbrechen
nach dem nächsten begangen, das kann man nicht so mal eben wiedergut-
machen. Schließlich haben sie auch die Leiche vom Präsidenten von Edom
komplett verbrannt. 2 Darum werde ich ihr Land anzünden, der Regierungs-
palast von Kerijot soll verbrennen. Die Soldaten von Moab sollen alle in
einer Schlacht sterben, unter den lauten MG-Schüssen ihrer Feinde. 3 Ich
werde dafür sorgen, dass alle Chefs und überhaupt alle, die bei ihnen was zu
sagen haben, sterben werden. Das sage ich, Gott!“

Juda und Israel müssen aufpassen

4 Hört mal gut zu, was Gott zu sagen hat: „Die Leute von Juda haben ein
Verbrechen nach dem nächsten begangen. Der Misthaufen ist zu groß, den
kann man nicht übersehen. Sie haben die Gesetze gebrochen und hatten
kein Bock auf das, was ich von ihnen wollte. Von irgendwelchen Plastikgöt-
tern haben sie sich verführen lassen. Das sind Plastikgötter, denen schon
die Leute vor ihnen hinterhergelaufen sind. 5 Darum werde ich dafür sorgen,
dass das ganze Land abbrennen wird. Auch die fetten Villen und die Regie-
rungsgebäude in Jerusalem werde ich abfackeln. 6 Aber die Leute von Israel
haben auch richtig krassen Mist gebaut. Der Haufen ist so groß, den kann
man nicht übersehen. Ihr habt korrekte Menschen unter ganz fiesen Knebel-
verträgen angestellt, und als Lohn kamen für die nicht mal ein paar Sport-
schuhe bei raus. 7 Die armen Leute machen sie fertig und lassen sie im
Dreck liegen. Sie finden irgendwelche Schlupflöcher im Gesetz, um sogar

Hartz-IV-Empfängern noch den letzten Cent aus der Tasche zu ziehen. Der
Sohn schläft mit derselben Frau, die der Vater auch schon im Bett hatte.
Damit ziehen sie meinen Namen in den Dreck. 8 In jedem Tempel legt ihr
euch auf Klamotten, die ihr vorher von einem Obdachlosen als Pfand
gezockt habt. Ihr feiert große Partys im Haus von Gott, und zu trinken gibt
es Bier und Wein, die ihr als Anzahlung von Leuten bekommen habt, die ihre
Schulden nicht bezahlen konnten. 9 Und das, obwohl ich doch die Amoriter
für euch vernichtet habe. Dieses Volk war so riesig wie ein Wolkenkratzer
und so unzerstorbar wie Panzerglas. Trotzdem hab ich sie gesprengt und
selbst das Fundament noch zu Schrott verarbeitet und vernichtet. 10 Hatte
ich euch nicht aus Ägypten rausgeholt und vierzig Jahre durch die Wüste
geführt, damit ihr anschließend das Land der Amoriter einnehmen konntet?
11 Ich habe dafür gesorgt, dass einige von euren Söhnen den Job als Pro-
phetentypen bekommen haben. Einige von euren jungen Männern haben
sich mir ganz radikal zur Verfügung gestellt. War das nicht so, Leute von
Israel? 12 Aber diese jungen Männer habt ihr dann mit Alk abgefüllt, und den
Propheten habt ihr verboten, öffentlich die Sachen zu sagen, die sie von mir
gehört hatten. 13 Passt auf, ich werde euch so eins auf die Mütze geben,
dass euch total schwindelig wird und ihr rumtorkelt, als ob ihr besoffen wärt.
14 Auch der Topsprinter wird nicht schnell genug vor mir fliehen können,
und der Boxweltmeister wird nicht lange genug seine Deckung hochhalten
können oder ausreichend Schlagkraft haben. Selbst der größte Held wird
sein Leben nicht retten können. 15 Der Scharfschütze kann nicht mehr richtig
zielen, der 100-Meter-Läufer ist nicht schnell genug, und der Typ auf dem
Motorrad kann auch im sechsten Gang sein Leben nicht retten. 16 Und selbst
der mutigste Soldat von allen wird so schnell fliehen, dass er sich noch nicht
mal die Hose hochziehen kann, wenn er gerade aufm Klo war. Das passiert
alles an diesem bestimmten Tag, sage ich, Gott."

3

Israel wird besonders rangenommen

1 Jetzt hört mal alle zu! Gott hat euch, den Leuten von Israel, was zu sagen.
Es geht um alle Israeliten, die er ja damals aus Ägypten rausgeholt hatte:
2 „Ihr seid etwas ganz Besonderes, ich habe extra euch unter allen anderen
Völkern ausgesucht. Und das ist auch der Grund, warum ihr für euren Mist
besonders geradestehen müsst. 3 Gehen vielleicht zwei Männer den glei-
chen Weg, wenn sie sich vorher nicht getroffen haben? 4 Bellt der Hund etwa
nicht, wenn er ein Karnickel auf einer Wiese gefangen hat? Und die Katze,
freut die sich nicht, wenn sie mit ihren Krallen eine Maus festhält, die sie
gerade gefangen hat? 5 Kann man einen Fisch mit einer Angel fangen, ohne
dass man einen Köder an den Haken macht? Taucht der Schwimmer ab,

ohne dass ein Fisch angebissen hat? 6 Sind nicht die Leute alle voll panisch,
wenn ganz unangekündigt plötzlich die Sirenen überall in der Stadt losge-
hen? Kann etwas Schlimmes in einer Stadt passieren, ohne dass Gott da
nicht seine Finger mit im Spiel hat? 7 Gott tut nichts, es sei denn, er hat es
seinen Propheten vorher angekündigt. 8 Wenn ein Kampfhund vor einem
steht, seine Zähne fletscht und laut knurrt, wer sollte da keine Angst haben?
Wenn Gott zu einem Propheten geredet hat, wer sagt diese Sachen dann
nicht auch weiter?"

Samaria wird zerstört

9 Gott sagt: „Vor dem Regierungspalast der Philister in Aschdod und vor
dem Regierungspalast in Ägypten soll man Folgendes sagen: Alle mal her-
hören! Trefft euch auf den Bergen von Samaria! Schaut euch mal an, wie
durchgeknallt die Leute dort sind und wie die Menschen terrorisiert werden.
10 Die wissen gar nicht, wie das ist, korrekt zu leben. Ständig wird bei denen
einer umgebracht, ausgeraubt oder Ähnliches, das ist sogar in ihren Re-
gierungsgebäuden mittlerweile normal." 11 Darum sagt Gott, der Chef über
das Universum: „Es wird bald jemanden geben, der das Land mit seiner
Armee umzingeln wird. Er wird euch vom hohen Sockel stoßen und euch
kaputt machen. Eure Villen und Regierungspaläste werden geplündert.
12 Von den Israeliten, die in Samaria leben, wird so viel übrig bleiben wie von
einem Karnickel, das man aus dem Maul von einem Pitbull rausreißen
muss. Das trifft für Israeliten zu, die in Samaria auf den edlen Sofas aus
Nappaleder sitzen." 13 „Hört mal zu und tretet als Zeugen vor Gericht
gegen die Israeliten auf!", sagt Gott, der Chef, der absolute Oberchef über
das Universum. 14 „Es wird ein Tag kommen, wo ich die Leute von Israel
für den Mist, den sie gebaut haben, bestrafen werde. Ich sprenge die Opfer-
tische in Bet-El, reiße die komischen Hörner von den Tischen ab und zer-
depper sie auf dem Boden. 15 Die fetten Prunkhäuser werde ich kaputt
machen, die Sommervillen und Winterpaläste werden weggesprengt. Das
sagt Gott, der Chef."

4

Ein Spruch gegen die Frauen aus Samaria, die viel Kohle haben

1 Das geht jetzt an die Frauen aus der Oberschicht von Samaria. Ihr seid
die fetten Kühe in Baschan. Die kleinen Leute werden von euch unterdrückt,
die Leute ohne Geld werden von euch fertiggemacht. „Bringt uns sofort
etwas zu trinken!", befehlt ihr euren Ehemännern. 2 Gott, der unantastbare
Chef über alles, hat etwas ganz fest versprochen: „Es wird ein Tag kommen,
da wird man die meisten von euch an der Hundeleine wegschleppen, und
der Rest wird mit einem Angelhaken im Mund abgeführt. 3 Dann werdet ihr,

einer nach dem anderen, durch ein Mauerloch in Richtung Hermon fliehen.
Das sagt Gott, der Chef!"

Überall Mord und Totschlag

4 Der Gott, dem nichts unmöglich ist, sagt: „Alle Mann auf nach Bet-El,
auf nach Gilgal! Geht an den besonderen Ort zum Opfern und baut da mal
wieder so richtig Scheiße und beleidigt mich damit, so wie ihr es immer
gerne gemacht habt. Morgens zieht ihr erst einmal ein Dankopfer durch,
und zwei Tage später liefert ihr die zehn Prozent von eurer Ernte ab. 5 Dann
verbrennt ihr dort erst mal ein Hefebrot als Dankopfer. Dann macht eine
Ansage, dass die Leute ihre freiwilligen Opfer vorbeibringen sollen. So was
macht ihr doch immer so gerne, ihr Leute von Israel, oder? 6 Ich habe es
zugelassen, dass es in euren Dörfern und Städten nichts mehr zu futtern
gibt. Sogar das Brot beim Bäcker ist ausverkauft! Trotzdem seid ihr nicht zu
mir zurückgekommen! 7 Ich hab dafür gesorgt, dass es nicht mehr regnet,
ausgerechnet drei Monate vor der Ernte, wo die Pflanzen das Wasser drin-
gend brauchen. In einer Stadt hat es voll geregnet, aber bei der Stadt dane-
ben ist kein Tropfen Wasser vom Himmel runtergekommen. Die einen Fel-
der haben viel Wasser abbekommen und die anderen null. Alles, was dort
wuchs, ist vertrocknet. 8 Die Leute zogen von einer Stadt zur nächsten, um
irgendwo noch was zu trinken herzubekommen, aber nirgendwo konnten sie
ihren Durst stillen. Trotzdem habt ihr weitergemacht mit dem Mist und seid
nicht zu mir zurückgekommen. Das sagt euch Gott, der Chef über alles. 9 Als
Nächstes hab ich dafür gesorgt, dass irgendwelches Ungeziefer eure Ernten
kaputt gemacht hat. Eure Gärten und Weinberge hab ich vertrocknen lassen.
Eure Apfel- und Olivenbäume wurden von Heuschrecken abgefressen. Und
trotzdem seid ihr nicht zu mir zurückgekommen. 10 Dann hab ich es mit
der Schweinegrippe versucht und mit anderen tödlichen Krankheiten, so wie
damals in Ägypten. Schließlich hab ich dafür gesorgt, dass eure jungen
Männer im Krieg gestorben sind. Eure Panzer und Motorräder wurden von
den Feinden gezockt. In euren Kasernen lagen so viele Leichen rum, dass
es übelst gestunken hat. Trotzdem seid ihr immer noch nicht zu mir zurück-
gekommen. 11 Dann hab ich sogar ganze Städte plattgemacht. Das war die
Nummer, die ich schon damals bei Sodom und Gomorra gebracht hatte.
Ich habe euch gerade so aus dem Chaos gerettet, bevor ihr alle total kaputt
wart. Trotzdem seid ihr nicht wieder zu mir zurückgekommen. 12 Darum
werde ich dich jetzt bestrafen, Israel. Mach dich bereit, bald wirst du deinen
Gott treffen. 13 Dieser Gott hat alle Berge gemacht, er hat den Wind organi-
siert und er hat den Menschen gesagt, was er von ihnen will. Er sorgt dafür,
dass es an jedem Tag irgendwann dunkel wird. Er ist größer, als die größten
Berge auf der Erde. Sein Name ist so heftig, man kann ihn nicht wirklich

aussprechen. Er ist der absolute Chef über alles, was es gibt. Und dieser
Gott bin ich."

5

Ist Israel noch zu retten?
1 Leute aus Israel, hört mal gut zu, was ich jetzt sage. Ich werde eine Beer-
digungsrede halten, wegen euch. 2 Israel, die für Gott so was wie seine Frau
war, ist tot. Sie hatte noch nie mit einem Mann geschlafen, aber jetzt liegt
sie dort auf der Erde und steht nicht mehr auf. Sie wurde auf den Boden
gepfeffert, auf einem Stück Land, das eigentlich ihr gehört. Keiner hilft ihr,
keiner bringt sie wieder auf die Beine. 3 Gott, der heftige Gott, sagt: „Wenn
aus einer Stadt eine Armee mit 1000 Soldaten in einen Krieg zieht, dann
kommen nur hundert wieder lebend zurück. Und wenn nur hundert in einen
Krieg ziehen, kommen nur zehn zurück. Das wird überall in Israel so sein."
4 Gott sagt zu den Leuten von Israel: „Redet mit mir, verbringt Zeit mit mir,
und ihr werdet überleben! 5 Geht nicht hoch zu dem Tempel in Bet-El, wenn
ihr beten wollt! Bet-El ist am Ende, da geht nichts mehr. Ihr braucht auch
nicht bis nach Gilgal zu tigern. Gilgal wird eingenommen, und alle Menschen
werden in Kriegsgefangenschaft kommen. Auf keinen Fall solltet ihr nach
Beerscheba gehen! Da wird es euch nicht bessergehen." 6 Versucht in Kon-
takt mit Gott zu kommen, nur so werdet ihr überleben! Es könnte sonst
passieren, dass Gott Israel mit Feuer töten wird. Dieses Feuer wird auch
den Tempel zerstören, weil es so krass ist, dass es niemand löschen kann.
7 Aus dem, was korrekt ist, macht ihr ätzende Sachen. Korrektheit wird bei
euch mit Füßen getreten. 8 Gott hat die Milchstraße gemacht. Er macht
aus der Nacht einen Tag, aus Dunkelheit macht er Licht und aus Licht wie-
der Dunkelheit. Er sorgt dafür, dass Wasser verdunstet und dann in Wolken
transportiert wird, wo es schließlich über der Erde wieder runterregnen
kann. Er hat einen Namen, der so heftig ist, dass man ihn nicht wirklich aus-
sprechen kann, Gott ist der Chef. 9 Er macht die Leute, die Macht haben,
mit einem Wimpernschlag kaputt, und genauso leicht kann er jeden Bunker
und jede Schutzmauer sprengen. 10 Ihr hasst jeden Richter, der bei einer
Gerichtsverhandlung ein gerechtes Urteil spricht. Ihr habt keinen Bock auf
Leute, die vor Gericht die Wahrheit sagen. 11 Gott sagt euch: „Ihr bringt
es, dass ihr sogar von Hartz-IV-Empfängern eine überteuerte Miete verlangt.
Sogar von seinen geringen Einnahmen oder von seiner Ernte aus dem
Vorgarten wollt ihr Prozente abhaben. Ihr habt euch von dem Geld fette
Luxusvillen gebaut, aber dort werdet ihr nie leben. Diese schönen Wein-
berge, die ihr euch von der Kohle gekauft und bepflanzt habt, werdet ihr
euch nie abernten und den Wein nie trinken. 12 Ich weiß von euren Verbre-
chen. Ich weiß von dem Mist, den ihr ständig gebaut habt. Ihr habt korrekte

Menschen abgezockt, ihr habt euch bestechen lassen und drängelt euch vor
Gericht überall vor. Arme Leute haben bei euch keine Rechte. 13 Menschen,
die schlau sind, sagen am besten einfach nichts, denn es ist gerade eine
sehr fiese Zeit." 14 Versucht, wieder gute Sachen zu tun, und hört auf mit den
miesen Aktionen! Nur dann werdet ihr überleben, und Gott, der Chef über
die ganze Welt, wird immer bei euch sein. Das behauptet ihr ja auf jeden
Fall. 15 Gemeine und fiese Aktionen sollt ihr hassen! Was gut und korrekt ist,
sollt ihr lieben! Sorgt dafür, dass es im Gericht immer korrekt zugeht. Viel-
leicht wird Gott, der Chef über alles, dann dem Rest von Israel seine Liebe
zeigen. 16 Gott, der Chef über alles, sagt zu euch: „Es wird überall Trauerfei-
ern geben! Auf den Straßen wird man überall stöhnen: ‚Oh wie schrecklich!'
Auch die Fabrikarbeiter werden sich treffen und traurig sein. Sie werden
weinen wegen der vielen Toten. 17 Und in den Weinbergen wird man auch
überall traurig sein, denn ich werde bei ihnen einmal durchfahren und viele
töten." 18 Die Leute, die sich danach sehnen, dass Gott endlich was macht,
müssen echt aufpassen. Was erwartet ihr denn von diesem Tag? Es wird
ein ganz dunkler Tag sein, es wird sehr dunkel, es gibt dort kein Licht. 19 Es
wird so sein, dass jemand vor einer Truppe Hooligans flieht, und kaum hat er
sie abgehängt, kommt er an ein paar Skins vorbei. Falls er es heil zu seiner
Wohnung geschafft hat, wird er dort von einem Kampfhund gebissen und
stirbt an Tollwut. 20 Dieser Tag, wo Gott kommt, wird sehr finster sein. Es
wird ein schwarzer Tag, da gibt es nichts Nettes und nichts Schönes. 21 Gott
sagt: „Ich hasse eure religiösen Feste, und auf eure Partys hab ich überhaupt
keinen Bock. 22 Eure Abfackelopfer gefallen mir nicht, und eure Essensopfer
finde ich total öde. Auch das Dankopfer gefällt mir null. Die Kuh, die dort
geschlachtet wird, kann ich echt nicht mehr sehen. 23 Eure Lieder kommen
mir zu den Ohren raus, und wenn ich noch einmal eine Akustikgitarre höre,
wird mir übel. 24 Was ich mag, ist, wenn es korrekt bei euch zugeht! Das ist
wie ein fließender Bach mit kristallklarem Wasser, der sich durch das Land
schlängelt. 25 Wie war das denn damals, als ihr durch die Wüste gezogen
seid? Hab ich da von euch irgendwelche Opfer verlangt? 26 Hattet ihr damals
schon diese Plastikgötter nötig, die ihr jetzt immer mit euch rumtragt? Ich
mein jetzt diesen Sakkut- und Kewan-Gott. 27 Ich werde dafür sorgen, dass
ihr in Kriegsgefangenschaft kommt und sehr weit weggebracht werdet. Der
Ort wird sogar weiter weg liegen als Damaskus. Das sagt euch Gott, der
Chef über alles."

6

Ihr werdet bestraft

1 Die Leute, die in Zion leben und sich keine Sorge um nichts machen, müs-
sen echt aufpassen, ebenso die Menschen in Samaria, die sich in Sicherheit

fühlen. Israel ist die Nummer eins von allen Völkern. Die High Society von
Israel, bei der sich die Leute gerne treffen, muss sich in Acht nehmen.
2 Schaut doch mal in der Stadt Kalne vorbei oder geht zu der großen Stadt
Hamat und auch noch nach Gat, der Stadt von den Philistern. Schaut sie
euch an und vergleicht sie mit euren Städten. Haben die vielleicht mehr
Land als ihr? Oder seid ihr besser gerüstet als die? 3 Ihr denkt, dass es bis zu
dem Tag, wo die große Katastrophe kommt, noch lange hin ist. Und doch
habt ihr selbst für ein System gesorgt, wo Brutalität und Ausbeutung an der
Tagesordnung sind. 4 Ihr liegt auf euren Ledersofas und kuschelt euch
nachts in das große Federbett. Ihr esst nur Rinderfilets und Lammkeulen.
5 Ihr schreibt schlechte Songs, die ihr mit der E-Gitarre vortragen wollt.
Dabei kommt ihr euch so vor, als wärt ihr so ein Superstar, wie es der Präsi-
dent David früher war. 6 Ihr trinkt literweise Champagner aus den besten
Kristallgläsern und kauft euch die teuersten Parfüms und Aftershaves. Aber
dass euer Land gerade zusammenbricht, juckt euch nicht die Bohne.
7 Darum werdet ihr jetzt alle als Kriegsgefangene abgeführt. Mit dem Party-
machen und Rumfläzen ist jetzt erst einmal Schluss.

Samaria wird kaputt gemacht

8 Gott sagt: „Mir wird schlecht, wenn ich sehe, wie arrogant die Israeliten
geworden sind! Ich hasse ihre Villengegenden, und ich werde ihre Haupt-
stadt, inklusive ihrer Einwohner, an den Feind ausliefern. Das hab ich mir
geschworen, und das zieh ich durch. 9 Und selbst wenn zehn Leute es schaf-
fen, sich irgendwo in einem Haus zu verstecken, dann werden sie trotzdem
sterben. 10 Angenommen, in einem kleinen Kellerzimmer von einem Haus
wohnt noch jemand und es kommt ein Verwandter vorbei, der die Toten aus
dem Haus beerdigen will. Wenn er ihn dann fragt: ‚Gibt es noch mehr Leute,
die überlebt haben, außer dir?', und der antwortet: ‚Nein, niemand!', dann
wird der Typ sagen: ‚Halt bloß dein Maul und sprich nicht den Namen von
Gott aus! Du würdest sonst auch sterben!' 11 Gott wird nur ein Wort aus-
sprechen, und das größte Haus wird in die Luft fliegen, und die kleinsten
Hütten würden in tausend Stücke zerbrechen."

Wer nicht korrekt lebt, wird bestraft

12 Fahren Autos etwa auf Felsen, oder kann man mit einem Trecker auf dem
Wasser rumgurken? Aber ihr habt aus Korrektheit Gift gemacht! Was ihr
korrekt nennt, schmeckt so lecker wie Rattengift. 13 Die Leute, die sich
dadrauf was einbilden, dass sie die Stadt Lo-Dabar eingenommen haben,
sollen echt aufpassen. Sie behaupten: „Wir haben ganz alleine Karnajim
eingenommen, da hat uns niemand bei geholfen!" 14 Aber Gott, der Chef
über die ganze Welt, antwortet: „Ich werde eine Armee auf euch loslassen,

die euer ganzes Land einnimmt. Sie werden euch schwer unter Druck set-
zen, in dem ganzen Gebiet von Lebo-Hamat bis runter zum Toten Meer."

7

Drei Visionen, die Amos von Gott bekam

1 Gott, der Chef, hat dann so einen Film in meinem Kopf abgespielt, so eine
Vision. Und dort sah ich, wie er am Basteln von megavielen Heuschrecken
war. Das passierte in der Zeit, als gerade das Gras für den Präsidenten
gemäht wurde und die neue Saat im Frühjahr anfing zu wachsen. 2 Die Heu-
schrecken stürzten sich dann auf das Gras und fingen an, alles aufzufres-
sen. Ich sagte zu Gott: „Bitte, dir ist doch nichts unmöglich, kannst du nicht
auch den Leuten ihren Mist verzeihen, den sie gebaut haben? Wie sollen
die Leute von Israel sonst die nächste Zeit überleben? Es sind doch nur
noch so wenige übrig!" 3 Ich konnte Gott anscheinend umstimmen, und er
änderte seine Pläne. „Okay, dann soll das nicht passieren!", sagte er zu
mir. 4 Plötzlich wechselte das Bild. Gott, der Chef über alles, zeigte mir jetzt
einen anderen Film. Und zwar konnte ich sehen, wie er Feuer vom Himmel
fallen ließ. Es wurde so megaheiß, dass das ganze Ackerland und alle Fel-
der verbrannten. 5 Als ich das sah, meinte ich zu ihm: „O Mann, Gott, du
kannst doch alles! Bitte hör auf damit! Wie sollen denn deine Leute diese
Katastrophe überleben? Es sind doch nur noch so wenige!" 6 Ich konnte
Gott umstimmen, und er änderte seine Pläne. „Okay", sagte er, „dann soll
das nicht passieren." 7 Schließlich sah ich vor meinem inneren Auge wie-
der einen anderen Film. Und zwar sah ich, wie Gott auf einer dicken Mauer
stand. In seiner Hand hatte er ein Stück Metall. 8 Dann fragte er mich:
„Und, Amos? Was siehst du jetzt?" „Also, unter anderem seh ich ein Teil
aus Metall, was du in der Hand hältst!" „Genau, dieses Metall steht für
die Waffen, die ich jetzt mitten unter die Leute von Israel abfeuern werde.
Ich werde sie ab sofort nicht mehr mit Samthandschuhen anfassen! 9 Die
Opferplätze, welche die Familie von Isaak aufgebaut hatte, werde ich
plattmachen. Die Leute aus der Präsidentenfamilie von Jerobeam werde
ich alle töten lassen."

Amos bekommt Probleme

10 Irgendwann schrieb Amazja, der Chef-Priester in Bet-El, einen Brief an
den amtierenden Präsidenten Jerobeam. „Verehrter Herr Präsident! Ich
möchte Sie davon in Kenntnis setzen, dass der Prophet Amos gerade ver-
sucht, eine Revolution gegen Sie anzuzetteln. Die Sachen, die er verbreitet,
sind wirklich übel, und sie tun dem Land nicht gut. 11 Zum Beispiel hat
er behauptet, dass Gott ihm gesagt hätte, Sie würden bald in einem Krieg
erschossen werden. Er behauptet, dass alle Israeliten bald als Kriegs-

gefangene verschleppt würden, das wäre sehr sicher. Mit freundlichen Grü-
ßen, Amazja.“ 12 Amos gegenüber schleimte Amazja aber rum und sagte zu
ihm: „Lieber Prophet, hauen Sie möglichst schnell von hier ab! Gehen Sie
am besten nach Juda! Dort werden Sie bestimmt auch Ihren Lebensunter-
halt verdienen und als Prophet arbeiten können! 13 Aber in Bet-El entziehen
sie Ihnen die Arbeitserlaubnis, schließlich hat der Präsident hier seinen
Regierungssitz, und auch der Tempel vom Nordstaat Israel steht an diesem
Ort.“ 14 „Eigentlich hab ich ja gar keine Ausbildung als Prophet“, antwortete
Amos. „Ich bin auch nicht Mitglied in irgendeinem Prophetenclub, ich bin
nur ein armer Schafhirte und züchte Apfelbäume. 15 Aber Gott hat mich von
meinem Hof weggeholt. Er sagte zu mir: ‚Ich hab einen neuen Job für dich,
du bist jetzt ganz offiziell ein Prophet! Du sollst den Leuten von Israel
Sachen von mir sagen!‘ 16 Jetzt hören Sie mal zu, was Gott Ihnen zu sagen
hat. Sie fordern mich auf, dass ich nicht mehr so negative Dinge über Israel
sagen soll. Und ich soll aufhören, gegen die Familie von Isaak prophetisch
zu reden. 17 Darum sagt Gott zu Ihnen: ‚Deine Frau wird bald als billige
Nutte am Hauptbahnhof arbeiten. Deine Kinder werden im Krieg sterben.
Alles, was dir gehört, wird man bei E-Bay versteigern, und du wirst irgend-
wohin verschleppt und dort leben. Es wird ein Ort sein, wo lauter Leute sind,
die ohne mich leben, es ist ein dreckiger Ort, er ist unrein. Was auch ganz
sicher ist: Die Leute von Israel werden alle in Kriegsgefangenschaft kommen
und von hier wegziehen müssen.‘“

8

Der vierte Film: Samaria wird bestraft

1 Dann sah ich noch eine andere Vision. Und zwar war da ein großer Korb
mit ganz viel Obst drin. 2 Gott fragte mich: „Na, Amos? Was siehst du?“
„Äh, also da ist so ein Korb mit reifem Obst drin!“, antwortete ich. „Genau!
Das ist ein Bild dafür, dass meine Leute langsam reif sind. Es ist Zeit für
die eine Gerichtsverhandlung, wo ich ein Urteil fälle. Die Schonfrist ist ab-
gelaufen. 3 Aus den schönen Songs, die man im Tempel hört, werden dann
traurige Lieder, die man sonst nur auf einer Beerdigung spielt. Überall
liegen dann Leichen rum, man wirft sie einfach irgendwohin. Es ist toten-
still. Das sagt Gott, der Chef über alles.“ 4 Die Menschen, welche auch noch
auf Obdachlose draufhauen und kaputte Leute am liebsten töten würden,
sollen mal gut aufpassen. 5 Solche Leute sagen: „Wann ist endlich das
Neumondfest vorbei? Wie lange dauert der Sonntag, der religiöse Feiertag,
noch? Wir wollen doch endlich wieder Aktien an der Börse handeln und
völlig überhöhte Preise nehmen. Dann wollen wir den Leuten weniger aus-
bezahlen, als ihnen zusteht, und dann können wir mehr Kohle für uns behal-
ten. 6 Wir wollen Arbeitslose für einen Hungerlohn anstellen und ihnen

als Bezahlung höchstens ein paar Schuhe geben. Außerdem wollen wir
unseren Müll als Top-Ware verscherbeln.“ [7] Aber Gott hat etwas ganz fest
versprochen: „Ich werde die ganzen Sachen, die sie verbockt haben, nie-
mals vergessen!“ [8] Das ist echt schlimm, jeder Mensch sollte deswegen
trauern! Es wird ein krasses Erdbeben geben, der Boden wird sich anheben
und senken, wie eine Welle auf dem Nil-Fluss in Ägypten.

An dem Tag der Gerichtsverhandlung wird Gott erst einmal nichts sagen
[9] Gott, der Chef über alles, sagt: „An diesem Tag werde ich dafür sorgen,
dass es schon gegen Mittag plötzlich dunkel wird. Am hellichten Tag geht
auf der ganzen Erde plötzlich das Licht aus. [10] Die Partys, die man dann
überall feiert, müssen dann zu Trauerfeiern umfunktioniert werden. Anstatt
Party-Musik wird man dann nur noch traurige Lieder hören. Ich sorge dafür,
dass ihr nur noch schwarze Kleidung anziehen werdet, ihr schminkt euch
nur noch schwarz, rasiert euch eine Glatze und seid verzweifelt. Es wird so
eine Trauer herrschen, wie wenn der einzige Sohn gestorben ist. Diese
heftige Zeit wird ganz übel zu Ende gehen.“ [11] Dann sagte Gott noch: „Ich
werde dafür sorgen, dass eine total heftige Zeit anbricht. Ich sorge dafür,
dass es überall großen Hunger und großen Durst geben wird. Es ist aber
kein Hunger nach einem leckeren Döner oder Durst nach einer eiskalten
Cola, sondern ein Hunger, Worte von Gott zu hören! [12] Dieser Hunger wird
die Leute in die ganze Welt treiben. Sie gehen in die entferntesten Länder,
ganz im Norden und ganz im Osten. Überall werden sie versuchen, diese
Worte von Gott zu hören, aber es wird keinen Ort geben, wo man sie findet.
[13] In der Zeit werden selbst Jugendliche im besten Alter, bildhübsche Mäd-
chen und junge Männer, vor Durst umkippen. [14] Die Leute, welche sich dann
auf diese superätzenden Plastikgötter in Samaria einlassen, werden umfallen
und nicht mehr aufstehen. Die, die bei dem Plastikgott Dan ihren Hunger
stillen wollen oder sich deswegen auf einen Pilgerweg nach Beerscheba
begeben, werden sterben.“

9

Der letzte Film von Amos: Keiner wird entkommen
[1] Dann sah ich in einer Vision, wie Gott bei dem Opfertisch stand, der direkt
vor dem Tempel ist. Er sagte: „Schlag auf das Ende von den Säulen, die im
Tempel stehen! Ich will, dass der ganze Bau in seinem Fundament bebt.
Spreng die Säulen weg, sie sollen auf die Köpfe der Leute fallen! Den Rest
der Menschen werde ich im Krieg töten. Keiner wird entkommen oder sich
in Sicherheit bringen können. [2] Selbst wenn sie Selbstmord begehen, werde
ich sie aus dem Land, wo die Toten sind, wieder zurückholen. Und selbst
wenn sie versuchen würden, ins Weltall zu fliehen, hole ich sie von dort wie-

der runter. 3 Wenn sie sich auf dem Berg Karmel verstecken, werde ich sie
auch dort finden. Und wenn sie sich in ein U-Boot setzen und an die tiefste
Stelle des Meeres fahren, dann werde ich sie auch dort mit einem Torpedo
treffen. Sie können sich nicht vor mir verstecken. 4 Und wenn sie von ihren
Feinden in Kriegsgefangenschaft geführt werden, dann werde ich dafür sor-
gen, dass sie in dem Land durch MG-Beschuss sterben. Ich werde sie im
Auge behalten, ich werde sie die ganze Zeit beobachten. Das mach ich nicht,
weil ich auf sie aufpassen will, sondern weil ich möchte, dass es ihnen
schlechtgeht."

Gott hat alles gemacht

5 Gott ist der Chef über jede Macht, die es im Universum gibt. Wenn er die
Erde auch nur anpustet, fängt der Boden an zu beben. Er kann dafür sorgen,
dass der Boden sich anhebt oder senkt, so wie das Wasser im Nil, dem Fluss
in Ägypten. So sorgt er dafür, dass die Menschen, die dort wohnen, wegen
den Opfern der Naturkatastrophe traurig sind. 6 Er hat den Himmel gebaut,
und das ganze Universum hat er gemacht. Dort wohnt er, im Universum
steht sein Haus. Er sorgt dafür, dass das Wasser aus dem Meer verdunstet
und dann als Regen wieder auf die Erde zurückkommt. Man nennt ihn auch
den Oberchef oder einfach Gott!

Israel bekommt keine Sonderwünsche

7 Gott sagt: „Hey, ihr Leute von Israel, glaubt ihr im Ernst, ihr seid besser als
die Leute von Äthiopien? Klar, Israel hab ich damals aus Ägypten rausgeholt.
Aber die Philister hab ich auch aus Kreta befreit und die Syrer aus Kir. 8 Ich
hab genau im Blick, was für ätzende Sachen man in Israel bringt. Darum will
ich auch diese Regierung komplett vernichten. Aber ich werde die Israeliten
nicht komplett plattmachen. Das sage ich, Gott. 9 Pass auf, ich werde etwas
organisieren, und dann müssen die Leute mal ausgetestet werden. Ich werde
sie filtern, wie man Kaffee filtert. Nicht eine Kaffeebohne wird dabei auf den
Boden fallen. 10 Ich werde dafür sorgen, dass alle Leute, die Mist gebaut
haben, im Krieg sterben. Alle Leute, die bis dahin immer behauptet haben,
dass Gott sie vor jeder Katastrophe beschützt, müssen dann von den Fein-
den erschossen werden."

Nach der Katastrophe wird alles gut

11 Gott sagt: „Dann kommt eine Zeit, wo ich dafür sorgen werde, dass das
verfallene Haus von David wieder renoviert wird. Die Risse werden zuge-
spachtelt, die kaputten Mauern wieder hochgezogen. Das ganze Teil soll
wieder so krass aussehen, wie es damals ausgesehen hatte. 12 Dann werden
die Leute von Israel den Rest von Edom und auch die anderen Nachbar-

länder einnehmen. Alle Länder, die früher mal mir gehört haben, werden dabei sein. Das kommt von mir, dem Chef, und ich werde das auch durchziehen. [13] Es wird eine Zeit kommen, wo das Wetter so gut ist, dass man bei euch das ganze Jahr über säen und ernten kann. Die Sachen wachsen so schnell, dass der Bauer schon ein paar Tage, nachdem er sein Feld gepflügt hat, die ersten Kartoffeln ernten kann. Und wenn man den Wein abgeerntet hat, kann man sofort neue Pflanzen anlegen, ohne das nächste Frühjahr abzuwarten. Es werden so viele Trauben auf den Weinbergen wachsen, dass sie platzen und ihr Saft die Hügel runterfließt. [14] Ich werde dafür sorgen, dass für meine Leute alles wieder gut wird. Sie werden die heruntergekommenen und zerstörten Städte wieder aufbauen und in die Häuser ziehen. Sie werden ihren selbstgemachten Wein trinken und das Obst von den eigenen Obstbäumen essen. [15] Ich werde meine Leute wieder in ihr eigenes Land bringen, sie werden dort Wurzeln schlagen. Ab dann sollen sie nie mehr aus dem Land rausgerissen werden, diesem Land, was ich ihnen mal geschenkt hatte. Das kam jetzt von Gott, dem Chef über alles."

Der Prophet Obadja

1

Wie Gott die Edomiter bestrafen wird
1 Was jetzt kommt, sind Worte von dem Propheten Obadja, die er von Gott
bekommen hat: Gott, der absolute Chef über alles, hat etwas zu den Leuten
von Edom gesagt. Er hat jemanden organisiert, der zu den Menschen geht,
die nicht mit Gott leben. Seine Nachricht von Gott ist: „Los, kommt in die
Puschen! Wir wollen den Leuten von Edom den Krieg erklären und gegen
sie kämpfen!“ 2 Zu Edom sagt Gott: „Pass auf, ich werde dich runterputzen,
du wirst eine ganze kleine Nummer, eine von vielen. Die anderen Völker
werden Witze über dich machen. 3 Du hast dich selbst reingelegt, weil du
dachtest, dir könnte nichts passieren. Du hast gedacht, weil du durch Felsen
beschützt wirst und weil deine Stadt sehr hoch liegt, kann dir nichts pas-
sieren. Du meintest: ‚Wer kann mich schon von hier oben runterholen?‘
4 Aber selbst wenn du auf dem Eiffelturm wohnen würdest oder wenn du
dich in der Milchstraße verstecken würdest, ich kriege dich doch! Das
meine ich, Gott, zu dir. 5 Die Mafia wird bei dir klingeln, man wird dich in
der Nacht überfallen und ausrauben. Man wird dich ausquetschen wie
eine Apfelsine, und kein Tropfen wird übrig bleiben. Wenn man dich abern-
ten würde wie bei einer Weinlese, dann würde man wenigstens etwas übrig
lassen für die zweite Schicht. Aber bei dieser Aktion jetzt bleibt nichts
übrig. 6 Das ganze Land von Esau (der Kerl, von dem euer ganzes Land ja
abstammt) wird durchsucht und geplündert. Jedes Versteck wird ausgeraubt.
7 Alle Völker, mit denen du Verträge hattest, lassen dich im Stich. Sie haben
dich abgezogen, deine Freunde haben dich beschissen und kaputt gemacht.
Früher haben sie auch von deinem Essen gelebt, jetzt stellen sie dir heimlich
eine Falle. 8 An diesem Tag werde ich die schlauen Leute von Edom alle
kaputt machen, und die Intelligenz von Edom mach ich fertig. 9 Die mutigen
Soldaten von Teman werden Angst bekommen. Alle Soldaten, die in den
Bergen von Edom leben, müssen sterben, sie werden umgebracht. 10 Denn
sie haben es übel mit den Leuten von Israel getrieben. Die stammen ja
alle vom Jakob ab, der ein Bruder vom Esau war. Also haben die Edomiter
praktisch Leute aus der eigenen Familie abgeschlachtet. Darum seid ihr ein-
fach daneben, man kann euch nicht mehr ertragen, ihr müsst komplett
zerstört werden, und zwar für immer. 11 Ihr habt einfach zugesehen, als ein
ausländisches Heer in Jerusalem einmarschiert ist und viele Männer in
die Kriegsgefangenschaft abgeführt hat. Sie brachen die Tore von Jerusalem
auf und haben unter sich ausgewürfelt, wer denn welchen Bewohner bekom-
men soll. Und ihr habt fleißig dabei mitgemacht! 12 Seid nicht so schaden-

froh, wenn es den Leuten aus eurer eigenen Familie schlechtgeht. Freut euch nicht, wenn die Pech haben. Seht nicht einfach zu an dem Tag, wo die Leute von Juda kaputtgehen. [13] Stürmt nicht auch noch die Stadt von meinen Leuten, die sowieso schon am Boden liegt. Freut euch nicht, wenn es ihnen dreckig geht. An dem Tag, wo sie kurz vor dem Untergang stehen, solltet ihr nicht feiern. Und ihr solltet auch nicht scharf auf die Sachen von denen sein, wenn die Israeliten kaputt gemacht werden. [14] Ihr sollt euch auch nicht auf dem einzigen Fluchtweg aufstellen und die Leute dort töten, die versuchen, vor der Katastrophe zu fliehen. Ihr sollt auch keine Gefangenen nehmen und an die Sieger ausliefern. [15] Der letzte Tag kommt bald. An diesem Tag werde ich eine Gerichtsverhandlung über alle Völker abhalten. Alles, was ihr getan habt, kommt dann raus, und ihr werdet dementsprechend bestraft bzw. belohnt werden. [16] So, wie ihr einmal meine Wut auf dem ganz besonderen Berg zu spüren bekommen habt, so werden alle anderen Völker sie ständig zu spüren bekommen. Wenn mein Zorn wie ein Getränk wäre, dann hättet ihr davon mal einen Schluck abbekommen, aber die anderen Nationen werden dadrin ersaufen. Es wird sie so hart treffen, dass man später das Gefühl hat, es hätte dieses Volk nie gegeben. [17] Aber auf dem Berg Zion wird die Rettung sein, denn dieser Berg wird ein ganz besonderer und gottmäßiger Ort sein. Die Israeliten werden dann irgendwann wieder das Land übernehmen, was ursprünglich mal ihnen gehört hatte. [18] Die Leute von Juda und Israel werden ein Feuer sein, die Familie von Josef wird ein Flammenwerfer sein, und sie werden die Familie von Esau brennen lassen wie Benzin. Das Feuer wird alle töten. Von der Familie von Esau wird niemand überleben. Das sage ich, Gott, der Chef über alles." [19] Dann werden die Leute von Juda, welche in der Steppe im Süden leben, das Gebiet der Edomiter einnehmen, das in den Bergen liegt. Die Leute von Juda aus dem Westen werden das Gebiet von den Philistern einnehmen. Der Rest wird das Gebiet von Efraim und das Gebiet von Samaria bekommen. Die Leute von Benjamin kriegen dann Gilead. [20] Die Leute von Israel, die als Kriegsgefangene verschleppt wurden, sollen das Land von den Kanaanitern bis nach Sarepta besetzen. Die Leute, welche in Jerusalem gewohnt hatten, bevor man sie in Kriegsgefangenschaft nach Sefarad abgeführt hatte, sollen die Städte kriegen, welche im Süden von Juda liegen. [21] Eine Truppe wird auf den Berg Zion ziehen und die Leute dort befreien. Dann werden sie das Gerichtsurteil vollstrecken, was für die Leute gilt, welche in dem Gebirge von Edom leben. Gott wird wieder die absolute Nummer eins sein.

Der Prophet Jona

1

Jona hat keinen Bock, das zu tun, was Gott von ihm will

1 Es gab einmal einen Typen, der hieß Jona. Jona war ein Sohn von Amittai.
Irgendwann redete Gott mit diesem Jona. Er sagte: 2 „Hey, Jona! Ich will,
dass du in die Stadt Ninive in Assyrien gehst. Dort sollst du dich in die
Fußgängerzone auf eine Kiste stellen und den Leuten sagen, dass ich die
Schnauze voll hab! Ich beobachte schon seit langem ihren fiesen Lebensstil,
und ich kann das nicht länger durchgehen lassen.“ 3 Aber Jona hatte über-
haupt keinen Bock drauf, das zu tun, was Gott von ihm wollte. Er packte
seine Sachen und fuhr mit dem Bus genau in die entgegengesetzte Rich-
tung. Jona floh vor Gott und auch vor seinem Auftrag. Schließlich wollte er
in der Hafenstadt Jafo auf ein Schiff, das nach Tarsis in Spanien fuhr.
Er kaufte sich das Ticket und ging an Bord.

Gott schickt einen heftigen Sturm

4 Kaum war die Fähre auf dem Meer, organisierte Gott einen heftigen Sturm.
Die Wellen waren so krass, dass man das Gefühl hatte, das Schiff würde
gleich auseinanderbrechen. 5 Sogar die Besatzung schob voll die Panik, alle
schrien durcheinander, und jeder betete zu seinem Gott. Damit das Schiff
in dem Sturm besser fahren konnte, warf man alle Container und Autos über
Bord. Aber Jona war in seine Kajüte gegangen und hatte sich pennen gelegt.
6 Schließlich weckte ihn der Kapitän auf und sagte: „Hey, verdammt, was
soll das? Wie kannst du dich hier so seelenruhig in die Koje hauen? Los,
wach auf und fang an, zu deinem Gott zu beten! Vielleicht wird er ja an uns
denken und dafür sorgen, dass wir nicht alle ersaufen müssen.“ 7 Die See-
leute an Bord kamen dann auf die Idee, dass diese Katastrophe mit jeman-
dem zu tun haben müsste, der auch auf dem Schiff war. „Wir müssen
herausbekommen, wer uns diesen Scheiß eingebrockt hat“, sagten sie. „Am
besten, wir ziehen Lose.“ Also zog jeder Mann, der an Bord war, einen Zettel
aus einem Hut, und bei Jona war dann das Kreuz drauf. 8 „Hey, Mann!“,
riefen sie, „was hast du getan, dass wir hier so derbe in Gefahr sind? Wo
kommst du eigentlich her, und was machst du beruflich? Wie ist deine Natio-
nalität?“ 9 „Ich besitze einen hebräischen Pass“, antwortete Jona. „Ich habe
nur vor dem Gott Respekt, der das ganze Universum, das Land und auch
dieses Meer gemacht hat! Zu diesem Gott bete ich.“ 10 Dann erzählte Jona
ihnen, dass er vor Gott auf der Flucht war. Da bekamen die Männer noch
mehr Angst und fragten ihn: „Warum bist du denn abgehauen?“ 11 Aber
bevor er überhaupt antworten konnte, sagten sie dann: „Was sollen wir jetzt

mit dir machen? Wie sollen wir mit dir umgehen, damit das Unwetter endlich aufhört?" Die Wellen wurden nämlich immer heftiger, und das Schiff drohte unterzugehen. 12 „Am besten, ihr schmeißt mich einfach über Bord, ins Meer!", rief Jona ihnen zu. „Die Wellen werden dann sofort aufhören. Eure Probleme mit dem Sturm kommen nur wegen mir!" 13 Die Seeleute versuchten, das Schiff irgendwie in Richtung Land zu steuern, aber sie hatten keine Chance. Der Wind war einfach zu heftig, und die Wellen wurden mit der Zeit immer größer. 14 Schließlich fingen sie sogar alle an, zu dem einen Gott zu beten: „Chef, Gott, du darfst uns das nicht übelnehmen, wenn wir diesen Mann jetzt töten! Wir gehen einfach davon aus, dass du das so willst, ja?! Bitte bestrafe uns nicht, falls wir jetzt jemanden töten, der eigentlich nichts verbrochen hat!" 15 Schließlich packten sie Jona am Arm und schmissen ihn über Bord ins Meer. In derselben Sekunde wurde das Wasser wieder ganz ruhig, und der Sturm legte sich! 16 Die Seeleute kriegten dadurch Megarespekt vor Gott. Sofort zogen sie noch auf dem Schiff ein paar Opfer durch, die man macht, wenn man Mist gebaut hat, und versprachen Gott alles Mögliche, was sie ab sofort tun wollten.

2

Jona betet und wird gerettet

1 Kaum war Jona ins Meer gefallen, da kam ein riesengroßer Fisch, öffnete sein großes Maul und verschluckte ihn in einem Happen. Jona verbrachte dann drei Tage im Bauch von diesem Fisch. 2 Und Jona betete zu Gott, seinem Chef, während er im Bauch von dem Riesenfisch saß: 3 „Als es mir richtig dreckig ging, habe ich angefangen, zu dir zu beten, und du hast mir geantwortet! Ich war schon mit einem Bein in der Hölle, und von dort hab ich zu dir gerufen, und du hast mich gehört! 4 Du hast dafür gesorgt, dass ich mitten im Meer krasse Probleme bekommen hab! Deine Wellen waren gigantisch hoch, sie sind über mir zusammengebrochen. 5 Ich dachte schon, das wäre es jetzt gewesen, du hättest mich verstoßen und ich würde nie wieder den besonderen Tempel sehen können. 6 Das Wasser stand mir bis zum Hals, und ich bin tief ins Meer gezogen worden. Mein Kopf war voll mit Algen. 7 Ich sank immer tiefer. Ich war schon fast auf dem Meeresboden. Schließlich war ich so gut wie tot. Fast wurde die Tür zum Leben für immer hinter mir zugemacht. Aber plötzlich hast du, Gott, mich gepackt und aus dem Tod rausgeholt. 8 Kurz bevor ich ohnmächtig wurde, hab ich noch an dich gedacht! Ich habe zu dir gebetet, und meine Worte haben dich in deinem besonderen Tempel erreicht. 9 Die Leute, welche in solchen Situationen zu peinlichen Plastikgöttern beten, sind dir nicht treu. 10 Aber ich will anders sein, ich werde mich bei dir bedanken, und ich werde für dich ein paar Opfer verbrennen! Was ich verspreche, werde ich auch halten! Gott, du bist der

Einzige, der wirklich helfen kann!“ 11 Gott sagte dann zu dem Riesenfisch,
dass er Jona beim nächsten Strand ausspucken sollte, und der machte
das auch.

3

Jona predigt in Ninive

1 Dann redete Gott zum zweiten Mal mit Jona über seinen Auftrag: 2 „Hey,
Jona, ich will immer noch, dass du in die Stadt Ninive gehst und dort in der
Fußgängerzone eine Predigt für alle Bewohner hältst!“ 3 Jona packte dann
seine Sachen und fuhr sofort nach Ninive, weil Gott ihm das so gesagt hatte.
Ninive war eine recht große Stadt, zu Fuß brauchte man drei Tage, um sie
einmal zu durchqueren. 4 Als er in der Innenstadt angekommen war, stellte
er sich auf eine Kiste und rief den Leuten zu: „Alle mal herhören! Gott sagt:
‚In vierzig Tagen ist Ninive nur noch ein Schrotthaufen!‘“ 5 Tatsächlich
machte seine Ansage die Bewohner voll betroffen, und viele fingen an, ihr
Vertrauen wieder auf Gott zu setzen. Man organisierte überall Gebetstreffen,
verzichete auf Essen und zog sich schwarze Klamotten an, um deutlich zu
machen, wie ernst es ihnen war. Alle machten dabei mit, vom Hartz-IV-Emp-
fänger bis zum Superreicho. 6 Auch der Bürgermeister der Stadt hatte die
Worte von Jona gehört. Er stand sofort von seinem Schreibtisch auf, zog
schwarze Trauerklamotten an, ging auf die Knie und betete. 7 Dann erließ er
ein neues Gesetz, das für die nächste Zeit jegliches Essen und Trinken
verbieten sollte. Das betraf nicht nur die Menschen, sondern auch die Tiere!
8 Jedes Lebewesen in der Stadt sollte sich so verhalten, dass deutlich wird,
wie leid es ihnen tut, dass sie so viel Mist gebaut hatten. Alle Bewohner
sollten volles Rohr zu Gott beten, aufhören, Mist zu bauen, und ihr Leben
grundlegend ändern. 9 „Vielleicht können wir Gott noch umstimmen“, sagte
er. „Vielleicht bringen wir Gott durch diese Aktion wieder gut drauf, und er
ist nicht länger sauer auf uns. Vielleicht können wir so überleben!“ 10 Gott
bemerkte, dass alle Menschen in Ninive ihr Leben änderten. Es tat ihm leid,
dass er diese Stadt plattmachen wollte, und er änderte seine Pläne.

4

Jona ist genervt und wird von Gott deswegen gewarnt

1 Jona war mega genervt, dass Gott Ninive nicht plattgemacht hatte. 2 „O
Mann, Gott, war ja klar, ich wusste es schon vorher! Hab ich das nicht schon
gesagt, als ich noch zu Hause war, bevor ich losgezogen bin? Du bist einfach
zu nett. Du bist so geduldig, liebst die Menschen ohne Ende, du bist einfach
zu weich! Wenn du jemandem eine Strafe androhst, tut es dir im selben
Augenblick schon wieder leid, und dann machst du es doch wieder nicht.
Darum wollte ich deinen Auftrag gar nicht erst annehmen und lieber nach

Spanien fliehen. 3 Ach, was soll der ganze Scheiß hier überhaupt! Von mir
aus kannst du mich gerne zu dir holen! Sterben ist für mich gerade besser
als leben!“ 4 „Hm, Jona“, antwortete Gott. „Denkst du wirklich, es ist korrekt
von dir, dass du jetzt sauer bist?“ 5 Jona wollte erst einmal spazieren gehen.
Er fuhr mit dem Bus aus der Stadt und ging in ein Naherholungsgebiet,
was weiter im Osten lag. Nach einiger Zeit stoppte er am Rand einer Wiese,
die auf einem Berg vor Ninive lag. Er baute sich aus ein paar Ästen einen
kleinen Sonnenschutz und setzte sich dadrunter, um von dort aus die Stadt
zu beobachten. 6 Als Jona da so saß, organisierte Gott, dass direkt neben
ihm, im Zeitraffertempo, voll schnell eine Yuccapalme aus dem Boden
wuchs. Die Palme sollte Jona wie ein Sonnenschirm etwas Schatten spenden
und ihn wieder gut draufbringen. Jona war happy über das Teil und freute
sich wie blöd. 7 Aber am nächsten Tag organisierte Gott eine Raupe, die die
Rinde von der Palme abknabberte. Dadurch vertrocknete die Yucca ein paar
Stunden später. 8 Am nächsten Morgen, die Sonne ging gerade auf, ließ Gott
dann noch einen sehr heißen Wind aus dem Osten aufkommen. Die Sonne
knallte Jona voll heftig auf den Kopf, dass er beinahe einen Kreislaufkollaps
bekam. Es ging ihm so dreckig, dass er am liebsten gestorben wäre. „Mir
geht’s total beschissen! Ich hab keinen Bock mehr zu leben! Ich will lieber
tot sein!“, heulte er rum. 9 Gott fragte ihn: „Sag mal, Jona, denkst du, es ist
wirklich okay, dass du dich nur wegen dieser Yuccapalme so aufregst?“ „Auf
jeden Fall!“, antwortete er trotzig. „Ich bin total sauer, und ich will am liebs-
ten tot sein!“ 10 „Ach Mann, Jona“, stöhnte Gott. „Du bist sauer nur wegen
dieser dummen Palme? Hast du denn selbst viel Zeit und Energie in diese
Pflanze gesteckt? Hast du sie jahrelang begossen und gedüngt? Nein, sie
ist ganz plötzlich, in nur einer Nacht aus dem Boden gewachsen, und eine
Nacht später war sie wieder tot. 11 Aber von mir willst du, dass mir die große
Stadt Ninive egal ist, obwohl dort über 120000 Menschen und sehr viele
Tiere leben! Dazu kommt, dass die alle voll verpeilt sind und gar nicht mehr
checken, was richtig und was falsch ist. Denkst du echt, die vielen Menschen
sollten mir nicht leidtun?“

Der Prophet Micha

1

Die Leute von Israel und Juda müssen bestraft werden
1 Jetzt kommen die ganzen Texte, die Gott zu Micha gesagt hat. Micha
stammte aus dem Dorf Moreschet. Die meisten Sachen erzählte ihm Gott in
der Zeit, als in Juda nacheinander die Präsidenten Jotam, Ahas und Hiskija
an der Macht waren. Diese Texte gingen entweder an die Leute aus Samaria
oder an die Leute, die in Jerusalem lebten. 2 Alle Menschen auf der Erde
sollen mal herhören! Gott, der Chef, wird als ein Zeuge in einer Gerichtsver-
handlung gegen euch auftreten! Er kommt dafür extra aus seinem Regie-
rungsgebäude im Himmel! 3 Gott verlässt diesen besonders krassen Ort, er
kommt von dort oben runter auf die Erde. 4 Er müsste nur mit seinen Füßen
auf die Berge treten, und die würden sofort schmelzen wie Eis in der Sonne.
Wo er hintritt, spaltet sich die Erde, der Boden wird flüssig wie Wasser und
fließt den Abhang runter. 5 Gott kommt, weil er den ganzen Mist gesehen
hat, den die Leute von Israel ständig bauen. Wer hat die Israeliten dazu ver-
führt? Waren das nicht die Bewohner aus Samaria? Wer hat die Leute von
Juda dazu gebracht, auf den Bergen irgendwelchen Plastikgöttern zu opfern?
Waren das nicht die Bewohner von Jerusalem? 6 „Darum werde ich Samaria
in einen Schrottplatz verwandeln! Ich werde dafür sorgen, dass die ganzen
Steine, aus denen die Stadt gebaut wurde, den Abhang runterstürzen, es
werden nur noch die Grundmauern stehen bleiben. Dort, wo Samaria früher
stand, wird man bald Wein anpflanzen. 7 Die ganzen selbstgemachten
Plastikfiguren kommen in den Schredder, und die ganzen Geschenke, die
man denen gemacht hat, kommen in den Ofen. Diese Plastikgötter wurden
bezahlt mit der Kohle, die durch die Huren reinkommt, welche auf den
Tempelstrich gehen. Und jetzt werden die Huren mit diesen Plastikfiguren
bezahlt.“

Jerusalem kriegt auch sein Fett weg
8 Darum bin ich voll fertig, ich krieg einen Heulkrampf und würde am liebs-
ten laut losschreien und verheult durch die Straßen laufen. 9 Denn die Leute
aus Samaria werden sich von diesem Schlag nicht mehr erholen, und Juda
wird es auch treffen. Die Katastrophe wird meine Leute treffen, bis nach
Jerusalem wird es gehen. 10 Erzählt davon aber nichts, wenn ihr in Gat seid,
rumheulen gibt's nicht. Aber ihr könnt in Bet-Leafra schwarze Trauerklamot-
ten überziehen. 11 Die Bewohner von Schafir müssen mal verschwinden!
Ihre Bewohner sollen ganz peinlich und splitternackt rumlaufen. Die Leute in
Zaanan trauen sich nicht mehr, ihre Stadt zu verlassen. Die Bewohner von

Bet-Ezel sind auch alle traurig. Gott sorgt dafür, dass man sich bei euch
nicht mehr ausruhen kann. 12 Die Leute aus Marot haben Angst, dass sie
alles verlieren könnten, was ihnen gehört. Gott bringt eine Katastrophe über
Jerusalem. 13 An die Bewohner der Stadt Lachisch: Lasst schon mal die
Motoren warm laufen! Ihr müsst bald fliehen, weil bei euch der ganze Mist
angefangen hat, der dann in der Stadt Zion weiterging. Aber in Lachisch ging
alles los, dort haben die Leute von Israel übelsten Mist gebaut. 14 Darum
wirst du dich von der Stadt Morschet-Gat trennen müssen. Die Menschen
aus der Stadt Achsib werden für die Präsidenten von Israel eine herbe Ent-
täuschung sein. 15 An die Bewohner von Marescha: Gott wird jemanden zu
euch schicken, der euch alle einkassieren wird. Die Chefs von Israel werden
bis nach Adullam kommen und sich dort in Höhlen verstecken. 16 Zieh dir
schwarze Trauerklamotten an, schneid dir eine Glatze und mal dir schwarze
Ringe unter die Augen. Du sollst trauern, weil deine geliebten Kinder tot
sind. Du sollst so aussehen wie eine gerupfte Taube, denn deine Bewohner
sind alle verhaftet und in Kriegsgefangenschaft genommen worden.

2

Die Faschos müssen aufpassen

1 Die Menschen an der Macht, welche sich nachts im Bett wieder irgend-
welche ätzenden Sachen ausdenken, um sie dann am nächsten Morgen aus-
zuführen, müssen echt aufpassen! 2 Wenn sie Bock auf ein Stück Land
haben, dann zocken sie sich das einfach. Wenn sie ein Haus einfach haben
wollen, ist das für sie kein Problem. Ohne Rücksicht unterdrücken sie die
Menschen und klauen ihnen einfach das Eigentum, was der Familie schon
immer gehört hat. 3 Darum sagt Gott: „Passt auf! Ich werde mir etwas ganz
Übles für euch einfallen lassen! Ich werde euch eine Falle stellen, aus der
ihr euch nicht so mal eben wieder rauswinden könnt. Ich werde euch etwas
Schweres auf die Schultern legen, dass ihr nicht mehr aufrecht gehen könnt.
Es wird eine sehr ätzende Zeit für euch anbrechen.“ 4 Alle werden euch
verarschen! Sie werden über euer Leiden auch noch Witze machen. Ihr wer-
det so was sagen wie: „O nein, wir sind am Boden zerstört! Gott hat Aus-
ländern unser Land gegeben. Sie haben uns alles weggenommen. Weil
wir Mist gebaut haben, wurde unser Land unter ihnen aufgeteilt.“ 5 Es wird
niemanden geben, der sich dafür einsetzt, dass ihr euren Anteil bekommt.
Bei den Leuten von Gott wird niemand für euch das Land ausmessen wollen,
was eigentlich euch gehört. 6 „Hört auf damit, uns Sachen von Gott zu
erzählen“, sagen sie, und der Sabber läuft ihnen aus dem Mund. „Du kannst
uns auch noch so sehr beschimpfen, das trifft eh nicht ein!“ 7 Darf man
so etwas zu den Israeliten sagen? Wird Gott da nicht irgendwann die Geduld
verlieren? Oder steckt Gott nicht sowieso hinter der ganzen Sache? Gelten

seine Versprechen nicht nur für Leute, die auch okay leben? 8 Gott sagt:
„Meine eigenen Leute starten eine Revolution gegen mich, ihr tut Sachen,
die ich nicht will! Zum Beispiel zieht ihr Leute ab, die gerade, völlig alle
und schutzlos auf der Heimfahrt von der Front bei euch durchreisen. 9 Die
Ehefrauen von meinen Leuten schmeißt ihr aus ihrer warmen Wohnung
raus, und von deren Kindern klaut ihr das Erbe, was ihnen eigentlich für
immer zusteht. 10 Haut bloß ab! An diesem Ort kann man sich nicht mehr
ausruhen. Das liegt daran, dass hier alles verdreckt worden ist. Dieser
Dreck macht alles total kaputt. 11 Die Leute würden lieber einen Propheten
haben, der ihnen die ganze Zeit nette Sachen erzählt und sie belügt. Einen,
der seine Meinung nach dem Wind dreht und mal dies und dann wieder das
erzählt, den wünschen sie sich. Oder am besten so einen Typen, der Zeiten
voraussagt, wo große Partys abgehen, mit viel Wein und Bier. Auf die Num-
mer hätten diese Leute jetzt wohl Lust."

Wie Gott seine Leute wieder retten wird

12 Gott sagt: „Ich werde euch alle zusammenholen, die ganzen Leute von
Israel, welche übrig geblieben sind, werde ich zusammentrommeln. Wie ein
Fußballtrainer seine Mannschaft oder wie ein Hirte seine Schafe, so bringe
ich sie wieder zusammen. Voll viele Menschen werden sich dann dort ver-
sammeln. Es werden Massen sein, die sich dort treffen. Ich treibe sie zusam-
men, wie ein Hirte seine Schafe auf einer Wiese zusammentreibt. 13 Es wird
einen Mann geben, der den Weg dafür klarmacht. Er geht vor, er durchbricht
die Grenzen, und die Leute gehen hinter ihm her. Alle werden durch die
Tür nach draußen gehen. Der Präsident geht vorneweg, aber ganz vorne
werde ich selbst, euer Gott, sein."

3

Die miesen Typen aus der Führungsschicht müssen aufpassen

1 An alle Chefs, die in Israel das Sagen haben! Ihr müsstet doch eigentlich
kapieren, was der Unterschied zwischen richtig und falsch ist. Ihr müsstet
erkennen, wann etwas korrekt ist und wann nicht. 2 Aber ihr hasst leider
die korrekten Sachen, fiese Aktionen findet ihr stattdessen ganz toll. Ihr
zieht meine Leute voll ab. Es ist fast so, wie wenn man einem Tier das Fell
abzieht oder das letzte Stück Fleisch von seinen Knochen abpult. 3 Es sind
dieselben Menschen, die einerseits meine Leute förmlich auffressen und
gleichzeitig bei Gott um Hilfe anklingeln. Sie brechen ihnen die Knochen
und zersägen sie passgerecht für den Kochtopf. Auch das Fleisch wird von
ihnen zerstückelt und dazugelegt. 4 Aber eins ist sicher: Sie können noch
so laut bei Gott um Hilfe bitten, er wird ihnen nicht antworten. Er wird sich
vor ihnen verstecken, sie bekommen ihn nicht zu sehen, weil sie so viel

Mist gebaut haben. 5 Gott sagt zu den Propheten, die seinen Leuten nur
Stuss erzählen und alle in eine total falsche Richtung lenken: „Solange es
genug zu futtern gibt, sind alle happy. Aber wenn man ihnen mal keine lecke-
ren Kekse in den Mund steckt, starten sie gleich einen Krieg und tun so,
als wollte ich das von ihnen. 6 Darum mache ich es jetzt bei euch dunkel, ich
schalte die Lichter aus. Ich werde euch nicht mehr sagen, was in Zukunft
abgeht. Die Propheten bei euch werden lange Zeit keine Visionen mehr
haben, ich dreh den Bildschirm ab, es wird schwarz.“ 7 Für die Propheten
wird das sehr peinlich sein. Sie werden sich dunkle Kleidung anziehen, so
als ginge man zu einer Beerdigung, weil Gott nicht mehr mit ihnen spricht.
8 Aber bei mir, Micha, wird das anders laufen. Ich werde von Gottes Power
so abgefüllt sein, dass ich ganz selbstbewusst auftreten kann. Ich werde
den Leuten von Israel ihre Fehler vor die Nase halten und werde all ihre
Verbrechen aufzählen. 9 An alle Chefs von Israel und an alle, die dort was zu
sagen haben: Ihr habt überhaupt keinen Bock, korrekt zu sein! Was okay
ist, versifft ihr, und was nicht okay ist, erklärt ihr für korrekt und richtig. 10 Ihr
baut Jerusalem ganz chic auf, aber die Kohle für den Bau kommt aus dunk-
len Mafiaquellen. 11 Die Chefs machen alles, solange die Bezahlung stimmt.
Und die Priester predigen alles, solange sie nur gut genug bestochen wer-
den. Die Propheten erfinden sogar Nachrichten von Gott. Und dann kom-
men solche Kommentare von euch wie: „Gott ist doch bei uns! Wir sind in
Sicherheit, uns kann nichts Schlimmes passieren!“ 12 Aber genau deswegen
wird der Berg Zion so kaputtgemacht werden, dass man ihn nur noch als
ein Ackerfeld benutzen kann. Jerusalem wird zu einem überdimensionalen
Schrottplatz. Der Berg, wo der Tempel jetzt draufsteht, wird zu einem Wald,
der mit lauter Pflanzen überwuchert ist.

4

Später wird es ein Land geben, wo alles peacig abgeht

1 Irgendwann, wenn die Zeit dafür reif ist, wird Folgendes passieren: Dann
wird der Berg, auf dem sich der Tempel befindet, die Nummer eins unter
allen Bergen der Welt sein. Außerdem wird er auch höher sein als alle ande-
ren Berge. Sehr viele Menschen werden aus der ganzen Welt dorthin kom-
men. 2 Viele Leute werden dorthin gehen wollen, sie werden sagen: „Los,
kommt mit, wir wollen zu dem Berg gehen, der Gott gehört! Lasst uns zu
dem Haus gehen, wo der Gott von Israel ist. Wir wollen ab sofort von die-
sem Gott lernen und tun, was er sagt.“ Von diesem Berg Zion werden viele
Botschaften ausgehen, an denen sich die Menschen orientieren können.
Gott wird von Jerusalem aus zu den Menschen sprechen. 3 Er wird eine
Gerichtsverhandlung durchziehen, bei der viele Völker ihr Urteil bekommen.
Sowohl ganz große, mächtige Völker wie auch ganz kleine. Dann werden

sie aus den MGs Rasenmäher und aus den Handgranaten Flaschenöffner
machen. Es wird keine Kriegerklärungen mehr auf der Welt geben. Der Wehr-
dienst wird abgeschafft, kein Mensch lernt mehr, wie man ein guter Soldat
wird oder eine Waffe benutzt. 4 Die Leuten werden friedlich auf den Feldern
ihren Obstanbau betreiben, keiner wird sie dabei mehr stören. Das passiert,
weil Gott, der Chef über das Universum, es so angekündigt hat. 5 Zurzeit
leben die Leute noch ganz unterschiedlich, jeder hat seinen eigenen Gott
und betet zu dem. Unsere Leute leben für den Chef, für unseren Gott, und
das wird sich auch nie ändern. 6 Gott sagt: „Es wird irgendwann passieren,
dass ich alle verletzten und kaputten Leute wieder aufsammle. Auch alle
Menschen, die durch mich gelitten haben, werde ich zusammenbringen.
7 Aus diesem verletzten kleinen Haufen von Leuten werde ich eine mächtige
Truppe bauen. Es werden ganz besondere, gottmäßige Menschen sein. Ich
bin ihr einziger Chef und ich regiere über sie vom Berg Zion aus, für immer.
8 Berg Zion, du bist wie ein Wachturm für meine Leute. Du wirst es noch
mitkriegen, wie es bei meinen Leuten wieder richtig abgeht, so wie früher,
als die guten Präsidenten noch am Start waren. Jerusalem wird auch wieder
die Hauptstadt des Landes sein, von wo aus der Präsident regiert!"

Zurzeit sieht es noch schlecht aus, aber die Wende kommt bald

9 Was ist los, Jerusalem? Warum schreist du so rum? Gibt es keinen Prä-
sidenten mehr bei dir? Oder sind alle deine Ratgeber tot? Warum tust du
so, als würdest du gerade ein Baby bekommen? Warum hast du solche
Schmerzen wie eine Frau, die ihr Kind kriegt? 10 Kreisch nur rum, stöhne,
winde dich hin und her, wie das eine Frau tut, die im Kreißsaal liegt. Denn
jetzt ist es so weit, die Leute müssen die Stadt verlassen. Sie werden nur
noch im Freien pennen, ohne ein Dach über dem Kopf. Sie gehen bis nach
Babylonien. Aber dort wird man euch retten, Gott holt euch dort raus, er
befreit euch aus der Gefangenschaft eurer Feinde. 11 Viele Völker haben
dir den Krieg erklärt, Jerusalem. Sie haben angekündigt, deine ganz beson-
deren gottmäßigen Plätze und Gebäude zu versiffen. Sie wollen sich daran
sattsehen, wenn Jerusalem zu Schrott gemacht wird. 12 Aber sie haben
keine Ahnung, was Gott wirklich vorhat. Sie haben nicht kapiert, was er
will. Er hat sie hierhergebracht, damit man sie ganz leicht abmähen kann,
wie das Gras im Garten. 13 Gott sagt: „Ich werde euch stark machen, wenn
es zu einem Krieg kommt. Ich mache aus deinem Plastikauto einen Stahl-
panzer, mit dem du viele Völker platt walzen wirst. Die Sachen, die du ihnen
zockst, kannst du dann mir schenken. Ihr ganzes Vermögen soll dem ein-
zigen Chef über die ganze Erde gehören. 14 Zu den Leuten, die in der Stadt
wohnen, welche in diesem Krieg belagert wird, sage ich: Zieht schwarze
Trauerklamotten an! Holt euch eine Rasierklinge und ritzt euch blutig.

Unsere Stadt wird von feindlichen Truppen belagert, und sie foltern sogar
unsere Chefs."

5

Der große Chef über Israel kommt aus Bethlehem

1 Zu der Stadt Betlehem sagt Gott Folgendes: „Du bist eine winzige Stadt,
eine von Tausenden in Juda. Aber in dir wird der Typ geboren werden, der
bald über ganz Israel das Sagen haben wird. Er war schon da, bevor man
überhaupt angefangen hat, die Uhrzeit zu messen, vor Ewigkeiten und noch
länger. 2 Gott wird es zulassen, dass die Feinde mit seinen Leuten machen
können, was sie wollen. Aber nur, bis dann eines Tages eine Frau ein ganz
besonderes Kind, ebendiesen Typen, kriegen wird. Wenn das passiert ist,
wird der Rest der Israeliten auch wieder zurückkommen. 3 Dieser Typ wird
dann seinen Auftritt haben und sich um seine Leute kümmern. Das macht er
dann mit voller Power, mit einer Kraft, die nur von Gott kommen kann.
Deswegen hat man auch Respekt vor ihm. Dann wird meinen Leuten nichts
mehr passieren können, sie sind in Sicherheit. Er wird seine Macht überall-
hin ausdehnen, über die ganze Erde. 4 Und er wird der Friedensbringer sein.
Wenn die Assyrer unser Land angreifen und unsere Regierungsgebäude
bombardieren, dann wird dieser Typ sich denen in den Weg stellen. Und der
hat sieben- bis achtmal so viel Macht wie ein Präsident. 5 Dieser Typ wird
dann Assyrien besiegen und deren Verteidigungsanlagen zerstören. Er wird
uns von den Assyrern befreien, wenn sie uns angreifen und in unser Land
einfallen."

Der Rest von Israel

6 Die Überlebenden von Israel werden überall verstreut leben. So, wie es
überall Regen gibt, leben sie auch überall auf der Welt, da sorgt Gott für.
Sie glauben zu dem Zeitpunkt nicht mehr, dass Menschen ihnen wirklich
helfen können, die Hoffnung haben sie aufgegeben. 7 Dieser Rest von Israel
wird überall auf der Erde leben, bei Leuten, die nicht an Gott glauben. Sie
werden so sein wie ein Wolf unter lauter Schafen oder wie eine Katze in
einem Käfig voller Mäuse. Wenn die Katze dort drin ist, tötet sie jede Maus,
und keine kann sich retten. 8 Gott, hau auf die Feinde drauf. Keiner soll
überleben! 9 Gott sagt: „In der Zeit werde ich alle Panzer und alle Motorrä-
der von euch verschrotten lassen. 10 Ich werde eure Städte zerstören und
eure Bunker sprengen. 11 Ich werde alle okkulten Zauberheinis bei euch raus-
schmeißen, und es wird keine Esoteriker mehr bei euch geben! 12 Die ganzen
Plastikgötter kommen in die Schrottpresse, und auch die Zaubersteine
schmeiß ich auf den Müll. Dann werdet ihr nicht mehr zu diesen Plastik-
göttern beten können. Du wirst dich nicht mehr vor diesen Dingen auf

den Boden schmeißen, die du eigentlich mal selbst gebastelt hattest.
13 Ich sprenge eure Statuen einfach weg, und die Städte müssen auch dran
glauben. 14 Ich werde mich auch an den anderen Nationen rächen, die
nicht auf mich gehört haben."

6

Was Gott von seinen Leuten will

1 Jetzt hört mal zu, was mir Gott gesagt hat. Er meinte: „Jetzt komm in die
Puschen und vertritt mein Anliegen vor den Leuten! Die Berge und Hügel
werden dir auch zuhören und später als deine Zeugen auftreten!" 2 Das geht
jetzt an alle Berge, die es schon ewig auf der Erde gibt: Hört auch mal zu,
was Gott vor Gericht zu sagen hat. Er verklagt seine Leute, er wird sich bei
dieser Gerichtsverhandlung mit Israel beschäftigen! 3 Gott fragt: „Sagt mal,
Leute, hab ich euch irgendetwas getan? Hab ich zu viel von euch verlangt,
dass ihr jetzt nicht mehr könnt und müde seid? Verklagt mich ruhig, wenn
ihr wollt. 4 Ich hab euch aus Ägypten rausgeholt, ich habe euch von den
Knebelverträgen befreit, unter denen ihr dort schuften musstet. Mose, Aaron
und auch Mirijam hatte ich organisiert, damit sie vor euch hergehen, um
euch den richtigen Weg zu zeigen. 5 Leute, erinnert euch doch mal an das,
was der Präsident von den Moabitern, dieser Balak, vorhatte. Habt ihr
noch auf dem Schirm, was Bileam, der Sohn von Beor, ihm dann antworten
musste? Oder denkt doch noch mal an den Part, wo ihr in Schittim über
den Jordan, Richtung Gilgal, gegangen seid und was da alles passiert ist.
Dann erinnert ihr euch vielleicht an die krassen Sachen, die ich schon
damals für euch getan hab." 6 „Was soll ich machen, wenn ich wieder zu
Gott kommen will?", fragt ihr euch vielleicht. „Was kann ich tun, wenn ich
wieder zu diesem gigantisch großen Gott gehen möchte? Reicht ein Abfa-
ckelopfer mit einer Kuh, die erst ein Jahr alt ist? 7 Oder findet Gott es besser,
wenn ich ihm tausend Widder und zehntausend Liter Olivenöl schenke?
Oder soll ich vielleicht besser meinen ältesten Sohn für ihn töten, damit
mein ganzer Mist vergeben wird, den ich in meinem Leben gebaut habe?"
8 Gott hat den Menschen klargemacht, was gut ist und was er von ihnen will.
Er will nur, dass wir korrekt leben und dass wir mit den anderen Menschen
liebevoll umgehen. Außerdem sollen wir Respekt vor Gott haben und mit
ihm immer in Kontakt bleiben.

Die Menschen in Jerusalem müssen für ihr unkorrektes Leben bestraft werden

9 Hört mal her, was Gott zu den Leuten aus Jerusalem sagt: „Wenn ihr
gerettet werden wollt, solltet ihr Respekt vor mir haben. Passt genau auf,
ob das, was bei euch passiert, vielleicht eine Bestrafung von mir ist, weil

ich euch wieder auf den richtigen Weg bringen will. 10 Ich hab die ganze
Kohle gesehen, welche die Menschen ohne Ende scheffeln, die ohne mich
leben. Sie liegt in ihren Häusern neben den falsch eingestellten, ätzenden
Waagen, womit sie die Leute beim Kaufen abziehen. Die Waage zeigt immer
zu viel an, und die Leute zahlen deswegen zu viel Geld. Kann ich das einfach
so vergessen? 11 Und sollte ich sie etwa freisprechen? Sie haben ihre Kunden
beschissen, haben die Leute abgezogen mit den falschen Gewichten an
ihrer Waage. 12 Die Leute mit dickem Bankkonto zocken die Menschen brutal
ab. Die Bewohner der Stadt lügen alle. Wenn sie nur den Mund aufmachen,
kommt falsches Zeug raus. 13 Jetzt will ich dich dafür zerstören, keiner
wird das wieder in Ordnung bringen können. Ihr habt richtig krassen Mist
gebaut, darum werde ich dafür sorgen, dass bei euch nichts mehr geht.
14 Ihr werdet nicht mehr satt werden, egal, wie viel ihr in euch reinfuttert.
Denn ihr werdet einen inneren Hunger verspüren, der immer da ist. Ihr
werdet versuchen, euer Eigentum in Sicherheit zu bringen, aber retten werdet
ihr es damit nicht. Die Sachen, die ihr beiseiteschafft, werden im Krieg von
euren Feinden gezockt. 15 Ihr werdet auf den Feldern Samen aussäen, aber
es wird nichts wachsen, und die Ernte fällt aus. Ihr werdet versuchen, Oliven
anzupflanzen, um Öl daraus zu pressen. Aber es wird nicht dazu kommen,
dass ihr mit diesem Öl Essen kocht oder Fleisch anbratet. Du wirst Wein
anpflanzen und die Trauben ernten, aber den Wein werdet ihr nicht mehr
trinken können. 16 Ihr haltet euch an die Regeln, die der Präsident Omri auf-
gestellt hat, und lebt so schlimm, wie es der Präsident Ahab mit seiner
Familie vorgelebt hat. Darum werde ich dafür sorgen, dass ganz schlimme
Sachen bei euch passieren. Die Leute, die in Jerusalem wohnen, werden
so krass leiden, dass die anderen Völker nur mit dem Kopf schütteln und es
nicht fassen können. Ihr habt meine Leute kaputt gemacht, jetzt lacht man
über euch."

7

Die Leute sind alle link unterwegs

1 Ach du Schande! Mir ist so etwas Ähnliches passiert wie einem Typen,
der auf Obstplantagen nach liegengelassenen Früchten sucht, nachdem die
Ernte vorbei ist. Er sucht und sucht, aber findet keine leckeren Äpfel mehr
und auch keine Trauben, obwohl er so einen Hunger hat. 2 Die Menschen,
die gottmäßig drauf sind, sind alle weg. Es gibt keine korrekten Leute mehr.
Die Menschen sind nur noch heiß drauf, den Nächstbesten umzubringen,
jeder jagt den anderen und versucht, ihm eine Falle zu stellen. 3 Sie planen
mit vollem Einsatz, wie sie einen so gut wie möglich abziehen könnten. Die
Politiker fordern immer höhere Steuern. Die Richter sprechen dem das Recht
zu, der am meisten Kohle rüberwachsen lässt. Die Mächtigen treffen ihre

Entscheidungen danach, wo am meisten für sie rausspringt. Und jede dieser
Gruppen hängt irgendwie zusammen, gemeinsam verdrehen sie die Gesetze
so, wie es ihnen gerade in den Kram passt. 4 Selbst an den besten und kor-
rektesten Leuten von ihnen kann man sich so krass verletzen wie an einem
Stacheldrahtzaun. Ich sag jetzt: Der Tag, wo ihr für eure Taten bestraft wer-
det, kommt bald! Wenn der da ist, werden alle erst mal voll fertig sein. 5 Ver-
traut noch nicht mal euren Freunden! Auch den Leuten, die euch sehr nahe
sind, könnt ihr nicht trauen. Selbst der Frau, mit der du im Bett bist, solltest
du nicht alles erzählen! 6 Sogar Söhne werden keinen Respekt mehr vor
ihrem Vater haben, sie finden ihn sogar lächerlich. Die Töchter haben keinen
Bock drauf, das zu tun, was ihre Mutter ihnen sagt. Auch die Schwiegertoch-
ter will von der Schwiegermutter nichts hören. Der Ehemann hat plötzlich
seine schlimmsten Feinde in der eigenen Familie. 7 Aber ich werde mich mit
Gott beschäftigen und zu ihm beten. Ich warte auf meinen Gott, der mir
immer geholfen hat. Und wenn ich zu ihm bete, dann erhört er mich auch.

Die angeschlagenen Leute von Jerusalem werden ermutigt

8 Die Stadt Jerusalem sagt zu ihrem Feind: „Freu dich nicht zu früh! Ich bin
zwar auf die Fresse gefallen, aber ich stehe auch wieder auf! Selbst wenn
alles um mich herum dunkel ist, ist Gott doch wie eine Halogenlampe für
mich. 9 Ich habe richtig übel Mist gebaut, und Gott ist deswegen sauer auf
mich. Aber das ist okay, da muss ich halt durch. Aber Gott wird dafür sorgen,
dass alles wieder gut wird. Er wird sich um mich kümmern und für Gerech-
tigkeit sorgen. Er wird mich aus der Dunkelheit rausholen und dorthin brin-
gen, wo das Licht ist. 10 Die Leute, die mich nicht mögen, werden dumm
dastehen. Auch alle, die über mich gelacht haben und meinten: ‚Na? Wo ist
denn jetzt dein toller Gott?'. Jetzt wird es ihnen schlechtgehen, und ich seh
einfach zu und freu mich dadrüber. Sie werden jetzt behandelt wie ein Stück
Hundescheiße, das auf der Straße liegt." 11 Es wird eine Zeit kommen, wo
die Mauern von dir, Jerusalem, wieder aufgebaut werden. Vorher werden
deine Grenzen sogar noch erweitert. 12 Dann wird man von überallher zu dir
kommen. Von Assyrien über die Städte in Ägypten bis hin zum Eufrat. Aus
dem ganzen Gebiet, von dem einen Meer im Osten bis zu dem anderen
Meer im Westen, von dem einen Gebirge im Norden und dem anderen
Gebirge im Süden, werden die ankommen. 13 Aber die Erde wird total kaputt
sein. Das liegt an den schlimmen Taten, die alle Menschen bis dahin getan
haben.

Gott soll dafür sorgen, dass die Leute von Israel wieder zusammenkommen

14 Gott, kümmer dich um deine Leute! Wie ein Trainer sich um seine Mann-
schaft sorgt, sollst du dich auch um uns kümmern! Schließlich gehören wir

dir! Auf dem Flecken Erde, wo wir zurzeit leben, ist nicht viel Platz. Dabei ist es ein Ort, wo drum herum voll gutes Land ist, auf dem man super Sachen anbauen kann. Bring uns und unsere Schafherden auf solche grünen Wiesen, wie sie in Baschan und Gilead damals waren. [15] Wir wollen wieder diese krassen Wunder sehen, die du damals schon getan hast, als unsere Leute aus Ägypten abgehauen sind. [16] Die anderen großen Nationen sollen das sehen und nur noch staunen. Sie sollen sich den Mund zuhalten und die Ohren auch, weil sie es nicht ertragen können. [17] Sie sollen alle Staub fressen, wie eine Schlange, die auch nur auf dem Boden rumkriecht. Die Menschen werden superängstlich aus ihren Städten und Bunkeranlagen rauskommen. Dann sollen sie alle bei dir, unserem Gott, ankommen und Respekt vor dir haben. [18] Wo gibt es einen Gott, der so drauf ist wie du? Wer vergibt seinen Leuten ihren Mist? Welcher Gott verzeiht den Mist, den seine Leute gebaut haben? Gott wird nicht ewig sauer sein, denn es macht ihm Spaß, seine Leute zu lieben. [19] Er wird uns den Mist verzeihen, er wird uns lieben, er wird unsere Schulden löschen! Gott, du wirst den ganzen Mist, den sie verzapft haben, in einen riesigen Müllsack packen und den an der tiefsten Stelle im Meer versenken. [20] Der Familie von Jakob, den Israeliten, wirst du immer treu sein. Die Familie von Abraham liebst du ohne Ende. Das hast du den Leuten vor uns schon vor Ewigkeiten ganz fest versprochen.

Der Prophet Nahum

1

Wie Gott drauf ist
1 In diesem Buch stehen die Worte, die Nahum von Gott bekommen hat.
Es geht in erster Linie um die Stadt Ninive in Assyrien. 2 Gott ist manchmal
richtig eifersüchtig. Wenn er so drauf ist, kennt er keinen Spaß mehr. Dann
ist er voll sauer und aggromäßig unterwegs, er rächt sich an den Leuten,
die gegen ihn sind. Und seine Feinde haben dann ein fettes Problem. 3 Dabei
ist er nicht so schnell aus der Ruhe zu bringen, er ist entspannt unterwegs.
Aber wenn er zuschlägt, dann macht er das mit voller Wucht. Gott lässt
dabei nichts durchgehen, jeder Fehler wird auch bestraft. Wenn er loslegt,
dann brechen total heftige Unwetter los. Die Wolken sind für ihn nur Staub,
den er mit seinen Füßen aufwirbelt. 4 Wenn er will, sagt er ein paar Sätze
zum Meer, und das ganze Wasser verdunstet in einer Sekunde. Er kann auch
alle Quellen stoppen, dann würden die Flüsse trockengelegt. Wenn er das
macht, werden die Wiesen in Baschan braun, weil sie vertrocknen. Die
Bäume auf dem Berg Karmel sterben, und auf dem Libanon gehen alle Blu-
men ein. 5 Die großen Berge zittern vor Gott, und die kleinen Berge zer-
schmelzen wie Schokolade. Die ganze Erde fängt an zu beben, das Festland
und alle Menschen, die dort wohnen. 6 Wer kommt heil davon, wenn Gott
sauer ist? Wer kann das wirklich aushalten, wenn Gott richtig aggro wird?
Seine Wut ist wie ein glühender Lavastrom aus einem Vulkan, er sprengt
ganze Felsen weg. 7 Gott ist gut! Er ist wie ein Bunker für die Leute, wenn es
ihnen dreckig geht und sie angegriffen werden. Jeden, der sich bei ihm
verstecken will, kennt er bei seinem Vornamen. 8 Er wird mit einer großen
Tsunamiwelle die ganze Stadt Ninive wegspülen. Seine Feinde wird er in
die Dunkelheit jagen. 9 Warum plant ihr Sachen gegen Gott? Er wird sowieso
kurzen Prozess mit seinen Feinden machen. Er wird dafür sorgen, dass so
etwas kein zweites Mal passiert. 10 Sie können versuchen, sich vor ihm zu
schützen. Sie können ihre Schutzschirme ausfahren, ihre Sicherheitszäune
aufstellen oder können auch Antidepressiva schlucken, um ihre Angst zu
vertreiben, aber es wird nichts bringen. Gott wird sie völlig kaputt machen,
sie werden verbrennen wie Zeitungspapier.

Assyrien wird nicht mehr länger das Sagen haben
11 Der Typ, der schlimme Pläne gegen Gott gemacht hat, kam aus Ninive.
Er wollte etwas ganz Übles durchführen. 12 Aber Gott ermutigt seine Leute:
„Egal, wie viele Feinde ihr habt, egal, wie gut die bewaffnet sind, sie werden
trotzdem alle kaputtgehen. Mit denen ist Schluss! Wenn ich auch bis jetzt

echt hart mit euch umgegangen bin, werde ich damit jetzt aufhören. 13 Ich
werde dafür sorgen, dass bald keine fremden Völker mehr über euch herr-
schen. Ich hol euch aus der Gefangenschaft raus.“ 14 Was den Präsidenten
der feindlichen Armee angeht, hat Gott Folgendes beschlossen. Er sagt zu
ihm: „Du wirst keine Söhne mehr bekommen, mit deiner Familie ist jetzt
Schluss. Ich werde dafür sorgen, dass die Plastikgötter aus deinem Tempel
verschwinden, deine selbstgebastelten Götter kommen alle auf den Müll.
Und dein Grab werde ich auch schon mal ausbuddeln, du hast es einfach
nicht gebracht.“

2

Ninive wird platt gemacht

1 Passt auf, da kommt schon der Typ angefahren, der eine gute Nachricht
im Gepäck hat. Er wird sagen, dass alles gut wird! Es ist Zeit, Partys und
Gottesdienste zu feiern! Löst eure Versprechen jetzt ein. Ab sofort wird die-
ser fiese Feind nicht mehr bei euch zuschlagen, denn er ist komplett plattge-
macht worden. 2 Der Terminator greift dich an, Ninive! Pass auf deine Bun-
keranlagen auf, behalte deinen Schutzwall im Blick! Reiß dich zusammen,
trainier ordentlich, du musst fit sein für den Kampf! 3 Gott wird tatsächlich
dafür sorgen, dass die Leute von Israel den Platz wieder einnehmen, der
ihnen zusteht. Sie wurden ausgeplündert, man hatte ihre Weinernte zerstört.
4 Der Gegner kommt mit rot angestrichenen Panzern angerollt, seine Sol-
daten haben rote Armeekleidung an. An dem Tag, wo sie in den Krieg ziehen,
glänzt der polierte Stahl der Panzer. Die MPs haben sie schussbereit im
Anschlag. 5 Auf den Straßen rasen die Jeeps in der Stadt hin und her. Die
Panzer überrollen die Plätze. Sie leuchten so hell wie Feuer und sind so
schnell wie der Blitz. 6 Der Feind zieht seine Spezialtruppe zusammen. Aber
auch sie packen es nicht, sie stolpern, während sie versuchen, die Stadt-
mauer von Ninive einzunehmen. Die Armee von Ninive baut in der Zeit Bun-
ker und Unterstände auf. 7 Aber die Stadttore am Fluss können nicht mehr
gehalten werden. Sie werden von den Feinden aufgesprengt, und im Regie-
rungspalast kriegt man langsam die Panik. 8 Der Präsident wird festgenom-
men und abgeführt. Seine Frau wird vergewaltigt und weggeschleppt. Die
Angestellten und Dienstboten von seiner Frau sind sehr traurig und weinen
ganz laut. 9 Ninive war schon immer wie so ein Teich, dessen Wasser lang-
sam abfließt und der immer leerer wird. „Geht nicht! Bleibt hier“, ruft man
den Leuten zu. Aber keiner dreht sich um. 10 Holt euch das ganze Zeug,
zockt euch das Silber und Gold, was man in der Stadt finden kann! Davon
gibt es in Ninive ohne Ende, die Leute dort sind sehr reich. 11 Alles ist weg!
Alle Bankkonten sind leer! Die Leute sind fertig und kaputt. Sie haben Angst
und Schmerzen, ihre Knochen tun ihnen weh, und Fieber haben sie auch

noch. [12] Was ist denn jetzt aus dir geworden, Ninive? Du warst mal so was
wie eine Hundehütte für den Pitbull. Hier konnte er sich zurückziehen und
sich um seine Hundebabys kümmern. Seine Kinder konnten dort in Ruhe
aufwachsen, niemand hat sie gestört. [13] Der Pitbull ist losgezogen und hat
immer genug Fleisch organisiert, damit die Jungen was zu futtern hatten.
Alles, was er erbeutet und gefunden hat, legte er irgendwo in seine Hunde-
hütte. [14] Aber Gott, der Chef über alles, sagt jetzt: „Pass auf, ich will dir an
den Kragen! Ich werde dafür sorgen, dass dein ganzes Haus wegbrennt!
Deine Kinder werde ich erschießen lassen. Was du erbeutet hast, werde ich
wegschaffen. Es wird niemals mehr jemanden geben, der von dir erzählen
wird."

3

Warum und wie Ninive bestraft werden wird

[1] Pass bloß auf, Ninive! An deinen Händen klebt Blut. Du bist der Weltmeis-
ter im Lügen, Brutalität ist bei dir an der Tagesordnung, bei dir wird ohne
Ende geklaut. [2] Ich höre lautes Hupen und Motorengeräusche. Panzer und
Lkws rollen an. [3] Soldaten auf Motorrädern mit großen Flammenwerfern und
MGs im Anschlag. Ich sehe viele Tote, einen großen Haufen Leichen. Man
stolpert ständig über eine. [4] Die ganze Armee marschiert gegen Ninive auf,
weil sie sich wie eine Nutte an die andern Völker verkauft hat. Sie war Welt-
meister im Verzaubern von Menschen, ganze Völker haben sich von ihr
abhängig gemacht. [5] Gott sagt: „Jetzt gehe ich gegen dich vor! Ich werde
deinen Rock hochheben und ihn dir übers Gesicht ziehen. Alle Völker sollen
deinen nackten Hintern sehen, das wird richtig peinlich für dich werden.
[6] Ich sorge dafür, dass dich alle verachten. Ich mache das öffentlich, jeder
soll es sehen können. [7] Jeder, der dich sieht, wird sich umdrehen und weg-
laufen. Er wird sagen: ‚Ninive ist endgültig kaputt! Aber wer wird ihr eine
Träne nachweinen? Wo soll ich jemanden finden, der sie trösten wird?'
[8] Glaubst du, es wird dir was Besseres passieren als der Stadt Theben am
Nil? Sie war umgeben von Wasser, das Wasser war wie eine Schutzmauer,
die man nicht kaputt machen konnte. [9] Sie hatte eine riesengroße Armee
mit ägyptischen und äthiopischen Soldaten. Dazu kamen noch viele andere
Truppen aus Put und Lydien. [10] Trotzdem kamen auch alle Bewohner von
dieser Stadt in Kriegsgefangenschaft. Die Leute aus der Oberschicht wurden
unter den Siegern verlost. Die Kinder wurden auf der Straße erschossen.
Die Minister aus der Regierung wurden mit Handschellen abgeführt. [11] Du
wirst es auch heftig zu spüren bekommen! Du wirst so einen reingedrückt
bekommen, dass dir schwarz vor Augen wird. Du wirst versuchen, vor den
Feinden zu fliehen. [12] Deine Bunkeranlagen sind so weich wie die ersten
Pflaumen. Wenn sie reif sind, musst du nur am Baum schütteln, und sie fal-

len einem förmlich in den Mund. 13 Deine Soldaten sind alles Weicheier. Der
Feind kann in dein Land mal eben so einmarschieren, die Türen sind nach
allen Seiten offen. Die Schlösser wurden mit einem Schweißbrenner geöff-
net. 14 Geh zum Wasserhahn und mach die Kanister voll, damit du genug
zu trinken hast für die Zeit, wo der Feind die Stadt belagert. Verstärke deine
Schutzmauern. Misch neuen Beton an, gieß dir Betonplatten. 15 Das Feuer
wird trotzdem kommen, und der Krieg wird alle Bewohner töten. Es bleibt
bei dir so wenig übrig wie vom Chappi im Fressnapf deines Hundes. Ihr
könnt euch so viel vermehren wie die Fliegen, es bringt nichts. 16 Bei dir gibt
es mittlerweile sehr viele Geschäftsleute, man kann sie gar nicht mehr zäh-
len. Aber auch sie werden so plötzlich verschwunden sein wie eine Made,
aus der die Fliege rausgeschlüpft ist. Zack, und schon ist sie weggeflogen.
17 Die Leute aus deiner Regierung und deine Beamten werden so schnell weg
sein, wie die Fliegen weg sind, wenn sie auf einer Mauer sitzen. Solange es
kalt ist, hocken die dort, aber wenn plötzlich die Sonne aufgeht, sind alle
sofort verschwunden, und keiner kann sagen, wo sie jetzt sind. 18 Präsident
von Assyrien, deine Minister sind am Pennen, die Generäle sind alle tot.
Deine Soldaten sind auf den Bergen verstreut, und keiner kann sie wieder
zusammenbringen. 19 Niemand wird deine Verletzung heilen! Du bist tödlich
getroffen! Alle, die von dieser Nachricht hören, freuen sich wie blöd. Gibt
es einen, der nicht unter deinen fiesen Aktionen leiden musste?“

Der Prophet Habakuk

1

Der Prophet findet es ätzend, was im Land so läuft
1 In diesem Buch stehen die Sachen, die Gott zu dem Propheten Habakuk
gesagt hat. 2 Habakuk betete zu Gott: „O Mann, Gott, ich bete schon ewig
lange zu dir, aber anscheinend sitzt du auf deinen Ohren! Ich schreie: ‚Gott,
da passieren furchtbar ätzende Sachen! Du musst was tun, Brutalität ist
an der Tagesordnung!' Aber du reagierst nicht. 3 Warum muss ich mir diese
unkorrekten Dinge ansehen, warum erlaubst du das? Warum siehst du
nur zu, wenn alles den Bach runtergeht? Ich sehe überall Verwüstung und
Gewalt, die Leute streiten und kloppen sich über jeden Mist. 4 Weil du nichts
machst, verlieren auch die Gesetze ihre Durchschlagskraft. Man kann ja
mittlerweile davon ausgehen, dass es nie ein korrektes Gerichtsurteil geben
wird. Die Leute, die ohne dich leben, setzen die korrekten Leute unter Druck.
So kommt am Ende ein Urteil bei raus, was total daneben ist."

Gott sagt: Die Armee der Babylonier wird angreifen
5 Gott sagt: „Schaut euch doch mal um, was bei den anderen Nationen so
passiert! Ihr werdet aus dem Staunen nicht mehr rauskommen. Ich tue
dort jetzt ganz abgefahrene Sachen, die ihr nicht glauben werdet, wenn man
euch davon erzählt. 6 Ich bin nämlich gerade dabei, die Babylonier voll
aggressiv zu machen. Ich bringe diese heftige Armee an den Start, die auf
der ganzen Erde Kriege anzettelt, Länder erobert und keine Gnade kennt.
7 Diese Soldaten sind sehr gewaltbereit und brutal. Wo sie das Sagen haben,
legen sie fest, was korrekt ist und was nicht. 8 Ihre Motorräder sind schneller
als ein Formel-1-Rennwagen. Sie sind angriffslustiger als ein hochgezüchte-
ter Kampfhund. Ihre Panzertruppe kann weite Strecken zurücklegen. Ihre
Düsenjets stürzen sich aus dem Himmel in die Schlacht. 9 Wenn die Armee
anrückt, sind die Soldaten zu allem bereit. Sie marschieren unaufhaltsam
vorwärts. Sie nehmen Gefangene ohne Ende. 10 Präsidenten, Generäle und
hohe Regierungsbeamte sind für sie nur ein Joke. Jede Bunkeranlage und
jeder Schutzwall ist für sie eine Lachnummer. Sie nehmen die so mal eben
im Vorübergehen ein. 11 Nach der Schlacht ziehen sie weiter. Sie ändern so
schnell ihre Richtung, wie der Wind seine Richtung ändert. Sie machen ihre
eigene Kraft zu einem Gott."

Habakuk beschwert sich noch mal bei Gott
12 „Gott, wie ist das jetzt? Warst du nicht immer schon mein ganz beson-
derer Gott, mein einziger Chef? Lass mich und meine Leute nicht sterben!

Du hast diese Armee organisiert, um uns zu bestrafen, ist schon klar. Sie
sollten das Urteil durchziehen, was du gegen uns gefällt hast. [13] Aber deine
Augen sind zu sauber, damit kannst du dir nicht irgendwelche fiesen Sachen
ansehen. Es macht dir keinen Spaß, dabei zuzuschauen, wenn Dinge kom-
plett plattgemacht werden. Aber warum siehst du dir jetzt diese Abzocker an
und unternimmst nichts? Warum sagst du nichts dazu, wenn jemand, der
korrekt lebt, von Verbrechern abgezogen wird? [14] Stellst du damit nicht die
Menschen auf dieselbe Stufe wie Fische oder wie Regenwürmer? Denn die
haben ja auch keinen Chef, der sie beschützen kann. [15] Fische werden
geangelt oder mit einem Netz gefischt. Genau so, wie man sich über einen
Fischfang freut, jubeln jetzt diese Verbrecher, weil sie Menschen eingefan-
gen haben. [16] Darum ziehen sie am Ende ein Opfer für ihr Netz oder ihre
Angel durch, so als wäre das ein Gott. Sie zünden ein paar Räucherkerzen
für die an und denken, dass diese ‚Götter' ihnen eine fette Beute und genug
zu essen organisiert haben. [17] Sollen diese Typen denn immer weiter Krieg
führen, sollen sie weiterhin, ohne mit der Wimper zu zucken, ganze Natio-
nen abschlachten?"

2

Gottes Antwort

[1] Habakuk sagte: „So, ich hab gesagt, was ich sagen wollte, und geh jetzt
erst einmal in Warteposition. Bin voll gespannt, was Gott mir antworten
wird, was er auf meine Beschwerde zu sagen hat." [2] Und schließlich antwor-
tete Gott. Er sagte: „Ich werde dir jetzt mal etwas erzählen, was du unbe-
dingt veröffentlichen musst. Schreib es auf, druck die Seite aus und stell den
Text ins Internet, damit jeder ihn lesen kann. [3] Was ich dir jetzt sage, wird
irgendwann eintreffen, zu einer Zeit, die ich festgelegt habe. Es geht um
das Ende der Welt, und das wird hundertprozentig passieren. Wenn es eine
Weile dauert, dann musst du halt Geduld haben. Aber passieren wird es,
das ist ganz sicher. [4] Und zwar passiert dann Folgendes: Die Menschen, die
nicht korrekt leben, bekommen ihre verdiente Strafe. Korrekte Menschen
werden es schaffen, weil sie zuverlässig sind und mir vertrauen. [5] Aber Bru-
talos, Angeber und Leute, auf die man sich nicht verlassen kann, werden
ihre Ziele nie erreichen. So einer kann sein Maul noch so sehr aufreißen, er
kann es so groß machen, dass alle toten Menschen dort reinpassen würden,
es hilft ihm nichts. Selbst wenn er eine Nation nach der anderen im Krieg
zum Frühstück verspeist und trotzdem nie satt wird, er kommt nicht an
seinem Ziel an."

Die Nation, welche die anderen Völker kaputt macht, wird bestraft

6 Es wird aber eine Zeit kommen, wo alle ein Lied über diesen Feind singen werden, in dem der total verarscht wird. Sie werden es nicht direkt ausdrücken, es wird mehr eine Anspielung sein. Dieses Lied geht ungefähr so: „Du gehst kaputt, du hast viele Kohle abgezockt, Geld, was eigentlich nicht dir gehört!

7 Aber dann rocken ganz plötzlich die Abgezockten los, schlagen einen heftigen Return.
Sie werden dafür sorgen, dass du Angst bekommst, du selbst wirst von ihnen abgezockt.

8 So, wie du andere Völker ausgeraubt hast, wirst du von ihnen in die Falle gelockt.
Hast es nicht gecheckt, die Stadt und alle Menschen wurden von dir übelst abgezogen.

9 Wer sein Haus mit unkorrekten Mitteln gekauft hat, kriegt auf die Hoden.
Er hat seine Luxushütte oben auf den Berg gebaut, in der Hoffnung, dort kann er sich retten.

10 Hast beschlossen, ganze Völker komplett zu vernichten, für dich waren das nur Deppen.
Aber damit hast du dir dein eigenes Grab geschaufelt, der Mist war einfach zu krass.

11 Steine in der Mauer bezeugen, dass du Mist gebaut hast, und die Balken bestätigen das.

12 An den Typ, der eine Stadt gründet, die nur durch einen blutigen Krieg entstanden ist:
Pass auf, auch wenn die Bunker und Schutzwälle aus Beton sind, ganz ohne einen Riss,

13 siegesgewiss!
War es nicht Gott, der Chef, der dafür sorgte, dass Völker für dich arbeiten?
Dass ganze Nationen, ohne Kohle zu kriegen, für dich schuften, ohne einmal zu streiken?

14 So, wie das Meer voller Wasser ist, wird die ganze Erde voll davon sein, dass alle Menschen kapieren, wie krass Gott eigentlich ist, wie sauber, heftig und rein."

15 Wenn du einer Frau Cola zu trinken gibst, aber da K.-o.-Tropfen reingemischt hast, kriegst du echt Probleme. Die Frau wurde von dir breit ge-
macht, damit du sie mal nackt sehen kannst. 16 Anstatt dass man nun Res-
pekt vor dir hat, hast du dafür gesorgt, dass du jetzt superpeinlich bist.
Also, dann mal los, besauf dich auch anständig und zeig allen Partygästen deinen Penis und lass die sehen, dass du nicht mal beschnitten bist, also eigentlich nicht zu den Leuten von Gott gehörst. Gott wird dir auch was zu

trinken geben, aber das schmeckt nicht so lecker. Denn es ist ein Getränk,
mit dem Gott dir eines überbrät, mit dem er dich bestraft. Er wird auf den,
der denkt, er sei total toll, einfach draufspucken. 17 Du hast ein derbes Ver-
brechen begangen, als du den Libanonwald abgeholzt hast. Und auch dafür,
dass alle Tiere im Wald vernichtet wurden, trägst du die Schuld. Du hast
dafür gesorgt, dass sehr viele Menschen gestorben sind und das ganze Land
mit seinen Städten jetzt verwüstet ist. 18 Was bringt dir so ein komischer
Plastikgott aus Kunststoff, Holz oder Metall? Der wurde von einem Men-
schen gemacht, und das ganze Teil ist eigentlich eine einzige Lüge. Der
Künstler, der dieses tote Teil mit seinen eigenen Händen angefertigt hat,
kann doch nicht im Ernst dadran glauben? 19 Es gibt Leute, die zu so einem
Ding „Ab sofort sollst du leben!“ oder „Wach mal auf!“ sagen. Wer das
tut, sollte echt aufpassen. Glaubt wirklich jemand, diese Plastikfigur würde
auch noch antworten? Ja klar, der ist mit echter Goldfarbe angesprüht, aber
er lebt doch nicht wirklich, er kann noch nicht mal atmen. 20 Gott ist aber
in seinem ganz besonderen Haus. Alle Menschen auf der Erde sollten ein-
fach mal die Klappe halten und ihm Respekt geben.

3

Habakuk redet mit Gott

1 Habakuk redete mit Gott. Er sagte ihm Folgendes: 2 „Gott, ich hab viel
von den genialen Sachen gehört, die du früher getan hast. Ich habe auch
viele von deinen Wundern selbst erlebt. Bitte, Gott, mach damit jetzt weiter,
gerade in dieser Zeit! Zeig, was du draufhast! Und wenn du sauer bist, dann
denk bitte daran, dass du uns eigentlich liebst. 3 Gott kommt gerade aus
Teman und von dem Gebirge Paran. Seine gigantische, heftige Art macht
den ganzen Himmel hell. Die ganze Welt muss Respekt vor ihm haben.
4 Um ihn herum ist so ein krasses Licht, wie das Licht von der Sonne. Es
strahlt in alle Richtungen. In diesem Licht steckt seine ganze Macht. 5 Aids
und andere fiese Krankheiten sind immer bei ihm, egal, wohin er geht.
6 Wenn er auf der Erde spazieren geht, dann wackelt der ganze Planet. Er
muss nur mal eben in die Richtung von einem Land schauen, und sofort
zittern alle Menschen vor Angst. Die Berge, welche es schon immer gegeben
hat, werden mit einem Blick von ihm gesprengt. So etwas hat er schon
früher immer mal wieder gemacht. 7 Ich sehe, dass die Wände der Wohnun-
gen von den Kuschitern und Midianitern wackeln. 8 Auf wen warst du sauer,
Gott? Wolltest du auch die Flüsse bestrafen oder das Meer? Wirst du mit
deinen Soldaten anrücken, mit deinen Panzern, die bis jetzt viele Siege ein-
gefahren haben? 9 Du ziehst deine Knarre aus dem Halfter, und wenn du
losballerst. schickst du noch ein paar ätzende Sprüche hinterher. Du zerteilst
die Erde, und aus der Spalte kommen riesige Wasserströme hervor. 10 Die

Berge brauchen dich nur einmal anzusehen, und dann fangen sie sofort an
zu zittern. Heftige Gewitterwolken ziehen auf. Man hört das laute Rauschen
von großen Flutwellen. Die Wellen sehen so aus, als würden große Hände
sich zum Himmel ausstrecken. 11 Die Sonne und der Mond bewegen sich
nicht. Sie bleiben dort, wo sie sind, in ihrer Wohnung, denn sie haben gese-
hen, wie du deine Blitze losgeschickt hast, heftige Lichtbogen, die wie
Leuchtmunition strahlen. 12 Voll sauer gehst du über die Erde. Du haust auf
die Völker voll drauf und machst sie platt. 13 Du bist losgezogen, weil du
deine Leute retten wolltest und auch diesen einen besonderen Typen, den
du extra ausgesucht hast. Du hast das Dach vom Regierungsgebäude deiner
Feinde einfach weggepustet, am Ende standen nur noch die Mauern da.
14 Diesen Feinden hast du mit ihren eigenen Kugeln ein Loch in den Kopf
geschossen. Ihre Chefs sind alle abgehauen. Sie hatten sich schon drüber
gefreut, uns fertigzumachen, sie wollten uns in ihrer Kaserne zum Mittag
verspeisen. 15 Mit deinen Maschinen hast du dir einen Weg gebahnt. Du
bist wie ein großes Schiff durch große Wellen gefahren. 16 Ich hab das gehört
und fing vor Angst an zu zittern. Nur von dem Klang bin ich so erschrocken,
dass ich anfing zu schreien. Trotzdem werde ich ganz gelassen auf den Tag
warten, an dem es den Leuten beschissen gehen wird, die uns jetzt angrei-
fen und kaputt machen. 17 Der Apfelbaum blüht nicht, und auch an dem
Weinstock wächst keine Traube. Vom Birnbaum kann man auch nichts ern-
ten, und auf den Feldern wächst kein Korn, das man ernten und essen
könnte. Die Schafe sind alle verschwunden, und im Stall stehen auch keine
Rinder mehr. 18 Trotzdem will ich mich über Gott freuen! Ich will für diesen
Gott, der mich gerettet hat, Lieder singen. 19 Gott, der Chef über alles, ist
meine einzige Kraftquelle. Er sorgt dafür, dass ich so schnell laufen kann, wie
ein Moped fährt. Er erlaubt mir, dass ich über die Berge spazieren kann.
So, diese Worte kann man auch mit Begleitung von einem Piano lesen oder
ein Lied daraus machen, wenn man das will.“

Der Prophet Zefanja

1

Es kommt eine große Gerichtsverhandlung

[1] Gott hat irgendwann auch zum Propheten Zefanja Sachen gesagt. Zefanja
stammte aus der Familie von Kuschi und war ein Enkel von Gedalja. Amarja
und Hiskija waren auch seine Vorfahren. Und zwar redete Gott mit ihm
in der Zeit, als in Juda Präsident Joschija an der Macht war. Joschija kam aus
der Familie von Amon. [2] Gott sagte: „Auslöschen, ja, komplett auslöschen
werde ich alles, was auf der Erde lebt! [3] Ich werde diese Menschen vernich-
ten, auch die Tiere und sogar die Vögel und Fische werde ich töten. Ich
mach alles kaputt, was die Menschen dazu gebracht hat, Mist zu bauen, und
ganz besonders die Leute, die echt nichts von mir wissen wollen. [4] Die Leute
von Juda kriegen ihr Fett weg, und die Einwohner von Jerusalem werde ich
auch bestrafen. Ich werde dort mit allem kurzen Prozess machen, was mit
diesem Plastikgott Baal zu tun hatte. Auch die Namen der Priester, die da-
dran beteiligt waren, werde ich aus meiner Datei löschen, und die Priester
selber sollen sterben. [5] Die Typen, welche sich nachts auf der Dachterrasse
auf den Boden geschmissen haben, um zu den Sternen zu beten, werde
ich vernichten. Ich werde auch die Leute plattmachen, welche Dinge ganz
fest versprechen und sich dabei auf mich berufen haben, aber gleichzeitig
auch noch auf den Plastikgott Milkom schwören. [6] Alle, die keinen Bock
mehr auf mich haben, die nicht mehr mit mir leben wollen und denen ich
egal geworden bin, werde ich kaputt machen." [7] Haltet mal euren Mund,
wenn Gott da ist! Er ist der Chef! Der Tag, wo die große Gerichtsverhandlung
abgeht, kommt bald. Gott hat schon ein Opferessen vorbereitet, und er hat
die Gäste, welche eingeladen wurden, dafür auch schon organisiert. [8] Gott
sagt: „Wenn dieser Tag da ist, werde ich, Gott, die Chefs und die Männer
aus der Präsidentenfamilie verurteilen, außerdem alle, die diese ätzenden
Klamotten von anderen Völkern getragen haben. [9] An dem Tag werden mich
alle von meiner übelsten Seite kennenlernen, die an Horoskope oder Freitag,
den Dreizehnten, glauben, und auch die, die meinen Tempel mit Dingen
füllen, die sie von andern gezockt haben. [10] An diesem Tag wird man hören,
wie aus der Richtung vom Fischtor Schreie kommen. Aus der Neustadt hört
man Angstschreie, und laute Explosionen hört man von den Bergen. [11] Die
Leute, welche in dem Viertel wohnen, wo die ganzen Verkaufsläden sind,
sollen anfangen zu heulen. Denn die ganzen Verkäufer sind tot, auch die
Geldautomaten sind vernichtet worden. [12] Ich, Gott, werde mit einem Licht-
strahler Jerusalem absuchen, weil ich die Männer finden will, die auf ihrer
Kohle sitzen. Ich will die bestrafen, welche sich in Sicherheit wiegen. Die,

denen alles egal ist, sagen: ‚Gott macht eh nichts, er macht nichts Gutes,
aber auch nichts Schlechtes.‘ [13] Alles, was sie besitzen, werden sich die
Leute einfach wegnehmen, und ihre Häuser und Wohnungen werden ver-
fallen. Die Häuser, welche sie gerade gebaut hatten, werden sie nie bewoh-
nen. Die Weinberge, welche sie angelegt hatten, werden sie nicht mehr
abernten, und vom Wein kriegen sie keinen Tropfen ab. [14] Der große Tag, wo
die letzte Gerichtsverhandlung abgeht, wird bald kommen. Es wird immer
dringender. Das wird ein sehr heftiger, schlimmer Tag werden. Selbst die
großen Helden werden dann Angst kriegen und anfangen zu schreien. [15] In
der Zeit ist alles echt sehr schlimm. Viele Leute werden Angst haben, es
wird ihnen beschissen gehen, ganz viel geht kaputt, und ganz viel wird
kaputt gemacht. Es wird ein ganz dunkler Tag sein, ein finsterer Tag, ein Tag,
wo total schwarze Wolken am Himmel hängen. [16] Es wird ein Tag sein, wo
es viele Kriege gibt, wo man überall Sirenen heulen hört. Die großen Städte
werden angegriffen und die hohen Fabriktürme bombardiert. [17] Ich werde
dafür sorgen, dass die Menschen Angst kriegen, sie werden sich vorkommen
wie Blinde, die umhertapsen. Sie können nichts sehen, weil sie Mist gebaut
haben, weil sie Sachen tun, die ich nicht will. Sie werden sterben, und ihr
Blut wird auf den Boden tropfen, und ihre Eingeweide werden wie Hunde-
scheiße auf den Straßen verteilt rumliegen.“ [18] Auch ihre ganze Kohle kann
sie nicht retten. Wenn Gott diese Gerichtsverhandlung abhält, zählt Reich-
tum nicht mehr. Weil Gott so sauer ist, wird er wie mit einem Flammenwer-
fer durch das ganze Land fegen, und vieles wird dabei verbrennen. Er wird
viele vernichten, und die Leute überall im Land werden echt entsetzt und
fertig sein.

2

Es gibt noch eine Möglichkeit: Dreht um und ändert euch

[1] An diejenigen, die keinen Bock mehr auf Gott haben: Leute, reißt euch mal
zusammen! [2] Ändert euch, bevor Gott sein Urteil ausgesprochen und auch
vollstreckt hat. Das geht schneller als der Schall. Bevor Gott richtig sauer ist,
bevor dieser Tag kommt, wo er seine Wut voll rauslässt, sage ich: Ändert
euch! [3] Aber auch den Leuten, welche immer das getan haben, was Gott will,
sage ich: Lebt so korrekt, wie es geht! Vielleicht werdet ihr dann an dem Tag
durchkommen, wo Gott voll sauer seine letzte Gerichtsverhandlung abhält.

Die Feinde von den Leuten von Israel werden auch verurteilt

[4] In Gaza ist niemand mehr da, es ist von den Menschen verlassen. Aschke-
lon wird ein Land, wo nur noch die Asche wohnt und nichts mehr wächst.
In Aschdod wohnt der Tod, alle Bewohner werden mitten am Tag plötzlich
verhaftet und abgeführt. Die Stadt Ekron gräbt man einmal um. [5] Die Leute,

welche an der Küste wohnen, die Leute aus Kreta, müssen echt aufpassen.
Gott sagt Folgendes zu euch: „Ich werde das Land, wo die Philister leben,
komplett plattmachen. Niemand wird dort mehr wohnen.“ 6 Der Landstrich
am Meer wird dann zu einer großen Wiese. Die Hirten werden dort mit ihren
Herden sein, dort gibt es genug Wasser für die Schafe und Ziegen. 7 Das
ganze Gebiet bekommen die Leute vom Familienstamm Juda, die noch übrig
geblieben sind. Sie treiben ihre Herden dorthin. Abends pennen sie in den
Gasthäusern von Aschkelon. Gott wird sich nämlich um sie kümmern, er
sorgt dafür, dass es ihnen wieder gutgeht. 8 Er sagt: „Ich habe mitbekom-
men, wie die Leute von Moab und die Ammoniter meine Leute dumm ange-
quatscht haben. Sie haben ganz groß angegeben, wie sie meinen Leuten
das ganze Gebiet wegnehmen wollen. 9 Darum hab ich, der Gott von Israel,
der Chef über das ganze Universum, Folgendes beschlossen: Den Leuten
von Moab und den Ammonitern soll das Gleiche passieren, was mit den
Leuten passiert ist, die in Sodom und Gomorra gelebt haben. Ihr Land soll
unbrauchbar werden, nur noch Unkraut soll dort wachsen. Es soll eine
Wüste werden, wo der Boden total versalzen ist, so dass man nichts mehr
dort anpflanzen kann. Der Rest von meinen Leuten wird kommen, gegen sie
Krieg führen und gewinnen. Sie werden alle ausrauben und das Land über-
nehmen.“ 10 Das muss passieren, weil sie dachten, sie wären was Besseres
als die anderen. Sie sind voll arrogant mit den Leuten von Gott, dem großen
Chef, umgegangen. Sie dachten, sie wären die Besten. 11 Gott wird ganz
krass zuschlagen, er wird alle Plastikgötter, die es auf der Erde gibt, vernich-
ten. Jedes Volk, jede Nation wird dann Respekt vor ihm haben und wird
machen, was er von ihnen will, egal, wo sie leben. 12 Auch die Äthiopier wer-
den durch eine Bestrafung von ihm sterben. 13 Gott wird sich gegen die
Leute wenden, die im Norden leben. Und er wird Assyrien und die Stadt
Ninive komplett plattmachen, da wächst anschließend kein Gras mehr.
14 Dort werden dann irgendwann nur noch ein paar Schafherden rumlaufen
und noch so ein paar andere Tiere. Eulen wird es dort geben, und Tauben
kacken den Boden voll. Alles ist kaputt, die Holzvertäfelung in den Häusern
ist runtergerissen. 15 Das passiert in der Stadt, wo die Leute dachten, sie
wären in Sicherheit, wo man früher so viel Party gemacht hat, wo man so
drauf war nach dem Motto „Wir sind was Besseres“. Jetzt ist sie total kaputt,
nur noch wilde Tiere leben dort. Jeder, der dort durchreisen muss, ist voll
fertig, schlägt die Hände über dem Kopf zusammen und fährt weiter.

3

Die Gerichtsverhandlung für Jerusalem

1 Diese dreckige, versiffte, rebellische und brutale Stadt Jerusalem muss echt
aufpassen. 2 Die Leute dort hören einfach nicht. Wenn man ihnen Strafen

androht, lässt sie das völlig kalt. Sie vertrauen Gott nicht mehr, sie wollen
nichts mehr mit ihm zu tun haben. [3] Die Bürgermeister und Minister in der
Regierung sind nur auf ihren eigenen Profit aus. Sie geiern nach Kohle wie
ein Hund nach einem Schnitzel. Die Richter, die dort am Gericht arbeiten,
sind alle so geil auf Geld, dass sie wie ein hungriger Hund ihren Napf kom-
plett leer fressen, so dass nichts mehr für den nächsten Tag übrig bleibt. [4] Die
Propheten labern nur dummes Zeug, sie betrügen und sind Gott nicht treu.
Und die Priester verdrecken den ganz besonderen Teil im Tempel. Was Gott
in den Gesetzen geschrieben hat, verdrehen sie so, wie es ihnen gerade in
den Kram passt. [5] Aber dabei ist Gott die ganze Zeit korrekt, er zieht nieman-
den ab. Jeden Tag bestätigt er seine Gesetze und macht klar, dass sie richtig
sind. Aber den unkorrekten Leuten macht das nichts aus, die schämen sich
nicht mehr. [6] Gott sagt: „Ich habe ganze Völker plattgemacht, ihre Bunker
zerstört und ihre Straßen gesprengt. Niemand kann dort mehr durchfahren.
Ihre Städte sind verwüstet, da wohnt niemand mehr. [7] Ich hatte gehofft, ihr
würdet dadurch Respekt vor mir kriegen. Ich hatte gehofft, ihr würdet meine
Strafen akzeptieren. Wenn dem so gewesen wäre, hätten eure Wohnungen
nicht zerstört werden müssen. Jede Strafe, die ich über euch ausgesprochen
habe, wäre unnötig. Aber leider habt ihr es noch viel schlimmer getrieben
als vorher. [8] Darum wartet nur, bis ich loslege … Wartet auf den Tag, wo ich
dafür sorge, dass andere Völker euch einkassieren. Ich habe euch dazu
verurteilt, dass die anderen Nationen gemeinsam gegen euch Krieg führen.
Sie werden mein Urteil vollstrecken. Ich bin so megasauer auf euch, und
das werdet ihr zu spüren bekommen. Wenn ich sauer bin, dann brennt die
Luft, dann wird die ganze Erde abgefackelt."

Der Rest von Israel wird sich ändern

[9] Gott sagt: „Dann werde ich dafür sorgen, dass die ganzen Völker plötzlich
mit einer Sprache sprechen können, die für mich sauber und in Ordnung
ist. Das tue ich, damit sie gemeinsam zu mir, dem Chef, beten und damit
sie zusammen für mich arbeiten können. [10] Sogar aus Äthiopien kommen
meine Fans angefahren, um zu mir zu beten. Das sind alles meine Leute,
die verstreut überall auf der Welt leben. Es wird wie ein Geschenk für mich
sein. [11] An dem Tag brauchen dir die Sachen nicht mehr peinlich zu sein, die
du verbockt hast. Du brauchst dich nicht mehr zu schämen, weil du meine
Verträge gebrochen hast. Die oberstolzen Heinis, die es unter euch gibt,
werde ich rausschmeißen. Dann wird keiner von euch mehr auf meinem
ganz besonderen Berg arrogant sein können. [12] Ich werde aus deinem Volk
ein paar Leute übrig lassen, die arm sind, denen es dreckig geht. Die wer-
den sich dann an mich wenden und sich von mir beschützen lassen wollen.
[13] Der Rest von den Leuten von Israel wird keinen Mist mehr bauen und

auch nicht mehr rumlügen. Wenn sie den Mund aufmachen, wird dort kein fieses Zeug mehr rauskommen. Stattdessen wird es ihnen gutgehen, sie werden in Frieden leben, keiner wird sie mehr mit einer Kriegserklärung erschrecken." [14] Geh ab vor Freude! Israel, tanz mal 'ne Runde! Freut euch und rastet aus, ihr Leute in Jerusalem! [15] Gott hat seine Bestrafungsaktion beendet, eure Feinde sind von ihm weggefegt worden. Gott ist euer Präsident, er ist mitten unter euch. Ab sofort wird es euch nur noch gutgehen, es gibt keine Katastrophen mehr. [16] In der Zeit wird man den Leuten in Jerusalem sagen: „Hey, ihr braucht keine Angst mehr zu haben! Gebt nicht auf, lasst euch nicht hängen! [17] Gott, euer Gott, ist bei euch. Er wird euch da raushauen, er wird euch retten! Er freut sich über euch, er ist voll gut drauf wegen euch! Er liebt euch wieder, er freut sich so sehr über euch, wie man sich auf einer guten Party freut, und manchmal verschlägt es ihm vor lauter Liebe sogar die Sprache." [18] Gott sagt: „Ich werde die ganzen Peinlichkeiten von euch wegnehmen. Die Leute, die traurig sind und nicht zur Party gehen, werde ich sammeln und wieder gut draufbringen. [19] In der Zeit werden die Menschen, welche euch fertiggemacht haben, von mir ihre Rechnung präsentiert bekommen. Die Verletzten von euch werde ich heilen, und die Leute, die irgendwohin vertrieben wurden, werde ich zurückholen. Ich werde dafür sorgen, dass alle Leute auf der Erde dann plötzlich Respekt vor ihnen haben, obwohl die Menschen dort meine Leute vorher noch gequält haben. [20] In der Zeit werde ich euch herholen, ich bringe euch wieder zusammen. Ich werde dafür sorgen, dass ihr einen guten Ruf in der Welt habt. Die Leute werden Respekt vor euch haben, wenn ich dafür sorge, dass bei euch wieder alles gut wird. Das sage ich, Gott, der Chef über alles."

Der Prophet Haggai

1

Gott sagt: Baut den Tempel wieder auf!
1 Irgendwann redete Gott einmal zu dem Propheten Haggai. Und zwar
hatte er zum einen eine Nachricht für Serubbabel, der aus der Familie von
Schealtiel stammte und der der Oberbürgermeister von Juda war. Außer-
dem hatte er eine Nachricht für den obersten Priester Jeschua, der aus der
Familie von Jozadak stammte. 2 Und zwar war die Nachricht folgende:
„Das kommt jetzt von Gott, dem Chef über alles: Meine Leute meinen, dass
es von der Zeit her noch nicht angesagt ist, für mich wieder einen Tempel
zu bauen.“ 3 Gott hat dann Folgendes zu dem Propheten Haggai gesagt:
4 Er meinte: „Für euch selbst ist es ja anscheinend sehr wohl angesagt, fette
Villen mit Marmorplatten und solchem Schnickschnack zu bauen. Aber
mein Haus soll die ganze Zeit wie eine Bruchbude aussehen? 5 Leute, hört
mal in euch rein: Ist das, was ihr macht, wirklich in Ordnung? 6 Ihr habt
dieses Jahr sehr viele Samen auf den Feldern ausgesät, aber die Ernte war
echt mickrig. Ihr habt gerade genug, um nicht zu verhungern, aber satt wer-
det ihr davon auch nicht. Ihr habt gerade so viel Wein, um euch beim Essen
noch mal einen Schluck zu gönnen, aber für ein Besäufnis oder eine Party
reicht es nicht aus. Ihr habt gerade noch genug Klamotten zum Anziehen,
aber so richtig chic lauft ihr nicht gerade rum. Jeder Arbeiter kriegt so viel
Kohle, dass er gerade noch über die Runden kommt, aber sonst bleibt nichts
übrig.“ 7 Gott, der Chef über alles, was es gibt, sagt zu euch: „Hey, Leute,
checkt ihr das nicht, was da gerade abgeht? Kapiert ihr nicht, warum das
so ist? 8 Jetzt geht mal in den Wald auf den Bergen und organisiert euch
dort Baumaterial. Ich möchte, dass ihr mir davon einen Tempel baut. Wenn
ihr das macht, werde ich mich darüber voll freuen, weil das auch zeigt,
dass ihr Respekt vor mir habt! 9 Ihr hattet große Pläne, aber schaut mal,
wie wenig daraus geworden ist! Wenn ihr gerade eure Kohle gezählt habt,
hab ich einmal gepustet, und das Geld war wieder weg. Warum hab ich
das gemacht? Ihr habt mein Haus einfach vergammeln lassen, aber für
eure eigenen Häuser tut ihr alles, was ihr könnt. 10 Darum kommt kein
Wasser vom Himmel, es gibt keinen Nebel und keinen Regen. Auf dem
Boden kann deswegen auch nichts wachsen. 11 Ich hatte organisiert, dass
es eine ganze Zeitlang überall kein Wasser gibt. Weder auf den Bergen
noch auf den Feldern, Weinbergen oder Apfelbaumplantagen konnte etwas
wachsen. Die Menschen und auch die Tiere bekamen nichts zu trinken.
Alles, was ihr angefangen habt, hat nicht funktioniert, und die Arbeit war
umsonst.“

Die Leute antworten Gott

12 Nachdem sie das gehört hatten, wollten alle sofort ihr Leben ändern.
Serubbabel, Jeschua und die übrigen Leute von Juda waren echt geschockt,
dass sie tatsächlich nicht genug Respekt vor Gott gehabt hatten. Sie kapier-
ten, dass der Prophet tatsächlich im Auftrag von Gott sprach. 13 Schließlich
sagte Gott durch Haggai zu den Leuten: „Ich bin bei euch, Leute! Das ver-
spreche ich euch ganz fest!“ 14 Und Gott veränderte die innere Einstellung
von Serubbabel, vom Oberpriester Jeschua und vom Rest der Leute. Ab
da waren alle heiß drauf, den Tempel von ihrem Gott, dem Chef dieser Welt,
wieder aufzubauen. 15 Seit zwei Jahren, sechs Monaten und 24 Tagen war
der Präsident Darius an der Macht, als die Bauarbeiten begannen.

2

Es kommt mal eine sehr abgefahrene Zeit für den Tempel

1 An einem 21. Oktober redete Gott wieder mal mit dem Propheten Haggai.
2 Er sagte zu ihm: „Ich will, dass du zu Serubbabel, dem obersten Priester
Jeschua und zu dem Rest der Leute gehst und ihnen Folgendes von mir aus-
richtest: 3 Wer von euch gehört zu denjenigen, die noch den ganz alten,
oberkrassen Tempel gesehen haben? Jetzt schaut euch das Teil mal an, wie
der Tempel heute aussieht! Das kann man mit dem, was damals dort stand,
echt nicht vergleichen. Das ist doch dagegen voll der Witz! 4 Aber ich, Gott,
sage euch jetzt Folgendes: Leute, ihr schafft das, ihr habt die Kraft dazu!
Serubbabel, leg los! Jeschua aus der Familie von Jozadak, du bist der Chef
von allen Priestern: Krempel die Ärmel hoch und hau rein! Alle Leute von
Juda sollen endlich in die Hufe kommen. Ich werde euch bei der Arbeit hel-
fen, ich bin bei euch! Das sagt Gott, der Chef über dieses Universum!
5 Erinnert ihr euch noch? Ich hab damals schon etwas mit euch ausgemacht,
als ihr noch in Ägypten wart. Ihr solltet dort verschwinden, und ich hab
euch versprochen, dass ich mit meiner Kraft immer bei euch sein werde. Ich
sagte: ‚Leute, habt keine Angst!‘ 6 Ich, der Chef über dieses Universum,
machte euch Mut: Es wird nicht mehr lange dauern, dann werde ich dieses
Planetensystem, die Erde und auch das Meer kräftig durchschütteln. 7 Ich
werde alle Völker aufmischen, ich werde dafür sorgen, dass sie ihre ganze
Kohle hierherbringen. Ich werde dieses Haus mit meiner besonderen Kraft
füllen, es wird ganz besonders krass aussehen. 8 Mir gehört nämlich alles,
was es gibt, und die ganze Kohle gehört letztendlich auch mir. 9 Dieser Neu-
bau vom Tempel wird noch viel krasser aussehen als der alte Kasten. Ich
werde dafür sorgen, dass es dort keine Kriege mehr geben wird. Dort wird
es nur noch friedlich zugehen. Das sagt Gott, der Chef über alles.“

Sauber oder nicht sauber?
10 Präsident Darius war gerade zwei Jahre, neun Monate und 24 Tage im
Amt, da redete Gott wieder einmal mit dem Propheten Haggai. Er sagte
Folgendes: 11 „Das kommt jetzt von Gott, dem Chef über dieses Universum:
Geh mal zu den Priestern und bitte sie, dir eine Frage zu beantworten:
12 ‚Angenommen, jemand hat ein Stück Fleisch in einer Plastiktüte dabei,
was man vorher Gott geschenkt hatte. Dieses Fleisch darf ja eigentlich nur
ein Priester essen, denn es ist etwas ganz Besonderes. Wenn er jetzt mit
der Tüte ein Brötchen berührt oder eine Frikadelle oder eine Flasche Wein
oder Öl oder irgendein anderes Nahrungsmittel, wird das dann auch zu
etwas ganz Besonderem, was Gott gehört?'" Haggai fragte die Priester, was
sie dazu dachten, und die sagten: „Nein, wird es nicht!" 13 Dann fragte er:
„Und wie ist das, wenn jemand eine Leiche berührt hat? Wird dann alles,
was er anschließend anfasst, auch dreckig und unrein?" Die Antwort war:
„Ja, es wird dann unrein!" 14 Jetzt sagte Haggai: „Deswegen sind diese Leute
für Gott auch alle dreckig, sie sind unrein! Er sagt, dass sogar alles, was
sie ihm schenken, und alles, was sie tun, damit verdreckt ist."

Wenn sie wieder das tun, was Gott will, kommt für sie was Gutes bei rum
15 Dann sagte Gott: „Konzentriert euch! Passt ab heute auf, was ihr tut! Wie
war das denn, bevor ihr angefangen habt, den Tempel wieder hochzuziehen?
16 Was ist da abgegangen? Alles wurde weniger! Wenn man von einem Feld
normalerweise zwanzig Tonnen Getreide ernten konnte, waren es plötzlich
nur noch zehn. Wenn man von einem Weinberg normalerweise so viel ern-
ten konnte, dass da fünfzig Liter bei rumkamen, dann waren es plötzlich nur
noch zwanzig. 17 Ich habe dafür gesorgt, dass eure Ernte vergammelt. Es
kamen Insekten und Ungeziefer oder ein fieser Hagelschauer, der viel kaputt
gemacht hat. Trotzdem kommt ihr nicht zu mir zurück. 18 Passt mal genau
auf, was von diesem Tag an alles passieren wird! Ab heute, dem 24. Dezem-
ber, wo die Grundmauern vom Tempel gelegt werden, wird alles gut! 19 Die
Saatkörner sind alle noch in den Lagerhäusern, und der Wein und die Apfel-
bäume haben noch keine Früchte an ihren Zweigen. Aber ab heute werde
ich dafür sorgen, dass ihr fette Ernten einfahrt."

Serubbabel wird ein Präsident, der alles gutmachen wird
20 Irgendwann redete Gott wieder mal mit Haggai. Diesmal war es am
24. Tag irgendeines Monats. 21 Er sagte: „Erzähle Serubbabel, dem Oberbür-
germeister von Juda, Folgendes von mir: Ich, Gott, werde das Universum
und die Erde zum Wackeln bringen. 22 Ich setze Präsidenten ab und sorge
dafür, dass ganze Nationen umfallen und vernichtet werden. Ich mache
alle Panzer platt, inklusive ihrer Fahrer. Motorräder, die im Krieg genutzt

werden, müssen umfallen, weil sie Schrott sind. Die Menschen werden sich
im Krieg gegenseitig töten. 23 An diesem Tag werde ich dich befördern,
Serubbabel. Du bist ein Sohn von Schealtiel, und du wirst mein Angestellter
sein. Ich werde dich zu etwas extrem Kostbarem machen, so dass Folgendes
klarwird: Du gehörst zu mir, und du wurdest von mir eingesetzt. Ich hab dich
extra für einen Job ausgesucht. Das sagt Gott, der Chef über dieses
Universum!“

Der Prophet Sacharja

1

Gott sagt: Hört auf mit dem Mist
1 Im achten Monat vom zweiten Jahr, wo Darius, der Präsident von Persien,
an der Macht war, redete Gott mit mir, dem Propheten Sacharja, über ein
paar Sachen. Ich kam aus der Familie von Berechja und war ein Enkel von
Iddo. Ich hatte damals einen Job als Prophet. Und zwar sagte Gott zu mir:
2 „Hey, ich war echt megasauer auf die Leute, die vor euch gelebt haben!
3 Aber zu den Leuten, die jetzt leben, sollst du sagen: Das kommt jetzt
von Gott, dem Chef über alles! Hört auf mit dem Mist, lebt wieder mit mir!
Wenn ihr euch umdreht und damit aufhört, werde ich mich auch zu euch
umdrehen und euch helfen. Das sagt Gott, der Chef über dieses Universum.
4 Macht nicht den gleichen Mist, den schon die Leute taten, die vor euch
gelebt haben. Zu denen haben die Propheten ja auch schon gesagt: ‚Hört auf
mit dem Mist! Hört auf damit, diese fiesen Sachen zu tun!' Aber sie haben
nicht auf mich gehört und mich einfach ignoriert. 5 Wo sind jetzt diese Men-
schen geblieben, was ist aus ihnen geworden? Sie sind mausetot, genauso
wie die Propheten. Ein Prophet lebt halt auch nicht ewig. 6 Trotzdem haben
die ganzen Worte und Drohungen, die ich durch meine Propheten gesagt
habe, irgendwann dann doch Wirkung gezeigt. Sie haben ihr Leben geändert
und gesagt: ‚Gott, der Chef über dieses Universum, hat so gehandelt, wie
wir es durch unser Leben verdient haben.'"

Sacharja bekommt nachts Träume von Gott aufgespielt
7 Gott hatte noch mehr Sachen, die er mir sagen wollte. In dem zweiten
Jahr, wo der Präsident Darius an der Macht war, redete Gott wieder mal
zu mir, und zwar am 24. Januar. Ich kam, wie gesagt, aus der Familie von
Berechja, und mein Opa war der Iddo. 8 Ich hatte in einer Nacht heftige
Träume, durch die Gott mir etwas zeigen wollte. Und zwar träumte ich in
einer Nacht von einem Typen, der auf einem roten Motorrad auf einer
Straße fuhr. Er hielt dann zwischen zwei Buchsbäumen im Tal. Hinter ihm
kamen plötzlich noch andere Motorräder ins Bild, ein rotbraunes, ein hell-
rotes und ein weißes. 9 Ich fragte Gott, was das denn jetzt schon wieder
zu bedeuten hatte. Die Antwort bekam ich von einem Engel, so einem Bot-
schafter von Gott, der zu mir sagte: „Ich werde dir gleich zeigen, was es
mit den Typen auf sich hat." 10 Der Mann, der zwischen den Buchsbäumen
stand, fing plötzlich auch an zu reden: „Wir sind die Jungs, die Gott los-
geschickt hat, um die Erde mal abzuchecken!" 11 Plötzlich sah ich den Chef-
engel Gottes zwischen den Buchsbäumen stehen. Die Fahrer von den

Motorrädern kamen bei ihm an und sagten: „Wir haben die ganze Erde ge-
checkt. Alle verhalten sich ruhig, und keiner traut sich mehr aufzumucken."
[12] Die Reaktion vom Chefengel war, dass er zu Gott ging, dem Chef über
das ganze Universum. Er fragte ihn: „Wie lange willst du noch damit warten?
Wie lange wird es noch dauern, bis du wieder nett zu den Leuten von Jeru-
salem und Juda bist? Schon siebzig Jahre lässt du die Leute dort spüren,
dass du sauer auf sie bist." [13] Gott antwortete dem Chefengel auf eine sehr
liebevolle und tröstende Art und Weise. [14] Dann drehte der Chefengel sich zu
mir um und sagte: „Folgendes musst du den Leuten von Gott, dem Chef,
sagen: ‚Ich bin total verknallt in die Leute aus Jerusalem! Ich liebe die Leute,
welche auf dem Berg Zion leben! [15] Aber auf die Nationen, die glauben, sie
seien die Obergeilen, bin ich richtig sauer. Ich war auf meine Leute nur ein
bisschen sauer, darum durften diese Nationen sie etwas ärgern. Aber die
haben es total übertrieben und meine Leute kaputt gemacht. [16] Darum will
ich, Gott, wieder zeigen, wie sehr ich die Stadt Jerusalem und ihre Bewohner
liebe. Ich möchte, dass dort mein Tempel wieder neu aufgebaut wird! Ich
habe sogar Pläne, die ganze Stadt wieder neu hochzuziehen.'" [17] Weiterhin
sollst du den Leuten Folgendes sagen: „Das kommt jetzt von Gott, dem
Chef! Meinen Städten soll es wieder richtig gutgehen! Ich werde die Leute in
Zion wieder gut draufbringen, ich habe mir Jerusalem extra als meine
besondere Stadt ausgesucht."

2

Der zweite Traum

[1] Dann hatte ich noch einen zweiten Traum. Dort sah ich vier große Hörner
von einem Stier. [2] Ich fragte den Engel, mit dem ich auch vorher gesprochen
hatte: „Was ist das jetzt schon wieder?" „Diese Hörner stehen für die Natio-
nen, die Juda und Israel im Krieg geschlagen und Jerusalem kaputt gemacht
haben. Die Bewohner der Stadt wurden in alle Winde verstreut. [3] Als Nächs-
tes zeigte mir Gott in diesem Traum vier Typen, die offensichtlich Hand-
werker waren. [4] Ich fragte den Engel: „Und was soll das bedeuten? Warum
sind die jetzt da? Was ist deren Aufgabe?" Er antwortete: „Sie sollen die
Hörner, die ja für diese Nationen stehen, kaputt machen. Die sollen diese
Völker in Panik versetzen und endgültig zerstören."

Der dritte Traum

[5] In der Nacht hatte ich dann noch einen dritten Traum. Ich hab in dem
Traum zum Himmel geguckt und sah dort so einen Typen mit einem langen
Zentimetermaß in der Hand. [6] Ich fragte ihn: „Wohin gehst du?" „Ich geh
nach Jerusalem", sagte er. „Dort will ich ausmessen, wie groß die Stadt mal
sein wird, wie lang und wie breit." [7] Der eine Engel, mit dem ich gequatscht

hatte, ging dann weg, aber stattdessen kam ihm ein anderer entgegen. 8 Zu
diesem Engel sagt der erste: „Los, ich will, dass du zu diesem jungen Mann
gehst und ihm Folgendes sagst: Jerusalem wird eine offene Stadt ohne
Schutzmauer werden, weil dort so viele Menschen und auch sehr viele Tiere
leben.“ 9 Gott sagt: „Ich selbst werde die Schutzmauer für die Stadt sein.
Ich werde sie mit einem Feuerwall umgeben, und ich werde mit meiner ganz
besonders krassen Art mitten in ihr leben.“

Gott macht alles wieder gut

10 Gott sagt: „Los jetzt! Kommt in die Puschen! Verschwindet schleunigst
aus dem Land im Norden! Ich habe euch in alle Himmelsrichtungen ver-
streut. 11 Los jetzt! Alle Leute von euch, die noch in Babylonien sind, sollen
zum Zionsberg fliehen.“ 12 Das sagt euch Gott, der Chef über alles. Er hat
mich zu den Völkern geschickt, die euch früher ausgeplündert und abge-
zogen haben. Er sagt zu ihnen: „Wer meine Leute anfasst, fasst mich da an,
wo ich am empfindlichsten bin. Sie sind mir so wichtig wie meine Augen.
13 Ja, passt auf, ich werde mit meiner Hand ausholen, und dann werden diese
Völker von den Menschen ausgeraubt, die vorher noch mit fiesen Knebel-
verträgen bei ihnen arbeiten mussten“, sagt Gott. Und ihr werdet kapieren,
dass er, der Chef über das ganze Universum, mich geschickt hat. 14 Gott
sagt: „Die Leute aus der Zionsstadt können abgehen vor Freude! Denn ich
komme vorbei und werde in die Stadt einziehen, ich werde dort wohnen.
15 Dann werden viele Menschen aus anderen Völkern an mich glauben und
zu meiner Truppe gehören. Ich werde auch bei ihnen am Start sein.“ Wenn
das passiert, werdet ihr kapieren, dass Gott, der Chef über alles, mich wirk-
lich zu euch geschickt hat. 16 Die Leute von Juda werden für immer Gott
gehören, wenn sie in dem ganz besonderen Land leben. Und Jerusalem wird
er sich wieder als seine ganz besondere Stadt aussuchen. 17 Alle Menschen
müssen ihren Mund halten, wenn Gott da ist. Er hat sich auf den Weg
gemacht, um aus seiner ganz besonderen und abgefahrenen Wohnung zu
uns zu kommen.

3

Der vierte Traum: Gott sagt, der Oberpriester Jeschua ist okay

1 Als Nächstes sah ich den Oberpriester Jeschua in so einem inneren Film,
so einer Vision. Er stand vor dem Chefengel von Gott. Neben ihm stand
Satan, der Ankläger. Er war da, weil er Jeschua wie vor einem Gericht verkla-
gen wollte. 2 Aber Gott sagte zu Satan: „Halt den Mund! Ich erlaube dir
nicht, dass du hier deine Beschuldigungen vorträgst! Ich habe mir Jerusalem
extra ausgesucht! Du sollst die Fresse halten! Dieser Mann ist wie so ein
Stück Holz, das man gerade noch aus einem Lagerfeuer rausgeholt hat.“

3 Jeschua stand mit total versifften Klamotten vor dem Engel. 4 „Zieht ihm
mal die dreckigen Sachen aus!", sagte der Engel zu den Leuten, die um ihn
rumstanden. Dann sagte er zu Jeschua: „Pass auf, ich hab dich jetzt sauber
gemacht. Der ganze Mist, den du gebaut hast, ist jetzt weg! Und als Nächs-
tes bekommst du einen schicken Anzug an!" 5 Dann sagte er noch: „Setzt
ihm auch eine Baseballkappe auf, die muss aber sauber sein!" Also zogen
ihm die Engel frische Klamotten an und setzten ihm die Kappe auf den Kopf.
Der Chefengel von Gott sah die ganze Zeit zu. 6 Als sie fertig waren, ver-
sprach der Chefengel von Gott dem Jeschua: 7 „Hör zu, das ist jetzt von
Gott, dem Chef über dieses Universum: ‚Wenn du ab sofort das tust, was ich
von dir will, und wenn du nach meinen Gesetzen lebst, dann darfst du mein
Haus verwalten und auch die Plätze vor meinem Haus. Und ich werde dir
erlauben, dass du dort auch hinkommen darfst, wo alle meine Angestellten
auch sind, nämlich direkt zu meinem Chefsessel! 8 Hör gut zu, Chefpriester
Jeschua. Du und deine anderen Priester, ihr seid echt Vorbilder für viele.
Passt auf, ich werde noch einen Mann zu euch schicken, der aus der Familie
von David kommt. 9 Seht ihr den Stein, den ich vor Jeschua hingelegt habe?
Auf diesen Stein sind sieben Augen draufgemalt. Als Nächstes werde ich
auf diesen Stein etwas eingravieren. Und dann werde ich den ganzen Mist,
den die Leute in diesem Land getan haben, an einem einzigen Tag löschen.
10 An diesem Tag werdet ihr euch gegenseitig auf Partys und zum Essen
einladen können.'"

4

Der fünfte Traum

1 Dann hatte ich mal wieder einen Traum von Gott, wo wieder der Engel
vorkam, der schon vorher mit mir gesprochen hatte. Aber diesmal weckte er
mich wie jemanden, der gerade eingepennt ist. 2 Er fragte mich: „Hey, was
siehst du?" „Ich sehe eine goldene Öllampe", antwortete ich. „Sie hat oben
ein Gefäß drauf, wo das Öl reinkommt. Dann gehen von dem Ständer sieben
kleine Röhren nach oben ab. Auf jeder Röhre ist eine Schale, die jeweils
einen Docht in der Mitte hat. 3 Neben der Lampe stehen zwei Olivenbäume,
einer rechts, einer links." 4 „Und was soll das Ganze bedeuten?", fragte ich
den Engel. 5 „Schnallst du das nicht?", fragte er zurück, und ich antwortete:
„Nö, keine Ahnung!" 6 „Pass auf, das ist jetzt eine Nachricht von Gott an
Serubbabel, den Oberbürgermeister von Juda: Es wird nicht durch eine
große Armee passieren und auch nicht dadurch, dass Menschen sonst was
auf die Beine stellen. Es passiert ganz alleine durch meine Kraft! Das sagt
Gott, der Chef über das ganze Universum. 7 Was willst du, großer Berg?
Du sollst flach wie ein Brett werden, wenn Serubbabel kommt. Er wird den
letzten Stein in der, neuaufgebauten Tempel einsetzen, und alle Leute

werden jubeln und sagen: ‚Yes, wie genial der aussieht!‘“ [8] Dann sagte Gott
zu mir: [9] „Serubbabel hat das Fundament für diesen Tempel gelegt, und er
wird ihn auch zu Ende bauen.“ Und dann werdet ihr kapieren, dass Gott, der
Chef über dieses Universum, mich zu euch geschickt hat. [10] Wer einen unbe-
deutenden, kleinen Anfang unterschätzt hat, hat sich getäuscht. Sie werden
sich freuen, wenn sie sehen, wie Serubbabel den letzten Stein in den Bau
einfügt. Diese sieben Augen, die ich schon mal erwähnt habe, sind übrigens
die Augen von Gott, mit denen er die ganze Zeit die Welt beobachtet. [11] Ich
fragte ihn dann noch: „Und was hat das mit den zwei Olivenbäumen auf der
rechten und der linken Seite von diesem Leuchter auf sich?“ [12] Ich bekam
keine Antwort, darum fragte ich noch ein zweites Mal: „Und was hat das mit
den zwei Zweigen vom Olivenbaum auf sich, die neben den goldenen Röh-
ren sind? Ich mein diese Röhren, wo das Olivenöl rausfließt.“ [13] „Hast du
das auch nicht kapiert, was das bedeutet“, sagte Gott. „Nein, Chef, hab ich
nicht!“, sagte ich. [14] Gott antwortete: „Das sind die beiden ganz besonderen
Typen, die ich extra ausgesucht habe. Sie stehen neben mir, dem Chef über
diese Welt.“

5

Der sechste Traum: ein fliegendes Blatt Papier

[1] Schließlich sah ich noch mal nach oben, und da flog auf einmal so ein gro-
ßes Blatt Papier durch die Luft. [2] Gott fragte mich: „Und? Was siehst du?“
„Also, da fliegt so ein großes Blatt Papier durch die Luft, auf dem viele Worte
gedruckt sind“, antwortete ich. „Das Teil ist ungefähr zehn Meter lang und
fünf Meter breit.“ [3] Gott sagte dann: „Was dort draufsteht, ist so ein Spruch,
mit dem man anderen die Krätze an den Hals wünscht. Dieser Spruch wird
über das ganze Land ausgesprochen. Jeder, der was geklaut oder etwas
geschworen hat, was nicht stimmte, wird die Wirkung von diesem Spruch
zu spüren bekommen. Die Zeit ist langsam vorbei, wo man so was machen
konnte, ohne bestraft zu werden. [4] Ich habe diesen Spruch gesagt, und er
wird wirken bei Leuten, die andere beklaut haben. Aber auch, wer vor Gericht
gelogen und sich dabei auf meinen Namen bezogen hat, wird die negative
Kraft des Spruches zu spüren bekommen. Dieser Spruch kommt wie eine
dunkle Wolke auf das Haus von solchen Leuten und bleibt dort für eine
Nacht. Dann wird er dort alles kaputt machen, inklusive der Wände und dem
Dach.“

Der siebte Traum: eine Frau in einer Tonne

[5] Dann kam der Engel, der die ganze Zeit mit mir gequatscht hatte, noch mal
an. Er sagte: „Jetzt schau mal genau hin und sag mir, was gerade vor deinen
Augen aufgetaucht ist!“ [6] „Hä, was ist das denn?“, fragte ich ihn. „Das ist

eine Tonne. In dieser Tonne ist der ganze Mist drin, den alle Menschen auf
der Erde gebaut haben", bekam ich als Antwort. 7 Schließlich kam jemand
an und nahm den Deckel von der Tonne. In dem Teil saß eine Frau drin. 8 Er
sagte: „Diese Frau ist ein Bild dafür, dass die Leute ohne Gott gelebt haben."
Dann steckte er die Frau wieder in die Tonne und schraubte den Deckel
drauf. 9 Ich schaute wieder nach oben und sah, wie zwei Frauen angeflogen
kamen. Sie hatten so große Flügel wie ein Storch. Die beiden hoben die
Tonne hoch und flogen damit weg, in Richtung Himmel. 10 Ich fragte den
Engel: „Wohin bringen sie die Tonne mit der Frau?" 11 „Sie fliegen damit in
das Land Schinar. Da wird man für die Frau einen Tempel bauen und sie
an einem Platz aufstellen."

6

Der achte Traum: vier Autos

1 Schließlich sah ich in meinem Traum wieder nach oben. Zwischen zwei
Bergen, die komplett aus Metall bestanden, kamen vier Wagen rausgefahren.
2 Der erste Wagen hatte eine rote Lackierung. Der zweite hatte eine schwar-
ze Karosserie. 3 Der dritte war weiß lackiert, und der vierte war mit lauter
Punkten verziert. Außerdem hatte er über 200 PS. 4 Ich fragte den Engel, der
mit mir redete: „Und? Was haben diese Autos für eine Bedeutung?" 5 Er
antwortete: „Die Autos stehen für die vier Himmelsrichtungen, aus denen
der Wind wehen kann. Diese Winde hat Gott alle organisiert, er hat sie über
die Erde geschickt. 6 Das schwarze Auto wird in Richtung Norden fahren.
Das weiße Auto wird nach Westen fahren. Und das Auto mit den Punkten
wird nach Süden fahren. 7 Der Motor dieses Autos mit seinen 200 PS heulte
auf und puschte den Wagen regelrecht nach vorne." Das Auto wollte unbe-
dingt auf der Erde umherfahren. Jetzt sagte der Engel: „Okay, dann los! Fahrt
über die Erde, wohin ihr wollt!" Plötzlich fuhren die Wagen los und machten
ihre Tour kreuz und quer über die Erde. 8 Zu mir sagte der Engel: „Siehst
du das? Die Wagen sorgen dafür, dass Gott sich in dem Land im Norden
abreagieren kann."

Jeschua unterschreibt die Präsidentenurkunde

9 Gott redete mal wieder mit mir. Er sagte: 10 „Hol mal etwas aus dem Haus
von Joschija, dem Sohn von Zefanja! In diesem Haus sitzen Heldai, Tobija
und Jedaja, die gerade aus Babylonien gekommen sind. Da gibt es etwas
für dich zu holen. 11 Dann organisierst du dir gutes Papier und machst dar-
aus eine Urkunde, die man braucht, um jemanden zum Präsidenten zu
ernennen. Diese Urkunde übergibst du dann dem Oberpriester Jeschua, der
ein Sohn von Jozadak ist. 12 Erzähl ihm anschließend: ‚Was ich jetzt sage,
kommt von Gott, dem Chef über dieses Universum: Es wird mal einen Mann

geben, der aus der Familie von David kommt. Dieser Typ wird mir einen
neuen Tempel bauen.‘ [13] Ja, genau, er wird den Tempel von Gott bauen! Und
er wird mit viel Respekt regieren. Er sitzt am Präsidentenschreibtisch und
hat von dort aus die Macht. Es wird in der Zeit auch einen Priester geben,
der mit ihm auf einer Stufe stehen wird. Beide werden gut miteinander klar-
kommen und dafür sorgen, dass es Frieden gibt. [14] Diese Präsidenten-
urkunde soll im Tempel aufgehängt werden, und wegen ihrer sollen sich alle
immer an Heldai, Tobija und Jedaja erinnern. Außerdem an Joschija, bei dem
die anderen drei wohnen konnten.“ [15] Von großer Entfernung werden die
Leute angefahren kommen, um bei den Bauarbeiten vom Tempel zu helfen.
Dann werden auch endlich alle kapieren, dass Gott mich geschickt hat.
Das alles passiert aber nur, wenn ihr Gott mal richtig zuhört und das auch
macht, was er euch sagt!

7

Wie das ist mit dem Aufs-Essen-Verzichten und Beten

[1] Im vierten Jahr, wo der Präsident Darius an der Macht war, redete Gott
wieder mit mir. Es war am 4. Dezember. [2] In der Zeit war gerade eine Ab-
ordnung von Männern aus Bet-El in Jerusalem angereist. Mit dabei waren
Sar-Ezer und Regem-Melech und ein paar von ihren Angestellten. Sie waren
dorthin gekommen, weil sie was ganz Bestimmtes von Gott wissen wollten.
[3] Darum hatten sie sich vorgenommen, den Priestern und Prophetentypen
dort eine Frage zu stellen. Sie wollten wissen, ob sie in Zukunft diesen reli-
giösen Feiertag durchziehen sollten, wo man aufs Essen verzichtet und laut
weinen muss. Das hatte man ja schon seit Jahren so gemacht, um sich da-
dran zu erinnern, dass in der Zeit die Leute nach Babylonien in Kriegsgefan-
genschaft gekommen sind. Die Propheten und Priester sollten dann diese
Frage für Gott beantworten. [4] Gott redete zu mir über die Sache. [5] „Sag den
Leuten und den Priestern Folgendes von mir“, meinte er. „Seit siebzig Jahren
veranstaltet ihr jetzt schon diese Feiertage, wo man aufs Essen verzichtet
und laut weinen muss. Das Ding läuft immer im August und im Oktober
jedes Jahr. Aber mal im Ernst, glaubt ihr, dass das irgendeiner wirklich nur
für mich gemacht hat? [6] Wenn ihr zu Mittag esst und eine Cola trinkt, dann
tut ihr das doch auch nur für euch, weil ihr Hunger habt. [7] Kennt ihr nicht
die Worte, die ich durch die alten Prophetentypen damals gesprochen habe?
Ich meine jetzt die aus der Zeit, als man in Jerusalem und in den Städten
drum herum noch wohnen konnte, ohne Angst haben zu müssen. In der
Zeit waren die Städte von Juda, das Gebiet im Süden und das Land in den
Bergen im Westen noch bewohnt!“ [8] Gott sagte dann noch zu mir: [9] „Ich,
der Chef über dieses Universum, will, dass man über alle Menschen korrekte
Urteile fällt und dass man liebevoll und korrekt miteinander umgeht.

[10] Unterdrückt nicht die Frauen, deren Ehemänner gestorben sind und die
auf der Straße leben müssen! Auch die Kinder ohne Eltern, die Ausländer
und generell alle Leute, denen es dreckig geht, sollt ihr nicht fertigmachen.
Überlegt euch nicht ständig, wie ihr euch gegenseitig eine reindrücken
könnt. [11] Aber leider wollte ja keiner so wirklich auf mich hören. Ihr habt auf
euren Ohren gesessen, euch weggedreht oder einfach die Musik lauter
gemacht, nur um nicht meine Stimme zu hören. [12] Die Leute machten sich
innerlich total hart, nur um bloß nicht auf das zu hören, was ich von ihnen
wollte. Sogar die Worte, welche ich den alten Propheten gesagt hab, kamen
nicht bei ihnen an. Darum wurde ich total sauer auf sie, ich war richtig aggro
unterwegs. [13] Das ist auch der Grund, warum Folgendes passiert ist: Ich,
Gott, habe zu ihnen gesprochen, aber sie haben nicht auf mich gehört.
Genauso werden sie auch mit mir sprechen, aber ich werde nicht auf sie
hören. Das sagt der Chef über dieses Universum. [14] Ich habe dafür gesorgt,
dass sie überall verstreut auf der Erde leben mussten. Sie mussten bei
Völkern wohnen, von denen sie vorher noch nie was gehört hatten. Ihr Land
mussten sie hinter sich lassen, und es vertrocknete und ging kaputt. Keiner
wollte dort mehr wohnen. Sie haben aus diesem obergeilen Land eine
tote und vertrocknete Wüste gemacht."

8

Gott verspricht: Irgendwann wird alles gut werden

[1] Irgendwann redete Gott wieder mit mir. Er sagte: [2] „Das sagt jetzt Gott,
der Chef über das ganze Universum: Ich setze mich voll dafür ein, dass es
den Bewohnern der Zionsstadt gutgeht. Ich bin voll verknallt in meine Leute,
und wenn jemand etwas gegen sie hat, dann kriegt er von mir was auf die
Ohren. [3] Ich werde wieder zurückkommen auf den Berg Zion! Ich werde mit-
ten in Jerusalem wohnen. Die Stadt bekommt dann den Spitznamen ‚Stadt
der Treue', und den Berg von Gott wird man ‚Den ganz besonderen, gott-
mäßigen Berg' nennen." [4] Gott, der Chef über dieses Universum, sagt:
„Opas und Omas werden wieder auf den Parkbänken in Jerusalem City sit-
zen. Sie haben einen Gehstock dabei, weil sie schon so alt sind. Es wird wie-
der alte Leute bei euch geben, weil die Menschen nicht schon vorher durch
Kriege, Hunger oder Krankheit gestorben sind. [5] Auf den Straßen und in den
Parks werden wieder voll viele Kinder rumhüpfen und spielen." [6] Das sagt
Gott, der Chef über das ganze Universum: „Auch wenn das für die Übrig-
gebliebenen meiner Leute total unvorstellbar ist, ist das noch lange kein
Grund, dass es für mich nicht vorstellbar ist." [7] Der oberste Chef über alles
in der Welt, Gott, sagt: „Passt auf, ich werde meine Leute aus dem Land
rausholen, wo sie festsitzen, egal, ob das im Osten liegt oder ganz im Wes-
ten. [8] Und dann bringe ich sie wieder nach Hause. Sie werden in Jerusalem

leben. Sie werden meine Leute sein, und ich werde ihr Gott sein. Ich bin
treu, und ich bin immer korrekt. 9 Macht nicht schlapp! Das geht an die
Leute, die von den Worten von meinen Propheten gehört haben. Ich meine
jetzt diese Worte, die an dem Tag gesagt wurden, als die Grundsteinlegung
für den Wiederaufbau von meinem Tempel passiert ist. 10 Alles, was vor die-
sem Tag lag, war sowieso umsonst. Eure Arbeit brachte nichts ein, und die
Kühe haben auch nicht zu fressen bekommen. Wer das Haus verließ, war
ständig in Gefahr, von Feinden getötet zu werden. Es gab keine Sicherheit,
denn ich habe dafür gesorgt, dass die Menschen aufeinander losgegangen
sind. 11 Aber ich hab beschlossen, mit dem Rest von meinen Leuten jetzt
anders umzugehen, nicht mehr so wie früher." Das sagt Gott. 12 „Ich werde
dafür sorgen, dass sich endlich alles entspannt. Die Pflanzen werden gut
wachsen und Früchte tragen. Es wird immer genug regnen, und dem Rest
vom Volk wird alles gehören. Ich werde es ihnen überlassen, sie haben es
geerbt. 13 Früher hat man euch überall auf der Welt als ein Beispiel dafür
genommen, wie das ist, wenn ich einem die Krätze an den Hals wünsche
und gegen einen bin. Aber durch das, was ich bei euch machen werde, wird
man euch als ein Beispiel benutzen, um zu zeigen, wie ich ein Volk aus der
Gosse raushole. So werdet ihr für andere etwas Gutes tun. Habt keine Angst!
Spannt die Muskeln an, packt zu!" 14 Gott sagt: „Ich hatte mir früher einmal
vorgenommen, euch eins reinzudrücken. Das war in der Zeit, als die Leute,
die vor euch lebten, mich echt provoziert haben. Es tat mir damals auch null
leid. 15 Aber jetzt hab ich mir vorgenommen, euch, die Leute in Jerusalem
und Juda, wieder voll zu beschenken. Habt keine Angst mehr! 16 Das sind die
Dinge, die ihr machen sollt: Lügt euch nicht gegenseitig an, erzählt immer
die Wahrheit! Wenn ihr als Richter arbeitet, solltet ihr im Gerichtssaal nur
korrekte Urteile fällen! 17 Denkt euch nicht irgendwelche fiesen Sachen aus,
zum Beispiel, wie man anderen Leute schaden und sie ins Unglück stürzen
kann oder so was. Ich möchte, dass ihr es ätzend findet, wenn man etwas
ganz fest verspricht und dann nicht hält. Denn ich finde das auch total dane-
ben." 18 Dann sagte Gott noch zu mir: 19 „Das kommt jetzt vom Chef, der
über alles das Sagen hat: Die Tage, wo man auf Sachen verzichten und nicht
essen soll, müssen zu Tagen werden, wo sich die Leute von Juda freuen und
'ne Party feiern! Ich meine damit den Juli, August, Oktober und Dezember.
Wo man vorher gefrustet war, wird man sich jetzt nur noch freuen. Ihr sollt
Wahrheit und Frieden ab jetzt total gut finden." 20 Gott, der Chef über dieses
Universum, sagt: „Es werden sich viele Menschen von überall her, auch
aus den Städten, auf die Suche machen. 21 Sie werden zu den Leuten gehen,
die sie auf dem Weg treffen, und zu ihnen sagen: ‚Los, lasst uns Gott
suchen, lasst uns gemeinsam mit ihm reden! Wir wollen ihn bitten, dass er
uns unseren Mist verzeiht!' 22 Es werden große und auch mächtige Nationen

bei mir ankommen. Sie werden in Jerusalem aufkreuzen, um mich dort zu
besuchen und zu mir zu beten.“ 23 Gott, der Chef über dieses Universum,
sagt: „In der Zeit werden zehn Männer aus ganz unterschiedlichen Ländern
mit unterschiedlichen Sprachen sich einen Juden greifen und zu ihm sagen:
‚Hey, bitte, wir wollen mit euch, den Juden, zusammen sein! Wir haben
gehört, dass der echte Gott bei euch ist.‘“

9

Gott wird die Feinde von Israel bestrafen

1 Jetzt kommt ein Spruch, der direkt von Gott stammt: Die Worte vom Chef,
die Worte von Gott hat man im Land Hadrach und in Damaskus gehört.
Alle Leute aus Syrien und auch die Familienstämme von Israel gehören Gott.
2 Das gilt auch für die Menschen, die in Hamat leben, welches an dieses
Gebiet angrenzt, und auch für Tyrus und Sidon stimmt das. Dort gibt es sehr
viele schlaue Leute. 3 Um die Stadt Tyrus wurde eine große Schutzmauer
aufgebaut. In der Stadt gibt es so viel Geld, die können sich mit den Schei-
nen den Hintern abwischen. Auch in den Banktresoren liegt jede Menge
Gold. 4 Aber Gott wird den Leuten dort ihre Kohle wegnehmen, er wird die
Stadt erobern und ihre Marineschiffe im Meer versenken. Die ganze Stadt
wird verbrannt. 5 Dann hören die Philister in ihren Städten Aschkelon, Gaza
und Ekron davon. Sie werden Angst bekommen, weil sie keine Beschützer
mehr haben, die sie vor Feinden beschützen. Der Präsident aus Gaza wird
verschwinden, und die Bewohner der Stadt Aschkelon werden alle von dort
wegziehen. Sie wird dann menschenleer sein. 6 Viele Ausländer werden in
Aschdod leben. „Auf die Art will ich die Arroganz der Philister ein für alle Mal
beenden“, sagt Gott. 7 „Ich werde ihnen die dreckigen und noch blutigen
Fleischstücke aus dem Mund reißen. Diese ekligen Teile ziehe ich aus ihrem
Maul, auch wenn sie schon dadrauf rumgekaut haben. Dann werden auch
die restlichen Leute der Philister zu mir überlaufen, sie werden wie eine
verwandte Familie vom Stamm Juda sein. Die Leute von Ekron werden auf
die Art bei ihnen leben, wie man es auch in Jerusalem mit den Jebusitern
sehen kann. 8 Ich, Gott, werde mich wie ein Securitymann vor meinem Haus
aufstellen, um es so vor Feinden zu schützen. Kein Diktator soll sie mit
seiner Armee mehr angreifen können, denn jetzt stehen sie unter meinem
ganz persönlichen Schutz, ich hab die ganze Zeit ein Auge auf sie.“

Ein neuer Präsident, der Frieden bringt, kommt nach Jerusalem

9 Geh ab, freu dich! Die Leute in der Stadt Zion können anfangen zu jubeln.
Die Bewohner in Jerusalem können Party machen! Denn da ist ein neuer
Präsident am Start. Er ist total korrekt, er kann wirklich helfen und ist dabei
nicht arrogant. Er kommt nicht in einer fetten Limousine, sondern auf einem

kleinen Moped angefahren. 10 Er sorgt dafür, dass die Panzer aus Jerusalem
auf dem Schrottplatz landen, auch die Militärmotorräder werden dorthin
verfrachtet. Die MGs, Pistolen und Handgranaten kommen dann in die
Müllpresse. Er sorgt dafür, dass alle Völker miteinander Frieden haben.
Er hat dann die Macht, von einem Ende der Welt bis zum anderen Ende.

Was davor noch passieren wird

11 Gott sagt: „Pass auf, ich werde deine Gefangenen aus dem Knast befreien.
Sie kommen aus der jetzigen Situation raus, wo sie nicht mal was zu trin-
ken haben. Das passiert wegen den Verträgen, die ich mit euch ganz fest
geschlossen hab. Die wurden mit Blut unwiderruflich festgemacht und
gelten heute noch. 12 An alle, die im Knast sind, aber die Hoffnung nicht ver-
loren haben: Kommt wieder zurück in die Stadt! Ich verspreche euch heute,
dass ihr eine fette Entschädigung bekommt. Ihr werdet doppelt so viel
bekommen wie das, was ihr verloren habt. 13 Ich werde die Leute von Juda
benutzen, um gegen die Armee der Griechen zu kämpfen. Sie sind wie
meine Pumpgun, mit der ich auf die erfahrenen Soldaten von den Griechen
schießen werde. Die Leute von Zion werden wie ein MG sein, mit der ich
die Feinde niedermähe.“ 14 Gott wird plötzlich über ihnen sichtbar werden,
er wird mit Blitzen aus dem Himmel auf sie einschlagen. Dann lässt er die
Sirene losheulen, und plötzlich kommen total heftige Stürme aus dem
Süden. 15 Gott, der Chef über alles, wird auf seine Leute aufpassen und sie
beschützen. Die Kugeln werden an seiner Schutzmauer abprallen und
auf den Boden fallen. Sie werden losschlagen, und es wird sehr viel Blut
fließen. Dieses Blut berauscht sie wie Alk. Überall wird dieses Blut sein. Es
wird so viel sein wie das Blut in den Opferschalen vom Tempel, die an
den Ecken vom Altar angeschraubt sind. 16 Gott wird seine Leute an diesem
Tag retten, so wie man Schafe rettet, wenn sie bedroht werden. Seine Leute
sind für ihn wie glitzernde Edelsteine, die auf seinem Land liegen und in
der Sonne funkeln. 17 Sie sind einfach nur wunderschön! Männer werden
heranwachsen, und sie bekommen gute Vollkornnahrung, um stark zu
werden. Und die Frauen kriegen leckeren Wein zu trinken.

10

Gott bringt die Leute von Israel wieder zusammen und macht sie stark

1 Ihr müsst Gott unbedingt darum bitten, dass er es zum richtigen Zeitpunkt
regnen lässt, kurz vor der Ernte! Schließlich organisiert er die dunklen
Regenwolken, er organisiert den Regen. So sorgt er dafür, dass alles auf
den Wiesen und Feldern wachsen kann. 2 Die kleinen Plastikgötter, die bei
den Leute zu Hause rumstehen, erzählen nur Schwachsinn. Die Eso-Heinis
und Wahrsager lügen wie gedruckt. Die Träume, von denen sie euch erzäh-

len, haben sie sich nur selbst ausgedacht. Sie trösten die Leute mit leeren Sprüchen. Weil die Leute auf sie gehört haben, wurden sie in eine falsche Richtung gelenkt. Es ging ihnen dreckig, weil es niemanden gab, der wie ein Beschützer auf sie aufgepasst hat. [3] Gott sagt: „Auf diese Anführer bin ich richtig sauer. Aber auch die Typen, die dann die Führung übernommen haben, werde ich bestrafen. Ich, der Chef über dieses ganze Universum, werde mich um meine Leute kümmern. Die Leute von Juda werde ich wie zu einem Panzerwagen aus Stahl zusammenschweißen. Mit ihnen werde ich in den Krieg ziehen. [4] Der eine besondere Stein, nach dem der Rest von einem ganzen Haus ausgerichtet ist, kommt dann von meinen Leuten. Auch der Zelthering, ohne den jedes Zelt in sich zusammenfallen würde, kommt von meinen Leuten. Aber auch das MG, mit dem man Krieg führt, sowie viele mächtige Leute werden aus meinem Volk kommen. [5] Meine Leute werden kämpfen wie Helden. Sie werden die Feinde in die Hundescheiße treten, die auf der Straße liegt. Sie sind nämlich totale Kämpfer, denn ich bin auf ihrer Seite. Und darum werden auch die Soldaten auf Motorrädern und in Panzern nicht gegen sie ankommen. [6] Ich werde den Leuten von Juda helfen, und ich rette die Leute von Josef, ich sorge dafür, dass sie in ihrem Land weiter wohnen dürfen. Ich liebe sie, und es wird bei ihnen wieder alles gut werden, fast so, als hätte ich sie nie verlassen. Denn ich bin Gott, ich bin der absolute Chef über diese Welt, und ich helfe, wenn man zu mir betet. [7] Die Leute vom Familienstamm Efraim werden die großen Helden sein. Sie sind wieder gut drauf, fast so, als hätten sie ein paar Bier getrunken. Die Kinder werden das mitkriegen, werden abgehen vor Freude und sich bei mir dafür bedanken. [8] Dann will ich ein lautes Signal starten, was sie hören. Es ist ein Zeichen, dass sich alle an einem Ort sammeln sollen, weil ich sie dann befreien werde. Es werden wieder genauso viele Menschen sein, wie es auch früher waren. [9] Ich habe sie ja überall auf die Welt verstreut, aber wenn sie dann aus der Distanz wieder an mich denken und anfangen, wieder mit mir zu leben, dann sollen sie irgendwann mit ihren Kindern wieder zurückkommen. [10] Ich sorge dafür, dass sie aus Ägypten und Assyrien auswandern und wieder nach Hause kommen, in das Land Gilead und in den Libanon. Und sie werden sich so krass vermehren, dass dieses Land bald nicht mehr ausreichen wird. [11] Dann helfe ich ihnen. Ich sorge dafür, dass sie ihr Gebiet erweitern können. Sie werden, wie damals aus Ägypten, wieder durch einen großen Fluss gehen, ohne nasse Füße zu bekommen, weil ich das Wasser zurücktreibe. Die Quellen werden aufhören zu fließen. Die Assyrer dachten immer, sie sind die Geilen, aber jetzt werden sie runtergeputzt. Auch die Macht von den Ägyptern wird verschwinden.
[12] Ich, Gott, werde meine Leute stark machen. Nur durch meine Kraft werden sie leben. Das kommt jetzt von mir, dem Chef über alles, von Gott."

11

Ein Bild: Bäume als Präsidenten, die alle abgesetzt werden
1 Libanon soll seine Grenzen öffnen, damit ein Feuer kommt und die Zedern
vernichtet! 2 Die Birken sollen rumheulen, weil die Zedern vernichtet wur-
den. Die krassesten und heftigsten Bäume wurden kaputt gemacht. Die
Eichen in Baschan sollen auch heulen, weil der große Wald, der so dicht be-
wachsen war, zerstört wurde. 3 Hört ihr das? Die Präsidenten weinen, weil ihr
Schmuckstück, also die Nation, über die sie regiert hatten, kaputt gemacht
wurde. Hört, wie der Hund jault, weil man seine Hundehütte zerkloppt hat.

Ein Traum von einem Hirten, auf den die Leute keinen Bock hatten
4 Gott, mein Chef, sagte zu mir: „Kümmer dich um die Schafe, die bald
geschlachtet werden sollen. 5 Die neuen Besitzer werden sie einfach töten,
ohne sich einen Kopf dadrum zu machen. Es tut ihnen null leid. Vielleicht
verkaufen sie die auch und danken mir dabei auch noch für den guten
Deal, den sie gemacht haben. Sie sagen: ‚Yeah! Wie geil! Danke, Gott! Ich
bin reich!' Auch den Leuten, die auf die Schafe aufpassen, ist es egal, wie
es den Schafen geht. 6 Darum werden mir die Leute auch nicht leidtun,
die auf der Erde leben. Ich überlasse sie sich selbst. Wenn sie sich nicht
untereinander kaputt machen, dann wird es die Regierung tun. Die wird
auch die Erde zerstören, und ich werde sie nicht davon abhalten, ich rette
euch nicht vor dieser Regierung." 7 Ich tat das, was Gott mir gesagt hatte,
und kümmerte mich um die Schafe, die von ihrem Besitzer zum Schlachten
ausgesucht worden waren. Ich organisierte mir dazu noch zwei Stöcke, die
man braucht, wenn man auf Schafe aufpasst. Dem einen Stock gab ich den
Namen „Nettsein" und dem anderen gab ich den Namen „Zusammenge-
hören". 8 In einem Monat kündigte ich drei von meinen Hirten ihren Job,
weil sie nicht gut auf die Schafe aufgepasst hatten. Aber so langsam drehte
ich bei der Arbeit mit den Schafen echt durch, und die Schafe hatten lang-
sam auch keinen Bock mehr auf mich. 9 Ich sagte zu ihnen: „Ich will nicht
mehr auf euch aufpassen! Wenn einer von euch unbedingt sterben will, dann
soll er doch, ist mir egal. Wenn sich einer von euch verlaufen will, dann soll
er doch, ist mir egal. Und die dann noch übrig sind, können sich von mir aus
auch gegenseitig abschlachten und die Leichen danach auffressen!" 10 Ich
nahm den Stock, wo „Nettsein" draufstand, und zerbrach ihn in zwei Teile.
Damit machte ich alle Verträge ungültig, die ich mit irgendwelchen Ländern
gemacht hatte. 11 Auf die Art wurden die Friedensverträge mit Gott ungültig
gemacht. Die Schafe-Verkäufer, welche mich dabei beobachtet hatten, kapier-
ten, dass dieses Stockzerbrechen wie ein Wort war, was Gott zu ihnen ge-
sprochen hatte. 12 Dann sagte ich zu ihnen: „Wenn das für Sie okay ist,

möchte ich jetzt meine Bezahlung haben. Wenn es für Sie nicht okay ist,
dann lassen Sie es von mir aus bleiben." Sie holten sofort ihre Schecks raus
und bezahlten mir 3500 Euro. 13 Plötzlich redete Gott mit mir. Er sagte: „Ganz
toll! So viel Geld bin ich ihnen also wert! Schmeiß die Kohle in den Kollek-
tenbeutel am Eingang vom Tempel!" Ich hab dann die ganzen 3500 Euro in
den Kasten geschmissen, der am Eingang vom Tempel hängt. 14 Als Nächs-
tes stellte ich mich hin und zerbrach den zweiten Stock, wo „Zusammen-
gehören" draufstand. Mit dieser Handlung zerstörte ich die Verbindung zwi-
schen Juda und Israel. Die bestand, weil sie ja verwandt und so was wie
Geschwister waren. 15 Dann sagte Gott noch zu mir: „Zieh dir bitte noch ein-
mal die Arbeitskleidung von einem Hirten an, inklusive des Stocks, den
ein Hirte immer mit sich rumträgt. Aber dann verhalte dich so wie ein Hirte,
der nicht ganz dicht ist und seinen Job nicht gut macht. 16 Durch diese
Aktion will ich den Leuten sagen, dass es bald einen Präsidenten geben wird,
der seinen Job auch nicht gut macht. Er kümmert sich nicht um die kaputten
Tiere. Wenn ein Schaf sich verirrt hat, sucht er es nicht. Wenn sich ein Tier
am Bein verletzt hat, versorgt er die Wunde nicht. Auch die gesunden Tiere
sind ihm egal. Aber wenn er Hunger hat, greift er sich eins der fetten Schafe,
schlachtet es und grillt sich davon ein Filetsteak. Weil er so wild auf das
Fleisch ist, zersägt er dabei sogar die Beine von dem Tier. 17 Der Typ, der
auf die Schafe aufpassen sollte, aber eigentlich überhaupt keinen Bock
darauf hat, muss echt aufpassen. Ihm wird der Arm abgehackt, und er ver-
liert das rechte Auge. Sein Arm soll vertrocknen, und sein Auge soll nicht
mehr sehen können."

12

Gott passt auf Jerusalem auf

1 Jetzt kommt noch mal ein Wort von Gott, was er mir für die Leute von
Israel gegeben hat. Es stammt von dem Gott, der das Universum gemacht
hat. Er hat die Erde mitten in die Milchstraße gepinnt, und er hat dafür
gesorgt, dass die Menschen in sich eine Kraft haben, die dafür sorgt, dass
sie denken, fühlen und leben können. 2 Er sagt: „Passt auf, ich werde dafür
sorgen, dass Jerusalem zu einem Stein wird, über den die anderen Völker
stolpern werden. Israel wird für die Völker so wie billiger Fusel sein, mit dem
sie sich die Birne zudröhnen. Die Leute von Juda werden auch was abkrie-
gen, wenn Jerusalem belagert wird. 3 An dem Tag werde ich Jerusalem zu
einer 300-Kilo-Hantel machen, an der sich die Völker, welche sie stemmen
wollen, einen Leistenbruch holen. Sie holen sich beim Versuch, dieses
Gewicht hochzuheben, Blasen an den Händen. Alle Nationen auf der Erde
werden gegen Jerusalem vorgehen. 4 Ich werde dafür sorgen, dass die
Motoren ihrer Panzer nicht mehr funktionieren und die Soldaten, welche

die Panzer fahren, eine Psychose kriegen. Ich werde dafür sorgen, dass die
GPS-Systeme auf der ganzen Welt nicht mehr funktionieren. Aber auf
meine Leute pass ich auf, ihnen darf nichts passieren. 5 Die Führungsriege
von Juda wird solche Gedanken haben wie: ‚Die Menschen, die in Jerusalem
leben, sind nur so stark, weil Gott, der Chef über dieses Universum, sie
stark macht!‘ 6 Ich werde dafür sorgen, dass die Generäle der Armee von
Juda wie glühende Kohlen zwischen Holzstücken sein werden. Sie werden
wie ein Streichholz sein, mit dem man eine ganze Tankstelle in die Luft
jagen kann. Jerusalem wird immer dort bleiben, wo es ist, und niemand wird
die Stadt zerstören können.“ 7 Gott wird zuerst die anderen Leute von
Juda retten, damit die Familie von David und die Bewohner von Jerusalem
nicht denken, sie wären etwas Besseres als die. 8 Und dann wird Gott
auch die Bewohner von Jerusalem beschützen. Fertige und kaputte Leute
werden an dem Tag so groß rauskommen, wie der Präsident David groß
rausgekommen ist. Die schwachen Menschen von ihnen werden so stark
sein wie David. Die Nachfolger aus der Familie von David werden ganz
vorne dabei sein. Sie haben dann sogar die gleiche Power wie der Chefengel
von Gott!

Es tut den Leuten voll leid

9 Gott sagt: „An dem Tag bin ich so sauer, dass ich mir vornehme, alle
Länder, die gegen Jerusalem Krieg geführt haben, kaputt zu hauen. 10 Dann
werde ich mit meiner Kraft dafür sorgen, dass es der Familie von David
und den Bewohnern von Jerusalem plötzlich voll leidtut, was sie gemacht
haben. Sie werden deswegen anfangen, mich zu bitten, dass ich wieder
nett zu ihnen bin. Sie werden mich anschauen, mich, den sie durchstochen
haben. Sie werden traurig sein, so wie man traurig ist, wenn der einzige
Sohn plötzlich stirbt. Sie werden sehr heftig weinen, wie man weint, wenn
der älteste Sohn, der mal alles erben sollte, plötzlich tot ist. 11 In Jerusalem
wird man eine so heftige Trauerfeier veranstalten, wie man damals getrau-
ert hat, als die Stadt Hadad-Rimmon in der Ebene von Megiddo im Krieg
gefallen ist. 12 Jede Familie wird für sich alleine trauern. Die Familien, die
von David abstammen, trauern alleine, und die Familien, die von Nathan
abstammen, trauern allein. Und die Frauen haben jeweils noch mal eine
eigene Trauerfeier angesetzt. 13 Die Levi-Leute haben eine eigene Trauerfeier,
und ihre Frauen haben auch eine eigene Trauerfeier. Die Männer der Fami-
lie von Schimi haben eine eigene Trauerfeier und die Frauen der Familie
Schimi auch. 14 So ist es bei allen Familien im Land, die Männer und Frauen
trauern getrennt voneinander.“

13

Wie das Land dann von Plastikgöttern sauber gemacht wird

1 In der Zeit wird es für die Familie, die von David abstammt, und für die
Bewohner von Jerusalem eine besondere Quelle geben. Aus dieser Quelle
kommt ein Wasser, das von dem ganzen Mist sauber macht, den man im
Leben so baut. Es reinigt einen von dem ganzen Dreck.
2 Gott, der Chef
über dieses Universum, sagt: „In der Zeit werde ich jeden Plastikgott aus
meinem Land rausschmeißen. Ich werde sogar die Erinnerung an diese Teile
aus dem Gedächtnis der Menschen löschen. Man wird nicht mehr über
sie reden. Auch die Pseudopropheten werde ich rausschmeißen und ebenso
diese Einstellung, dass die Leute immer nur Mist bauen wollen."
3 Falls es
dann doch mal passiert, dass ein Typ irgendwo als Prophet auftritt, dann
werden ihn sogar seine eigenen Eltern verurteilen. Sie werden sagen: „Du
hast kein Recht mehr zu leben! Denn du hast so getan, als würdest du
Sachen erzählen, die Gott dir gesagt hat. Dabei war das alles gelogen!" Seine
eigenen Eltern werden ihn umbringen, weil er einen auf Prophet gemacht
hat.
4 Dann wird es für diese Typen peinlich werden, öffentlich die Sachen zu
erzählen, die sie angeblich von Gott haben. Sie werden auch nicht mehr in
der Propheten-Dienstkleidung rumlaufen, um so ihre Lügen zu verbreiten.
5 Wenn man so einen dann fragt: „Na, sind Sie auch so ein Prophetentyp?",
wird er antworten: „Niemals! Ich bin ein normaler Kfz-Mechaniker! Ich
lebe von der Reparatur von Autos. Ich hab schon in meiner Jugend eine
Lehre bei einem Kfz-Meister gemacht, und seitdem arbeite ich in dem
Beruf!"
6 Und wenn man ihn fragt: „Was sind denn das für Wunden? Verlet-
zen Sie sich etwa auch selber, so wie das Propheten manchmal tun?", dann
antwortet er: „Nein! Die hab ich noch von einer Schlägerei mit ein paar
Hooligans beim letzten Heimspiel!"

Die Menschen haben niemanden, der ihnen sagt, wo es langgeht

7 Gott redet jetzt mit einer Waffe. Er sagt: „Los, Maschinengewehr! Schieße
auf den Typen, der an meiner Seite steht! Töte den Typen, der auf die Schafe
aufpasst, damit die Schafe anschließend alle weglaufen. Ich werde mich
um die schwachen Schafe kümmern und sie beschützen.
8 Überall im Land
wird das passieren. Zwei Drittel der Leute müssen sterben, ein Drittel wird
überleben.
9 Dieses letzte Drittel wird hart getestet. Ich will sie trainieren,
sie sollen abgecheckt und geprüft werden, so wie man eine Rechnung prüft,
die man bekommen hat. Ich will sie filtern, so wie man Öl filtert, denn der
Dreck muss raus. Wenn sie dann zu mir beten, werde ich ihnen antworten.
Ich werde zu ihnen sagen: ‚Ihr gehört zu mir! Ihr seid meine Leute!' Und sie
werden antworten: ‚Ja, und du bist der Chef, du bist unser Gott!'"

14

Gott wird kommen, um Jerusalem zu retten und eine Gerichtsverhandlung anzusetzen

1 Gott sagt: „Es wird einen Tag geben, wo man in deinem Land die Beute an
die Soldaten verteilt, die dich gerade im Krieg geschlagen haben. 2 Ich werde
alle Nationen zusammenbringen, damit sie gegen Jerusalem Krieg führen.
Die Stadt wird eingenommen, und die Häuser werden geplündert. Die Solda-
ten vergewaltigen die Frauen, und die Hälfte der Bewohner kommt in Kriegs-
gefangenschaft. Aber die andere Hälfte darf in der Stadt bleiben.“ 3 Dann
wird Gott mit seiner Armee gegen diese Nationen in den Krieg ziehen. Er
wird so gegen sie kämpfen, wie er schon immer gekämpft hat, wenn's brenz-
lig für seine Leute wurde. 4 Er stellt sich mit seinen Füßen auf den Ölberg,
der, von Jerusalem aus gesehen, im Osten liegt. Der Ölberg wird sich dann
in vier Teile spalten. Ein Teil bewegt sich nach Osten, einer nach Westen,
einer nach Süden und einer nach Norden. Und in der Mitte entsteht ein gro-
ßes Tal. 5 Ihr werdet dann in dieses Tal fliehen. Das wird bis nach Azal gehen.
Ihr werdet auf der Flucht sein, so, wie ihr vor dem Erdbeben geflohen seid,
das damals passiert ist, als Usija der Präsident von Juda war. Und dann
wird Gott höchstpersönlich in Jerusalem einmarschieren, und mit ihm wer-
den alle seine Engel, die Soldaten aus dem Himmel, am Start sein. 6 An
dem Tag wird es kein Licht, aber auch keine Kälte geben. 7 Dann wird es
plötzlich nicht mehr dunkel für einen ganzen Tag. Es gibt 24 Stunden Tages-
licht, auch abends und nachts wird es hell bleiben. Wann das genau pas-
sieren wird, weiß aber nur Gott. 8 Und dann wird es in Jerusalem plötzlich
eine Wasserquelle geben, die auf der einen Seite zum Meer im Osten und
auf der anderen Seite in den Westen fließt. Dieses Wasser sorgt dafür,
dass Dinge am Leben bleiben. Dieses Wasser wird zu jeder Jahreszeit flie-
ßen, sowohl im Sommer wie auch im Winter. 9 Gott wird dann der Präsi-
dent über die ganze Erde sein. Er wird der einzige Gott sein, den es auf der
Welt gibt, und alle Menschen werden zu ihm beten. 10 Das ganze Land
von Geba wird sich verwandeln. Es wird zu einer Ebene, und nur Jerusalem
wird etwas höher liegen als der Rest. Die Stadt wird dann so groß sein,
dass sie sich vom Benjamintor über das zugemauerte Tor bis hin zum Ecktor
erstreckt. Auf der anderen Seite geht es vom Turm Hananel bis zu dem Ort,
wo der Präsident sein Weinlager hat. 11 Die Leute, die in dem Land wohnen,
werden in Sicherheit sein. Keine Stadt wird mehr vernichtet werden, und
sogar in Jerusalem wird man sicher sein. 12 Aber die Nationen, die einmal
gegen Jerusalem Krieg geführt haben, werden von Gott ganz heftig bestraft.
Die Menschen bekommen eine superätzende Krankheit, und ihr Fleisch wird
an ihrem Körper vergammeln, während sie noch am Leben sind. Dann wer-

den auch die Augen in den Augenhöhlen und die Zunge im Mund ganz plötzlich vergammeln. [13] An diesem Tag wird Gott die Leute total verwirren und durcheinanderbringen. Dann wird jeder gegen jeden kämpfen. [14] Das passiert auch zwischen Juda und Jerusalem, sie kämpfen gegeneinander. Und dann wird man das ganze Geld von den Nationen einsammeln, die ringsherum um Israel leben. Es werden viele Billionen Euros sein, eine Menge Gold und teure Designerklamotten. [15] Genauso wie die Krankheit für Menschen wird es auch eine für Tiere geben. Hunde, Pferde und Kühe werden die bekommen, außerdem die Tiere in den Kasernen.

Die Nationen werden gemeinsam zum Berg Zion pilgern

[16] Dann wird es passieren, dass die Menschen, welche von dem Krieg gegen Jerusalem übrig geblieben sind, jedes Jahr nach Jerusalem pilgern. Sie wollen dort die Blätterbuden-Party feiern und gemeinsam zu Gott, dem Chef über dieses Universum, beten. [17] Wenn eine Nation mal keinen Bock darauf hat, nach Jerusalem zu gehen, um zu Gott zu beten, dann wird es in dem Land erst einmal nicht mehr regnen. [18] Wenn die Ägypter sich weigern, dorthin zu kommen, dann wird Gott sie genauso bestrafen wie alle anderen Nationen, die sich weigern, zum Fest der Blätterbuden zu gehen. [19] Dass es für ein Jahr nicht regnet, wird die Strafe für die Ägypter, aber auch für alle anderen Nationen sein, wenn sie sich weigern, das Fest der Blätterbuden zu feiern. [20] Auf den Heckfenstern der Autos wird in der Zeit ein fetter Schriftzug aufgeklebt sein: „Gott ist etwas ganz Besonderes!“ Die Töpfe, in denen im Tempel von Gott Sachen gekocht wurden, werden so besonders sein wie die goldenen Schalen am Opfertisch. Ich mein damit diese Schalen am Altar, in die das Blut geschüttet wurde, was man Gott schenken wollte. [21] Alle Kochtöpfe, die es in Jerusalem und ganz Juda gibt, wird man Gott schenken. Die Menschen, welche eine Opfersession durchziehen wollen, benutzen die, um dadrin zu kochen. An diesem Tag wird es keine Verkäufer mehr geben, die im Tempel ihre Sachen verkaufen wollen.

Der Prophet Maleachi

1

Gott ist in seine Leute total verknallt
1 In diesem Buch stehen Worte drin, die Gott dem Propheten Maleachi
gesagt hat. Es ging dabei immer um seine Leute von Israel. 2 Gott meinte:
„Hey, Leute von Israel, ich war immer total verknallt in euch!" Aber eure Ant-
wort war: „Verknallt? In uns? Davon merken wir nichts!" „Da gab es damals
doch zwei Brüder, Esau und Jakob. Trotzdem habe ich mich nur in einen,
in Jakob, verknallt", sagte Gott weiter. 3 „Esau hab ich gehasst! Ich habe das
Land, was er für immer bekommen hat, vertrocknen lassen. Dort wohnen
jetzt nur noch Ratten. 4 Die Leute von Edom behaupten: ‚Wir sind komplett
kaputt gemacht worden! Trotzdem bauen wir alles wieder auf.' Ich, Gott,
sage dazu nur: Ihr könnt so viel bauen, bis ihr schwarz werdet. Ich reiße
sowieso alles wieder ab! Dem Gebiet, in dem ihr lebt, wird man den Namen
geben: ‚Hier ist tote Hose!' Und die Leute wird man nennen: ‚Das sind die
Menschen, auf die Gott für immer richtig krass sauer ist!' 5 Ihr werdet es noch
mit euren eigenen Augen sehen und dann solche Kommentare abgeben wie:
‚Gott ist gigantisch! Er sieht weit über das Gebiet von Israel hinaus!'"

Gott findet es nicht gut, wie die Priester ihren Dienst durchziehen
6 Gott, der Chef über dieses Universum, sagt: „Ein Sohn hat Respekt vor
seinem Vater, und ein Lehrling hat Respekt vor seinem Meister. Mich nennt
ihr euren Vater, aber wo bleibt bitte der Respekt, den ihr vor mir haben
solltet? Ihr nennt mich auch euren Meister, aber warum tut ihr nicht das,
was ich euch sage?" Das meint Gott zu euch Priestern, weil ihr keinen
Respekt vor ihm habt und aus ihm sogar eine Lachnummer macht. Jetzt
fragt ihr Gott: „Wo haben wir dich denn wie eine Lachnummer behandelt
und keinen Respekt vor dir gehabt?" 7 „Zum Beispiel, als ihr auf meinem
Opfertisch, meinem Altar, Sachen verbrannt habt, die total dreckig und
unrein waren", ist seine Antwort. Ihr rechtfertigt das, indem ihr sagt: „Ach,
der Opfertisch ist ja nicht so wichtig, den kann man ruhig mal verdrecken.
Das macht gar nichts." Aber Gott sagt: „Auf die Art kriegt ihr mich nicht!
8 Ihr schenkt mir beim Opfern ein blindes Tier und denkt, das wäre ja nicht
so schlimm. Und wenn das Tier verkrüppelt war oder sonst wie krank,
dann ist das für euch auch okay. Bringt doch mal so eine Aktion beim Bür-
germeister! Glaubt ihr, der würde sich da besonders drüber freuen? Würde
er euch anschließend jeden Gefallen tun, weil ihr ihm so was Tolles ge-
schenkt habt?" Das fragt euch Gott, der Chef über diese Welt. 9 „Und jetzt
versucht ihr, mich, euren Gott, mit so was wieder gut draufzubringen

und mich dazu zu bewegen, dass ich etwas für euch tue? Glaubt ihr im
Ernst, das wird es bringen? 10 Wenn es wenigstens einen bei euch geben
würde, der die beiden Türen vom Tempel ganz schnell zumacht und ver-
schließt. Dann würdet ihr nicht mehr diese beknackten Opfer abfackeln, ihr
würdet noch nicht mal das Feuer vom Grill anschmeißen. Ich mag euch
nicht! Und eure Opfergeschenke könnt ihr euch sonst wo hinschieben!
11 Überall auf der Welt hat man Respekt vor mir! Ganz im Osten, ganz im
Westen und in allen möglichen Städten dazwischen fackelt man Opfer
für mich ab. Man schenkt mir Sachen, und das auf eine coole und saubere
Art und Weise. Auf dem ganzen Planeten hat man Respekt vor mir und
vor meinem Namen. 12 Nur ihr zieht meinen Ruf in den Dreck! Ihr sagt: ‚Auf
den Opfertisch kann man ruhig mal Müll schütten, das macht nix! Auf
dem Tisch von Gott kann man ruhig auch mal Sachen drauf verbrennen,
die er ätzend findet.‘ 13 Und dann macht ihr noch voll den Lauten, weil euch
das alles viel zu anstrengend ist. Ihr schmeißt die Feuerstelle vom Opfer-
tisch an, bringt eure versifften Tiere, die ihr irgendwo geklaut habt, oder
irgendwelche kranken, behinderten Tiere und verbrennt die als ein Opfer
für mich. Soll ich mich darüber vielleicht noch freuen? Soll ich so ein Opfer
von euch akzeptieren?“, fragt euch Gott. 14 „Wer mich betrügt, kriegt die
Krätze an den Hals! Wenn einer mir ganz fest verspricht, dass er mir ein
gesundes, männliches Tier aus seiner Herde schenkt und dann ein kaputtes,
behindertes Tier bei mir vorbeibringt, kriegt fette Probleme. Ich bin nicht
irgendeine Wurst, ich bin der oberste Präsident von allen Präsidenten, und
überall auf der Welt hat man Respekt vor mir!“

2

Wie ein richtiger und wie ein falscher Priester aussieht

1 „Jetzt kommt noch mal eine deutliche Ansage an die Priester von euch!
2 Wenn ihr nicht auf mich hört, wenn ihr nicht wirklich dadrauf achtet, immer
Respekt vor mir zu haben, dann mach ich euch kaputt und bringe euch
die Krätze an den Hals! Wenn ihr für Leute betet, dann werde ich die Gebete
umdrehen und was Schlechtes daraus machen. Das hab ich auch schon
gemacht, weil ihr euch nicht wirklich Mühe gebt. 3 Ich werd auch eure Kinder
zusammenschreien. Ich schmeiß euch Dreck ins Gesicht, den Müll, der
von euren Partys noch übrig ist. Ihr werdet selbst auch gleich mit auf den
Müllhaufen geschmissen. 4 Ihr sollt kapieren, dass ich das so beschlossen
hatte, denn ich hatte ja noch einen Vertrag mit den Levi-Leuten, also den
Priestern und den Tempel-Angestellten. 5 Mein Vertrag hat ihnen ihr Leben
ermöglicht. Dadurch gab es eine Zeit bei euch, wo Frieden statt Krieg war.
Beides, also Leben und Frieden, hatte ich ihnen gegeben, damit sie Respekt
vor mir und meinem Namen haben. Den hatten sie ja dann auch. 6 In der

Zeit haben sie alle Nachrichten von mir auch richtig an die Leute weiterge-
geben. Sie waren nie link unterwegs und haben auch nicht gelogen. Sie
lebten radikal mit mir. Auf die Art haben die Levi-Leute dafür gesorgt, dass
viele Menschen, die Mist gebaut hatten, damit aufhörten und ihr Leben
änderten. 7 Die Priester sollen Wissen weitergeben. Sie sollen klarmachen,
was ich von den Menschen will. Sie sind Leute, die im Auftrag von mir
reden. 8 Aber ihr habt dieses Ding nicht befolgt. Ihr habt dafür gesorgt, dass
viele Leute von mir weggelaufen und so kaputtgegangen sind. Ihr habt
den Vertrag gebrochen, den ich mal mit dem Familienstamm Levi geschlos-
sen habe. Das sagt Gott, der Chef über dieses Universum. 9 Ich hab auch
dafür gesorgt, dass ihr vor dem Volk zur absoluten Lachnummer wurdet,
weil ihr nicht das macht, was ich euch sage, und die Leute danach behan-
delt, wie viel Kohle sie haben."

Die Sache mit der Ehe wurde auch nicht ernst genommen

10 Leute, haben wir nicht alle denselben Vater? Und hat nicht derselbe Gott
uns alle gemacht? Warum sind wir uns dann nicht auch gegenseitig treu?
Warum gehen wir nicht korrekt miteinander um? Wir ziehen damit die alten
Verträge mit Gott in den Dreck. 11 Die Leute von Juda sind nicht treu, und
in Jerusalem und ganz Israel haben die Leute richtig üblen Mist gebaut. Die
Leute von Juda haben Menschen aus fremden Ländern geheiratet, die
Plastikgötter angebetet haben. 12 Die Menschen, die so was tun, werden von
Gott komplett plattgemacht. Sie sollen nicht mehr zu den Israeliten gehö-
ren. Das wird passieren, da könnt ihr auch noch so viele Opfer bringen. 13 Es
gibt noch eine zweite Sache, die ich total ätzend bei euch finde: Ihr heult
euch die Augen aus, wenn ihr am Opfertisch von Gott steht. Ihr weint und
schluchzt, weil Gott euch nicht hilft, obwohl ihr ihm so viel schenkt. 14 Ihr
fragt euch jetzt, warum ich das ätzend finde? Weil Gott mitbekommen hat,
wie ihr eure Ehefrauen betrügt! Ihr habt das getan, obwohl sie zu euren Leu-
ten gehören. Sie haben dieselben Verträge mit Gott wie ihr! 15 Hatte Gott
es nicht so vorgesehen, dass ihr ganz fest zusammengehört, so als wärt ihr
eins anstatt zwei? Durch die Ehe seid ihr wie ein einziges Lebewesen. Warum
hat er das so gemacht? Weil ihr so ähnlich seid wie Gott. Darum reißt euch
mal zusammen! Seid der Frau, mit der ihr schon so lange zusammen seid,
treu! 16 Gott sagt: „Ich hasse es, wenn sich jemand von seinem Ehepartner
scheiden lässt! Ich finde das genauso schlimm, wie wenn jemand totalen
Mist baut. Darum passt auf und seid eurem Partner treu!" 17 Ihr langweilt
Gott mit eurem Gelaber. Aber ihr fragt ganz blöd: „Wie langweilen wir ihn?"
Na, zum Beispiel, indem ihr solche Sachen sagt wie: „Gott hat die Men-
schen, die link und fies sind, ganz besonders lieb!" Oder so was wie: „Wo ist
denn Gott jetzt? Warum haut er nicht zu, wenn jemand Scheiße gebaut hat?"

3

Der Tag, wo die große Gerichtsverhandlung kommt
1 Gott sagt: „Ich werde jemanden zu euch schicken, der den Weg für mich
schon mal vorbereitet. Und dann werde ich ganz plötzlich in meinem
Tempel auftauchen. Der Botschafter von mir, der meine Verträge organisiert
hat und auf den ihr euch schon lange freut, ist bereits unterwegs.“ 2 Wer
wird den Tag überleben, wenn Gott auf der Bildfläche erscheint? Gott ist wie
ein krasses Feuer, wie ein 1 Million Grad heißer Ofen, in dem alles sofort
schmilzt. Und er ist wie das Waschpulver in der Waschmaschine, das alles
sauber macht. 3 Gott wird am Ofen sitzen, wie jemand, der Silber einschmel-
zen lässt. Dazu muss er es vom Dreck reinigen. So wird er auch die Levi-
Leute, die als Priester und Tempelangestellte arbeiten, reinigen. Er macht
sie auf die gleiche Art sauber, wie man Gold und Silber sauber macht. Erst
dann sind sie korrekt und sauber genug, um ihm etwas zu schenken, also
zu opfern. 4 Und dann wird Gott sich auch über die Geschenke freuen, die
ihm in dem Gebiet von Juda und in Jerusalem gemacht werden, so wie frü-
her. 5 Gott, der Chef über diese Welt, sagt: „Wenn die letzte Gerichtsverhand-
lung kommt, mache ich kurzen Prozess mit den okkulten Zauberheinis
genauso wie mit den Leuten, die ihre Ehe gebrochen haben, mit den Leuten,
die vor Gericht lügen, mit den Leuten, die Arbeitern zu wenig Kohle aus-
bezahlen, mit den Leuten, die Ausländer, Penner und Obdachlose schlecht
behandeln, und mit den Leuten, die keinen Respekt vor mir haben.“

Wer Respekt vor Gott hat, kommt gut dabei weg
6 „Nein, ich habe mich nicht verändert“, sagt Gott. „Aber ihr, die Leute von
Israel, habt auch nicht aufgehört, Mist zu bauen! 7 Schon damals, bei euren
Ururgroßeltern, war das so. Sie haben nicht das getan, was in den Gesetzen
steht, die waren ihnen egal. Dreht euch um, lebt wieder mit mir! Dann
will ich mich auch umdrehen und wieder mit euch leben!“, sagt Gott. Aber
ihr fragt tatsächlich: „Worüber redest du überhaupt? Mit wem sollen wir
leben? Wovon sollen wir uns umdrehen?“ 8 Gott sagt: „Darf ein Mensch
etwa mich, Gott, beklauen? Ja, das ist mein Ernst, denn ihr beklaut mich!
Ihr fragt jetzt: ‚Hä? Was haben wir dir denn geklaut?‘ Na, zum Beispiel diese
zehn Prozent von eurem Gehalt und den Anteil, den die Priester bekom-
men! 9 Euch wurde deswegen die Krätze an den Hals gewünscht, aber ihr
hört nicht auf, mich zu beklauen. 10 Jetzt bringt endlich die zehn Prozent
in den Tempel, damit es genug Lebensmittel in meinem Haus gibt. Testet
mich doch, ob ich euch dafür nicht ganz fett beschenken werde! 11 Ich
könnte dafür sorgen, dass das Ungeziefer nicht mehr eure Ernte auffrisst.
Ich könnte dafür sorgen, dass eure Weinernte nicht so mickrig ausfällt.

Das sagt euch Gott, der Chef über das Universum. [12] Alle Menschen auf der
Welt werden sagen, dass ihr voll Glück gehabt habt. Sie werden euch beneiden. Es wird euch total gutgehen, denn in eurem Land wächst alles sehr
fett!" [13] Gott sagt: „Was ihr über mich sagt, ist echt eine Nummer zu hart.
Aber ihr fragt: ‚Hä, was haben wir denn zu Hartes über dich geredet, Gott?'
[14] Ihr sagt: ‚Es bringt nichts, für Gott zu leben! Was bringt uns das, wenn
wir tun, was er sagt? Was bringt uns das, wenn wir einen auf Depri machen
und vor Gott auf dem Boden kriechen? [15] Wir finden, dass die frechen Leute
eigentlich echt Glück haben. Sie haben sogar noch ihr Leben auf die Reihe
gekriegt, obwohl sie Sachen taten, die Gott nicht will. Sie haben Gott provoziert, aber sind ohne Konsequenzen davongekommen.'" [16] Die Leute, die
Respekt vor Gott haben, redeten miteinander, und er hat das auch mitbekommen. Er hat die Namen von solchen Menschen in eine Datei schreiben
lassen, damit er sie nie vergisst. [17] Gott, der Chef über dieses Universum,
sagt: „Ich werde einen Tag organisieren, an dem ich erkläre, dass sie nur mir
gehören. Und diese Leute werde ich dann verschonen, wie ein Vater einen
Sohn verschont, der immer brav gewesen ist. [18] Ihr werdet dann wieder
den Unterschied sehen, wie es ist, korrekt mit mir zu leben, oder wie es ist,
ohne mich zu leben. Ihr werdet sehen, wie es ist, für mich zu leben oder
gegen mich zu leben. [19] Denn es wird ein Tag kommen, an dem ein sehr
heißes Feuer alles verbrennt. Dann werden alle miesen Menschen, die Dinge
ohne mich gemacht haben, verbrennen wie trockenes Stroh. An diesem
Tag werden sie komplett abfackeln, nichts wird mehr übrig bleiben, keine
Wurzel und kein Zweig. Das sagt Gott, der Chef über dieses Universum.
[20] Aber für die, die Respekt vor mir gehabt haben, wird an dem Tag die Sonne aufgehen. Diese Sonne wird es überall hell machen und dafür sorgen,
dass ihr gut behandelt werdet. Die Strahlen der Sonne sorgen dafür, dass bei
euch alle Wunden heilen. Ihr werdet rumlaufen und vor Freude in die Luft
springen, wie ein Flummi. [21] Und dann werdet ihr die Leute, die ohne mich
gelebt haben, alle kaputt machen. Sie werden so sein, wie der Dreck unter
euren Füßen. Ich werde diesen Tag organisieren. Das sagt Gott."

Es kommt einer, der etwas vorbereiten wird

[22] Gott sagt: „Vergesst nicht die Gesetze und Regeln von Mose! Ich hab sie
ihm damals, auf dem Berg Horeb für alle Leute von Israel gegeben. [23] Ich
werde euch den Propheten Elia schicken, bevor dieser superheftige letzte
Tag der Erde kommt, der ‚Tag von Gott'. An diesem Tag werde ich die große
Gerichtsverhandlung über alle Menschen abhalten. [24] Elia wird dafür sorgen,
dass die Kinder für die Eltern wieder voll wichtig sind und umgekehrt auch
die Eltern für die Kinder. Das wird passieren, weil ich sonst kommen müsste,
um das ganze Land zu vernichten."

Die „Synonymeseite" oder wie die Begriffe in der Volxbibel zustande kommen

In der Volxbibel sind einige Worte und Ausdrücke drin, die du vielleicht zum ersten Mal hörst. Das sind meistens Übertragungen von Begriffen aus der Bibel, die man normalerweise ohne eine Erklärung nicht gut verstehen kann. Wir haben deshalb versucht, für diese Begriffe neue Wörter zu finden, die der eigentlichen Bedeutung nahekommen. Hier hast du nun eine Liste dieser Wörter und eine Erklärung, was damit gemeint ist.
Manche dieser Sachen hast du vielleicht schon mal irgendwo gelesen, hier kannst du auch nachschlagen, wie sie in der Volxbibel übersetzt worden sind.
Die **fettgedruckten** Wörter sind die Übertragungen der Volxbibel, die *schräggedruckten* sind die Fachbegriffe, die in anderen Bibeln dafür gebraucht werden.

Allerderbster Bereich: *Allerheiligstes:* Das war ein ganz besonderer Bereich, der zuerst im besonderen Zelt und später im Tempel (siehe „Haus von Gott") war. Diesen Bereich durfte nur der Oberpriester einmal im Jahr betreten. Dort war auch die Kiste mit den Gesetzen drin.
Altar: siehe „Tisch/Opfertisch"
Amen: Das ist ein hebräisches Wort, das auf Deutsch so viel wie „So ist es!" bedeutet. Das sagt man immer am Ende von einem Gebet, um das Ganze noch mal zu bestätigen. In der Volxbibel haben wir dafür oft „So passt es! [Amen]" oder etwas Ähnliches genommen.
Aussatz: Das ist eine ziemlich üble Hautkrankheit, die ansteckend ist. Wahrscheinlich handelt es sich um die bei uns eher seltene Krankheit Lepra. Man kann daran sterben.

Baal: Das war ein „Plastikgott", zu dem viele Völker gebetet haben. Allerdings waren die Israeliten auch oft so schräg drauf und schenkten ihm Opfer.
Bann: siehe „Rote-Karte-Aktion"
besonders/ganz besonders (krass): *heilig:* Etwas ist „heilig", wenn es etwas total Besonderes ist und praktisch Gott gehört. Zum Beispiel sind die Geräte im Haus von Gott heilig, weil die Gott gehören und nur für ihn da sind.

„Heilig“ heißt auch, dass es anders ist als das Normale. Es ist gottmäßig, so wie Gott, der ja auch heilig ist.

besondere Lose, Lose ziehen: *heilige Lose:* Manchmal brauchten die Leute von Gott eine Hilfe, wenn sie Entscheidungen treffen mussten und kein Prophet was dazu sagen konnte. Man glaubte, dass Gott durch das Ergebnis, das bei den Losen herauskam, zu den Menschen redet.

besonderes Öl: *Salböl:* Dieses Öl wurde benutzt, um Leute für einen ganz speziellen Dienst einzusetzen, zum Beispiel, wenn jemand Präsident wurde. Mit diesem Öl wurde der Präsident sozusagen dafür bestimmt, den Job zu tun, so wie man ihm heute eine Urkunde überreicht.

besonderes Zelt: *heiliges Zelt/Stiftshütte:* Das war das Zelt, das die Israeliten in der Wüste immer und überallhin mitgenommen haben. Es war in der Zeit sozusagen die Wohnung von Gott. Dadrin wurden auch immer die Partys für Gott und die Opfer durchgezogen.

Botschafter von Gott: *Engel:* Dafür steht auch in der Volxbibel oft „Engel“. Engel sind Boten von Gott. Gott schickt sie zu den Menschen, damit sie zum Beispiel Nachrichten von ihm an die Menschen weitergeben. Aber manchmal greifen Engel auch richtig ein und kämpfen sogar, wie in der Story, wo die Assyrer plattgemacht werden.

Bund: siehe „Vertrag“

Bundeslade: siehe „Kiste mit den Gesetzen“

Engel: siehe „Botschafter von Gott“

auf Essen verzichten (und ganz viel beten): *Fasten:* Das hat man gemacht, um sich total auf Gott zu konzentrieren. Man hat nichts gegessen, damit man nicht abgelenkt wird.

Exil: siehe „Kriegsgefangenschaft“

Fasten: siehe „auf Essen verzichten (und ganz viel beten)“

Fest der Blätterbuden: *Laubhüttenfest:* Dieses Fest sollte die Israeliten immer daran erinnern, dass sie mal eine ganze Zeitlang nur in Zelten gelebt haben, als sie nämlich von Ägypten abgehauen und dann so lange in der Wüste rumgelaufen sind. Damals haben sie aus ganz vielen Ästen und Zweigen von unterschiedlichen Bäumen so eine kleine Hütte gebaut, daher der Name.

ganz besonders: siehe „besonders“

Geist Gottes/Geist von Gott: siehe „Kraft von Gott“

Gottesknecht: siehe „Mitarbeiter von Gott“

Götzen: siehe „Plastikgötter“

Haus von Gott: *Tempel:* Das war ein Riesengebäude, das Salomo für Gott gebaut hat. Es war ab dann der Ort, wo immer für Gott geopfert und zu ihm gebetet wurde. Der Tempel wurde allerdings dann durch Nebukadnezzar zerstört, als der Juda im Krieg erobert hat. Später wurde der Tempel wieder aufgebaut und dann aber erneut im Jahr 70 n. Chr. von den Römern zerstört.
heilig: siehe „besonders“
heilige Lose: siehe „besondere Lose, Lose ziehen“
Heiliger Geist: siehe „Kraft von Gott“
heiliges Zelt: siehe „besonderes Zelt“

innerer Film: *Vision*: Gott gibt Propheten manchmal eine Vision. Dabei sehen sie so etwas wie einen Film in ihrem Kopf ablaufen. Darin zeigt Gott ihnen zum Beispiel Sachen, die erst in der Zukunft passieren.

Knecht Gottes: siehe „Mitarbeiter von Gott“
Kiste mit den Gesetzen: *Bundeslade:* Das war eine ganz besondere Kiste, in der die Gesetze von Gott aufbewahrt wurden.
Kleider zerreißen: Das wurde in der Volxbibel unterschiedlich übersetzt, z. B. auch mit „Kleider zerreißen“ oder mit Ausdrücken wie „er schlug vor Wut alles kurz und klein“. Seine Kleider zu zerreißen war damals etwas, womit man ausdrücken konnte, dass man total sauer oder total traurig war.
König: siehe „Präsident“
Kraft von Gott: *Geist Gottes/Geist von Gott/Heiliger Geist:* Das ist die ganz besondere Kraft von Gott, die er manchmal den Menschen gibt, damit sie ganz besondere Sachen machen können, wie zum Beispiel Wunder tun. Gott kann Menschen durch diese Kraft auch verändern und ihnen den absoluten Durchblick geben.
Krätze an den Hals wünschen: *Fluch:* Das hat man gemacht, wenn man jemanden überhaupt nicht leiden konnte und wollte, dass es ihm total dreckig geht. Es ist auch eine Bezeichnung für die ganzen üblen Sachen, die passieren, wenn man nicht auf Gottes Ansagen hören will.
Kriegsgefangenschaft: *Exil:* Als die Leute aus Juda von den Leuten aus Babylonien besiegt wurden, wurden sie von denen gefangen genommen und aus ihrem Land weggebracht. Später durften sie jedoch wieder zurück in ihr Gebiet.

Laubhüttenfest: siehe „Fest der Blätterbuden“
Levi-Leute: *Leviten:* Leviten waren alle Leute aus dem Familienstamm Levi. Der war ja ein Sohn von Jakob gewesen. Dieser Stamm wurde von Gott extra ausgesucht, um für ihn Opfer durchzuziehen und sich um das Haus von

Gott zu kümmern. Dabei gab es allerdings noch mal eine Unterscheidung. Nur die, die aus der Familie von Aaron (dem Bruder von Mose) kommen, sind wirklich „Priester". Die anderen Levi-Leute sind eher so was wie Gehilfen. In der Volxbibel haben wir dafür „Angestellte vom besonderen Zelt" und später, nachdem es den Tempel (siehe „Haus von Gott") gab, „Tempelangestellte" genommen.

Lose ziehen: siehe „besondere Lose"
Manna: Während die Israeliten in der Wüste unterwegs waren, wurden sie von Gott versorgt. Jeden Morgen war auf dem Platz vor ihren Zelten so ein mehlähnliches Zeug, wovon sie sich ernähren konnten. Die Leute waren so überrascht, dass sie alle „Nanu? Was ist das denn?" sagten. Manna kommt von Man-hu, was übersetzt so viel heißt wie „Hä, was ist das denn?"
Mitarbeiter von Gott: *Knecht Gottes/Gottesknecht:* So heißt jemand, der einen ganz besonderen Auftrag von Gott bekommen hat und krasse Sachen mit Gott durchzieht. Deshalb ist das oft auch eine Bezeichnung für Jesus, wenn im Alten Testament schon von seinem besonderen Leben die Rede ist. Ganz oft kommt dieser Mitarbeiter im Buch Jesaja vor.

Opfertisch: siehe „Tisch/Opfertisch"

Passa-Party: *Passa:* Dieses Fest findet einmal im Jahr statt. Es erinnert daran, wie die Israeliten aus Ägypten abgehauen sind. Dabei hat Gott derbe Wunder gebracht und seine Leute beschützt, die Ägypter aber ganz übel bestraft, weil sie die Israeliten so fies behandelt haben.
Plastikgötter/Pseudogötter: *Götzen:* Früher hatte jedes Land seinen eigenen Gott, zu dem die Leute dann beteten. Allerdings waren das eben alles keine richtigen Götter, sondern nur Statuen aus Gold, Holz oder so was. Allerdings gab es auch immer wieder Zeiten, wo die Israeliten so übel drauf waren und auch zu denen beteten statt zu dem echten Gott.
Präsident: *König:* Das war damals der Chef von einem Land. Er hat das Land regiert, wie heute eben der Bundeskanzler oder der Präsident, aber er hatte ziemlich viele Rechte. So mussten alle tun, was er sagte, und er konnte sich oft einfach nehmen, was er gerade so wollte.
Priester: siehe „Levi-Leute"
Prophetentyp: *Prophet:* Das waren ganz spezielle Leute, die von Gott extra ausgesucht wurden für diesen Job. Die bekamen dann immer Nachrichten von Gott rein. Entweder sprach Gott zu ihnen, oder er schickte ihnen Träume oder Visionen (siehe „innerer Film"). Oft gingen die Leute und Präsidenten zu denen und fragten sie, was sie machen sollten und was Gott gut findet.

Rote-Karte-Aktion: *Bann:* Das war eine Aktion, die oft in Kriegen durchgezogen wurde. Dabei wurde in einer Stadt alles plattgemacht, und alle Bewohner wurden getötet. Das war dann eine Strafe von Gott, wenn die Leute derben Mist gebaut hatten.

Salböl: siehe „besonderes Öl“
Sieben-Wochen-Rave: *Wochenfest:* Das waren religiöse Feiertage. Das heißt, dass da jeder freihatte. Gefeiert wurde das Ganze nach der Ernte, und es war eine Riesenparty.
Sklave: Das waren Leute, die ohne oder mit nur ganz wenig Lohn für jemand anderen arbeiten mussten. In der Volxbibel steht dafür oft „Leute, die unter Knebelverträgen schuften mussten“ oder „Ein-Euro-Jobber“.

Tempel: Das wurde auch in der Volxbibel meist mit Tempel wiedergegeben. Es waren Häuser, in denen Partys für Götter abgingen oder Opfer für die durchgezogen wurden. Das darf man aber nicht verwechseln mit dem speziellen Tempel für Gott in Jerusalem, siehe dazu „Haus von Gott“.
Tempelangestellte: siehe „Levi-Leute“
Tisch/Opfertisch: *Altar:* Das waren Tische, auf denen für Gott Opfer durchgezogen wurden.

Verbannung: Normalerweise hieß das, dass man aus seinem Heimatland rausgeschmissen wurde. Für die Verbannung der Israeliten siehe auch „Kriegsgefangenschaft“.
Vertrag/Verträge: *Bund:* Damit ist der Vertrag gemeint, den Gott mit den Menschen geschlossen hat. Er hat ihnen garantiert, dass es ihnen immer gutgehen wird, wenn sie seine Gesetze befolgen.
Vision: siehe „innerer Film“

Wochenfest: siehe „Sieben-Wochen-Rave“

Zion: Das wird auch in der Volxbibel mit Zion wiedergegeben. Zion bezeichnet einen ganz besonderen Berg in Jerusalem – etwas total Besonderes, wo Gott selbst wohnt. Manchmal ist es aber auch nur ein anderer Name für die Stadt Jerusalem.

Danke

Dieses Buch wäre nie entstanden, wenn es nicht so viele tolle Helfer gegeben hätte, die daran total viel mitgearbeitet haben.

Der ganze Text wurde nach und nach von mir in ein Wiki ins Internet gestellt. Dort ist er erst richtig gereift, wie ein Apfel in der Sonne.

Ganz besonders danken möchte ich den Mitarbeitern:

Benedict Röser, „el gato", 17 Jahre alt. Bene hat mit langem Atem wirklich das ganze Buch durchgearbeitet. Jeder Text wurde von ihm gründlich studiert, parallel mit anderen Bibelübersetzungen abgecheckt und dann korrigiert. Er hat mit Abstand am meisten Zeit investiert, an unendlich vielen Diskussionen im Wiki teilgenommen und sein sprachliches, literarisches und orthographisches Können immer wieder auf geniale Art unter Beweis gestellt. Als jemand, der selbst ein Jugendlicher ist, war seine Arbeit an dem Projekt für uns alle von unschätzbarem Wert.

Gudrun Bohrmann, „Gudi", 49 Jahre alt. Gudi scheint wirklich jede freie Minute genutzt zu haben, um den Texten noch den letzten Schliff zu verpassen. Ihre sprachliche Kompetenz hat sie auf unzählbaren Seiten immer wieder unter Beweis gestellt. Sie war eine feste Säule in der Arbeit für dieses Buch, und ohne sie wären viele Texte nicht so gut, wie sie jetzt sind.

Stephan Achtermann, „Achti", 33 Jahre alt: unser Diplom-Theologe, der leider gegen Mitte von Band 2 etwas kürzertreten musste, da er seine erste Pfarrstelle angetreten hat. Dennoch war er immer für alle Fragen ansprechbar, hat uns mit seinen Hebräisch-Kenntnissen und vielen theologischen Feinheiten oft erst auf die richtige Spur gebracht. Mit seinem unermüdlichen Einsatz war und ist er eine tragende Figur für das ganze Projekt.

Bernd von Bentheim, „Bento", 52 Jahre alt: Bento hat sich von Anfang an sehr krass für die Volxbibel eingesetzt und viele hundert Stunden im Wiki mitgearbeitet. Sein Talent für Sprache und sein guter Draht zu Jugendlichen stellten für uns einen großen Fundus bereit. Oft hatte er den richtigen Impuls, wie man was am besten ausdrückt, ohne dabei zu weit vom Original entfernt zu liegen. Dazu kommt ein großes Bibelwissen, das er an vielen Stellen hilfreich einbringen konnte.

Daniel Degen, 26 Jahre alt, ist der zweite Theologe im Bunde. Er konnte mit biblischem Know-how und sehr genauem Blick, wie schon in Band 1, viel Gutes zu diesem Buch beitragen.

Nennen möchte ich auch noch Annika Mongan, die in den USA Hebräisch studiert und an vielen Punkten uns allen mit ihrem Wissen sehr weitergeholfen hat.

Daniel Schlunk, unser Theologe Nummer drei, hat an vielen Stellen zur Genauigkeit beigetragen und sein Fachwissen in das Wiki eingebracht. Immer wieder hatten wir auch Verstärkung von der anderen Seite der Erde. Bertram Hein aus Paraguay war übers Internet zugeschaltet, und wenn wir alle schliefen, hat er viele Texte sehr genau gelesen und Fehler angemerkt. Gegen Ende kamen dann noch Natania Penner, ebenfalls aus Paraguay, und Robert Gruber dazu. Sie konnten noch viele Rechtschreibfehler und sprachliche Ungenauigkeiten verbessern.

Ebenso im Wiki dabei, aber nur ganz sporadisch mitgearbeitet haben: Alain, Ben von Freispruch, Chris, Crenz, David, Diana, Eric, Felix, Fischi, Hans-Helge, Hartmut, Jael, Jan-David, Jannick, Jasmin, Joeb, Johannes, Johannes Venzke, Jonas, Joshua, Judith, Katha, Klaus, Koni, Levy, Lokke (danke für deinen Input!), Lorenz, Marco, Marja, Martin.L, Marwin, Mathias, Maxi, Michael, Pascal, Patti, Peter Schanbacher, Raphael, Ripei, Robert, Robin, Sarah, Schrotty, Simon, Stefan Wogatzki, Stephan, Storch, Thomas, Uwe Seibert, Verena.

Die Psalmen wurden von folgenden Leuten gemacht:

Martin Dreyer: Psalm 2, 3, 4, 6, 7, 9, 10, 14, 17, 25, 33, 34, 35, 38, 40, 43, 45, 46, 48, 50, 53, 55, 59, 62, 64, 66, 67, 68, 69, 74, 75, 76, 77, 79, 80, 83, 86, 87, 88, 89, 90, 92, 94, 99, 102, 104, 105, 106, 112, 114, 117, 118, 120, 123, 124, 125, 128, 131, 132, 135, 136, 138, 139, 140, 141, 143, 144, 145, 147, 148, 149, 150 und Teile von Psalm 19

Mathias Grave: Psalm 22, 28, 30, 31, 36, 39, 42, 44, 49, 52, 56, 57, 58, 60 107, 110, 111

Johannes Venzke: Psalm 5, 20, 41, 72, 73, 91, 103, 121, 127, 130, 142

Sarah Zwink von Polarlicht: Psalm 24, 37, 65, 70, 71, 81, 84, 96, 116, 126 und Teile von Psalm 19

Ben von Freispruch: Psalm 23, 26, 32, 93, 98, 100, 101, 113, 122, 146 und Teile von Psalm 19

Jörg Basel: Psalm 1, 8, 11, 12, 13, 15, 21, 78, 95 und Teile von Psalm 119

Gudrun Bohrmann: Psalm 29, 54, 61, 63, 109, 133, 134 und Teile von Psalm 119

Benedict Röser: Psalm 18, 82, 85, 97, 108, 115, 129, 137

Lighty: Psalm 47

Big Mama Joe: Psalm 16, 27

Gebull: Psalm 51 und Teile von Psalm 19